洛克菲勒传
全球首富的创富秘诀

[美] 荣·切尔诺 著　王恩冕 译

上

华东师范大学出版社

图书在版编目（CIP）数据

洛克菲勒传／（美）切尔诺著；王恩冕译. 一上海：
华东师范大学出版社，2013.5

ISBN 978 - 7 - 5675 - 0702 - 9

Ⅰ.①洛…　Ⅱ.①切…②王　Ⅲ.①洛克菲勒，
J. D.（1839～1937）－传记　Ⅳ.①K837.125.38

中国版本图书馆 CIP 数据核字（2013）第 106054 号

Titan：The Life of John D. Rockefeller，Sr.
by Ron Chernow
copyright ⓒ 1998 by Ron Chernow

上海市版权局著作权合同登记 图字：09—2012—903 号

洛克菲勒传

著　　者　〔美〕荣·切尔诺
译　　者　王恩冕
项目编辑　许　静　储德天
特约编辑　邱承辉
审读编辑　何晓曦
封面设计　吕彦秋

出版发行　华东师范大学出版社
社　　址　上海市中山北路 3663 号，邮编 200062
网　　址　www.ecnupress.com.cn
电　　话　021－60821666　行政传真 021－62572105
客服电话　021－62865537（兼传真） 门市电话　021－62869887（邮购）
地　　址　上海市中山北路 3663 号华东师范大学校内先锋路口
网　　店　http://hdsdcbs.tmall.com

印 刷 者　北京京都六环印刷厂
开　　本　787×1092　16 开
印　　张　47.5
字　　数　680 千字
版　　次　2013 年 8 月第 1 版
印　　次　2017 年 5 月第 3 次印刷
书　　号　978 - 7 - 5675 - 0702 - 9/K.385
定　　价　118.00 元（上下册）

出 版 人　王　焰

（如发现本版图书有印订质量问题，请寄回本社市场部调换或电话 021-62865537 联系）

CONTENTS 目 / 录

前　言

老约翰·戴维森·洛克菲勒极为沉默寡言，令人神秘莫测。他主管着当时最大的企业和慈善事业，却一直是位令人难以捉摸的人物。他善于伪装，一生都是在各种不同角色和层层神话的掩饰下度过的。所以，他在美国人民心目中留下的印象各自不同：他既是标准石油公司①的缔造者，才华超群却贪婪冷酷；又是个乖僻、吝啬的老头，施舍小钱，并且通过新闻摄影机向外界发表谈话。人们往往难以把这些各不相同的形象拼凑成一副完整的肖像。

并不是没有人去尝试探究造成这种情况的原因。早在20世纪初，洛克菲勒就引得许多人为之树碑立传，几乎年年都会冒出一本有关他的书，数量之多，令任何一个美国公民望尘莫及。他是当年最有名的美国人，言谈举止无不受到新闻界的详尽报道和分析。然而，即使在受到万众瞩目的鼎盛时期，人们依然对他如雾里看花、莫衷一是，因为他在大多数时间里都躲在私邸的围墙和小公室的磨砂玻璃门后面。

洛克菲勒经常在他的传记里销声匿迹，如同一个幽灵或游魂倏然而过。对于专事刺探洛克菲勒隐私的人如亨利·德马雷斯特·劳埃德（Henry Demarest Lloyd）和艾达·塔贝尔（Ida Tarbell）来说，此公就是标准石油托拉斯的缩影，他的个性则为公司的种种密谋和诡计所掩盖。即使在竭力为洛克菲勒正名的艾伦·内文斯（Allan Nevins）所著的两卷本传记中，传主居然在长达数页的抨击与反驳的混战中消失得无影无踪。在人们的心目中，洛克菲勒一生所做的任何事情似乎都与标准石油公司的掠夺性经营相关。H. G. 威尔斯为这种立传的路子辩护道："洛克菲勒的生平就是托拉斯的历史；他创立了托拉斯，托拉斯也同样塑造了他……因此，有了关于托拉斯的故事，就几乎不必再去按年代详细描述此人的私生活了。"由于传记作家们死抱着这个早就过时的观点不放，其结果是，至今仍然没有一部深入挖掘这位19世纪首屈一指的企业家的内心和外在世界，并将其综合成一幅丰满、完整的肖像的作品问世。

有关洛克菲勒的传记尽管汗牛充栋，却多为僵硬死板的学舌之作。这些作者无论抱有什么样的政治倾向，大都在千篇一律地沿用相同的纪事方式：翻翻有关传主经营方法的争论的老账，炒炒老掉牙的轶闻之冷饭。这些传记给人的印象如同一遍又一遍地观看同一出戏，尽管每次坐的座位略有不同。产生这种印象的部分原因是，我们对传记的概念在不断改变。除了大卫·弗里曼·霍克（David Freeman Hawke）所著的一本薄薄的《洛克菲勒》是在1980年出版的之外，其余所有的洛克菲勒传记均是在20世纪前半叶问世的，而且无不恪守维多利亚时代的遗风，对传主的隐私三缄其口。虽说这些作品尽显企业报告文学的长处，却鲜见弗洛伊德式的好奇心。比如，它们对洛克菲勒的父亲的事迹只是一带而过，而这个犯有重婚罪的假药贩子对其儿子一生却有着不可磨灭的影响。即便是记述详尽的内文斯也对洛克菲勒的婚姻及其三个女儿都没表示出多少兴趣。在当今的女性主义风潮中，又有两部新书问世——伯尼丝·克特（Bernice Kert）的《艾比·奥尔德里奇·洛克菲勒》和克拉丽丝·斯塔兹（Clarice Stasz）的《洛克菲勒家族的女人们》，试图撬开这个密不透风的家族内幕。洛克菲勒本人在办公室之外的社交生活——同友人的交往、嗜好、户外活动，等等——显然也同样为人所忽略。值得探究的方面还有，洛克菲勒的政治观点和托拉斯理论是什么、对公共关系抱什么态度、如何管理标准石油公司之外的投资、如何把金钱转移给子女、建立一个王朝的雄心是什么、为何沉缅于医药学以及给他所捐助的众多慈善事业留下了何种印记等。人们同样对他退休后度过的40个春秋明显地缺乏好奇心，因为有些传记作者根本没有提到这些年月。然而，正是在这些岁月里，小约翰·戴维森·洛克菲勒不但使父业得以传世，又从根本上对其进行了改造。仅仅这个话题就花费了我不少的笔墨。

当初，兰登书屋建议我撰写自50年代艾伦·内文斯的传记问世以来第一部完整的洛克菲勒传时，我坦率地表示这事很挠头，因为我觉得这个人物早已被急于想借其声望发财的作家们开发殆尽。我怎能描写这么一个讳莫如深的偶像式人物呢？在现有的传记中，此人充其量是一个很有天分的机器人，最坏也不过是一台伤天害理的机器。我说不好他是个只知道赚钱的毫无生气的人，还是个十分深沉，极具魄力却有着令人生畏的自制力的人。如果是前者，我就会婉言谢绝；如果是后者——这不太可能——那么，我会接受的。

为了解决这个问题，我去设在纽约州睡谷（Sleepy Hollow）的那座藏有数以百万计家族文献的洛克菲勒档案中心泡了一天。我向管理员们诉说了心中的疑虑，说明自己无法下笔写洛克菲勒，除非能听到他内心的声音——我用的是"他心中的音乐"这一措辞。他们听后给我拿来了1917—1920年间私下采访洛克菲勒的笔录。采访人是一位纽约新闻记者，名叫威廉·英格利斯（William O. Inglis），其目的是写一部由洛克菲勒授权的传记，然而这部传记却从来没有发表过。埋头读完这份长达1700页，未曾改动一字的手稿，我震惊了：一向被说成是寡言少语、空洞乏味的洛克菲勒原来是个条理清晰、口齿伶俐，甚至很有激情的人；此外，他还相当风趣，具有中西部人的那种不加掩饰的机智。这全然不是我在任何其他一部传记中所看到的那副模样。一回到家中，我便告诉兰登书屋的责任编辑安·戈道夫，我现在很想写这本书。

研读堆积如山的有关洛克菲勒的文献犹如发掘一个被遗忘的大陆。然而，即使拥有如此浩瀚的文献可供参考，在最初阶段我依然沮丧地感觉到，我面对的是一个斯芬克斯②。洛克菲勒养成了一种尽可能不露心声的习惯，即使在私人信件里也是如此，好像在写这些信时就担心有朝一日会落入检察官手中似的。出于这种深藏不露的本能，他擅长使用拐弯抹角的古怪字眼和晦涩的措辞。正由于此，洛克菲勒从那些比他更为坦率的属下那里收到的总共2万页的信函倒是一批很有历史价值的意外之财。这些早在1877年亦即标准石油公司成立7年之后写来的信件，生动地描述了该公司同石油生产商、炼油厂、运输公司和销售商以及铁路大亨、银行经理和政府高官之间进行的错综复杂的交易情况。这些关于贪婪和狡诈行为的全景式描述，会令研究镀金时代③的偏见最深的专家都感到震惊。我还极其幸运地看到了5位杰出的前辈留下的完整的研究卷宗。我爬梳了艾达·塔贝尔留在宾夕法尼亚州泰特斯维尔市德雷克油井博物馆、亨利·德马雷斯特·劳埃德留在威斯康星州历史学会、艾伦·内文斯留在哥伦比亚大学以及威廉·英格利斯和雷蒙德·福斯迪克（Raymond B. Fosdick，小约翰·戴维森·洛克菲勒正式认可的传记作者）留在洛克菲勒档案中心的丰富的资料。这些资料包括当时的大量采访记录和其他材料，而以上几位作者仅仅用了其中的一部分。

洛克菲勒和许多镀金时代的富豪一样，不是受到情有独钟的传记作者的歌颂，就是受到尖刻的批评者的辱骂；在他们身上，前一种人看不到任何坏处，后一种人则看不到任何好处。这种一面之辞对于洛克菲勒研究来说尤其有害，因为在他身上，罪恶与圣洁难以置信地并存一处。我试图在介于论证和辩护两者之间的广阔空间中写这本书，这样做的动机是，我认为洛克菲勒的一生是始终如一的，而且，这位恪守圣经教诲的洛克菲勒拥有的不只是商界海盗的狡诈外表，他本性中的虔诚和贪婪是密切相连的两面。出于这个原因，我着重描写了他的福音浸礼会④人生观，以此作为解开他一生中众多秘密的万能钥匙。读者若想在本书中看到一个恶魔式或者圣徒式的洛克菲勒，未免会感到失望。

眼下似乎正是招回洛克菲勒的亡灵的极好时机。随着贸易壁垒的倒塌、自由市场经济学说的盛行，当今世界已经连接成一个全球性的大市场，令普天下50亿人为之倾心。约翰·戴维森·洛克菲勒的生平将我们带回到工业资本主义在美国初露端倪、各种游戏规则尚未成文的时代。洛克菲勒的一生比任何人都更加体现出在南北战争之后兴起的，并且改变了美国人民生活的资本主义革命。他体现了这场革命的所有美德：节俭、自立、勤奋和不懈的创业精神。诚然，作为一个蔑视政府、欺凌竞争对手的人，他同样又是这场革命所产生的众多登峰造极之恶行的化身。其结果是，他的生涯成了一场辩论的焦点，辩题是：在我们这种延续至今的经济生活中，政府应当发挥何种作用。

注释（本书文后注释均为译者注）

①Standard Oil，又译"美孚石油公司"。

②即捉摸不透的人。

③Gilded Age，指美国南北战争后至19世纪末之间的繁荣时期。

④美国北方新教教派之一，主张受洗者全身浸入水中以象征重生。

引　子：恶毒的舌头

　　"读完这本书，令我回想起遗忘多年的事情和情景来，"约翰·戴维森·洛克菲勒沉思道。"它发掘出封尘已久的往事，使它们再次栩栩如生地呈现在我面前。这使我很高兴，非常地高兴。"

　　一连几个月，洛克菲勒都在听经他认可的传记作者朗读亨利·德马雷斯特·劳埃德写的《财富与国民的对立》（Wealth Against Commonwealth），这是一部有关他生平的、措辞犀利的书，出版于1894年。这位年近八十归隐故园的世界首富总算同意关起门来追忆往事了。从1917年开始，洛克菲勒每天上午躺在卧室的安乐椅里或者倚在长沙发上回答1个小时的提问。他的住所坐落在韦斯特切斯特县绿树掩映、景色秀美的普坎蒂哥丘陵之中，那是一幢乔治①风格的大宅。他认为自己问心无愧，是上帝保佑他成功的，历史法庭也会宣告他无罪。洛克菲勒这样做只是为了取悦他的儿子，因为儿子想洗刷掉一切有损家族名誉的非议。正如洛克菲勒提醒他指定的鲍斯韦尔②、谦恭有礼的威廉·英格利斯时所说的那样，"我儿子不熟悉这段历史，要不是他催我……我决不会浪费时间、自找麻烦来回答这些问题的。"英格利斯是一位新闻记者，来自洛克菲勒的宿敌《世界报》。

　　洛克菲勒尽管一开始有些顾虑，但还是经不起引诱，重提在石油业那些风云变幻的最初岁月，振作精神挑起了回忆的重担。在接受采访过程中的3年、长达数百小时的时间里，他追忆往昔，畅所欲言。有时，他用传教士对志趣相投的教徒布道那样的亲切口吻回忆往事，而在谈到批评他的人时，则时常不加掩饰地冷嘲热讽或出言不逊——尽管他一直在像个虔诚的基督徒那样，尽量克制住自己对这些人的报复心理。

在英格利斯惊讶的双眼里，老人在如潮的回忆中返老还童了，他那种带着喘息的尖细的老年人说话声音变得低沉起来，犹如刚刚步入成年时圆润的男中音；他一边来回踱步，一边回顾当年辉煌的斗争历程，脚步也变得越来越轻快、敏捷。洛克菲勒非但没有回避有争议的地方，反而建议用小说的结构来重写这次回顾性谈话：由英格利斯为他朗读他的两个主要批评者亨利·劳埃德和艾达·塔贝尔（后者所著的猛烈抨击洛氏、影响颇大的传记在 20 世纪初出版）的书中一些段落，然后由他来逐段逐段地反驳。这两本书刚刚问世时，洛克菲勒对其不屑一顾，认为出面反驳作者的指责有失身份。如今，多少是出于他那种不服老的自信，他决心对那些最狠毒的指控直接做出反应。"我忍了 8 个月，不想对这些愚蠢的作家做出应答，"他特地指出了这一点。"现在既然干上了，反而觉得挺有意思的。"何况老约翰·戴维森·洛克菲勒一旦决定干一件事情，他就会调动起可怕的精力，一心一意地干到底。

洛克菲勒开始进行这场耗费时日的自我辩护时，显然认为自从这些新闻记者在 20 世纪初玷污他的名声，并且弄得他成了全美国最遭人憎恨的商人以来，自己已经得到了昭雪。他得意地说："如今所有的生意人都在按照现代的做法经商，这些做法都是我们当年头一个采取的。"他相信，公众对他的仇视已经减弱，他的石油帝国的对立面"实质上在许多年前就不复存在，而攻击标准石油公司的做法也不再时兴了"。的确，美国大众在第一次世界大战期间对该公司所属各企业显示的工业实力倍加赞赏，连洛克菲勒自己都不无理由地推测，他的同胞如今已把他看成是公共事业的赞助人而非商界大盗。近年来他捐助了大量的慈善事业，这也使公众对他的怨恨得以减轻。

在采访过程中，洛克菲勒的多次沉默和他的言辞一样意味深长，这是他的一贯作风。洛克菲勒在他的法律顾问艾维·李（Ivy Lee）的指导下，每逢谈到标准石油公司的时候都避开像"托拉斯、垄断、寡头垄断或卡特尔③"等字眼，而是大谈"合作"。他对教科书上描述的亚当·斯密④所谓的自由市场理论嗤之以鼻："那些德高望重、对商业却一窍不通的教书匠们教大家拼得你死我活，还自以为是上帝的代言人。幸亏合作的概念产生了并得以流传，有了铁路公司、电报公司、钢铁公司、石油公司等，取代了这种混乱的局面。"在这长达 3 年的访谈中，洛克菲勒闭口不提那次最令他刻骨铭心的挫折：1911 年美国联邦政府把标准石油公司分成了几十个子公司。他假装记不得最高法院的那次裁决，谈起标准石油公司时就好像它还像原先那样，铁板一块、纤毫未损。

对诬蔑他的人毫无怨恨，这大概是在他做出的所有姿态当中最难坚持到底的一个了。他在谈话中屡屡提到他宽大为怀的品质。"标准石油公司的代表人物对那些说他们坏话的人都保持着最和蔼、最友善的态度，宁愿把那些人的行为看作是出于他们自身的弱点、无知和别的什么令其不由自主的原因"。他还说："对那些出言不逊的人，我们也决不怀恨在心。'人人难免有错，宽恕方为圣贤'。"他甚至更加息事宁人地说："我很高兴的是，我们对这些心怀妒嫉的小人十分仁慈、和善，他们靠贬低我们为生，因为他们是些鼠目寸光的人。"

然而到后来，这种圣贤式的口气开始变味了。洛克菲勒不能容忍对他一生所做的真正有原则性的批评，越来越多地进行怀有偏见的攻击，嘲弄批评他的人只会叽叽咕咕、嘟嘟囔囔地乱发牢骚、口出怨言，是些号丧的夜猫子、敲诈勒索之徒、海盗、被宠坏的孩子、冒险分子、恶狼和剪径的贼人。很显然，对他的种种指控，他仍然耿耿于怀，尤其是艾达·米纳瓦·塔贝尔的指责，她头脑冷静、眼光敏锐，做出的调查结论把洛克菲勒这个姓氏变成了贪婪商人的代号。洛克菲勒同老朋友一起打高尔夫球时，曾经拿塔贝尔打趣，叫她"柏油桶⑤小姐"，这显然是想以此来抚慰一下对方的言论给自己造成的痛楚。

在这场马拉松式的采访中，英格利斯只见到洛克菲勒铁一般的沉着和自制力崩溃过两回，而且意味深长的是，这两次都是在反驳塔贝尔的指控的时候。第一次是在英格利斯念到塔贝尔提起 1872 年时，当时年方 32 岁的洛克菲勒威胁说要毁掉拒绝加入他的卡特尔的对手，从而吞并了克利夫兰的几家炼油厂。如今看来，1872 年正是他无情地迈向石油业霸主地位的开端。如果那一年蒙上污点，以后的一切就都不光彩了。英格利斯生动地记下了洛克菲勒对塔贝尔的指责做出的反应：

"这话绝对是错的！"洛克菲勒先生大声叫道，令我不由得抬起了头。他刚才一直斜倚在一张宽大的椅子里，说这话时却一跃而起，朝我做记录的桌子走来。他满脸通红、两眼冒火。这是头一回见到他显露出不高兴的心情，毫无疑问，他怒火中烧、满腔愤恨。他说话声响亮而清晰。他没有用拳头砸桌子，只是攥紧双手站在那儿，显然是在竭力控制自己，但又不能立即恢复平静。"这话绝对是错的！"他叫道。"我和公司的人谁也没有对外人这么说过。你可以一字不改地记下我的话：这绝对是个弥天大谎！"

洛克菲勒发完这通火之后，情绪渐渐平静下来，但是这种含沙射影的说法仍令他心中隐隐作痛。过后，他和英格利斯一同在山坡和他家一望无际的高尔夫球场上散步；"那话简直太荒唐了！"他大声说道。"胡说八道、恶毒之极、居心不良。事实上，当时我们都在同一条快要沉没的船上，谁还有心思再拼杀个你死我活。我们当时是在尽力造一只救生艇，好把大家都送到岸边。"并购竞争对手的公司并非是洛克菲勒所说的义举，可是他的记忆力尽管很强，记住的却都是些他想记住的东西。

洛克菲勒把最难听的字眼留给了后面的章节，这是塔贝尔提到他私人生活中最敏感的地方，即提到他那位多姿多彩、声名狼藉的父亲威廉·埃弗里·洛克菲勒的品行的时候。1905年7月，塔贝尔写了分上下两部的洛克菲勒"品格研究"，以此作为她的标准石油公司系列故事的开篇，文中满篇是对他父亲的刻毒描写，说其父是个游走四方的药贩子，过的是见不得人的流浪日子。威廉·埃弗里·洛克菲勒是那种善于花言巧语的小贩，在19世纪初的美国边远地区随处可见，塔贝尔用了很大的篇幅列举了他的劣迹。她在刻薄的描述中曾经说过："他除了滴酒不沾之外，可谓无恶不作。"

对其亡父的这番攻击触及了洛克菲勒深藏心中、时时作痛的伤口，听到此处，他勃然大怒。"这个自称是历史学家的家伙居然说出这么恶毒的话来，"他嘲笑道，错误地推测塔贝尔是因为自己的系列报道居然无损于标准石油帝国而感到恼怒。"所以，她用了她拿手的一切冷嘲热讽、恶语中伤、含沙射影和颠倒黑白的伎俩，编造出这么一套无耻的瞎话，比任何人都恶毒地攻击我父亲。"洛克菲勒一时无法控制自己，他那人所共知的岩石般的镇静彻底崩溃了。他一生中难得有几次这样滔滔不绝地出言不逊过。他怒不可遏，破口大骂道："这个长了一条毒舌的恶妇拼命想毒害老百姓……只要能归到洛克菲勒名下的每件事情，不论是好是坏还是不好不坏，她统统都表示怀疑，因为至今为止这个名字还没有让她的攻击给毁掉。"一旦意识到自己掉以轻心、一反常态时，他立即克制住自己，恢复了往日那种泰然自若的镇定，用安慰的口吻对英格利斯说："不过令我高兴的是，我毕竟没有对这样一位'历史学家'抱有怨恨，我对她只有可怜。"这位巨子又恢复了尊严，并且保证不会让自己那副严丝合缝的面具在他指定的传记作者面前再次脱落。

注释

①指1714—1830年间的英国乔治王朝。

②James Boswell，1740—1795，英国著名传记作家。

③Cartel，又译"同业联盟"，系垄断组织的一种形式。

④Adam Smith，1723—1790，英国经济学家，《国富论》作者。

⑤塔贝尔的英语谐音。

1　放荡的男人

　　20 世纪初，正当洛克菲勒和安德鲁·卡内基①争夺世界首富的名号时，法国与德国之间竟也发生了激烈的口角，双方都宣称自己是洛克菲勒的祖籍所在国。形形色色的家谱学家垂涎于不菲的稿酬，纷纷摩拳擦掌，要为这位石油大亨杜撰出一个光彩夺目的高贵门第。"本人无心追根溯源，当什么名门之后，"洛克菲勒坦言相告。"我对自己良好而悠久的美国血统很知足。"根据对洛克菲勒家世所作的最为彻底的研究，洛氏的家系可以追溯到 9 世纪一个名叫洛克弗伊（Roquefeuilles）的法兰西家族，据信，该家族当年住在法国南部朗格多克的一座城堡里。有关该家族何时离开法国的记载要比有关其起源的记载详尽得多。1695 年，路易十四②废除南特敕令③之后，这个信奉胡格诺教派④的家族为了躲避宗教迫害，迁移到德国莱茵河畔的科布伦茨城附近的萨根多夫，并且把姓氏改作日耳曼语的读音，即洛克菲勒。

　　1723 年前后，磨坊主约翰·彼得·洛克菲勒（Johann Peter Rockefeller）带着妻子和 5 个孩子漂洋过海来到美国的费城，最初在新泽西州萨默维尔的一座农场安顿下来，后来又迁到阿姆韦尔。他显然是在此处发家，买下了大批的土地。10 余年后，他的堂弟迪尔·洛克菲勒（Diell）离开德国西南部，移居到纽约州的日尔曼敦。迪尔的孙女克丽丝蒂娜嫁给了她的一个远亲——约翰·彼得的一个孙子威廉（尽管约翰·戴维森·洛克菲勒对其欧洲的先祖从来不怀有特殊的感情，他还是在新泽西州弗莱明顿的墓地上为老祖宗约翰·彼得竖了一座纪念碑）。威廉和克丽丝蒂娜婚后生了一个儿子，起名为戈弗雷·洛克菲勒（Godfrey），他就是这位石油巨子的祖父，却又是该家族的后代最不愿提及的祖先。1806 年，戈弗雷不顾女方家人竭力反对，娶了马萨诸塞州大巴林顿的露西·埃弗里（Lucy Avery）为妻。

露西全家瞧不起洛克菲勒家，认为露西是屈身低就。洛克菲勒自己的母亲后来也重蹈覆辙。露西家的祖上在 1630 年前后随着清教徒西迁的浪潮，从英国的德文郡移居到马萨诸塞州的塞勒姆。埃弗里家的人多才多艺，自从定居下来并且成为当地名门以后，这个家族出了许多牧师、军人、市民首领、探险家和商人，且不提还出过一批胆大妄为的杀戮印第安人的魔头。美国独立战争期间，埃弗里家族有 11 位勇士在格罗顿之役中壮烈牺牲。如果洛克菲勒家族需要对其"贵族"血统加以渲染、添枝加叶的话，露西满可以有凭有据地指出，自己是 1016 年加冕的英国国王——勇敢者埃德蒙⑤的裔胄。

遗憾的是，戈弗雷·洛克菲勒同他能干的妻子很不相配。他五短身材、面带菜色，一副什么都干不成的倒霉模样。露西是个热情如火的浸礼会教徒，身材削瘦，个头高过丈夫，一双蓝眼睛左右流盼，威风凛凛、举止潇洒、步履矫健。她以前是个教师，受教育程度高于戈弗雷。就连向来不说自己亲戚坏话的约翰·戴维森·洛克菲勒都婉转地承认："我祖母是个要强的女人。她丈夫不如她。"如果说，戈弗雷给洛克菲勒家的后人留下了色彩——蓝灰色的眼睛和浅褐色的头发，露西则把修长的身材传给了儿孙们，这一特点在洛克菲勒家的男人身上显得尤为突出。露西体格健壮、活泼有力，生了 10 个孩子，老三就是 1810 年出生在纽约州格兰杰的威廉·埃弗里·洛克菲勒。尽管洛克菲勒父亲的生日不难确定，众多新闻记者有朝一日会因确定他的忌日而累个半死。

戈弗雷既务农又经商，虽历经坎坷，却也不无收获，但因几度商业投资不当，弄得全家朝不保夕、四处漂泊。他们先是被迫搬到纽约州的格兰杰和安克拉姆，后来又移居大巴林顿，最后还是迁回纽约州，在利文斯顿安身。在约翰·戴维森·洛克菲勒的成长环境中，大概不乏令他引以为戒的那些误入歧途、性格懦弱的男人们的身影。戈弗雷肯定被当做不可仿效的榜样而频频提及。家里的人都认为，爷爷是个快活终日、脾气和蔼的人，但又懒散成性、嗜酒如命，令露西一生对酒恨之入骨，而且无疑把这种仇恨灌输给了她的孙子。戈弗雷爷爷是头一个使约翰·戴维森在心里永远把乐天知命同放纵的性格划等号的人，他喜欢世上的男人个个头脑清醒、意志坚强、完全能控制自己的感情。

有关洛克菲勒的档案提供了各色各样的资料，说明戈弗雷和露西缘何要在1832年至1834年间驾着塞满家当的宽轮大篷车向西部进发。根据其中一个说法，洛克菲勒全家和几家邻居的土地在同英国投资商进行的激烈的所有权之争中被人夺走。另一种说法是，有个无耻的商人哄骗戈弗雷拿自己的农场去换取泰奥加县据称更加肥沃的草场（如果这一说法成立的话，事实证明这是一个残忍的骗局）。后来有几位亲戚说，戈弗雷真正想去的是密执安（又译密歇根）州，但是让露西给否决了，她不愿背井离乡去密执安的荒原上安家，而是倾心于纽约州以北新英格兰地区的文化氛围。

无论出于何种原因，洛克菲勒全家还是重走了早年美国人的老路，动身寻找新的机遇。19世纪30年代期间，许多来自马萨诸塞和康涅狄格州的拓荒者兴奋地涌入纽约西部的荒野。亚历克西·德·托克维尔⑥把这次大迁移说成是"一场抢夺机会的大赛"，人们追求"它所激起的狂热，不亚于追求它所带来的收获。"20年代开通的伊利运河吸引了许多拓荒者来到这个地区，戈弗雷和露西也把自己的家当装到一辆帆布大篷牛车上，奔向那片人烟稀少的土地。他们在尘土飞扬的奥尔巴尼—卡茨基尔大路上跋涉了两个星期，缓缓地穿过了一片又一片如同格林童话中所说的那种阴森可怕的森林。由于车上行李太多，坐人的地方不够，大部分路程只好徒步而行，露西和孩子们（除了威廉之外，因为他没有同行）走累了便轮换着坐一会儿车。当全家终于到达目的地——纽约州的里奇福德时，最后的3英里半路格外难走。拉车的牛在乱石嶙峋、车辙交错的小路艰难前行，到后来，他们不得不用鞭子把早已精疲力尽的牛赶上一个几乎垂直的山坡，为的是得到那片60英亩的处女地。根据洛氏家族代代相传的说法，戈弗雷下了车，步履沉重地爬上那片土地的最高处，环视了一下自己的领地，然后哀怨地说道："这和去密执安差不多。"于是，在一块记载着破灭了的希望的石碑上，这片土地永远被刻上了这样一个令人忧伤的名字：密执安山。

今天的里奇福德充其量是个公路交汇的小镇，当时则是位于纽约州伊萨卡东南、宾厄姆顿西北这片树木繁茂的土地上的一个公共马车驿站。当地的原有居民印地安易洛魁部族在独立战争后被赶走了，代之以独立军队的老兵。洛克菲勒一家抵达时，这里还是一片满目荒凉的边远地区，刚刚才获得市镇的地位，所管辖的村子最早不过建立于1821年，文明社会刚刚在此落脚。四面茂密的森林里，熊、鹿、豹子、野火鸡和野兔等野兽随处可见，到了夜晚，人们要举着耀眼的火把吓跑那些四出觅食的狼群。

1839年约翰·戴维森·洛克菲勒出生时，里奇福德初具小镇的规模。镇上有一些新建的作坊——几家锯木场、磨坊和一家威士忌酒厂，外加一个学校和一座教堂。镇上的大多数居民全靠辛勤务农餬口度日，但这些新来乍到的人却个个都满怀希望、勤奋努力。他们尽管一副边远地区的打扮，却带来了新英格兰地区清教徒节俭的生活方式。在这方面，约翰·戴维森·洛克菲勒将成为一个楷模。

从洛克菲勒家陡峭的土地上望去，肥沃的山谷一览无遗。山坡上春天野花似锦，秋天长满栗子和各种浆果。然而，在这片美丽的林谷中，洛克菲勒一家却劳作终日，过着艰苦的日子。他们住着一栋简陋的小屋，6英尺宽、22英尺长，是用剥了树皮的原木盖成的。他家的地土层很薄，石头却很多，要费九牛二虎之力才能从长满密密的松树、铁杉、橡树、枫树和灌木丛的山坡上开出一块田来。

让我们根据洛氏家族流传下来的为数不多的故事尽量猜想一下当年求生存的情景：露西精明地管理着全家和农场，对繁重的劳动从不畏惧。她赶着两头牛，自己垒起了一圈石墙；她机智敏捷、头脑冷静、足智多谋，这些特点以后都在她孙子的身上得以再现。约翰·戴维森很喜欢讲她夜里在黑洞洞的谷仓中狠揍偷粮贼的故事。因为看不清小偷的脸，头脑清醒的她从小偷外衣的袖子上扯下了一片布。后来，她发现了那人的破上衣，便向大惊失色的小偷亮出了被她扯下的布头；她一言不发地证实了自己的判断，却从来没有向对方提出指控。有关露西的故事中，最后值得一提的是：她对草药十分感兴趣，用自家后院的"药用植物"自制了不少药品。

许多年以后，她那位好奇的孙子把那片植物的标本送到实验室去，看看它们是否真的具有药用价值。也许，他正是从露西那里继承了对药物研究的嗜好，而且一生兴趣不减，最终创建了世界一流的药物研究所。

威廉·埃弗里·洛克菲勒在20多岁时就已经成了传统道德的死敌，宁愿过着浪荡的生活。他少年时就常常在隆冬时节离家出走，多日不归，根本不告诉家人去了哪里。他一生用了不少心机、玩了不少把戏，以逃避单调、艰苦的工作。可是，由于他举止粗鲁而不失魅力，浓眉大眼，相貌堂堂——身高将近6英尺，宽肩高额，咄咄逼人的下巴上长满浓密的赭色胡须——第一次见到他的人很容易上当。这副动人的模样至少能一时消除人们的怀疑和敌意。不足为怪的是，这个流浪汉最初没有陪同父母历经艰辛来到西部的里奇福德，而是在1835年前后以他那种别人学不来的方式游荡到这个地方。他第一次出现在附近一个村子里时，很快就以他那异乎寻常的举止打动了村民们。他装成一个卖廉价新奇小玩意的聋哑商贩，在钮扣眼上拴了一块小石板，上面用粉笔写着一行字："我又聋又哑"。他用这块小石板同当地人交谈，后来又向人吹嘘，说自己如何用这套伎俩把全镇的秘闻都搞到了手。为了赢得素昧平生的人的信任，让他们软下心来买下他强行推销的东西，他随身带着一只万花筒供大家观看。在长期行骗的生涯中，老比尔[7]总是冒着让人突然识破骗局、向他报复的风险。有一回，他在·位名叫韦尔斯的教堂执事家里差一点败露了。这个惨兮兮的小贩在一个星期六叩开了执事和他女儿史密斯夫人家的门，父女俩可怜他，留他在家里过了一夜。第二天早上，他俩邀他一起去教堂，老比尔只好故技重演、煞费苦心地编造谎话，因为他一向躲开人多的地方，惟恐有人会认出他来，揭他的老底。"比尔写字告诉（执事），他很愿意去教堂，但是由于自己生理上的缺陷会招人注意，他不习惯，所以不想去，"镇上有人回忆道："他确实害怕会让人认出来。"7个月之后，那位执事和比尔都搬到里奇福德去住了。史密斯夫人在一次社交聚会上见到了这个原先又聋又哑的人，对他居然奇迹般地开口说话感到惊讶不已。她说："我发现你比上次见面时会说多了。"比尔面不改色，照样大言不惭地笑道："没错，我多少有些起色了。"他一到里奇福德就让镇上的人领教了他的骗术。他一言不发地举着那块石板，上面潦草地写着："戈弗雷·洛克菲勒住在哪儿？"

由于他通常对自己和所卖的货物不说实话，所以要走出很远去行骗，以逃避法律的制裁。他头一回见到他未来的妻子伊莱扎·戴维森时是在她父亲的农舍里，当时他正在离里奇福德西北30多英里的奈尔斯和莫拉维亚一带转悠。他生来就有经商和推销的本领，总是穿着锦缎坎肩或者其他色彩鲜艳的衣服，肯定会让像伊莱扎这样足不出户的农家少女看得眼花缭乱。他和许多乡间货郎一样，善于用花里胡哨的小玩意花言巧语地诱人想入非非，伊莱扎则对这个浪漫的货郎报以芳心。她完全被他那套聋哑骗术蒙住了，不顾他在场张口便说："如果他不聋不哑，我就嫁给他。"她即便发现他在骗自己，对他心存疑虑，却嘴上不说，而且很快就像别的女人一样在他那种如有催眠作用的魅力面前臣服了。

伊莱扎的父亲约翰·戴维森是个苏格兰—爱尔兰血统的浸礼会教徒，为人谨慎古板，十分疼爱女儿。他肯定意识到了，一旦伊莱扎嫁给老比尔·洛克菲勒，等待她的会是一个多灾多难的结局，所以竭力反对这件婚事。在后来的岁月里，伊莱扎·洛克菲勒就像一个干瘪瘦弱的老处女，而在1836年年底，她还是一个红发碧眼、身材苗条、活泼可爱的少女。她虔诚、矜持，与比尔恰成对照，很可能正是由于这个原因，使她迷恋上了比尔。天晓得被比尔喋喋不休的花言巧语拨开的、笼罩在她门前的阴霾是什么样的。伊莱扎才12岁时，母亲便过世了——她是在吃了一片江湖医生给的药品后暴死的——伊莱扎从小就失去了母亲的关怀，是由姐姐玛丽·安带大的。

1837年2月18日，这对最不相配的青年——当时比尔27岁，伊莱扎24岁——不顾约翰·戴维森的坚决反对，在伊莱扎一位朋友家中举行了婚礼。这件婚事成了里奇福德镇最大的谈资，人们大都认为这是比尔在捣鬼。与戴维森家相比，洛克菲勒家是些穷庄稼汉，让比尔着迷的很可能是有关约翰·戴维森家不多的家产的传闻。早在1801年，节俭的约翰·戴维森在卡尤加县买下了150英亩的土地。用约翰·戴维森·洛克菲勒的话来说，"我外祖父是个富人——意思是说，他在那个时代应该算是富人。在那个时候，能买得起农场而且手头还剩下一点钱的人就算是富了。我外祖父的财产可能是这个数目的三四倍。他还有钱借给别人。"

里奇福德镇上的人多数认为，老比尔同伊莱扎相识，与其说是巧合，不如说是一个有预谋的、骗取她父亲钱财的诡计。比尔是个臭名远扬的色棍，见了漂亮姑娘就想弄到手。在他追求伊莱扎之前，至少有过一个相好。久住里奇福德的拉尔夫·P·史密斯回忆道："比尔刚来时还是个光棍，据说他本想娶他的女管家南希·布朗，后来却和她分手了，给了她一笔钱，说是有400美元，因为他决定要娶莫拉维亚城外奈尔斯的有钱人约翰·戴维森的女儿。"这个说法得到了约翰·戴维森·洛克菲勒的表姐约翰·威尔科克斯夫人证实，她说："哈福德山的南希·布朗是个漂亮姑娘，漂亮得出众。威廉爱上了她。但是她很穷。威廉想发财，伊莱扎·戴维森的父亲准备在她结婚时给她500美元，所以威廉就娶了她。"

这场建立在虚情假意上的婚姻把两个脾性大相径庭的人捆到了一起，为以后一出又一出伤心、失和与长年不稳定的生活剧搭建了一个戏台，同时也对约翰·戴维森·洛克菲勒矛盾性格的形成产生了巨大的影响。

比尔把他的新娘带回里奇福德他盖在离父母家半英里远的住处时，伊莱扎肯定想到了她父亲反对他们结婚的明智之处：在这个草草建起的家中，今后的日子注定会充满艰辛。从存留下来的约翰·戴维森·洛克菲勒出生地的照片上看，那是一幢简朴的木板房，建在没有树木的山坡上，背后是无遮无掩的天空。房子粗劣不堪，像是用两节货车车厢接在一起而成，简陋而又单调，只有搭在其中一个房门上的凉篷使整个画面显得稍有生气。不管外表有多简陋，房子盖得倒挺结实、舒适，用的是就地取材的木料。底层是两间卧室和一间起居室，顶上是一个小卧室和放东西的阁楼；贴墙而建的小屋则用作谷仓兼柴棚（在未来石油大王出生的这间农家小屋里，点的很可能是鲸油灯或牛脂蜡烛）。屋外的场地则要宽敞得多，有50英亩光景，包括一个苹果园，盛产鳟鱼的奥韦戈河沿着地头潺潺流过。

不久，比尔便粗暴地打破了伊莱扎可能对夫妻生活所抱有的任何浪漫念头。他根本没有同自己的相好南希·布朗断绝关系，而是把她当做"管家"领进了这个狭窄的房子里，并且分别同妻子和情人有了好几个孩子。1838年，伊莱扎生了他俩的头一个孩子露西，几个月之后，南希便生了第一个私生女克洛琳达。1839年7月8日夜里，比尔和伊莱扎又请来了接生婆，这回生的是个男孩，他降生在长10英尺宽8英尺、没有家具的前卧室里。他出生时正逢马丁·范布伦总统在位[1]，命中注定要成为美国第一流资本家，并且活到实行新经济政策的富兰克林·罗斯福总统⑨第二个任期（1937—1941）。这孩子和其他未来的工业巨头——安德鲁·卡内基（生于1835年）、杰伊·古尔德⑩、J·皮尔庞特·摩根⑪一样，都出生于19世纪30年代末，并且赶在南北战争之后工业大发展的前夜长大成人。约翰出生后没几个月，南希·布朗又生了她的第二个女儿克妮莉亚，也就是说，比尔这个后宫之主在短短的两年中居然在同一个屋顶下生了4个孩子。就这样，竭力维护道德的约翰·戴维森·洛克菲勒（这个名字恰如其分地取自伊莱扎的古板持重的父亲）是夹在非婚生的姐姐和非婚生的妹妹之间降生在一个充满罪恶的环境里的。

伊莱扎肯定不会和她婆家的人相处得十分融洽。总体来说，洛克菲勒家的人是一群嗜酒的山民，爱串门、好打趣、喜欢听音乐、喝烈酒、去人多热闹的地方寻欢作乐，遵循的是边远地区那种粗俗的道德观念。这家的女头领露西却是一个明显的例外，所以伊莱扎尽管看不惯那些放荡不羁的婆家人，却觉得婆婆露西挺亲近。在里奇福德的那段日子里，比尔的弟弟迈尔斯·埃弗里·洛克菲勒抛弃了妻子，同一个过去在伊莱扎家当女佣的姑娘埃拉·布鲁西私奔，去了南达科他。迈尔斯同埃拉过起了重婚的生活，并且把中间的名字埃弗里改作了自己的姓，这一举动后来也为比尔所效仿。当时美国的边远地区十分辽阔，尚未划分疆域，有无数个逃避法律制裁的去处，像这样另起炉灶过日子的情况屡见不鲜。

伊莱扎尽管乍出闺房、涉世不深，却对南希·布朗格外宽容。出乎人们意料的是，她很同情这个插足者，也许是认为有这个第三者是对她没有听从父亲劝告而应得的惩罚。她的外甥女说过："伊莱扎姨妈爱她的丈夫，也喜欢可怜的南希。是伊莱扎姨妈的兄弟们追究这事，迫使威廉抛弃了南希。"在伊莱扎婚后的这段日子里，文件资料里丝毫没有提到她父亲戴维森先生，这反倒引起人们的注意：他是不是同这个不听话的女儿暂时断绝了关系，还是她由于内疚和所处境地尴尬而对父亲闭口不提自己的烦恼呢？有一种说法是，比尔结婚后，南希变得越来越好斗，于是他借此机会把这个放泼的情妇赶出了拥挤的家。他听从了姻兄们的请求，用邮车把南希和她的两个女儿打发到附近的哈福德山娘家去了。按照洛氏家族的传说，比尔虽无善心但也天良未泯，曾偷偷地把一包衣物放在南希家门外的台阶上。所幸的是，和比尔过了这几年并没有毁掉南希的一生，她后来嫁给了一个名叫伯林格姆的人，又生了几个孩子，并且使两个大女儿体面地长大成人。在为数不多的资料当中，有证据表明克洛琳达夭折了而克妮莉亚长大后当了教师，她个子高挑、漂亮迷人，模样很像老比尔。比尔有时会在这个女儿的要求下给她一些钱，但是他慷慨解囊的时候很少，要钱的次数多了，他会一个子儿也不给。克妮莉亚后来嫁给了一个名叫萨克斯顿的男人，还在里奇福德一带住，但是只有为数不多的当地居民和洛克菲勒家的亲戚知道她是老约翰・戴维森・洛克菲勒的妹妹。说句公道话，克妮莉亚从未利用她和这位世界首富的亲缘关系（这样做无疑会暴露自己是私生女的身份），而她的后代可能就不那么不好意思开口了。洛克菲勒家的记载表明，住在底特律的S・F・萨克斯顿在1910年曾经试图向这位巨擘借1.5万美金，被他的秘书拒绝了。人们无法确定洛克菲勒是否知道自己有两个非婚生的同父异母姐妹。

比尔和南希・布朗的事还不是唯一一桩降临在伊莱扎头上的耻辱，在里奇福德那毫无幸福可言的3年当中，她经常被比尔抛在一旁。他还是那样行踪不定、粗鲁无理、我行我素，不愿过安定的日子。刚结婚时，他安分了一阵，在密执安山办了一家小锯木厂，同时还做一些生意，买卖盐、皮毛、马匹和木材等，但是不久后又重操旧业，当上了漂泊不定的游贩，行踪诡秘，无人知晓。他就像一个亡命徒，常常在夜色的掩盖下偷偷出门，几个星期或几个月后才回来，等到天黑后往窗户上扔石子，表示他到家了。为了使家人在他出门后能馌口度日，他去小铺赊账，对里奇福德的创建人伊齐基尔・里奇的儿子、小店老板昌西・里奇发号施令说："在我出门时，我家需要什么就给他们什么，等我回来结账。"伊莱扎根本不知道何时才能还清赊欠的钱，只好十分节俭地过日子，并且用"浪费使人一世穷"之类的格言来教育孩子。

比尔每次回家都是不期而至，他满面笑容，骑着新到手的马，身穿考究的衣服，手里挥着厚厚一沓簌簌作响的钞票。去看伊莱扎之前，他总是先去付了欠昌西・里奇的账，这样就能胸有成竹地告诉妻子，欠店里的钱全都了结了。他那迷人的魅力融化了因他撇家舍业而产生的怨恨；他经常迟迟不归，一再背叛妻子，把伊莱扎心中的浪漫情怀打消得一干二净，只剩下清心寡欲和逆来顺受，但这是很久以后的事了。在当初，不管她感到多么担心和孤独，在他出门后似乎仍然像少女一样思恋着她那位花言巧语的心上人。有一回比尔上路后，她向一位表妹叹息道："你看天上的月儿！越走越远的威廉此刻会不会也在看着它？我真希望他能这样做。"

比尔每次出门都会临时想出比以前更加怪诞的法子来挣钱。他是个射击好手，常去参加一系列射击比赛，而且往往能把奖金拿回家来。他还是个热心的推销商，能以出奇的高价卖掉一些戒指之类的小手饰。不过在多数情况下，他自称是"植物性药物内科医生"或"草药医生"——洛克菲勒家的一些后人也一字不易地使用这些委婉的说法。当时的内科医生还在使用放血、挑疱和大剂量催泻等疗法，许多农村地区缺医少药，使那些四处游荡的商人有了可趁之机。然而，从威廉·埃弗里·洛克菲勒身上，可以明显地看到江湖医生擅长的甜言蜜语和爱好吃喝玩乐、生活放荡的特点。他有时推销瓶装的自制汤药或是从杂货店买来的成药，不过最成功的是推销从母亲露西的药用植物中采来的天然药物。尽管他母亲很看重草药，比尔显然歪曲或夸大了它们的作用。比如，他从母亲的园子里采来外表像药丸似的紫色小浆果，把它们说成是治胃病的特效药，兜售给农家妇女。他甚至还能吹得更加活灵活现。许多年后，他在里奇福德的一位邻居说："他还一本正经地告诫那些女人说，这种药不能给孕妇吃，因为肯定会导致流产。这样他就能卖个好价钱。这种药对人毫无害处，所以卖了也不违法。他的想像力真是了不起。"

威廉·洛克菲勒出没于半夜三更和他与众不同的买卖令里奇福德的乡亲们感到神秘莫测。他既激发了人们的想像力，也令人百思不得其解，引起了无数的闲话和猜测，弄到后来人们给他起了个外号叫"魔鬼比尔"。流言蜚语时常在全镇飞传，一会儿说他是个赌徒，一会儿说他是个盗马贼，一会儿又说他是个亡命徒。尽管他似乎在做些令法律无可奈何的事，他对待家人的做法也令人摇头，但人们还是爱听他说的那些粗俗的俏皮话和荒诞不经的故事。"他每逢做成一笔买卖就会打扮得像个王子一样，让别人去猜个没完，"镇上有个和大家一块儿琢磨比尔五花八门的生财之道的人说。"他很爱笑，为自己能引起大家的猜测而得意洋洋。他回家后不喝酒，待家人也很好，可是人人都知道他是个不顾家的人，每次离家好几个月，让家里人自己谋生。"他总是令那些希望看到他倒霉的人失望。每当他数月不归，伊莱扎在昌西·里奇的店里欠账多达千元时，就会有人散布谣言，说魔鬼比尔被捕了。然而就在此时，他却会像个绅士似的赶着一辆由几匹骏马拉的华丽马车缓缓地来到镇上，衬衣上别着闪闪发亮的钻石。到了杂货店里，他必定会用大面额钞票来付家里欠下的账。每次回来，比尔都要把朋友和家人召来聚餐，待他狼吞虎咽地吃下一大堆东西之后，就给大家吹上一通他在西部移民和印第安人中离奇的冒险经历。魔鬼比尔有一种把自己的经历编成迷人故事的能耐，使伊莱扎和孩子们如临其境，觉得自己就像和他一起去旅行过似的。比尔离家时，受折磨最深的是伊莱扎，为此她受到乡邻们的同情，觉得她丈夫没把她当回事；而她却始终对他忠贞不贰，多次拒绝说他的坏话，维护着自己的尊严。

尽管约翰·戴维森·洛克菲勒的童年不像传记作家们一再渲染的那样穷途潦倒，但还是有人证明他家在里奇福德时确实十分贫困。"我不记得还见过像他家那样可怜、那样无人照管的孩子，"有位邻居说。"他们成天穿着破衣烂衫，一副又脏又饿的样子。"伊莱扎的小叔子雅各布·洛克菲勒是个成天乐呵呵，经常喝得酩酊大醉而又淫荡的家伙，伊莱扎却要去求助于他，可见她的日子有多难了。有个关于雅各布的脍炙人口的故事说，他有一回和别人赌 5 块钱，说是能从家里走到镇上一路不喝酒，还居然赢了。雅各布好心的妻子成了露西和约翰这两个刚会走路的孩子的第二母亲，为他俩补衣服，还用自纺的毛线给他俩织手套。

在这种噩梦般的日子里，伊莱扎的力量似乎来自于苦难。有位里奇福德乡亲夸她是"最出色的女人，但在当时的情况下照看那些孩子，负担确实太重了。丈夫经常长年不归，只能靠她操持 60 亩地的农场来应付家里的花销。她不知道村里的店主们何时会拒绝让她赊账，所以只好拼命地干。"

约翰·戴维森·洛克菲勒后来在纽约州北部回忆起他牧歌般充满阳光的童年时，在自己的幻觉中抹去了里奇福德的那一段日子。他离开里奇福德时刚刚 3 岁，对那个地方只有一点模糊的印象。"我记得很清楚，屋前不远有一条小河流过，我总要小心地离河远远的。我模模糊糊地记得母亲在里奇福德的模样，还有奶奶，她住在半英里开外的山坡上。"有人说，洛克菲勒在谈起早年的记忆时十分谨慎，闭口不提他那个总不在家的父亲和酗酒成性的祖父，只谈他健壮、坚忍的母亲和祖母。他一向具备一种非同寻常的自我保护能力，压制那些令他不快的记忆，只谈那些突出表明他刚毅之处的事情。

我们至多能说，洛克菲勒对南希·布朗以及在里奇福德那段日子里令人不快的一面一无所知，但那个地狱般的地方给他一生留下了隐隐约约的印象。"一想到如果一辈子都呆在里奇福德会是什么样子，我就会不寒而栗，"他后来吐露道。"那儿的男人打打野物、钓钓鱼、喝一点点威士忌，一辈子没多大出息。这全是因为他们缺少一点点宗教。"至于他家为何决定离开里奇福德，洛克菲勒说是由于经济上的原因：土地贫瘠，这很可能被用来当做有关他孩提时代的主要标准说法。"那儿的乡间很美，"他这样说道。"可是，当地人把树桩从田里挖出来，为了使庄稼在贫瘠的土地上生长而白白浪费气力。"当然，真正的原因是，镇上只有一座教堂，人们的道德水准低下，这让伊莱扎感到恐惧；她也许还急于使孩子摆脱洛克菲勒家吵闹不休、酗酒成性的亲戚们的影响，让他们同更加稳重的戴维森家的人在一起。不管是何原因，洛克菲勒全家搬到了离戴维森家的农庄 3 英里远的莫拉维亚，在那儿，在丈夫频繁离家出走的日子里，伊莱扎可以享受到父亲的关怀。

注释

①Andrew Carnegie，1835—1919，美国钢铁业巨子。

②法国国王，1643—1715 年在位。

③1598 年颁布，给予胡格诺派教徒一定的政治权利。

④指 16—17 世纪法国基督教新教。

⑤Edmund Ironside，993—1016，即位后不久被入侵的丹麦人打败。

⑥Alexis de Tocqueville，1805—1859，法国历史学家。

⑦威廉的昵称。

⑧Martin Van Buren，美国第 8 任总统，1837—1941 年在任。

⑨Franklin D. Roosevelt，美国第 32 任总统，1933—1945 在任。

⑩生于 1836 年，美国铁路大王。

⑪生于 1837 年，金融巨头。

2 奋兴之火

　　洛克菲勒家从里奇福德搬到往北 30 英里的莫拉维亚，是从落后的边民居住点搬到了有着整洁的木板房、气氛宁静的城里。莫拉维亚的居民都是基督教联合兄弟会教徒（系福音派的一支，后并入圣道公会），当时已是主张戒酒和反对奴隶制的中心，城里有旅店、百货店、纱厂和公理会教堂。时至今日，莫拉维亚依旧是旧日美国的一个真实的缩影，雅致、幽暗的街道给人宾至如归的感觉，两边的房屋都有宽大的前廊可供客人小憩。

　　洛克菲勒一家住在城北的乡下。1843 年前后，比尔花 1000 美元买下了一块 92 英亩的地。那是一片绿草如茵的坡地，缓缓伸向芬格湖群景色最美的奥瓦斯科湖畔。比尔把那片地里原先就有的房子扩大了一下，分成七八间屋子，无论从哪个窗口都能看到美丽绝伦的景色：高耸的松林后面是草木葱郁的远山，映衬着浅蓝色的湖面。路两旁是谷仓，屋后还有一个熏制火腿和咸肉的烟房。对约翰·戴维森来说，那座两层的木板小屋令人着迷，成了他心目中田园美景的象征。他爱在夏天去凉爽清澈的湖上钓鲈鱼，就连寒冷的冬天也挡不住他。洛克菲勒家的孩子们都睡在楼上一间没有抹过墙泥的屋子里，冬天靠着从厨房接上来的烟筒取暖；寒风夹着雪花能从墙缝里钻进屋里来。"风在湖边铁杉树林里穿过时的呼啸声别提有多响了，"年届八十的洛克菲勒如在梦中似地回忆道。在黎明前的黑暗里，孩子们常常被伐木人叮叮咚咚的斧子声或者雪橇在压硬的雪地上滑过时的吱吱声惊醒。这时，伊莱扎就会站在楼梯下叫她的长子："喂，儿子，该起床去挤奶了。"约翰为了在昏暗寒冷的谷仓里暖和双脚,总是站在奶牛刚刚让出来的那块热气腾腾的地方给奶牛挤奶。

洛克菲勒家的头 3 个孩子露西、约翰和威廉出生在里奇福德。到了1843 年,伊莱扎又怀孕了,生了第 2 个女儿玛丽·安,此间老比尔再度离家而去。两年后,家里又降生了一对双胞胎,男孩叫弗兰克,长得很结实,女孩弗兰西丝从一落地就有病,医生来了不下几十次,最后还是不到 2 岁就夭折了。尽管伊莱扎设法不让只有 7 岁的约翰·戴维森受到他有生以来第一回面对死亡的痛苦折磨,但妹妹的死已经深深地刻在了他的记忆里。在他过了 80 岁后重返莫拉维亚时,他指着一块地说:"埋弗兰西丝的时候,我被打发到那块地里去往外拣石头,好不让我知道这件事。"从此以后,他便对死亡怀有恐惧感,虽然他从未对人说过,但伊莱扎却第一个凭直觉感到了这一点。

在莫拉维亚,威廉·埃弗里·洛克菲勒(比尔)与众不同,他既是一位遵纪守法的好公民,却又净干些没用的事情。就像在里奇福德一样,镇上的人直瞪瞪地看着他身穿时髦的衣服,跨着骏马驰而过,花起钱来大手大脚,时不时地让人觉得他就是镇里的首富。玛丽·安后来否认了那些有关他们的童年很穷的"荒唐"说法。"那时我们总是有吃有穿,该有的东西也应有尽有。当然,我家并不富裕——离富裕还差得远呢。不过,我们吃的用的都不愁,还能攒下钱来——一向如此。"在莫拉维亚的时光是约翰孩提时代的黄金岁月,因为他父亲一度还想当个绅士。有位邻居甚至还把比尔称做"那一带最引人注目的人"。由于当地盛产原始松林,他便组建了一家合法的而且效益相当不错的木材公司。他不等天亮就和同伙一起在星光下打着灯笼用连撬把木材拉到湖边,然后再浮运到湖北端的奥本。他突然冒出一阵公民意识,赶着双轮马车经过镇里,用计算车轮转了多少圈的办法替镇上选择盖学校的位置,随后把学校定在了全城的正中央。他劝说当地的纳税人为盖学校交钱,而在当时许多人仍然认为应当在家里教育孩子。他还在奥瓦斯科湖里养狗鱼,甚至当上了当地戒酒委员会的主任;他这种主意层出不穷、志在必得的精神后来也传给了儿子。"他就是那样的人,"约翰·戴维森吹捧道。"邻居刚开始谈起的事情,他就已经做完了。"在莫拉维亚的那段岁月揭示了比尔身上这样一个重要的特点:

他内心渴望成为一个受到尊重的人，而且很可能不想一辈子当个靠骗人为生的江湖医生。

比尔自然不屑于去干农活而脏了自己的手，因为他觉得这样会降低自己的身份。他当时还是经常往外跑，因此雇了一个名叫海勒姆·奥德尔的铁路工人给他干农活，并且在他出门期间替他照看家人。比尔这样指示他说："孩子他妈身体不结实，干不了这些活，可是活没人干不行。你觉得怎么干合适就怎么干吧。"奥德尔空闲时还来种种菜园子，这时伊莱扎也分配些家务让孩子们做。一天，她一边在菜园里拉一条绳子，一边对最大的两个儿子说："约翰，抓住绳子的这一头，威廉，这一头你拿好喽。"约翰与他那厌恶体力劳动的父亲不一样，他自称是普通人家的儿子，以在农村过艰苦的日子为荣；他后来认为，正是这种日子磨炼了他，使他能够经受住以后创业的艰辛。节俭的童年生活使他那种早已形成的苦行僧式的性格更加坚韧不拔，以后在身临逆境时能泰然处之。

在19世纪40年代的美国，各种各样的经济活动足以刺激起任何一个未来巨头的想像力。银行在各地如雨后春笋，运河在大地上纵横交错，汽轮在水面上来回穿梭，铁路和电报连接起第一批全国性的市场。领土扩张势在必行：得克萨斯在1845年被吞并，与墨西哥作战似乎已在所难免。当时的约翰·戴维森·洛克菲勒尽管对远方发生的这些事所知甚少，却已是一个完美无缺的典型"经济人"了。在他还是个孩子时，就知道按磅买来糖果，然后分成几小份卖给兄弟姐妹，赚取蝇头小利。在母亲的鼓励下，他7岁时就把赚来的各种硬币存到壁炉架上一只蓝瓷碗里。他做成第一笔生意时是在7岁：他尾随一只野火鸡，等它摇摇摆摆地走开，进了林子后，便从鸡窝里偷来小火鸡养大了卖钱。伊莱扎为了支持他做好这笔买卖，给他提供奶酪喂小火鸡；到了第二年，鸡群居然扩大了。老年时的洛克菲勒说："在那些日子里，我一见到那群火鸡就高兴，从不放过观察它们的机会。"

洛克菲勒的回忆尽管充满乐观色彩，但他早年的照片告诉人们的故事却要阴暗得多。照片上的他面色阴郁，毫无表情，缺少孩子特有的欢乐和活泼；他紧绷着脸，目光呆滞，毫无光泽。在别人看来，他好像老是心不在焉；在他们的记忆中，他总是铁青着脸在乡间小路上跋涉，若有所思，像是在努力解开一些深奥的难题。"他是个安静的孩子，"有位莫拉维亚的居民说。"他好像老是在想问题。"在很多方面，约翰和许许多多的其他男孩没什么两样，也没有令人忘怀之处。他名震天下之后，许多过去的邻居和同学都拼命想回忆起哪怕是一丁点有关他的事。他上学时脑子不快，但很有耐心，能持之以恒，而且他同 J. P. 摩根和杰伊·古尔德一样，都具有惊人的数学头脑。"我不是个一教就会的学生，所以只能勤恳地准备功课，"洛克菲勒说。他说自己"可靠"但不"出色"，这是实话。一年中有 30 个星期（农村孩子需要很多时间去干农活），他要去由他父亲建起的，只有一间教室的学校上课。那是一座简陋的斜顶白房子，窗户上安着深色的护窗板。学校的纪律严厉苛刻：学生犯了规矩，老师就会在他们头上挥舞起写字用的石板威吓他们。洛克菲勒之所以在班上没能出类拔萃，部分原因可能是他没有聪明孩子的那种表现欲，即想当明星的愿望；他一向有自己的主见，对别人的赞扬无动于衷，因而没有那种孩子气的虚荣心。

现在看来，当年这个踏实的孩子能认准了目标便一干到底，丝毫不是出于小孩子的冲动，在这一点上就有与众不同之处。他在下跳棋或象棋时格外谨慎，长时间地考虑每一步棋，在脑子里推算出对方每一个可能应付的招数。"我想好了马上就走，"他对催他快走的对手说。"你不会以为我下棋是为了输棋，对吧？"为了保证能取胜，他只参加可以由他指定规则的比赛。他尽管玩起来反应缓慢、左思右想，可是一旦考虑好了行动方案，便会迅速做出决定。

他虽然平时很严肃，大部分时间都在看书、听音乐或者上教堂，但又不失机敏风趣，是那种在话语中出其不意地表现出来的风趣。他的妹夫说他"具有敏捷的幽默感，尽管有人可能会说他连笑的时候都很有节制。他的欣赏力很敏锐，但我不记得他曾大声笑过。不过我的确见过他在听到或看到有趣的事情时，两眼迅速发亮，脸上现出酒窝的样子。"他妹妹玛丽·安记得他老爱戏弄人。"他讲笑话逗我们大家乐，自己却板着脸。"洛克菲勒一贯爱打趣逗乐，只是时常被掩盖在那副严肃的面容后面了。

约翰·戴维森·洛克菲勒为教堂所吸引，不是由于什么令他牵肠挂肚的责任或义务，而是为了某种能使灵魂得以深刻净化的东西。从他童年时期的浸礼会教义中，可以找到许多揭示他性格秘密的线索。他从小就不断接受各种基督教格言的熏陶，并以此作为行为准则。他的许多清教观念尽管在下一代人看来似乎已经过时，却恰恰是他少年时的宗教常识。的确，他在商业方面创立的传奇式的丰功伟绩是同他童年时代遍布纽约州北部地区的那种炼狱般的磨难环境离不开的。就连他那位习惯于同魔鬼打交道的父亲也能背诵许多赞美诗，并且鼓励孩子去教堂；有一回，他给约翰5块钱，要他从头到尾读一遍圣经，从而无意中在孩子心里早早就把上帝和金钱联系到一起了。比尔自己一向是个无法无天的家伙，实际上什么教派也不参加——这样做太过分了——所以约翰把宗教同他挚爱的母亲融为一体，因为母亲总是用圣经来安慰自己备受折磨的心灵。

约翰每个星期天都去离他在山坡上的家不远的地方上主日学①。他记得他的老师过去不信教，后来又悔过自新，成了一个虔诚的信徒。约翰与其说是把宗教视作来世善恶报应的理论体系，不如说是把它当做现世改造道德的手段。由于比尔经常出走，伊莱扎说服了一位信长老会②的邻居在星期天早上把她和孩子们顺路带到浸礼会教堂去。一家人挤坐在教堂的长椅上时，伊莱扎会鼓励孩子们往奉献盘里放下几个铜板。洛克菲勒后来把他的善举归功于他母亲的博爱思想的影响。他很小就知道上帝要求他的信徒去挣钱，然后再把钱捐赠出去，这是个永无止境的过程。"我从一开始就受到了干活攒钱的教育，"洛克菲勒解释道。"尽我所能、光明磊落地挣钱，然后尽我所能地给予，我一向将此视作一种宗教义务。在我还是个孩子时，牧师就教我这样做了。"属于低教会派③的浸礼会并不禁止信徒积累财富，但反对炫耀财富、追逐虚荣，这一主张在洛克菲勒身上形成了一种终生摆脱不掉的压力。

自从1639年罗杰·威廉斯④在罗得岛创建第一个浸礼会以来，这个教派直到始于1739年前后的所谓"大觉醒"时期才开始盛行。随着魅力超凡的英国循道派⑤传教士乔治·怀特菲尔德⑥去美国东海岸巡回传教之后，这股宗教热情日益高涨。在空旷的野地里，大批的人为自己的罪恶泪流满面，倒在地上痛不欲生，纷纷皈依基督教或者重新恢复了已经动摇的信仰。在这个时期，浸礼会信徒的狂热情绪越演越烈，他们主张信徒应主动接受浸礼，公开承认自己的信仰。仅在新英格兰地区⑦就涌现出100多个浸礼派教会。由于浸礼会的领袖不用牧师来担任，聚会又是自发性质的，所以十分适合在边远地区和具备民主精神的殖民地人民当中发展。浸礼会的牧师原先大多是平头百姓，不少人没读过几天书，而且往往不取报酬，但他们还是历经艰辛，深入那些其他教派的传教士不敢涉足的内地和穷乡僻壤。由于他们反对教会的权威，拒绝接受上级或中央教会的管辖，所以能够在任何一条河边或山谷里建立教会。在 18 世纪末，他们形成了一支主要的宗教势力。

从 19 世纪初到 30 年代，"第二次大觉醒"把新英格兰地区和大西洋中部三州[⑧]的宗教狂热带入了一个新的高潮。这场历时多年的运动在 1830 年前后达到了顶峰，那时，奋兴之火呈燎原之势，连纽约北部的罗切斯特和其他地区以及俄亥俄州都被归入了"过火区"。奋兴派信徒——最著名的当属查尔斯·格兰迪森·芬尼[⑨]——每到一个城镇都要举行祈祷聚会，而且往往是通宵达旦。在这些十分情绪化的戏剧性场合里，主角是一些顽固不化的罪人，他们坐在"忧虑凳"上，由乡亲们敦促他们悔过自新。这些有罪的人一旦发现天良，常常会涕泪交流，跪下祈祷。传教士用关于希望和恐惧、天堂至福和地狱之火等栩栩如生的说法吸引民众。有位名叫雅各·纳普的颇受欢迎的传教士就曾经描述过，在地狱里，受惩罚的罪人从火坑里往外爬，而守在边上的魔鬼却残忍地用叉子把他们叉回火中。这场运动还可以自动发展下去，得救的人还要去从撒旦的魔爪下解救其他的人。他们会挨家挨户地找出罪人，直到全镇都燃起这种疯狂的激情。

关于这场奋兴运动有几点值得一提，因为它们在洛克菲勒的一生中表现得特别显著。19 世纪 20 年代后期，罗切斯特激进的清教徒们鼓吹禁止抽烟、跳舞、玩牌、打台球和演戏，同时还抵制在星期天开业的商店。洛克菲勒说："回想起我小时候和刚开始做生意的日子里，我认识的浸礼会信徒们听从自己的良心和教会的教诲，不光在公共场所不跳舞，在任何地方都不跳舞，甚至不承认跳舞是好事……剧院被视作堕落的根源，真正的基督徒是不会去的。"由于烈酒被认为是魔鬼酿造的，信徒不能酿酒、卖酒，也不能让客人喝酒，因此不沾酒的誓言便成了一生信奉基督的基本内容之一。洛克菲勒从小就建立了一个牢固的意识：宣过誓的基督徒必须是一个能够抵御一切世俗诱惑的战士，永远不背离信徒的行为准则。

浸礼会传教士除了恪守严厉的加尔文派①教规之外，还坚持平等主义的思想，即所有误入歧途的灵魂都能获救，而非只有小部分上帝的选民才能得救，因此他们积极地投入到传播福音的工作之中。洛克菲勒受到的教育使他从小就认为没有一个人是不可救药的，人是按自由意志行动的，因而凭着意志就能得到拯救——这种依靠自己的观念带有他的那些保守政治观点的烙印。这种充满浸礼会思想的生长环境造就了他，使他自然而然地遵循对 19 世纪美国文化影响巨大的不断完善自我的精神来处世行事。比如，长老会信徒芬尼就劝勉他的听众在有生之年追求自身的完善。

洛克菲勒是在一个关键的时刻加入浸礼会的。1845 年 5 月，由于在是否允许蓄奴者当传教士的问题上发生了分歧，南方 9 个州的浸礼会代表脱离全国性组织，自行成立了南方浸信会。北方的浸礼会信徒强烈认为，废奴的主张同他们反对教会等级制的做法、平民主义精神以及基础广泛的清除社会罪恶的运动是相一致的。"第二次大觉醒"显然把个人皈依基督教和社会改革联系到了一起，从而孕育了积极参与政治的种子。殖民时期的美国人能尽情享用魔鬼酿造的朗姆酒，可是新兴的福音运动大力主张提高社会道德，助长了 19 世纪二三十年代间全国性戒酒运动的兴起。对于不关心政治的洛克菲勒来说，教会限制了他的社交圈子，却扩大了他的视野，使他得以关心更加重要的社会问题，为他最终跻身慈善家的行列打下了基础。

假如约翰·戴维森认为，除了魔鬼比尔的那些花里胡哨的古怪行径之外，他的童年就和当年的风俗版画上画的内容那样朴实平凡，这在很大程度上应归功于伊莱扎和教会对他的影响。生活的艰辛和磨难赋予这位面庞瘦削、举止稳重、目光坚定、朴素平凡的农村妇女以极大的毅力和智慧。"妈妈真是了不起，"玛丽·安说。"她里里外外地操持着全家的日子，而且应付自如。"尽管伊莱扎每天都读圣经，她留下的为数不多的几封书信表明她所受的教育十分有限（约翰则在拼写和语法方面无可挑剔）。她对语法几乎一窍不通，时时把一封信从头到尾写成一个句子。

守着这么一个行为怪诞、不负责任的丈夫，伊莱扎始终不渝地照看着 5 个孩子，面对这种毫无怨言的坚强性格，无人不为之动容。比尔每次出门，伊莱扎从来不知道他的行踪和所作所为，也不知道他何时回来。虽然有海勒姆·奥德尔帮忙，而且她父亲就住在奥瓦斯科湖对岸，伊莱扎还是经常在这座地处荒野边缘的小镇里独自同孩子们在一起过夜。她一边抽着玉米芯烟斗一边慢慢读着圣经，心里肯定还在担心那些四处游荡的窃贼。在洛克菲勒最津津乐道的往事中，有一件是说他母亲如何沉着冷静地面对危险的：

> 母亲得了百日咳，呆在自己的房间里以免传染给我们。她听到有几个贼正在房后，想起家里没有男人来保护我们，便轻轻打开窗户，唱起一首古老的黑人歌曲，好像全家人就要起床出来了。那几个贼听了离开屋子，跑到路对面的车棚里偷了一套马具，便下山回到停在岸边的小船上走了。

这些早年的经历使约翰·戴维森对妇女一直怀有深深的敬意：和镀金时代的其他巨擘不同的是，他从来不把妇女纯粹当作装饰品。

伊莱扎生于 1813 年，在"第二次大觉醒"的影响下长大，所以在遵循教规方面从不松懈。如果魔鬼比尔给了孩子们礼物，伊莱扎就会一点一点地处罚他们，以此来逐步改变孩子身上那种洛克菲勒家的放纵性格。约翰和母亲的志趣相投，当母亲把他捆在苹果树上，拿起桦枝扫帚——用她的话来说——要"揍魔鬼"时，约翰坦然接受了母亲那种严厉的乡村式惩罚。"遇到这种情况，我就会争辩，她不无同情地听我说完，亲切地接受了我的辩解——但是还是揍了我，说我既然自找了这顿揍，就得忍着，"洛克菲勒回忆道。"她会说，'我这么做是出于爱。'"她对孩子总是失之过严。有一回，她因为约翰在学校表现不好而打他，约翰辩解说自己是尤辜的，她却打断他说："没关系，打也就打了，留着算下回的吧。"洛克菲勒讲过一件有关他少年时代的事，突出地说明了他母亲对孩子的要求有多么严厉。当时他家住在奥韦戈，母亲禁止约翰去萨斯奎汉纳河上滑冰，可是在一个月夜，他和弟弟威廉还是不顾一切地去了。他俩正在河面上滑着，突然听到有个孩子掉进河里，拼命呼救。约翰和威廉给那个浑身发抖的孩子递过一根木杆，把他拉上来，救了他一命。回家后，伊莱扎表扬了他们的勇敢行为，随后马上还是就事论事。"我俩原以为能躲过惩罚，"洛克菲勒说，"结果母亲还是给了我们一顿饱揍。"

威廉和弗兰克继承了父亲的大脸盘，而约翰却从母亲那里继承了瘦削的面庞、锐利的眼光、尖尖的下巴和更加接近戴维森家族的性格。他也继承了母亲那种不显老的特点以及长时间平静地承受重负的能力。许多邻居都证实说，稳重的伊莱扎从不发脾气，从不大声说话，也从不责骂别人——这种不露声色的威严也为约翰所继承。他从母亲那里学会了精打细算、有条不紊、节俭持家以及中产阶级的其他优良品德，这些品德在他以后经营标准石油公司的业绩中表现得尤为突出。伊莱扎轻率地嫁给魔鬼比尔，为此她被迫付出了沉重的代价。因此，她教育孩子在做决定之前要冷静地反复考虑；她常说的一句话"咱们等等再说"成了约翰经商以后始终信奉的格言。

作为一个具有像伊莱扎那样强烈的自尊和宗教信仰的妇女，肯定忍受不了游手好闲的丈夫经常不负责任地离家出走，她必然更加贴近在她看来早慧而且过早了解世事的长子。她从儿子身上看到了别人还没有发现的品质。由于母亲对他无话不说，让他承担成年人的责任，约翰很快便成熟起来，并且有了非同寻常的自信；能够替代父亲的位置，成了居家度日不可或缺的人物，这准让他感到得意。他与兄弟姐妹之间的关系似乎更像父子关系，经常向他们发号施令。他说过："我明白，我的成功在很大程度上受益于我自小建立的自信心。"当然，从小操持家务也使约翰·戴维森有得亦有失，他很少有过孩子那种发自内心的快乐和无忧无虑。作为一个肩负职责的小大人，他养成了一种终身不变的自我夸大的责任感。他学会把自己视作非出己愿的救星，专门处理那些急待解决的难题。

约翰在用更加成熟的眼光评价父亲之前，一直把他奉若神明。威廉·埃弗里·洛克菲勒是个能做出民间故事里伐木巨人保罗·班扬式功绩的人，他具备所有男孩子对父亲所梦想的那种冲劲和男子气概。"我出生在一个体质强健的家庭，祖上的男人个个力大无比，全是大高个子，"洛克菲勒后来陈述道。"我父亲笑起来时那么欢快。人人都喜欢他，叫他'比尔大叔'。"据大家说，比尔是个多才多艺的人。他身手不凡，能背朝栅栏翻身跳过去；他擅长口技，能模仿六七个人的口气说话；他是个神奇的驯兽师，曾经教会一头他从射击比赛中赢来的小熊表演杂技；他还是个高明的催眠术师，人们私下传说，不论人还是动物他都能"蒙惑"。

孩子们如果把伊莱扎看作严厉的象征，则会认为比尔代表着笑声、富有和好时光。他是个理想的打猎和钓鱼的同伴，又是一流的射手，能打下飞在空中的小鸟。他对枪十分着迷，在莫拉维亚的家里总是放着几杆擦拭一新、上好油的步枪，其中有一把还带着望远瞄准器。他能站在草地上，瞄准一棵松树连发数枪，直到把树皮打成碎片。他的枪法为他推销药品出了大力，能在异地他乡吸引大批的观众。他立起一个木头人，在它嘴里塞上一把泥烟斗，接着倒退200步，一枪把烟斗打得粉碎；然后，他拿出一张10元的钞票，说是旁观的人中谁能有他这份本事就把钱送给谁。

比尔天性活跃，爱逗趣，走到哪里就给哪里带来欢乐。他儿子说："他总是要在家里搞点名堂，比如唱歌、弹琴之类的活动。"他唯一的特点就是精明，善于发挥其天分来享乐。有一天，他听说一位小提琴手因酗酒被关进了镇上的监狱。那因犯只有两个选择：要么付100元的罚金，要么在狱中服刑100天，一天顶1块钱的罚金。比尔一时筹不到100块钱，便让那音乐家蹲35天的牢，然后用琴作交换，花65块钱把他赎了出来。几十年来，比尔一直十分珍惜这把音色圆润的高档小提琴，把它顶在腰部，像个乡村提琴手那样演奏。无疑，约翰是从父亲这边继承了终身热爱音乐的嗜好。

窗外的奥瓦斯科湖永远波光粼粼，莫拉维亚给约翰·戴维森留下的最美好的印象大多是同比尔一起去钓鱼的情景，因为比尔经常在船上做出些不可思议的事来。有一次泛舟湖上，二儿子威廉当时是个胖乎乎的小不点，还没学会游泳，那天胡乱嚷嚷，抱怨天太热。"那就凉快凉快吧，"他父亲说着便抓住大惊失色的威廉的腰带，头朝下一把扔进水里。看到他直沉湖底，魔鬼比尔又从船上一个猛子扎下去，把他捞了上来，接着教他学起游泳来。约翰谈起这件事时，是从好的一面看的："他总是教我们如何承担责任，如何照料自己。"

如果把威廉·埃弗里·洛克菲勒纯粹看成是一个只知寻欢作乐、不顾他人死活的人，那就错了（尽管人们很容易得出这样一个印象），因为他有自己的道德标准。他是一个竭力主张戒酒——酒精毁了他的父亲戈弗雷，每次发现约翰和威廉在谷仓里吸烟，便会大骂他俩。约翰说："弟弟到了 40 岁时，父亲听说他吸烟还会流眼泪呢。"约翰总是喜欢大谈父亲好的一面，以此来回避提起他邪恶的一面。

比尔给他的长子印象最深的——或者说他的长子认为他对自己影响最大的——莫过于在具有神奇魅力的金钱方面了。老比尔对钞票有一种几近色欲的贪恋，喜欢摆弄和抚摸大卷的纸币。"约翰·戴维森·洛克菲勒继承了他父亲的精明和对金钱的嗜好，"比尔的一个同伙说。"那老头爱钱如命，见了钱就像疯了似的。我从来没见过像他那样喜欢钱的。"和其他小地方的平头百姓一样，比尔不信任银行——这一点他也传给了约翰，约翰后来就坚持不让标准石油公司受华尔街银行家们的摆布——把钱全都藏在家里。没有一个吝啬鬼比他待自己的钱包更尽心的了。有位邻居回忆说："他有钱，有的是钱。全都放在一张写字台的抽屉里。是我亲眼看到的。1块的、2块的、3块的（那时有 3 块一张的钞票）、5块的、10块的、20的、还有 50 的，全都用细绳绑成一捆一捆的，像柴火似的摆了满满一抽屉。"他还有一个 4 加仑的桶，里面装满了金币。有一回，比尔不见了，过了好一会儿，他突然出现在自己的房间里，向全家人展示了一块用各种面值的纸币精心拼做的桌布。他总想摆出一副了不起的样子，以掩盖他那些不起眼的成就，这一回就是其中的一出。无论是在童年还是长大成人后，约翰都没有发现他父亲对金钱的迷恋已病入膏肓，这表明他也有同样的盲点。他在积累了庞大的财富之后，仍然不无称羡地说起他父亲："他要是身上没有 1000 块钱从来不出门，钱就放在衣兜里。他能照看好自己，身上带这么多钱也不害怕。"

毁了约翰童年的与其说是贫苦，不如说是常年为钱而发愁，因为人们很容易把金钱看成是上帝的慷慨恩赐，是能够解除一切生活烦恼的妙物。每逢家里连续几个星期或几个月为赊账越来越忧心忡忡地盼着父亲回来时，比尔便会像快乐的圣诞老人一样满载金钱不期而至。他会为孩子们大把大把地花钱，作为他长期不在家的补偿。对约翰来说，金钱是和这些短促但又欢乐的幕间插曲联系在一起的，这就是出没不定的父亲回家后，洛克菲勒一家过着真正的日子的那些时刻。

在莫拉维亚的最初几年里，老比尔开始教给他大儿子生意方面的事情，在他八九岁时就派他去给家里选购论捆出售的烧柴。"我懂得什么样的一捆榉木和槭木是耐烧的好柴火，"洛克菲勒说。"我父亲教我只选实心和直溜的木头，带杈的和朽烂的一根不要。"在约翰从他父亲那里学到的东西当中，最重要的可能莫过于如何精打细算了。这是必不可少的，因为比尔这种不正常的生活迫使家里节俭地使用手头的钱，认真调节经常朝不保夕的经济状况。

在商业道德方面，比尔是个十分奇特的混合体，一会儿诚实得出奇，一会儿又成了骗子。他潜移默化地向儿子传递了这样一个信息：经商是一场严酷的竞争，要想方设法战胜对手，无论是正当还是不正当的手段都可以用。他教会约翰寸步不让地讨价还价的精明手段，约翰后来即以此而著称于世（比尔是个很不守规矩的生意人，有一回他想出低于卖方开价1000块的价格买一座农场。为了达到目的，他提出要和对方比赛打靶，结果他赢了，得了那1000块钱的便宜）。比尔当过四处游方的江湖医生，把疗效可疑的药品卖给那些容易上当的乡下人。他根本没把那些人的智力放在眼里，面不改色地利用他们对他的轻信。

作为老板，比尔管起人来也自有一套怪路数。他于伐木那一行时做得很体面，工钱付得多而且从不拖欠。据他儿子说，他当时很得人心。不过，他惯常雇人只雇一阵子，到时候就会彬彬有礼地告诉大伙"我不再需要你们了，"而没过几天又把他们雇了回来——这就是他得意地称之为"撵走了再雇的策略"。这样做虽然让人觉得他是个不怎么样的老板，他儿子倒对这种叫人安不下心来的做法大加称赞。"这样做能使大伙成天提心吊胆，干活时不会没精打采。"奇怪的是，约翰竟然说他父亲"待雇员十分慷慨大方、和蔼可亲，但又特别讲究实际、精明过人、足智多谋。"他似乎在许多地方为老比尔涂脂抹粉，这是其中的一处。那些让比尔撵走了又招回来的人会说他"慷慨大方、和蔼可亲"吗？

约翰·戴维森·洛克菲勒把他父亲描绘成一个商业道德的典范，即便这样做主要是为了掩饰比尔一生当中的阴暗面，其中也有少数属实的地方。比尔按时还清欠款，绝对相信契约的神圣性，每次都要下很大功夫来起草合同。正如约翰所说的那样："他一丝不苟地履行他签订的合同，尤其是那些他弄得很明白，拟得很认真——也就是说写得很清楚——的合同。他逐句逐句地教给我的合同里的东西都十分有用，让我受用了一辈子。"约翰·戴维森·洛克菲勒尽管在他的经商生涯中被人指控犯有多种罪恶，但他引以自豪的就是从不拖欠债务和严格遵守合同这两条。他还被指控时而无法无天，时而诚实可敬，在道德上不拘小节，这些都令人想起其父的所作所为。

约翰·戴维森·洛克菲勒在执掌标准石油公司时，最终效法的是其父不择手段的能耐还是其母严格的责任心，这是事关他历史声誉的最为重要的问题。伯特兰·罗素⑪曾经这样评论洛克菲勒说："他所讲的、所想的和所感觉到的来自他母亲，而他所做的则来自他父亲，外加由于早年不幸而产生的极度谨慎态度。"事实上问题要复杂得多，但毫无疑问的是，洛克菲勒的成就是他自身两种彼此对立、却又在强大压力下结合到一起的根深蒂固的禀性——他父亲的胆大妄为和他母亲的谨慎小心——之间相互频繁激烈斗争的结果。

手头一旦有了关于比尔在莫拉维亚的行为的为数不多，但十分确凿的证据，你很可能会去搜寻关于他的丰富的民间传说。1927 年，一位由木匠改行写书，名叫查尔斯·布鲁切（Charles Brutcher）的人出了一本题目为《乔舒亚：一个属于芬格湖地区的人》（*Joshua：A Man of the Finger Lakes Region*），那是一部有关威廉·埃弗里·洛克菲勒的小说，尽管隐去了他的姓名，但几乎一看就知道讲的是他。这本长达 130 页，私下印刷的书已经成了收藏家的收罗对象，有时能卖到好几百美元。书中的主人公名叫威廉·洛克威尔，又叫老比尔，作者居然把洛克菲勒父亲的照片印在封面上，肆无忌惮地把事实与虚构的东西掺到一起。该书一再声明是"取材于真实生活"，里面收集的关于魔鬼比尔的传闻到了 20 世纪 20 年代还在为当地人所津津乐道。其中不少传说来自梅尔文·罗斯克兰斯，此人的父亲乔舒亚在 19 世纪 40 年代间和老比尔打得不可开交。书中对比尔一生的描述不无歪曲和夸张之处，给他罗列了一些莫须有的劣行，不过其中倒是有相当多的细节和取自其他来源并且值得一提的资料相符。

按照这本骗钱混饭的书的说法，"专横自负的"老比尔成了"芬格湖一带的令人闻之色变的人物"，他的"恶名在方圆几十英里的地方家喻户晓"。伊莱扎则成了偶尔露面的配角，是个"愁容满面的小妇人"，对丈夫神秘出走的真实原因永远一无所知："她一向反对'老比尔'居无定所的性情和居心不良的品行。"如果她疑心比尔做了什么不正当的事，她会保守秘密，以免影响孩子。书中的伊莱扎赢得了周围人的同情，这一点倒和我们所知的真实的伊莱扎在莫拉维亚的情况相符。

该书讲述了洛克威尔如何与一伙亡命徒邂逅，他们偷来马匹卖给臭名昭著的卢米斯兄弟匪帮（这个缺乏事实根据的严重指控使比尔在纽约州住过的所有 3 个城镇里都蒙受恶名）。该书中另一个同样严重的指控与小说家詹姆斯·费尼莫尔·库珀[12]的堂兄弟威廉·库珀医生有关。库珀医生不喜欢比尔的为人，拒绝同他做生意。书中说洛克威尔有一回用枪胁迫满心不愿意的库珀医生给伊莱扎看病，后来有人在医生家客厅的窗外隔着窗帘向医生开枪，差一点击中他。洛克威尔还被描绘成一个丧尽天良的玩弄女性的家伙，他用一种不知名的春药勾引漂亮的女孩子，还企图引诱过一个在他家帮佣的年轻女子。他置绝望的伊莱扎于不顾，用马车拉着他的相好们在莫拉维亚招摇过市，带她们去湖上划船。"这位可怜的、长期受罪的小妇人了解她那个浪荡丈夫的缺陷。但她已经屈服于丈夫的专横，早就变得听天由命了。"这位恶魔似的比尔还被指控强行使用假钞。

在书的开头，当地人十分害怕蛮横无理的洛克威尔，谁也不敢去惹他，最后却是一个正义得以伸张的结尾：比尔那伙人被义愤填膺的群众打得落花流水。在一场达到高潮的法庭片断里，有人作证洛克威尔付给一个黑人 10 块钱，让他去偷扎木排用的铁链，以便向奥瓦斯科湖对岸偷运木材。这一回，比尔开始不走运了，他逃出了法庭，另一个同伙却因盗马罪在奥本的监狱里服刑。老比尔最后一次在书中出现时，他已经跑到奥韦戈作恶去了，当地的马又开始不明不白地失踪。在一段连比尔本人看了都会大加赞赏的、厚颜无耻的自我宣传中，作者布鲁切最后还允诺再写 一部续集，他说："把这部扣人心弦的小说改编成电影的谈判正在进行之中，不日即可搬上银幕。"

20 世纪初，艾达·塔贝尔派了一名助手去纽约北部做调查，他也搜集到了比尔盗马的说法，这和点缀《乔舒亚：一个属于芬格湖地区的人》一书的情节如出一辙。先是里奇福德，后是莫拉维亚，老比尔搬到哪里，哪里就开始丢马。塔贝尔的助手汇报说："那一带的人都纷纷传说'老比尔那伙人'是盗马贼。"1850 年，比尔的 3 个老朋友凯莱布·帕尔默、查尔斯·蒂德和一个姓贝茨的人因偷了几匹母马而被捕。蒂德告发了同伙，他的供词把帕尔默和贝茨送进了牢房。必须强调的是，法庭记录里根本没有提到比尔和此案相关，传记作家阿伦·内文斯在做了大量调查后也认为有关比尔偷马的说法十分"荒唐"。然而，无稽之谈要想消除又谈何容易。塔贝尔的助手说："我在莫拉维亚采访过的人都断言'老比尔'是那伙人的头目。"上面提到的两个囚犯之一的儿子约翰·门罗·帕尔默认定比尔是"地下贩马交通网"的军师。他诉说道："洛克菲勒太狡猾了，谁也别想逮到他。他毁了我父亲，却又扔下他不管了。"

另外一个于世纪之交流传在纽约北部的故事说比尔教村里的年轻人赌博，使他们堕落。有位名叫海勒姆·艾利的老人还记得，村里一些孩子付给比尔5块钱，让他教给他们玩牌时作弊，他们再去骗别的孩子。约翰·戴维森一辈子没碰过纸牌，他对不利于他父亲的说法从来都是三缄其口，对这一诽谤却讥讽道："假如我父亲是个赌徒，我多少也该知道怎么玩牌吧，是不是？"

显然，魔鬼比尔的为人容易使人胡乱猜想，有关他的一些说法很可能经过添枝加叶。不过，确有一件指控是有据可查的。自从在里奇福德雇用过南希·布朗之后，伊莱扎一直雇年轻妇女帮她做家务。在莫拉维亚，她也雇了一个名叫安妮·范德比克的高大漂亮的年轻女子做帮手。根据奥本法院1849年7月26日的案卷记载，威廉·埃弗里·洛克菲勒被控在1948年5月1日袭击了安妮·范德比克，并且"因当场强烈违反其意愿对其肉体进行强暴，从而构成重罪"。这起强奸诉讼记录使人更加相信，比尔决不止是一个颇有魅力的拈花惹草之徒而已。

这件案子的结果不得而知，整个案情因为种种猜测而变得扑朔迷离。比尔根本没有出庭，没有受审，也没有被捕过。凡是仔细了解过这件案子的人都无法解答如下一连串的问题：为什么起诉书在假定的强奸发生一年多以后才公布（有位女权主义学者不无裨益地指出，当时的妇女要想指控别人强奸会面临许多可怕的阻碍）？为什么检察官没有签署起诉书？为什么比尔逃离卡尤加县以后，没人对他穷追不舍？还有，为什么安妮·范德比克听任这事不了了之？另有一些传闻再次表明，该事的起因可能是比尔同当地人说不清道不明的纠葛。据说比尔勾引了一个名叫夏洛特·休伊特的年轻女人，那女人的两个兄弟厄尔和卢对此愤愤不已。他俩之中的一个是参加审判老比尔的陪审团成员，这使有些人觉得上述指控是莫须有的，是那兄弟俩在向比尔报私仇。艾达·塔贝尔的助手提出了另外一种说法："我认为起诉最后被撤消了，条件可能是他必须离开本县。这种做法在当时是屡见不鲜的。"

这件丑闻使比尔同其岳父约翰·戴维森暂时达成的和解付诸东流，自从比尔·洛克菲勒引诱了他女儿那天起，他一直悔恨不已。在莫拉维亚的那段岁月里，戴维森与比尔和好了，还分两次借给他将近1000块钱，一次是在1845年8月，另一次在1846年10月。这次的强奸案使两人之间并不牢固的关系破裂了——这更加使人认为指控确有其事。比尔把案子通知了戴维森并请他保释自己，戴维森生硬地回答说他"太老了，无法保释任何人了"。比尔闻听后大为吃惊，愤然地对他说自己要离开莫拉维亚，再也不会来见他了。戴维森担心收不回他借给比尔的那两笔钱，便径直去法院告了他的女婿，说他企图赖账，要他归还1210.75美元。当警长和两个邻居来到他家对家产进行估价并在每件家具上都贴上约翰·戴维森的名字时，伊莱扎和孩子们一定会觉得无地自容。戴维森还修改了遗嘱，把伊莱扎的继承权交给别人托管，这多半是为了不使它落入虎视眈眈的女婿手中。

1849年下半年，比尔抛开妻小四处游荡，去踏看别的城镇。1850年春天，也就是纳撒尼尔·霍桑[13]的名著《红字》问世的那一年，比尔把家搬到了宾夕法尼亚州边上的奥韦戈。由于自己是个被法庭放逐的人，他可能是想一旦出现麻烦，离州界近更加便于逃脱。当时约翰只有10岁，很可能对所发生的一切一无所知——很难设想伊莱扎会把这种丑事告诉一个孩子，尽管如此，他后来却认为这桩强奸指控很荒唐，并且嘲笑他父亲想逃避法律制裁的说法。"假如（我父亲）是'被迫'出走的……我本应对这件事有所了解。但是根本没那回事。如果他为了躲避法律制裁，我们搬到奥韦戈去不是也没走出多远呀。"约翰对这件不光彩的事轻描淡写，可能是出于孝道和精明的公关手段等原因：他明白，那些一心想证实他道德败坏的人想用首先败坏他父亲名声的做法来支持自己的指控。人们还必须知道，他有矢口否认的癖好和排除不愉快想法的能耐，在他父亲的事上尤其如此，后来在回避人们对他可疑的经商之道所作的批评时，他也是这样做的。约翰·戴维森·洛克菲勒擅长把大事化小，他坚决认为，过多地去想那些不愉快却又不可更改的往事只能削弱与敌人作斗争的毅力。

尽管如此，在他童年的某个时期（可能是离开莫拉维亚之后），约翰对其父的崇敬里开始更多地掺杂了未曾流露的敌意（有位十分偏爱精神分析法的作家甚至认为，洛克菲勒冷酷的自制力是压抑弑父幻觉的反应）。在以后的年月里，约翰·戴维森的许多朋友和助手都注意到，在他面前提老比尔会给自己带来麻烦，约翰对这个禁忌的话题一向缄口不语。一位早年的传记作家说过："他一生自始至终都把保守其父的秘密和私下探望其父当做履行自己的宗教责任。"

我们无从知道洛克菲勒从何时开始为父亲感到羞愧，但是，由于他这种情感对他此后的整个成长过程影响巨大，在此我们不得不暂时停下叙述来探讨一下这个问题。在约翰童年住过的镇子里，比尔是一位可爱但名声不好的人物，他在外乡的所作所为以及他的钱财的来源引起人们多方猜测。有这样一个父亲的男孩要学会对恶意的谗言充耳不闻，对大家的议论满不在乎。这使他养成了保守秘密的本能，他害怕去人多的地方，对无益的闲聊和不负责任的信口乱说深恶痛绝，这些特点在他身上终生未改。他养成了在陌生人面前守口如瓶、目中无人的做派。可能出于自我保护的本能，比尔教孩子们小心陌生人，甚至小心他本人。在约翰还是个小孩子时，比尔便伸开双臂，督促约翰从他坐的那张高椅子上跳到他怀里。一天，他竟然放下了胳臂，让吓坏了的孩子摔到了地板上。"记住，"他教训约翰道，"决不要完全相信任何人，甚至连我在内。"稍后又有一回，他带着儿子们经过克利夫兰街头，边走边警告孩子们别去留心那些纷纷赶去观看焰火和游行的人群。"不要管大家在干什么，"他对孩子们说。"离他们远点。干你自己的事情。"伊莱扎肯定也给孩子们的头脑里灌输过要远离搬弄是非的人，不向外人讲家里的事情之类的教诲。能抵挡得住邻居流言蜚语的孩子，以后肯定能一生不断穿越众说纷纭的惊涛骇浪而毫发无损甚至满不在意。

洛克菲勒全家尽管过着不安定的日子，一次又一次地被迫搬迁，历经艰辛横跨纽约州的南部，他们却有一种步步上升的良好感觉，从里奇福德到莫拉维亚再到奥韦戈，镇子一个比一个大，一个比一个繁华，也一个比一个更给人以希望。奥韦戈是泰奥加县的首府，位于里奇福德以南、宾厄姆顿以西，坐落在萨斯奎汉纳河一个宽阔美丽的河曲两岸。这里显然要比少年约翰·戴维森此前见到的任何地方都更具有城市气息，它实际上是一个漂亮的居民区，中心街道两旁雅致的居民住房显示出一种更加高雅的生活方式。奥韦戈是由几个居民点合并而成的，镇上有一个威严的法院、一个藏书颇丰的图书馆、一所远近闻名的学校以及其他一些基本的文化设施。这座仅有 7200 名居民的乡间小镇却居住着人数比例相当大的作家和艺术家。

洛克菲勒也许由于在奥韦戈逗留的时间不长，对它远不如对莫拉维亚那样念念不忘，但却保留着对它的美好回忆。"奥韦戈那地方真美呀！"他有一次赞叹道。"能在这么一处美丽的地方长大真是太幸福了，那儿有很好的邻居，有文化、有教养，待人友善。"他饶有兴致地回想起，是奥韦戈使一个乡下孩子见到了世面。"有一天我在火车站上见到了一个法国人！你想想——一个真正的法国人，还留着小胡子——我可是头一回见呀。"1849 年 6 月 1 日，即洛克菲勒一家搬来之前不久，伊利铁路第一次在奥韦戈运营，数以千计的人站在两旁的山坡上，伴着隆隆的礼炮声和教堂的钟声向徐徐开进车站的火车欢呼。洛克菲勒谈起这种后来在他本人创下的业绩中占有突出位置的交通工具时说："我从小就知道火车，不过那时火车很少，没几节车厢，还冒着黑烟。"在奥韦戈这样的小镇里，铁路结束了自给自足的封闭经济，把它们吸收到区域性和全国性市场中来，同时也刺激了小镇居民对物质商品的需求，吸引他们去遥远的大城市寻求发财的机会。

洛克菲勒一家住在离镇东 3 英里远的地方，那儿有一片片充满田园风光的松软的草地和傍河的小树林。他们在奥韦戈期间住过两处木板房，第二处略小些，这表明比尔和伊莱扎因手头拮据，需要压缩开支。第二处房子——与其说是农家宅院不如说是小村舍——面对着蜿蜒浑浊的萨斯奎汉纳河的秀丽景色，近处是绿树覆盖的比格岛（后改称海华沙岛）的侧影，远处是一片蓝色的山峦。在这所舒适的小屋里，约翰和威廉挤在一张床上睡觉。多年以后他回忆道："那是座小小的房子，不过很可爱、很舒服。"

比尔之所以选择了奥韦戈，可能是因为对从事过木材经营的人来说，此地有许多生意上的优势。在涨水期，很容易把木排从萨斯奎汉纳河上顺流而下，于是，镇上便出现了好几家锯木厂。另外一个重要原因可能是，在1849年9月27日，恰好是洛克菲勒一家搬来之前，一场可怕的大火烧毁了镇上104幢房屋，只留下了3家商店。这场灾难预示着重建工作必定带来木材业的兴隆。最后一个原因是，奥韦戈向来是那些自封为医生的人的聚居地。有个奥韦戈居民回忆说："内战之后，镇上有10多位这路人物。"

在奥韦戈的3年当中，比尔的行踪似乎比以前更加神出鬼没、难以预料。他很少去镇里，即使去了也不多停留，但他依然让镇上的人难以忘怀。"他是这一带穿着最讲究的男人，"有位近邻说。"每次遇见他时都见他戴着那顶漂亮的丝质礼帽。"那时的伊莱扎年近40，青春已逝。她脸庞削瘦，神情严肃，表明她历经许多磨难。有不少乡亲说她是位和蔼可亲、优雅高贵的夫人，午后常常去邻居家做客，总是穿着一身黑丝衣裙，像是寡妇的丧服。人人都称赞她一丝不苟、穿着整洁、神情威严。尽管整日辛勤劳作，她似乎不像在里奇福德和莫拉维亚那样凄惨，好像变得越来越适应身上的重负，也越来越听任比尔离家不归了。

比尔过去是个装腔作势、独断专横的丈夫，而此时已无可挽回地暴露出其无赖本色，地位在伊莱扎眼中一落千丈。她对自己的漂亮丈夫失去了幻想，这可能反而使家里的事情简单化了。"养家糊口的是她，"一位见证人说，"因为，即使做父亲的在家，他也不过问她立下的规矩。这也是规矩之一。"另一个邻居说她是个"头脑异常清醒、特别能干、笃信基督教的母亲。在今天看来，她立下的规矩也许很严厉，甚至有些过分；但是，尽管她要求孩子们服从，老让他们有事情做，孩子们仍然都很爱她，她也爱孩子"。她不是个可以愚弄的母亲。一天，她正病倒在床上，发现约翰没有做她交给的活儿，便立即做出判决：派约翰去河边摘一根柳枝当鞭子用。他表面上不露声色却满肚子心眼（这一点后来成了他性格中的一大特点），用小刀在柳枝上割了好几个口子，好让它抽不了几下就断了。这却骗不了伊莱扎。"再去折一根来，"她对儿子说。"这回要保证不在上面割口子。"

伊莱扎肯定发觉奥韦戈的宗教气氛很适合于她。奥韦戈给约翰留下的不可磨灭的印象之一是，站在屋后听克尽本分的伊莱扎在楼上卧室里大声地做祷告。镇上的浸礼会信徒属于以事业为重的奋兴派，他们每年冬天都要带领几十个改过自新的罪人步行到结了冰的萨斯奎汉纳河上，在冰面上凿开几个窟窿为他们施浸礼。每到星期天，邻居们就会顺道过来用车带着伊莱扎和孩子们去镇上的教堂。孩子们在主日学里一次有关宽恕的课上受到教育后，开始养成一个习惯，每天晚上上床时要互相问："你能宽恕我今天对你所做的一切吗？"这件事表明，宗教已经渗透了孩子们的生活里。

在奥韦戈，伊莱扎对约翰的依赖有增无减，她似乎要在约翰身上培养出比尔所不具备的一切。约翰和他母亲一样，比尔不在的时候显得更加坚强，能够避开他的影响，并且形成自己特有的个性。他所承担的多种责任使他习惯于沉重的工作负担。在课余时间里，他砍柴、挤奶、打水、伺弄菜园、去镇上买东西，还要在母亲出门时照看弟弟妹妹。他后来说过："我在 10 岁或 11 岁时就学会了尽我所能地多干活。"

他作为比尔的替身，对家用开支控制得十分严格，并且学会了精打细算。有一回，他帮当地的一个农夫挖了 3 天土豆，每天得到的工钱是 3 角 7 分半。此后不久，他以 7 分利息借给另一个农夫 50 块钱，到年底挣了 3 块 5——而且不用付出任何劳动。这两件事形成的对比给这个勤俭的孩子教育很大。算完这笔账之后，他恍然大悟，如获天启："我越来越清楚地认识到，要让金钱当我的奴隶，而不能让我当金钱的奴隶。"弟弟威廉是个性格温厚的孩子，成天耽于玩耍，从来不问太多的问题。当地农民喜欢他远胜于喜欢约翰。更有头脑的约翰则善于分析，把工作分成几个部分，然后琢磨如何干最合算。

人们指责老约翰·戴维森·洛克菲勒从小就追求金钱，渴望暴富，对诸如此类的说法他一生都在进行辛辣刻薄的反驳。有人含沙射影地说他是受贪婪的驱使而不是在为上帝或人类尽职，对此他无疑感到不快并表示异议。他宁可说自己的财富是意外之物，是勤奋工作的副产品。然而，有人证实，刚刚 10 多岁的洛克菲勒就在奥韦戈做过发财梦。有一天，他同一个伙伴在萨斯奎汉纳河边走着走着突然说道："有一天，等我长大了，我要有 10 万块钱。我会有的——总会有那一天的。"在许多不同的说法里，人们提到的数目几乎一致，这不得不使人得出结论，此公故意清除了这类记忆。既然他父亲嗜钱若渴，他要是不让金子给迷住心窍才叫怪呢。

洛克菲勒童年的梦想不足为奇，因为那个时代向数百万易受影响的学童灌输着发财致富的幻想。南北战争前的美国是冒险的乐园，对勤奋的年轻人来说有着无穷的机会。1848 年初，同墨西哥的战争结束之后，大片大片的土地——德克萨斯、新墨西哥和加利福尼亚北部——并入了美国。同年，在加州约翰·萨特的锯木厂里发现了金子，引得 9 万淘金者从东部蜂拥而至。就在洛克菲勒家从莫拉维亚搬到奥韦戈前后，大批大批的人发了疯似地在这片新大陆上四处乱窜，或是绕着南美洲航行，或是艰难地穿越巴拿马地峡，拼命想抵达加利福尼亚。这场大混乱预示了 10 年后在宾夕法尼亚西部发生的采油热。尽管事后发现那场淘金热是一个圈套，但偶尔传来的发财消息刺激了公众的想像力。马克·吐温指出，加利福尼亚的淘金热是个分水岭式的历史事件，它使拜金思想神圣化，但玷污了美国的建国理想。

约翰在离开奥韦戈之前受到了一流的教育，这在当时的美国农村十分难得，因为当时的孩子很少有上中学的。起初，洛克菲勒家的几个孩子要从家里走一小段路去学校。由于家境窘迫，有位好心的邻居为孩子们买了书本。1852 年 8 月，约翰和威廉进了奥韦戈中学，这所建于 1827 年的学校无疑是纽约州这一地区中最好的中学。学校是一幢 3 层的楼房，屋顶上有个高高的尖塔，四周是美丽的公共用地，这幅景象准会让还是一身土气的洛克菲勒兄弟惊叹不已。学校校长是位能干的苏格兰人，叫威廉·斯迈思博士。他让学生每两周按指定的题目写一篇文章并发表演说，以此使学生逐渐提高语言表达能力。洛克菲勒写的那些简洁的商业信函，显然反映出他在奥韦戈学到的语言运用能力。这所学校培养出了许多杰出的学生，其中包括后来执掌纽约共和党的"好脾气老板"托马斯·普拉特⑭和发表过数篇极为犀利的文章攻击标准石油公司的华盛顿·格拉登⑮。

在校的 50 名学生当中有许多来自镇里的富裕家庭。约翰后来称赞这次与城里孩子相处的机会，说是"必然对乡下孩子有利"。学校收费高昂，每学期 3 块钱，这表明搬到奥韦戈两年之后，比尔的沿途售药兼表演终于带来了财源。从所受教育的角度来看，约翰从来没有对自己曾是个穷孩子而流露过任何不满。有位摄影师去学校拍学生上课的照片，却不把约翰和威廉照进去，因为他俩的衣服太寒酸了。换了别的孩子可能会对此愤愤不平，约翰却一直珍藏着那些同学的老照片，直到后来还坚持说："这些照片给多少钱也不卖。"伊莱扎·洛克菲勒家的人从不对别人的轻侮耿耿于怀，而是把眼睛盯在切实可行的目标上。约翰在学校里从来不想抛头露面，似乎是由于他父亲过于引人注目了，他只想默默无闻地混同于别人。

许多富家子弟在学校搭伙，而洛克菲勒兄弟每天要走 3 英里路去上学，天气暖和时，他俩像许多学生一样，光着脚在尘土飞扬的大街小巷里溜达。约翰每天长途步行时都要路过一些漂亮、壮观的房子，面朝着萨斯奎汉纳河，屋前是修剪整齐的草坪。他走起路来不紧不慢，所以经常提前出门，一边走一边不慌不忙地想着事情，两眼盯着眼前的地面。当然，他也不反对抄近路，有时还会坐在路旁，等车马经过求人家捎个脚。

约翰是个勤奋但了无生气的学生，毫无令人瞩目的出色之处，学校里的事似乎只有一件令他感兴趣。每逢星期天，校长都要把那些当时给美国商业带来革命性变化的新发明拿出来给大家看，约翰对其中的电报机（由塞缪尔·莫尔斯于 1837 年发明）、伏打电池以及其他一些时髦的玩意十分入迷。这类东西对他的吸引胜过了《汤姆叔叔的小屋》提出的那些日益引起关注的社会问题，1852 年出版的斯托夫人[16]的这部小说是对 1850 年颁布的《逃亡奴隶法》做出的强烈反响。

洛克菲勒兄弟在学习上有困难，是因为家里环境太吵闹。5 个精力旺盛的半大孩子把小小的农舍弄得喧闹拥挤不堪。一到晚上，伊莱扎就把几个孩子送到附近一个名叫苏珊·拉蒙特的年纪不满 20 的姑娘那里，由她教孩子功课，监督他们完成作业。她记得威廉和弗兰克是典型的捣蛋鬼，互相打闹个没完，奇怪的是，约翰却很有自制力，那时的他已经是个小大人了，一副规规矩矩的大人模样。"我不记得约翰在哪一方面胜过别人。不过我的确记得他干什么都很下力气；他说话不多，学习十分用功……他身上没有特别引人注意的地方，也看不出他长大能干什么。"

有一张摄于 1852 年的洛克菲勒家孩子的照片是 13 岁的约翰、11 岁的威廉和 9 岁的玛丽·安坐在黑洞洞的照相馆拍的。3 个孩子面无笑容，茫然地看着相机。约翰身穿格呢上衣，头发整齐地梳到脑后，露出宽宽的脑门和冷漠的长脸，一副高深莫测的神情。威廉的脸圆一些，神情也更温和些。他身上穿的衣服——带圆点的背心，还有一条表链——表现出他父亲那种更为外露的性格特征。玛丽·安则穿着农家姑娘的朴素衣裙，头发从中间分开，扎着两个辫子。他们3个拍的这张照片尽管表现出中产阶级人家的体面，但是那种忧悒的神情——这多少要怪当时照相曝光时间太长——说明约翰的童年并非像他所说的那样充满诗情画意。

　　由于约翰开始有机会和年轻姑娘打趣，日复一日的劳作显得不那么乏味了，在这方面他有时会灵机一动，露出一点机智来。一天下午，在一次周日野餐会上，他——当时大概是12岁——走过一群坐在一大堆食物面前的姑娘旁边说："记住，姑娘们，吃得越慢就能吃得越多！"不过，他了解他父亲的过去，所以对异性抱有很大的戒心，严格控制着内心的冲动。苏珊·拉蒙特从这个孩子身上看到了旁人不注意发现不了的情感。她对其印象是"他十分喜欢美的东西。有个小姑娘在我家附近的学校上学，那是个漂亮的小东西，名叫馥丽儿，长着红扑扑的脸蛋和明亮的眼睛，笑起来甜甜的。在以后很多年里，洛克菲勒先生还时常问起她。知道她成了寡妇，日子艰难后，赞助了她一笔数目不大的养老金。"苏珊·拉蒙特看出在这孩子古怪的克制力下隐藏着丰富的情感。她还记得她的一个妹妹死后，约翰那副伤心的样子。"我妹妹死的那天，他来我家四仰八叉地躺在地上不肯离开。他伤心欲绝，怎么也不肯离开，整整在那儿躺了一天。"这些往事说明洛克菲勒原本就是个富于情感的人，只是后来被有意掩盖在他那副天衣无缝、过于苛求的商人面具下面罢了。

注释

①在星期天对儿童进行宗教教育的学校，一般设在教堂里。

②基督教新教宗派之一，由教徒推选长老与牧师共同管理教会，故名。

③反对教会权威地位的基督教各新教教派的统称。

④Roger Williams，1603—1683，罗得岛殖民地创建人及该地首任总督。

⑤教徒自称循规蹈矩，故名。

⑥George Whitefield，1714—1770，1738年曾去北美殖民地传教。

⑦美国最早的殖民地，即现在的东北六州的总称。

⑧即纽约、新泽西和宾夕法尼亚。

⑨Charles Grandison Finney, 1792—1876, 美国宗教领袖。

⑩Calvinism, 基督教新教主要教派之一, 16 世纪由法国宗教改革家加尔文倡导, 故名。

⑪Bertrand Russell, 1872—1970, 英国哲学家和数学家。

⑫James Fenimore Cooper, 1789—1851, 美国边疆冒险小说的开创人。

⑬Nathaniel Hawthorne, 1804—1864, 美国小说家。

⑭Thomas C. Platt, 1833—1910, 美国政治家。

⑮Washington Gladden, 1836—1918, 美国教士兼作家。

⑯Harriet Beecher Stowe, 1811—1896。

3 必定会发财

作为一个四处游荡的商贩，威廉·埃弗里·洛克菲勒很快就成了早期美国的遗迹，因为当时市场的扩张不是借助于各种新的通讯或运输手段，而是完全靠推销商多走一些地方。西部不知有什么磁力引得老比尔越走越远，他离开东部沿海迅速发展的城市工业，走向那些边远地带的偏僻农村。1853 年初，洛克菲勒一家再次收拾起家当，跟着旋风般飘忽不定的比尔坐火车到俄亥俄州一个叫斯特朗斯维尔的草原小镇，离克利夫兰西南 10多英里。这时，比尔开始悄悄地同家人疏远，又投入一轮新的婚外情，这回要比以往几次移情别恋更难以自拔，最终导致家庭破裂。

在里奇福德、莫拉维亚和奥韦戈，伊莱扎和孩子们至少还有自己的家，多少还能保留一点体面。这一回，比尔却把他们塞给了他妹妹和妹夫萨拉·安和威廉·休米斯顿，每年付给她家 300 块钱作妻子儿女的伙食费。对于跟着他多次奔波的家人来说，这个结局实在是太不公平了。和别人不同的是，他们总是过着动荡不安的日子，到头来却遭到遗弃，流落在俄亥俄州一个新建的陌生小镇上，从他们一直在拼命往上爬的社会阶梯上又猛地跌回到了最底层。

洛克菲勒一家母子 6 人和休米斯顿一家 7 口人挤在一所小房子里，尽管比尔当时似乎有的是钞票。不少年以后，威廉·休米斯顿仍然坚持说，人人都认为魔鬼比尔很富有，他放高利贷，手里有三四杆好枪，衣橱装得满满的，还四处炫耀手上的钻戒和手表——这一切都表明，他突然把家搬到俄亥俄不是因为经济拮据，而是出于自己方便。休米斯顿夫妇非常佩服伊莱扎高超的经营头脑和节俭的理财手段，尽管如此，在拥挤不堪的休米斯顿家还是充满了十分紧张的气氛。休米斯顿的儿子后来说他的表兄弟威廉和弗兰克十分爱吵闹，而约翰则是个假正经。"约翰是个孩子，却总是觉得自己是个大人——伪善而又一丝不苟。"幸好，洛克菲勒全家不久便搬了出去，在斯特朗斯维尔镇边的一个小农庄里找了一个住处。

此时，老比尔已经不再对木材业和其他固定在一处的行业感兴趣，而是一成不变地使用起江湖医生的头衔，或者按照他不久在克利夫兰姓名录里所登记的头衔"草药内科医生"。在他把家人寄存在斯特朗斯维尔之后的头一年里，他只回去过三四回，可是，镇上的人不知为何对比尔在一路上所干的欺诈行为了解得十分详细。一天，斯特朗斯维尔的居民乔·威伯斯特在俄亥俄州里奇菲尔德城的一家旅馆办完入住手续后，惊讶地发现大堂里竖着一块鼓吹性的告示："著名治癌专家威廉·A·洛克菲勒医生，只在此开诊一天。曾治愈各种癌症，晚期患者亦获好转。"很快，比尔就用许多成药贩子都擅长的顺口溜在旅馆外面引来了一群人。他把告示倚在马车轮子前，自己像个马戏团老板一样站在车上，身穿黑色长礼服，头戴丝质礼帽，留着深红色胡子，自称洛克菲勒医生，以每包25块的天价兜售所谓完全合格的治癌良药，钱不够的可以买价格便宜一些的瓶装药水。威伯斯特过去见他时，他非但不感到羞愧，还吹嘘说自己最近一直在"行医"，最远到过衣阿华州，并且在那里大片地买进土地。威伯斯特回到斯特朗斯维尔后，把他的奇遇讲给别人听，事情很快便在镇上传开，从此以后人人都把这位幽灵般出没不定的邻居称做洛克菲勒医生——当然是带着微笑说的。这个绰号一直流传了下去。

1853年秋天，全家搬到斯特朗斯维尔8个月之后，老比尔认为约翰和威廉该重新上学了，于是便把他俩带到克利夫兰，寄宿在伊利大街一位伍定太太家，每周的食宿费是1块钱。由于家老是搬来搬去，约翰在克利夫兰的几所学校里都受到了降级的待遇。他在1923年写下的唯一现存的有关此事的记载中说："当时我刚从纽约州搬来，我还记得我被迫在原先的克林顿街初级中学再读一学期的羞辱——我已经在奥韦戈中学读了好几年了……满以为自己能直接进当地的高中而不是初中。"在那些充满忧虑的年月里，这个自尊心很强的孩子肯定忍受了许多微不足道但又令他伤心的羞辱，而在学校里降级只是其中的一个罢了。

1854 年，15 岁的约翰终于进了高中（后来改叫中心高中），那时学校还是一幢不起眼的平房，四周围绕着成荫的大树和白净的尖头栅栏，直到 1985 年才盖起了一座漂亮得多的楼房。该校因奉行自由化进步教育的理论而享有盛名。由于学校十分重视作文，约翰必须就 4 个题目交上论文才能升级，这 4 个题目是：《教育》、《自由》、《圣帕特里克①的品格》和《回忆往事》。当时的美国正在为是否在新开发的地区实行奴隶制而陷入深深的分歧之中——堪萨斯—内布拉斯加法案②就是在 1854 年 5 月获得了通过。洛克菲勒写的那些作文表明他是一个青年民主主义者和坚定的废奴主义者。在《自由》一文中，他认为"人奴役人既违反我国的法律也违背上帝的戒律"。他预言道：奴隶制如果不能马上废除，它"将最终毁灭我们的国家"。他相信，有了受过教育的公民，美国才能进步。"过去，受教育是僧侣和教士的事，正因为如此，世界才停滞不前；只有到了人民受到教育并且开始独立思考的时候，世界才有了进步。"这类废奴主义和普及教育的观点反映的是北方浸礼会福音派教徒的思想，他们对政治专制的蔑视不亚于对教会专制的蔑视。作为一个白手起家的人，洛克菲勒向来谴责贵族和僧侣阶层，认为他们维护自身特权，敌视积极进取的平头百姓，是反对真正进步的垂死敌人。

洛克菲勒的语言条理清晰、表达准确（同学们叫他"约翰·D"是因为他在作文里这样署名）。他还是一个超群的辩论家，尽管平时寡言少语，在阐述自己的观点时却头头是道。他演讲的第一句话总是"本人既荣幸又遗憾"，这句开场白逗得同学直乐，便给他起了个绰号叫"既荣幸又遗憾先生"。他还有另一个同样可悲的绰号叫"执事"，这个绰号倒挺合他意，实际上他喜欢别人这么叫他。后来成为他妻姊的露西·斯佩尔曼说："他是个用功的学生，严肃认真、沉默寡言，从来不大声说话，也不喜欢打打闹闹。"洛克菲勒经常把写字的石板抱在胸前，这个姿势表明他今后处世谨慎。

不管有多孤僻，约翰·D 一直有他自己的朋友圈子。他有个密友名叫马克·汉纳③，祖上几代都是富裕的杂货商兼商品经纪人，后来成为一位国会参议员兼共和党领袖；另一个朋友叫达尔文·琼斯（Darwin Jones），这 3 个人是少年时代的三剑客。琼斯回忆汉纳和洛克菲勒之间的鲜明对比时说："马克是那种充满活力的人，老是坐不住，各种体育活动几乎没有不参加的，而约翰·洛克菲勒虽然成天乐呵呵的，却沉默寡言、勤奋好学。不管是多高兴的事，约翰总是能沉得住气，面带微笑。"已故的马克曾经说他"在各方面都很理智，只有一处例外——见钱眼开！"后来，洛克菲勒每次听到有人引用马克的这番话时都会露出无奈的神情。他在克利夫兰的同学和在奥韦戈中学的同学一样，都记得他曾经说过想有 10 万块钱的话。

约翰小时候的严肃模样令许多大人们喜爱，却也使一些人觉得不安，因为他们发现他身上有一些怪诞不经的地方。有位高中老师带着明显的厌恶感把他说成是"最冷酷、最不露声色、最老谋深算的家伙。"即便还是个 10 多岁的孩子，洛克菲勒就要求别人像对待成年人那样对待他。洛克菲勒在回忆校长埃默森·怀特博士（Emerson E. White）时，只提到了他对待自己的行为："怀特学生是位绅士。他待我就像待绅士那样——他待所有的男孩子都这样。"洛克菲勒厌恶那些用粗暴的态度对待他的成年人。他在家里承担了那么多的责任，已经把自己当成了大人。比尔为他在银行里开了账户，所以他的生活远比同学们更加独立自得多。

这个坚强而有自制力的孩子身上没有半点反叛色彩。因为他把自己的学业纯粹看作是功利性的，所以学习尽管勤奋，却丝毫表现不出动脑筋的乐趣。"我很安稳也很认真，"他说，"准备着承担生活的责任。"他再度显示出不可思议的数学天赋。"最令他感兴趣的是算术，"露西·斯佩尔曼说："因为他在家就学会了准确地计算自己的收支盈亏。"

约翰·D 刚进入青春期时最令人惊讶的特点可能是他对音乐的迷恋。他甚至一度想当音乐家，在奥韦戈的时候，他每天花在练钢琴上的时间有时能达到 6 个小时，嘈杂的琴声让伊莱扎都听得不耐烦了。钢琴在当时是正派中产家庭的象征，所以他弹钢琴也许是在表达他想进入上流社会的愿望。他不喜欢其他艺术形式，认为它们多多少少有悖道德，抒发那些难以自持的情感和异教的纵欲愿望，而音乐则是一种可供他沉湎其中而又不违反教规的艺术形式。

对这个 10 多岁的孩子来说，伍定太太的寄宿公寓本身就是一个接受教育的场所。房东的女儿玛萨比约翰和威廉大好几岁，他们就许多话题展开过热烈的讨论，连聪明、直率的伍定太太也时常参加进来。他们最争执不下的话题是借钱给别人是否应该收利息。当时只有 15 岁的约翰就已经按照一项极为特殊的约定，借给他父亲一小笔计息贷款。只要是生意上的事，他从不感情用事，他向父亲收取的利息只相当于他来回坐车的费用——这种做法很可能会令比尔大加赞赏。按照洛克菲勒的说法，伍定太太"强烈反对贷款人收取高额利息，所以我们经常就这个话题展开认真的讨论。"洛克菲勒对这个经营方法和道德问题的兴趣远远胜过课本里那些深奥的东西，这恰好说明了洛克菲勒的为人。

洛克菲勒大概不愿提及自己漂泊不定的家庭生活，总是对自己早年特别是少年时期的经历轻描淡写地一笔带过。他声称他家在斯特朗斯维尔住了一年之后搬到了离克利夫兰以南大约 7 英里的帕马，然后又搬进了克利夫兰城里他们自己的房子。事实是，他省略了在搬到帕马之前他家曾经在克利夫兰两度落脚的重要经历，这一点可以从他的中学校长怀特博士谈起的一桩有启发意义的轶事里得到证实："1845 年的一天，有个又瘦又高的学生来找我，说他守寡的母亲和两个妹妹要搬到克利夫兰来住，希望我能帮他们找个临时住处。"这位好脾气的怀特先生邀请洛克菲勒一家搬过来和他以及他的新娘一起住。约翰"同意了，而且一直认为那段时光对他母亲来说十分美好。"

从这个掌故里冒出来两个词——"守寡"的"母亲"。这似乎有一定的心理学意义，因为它是头一个有据可查的例证，说明洛克菲勒撒谎的起因是想掩盖他父亲的存在——实际上是想活埋他父亲。事实上比尔一年要来克利夫兰三四回，他儿子竟然编出这么一套瞎话，脸皮确实够厚的。这个小小的插曲给 30 多年后的情景平添了不少意味：伊莱扎死在比尔之前，约翰却让牧师在葬礼上称她为寡妇。话说回来，尽管那位校长慷慨相助，对于只有十几岁的约翰来说，为了给家里人找个临时住处去求人，肯定够难为他的。

比尔再度回来后，把家搬到了克利夫兰市区佩里大街的一所房子里，是从一位霍奇先生那儿租来的。霍奇记得约翰"是个谦和的年轻人，一点儿没有同龄男孩子身上常见的那种爱闹的劲头。他通常只是静静地坐在他那张椅子上听别人说话。"从在里奇福德开始，比尔就一直按时交房租，他很在意这一点。房东霍奇说："从来没有像他家那样及时交房租的——一年200块钱，而且再也没见过各方面比他们都好的房客。"没到那一年年底，比尔又把全家搬到了帕马的一座方圆10英亩，靠着一条小河的农场上，与此同时，约翰又回到了伍定太太家，她家也搬了两次，先是搬到圣克莱尔大街，后来又搬到汉密尔顿大街。

在一张约翰兄弟姐妹5个当时拍摄的照片里，没有一个人露出笑容，依然一片阴沉沉的气氛。约翰当时又高又瘦，体重大概是140磅，浅棕色的头发整齐地向后梳，衣着一向十分干净、体面。他后来笑话自己小时候那副严肃的模样说："14岁到25岁的我比现在的我要威严得多了。"年过70的他此言不谬。在斯特朗斯维尔和帕马的时候，伊莱扎十分讨厌镇上随处可见的酒馆，想方设法不让自己的孩子去接触那些不正经的娱乐活动。她肯定特别担心她的长子，因为他越来越接近举行危险的成人仪式——初恋的阶段了。有意思的是，约翰·D也表现出他父亲那种喜欢和女佣调情的倾向。在斯特朗斯维尔时，伊莱扎雇了个帮手，是位年轻漂亮的农家姑娘，叫梅琳达·米勒，负责做家务并且在她家吃饭。洛克菲勒一家搬到帕马后，梅琳达又来他家干活。比她小一岁的约翰经常特意从克利夫兰回来，同她一起散步。帕马镇上很快就传出闲话，说约翰毁了那姑娘的贞操。米勒家不弄清真相，为这件风流韵事大吵大闹起来。那一对缺少先见之明的爹妈认为，他们不想让女儿跟着这么一个没出息的小伙子过日子。据说，梅琳达的父亲或是母亲坐马车来把她接走了，割断了这份姻缘。梅琳达最后嫁给了小乔·威伯斯特，就是发现老比尔行医骗人的那位威伯斯特的儿子。从洛克菲勒的一生来看，幸好这层关系破裂了。最终同他结合的女人在社会地位和智力学识上都比梅琳达高得多，而且使他有了他所渴望的那种牢固、稳定的家庭生活和坚定的宗教信念。

说到这里，有必要简述一下威廉·埃弗里·洛克菲勒在19世纪50年代初做的几件事，因为他的行为已经开始从乖僻渐渐变得几近病态了。作为一个有好几套伪装的人，比尔向来喜欢更换姓名。甚至在刚到里奇福德时，他就对一些人说他姓洛卡菲罗（Rockafellow）。在奥韦戈那几年里，比尔偶然会出现在邻近的几个镇子上，称自己为眼科和耳科专家威廉·莱文斯顿医生（Levingston）。我们现在才知道，他在把家人移到俄亥俄去的时候，正是他既叫威廉·洛克菲勒大夫又叫威廉·莱文斯顿医生，过着双重生活的时候，后一个名字取自他父亲出生的地方——纽约的莱文斯顿镇。一开始，这第二个名字可能只是为了防止家人受到他不可告人的职业的牵连，可是到了50年代初，却成了他离家后使用的一个固定的身份。比尔的后期旅伴把他使用化名的理由说成是因无照行医而害怕当地愤怒的医生惩罚他，那些人曾经几度策划要将他送交法院。

比尔最后一次做木材生意是在50年代初，他竟然去了加拿大北部，买进大批的优质胡桃木和岑木然后卖给锯木厂，赚了一大笔钱。在他搬到加拿大安大略省的尼亚加拉镇（几乎可以肯定他家里人都不知道此事）后，他开始以江湖医生的身份在周围的乡村游荡。"莱文斯顿医生"是个大言不惭的骗子，可是他对自己的夸夸其谈居然也将信将疑，而且有足够的成功经历可供他哄骗病人，有时也许甚至把自己都骗了。他后来的一个旅伴说："他从来没读过医学院，可他天生会治病，而且手法高明，在加拿大和纽约北部声名遐迩。"

魔鬼比尔能发现那些既美貌温顺又有耐心长年忍受他一去不还的女子，而且一找一个准。1852年前后，尽管被他扔在脑后的妻小还在奥韦戈，他在加拿大安大略省的诺威奇邂逅了一个温柔可爱的妙龄少女，她的名字叫玛格丽特·艾伦（Margaret Allen）。当时比尔42岁，玛格丽特人约17岁，只比约翰·D大4岁。由于一个小小的疏忽，莱文斯顿医生忘了提及他的另一半身份——洛克菲勒大夫，也只字未提他的妻子和5个孩子，追逐玛格丽特的劲头就像个欲火烧身的光棍汉。比尔是个骗人老手，把轻信的玛格丽特全家给愚弄了。"他是个稳重、有节制的人，心肠好、会交际、没有恶习，人人都很喜欢他。"玛格丽特的姐姐这样说那位讨人喜欢的求爱者。"他是个出名的神枪手，爱好打猎，还喜欢讲有趣的故事。"莱文斯顿医生在艾伦家显然要比洛克菲勒大夫以前在戴维森家更受欢迎。而且，在友好的女方全家的赞同下，比尔也想与那位对他爱慕不已、天真无邪的年轻女子另起炉灶。1855年6月12日，他同玛格丽特·艾伦在纽约的尼科尔斯——就在奥韦戈的南面——成婚，开始了重婚的秘密生活，并且以此方式终其余生。

我们完全可以这样说，比尔每次把家搬到另一个地方都是和他秘密追逐某个女人有关，他把家安置在克利夫兰，则是因为伊利湖对面就是安大略。和他早年的行为一样，比尔一开始并没有和玛格丽特老住在一起。为了使玛格丽特适应他那种反复无常的生活方式，比尔起初每年只去一次安大略看望她，和她轻信的家人住在一起。他最初并没有打算抛弃原来的家庭。在50年代的一段时间里，他仍然在发妻和新欢之间来回走钢丝，双方谁也不知道彼此的存在。

比尔的第二个婚姻似乎立即对他长子的生活产生了影响。约翰一直想上大学，伊莱扎也支持他有朝一日成为一个浸礼会牧师。后来，父亲的来信打消了他的梦想。他回忆道："我父亲……捎话来说我不能上（大学）。我立刻觉得自己必须去工作，上什么地方找个活干。"洛克菲勒从来没有澄清的一点是，他为何在1855年5月前后辍学，离7月16日的毕业典礼只差2个月。不过，比尔在6月12日第二次结婚，提供了这个迷案中缺失的一环。正准备第二次结婚的比尔肯定一直在拼命减少第一个家庭的开支，尽管他没有暴露这突如其来的变化的原因。约翰说："家里还有年幼的弟弟妹妹要上学，由我去学生意好像最合适。"比尔急于把自己的长子推出来代理父亲的位置，在自己长期离家期间替伊莱扎分忧。

比尔从来不看重书本知识，他很可能认为大学学位是一种昂贵的嗜好，当时没人把它同高收入相提并论。有进取心的年轻人大多去读所谓的商业学校，或者通过函授来弥补学业上的不足。约翰听从父亲的建议，花40块钱在福尔索姆商业学院（E. G. Folsom's Commercial College）读了一个为期3个月的课程。这是一所连锁学校，在7个城市里设有分校。克利夫兰分校设在城里最早建成的办公大楼——劳斯大楼的顶层，俯瞰着公共广场。学院教授复式簿记、清晰书写法以及有关银行、外汇业务和商法的基础知识——全是些约翰喜欢的目的性很强的课程。1855年夏天上述课程结束后，他已经16岁了，正准备集中精力找一个前程无量的职业，以摆脱家庭生活留给他的创伤。

在美国历史上，恐怕没有一个人找工作的经历比得上年方16的约翰·D·洛克菲勒在1855年8月酷热难当的克利夫兰开始的求职经历那样富于神话色彩了。他尽管是个农村孩子，可他家并不是地道的农民，所以对他来说，摆脱以往的小镇和农村的生活方式，进入新的市场经济并非难事。尽管时世艰难，这孩子却踌躇满志地翻开全城的工商企业名录，仔细寻找知名度高的公司。他生来仰慕大型企业，完全知道自己要找什么样的地方。"我去了铁路公司、银行和批发货栈，"他后来说。"小企业我一家没去，我不想知道小企业是什么样子的，我只拣大型的。"他去求职的公司大多设在一个名叫弗莱茨的繁华区里，凯霍加河蜿蜒穿过这一带然后注入伊利湖，河两岸布满了机器轰鸣的锯木厂、铸造厂、仓库和码头，湖边则停靠着星罗棋布的明轮汽船和双桅帆船。约翰的求职方式带有一种初生牛犊的狂妄。每到一处，他总是先提出要见级别最高的人——但这些人往往不在——然后直截了当地对一个助手说："我懂会计，我要找个活干。"

他不顾一再被人拒之门外，不停地找下去。每天早上 8 点，他离开住处，身穿黑色衣裤、高高的硬领和黑领带，开始新一轮的预约面试。这场不屈不挠的跋涉日复一日地进行着——每星期六天，一连坚持了 6 个星期——总算在一个下午有了结果。路面又热又硬，走得他双脚发痛。无疑，他的毅力多少来自于他不想再依赖他那位反复无常的父亲的愿望。比尔有一回说过，约翰如果找不到活干，就只好回乡下去。一想到自己这样依赖父亲，他就觉得"一股凉气"穿过脊梁。对待找工作这件事他丝毫没有任何怀疑或自怜的想法，所以能藐视所有的打击与挫折。"我天天有事情做——就是找工作这件事。我每天都把全部的时间放在这件事上了。"他总能坚定不移地往好处想。

克利夫兰当时的人口大约为 3 万，是个令所有渴望获得经商经验的年轻人热血沸腾的新兴城市，吸引了许多人从新英格兰移居至此，这些人从家乡带来了清教徒的道德风尚和新英格兰的商业文化。尽管街道大部分没有铺路面，也没有排污系统，城区却一直在迅速扩大，大批大批来自德国、英国和东海岸的移民纷纷涌入。中西部丰富的资源源源流经这个西部宝藏的商业交通要道——有来自宾夕法尼亚和西弗吉尼亚的煤，来自苏必利尔湖区的铁矿石，来自密执安的盐以及来自大平原各州的谷物。作为伊利湖和俄亥俄运河上的一个港口，克利夫兰是交通网络的天然枢纽。1851年，克利夫兰—哥伦布—辛辛那提铁路修通后，给这座城市带来了水陆交通的发展良机，而在利用这些良机方面，谁也比不上约翰·D·洛克菲勒精明。

水路贸易虽然欣欣向荣，求职的前景却一时十分黯淡。"谁也不想雇一个孩子，也很少有人有心思和我讨论这个话题，"洛克菲勒说。他把列入名单的公司走了一遍之后，又径直从头开始，有些公司甚至去了两三次。换了别的孩子可能早就气馁了，可他是那种倔脾气的人，越是受到挫折，决心反而越坚定。

1855 年 9 月 26 日上午，他走进默温大街从事农产品运输代理的休伊特—塔特尔公司（Hewitt and Tuttle）的办公室。接见他的是二老板亨利·B·塔特尔，他需要人帮他记账，便叫洛克菲勒午饭后再来。喜出望外的洛克菲勒克制着自己走出了办公室，可是等到走下楼梯拐过弯去之后，便喜不自禁地一步一跳走了回去。即使到了老年，他仍然认为那一刻十分激动人心："我未来的一切似乎就取决于那一天了；每当我问自己'要是没得到那个工作会怎么样'这个问题时，我经常会浑身颤抖不已。"洛克菲勒在"一阵焦热"中等到午饭时间过去，又来到那个办公室，这回接见他的是大老板艾萨克·L·休伊特。此人在克利夫兰拥有大量的房地产，还是克利夫兰铁矿开采公司的创办人，准是一副大资本家模样。他仔细看了这孩子的书法之后说："留下来试试吧。"公司显然急需一名助理簿记员，因为他俩让洛克菲勒脱下外衣马上工作，工资的事提也没提。在当时，半大小子当无工资学徒的事屡见不鲜，约翰也是过了 3 个月才收到他第一笔补发的微薄的报酬。以后，他一生都把 9 月 26 日当做"就业日"来庆祝，那热情胜过自己过生日。人们不禁会说，他真正的生活是从那一天开始的，他是在商业上获得了重生，其意义就像后来他在伊利大街浸礼会教堂里受洗一样重大。乡下少年时代一直蛰伏于身上的活力此时开始苏醒，注入了商业世界强健有力、令人惊叹的生活。他终于摆脱了老比尔，摆脱了从一地到另一地没完没了的挣扎，摆脱了他孩提时代荒诞颠倒的世界。

新来的职员坐在高高的凳子上，每天埋头于休伊特—塔特尔公司散发着霉味的账本里。他抬头可以看见离窗外一个街区远的繁忙的码头和凯霍加河上来来往往的平底驳船。他虽然每天天刚亮就去上班，办公室里点的是昏暗的鲸油灯，整个商务世界却从未让他感到枯燥无味，反而"令我感到喜悦——连办公室里的一切繁文缛节都是如此。"工作使他着迷，工作使他解脱，工作给了他新的自我。"我干的工作要比现在办公室职员干的有意思多了，"他后来说。长大了的洛克菲勒喜欢称自己"只是个有数字头脑的人，"他一点儿也不觉得厚厚的账本枯燥乏味和令人昏昏欲睡。他帮伊莱扎记过账，所以一开始就显示出优势。"由于我第一个工作是簿记员，所以我学会十分尊重数字和事实，无论它有多小……我对事物的细节有强烈的爱好，后来却不得不尽力去改掉这个爱好。"

研究商业的历史学家和社会学家们强调过会计在资本主义企业中的核心地位。马克斯·韦伯④在他的《新教伦理与资本主义精神》一书中认为"理性的簿记"是资本主义精神和组织中不可或缺的组成部分。约瑟夫·熊彼特⑤则认为，资本主义"把货币单位转化成理性的成本—利润计算工具，其高耸入云的丰碑就是复式簿记。"由此看来，约翰·D·洛克菲勒这位典型的资本家对会计表现出特殊的爱好，对数字具有不可思议的信赖是恰如其分的。对于洛克菲勒来说，账本是神圣的，它能引导人们做出决策，避免受到情感的支配，因为情感是不可靠的。它能衡量企业的业绩，揭发欺诈行为，找出隐藏的低效率根源。在一个不精确的世界上，账本能让事物植根于牢靠的经验现实之中。他批评那些疏忽大意的同行说："许多头脑十分聪明的人在记账方面却十分马虎，连自己在某一笔买卖上什么时候赚钱、什么时候赔钱都搞不清楚。"

休伊特—塔特尔公司让洛克菲勒负责付账单，他便以一种毫不掩饰的热忱和超前的精湛技巧接过这项工作，"（对它）比花自己的钱还尽心。"他仔细核查各种账单，确定每笔费用是否合理有效，并且认真地验算总数。有一次，在隔壁办公的老板交给他一份长长的、未经核对的管道铺设费账单，漫不经心地说："请把这份账单付一下。"他一下子从中发现了一些仅仅只有几分钱的差错，对此既感到吃惊又很瞧不起这种做法。洛克菲勒对这种大大咧咧、满不在乎的态度感到十分震惊，只是因为发现对方多要了几分钱。人们猜想这个拘泥于细节的雇员多少教会了休伊特—塔特尔公司如何精打细算。"我记得有个船长老是报告货物受损，于是我决定调查一下。我核查了所有的收据、提单和其他单证，发现这位船长的说法完全没有根据。从此他再也不这样做了。"这孩子做事有条理的本性很可能反映了他内心有一种克制时时难以控制的情感的欲望，是对他毫无条理的父亲和他自己混乱无章的童年的过度反拨。

除了写各种信函、记账和付账单之外，年轻的洛克菲勒还为休伊特收房租，这件事只有他一个人在做。他不但有耐心、有礼貌，而且还表现出令人意想不到的斗牛犬般不屈不挠的精神。他脸色苍白地坐在马车旁，像个承办丧事的人那样耐心地等着，一直等到欠债的人交出钱来为止。他催债的样子好像他没这笔钱就活不下去似的，那种体验显然带有相当大的焦虑。"直到前几年我还不时地梦见自己在催要那些欠账呢！"他在50年后惊叹道。"我还会醒来大叫：'我收不到某某的欠账！'"对于他的焦虑，有一种解释是，他尚未彻底摆脱令他痛苦的家庭生活，失去工作意味着又要回到依赖父亲的老路上去。另一种解释是，他尽管有恒心，同时又极为迟钝；就像在学校时那样，有些人认为他是个智能相当低下的蠢货，决不会出人头地，而他必须在那些瞧不上他的人面前做出点样子来。

休伊特—塔特尔公司的买卖尽管不大，对一个胸怀大志的学习经商的年轻人来说却是个理想的培训基地，因为它使洛克菲勒进入了广阔的商业天地。南北战争爆发前，大多数企业都只经营一项业务或生产一种产品。相反，休伊特—塔特尔公司却代理各种商品的销售。公司一开始经销的是食品，在雇用洛克菲勒之前的3年，它率先从苏必尔湖一带购进铁矿石。公司赖以为生的是给美国经济带来革命性变化的铁路和电报这两项技术。正如洛克菲勒所指出的那样："我看到了运输业的威力"——鉴于标准石油公司以后同铁路部门之间引起人们争议的关系，这话并非说说而已。把一批佛蒙特州产的大理石运到克利夫兰，这么简单的业务就要涉及铁路、运河和湖上运输等各种相对成本的复杂计算。"3种运输方式之间的损耗成本必须确定下来，这要求一个17岁的孩子费尽心机来解决这个问题，以使包括我老板在内的各当事方都满意。"对于洛克菲勒来说，经商方面的经验没有白费。

1855年除夕，休伊特给了洛克菲勒50块钱作为头3个月的工钱，相当于每天5毛钱多一点。休伊特接着立即宣布，这位助理簿记员的工资将猛升到每月25元，即每年300元。奇怪的是，洛克菲勒却对这次提升工资感到内疚："我觉得自己像个罪犯。"人们再次觉得，他此时既高兴又担心，从教义上考虑，他担心自己变得贪婪了。洛克菲勒懂得，积累金钱是一回事，而不加掩饰地贪求金钱则是另一回事。

约翰·D·洛克菲勒在许多方面堪称当时富于事业心的年轻企业家的楷模。他节俭、守时、勤奋，笃信成功之信条，完全可以成为几年后由小霍雷肖·阿尔杰⑥撰写的 119 本催人奋发的儿童读物中的主人公之一，这些小册子都有着响亮的名字，如《努力与成功》、《幸运与勇气》、《勇敢与胆识》、《你必定会发迹》等。其中最后一个书名与洛克菲勒某天忘乎所以地向一个年长于他的商人说下的大话不谋而合："我必定会发财——必定会发财——必定会发财!"据说，他每说一遍还用力地敲一下对方的膝盖，以示强调，而实际上能令约翰·D 袒露情感的话题并不很多。

洛克菲勒尽管断然否认了这类有关他年轻时迷恋金钱的说法，却讲了下面这个关于他在休伊特—塔特尔公司时期的故事：

> 我第一次看到银行期票（不管面额是大是小）时已经长大成人了。当时我正在弗莱茨区当一名职员。一天，我的老板收到纽约州南部一家银行开出的 4000 元的期票。他在办公过程中让我看了那张期票，随后又把它锁在保险柜里。等他一离开办公室，我立即打开保险柜，拿出那张期票，张着嘴巴、瞪大眼睛看了一会儿，然后才放回去，锁上了保险柜上的双重锁。这对我来说简直是一笔闻所未闻的巨款，那天，我一次次地打开保险柜，热切地凝视着那张期票。

在这段故事里，人们几乎能够体会到那张期票在这孩子心里引起的难以抗拒的刺激，令他如痴如醉，不能自已。这叫人想起老比尔如何把钱扎成一捆一捆地藏起来，然后偷偷看着自己的隐财取乐的情景。在这个不易激动，宣称自己从来不用同坏习惯作斗争的孩子身上，这种对金钱的渴望显得尤为突出。"我从来没有想吸烟、喝茶或者喝咖啡的欲望，"有一回他直截了当地说。"我从来没有过什么欲望。"

即便贪婪的动机在他身上表现得比他承认的要强烈，洛克菲勒却能从工作中得到一种与生俱来的快乐，从来不把工作看成是毫无乐趣的苦役。在他眼里，商业世界妙趣横生、变化无穷，令他喜不自禁。"那些头脑活跃的人拼命苦干决不只是为了赚钱——他们是在从事一项迷人的事业，"

他在 1908 至 1909 年间出版的回忆录里写道。"使这种工作热情得以持续下去的东西要比只知积攒钱财的想法更为高尚。"

由于美国文化鼓励——不，是崇尚——敛财行为，所以人们总有可能为此走向极端，最终落个为自己的贪婪所左右的下场。于是，人们便从孩提时就开始学会监督、审视自己的行为。本杰明·富兰克林[⑦]在他去世后出版的《自传》里描述了自己如何记下一笔笔行为道德流水账，以便使自己每天的善举和恶行一目了然。在 19 世纪中叶，许多人都记这种日记以保持节俭作风，同时使自己的道德理念得以付诸实践。在年轻人写的日记里，鼓舞、激励、劝勉和告诫自己的话比比皆是。安德鲁·卡内基给自己写了许多劝勉自己的话，而威廉·惠特尼[⑧]则有一个小笔记本，里面全是一小段一小段的说教。推动人们的是一种自相矛盾的力量：大家一边激励自己出人头地，一边又企图在这个新兴的竞争经济中遏制自己贪得无厌的欲望。

约翰·D·洛克菲勒在进行这种内省方面更是高人一筹。他像虔诚的清教徒一样仔细检查每天的一举一动，调整自己的各种欲望，以期从自己的生活中消除未加检点的自发行为和不可预测的因素。一旦他即将被野心所吞噬时，良知就会提醒他有所克制。由于每天要在休伊特—塔特尔公司工作很长时间，他很可能由于事务缠身而不能自拔。他每天早上 6 点半上班，中午买盒饭在办公室里吃，而且经常吃过晚饭后又回来工作到很晚。有一天，他打算摆脱这种工作狂的心态。"这一天我和自己约定，在以后的 30 天里，晚上（在办公室的时间）不得超过 10 点，"他在日记中写道。这说明，这个年轻人是在向自己发这样的誓言，但同时又表明他发现自己不可能遵守它。

洛克菲勒的私人生活和他在公司的生活一样，也是受一笔笔账目支配的。他发现数字十分简洁、可心，便把公司里的业务准则应用到个人的精打细算上。1855 年 9 月开始上班时，他花 1 毛钱买了个红色小本子，称其为账本甲，在上面详细地记下自己每一笔收入和开支。当时有不少年轻人手里有这样的账本，但很少有人记得这样精确。洛克菲勒一生都把账本甲视为自己最珍贵的纪念物，50 多年后，当他在主日学读经班上拿出它来一页一页地翻看时，几乎是老泪纵横、浑身颤抖，可见他的确睹物生情了。

1897 年，在纽约第五大街浸礼会教堂的一次读经班上，被深深打动的洛克菲勒高举着那个小本子拖着长音说道："我有 25 年没见到这个小本子了。你就是拿纽约所有的新式账本加上那些账本上的进项也不能从我这儿换走它。"那个本子被安放在一个贵重物品保险库里，就像一件无价的传家宝。

账本甲表明，洛克菲勒已经能够自食其力，只用工资的一半就足以付伍定太太的食宿费和洗衣妇的钱，完全不用依靠他父亲了。他为自己这段捉襟见肘的青年时期感到自豪。"我买不起最入时的衣服。我记得那时总是从一位要价便宜的裁缝那儿买衣服。他把我能买得起的便宜衣服卖给我，这比买那些我买不起的衣服要强多了。"他曾经为自己精打细算中一个小小的失误而纳闷了很长时间：他当时花了 2.5 元买了一副麂皮手套，换下他过去戴的那副毛线手套，可他到了 90 岁还为那次令人震惊的奢侈之举喋喋不休。"时至今日我仍然弄不明白，当时怎么会浪费 2.5 元钱去买那副平平常常的手套。"另一次后来让洛克菲勒大惑不解的花费是，他以每加仑 8 角 8 分的价格买了一种名叫精制松脂的灯油。有了大规模经济之后，标准石油公司最终能以每加仑五分钱的价格出售一种更高级的灯油——煤油，后来每逢听到有人指责他欺骗老百姓时，洛克菲勒总会提醒大家想想这个事实。

在一个重要的方面，洛克菲勒并没有夸大账本甲的价值，那就是它极具权威地回答了这样一个问题，即洛克菲勒是不是一个贪婪的家伙，事后又利用慈善事业来洗清他"肮脏的"财富。对此，账本甲用坚定、清晰的声音回答说：洛克菲勒从小就是一位热衷于行善的人。在他有了工作的第一年里，这个年轻的职员就把 6% 左右的工资捐给了慈善机构，有几个星期捐的数目还要大得多。"我还保留着最初的账本。当年我每天只挣 1 块钱时就拿出 5 分、1 毛或者 2 毛 5 的硬币捐给那些机构，"他说。他曾捐钱给设在曼哈顿南部一个著名贫民窟里的"五要点传教会"（Five Points Mission），也施舍过"教堂里的一个穷人"和"教堂里的一位穷妇人"。截至 1859 年他 20 岁时，他捐献的比例已经超过了收入的 10%。他尽管是一个坚定的浸礼派，但很早就表现出大一统基督教的倾向：1859 年，他在辛辛那提给过一个黑人钱，让他去赎出当奴隶的妻子。第二年，他又向一个黑人教会、一个卫理会教堂和一所天主教孤儿院捐了款。

洛克菲勒乐善好施的天性和他经商的才华一样出众。他曾为一张4000元的银行期票入迷，同样也为一本1855年出版的书所倾倒，这表明了他深刻的自相矛盾的性格。那本书名叫《先贤阿莫斯·劳伦斯日记书信选摘》，劳伦斯是新英格兰一位富裕的纺织厂主，他通过精心的安排捐赠了10万元。"我记得当时我对他写的信是多么的入迷，"洛克菲勒说，他后来养成的把崭新的钱送给别人的习惯可能就是从劳伦斯那儿学来的。"嘎嘎响的钞票！听得见，看得到。我打定主意，只要办得到，以后也给人嘎嘎响的新票子。"这种想法在一个10多岁孩子身上不管有多罕见和可敬，但我们必须注意到，这又是一个金钱在他头脑里产生奇妙效应的例子。他认识到，金钱能够换来道德上的尊严和社会地位，这些东西比漂亮的住宅和服饰更令他激动不已。

这位助理簿记员似乎知道自己有朝一日会发财并且要应付各种约会，便开始认真观察起港口附近的商人们的举止，并且注意到了那些人不求虚荣的作风。比如，他极其敬佩一个名叫L·R·莫里斯的船运商人，令他印象很深的是"从此人走路的姿态和外表上，很难看得出他是个大富翁。我也观察过其他的商人并且欣慰地发现他们在做生意时从不以财势欺人。后来又看到一些人穿着豪华、珠光宝气的样子，便为他们竟然坠入这种奢侈的生活方式而感到不幸。"洛克菲勒之所以能保持贵格派⑨的俭朴装束并且在发迹后反对像范德比尔特家族⑩和其他镀金时代的阔老们那样盖豪宅、购置豪华游艇、竞相斗富，这和他的浸礼派信仰不无相关，也和他在生活态度形成时期从克利夫兰那些富商身上留心观察到的朴素、保守的作风不无关系。

和出生在他之前的无数年轻人一样，洛克菲勒也指望教会为解决纠缠不清的家务事提供无所不包的答案。他有一种宗教和生意两不误的意识，把基督教精神和资本主义思想当做他生活的两大支柱。查尔斯·达尔文的《物种起源》一书在1859年出版后开始削弱许多人的信念，洛克菲勒却一直保持着朴素、正统的宗教信仰。在以后的几十年里，正统的观念受到各种挑战，而洛克菲勒却恪守着少年时代就建立起来的坚定信念。由于父亲经常做出不检点的行为，年轻的洛克菲勒渴望对罪恶大张挞伐，大谈自我拯救和道德重整，这些都是浸礼会话语中的主要内容。浸礼派的信仰从一开始就成了他克制心中的邪念和他父亲那种不本分的性格的有力武器。度过了动荡不安的童年之后，他渴望以教会为家，摆脱自己的家庭那些令他感到耻辱的地方。

约翰和威廉寄宿在伍定太太和她女儿家时，他们4人开始去附近的一个入不敷出、苦苦挣扎的教堂做礼拜。那座教堂叫伊利大街浸礼会布道教堂，是3年前由富有的第一浸礼会教会建立的。教堂建在一块平地上，简陋的白房子上有一个钟塔和几个狭长的窗子，四周不见一棵树。在19世纪50年代，几场宗教复兴运动波及了克利夫兰，伊利大街浸礼会布道教堂就是在一次持续了150个晚上的奋兴聚会之后建起来的。

这座教堂为洛克菲勒提供了他所渴望的朋友圈子以及他所需要的尊重与友情。他是在教会执事亚历山大·斯克德的读经班上学习时，由斯克德吸收到这个教堂里来的。斯克德是开花卉店的苏格兰人，具有诗人风采，喜欢吟诵《诗篇》和《预言书》，似乎能把圣经倒背如流。斯克德生于1780年，1831年来到美国，4年后移居克利夫兰。他在做礼拜时高举双手向上帝祈祷，脸上散发着激动的光彩。这位虔诚的老者成了洛克菲勒的良师益友，可是洛克菲勒在休伊特—塔特尔公司找到工作后去告诉他这个好消息时，却意外地碰了一鼻子灰，这件事令洛克菲勒终身难忘。"在我离开之前，他说他很喜欢我，但是他一向更喜欢我弟弟威廉。我怎么也想不出来他为什么要说这些。我并不为此而疏远了他，不过我实在搞不明白他说这话的意思。"

1854年秋天，约翰在亲口作了信仰声明之后由斯克德为他施了浸礼，成为该教堂正式的一员。洛克菲勒绝非是个势利眼，但他为自己能受到"一个布道教堂的培养"而感到自豪。他尽管有其世俗的野心，却没有去投机取巧，把加入有钱的教堂或有权势的教派作为进身之阶。作为一个性格孤僻的外乡人，他为伊利大街教堂里虔诚的教徒之间温暖、平等的气氛所吸引，用他的话来说，那座教堂使他有机会接触到了"最贫穷的人。"浸礼派的核心教义就是各教堂自治，因此，有地位的家庭很少加入的布道教堂却是最具民主精神的教堂。来伊利大街教堂的人大多是小商贩、店员、列车员、工厂工人、小职员、手艺人和其他收入十分微薄的人。即使在后来更加漂亮的欧几里德林阴大道浸礼会教堂，其成员依然是平民多于显贵。洛克菲勒后来以发自内心的热情说过："我真是太幸运了，能在我年轻的时候有这些交往的机会，能为教堂做奉献、为主日学做奉献、和好人共事而感到满足和喜悦——那是我成长的环境，我为此而感谢上帝！"

洛克菲勒不仅仅是去做礼拜，他还为教堂做了无数的事情。他不到20岁就担任了主日学的老师、受托人和没有报酬的文书，为理事会做会议记录。他毫无虚荣心，连十分低下的杂活都乐于做，于是便有一位女同道留下了这段对他无处不在的身影的生动描述：

> 在那些年里……几乎每个星期天都能看到洛克菲勒在教堂里忙着打扫房间、烧火、点灯、清扫路面、为人们领座、读经、祷告或者唱诗，总之，在做着一个彻底无私的教会成员应尽的一切义务……他仅仅是个小职员，挣的钱很少，但是他却向那座破旧的小教堂里的所有活动都捐了钱。他在这方面一向算得十分精确。如果他说他要拿出1角5分钱来，谁也别想说动他多拿或少拿1分钱……他按时认真地读《圣经》，因为他知道能从《圣经》里学到什么。

人们注意到了他对那所教堂的眷恋之情和尽心爱护它的行为。从某些方面来看，他成了一名自告奋勇的看门人，打扫简朴的大厅、擦洗窗子、给墙上的烛台换上新蜡烛或者往屋角的取暖炉里添柴。到了星期天，他敲响召唤人们来做祷告的钟声，点上蜡烛，等大家做完礼拜鱼贯而出时，他为了节省又把蜡烛一一熄灭，只留下一处。他教导别人说："能省就省，别到了非省不可时才省，"还劝大家穿着做礼拜的好衣服去上班，以表现基督徒的自豪感。除了参加星期五晚上的祷告会之外，他在星期天要做两次礼拜，而且总是显眼地跪在直背椅子上带领人家祷告。他十分珍惜浸礼会教徒对信仰倾注的强烈情感，这使他得到了在生活的其他方面找不到的感情慰藉。他是个浑厚的男中音，经过教堂唱诗班培训后，他能用洪亮的歌喉十分欢快地唱赞美诗。他最喜欢的一首是"我找到了一个朋友"，诗中用亲切温柔的字眼这样描述基督："我找到了一个朋友；啊，多好的朋友！他为救我不惜流血牺牲。"

在这个布满陷阱，等着毫无疑心的朝圣者落网的世界上，洛克菲勒竭力使自己远离所有的诱惑。正如他后来所看到的那样："男孩子必须时刻小心躲避周围的各种诱惑，认真选择朋友，并且像注意智力和物质上的利益……那样注意精神上的利益。"由于新教教徒禁止跳舞、玩牌和演戏，洛克菲勒的私人生活只限于教堂的社交活动和聚餐，和大家一起玩捉迷藏或者其他一些无害的娱乐活动。他是个模范的基督徒，经常受到来教堂的年轻女士们的青睐。"姑娘们全都十分喜欢约翰，"有位教堂成员说："有的几乎到了爱上他的危险地步。他在长相上并不特别出众，衣着极其俭朴、陈旧。那些崇尚精神的姑娘们看上的是他的善良和虔诚、他对教会的真挚自觉的态度和显而易见的严肃正当的目的。"

在提供柠檬水和糕点的各种教堂聚会上，洛克菲勒逐渐对一位名叫爱玛·桑德斯的俊俏的年轻姑娘产生了爱慕之心，姑娘却因约翰不愿扩大他的社交活动范围，坚持在教堂里同她约会而气恼。对洛克菲勒来说，教堂不仅是讨论神学的地方，还是志同道合的有德之士的团契，因此他总是不愿走得太远，以免得不到教会的保护。

洛克菲勒平时尽管落落寡欢，却在教堂里养成了终身未改的爱热闹的习惯，使他生气的是，人们星期天做完礼拜就离开教堂。"教堂里应该有一种家的气氛，"他始终这样认为。"朋友们应当乐于相聚，并且欢迎陌生人加入。"即使到后来，每当大批的人聚集在教堂门口以求一睹世界首富的风采时，他仍然会同众人握手，享受一下这家庭般的温暖和喜悦。同大家握手对他具有象征意义，因为那是"一只伸向某人的友情之手，此人有所不知的是，大家需要他，这样能把许许多多的人引到教堂里来。我到现在还能体会到一开始和人握手时的那种感觉。我一生一世都在用这种方式对别人说：'我是您的朋友。'"

洛克菲勒对商业界里居高临下的待人方式很反感，更不能容忍教会里有这种态度。由于布道教堂不自筹资金，洛克菲勒和其他的受托人只好听从上一级教堂指手画脚。"这种情况使我们更加坚定了决心，要让他们看看我们靠自己也能行。"随着洛克菲勒的宗教信仰越来越坚定，他成了最关心教堂俗务的人，认为应该像经营一个井井有条的企业那样管理那些事务。机会很快就来了：教堂向一位执事借了一笔2000元的抵押贷款，但后来却连利息都还不起了。洛克菲勒要维持教堂的偿付能力。一个星期天，牧师在布道台上宣布说，那位债主威胁要取消回赎抵押物的权利，把教堂归为已有。要想使教堂继续存在下去，需要很快筹集到 2000 元钱。大为震惊的教徒们鱼贯而出时，发现洛克菲勒守候在门口，拦住大家要每人答应各自认捐的具体数目。"我求爷爷、告奶奶，有时几乎是在威逼，等对方答应后，连忙把他的姓名和钱数记在我的小本子里，接着又去劝说下一个有可能出钱的人。"在他早年生活中，也许没有比这件事更能体现出他那种百折不挠地追求商业目标的精神了。"这个计划令我倾心，"他承认道。"我捐出了自己所有的钱，我第一次有赚钱的野心就是由于这件事和一些我经常参与的类似的事务。"他大约用了几个月的时间筹集到了 2000 元钱，保住了教堂。到了 20 岁那年，他已经成为教堂里的第二号人物，地位仅次于牧师了。

约翰·D·洛克菲勒受的大多是斯巴达式坚忍、禁欲的农村教育，几乎接触不到大城市的文化，头脑里装的基本上是来自他所在的那个原教旨主义浸礼会教堂的戒律和箴言。他一生都从基督教教义中汲取有关生活的实用教诲，强调宗教在指导世俗事务方面的作用。美国公众可能弄不明白他是如何把他的掠夺本性和宗教信仰调和到一起的，不过，他年轻时那座教堂传布的道理大多是——至少洛克菲勒那样认为——鼓励他挣大钱的嗜好的。他信奉的这个宗教非但没有为他设置障碍，反而好像在为他打气助威，在他身上充分体现了教会和商业之间有时不甚稳定的合作关系，这种关系使人明确地看到南北战争后的美国经济新出现的特征。

洛克菲勒坚信不移的一点是，他的事业得到了上帝的赞同，并且斩钉截铁地说："我的钱是上帝赐予的。"在主日学讲课的几十年里，他从《圣经》里找到了许多支持这个说法的证据（当然，批评他的人同样能从中找出许多与之相反的说法，提醒人们财富的害处）。富兰克林小的时候，他父亲就不断地往他脑子里灌输这样一条谚语："尔等不见发奋经商者将与诸王并肩乎？"洛克菲勒就经常把这段课文讲给大家听。马丁·路德[11]曾告诫他的信徒们说："即使（你们的工作）从表面上看卑微低下，但你们一定要坚信它伟大可贵，这不是因为你们本身的价值，而是因为你们的工作在神的珍宝即上帝的教义和戒律中占有一席之地。"19 世纪许多杰出的神学家都赞同加尔文[12]的观点，即富裕是神恩的体现，贫穷则表明受到上天的冷落。亨利·沃德·比彻[13]把贫穷称做是穷人的过错，他在一次布道中宣称："一条基本正确的命题是，哪里的宗教最深入人心，哪里的经济就最繁荣。"

关于上帝为何单单给予约翰·D·洛克菲勒如此丰厚的恩赐这一问题，洛克菲勒总是说坚信自己只是个管家的训导——根据这个说法，富人只是上帝手里的工具，是自己的金钱的保管人，通过他把这些钱用到正当的事业上去。"我一直财源滚滚，如有天助，这是因为神知道我会把钱返还给社会的。"洛克菲勒是在年近 80 时说这番话的，但人们不禁要问，挣钱和捐款之间的这个等式是否只是到后来才进入他的头脑里的。不过，他在 10 多岁时就已经对为慈善事业掏腰包表现出明显的兴趣，而且坚持认为自己很早就看到了挣钱和花钱直接有着密切的关系。"我清楚地记得我一生的财务计划——如果我能这样称呼它的话——是在何时形成的。那是在俄亥俄州参加一位上了年纪的可亲的牧师主持的礼拜上。他在布道中说：'要去挣钱，光明磊落地挣，然后明智地花出去。'我把这句话记在一个小本子里了。"这句话和约翰·卫斯理⑬的名言不谋而合："'能挣钱'者和'能省钱'者若同时又是'能给予者'，便能获得更多的神恩。"洛克菲勒就是以这种精神复式簿记法来运作的：及时行善，并以此作为无可争辩地证明自己财富清白的依据。他早年的慈善行为很可能是给自己的内心发放了某种许可证，允许自己以无比的——而且时常是无耻的——斗志去追逐财富。

正如马克斯·韦伯所说的那样，倡行禁欲的基督教是培养未来商人的举世无双的温床。比如，征收什一税的做法能逐渐培养人们节俭、克己和认真做预算等习惯，这些习惯对任何一个雄心勃勃的资本家都是无价之宝。约翰·D·洛克菲勒代表了最纯粹的新教徒工作道德，其生活方式同韦伯的这部经典之作如此一致，使得它读上去就像是洛氏的精神传记。韦伯的部分言论特别适用于洛克菲勒，认识到这一点也许很有用。韦伯认为，清教徒创立的宗教使世俗活动得以合法化，因为"凭自身努力挣钱是生活的最终目的。"他们用理性的、有步骤的方式来经商，把魔术逐出市场，将一切都简化为方法。由于富足是将来得救的标志，上帝的选民工作特别勤奋，以确保自己得到上帝的恩典。即使那些聚敛了巨大财富的人也在继续工作，因为他们显然是为上帝的荣耀而不是为自我扩张在工作。教会无意鼓励贪欲，因此它设法绕开了这个问题，它运用的方法是，如果把追求金钱引导成一种天职——即坚定地献身于一项生产性任务——便可将其合法化。一旦某人发现了自己的天职，他理应全力以赴地为之献身，由此赚来的钱财也就被视作得到上帝佑助的标志了。

清教徒强调天职所产生的副产品是，把宗教和经济范畴之外的活动一律置于次要的地位。教徒不应寻求超出家庭、教堂和业务范围之外的乐趣，把时间浪费在闲聊和各种奢侈的消遣上是最大的犯罪。虔诚的清教徒应当一心挣钱，有了欲望的冲动只能克制，不能让步。正如韦伯所说的那样："无限制的贪欲与资本主义完全是两回事，在精神上更是风马牛不相及。相反，资本主义可能同克制——至少是有理性地缓解——这一非理性的冲动反倒是一码事。"这就是说，人必须节俭方能致富。韦伯认为，人必须有节制地生活、克己才能带来富裕。这种清教徒文化的核心里隐含着一对致命的矛盾：善男信女的德行使他们致富，而他们的财富反过来又有可能毁掉他们的操行。科顿·马瑟[15]在17世纪90年代谈到普利茅斯殖民地时宣称："宗教产生了富庶，而这些儿女却吞食了母亲。"这一矛盾令约翰·D·洛克菲勒和他的后代们进退维谷，迫使他们向财富所产生的不良效应进行不屈不挠的斗争。

我们应当看到，在韦伯所分析的4个主张禁欲的主要新教团体里，只有浸礼会派否认宿命论，因而不能把财富解释为上帝恩典的可靠标志。在另一方面，正如韦伯指出的那样，浸礼会派的一些教义有助于其信徒在市场上发迹。浸礼会派反对宗教偶像崇拜，贬低作为得救手段的各种圣礼的作用，自己建立了一套十分适合资本主义社会进步的理性的世界观。洛克菲勒相信，自己既然拥有上帝赋予的挣钱天分，便有责任发挥这一天分，并且因此而得到上帝的慷慨回报——这些全都符合浸礼会派的教义。正由于此，他发现宗教非但没有阻碍反而促进他去实现其抱负。在别人眼里，他在这个一向欢迎劳动人民并且对富人怀有疑心的教派中是个异类，他却从来不这么认为。

在停止谈论洛克菲勒早年所接受的浸礼会派教义熏陶之前，我们应当注意到，他年轻时的经济气候肯定加深了他的宗教信仰。1857年，当时他还在休伊特—塔特尔公司上班，美国进入了经济萧条期，其直接原因是克里米亚战争⑯在 1856 年结束，这使从这场战争中获利的美国农民受到了打击。造成这场危机的更加深刻的原因是长达 10 年的对铁路债券和土地的疯狂投机行为，助长此风的则是大举借贷。随着 5000 家企业关门，数 10 万工人无事可做，19 世纪 50 年代的这场热火朝天的投资活动突然之间便戏剧性地偃旗息鼓了。

和在 20 世纪 30 年代爆发的"大萧条"一样，人们对一个蒸蒸日上的经济竟然会悲惨地停顿下来而感到震惊。当时有一位观察家指出："实在令人大惑不解的是，眼看就在健康、强劲地发展当中……整个国家……居然猛地一下停了下来，无法再前进了——同时，我们也从发财过好日子的梦想中猛然醒了过来，发现自己破产了，成了穷人。"接下来便是一番歇斯底里般的捶胸顿足，詹姆斯·布坎南总统⑰坚持认为，这场危机的到来"纯粹是由于我们的奢侈以及罪恶的纸币体系和银行贷款，它们刺激了人们在股票上进行疯狂的投机和赌博。"

许多新教教徒并没有怪罪工商界，而是把这场危机解释为上帝对这个变得松懈、追逐名利和自甘堕落的社会实施的惩罚。有位波士顿社会改革家从这次衰退中看到了弥补的办法，希望它"能提供有益的、急需的教训……并且把一切现有的东西都还原到更为清醒、稳健、健全的境况。"这一全国性自责情绪推动了一场所谓的"商人再生"（Businessmen's Revival）的宗教运动。1857 年，许多城市的商人们在午餐时聚在一起做祷告，公开发誓摈弃酗酒和其他恶习。在这场广泛的忏悔运动中，各地浸礼会教堂发展了数以万计的信徒。商界这次从洋洋得意到垂头丧气——反映在宗教界则为从罪恶到获救——的经历很可能加强了洛克菲勒身上那种与生俱来的成熟商人的保守性，同时也坚定了他早已根深蒂固的浸礼会派信仰。他说过："逆境和压力是培养年轻人成才的多好的一所学校啊！"

1857 年的大悲剧无论带来了怎样的恐慌，威廉·埃弗里·洛克菲勒的行医之道却在那一年显得很红火，使他能在短期内供养和欺骗了两房妻小，1856 年春天，比尔再度出现在克利夫兰，与儿子约翰和威廉一起寓居在伍定太太家，一边为家人寻找一个固定的住处。他当时以威廉·莱文斯顿医生的名义断断续续地和安大略的玛格丽特·艾伦家住在一起，此刻，在永远抛弃第一位妻子及其儿女之前，他必须做一些最后的安排。他在塞达大街 35 号找到了一座待租的很宽敞的砖房，里面有室内厕所和浴室等在当时算很豪华的设施。于是，他把伊莱扎和孩子们从帕马接到那儿，约翰和威廉也搬出了伍定太太家，和全家人团聚。这时，比尔决定让约翰出钱补贴家用，并且交房租，数目同过去付给伍定太太的一样。

1857 年，比尔决定在克利夫兰市内切西尔大街为家人盖一栋坚固的砖房，作为诀别时的礼物，好使自己抽身而去时觉得问心惬愧。"1857 年，父亲让我盖一所房子，"约翰·D 说，企图为这件事涂脂抹粉。"这是一堂自力更生课。他把钱给了我，告诉他想要哪一种式样，并且把做这件事的所有细节都交待给我。我画了示意图，买了材料，请了建筑师，盖起了房子。"比尔是不是把这件事看作他抛弃家庭、听任其受命运摆布之前对约翰进行的某种最终测试抑或是上一堂有关经商的速成课？因为他告诫儿子说："我要走了，但我必须信赖你的判断力。"也许比尔只是不想自己动手，找这些麻烦？

洛克菲勒完全有理由为自己主持建造这座房子所立下的功绩而感到自豪，这对一个在公司里还有一大堆事情要做的年仅 18 岁的年轻人来说，不啻是一项壮举。他就像搞了一辈子建筑似的，从 8 个建筑承包商那里得到报价，选择了其中报价最低的一个。他怀着对自己判断力的绝对信任审查图纸、谈判合同、签付账单。实际上，由于他如此认真地监督承包商，如此热心于在讨价还价中胜人一筹，结果使对方在这个项目上赔了钱。假如这是比尔对儿子能力的测试，那么他以优异的成绩通过了。

根据一种说法，他家在约翰还用不用为住这所新房子付房租的问题上发生了争论。他大概认为自己有权免费住自己盖的房子。可是魔鬼比尔却有他自己的仲裁规则，认为伊莱扎的抗议无效。"你买下了你自己的时间，对不对？"他对儿子说。"你现在得到的是你自己的，对不对？那好，你就得付给我食宿费。"人们再一次对比尔的无耻嘴脸感到诧异，而且这诧异的程度决不亚于看到他儿子面对接二连三的挑衅逆来顺受时所感到的惊讶。

洛克菲勒家又一次在克利夫兰安顿下来之后，由于比尔再度退出场，在 50 年代末的某个时候同玛格丽特·艾伦一起去费城另起炉灶，约翰便被委任为新的一家之长了。在以后的几年里，比尔竟然不可思议地纠缠在约翰的事务里，并且在此后的50年当中继续像一个高大的、笑眯眯的魔影不时地出现在约翰眼前。不过从那一刻起，比尔的双重生活之间和两个妻子之间的距离开始越变越宽，最后成了不可跨越的鸿沟。具有绝妙（对比尔来说自然是难以忍受的）讽刺意味的是，这个诡计多端、自私绝顶、见钱眼开的骗子背弃家小之时，正是他的长子开始聚集有史以来最大一笔财富之日。约翰·D·洛克菲勒栖息在一个禁欲的天地里，在这个天地中，公认的力量和精神健康的标志是：打消忧虑、奋力向前，而不是对父母的弱点近乎病态地喋喋不休。假如约翰对比尔怀有报复心的话，那么，在他获得胜利却丧失任何财产继承权的那个清晨，他父亲的离去肯定令他私下感到快意。

伊莱扎很可能做梦也想不到，为比尔带大了5个孩子之后，他居然换了一个更加年轻的女人，不过今非昔比，此时的她比几年前更能承受失去丈夫之苦的能力了。她父亲约翰·戴维森于1858年6月1日去世，给她留下了一笔发放到1865年的年金，然后她便可继承其本金。有两个儿子赚钱——威廉此时正在休伊特—塔特尔公司担任约翰手下的一名簿记员——以及比尔偶尔提供的资助，伊莱扎总算能够靠自己度日了。她特别依赖于她的长子，那是个似乎无所不能的天才青年，沉稳可靠，与她那个不负责任、反复无常的丈夫恰成对照。伊莱扎此时已经40多岁了，照片上那时的她是个穿着整洁、忧郁憔悴的妇人。19世纪的女人不能选择离婚。当年轻率地投入那个年轻漂亮的小贩的怀里，到头来落了个早早守空房的结局。比尔是她唯一的机遇，她不顾一切地摆脱单调乏味的农村生活的行为以及这场不光彩的婚姻，使她和她的长子两人一生都对轻浮的男女和鲁莽的行为存有戒心。

西奥多·德莱塞[18]根据芝加哥公共交通巨头查尔斯·耶基斯[19]的一生创作了长篇小说弗兰克·柯柏乌三部曲[20]。德莱塞在小说里描述了柯柏乌对其上司们独具慧眼的认识，这使他在做第一份工作——一家谷物代理行的小职员时便脱颖而出。"他能够看到他们的弱点和短处，比年纪大得多的人看一个孩子更有准头。"这话恰好拿来形容洛克菲勒那双锐利的冷眼，他在休伊特—塔特尔公司里观察年长者时用的就是这对眼睛。他很尊敬他的上司，但从不把他们奉若神明，总是能看到他们的短处。在公开场合里，他对比他年长25岁的艾萨克·休伊特表现出极大的尊重，但私下里却要对他刻薄得多，称他是"不知足的"人，老是有官司缠身。

洛克菲勒虽然年纪轻轻，却很快就感觉到自己所得的工资太低。塔特尔在1857年退出公司之后，洛克菲勒被提升为主任簿记员，年方17岁便承担起了那位抽身而去的合伙人留下的全部工作。塔特尔当合伙人时每年的收入是2000元，而洛克菲勒只得到500元，这种令人恼火的不平等待遇只是到了1858年休伊特给他提到600元才稍稍有所缓和。这孩子在发起偿还教堂抵押贷款的活动和在切西尔大街负责盖房子时表现出了不可思议的自信，这时又以同样的自信开始为自己做生意，他尝试过做面粉、火腿和猪肉生意，数量尽管不大，但每次都有赚头。很快，这个年轻商人便在克利夫兰各个码头上逐渐成了个人物，大家都称他为洛克菲勒先生。

他离开休伊特的公司是由多个因素促成的。尽管工资问题令他耿耿于怀，他却一直等到经济从1857年下滑后又陡然回升时才提出辞职。他负责记账，所以能看出公司因这次经济萧条而濒临破产并且前景渺茫——这一点已经从休伊特的作为中得到了证实：他精明地把自己手中大量的房地产股份与他在公司里的股本分离开来。老比尔一向喜欢当个体金融家，他借给过休伊特1000元贷款，当约翰告诉他公司处境不妙时，他闯进休伊特的办公室，要他马上还钱并且如愿以偿。

约翰·D·洛克菲勒不是那种在没有进账的公司里混日子的人。他在事业上极少走冤枉路，只要发展时机成熟，他决不会踯躅不前。他向休伊特提出要把工资提到800元，手头缺少现金的老板犹豫了好几个星期才说自己只能付700元。事后洛克菲勒说，假如休伊特答应了他的要求他会留下来的，不过又说："即便如此，我也在做准备，要大干一场。"正当1858年初他和休伊特发生争执时，一个诱人的机会解决了他俩的矛盾。洛克菲勒有一个年轻的英国朋友莫利斯·克拉克（Maurice B. Clark），28岁的克拉克在同一条街上一家名叫奥蒂斯·布劳内尔的农产品销售公司上班。他俩是在福尔索姆商学院时的同学，又同住在切西尔大街。用克拉克的话说，洛克菲勒当时已经有了"具备非同一般的能力和可靠性的年轻簿记员的名声"。克拉克提议他俩自己成立一家经销农产品的合伙商号，最初各投资2000元——相当于1996年的3.6万元。奇怪的是，洛克菲勒虽然干了将近 3 年，当时手头却只有 800 元钱，只相当于他一年的工资，这点钱离克拉克提出的数目差得太远了。

当他正在设法筹集这笔钱时，他父亲告诉他，自己一直想等每个孩子到 21 岁时给他 1000 块钱，现在决定提前给约翰。"不过，约翰，"怕儿子喜出望外，他又说，"利息是：10%。"比尔刚刚从休伊特那里要回 1000 块钱，很可能想从这笔闲置资金里获得高收益。约翰对父亲了如指掌，根本不指望会白拿钱，便接受了这笔高出当时市面利率的一分利贷款。于是，1858 年 4 月 1 日，得了这笔贷款的约翰·D·洛克菲勒离开艾萨克·休伊特，同克拉克一起在临河大街 32 号合伙成立了克拉克—洛克菲勒公司，年方 18 岁便跻身贸易代理行合伙人之列。"给自己当老板的感觉真是太棒了，"洛克菲勒说。"我心里得意极了——我成了一家有 4000 元资本的公司的合伙人！"这个时刻对他来说意义重大，第一天下班后，他回到切西尔大街的家，跪下来恳求上帝保佑他新开的买卖。

洛克菲勒对自己在休伊特—塔特尔公司的学徒生涯从不感到后悔，他和许多靠个人奋斗发迹的人一样，对自己早年的日子充满了缅怀的深情。如果说他和别人有什么区别的话，那就是他把整个那段经历浸泡在感情的糖汁里，时间越久那糖汁就变得越稠也越甜。即使到了 1934 年他 95 岁的时候，洛克菲勒还在试图用他当年在休伊特—塔特尔公司迈出勇敢的第一步和他在经商时所表现的动人的浸礼会精神来激励他的一个孙子。"哦，那些必须为自己打基础、为一生的开端而奋斗的年轻人是多么有福呀！我永远对那 3 年半的学徒生涯和一生中等待我去克服的困难感激不尽。"

注释

①St. Patrick，爱尔兰守护神。

②该法案规定在新成立的州中是否能蓄奴须经当地居民投票决定，因而加深了南北矛盾。

③Mark Hanna，1837—1904，美国实业家。

④Max Weber，1864—1920，德国社会学家、政治经济学家。

⑤Joseph Schumpeter，1883—1950，奥地利裔美国经济学家，哈佛大学教授。

⑥Horatio Alger, Jr.，1832—1899，美国儿童文学作家。

⑦Benjamin Franklin，1706—1790，美国政治家、科学家，开国元勋之一。

⑧William C. Whitney，1841—1904，美国政治家。

⑨Quaker，基督教新教教派之一，崇尚节俭。

⑩Vanderbilt，美国航运和铁路业巨头。

⑪Martin Luther，1483—1546，德国人，16世纪欧洲宗教改革运动发起者，基督教新教路德宗创始人。

⑫John Calvin，1509—1564，法国人，16世纪欧洲宗教改革家，新教加尔文宗创始人。

⑬Henry Ward Beecher，1813—1887，美国新教领袖，主张废奴和妇女参政。

⑭John Wesley，1703—1791，英国人，曾去北美传教，新教卫斯理宗创始人。

⑮Cotton Mather，1663—1728，美国新教牧师。

⑯Crimea，位于黑海和亚速海之间的半岛，1853年俄国与英、法、土耳其等国之间在该地爆发战争。

⑰1857—1861年在任。

⑱Theodore Dreiser，1871—1945，美国小说家，主要作品有《嘉莉妹妹》、《美国的悲剧》等。

⑲Charles Yerkes，1837—1905，美国金融家。

⑳即欲望三部曲，柯柏乌为主人公名。

4　商业中的新教精神

当写有"克拉克和洛克菲勒公司"的牌子挂在临河大街32号仓库顶上时，地方商业界热情地欢迎这个新成员。《克利夫兰先导报》写道："我们建议本报读者垂顾由这两位经验丰富、负责任和交货及时的商人开办的商号。"在这第一个合伙企业里，成功对洛克菲勒似乎来得太快、太容易了。由于经由五大湖区的肉类、谷物和其他食品的运输量激增，他和克拉克得以迅速地买进和卖出成车成车的农产品。商号在其雄心勃勃的传单中说，他们的经营范围是"谷物、鱼类、水、石灰、石膏、粗细晒盐和奶酪用盐。"这家羽翼未丰的公司历经的风险之多，足以使他俩在回想起这段创业经历时感到神往。开业后2个月，两个合伙人就遇上了一场使中西部谷物损失惨重的霜冻。他们签了一笔合同，买下了大批的豆子，结果到手的是一大堆毁了一半的货，里面还搀杂着沙土和废物。"办公室里没事的时候，我们就上仓库，就我的合伙人和我两个人，去挑拣豆子。"这次挫折并没有影响公司的总体业绩，到了年底，公司获得了可观的4400元纯利，相当于约翰前1年在休伊特—塔特尔公司所得收入的3倍。

然而，由于那笔豆子生意做砸了，约翰只好再次向老比尔举债救急，尽管心里很不情愿这样做。要做到使自己在经营方面胜人一筹，必不可少的一点是出手大方，于是克拉克和洛克菲勒在广告中向潜在的客户大肆宣扬自己"能够提供大笔的预付款并提前供应大量的农产品，等等"。比尔经常喜欢在金钱上耍弄他儿子，然后又引用一些经过歪曲的教诲性言论为自己的无赖行为辩护，就像他在斯特朗斯维尔向一个邻居吹嘘的那样："我和男孩子们玩钱总能骗过他们，每次只要能赢他们我就赢。我想使他们变聪明。"此时的约翰在同父亲做交易方面扮演了一个异乎寻常的商人角色，他在回忆录里甚至把比尔借钱给他时所用的伎俩理想化，说是在教给他宝贵的经验。"我十分感激父亲，因为正是他教会了我许多实用的方法。他从事过各种不同的行业，他过去经常给我讲这些事情，指出它们的意义，他还教我经商的原则和方法。"

约翰明白，他父亲在金融方面的举动近乎一种可怕的狂躁症，先是像过节似的兴奋，最后又像守财奴一样苛刻。"我俩在金钱上的关系往往会引起我感到某种不安，并没有像我现在回首往事时所感到的那么有趣。"洛克菲勒忍了，只流露出一丁点儿愤怒。比尔借贷于人时提出要一分利，其真正动机并非是利他主义的，因为他有一个令人恼火的习惯，爱在最不适宜的时候向人要债。"就在我最需要那笔钱的时候，他很可能会说：'儿子，我觉得我必须要回那笔钱。'"约翰·D在回忆录中写道。"'没问题，你马上就会拿到钱的，'我会这样回答，不过我知道他是在试探我，一旦我把钱还给他了，他会把这笔无利可图的钱在手里放几天，然后又借给我。"对于这种没完没了的心理战，洛克菲勒后来又一次以不常见的坦率说过："他根本不知道我心里有多恼火。"

对于洛克菲勒同他父亲之间的反常关系，于1859年4月1日作为合伙人加入克拉克—洛克菲勒公司的乔治·加德纳（George Gardner）提供了一个详细、重要的看法。加德纳是克拉克在奥蒂斯—布劳内尔公司的同事，他受邀入伙显然是为了支撑商号不多的资金；他是克利夫兰一家名门之后，和洛克菲勒年轻时那些靠自身起家的人不是一个路数，后来曾担任克利夫兰市长和游艇俱乐部会长等职。加德纳入伙之后，洛克菲勒的姓氏从商号的名称里拿掉了，改为克拉克—加德纳公司，理由既明显又有说服力：加德纳的姓氏能吸引更多的客户。洛克菲勒向来不喜欢发泄怒气或为个人利益大吵大闹，因而对这次地位下降装出一副若无其事的样子。"莫里斯·克拉克对我的态度十分高兴，"他事后说。"他说：'别在意。不会太久的——用不了几年，你会干得比我们两人都强的。'是的，他在这件事上处理得不错，我也没有任何意见。"然而后来他又承认，他对这个令他痛楚的打击还是耿耿于怀的："我认为这样做对我太不公平，因为我同样是合伙人，而加德纳带来的只是他那一份资金。不过我觉得还是忍为上。"人在自尊心受到伤害后表达这类感情是完全可以理解的，但洛克菲勒却认为这样做不体面，不符合基督教精神，这很能说明他的为人。

洛克菲勒必然会同加德纳和克拉克发生冲突，因为他是个混迹于贵族骑士堆里的清教徒，干起活儿来一本正经、不知疲倦。他告诫自己说："你的前程就系于一天天过去的日子上。""我还不到 21 岁，大家就早早地称我为'洛克菲勒先生，'"他回忆道。"在我年轻时，生活对我来说就是一桩严肃的生意。"唯一能使他流露出年轻人应有的快乐，是在他做成一笔获利甚丰的买卖时。他就像个须臾不离的品行督察，很瞧不起克拉克和加德纳那种懒散的生活方式和不敬神的态度，而他俩则觉得，办公室里没这个令人扫兴的小伙子不行，有了他又叫人心烦。

21 岁的洛克菲勒唯恐有不检点的地方影响他们获得贷款的信誉，于是尽力去压制那两个年长于他的合伙人的过分行为。加德纳和 3 个朋友花 2000 块钱合伙买了一艘游艇，洛克菲勒毫不留情地谴责了这种奢侈行为。一个星期六的下午，加德纳打算溜出办公室去泛舟取乐，却看见洛克菲勒正满脸不高兴地埋头记账。"约翰，"他欣然说道，"我们几个人要开船去避风湾玩，我希望你也去。离开办公室出去走走，不去想生意上的事，这对你有好处。"加德纳的话正好碰到了对方敏感之处，他在许多年后告诉一位记者说，他那位年轻的合伙人朝他大发雷霆。"乔治·加德纳，"洛克菲勒气急败坏地说道，"你是我见到过的最奢侈的青年人！你想想吧，像你这样的青年人，生活刚刚开始起步，就迷上了游艇！你是在毁掉你在银行的信誉——你的和我的信誉……不，我不想上你的船。我甚至连看都不想看它一眼！"说完，他又埋头看他的账本了。"约翰，"加德纳说，"我认为，在有些事情上我俩很可能永远说不到一块儿去。依我看，这世界上你最喜欢的就是钱，而我却不。我想的是，这辈子一边干事一边找点乐子。"

后来，洛克菲勒学会了用故作镇静来掩盖做生意时的焦虑，但在那些年里却经常会暴露无遗。克拉克记得他们做过一次大胆的冒险，当时公司把全部资金都押在一大宗运往布法罗的谷物生意上。洛克菲勒以少有的愚蠢和冒失提出不去上保险，好省下 150 元的保险费。加德纳和克拉克勉强同意了。那天夜里，一场可怕的暴风雨横扫了伊利湖。第二天早上加德纳来到办公室，看到脸色惨白的洛克菲勒正在焦躁不安地来回踱步。"咱们得赶紧去上保险，"他说。"现在还有时间——如果那条船现在还没出事就好了。"加德纳连忙跑去交保费。等他回来后，看见洛克菲勒手里挥着一封电报，说是那条船已经安全抵达布法罗了。那天下午洛克菲勒生病回家了，不是让这件事吓坏了，就是因为白白付了保险费而气坏了。

人们怀疑洛克菲勒是把讲究吃喝玩乐的加德纳同他自己的父亲看成一路货色了，这很有损于加德纳的形象。加德纳确实很喜欢比尔，欣赏他那种和蔼、奇特的性情，称他是"我所见过的最好相处、最可亲的老头。他爱说笑话，一次说的话比他儿子约翰一个星期说的话都多。"在众多与洛克菲勒共过事的人当中，加德纳头一个注意到有关比尔的这个无人解答的问题：比尔回克利夫兰的时间很不规律，而且每次回来都要来克拉克—加德纳公司存上或取走大笔现款。加德纳说："我当时纳闷，这人是干哪一行的，头一个月能剩下 1000 块，第二个月却又要用它。"

多亏了加德纳，我们才能大致确定约翰最早得知他父亲的丑事（即使不知道其重婚之事）的时间。那时他们的公司正开始在费城建立业务关系，加德纳想到再去费城时可以从比尔那里收集点信息。"于是，我向约翰要他父亲的地址，他迟疑了半天，最后说他记不起来了。"这立即使加德纳起了疑心，因为他知道洛克菲勒的记忆超群。于是他又请洛克菲勒回去吃午饭时向伊莱扎要地址。午饭后洛克菲勒再也没提这件事。那天晚上他们准备动身时，加德纳又问起了地址的事。"他脸一下子就红了，说他回家时忘问了。我不再催他了，因而一直不知道他父亲住在哪儿。"当约翰开始深入了解他父亲欺骗他母亲的情况时，他内心肯定动摇过，而且也表现出与他小时候一样的压抑心情并采取一贯矢口不谈的做法。洛克菲勒早就把他父亲的事列为最禁忌的话题，并且针对决不可松口的秘密立下了规矩，这个规矩以后在标准石油公司被奉为圭臬。

在克拉克—加德纳公司时照的相片上，洛克菲勒是一个高个子青年，精力充沛，眼神机警锐利。他紧闭的双唇显示出坚定不移的决心和为人谨慎的性格。他身材高大、双肩宽阔，已经开始有些驼背，这更给人一种小心翼翼的感觉。他尽管偶尔会朝加德纳一本正经地发脾气，平时却总是保持着他那种不言自威的绝对自信。穿着整齐、修饰得体的洛克菲勒每天总是第一个到，最后一个走。他们按照各自的特点分工，克拉克负责买进和卖出，洛克菲勒管账。一丝不苟的工作作风和与生俱来的才智，使得洛克菲勒似乎注定会成功。他有审计员似的热情，喜欢查出违规和错误之处。莫里斯·克拉克认为约翰挺好相处的，但是"太认真。他按部就班到了极点，一丝一毫也不放过，计算能精确到分数。如果有人欠我们1分钱，他也会去要回来。如果我们欠客户1分钱，他照样要还上。"这段描述尽管有点令人心寒，却突出了洛克菲勒在他一生这个阶段里所表现出的过于拘谨的诚实。

洛克菲勒从一开始就得同骄傲和贪恋这两个魔鬼进行搏斗。有一回一家银行拒绝给他贷款，他气恼地朝对方说："我迟早会成为天下首富的。"他在反省那个星期的所作所为时，便用伊莱扎教给他的一些格言——比如，"骄者必败"——来告诫自己，随着财富不断增加，他对自己精神上的反省也与日俱增。每天晚上入睡之前，他都要告诫自己："你刚刚开了个头，别以为自己已经是个不错的商人了；要小心，否则你会忘乎所以——要稳步前进。你不想让这点钱弄得得意忘形吧？睁大眼睛，别乱了方寸。"洛克菲勒如果不对自己贪得无厌而感到恐惧的话，他是不会这样拼命自我反省的。他说过："我敢肯定，我与自己进行的这些私下交谈对我的一生有很大的影响。我生怕承受不了自己的巨大成功，一再告诫自己不要让任何愚蠢的主意冲昏了头脑。"不难看出，洛克菲勒这种特有的说教式文风是从教会那儿学来的，而且最初是在这些夜间对自己的布道中得到了完善。

洛克菲勒这种无可挑剔的基督徒生活方式同他在商业上的成就有着不小的关系，因为他很受城里老辈人的青睐。在同克拉克合伙的第一年里，他雇了一个人替他管账，以便腾出时间到俄亥俄州和印第安纳州四处招揽生意。出乎人们意料的是，洛克菲勒是个能言善道的商人。他不是去蛮横地同对手争夺客户，而是实实在在地介绍自己公司的业务。"我走进一家公司，递上名片，并且告诉对方，我觉得他有足够的业务联系，我无意来打搅他。我只是想提一个自认为不错并且相信对他有好处的建议。他不用马上做出决定，我请他好好考虑一下。我会再来见他听听他的想法的。"

要求代理货物贸易的订单纷至沓来，几乎令他难以招架。"我发现上了年纪的人马上就会信任我。我在乡下转了几个星期回来，委托单就到了，我们的业务随即就增加，这在我眼前开辟了一个崭新的世界。"

洛克菲勒很善于和人打交道，并非后来传说的那样是个冷酷无情的吝啬鬼。他很固执，由于秉性不同，有些人喜欢他这一点，有些人则不喜欢。由于商品贸易业老是没有足够的车皮来装运面粉、谷物和猪肉，洛克菲勒已经看到了这个以后困扰石油业的问题，便经常缠着一位铁路官员不放，弄得那个年龄比他大的人忍无可忍，用手指指着他厉声说道："小伙子，我要你明白，别把我当成是替你跑腿的。"洛克菲勒经常提到，当时公司最好的客户有一回逼他违反传统的行业惯例，在拿到提单之前就把钱交给他。洛克菲勒没有答应，但又不想失掉这个客户。"他却朝我大发雷霆，到头来我还得再丢一回脸，向合伙人承认我没留住那个客户。"直到后来洛克菲勒才得知，那人不讲理的做法原来是当地一家银行设下的陷阱，想考验一下这些年轻人能否经得起诱惑，坚持一贯的原则。

洛克菲勒尽管和民粹分子那样不信任银行家，但他取得的辉煌成就在很大程度上得益于他们的相助。"我在经商的整个过程中，最棘手的问题就是如何得到足够的资本，去做我想做、有能力做而且只要有足够的钱就能做到的事情。"当年的银行体系非常薄弱、分散。城里许多银行都资金不足，给洛克菲勒的公司注入的信贷如此之少，使得公司保险箱里的现金寥寥无几。洛克菲勒从外人那里得到的第一笔贷款来自一位名叫楚曼·汉迪的和蔼仁慈的老银行家，对方同意用仓库收条作为附属抵押物。约翰拿到这笔2000元的贷款后，走在街上就像腾云驾雾似的。"想想吧，"他在心里说，"银行居然借给了我2000块钱！我觉得如今我在这 带已经有地位了。"汉迪让约翰发誓，决不用这笔钱去做投机生意，小伙子也肯定感觉到，自己在克利夫兰金融界结识了第一位对他影响匪浅的良师益友。严肃正派的汉迪除了是一家银行的总经理之外，还担任一所主日学的校长，他从艾萨克·休伊特那里打听到了小伙子的品行和生活习惯。洛克菲勒意识到，他的信誉等级取决于他的品行的可靠程度——正如他教训乔治·加德纳的那样——而他在伊利大街浸礼会布道教堂里的骨干地位则使他博得了各家银行的青睐。可以说，洛克菲勒得到的第一笔贷款体现了在他早年的时代里基督教和资本主义之间的密切关系。

洛克菲勒晚年以反对借贷而著称，但是每当他需要用钱的时候，却特别擅长向人借钱。克拉克说过："哦，没见过像约翰那样的借钱高手！"洛克菲勒同银行谈判时表现出他父亲那种诡计多端的特点和大造声势的能耐。如果他打算借 5000 元钱，他会让全城的人都知道他想投资 1 万元。这个谣言能证明他公司有牢靠的信誉，同时还能打动银行以后再向他提供贷款。洛克菲勒对资金的需求只是在南北战争期间才增加的，那场战争使商品贸易业大发其财。约翰·D·洛克菲勒作为克利夫兰一家农产品贸易行的合伙人，战争恰好把他放在从中渔利的位置上，而在那个世纪余下的年头里，他的事业发展似乎同美国商业史的发展步调完全一致。

虽然南北战争对洛克菲勒来说主要是一个积累财富的机遇，不过，他还是表现出对北方联邦事业的强烈同情和对废奴主张的大力支持。早在 1854 年他写的那篇论自由的中学论文里，他就反对那些逼奴隶们"在南方灼热的太阳底下干活的"的"残忍的主子们"。"在这种情况下，美国怎能称自己是自由的呢？"他在十几岁时就向几个援助黑人的慈善机构捐过钱。他当年的废奴观点代表了克利夫兰人的普遍看法，因为那里有许多从新英格兰搬迁过来的人，是废奴主义思想的温床。有利的政治气候和伊利湖畔大型港口的地位，使克利夫兰成了运送逃亡奴隶去加拿大当自由人的地下通道的中转站，其中有许多奴隶秘密乘坐的船就停靠在离洛克菲勒办公室不远的地方。每当追捕奴隶的人闯进城来，同情废奴运动的人就会跑到公共广场上的石头教堂里敲响钟声，向全城发出警报。1860 年，洛克菲勒把他第一张选举总统的选票投给了亚伯拉罕·林肯。战争爆发前夕，他参加了一个又一个响彻雷鸣般反对奴隶制怒吼的集会。废奴热潮在新教教徒中间尤为盛行，他们谴责奴隶制和天主教是两大暴君，各浸礼会教堂则热烈欢迎黑人牧师和为废奴事业大声疾呼的演说家。

那么，林肯在萨姆特要塞于 1861 年 4 月失陷后号召 75000 名志愿者参军时，洛克菲勒为何没有把自己强烈的同情心付诸行动呢？他为何对那年春天克利夫兰的多次火炬集会和遍布街头的征兵站置若罔闻呢？"我倒是想去参军尽义务，"洛克菲勒说。"但这根本不可能。我们的买卖刚刚开张，假如我不留下来，买卖肯定开不下去——那么多人指着它活呢。"最后那句话小心翼翼的暗示肯定是他没能入伍的主要原因：他父亲抛弃了家小，得由他来供养。虽然联邦政府在征兵令中并没有规定从事哪些职业的人可以免服兵役，但只有那些兄弟姐妹、子女或父母的唯一赡养人可以豁免。战争爆发时，约翰·D只有21岁，但他的处境正好相当于一个供养六口之家的中年父亲。

就像老摩根[①]、格罗弗·克利夫兰[②]、老西奥多·罗斯福[③]以及其他富家青年一样，洛克菲勒花300块钱雇人替他入伍，后来还装备了一支小部队。一天上午，联邦军队上尉、洛克菲勒的朋友莱维·斯科菲尔德带着30名新兵齐步走进洛克菲勒在临河大街的办公室。这些新兵显然都通过了检查，因为洛克菲勒从保险柜里拿出钱来发给他们每人10块。"老天，他肯定很有钱，"其中一个年轻人倒吸一口气说，接着便有人答道："没错，都说他很有钱——家产值1万块呢！"洛克菲勒这是头一回引起别人对其财富的议论。艾伦·内文斯认为洛克菲勒声称自己出钱供养了二三十个士兵是在夸大事实，因为他发现洛克菲勒在账本里写明用于战争的各项开支总共才有138.09元。然而，研究克利夫兰时期的洛克菲勒的历史学家格丽丝·古尔德指出，截至1864年，洛克菲勒每年大约给代人入伍者及其家人300元，这还不包括平时给战时慈善机构的捐款。

由于洛克菲勒的货物贸易依赖于市场信息和迅速来自全国各地的电报，他的办公室成了了解最新战报的俱乐部。他和莫里斯·克拉克挂起两张详细的大幅地图，密切关注着战争的进展情况。"我们的办公室成了一个大会议室，"洛克菲勒说。"我们全都被吸引住了。人们也常常走进来，大家一起急切地关注战争形势，一边阅读最新的公告一边研究地图。"

洛克菲勒的弟弟威廉也设法逃避入伍，保住了自己的工作，而最小的弟弟弗兰克却在战争期间身心都受了伤。战争爆发时弗兰克还不到16岁，正是热血方刚、变化不定的年纪。他长着大脸盘、宽额头，留着往上翘的八字胡，性格酷似乃父。约翰的性格内向、有条理，而弗兰克却爱冲动，一会儿是圣人，过一会儿便成了恶棍。他比约翰善于交际，为人爽直，待人热情，对朋友仁厚慷慨。

弗兰克年轻气盛，渴望上战场杀敌立功，但这种产生于传奇故事的愿望一开始遭到了家里的反对。老是带着偏见看约翰的乔治·加德纳说，约翰冷冷地拒绝了他弟弟提出的要75块钱去参加联邦军队的请求。照加德纳的说法，约翰训斥了他弟弟一顿："你要是去当兵，把本可以用来创业挣钱的青春年华白白浪费掉，你就是个胡思乱想的傻孩子。"约翰毫不退让，加德纳却把这75块钱借给了弗兰克——这是弗兰克打着各种旗号弄到手但从未归还的无数笔借款中的第一份。那是约翰和弗兰克之间的第一次口角，在以后的年月里，他俩有过许多次充满敌意的争吵，两人之间的关系不断恶化。

尽管加德纳说的可能是约翰的原话，但他略去了一些重要的背景情况。事出有因。弗兰克早就想偷偷去参军，他父亲知道他的秘密后骂了他一顿。"小子，"比尔说，"你要是想去打仗，就应该和家里人说声再见，光明正大地从大门走出去。"（比尔居然大言不惭地谈起秘密和家庭责任这个话题来了，足可以看出他的脸皮有多厚）约翰考虑的另外一个原因可能是，弗兰克因不到年龄已经遭到拒绝了，他想参军就得撒谎。为了帮助记忆，弗兰克这回用粉笔在鞋底上写上18这个数字，等征兵站的中士问到他的年龄时，他高声答道："我已经过了18岁了，长官。"最后，约翰的心肠还是软了下来，在弟弟服役3年期间为他付了军装、步枪和其他装备的费用。

弗兰克在俄亥俄第7志愿步兵团里当了一名士兵，战争期间受过两次伤，一次在钱瑟勒维尔，另一次在锡达山，但是这无助于改善他与约翰之间早已紧张的关系。弗兰克心里肯定觉得不公平：他在战场上浴血奋战，他大哥却在家里发财。他老是觉得自己为英雄主义付出了高昂的代价，而约翰却在自我扩张方面得到了回报。弗兰克一无所能，自怨自艾，一边觉得自己倒霉透了，一边又嫉妒他那位出色的兄长。他哥哥似乎无往不胜，以令人胆寒、势不可挡的效率在其有如神助的经商生涯中节节前进。

南北战争使北方的经济得以加速发展，为战后该地区的工业大显神威提供了舞台。随着经济日益机械化以满足前所未有的物质需求，这场战争急剧扩大了北方的工业生产能力，发展了铁路和电报通讯、煤矿和炼铁厂等基础行业。缝纫机为士兵们缝制着军衣，收割机收割谷物以供军需。由于交战双方急速地把大量的军队从一个战场运送到另一个战场，铁路系统也必须现代化并且相应地扩大。为了进一步鼓励发展，联邦政府开始赠予土地，有 10 多家铁路公司最终获得了令人吃惊的 1.58 亿英亩土地的所有权。这种混乱的发展态势给洛克菲勒的生意带来了转机，铁路大发展使他能够迫使各铁路公司竞相压价，从中坐收渔翁之利。

战争给人们提供了获取前所未有的巨额商业收益的机会，也对人们产生了同样巨大的心理影响。从政府定货中攫取的超额利润引起了人们的金钱妄想症，这种妄想症持续的时间远远超过了战争。南北战争不仅产生了新的财富，也激起了无数人对金钱贪得无厌的欲望。穿上了军装的农村孩子走进城市，见识了昂贵的商品和奢侈的城市生活方式，不由得想入非非，使消费主义思想得到了巨大的刺激。甚至连许多没参军的人在战争期间也纷纷抛下农场和村庄，涌进拥有买卖兴隆的军需工厂的人口稠密地区。

战争提高了克利夫兰的战略地位，原因很简单：后勤供应。南北交战切断了密西西比河上的水路货运通道，经由各河流和五大湖区的东西方向水路货运量相应增加。洛克菲勒和他的同事们尽管没有拿到有利可图的政府合同，却从飞涨的物价和普遍发展的行业本身大获其利。他们的生意多数是代理贸易，经营范围包括各种食品和农具。截至 1862 年，公司的年利润猛升到 1.7 万元，几乎是战前年利润（公司成立第二年战争就爆发了）的 4 倍。他们在 1863 年打出的一份广告里列出了仓库里堆得满满的大批农产品的目录：1300 桶盐、500 蒲式耳④苜蓿草籽、800 蒲式耳梯牧草籽和200 桶猪肉。

1862 年底，洛克菲勒把乔治·加德纳赶出了公司，拔掉了一根主要的眼中钉。后来，他在谈到自己的一生时，无论在口头上还是在书面上都只字不提加德纳，用沉默永远埋葬了他。1862 年 12 月 1 日，《克利夫兰先驱报》上登出了这样一条内容："原克拉克—加德纳公司的 M·B·克拉克和约翰·D·洛克菲勒在临河大街 39、41、43 和 45 号货栈原克拉克—加德纳公司旧址成立'克拉克—洛克菲勒公司'并继续其农产品贸易。"公司此时已经发展到在临河大街上占据了 4 个门牌号码，表明它正在欣欣向荣。南北战争把 20 多岁的洛克菲勒变成了一个富人，为他今后投资提供了资金，而他投资的新行业，使他随后得以在宾夕法尼亚州西北部发达起来。与后来从泰特斯维尔周围的油井里喷涌而出的黑金之河里流出的滚滚利润相比，不管战争期间洛克菲勒在账本里记下的利润有多丰厚，也只不过是区区一点零花钱罢了。

注释

①J. P. Morgan，1837—1913，美国金融家、铁路巨头。

②Grover Cleveland，1837—1908，美国第 22 和 24 任美国总统。

③Theodore Roosevelt，Sr.，美国第 26 任总统罗斯福之父。

④1 蒲式耳等于 35 升强。

5 大拍卖

埃德温·德雷克上校（Colonel Edwin Drake）在宾夕法尼亚西部打出石油之前，当地的地下泉眼里就有原油冒出来，流向油溪（Oil Creek，这个名字的起源可追溯到18世纪），所到之处都蒙上了一层闪闪发亮的浮垢。这种粘稠的液体流得遍地都是，污染了井水，令那些在那一带钻井找盐的人大伤脑筋。早在18世纪，印第安人塞尼卡部落（Seneca）和种玉米者部落（Cornplanter）就开始多方利用石油了。他们把它当做擦在皮肤上的镇痛剂、药品，甚至作战时抹在身上的油彩。他们把毯子或者绒布放在油溪的水面上，等它浸透之后取上来，拧出里面的油。在德雷克上校抵达之前，塞尼卡油就已经作为治疗骨节僵直、头疼和其他疾病的特效药而远近闻名。1850年前后，塞缪尔·基尔从他父亲的盐井里撇出没用的原油，装在半品脱的小瓶子里，起名叫基尔石油（Kier's Rock Oil），四处推销。基尔有点儿江湖骗子的天分，他竭力宣传这种灵丹妙药无所不治的疗效，说它能治肝炎、支气管炎和肺痨——这全是些小巫的伎俩。人们怀疑洛克菲勒大夫的马车后面是否也有基尔石油的小瓶子在叮当做响。

19世纪50年代，捕捉鲸鱼的渔夫们已经无法满足人们对照明用油的急剧增长的需求，这使得鲸油的市价猛涨，令普通美国人难以承受，只有富人才花得起钱在客厅里点灯。当时还有许多其他的照明方法——比如使用猪油、牛羊油、棉籽油、从页岩里提炼的油和浸在油脂里的灯芯等——可是点起来明亮、干净、安全的照明油里没有一样是便宜的。城市扩张和工业化进程都推动了人们寻找照明油的速度，这种照明油可以夜以继日地使用，打破当时仍在支配着农民和城里人生活方式的日出而作、日落而息的农村时间概念。

石油工业的出现是一种非常现代化的现象，是商业头脑和科学才智携手合作的产物。19世纪50年代，30岁刚出头，毕业于达特默斯学院，喜欢丰富多变生活方式的记者、希腊语教师、中学校长兼律师乔治·比斯尔（George Bissell）受到启发后产生一种直觉：和页岩油相比，宾夕法尼亚西部丰富的石油更有可能提炼成优质的照明油。为了检验这个新奇的想法，他组建了宾夕法尼亚石油公司（Pennsylvania Rock-Oil Company），租下了阿勒格尼河的支流——油溪沿岸的土地，并且在当地采集了石油样本送到当时最著名的化学家之一，耶鲁大学的小本杰明·西里曼（Benjamin Silliman Jr.）那里进行化验。西里曼在他那份具有里程碑意义的1855年化验报告中证明了比斯尔的预感是对的，这种油可以提炼成优质的照明油，还可以生产出许多有用的副产品。这时，宾夕法尼亚石油公司却面临着一个似乎无法逾越的障碍：如何找到大量的石油以便把西里曼教授的发现变成手里的现款。

过了将近3年的时间，比斯尔的公司（很快便发展成塞尼卡石油公司，Seneca Oil Company）才派人去宾州寻找具有市场意义的大型油矿。为了实现这个目标，这个项目的投资人之一，一个叫汤森的纽黑文银行家拉上了他办的寄宿公寓里的一个房客埃德温·德雷克，此人于1857年12月去了泰特斯维尔。38岁的德雷克曾经在纽黑文铁路公司当过列车长，是个表情严肃、彬彬有礼的鳏夫，因患脊椎神经痛而行动不便。从照片上看，他是个有闯劲的人物，留着大胡子，宽宽的前额，眼睑厚重，两眼炯炯有神。他尽管只是一个名义上的投资人，却被冠以总裁的虚名去唬那些容易受骗的乡巴佬，顺便又被人戴上上校的尊号，并且永远载入了史册。

德雷克抵达泰特斯维尔时，油溪一带依然是一派田园风光，茂密的松树和铁杉树林里盛产野物。头戴大礼帽，身穿黑礼服，脸色苍白的德雷克同这片荒野形成了一种别开生面的对比。尽管油溪表面上到处是诱人的石油痕迹，但这些人由于缺乏有关地下石油构造的地理知识，要想找到可供开采的石油蕴藏却是件既费时又费力的事。当地人发现德雷克很迷人、好相处，而且满肚子的故事，但是他们也嘲笑他是个愚蠢的空想家，让荒唐的想法迷住了心窍。他试图挖井探油，可是井壁塌了。接着，他又学来打盐井的方法，用钻头探油。在这块渺无人烟、荆棘丛生的地方，光是把必需的器械装配起来，竖起一个叫钻台的高大、奇怪的木架，就算了不起的了。1859 年 8 月 28 日星期天，德雷克的愚蠢之举有了回报，前一天打的油井里咕嘟咕嘟地冒出了石油。德雷克发现石油——石油的存在已经不是什么秘密了——这件事情的重要性无法同他想出来的采油方法相提并论，因为使用这种方法能够控制在数量上具有商业价值的石油开采量，从而可以有条不紊地把石油从地下抽出来。

德雷克的成功招来了一片混乱，一批又一批想发财的人涌入泰特斯维尔和充满诗情画意的周边地区。投机者们在油腻腻的溪岸上四处乱转，向那些淳朴的、往往是目不识丁的主人租赁土地。有个农夫拒绝了对方提出的提取 1/4 开采使用费的建议，非要提 1/8 不可。不久，这条小河昏暗、狭窄的两岸上布满了雨后春笋般的井架，弄得原先树木茂盛的山坡上满目疮痍、草木不生。钻探只是这条长长的生产过程中的第一道工序。德雷克发现石油不到 1 年，小河陡峭、隐蔽的两岸上就草草建起了 10 多家炼油作坊，这场乱纷纷的行动不可避免地引起了拥有毗邻宾州西北部这个天然优势的克利夫兰的注意。即使在当时交通缓慢的条件下，从泰特斯维尔到克利夫兰也只需 1 天的时间。克利夫兰有几个实业家早就开始从烟煤里提炼照明油，他们自然会对与之相匹敌的方法产生兴趣。1859 年 11 月 18 日，也就是德雷克发现石油后不到 3 个月，《克利夫兰先导报》报道了泰特斯维尔一带的热闹景象，说是"宾州北部的油泉正在吸引大批的投机者，"并且说还有"大批的人正涌向那些油腻腻的地方"。在第一批去那里的克利夫兰人当中，有一个叫詹姆斯·赫西的农产品商人，他是洛克菲勒的合伙人莫里斯·克拉克以前的老板。此人回来后讲了许多令人欣喜若狂的有关那些未来财富的故事。

我们无从知道洛克菲勒对德雷克当时的发现作何想法，不过在多年之后，从石油上获得举世无双的财富的约翰·D·洛克菲勒，居然从发现宾州石油的事件里看到了上天赐予的宏伟蓝图，说"那些巨大的财富是伟大造物主赐予的礼物，是伟大造物主的丰厚馈赠"。他感谢"德雷克上校、标准石油公司和所有其他与这个行业有关并且在制造和销售这一宝贵产品以供世人之需的过程中做过有益工作的人"。我们将会看到，洛克菲勒总是透过玫瑰色的精神眼镜来看待这个行业，是这个行业在物质上帮助他获得了成功，因为他坚信是上帝把煤油赐给了受苦受难的人类，而这一信念使他对石油业的未来满怀信心，使他在信心不足的人跌倒或犹豫的时候能够坚持下去。

约翰·D·洛克菲勒虽然后来对石油抱有新教徒式的热忱，却非如获天启似的一下子就看到了它的巨大潜力，而是逐步从经营农产品转移到石油上来的。克拉克和洛克菲勒大概接受过 19 世纪 60 年代初第一批抵达克利夫兰的原油中的一部分转运生意，不过，把洛克菲勒拉进这个行业的是莫里斯·克拉克与来自威尔特郡他老家的英国人塞缪尔·安德鲁斯（Samuel Andrews）之间的交情。安德鲁斯精力充沛、待人热情，宽宽的脸膛上满面红光，是个自学成才的化学家、天生的修补匠和富于进取的机械师。他在 50 年代来到克利夫兰，在另一个英国人 C·A·迪安开的油脂提炼厂里工作；他在制作油脂、蜡烛和页岩油方面很有经验。1860 年，迪安弄到了 10 桶宾州石油，由安德鲁斯蒸馏成了油基煤油，这在克利夫兰还是第一次。用硫酸"净化"原油——现在叫做提炼的方法在当时是个高度机密，由当地一伙祭司兼炼金术士拼命把持着，于是，许多急于知道秘密的商人便络绎不绝地去拜访安德鲁斯。

安德鲁斯是个照明油方面的专家，他为煤油的独特性能所吸引，认为煤油将比其他来源的光都要亮，市场也更大。安德鲁斯家里经济拮据——还要靠妻子替人缝补衣服来贴补家用——尽管如此，他在 1862 年打算离开迪安自己打天下。为了寻找赞助人，他经常去克拉克和洛克菲勒的办公室转悠。洛克菲勒是在伊利大街浸礼会布道教堂里认识安德鲁斯夫妇的，这也算他的宗教往来给他带来的另一个世俗优势吧。安德鲁斯刚开口谈起提炼石油的事情，心存疑虑的克拉克便打断他的慷慨陈词，说："我告诉过他，这事没希望，除了用来做生意的钱，约翰和我合起来也拿不出 250 块；我们是有经营资金，可是加上银行贷款刚够我们向货主付定金、买保险和交房租的。"在克拉克那儿碰了钉子之后，安德鲁斯闯进洛克菲勒的办公室，把他的想法又推销了一遍。洛克菲勒头一次投资铁路股份就获利了，正好手头有钱可供公司支配，所以远比克拉克更有耐心听他说下去。有一天，安德鲁斯和洛克菲勒聊完之后，回到仓库又去纠缠克拉克。"我刚要让他闭嘴，"克拉克回忆道，"他却说：'洛克菲勒先生觉得这主意不错。'我随口回答说：'那好，如果约翰干我就干。'"后来变得越来越谦虚的洛克菲勒却把当时自己所起的作用说得没那么积极，他甚至怀疑石油业是否有那么大的干头，还说莫里斯·克拉克的两个兄弟詹姆斯和理查德对石油最为热心，是克拉克三兄弟和安德鲁斯合起伙来逼他仓促上马干起炼油这一行的。

且不管实际上是怎么回事，反正洛克菲勒和克拉克答应投资 4000 元作为新建的炼油企业——安德鲁斯—克拉克公司一半的周转资金，在 1863 年一下子把 24 岁的洛克菲勒拉进了石油业。就在那一年，《解放宣言》颁布了，联邦军队在葛底斯堡和维克斯堡取得了令人震惊的胜利。对于那 4000 元的投资，洛克菲勒没有去刻意宣扬："对我们来说那是一大笔钱，好大一笔呐。"他们几乎没有料到石油竟然会取代他们主要的货物交易业务，认为那"只不过是一个小小的副业，我们还是把注意力放在我们的本行——农产品代销上"。作为一个远离油井，以商业枢纽克利夫兰为基地的代理商，洛克菲勒自然而然地从炼油下手打入了石油工业。他原本是个中间商，属于新兴的工业经济中的新一代，那些人在介于农村原材料生产者和城市消费者之间越来越大的鸿沟里从事商品交易、加工和分销。

新炼油厂选定的地点很能说明洛克菲勒的经商方式。他选中的一块地方圆有 3 英亩，位于一条名叫金斯伯里的小河两岸红土斜坡上，那是条窄窄的水路，流入凯霍加河，可直达伊利湖。那地方离克利夫兰市中心有 1 英里半的路，乍看上去似乎不适合作新炼油厂——伊克塞尔西亚①工厂的厂址。在这片远离市区，一派田园风光的郊外，牛群在安详地吃草，小河两岸依然是绿树成阴。然而对洛克菲勒来说，这种地利上的不便很快就会因铁路铺经此地而消失。1863 年 11 月 3 日，大西洋和大西部铁路公司的一台锃明瓦亮的火车头骄傲地挂着联邦的旗帜开进克利夫兰的一个彩旗飘扬的车站，标志着一个新纪元的开始：伊利铁路把克利夫兰同纽约市连接了起来，并且使它有了一条直接连接宾州油田的宝贵通道。由于水陆并举，洛克菲勒占据了他取得低廉运费所必需的关键性优势——这正是他一辈子都在为选择工厂地点伤脑筋的原因。

没过多久，沿着金斯伯里河出现了一连串别人开的炼油厂。克利夫兰当时有大约 4.4 万人口，到处是精力充沛、积极上进的年轻人，炼油业为他们提供了一个只需少许投资便能发大财的宝贵机会。建一家炼油厂加上雇几个人手只需一小笔钱——少到 1000 块钱即可，比开一家货物齐全的商店需要的资金还少。到了 1863 年年中，克利夫兰一带开了 20 家炼油厂，出产的煤油有一半运往国外。起初，由于利润来得太多太快，使得每个人——无论年长年幼、聪明还是愚钝——既不用通过逆境的严格筛选，也无须经过市场规则的严厉摔打，都可分到可观的一份。洛克菲勒在提到那个全盛时代时不无讥讽地说它是个"大丰收时期，无论是干哪一行的，酒馆老板也好、牧师也好、裁缝也好，只要他走运，找到一台石油蒸馏器，就能获得丰厚的利润。"南北战争期间，石油有许多用途，比如为联邦军队的士兵治伤和代替原先由南方供应的松节油等。甚至在战场上，从原油里提炼的煤油也得到了广泛利用，尤利塞斯·格兰特（Ulysses S. Grant，1822—1885，南北战争期间联邦军队总司令，第 18 任总统）就经常坐在帐篷里摇曳的煤油灯下起草作战命令。

后来，洛克菲勒对安德鲁斯十分怨恨，居然很不公平地诬蔑他，说他是标准石油公司历史中无足轻重的人物。"塞缪尔·安德鲁斯刚干这一行时是个穷工人，一开始几乎一无所有，只不过当时很难找到人手来炼油罢了……他太自负，脑子里有太多英国式愚蠢的固执，而且缺乏自制力。那是他自己最大的敌人。"这个很久以后才下的断语之所以说得这样狠，是因为其间发生过一些事情。不过在一开始，安德鲁斯还是和洛克菲勒相处得很和谐。安德鲁斯对做生意一窍不通，但他很放心让莫里斯·克拉克和洛克菲勒去管办公室里的事，自己只管炼油方面的事。艾达·塔贝尔对安德鲁斯的看法同洛克菲勒的苛刻评价恰好相反，说他是个"机械方面的天才"，曾经改进过煤油的质量，还提高了每桶原油出产煤油的百分比。

洛克菲勒早年对实际炼油过程的关心要胜过后来，因为后来他的帝国扩大了，他也龟缩到坚固堡垒般的办公室里去了。那时的他毫无架子，人们经常能在早晨 6 点 30 分在金斯伯里河畔看到他走进制桶车间，把油桶一个个推出来，把桶箍堆到一起，或是用车把木屑拉走。这些无不反映出他母亲和他清教徒成长环境给他培养起来的节俭作风。石油提炼出来之后还会残留下一些硫酸,洛克菲勒就制订计划用那些残余物来生产化肥——这是他头一次想到用废弃物生产副产品,后来他又做过许多这样很有价值而且绝对赢利的事情。由于从小生活在不安定的环境里,他无论在生活还是在生意上都希望自给自足,所以决定自己生产木桶以解决一向短缺的油桶问题。一次,外请的管道工在开列的账单上出了一处可疑的错误,洛克菲勒对此感到厌恶,便对安德鲁斯说:"月底前雇一个管子工来。我们自己来买管子、接口和一切其他管道材料。"炼油厂还自己装运货物。洛克菲勒以自己的独创精神,不停地寻找哪怕是些很小的可改进的地方,不到1年,炼油业务就超过了农产品生意,成为公司最赢利的行当。尽管石油业容易大起大落、变化无常,洛克菲勒却从来没有1年是亏损的。

如果说洛克菲勒刚进入炼油业时还有所保留的话,他很快就紧紧抓住了这个他盼望已久的大展宏图的机会。他做事从不半途而废,一头扎进了这个行业,其高涨的热情还影响了他的全家。他和弟弟威廉同住一个房间,经常深更半夜把弟弟推醒。"我正在盘算做这么这么一件事,"他会这样问道。"你觉得这计划怎么样?""明天早上再说吧,"睡得朦朦胧胧的威廉则抗议道。"我想睡觉。"约翰常常在切西尔大街与莫里斯·克拉克和塞缪尔·安德鲁斯没完没了地谈石油方面的事,一直聊到天快亮。约翰的妹妹玛丽·安发觉那两个人尽管年龄比他大,却竟然对他言听计从。"他俩好像离不开他。他俩经常……在约翰正吃着早饭的时候走进餐厅来见他。"她觉得他们对石油迷恋到了令人讨厌的程度,居然置战场上的殊死残杀于不顾。"我简直听腻了,每天早上都希望能听到他们说些别的事情。"

洛克菲勒进入石油业的热忱令人想到当年他醉心于浸礼会教堂工作的情景。他对他的炼油厂尽心的程度,很像他打扫教堂时的那副样子,他的同事都看到了两者之间的雷同。莫里斯·克拉克说:"约翰只对两样东西痴心不改——浸礼会教义和石油。"这个老于谋算又十分年轻的小伙子对做生意有一种孩子般的乐趣,每当拿下一份大买卖时,他走起路来都步履轻快、大摇大摆,嘴里还大呼小叫,或是开个小玩笑。他早年的一个下属说:"我唯一看到约翰·洛克菲勒充满激情的时候,是从油溪传来消息,说他的买主以远远高于市价的价格买下了一批石油。他听后高兴得大叫一声，从椅子上蹦了起来，上蹿下跳，拥抱了我，还把帽子扔上天，乐得像个疯子一样，这情景我永远忘不了。"这些不多见的感情流露恰好说明了他平时备受压抑的个性。

洛克菲勒不能容忍混乱无序状态，而这个新生工业的特征就是杂乱无章，这两者之间的冲突使他得以对石油业产生巨大的影响。在他的敌手过分渲染的回忆录里，洛克菲勒成了一个无处不在的妖魔，首先是出现在"油区"——油溪沿岸地区包括泰特斯维尔、石油城和富兰克林在内的统称——就在德雷克发现石油之后不久。有一个后来被几位早年传记作者说过多少遍的说法是，洛克菲勒代表一群克利夫兰资本家于 1860 年去了泰特斯维尔，并且劝说他们不要介入这个行业，说是石油开采量很不稳定。洛克菲勒证实道，实际上"我去那里时已经干上这一行了，这正是我去那里的目的：确保我的炼油厂的石油供应。"

他先是坐火车，然后换乘公共马车穿过油溪沿岸的黑森森的树林和草木茂盛的山冈，最后才到达目的地。那个地方虽然很偏僻——萨姆特要塞失陷的消息过了 4 天才传到那儿——却有如此之多的冒险者蜂拥而来，火车车厢的过道里挤满了新来乍到的人，有的甚至蹲在车顶上。那里根本不是爱讲究的人去的地方。为了把原油运到铁路边上，人们只好把它装在桶里，用大车拉着走上 20 多英里②崎岖的乡间小路。干这一行的是好几千个大呼小叫、浑身臭汗的车老板，个个戴着阔边毡帽，满脸胡须，要价惊人（宾州桶的容量相当于 42 加仑，这至今仍是石油业的计量标准）。有时，装满石油的大车队在车辙交错的道路上绵延不断，许多油桶从车上掉下来摔碎了，弄得山路更加难行。下雨的时候，路上的泥浆变得又粘又稠，大车常常陷住，车老板们往往要用上两匹马才行。马儿拉着重重的车子穿过黑色的泥泞山路，经常被沉重的黑色鞭子抽打致死，暴尸路旁，皮毛被石油里的化学物质腐蚀殆尽，漫山遍野随处可见嶙嶙白骨。水路运输同样也惨不忍睹。油溪流入阿勒格尼河，河上有数百艘平底船和汽轮装运货物。油桶有时装在驳船上用人为的洪流（即把蓄在泄洪闸后面的河水一下子放出来）顺河而下送往匹兹堡。"由于驳船倾覆、木筏相撞，油桶漂在水上相互碰击，大量的石油泄露了出来，"洛克菲勒说。1863 年，被石油污染的阿勒格尼河着过一次大火，把富兰克林市的一座桥给烧毁了。

洛克菲勒跋涉在溪岸上，看到了这片由石油工业兴起而造成的地狱般的新世界：原先一派田园风光的山谷变得一片乌黑，井架和油罐、机房与东倒西歪的小屋杂乱无章地挤在一起。新兴的城镇拔地而起，经过一阵狂乱之后又陡然消失。洛克菲勒看出了这个行业过于草率之处。"要知道，石油业在早年就像淘金热一样，"他回忆道。"头一批冒险者里有人发了大财，于是一切都匆忙上马了。"洛克菲勒代表的是资本主义发展过程中的第二个，也是更加理性的阶段。马克斯·韦伯写道，在这一阶段，五花八门的莽撞人和打头阵的投机者都让位于"那些在艰苦的生活学校里成长起来的人，他们既谨慎又大胆，但最重要的是他们稳重可靠、精明强干，完全献身于事业，并且恪守中产阶级的观念和原则"。

洛克菲勒抵达"油区"的时候，石油看上去不像是昙花一现的东西。1861 年 9 月，两位克利夫兰人打出了"帝国井（Empire Well）"，那是当时第一口强劲的自喷井，用一位目击者生动的话来说，喷出来的油柱比"教堂的尖顶还要高，"每天能产油 3000 桶。对旁观者来说，这个高高的油柱有它不可思议的地方。帝国井出油太快了，弄得油井的两个主人找不到桶来装，大伙纷纷跑来，用戽斗、勺子、杯子和水桶舀油。石油一下子供过于求，使油价骤降至每桶 10 美分，即使那些车老板照旧每桶收 3—4 块钱才肯运到铁路旁，也无法使油价提高。石油业从一开始就在两个极端之间波动：要么是产量过高使油价低于生产成本，要么是供应短缺使价格暴涨，甚至造成更为棘手的石油枯竭现象。

在许多有关洛克菲勒第一次油田之行的说法当中，泰特斯维尔的一位生产商富兰克林·布里德（Franklin Breed）的话听上去更像是真的。他和洛克菲勒一起骑马穿过山谷去布里德的油井，最后的半英里路要靠步行。布里德后来写道：

> 我俩必须经过一条五六英尺宽、大概有 4 英尺深的泥潭，潭里是采油人从油罐里掏出来的沉淀物，和泥浆混在一起就像柏油一样。泥潭上横着一根宽 6 英寸的原木……我来回走惯了，洛克菲勒却说他不敢在上面走。不过，他还是走上去了，结果掉了下来……他抬起头来笑着对我说："瞧瞧，布里德，你让我全身投入石油业了。"

在和那些历经艰辛盲目打井的人谈话时，洛克菲勒肯定是一副冷淡而又不露声色的模样，但他承认自己喜欢和那些人在一起，称他们是些"讨人喜欢的家伙，和我们在矿区见到的人一样，全都是好脾气，成天快快活活、无忧无虑的"。这话说得不是没有一点居高临下的味道。不过，他的确仔细地听那些人说话，尽可能收集资料，并且在心里一遍又一遍地重复那些珍贵的信息，直到记住了为止。在这种急切的学习态度中不乏谦虚的成分，他说过："记住别人告诉你的东西很重要，比你自己早已知道的东西更重要。"

不管赚大钱的前景对他有多大的刺激，洛克菲勒仍然对当地的道德败坏感到震惊，油区到处是作弊的赌徒和妓女，早已被人称做"罪恶深重的蛾摩拉③"。一个去过那里的人说，那些采油人吵闹不休，无论到哪里都能听到"小酒馆里纸牌摔在沾着斑斑酒痕的桌子上时噼噼啪啪的响声"。另一个目击者则为当地随处可见的奢靡之风惊叹不已，他报道说："'采油中心'花天酒地的景象有时令赌城蒙特卡罗和巴黎拉丁区加在一起都显得黯然失色。"在像洛克菲勒这样清醒、虔诚的人看来，那些沉溺于罪恶之中的壮汉准是像一群妖魔鬼怪似的。那些采油工穿着长统靴子四处游荡，在泰特斯维尔和石油城的妓院、酒馆和赌场里留下乌黑的鞋印。许多暴发户在炫耀自己的财富，戴着丝质大礼帽、钻石领带别针和金表链招摇过市。引人注目的是，去过那儿的人在他们的报道里经常借用地狱般的词汇来反映那里的气氛。洛克菲勒的油区之行肯定坚定了自己的信念：在那个为上帝抛弃的地方，他就是坚定不移的道德维护者。他强烈主张戒酒，和酒鬼在一起便感到十分不自在——这也许是他很少去油田的原因之一。

下面两件事虽然不怎么可信，但表明洛克菲勒鄙视当时在许多生产商身上常见的品行。在劳斯维尔，当地的治安会员在一天夜里悄悄登上一艘停靠在岸边的平底船，船上聚集了一群放荡的女人和威士忌商人；在那伙人闹得最欢的时候，治安会员们割断了缆绳，把那些罪人顺流送出了20英里。据说洛克菲勒"完全赞同"这一行动。另一桩说的是他在富兰克林的事。他住进了当地的交易所旅馆，要了面包和牛奶作晚饭。他偶尔会穿上褪了色的旧衣服去帮工人往船上装油桶。有个星期天，有个雇员匆匆跑来告诉他河水猛涨，可能会把油桶冲走。洛克菲勒当时正准备去教堂，他泰然自若地戴上帽子，说他得去做祷告，拒绝过问这件事。也许洛克菲勒确实有上帝在帮忙，因为他的油桶一个都没让大水冲跑。

钻探石油往往不像是在搞工业，而是像在摸彩：谁也说不好石油会给人类带来长久的利益，还是一个昙花般的奇迹。如果说"油区"造就了许多百万富翁，它却使更多的人沦为穷人。大多数石油生产商并没有想建立一个工业，在这种浮躁的气氛下，他们宁可尽快地把井里的油抽干。按照象棋中所谓的吃子规则，大伙儿可以沿着对角线打井，用虹吸法抽取邻井中的油，从而加快抽油的速度。洛克菲勒之所以成功，是因为他相信这个行业有着长远的前景，从来不把它当做稍纵即逝的海市蜃楼。洛克菲勒的首次宾州之行肯定也使他相信，自己选择了打进这个行业的一个合适的切入口。探油的结果实在无法预料，而相比之下，炼油却似乎既保险又有条理。没过多久他就意识到，炼油是他从这个行业中获得最大利益的关键。

谁是他事业上的帮手，谁会妨碍他，约翰·D·洛克菲勒在这方面很有一套，判断向来正确，随着时间的推移，这种本能变得炉火纯青。他对高人一等的态度很反感，谁要想对他发号施令他就会置之不理，就连比他年长的人他也要求对他平等相待。他起初见了趾高气扬的克拉克兄弟还退避三舍，最后也像对待乔治·加德纳那样对他俩越来越吹毛求疵了。在众多瞧不起沉稳精明的洛克菲勒，说他胆大妄为的合伙人当中，克拉克兄弟是头一份，他则一边等待时机，一边盘算如何将他们赶走。

由于一向意见相左，他和莫里斯·克拉克的关系很僵，说他是个"无知、自负的英国人"。克拉克个子高高，为人直率，脾气急躁，身世不明。他最初在老家威尔特郡当园丁，忍受着主人的暴虐。1847年的一天，他忍无可忍，把主人打倒在地。由于害怕遭到逮捕，他逃到波士顿，成了一个没有教养、一文不名的逃犯。后来，他向西迁移，来到克利夫兰，在做农产品生意之前当过伐木工和赶车人。与洛克菲勒相比，克拉克生活不检点得多。他抽烟、喝酒，在公司里随口说脏话，而且对宗教没什么兴趣。洛克菲勒对克拉克的品行不敢恭维，对他不敬神明的行为恼怒不已，却又称赞他是个精明能干的买卖人。

由于洛克菲勒十分钟情于账本，令将近比他大10岁的克拉克很瞧不起他，把他当成小职员，觉得他做事刻板、目光短浅。"他觉得我除了记账、管钱之外什么都干不了，"洛克菲勒说。"要知道，他过了很久才明白我不是个孩子。"他认为克拉克妒忌他在出门揽生意方面取得的成绩，也许正是这一点改变了克拉克过去把他当成可有可无的职员的看法。起初，洛克菲勒强压怒火，若无其事地忍受了这种不公正的待遇。"他几乎从我俩刚开始合伙时就想说了算，不把我放在眼里，"他提到克拉克时如是说。"在我俩讨论买卖上的事情时，他问过我好几回的问题是：'要是没有我，你究竟能干点什么？'我默默地忍了这口气。和这号人争不出什么名堂。"洛克菲勒无疑明白是谁为公司做的贡献最大。"使公司成功的是我。负责记账、管钱的是我。"洛克菲勒不动声势、老于谋算的习惯，部分表现在他从不向对手透露自己的报复计划，喜欢给对方进行突如其来的打击。

公司由于投资办炼油厂，把莫里斯的弟弟詹姆斯拉了进来，洛克菲勒对他同样越来越感到讨厌。詹姆斯·克拉克原先是个职业拳击手，强壮有力，爱欺负人。他企图威吓洛克菲勒时，洛克菲勒则以极大的沉着和勇气来回应对方。一天上午，詹姆斯突然闯进洛克菲勒的办公室破口大骂，洛克菲勒却若无其事地把双脚翘在桌子上，一点不露出生气的样子来。他是个出色的演员，向来能熟练地控制脸部的肌肉。詹姆斯骂完之后，洛克菲勒平静地问道："听着，詹姆斯，你能把我的脑袋揍扁了，但你也许同样明白的是，我不怕你。"这个无所畏惧的年轻人是吓不倒的。从那以后，詹姆斯·克拉克不再像过去那样动不动就朝洛克菲勒大声叫嚷了，不过他俩都明白，彼此合不到一块儿去。

洛克菲勒在经营方法问题上和莫里斯发生争执，也同样为此和詹姆斯争吵，对他在石油生意上采取不正当的手段表示惊愕。詹姆斯在吹嘘自己如何欺骗他过去的一个老板或是在宾州买油期间如何诈骗别人的时候，肯定会引起洛克菲勒内心的怀疑，因为他密切注意着这位合伙人的花费。詹姆斯和莫里斯一样，对洛克菲勒自以为正直的态度感到难以忍受，称他为"主日学校长"。洛克菲勒早就在为将来做打算，他需要周围有一批可靠的、能赢得客户和银行两方面信赖的人。他的典型结论是："软弱和缺乏道德的人注定不会是个好商人。"后来，克拉克兄弟也对此反唇相讥。詹姆斯认为洛克菲勒对安德鲁斯—克拉克公司的唯一贡献是"操纵财务"，并且声称洛克菲勒在1861年骗走了他好几千块钱。

假如洛克菲勒和莫里斯·克拉克之间的分歧主要是因不同性格的碰撞而引起的，那么他们的合作关系还可能维持多年，而实际上，他俩在对石油业的前景和理想的业务发展速度的看法大相径庭。即使在南北战争期间，即使在李将军④打进宾夕法尼亚，石油生产商被迫为保卫油田而战的那段时间里，石油钻探在宾州也从未停止过。由于煤油销售业务大增，安德鲁斯—克拉克公司在战争期间年年获得丰厚的利润。然而，由于每多打一口喷油井就会使供需关系发生急剧变动，煤油价格就像那场战争一样变化无常。在这种无情的竞争环境中，根本无法确定价格能在哪个价位上稳定下来，构成正常价格的要素是什么。价格仅在 1 年之内的波动就大得惊人：1861 年每桶价格在 1 角和 10 元之间涨落，1864 年则在 4 块到 12 块之间浮动。剧烈的价格波动并没有使洛克菲勒和安德鲁斯气馁，他俩都主张大量举债、扩大业务，而克拉克却主张采取更为审慎的做法。

洛克菲勒决心同克拉克三兄弟分手的最终原因很可能是，三兄弟用表决来压制他和安德鲁斯，而且毫不迟疑地利用其多数派优势采取高压手段。洛克菲勒在他后来的回忆录里讲到一件事，从中可以看出他同克拉克兄弟之间的关系如何："因为我贷款扩大炼油业务的事，（莫里斯·克拉克）非常生气。他叫道：'呀，你借了 10 万呐！'好像这样做就冒犯了他似的。"洛克菲勒这话有点不合情理：这确实是一笔巨款；不过洛克菲勒看得出来，莫里斯·克拉克缺少他那种胆略。"克拉克是个老奶奶，因为我们欠了银行的钱便担心得要死。"人们能够谅解克拉克兄弟，因为他们发现这个冒失的年轻人会把公司所有的资金孤注一掷，而且显然事先没有和他们打招呼。意味深长的是，克拉克兄弟对洛克菲勒既节省又挥霍——既在小处抠门又主张无节制地扩张——的做法恼怒不已。大胆筹划、小心实施——这是他为自己一生从事的事业所制定的方针。

1865 年，25 岁的洛克菲勒认为到了向克拉克兄弟摊牌的时候了。他不愿再维持这种四分五裂的状况，决心扫除那些影响了他早年事业发展的障碍。

对洛克菲勒来说，要想在石油业取得成功，就必须对其发展前景抱有几乎是与生俱来的乐观态度。他在决定大举进入这一行业之前，需要最后看到一个如同天赐的证据，表明石油不会消失——这个关键性的证据于

1865 年 1 月在一个名叫皮特霍尔河的地方出现了，那一带附近的岩石和山缝里一直在冒硫磺气，引起了找油人的注意。一天，来了一伙别出心裁的探油人，他们手里挥着一根金缕梅树枝，把它当做占卜杖，只要找到能把它插到底的地方，就在那里开钻。几天之后，一股巨大的油柱冲天而起，宣告石油工业又一个轻举妄动时期的开始，大批投机家、钻探工人和生意人闻风而至。没几个月的功夫，这个原先只有 4 座圆木小屋的寂静的边远定居点就变成了一个拥有 1.2 万口人的喧闹的小城了。50 家旅店拔地而起，还出现了一个有 100 个座位，使用水晶大吊灯照明的剧院。皮特霍尔的崛起如此不可思议，就像一个幻景，一座由魔术师变出来的城市。"它不仅仅是座城市，"有位编年史家说，"它是内战结束后兴奋心情的体现。"即使用"油区"那种低下的标准来衡量，皮特霍尔也是有过之而无不及。"每隔一家商店就有一座酒馆，"一位记者说。"可以有把握地说，世界上大小与它相仿的城市没有一个能喝过它的。"

在从头至尾亲眼目睹了皮特霍尔荒唐发展过程的人当中，有一个目光敏锐的 8 岁小女孩，名叫艾达·米纳瓦·塔贝尔，她当时就住在 10 英里外的劳斯维尔，看到了一群又一群红了眼的男人急急奔向那座新兴的城市。小女孩的父亲在那里建了一个油库，挣钱之快为他平生仅见。不幸的是，皮特霍尔一片欢腾的鼎盛时期为时不长，没过几年工夫当地的油井就因为着火和过度开采而告罄。小城恢复旧日森林的平静之前，人们开始收拾残羹剩饭。艾达·塔贝尔的父亲花 6 百块钱买下了几年前花 6 万块盖成的漂亮的邦达豪斯旅馆，拆下里面的木料和门窗，为全家在泰特斯维尔盖了栋新房子。到 1874 年皮特霍尔余辉未尽时，城里只剩下 6 个选民。

事后看来，皮特霍尔是一个关于希望破碎、迷梦觉醒的警世寓言，短命的石油业再次令人谈虎色变。但是在 1865 年 1 月，它却提示人们地下有的是未发现的小油矿，同时它又可能是加快洛克菲勒同克拉克兄弟决裂的催化剂。这次分手是洛克菲勒的代表作：他在私下慢慢地打好了底子，然后以迅雷不及掩耳之势把对手杀得人仰马翻。那年 1 月，洛克菲勒请莫里斯·克拉克再签一张借据，莫里斯当面朝他发火道："为了发展这个石油业务，我们一直在借钱，借的钱太多了。"洛克菲勒毫不退让地反驳说："只要借钱能稳稳地扩大业务，我们就应该借。"克拉克兄弟企图吓住洛克菲勒，便威胁说要散伙，而这样做需要所有合伙人一致同意才能通过。

洛克菲勒决意摆脱克拉克兄弟和代理贸易业，他私下试探塞缪尔（山姆）·安德鲁斯，告诉他说：

> 山姆，我们就要走运了。有一笔钱在等着咱俩，那可是一大笔钱哪。可是，我不喜欢吉姆（詹姆斯）·克拉克和他那套做派。他不止一方面品行不端，他在拿石油当赌注。我可不想和赌棍一起合伙做生意。如果下回他们再威胁要散伙，我就答应他们。假如我能买下他们的股份，你愿意和我一起干吗？

安德鲁斯表示同意，他俩握手成交。

正如洛克菲勒所料，几个星期后，他和莫里斯·克拉克又吵了起来，莫里斯则又一次威胁说要散伙。"如果你想这么做生意，我们最好还是散伙，好让你按自己的心思干你自己的事情，"克拉克警告他说。洛克菲勒迅速实施他的方案，于1865年2月1日把几个合伙人请到家里，大力向大家推荐他快速发展炼油厂的方针——他知道这是克拉克兄弟深恶痛绝的事。詹姆斯·克拉克正好上了洛克菲勒的道儿，又企图威胁他。他说："我们最好还是分开。"为了遵循合伙协议，洛克菲勒让每个人都公开表态同意散伙，让克拉克兄弟觉得他们把洛克菲勒吓住了。不料，他马上跑到《克利夫兰先导报》社，在那份晨报上登出了公司解散的公告。第二天上午，克拉克兄弟看到公告后大吃一惊。"你真的要这么做？"满腹狐疑的莫里斯·克拉克问洛克菲勒。他没想到洛克菲勒已经把安德鲁斯争取过去了。"你真的想分手？""我真的想分手，"洛克菲勒回答说，他在几个星期前就找妥了几家支持他的银行。大家同意把公司拍卖给出价最高的买主。

洛克菲勒即便在年轻时就能完全做到临危不乱。在这方面，他是个天生的领袖人物：别人越是坐立不安，他越是沉得住气。他那无比自信的地方表现在，拍卖开始时克拉克兄弟请来一位律师，洛克菲勒则自己出马。"我觉得自己能够做好这么一笔简单的交易，"他自吹道。拍卖由克拉克兄弟的律师主持，底价是500元，但很快就升到几千元，然后又一点一点慢慢涨到5万元左右——已经超过了洛克菲勒所预想的炼油厂的价值。由于这次拍卖是他走向工业霸主之路上的转折点，还是让我们摘录一下他自己在回忆录里对这一历史时刻的描述吧：

> 最后价格升到了 6 万，又一步一步地提到 7 万，我真担心自己是
> 否能买下这个企业，是否付得出那么多钱。对方最终报了个 7.2 万，
> 我毫不迟疑地说出 7.25 万。这时，克拉克先生说："我不再加了，约
> 翰；它归你了。""要不要现在就给你开支票？"我提议说，"不用
> 了，"克拉克先生说，"我很乐意把厂子托付给你，在你方便的时候再
> 结账不迟。"

洛克菲勒明白这一时刻关系重大。"这是决定我一生的日子。我感到
了它的重大意义，不过当时的我和现在同你谈话的我一样镇静，"他对威
廉·英格利斯说。他为自己的自由付出了高昂的代价，把他在代理公司的
一半股份和那 7.25 万元钱一并给了克拉克（加在一起相当于今天 65.2 万
元）。尽管如此，他还是抓了一个头彩，在 21 岁时拥有了克利夫兰最大的
炼油厂，每天能提炼 500 桶原油——是当地第二大炼油厂产量的 2 倍，并
且跻身于世界最大炼油厂之列。1865 年 2 月 15 日，《克利夫兰先导报》登
出了以下的内容："合伙启事——本启事签署人已买下安德鲁斯—克拉克
公司在'伊克塞尔西亚炼油厂'的全部股份及该厂所有的油桶、原油和其
他存货，并以洛克菲勒—安德鲁斯公司的名义继续经营该厂一切业务。"
洛克菲勒尝到了报复克拉克兄弟的滋味，令他们震惊的是，这个比他们年
轻的合伙人居然能偷偷地筹集到钱做这么大一笔生意，洛克菲勒则在暗中
嗤笑那几个年长者自以为是的幼稚行为。"这一回（克拉克兄弟）可算明
白过来，头一回发现在自己夸夸其谈的时候，我的脑子也没闲着。"洛克
菲勒蔑视好虚荣、爱炫耀和信口胡言的做法，这种新教徒式的观点全都浓
缩在这句话里。1865 年 3 月 2 日，克拉克和洛克菲勒分手了，从此以
后，洛克菲勒把不听摆布的克拉克三兄弟彻底从自己的生活中抹掉了。

然而，与克拉克兄弟相处时留下的痛苦记忆却挥之不去，洛克菲勒谈
起这事如同经历了一场噩梦似的。"我在那些年里忍受的苦难、羞辱和痛
苦真是难以言说。之所以老是提起那一天，就是我花了这么大一笔钱和他
们分手的那个日子，因为那是我获得人生成功的开始。"很难说洛克菲勒
是否夸大了克拉克兄弟的傲慢态度，但重要的是，他很有自尊心，也很敏

感，他们那些尖刻的话肯定深深地印在他的头脑里。如今，他成了自己的老板，再也不会觉得前进的路上有目光短浅的平庸之辈在阻拦自己了。

　　克拉克和洛克菲勒之间的产业转手是在南北战争进入尾声的背景下发生的。1864 年 12 月，谢尔曼将军⑤的部队打到了佐治亚州的萨凡纳，在横扫南北卡罗莱纳两州之后又挥师北上。洛克菲勒买下炼油厂之后大约 2 个月，罗伯特·李将军在阿波马托克斯县城（Appomattox Courthouse）向尤利塞斯·格兰特投降。作为一座在内战之前就庇护了许多逃亡奴隶的城市，克利夫兰对随后传来的林肯被刺的噩耗尤其感到悲痛。4 月 27 日，载着灵柩的火车在该城停留数小时，将林肯的遗体停放在一个专门搭起的祭奠棚里供大众瞻仰，妇女们身穿洁白无暇的长袍聚集在路旁，为被害的总统唱安魂曲。

　　就在这个时刻，洛克菲勒—安德鲁斯公司在苏必尔大街上一栋砖房的二楼开张了，楼房的位置离凯霍加河只有几条街远，坐落在一个名叫塞克斯顿街区的写字楼群之中。这个年轻的企业家从他的新指挥部窗外望去，可以看到一艘艘驳船载着从他的炼油厂装上的油桶从河上驶过。他已经是个老练的商人了，只把安德鲁斯当做技师使用，自己则控制了企业的所有其他业务。这个年轻人抛弃了几个年长于他的合伙人，从此就再也没有一个真正的经营方面的导师、崇拜对象或可供他效仿的人了，谁的情他也不欠。约翰·D·洛克菲勒不仅是个无师自通的人，也是个自我造就的人，他早已对自己的判断能力抱有坚定不移的信心了。

　　作为一个年轻企业家，洛克菲勒尽管十分果敢坚毅，在个人生活方面却再三耽搁。不过，他早已想好了求偶的条件，要找一位既虔诚又体贴的女子：既笃信基督教，又十分支持他的事业。洛克菲勒和他母亲的关系很融洽、真挚，所以他和女士们相处自如，从内心乐于和她们为伴，而且尊重她们，这一点不像他那毫无教养的父亲比尔。

　　洛克菲勒在中心高中的短暂日子里同聪明伶俐、很有修养的两姐妹露西和劳拉·塞莱丝迪亚·斯佩尔曼成了朋友，令他尤为钟情的是劳拉，大伙又叫她"塞迪（Cettie）"。尽管当时他在女孩子面前显得笨手笨脚的，两姐妹却看到了他热情、可爱的一面。头脑实际的塞迪和学校多数女孩不一样，她选修了商务方面的课程，以便了解做生意的基本原理。她听了约翰讲他在 1855 年寻找工作的经过后，对他大为赞赏。塞迪有个朋友后来说过："她发现他胸怀大志，而且认为他很诚实，这一点大概要比任何其他优点更能打动她。"显然，她传递给约翰的信息是：如果他的经济前景有所改观，赢得她的芳心的机会便能大大增加。

几乎无可置疑的是，约翰追求塞迪过程中的障碍是两家悬殊的社会和经济地位，这说明了从他俩在高中邂逅到 1864 年结为伉俪，中间为何相隔达 9 年之久。斯佩尔曼家是当地的名门望族，个个人品出众，住着体面的房子。劳拉的一个朋友回忆说："也许塞迪并不十分有钱也不十分美丽，但至少她家和我班上其他女孩的家里一样富裕。她父亲是俄亥俄州议员，在慈善事业方面也有点儿名气，所以——你知道这些东西在孩子中间影响有多大——我们都感到奇怪，她为什么会倾心于约翰。"不难看出，除了意气相投这明显的一点之外，劳拉身上另外还有吸引约翰的地方，那就是斯佩尔曼家所代表的，恰恰又是他自己家不具备的体面的社会地位，这一点总是使他抬不起头来。

斯佩尔曼家关心公益事业，见到社会不公正现象便会拔刀相助。她家不仅仅是进入当地上层社会的途径，还是个真正具备经济实力的家族。哈维·比尔·斯佩尔曼（Harvey Buel Spelman）生于马萨诸塞州，是清教徒的直系后裔。他与露西·亨利（Lucy Henry）在俄亥俄相识并于 1835 年结婚，在 1839 年 9 月 9 日生了劳拉·塞莱丝迪亚。1841 年，全家搬到阿克伦时，起初还过着低下的生活，靠斯佩尔曼太太在家里替别人洗衣服补贴家用。塞迪还是个小姑娘时，就推着一辆红色小车挨家送洗好的衣服。即使在哈维·斯佩尔曼开了一家纺织品商店并且积攒了不少家产之后，他和妻子露西并没有去享清福，而是更加积极地投入了激进的改革运动。哈维是地方教育委员会成员，他领头建立了一个公立学校体制，这次改革使他在 1849 年得以进入俄亥俄州的立法机构。斯佩尔曼全家还忙于教会事务，在阿克伦协助建立了一所公理会教堂。他们的宗教信仰鼓励他们投身于世俗事务，他们发誓把铲除罪恶作为自己的宗教和政治任务之一。

哈维·比尔·斯佩尔曼宽额浓眉，长着咄咄逼人的胡须，对过激的原教旨主义观点和末世论思想深信不疑。他经常看到上帝之手在惩罚美国人民，因为他们过着邪恶奢侈的生活。他猛烈抨击烈酒是魔鬼："普遍无节制地饮酒是点燃人类本性中最低劣之欲望的火种，它助长了暴乱、罢工，鼓励了无知、邪恶和犯罪，最为严重的是，威胁了我们自由制度的稳定。"这是他在 1879 年说的话。他那位庄重、勤劳的夫人露西·亨利喜欢唱赞美诗，成天几乎没时间坐下来闲聊，尽管她能和女儿们在一起说说笑笑。"每逢说到《圣经》、说到戒酒、说到教育、说到扩大妇女的活动领域，她的眼睛里就会闪现出旧日的火花，她的脸上就会因信仰而涨红，"一位牧师在她的葬礼上用情有可原的夸张之辞这样评价她说。

参加教会活动的结果之一是——这种情况在"第二次大觉醒"之后也发生在许多新教徒身上——哈维和露西都成了坚定的废奴主义者和戒酒运动积极分子。他们把自己的家当做地下通道的一个中转站，帮助许多从田纳西和肯塔基逃过来的奴隶奔向自由；过去曾当过女奴的废奴主义者、巡回传教士索琼娜·特鲁思⑥就在他们家里住过几天。据塞迪说，她唯一一次看到她母亲在安息日⑦做饭是为给几个逃往加拿大的奴隶热东西吃。斯佩尔曼夫妇在戒酒的问题上也同样积极。斯佩尔曼太太为宣传戒酒四处奔波，她不仅上街参加游行，还冲进酒馆跪在地上做祷告，请求在那里喝酒的罪人改过自新。斯佩尔曼先生也不甘落后，发起了一场封闭酒馆的运动。

斯佩尔曼家在阿克伦红红火火的日子于 1851 年结束了，因为斯佩尔曼先生的企业破了产，成了一场银行危机的牺牲品。全家随即搬到了克利夫兰。虽然后来斯佩尔曼先生在克利夫兰东山再起，但经济不稳定的阴影始终笼罩着全家。因此，斯佩尔曼家的社会地位尽管高于年轻的洛克菲勒，但由于对经济灾难心有余悸，他们乐意看到既年轻有为又有合适的基督教背景的登门求婚者。塞迪需要找一个能保护她家安全的丈夫，难怪她从一开始就支持约翰的事业，热心地帮助他去争取成功。

劳拉·塞莱丝迪亚·斯佩尔曼通情达理，成天乐呵呵的，并且和约翰·D·洛克菲勒一样忠于职守、勤俭持家，很难再找到一个比她更加面面俱到地合乎约翰价值标准的年轻女子了。他俩在基本的生活观点上可谓心心相印。塞迪比约翰小 2 个月，长得小巧玲珑，圆圆的脸，深褐色的眼睛，浓密的栗色秀发从中间分开，在前额流畅地梳到脑后。洛克菲勒绝忍受不了吵吵闹闹的女人，而塞迪恰恰说话和举止都很轻柔。然而，她和约翰一样，温柔的表面掩盖着坚毅的内心。她"温柔可爱，但意志坚定，"她姐姐露西（家里人更多地称呼她露特）评论她道。"每次她把手十分温柔地搭在你的胳膊上，都会让你觉得心软。"她还有和约翰一样的地方：和蔼可亲的态度背后有着坚强、持久的意志力。"别看她爱笑……平时往往显得严肃、拘谨，"露特回忆道。她极具自制力，从来不发脾气，也没有年轻姑娘的那种轻佻。

早先，约翰和劳拉准是看出来彼此同气相求，尤其在宗教方面。塞迪在为教会和主日学工作时尽心尽职、一丝不苟，连疼爱她的姐姐都委婉地说她做得太过分了。"她是个'小修女'。上帝和教会对她来说是第一位的。她不怎么喜欢她所谓的'社交活动'。她和她丈夫一起加深自己的宗教信仰，并将其扩大到生活的每一个方面。"人们甚至从劳拉的照片上就能看出她的服饰具有贵格会教徒的简朴风格，黑色的衣裙和带花边的衣领使人想到她的祖先是清教徒。她自己虽然笃信新教，却从不把自己的观点强加于人，而是以身体力行来感化他人。她有个高中同学回忆道："她对我们其他同学有很强的影响力。比如，她不喜欢跳舞和看戏，因为她觉得信教的人耽于她所谓的世俗消遣娱乐是不正当的。"尽管如此，劳拉不是个浅薄无知的姑娘，她对艺术、文化和社会有着广泛的兴趣。她每天要弹3个小时的钢琴，经常和约翰一起弹二重奏；她还对文学和诗歌有一定的鉴赏力，同别人交谈时也能做到妙趣横生。

她是个勤奋的学生，最后代表全班在中学毕业典礼上致告别辞[8]，题目是"我能驾驭自己的小舟"，这是篇不折不扣的妇女解放宣言（伊丽莎白·卡迪·斯坦顿夫人[9]和卢克丽西亚·莫特夫人[10]在纽约州的塞尼卡福尔斯试图把妇女组织起来的第一次历史性尝试之后7年，劳拉中学毕业）。从这篇演讲中，我们可以推断出一些她那种年轻人的价值观。"我们不能一味温顺服从，听任他人或其他群体的引导，而是要有自己的头脑，一旦拿定主意就不再改变。"对于一个注定要被缠入未来丈夫颇有争议的事业中去的女人来说，这个信条很好地表明了她的个性。在一篇坦陈女权主义观点的文章中，她谴责男人剥夺了妇女受教育的权利，反过来又指责妇女不能自立。"如果允许妇女接受教育——让她们也走上科学探索之路，让数学和所有学科的严谨思想也对她们的头脑产生影响，习惯势力就无须为妇女的'正当活动范围'而操心了。"

1856年，哈维·斯佩尔曼夫妇离开克利夫兰，去了衣阿华州的伯灵顿。这次搬家显然是由于斯佩尔曼先生的企业又一次遇到了困难。他们一走就是3年。为了减轻家里的经济压力，塞迪和露特留了下来，一起向克利夫兰的几所公立学校申请当教师。2年之后，等到手头不那么窘迫时，姐妹俩又去设在马萨诸塞州伍斯特的奥瑞德学院（Oread Collegiate Institute）上了1年学。这所专科学校建于1849年，属于第一批向女子开放的高等院校。学校的奠基人是废奴主义者伊莱·塞耶，他强调基督教精神和研读古希腊、古罗马文学作品。从画上看，坐落在山腰上的校舍是座别致的具有中世纪风格的建筑，房顶上有角楼、尖塔和雉堞，校园四周是石头砌成的围墙。学校里的文化氛围，加上校方大力支持女权运动和为黑人谋福利的活动，肯定令姐妹俩感到十分合意。她们听了许多鼓舞人心的课，主讲人有拉尔夫·沃尔多·爱默生⑪、温德尔·菲利普斯⑫、亨利·沃德·比彻⑬和约翰·布朗⑭。塞迪恪守新教职业道德，甚至赞同学校严格的作息制度：从早晨5点30分起床到晚上9点45分熄灯，安排得极其严密。"我不认为这些规章制度太严，每一条我都很乐于遵守，"她在信中对从前的音乐老师说。她在上学期间偶尔也给洛克菲勒写信问候，虽然此时两人之间的关系只是志同道合的密友而非罗曼蒂克的恋人。

在以往那些年里，劳拉由于越来越多地参加教会活动，无暇从事她钟爱的文学。在奥瑞德学院，她是个名副其实的才女，又是写诗，又是组织文学会，还是校园文学刊物的编辑。她为《奥瑞德学报》撰写的一篇文章就很能说明这一点。她在文章中描述了当时统治美国的三大贵族——统治新英格兰地区的是才智，统治大西洋中部各州的是财富，统治南方的则是血统。从以后发生的事情来看，和她对杰出的波士顿知识界或堕落的南方社会的描述相比，她在描写纽约暴发户时说的那些措辞尖刻的话更值得一读："在我们光荣的共和国的这片特殊的土地上，这位'新贵'夫人脑子里从不知思想为何物；她身穿为她特制的衣裙，而这些服饰的类型（而非式样）到了王室面前不由得相形见绌。"她在猛烈攻击了统治大西洋中部各州贵族阶层的"万能的美元"之后，尖锐地总结道："波士顿诺大的知识界不得不向华尔街的股票和债券俯首称臣。"她对华尔街腰缠万贯的新贵们进行的这番中西部式的嘲弄肯定和洛克菲勒的观点不谋而和。他俩做梦也不会想到，自己有朝一日竟然成了"万能的美元"的同义词，并且住进了曼哈顿最豪华也是最为作恶多端的地段的中心。

1859 年春天，斯佩尔曼两姐妹回到克利夫兰，开始在克利夫兰学院学习法语、拉丁语、钢琴和声乐。那年秋天，塞迪和总是跟她亦步亦趋的露特开始在公立学校里任教，塞迪还兼任校长助理，露特则在同一座楼里教男生班。后来，劳拉无疑透露了她家当时的窘迫境地。"我只能去工作，那是件好事，"她后来对她儿子说，"而且我爱干那份工作，这更是件好事。"她尽管素以严格执行纪律而著称，却仍是个受学生爱戴的教师。在她离开学校的那天，"她班上所有的女孩下课后都留下来同她告别，她们流着泪，舍不得离开她，"有个学生说。"天呐，大家哭得真伤心呀。"

60 年代初，劳拉对自己的工作感到很满意，并不急于结婚。在此同时，约翰·洛克菲勒则横下心来在一旁等候时机，他坚韧不拔的耐心足以击败几十名严阵以待的竞争对手。1860 年 4 月，劳拉在写给从前的音乐老师的信中说："我似乎还没过够享受独身之清福的日子，"不过她提到了洛克菲勒，并且说"有位男士不久前告诉我他不急于看到我嫁人，但他希望在我无穷的想法中唯独不要缺少这个内容"。一想到和洛克菲勒的婚事，她心里一定很烦恼，当教师只能是单身，结婚就意味着事业的结束。

1862 年，洛克菲勒由于做农产品生意腰包越来越鼓而情绪高涨，开始向塞迪大献殷勤，经常在放学时出现在学校里接她回家。斯佩尔曼家当时住在一个名叫"高地"的可爱的地方，周围到处是苹果园和温室。到了周末，约翰和弟弟威廉经常打着去看附近的新兵训练的幌子骑马上那一带转悠。斯佩尔曼家搬到克利夫兰市中心的新居后，约翰又常常穿着沾满炼油厂油污的靴子过访他们家，用他那辆平板马车载着塞迪出游，塞迪则怀着喜悦听他一五一十地说他生意上的事情。"她的判断总是胜我一筹，"洛克菲勒说。"她是个十分聪慧的女人。没有她精明的忠告，我只能做个穷人。"虽说这话是充满爱意的夸张之辞，但在他俩婚后最初的日子里，他确实曾把账本拿回家和她一起审核过。

尽管她时常拂他的意，洛克菲勒却穷追不舍；和做生意一样，他在求爱时比别人花费的时间更多，也更有定见。1864 年初，由于从炼油业获得的利润滚滚而来，他成了克利夫兰的富翁，身穿大礼服和带条纹的裤子，头戴丝质礼帽，气度着实不凡。他是个长得很帅的小伙子，笔直漂亮的鼻子，不苟言笑的嘴巴，面带淡淡的愁容，髭须和毛茸茸的络腮胡子连在了一起，发际却已从两侧太阳穴往后退。他的目光坚定而又清澈，似乎在自信地来回搜索生意上的机遇。

但是洛克菲勒后来在谈到当时微妙的情景时，却很不愿意向自己的儿女们透露自己求爱的细节。有人推测当时有一个情场手段更为高明的人正在追求劳拉，1864 年 3 月，洛克菲勒担心他的情敌会击败他，便认为到了先下手为强的时刻了。一个听别人说过这事的人回忆道："约翰·D 想把她娶到手，于是有一天去见她，郑重其事地向她求婚，就像提议做一桩生意一样。她也同样郑重其事地接受了。"可以想像，他俩当时都松了口气，不好意思地你看着我，我看着你。过后不久，节俭成性的洛克菲勒做出了一个完全令人料想不到的举动：花了 118 元的巨款买下一枚订婚钻戒。人们怀疑这次挥霍是有目的的：他希望向斯佩尔曼家表明，他已经不再是个乳臭未干的农村孩子，而是个崭露头角的年轻企业家，有能力以他们以往的生活方式来供养他们了。

在丝毫未加张扬的订婚过了 6 个月后，1864 年 9 月 8 日，就在谢尔曼将军的部队进入亚特兰大之后不久，25 岁的约翰·D·洛克菲勒在休伦大街斯佩尔曼家的客厅里同 24 岁的劳拉·塞莱丝迪亚·斯佩尔曼举行了婚礼。那是个小型的私人聚会，只有双方的家人出席。就像洛克菲勒一生中的许多事情一样，这次婚礼也是秘密进行的，连克利夫兰各家报纸都没有刊登有关此事的通告——鉴于斯佩尔曼家的声望，这事显得很奇特。老比尔很可能没有参加婚礼，约翰可能会担心由于父亲缺席而招致人们对他的好奇心。洛克菲勒尽管积攒了必要的资金，这回却又故态复萌，买结婚戒指只花了 15.75 元，这笔花销正式记在账本乙内的"杂项开支"项下。经过两个教派的妥协，劳拉所在的普利茅斯公理会教堂和约翰所在的伊利大街浸礼会布道教堂各派一名牧师联合主持了婚礼，但劳拉从此以后转到了浸礼会派。

约翰拒绝打断每天的日程，结婚那天上午还在工作，去了他在市内的两处办公室和炼油厂的箍桶车间。他特地安排了 26 位雇员的午餐，但事先没有透露邀请大家的理由。当心情愉快的新郎动身去参加婚礼时，他诙谐地对工长说："让他们好好地吃，不过别耽误了干活。"洛克菲勒以其终身不渝的瑞士表般的精确性安排了恰好一个月的蜜月旅行——1864 年 9 月 8 日到 10 月 8 日，走的是传统的路线。这对新人以尼亚加拉大瀑布为第一站，随后到蒙特利尔的圣劳伦斯大酒店和新罕布什尔州华盛顿山的巅峰旅馆下榻。在回家的路上，他俩顺道去了奥瑞德学院，在校园里遇见了两位新教师索菲亚·帕卡德（Sophia B. Packard）和哈里特·贾尔斯（Harriet E. Giles），这两个人在洛克菲勒夫妇今后的生活中将会起到重要的作用。

在度蜜月之前，洛克菲勒没出过几次门，所以在整个蜜月旅行当中，这个头戴丝质大礼帽，没见过多少世面的年轻人表现出了如饥似渴的好奇心。在尼亚加拉大瀑布游览时，他不住地向导游提问题，使得对方分了心，把马车赶到沟里，弄坏了一只轮子。在另一个旅游点，他俩半途遇到一位老者，约翰没完没了地请他讲当地的事情，弄得老人疲惫不堪，连连告饶："看在上帝的份上，假如你愿意和我一起去那边的谷仓歇一会儿，我就把我知道的都告诉你。"同样是这个好问得令人生厌的年轻人，当初在油区就以"海绵"这个绰号而著称。

在新婚的头 6 个月里，约翰和劳拉同伊莱扎一起住在切西尔大街 33 号。随后他俩搬到了同一条街 29 号，那是一栋体面的两层砖房。屋子四周有白色的尖桩栅栏，几个高大的窗户很是别致，但整个房子却让那个丑陋的带圆柱的门廊给弄得逊色不少。尽管洛克菲勒如今在管理着而且部分拥有了克利夫兰最大的炼油厂，他和劳拉还是过得很节俭，没有雇仆人。洛克菲勒一向怀念这段简朴纯洁的时光，并且一直珍藏着他俩用过的第一套餐具，在他以后的年月里，这套餐具时时会勾起他的怀旧之情。于是，到了南北战争结束的时候，约翰·D·洛克菲勒已经为他个人生活和职业生涯奠定了基础，准备好去充分利用那些正在内战后的美国大地上向他招手的重大机遇。从这个时刻往后，他再也不会有弯路可走，再也不会浪费精力，只需去专心致志地实现他的目标，那些目标会把他造就成令美国工商界既啧啧称奇又望而生畏的人物。

注释

①Excelsior，拉丁语"不断向上"的意思，是纽约州州印上的箴言。

②1 英里等于 1.6093 公里。

③Gomorrah，古城名，因城里居民生活糜烂、道德败坏而被上帝毁灭，见《圣经·创世纪》。

④Robert Edward Lee，1807—1870，美国南北战争时期南方军队总司令。

⑤William Tecumseh Sherman，1820—1891，南北战争时期联邦军队将领，后任陆军总司令。

⑥Sojourner Truth，1797—1883。

⑦Sabbath，即星期天，当时基督徒在这一天一般不做工，也不生火做饭。

⑧通常由成绩最好的学生担任。

⑨Elizabeth Cady Stanton，1815—1902，美国女权运动领袖，在 1848 年和莫特夫人组织召开第一次妇女权利大会，通过争取妇女选举权等提案。

⑩Lucretia Mott，1793—1880，美国社会改革家。

⑪Ralph Waldo Emerson，1830—1882，美国作家、诗人，提倡个人自由和社会改革。

⑫Wendell Phillips，1811—1884，废奴运动领袖，支持给予妇女选举权。

⑬Henry Ward Beecher，1813—1887，废奴运动领袖，主张妇女参政。

⑭John Brown，1800—1859，废奴运动领袖，组织武装集团，后被奴隶主杀害。

6　时代诗篇

对于阴谋家和梦想家、善于钻营的家伙和花言巧语的小贩、江湖医生和行骗高手来说，南北战争过后的那段时间是美国历史上最适合他们施展身手的时期了。搞发明和申请专利的狂热风靡全国，人人都在捣鼓些新鲜玩意儿。那是一个夸夸其谈、想入非非的时期。和每一场旷日持久的战争一样，数以百万计的人把享受生活推迟到恐怖的杀戮结束之后，到那时才以新的热情专心去过自己的小日子。像洛克菲勒那样的年轻企业家的骤然暴富，令复员还乡的战士眼红，希望自己的运气能比那些人更好。这股追逐金钱的狂潮在一定程度上是由那场即将同时表现出美国最好和最坏品格的战争造成的，因为林肯领导的这场高尚的改革运动经常被那些打着爱国幌子牟取暴利的承包商们给贬低了。对许多北方人来说，保卫联邦和解放奴隶的崇高理想使其帮助别人的能力消耗殆尽，只剩下贪婪这个传染病根了。

大名鼎鼎的银行家托马斯·梅隆（Thomas Mellon）对那些年毫无节制的增长是这样评论的：

> 那是个很难遇到的时期，一个人一辈子也很难遇上一回。1863年到1873年是个容易发财的时期。不动产和商品的价值稳步增长，市场也一直处于活跃状态。你只要买下任何一样东西，然后就等着卖掉后获利了；有的时候，比如房地产业，在很短时间内就能获得很高的

利润。

从新一轮的机遇膜拜中产生了新一代企业界领头人物，工作对他们来说就是生活所提供的最伟大的历险活动。正如马克·吐温和查尔斯·达德利·沃纳①在《镀金时代》一书中写道的那样："对于年轻的美国人来说……通往富裕之路有万千条，而且条条畅通无阻；机会比比皆是，成功唾手可得。"或者像威廉·迪安·霍威尔斯②的小说《塞拉斯·拉法姆的发迹》（The Rise of Silas Lapham）中的人物所说的那样："毫无疑问，眼下到处是钱。它就是我们这个时代的传奇故事，我们这个时代的诗篇。"白手起家的企业家成了新的英雄人物，一大批歌颂自强自立的文学作品教导读者说，凡是工作努力、生活节俭的年轻人都能跻身于百万富翁之列。新的工业繁荣削弱了老派绅士和农村上层人物的权力，代之以新一代靠自我奋斗成功的人：那些经济掠夺者们忙于赚钱，无心去过多地关心传统。在这个"大烧烤"时代——这是文学史家弗农·帕林顿③为它起的恰当的名称——称雄的是那些从事铁路、航运和股票炒作的既自负又敢干的人：杰伊·库克④、海军准将范德比尔特⑤、杰伊·古尔德⑥、丹尼尔·德鲁⑦、吉姆·菲斯克⑧，等等。这个时代的统治者是个不称职的总统——尤利塞斯·格兰特将军，他在战前是个小镇的商人，对富人们一往情深，尽管那些人一再欺骗他。

对于这些巨大的变化，民众的态度各不相同。赢利的欲望创造了新的财富，建立了工业基础设施，为美国取得工业头牌地位搭好了舞台，但是它也使人们感到心神不定，好像面对着某个骇人的庞然大物，未曾想到这一切正在使他们纯洁无瑕的国家发生剧烈的变化。南北战争诱使人们在开始新生活的同时与自己的过去一刀两断。格兰特在他的回忆录里说道："这场战争赋予人们独立和进取精神。人们如今的看法是，青年人必须摆脱旧的环境，才能在世上出人头地。"由于人们为了取得成功而不择手段，这场全国性的致富大竞赛有可能推翻现存的道德观念，颠覆教会和国家的权威。

北方的胜利意味着城市化、移民、工业资本主义和雇佣劳动在几十年里占据了对南方农业经济的优势。南北战争明显加快了经济进步的时间表，推动了工厂和铁路的发展。通过刺激技术发明和标准化产品的生产，产生了一个更加严密的经济。小农和小商人经济开始退化，在进行大规模消费和生产的巨人般的新世界面前相形见绌。铁路的延伸势不可挡，使西部的人口变得稠密起来，并且以 1869 年第一条横跨大陆的铁路完工而达到了高潮；随之而来的则是土地交易、股票发行和采矿热潮。人们纷纷去开发数百万英亩的自然资源，使之头一回以经济目的进入了市场。

总之，到了南北战争结束的时候，以前所未有的庞大规模发展工业经济的先决条件已经齐备。战前，联邦政府只有 2 万名雇员，无心去过问工商业。美国向来没有欧洲那种扼杀创业精神的政治专制政体或教会特权，它那种软弱无力、支离破碎的政治体制使商人们有了发展的天地。在此同时，美国却拥有支持现代工业所需的法律和行政机构。私有财产和契约得到重视；人们既能获得成立有限公司的执照，也可以申请破产；银行信贷虽然谈不上充足，但在一个高度分化的金融体制下还是随处可得的。政府适时修订了发展资本主义的游戏规则，以便抑制垄断、保护竞争，但是，由于约翰·D·洛克菲勒之流开始积累财富，缺乏明确的规则起初却可能有助于新型工业经济创造活力。

也许没有哪一个行业能像石油业那样，以其一夜暴富的前景令那些从战场上归来的将士们趋之若鹜了。一批数量惊人的由退伍军人组成的乌合之众奔赴宾夕法尼亚西北部，许多人还穿着军装，背着背包和步枪。发财的欲望不可抗拒，不管是干钻探还是干辅助行业都一样；只要有胆量，各种收费标准可以高出城里 2 倍甚至 3 倍。艾达·塔贝尔猜测道："宾州的这个小小角落里的人口比例很可能超过任何一个其他地方。整个油田可以找到少尉、上尉和少校——甚至还有将军。"他们带来了军营的组织意识和好斗的竞争精神，但是他们都急于速战速决，很少想到如何去建立一个稳定持久的企业，这就为有组织能力的洛克菲勒提供了一个有利的机会。

战争中断了南方松脂的供应——过去用它来生产可与煤油匹敌的照明油即精致松脂——从而促进了煤油的使用。战争还破坏了捕鲸业，使鲸油的价格翻了一番。煤油的问世填补了这一真空，成为一项主要的工业产品，并且推动了战后经济的急剧繁荣。这种可燃液体延长了城市的白昼，也消除了农村生活中好长一段孤独的黑夜。石油工业还生产出润滑油，加快了重工业之轮的运转。尽管全世界的石油业都集中在宾夕法尼亚的西部，其影响却是随处可见。1865 年，詹姆斯·加菲尔德①众议员在给他过去的一名参谋的信中提到了这场采油热："我同石油业许多人士讨论过有关石油的基本问题，因为如您所知，这股热潮给国会带来了不小的麻烦……如今，商业世界之王不是棉花，而是石油。"不久，约翰·D·洛克菲勒就将以无可争辩的王者身份统治那个世界了。

洛克菲勒在许多方面都似乎是时代精神的一架经过精心调制的乐器，是战后时期充满活力、贪得无厌的精神最完美的化身。和镀金时代其他巨擘一样，造就他的是对经济发展、对工业科技的有益应用以及对美国注定成为经济大国的信念。他把自己磨炼得坚韧不拔，使自己的每一个念头都服从于利润动机，他尽量克制难以驾驭的情绪，力求对自己的欲望和情感采取类似于佛教徒的超脱态度。"我脾气很坏，"洛克菲勒说。"可以说，自己在盛怒之下会变得十分暴躁。"于是，他培养自己学会控制情绪，力争不受自私和赌气心理的摆布。

南北战争结束时，这个面色苍白、身材修长，长着一头微微发红的金发，留着络腮胡子的 26 岁青年已经俨然一副要人的派头。他刚刚和山姆·安德鲁斯合办了一家公司，就迫不及待地想扩大业务了。1865 年 12 月，他和安德鲁斯开了第二家炼油厂——标准炼油厂（Standard Works），任命弟弟威廉担任名义上的首脑。伊克塞尔西亚炼油厂和标准炼油厂合在一起，确定了洛克菲勒克利夫兰第一大炼油企业家的地位，而克利夫兰在当时则是最大的炼油中心之一。从照片上看，他拥有的最早两家炼油厂是一群不甚美观的建筑，比牲口棚大不了多少，杂乱无章地分布在山腰上。洛克菲勒双手背在身后，在他那些工厂里来回溜达，任何地方都随时可能出现他的身影，对哪怕最细小的地方都求全责备。每当看到有人在打扫被人忽略、无人清扫的角落，他就会微笑地说："这就对了，眼里永远要看得见活儿！"他雇了一个名叫安布罗斯·麦克雷戈的人当工头。用洛克菲勒的话来说，那是个"严格细致的人，老实可靠，但也许不爱和人交往。"仪表堂堂、长着落腮胡子的麦克雷戈在一切技术问题上都赢得了洛克菲勒的绝对信任。由于炼油厂全都离城里有一段路程，洛克菲勒经常和麦克雷戈在一位做包饭的琼斯太太家一起吃午饭；这两个人穿着沾满油污的靴子，总是让其他用餐者的鼻子受用不了，他俩便被赶到门厅里去吃饭。

作为一个在新兴工业行业从头干起的人，洛克菲勒不受惯例或传统的限制，这使他更容易进行创新。他仍然尊重外部供应商的自主权。起初，在他表明他自己能生产干燥、严实的油桶——这是规模经济的早期标志——之前，每个白橡木油桶要付给小型制桶作坊 2.5 元；他的公司很快就能每天生产几千个刷着蓝漆的油桶，每个造价不到 1 美元。克利夫兰的其他制桶厂都要买来湿木材运到车间里，洛克菲勒却要求把橡树在树林里锯倒后放到窑里烘干，以减轻其重量，从而把运费减少了一半。他还不断地扩大石油副产品的市场，除了煤油之外，还销售石脑油、石蜡和凡士林。

在最初这段时间里，洛克菲勒事必躬亲，终日劳碌操心。他尽管不熟悉科学的炼油方法，却经常在工厂里亲临第一线指挥。由于市场情况起伏不定，他有时要向纽约发运大批货物，并亲自跑到铁路边上为货运员打气。"我永远忘不了那些日子里我有多饿。我夜以继日地待在外面，必要时在货车车厢顶上来回地跑，还得催小伙子们加快速度。"

那时候，炼油厂主们最担心的就是各种挥发性气体着火，引发无法控制的火灾。石油业发生的大火已经夺走了许多生命——例如，埃德温·德雷克的油井就是在 1859 年秋天被大火烧毁的。南北战争期间，油溪一带发生过许多次突如其来的毁灭性火灾，油井主人只好立下这样的警告牌："吸烟者格杀勿论。"后来操办过麦金利总统⑩竞选活动的马克·汉纳回忆了 1867 年的一天早晨他醒来发现他在克利夫兰的炼油厂被大火夷为平地，投资付之一炬的经过。这种恐惧使炼油厂主们无时无刻不提心吊胆。"无论白天还是黑夜，我时刻留意着从我们那些工厂所在方向传来的火警，"洛克菲勒说。"接着便会从那儿腾起一团乌黑的浓烟，随后我们就像发疯似的朝出事地点跑去。因此，我们就像消防队员一样，备好马匹和水管，随时准备立即出动。"

由于这个新兴工业造成连续不断的火灾威胁，当局很快就禁止在克利夫兰市区范围内建炼油厂，这就加快了金斯伯里河一带的发展。在那些年月里，油罐不像后来那样被埋在岸边的泥地里，所以一旦着火就会很快烧到附近的油罐，形成一片火海。在汽车问世以前，谁也不知道原油当中那部分后来被称做汽油的比重较轻的东西好干什么用，于是许多炼油工人就把这部分没用的产品在黑夜里偷偷倒进河里。"我们以前把它当做提炼石油的燃料，"洛克菲勒说，"人们不断设法把它处理掉，成百万桶汽油顺着大河小溪流了出去，连土壤里都浸满了。"这种有害的废物弄得凯霍加河极易着火，假如蒸汽船上的水手把还在燃烧的煤扔到河里，水面上就会腾起一片火苗。每次看到黑烟腾空而起，人们就会以为哪家炼油厂又爆炸了，煤油价格随即猛涨。面对这个无处不在的危险，洛克菲勒显得从容不迫，至少在回首往事时是如此。"在那些年里，火警钟声一响，我们都会去那家炼油厂帮助灭火。火还在着的时候，我就拿出铅笔制订重建工厂的计划了。"

即便如此，相对于宾州油井将会枯竭、又无新井可打的担忧，对火灾的恐惧便显得不足道了。洛克菲勒指出："今天是这儿，明天又是那儿，对于是否能有源源不断的原油供应，我们谁也没有把握，没有了油源，那些投资便一文不值。"到了60年代后期，就已经有各种严酷的预言说这一行业将寿终正寝。当时有两类采油人：一类人认为那是一朵难以长久的昙花突然盛开，因而想尽快从中牟利；另一类人，包括洛克菲勒在内，则把石油视为一项持久的经济革命的基础。洛克菲勒夜里在床上对自己提出有益的忠告时，经常思考世间浮财——尤其是石油——转瞬即逝的问题。他告诫自己说："你的运气够不错的了。你眼下已经有了足够的财产了。设想一下，假如油田枯竭了该怎么办！"然而，就像过去觉得上帝保佑了他和他的企业一样，石油业的未来对他来说也变成一个是否信赖上帝的问题了。1867年年终，就在圣诞节到来前几天，他恰好误了一班火车，而那趟车偏偏出了事，死了许多乘客。洛克菲勒马上给塞迪写信说："我确实认为（当我得知前一班火车已经开走时就这样认为）这是'上帝的旨意'。"

洛克菲勒那时还没有成为毁灭其他石油生产商的祸根，他经常穿着破旧的采油服去宾州的富兰克林，他在那儿有一个采购石油的办事处，以节省花在中间商身上的成本。油区的采油热十分具有感染力，他每次到了那里之后，心里对这一行业的前景原本可能一时产生的疑虑便会被打消。有个在1866年去过油溪的人说："人们想的是油，谈论的是油，梦见的是油，连他们吃的和喝的东西里也主要是石油的味道。"那些油田之行鼓舞了洛克菲勒，回到克利夫兰时他已经恢复了信心。他的一位朋友回忆说：
"他每次回来后总是有许多话要说，一谈起他的成功欲望时，便会两眼
放光。"

在 19 世纪 60 年代，没人知道宾州西北部那片丘陵地带以外的地方居
然也蕴藏着大量的石油，所以当地的石油业很快便在世界上占据了举足轻
重的地位。在德雷克发现石油后 1 年之内，他的后台老板们便开始在伦敦
和巴黎经销煤油了。欧洲迅速成为美国煤油的最早的市场，仅在南北战争
期间每年就要向美国进口数 10 万桶。在美国的各个行业中，像石油业这样
从一开始就具有如此看好的出口前景的大概是绝无仅有。到了 1866 年，整
整 2/3 的克利夫兰煤油流向了海外，其中大部分是通过纽约出口的，使它
成为煤油的中转港口。洛克菲勒立刻意识到，他只有把眼光投向美国海岸
线之外的地方才能消化过大的产量："看来，通过向国外出口来扩大市场
是绝对必要的，但这需要进行大规模和最为艰难的开发工作。"为了实现
这一目标，他在 1866 年派弟弟威廉去纽约组建洛克菲勒公司，负责他们在
克利夫兰的几家炼油厂的出口业务。

尽管威廉比约翰小不了几岁——"我弟弟比我小一岁一个月零八天，"
约翰用诙谐的口气精确而又具体地说道——却的确有着当弟弟的心态和顺
从。威廉此时已成了家，在 1864 年 5 月娶了阿尔米拉（"米拉"）·杰拉
尔丁·古德塞尔为妻，女方是克利夫兰的一户殷实人家，祖上是新英格兰
人。从威廉 20 几岁时照的几张相片上看，他留着半圆形落腮胡子，两眼炯
炯有神，额头又宽又平，神情比他哥哥平和，没有那种急迫感。兄弟俩尽
管性情截然相反——威廉待人坦直、友好，在道德和举止方面比哥哥随
便，却终生与哥哥和睦相处、密切合作。威廉是个天生的销售商，不用费
事就能让人喜欢上他。即使在宾夕法尼亚时，他就是个受欢迎的人物，和
那些石油生产商们一起相互讲故事给对方听，而约翰却独自呆在一旁。
"威廉总是凭直觉和本能判断事物，"约翰说，含蓄地表示弟弟同自己不是
一类人。"他不会三思而行。"不过，威廉的那些本能都是可靠的，而且每
当他认真起来的时候，不会像他哥哥那样把事情说成是事关道德的重大
举动。

威廉初入商界时，就和他哥哥一样少年老成了。当年跟着约翰在休伊

特—塔特尔公司当了簿记员之后，他被当地的一个磨坊主挖走，最后去了一家农产品贸易代理行，仅仅 1 年后便成了合伙人。他在 20 岁时年收入已经达到了 1000 元——"比我挣的多不少呢，"约翰自嘲道——而且赢得了他哥哥的信任。"我弟弟积极能干，是个成功的年轻企业家。"威廉身上最令约翰喜爱的地方就是可靠。在后来的年月里，约翰一再提起弟弟当年还是个小簿记员时半夜醒来想起自己在提单上出了错的事。他如卧针毡，不等天亮就要去改正错误，于是连夜跑到湖边的仓库，好让货船携带正确的单证按时起程。1865 年 9 月，威廉离开了休斯—戴维斯—洛克菲勒农产品公司，投身于哥哥的炼油业。同年 12 月，标准炼油厂成立时，其名称叫做威廉·洛克菲勒公司。

不久，约翰·D·洛克菲勒便被批评者说成是石油市场上无所不能的巫师，凭着心血来潮制定价格；不过，把威廉派往纽约之举说明他承认出口市场对油价具有决定性影响。每当宾州又打出一口自喷井的消息传到纽约，法国和德国的买主预见到油价看跌，便索性停止购买，这样做使他们成了最终决定油价的人。"他们就像一大群兀鹫似的等在那儿，"洛克菲勒说。"一直等到大量原油涌入市场，使成品油价格降到极低的水平时才买进。"威廉去纽约的任务之一就是，当出口价格突然下跌时，通知公司在油区的买主，以便他们暂时削减原油的买入量。

到了纽约之后，威廉在珍珠大街 181 号几间简朴的房间设了办事处，好处是离华尔街近便。为了实行他们这个大胆的计划，洛克菲勒兄弟俩需要大笔的资金，但是他们面临着两个似乎无法解决的问题。华尔街的大银行家们愿意为铁路公司和政府提供资金，却把炼油业视作一个未尝涉足、风险很大的行业，向它投资简直就是在赌博。他们满脑子都是极高的火灾发生率和石油会枯竭的念头，很少有几个胆大的敢于往这一行下赌注。与此同时，约翰对资金永不知足的需求已经不是克利夫兰各银行里那点资源应付得了的，这就迫使他去纽约扩大搜索范围，在那儿他能借到利息更低的贷款。"于是，我那位亲爱的弟弟威廉就被派往那座更容易筹措到资金的大都市，担负起这副重担。他善于按捺住自己的情绪，向银行家很好地展示我们的规划。"约翰派他去纽约果然很有远见，威廉把自己的事业同华尔街密切地联系在一起——不过约翰后来却看到，这种联系达到了令他不安的地步。

约翰·D隐退时已是工商界里的一位耆宿，到那时，他对金融家们表现出了深深的怀疑，吹嘘自己从未向人借过钱，是以其保守的理财之道著称于世。然而，在他事业的这个阶段中，他不可避免地求助于银行家。"几乎不能想像，当时为大有进展的工商企业谋求资金有多难，"他承认道。如果洛克菲勒曾经落到几近卑躬屈膝的地步，那是因为他要不断向银行家告贷。"在一开始，我们不得不去求银行——几乎是跪着去的——提供资金和贷款。"在和银行打交道时，他在谨慎与冒险之间来回徘徊：他经常在上床时担心自己如何偿还庞大的贷款，睡了一夜后又来了精神，决定再去借更多的钱。

南北战争之后发行了新的绿背纸币，建立了全国性的银行系统，大量发放贷款来刺激战后经济的发展。许多人用借来的钱发了财，造成一派虚假的繁荣景象。洛克菲勒在很大程度上就是这个靠贷款支撑的新型社会的产物，他在杜鲁门·汉迪和其他克利夫兰银行家那里欠下了巨额贷款，因为那些人把他视为格外有前途的青年企业家。他聪明地把自己营造成一个正在崛起的新星的形象，使银行觉得藐视他就会自食恶果。一天，他去找一位名叫威廉·奥蒂斯的银行家，此人曾经允许洛克菲勒借到最大限额的贷款；这一回，银行的部分董事表示担忧：洛克菲勒是不是又来说贷款的事？"我在任何时候都很乐意展示我的偿还能力，"洛克菲勒回答道。"下个星期我需要更多的钱。我可以把我的企业交给你们银行。我很快就会搞到一大笔钱去投资。"

他乐善好施，却从不俯首乞怜。他知道如何去安抚神经紧张的债主，基本做法之一就是借钱时从不显得过于急切。他饶有兴趣地回想起，一天他一边在街上走着一边琢磨如何借到1.5万元急着要用的钱，当地一位银行家把马车停在他身边，出乎意料地问道："您想不想用5万块钱，洛克菲勒先生？"洛克菲勒有点儿他父亲那样的表演天赋，他反复打量了对方的脸之后慢条斯理地说："唔——您能给我24小时考虑一下吗？"洛克菲勒认为，正是这样一磨蹭使他以最有利于他的条件达成了借款协议。

他除了在性格上堪称楷模——特别在浸礼会派企业家当中是如此——之外，洛克菲勒还有一些其他的特点令银行家们对他深信不疑。他在陈述事实时坚持讲真话，讨论问题时从不捏造或含糊其辞，而且还账迅速。在他创业之初，银行家们不知有多少回把他从难以翻身的危机中解救出来。有一回，由于他的一个炼油厂失火，尚未获得保险公司的赔偿，一家银行的董事们在是否给他追加贷款的问题上犹豫不决。这时，银行的斯蒂尔曼·威特董事挺身相助，让一个职员拿来他自己的保险箱，把手一挥说道："听着，先生们，这些年轻人都是好样的。如果他们想借更多的钱，我要求本银行毫不犹豫地借给他们。如果你们想更保险一点，这里就有。想拿多少就拿多少。"

如果不了解洛克菲勒向来要有雄厚的资金支持才投入战斗这一事实，你就无法理解他是如何取得令人震惊的成功的。无论是安然度过经济衰退还是毫不费力地借助经济繁荣取得成功，洛克菲勒手里总是拥有大量的备用金，仅凭着这笔比别人雄厚的资金，他就在许多竞争场合夺取胜利。洛克菲勒曾经生动地描述了他在危急之中得到银行鼎力相助，迅速买下一家炼油厂的经过：

> 这事需要好几十万——而且要现款，证券行不通。我大约是在中午时分得到的消息，还得赶上 3 点那班火车。我跑了一家又一家的银行，请求我第一个见到的人——不管是总裁还是出纳——能弄到多少就为我准备多少，告诉他们过一会儿就来提钱。我跑遍了城里所有的银行，接着又跑第二圈去取钱，一直跑到弄到足够的数目为止。我带着这笔钱上了 3 点的火车，做成了那笔买卖。

能够成功地协调好这么一次快速行动，需要同银行保持长期的信任关系。

由于洛克菲勒能够如此娴熟地满足他无止境的资金需求，他在 1866 年成为一家火灾保险公司的董事，又在 1868 年成为俄亥俄国立银行的董事。在这一点上，他肯定对自己很有把握甚至感到自负，因为他不屑于出席银行的会议并且曾经被一个董事会当场除名。他如此迅速地从一个有求于人的弱者变成了一个令人无法忍受的企业家，使人们再次对他的事业发展势头之迅猛而感到印象至深。此时，年届 30 的他几乎没有时间去讨好那些古板守旧的董事们，而且往往不把社交方面的繁文缛节放在心上了。他在谈到董事会议时说："我一开始还是去参加的，几个上了年纪的绅士一本正经地围坐在桌子旁热烈地讨论由采用新型金库锁而引发的问题。这本身没什么不对的，可我是个忙人，即使在那种时候也不能闲着，实在没工夫去开那种会。所以他们很快就不要我了。"

洛克菲勒尽管十分自信，仍然需要一个能同他想到一块儿去、支持他的计划、坚定他决心的副手，这个不可或缺的知己就是亨利·莫里森·弗拉格勒（Henry Morrison Flagler）。弗拉格勒比洛克菲勒年长 9 岁，一对聪明的蓝眼睛，一头光滑的黑发，两撇翘起的小胡子，相貌俊俏，衣着入时。"他的衣服总是最时髦的，"办公室里的一个管送信的职员羡慕地说。"他举止大度、充满自信，长着浓黑的胡须和我所见过的最黑的头发。"弗拉格勒诙谐健谈、活泼敏捷、精力充沛，但对自己的想法和身世却讳莫如深，而且以后在应付外界的刨根问底方面，比起他那位沉默寡言，年幼于他的合伙人更有办法。

弗拉格勒的身世在某些方面和洛克菲勒有着惊人的相似之处。他于 1830 年出生在纽约州的霍普韦尔，父亲是个一贫如洗的长老会牧师，在纽约北部的芬格湖地区长大，后来随全家搬到俄亥俄州的托莱多。他母亲先是嫁给了俄亥俄州贝尔维尤一个名叫戴维·哈克尼斯的医生，后者以前已结过一次婚，有个儿子叫斯蒂芬。戴维·哈克尼斯死前他俩有了二儿子丹。此后，弗拉格勒的母亲伊丽莎白又嫁给了艾萨克·弗拉格勒牧师。弗拉格勒牧师显然是个有勇气、讲原则的人，因为他在托莱多为一个黑白混血儿和一个白人妇女主持了婚礼，从而引起了一场骚动。

亨利在 14 岁时离开学校，独自去了俄亥俄州的里帕布利克，在哈克尼斯医生的弟弟拉蒙·哈克尼斯开的一家乡村小店里干活。他后来为他的第一份工作编造了一些具有传奇色彩的故事：他白天在店里卖糖蜜和布匹，夜里就睡在透风的店堂后面。他还从藏在楼上的一个小桶里倒出白兰地酒卖给特殊的顾客。1853 年，亨利娶了拉蒙的女儿——长着一对黑眼睛的娴静的玛丽，同哈克尼斯家的亲戚关系又近了一层。

早在南北战争前，亨利就在拉蒙设在贝尔维尤的谷物公司里挣了不少钱。贝尔维尤位于桑达斯基县的玉米和小麦产区，亨利从那里经由克利夫兰运走了许多农产品。"约翰·D·洛克菲勒当时是克利夫兰的一位代理商，我给他送去过许多车皮的小麦，由他代我销售，"他回忆道。弗拉格勒和他那些哈克尼斯亲戚们对获利甚丰的蒸馏威士忌酒很感兴趣，想以此为副业，因为这样还能给过剩的谷物找一条出路。弗拉格勒和洛克菲勒一样，是个拘于礼节的年轻人，除了说声"瞧瞧！"之外从不讲更难听的话。弗拉格勒从不沾酒，他还是主日学的老师、牧师的儿子，但是他造酒却和他的准则不相符——尽管从中获得的利润显然使他的良心得到安慰。"我对于这个行当感到内疚，就把它放弃了，"他承认道，"不过那是我在贝尔维尤赚了 5 万元之后的事了。"有了足够的钱财，他盖了一栋壮观的维多利亚式宅子，起名叫金基布莱德大屋，用煤油灯照得一片通明。约翰·D·洛克菲勒是他家的客人之一，当时是来为他和莫里斯·克拉克的合伙公司拉客户的。"他是个聪明、肯干的小伙子，精力充沛、富于进取心，"洛克菲勒说，那口气就像弗拉格勒比他还年轻似的。

南北战争期间，弗拉格勒和洛克菲勒一样，雇人替自己去当兵。他的公司是联邦军队采购谷物的主要承包商之一，1862 年，发足了战争财的他四处寻找新的机会。就在此时，弗拉格勒犯了他在生意上唯一的一次大错：他买下了密执安州萨吉诺一家盐业公司的大量股份，并且把家也搬到了那儿。战争结束后，由于盐的需求量猛跌，他的公司破了产，成了一个大繁荣—大萧条周期的受害人。他变得一无所有，只能靠哈克尼斯家提供一大笔贷款来摆脱困境。"3 年的工夫，我损失了我那为数不多的财产，还欠了过去在盐厂里干活的 5 万个爱尔兰人 5 万元钱，"弗拉格勒说。他有了很多时间去思索市场经济的种种矛盾：在经济繁荣期间，生机勃勃的行业迅速扩展，到了衰退期却发现自己干过了头。为了对付生产过剩问题，萨吉诺的许多盐业公司选择了合作而不是竞争，联手成立了一个卡特尔，试图把盐价抬上去。此举为标准石油公司提供了一个先例。

弗拉格勒这次遭到令他清醒的厄运之后，有一段时间十分沮丧，有时为了省钱甚至故意不吃午饭。回到贝尔维尤后，他试图推销制毡用的羊毛和一种他自己发明的机器，据说能用来制作完美无缺的马蹄铁。后来，他决定来克利夫兰碰碰运气（他的同母异父哥哥斯蒂芬·哈克尼斯已于 1866 年移居到此），先是在洛克菲勒过去的合伙人莫里斯·克拉克那儿谋到了一个销售谷物的工作，恰好补上了离开不久的洛克菲勒的位置。或许是为了跟克拉克过不去，洛克菲勒请弗拉格勒去他在塞克斯顿楼区的办公室里租个位置。弗拉格勒发迹后还清了债务，在欧几里德林阴大道买了一所漂亮的房子，并且加入了第一长老会教堂。

弗拉格勒和洛克菲勒一起步行上下班，他俩肯定很快就发现了彼此在经商方面是志同道合的一对。由于不满于自己靠贷款为生的状况，担心有朝一日会用光当地银行的资金，洛克菲勒此时已经拉到了一大批个人投资者，并且很可能敏感地意识到弗拉格勒的亲戚们手里都有可观的资产。经弗拉格勒介绍，洛克菲勒从已是克利夫兰富豪之一的斯蒂芬·哈克尼斯（Stephen V. Harkness）那里拉到了投资。哈克尼斯长得粗壮笨拙，一头有点凌乱的浓发，蓬松的连鬓胡子和海象般的唇须。他在战争期间利用政府内部消息发了财。作为俄亥俄州国会参议员的盟友，他在 1862 年及时获悉政府行将对每加仑麦芽和蒸馏烈酒征收 2 美元的税。在这项税收实施之前，他连忙囤积葡萄酒和威士忌，甚至挪用了他拥有的一家地方银行的存款，以便动用更多的资金投入这次行动。1862 年，这项税收开始征收时，他把囤积的大批烈酒抛售出去，转手获得了 30 万元的利润。十分具有讽刺意义的是，坚决主张戒酒的洛克菲勒所获得的最大的现金投资之一居然得自来路可疑的烈酒收益。

1867 年，洛克菲勒在同斯蒂芬·哈克尼斯就举借巨额贷款举行的一小时会谈当中，后者看到了一个良好的机会：用贷款帮助亨利东山再起，而不是要求拿对方公司的大批存货作抵押。哈克尼斯把投资 10 万元——即新成立的公司资金的 1/3——作为先决条件，提出让亨利出任财务主管和他本人在公司的代表。哈克尼斯对洛克菲勒说："年轻人，你可以得到你所要的钱。你的路子是对的，我支持你。"谈到对亨利的安排，他又说："我想让亨利当我的监督人。"由于哈克尼斯也是多家银行、铁路、矿业、房地产和制造公司的董事，这层关系把洛克菲勒带进了一个业务联系的新天地。

1867 年 3 月 4 日，《克利夫兰先导报》登出一则通告，宣布一个新的合伙企业——洛克菲勒—安德鲁斯—弗拉格勒公司成立，公司设在凯斯大楼，那是一幢牢固的砖石结构的建筑，罗马式的圆顶窗户，在公共广场上还有个声名卓著的指路牌。"这是炼油业里最早的公司之一，这些早年的公司产品已经有了巨大的销量……它们组成了美国最大的行业之一。在众多炼油企业里，这一家似乎是最成功的公司之一；它雄厚的资金和一流的管理使它得以避开经常使许多炼油……企业搁浅的险滩。"读过这段文字的人也许会以为这家公司是由一伙年高望重、老谋深算的人经营的，岂不知身为克利夫兰工商界天才少年的洛克菲勒当时年仅27岁。

从弗拉格勒加盟开始，洛克菲勒开始着手组建一支意气相投、才干卓越的管理队伍，这些人将把克利夫兰的这家炼油公司变成世界上最强大的企业。洛克菲勒和弗拉格勒都对数字反应敏捷，极其擅长编制资产负债表。两人都不满足于小打小闹，都想在合适的市场条件下尽快发展壮大。弗拉格勒夸口道："我向来知足，但从不满足。"洛克菲勒为他的合伙人的热情所鼓舞，发现弗拉格勒"对一切问题都持乐观态度，他那不可思议的干劲主要来自公司早期的迅速发展。"尽管他们制定了野心勃勃的目标，由于弗拉格勒经受过失败的磨炼，深知自满所带来的危险，这对公司可能不无裨益。

洛克菲勒喜欢弗拉格勒的座右铭：建立在生意上的友情胜过建立在友情上的生意。几十年来，他俩的合作几乎无懈可击。在最初的年月里，两个人被一个共同的梦想连接在一起，比邻而居，简直是须臾不可分离。洛克菲勒在他的回忆录里说："我俩每天先见了面，然后一起步行去公司，一起回家吃午饭，再一起回来，晚上又一起回家。在每天从家里到公司的来回路上，我俩一起思考，相互讨论，共同制定计划。"对于一个像洛克菲勒这样矜持寡言的人来说，这一情景表明能和他这样推心置腹地交换想法的人实在是寥寥无几。

即使在办公室里，这种亲密关系在外人看来也是一目了然的：他俩相背而坐，许多事情都共同来做。他俩甚至在撰写业务信函时都联手合作，相互交换初稿，做一些细小的改动，直到双方都认为一字不易为止。那时，各种信件往往要交给最严格的裁判洛克菲勒夫人去审查。有个办公人员说她是"人所皆知的最有价值的顾问"。弗拉格勒很擅长文字，是个起草法律文件或发现契约中的圈套的天才，因此洛克菲勒一直认为他可以去教律师们如何运用合同法中的细微之处——这对要打笔墨官司的公司来说称得上是一个不小的优势。

　　弗拉格勒后来因爱好广泛而声名遐迩，因而了解一下他早年的简朴生活是很有启发意义的。他不仅每周工作6天，而且把酒吧和戏院视同魔鬼嬉戏的场所，避之唯恐不及，还当上了第一长老会教堂的教长。他和洛克菲勒一样，主张严于律己和先苦后甜。谈起自己最初在克利夫兰的苦日子时，他说："那时我穿的是一件薄薄的外套，心想要是能穿得起又长又厚的呢大衣该多暖和。我在成富人之前一直带着午饭上班。我努力克制和磨炼自己。那滋味确实不好受，不过我情愿苛求自己也不愿受别人的欺压。"他妻子玛丽自从在1870年生下儿子亨利·哈克尼斯·弗拉格勒之后身体一直没有恢复，长年卧床不起。在以后的17年里，弗拉格勒天天晚上呆在家里读书给她听，一读就是好几个小时，约翰和劳拉则常常来做客，缓和一下他家郁闷的气氛。

　　弗拉格勒是最好的搭档，对于这一点洛克菲勒从来没有怀疑过，然而人们会问，他带来的是否全都是好的影响。弗拉格勒感情外露，一旦占了理就会在法律细节上争辩不休，连洛克菲勒都委婉地指出，弗拉格勒的固执天性会带来危险。"他很有魄力、意志坚强，"洛克菲勒说，"不过他也许在来了情绪的时候需要有所收敛。"弗拉格勒在他的办公桌上放着一句摘自一本流行小说《大卫·哈勒姆》①里的话："要想让别人怎么待你，就怎么待别人——而且先从自己做起。"弗拉格勒的行为准则之所以能对洛克菲勒的事业产生重大影响，是因为他在同铁路公司进行的许多谈判——这是标准石油公司历来最有争议的一个方面——中起了智囊的作用。尚不清楚有谁能缓和约翰·D·洛克菲勒极难克制的欲望，因为善于虚张声势的弗拉格勒尤其不想放弃他在主日学里所教的课程，去卷入炼油业里的世俗纷争。尽管如此，对洛克菲勒来说，弗拉格勒的到来是天意，因为石油业即将陷于前所未有的混乱，使得同铁路搞好关系成了头等重要的大事。

　　运输在石油业里占有关键的地位，其中的一个基本原因就是：德雷克发现石油的地点是在一个偏远而又交通不便的地方，最初那儿的铁路状况也很差。好多年来，大车老板——就是那些把成桶的原油拉到外面去的马车夫——在那里说一不二，漫天要价。由于原油是一种价格相对低廉、划一的商品，运输成本便不可避免地成了这场竞争的关键因素。合情合理的解决方案——即建一条覆盖全油田的输油管道系统——遭到了面临威胁的车老板们的断然反对。在 1865 年的皮特霍尔采油热中，塞缪尔·范·西克尔在从油溪到 6 英里外的铁路之间铺了一条直径 2 英寸的铁制输油管道。一股股出没不定的车老板不把武装警卫放在眼里，每天晚上都从山上下来毁掉几段输油管。亨利·哈里铺了第二条输油管后，那伙人又来挖出管道，点燃储油罐，迫使哈里调来一支由平克顿⑫侦探组成的小部队平息叛乱。那些车老板们肯定明白，他们是在打一场取胜无望的战斗，不过还是成功地拖延了输油网络的建设。

从车老板们的愚昧统治到后来高效输油管道一统天下，其间还有一段铁路公司主宰石油业一切的时期。它们最初想用平板车厢运油桶，可是一路摇晃颠簸，弄得木桶震裂，石油四溢。南北战争以后，这种危险的方法被第一代油罐车——即把两个一样大小的松木桶固定在平板车上——取而代之，接着又代之以石油业沿用至今的单个铁罐。这些技术改造使铁路加快了全国的石油运输，为石油产品开辟了广阔的市场。

在最初几年里，由于石油业的利润来得如此容易，各地炼油厂如雨后春笋，形成了 6 大相互竞争的炼油中心。内地的 3 个中心（油区、匹兹堡和克利夫兰）同沿海的 3 个中心（纽约、费城和巴尔的摩），为了控制这个行业打得不可开交。宾州西部的炼油厂占有靠近油田的地利，似乎拥有极大的优势，但是它们必须得到化工用品、油桶、机械和劳动力，因而为这些显而易见的缺憾而感到苦恼。然而，这些炼油厂由于节省了大量的运输费用，从而一厢情愿地认为自己会成为石油业的龙头老大。洛克菲勒后来承认，他曾经想把公司搬到宾州，可是他和合伙人有的不愿把家一起搬过去，有的则不愿把他们在克利夫兰的诺大投资一笔勾销。他们还担心油区的繁荣可能很快就要黯然失色，成为历史，正像洛克菲勒后来在一篇报告——那报告令人想起珀西·比希·雪莱的诗歌"奥西曼德斯"⑬——中所指出的那样：

你们已经见到了皮特霍尔和石油中心——曾几何时，这两个地方都是繁荣兴旺的大城市，人们曾在那儿开采石油，赚走了数以百万计的金钱。如今，它们已沦为荒野，杂草丛生，过去的辉煌无处寻觅，只留下几堆残垣断壁和几个老人的回忆。有远见的人是不会把所有的资金投到这种地方来的。

出于政治上的考虑，洛克菲勒即使到了晚年也不愿吐露他对克利夫兰
情有独钟的首要原因：那里是如此多的交通网络的辐辏，能使他在货运谈
判中有巨大的运筹空间。在夏天那几个月里，他可以通过水路运油，这极
大地提高了他和铁路公司讨价还价的实力。他的公司"可以在湖泊和运河
通航的季节里把油从克利夫兰装船，再从布法罗经由伊利运河⑭把油运到
纽约的仓库里，其成本要低于铁路公司向石油业提出的同期运价。"有了
这个强大的武器，洛克菲勒得到的铁路运费报价之低，足以抵消在成品油
从克利夫兰运往大西洋沿岸之前把原油运到克利夫兰的费用——这样要比
把原油直接从泰特斯维尔运到纽约多绕不少路。克利夫兰有铁路同芝加
哥、圣路易斯和辛辛那提相连，它还是通往西部市场的天然门户。克利夫
兰的其他炼油厂显然也算了同一笔账，因此到 1866 年末，克利夫兰有了
50 家炼油厂，仅次于匹兹堡。克利夫兰的炼油厂数量太多，它们散发出来
的肮脏、刺鼻的气体笼罩着郊外，污染了当地酒厂酿造的啤酒，使牛奶
变酸。

克利夫兰除了贴近伊利运河和伊利湖之外，还有 3 条主要的铁路线与
之相连，使这一带的炼油厂能直接通向东部的各个港口，这三条铁路是：
一条纽约中央铁路（New York Central），从纽约城向北到奥尔巴尼然后向
西到布法罗，再由该处的沿湖线（Lake Shore）绕过伊利湖通往克利夫兰；
另一条伊利铁路（Erie Railroad），它也横跨纽约州到布法罗城以南的一个
地方，然后它的大西洋—大西部（Atlantic and Great Western）支线从那里
一直通往克利夫兰和油区；第三条是令人生畏的宾夕法尼亚铁路（Penn-
sylvania Railroad），从纽约和费城通向哈里斯堡和匹兹堡。洛克菲勒和弗拉
格勒运用高超的技巧和才智，挑逗这三家铁路公司不断竞相改动价格。他
俩甚至还像臭名昭著的杰伊·古尔德——此公在 1868 年从范德比尔特那里
夺走了伊利铁路——那样玩弄可怕的数字。弗拉格勒称赞古尔德是交易场
上最公平、最正直的铁路大亨，洛克菲勒则在回答谁是他见过的最了不起
的企业家的问题时马上提出是古尔德。古尔德本人后来也坚决认为约翰·
D·洛克菲勒具备了美国经济史上"最杰出的创造性组织才能。"

不久，几个彼此相异的炼油中心各自匆匆同这几家铁路公司结成战术上的联盟。作为铁路线发展的一个自然而然的结果，纽约中央铁路公司和伊利铁路公司都想把克利夫兰提高到炼油中心的地位，而且都把洛克菲勒视作发展其石油运输业务的重要盟友。鉴于经由阿勒格尼河很容易抵达油田，匹兹堡原本似乎占据着最佳的地理位置，可是当地的炼油厂全都被宾夕法尼亚铁路公司的垄断性货运牢牢地控制住了。宾夕法尼亚铁路公司对匹兹堡采取了一项缺乏远见、最终令其一败涂地的策略，认为从油溪把石油全部运往费城或纽约要比在匹兹堡提炼更有利可图。通过向匹兹堡各炼油厂提出致命的高昂运费，这家公司固然在短期内肥了腰包，却毁了该城成为炼油中心的前程，为克利夫兰取得霸主地位铺平了道路，而这恰恰是它最想根除的现象。正如洛克菲勒后来所说的那样，宾夕法尼亚铁路公司所采取的态度使他轻而易举地同它的凤敌找到了共同语言，他和纽约中央铁路公司及伊利铁路公司组成了宾夕法尼亚公司难以阻挡的同盟。

60年代后期，各家报纸纷纷报道说，宾夕法尼亚铁路公司认定克利夫兰"炼油中心的地位将被抹去——就像用抹布擦桌子一样"——这个说法永远留在了洛克菲勒从不宽恕的记忆里。他把这个说法视作宣战，大胆地动用一切他可动用的最强有力的反击措施。他一直按照弗拉格勒的经商箴言行事，即采取"迅速、有力、果断的措施"。宾夕法尼亚铁路公司的声明在克利夫兰引起一片恐慌，当地的炼油厂纷纷打算把业务转移到油溪去。面对人们无由的慌乱，洛克菲勒头脑很冷静，他认为自己能把这一混乱变成好事。宾夕法尼亚铁路公司威胁要夺走其他两家公司的石油运输业务，使纽约中央铁路公司和伊利铁路公司陷于挨打的境地，于是，洛克菲勒和弗拉格勒决定利用这个机会迫使它们两家做出极大的让步。

1868年春天，杰伊·古尔德同洛克菲勒和弗拉格勒达成了一笔秘密交易，让他们在他属下一个名叫阿勒格尼运输公司的子公司里拥有股份，那是第一家为油溪服务的主要输油管道企业。通过这个交易，克利夫兰各家炼油厂得到的惊人回报是，经伊利铁路运油的费用下调75%。这次大获其利的行动还包括，弗拉格勒同伊利铁路的分公司大西洋—大西部铁路公司做成了一笔交易，使洛克菲勒—安德鲁斯—弗拉格勒公司在克利夫兰和油区之间的铁路货运价格上享受十分优惠的待遇。

在这个获得大量实惠的季节里，弗拉格勒还去找了新近任命的沿湖铁路公司副总裁 J·H·德弗罗将军，该公司是纽约中央铁路公司的下属。德弗罗原是个土木工程师，他帮助联邦军队改进了弗吉尼亚北部的铁路系统并为此得到林肯总统的褒奖。在就一项建议同他谈判时，洛克菲勒和弗拉格勒要求得到比宾夕法尼亚铁路公司给它在油区的客户运费折扣更为优惠的价格。换句话说，这两个年轻的克利夫兰炼油厂主精明地把他们在地理上的劣势变成了讨价还价的强大工具，使他们每桶只需花 1.65 元的钱便能将原油运到克利夫兰，然后再把成品油运往纽约，相比之下，公开标明的运费是每桶 2.4 元。

洛克菲勒和弗拉格勒并非光是逼迫这两家铁路公司——他俩精明过人，凡事从长计议——而是提出了十分诱人的条件，作为对这一特殊优惠的回报。例如，他俩同意承担发生火灾和其他意外事故后的法律责任，同时在夏天的几个月里停止水路运输。他俩向德弗罗抛出的最诱人的条件是，答应向沿湖铁路公司提供 60 车皮/天这一惊人的货运量。由于洛克菲勒的炼油厂不具备完成这个过高目标的产量，他显然打算和克利夫兰其他炼油厂进行协调。能获得稳定的货运量，这对任何一家铁路公司来说都是求之不得的，因为这样一来，它们能发运纯粹由油罐车编组的货车，无需用装载着来自不同地点的不同货物的车皮进行混合编组。通过把众多小货主合并成一家大货主，形成定期、统一的大宗货物的做法，铁路公司可以把火车往返纽约的平均用时从 30 天减少到 10 天，同时还能把一个车组的车皮从 1800 个减少到 600 个。

对自己的成就概不讳言的洛克菲勒明白，自己做成了一笔创记录的交易："那是一笔数目庞大而又固定的买卖，是那几家铁路公司在此之前从未得到过的。"从那时开始，那些铁路公司都从庞大的石油垄断企业组建当中获取了既得利益，因为它能降低其成本，提高其利润并且简化运营。铁路和其他行业一样，逐步得益于大企业的发展，因为后者的规模经济使它们得以提高经营效益——这对苦苦挣扎的小型炼油厂却是一个不祥之兆，因为它们将在残酷的竞争中逐渐被淘汰。

毫无疑问，同沿湖铁路公司的交易对于洛克菲勒、石油业和整个美国经济来说，都是一个转折点。几十年过后，艾达·塔贝尔谴责了这一事件，把它说成是洛克菲勒的原罪，他的其他罪恶即由此而孳生。"洛克菲勒先生在 1868 年肯定看得出来，相对于他在克利夫兰的那些竞争对手，他根本不具备能使自己成为行业巨头之一的合法的优势。"塔贝尔认为，他之所以能够跑在狼群前面，只是因为他擅长欺诈和走捷径。在一说法虽然得到了批评洛克菲勒最甚的人的赞同，却是言过其实，因为即使在洛克菲勒得到第一次运费折扣之前，他已经拥有世界上最大的炼油企业了，其产量相当于克利夫兰其他三家最大的炼油厂的总和。事实上，使他能够首先做成这笔交易的是他无与匹敌的经营规模。尽管如此，塔贝尔还是正确地意识到，洛克菲勒的支配地位之主要优势是，它具有迫使铁路货运部门作出让步的特殊力量。

洛克菲勒和弗拉格勒在做成这桩历史性的交易时，内心丝毫没有感到愧疚，而是对自己的胜利毫不掩饰地表示得意。"我记得，标准炼油厂得到它第一次运费折扣后，"弗拉格勒说，"我兴高采烈地回家了。我在想，我打了一个大胜仗。"不过，他俩明白自己做了一件不可告人、会引起非议的事情，因为那些优惠是在绝对秘密的情况下得到的。许多年后，洛克菲勒对一位铁路公司的谈判代表说，他们和沿湖铁路公司的交易是口头协议，从来没有写到纸上。"我们的人认为，无论对沿湖公司还是我们来说，最好还是不签合同。既然双方相互信任，都想增进彼此的利益，我们可以对外说我们没有任何契约，这样对双方更有利。"由于许多同铁路的交易都是通过握手而非签字达成的，洛克菲勒事后可以轻松地否认交易的存在，无须担心会有什么令人尴尬的不利证据。

作为运输谈判主角的弗拉格勒负责实施这个没有先例的契约，在这方面洛克菲勒一向对他信任有加，其部分原因是洛克菲勒觉得自己在这方面不如人，但这也表明了他那终生不变的习惯：善于掩盖自己的行踪，在做重要决定时假装自己不在场。洛克菲勒虽然没有主管同沿湖铁路的谈判，但在整个过程中却是个深藏不露的核心人物。1868 年 8 月 19 日，他从纽约给塞迪写了一封绝妙的信，说明他在同控制沿湖铁路的母公司——纽约中央铁路公司的范德比尔特家族对峙时所持的强硬态度。"昨天 12 点，范德比尔特先生请我们去，我们没去。他急于得到我们的生意，说他可以就那些条件和我们商谈。我们派人送去了名片，告诉范德比尔特可以在什么地方找到我们的办公室。"以下这点值得强调：29 岁的约翰·D·洛克菲勒居然要求铁路界皇帝、74 岁的范德比尔特来见他。这种拒绝讨好、屈从或巴结对方，坚持要求对方按照自己提出的条件和时间，在自己的地盘里谈判的做法，是洛克菲勒著称于世，终生不改的一贯作风。

有了同沿湖铁路的交易，克利夫兰不久便超过匹兹堡成为主要的炼油中心，并且第一次令新闻记者们开始追踪洛克菲勒的崛起过程。1869 年，有位作者对这个少言寡语的年轻人在克利夫兰不动声色地获得的实力感到惊奇："他在本城商界中占据的地位可谓数一数二。由于他集中精力只做一种生意，推脱一切耗费时间的荣誉头衔，有条不紊地处理和他业务有关的事务，所以每天晚上他都明白自己在这个世界上的位置。"

铁路运费折扣问题在南北战争结束后的美国引起了激烈的争论，因为这是一个直接影响到经济模式和财产分配的大问题，尽管如今它已是一个模糊不清、被人遗忘的话题。铁路有能力通过逐步扩大企业规模来建立集中型经济，或是让战前美国那种小规模经济继续存在下去。大量实行运费折扣加速了向一体化国民经济过渡的进程，其不平衡之处是让大型公司独享优惠的货运价格。

洛克菲勒公正地指出，运费折扣不是他的发明，早在他那次影响重大的沿湖铁路交易之前 6 年，宾夕法尼亚铁路公司就实行了数千次。"这种做法在各种性质的货运业务中很普遍，不仅仅限于石油，在各种商品、谷物和所有一切货运上都实行过。"运费折扣不可避免地带来了铁路的扩张。铁路路轨总长度在战后 8 年之内翻了一番，达到 7 万英里，使公路公司的固定成本居高不下，债台高筑，这就迫使它们为了保持大量、稳定的货运量以求生存而投入残酷的降价大战。要求打折的并不光是发运人，那些铁路货运代理商们也不断催促降价以便争取更多的买卖。运费降价可以使后者在维持虚构的明码标价的情况下私下给受优待的发运人一定的折扣。随着时间的推移，铁路和大货主之间的关系变得越来越密切，甚至到了朋比为奸的地步。在后来的几十年里，洛克菲勒和他的同行们在所有主要铁路线上通行无阻，对此他们并没有看作是优待，而是看作是他们行业的天然特权。

洛克菲勒从不把享受折扣看成是犯罪或不法行为，也不把它视作横行霸道的垄断企业独享的优惠待遇。他没有说错，价目表上标明的运费全是胡扯，是讨价还价的依据。享受折扣的不光是大公司，许多炼油厂都是如此，实际上有些小炼油厂还从——特别是宾夕法尼亚铁路公司那儿——享受特惠折扣。洛克菲勒的商业文件记录了不少针对这种所谓不公平的牢骚，他和他的同行们经常在谈判的关键时刻就此批评铁路公司的官员。不过，尽管有无数零散的证据表明，炼油业里有许多竞争对手也享受了类似的折扣，但是没有一家能像洛克菲勒的企业那样在那么多年里老是享受如此之多的折扣。有鉴于此，他认为运费折扣对于他的成功只是偶然起过一点作用，这话说得就有失诚恳了。

那么，艾达·塔贝尔和其他批评洛克菲勒的人攻击他的成功全靠铁路折扣，这话是否就公允呢？不幸的是，这一争议是从见仁见智的道德和法律角度提出来的，无法做出定论。从严格的经济角度来看，洛克菲勒坚持认为大宗货物运输就应享受折扣，这是无可厚非的。"谁能买到最便宜的牛肉——是家庭主妇、俱乐部或饭店管事还是部队的军需官？谁有资格从铁路公司那里得到折扣，是那些每天发运 5000 桶油的人，还是每天运 500 桶甚至 50 桶的人？"洛克菲勒的公司除了源源不断地发运大批石油产品之外，还大量投资建设仓库、车站、货台和其他铁路设施，使铁路从他的货物中得到的利润可能高于从付出较高运费的竞争对手那里得到的利润。由于简单的技术上的原因，不定期的小批量散货是铁路的大忌，因为这迫使火车为了挂上一两节油罐车而中途一再停车。为了达到他同沿湖铁路公司交易中规定的条件，洛克菲勒只能让他的炼油厂即使在煤油需求量下降的情况下仍然满负荷运转，这就为他所享受的折扣付出了代价，所以他觉得对所有的货主实行统一运价是对他的企业的不公。

也许是因为艾达·塔贝尔把耀眼的聚光灯只对准折扣问题，洛克菲勒在以后的访谈中竭力辩解说，他的公司真正的赢利能力取决于其他方面。在晚些时候的一次令人感兴趣的私下交谈中，他甚至暗示有关折扣问题的争吵恰恰分散了公众的注意力，使人们忽视了在他的经营中利润更高的其他方面："多年来人们对折扣和减让问题谈论不休，而标准石油公司却完全明白，公众舆论被误导了。公司知道自己的利润来自何处，只是觉得若是让世人，尤其是让竞争对手知道自己实力的真正秘密之所在，实在太不明智。"的确可以这样说，那些社会改革家死死抓住折扣问题不放，也许反而使他们对其他种种见不得人的东西视而不见了。

铁路运费折扣问题直到 1887 年州际商业法（Interstate Commerce Act）生效后才被定为非法行为而加以处罚，但是在 1903 年埃尔金斯法（Elkins Act）颁布之前，这一做法始终没有完全杜绝。尽管如此，南北战争结束时，人们已经开始普遍认为铁路是公共交通工具，不应有厚此薄彼的行为。艾达·塔贝尔按照她自己的解释援引了宾州宪法中有关强迫铁路成为公共交通工具，避免歧视行为的条款。但是在最后这种说法中，她对洛克菲勒提出尖锐批评所依据的与其说是具体的法律，不如说是她认为洛克菲勒违背了公平竞争精神的观点。"那就是，"她在 1905 年 7 月号的《麦克卢尔杂志》上写道，"无论是过去还是现在，折扣都被认为是代表了所有时期商业特点的一种低级的经营行为，正直的人反对它，贪婪的人则利用它。"1917 年，顽固不化的洛克菲勒在他的私人办公室里反驳了她这种人们普遍赞同的商业道德观。"我不认为销售商或制造商为自己的商品尽量争取最大的折扣会被看作是不光彩的事。"对于塔贝尔所谓秘密打折的做法本身就说明它不道德的指责，洛克菲勒驳斥说，铁路不想公开打折是担心这样一来其他货主也会提出同样的要求。"除了做学问的人之外，谁也不愿公开这种做法，就像将军不愿公开部队的作战计划以免被敌人打败一样。"

反对折扣的最有分量的观点是，铁路公司由于获得了各州给予的经营特许权从而具有征用权——即征用私有土地铺设铁轨的权力——它们的行为便具有了公共性质。1867 年，俄亥俄州参议院的一个委员会宣布，铁路作为公共交通工具在收费方面应当一视同仁，可是一项体现这些观点的议案却遭到了否决。第二年，就在洛克菲勒履行他同沿湖铁路的交易时，宾夕法尼亚州参议院的一个委员会也在报告中说，铁路是公共交通工具，"无权给予客户不同的待遇"；可是随后依然没有制定相应的法规。几乎过了 20 年，社会改革家们才得以促成公共法规的实施，迫使铁路部门停止这种令美国各地的农民和其他小货主们怨气冲天的不公平的做法。但是由于政府有关部门没能及时纠正运输业里的不公平行为，洛克菲勒此时已经从中攫取了巨大的好处，难怪他的公司总是拥有强大的政府游说能力来维持这一现状呢。

注释

①Charles Dudley Warner，1829—1900，美国作家、编辑。

②William Dean Howells，1837—1920，美国小说家、评论家。

③Vernon Parrington，1871—1929，著有《美国思想的主流》。

④Jay Cooke，1821—1905，美国金融家，投资铁路建设和采矿。

⑤Commodore Vanderbilt，1794—1877，美国航运和铁路巨头。

⑥Jay Gould，1836—1892，美国金融家、铁路投机商。

⑦Daniel Drew，1797—1879，美国金融家。

⑧Jim Fisk，1834—1872，美国金融投机商。

⑨James A. Garfield，1831—1881，南北战争时任少将，后为第20任总统，就任仅4个月便遭暗杀。

⑩William Mckinley，1843—1901，第25任总统。

⑪*David Harum*，美国作家 E·N·韦斯科特（生卒年月不详）的小说，主人公哈勒姆是个善良、诙谐的乡村银行家。

⑫Pinkerton，1819—1884，创建平克顿侦探事务所，专门侦破铁路盗窃案。

⑬Percy Bysshe Shelley，1792—1822，英国浪漫主义诗人。Ozymandias，传说中的古埃及王，诗中抒发了诗人面对昔日王宫废墟的感慨。

⑭位于纽约州中部，连接伊利湖和纽约的哈得逊河。

7　百万富翁大街

洛克菲勒迅速得到了他在15年前根本想像不到的尊重，因为那时的他和令他汗颜的家人还在斯特朗斯维尔的休米斯顿家里寄人篱下呢。1868年8月，和沿湖铁路公司达成运费折扣协议之后，他和塞迪从切西尔大街搬到欧几里德林阴大道424号一幢体面的砖房里居住，这证明他在克利夫兰的地位提高了。这次搬家表明，他进入石油业之后没几年工夫便有了令人瞩目的长足发展。热心于宣传自己城市的人早就把欧几里德林阴大道说成是"世上最美的街道"，因为街上的住房充分地反映出当地人在石油、钢铁、金融、木材、铁路和房地产业所拥有的财富。全城的新贵都聚居在这条街上的广厦豪宅里。欧几里德林阴大道是亨利·B·佩恩、阿马萨·斯通和约翰·海之流的当地名人的家庭住址，它拥有如此之多的深宅大院，因而名副其实地获得了"百万富翁大街"的称号。

在这条宽阔、豪华、精致的维多利亚风格的大道上来往的全是些香车宝马，道路两旁高大的榆树亭亭如盖，气势不凡的宅院远离路旁，深深的庭院和房子之间是修剪平整的草坪和造型优雅的灌木丛。由于四周围起栅栏的房子不多，整条街有时看上去就像一座连成一片的花园，一望无际的绿地上点缀着雅致的住宅。

洛克菲勒的房子夹在阿马萨·斯通富丽堂皇的高大住宅和另外一些华而不实的庞然大物中间显得很小，那是一座结实的两层小楼，复折式斜屋顶，门前有个柱廊，拱形的窗户，一道宽度达116英尺的铸铁尖桩栅栏把它与大街隔开。洛克菲勒满可以买一栋比这座价值 4 万元的房子更加排场的宅子，过往的行人也很可能觉得那座小房子的主人在生意上逊人一筹，但这正是他想给人留下的错误印象。他根本不想炫耀自己的财富，只求深藏不露。即使在自己家里，洛克菲勒也是处处谨慎，好像生怕让爱管闲事的人发现什么秘密似的。此外，他还对财富怀有清教徒式惴惴不安的心理，像个浸礼会教徒那样老是担心装饰物可能具有某种偶像崇拜的意味。还有，同韦伯笔下理想的资本家一样，"他不摆阔，不花费不必要的开销，避免有意识地流露出对自己实力的得意之情，而且还对表明那些自己得到社会认可的外在标记感到难堪。"

洛克菲勒喜欢光秃秃但又宽敞的房子以便不停地对其加以改造，如果住上一座无需改进的房子反而使他觉得为难。他天性是个功利主义者，比起外部建筑装饰上的细微之处，他对屋子的地面和内部装修更感兴趣。"我讨厌无用的装饰，"他有一回说道。"有用的东西，美的东西才是好东西；无用的装饰，装模作样的东西，徒有其表的东西实在太倒胃口。"作为一个农村孩子，他喜欢宽敞的天地，讨厌狭窄、杂乱的地方。他选择欧几里德林阴大道上的这所房子可能就是看上了它里面高大宽敞的房间，楼下是前廊、客厅和餐厅，楼上是 4 个卧室。

洛克菲勒在花木上比在房子本身花费的时间和金钱更多。为了扩大他的几个花园，他买下了旁边的一块地，却又为随着地皮一块买下的一所有碍视线的房子发愁。因为厌恶浪费行为，他便把那所房子捐给了相距一个街区的一所新建的女子学校。人们用绞盘把那所砖房整个吊起来，放在抹了油脂的圆木上移到了下一个街区上。此举在当时堪称工程技术的奇迹——这一景观吸引不少人来观看，地方报纸也纷纷加以报导。"洛克菲勒先生……把（那所房子）原封不动地固定在新的地基上了，"露西·斯佩尔曼如是描写她妹夫的壮举道。"这真是一件了不起的举动，而且从此以后他便老是在做了不起的事情。"

他在屋子后面用石头盖了一个马厩兼驯马师宿舍，其壮观程度胜过他自己住的房子：长度超过 100 英尺，粗大的顶梁，松木的护墙板，还挂着精美的枝形大吊灯。洛克菲勒喜欢快马，无论驾驭一缰两马还是四马的车子都是好手，而笔直的欧几里德林阴大道恰好是个跑马车的好地方。如果有人想超过他，好胜的洛克菲勒便会当仁不让地和对方赛上一场。约翰、威廉和弗兰克都是一家名叫克利夫兰赛马公园公司的赛马俱乐部的股东，那是美国此类业余俱乐部中的第一家。洛克菲勒做什么事情都不马虎，在业余爱好方面同样十分投入，有时甚至达到奢侈的地步。有关记载表明，在19世纪70年代，他光买纯种赛马就花了一大笔钱——从1万到1.25万美元，并且给它们起了富于想像力的名字，如"午夜"、"闪电"、"杰西"、"男爵"和"小玩意"等。

在他初涉商界时，洛克菲勒的脖子经常疼得很厉害，这也许是工作太劳累的缘故，于是他便去骑马，半是为了取乐，半是为了疗疾。"我下午离开办公室，牵上两匹快马让它们拼命地跑：快步小跑、变步、飞奔，换着样来。"塞迪也喜欢骑马，他俩经常结伴而行。他跑马的风格也能表明他的特点：他对不听话的马从来不采取粗暴、强制的手段，而是认真地了解它们，以极大的耐心温柔地加以安抚。"我记得那时弟弟威廉和我经常一起去骑马，"他说。"我总是比他先达到终点。而他每回都累得满头大汗，和他的马一样。我的马也浑身是汗——不过我却一点汗也不出。我总是对我的马说话——悄悄地、冷静地说——从来不激动。"这种镇定自若的作风和保存体力的做法同样体现了他管理庞大的石油帝国的方式。

同他爱玩弄女性的父亲绝然不同的是，约翰·D·洛克菲勒在个人生活上一向严肃，甚至到了过于拘谨的地步。他很像杰伊·古尔德——不喝酒、不抽烟，也不和女人调情。他在经商方面的严酷手段同他在家里堪称楷模的表现恰成对照，在家里他是个温柔可敬、古板守旧的丈夫。约翰和塞迪同邪恶格格不入，总是用他俩的宗教信仰来限定自己全部业余活动的范围。比如，他们经常预订音乐会的座位，戏剧和歌剧对这两个从不否认自己信仰的基督徒来说则过于粗鄙。他俩远离不知底细的社交场合，只在亲戚、同事和教友的小圈子里和人交往，从不去夜总会，也不参加宴会。"我对夜总会毫无兴趣，"洛克菲勒说。"我在白天上班时会见所有我需要见的人……我的家人宁愿我待在家里——哪怕就是倒在安乐椅上打鼾也比晚上出门强，况且我也喜欢待在家里。"他特别喜欢和牧师们在一起，他们那种亲切和蔼的布道人气质很合乎他的脾性。由于远离诱惑，洛克菲勒实际上丝毫没有受到镀金时代颓废堕落之风的影响。

洛克菲勒看重家庭生活的态度在很大程度上得益于他严厉的戒酒观点。即使到了晚年，一旦接受参加饭店烧烤宴会的邀请，他会提前去现场做调查。如果看见周围有空啤酒瓶，他就立即拒绝出席。他和塞迪积极参加戒酒宣传活动——从赞助巡回讲座到劝说当局把戒酒准则夹在学校课本里，什么都做，自然更不愿意见到酒。这样做严重地限制了他们的社交活动，但是他俩在自己划定的小圈子里过着美好的家庭生活。

有人说洛克菲勒是个只知做生意的乏味的人，是办公室的奴隶，听到这种说法他很生气，在回忆录里写道："如果一个人每天醒着的时候把时间全用在为了钱而挣钱上面，我不知道还有比这样的人更可鄙、更可怜的了。"他的工作节奏比许多其他管理人员都从容，每天午饭后睡个午觉，晚饭后也经常躺在沙发上打个盹。他后来在解释自己为何长寿时，不无夸张地说："我能活到现在是因为我经常溜号：少干活，多到外面走走，享受享受新鲜空气、阳光，多锻炼。"他30多岁时在住处和办公室之间接了一条电报线，这样一来每星期就能有三四个下午待在家里，种种树，栽栽花，晒晒太阳。洛克菲勒这样做并非纯粹为了消遣，而是把工作和休息结合在一起，以便自我调节，提高效率。在健康问题上他有时像个传教士："做事不抢时间，不求多，稳稳当当地做，就能做许多事情，这有多好。"

洛克菲勒的生活节奏很有规律，这一点在外人看来似乎很死板，而他却觉得这样才活得踏实。他似乎没有时间和一般人那样游手好闲，更不用说沉溺于不正当的事了。他把时间严格地分成一段一段的，每小时都作了严密的安排，不是处理业务、参加宗教活动，就是同家人在一起或锻炼身体。也许正是这些日常安排使他得以缓解生活上的各种压力，否则的话，这些压力就会变得无法应付。他尽管竭力装出从容不迫的样子，但是在建立他的石油帝国的过程中怎能不殚精竭虑。他对公司有操不完的心，内心常常紧张不安。他很少承认自己的弱点，但有一次他回想起"一连好几年，我一直没有睡过一个安稳觉，担心会出什么后果……我一个晚上接一个晚上地在床上辗转反侧，为事情的结局忧心忡忡……我挣来的全部家产也弥补不了那一时期的焦虑所带来的痛苦。"

洛克菲勒夫妇搬到欧几里德林阴大道时，已经有了1个孩子伊丽莎白（大家一向叫她贝西），她是1866年在切西尔大街生的（塞迪坐月子不能去教堂时，约翰总是草草记下布道辞，然后回来念给她听）。其余的几个孩子都是他们在欧几里德林阴大道这所屋子楼上的卧室里生的。他俩的第二个孩子艾丽丝生于 1869 年 7 月，但在一年后夭折了；接下来是艾尔塔（生于 1871 年）、伊迪丝（1874 年）和小约翰（1874 年）。这几个孩子都是由思想开明的迈拉·赫里克医生接的生，她是克利夫兰第一位妇科医生，办过一所顺势疗法学校，专门培养妇女从事这个行业，但开办不久就停业了。她还开了一家免费诊所，用的全是女医生，塞迪和玛丽·弗拉格勒两人是诊所的主要赞助人。

洛克菲勒是个意想不到的仁慈、平等的父亲，从不推脱照看孩子的责任。他的妻姊露特当时已经辞去了教书的工作和他们住在一起，她说约翰只要不出门就替塞迪分担家务："他在打盹时只要一听到有个孩子哭，马上起来抱着孩子在屋里来回走，直到他不哭为止。"洛克菲勒待孩子总是很有耐心，很少发脾气或者说粗话。他父亲只顾自己，老是不在家，而他却努力当一个疼爱孩子的爸爸和顾家的丈夫。

但在有一点上洛克菲勒很像老比尔，他能够很活泼地陪着孩子们玩。他经常把孩子驮在背上在地上爬，重温儿时的乐趣，这景象在办公室里极少能见到。同孩子玩捉迷藏时，他会做出冒险的假动作、突如其来地出击和出人意料地急转身，一旦抓到一个就高兴得大呼小叫，逗得孩子们兴奋不已。他喜欢叫孩子们围在身边听他讲童话故事，和他们一起沉浸在幻想世界里。还有一个像他父亲的地方是，他能不重样地表演各种绝招。吃饭时，他能用鼻尖顶起一摞精致的瓷盘，令孩子们惊叹不已；他还能把饼干放在鼻子上，然后往上一抛，用嘴接住。他教孩子游泳、划船、溜冰、骑马，在策划富有想像力的郊游方面也是个天才。月色皎好的晚上，他们在福里斯特山——那是洛克菲勒 70 年代在克利夫兰买下的产业——骑自行车出游，洛克菲勒把一块白色的大手帕别在上衣背后，带领孩子们穿过蜿蜒、神秘的林间小路。小约翰一辈子都忘不了和父亲一起溜冰时的情景："由于湖水很深，我们就用胳膊夹着窄长的木条，一旦踩破了冰，可以靠那些木条把身体撑在冰面上。这就是父亲的特点。他对任何一件事情都事先进行极其认真的准备。一旦认为没问题了，就会一往无前地做到底。"

大概是为了给他俩的宗教信仰所禁止的演戏和其他娱乐活动找一种替

代，约翰和塞迪鼓励孩子们发挥自己的音乐特长，让每个人都学一种乐器。孩子们自己组成了一个四重奏组——贝西拉小提琴，艾尔塔弹钢琴，伊迪丝拉大提琴，小约翰也拉小提琴，家里时时回响着莫扎特、贝多芬和汉德尔的作品。孩子们把音乐当做严肃的艺术来学，而不是为了可有可无的消遣，并且经常在教堂的聚会上表演，他们也不禁止孩子们演奏当时的流行音乐。

洛克菲勒家的快乐虽然比我们所猜想的要多，但基本上还是很有节制的。他的子女们对那些嬉戏的时光记忆犹新，但在外人眼里，他家的气氛沉闷、压抑，甚至可以说是阴森森的。有个满腹牢骚的家庭教师就作过如下可怕的描述："生活快乐的孩子身上常见的那种蹦蹦跳跳走路的样子、天真的笑声、无忧无虑的心情、追逐打闹和顽皮的憨态在他家一概不见，气氛沉闷得令人沮丧。那是一个叫人垂头丧气的家庭，到处是沉重的压抑感。一片寂静和抑郁。"

洛克菲勒把孩子关在家里，与世隔绝，聘请女教师在家里授课。他们除了去教堂之外，从来不参加外面的社交和民间活动，对世俗的娱乐表现出典型浸礼会教徒式的畏惧。夏天，小朋友也许会来他家作客，一次住上一两个星期，但他们从来不去别人家，连那些来玩的小伙伴也全是从约翰和塞迪教女们的子女中仔细挑选出来的。"我们的各种活动全都在家里进行；我们的朋友也差不多都得上我家来玩。我们很少，实际上从来不去邻居家。"小约翰想暗示的是，带到家里来的孩子并非是真正的伙伴，多数是叫来摆摆样子，讨他父母高兴罢了。"我们没有儿时的朋友，也没有同学。"这和索尔斯坦·维布伦①的放任孩子自由成长的教育观点简直是大相径庭。

洛克菲勒深知性格是通过斗争磨炼出来的，此时他就面临着培养孩子成人的棘手问题。他既想积累财富，又要给孩子们灌输他那一贫如洗的儿时的价值观。防止他们挥金如土的第一步就是不让他们知道父亲是个富人。洛克菲勒的几个孩子在长大成人之前，从来没去过他的办公室或炼油厂，即使以后去的时候，也只由公司职员相陪，父亲从不出面。洛克菲勒在家里搞了一套虚拟的市场经济，称塞迪为"总经理"，要求孩子们认真记账。他们靠做家务来挣得零花钱，打苍蝇可得2分钱，削铅笔是1毛钱，练琴每小时给 5 分钱，修复花瓶则能挣到 1 块钱。一天不吃糖可得 2 分钱，第二天还不吃则奖励 1 角。他们分别在不同的菜地里干活，每拔出 10 根杂草可以挣到 1 分钱。小约翰劈柴的报酬是每小时 1 毛 5，保持院里小路干净每天是 1 角。洛克菲勒为自己能把孩子培养成小小家务劳动力感到很得意。多年以后，他和 13 岁的女儿一起坐火车时对同行的人说："这个小姑娘已经开始挣钱了。你根本想像不到她是怎样挣来的。我听说煤气用得仔细，费用就可以降下来，便告诉她，每月从目前的账单数目上节省下来钱都归她当私房。于是她每天晚上四处转悠，看到没人在用的煤气灯，就去把它关得小一些。"洛克菲勒不厌其烦地教育孩子勤俭节约，每当家里收到包裹，他总是把包装纸和绳子保存起来。

塞迪也同样小心谨慎。孩子们闹着要自行车，约翰提议给每人一辆，塞迪却说："不行，所有的孩子只能买一辆。""可是，亲爱的，"约翰抗议道，"买自行车花不了几个钱的。""不错，"她回答说。"但那不是花多少钱的问题。如果大家只有一辆，就能学会相互谦让。"于是，孩子们只好大家骑一辆自行车。令人称奇的是，4 个孩子在长大之前得到的物质享受比洛克菲勒小时候得到的多不了多少。除了星期天以外，女儿们穿的是简朴的方格布裙子和姐姐穿小的衣服。小约翰后来不好意思地承认说，自己在 8 岁以前穿的全是裙子，因为他在家里最小，前面 3 个都是女孩。

在洛克菲勒家里办公的女秘书经常见到那些孩子，因为他们喜欢静静地坐在她的办公室里观察那台咔咔作响的神秘的电报机。她说洛克菲勒对孩子极其温和，但老是爱用那几条规矩对他们进行说教，听得都让人厌烦了。他经常告诉孩子玩牌是可耻的，弄得他们连牌的花色大小都分不清。为了教他们学会克制自我，洛克菲勒限制他们每天只能吃 1 片奶酪。一天下午，艾尔塔告发妹妹伊迪丝吃了 2 片奶酪，洛克菲勒对这种贪吃的行为表示十分震惊。那位秘书回忆道："整个下午，只要见到伊迪丝走到跟前，她父亲就会缓慢而又严肃地说：'伊迪丝贪嘴。'又有一回，小约翰和艾尔塔同时喊：'伊迪丝拿了最大的一片。'那天下午，洛克菲勒先生又用他那严肃的口气不断地说：'伊迪丝自私。'"

不过，洛克菲勒管得最严的是守时问题。谁也不能太早或者太晚。事实上，由于他过于强调遵守时间，显然弄得孩子们成天惶恐不安的。洛克菲勒的那位家庭秘书说，小约翰计算过从她的电报室到楼上的学习室需要多少时间，精确到以秒为单位。"从那以后，每当我念故事给他们听的时候，只要接近上课的时间，小约翰总是捏着表坐在那儿。他一起来就表示故事就念到此，姑娘们该跟他上楼去了。"

每天早饭之前，洛克菲勒都要带领全家做祷告，迟到者每人罚1分钱。大家轮流朗读《圣经》，由约翰或塞迪解释其中难理解的部分，教孩子怎样祷告。上床之前，塞迪要听孩子们背诵祷告辞，无论发生什么事情也妨碍不了她履行这个神圣的职责。他俩鼓励孩子们在祷告时积极表现自己，特别是在星期五晚上的祷告会上。小约翰回忆说，他们很小就受到鼓励"要像大人那样祷告，哪怕只是说一句简单的祷告辞或是一段个人感受。"

星期天是个任务繁重的日子，先是做晨祷和上主日学，然后是一下午的祷告会，最后到了晚上还要唱赞美诗。孩子们如果有空闲时间，也不许看小说或宗教内容以外的书，只能看《圣经》或者主日学的读物。奇怪的是，孩子们并不记得这样的限制多么难以忍受。小约翰说："一天当中有这么多的限制，只会吓倒现在的孩子。可是我对儿时的星期天只有最美好的回忆。"塞迪把星期天变成了严格反省的日子，要求孩子们领悟一些严肃的格言，如"战胜自我乃最大的胜者"或者"理智生活的秘诀是简朴"等。她在同孩子们进行的长达1小时的"家庭谈话"中，要求每个孩子说出自己的一个"根深蒂固的罪孽"，然后分别和他们一起做祷告，乞求上帝帮助他们战胜罪恶。浸礼会派的要义是，人生而有罪，但是——借助祷告、毅力和上帝的恩典——总有能力变好的。

在公司里，约翰·D·洛克菲勒出没于一个粗野的男人世界，到了家里，身边却是一群宠爱他的女人，有时是他的妻子，有时则是他的妻姊、母亲、岳母和3个女儿。他在这两个分别为男人和女性的生活圈子里似乎都感到很自如。约翰与塞迪刚结婚时，和他母亲伊莱扎住在一起，但是他俩搬到欧几里德林阴大道后，她仍然留在切西尔大街住。伊莱扎在她有生之年里轮流到5个子女家住，她觉得这样比过去和她挥霍放荡的丈夫在一起时要踏实得多。她显然多少知道比尔在哪里，因为她有一个通信地址，而且通过孙儿孙女们给他寄过几次信。她的孙辈们隐隐约约地知道，他们快活的爷爷在西部什么地方过着奇特的生活，只是他们所了解的情况被故意弄得不明不白的。

人们很难准确地追述比尔的行踪，因为约翰·D无论在业务还是私人文件里都极少提到他。他父亲不仅从地理上而且也从心理上被驱逐了。人们最多只能说出比尔和他第二个妻子玛格丽特在那几年里的大致情况。他俩在1867年去了伊利诺伊，在马罗阿买了一座有160英亩地的农场，是约翰偷偷寄的钱补足了那笔开支。由于那个地方对比尔来说人太多了，他俩又于1875年搬到了伊利诺伊州的弗里波特，到了那里，玛格丽特漂泊不定的日子总算结束了。根据他们在弗里波特的邻居后来的说法，比尔——邻居们只知道他是威廉·莱文斯顿医生——被人看作是个不信教的吹牛大王和骗子、臭名远扬的江湖医生，自称专治癌症和肾病；他从当地的药剂师那里买来一瓶瓶利尿药，沿途转手又卖了出去。就像伊莱扎当年忍受长期独守空房之苦那样，这回轮到玛格丽特苦等一走数月的比尔了，他回家时仍然总是带着厚厚一沓的钱，每次都把一张百元大钞小心翼翼地捆在外面。不过，比尔从来没有同洛克菲勒家的人完全断绝过联系。有时他会突然快快活活、大大咧咧地出现在克利夫兰，打打靶子，拉拉提琴，逗留几天后又不知去向，一去就是一年。约翰对他父亲保持着一种敬而远之的态度，两人见面的时间总是很短，次数也极少。至于比尔后来的古怪可疑的长期流浪生活，可说的内容就多了，因为随着他儿子名气越来越大，记者们企图再现洛克菲勒大夫离经叛道的生涯，他的行踪自然就成了国人关注的事情了。

洛克菲勒娶了劳拉"塞迪"·斯佩尔曼以后，发现她身上也具有他母亲柔中有刚和笃信宗教的特点。从1872年照的一张相片上看，塞迪是个瘦小的妇人，深色头发、大脸盘、高颧骨，两眼深凹，神态庄重。她成天沉湎于宗教情感里，把多数时间用在思考布道辞上，很少见她和别人谈论逛商店的事。和约翰结婚后，两人生活和谐，相敬如宾，从不拌嘴。塞迪同她的丈夫一样，平等待人，反对铺张浪费和嫌贫爱富。"她待人一视同仁，"她儿子说。"在她眼里，人人皆兄弟。"她讨厌炫耀摆阔，认为穿着时髦的人是爱虚荣的蠢货。她尽管支持丈夫大展宏图，却激烈反对"不择手段地攫取'万能的金元'"。她甚至比约翰更加节俭，衣服上打着补丁，还说一个年轻女人在衣橱里有两套衣服就够了，令一位熟人大为震惊。即使丈夫发了大财，许多家务仍然由她亲自动手。他俩尽管用得起一大群仆人，却只雇了2个女佣和1个车夫。

约翰每天要出门到一个充满罪恶的世界里做生意，因此比他妻子更加宽宏、开通一些，而结婚后她的兴趣范围却在急剧减少。她早年虽然很有才分，但是从教师变为抚养儿女的母亲之后，她失去了许多聪明才智，只知道严厉地培育孩子。她爱说的格言是"当贤妻良母是女人的特权"。约翰从孩子那里得到一时的欢娱，劳拉则过分严肃地履行其日常职责；她尽管疼爱孩子，却严于恪守细枝末节。她儿子说，她"经常同我们谈起责任——叫上帝生气但让你们的父母高兴。她培养我们自己判断是非的能力，磨炼我们的意志，要求我们主动去做我们应该做的事情。"在节省时间方面她一点不比她丈夫逊色。有个旁观者说："她明白自己的责任，每天固定地做一大堆的事情，每件事都有条不紊、按时按分地去干，这样能使每时每刻都不虚度，每件事都不遗漏。"

约翰和塞迪两人在价值观上高度一致，其不足之处是使他俩在思想交流方面相当沉闷，没有产生分歧的余地。他俩的意见一旦发生冲突，挨批评的很可能是约翰，这样也许能防止他在生意上采取过分的行为。婚姻加强了他的道德感——而不是相反——即认为自己是上帝的一个士兵，因而势必会受到有罪之人的诋毁。塞迪同样也准备承受与洛克菲勒的财富相伴而来的猛烈攻讦。"她总是像刚强的斯巴达人的母亲那样，"她女儿伊迪丝说。"身边无论发生什么事情都安之若素，用耐心支撑着她那瘦弱的身体，从无怨言……她对所爱之人充满信心和信赖，从不提出异议或评头论足。"

塞迪的姐姐露西——孩子们都叫她露特姨妈——在这种枯燥的环境里起着一种活跃气氛的作用。姐妹俩能保持如此亲密的关系，令人十分感动，因为年长两岁的露特是领养来的。巧得出奇的是，她俩长得十分相像，外人都把她俩当成亲姐妹。露特头脑聪明，举止文雅，喜爱当代文学。她在晚饭后为约翰和塞迪朗读那些作品，使他俩了解到宗教以外的文化。洛克菲勒虽然极其喜爱他这位妻姐，却觉得她那种老处女式的古板做派十分滑稽，喜欢模仿她提着裙边上楼梯的姿态。露特上楼时回头经常发现他偷偷地跟在后面，提着礼服的圆摆学她的样子，逗得全家人乐。露特渐渐养成了老处女常有的那种大惊小怪的脾气，使孩子们觉得她有点讨厌，虽然他们都很爱她。尽管如此，她仍然受到大家的爱戴，是全家不可缺少的一部分，使这个恪守基督教教义的家庭所缺乏的文化生活多少丰富了一些。

注释

①Thorstein Veblen，1857—1929，美国经济学家和社会学家。

8　同　谋

　　伟大的工业革命改变了南北战争后的美国，它引起了通货膨胀，使全国充斥着商品，供应的增加又引起了价格下跌和通货紧缩，这一现象形成了19世纪余下几十年的经济格局。总的来说，经济在这一时期里得到了巨大的发展，但中间也穿插了几次变化莫测的萧条。大批大批的投资者为唾手可得的利润所吸引，纷纷扑向这片充满希望的新大陆，结果却发现由于过度生产使产品严重过剩，投资无法收回，在那些新兴的产业里更是如此。这是因为人们缺乏经验而无所顾忌，不计后果地扩大生产规模。其结果是，许多企业家开始怀疑这种毫无规则的竞争，转而倾向于各种新流行的合作理念——联营、垄断和其他营销手段，借以控制生产并人为地抬高价格。

　　由于所有商品的价格都起伏不定，原油的价格变得格外不稳定。石油业依赖的是寻找深藏地下、无法看见的资源，因而成了一种前景叵测、令人伤透脑筋的行当。每当有个幸运鬼打出一口自喷井，他的好运气就会把油价压低。1865年，采油人开始在油井深处引爆火药（后来又用硝化甘油），以便采到更多的原油，这使得原油供应更为过剩。南北战争后的头一两年里，大量涌出的石油使油价下滑到每桶2.40元——1864年每桶能卖到12元，迫使石油生产商们考虑建立一个卡特尔来支撑油价。起初获取了天文数字般巨额利润的炼油业，如今也陷入了同样的困境。洛克菲勒尖刻地说，那些被惯坏了的炼油商"假如1年内甚至有时6个月内没赚取

100％的利润，就会感到沮丧"。高额的利润和低得可笑的初期成本，使炼油业很快就变得人满为患。正如洛克菲勒描述的那样，"补锅的、裁衣的和扶犁的小伙子们都涌向这里，渴望得到这巨大的利润。"

到19世纪60年代末，这股动力在整个石油业造成了普遍的衰退，并且在接下来的5年间一直低迷不振。炼油价格下跌，对消费者来说是福音，对炼油商们却是灾难，他们发现原油与成品油之间的利润幅度几近于零。因为投机行为泛滥，炼油业的规模已过分庞大，1870年的实际炼油能力竟然是当时原油开采总量的3倍。据洛克菲勒估计，当时约有90％的炼油商的经营亏损。面对这个希望渺茫的绝境，考虑到整个行业行将毁灭，克利夫兰的主要对手约翰·亚历山大（John H. Alexander）提出以原价1/10的价格，向威廉·洛克菲勒出售其股份。更糟糕的是，石油市场并没有按照新古典派经济学家所推崇的自我调节机制进行自我修正。开采商和炼油商没有按照预期的数字停止生产，这使洛克菲勒开始怀疑亚当·斯密理论中的那只看不见的手是否能起作用："这么多的油井在冒油，使价格不断下跌，可他们还在开钻。"整个石油业陷入了过度生产的全面危机之中，而且一时看不到转机。

1869年，即洛克菲勒达成令人瞩目的铁路运费折扣交易的第二年，他开始担心自己的财富会付之东流。但他是个凡事倾向于乐观的人，"善于从每次灾难中寻找机会"，他没有感叹自己时运不济，而是彻底地研究了当时的形势。他发现自己作为炼油商所取得的个人成就，正受到全行业溃败的严重威胁，因此必须找到一个彻底的解决方法。这是一个高瞻远瞩、富于成果的见解。洛克菲勒不是只着眼于自己的公司，而是把整个石油业看作一个巨大而且相互关联的机制来考虑战略联盟和长远计划等问题。

洛克菲勒把1869和1870这两年称做他在石油界掀起"变竞争为合作"运动的起点。他认定，造成这一局势的罪魁祸首是"炼油业过度发展"，它招致了"毁灭性的竞争"。要想让这个难以控制的行业重新有利可图并能持久发展，就必须驯服它，给它立下规矩。开拓者是无法从经济学教科书里找到答案的，只能靠自己想办法解决，于是洛克菲勒开始构想建立一个庞大的卡特尔，以此来降低过剩的生产能力、稳定价格，使这一行业趋于合理化。如果说洛克菲勒是炼油商中提出这一想法的第一人，开采商们却在此前已经实行过了，而正是他们后来又对他提出的计划大加指责。南北战争期间，那些人就组建了"油溪联合会"（Oil Creek Association）来控制生产、抬高油价。1869 年 2 月 1 日，他们在石油城再次开会，成立了"石油生产商联盟"（Petroleum Producers'Association），旨在维护其自身权益。

要为全行业提出一个全面的解决手段，还得靠钱：用钱建立规模经济，用钱建立现金储备来应付衰退，用钱来提高效率。而且，"要买下那些造成生产过剩和行业混乱的炼油厂，我们也需要大量的钱。"对洛克菲勒和弗拉格勒而言，最棘手的问题是如何能既追加资金又不丧失控制权；他们得出的结论是组建股份公司，这样就能向他们选定的业外投资者销售股票。洛克菲勒说："我希望最好由几位智囊来考虑这件事情，此人就是亨利·弗拉格勒。"

幸运的是，当时已有许多州通过了法律，允许商家组成股份公司。可有一点让洛克菲勒望而却步：这类公司不能在其所注册的州之外拥有资产。要想避开这一限制，恐怕得在法律上无休无止地耍手腕。1870 年 1 月10 日，洛克菲勒、安德鲁斯和弗拉格勒的合伙公司撤销了，代之以联合股份公司，起名为标准石油公司（在俄亥俄州注册），约翰·D·洛克菲勒任总裁，威廉·洛克菲勒任副总裁，亨利·弗拉格勒任干事兼财务总监。该公司名称不但与下属的标准炼油厂一致，而且表明公司生产的煤油具有统一标准的品质，因为当时许多消费者害怕油质不纯发生爆炸。新公司的资产为 100 万元——相当于现在的 1100 万元，立即成为商业史上的一个里程碑，洛克菲勒说：这是因为"那时美国还没有一家企业组建时拥有这么大的资本。"标准石油公司已经俨然是一个小型王国，它控制了全美 10% 的炼油业务，外加一家油桶制造厂、几座仓储、运输设施和一组油罐车。从一开始，洛克菲勒的计划就表现出一种明显的唯我独尊的色彩。他曾对克利夫兰商人约翰·普林德尔说："总有一天，所有的炼油和制桶业务都要归标准石油公司。"

亨利·弗拉格勒尽管没有学过法律，却起草了公司组建条例。将近 60年后，有人在一次法律纠纷中找出了那份文件，看到它如此简洁明了不由感到吃惊。文件使用的纸张一点不花哨，上面也没盖那么多印章。有位记者是这样描述的，它"看上去只不过是张廉价的法律公文纸，有点发黄，显然质地很差，而正是这张纸赋予了标准石油公司经商的权利"。这个经济实用的举措对投资者很有吸引力，同样具有吸引力的还有洛克菲勒的决策，即公司主要负责人不领取工资，只从公司股票升值和红利增加部分中提成——洛克菲勒认为，这样做能刺激大家更加努力地工作。

标准石油公司一开始设在公共广场旁一座名叫库欣大楼的四层楼房中一套不起眼的办公室里。洛克菲勒和弗拉格勒共用的那间办公室昏暗、朴素：1张黑色皮沙发，4把黑色核桃木椅子，靠背扶手上雕满了花纹，外加1个冬季取暖用的壁炉，整间房子庄重得像是举行葬礼的地方。洛克菲勒从不允许利用办公室里的装饰来炫耀自己的买卖如何兴隆，以免引起不必要的好奇心。

洛克菲勒从一开始就是标准石油公司的最大股东，并且利用一切机会扩大他的股份。在1万份原始股中，洛克菲勒占了2667股，弗拉格勒、安德鲁斯和威廉·洛克菲勒各持1333股，斯蒂芬·哈克尼斯占1334股，前洛克菲勒—安德鲁斯—弗拉格勒公司的合伙人平分了另外1000股，最后1000股则给了威廉·洛克菲勒的妻弟、公司头一个外部投资者奥利弗·詹宁斯（Oliver B. Jennings）。詹宁斯是个爱冒险的人物，在淘金热期间去了加利福尼亚，向淘金者销售各种用品，赚了不少钱。

标准石油公司并没有吸引富有的投资者纷纷前来，出现门庭若市的场面，其中一重要原因是，人们认为当时不是个投资的好时机。1869年9月24日——也就是恶名远扬的黑色星期五——杰伊·古尔德和吉姆·菲斯克试图操纵格兰特总统的货币政策，从而控制黄金市场的阴谋彻底破产，在金融界造成了巨大的恐慌，毁掉了华尔街上足足十几个交易行。除此之外，石油业这个投机领域也令许多有名望的企业家裹足不前。洛克菲勒永远无法忘记，他的计划是如何被无情地嘲弄为"徒劳无益之举"，一些精明的商人告诫他说，和他的计划相似的建立"五大湖区船运卡特尔"的举动早已落空。有位年老资深的金融家警告他："这项实验不是获得巨大成功就是落得个一败涂地，"洛克菲勒回忆说：那"是一条令年长和较为保守的商人望而却步的道路，在他们看来这样做极不慎重，几乎是疯狂的举动"。洛克菲勒被这些怀疑论者所激怒，决意证明他们是错误的。他全然不顾面临着该行业早期历史上最严峻的金融形势之一，在标准石油公司开始营业的第一年，给公司股票分配了105%的红利。这个极度渴求秩序的人打算在这个无法无天、不敬神灵的行业里实行他那铁一样的统治。艾达·塔贝尔在1870年这样描述洛克菲勒道，他是一个"勤于思考、做事谨慎、严守机密的人，能够看到事物中一切可能存在的危险和机遇，同时又像一位棋手那样研究所有可能危及他霸主地位的各种招数。"洛克菲勒巡视了一下战场，发现第一个出击的机会就在家门口：克利夫兰的26个敌对的炼油商。他的战略是，先征服战场的一部分，加强了自己的战斗能力后便迅速行功，开始下一轮的征战。他征服克利夫兰炼油商们的战斗是其事业中最早也是最具争议的战役。

在崇拜约翰·D·洛克菲勒的人眼里，1872年是他一生中屡建奇功的年头，而批评他的人则认为那一年是他最黑暗的一个篇章。那一年揭示了作为商人的洛克菲勒最好的和最成问题的品质：高瞻远瞩的领导才能，坚持到底的勇气，从战略高度考虑问题的能力，以及统治一切的欲望，救世主般的自以为是和对那些目光短浅者的蔑视，他认为这些人错就错在挡了他的路。被他的对手认为是赤裸裸地夺取权力的举动，洛克菲勒却看作是一种拯救众人的英雄业绩，完全是为了挽救整个石油业。

成品油的贸易状况在1871年继续恶化，价格再度下降了25%。正当竞争者们一个个地滑入了破产泥潭的时候，标准石油公司却宣布分配40%的红利之后还稍有盈余。尽管如此，约翰·D·洛克菲勒还是卖出了少量的标准石油公司股份——这是他唯一一次丧失信心的时候，使得他弟弟威廉痛惜地说："你那么着急抛出，连我都感到不安了。"所幸这次低落的情绪很快就过去了。1871年末，洛克菲勒经过精心策划，秘密收购了博斯特威克—蒂尔福德公司（Bostwick and Tilford），该公司是纽约一家主要的石油买主，在伊斯特河边的亨特斯波因特拥有许多平底船、驳船和一个大型炼油厂。杰贝兹·艾贝尔·博斯特威克（Jabez Abel Bostwick）以前在肯塔基州做过银行家，经营过棉花和谷物，还卖过《圣经》，他与洛克菲勒一样，也是个虔诚的浸礼会教徒，当时有人说他"做生意时严肃得近乎死板，宁要公正不讲感情。"买下博斯特威克公司等于使洛克菲勒在关键时刻得到了一个老练的收购代理商。由于强大的辛迪加①把过去把持着交易的单个投机商们甩到了一旁，石油价格此时正由西宾夕法尼亚州各交易所来确定。洛克菲勒的这一步设立了一个暗中行事的模式，这是个给他一生的事业蒙上阴影的模式：他把刚买下的公司重新命名为 J. A. 博斯特威克公司，厚颜无耻地假装独立于标准石油公司，实际上却是后者利用的工具。

1872 年 1 月 1 日，标准石油公司的执行委员会为了防备日后出现各种混乱的变故，把公司资本从 100 万元扩至 250 万元，第二天后又扩至 350 万。新股东中有几位是克利夫兰银行界的佼佼者，其中包括杜鲁门·P·汉迪、阿马萨·斯通和斯蒂尔曼·威特（Stillman Witt）。还有一位令人感兴趣的新投资人是本杰明·布鲁斯特，他是普利茅顿殖民地的创建人布鲁斯特长老（Elder Brewster）的直系后裔，是和奥利弗·詹宁斯在加利福尼亚淘金潮中一起发的财。在这个经济跌入谷底的时刻，洛克菲勒却召集到了如此强有力的管理者和投资者，这正是其特有的自信之表现，似乎萧条的经济气候只会增强他的决心。"我们收集到的情况使我们更加坚信：扩大我们的俄亥俄标准石油公司，并且着手吸收合伙人加入我们的炼油业，将会对整个石油业起到保护作用。"1872 年 1 月 1 日，公司执行委员会做出了一个历史性的决定，收购"克利夫兰以及其他地区的部分炼油厂。"这一决定看上去毫无恶意，实际上是打响了一场血腥战斗的第一枪，这场战役后来被史学家称为"克利夫兰大屠杀"。

在克利夫兰重创对手之役打响时，洛克菲勒和宾夕法尼亚铁路公司的统帅汤姆·斯科特（Tom Scott）达成了一项秘密而又极富讽刺意味的交易。上文中说过，该公司曾威胁要把克利夫兰的炼油中心的地位抹掉，这促使洛克菲勒巩固了同伊利铁路和纽约中央铁路的联盟。洛克菲勒个人并不喜欢斯科特，后来把他称为"也许是我国铁路业中空前绝后的、最有统治欲、最独裁的实力人物。"和许多铁路公司总裁一样，斯科特也是在南北战争时期确立了自己的声誉，他确保了连接华盛顿和北方的铁路线畅通，并被任命为作战部长助理。斯科特精明强干、胆识过人，他留着又长又卷的络腮胡子，经常戴着一顶大大的毡帽，显示出一副大权在握的气派。温德尔·菲利浦斯评论这个左右政局的老手说："当他穿着大氅横扫全国时，那 20 个立法机构的人就会像寒风里的枯叶那样瑟瑟发抖。"虽然连安德鲁·卡内基打入钢铁业之前都曾受到斯科特的提携，道貌岸然的洛克菲勒却对这位铁路总裁不以为然。

尽管如此，生意归生意，洛克菲勒已准备好同这个魔头本人打交道。他担心宾夕法尼亚铁路公司与匹兹堡和费城的炼油商们结成同盟，因此想在他们中间插一杠子。"他们在运费问题上俯身屈就（于斯科特）"，洛克菲勒曾经这样贬低他的对手。"他们对宾夕法尼亚铁路公司简直是毕恭毕敬、唯命是从；只要在石油运费上给他们好处，让他们干什么事都行。"于是，洛克菲勒对斯科特主动提出的合作意向做出了欢迎的姿态。出人意料的是，这个信息来自于彼得·沃森（Peter H. Watson），此人任职于斯科特的对手沿湖岸铁路公司，又是范德比尔特将军的密友。沃森是沿湖铁路公司克利夫兰—油溪支线的总裁，他本人在其最大的客户标准石油公司分配股份时捞了一笔。标准石油公司在1872年1月增资时，沃森悄悄地往自己口袋里掖了500股，这又是一个洛克菲勒和各铁路公司变本加厉地互开方便之门的例证。那年范德比尔特将军暗中向标准石油公司投资的5万元，很可能就是通过沃森之手办理的。

1871年11月30日，沃森在纽约的圣尼古拉斯饭店会见了洛克菲勒和弗拉格勒，向他俩交代了汤姆·斯科特提出的一项大胆的计划。斯科特提议由三家最大的铁路公司——宾夕法尼亚铁路、纽约中央铁路和伊利铁路——同一些炼油商，特别是标准石油公司结盟。为了实施这一计划，斯科特事先拿到了一份成立空壳企业组织的特许执照，该组织有一个毫无特色、容易引起误解的名称：改造南方公司（South Improvement Company）。南北战争后，腐败的宾夕法尼亚立法机构通过特别法案发放了几十个类似的执照。这些以改造为名的公司拥有广泛而界限含混不清的权力——其中包括可以在宾夕法尼亚州以外的公司持股，有些经济史学家把这些公司称为最早的、真正意义上的控股公司。宾夕法尼亚铁路公司特地买下这类具有法人权利的文书，时不时用它们做交易，以换取利益。

根据所提协定的条款，铁路公司将对所有的炼油商大幅度提高运价，但入伙改造南方公司的炼油商可以享受数量可观的折扣——最高可达原油和成品油运费的50%——这样，他们相对于对手的竞争能力便能极大地增强。协议中最可怕的新条款是，改造南方公司的成员还能从竞争对手的货运上得到"补偿"——也就是说，其他炼油商每运 1 桶油，铁路公司就得给改造南方公司成员一定的折扣。比方说，如果标准石油公司把货物从西宾夕法尼亚运至克利夫兰，每运 1 桶油可得到 40 美分的折扣，同时还能从其对手运入克利夫兰的每 1 桶油上再得到 40 美分！洛克菲勒的一位传记作家把这种补偿称做是"一种空前残酷的工业竞争手段"。根据另一项规定，标准石油公司和其他改造南方公司名下的炼油商可以获得有关对手所运石油的全部详尽资料——这些资料可是用低价打击对手的无价之宝呀。改造南方公司的成员们自然要发誓为这项骇人听闻的计划的内部运作保守秘密。总之，它是一项令人瞠目的欺诈行为，参与共谋的成员之多，在美国工业史上前所未有。

尽管洛克菲勒和他的同谋主张应当一视同仁地邀请所有的炼油商加入改造南方公司，但由于这个集团把油溪和纽约的炼油商排除在外，标准石油公司便毫无争议地成了集团中的主力。在该公司发行的 2000 份股份中，1/4 以上为洛克菲勒兄弟和亨利·弗拉格勒所把持，算上杰贝兹·博斯特威克和奥利弗·佩恩（Oliver H. Payne，此人不久便进入了标准石油公司的领导层）的股份，洛克菲勒一方实际控制了 2000 股中的 900 股。彼得·沃森任改造南方公司的总裁，持 100 股，他同时又是标准石油公司的股东，这样就使克利夫兰炼油商在该集团中所拥有的势力超过了来自匹兹堡和费城的成员。

为什么美国主要的铁路公司向洛克菲勒和他的同伙提出如此优厚的条件，使他们几乎能在炼油业里为所欲为呢？铁路公司又是如何从这次结盟中获利的呢？首先，因为在此之前各家铁路公司兄弟阋墙、大打价格战，结果弄得运费急剧下降。铁路公司也同石油生产商一样，急需有人对它们之间的纷争进行仲裁，使它们不再受自相残杀之苦。改造南方公司的根本所在是这样一项条款，即由标准石油公司替三大铁路公司"把一碗水端平"，保证每家公司都得到预先确定的石油运输份额：改造南方公司成员石油运输量的 45% 由宾夕法尼亚铁路公司承担，27.5% 交给伊利铁路公司，另外 27.5% 则属于纽约中央铁路公司。洛克菲勒很清楚，除非铁路公司对石油业拥有更大的控制权，否则他们"无法进行必要的业务划分以防止竞相减价"。洛克菲勒将成为它们公认的裁判并努力以公平无私的方式管理它们的联营业务。如前所述，如果炼油商之间进行更大规模的合并，使其经营趋向合理化，铁路公司同样有利可图。另外一个促使铁路公司同洛克菲勒达成协议的因素是：作为一项富于远见的战术安排，后者已经开始拥有上百辆油罐车，而油罐车今后将长期处于供不应求的状态。

在洛克菲勒寻求行业统治地位的举措中，改造南方公司是他颇具匠心的一步棋，尽管它不久就作为一大阴谋而昭然于世。无论炼油商还是铁路公司当时都在生产能力过剩和自食其恶果的价格战中拼命挣扎。洛克菲勒独具慧眼之处在于，他能够在解决铁路部门的问题的同时解决石油业自身的问题，在石油业和铁路业里建立一个双重的卡特尔组织。洛克菲勒讨价还价的实力之一是，他知道自己想要什么，也知道对方要得到什么，然后提出了对双方都有利的条件。洛克菲勒并不想毁掉铁路公司，而是要帮助它们发展壮大，尽管这一切都是为了加强自身的地位。

后来，为了洗刷自己同改造南方公司大败亏输的关系，洛克菲勒讥笑那些指责他是元凶的说法。他坚持说，自己从开始就清楚这家公司早晚要垮台，它的成立纯粹是一种策略。"我们之所以同意这样做，是因为我们指望（汤姆·斯科特）以及费城和匹兹堡的那些人最终会对我们有所帮助。只要计划可行，我们愿意和他们一起干；这样的话，等到它失败时，我们就可以说：'现在试试我们的方案吧。'"洛克菲勒的计划是把整个行业统一到标准石油公司的麾下。据洛克菲勒自己承认，他不是出于道德上的考虑而只是从实用的角度反对改造南方公司的，因为他认定它无法在炼油商成员身上实行必要的约束。这项计划从未使他良心上感到不安过。"它没什么不对的地方，"固执己见的洛克菲勒后来说道。"我清楚这事关良心。在我和我信奉的上帝看来，这计划很不错。要是明天我还得这样做的话，我会照原样再做一次——甚至做它100次。"即使后来旧事重提，洛克菲勒也不能容许对他的事业胡乱猜疑，他只能把它说成是一个漫长的胜利进军，并用他的宗教加以神圣化。

洛克菲勒声称自己是勉强跟着铁路公司走的，这是在歪曲事实真相，为自己解脱。他绝非悄不做声地站在一旁，看着这项漏洞百出的计划自行搁浅；相反，他在其间扮演了主要的角色，一直满腔热情地推行这一计划。我们了解这一点凭的是他从纽约写给塞迪的几封引人注目的信。一连几个让人坐立不安的星期，洛克菲勒都在纽约同铁路公司的官员们一起密谈。他明白谈判会有争议，这从他在 1871 年 11 月 30 日写给塞迪的信中就能看出来："人在一生中若要取得成功，有时就必须逆潮流而行。"这些信件尽管证实了最初提出这一主意的不是他，却表明他很快就对其热心起来，因为他在 12 月 1 日宣布："说实话，我越来越喜欢上这个主意了。"沃森得到范德比尔特将军的支持后，洛克菲勒十分高兴，他成了集团当然的领袖人物，在其他人变得越来越惶惶不安的时候更是如此。1872 年 1 月下旬，洛克菲勒还滞留在纽约，他想返回克利夫兰，却又对塞迪说："我们的人不赞成它，他们心里没底，全在看我的……我觉得自己像只笼中的狮子，要是管用的话，真想吼上几声。"很明显，如果洛克菲勒希望改造南方公司垮台的话，他早就放弃领导的位置回克利夫兰去了。

这一小摞洛克菲勒当时写给塞迪的信——是早年写给她的幸存下来为数不多的信中的一部分——流露出一种令人惊讶的浪漫情调，好像结婚 7 年仍然热情不减似的。在谈判期间，他告诉塞迪："我昨晚梦见一个女孩叫塞莱丝迪亚·斯佩尔曼，醒来后才意识到，她就是我的劳拉。"洛克菲勒反复抱怨他在纽约有多么孤独——"就像个流浪的犹太人"——一再表示渴望回家。洛克菲勒绝非因纽约的金钱、时尚和权势而流连忘返，他那个浸礼会教徒的灵魂与纽约格格不入。"这个世界充斥着虚假、谄媚和欺骗，"他写道，"只有家才是享受安宁和自由的天堂。"在这一时期，洛克菲勒仍然觉得他的财富尽管迷人却有些不可靠，因为他对塞迪说："我们一直如此富足，用不着求人，这看上去如同一场美梦。但我向你保证，这是一个实实在在、无须担心的事实——我们的生活与千千万万的普通人简直有天壤之别，对此我们要感恩。"也许正是经济上的独立使洛克菲勒有胆量去实施充满风险的改造南方公司计划，因为他坚信这不会危及他的家庭。为了不使塞迪为他充满危险的新举动担心，洛克菲勒提醒她道："我们很富有，完全不用靠石油方面的投资来生活——但我相信我的石油股份肯定是最好的。"

1872 年 1 月下旬，这些同谋者起草并签署了最后的合同，正当他们尽力不漏任何风声的时候，关于运费即将飚升的流言开始从西宾夕法尼亚传开。2 月 22 日出版的《石油中心纪事》（*Petroleum Centre Record*）隐晦地提到了一个"有关某些铁路公司和炼油商联手密谋大规模控制本地区原油和成品油采购与运输的传言"。关于这个阴谋的确切消息是几天后才泄露出去的，当时沿湖铁路公司在当地的货运代理匆匆忙忙赶去看望奄奄一息的儿子，把工作交给一个下属负责，而后者不知道新运价尚未实行。这个小职员根本意识不到他将会引起一个载入史册的轰动，他向外部炼油商公布了由改造南方公司制定的令人瞠目的运价。2月26日，目瞪口呆的油溪人在各家晨报上看到运价在一夜之间对所有的人都翻了一番——当然这个"所有的人"不包括由克利夫兰、匹兹堡和费城的炼油商组成的特权集团，他们属于一个名为"改造南方公司"的幽灵般的实体。

对于泰特斯维尔或石油城陷入恐慌的炼油商来说，这决不仅是一个新的竞争威胁，而是一份死刑执行令。于是，他们放下手头的工作拥上街头，吵吵嚷嚷地谴责这一行为。"整个油区到处都是各种各样的传闻，"洛克菲勒回忆道。"人们聚集在一起表示抗议和谴责。"2月27日晚上，3000多人冲进了泰特斯维尔歌剧院，他们挥舞着标语，上写道："打倒阴谋家"、"决不妥协"、"决不放弃！"，洛克菲勒及其同僚则被贬斥为"妖魔"和"四十大盗"。演讲最慷慨激昂的大概要属一个叫约翰·阿奇博尔德（John D. Archbold）的小个子年轻炼油商了，他是一个巡回牧师的儿子，喜欢玩牌酗酒。当初彼得·沃森曾试图劝诱他加入改造南方公司，却被他怒气冲冲地回绝了。如今，他对大家说："我们已经面临巨蟒的攻击，但我们决不退缩。"油溪的炼油商们深信，出售从自家后院里打出的石油是上帝赐予他们的权利，阿奇博尔德——具有讽刺意味的是，他注定要接洛克菲勒的班、为标准石油公司掌舵——赞同这个观点。"我们相信，这在我们行业是不言自喻的，"他对欢呼的人群说。"这是绝望的人的最后一次决战。"阿奇博尔德被选为新的石油生产商同盟的干事后，大家同意对改造南方公司的同谋者采取报复措施、逼他们就范：拒绝向他们出售原油，只卖给油溪一带的炼油商。

在这一片狂乱的呼喊声中，当地的市民也组织起一支流动的抗议小队伍，他们在城镇间穿梭，组织火炬集会，呼吁支持者加入他们的行列。3月1日晚上，炼油商和开采商们齐聚石油城的歌剧院，召开了另一场闹哄哄的集会。有位引人注目的演讲人是年轻的开采商小刘易斯·埃默里

（Lewis Emery Jr.），他支持阿奇博尔德的提议，把现有的开采量减少30%，并且在30天内暂停钻探。这次演讲后，不知疲倦的埃默里开始了他长达数十年的与标准石油公司作对的征程。集会结束前，足有1000多人做好准备，打算去包围哈里斯堡州议会，要求改造南方公司改变做法。

在这种充满火药味的气氛里，《石油城钻井报》（the Oil City Derrick）每天在头版上用黑框登出一份同谋者的黑名单——彼得·沃森，接着是洛克菲勒和其他6位董事。每天还加上一条煽动性的新标题，如"请看'巨蟒'令人发指的丑恶嘴脸"，等等。就是在这种狂乱的情绪中，世人第一次记住了约翰·D·洛克菲勒这个名字。洛克菲勒的死敌似乎早已感觉到他的特殊能量，把他单独拿出来加以羞辱，有家报纸还给他戴上了"克利夫兰的墨菲斯特②"的头衔。当人们知道了洛克菲勒在改造南方公司的核心地位时，破坏分子便在蓝色的标准石油公司油桶上画上骷髅和交叉的骨头。标准石油公司在油溪的两个雇员约瑟夫·西普和丹尼尔·奥戴躲在办公室里防备大肆抢劫的暴徒。"那局势真是紧张，"西普说。"我有些朋友甚至不愿和我在街上说话，生怕被人看到。还有暴力威胁，一个叫约翰·W·琼斯上尉的大开采商叫大家去烧毁标准石油公司的油罐。"破坏分子还袭击了铁路公司，砸毁油罐车，把里面的油倒在地上，甚至拆毁路轨。当地的一位律师塞缪尔C·T·多德说，如果抗议活动毫无约束地发展下去，"在韦南戈县连1英里的路轨都剩不下。那些人已经绝望到了极点。"在油溪，几乎没人想得到他们那个可怕的对手原来是个衣着整洁，去教堂做礼拜的年轻人。这段梦魇般的日子给当地一个吓呆了的14岁女学生留下了深深的印象，她就是艾达·塔贝尔。"我记得有天晚上，父亲面色严峻地回到家里告诉我们，他同其他几十个开采商签了一份约定，决不向从那个阴谋中获利的克利夫兰恶魔出售石油——受到人们唾骂的不再是改造南方公司，而是换成了标准石油公司这个新名字。"

但是，这些破坏行为非但不能阻止洛克菲勒，反而更加坚定了他的看法：油溪是一个由无赖和冒险家组成的下等社会，需要有一位强有力的人来管理。洛克菲勒总是动辄谴责对手的动机，向来认为自己的动机是无可指摘的。"标准石油公司是一个井然有序的组织，而那些采油商则是一帮粗野、容易冲动的家伙，只要有人一声号令，就会冲进场子乱杀一气。"

自以为是的洛克菲勒觉得没有必要解释自己的行为，拒绝见那些等在门口的记者。听到弗拉格勒对记者说标准石油公司的对手是"一小撮火爆脾气的家伙"，洛克菲勒建议还是保持沉默的好，于是弗拉格勒也就没有再加评论。听说有人威胁说要他的命后，洛克菲勒专门在办公室和家的周围布置了一队警察，并在床边放了一把左轮手枪以防不测。

直到垂暮之年，洛克菲勒才意识到在商业战场上沉默不语对他有多么不利，尤其在反对改造南方公司的怒潮中更是如此，因为它卷入了一场政治和公共关系的争斗。他本以为对批评不置一词，会让人觉得他胸有成竹、为人刚正不阿——但事实上却造成了这样的印象：他自感有罪、故作清高地逃避现实。洛克菲勒一生能以如此平静的态度忍受种种诽谤，连弗拉格勒都曾经摇头叹息道："约翰，你的脸皮厚得像犀牛一样。"在他身上有一股早期基督徒对批评一概置之度外的心理，在老比尔身边度过的少年时代也教会他不去理会邻居们恶毒的谗言。他具有大将风度，能够专注于自己的目标，把种种障碍当做无关紧要的分神之物而置之不理。"你可以指责我，也可以攻击我，"洛克菲勒说，"只要你让我走自己的路就行。"

像往常一样，事态越混乱，洛克菲勒反而越冷静，在同事们最仓皇失措的时候，他身上总是表现出一种不可思议的镇定。他在受到压力时总是能坚持自己的立场。改造南方公司事件表明，洛克菲勒其时对自己的判断力抱有越来越强的信心。像所有锐意改革的人一样，他发现要靠自己去实现更高的目标，因为自己高瞻远瞩、信念十足。他明白，自己的行动一开始会被目光短浅的芸芸众生所误解、所抵制，但他相信，自己思想中所包含的真理和力量将最终取得胜利。

石油开采商禁止向改造南方公司的成员出售原油，洛克菲勒对此并不担心。然而这个临时凑成的联盟面对势不可挡的共同威胁，紧紧抱成了一团，他们自分为16个区域，每个区域都有一个委员会，负责阻止向那个阴谋集团出售原油。开采商们骑着马在月光下巡视油溪，以防有人偷偷开采，破坏他们的行动。艾达·塔贝尔回忆起那时她父亲是如何骄傲地拒绝了一份利润可观的合同，该合同提出以诱人的4.5元一桶的价格把石油运给那些搞阴谋的人。同时，开采商们也忙于在法律方面展开攻势，他们去哈里斯堡游说议会废除改造南方公司的特许证，并向美国国会提交了一份

像卷轴一样的请愿书，足有 93 英尺长，要求对全行业进行调查。洛克菲勒
躲着新闻界，开采商们却分发出 3 万份关于改造南方公司事件的辩论性小
册子，以便"诚实的人们了解并避开那些自由贸易的敌人"。

尽管这些喧嚣未能减弱洛克菲勒的决心，但不管他如何逞强，禁运确
实给他的经营带来了严峻的考验。90% 的雇员必须临时下岗，炼油厂里留
下的人只不过在撑着空架子。他在 1872 年 3 月写给塞迪的信中试图解决他
的行为和良心之间的矛盾，因为他在油溪已经成了人人喊打的妖魔。他在
3 月 15 日发自纽约的一封信中写道：

> 写点报纸文章很容易，但我们还有其他事情要做。我们要做的是
> 桩好事，不在乎报纸上写了些什么。等一切都慢慢过去后，我们可能
> 会做出简短的回应（虽然这不是我们的惯常做法），让这个行业以后
> 发生的事来表明我们的意图和计划是公正、可靠的——我要在这一事
> 件中完全以我的良心和无畏来行动，并且相信会有好结果的……我认
> 为（我们）有希望至少能争取到一大部分纽约炼油商早日加入进来。"

他在 3 月 21 日的信中进一步写道："我仍在坚持，仍抱有希望，我知
道我方还没到非上报纸不可的地步。我们了解了一些大多数人可能并不知
晓的事情，无论怎样，我们清楚自己的想法，这些想法是正确的，而且只
能是正确的——但是请你什么都别说，只要你理解这一点就行：你的丈夫
站在正确的一方，并将坚持到底。"

这些同谋者的一大失策是忽略了纽约的炼油商，这些人同油溪的炼油
商们站到了一起，向铁路方面施压。纽约炼油商任命了 32 岁的亨利·罗杰
斯（Henry H. Rogers）执掌他们成立的联络委员会，此人温文尔雅，但带
着一股年轻海盗般的炯炯目光和自信的神气。3 月 18 日，罗杰斯同汤姆·
斯科特在费城饭店会谈，那位铁路大亨有意修好，承认改造南方公司的契
约有失公正，并且提出同以前排除在外的纽约和宾夕法尼亚的炼油商做一
笔类似的交易。斯科特想走回头路以谋求和平，洛克菲勒却坚持不妥协，
他在 3 月 22 日的信中告诉妻子："我向你保证，在这种时候我并不想表现
出一种对这项事业不可动摇的责任感——但我还未想过要半途而废或撒手
不管。"

3月25日，罗杰斯所代表的集团同开始动摇的铁路公司官员们举行会谈，使事态进入了高潮。会议是在设在纽约富丽堂皇的大歌剧院中的伊利铁路公司办公室里举行的。正在开会的时候，面色紧张的洛克菲勒和彼得·沃森敲门要求参加。沃森得到了允许，洛克菲勒却被拒之门外，独自焦躁不安地在走廊里来回踱步。洛克菲勒这个名字第一次出现在《纽约时报》上——但被错写成"洛卡菲罗"——那位记者注意到，洛克菲勒被排除在会谈之外，最后"脸色铁青"地离开了。会谈结果是对洛克菲勒和沃森的一记重击：铁路公司同意废除改造南方公司的合约，停止实行折扣和补偿，对所有的货主实行统一运价。毒蛇还未出壳就被杀死了。

和洛克菲勒不同，铁路公司早早就预见到了政治上的反应以及最终难免的失败。在那个还没有铁路法规和反托拉斯立法的时代，改造南方公司的合同只不过触犯了人们普遍具有的公平竞争观念，并不明显地违反了哪项法律。4月初，宾夕法尼亚州立法机构吊销了改造南方公司的执照，1个月后，国会的一个委员会也指责这项计划是这个自由国度有史以来"规模最大也是最大胆的共谋行为"。1872年4月8日，洛克菲勒终于屈服了，他电告石油开采商们，改造南方公司与铁路方面签定的合同一概无效。为了给自己辩护，他又说："尽管我没有资格这么说，但我郑重声明，在油区和其他地方流传的那些关于本公司或公司里的什么人曾威胁要征服石油业的说法完全是无稽之谈。"在最后这一点上，洛克菲勒或许是认真的，因为他所构想的所谓共谋，与其说是针对开采商，倒不如说是为了对付消费者。他想通过共同努力来确保油价稳定，从而给投资带来恰当的回报。直到最后，洛克菲勒还是认为，开采商们对他的愤怒实际上是出于嫉妒和虚伪。"这些开采商……坚持认为运费折扣是错误的，除非也让他们享受同样的折扣。"

一直让洛克菲勒迷惑不解的是，人们竟对一个有名无实的公司如此大惊小怪。"在改造南方公司计划名下，实际上一批货也没运，也从来没有得到过任何折扣或补偿。"虽然这个计划仅仅是一个潜在的威胁，但由于以下两个原因而担起了长久的骂名。首先，洛克菲勒的最激烈的批评者认为，这只是重大演出的一次彩排，其间第一次暴露了他的总体计划，而这项计划需要用上千种偷偷摸摸、遮遮掩掩、迂回曲折的方法来实施。人们后来全都注意的是第二个原因，即在改造南方公司短暂存在的那段时间里，洛克菲勒使出了最重要的一招：毫不留情地迅速把克利夫兰的炼油商捏到一起，这给了他势不可挡的动力。批评者们声称，改造南方公司的威胁是洛克菲勒在克利夫兰炼油商头上挥舞的一根看不见的大棒，逼迫他们屈从于他的统治。1872 年 2 月 17 日至 3 月 28 日之间——即从关于改造南方公司的流言首次传出到公司终成泡影的那段时间里——洛克菲勒并吞了他在克利夫兰的 26 个竞争对手中的 22 个。仅在 3 月初，他在 48 小时内就一气买下了 6 家炼油厂。一位名叫约翰·亚历山大的炼油商回忆道：一股压力一直在我心头，同时也压在克利夫兰几乎所有从事石油业的市民心上，使我们感到，除了参加改造南方公司，否则就没有炼油商的活路了；我们要是不卖掉工厂，就会被挤垮……据说他们同铁路方面有个什么合同，通过这个合同他们随时都能把我们踩到脚底下。"

由于 1872 年的石油产量有可能打破记录，使价格保持低迷，洛克菲勒想抢占尽可能多的产业份额，他没有想过完全可以等待市场自动淘汰掉那些弱小的炼油商。"出于自卫，我们必须这样干，"洛克菲勒提起在克利夫兰的兼并行动时说。"当时的石油业一片混乱，一天比一天糟糕。"

换了别的商人也许会从不堪一击的小公司下手，轻而易举地取得胜利，洛克菲勒却倒了过来，认为如果能首先打垮最强劲的竞争者，就会造成一种巨大的心理影响。他的主要竞争对手是克拉克—佩恩公司（Clark, Payne and Company），征服该公司能使洛克菲勒感到特别的满足，因为在他刚起步时就同他的一个合伙人詹姆斯·克拉克有过矛盾，如今又在觊觎他的明星炼油厂。这家公司在克利夫兰很有声望：奥利弗·佩恩上校毕业于耶鲁大学，在南北战争中被授予上校军衔，是政治家亨利·B·佩恩的儿子。他十分富有，住在欧几里德林阴大道一幢大宅子里，祖上是创建克利夫兰的几个家族之一［1854 年迫使日本开埠通商的马修·佩里海军准将（Commodore Matthew Perry, 1794—1858）是该家族的一个旁支］。这个年轻的单身汉身板笔直，一副军人气质，待人态度冷漠但彬彬有礼，许多人觉得他自命不凡——弗拉格勒开玩笑地称他是"上帝的亲戚"——洛克菲勒却对他推崇备至，把他视作一个坚强、能干的盟友。

1871 年 12 月的一个下午，洛克菲勒邀请中学时代的老朋友佩恩到一家设在克利夫兰商业区的银行接待室里见面，向他大体描述了自己的计划，即在标准石油公司的管理下建立一个庞大、高效的石油产业。他向佩恩交代了标准石油公司即将增资的情况之后，直截了当地问道："要是我们能在数额和条件方面达成一致，您是否打算入伙？"作为克拉克—佩恩公司的最大股东，佩恩上校表示有保留地赞同，但是想在出售他的公司之前先查看一下洛克菲勒的账本。那天下午，他在翻阅标准石油公司的账簿时，为其丰厚的利润所震动。佩恩究竟是被铁路方面的运费折扣还是被公司高效的业务运营情况所打动，这一点我们不得而知，但是他急不可待地告诉洛克菲勒："我们找评估人来算一下，看看我的工厂值多少钱。"佩恩同他的合伙人商谈之后，同意以40万美元的价格出售他的炼油厂。洛克菲勒明知要价偏高，但无法抵御这份合同的诱惑，因为这将使他在31岁时就能取得世界上最大炼油商的地位。洛克菲勒表明标准石油公司不欢迎詹姆斯·克拉克，但希望佩恩加盟，后者不久就同洛克菲勒和弗拉格勒共同使用起一间私人办公室了。詹姆斯·克拉克后来告诉艾达·塔贝尔说，他卖掉公司完全是出于对改造南方公司合约的恐惧。塔贝尔的助手写道："他明确地指出，克拉克—佩恩公司不是在改造南方公司组建之前卖掉的，它在改造南方公司成立之前从未想过要卖给标准石油公司。"

从后来发生的法律诉讼案来看，只要洛克菲勒提出是竞争对手主动把公司卖给他的，改造南方公司事件就会给他的上诉带来极大的负担。一些过去的克利夫兰炼油商告诉艾达·塔贝尔说，他的威胁性行动是这样进行的：

> 你看，这项计划马上就启动了，这意味着我们将对石油业实行绝对的控制。外人是绝对没有机会的，但是我们打算给每个人一个加入的机会。你把你的炼油厂交给我们的评估机构，我们给你相同价值的标准石油公司股份或者现金，随你要哪一样都行。我们建议你还是持股吧，这对你有利。

有人指责洛克菲勒使用威逼的手段，他恼怒地反驳说，他一向保持着友好和礼貌的态度，在谈判中从来不提改造南方公司。严格地说，洛克菲勒的话也许是真的，但是从他买下那22家公司的时间来看，改造南方公司无疑是一个主要的因素，而且这些交易恰好是在一种大难当头的气氛中完成的。有几个竞争对手声称，洛克菲勒组织了这出可怕流言的大合唱，四处宣扬他同铁路方面达成的秘密协议。洛克菲勒即使不直接发出威胁，他也深知对手们的想象力会对这些传闻添油加醋，把这一阴谋夸大到骇人听闻的地步。"在 1872 年，有人故意散布各种说法，说标准石油公司同铁路方面已经达成协议，要让那些把原油运进克利夫兰并进行加工的炼油商统统亏本。"竞争对手福西特—克里奇利公司的炼油商 J·W·福西特在 20 世纪初告诉艾达·塔贝尔。"那些关于毁灭性的竞争和不让他们得到原油的说法，弄得炼油商们早早就提心吊胆了。于是，他们'争先恐后'地忙着把厂子卖掉。要是大家不怕威胁、团结一致的话，就不会有标准石油公司了。"当福西特得到消息，说他应该去见标准石油公司的人，卖掉他的炼油厂时，有人对他说"标准石油公司有铁路方面撑腰，能够操纵运价，使福西特—克里奇利公司将再也无油可运。"像许多销声匿迹的炼油商一样，福西特交出了自主权，跑去给洛克菲勒做事，但是他心中的怒火从未真正平息过，因为他发现自己被人巧妙地耍了。

洛克菲勒否认是他弄得克利夫兰的炼油商们惊慌失措的，认为那是"一派胡言"，并指出那些炼油商中的绝大部分"那时已经被日益剧烈的竞争压垮了"，只能眼睁睁地看着自己走向灭亡。他坚持说，出于这样的考虑，能有机会把公司卖给标准石油公司，把股票换到手，"对他们所有人来讲，简直就是上帝所赐。"洛克菲勒断言，要是没有标准石油公司，这些炼油商只有破产——这对其中很多人而言确实是这样。连福西持也承认说："当时有的炼油商根本挣不到钱，第一个'改换门庭'，把厂子卖了。结果一个个全都卖了。"

有几个克利夫兰的炼油商声称洛克菲勒曾经直接威胁过他们。比肖普—海塞尔公司的约翰·H·海塞尔记得曾告诉过洛克菲勒，自己不怕他。对此，洛克菲勒回答据说是："你不必担心自己的双手会被人砍掉，但你的身子会受罪的。"不过，洛克菲勒似乎不会如此粗暴地逼炼油商的，因为这不利于实现他的目标。洛克菲勒生来会说服人，他宁可同对手促膝而谈，拍拍对方的膝盖，或是打着手势，用一种极为抑扬顿挫的传教士般的口气和对方讲道理。有位炼油商是这样说洛克菲勒的："他清楚他和他的同事比任何人都了解这个行业，也比任何人做的生意更大。从来没见过像他那样充满自信的人。"洛克菲勒希望能使标准石油公司听上去像个慈善机构，或者像个慈悲为怀的天使，是来拯救那些落难的炼油商的。"我们是来接过你们身上的担子，"洛克菲勒记得自己在1872年对那些弱小的弟兄说过。"我们是来发挥你们的能力，帮助你们再展宏图的；让我们团结在一起，在合作的基础上建设一个宏大的事业。"他还说过："我们在克利夫兰这儿是处在一个不利的位置上。为了共同保护自己，我们必须要做些什么。我们认为我们这个计划很不错，好好想一想吧。如果你感兴趣，我们乐意与你共同商讨。"出于对这一使命的自信，洛克菲勒严厉地斥责与标准石油公司作对的人，说他们鼠目寸光、愚不可及。"一旦持有标准石油公司的股票"，他催促那些人道，"你家就什么都不会缺了。"

如果真如同洛克菲勒所坚持认为的那样，这些炼油商对石油业的未来完全丧失了信心，那么他们把公司卖给洛克菲勒后，为何仍然对他深恶痛绝呢？为什么这些人没把洛克菲勒当成他所谓的大救星呢？其中部分是因为对他们公司评估的方式。由于那么多的炼油商都在赔钱，洛克菲勒付给他们的钱也少得可怜，通常只有工厂原来造价的1/4，或者只相当于把工厂当废铁卖掉的钱；至于工厂的商誉——即买卖兴隆的企业所拥有的无形价值，如声誉和客户名册等——洛克菲勒付的钱很少，甚至一文不给。如果这是一种铁腕政策，它不一定就是肆无忌惮的行为。"不，一个赔钱公司的商誉值不了几个钱，"洛克菲勒说。"要是一家炼油厂无活可干了，它连一条船或者铁路设备都不如，因为这些东西还能用在其他方面。"人们也必须记住，洛克菲勒接手许多工厂的做法很不正常，不是接着经营下去，而是把工厂关掉，削减过剩的生产能力。他讥笑许多他买下的炼油厂是些"陈旧的垃圾，只配扔到废铁堆里去。"洛克菲勒给许多陈旧落伍的工厂很可能付的是合理的价格，但这对那些失败的业主来说，却是一粒苦得难以下咽的药丸。况且，他是在一种人人自危的情况下干的，几乎没有留给对手任何选择的余地。

不知是出于偶然还是故意，洛克菲勒的1872年经营记录已无影无踪，我们因此也无法知晓他在这些关键的谈判中到底想了些什么。但是，洛克菲勒在以后做交易时还是非常公道的。他经常出于战略目的考虑，在购置资产方面多花了不少钱。事实上，在他的宗卷里满是对此项开支付出过高的抱怨之辞。他在兼并其他企业时并没有在每 1 块钱上斤斤计较，而是尽量友好地达成协议。由于他的目的是把竞争对手变成自己卡特尔组织中的一员，并且经常挽留原来的业主，所以他不愿采取赤裸裸的威胁手段。正如洛克菲勒所说，他和同事都不会"目光短浅，去激怒那些急于同他们建立紧密而利益丰厚的关系的人"。洛克菲勒不是个虐待狂，但他对目标有着坚定不屈的信念，决不容忍反对意见。如果他想表现得意之情，肯定得先关上门再乐。有那么一个传说，说他每当新买下一座炼油厂，就会冲进办公室，跳一会儿舞，兴奋地冲着山姆·安德鲁斯大喊大叫："我们又得到了一个炼油厂，山姆，又到手了一个！"

洛克菲勒在生意圈中刚刚起步的时候，一些前辈曾对他颐指气使，但他在克利夫兰大屠杀期间从那些人身上品尝到报复的甜头。同亚历山大—斯科菲尔德公司的谈判尤其证明了这一点。该公司的合伙人之一便是他原来的老板艾萨克·休伊特。休伊特跑到洛克菲勒在欧几里德林阴大道的寓所求他高抬贵手，之后，他俩一起沿着欧几里德大道往前走，洛克菲勒对他说，他的公司要是不卖给标准石油公司是绝对没有活路的。洛克菲勒神秘地对休伊特说了句话，这句话后来成了有关洛克菲勒的传说的一部分："我那些赚钱的方法，你一点儿也不明白。"休伊特和他的合伙人被这一席话搞得心慌意乱，尽管他们相信自己的公司值 15 万元，结果只卖了 6.5万。洛克菲勒对休伊特动了恻隐之心，借钱给他买标准石油公司的股票，但是洛克菲勒瞧不上休伊特的合伙人约翰·H·亚历山大，因为他觉得此人仍在把自己看成是休伊特以前的伙计。洛克菲勒这样说道："这个自命不凡的英国人岂能想到，一个当过簿记员，特别是曾一度受雇于某个炼油厂的年轻人，居然有资格在这样大的一个行动中扮演了主角？"

洛克菲勒最具争议的一项兼并——后来导致了一场激烈的官司——是接管汉纳—巴斯林顿公司（Hanna, Baslington and Company）。马克·汉纳的叔叔罗伯特·汉纳被叫到标准石油公司的办公室后，他硬梆梆地对洛克菲勒说自己不打算卖。作为回答，洛克菲勒叹了口气，不耐烦地耸了耸肩膀，仿佛是对这个执迷不悟的愚昧的罪人表示遗憾。"你会孤立无援的，"他警告汉纳说。"你的公司在克利夫兰会连 1 分钱都赚不到。要想和标准石油公司在业务上竞争是毫无用处的。你要是这么做，早晚会完蛋。"这像是在公然威胁对方，但后来洛克菲勒却把它解释成是适时的警告和真心诚意的劝诫。

汉纳对标准石油公司所享受的运费折扣十分恼火，便请求沿湖铁路公司的经理们给他的炼油厂同等的待遇。那些人为标准石油公司享受的运价辩解道，它之所以特殊，是因为它是个大货主；那些人答应，只要汉纳也能运同样数量的油，就给他同样的待遇——这是汉纳无法办到的。铁路方面把这一点当成万能的托词，因为没有哪家公司能与标准石油公司庞大的运输量相提并论。汉纳最终同意以 4.5 万的价格卖掉了一个炼油厂，尽管他认为值 7.5 万。

值得注意的是，威廉·S·斯科菲尔德和汉纳及巴斯林顿联合把洛克菲勒告到了法院后，洛克菲勒在提交的书面陈述中做了假证。他不仅说了"俄亥俄克利夫兰的标准石油公司的持股人几乎没有认购改造南方公司股票的，"还说"改造南方公司总裁 P·H·沃森……不是标准石油公司的股东，而且在其他方面也与该公司毫无瓜葛。"前面提到过，1872 年 1 月资产重组时，标准石油公司的官员们控制了改造南方公司将近 50% 的股份，并且秘密地分给沃森 500 股标准石油公司的股票。尽管洛克菲勒自称宣誓后从未撒过谎，但是这类声明是经不住严密调查的。

1872 年的石油大战在克利夫兰闹了个底朝天。许多人在这之前从炼油业轻轻松松地发了财，在欧几里德大道上建起了富丽堂皇的大宅子，却转眼间发现自己破了产，被逼无奈卖掉了公司。不管到底是洛克菲勒还是急剧下滑的石油市场逼得这些人以令人神伤的价格卖掉了自己的炼油厂，他们都把自己的灾难归咎于洛克菲勒。在许多情况下，市场很可能早晚会迫使那些亏本的厂家关门大吉，但洛克菲勒无疑加快了这一进程。虽然有几家独立的炼油公司又坚持了几年，但是大部分只不过是推迟了大限到来的时间。研究 19 世纪克利夫兰的社会编年史家埃拉·格兰特·威尔逊（Ella Grant Wilson）回忆道，她父亲当年是格兰特—富特公司炼油厂的合伙人之一，他在各种浸礼会活动中与洛克菲勒交上了朋友，但拒绝加入标准石油公司，认为它早晚会垮台。他的炼油厂终于无法同这个庞然大物竞争而破产，他也被迫拿出了自己终身的积蓄。"面对公司事业上的巨大打击，父亲几乎发了疯。他没日没夜地在屋子里来回踱步……（他）离开了教会，而且以后再也没有进过教堂。他的一生都为这次经历而痛苦。"这次争斗中，有如此多的失败者而只有一个精明的大赢家，难怪约翰·D·洛克菲勒树立了第一批无法化解的仇家。

如今在大多数人的想像中，美国商人是一向赞成自由竞争的，至少在理论上是这样。然而，在南北战争后的工业热潮中，对自由市场资本主义的最大的反叛不是来自改革家或是狂热的空想理论家，而是来自那些无力把握变幻莫测的市场波动的商人。在一个没有管制的经济环境下，他们必须一边干一边制定游戏规则。鉴于早期石油业生产过度，洛克菲勒坚持不懈地嘲弄那些希望商业活动按照他们所谓规范的竞争模式进行的"学院派狂热分子"和"感伤主义者"。洛克菲勒和一些同时代的人一样，认为无法在一个极不稳定的经济中建立庞大而又持久的工业，因为这种经济被衰退、通货紧缩和爆发性繁荣—危机周期搅得支离破碎；他决定去征服市场，而不是对变化不定的价格信号无休止地做出反应。因此，洛克菲勒和其他行业的巨头一起共同策划去扼杀自由竞争资本主义，用新的垄断资本主义取而代之。

经济史家们常常引述镀金时代商人们的盛世景象，他们对美国未来充满了信心，却丝毫没有注意到潜伏其下的意外和无常。正如洛克菲勒的故事所表明的那样，那个时代中许多最具争议的商业行为，是由一种人人自保的绝望状态造成的。"我们是被迫这样做的，"洛克菲勒谈起标准石油公司创业时说道。"为了保全自己只能这样做。当时石油业已是一塌糊涂，而且一天比一天糟。必须有人出来顶住。"虽然他预见到合作终将取得胜利，但是对其纷繁复杂的枝节还不清楚。"这一举动开了经济管理体系的先河，改变了全世界的经营方式。时机已经成熟，这一天必然会到来，尽管我们当时所认识到的只是从这一片残垣断壁中拯救自己而已。"仿佛是在宣传他的经济信条似的，洛克菲勒接着说道："合并的日子已经到来，不会再变了。各自为政的传统已经过时，而且一去不复返。"

当然，在此之前各种公司也曾联手限制过市场力量的肆虐。在欧洲，行业公会和国家垄断企业有着古老的渊源，甚至连亚当·斯密也注意到，精明的商人会串通起来共同对付消费者。1872年，许许多多公司的首脑都梦想控制全行业的价格和生产，标准石油公司只不过是其中之一。改造南方公司计划浮出水面时，一家报纸评论道："这个巨大的垄断组织，只是目前正在组建的许多类似组织中的一个，它们都在试图控制这个伟大国度中的商业产品，"并且进一步指出，西部的谷物和牲畜贸易也出现了类似的情况。出自自己的灵感，洛克菲勒也提到了其时正忙于并购小电报公司的西部联盟（Western Union）和已经把从大西洋沿岸到芝加哥的干线合为一体的纽约中央铁路公司。19 世纪 70 年代，联营和集团制在制盐、制绳和威士忌酒业公司中极为盛行。

只有具有像洛克菲勒那样的人格和价值观的人才有资格对人人自由的资本主义的原则提出质疑。如果说资本主义是最富于创造力和活力的经济制度，但在那些经历过艰难崎岖的过渡期和急剧动荡的人眼里，它也可能是浪费和低效的。资本主义通过不断产生新的方法使现有的技术和设备变得过时，从而造成连续不断的混乱与变动。这种反复无常的体制与洛克菲勒所追求的稳定、秩序和可预测性是相违背的。事实上，马克斯·韦伯所认定的那种头脑清醒、勤俭为本的清教徒式典型资本家肯定会对这种不稳定的经济体制感到沮丧，因为这种体制迫使他驾驭自己井然有序的企业去穿过变化莫测的大漩涡。

20 世纪头 10 年后期，洛克菲勒同威廉·英格利斯进行了长达 3 年的私下访谈，从中可以清楚地看出，洛克菲勒多年来一直在思索如何从理论上维护垄断。他的评论往往只是只言片语，没有形成一个完整的系统，然而这些评论表明洛克菲勒在这一课题上费了很多心思，比人们可能想像到的要多得多。他明白自己已经领悟到了一个崭新的原则，便像一个经济史上了解上帝最新旨意的先知那样站出来说话。他说："这是一场合作的新观念同竞争理念的战斗，也许没有哪个商业部门比起石油业更有必要合作了。"

对洛克菲勒的逻辑应该认真加以研究。如果像他声称的那样，标准石油公司是克利夫兰最有效率、成本最低的生产商，那么他为什么不安坐在那里，静等竞争对手自己破产呢？为什么他要花这么大的代价买下竞争对手的公司，肢解他们的炼油厂来削减生产能力呢？根据教科书上标准的竞争模式，当油价跌到低于生产成本的时候，炼油商本该压缩和关闭工厂。

然而，石油市场并没有以这种方式修正自己，因为炼油商们身负沉重的银行债务和其他固定成本，他们发现通过亏本经营仍然可以偿还部分债务。很明显，这些炼油商不会无限制地赔钱，但是当他们这样硬撑着迟迟不破产时，其产出将进一步拉低油价，达到人人都无利可图的地步。

于是，这只看不见的手③产生了逆效应：每个炼油商都在追求自己的个人利益，于是造成了集体的困境。对此，洛克菲勒是这样表述的："每个人都在竭尽全力把全部业务都拿到手……即使这样做给自己和同行业中的竞争对手只会带来灾难也在所不计。"当时的会计制度还很原始，许多炼油商对自己的赢利能力认识十分模糊甚至一无所知。洛克菲勒指出："在很多情况下，最困难的竞争不是来自于强大、聪明、保守的对手，而是来自那些垂死挣扎的人，这些人对自己的成本浑然不知，却无论如何也要把工厂开下去，否则就得破产。"

匆匆关闭对手们过时的工厂对他来说十分关键，因为洛克菲勒借来巨款建造巨型工厂就是为了大幅度降低他的单位成本。甚至连他的第一个合伙人莫里斯·克拉克都曾记得"他一直把贸易量放在最重要的位置上。"早些时候，洛克菲勒就认识到在资本密集型的炼油业里，企业本身的规模关系重大，这样可以转化为规模经济。一次，他在描述标准石油公司的"基本原则"时说，"先驱者的理论就是……产量越大，获利的机会就越大，以此而论，向大众提供价格更加低廉的产品的机会也越大……而且无须担心会出现60年代后期那种毁灭性的竞争。"洛克菲勒一生中使成品油的价格下降了近一半，而且从未偏离过他这个提高产业效率的信条。

为了使这一切成为可能，他欠下了大量的债务；为了还债，洛克菲勒需要消除价格无节制波动的现象，因为这使石油业充满风险。洛克菲勒意识到，经济周期的峰顶越高，接下来谷底就越深，因此他对经济繁荣和对经济衰退一样感到担忧。"不论萧条还是上升都是无利可图的。萧条提供了繁荣的机会，因此萧条时的经济状况必然要由繁荣来抵消。我承认，就石油业而言，我们在一定程度上成功地防止了这两种既难熬又无利可图的极端现象出现。"洛克菲勒倾向于适度的增长，这纯粹出于为自己的利益考虑。他的目的是通过低廉的价格预先阻止潜在的竞争者出现。从而尽可能减少风险和意外的混乱。洛克菲勒相信，通过这种方式，他可以仁慈地使标准石油公司的员工免遭其他产业工人的悲惨境遇，那些工人"每隔10年或是15年就会发现，雇主破产使自己生活在赤贫之中，这些雇主破产则应归咎于普遍采用的愚蠢的竞争手段，以及随之而来的某种或者全部产品的生产过剩"。

洛克菲勒抨击你死我活的竞争和变化莫测的经济周期的言论时常听上去不像是我们印象中的典型资本家说的话，而是像卡尔·马克思的说法。他和马克思主义者一样，认为完全自由的竞争最终会让位于垄断，大型的工业计划型企业才是管理一国经济的最明智的方法。但是，洛克菲勒相信的是私有制的垄断，这在马克思主义者看来只是在通往社会主义的大道上的一个驿站。

洛克菲勒的故事中最耐人寻味——同时也可能是没有最终的答案——的问题是，标准石油公司究竟是刺激了还是延缓了石油业的发展。洛克菲勒最主要的学术界支持者艾伦·内文斯认为，南北战争以后，由于进入炼油业既省事又不费钱，唯有垄断企业才有可能限制过量的生产能力，给行业带来秩序。他辩解道，要是没有标准石油公司，这个行业就会分裂成许多落后的小企业，石油过剩和随之而来的低价位就会无限期地持续下去。洛克菲勒认为，只有拥有标准石油公司那样实力的企业才能在该行业的那个发展阶段里实现必需的规模经济。

洛克菲勒退出工业舞台很长时间后，不同流派的经济学家在赞成竞争的普遍优越性的同时，也都认可成立托拉斯在某些经济条件下是明智之举。比方说，出生于奥地利的经济学家约瑟夫·熊彼特认为，在萧条时期或是在发展迅速的新兴行业里，垄断企业可能是有益的。通过以稳定取代混乱，垄断组织"可以把原本可能形成巨大破坏的东西变成坚固的堡垒"，并且"最终形成更稳定而且更大的总产出，而完全失去控制的增长热则做不到这一点，后者难免会由于灾难重重而告终。"熊彼特设想道，要是前景一片乌云密布，计划容易被新来的竞争对手打乱，企业家们也就不会把大把的金钱花在风险大的投资上。"一方面，如果不从一开始就明白，巨大的资金需求或缺少经验会使竞争无法进行，也不清楚用什么手段来打击对手甚至置其于死地，从而为今后的发展争取更多的时间与空间，那么在许多情况下，庞大的计划根本无法实施。"我们将会看到，洛克菲勒深切地体会到，他必须冻结行业的规模，阻止外人入场，并且建造一座安全岛，使业务拓展与革新得以顺利进行。

洛克菲勒买下竞争对手的炼油厂后，留下了先进的设备，拆掉了陈旧过时的。不过，要是那些炼油商卖掉落后的工厂只是为了拿到钱再开新炼油厂，就不可能缩小产业规模和平稳油价。洛克菲勒丝毫不为反垄断法所动，他迫使这些炼油商签下限制性的合约，禁止他们再次偷偷溜回石油业。他把签定这类合约——在今天看来会因限制贸易而违法——当做他神圣的职责。大部分合约得到了遵守，但洛克菲勒有几次也曾把违约人告上了法庭。

尽管人们为洛克菲勒的掠夺性策略闹得沸沸扬扬，许多炼油商还是继续同他作对，几十家没有投身到标准石油公司麾下的独立小企业也存活了下来。洛克菲勒采用了一种过渡性步骤引诱其中的许多公司加入他的阵营，他把这种步骤叫做"经营性安排"：只要他们接受为其安排的最大产量，标准石油公司将保证它们得到一定的利润。这一举措使标准石油公司得以限制对手的产量，也让洛克菲勒在石油输出国组织（即欧佩克）成立100年前就当上了一个势力广泛的石油卡特尔的主管。洛克菲勒与欧佩克的领导人极为相似，他必须对那些不安分的成员提出的增加配额的要求作出公断，还要对付从一开始就存在于卡特尔组织中的一个问题：如何防止欺骗行为。只要接受经营性安排的炼油商的产量超出了指定的份额，起左右局势作用的标准石油公司就得降低自己产量以稳定价格——这也正是20世纪70年代世界最大石油输出国沙特阿拉伯所面临的两难境地。这种情形使洛克菲勒下定决心，要控制自己的竞争对手，不能只是领导一个各成员彼此常年争吵不休的行业公会。

洛克菲勒和同时代其他产业巨子最明显的不同是，他既想发财又想保持操行，称其行为得到了上帝的许可。大概美国历史上再也没有哪个商人如此坚信自己是同天使为伍的了。批评家们敏锐地发现，这个上帝和财神的双重仆人善于辩解、道貌岸然；他们感到疑惑的是，他巧取豪夺的本质为何不受到其宗教信仰的制约。他们把洛克菲勒说成一个狡诈的马基雅维利④或者是巴尔扎克笔下妇孺皆知的人物——表面虔诚，实则狡猾的伪君子，星期天装模作样地去教堂做礼拜，而在1周的其他时间里则把对手们踩到脚下。稍微宽宏些的批评者争辩道，他只不过是过着双重的生活，他的公众自我和个人自我是截然分开的。洛克菲勒本人则认为这两者根本没有不一致的地方，他一直坚持说，无论对他的个人行为还是商业行为，都应当用同样严格的标准来衡量。许多年以后，威廉·英格利斯给他念了一段约翰·弥尔顿对查理一世⑤的严厉谴责："提到他个人的品德就无话可说了。要是他成天压迫与掠夺别人，难道就因为他一早一晚做祈祷，就可以认为他是无可指责的了吗？"作为回应，洛克菲勒叫道："说得真好！干石油这行的人就得经得住这样的考验。"很清楚，他觉得自己的商业行为经得住哪怕是最严格的盘查。

如果说洛克菲勒是个伪君子，利用虔诚作为贪欲的外衣，这话就流于肤浅了。在他耳际回响的声音是燃烧的激情，不是猥琐低下的阴险奸诈。他去教堂的目的是真诚的，尽管可能很大程度上是为了自己，不管人们如何误解，他的确极为虔诚。洛克菲勒很小就学会如何利用和滥用宗教，懂得如何解释和曲解基督教义来适应自己的需要。教堂为他提供了大量的概念与思想，这非但没能阻止他，相反，却使其能以清白的良心继续干下去。洛克菲勒认可自己在商业中的不当行为，就像认可自己的慈善捐赠一样，他听从自己最强烈的冲动。如果是宗教使他强大，宗教也同时为他的一举一动提供了理论依据，并且可能使他对其行为带来的严重后果视而不见。

我们以前说过，这里不妨再提一下：约翰把上帝视作自己的盟友，视同标准石油公司的一位给他带来大量财富的荣誉持股人。让我们听听他对一位记者发表的一通慷慨激昂的宏论：

> 我相信赚钱能力是上帝赐予的天分——就像艺术、音乐和文学天赋、当医生护士的天分、你的天分一样，这种天分通过尽我们所能的培养和运用来服务于人类的利益。既然拥有了上帝赋予的天分，我相信我的职责就是赚钱，赚更多的钱，然后听从良心的调遣，用我所赚的钱为我的同胞的利益服务。

对洛克菲勒来说，基督教可以和资本主义完美地融合在一起。鉴于他积极参与教会的活动，要是在他的事业里没有处处反映出他那种独特的福音派新教观念，岂不成了咄咄怪事。甚至连采油和炼油业也被他蒙上了一层神秘的宗教面纱。"整个过程如同一个奇迹，"他曾经说道。"石油真是上帝对人类的馈赠啊！"在寻求石油垄断期间，洛克菲勒始终表现出浸礼会派传教士的许多特征。洛克菲勒需要给其步步紧逼商业策略赋予超凡脱俗的目标，把追求物欲的计划美化成神圣的征程。19 世纪 70 年代初，面对着石油业的道德败坏和极度混乱，洛克菲勒在自己的头脑里从道德上把标准石油公司与浸礼派教会混为一谈。在他眼中，托拉斯巨子就是基督教的先知，是朝圣者的天路历程，而他在这方面堪称楷模，把罪孽深重的炼油商从歧途中挽救了过来。

最突出的一点是，无论是在同英格利斯广泛的交谈中还是在其他场合，每次洛克菲勒阐述标准石油公司的理论依据时，总是诉诸于他特有的宗教比喻。"标准石油公司是仁慈的天使，它从空中伸下手来说道：'到方舟上来吧，带上你们的坛坛罐罐。让我们来承担所有的风险！'"他把标准石油公司称做"使他们（炼油商）摆脱愚昧的摩西[⑥]，因为他们的蠢行已经给他们自己的财富造成了极大的破坏。"听说有人指责他破坏竞争，洛克菲勒满腔怒火："我再说一遍，这不是破坏与浪费的手段，而是建立和维护所有人利益的措施……我们的行为再英勇不过了，完全是出于好意——我几乎可以充满敬意地说是神圣的行为——为的是把这个垮掉的行业从绝望的深渊里拉出来，为此我们却被指责成是在犯罪。"标准石油公司决不是个犯罪集团，它"为整个世界提供了传教士般的服务。尽管这话说得口气很大，但这绝对是事实"。他又说："信仰和努力工作是标准石油公司的基石。"他称赞标准石油公司"拯救了石油业，把该行业从一种不光彩的，如同赌博一样的刨地挖洞变成了受人尊重的事业"。洛克菲勒和他的合伙人是"带来光明的传教士"，努力用同情和爱心来关怀弱小的竞争者；尽管如此，他们的肚量是有限的，因为他们不能"阻挡拯救之车滚滚向前，他们的伟大事业对全世界消费大众具有十分重大的意义"。如果洛克菲勒因为自己是标准石油公司的当家人而受到恶毒的攻击，这正是他所想要的殉道精神。

洛克菲勒经常被描绘成一个社会达尔文主义者，认为资本主义的激烈竞争是个健康的奖勤惩懒的过程。他竭力反对任何弱化自力更生和拓荒精神的政府计划或私人慈善行为，这是事实。然而，洛克菲勒在一些实质性的问题中也会持自相矛盾的观点，他有关合作的理论依据就在很大程度上出自对社会达尔文主义的直接批判：

> 在过去所有时期内，人们都看到了在全世界的陆地上和海洋中进行的适者生存的斗争以及供给与需求的规律，一直到标准石油公司举起合作的大旗为止；标准石油公司的确合作得很成功，也很公平，使它许多最为激烈的反对者也逐渐被争取过来，接受了它的观点，并且意识到，要想取得成功，合理、理智和现代化的先进管理模式是必不可少的。

如是，标准石油公司成了社会达尔文主义的解毒剂，是给一个难以驾驭的行业带来四海之内皆兄弟之情的途径。洛克菲勒说，没有标准石油公司，"就只能是适者生存的天下——我们已经证明了自己是适者，完全可以等那些不走运的兄弟们垮掉后再来收拾残局。但我们没有这样做，而是千方百计地呼吁大家住手，以躲开即将临头的灾难。"标准石油公司是合作者的共同体，只要炼油商放弃自私自利的做法，加入到忠于信仰的人中间，公司会随时向他们打开大门。只有洛克菲勒才会向那些弱小的兄弟展示出一副菩萨心肠，邀请他们共商拯救石油业的大计。

在洛克菲勒对自由竞争的资本主义——并非资本主义本身——的看法中，有一个与众不同的特点，那就是该制度导致了卑劣的物质主义和贪婪的商业行为，从而割断了人类兄弟之情的纽带。在毫无约束的竞争状态下，自私的个人最大限度地追求利润，置整个行业的困境于不顾。相反，美国经济所需要的是新型的合作形式（托拉斯、联营、垄断等），以此来限制个人的贪欲、谋求共同的利益。由此，洛克菲勒试图把托拉斯和基督教义合为一体，声称合作能遏止与基督教价值观背道而驰的个人主义和物质至上主义。这是一个新奇的合理化理念。尽管宗教不能使他直接获得垄断的概念，但的确可以使他在合作的观点中加入巨大的道德力量。

从一开始，标准石油公司就自上而下地普遍流露出一种"内外有别（us-versus-them）"的态度。洛克菲勒不时让人听上去好像他和他的同伙是一群受到异教徒误解的早期基督徒。在这种道德主义的思维框架中，洛克菲勒必然会把反对者看成是一群愚昧无知、被人误导的人，"为狭隘的妒忌心和毫无根据的偏见所驱使"，根本不知道以前的神祇早已过时无用了。洛克菲勒提出了一种颠倒的世界观，指责他的批评者们犯的正是那些强加在他头上的罪恶。这位标准石油公司的酋长从来不把自己看成是流氓恶霸；而是处处以一位受人尊重的绅士自居，认为自己在同那些奸邪的独立企业讲道理却总是白费口舌。从往来的信件中可以看出，洛克菲勒在提到对手时显示出一种极富个性的姿态：他们是些自私自利的家伙，总是挑起事端、制造麻烦，就像许多爱恶作剧的孩子，需要让父亲狠狠地揍一顿。洛克菲勒从不承认反对意见是合理的，而把批评者斥责成敲诈犯、骗子和小偷。他对批评的无动于衷此时已经到了危险的地步。

注释

①syndicate，一种企业联合组织。

②欧洲中世纪传说中的主要恶魔。

③the invisible hand，又译作"无形的手"。根据英国古典主义经济学家亚当·斯密的学说，人人都在经济事物中为自己的利益而自由竞争，从而形成一只无形的手来引导这些活动，使之对全社会有利；按现在的说法，似可理解为市场经济的自我调节机制。

④Machiavelli，1469—1527，意大利政治思想家，主张为达政治目的可不择手段。

⑤John Milton，1608—1674，英国诗人。King Charles I，1600—1649，英国国王，因对抗国会、迫害清教徒被处死。

⑥Moses，圣经故事中古犹太人领袖，曾带领他们脱离苦难并为其制定律法。

9　新型君主

摆脱了改造南方公司风波和同克利夫兰各炼油厂之间的激烈斗争后，洛克菲勒并没有停下来喘口气。换上别人可能会采取措施巩固已有收获，然后再谨慎地进行下一步行动。但是，急于求成的洛克菲勒没有这样做，而是又展开了新的攻势。不合时宜的改造南方公司让洛克菲勒陷入了进退两难的困境：由于克利夫兰的几家炼油厂付的运费与其他炼油厂相同，他们在巨大的竞争劣势中苦苦挣扎，仅仅把原油运到克利夫兰就要付出每桶50美分的成本，然后还要再把成品油运到纽约；而泰特斯维尔的炼油厂则可以把油直接运到海边。1872年4月，亨利·弗拉格勒再次迫使沿湖铁路公司做出让步，但这仍不能让洛克菲勒满意。由于位于匹兹堡的几家炼油厂也面临类似的运输成本过高的问题，洛克菲勒决定与它们联合，采取一致行动迫使铁路方面给予新的折扣。

脸色严峻的洛克菲勒决定，既然油区不能容忍改造南方公司这样的小规模秘密集团存在，他就组织一个大规模的公开的炼油商联合体来与之对抗。1872年5月中旬——距离铁路公司解散改造南方公司仅仅过了1个月——洛克菲勒和弗拉格勒来到匹兹堡，会见了当地最大3家炼油厂的老板威廉·沃登（William G. Warden）、威廉·弗鲁（William Frew）和O·T·韦林（Waring）。之后，他俩又坐火车到泰特斯维尔，带去一份成立新的全国炼油商协会的计划，该计划后来普遍被人们称做"匹兹堡计划"。这个计划设想成立一个在中央董事会领导下的炼油商卡特尔，由中央董事会负责与铁路公司交涉，争取优惠的运费，并且通过向成员分配炼油配额来维持成品油价格。为了避免授人于柄，联合体欢迎所有炼油厂加入，但总裁得由约翰·D·洛克菲勒担任。

不久，油区对洛克菲勒的憎恶使他不再到那儿去，他成了人们琢磨不透的传奇性人物；再也没有照片证明他以后去过那片使他发迹的死气沉沉的地方。尽管从理论上讲，全国炼油商协会接受所有的炼油厂参加，泰特斯维尔的炼油商们仍然认为它是换汤不换药的改造南方公司的翻版，当地的报纸也告诫采油商提防那些克利夫兰来的口若悬河、说得天花乱坠的人。在泰特斯维尔的大街上，人们像对待一位新登基的君主一样敬畏洛克菲勒，洛克菲勒则像以前一样表面上彬彬有礼，使对手放松戒备，从一个办公室跑到另一个，安抚诚惶诚恐的炼油厂老板，"你们误解了我们的意图。我们不是来搞垮这个行业，而是来拯救这个行业的。"在两个喧闹的公众集会上，弗拉格勒受到听众的起哄和嘲笑，洛克菲勒却面无表情地盯着那些听众。有位炼油厂主留下一段令人难以忘怀的文字，它描绘了洛克菲勒在一次私下会见中冷眼旁观、高深莫测的样子：

> 一天，我们几个在一位炼油厂老板的办公室里碰到了一起，我敢肯定他们正试图说服那位老板加入他们鼓吹的计划。除洛克菲勒先生外，每个人都开了口。他坐在一把摇椅上，双手蒙着脸，轻轻地前后摇着。我看到改造南方公司那伙人在蒙骗我们的人，说是如果不立刻联合起来抬高成品油的价格并阻止别的公司进入炼油业，我们都得完蛋，我听后来了劲，也讲了话，我想我的话火药味大概很浓。就在我说话时，约翰·洛克菲勒停下摇椅，把双手从脸上移开，看着我。我从没见过这样一双眼睛。他看出了我的心思，看出我会给他造成多大的麻烦，我心里明白这一点；然后他又把手捂在脸上，接着摇他的椅子。

在另一次大型公开集会上，匹兹堡计划在当地炼油厂主面前大败而还，但是洛克菲勒仍然有所收获，争取到了当地几个有影响的叛徒，特别是他过去的对手，年轻的约翰·D·阿奇博尔德。在接下来的几个月里，洛克菲勒运用分而治之的政策，成功地把其他几个主要炼油中心的炼油商招募到他的匹兹堡计划中来，试图以此孤立油溪的炼油商。

但没过多久，这个石油卡特尔就为几家厂子超额生产的欺骗行为所困扰。它还得应付经济学家们称做"免费搭车"问题——即有些投机取巧的炼油商没有加入这项计划，却在享受由它制定的较高价格，而又不受其生产配额的限制。正如洛克菲勒后来在一个类似的情况下所说的那样："那些声称被标准石油公司'排挤'和'搞垮'的人其实是在标准石油公司的大伞的保护下生存。"同时，他还被大本营附近的问题弄得应接不暇。标准石油公司为了削减生产能力而买下克利夫兰那些破旧不堪的炼油厂后，许多卖方违反了契约，又买了新设备开起厂子来。洛克菲勒认为这些人回到炼油业是因为他已经显著地改善了市场环境，抬升了价格。更棘手的是，这些重操旧业的炼油厂主公开敲诈洛克菲勒，让他购买他们的工厂。

最终，洛克菲勒在猖獗的欺诈和搭便车现象面前一筹莫展，只好在1873年6月24日把炼油厂主们召集到纽约的萨拉托加斯普林斯，宣布取消短命的匹兹堡计划。这次失败一度令他心灰意冷，也再一次使他下定决心，不再组建无法管理的公司联盟，而是实行彻底的兼并。"有些人就是万能的上帝也拯救不了，"洛克菲勒后来在谈到油溪的炼油商时厌倦地说。"他们不想得救。他们就想继续为魔鬼服务，坚持他们那些邪恶的做法。"

艾达·塔贝尔在她著名的论战中，把西宾夕法尼亚描写成了自由、独立的采油商的世外桃源，他们"红光满面、神采飞扬"，崇尚竞争，但这一切都被邪恶的标准石油公司破坏殆尽。在她的道德剧中，洛克菲勒是这个世外桃源中的有毒的癞蛤蟆。实际上，那些生产商对抗洛克菲勒的方法并不是主张更加自由的竞争，而是组成了他们自己的同盟。1872年夏天，在石油生产商协会的支持下，大家同意暂停进行新的油井钻探以稳定原油价格，一度还呼吁全面停止生产。生产商们彼此威胁恐吓，严厉惩治不肯合作的厂家，放火烧毁他们的油井，或是用大锤砸碎他们的抽油泵。石油业中的原油生产部门聚集了成千上万海盗似的、脾气火暴的投机分子，要把他们组织起来远比组织那些集中在几个城市里的更为理智的炼油厂主困难得多——这一点给了洛克菲勒一个决定性的优势。

只要能在原油和成品油之间维持足够大的价差，洛克菲勒就不反对原油生产商限产抬价的举动。在油溪一带，人们普遍地误解了洛克菲勒的意图，以为他为了降低油价要把钻井公司逼到绝路上去，这种误解激化了仇视洛克菲勒的情绪。实际上，洛克菲勒已经准备好与一个强有力的原油生产商卡特尔做笔交易，条件是对方限制原油的产量。1872 年 12 月 19 日，洛克菲勒与原油生产商们在纽约第五大道饭店见面，签署了所谓的泰特斯维尔条约。这个协议规定，炼油商协会答应以每桶 5 元的价格从原油生产商协会购买原油——几乎是现货市场价格的 2 倍——条件是对方严格限制原油产量。这个协议后来破产的原因不在于洛克菲勒，而是因为原油生产商无法在内部实行这个规定。他们不仅没有限制原油的产量，反而想方设法地扩大产量，这种大规模的欺诈行为把原油市场的价格打压到只卖 2 块一桶。一些没有加入协会的小型采油企业则利用这个条约以低于大企业的价格出售原油。

这种行为使洛克菲勒更加瞧不起原油生产商，认为他们不守信用、不可信赖，管不住自己身上那种"疯狂的无法控制的因素"，它"会在半夜溜出来把油泵打开，好在鸟儿报晓之前就把油抽出来。"由于石油业又一次陷入供大于求的困境，洛克菲勒于 1873 年 1 月终止了协议，并且责备那些不遵守协议的产油企业说："你们没有履行自己的义务——你们没有限制原油供应——这个地区现在生产的石油比以往任何时候都多。"尽管失去控制的采油方应当承担责任，但生产商们觉得让标准石油公司当替罪羊更容易些。协议被废止后，乱作一团的原油生产商们更没有心思去控制产量，导致油价再次跌到了谷底。

到 1873 年为止，标准石油公司每年运出大约 100 万桶成品油，每桶赚 1 元左右，然而，公司的根基依然不稳。尽管如此，洛克菲勒已经在脑子里明确了一个信念：自发性的协会组织不会以他所需要的速度、一致性和效率运转。他曾说："我们已经证明原油生产商协会和炼油商协会全都靠不住。"他此时已对徒劳无益的联盟完全失去了兴趣，准备把整个石油业直接掌握在标准石油公司手中。"这个想法是我提出来的。尽管随着公司不断发展壮大，有些人在企业巨大的规模面前退缩，提出反对意见，但我仍然坚持自己的想法。"1873 年初，洛克菲勒义无反顾地采取了断然行动。一旦决定采取行动，任何疑虑都不能阻挡洛克菲勒前进。

南北战争后人们对财富的疯狂追逐于 1873 年以经济大萧条收场，这场漫长的萧条持续了整整 6 年。1873 年 9 月 18 日——即黑色星期四，令人生畏的杰伊·库克公司（Jay Cooke and Company）因在为北太平洋铁路公司融资中遇到麻烦而倒闭。这起事件引起了恐慌，导致一家股票交易所关门、许多银行接连倒闭和众多铁路公司破产。在接下来的几年里，大规模的失业造成经济紧缩，日工资水平猛降了25%，使许多美国人感觉到了生活水平下降的恐怖。6年的经济萧条加速了许多经济部门早已蓄势待发的兼并过程。

经济萧条尤其加剧了石油业的困难。黑色星期四过后不久，原油价格暴跌至令人震惊的每桶80美分的低位；1年之内，油价又一路跌至每桶48美分——比以往一些城市运水的成本还便宜。正如卡内基在1873年大恐慌后扩充了他的钢铁企业一样，洛克菲勒也把经济衰退看作是实现其宏伟蓝图的良机。为了抓住对手以低价出售企业的机会，洛克菲勒大幅削减标准石油公司的股息，以扩大公司的现金储备。标准石油公司经受住了6年萧条期的考验，洛克菲勒把这归功于公司保守的财务政策和极易到手的银行贷款和投资资金。

炼油业在生产能力极度过剩的压力下步履维艰，就连产量占据全行业1/4的标准石油公司也只让其6家克利夫兰炼油厂中的两家开工。尽管如此，标准石油公司仍然赚取了让人羡慕的高额利润，有时，只要给竞争对手看看公司的账本，就能轻易地把它们收至账下。洛克菲勒势不可挡，让克利夫兰臣服后，又开始一个城市一个城市地展开全国性兼并的凌厉攻势。

洛克菲勒从小就害羞，这时随着业务的不断扩大，他更加注意严守秘密，而且几乎到了妄想狂的地步。一天，他看到一位公司职员在与一个陌生人谈话，过后便询问那个陌生人的身份。尽管下属告诉他那个人是他的朋友，洛克菲勒还是告诫他说："说话一定要小心。他来这里想做什么？别让他发现任何情况。""可他只是个朋友，"那职员回答说，"他并不想知道什么。他只是来看看我。""就算是吧，"洛克菲勒说，"但谁也不敢肯定。要小心，十分小心。"

在兼并竞争对手时，洛克菲勒同样守口如瓶，要求对方用原有的名称继续营业，不要泄露标准石油公司对他们的所有权。洛克菲勒指示他们继续使用印有原来公司名称的信封信纸，但要设立秘密账本，并且不能在书面材料中提及他们与标准石油公司的关系；与标准石油公司的内部联系平时要用密码或假名进行。洛克菲勒这样做也是规避法律的权宜之计，因为依照当时的法律规定，在俄亥俄州注册的标准石油公司不可以拥有州外财产，这一规定使得许多在全国运作的公司都采取了欺诈的方式。

洛克菲勒告诫加入标准石油公司的炼油厂老板们不要炫耀突然获得的财富，以免别人猜疑他们从哪里得到这么多的钱。与一个克利夫兰的炼油厂老板达成交易后，洛克菲勒一天晚上把他请到自己在欧几里德大道的家里对他说："你不能把我们签的合同告诉任何人，甚至连你的妻子也不能告诉。你挣到更多的钱后也不要露富，不讲过多的排场。你没有要养赛马的想法，对吧？"由于交易在这样彻底的机密中进行，一些标准石油公司的管理人员甚至担心万一某位被兼并的炼油厂的老板去世，他的继承人可能会误把炼油厂的所有权归为己有。

洛克菲勒同样猜疑下属的炫耀和卖弄行为。一天，他与匹兹堡炼油厂老板Ｏ·Ｔ·韦林一同在克利夫兰坐火车，韦林问他远处山坡上一座漂亮的墨绿色房子是谁的。"你想知道那座房子是谁的？"洛克菲勒问道，突然不高兴起来。"那是我们霍珀先生的，他给我们做油桶。哟，那可是幢很贵的房子，是不是？我想知道霍珀挣的钱是不是太多了？咱们得调查一下。"回到办公室，洛克菲勒细研究了与霍珀的往来账目，断定霍珀赚的利润太多了，便终止了与他的合同。出于同样的考虑，洛克菲勒担心他如果购建漂亮的房子来显示自己的财富，可能会吸引其他投资者进入炼油业，这样只会进一步恶化生产能力过剩的问题。

下文将会谈到，洛克菲勒在迫使竞争对手臣服时会使出十分残酷的手段。他也许会把市面上的油全部买进，让不肯屈服的工厂无米下锅，或是垄断当地的油罐车，使那些工厂的运作陷于瘫痪。然而，洛克菲勒并不动辄施加这种压力，而是尽可能耐心地晓之以理——如果行得通的话——而不是恐吓对方。洛克菲勒不仅购买炼油厂，而且还组建了一支管理队伍。标准石油公司与其说是在铲除竞争对手不如说是引诱对手合作的基础上建立的。一般说来，洛克菲勒非常希望保留被兼并公司原有管理班子，宁可在公司里养一批领着高薪的无用之人；而且为了维持公司内部的和谐，不惜采取折衷调和的政策。几年以后，一名管理人员写信给洛克菲勒说，执行委员会的全体成员几乎"都认为收购竞争对手的政策应该寿终正寝了，给无所事事的人发薪水并非经营之道，尽管这些人曾经在石油业里有过作为。"这种政策避免了下属从公司中分裂出去而成为竞争对手，是洛克菲勒在获得垄断地位过程中所付出的高昂的代价之一。

匹兹堡经阿勒格尼河与油溪相连，是最佳的石油运输枢纽，因而不可避免地成了洛克菲勒第二次大兼并攻势的目标。匹兹堡计划破产后，洛克菲勒便希望敦促、哄骗或是引诱匹兹堡和费城的炼油厂加入标准石油公司。

1874 年秋天，洛克菲勒和弗拉格勒在萨拉托加斯普林斯与匹兹堡和费城的同行查尔斯·洛克哈特（Charles Lockhart）和威廉·沃登（William G. Warden）举行最高级秘密会谈。标准石油公司希望收购匹兹堡和费城两地几家最大的炼油厂，随后便能轻而易举地吞并那些小炼油厂。萨拉托加斯普林斯有一流的赛马场和赌场，是爱好体育运动的富人们的度假胜地，同时，作为范德比尔特将军的夏季别墅所在地，又是举行秘密商业会议的理想场所。早餐后，4 位炼油厂老板躲进泉边一个景色宜人的小亭子里，谈了 6 个小时。洛克菲勒的发言极尽安抚之能事，他指出只有合并为一个公司，大伙才能避免毁灭性的减价大战。洛克哈特和沃登还在犹豫不决时，洛克菲勒亮出了他的王牌：他邀请沃登来克利夫兰查阅一下标准石油公司的账簿。后来，沃登在查看账簿时惊呆了：洛克菲勒制造煤油的成本如此之低，竟然以低于沃登的生产成本的价格出售还照样能赢利。沃登和洛克哈特用了几个星期的时间了解标准石油公司，并且得到在公司管理中占有一席之地的保证后，决定与洛克菲勒联合。在出售工厂的秘密交易中，他们非常有远见地选择了标准石油公司股票为付款方式。由于这个时期洛克菲勒留下的书面材料很少，我们不请楚具体是什么原因使这两位强有力的对手投靠了洛克菲勒，但吸引他们的很可能是，他们合并后能得到铁路运费折扣、低息贷款、稀缺的油罐车和先进的技术。

这个决定性的胜利使洛克菲勒掌握了匹兹堡一半以上的炼油能力，并将费城最大的炼油厂收至麾下。由于新伙伴们同意合并他们在当地的业务并且监督对其余几家独立炼油厂的原油收购情况，洛克菲勒以这种方式发起了一场自给自立的运动。这场运动引发了大规模的连锁反应，波及到这两大炼油中心，因为当地的炼油商都成了洛克菲勒的代理人。在洛克菲勒达成萨拉托加斯普林斯交易时，匹兹堡共有 22 家炼油厂，仅仅 2 年后，独立经营的炼油厂就只剩下一家了。

洛克菲勒尤其高兴的是把查尔斯·洛克哈特收入了帐下。这个蓄着胡须的苏格兰人看上去冷若冰霜、沉默寡言，被洛克菲勒称为是"商业界最有经验、最持重、最有自制力的人之一"。在萨拉托加斯普林斯会谈上，他全神贯注地听着，几乎一言不发，这给标准石油公司的人留下深刻印象，得到了洛克菲勒的高度赞扬："他是那种我愿意结伴去钓鱼的人。"尽管石油业的历史并不算长，洛克哈特已然是位老手，早在 50 年代就与威廉·弗鲁一起在匹兹堡开店卖塞尼卡石油。埃德温·德雷克发现石油后不久，洛克哈特就把第一批宾夕法尼亚煤油样品带到了伦敦。除了创建洛克哈特—弗鲁公司这家匹兹堡最大的炼油厂之外，他俩还与威廉·沃登联手在费城建立了一家子公司——沃登—弗鲁公司，后来改名为大西洋炼油公司。这 3 个充满创新精神的炼油商把油运往利物浦时，给蒸汽轮船装上了铁质油罐，不仅降低了发生火灾的危险，而且减轻了难闻、有毒的气味。与内向的洛克哈特截然不同的是，四方大脸上留着络腮胡须的沃登感情外露、心胸宽广，比起标准石油公司的普通员工，他的兴趣范围要大得多。他过去是个废奴主义者，在南北战争后资助过黑人运动，还是一个虔诚的长老会教徒和费城政界中一位积极的改革家。

在加快进行匹兹堡和费城战役的同时，洛克菲勒在纽约也有了关键的立足点，先后收购了专门生产盒装煤油的德沃制造公司（Devoe Manufacturing Company）和经营一家大炼油厂的长岛公司（Long Island Company）。在弟弟威廉的努力下，洛克菲勒兼并了查尔斯·普拉特公司（Charles Pratt and Company）。查尔斯·普拉特个子不高，胡须发黄，是个白手起家的浸礼会教徒，他平时一言不发，很得洛克菲勒的赏识。他在南北战争之前制造油漆，由此而进入了炼油业。查尔斯·普拉特是位天生的商人，他生产的优质"星牌煤油"（Astral Oil）成为美国家庭的必备品，并且精明地把产品打入欧洲和亚洲，使其成为世界知名的品牌。

后来，查尔斯·普拉特觉得自己不被洛克菲勒重视，后者尽管赞赏他的保守风格，但总是嘲笑他是个缺乏远见的守旧者。与沃登和洛克哈特不同，在与洛克菲勒就公司政策进行的争论中，普拉特总是输家，只好在给洛克菲勒的信中顾影自怜地发发牢骚。在 1881 年与洛克菲勒的一次争执中，普拉特任性地写道："我觉得跟你和其他人讲道理毫无用处。"

秘密收购查尔斯 · 普拉特的公司给标准石油公司带来了公司历史上最有活力、锐意进取的人物之一：亨利 · 罗杰斯（Henry H. Rogers）。他尽管曾领导过坚决反对改造南方公司的纽约炼油商们成立的联络委员会，却是最早投奔标准石油公司阵营的变节者之一。洛克菲勒为自己胜利洋洋自得："我很高兴地告诉大家，在绝大多数情况下，那些曾经顽固地反对标准石油公司提出的任何计划的人……当他们与我们面对面地交流，当他们直接从我们这里领会我们的意图，而不是听那些恶意中伤者的谣言时，就会主动地加入到我们的阵营中来，而且从不后悔。"尽管罗杰斯后来与洛克菲勒发生了冲突，他的确是位管理上的多面手，先后负责过标准石油公司的原油采购、管道运输和制造部门。随着石油副产品的重要性日益增强，在技术上比洛克菲勒更懂行的罗杰斯，为一种从原油中分离石脑油的重大工艺申请了专利。

就在查尔斯 · 普拉特加盟标准石油公司的同时，纽约的各独立炼油厂发觉一些至关重要的供应开始莫名其妙地供不应求了。制造凡士林的约翰 · 埃利斯公司（John Ellis and Company）突然发现自己订不到必不可少的运输原油用的铁路油罐车。某种看不见的力量正在与他们作对。就在这家公司试图解开这个秘密的时候，一位标准石油公司的代表借机拜访了约翰 · 埃利斯，友好地告诫他说，"你已经无力回天了。你只能把工厂卖掉。"被这种高压手段震惊了的埃利斯反驳道："我永远也不会把工厂卖给标准石油公司这样不光明磊落的公司。"埃利斯维护住了公司的独立，但是没有几家公司有这样的实力和毅力，来对抗日益壮大的标准石油军团不断施加的压力。

在占领匹兹堡、费城和纽约的闪电战中，洛克菲勒大肆收购位于重要铁路和水路运输中心的炼油厂，因为他在那些地方可以争取到优惠的运费。但是，尽管油溪毗邻油田，洛克菲勒却从没把它看作是建炼油厂的理想场所——但这并没有增强西宾夕法尼亚的人对他的好感。许多炼油用的原材料——从硫酸、胶粘剂到油桶箍——在那片偏远地区的价格要比在城市里贵得多。由于洛克菲勒认为油区不配成为炼油中心，他威胁到了泰特斯维尔、富兰克林和石油城成千上万人的生活，使他们觉得自己没有受到公正的对待。当地人已经接受了这样一种观点，用洛克菲勒的话说，就是"产油地区提供的某些特权，那些试图在别的地区发展的人休想去分享"。

在他们心目中，洛克菲勒是不请自来的恶魔，篡夺了他们与生俱来的权利，尽管洛克菲勒只是在行使自己的权利，在自己满意的地方发展业务。

然而，为了实行彻底的垄断，洛克菲勒必须控制油溪的炼油厂，哪怕只是为了拆毁那些效率最为低下的厂子。1874年1月22日，洛克菲勒买下了帝国炼油公司（Imperial Refining Company）及其在石油城附近的庞大生产设施，这一举动让当地的炼油厂老板们目瞪口呆。对当地挑动仇视标准石油公司情绪的人来说，这笔交易是个不折不扣的凶兆。个子不高、嗓音沙哑，留着圣诞老人式胡子的雅各布·范德格里夫特船长（Captain Jacob J. Vandergrift）是同意出售公司的几个人中的一个。曾在俄亥俄河上做过船长的范德格里夫特是个富有、虔诚的禁酒主义者，受到广泛的尊敬和服从。在油溪一带，范德格里夫特的倒戈被人们认为是公然的背叛行为，打击了当地独立炼油厂主的士气——而这正是洛克菲勒想要做到的。1875年初，洛克菲勒兼并了泰特斯维尔第二大炼油厂——波特—莫兰公司，这次兼并使标准石油公司得到了27岁的约翰·阿奇博尔德，正是这位小个子演说家曾经在泰特斯维尔歌剧院发表了反对改造南方公司的言辞激烈的讲话，使在场的听众群情激昂。此时的阿奇博尔德认为竞争的观念已经过时，转眼间投身到了行业合并的大纛之下。

除了亨利·弗拉格勒之外，阿奇博尔德是洛克菲勒招募到的最重要人物。洛克菲勒甚至在两人从未曾谋面之前就对阿奇博尔德产生了兴趣。一天，洛克菲勒在泰特斯维尔一家饭店登记时，发现签名栏里自己的名字上面写着"约翰·D·阿奇博尔德，4美元1桶。"这种自负的推销自我方式给洛克菲勒留下了深刻的印象，因为当时原油的市场价格远远低于这个价格。孩子气的阿奇博尔德比洛克菲勒年轻9岁，体重大约130磅，个子不高，长得像个火花塞。阿奇博尔德是一位浸礼会巡回牧师的儿子（标准石油公司里有许多人是牧师的儿子），在他10岁时父亲抛弃了家庭，他只好在十几岁时就来到泰特斯维尔，与这里的炼油业一起成长。阿奇博尔德头脑机敏、乐观向上，是个快活的讲故事高手，当时有人说他是"一路笑着就发了大财。"很难被取悦的洛克菲勒十分喜欢总是兴高采烈、满肚子笑话和故事的阿奇博尔德；除了身材矮小之外，阿奇博尔德是标准石油公司里最像老比尔的人。他成了洛克菲勒的代表、选定的继承人、义子和弄臣。不久，洛克菲勒发现这个牧师的儿子沉溺于世俗享乐之中，整晚整晚地喝酒打牌。洛克菲勒及时地强迫他戒了酒，但这样反而使他俩的关系更加密切了。

阿奇博尔德加入标准石油公司之后，被人刻薄地骂作"叛徒"和"逃兵"，以前曾经敬佩他的人尤其仇视他。然而，他由于为人真诚，又十分擅长处理公共关系，被洛克菲勒派去游说油溪的炼油商入伙。洛克菲勒正迫切地需要派一个招人喜欢的人代表他去那里。泰特斯维尔一带的人把标准石油公司骂作"章鱼"，视洛克菲勒为魔鬼。母亲们吓唬小孩时会说："孩子，快跑，不然会让洛克菲勒抓住的！"结果，标准石油公司原来的官员从不就收购问题直接同当地的独立炼油商们举行会谈，而是通过"有竞争力的炼油商的熟人、对手和朋友进行，这些人最适合帮他们分析形势，也最容易在谈判中获得成功，因为他们之间是邻居和朋友，彼此熟悉、关系融洽、相互信任。"阿奇博尔德的微笑能够缓和对方的敌对情绪，重新建立友好关系。有了阿奇博尔德，洛克菲勒再也不用亲自去油溪了。

1875 年 9 月，标准石油公司组建了阿克米石油公司（Acme Oil Company），由阿奇博尔德率领这个前敌组织去兼并当地的炼油厂。短短几个月内，阿奇博尔德就买下或租赁了 27 家炼油厂，进展速度如此之快，使他几乎被累垮了。在接下来的三四年里，阿奇博尔德把剩余的独立炼油厂如数收进标准石油公司囊中。洛克菲勒要求阿奇博尔德付给炼油厂主公道的价格，他在写给洛克菲勒的几封信中表明自己是这样做的。一次，阿奇博尔德极不情愿地以 1.2 万元的过高价格买下一家炼油厂后，告诉洛克菲勒说："我们觉得就这个工厂而言这个价格偏高了，并且相信如果按目前的低价再坚持一段时间就有可能买得更便宜些，但问题是这个差价是否值得我们花那么大的力气。"交易最终完成后，阿奇博尔德又在信中告诉洛克菲勒："我发现这笔买卖很难做。我被迫向对方做了一些我很不愿意做的让步。等见面后我再向您汇报具体情况。"尽管独立炼油商们经常觉得受到洛克菲勒的压榨，洛克菲勒并不总是最大限度地利用对方的劣势，有时甚至显得很大度。

至少有一位大炼油厂主说过，他在试图建立一家新炼油厂时受到了标准石油公司的胁迫。最先铺设输油管道的塞缪尔·范·西科尔（Samuel Van Syckel）说，标准石油公司的代表允诺付给他丰厚的报酬，让他放弃建新工厂的计划。"那人随后说我炼油根本赚不到钱。他还说我就是炼了油也无法运出去。他说他可以告诉给我一个秘密，他们已经与铁路在货运——车皮调配——方面达成了协议，所以他知道我就是能炼出油来也赚不到钱。"范·西科尔在高压下就范了。

1875年5月，洛克菲勒秘密地收购了位于西弗吉尼亚州帕克斯堡的卡姆登公司（J. N. Camden and Company），将它更名为卡姆登联合石油公司（Camden Consolidated Oil Company）。至此，洛克菲勒完成了他控制全部主要的炼油中心的宏伟计划。卡姆登在信中记录了这种收购活动是在如何机密的情况下进行的。成交之前，标准石油公司要求对方提供一份详细的资产清单，准备派公司资深主管安布罗斯·麦格雷戈（Ambrose McGregor）去核实。约翰逊·纽伦·卡姆登是一位著名的民主党政客，他担心他的制桶厂主管可能会认出麦格雷戈，就提醒标准石油公司说："我们欢迎他来，但是又担心他的到来会暴露我们的交易。我觉得制桶厂的主管对这件事情已经有所察觉。"工厂易主的事连一位主管都不让知道，这突出地表明了标准石油公司是何等重视保密工作。

收购卡姆登公司弥补了洛克菲勒的一大弱点，因为他控制的炼油厂分布在分别由纽约中央铁路、伊利铁路和宾夕法尼亚铁路运营的区域里。地图上唯一的空白是由自行其是的巴尔的摩—俄亥俄铁路公司（Baltimore and Ohio Railroad，B&O）控制的区域，该公司的铁轨横穿南宾夕法尼亚，将西弗吉尼亚州帕克斯堡和惠灵的一些炼油厂与巴尔的摩的一个石油出口中心连接在一起。让洛克菲勒更加不能容忍的是，突然发迹的巴尔的摩—俄亥俄铁路公司竟然胆敢插手经营原油，由一家名叫哥伦比亚管道公司用输油管运往匹兹堡，处处与标准石油公司作对。总之，巴尔的摩—俄亥俄铁路公司在支持最后一批坚持公开对抗洛克菲勒专横统治的独立炼油商。

巴尔的摩—俄亥俄铁路公司总裁约翰·加勒特（John W. Garrett）一直力劝卡姆登同庞大的标准石油公司对抗，并且提出为他降低运费以示支持。卡姆登背着加勒特投靠洛克菲勒后，想继续享受旨在支持与洛克菲勒对抗的炼油厂的运费优惠。1875年5月12日，按捺不住捉弄别人的得意心情，卡姆登通知他在克利夫兰的新老板标准石油公司说："加勒特先生……明天要来见我们。我想他会鼓励我们继续独立经营、抵制'合并'"——也就是抵制标准石油公司。卡姆登确实在同加勒特的谈判中得到了十分优惠的运价。他每月通过巴尔的摩—俄亥俄铁路公司发运5万桶油，作为交换条件，该铁路公司每运1桶成品油——不管是卡姆登还是他的竞争对手的产品，卡姆登都能从中获得10美分的回扣。加勒特自以为在同标准石油公司作对，不惜恢复臭名昭著的给回扣的做法，这表明在这一行里没人能说自己是完全清白的。

那年春天，洛克菲勒授予卡姆登很大的自主权，让他收购巴尔的摩—俄亥俄铁路公司为之服务的炼油厂。卡姆登很快就兼并了3家帕克斯堡的炼油厂。有几次，卡姆登也像阿奇博尔德一样，为付出的价格过高而生气。"花大笔的钱买进这种垃圾工厂，真叫我难过得想哭，"他告诉洛克菲勒，"但这是我们对人类应尽的职责，所以我想我们还得这样义无反顾地干到底。"巴尔的摩战役胜利完成后，不到40岁的约翰·D·洛克菲勒便成了全美炼油业唯一的主人。也许除了俄罗斯之外，西宾夕法尼亚以外的地方还没有发现大油田，这同样意味着洛克菲勒垄断了全球的煤油市场。洛克菲勒目前拥有的不可思议的巨大财富，令其父威廉·埃弗里·洛克菲勒最不着边际的发财幻想也相形见绌。而当时在石油业以外，几乎还没人听说过洛克菲勒。

由于收购主要炼油中心的闪电战的代价如此高昂，洛克菲勒此时最棘手的问题就是如何为他大规模的收购筹措资金。为了吸引炼油商，洛克菲勒任他们选择收取现金或股票，不过他总是害怕他们选择收取现金。"我会堂而皇之地抽出支票本，装出满不在乎的样子说：'你希望我开支票给你，还是要标准石油公司的股票？'"如果对方要现金，洛克菲勒常常就得从一家银行跑到另一家，千方百计弄到钱。洛克菲勒鼓励对方选择接受股票，这样他就能保住资金，同时又能使昔日的对手为他欣欣向荣的事业效力。但是，像克拉克—佩恩公司那样投资于标准石油公司而不是拿现金的公司并不多。

让洛克菲勒不悦的是，没有几个人信任他而接受标准石油公司股票。他们大多怀疑洛克菲勒和他手下那些年轻莽撞的人物是否能够实现他们的实验性计划。洛克菲勒回忆道："我让他们选择是要现金还是新公司的股票时，他们拿走我的钱，还暗中嘲笑我是个笨蛋。"洛克菲勒以他一贯的坚定态度相信，选择股票的人定会发财。事实上，20世纪美国上层社会中有许多人都是当初选择标准石油公司股票的炼油商的后代。一有机会，洛克菲勒就宣传他的预见，说这些股票将来肯定会升值。一次，洛克菲勒遇到一位接受股票的克利夫兰炼油商，就问他："你还留着你的股票吧？"得到肯定的答复后，洛克菲勒请求他说："什么东西都可以卖掉，甚至连你身上的衬衣，但是千万不要把公司的股票卖了。"并不是每个人都这样做的，所以洛克菲勒总是认为，针对他的恶意攻击有很大一部分来自因为后悔没有接受股票而心怀不满的炼油商。

尽管洛克菲勒需要大规模借贷，但他再不必向银行家们低头，而且还公然藐视他们当中最可怕的一位：阿马萨·斯通（Amasa Stone）。斯通为人冷漠严厉，很难打交道。他聚集了一笔财富，架桥梁，修铁路，并且受范德比尔特将军个人之请当了沿湖铁路公司的总经理。比洛克菲勒大20岁的斯通希望炼油商们都听他的，这很让洛克菲勒反感。为了确保获得稳定的信贷，洛克菲勒请斯通加入标准石油公司的董事会，但后来斯通变得日益独断专行，洛克菲勒又设法要赶走他。他不久就找到了机会。有一次，斯通一时疏忽，让手头购买的标准石油公司股票的期权过了期限。几周以后，斯通发现了自己的错误，便来到标准石油公司总部，劝弗拉格勒为他展延期权的到期日。早就想找机会显示自己力量的洛克菲勒越过弗拉格勒，拒绝再向斯通出售股票，气得这位银行家变卖了手里所有的标准石油股票。这时，洛克菲勒觉得自己可以和克利夫兰任何一个商人平起平坐，不肯再向任何人低头了。

除了想摆脱银行家的控制之外，洛克菲勒还希望不再受范德比尔特、古德、斯科特和其他铁路运输巨头的掣肘。早些时候，洛克菲勒在同铁路公司的讨价还价中发挥了大货主的优势。现在，他又走出关键的一步，设法巧妙地染指铁路业的基础设施建设。

由于担心油田枯竭，铁路公司减少了对石油运输专用设施的投资，唯恐这类设备有朝一日会变得一钱不值。洛克菲勒利用铁路公司的这种恐惧心理，在1874年4月与伊利铁路公司达成了一项对自己非常有利的协议。如果标准石油公司做到：第一，用现代化设施装备调车场，加快向新英格兰地区和南方的石油运输速度；第二，把所属西部炼油厂产量的50%交给伊利公司运输，伊利公司就把新泽西州威霍肯车站的控制权转让给标准石油公司。这项协议给洛克菲勒带来了许多好处，他不仅可以得到伊利公司的运费优惠，还可以掌握竞争对手在全国的石油运输情况。做出这项数额巨大的投资后，他甚至可以随心所欲地封锁竞争对手的产品出口。洛克菲勒争辩说："我从来没听说过在其他行业有竞争者因为不能利用对手的资本和设施为自己谋利而不利于对方便感到委屈的事情。"洛克菲勒的观点是无可指责的——除非你支持这个仍然有争议的观点，即铁路公司是公共交通工具，应该对所有托运人一视同仁。

洛克菲勒在范德比尔特家族控制的纽约中央铁路公司里也受到了热情的欢迎。有报道说，范德比尔特将军曾经说过，洛克菲勒是全美国唯一一个可以向他提条件的人；同时，他的儿子威廉·亨利·范德比尔特（1821—1885）审慎地为自己购买了标准石油公司的股票。正是这位小范德比尔特在19世纪70年代谈起洛克菲勒时，颇有先见之明地说："他将成为这个国家最富有的人，"他由此继承了他父亲的铁路大王的头衔。后来，标准石油公司与铁路部门到了唇齿相依的地步，几乎控制了伊利公司和纽约中央铁路公司的全部石油运输。

在油罐车取代油桶成为主要石油运输方式的改革过程中，标准石油公司也大获其利。洛克菲勒后来证实："我们很快就发觉，随着石油业的发展，原始的油桶运输方式不会持续很久了。这是因为包装往往比油的成本还高，而且美国的森林也不足以长久提供制桶的原料。"在决定是否投资于不能用于普通货物运输的特种车辆时，铁路公司再度犹豫不决，于是洛克菲勒挺身相助。1874年，标准石油公司——由于出于为铁路公司的利益考虑，巧妙地同对方建立了千丝万缕的联系——开始筹集数万美元购置油罐车，然后按行驶公里数低价出租给铁路公司。几十年后，芝加哥屠宰商阿穆尔公司（Armour and Company）也如法炮制，购置了铁路冷藏车。

由于伊利公司和纽约中央公司使用的油罐车几乎全部都是标准石油公司的财产，标准石油的地位越来越坚不可摧：它可以随时威胁收回油罐车而让这两家公司屈服。它还迫使铁路公司给予它用油桶运输的小炼油商无法得到的优惠条件。例如，铁路公司对空桶的回程运输要收取运费，而油罐车从东海岸返回中西部炼油厂却是免费的。尽管油罐车不会漏油，使用油罐车的货主还是可以得到与使用油桶的托运人完全相同的漏油折扣——这意味着标准石油公司发运的每辆油罐车中有62加仑的油是免费运输的。

洛克菲勒获得这种牢不可破的地位后，实现了他长久以来的愿望，让油溪的炼油商们在运费方面永远失去了优势。1874年夏天，洛克菲勒与铁路公司的官员在新泽西朗布兰奇和萨拉托加斯普林斯举行高层会谈，说服他们对所有向东海岸运油的炼油商实行统一的运费。这样，在油溪和克利夫兰之间的 150 英里路程上，原油等于是免费运输的，使得在油田拥有炼油厂的运费优势不复存在，为克利夫兰的炼油厂争取到了平等的地位。这条令人震惊的消息通过所谓的 1874 年 9 月 9 日拉特通告（Rutter Circular）公之于世，马上在油溪一带引起大规模集会和愤怒的抗议，因为当地人都非常痛恨洛克菲勒。与当年改造南方公司风波情况不同的是，铁路公司没有因为遭到抗议而动摇，这一回它们清楚独立炼油商的日子已经屈指可数，因而沉着应战，寸步不让。事过 3 周以后，宾夕法尼亚铁路公司的卡萨特（A. J. Cassatt）才发表了一封简短又而理直气壮的公开信，为统一运费辩解。长久以来，独立炼油商们一直勇敢地与标准石油公司进行着一场力量悬殊的斗争，而现在，随着铁路公司落入标准石油公司的控制之中，这场竞争也就到头了。

如果石油是南北战争后在不同地点发现的，那么，即使是标准石油公司也不太可能集中起各种资源，像现在这样彻底地控制这一行业。由于石油集中分布在宾夕法尼亚州西北部一个荒凉的区域里，特别是管道运输出现后，这一行业很容易被垄断。输油管道将宾夕法尼亚的油井连结成一个统一的网络，最终使标准石油公司得以借助一个阀门便可控制整个地区的石油产量。经过一段时间以后，管道运输使洛克菲勒把他同铁路公司的合作挤到了附属地位。

洛克菲勒很晚才充分认识到管道运输的巨大潜力，他涉足管道运输似乎是出于防守和保留退路的目的。洛克菲勒清楚，铁路公司感觉到了管道运输的威胁，他一度考虑推迟使用这项新技术以帮助铁路公司维护其利益。然而，有家铁路公司迫使他改变了自己的计划。1873 年夏天，他吃惊地得知，宾夕法尼亚铁路公司通过下属一家名为帝国运输公司（Empire Transportation Company）的野心勃勃的快运公司打入了管道运输业，将油溪两条运量最大的管道并入了自己的铁路网络。在这以前，输油管只是用于把石油从井口运到铁路旁的短途运输，而宾州铁路公司的这一举动预示了用管道进行长途运输、继而彻底取代铁路的时代的到来。更让洛克菲勒吃惊的是，帝国运输公司似乎预示着，他的同谋但更多时候是对手的宾州铁路的汤姆·斯科特即将垄断管道运输业。洛克菲勒的担心绝非杞人忧天。在为一己私利而不断变换盟友的过程中，汤姆·斯科特在战术上与洛克菲勒妥协，但他一直畏惧标准石油公司，想方设法打破它在炼油业的垄断地位，大抵是为了以自己的垄断取而代之。

洛克菲勒对此给予了迅速的反击，让丹尼尔·奥戴铺设了一个输油管道系统。奥戴是标准石油公司历史上最有特色的人物之一，他出生在克莱尔县，是个言语粗俗、身强力壮的爱尔兰人，做起事来残酷无情，却不乏机智和魅力。他能使属下忠心耿耿，令对手胆战心惊。早年他在油溪的一次斗殴中额头上留下了一块伤疤，这伤疤显示出他做起生意来毫不留情的作风。在奥戴的努力下，标准石油公司在 1874 年组建了美国运输公司（American Transfer Company），负责铺设输油管道网络。为了争夺地盘，洛克菲勒还收购了雅各布·范德格里夫特控制的范德格里夫特—福尔曼公司 1/3 的股权。曾做过汽轮船长的范德格里夫特早已把自己的炼油厂并入了标准石油公司。范德格里夫特的输油管道成了另一家公司联合管道公司（United Pipe Lines）的核心业务，但该公司表面上却不受标准石油公司的控制。洛克菲勒把联合管道公司的一小部分股票送给了纽约中央铁路公司的威廉·亨利·范德比尔特和沿湖铁路公司的阿马萨·斯通，加强了与友好的铁路公司之间的关系，此举使得只要石油业中同时存在着这两种运输方式，洛克菲勒便可以从铁路和管道运输中均获得最大的优势。1874 年夏天，第一家输油管道公司的业主们联合他们认为与之竞争的管道运输公司共同制定了运费并且分配了定额，洛克菲勒的管道公司得到了 36% 的巨大市场份额。

通过美国运输公司和联合管道公司，洛克菲勒此时控制了油溪近 1/3 的石油运输。从那以后，标准石油公司在石油运输业的影响同它在炼油业一样无与伦比，在石油运输业的赢利甚至超过了炼油业。手中握有这种权力的人很容易滥用它。采油商可能会因为打出一口好井而立刻觉得自己就要腰缠万贯了，可是如果他不能把喷涌而出的黑色液体接到一条输油管上，这口井就一钱不值。采油商们过去总是说洛克菲勒手中握着他们的生杀大权，随着标准石油公司的输油管道一点一点地延伸进油田，盘旋在油溪两岸的山坡上，这种看得见、摸得着的权力此时已变得十分令人胆寒。

10 谜般人物

1874年4月，标准石油公司搬进了一幢与自己新石油巨人地位相称的四层办公楼。洛克菲勒和哈克尼斯把这幢新楼建在公共广场东面的欧几里德林阴大道43号。大楼的正面是厚重的石质墙壁，标准石油公司的两层办公区面积宽敞、通风良好，中央楼梯上方的天窗给楼内带来充足的光线。每天早上，洛克菲勒9点一刻准时来公司上班。他衣着考究，黑玛瑙的衬衣袖口链扣上刻着一个漂亮的字母"R"；洛克菲勒尽管出身于生活节俭的农村家庭，对衣着却非常讲究，这一点出乎很多人的意料。"洛克菲勒先生有一种沉稳高贵的气质，"一名职员回忆道。"他的衣着总是纤尘不染——就像是刚从包装盒里拿出来的一样。他总是戴着手套，提着雨伞，头上是一顶丝质礼帽。"洛克菲勒非常看重皮鞋是否擦得干净，竟然为每个办公套间免费配备了一套擦鞋用具。洛克菲勒是个高个子，苍白的脸上蓄着精心修剪的金黄色连鬓胡子，每天早上都有一位理发师准时来给他修面。他每次赴约都非常准时，他说："谁都没有权利无谓地占用别人的时间。"

每天早上，洛克菲勒都以他特有的沉稳轻声地与同事打招呼，询问他们的身体情况，然后消失在他简朴的办公室里。不仅多疑的泰特斯维尔老对手们觉得洛克菲勒神出鬼没，就连标准石油公司的员工们也觉得他行动诡秘。一位秘书说："他不爱见人。我从来没亲眼见到他走进或离开办公楼。"另一位下属也说："你总是看不见他，但总能感觉到他的存在。"洛克菲勒很少会见陌生人，喜欢别人用书面形式与他联系。他一向提防行业间谍活动，只让下属知道他们必须掌握的情况，并且曾经提醒一位同事说："在任命（某人）担任掌握公司情况并可能给我们造成麻烦的职务时，我非常谨慎。"洛克菲勒不愿把自己的想法和盘托出，这使得他身边的助手觉得他难以理解。其中一位写道："他总是长时间沉默不语，甚至看不出他是在表示反对，这有时真让我们无所适从。"他善于保守秘密，把自己的脸磨炼得像戴着一副毫无表情的面具一样，下属给他送来电报时，竟然无法从他的脸色上看出消息是好还是坏。

洛克菲勒认为沉默代表着力量：只有内心虚弱的人才会随口乱讲，对着记者喋喋不休，而谨慎的商人则守口如瓶。"成功来自多听少说"和"只说不做的人就像是长满荒草的花园"是洛克菲勒最喜欢的两则箴言。老比尔避人耳目的处世方式鬼使神差地预示了他儿子有着靠多听少说来获得竞争优势的习惯。洛克菲勒在谈判中将他那中西部人典型的沉默寡言发挥得恰到好处，令对手们不知所措，只好对他的意图乱猜一气。洛克菲勒生气时更是沉默得让人觉得恐惧。他喜欢讲这样一件事，有一次，一位气急败坏的承包商闯进洛克菲勒的办公室，对着他暴跳如雷、大喊大叫，他却无动于衷地低头伏在办公桌上继续他的工作，直到那个承包商精疲力尽时才抬起头来。这时，他靠在转椅里左右转着，看着对方冷冷地问道："我没听清你刚才说了些什么，你能再说一遍吗？"

洛克菲勒在大多数时间里都把自己关在办公室里，让人把油价用粉笔抄在办公室的黑板上。他背着手，在这间简朴的办公室里踱来踱去。每隔一段时间，洛克菲勒就会走出办公室，坐在一把高椅子上研究账本，同时在本子和纸上算来算去（在开会时，洛克菲勒的手也一刻不停，不是记笔记，就是乱画一气）。他经常凝视着窗外，连续15分钟雕像似的一动不动地盯着天空。他有一次反问道："我们许多人没能取得大的成就……不正是因为我们没有做到集中精力，不能在适当的时候排除外界干扰，把全部精力集中在要做的事情上吗？"

洛克菲勒每天都按照固定的时间表有条不紊地办事。他从不在琐碎小事上浪费时间。就连每天的休息——10点左右停下来吃点饼干喝点牛奶，午饭后睡一会儿——也是为了恢复精力，使自己的体力和脑力调整到最佳状态。他说："总把每根神经都绷得紧紧的不是件好事。"

在创业初期，洛克菲勒见了面能叫得出每位员工的名字，并且不时会在办公楼里巡查。他走路时脚步很有节奏，像是节拍器一样稳定，总是在相同的时间走过相同的距离。他走起路来几乎没有声音，说话时声音也很轻，像是个殡仪馆老板。他悄然无声地在办公区走来走去，有时会突然停在某个员工的办公桌旁，彬彬有礼地柔声说要检查一下他的工作，吓对方一跳。员工们很少看见洛克菲勒，常常只能猜测他的行踪。"他是大家最不熟悉的人，"一位50多年后仍对洛克菲勒的日程安排迷惑不解的老员工回忆道："有人说他每天要在办公室里工作3个小时，可是我们看不见他来，也看不见他走。他可能有自己的专用通道，不走公共楼梯和走廊。"

洛克菲勒以前曾做过簿记员，因此十分重视记账的作用。一位会计记得有一回洛克菲勒在巡视时突然停在他办公桌旁，很有礼貌地说："请让我看一下。"然后飞快地翻阅这人的账本。"记得很好，"他边看边说，"确实很好。"突然，他发现了一处小错。"这里有一个小错误，你把它改过来好吗？"洛克菲勒翻阅写满密密麻麻数字的账本的速度之快，令那个会计目瞪口呆。"我敢发誓，"会计说，"整个账本上就出了这么一个错。"

洛克菲勒超乎寻常的沉着冷静给每个接触过他的人都留下了深刻的印象。洛克菲勒尽管把自己的意志力磨炼成了达到其目的的有效手段，仍然不失是个性情温和的人。正如他自己所说："不管你现在说出或做了什么让人无法容忍的事情，也休想看出我有丝毫的冲动。"他总是以自己的脉搏低于常人为荣——每分钟只有52次。许多雇员都说洛克菲勒从来没有发过脾气、提高过嗓门、说过污言秽语或是有过什么不文雅的举止。他不同于那些典型的盛气凌人的商界大亨，员工们对他的评价普遍很高，觉得他做事公平，待人宽宏大度，没有大老板的架子。有件事很好地说明了这一点。洛克菲勒热衷于健身，在财务部摆了一架供他锻炼用的木头和橡胶做的健身器。有天早上他来健身时，一名年轻的会计没认出他来，向他抱怨说那台健身器是个讨厌的累赘，要求把它拉走。洛克菲勒说了声"好吧"，就叫人把它拉走了。过了几天，那个年轻人知道了他斥责的人是老板，心里害怕极了，但他并没有因为这件事受到任何训斥。即使是在处罚犯了大错的员工时，洛克菲勒也会觉得不忍心。对于贪污的下属，洛克菲勒不会把他送上法庭，只是把他解雇了事。

在洛克菲勒的一生中，不断有人严厉地指责他是个冷漠、恶毒的人。事实是，像许多不爱交往的人一样，他给不同的人留下的印象是各不相同的。早年向洛克菲勒出售油桶的一位制桶商告诉艾达·塔贝尔说："洛克菲勒很少说话，伙伴们都不喜欢他，大家都怕他，他很孤独。"但洛克菲勒从来没有把对待竞争对手的那种残酷无情用在自己的雇员身上。为他工作的员工通常觉得他举止得体，像家长一样关怀手下的人。一位炼油厂的工人回忆道："他无论见了什么人总是点点头，打个招呼。那些年工厂刚起步时，我们经常面对许多困难，但即使在那种时候，我也从来没见过洛克菲勒先生待人不友好、不和善或者发急的时候。他不论遇到什么事都不会失态。"洛克菲勒的妹妹玛丽·安认为，那些关于洛克菲勒脾气暴躁的说法纯系谣言。她说："约翰跟任何人都能融洽相处。"确实，如果洛克菲勒不具备某种人格魅力，至少在待人接物方面是如此的话，他也不可能在商界取得如此辉煌的成就。

洛克菲勒极其重视员工。在标准石油公司发展初期，普通员工的招聘他都要亲自参加（在征服了其他炼油中心后，公司员工人数膨胀到了3000人，洛克菲勒已不可能直接参与员工招聘了）。洛克菲勒对他的帝国的发展充满信心，只要发现优秀人才，就将其招至麾下，不论当时是否需要。

洛克菲勒比技术专家要高明许多。他有一种吸引员工团结在自己左右的魔力，是个善于鼓励人的领袖，尤其欣赏社交能力出众的管理人员。"与人交往的能力，就像咖啡和糖一样，是可以买到的商品，"他曾说，"而且我为这种能力付的钱比买世上任何其他东西付的钱都要多。"

洛克菲勒鼓励员工直接向他提意见或建议，并且一向关心员工的生活。他经常写信询问生病或退休员工的情况。洛克菲勒在付给员工工资和退休金方面十分慷慨，高于同行业的平均水平。40多年后，一位老员工在回忆公司当年的情况时多少有些夸张地写道："公司里从来没有发生过一起罢工，也没人对公司表示不满；现在已经没有哪家公司能像标准石油公司那样关心自己的老员工了。"应该指出，炼油业是个资本密集型产业，炼油工人的不满情绪不像煤矿工人或钢铁工人那么强烈。即使是在不景气的年份里，标准石油公司也能赚取大量利润，这使得它有能力慷慨地体恤属下。一位为洛克菲勒作传的作家甚至认为"他是当时最好的雇主，因为他建立了住院补贴和退休金制度"。

服从管理的工人会觉得洛克菲勒是个好老板，但是如果有人做出什么愚蠢的举动，例如试图建立工会，就会立即失去洛克菲勒的同情。洛克菲勒从来不承认工会组织的合法性，也不容许有人在他的工厂里组织工会。他还保留了评价员工私人生活的权利。洛克菲勒用自己谨慎保守的标准来要求员工，惩罚与人通奸的管理人员，对离婚的人表示不满。安息日的仪式是必须要遵守的，他的同事如果在本应去教堂的日子给洛克菲勒写信，往往不敢在信上用真实的日期。

约翰·阿奇博尔德的例子最能说明洛克菲勒是如何过问下属的品行改造的。洛克菲勒非常喜欢这个成天乐呵呵的、爱开玩笑、笑声爽朗的年轻部下。洛克菲勒最初劝他戒酒时，他假装履行诺言，却在马甲口袋里放些丁香花来掩盖身上的酒味，以免洛克菲勒发现真相。1881 年，他的酗酒行为已经有目共睹，严重地破坏了他的身心健康，再也无法掩饰了。于是他写了一封悔改信给洛克菲勒，再次做出保证："敬爱的洛克菲勒先生——我以前说的话都像是谎言。我现在要以从未有过的严肃和郑重的态度向您做出保证：只要我们之间的关系还能维持下去，我就每个星期天向您写保证信，直到您说我不用再写了为止。"从那以后，一连 8 个月，阿奇博尔德每个星期天都要给洛克菲勒写一封信，证实自己在那个星期没有酗酒；例如他写过："谨以此信证实本人已 5 个星期没有喝酒。"阿奇博尔德真诚地做出了努力，但在 4 年后，他至少有一次恶习复发，并为自己辜负了严师而羞愧难当。"我以前从来没见他这样沮丧过，他陷入无法自拔的痛苦之中，"一位标准石油公司经理告诉洛克菲勒。"我想没人能完全了解他为了戒掉这个坏毛病付出了多大的努力，也没人能体会到他因旧病复发而痛心疾首的心情。"其他几个经理不想再让洛克菲勒失望，便试图骗他说阿奇博尔德误服了含酒精的药物。

洛克菲勒手下的雇员们十分尊重他，竞相取悦于他。正如一位员工所说："我从没听说过有谁能像他那样把众多优秀人才团结在一起，激励每个人都为公司竭尽全力……他很了不起，胸襟宽广，而且很有耐心；我认为像他这样的人在这个世界上五六百年才会出现一个。"洛克菲勒很少公开表扬员工，他的方法是通过微妙的暗示督促员工前进。首先，洛克菲勒会全面严格地考验员工，而一旦员工得到了他的信任，就会被赋予极大的自主权，除非出了严重的疏漏，洛克菲勒一般不会干涉他们的工作。"一般情况下，提拔员工最好的方法是——当你相信他们具备必要的素质并且觉得他们有能力胜任时——把他们带到深水区，推进水里，任他们自己努力，或是沉入水底，或是游上岸，"洛克菲勒想起了老比尔在奥瓦斯科湖上用在儿子们身上的方法，并且说："他们不会失败的。"为了协调如此庞大的机构的工作，洛克菲勒必须下放权力，标准石油公司的部分行为准则是，培养下属自己为公司做事。一次，洛克菲勒向一名新员工介绍说："有人告诉过你在这里工作的规矩没有？还没有？是这样：能让别人去做的工作，就不要亲自去做……你要尽快找到一个可以信任的人，培养他做你的工作，然后自己坐下来，动脑筋想想怎么才能让公司多赚些钱。"洛克菲勒身体力行地贯彻这一原则，使自己从繁琐的日常行政管理工作里脱出身来，把更多的时间和精力用于宏观决策上。

最重要的是，洛克菲勒用自己狂热的完美主义观点激励着员工。洛克菲勒做事从不马虎，他写的几十万封商业信函都经过不厌其烦的修改，篇篇都是言简意赅、措辞讲究的典范。洛克菲勒每次给秘书口授完信函，都要修改五六遍，直到把每个多余的字都删掉，认为收信人能得到他想传递的信息后，才工工整整地签上自己的名字。一位高级助手回忆道："我见过他一连在几百份文件上签字。他签每个名时都认认真真，好像那个签名将是他被后人怀念的信物似的。在他心目中，每一个签名都是一件艺术品。"这种源于洛克菲勒追求卓越的激情感染了整个公司。标准石油公司在世界各地的业务都明显地体现出约翰·D·洛克菲勒的个性。

洛克菲勒并没有给标准石油公司引进许多技术革新，他专门负责制定公司的政策和理论基础。他是位无与伦比的管理者，每天准确无误地处理潮水般涌来的建议。洛克菲勒具有超乎常人的反应能力，在各种选择面前具有一流的判断能力。也许正因为如此，洛克菲勒更像现代企业的首席执行官，而不同于与他同时代的那些趾高气昂的工业巨头。

由于在19世纪末信息交流和数据保存的方法十分原始，洛克菲勒要是不能高超地处理大量的数据，是不可能管理好他那个权力分散的石油王国的。分类账本使他可以像操纵木偶似地通过看不见的力量控制整个公司。洛克菲勒对数字了如指掌，这使他可以把复杂多样的系统简化成一个通用的标准，不管计算结果多么残酷，洛克菲勒都能毫不迟疑地接受。洛克菲勒曾坦言："数字是我制定政策的唯一依据，别无其他。"马克·汉纳把洛克菲勒贬低成"一个超级经济工作人员，簿记的化身"。这种论调不仅忽视了洛克菲勒远见卓识的领导才能，而且低估了分类记账在现代企业中的重要作用。数字是洛克菲勒用以衡量千里之外的下属机构经营情况的客观标准，使他能够看穿它们的不实之辞。洛克菲勒以这种方式从公司最高机构到最底层全面推广理性管理：标准石油公司的每一项成本计算都精确到小数点后几位。

洛克菲勒本人具有出众的数学才能，也十分看重具备这一素质的下属。在决定是否雇用乔治·罗杰斯做秘书时，洛克菲勒掏出表来看看罗杰斯要用多长时间为一张数据表计算出总数。罗杰斯算完后，洛克菲勒说："不错，你在规定的时间内完成了计算，"然后立即决定雇用这个年轻人。罗杰斯为洛克菲勒工作了许多年，很得洛克菲勒赏识。罗杰斯记得一些他的老板注意细节，在金钱方面一丝不苟的趣事。一天，洛克菲勒离开办公室时，翻遍自己的口袋，发现没有带零钱，就向罗杰斯借一个 5 分硬币。罗杰斯主动表示这钱算送他了，洛克菲勒却谢绝道："不，罗杰斯，别忘了问我要。这可是 1 元一年的利息呐。"

洛克菲勒认为自己的成功很大程度上得益于他的快速计算能力。在与戴维·霍斯泰特（David Hostetter）博士谈判向对方买下他心仪已久的价值百万的哥伦比亚管道公司（Columlbia Conduit Company）时，洛克菲勒故意让谈判对手滔滔不绝地讲了半个小时，自己却一直在心里计算利息支付条件。"结束谈判时，"洛克菲勒回忆道，"他接受了我提出的条件——谈判过程中我在脑子里一刻不停地计算，为我节省了 3 万元的利息支出。"这件事微妙地印证了在洛克菲勒的全部文件中始终若隐若现的反犹太情绪。在谈起自己借以战胜霍斯泰特博士的数学能力时，他洋洋自得地说："我不会忘了它是怎么帮我打败那个犹太佬的。"

随着时间的推移，洛克菲勒几乎不再接触炼油、运输和营销等实际业务——这些活动大都在标准石油王国的尘土飞扬的外围领地中进行——而是呆在总裁的办公套间里，专心处理财务、人事、行政和有关公司大政方针的事务。洛克菲勒轻视技术知识在企业中的重要性。"我从来没有觉得自己需要掌握科学知识，从来没有。想在工商界取得成功的年轻人不需要学习物理或是化学。他总能雇得到科学家。"

然而，在标准石油公司创业初期，洛克菲勒每隔一段时间就要巡视一次工厂设施，并且不耻下问，目光犀利，一边收集资料，一边不停地盘问工厂的负责人。洛克菲勒的口袋里老是装着一个红色的笔记本，有了什么改进工作的建议就记在上面，并且向来关注这些建议的落实情况。他很清楚下属们十分害怕那个红本子。洛克菲勒饶有兴致地承认道："有好几次和一些部门经理共进工作午餐时，我刚一掏出红笔记本，就看到其中几位的脑门上开始冒汗了。"

洛克菲勒有另辟蹊径地看问题的才智，在分析一项业务经营时，他能把它分解成几个组成部分，设法对其加以改进。在很多方面，他走在了弗雷德里克·温斯洛·泰罗[①]效率管理研究的前面。洛克菲勒认为每家工厂都可以永无止境地加以改进，他在公司内部造成了一种不断追求完善的气氛。公司运作的规模越大，越是要求关注细节问题，这尽管看上去有些不合常理，但是如果在一个地方节约 1 分钱，就可能在全公司省出上千倍于这个数目的钱。19 世纪 80 年代初，洛克菲勒视察了一家位于纽约市的标准石油公司下属工厂。这家工厂灌装 5 加仑一桶的煤油，密封后销往国外。洛克菲勒观察了一台机器给油桶焊盖的过程后，问一位住厂专家："封一个油桶用几滴焊锡？""40 滴，"那专家答道。"试过用 38 滴没有？"洛克菲勒问。"没有？那就试试用 38 滴焊几桶，然后告诉我结果，好吗？"用 38 滴锡焊的油桶中，有一小部分漏油——但是用 39 滴焊锡的则没有出现这种情况。从那以后，39 滴焊锡便成为标准石油公司下属所有炼油厂实行的新标准。"那滴节省下来的焊锡，"洛克菲勒退休后仍然满意地微笑道，"在第一年为公司节约了 2500 元。而且公司从那以后出口量一路上扬，翻一番，翻两番——远远超过了当时的水平；这项节约措施也一直得到贯彻，每桶节约一滴，从那时到现在，已经累计节约了好几十万元。"

这样的事例还有许多，例如，在保持油桶强度的前提下一点一点地减少桶板的长度、降低桶箍的宽度。然而，洛克菲勒并不是个只图省钱的傻瓜。比如，他坚持要求公司建立稳固结实的工厂设备来降低维修费用，尽管这样做会造成较高的初始成本。他还尽量充分运用从原油中提炼出来的各种成分。公司在成立最初 2 年里主要经营煤油和石脑油。后来，在 1874年，公司扩大了业务范围，开始生产其他石油副产品，经营做口香糖用的石蜡和筑路用的石油沥青。不久，公司又开始生产铁路和机器车间用的润滑油，以及蜡烛、染料、油漆和工业用酸。1880 年，标准石油公司兼并了新泽西州的切斯布劳制造公司（Chesebrough Manufacturing Company），以增强其凡士林的销量。

从进入炼油业那一天起，洛克菲勒在技术方面就一直听红脸膛的山姆·安德鲁斯的。用硫酸净化原油的技术最初就是安德鲁斯传授给洛克菲勒的。然而，1874 年安姆布罗斯·麦格雷戈被任命为标准石油公司在克利夫兰各炼油厂的总负责人后，成了安德鲁斯强有力的对手。洛克菲勒开始渐渐认为安德鲁斯是个平庸之辈，跟不上这一领域的新发展，安德鲁斯已经感受到来自更有能力的麦格雷戈的威胁。

洛克菲勒雄心勃勃地不断借贷和投资，令目光短浅的安德鲁斯觉得苦恼。1878 年 8 月，标准石油公司宣布给股东发放 50% 红利，这一决定加剧了他们两人之间的分歧。安德鲁斯后来抱怨说："公司挣的钱足够发放比那高 2 倍的红利，而且还有盈余。"尽管洛克菲勒尽量避免与同事发生冲突，但最不能容忍那些喜欢多得红利，不愿把收益再投资于生产经营的董事。一天，安德鲁斯怒气冲冲地对洛克菲勒说："我真不想在这个公司干了。"洛克菲勒便向他摊牌，问道："山姆，你好像对公司目前的经营方式没有信心。你要多少钱转让你手里的股票？"安德鲁斯张口就说："100万。""让我保留 24 小时的购买权，"洛克菲勒说，"我们明天再讨论这件事。"第二天上午安德鲁斯来到公司时，洛克菲勒已经给他准备好了一张100 万元的支票。实际上，洛克菲勒非常害怕安德鲁斯在公开市场上出售他持有的大量公司股票，这会压低公司股票的价格，影响公司的信用，因为此时标准石油公司正在大举借款，其债务相对股份资本的比例已经偏高了。

一开始，安德鲁斯对这笔交易欣喜若狂，认为自己得到的钱高于股票的实际价值。然而洛克菲勒随即就把这批股票卖给了威廉·范德比尔特，一转手就赚了 30 万元。安德鲁斯后来大骂洛克菲勒手段卑劣，洛克菲勒便派人告诉他，可以按原价买回他的股票。懊恼的安德鲁斯一口回绝了这个公平的提议，决定留下卖股票的钱。有人估算，假如安德鲁斯当时留着这些股票，到 20 世纪 30 年代初，那些股票大约价值 9 亿美元。安德鲁斯因自尊心受到伤害，一赌气做出了这个鲁莽的决定，没能成为美国最富有的人之一。

安德鲁斯的行为让洛克菲勒十分生气，对这位与他并肩打江山的老伙伴最后剩下的感激之情也一扫而光，并且嘲笑他缺乏商业头脑。洛克菲勒与人结下怨仇后，往往会把那人说成是个恶棍。他后来提及安德鲁斯时说："他不学无术却又自以为是，做事毫无章法……支配他一举一动的是那种无知的英国人典型的自私自利和同样邪恶的偏见。"洛克菲勒就这样多次专门攻击过英国人。至于安德鲁斯，他不仅失去了一个发大财的机会，而且后来用卖股票的钱在欧几里德林阴大道买了一栋奢华而又丑陋的住宅，梦想有一天能在那里款待维多利亚女王。这幢被人们称为"克利夫兰最矫揉造作的住宅"的五层怪物有 100 个房间，用了同样多仆人，并且赢得了一个名副其实的绰号："安德鲁斯的蠢物"。从那以后，安德鲁斯对每一个有耐心听他说话的人喋喋不休地辱骂洛克菲勒。莫里斯·克拉克的话可能说出了山姆·安德鲁斯的真实想法："卖出股票前，他怨恨约翰；卖了股票后，他是在怨恨自己。"标准石油公司对怀疑它锦绣前程的人从来都毫不留情。

注释

①Frederick Winslow Taylor，1856—1915，美国工程师，创立科学管理制度即泰勒制，被誉为"科学管理之父"。

11 虔信之家

当美国新生的百万富翁们醉心于购建华屋广厦，把屋子装饰得从中世纪浪漫情调到《一千零一夜》式异国风情无奇不有的时候，洛克菲勒却对购置地产情有独钟。1873 年他在福里斯特山（Forest Hill）买下了一块 79 英亩的土地，那里风景宜人，林木繁茂，陡峭的溪谷和沟渠纵横交错，离他在欧几里德大道的家仅 4 英里之遥。两年之后，他召集了一批投资者从他手里买下这块地，在上面建起一所专门实行顺势疗法和水疗法的疗养院。作为这笔交易的一部分，由洛克菲和斯蒂芬·哈克尼斯修建一条短短的铁路以便人们造访这处近郊风景胜地。由于这两个投资项目在 19 世纪 70 年代的经济萧条中均受到了冲击，洛克菲勒又把这块地买了回来，在上面建起一座形状极不规整的大房子。自 1877 年起，他开始将这房子当成自己的消夏别墅，也许是认为这里的环境有益健康，因为一年前医生诊断出塞迪可能患了肺病。在医生的敦促下，洛克菲勒一家曾于 1876 年夏天前往空气干燥清新的科罗拉多度假。洛克菲勒大概认为，妻子去那里可以避开福里斯特山一带湖边潮湿的空气。

为了说明洛克菲勒是个毫无品味的庸人，艾达·塔贝尔讥讽福里斯特山的那所房子是"一座既粗劣又丑陋的建筑"。别的批评者也竞相对它冷嘲热讽，竭尽污蔑之能事。事实上，这所备受嘲弄的房子是约翰·D 最钟爱的清净之地，他称赞它道："是的，我喜欢福里斯特山胜过其他任何一所家宅。"这所房子位置极佳，坐落在一个陡峭的小山之巅，伊利湖的秀丽景色尽收眼底。它使洛克菲勒回忆起童年时莫拉维亚那个坐落在奥瓦斯科湖畔的家。这座维多利亚式的建筑外观粗俗、华而不实，游廊、山墙、角楼和凸窗杂陈无章。洛克菲勒喜欢的是屋里宽敞的房间和窗外开阔的视野。他喜欢阳光和空气，便把室内的窗帘、壁挂等统统去掉，还加修了一条玻璃长廊，使室内充满了阳光。他甚至请人在会客室安装了一架巨大的管风琴。

指责洛克菲勒品味低下的人虽然没有说错，但漏掉了重要的一点：在那个富豪竞相炫耀珍奇异宝的时代，洛克菲洛却把舒适看得比高雅更为重要。他家中从不悬挂狩猎战利品，也没有一架子一架子装帧精美却从未打开过的书或其他奢侈的装饰品。洛克菲勒布置房子是为了实用，而不是让陌生人赞叹，他在1877年写到福里斯特山的壁炉时说："我在这里参观过许多人家的壁炉，但就自家房间的风格来说，我们认为并不需要像一些当地人那样，花钱在壁炉里贴上图案漂亮的瓷砖或诸如此类的东西，我们要的是与我们房间的风格相称的实用、简朴的壁炉。"

全家人需要过一段时间才能适应在福里斯特山的生活。这所房子最初是按旅馆的式样盖的，这从屋子的布局上就能看出来：正门左侧是一间办公室，接下来是餐厅，里面摆着一排小餐桌，楼上过道两侧全是小小的卧室，每层楼四周都有回廊环绕。外面的游廊也是按度假胜地的风格建造的，里面摆满了竹制家具。也许正是这样的设计使得约翰和塞迪有意将福里斯特山办成招待朋友的付费俱乐部，1877年夏天他们确实请了十几位朋友在这里度假。这想法同当初建疗养院的设想一样，后来证明是大错特错的了。作为"俱乐部客人"，许多人来后指望塞迪能像女主人一样招待他们，而这是不可能的。有些人不知道自己去的原来是一处收费场所，当他们回家收到账单时不由大吃一惊。洛克菲勒的孩子们也一样如坠雾中、不知所措：他们在一间大餐厅里吃饭，由一大批身着黑礼服、风度翩翩的男仆来伺候。一年之后，洛克菲勒撤消了这项考虑不周的买卖，解雇了仆人，动手把楼上那些紧挨在一起的小房间改建成套房或大卧室。

1877到1883年间，洛克菲勒全家仍然把欧几里德大道的房子当做主要居所，只在福里斯特山过夏天。后来，他们在福里斯特山逗留的时间逐渐延长，此处的地产慢慢扩展到700英亩，雇来的人手也增至136人之多。

过了一段时间之后，全家只在春秋两季去欧几里德大道小住，但每个周日仍然带着从福里斯特山备好的冷午餐，去那条街上的浸礼会教堂做礼拜。1883 年下半年，洛克菲勒举家迁往纽约，自此便将福里斯特山作为他们在克利夫兰唯一的住所，但他从不否认自己对欧几里德林阴大道 424 号旧宅仍然保持一份感情上的眷恋。他们定期修缮旧宅，使之随时可以接纳来访的亲戚。他们自己再也没有去那里住过，那所房子也慢慢变成无人光顾，只用来纪念昔日辉煌的地方了。将其改建为残疾儿童康复院或老人院的计划也未能付诸实施。塞迪后来说："我们都太爱这所房子了，它在我们心中是那样的神圣，实在舍不得改作它用。"尽管福里斯特山离办公室路途遥远，洛克菲勒仍然每天早晨坐着他那辆用两匹快马拉的双座轻便马车进城。他一如既往地热衷于赛马，而且此时已拥有了十几匹好马。他在福里斯特山为自己修了一条半英里长的跑马道，两旁如荫的枫树是他儿子亲手种的。他还为每个孩子买了英国威尔士和设得兰产的矮种马。70 年代中期之前，他通常在办公室工作到中午，然后回家吃午饭，午后则和家人一起忙着做一些户外运动。他在一条小溪上筑坝建起两个人工湖，一个用于划船，一个用作游泳池。天气炎热的时候，他经常在周长一英里的湖里游泳，头上戴着一顶草帽以免白皙的皮肤受太阳暴晒。爱上自行车运动以后，他又将许多蜿蜒崎岖的小道平整了一遍，又把自行车送给学会骑车的客人以资奖励。他尤其喜爱滑冰，在严寒的天气里来洛克菲勒家的湖上滑冰的有时一天多达 50 人——其中很多就住在附近，却与他家素不相识。洛克菲勒恪守安息日（周日）不工作的规定，不允许在这一天往湖面上浇水平整冰场，于是有时便在周日前一天滴水成冰的午夜后起床，指挥工人为第二天滑冰作准备。

洛克菲勒尽管对福里斯特山住宅的内部布置没有兴趣，却每天都要在户外呆上几个小时。这个瘦高个子的男人四处巡查他的领地，设计修建新的户外景观、碎石小径、花园、马房和车棚。他还建起一座颇具规模的农场，养了 16 头奶牛和上千只鸡。洛克菲勒自己当工程师，顺着山势在杨树、山毛榉、橡树和枫树丛里修了 20 英里的马车跑道。他指挥五六十个工人在这片地上开了一个石灰石场，以便为他的宏伟规划提供石料，还在山路上溪水流过的地方修了几座别致的小桥装点景色。为了保证整体布局的效果突出，洛克菲勒甚至移动了几株大树，他干得很在行，没让一株树在移植中受到伤害。他不断地改变布局，决不只是为了建造宜人的景色或是点缀一小片花园；这是洛克菲勒的典型风格：为了改造自己的小王国，永无止境地设计出宏大的计划。

对于洛克菲勒的孩子们来说，福里斯特山的生活可能有些郁闷，因为父母切断了外界的诱惑，他们只能在巨大的房子周围孤独地游荡。这种孤独感和对外面生活的向往对小约翰的影响尤其大，他由家庭教师教到10岁，成年后回忆童年时说自己是个"害羞、脆弱、不适应外界的孩子。"

其实，他原本就没有他父亲那种健壮的永远精力旺盛的体质。1874年1月29日，洛克菲勒一反常态，眼含喜悦的泪水来到标准石油公司办公室，告诉亨利·弗拉格勒和奥利弗·佩恩说，塞迪刚刚生下了他俩的第一个儿子。迈拉·赫里克医生在欧几里德大道楼上一间卧室里接的生，洛克菲勒就在走廊的另一头满怀期望地等着。塞迪写道："所有的人都很高兴，我们终于有了个男孩——因为前面4个都是女孩——而且这孩子发育得很好。"她总是把小约翰的降生——叫小约翰是为了和老约翰相区别——同"妇女基督教禁酒会"在俄亥俄州成立联系起来。作为该组织的创始人之一，她原想同她的教会姐妹们一起去当地的酒馆做祈祷、唱赞美诗，劝人觉醒。她后来对小约翰说："要不是一个小男孩拴住了我的话，我本来是要和她们一起去的。"她同样在这孩子身上灌输了弃恶扬善的基督教精神和对酒的厌恶。

这男孩瘦小多病，缺乏他父亲那样的勃勃生气，倒更像体质柔弱的母亲；在他3岁前，父母一直为他的健康担忧。他的童年在一个幽闭的环境中度过，远离那个可能污染他思想的世俗世界。他后来回忆童年时光时，仅能记起一个玩伴：福里斯特山管家的儿子哈里·穆尔。"那时我有一架照相机，我们两个常在一起拍照玩。"尽管如此，小约翰还是在这幢房子周围发现了许多可供他游玩的迷人的地方，长大后时常回忆那些田园诗般的生活，那些在划船、游泳和郊游中度过的夏日午后。小约翰和姐姐们或躺或坐在一棵巨大的、树枝垂到水面上的山毛榉树下，轮流朗读诗歌和故事。他尽管在回忆中删除了那些不快的阴影，听上去十分美好，但在童年时写的信确实充满了儿时备受父母宠爱、处处得到保护的温情。也许，小约翰的童年生活并非如外人所认为的那样孤独。几十年后，他幼年的玩伴凯特·斯特朗回忆旧事时曾对他说："那时候你大概是最讨人喜欢的男孩子，你的朋友都这么认为……有爱心、会体贴人、办事周到、说话风趣，聪明得几乎不像你那个年龄的孩子。"无论走到哪里，小约翰总是备受女性的宠爱，爱得有时几乎让他透不过气来。

标准石油公司的人从不记得老约翰曾经发过火，小约翰也想不起爸爸有过发怒的时候。父亲总是很有耐心，一味鼓励，尽管他吝于赞誉之辞。小约翰说他父亲是个"受欢迎的伙伴，很会与孩子们相处。他从不教导我们做什么或不做什么。他是我们当中的一员。"与老比利的自怜自爱不同，约翰·D的家庭责任感可以说有点过多。约翰和塞迪从不对孩子们施行体罚，而是通过言传身教向孩子灌输道德规范。他们教导每个孩子听从自己良心的指引，因为唯有这样才不会犯错误。

对于这个注定要继承世界上最大一笔财富的男孩来说，金钱无处不在，真可谓熟视无睹——"那时在我眼里，钱就像食物、空气和水或其他东西一样没有什么特别的，"小约翰后来说道——但又不能轻易到手。他像一个农村穷孩子一样，得靠自己补花瓶、修钢笔或者削铅笔来挣零花钱。老约翰深知许多孩子都是被富有的父母给宠坏了，因此利用一切机会教儿子认识钱的价值。一次，洛克菲勒正在福里斯特山的家中让一位理发师刮脸，小约翰进来说他打算把向主日学捐的钱定期一次交清，这样比一次一次地交省事多了。"我们先来算算清楚，"洛克菲勒提议道。他让小约翰一步步计算出来结果是，这样做小约翰将损失11美分的利息而主日学却1分钱也没多得。小约翰走后，洛克菲勒对理发师说："我并不在乎孩子用那种方法捐钱。我愿意他捐钱，但我更希望他学会在小事上也精打细算。"

人们向洛克菲勒称赞他儿子时，他总是坦率地说："那都是他妈妈教育出来的。"塞迪用她那种禁欲主义的生活方式带孩子，用自我克制的日常习惯教育他们。她自以为对孩子们的管教方式甚为柔和，却不知自己有时相当专横。她曾说："只要孩子们在一起玩得很高兴，即使吵闹一些我也不会去阻止他们。"塞迪虽然性格温柔、为人和善，却十分喜欢说教，有时甚至做得过了头。例如有一次她曾对邻居说："幸好儿子告诉我他圣诞节想要什么礼物，这样我就可以拒绝他了。"孝顺的小约翰事事想博得母亲的欢心，并且继承了她全部的虔诚。"多么仁慈的上帝，赐给我们几个可爱的女儿之后，又给了这个独生儿子，"塞迪后来写道。"尽管他年龄最小，却是最有勇气、独立能力和基督徒品格的孩子。"她给儿子制定了无数条清规戒律，告诉他不许跳方形舞，因为那种舞男女混杂，很不道德；这个小完人还在10岁的时候，大人就让他郑重其事地在誓言上签字，保证将来"不抽烟、不说脏话、不喝任何含酒精的饮料"。拼命向他灌输道德教条的女性还不止母亲一个，外祖母斯佩尔曼也再三要求他参加儿童禁酒集会。凡此种种，在小约翰的生活核心中埋下了一个奇特的矛盾：一方面父亲被公众指责为商业罪犯，另一方面母亲却在不断向他灌输道德和宗教意识。小约翰同他的父亲一样，逐渐形成了一套颠倒的世界观：正直的洛克菲勒家族总是遭到目无上帝、不理解他们的世俗社会的攻击。

由于上面有3个姐姐，小约翰在一个以女性为主的环境里长成了一个柔弱的男孩子，他很少经历过兄弟之间那种粗暴的游戏和戏弄。这样的经历使得他变得女性化了，穿姐姐们穿小了的裙装，学习缝纫和编织，甚至还上过烹调班，就好像有那么一天他得亲自料理家务，为自己做三明治似的。比他大8岁的姐姐贝西倒是很关心弟弟，但她毕竟不和他成天在一起；小约翰是同另外两个更不听话、更任性的姐姐艾尔塔和伊迪丝一同长大的。一位曾去他家作客的朋友回忆说，艾尔塔是"这3个孩子里最淘气、最胡来的"，伊迪丝则十分骄傲，"善于察言观色，工于心计。"由于几个姐姐得到的关心不如弟弟多，她们或许反而拥有更多反抗和质疑问难的自由。艾尔塔就曾经取笑他说："那时我们几个女孩常常觉得约翰应该是个女孩，而我们是男孩子才对。"尽管性别不同，小约翰还是成了母亲的至宠，因为他是几个孩子中与母亲最相像的——服从、责任感强、总想取悦于人。这个模范孩子将来还要努力成为一个模范成人，尽管这样做常常给他带来痛苦的结果。

洛克菲勒家迁入欧几里德林阴大道424号后不久，伊利大街浸礼布道教堂也迁到了这里——不久改名为欧几里德大道浸礼会教堂——就是这个苦苦挣扎的教堂对洛克菲勒一生的发展起过重大的影响。从当时的风气和方便的角度来说，洛克菲勒家更适合就近加入圣彼得圣公会教堂，像附近许多气质高雅的夫妇那样，每个星期天上午从豪华的马车中走下来进入教堂。他们却从欧几里德大道驱车到那座貌不出众的褐砂石尖顶教堂去，和那些中下阶层教众们聚在一起做礼拜。小约翰说："去那儿的人没几家日子好过的。"洛克菲勒与这些出身卑微的人在一起并不觉得别扭，而是十分珍视这种与自己的根源的联系。他需要在这种朴素而又充满感情的浸礼会式祈祷中得到精神滋养，也许还想表明自己并未被财富宠坏。

欧几里德大道浸礼会教堂被人们称做洛克菲勒的教堂，这不是没有原因的：到19世纪80年代初，洛克菲勒就已经在支付该教堂年预算开支的一半，并承诺家里的孩子每周都向教堂捐钱，规定"每个孩子捐献的20美分要靠自己的劳动去挣，例如拔草什么的。"洛克菲勒从不去夜总会和剧院之类邪恶的游乐场所，教堂是他在公众前露面的唯一机会，他总坐在第9排的固定座位上，招引来越来越多的好事者如爱看热闹的人、专栏作家、乞丐和游手好闲的家伙围观。洛克菲勒喜欢浸礼会派教徒那种无拘无束、乐观开朗和激进好胜的精神，他对当地的慈善活动向来慷慨解囊。受其恩惠最多的包括：有名的独臂"兄弟"J·D·琼斯（他在皈依基督教之前住在克利夫兰码头边停靠的一艘破驳船上），专为无家可归的青少年讲授《圣经》和做生意技能的贫儿学校，还有克利夫兰水手联合会，该会向酗酒的水手宣传禁酒和基督教教义，洛克菲勒本人经常在午饭时来到这里，同那些海员不分彼此地混在一起。

宗教是洛克菲勒的精神支柱，是他紧张忙碌的商业生活的必要补充。他有一次在称赞牧师的作用时说，他需要"有好的布道辞每过·两个星期给自己鼓鼓劲，就像给老钟表上弦一样"。在他的一生中没有过信仰危机的记载，对于年轻时接受的正统观念也没有过痛苦的怀疑。他认为虔诚的人必须做善事，即使在祷告的时候，他的目光也在教堂里转来转去，寻找需要帮助的穷人。他会从口袋里掏出几个小信封，塞上一些钱，在外面写上教友的名字，然后在同他们握手道别时悄悄将这些礼物塞到他们手里。每周五晚上的祷告会，他和塞迪也总是按时参加；据说他们在克利夫兰居住的40年里，很少有不去参加教堂聚会的时候。

洛克菲勒在1872—1905年间担任过主日学的校长——其间他还在一所贫穷的传道学校里担任过副校长，尽管时间很短——塞迪则是学校婴儿部的负责人。她喜欢去旁听丈夫讲课，而且自始至终充满敬慕地望着他。他通常早早来到教室生火，课程结束时又亲自将煤气灯熄灭。秋天，他也会偶尔产生点儿诗意，采一大堆树叶分发给班里的孩子们。他讲话的主题不外乎有关禁酒运动的老生常谈。"孩子们，知道我为什么没有变成酒鬼吗？"洛克菲勒问道，目光在房间里环顾一周。"因为我从没喝过第一口。"为了让孩子们明白他的话，他告诉孩子们不要太放纵自己，不要仅仅为了取悦他人而喝酒。"这下我就不是好人了，"他用反话说道，"因为我从未喝过酒。"他每年夏天都邀请主日学的教师去福里斯特山野餐，但不许喝酒，这大概是他一年当中最有节日气氛的一天了。

由于有传言说洛克菲勒有时从他的读经班中为标准石油公司招募雇员，所以这个班的学生数量大增。洛克菲勒实际上禁止在班上谈论商业上的事情，这是一个副经理触了霉头之后才学到的教训。此人以每桶1.09元的价格购进一批石油，想听听洛克菲勒的建议，是否再把这批油卖掉。班上有个学生回忆道，洛克菲勒当时的反应迅速而又意味深长：

> 洛克菲勒先生脸上的表情马上变了样，把一条腿放到另一条腿上又放下来，身子向前探了一下后又把那条腿放了上去，但始终没说一句话。那位副经理开始不安起来，感到有些尴尬……最后他问："如果您处在我的位置上会怎么做？"洛克菲勒回答说："按我认为是最好的办法去做。"

这种令人坐立不安的沉默向来是洛克菲勒表达强烈不满的方式。

尽管洛克菲勒讨厌别人再三追问自己的想法，他自己却时常将商业与宗教混在一起，并把教堂变成宣扬资本主义的重要讲坛。对神学上的争论或是讨论来世的问题，他毫无兴趣。在主日学上课时，他一遍遍地重申他的座右铭："通过公平诚实的手段能赚多少钱就赚多少，能留下多少就留下多少，能捐多少就捐多少，我认为这就是我们的宗教责任。"有一次他在星期天遇到他的秘书驱车出游，就劝告她要注意未雨绸缪。"他先道歉说不该在星期天谈业务，"那位秘书回忆道，"然后又说成功的商业活动中包含很多教义。"伴随工业化进程而来的收入差距加大的现象并不令他感到惶然，因为这正是天意的一部分。到了事业的这个阶段，洛克菲勒在物质上的成功肯定增强了他的信仰。他能挣到这么多钱一定是靠了上帝的恩赐，这份恩典令人叹为观止，它表明上帝选择了他来完成某种神圣的使命——否则上苍为何独独对他如此慷慨呢？在这个镀金时代，贪欲腐蚀了宗教价值观的现象比比皆是，然而在洛克菲勒眼中，他手里大堆大堆的金子就是上帝支持他的明证。

对约翰和塞迪来说，戒酒运动为他们清教徒式拯救世界的愿望提供了用武之地，连他们的孩子都加入了一个名为"忠诚军团"的禁酒组织，在那里，大人描述喝了魔鬼朗姆酒的人所做的恶行，用来吓唬孩子们。作为妇女基督教禁酒会发起人之一，塞迪和其他出身优越的妇女一起定期去一处名为威士忌山的克利夫兰贫民窟，住在那一带的主要是些移民矿工。上午 11 点左右，这些妇女涌入那一带的小酒馆，跪着为那些酗酒的罪人们祈祷。这些颇有勇气的妇女还租下店面，开办了一系列"友谊餐馆"，向这些"醉醺醺的饥渴的灵魂"分发"健康食品和菝葜根做的戒酒药"。约翰是其中一家主要的禁酒宣传站"中心友谊餐馆"的主要捐助人，并由此成为街坊文教馆运动的发起人之一。有时他也和塞迪一起去袭击那些卖掺水烈酒的小店。他永远忘不了有一次在一个小酒馆里遇到他从前在 E·G·福索姆商业学校的一个同学时的情景，那人坐在酒馆里，喝得脸又红又肿的，过不了多久就会死于饮酒过度。

南北战争之后，塞迪的父母已由支持废奴运动转向大力支持禁酒运动了。1870 年之前，他们居住在纽约的布鲁克林，在当地的市政和宗教活动中他们表现出来的道德感之强，不亚于当年在俄亥俄州时的情形。两人有所分工，斯佩尔曼先生鼓动当局关闭他在布鲁克林挨个数出来的 2500 家销售朗姆酒的店铺，斯佩尔曼太太则直接去酒馆里做祈祷，规劝那些酒鬼。在 1873 年后的经济大萧条期间，斯佩尔曼先生预见到即将发生一场朗姆酒和戒酒运动、撒旦与基督的大决战。他把那段艰难时光看成是上帝对那些贪得无厌的工人和雇主们的惩罚。他固执地断言道："上帝对人的愚蠢和穷奢极欲的惩罚是无声无息的，但又是不可抗拒的。"斯佩尔曼先生此时每月从标准石油公司的纽约分部支取一份薪水，他用适当的措辞将自己的经济观点告诉了女婿。"最大的问题出在管理经费过大以及在运费问题上无限制和破坏性的竞争上，"他说，暗示出他对垄断的支持态度。哈维·斯佩尔曼于 1881 年去世之后，他妻子回到克利夫兰，与约翰和她两个女儿塞迪和露特住在一起，在这 3 个斯佩尔曼家的女人的共同影响下，洛克菲勒家原本就很激进的基督教精神变得更加旺盛。

洛克菲勒那些恶毒、狡诈的经商手段使得竞争对手们暴跳如雷，但在日益衰老的母亲眼中，他却是个温柔可亲的儿子。伊莱扎还保留着切西尔街的老房子，把约翰的画像自豪地放在客厅壁炉的上方。她一年中大部分时间和弗兰克和玛丽·安住在一起，但到了夏季，她总是去福里斯特山住。她与大儿子的感情始终是更深一些。她向约翰倾吐心事，有他在身边便感到宁静和快乐，而他也对母亲报以深切的理解和同情。小约翰回忆说："吃饭时奶奶总是坐在爸爸旁边，我记得很清楚，我经常看见父亲在桌旁充满爱意地握着奶奶的手。奶奶绝对信任父亲，全身心地爱他。在任何问题上，'约翰的判断'在她看来都是正确的和不容争辩的。"洛克菲勒经常给"亲爱的母亲"写信，在信中时常开一些轻松的玩笑，这在他写的别的信中是不常见的。"您在福里斯特山的房间好像很寂寞，我们希望您不要让它整个夏天都空着，"有一年 6 月他在给她的信中这样说道。"知更鸟早就在打听您的消息。您只要回来看看它们，我们就会招来整整一草坪的知更鸟。"

70 年代后期，伊莱扎的健康开始恶化——她此时已经快 70 岁了——约翰便请求她不要再抽烟了。她的头发都落光了（这似乎预示着他儿子后来的情形），有时要戴上灰色的假发。随着伊莱扎日渐衰老，约翰对她越来越挂念。"每当她生病不能出门时，爸爸就轻轻走到她床边，用他那平静、和蔼和安慰的口吻告诉她，她的身体不错，很快就会复原的，"小约翰说，"一听到这些她总能重新打起精神来，病情也随之好转。"她的病永远比标准石油公司的业务更重要，如果约翰开会期间她突然犯病，他会马上赶回福里斯特山，径直来到她床边，握住她的手说："好了，好了，妈妈。没事了。"

当人们问起他那从不露面的父亲时，约翰·D 总是搪塞说比尔患有哮喘病——这倒也不是假话——需要干燥温暖的西部气候。魔鬼比尔——或者威廉·莱文斯顿医生——一年中总有一次到两次会以他那种古怪的方式突然出现在克利夫兰。他会突然在克利夫兰电车的最后一站打电话给福里斯特山，要求派辆马车去接他，事先却连一点消息也没有。要不然就是戴着一头漂亮的假发，赶着由骏马拉着的马车，神采飞扬地沿着欧几里德大道驶来。有时甚至会径直来到标准石油公司大楼前，像个小伙子似的箭步冲上楼去。他生就一副乐天的脾气，喜欢四处漂泊，总是爱做什么就做什么。标准石油公司的一位律师说："如果你不喜欢他这样，就别去搭理他！"他的外表依然非常引人注目：光光的脑袋、宽宽的前额、浓密的红色大胡子已经有几处发白。从各方面来看，他还是去年来的那个不知忧愁、兴高采烈的老家伙，穿着一身神气的运动服，衬衣前面别着一枚钻石别针，拉拉提琴、开开玩笑、说说大话。

洛克菲勒的孩子们稍大一些的时候都对爷爷着迷了，把他看作是家族昔日农家生活的色彩斑斓、具有民间气息的最后代表。孩子们对他的劣迹一无所知，只是喜欢他那种粗放的乡下人举止、逗人的拉琴方式和低级的幽默。他的古怪滑稽肯定缓解了这个管束严厉的家中压抑的紧张气氛。小约翰发现爷爷总是"乐呵呵的，讨人喜欢，"他说："祖父洛克菲勒最招人爱了……全家人都喜欢他。他的到来使人愉快，不过他总是来去无踪。"比尔也像当初对自己的孩子一样把带来的步枪送给孙子孙女们，在远处的树上钉上靶子教他们射击，给他们讲打野鸭子的经历。活泼的伊迪丝最得他的欢心，每当她击中靶心，他就乐得手舞足蹈（这一点跟约翰很相像），还一边喊道："我敢打赌，她10次有8次能打中！"这样闹腾几天之后，爷爷会突然失踪，谁也不知道他去了哪儿。

约翰对父亲始终心存怨气，从不写信给他，但他并不去干涉孩子们对爷爷的感情。比尔来的时候，他总是表现得很客气，但故意躲得远远的。对外人和报界，他从来只说父亲是个善良正直的人。比尔的到来在伊莱扎心中也同样激起矛盾的情感。1885年他来福里斯特山时，她起初推说肚子疼，不愿见他，尽管后来还是和他在一起呆了一天。这种时候她肯定愿意他早点走开。

从许多方面说，比尔作为莱文斯顿医生的生活与他从前与伊莱扎在一起的生活没什么两样。他仅在伊利诺伊州的弗里波特和玛格丽特一起越冬，其他的日子里则四处游荡，把她一个人扔在家里。比尔是个富于叛逆精神的个人主义者，身上那种自由自在的美国式激情驱使他只在文明社会的边缘过日子，他甚至会跑到更加偏远的荒野里去。他又是个行为荒诞不经的人，只能远离那些老于世故、容易起疑心的城里人，在乡巴佬和其他轻信的人面前玩他那些把戏。也许傻瓜蛋日渐稀少了，或是警长们更尽责了，比尔此时只能从一个州跑到另一个州去推销他那些玩意儿。

以目前莱文斯顿医生的身份，比尔不仅要忍受怒火中烧的约翰默默的谴责，还得放弃在比尔名下的任何财富的所有权。世上还有比这更重的惩罚吗？面对儿子如此令人目眩的财富，他肯定也曾考虑过是否抛掉伪装，恢复洛克菲勒的身份。但这不是个可行的选择，因为这样一来就会大伤玛格丽特的感情，暴露他可耻的重婚行径。于是，这位石油业风云人物的父亲只好继续顶着假名四处游荡，做他的小生意。

洛克菲勒的姐妹们对他成年后的生活起的作用很少。姐妹中他最喜欢露西，她生性温柔、平和，在兄弟姐妹当中可能是最随和的一个。但她长期患病，在1878年40岁时便去世了——也许就是这件事使得伊莱扎的健康状况开始恶化。露西的丈夫皮尔逊·布里格斯为标准石油公司在俄亥俄的总部当了将近15年的采购代理。他为人和善，成天乐呵呵的，很受约翰的孩子们喜欢。露西死后，布里格斯又娶了克利夫兰的一个富家女儿，他那个爱好音乐的女儿弗洛伦丝则在约翰和塞迪的看护下在福里斯特山住了很久。

洛克菲勒的妹妹玛丽·安嫁给了脾气随和的威廉·拉德，他是克利夫兰做杂货生意的钱德勒—拉德公司的总裁，两人生有两男两女。玛丽·安性格内向、不喜交往，后来因常年不出门而变得性格怪异。她总是一袭黑衣，像居丧似的，身体也有些变形——有人以为她是个驼背。她在欧几里德大道上她的家里制定了专断的社交规矩。例如，来访者必须准时到达而且来访时间不可过长。玛丽·安的丈夫很富有，她却节俭得出奇，好像家里总是缺钱花似的。她坚持不雇佣人，自己擦洗她家那座貌不出众的白房子的前廊，亲自做一切家务，这简直是对新教劳动观念的病态夸张。她从不去教堂，也很少来拜访约翰和塞迪，尽管他们住得很近。威廉·拉德与他那位离群索居的太太恰恰相反，他是福里斯特山的常客，在那里可以避开家里抑郁的气氛。他也是约翰最喜欢的人之一，总有讲不完的玩笑，闹不尽的恶作剧，口袋里总是鼓鼓地塞满了带给孩子们的糖和坚果。有一天，他拖着一麻袋脏兮兮的陈土豆来到福里斯特山。洛克菲勒家的孩子都感到迷惑不解，最后发现原来每个土豆上都巧妙地插着一个小金片。

在三兄弟当中，约翰一直长得最像伊莱扎，威廉则同时继承了父母两人的特点。弗兰克酷肖比尔，也是一副大大咧咧的样子。他酷爱打猎，也爱热闹、讲故事、喝酒、抽雪茄、大声说笑话，经常出入于克利夫兰的夜总会。不过弗兰克身上那些不讨人喜欢的地方也逐渐显现出来：他脾气暴躁、偏执、多疑，经常与约翰发生冲突。弗兰克的一个朋友说："你再也找不到两个来自同一个家庭，彼此却有如此大差别的人了。"尽管两人有过几次和好的时候，但彼此之间的嫌怨很快发展成憎恶，最终导致家庭分裂，威廉与约翰为一方，老比尔则和弗兰克站在一起。弗兰克虽然也喜欢威廉——威廉经常试图劝这兄弟俩重归于好——但觉得他对约翰太过于言听计从了，更令他烦恼的是，就连他自己也不敢公开反对约翰的领导地位。

在联邦军队中受伤复员后，弗兰克进了商业学校学习，并且同约翰和威廉一样，毕业后在一家贸易代理行找了一份簿记员的职位。与哥哥们不同的是，他未能由此发展起来，这也预示了他将来的命运。弗兰克一直想超过两个哥哥，在1870年娶了身材高挑、容貌俊美的海伦·E·斯科菲尔德之后，也进入炼油业并且成为标准石油公司的竞争对手。斯科菲尔德家是来克利夫兰较早的家族之一，海伦的父亲威廉·斯科菲尔德是亚历山大—斯科菲尔德公司的合伙人，该公司也是在1872年克利夫兰大屠杀中被约翰兼并的主要炼油厂之一。弗兰克娶了约翰的主要竞争对手的女儿，约翰只能把这件事解释为是对他的挑衅。

1876年兄弟两人之间的抵触情绪演化成了公开的对抗。那年，弗兰克在一个议会委员会调查改造南方公司时出庭作证，指控约翰在收购亚历山大—斯科菲尔德公司的过程中曾使用高压手段。弗兰克知道报界正在没完没了地四处打探对他哥哥不利的证据，便透露了约翰曾说过的威胁性的话，令记者们兴奋不已："我们与铁路方面结成了联盟。我们打算把克利夫兰所有的炼油厂都买下来。我们会给每个人一个入伙的机会，当然也会给你们一个机会。拒绝合作的人终将要垮台。如果你们不把厂子卖给我们，它就会变得一文不值。"弗兰克还说，受到同样威胁的并非亚历山大—斯科菲尔德公司一家。"在克利夫兰大约有20家公司都是在这种威胁下出手的，他们几乎人人都会告诉你们一个同样的经历。"多年后约翰因此而受到起诉时，他摇摇头难过地说道："可怜的弗兰克！"事实上，每次这样公开冲突之后，弗兰克经常去找约翰说上一大堆道歉的话。"约翰，原谅我好吗？我是头蠢驴。"他去这样悔过的原因之一大概是他长期欠着哥哥的债。

两兄弟每次谋求和解的努力均以失败告终。1872 年弗兰克自认被挤出石油业之后，撤出自己在亚历山大—斯科菲尔德公司的股份，买下了伊利湖上的一支船队。作为和解的表示，约翰给了他一份标准石油公司的运货合同，但弗兰克把这个机会给弄糟了。一次弗兰克外出打猎时，标准石油公司突然急需从湖上运出更多的石油，而他的船队却由于管理不善，一时无法承担增加的运量。弗兰克回到克利夫兰后，约翰责备他说："弗兰克，这种情况不能再发生了。如果你还想好好做生意的话，咱们就接着干；如果不想干，我们就另外找人。"弗兰克和他吵起来后，约翰的回答是："你算算你在这些船上拥有多少资金，报个数吧！"第二天，约翰就用支票买下了弗兰克在船队的股份。弗兰克还常常在证券和期货市场做投机生意，同他生性谨慎的哥哥更加疏远了。

约翰很瞧不起弗兰克的岳父威廉·斯科菲尔德，这无疑使兄弟俩的紧张关系雪上加霜。约翰与威廉·斯科菲尔德之间的关系可谓不共戴天，据说有一次约翰曾对山姆·安德鲁斯说："瞧见了么，山姆，那就是斯科菲尔德。我迟早会在他腰上来那么一刀的。你等着瞧吧。"这是克利夫兰炼油商 J·W·福西特告诉艾达·塔贝尔的，也许是杜撰的——洛克菲勒几乎从不用这么恶毒的口吻说话——但他与斯科菲尔德的积怨确实特别深。1872 年标准石油公司买下亚历山大—斯科菲尔德公司时，这家公司的几位合伙人曾发誓再不涉足炼油业。然而，仅过了一年，斯科菲尔德就重新组建了一家炼油公司——斯科菲尔德—舒默—蒂格尔公司——这在约翰看来是不可饶恕的背信弃义的行为。"真是一群强盗，"洛克菲勒后来说。"那样称呼他们一点儿也不过分。"他忍了 3 年之后，在 1876 年与自己的老对头达成了一项秘密交易。他向斯科菲尔德—舒默—蒂格尔公司投资 1 万元，两家成立一个合资企业，他同意为该公司购买原油，销售他们生产的成品油，并且答应给他们铁路运费折扣，但同时限定了他们的加工配额。为达成这个协议，洛克菲勒同这几个新的秘密合伙人商定，用一个特别邮政信箱互递消息；对此，艾达·塔贝尔写道："事实上，再也没有比那些成天围着他们转却什么消息也打探不出来的人更惨的了。"如果洛克菲勒自以为收服了一个对手的话，他很快就会省悟过来的。由于斯科菲尔德—舒默公司的产量远远超过配额，使标准石油公司不得不起诉他们。这次的判决影响巨大——却未能阻止洛克菲勒后来采用同样的手段——1880 年，克利夫兰的一位法官裁定标准石油公司败诉，认为它对竞争对手的产量实施限制，执行的是一份限制贸易的合同。1878 年，弗兰克与 C·W·斯科菲尔德和 J·W·福西特合伙在克利夫兰开办了一家名为先锋石油公司（Pioneer Oil Works）的炼油厂，又一次冒犯了自己的哥哥。约翰此时痛下决心，要将弗兰克的公司纳入标准石油公司门下。他通过一直居间调停的威廉告诉弗兰克说，标准石油公司加工原油的成本要低一半。起初，这项计划的结果似乎事与愿违。1879 年春，弗兰克开始同俄亥俄州玛丽埃塔的几家独立炼油厂主一起谋划对策，那几家公司曾经指控标准石油公司和铁路方面串通一气，企图把标准石油公司告上法庭。约翰·D 的手下告诉他，他的小弟弟正躲在相邻街区的一家杂货店里同人密谋如何算计标准石油公司的经理，让他们吃传票，他听后不由得恼羞成怒。随着岁月的流逝，情况反而变得更加不可收拾。

12 油田风波

1875 年，宾夕法尼亚地理测量所主任亨利·里格利（Henry E. Wrigley）在一份报告中发出警告说，该州——因此也就是全世界——的石油产量已经达到了顶峰，即将出现大滑坡。这一声明无疑是石油业的死亡通告，从而加剧了从一开始就笼罩着这一行业的恐慌气氛。然而几个月之后，人们便在位于宾夕法尼亚油溪老油田东北的布拉德福德发现了一个新油田，宣告了里格利预言的破产。顿时，数千名狂热的采油人云集此地，石油产量迅速上升，每桶油的价格也从 1876 年的 4 元暴跌至两年后的 70 美分。这又一次证明，该行业的复苏往往正是它毁灭的开始，陡升陡降的行市周期使生产商们的情绪也变化无常，此刻还是腰缠万贯，一夜之间就可能变得一文不名。

拥有大批储油罐和输油管道、炼油厂和石油副产品加工厂的洛克菲勒在油田早已成为家喻户晓的名字，成了一个威力无边的庞大幽灵，因为他的业务完全是通过代理人经营的。他这种高高在上的地位令对手们一筹莫展，他们觉得自己像是在同一个鬼魂搏斗。在由布拉德福德新油田过量生产造成的危机中，许多人指责是洛克菲勒在操纵油价，尽管他所做的只不过是如实地反应了供求规律罢了。由于在 1878 年发生了即期装运之争，标准石油公司与原油生产商之间连续不断的小摩擦终于爆发为一场激烈的大战，其程度几近于那场由改造南方公司引发的风波。

这场斗争有以下几个起因：布拉德福德一带新油井纷纷涌现之际，标准石油公司为了保持自己在管道运输方面的垄断地位，昼夜不停地修建输油管，免费把这些新油井与它的输油系统连接起来。在一次炫耀实力的行动中，丹尼尔·奥戴率领他那支敢打敢拼、动作麻利的施工队一天之内将5个油井接到了联合管道公司的输油系统上，并且迅速建起了几个巨大的储油罐用以储存来不及运走的原油。他们的工程速度惊人：1878年4月至11月间，布拉德福德的储油量由100多万桶猛增至450万桶。尽管如此，采油商们却不接受从前的教训，毫无节制地开采，使产量远远超出了该输油系统的运输和存储能力。过度开采的石油因无处储存，流得满地都是，开采商们非但不赞赏标准石油公司为他们所做的努力，反而认为这是一桩恶毒的阴谋。奥戴在写给洛克菲勒的信中流露出对这些人的误解感到愤愤不平。他抱怨道，不论他们干得多快，"每天仍有至少1万桶原油无法处理，我们的用意再好也无人理解。"

尽管如此，许多原油生产商们仍然认为，即便危机不是洛克菲勒一手造成的，他也从不放弃任何机会，利用合法的手段剥削身陷困境的竞争对手。由于储油罐爆满，标准石油公司向所有的原油生产商发布声明说，今后不再办理暂存业务，只接受即期运往炼油厂的石油。标准石油公司提出的原油收购价比当时的现价低了整整20美分，后来又实行分期付款，把生产商们逼上了绝路。有份商情报告尖刻地说这项政策是"永远正确的洛克菲勒陛下放出的一头公牛，"是对这场危机采取的极度专横、毫无人性的对策。但是，即使从石油业的角度来看，生产商们做出的反应也显得过于激烈了。每天都有怒气冲冲的人群在标准石油公司办公室门前排队，急吼吼地要求运油。标准石油公司在这方面有很大的偏向，优先考虑往本公司所属的炼油厂运油——这在洛克菲勒看来是再自然再正常不过的事——而生产商们却争辩说，输油管是公共运输工具，必须对所有的人一视同仁。生产商们认为，他们的财富甚至他们自身的生活全都危在旦夕。标准石油公司的一位律师回忆说："生产商们甚至以纵火和谋杀相威胁，他们半夜带着面具成群结队地出来游行，喊着威胁性口号。"奥戴的一个手下也回忆说："那些人在夜里大批大批地走上街头，从头到脚用床单蒙住，像三K党那样，朝着标准石油公司大喊大叫，发出嘘声表示抗议。"有人公开煽动大家烧掉标准石油公司的泵站，公司大楼的墙上被人画上了骷髅和交叉的骨头，肆意破坏的现象此起彼伏。

为了平息生产商们的怒气，宾夕法尼亚州派内务专员威廉·麦坎德利斯（William McCandless）对石油业进行调查。标准石油公司负责管道运输的官员们态度傲慢，俨然一副石油业霸主的样子，对麦坎德利斯的传票置之不理，拒绝提供证据。然而，麦坎德利斯却在 1878 年 10 月发表了一份为标准石油公司开脱罪责的报告，生产商们为此怒不可遏，纷纷表示抗议。到处有传言说麦坎德利斯收受了贿赂，人们在布拉德福德街头吊起他的模拟人像，口袋里露出一张巨大的面额为 2 万元的假支票，上面有洛克菲勒的签名和宾夕法尼亚铁路公司的背书。报纸则报道说，有位布拉德福德的居民邀请洛克菲勒去那里作客，突然想起那里的混乱局面，便警告他说："您不要来了。因为一旦您来了就别想再活着回去。"

即期装运之争引起了双方的敌意，因为洛克菲勒认为这些生产商尽是忘恩负义、不知足的小人，若不是靠了他超速建起的联合管道公司输油系统，他们的油便会一钱不值，而且这套系统马上就要连接到 2 万个油井上。他以嘲笑的口吻这样描述了对手们的态度："我们拒绝接受一切忠告，让生产的石油超出了存储和运输能力，而我们自己又没有建储油罐。你们竟敢不运走我们生产的所有石油？你们为何不顾过剩的石油已经使所有市场萎靡不振的事实，付给我们 1876 年的高价？"这一事件使洛克菲勒坚信，生产商们敌视他是毫无道理的，他也因此拒不接受任何批评，哪怕批评得再有根有据。不过，与生产商不同的是，标准石油公司并未在布拉德福德危机中遭受真正的损失，他们在 1878 年发放的红利令人羡慕不已：每股 60 元，股票面值为 100 元。洛克菲勒已经如愿以偿地控制了这一行业——无论生产过剩还是生产不足，他都能赢利，丝毫不受市场变动的影响。

由于大批采油者云集布拉德福德，这场石油业地理大迁移唤醒了洛克菲勒的劲敌——宾夕法尼亚铁路公司的汤姆·斯科特心中蛰伏已久的野心。标准石油公司将当地幸存的几家独立炼油厂尽收囊中之后，敌对的管道输油公司和铁路公司的官员们大吃一惊，意识到标准石油公司很快就能随心所欲地抢走他们所有的货运生意。幸好宾夕法尼亚铁路公司的铁轨贴近布拉德福德的油井，他们看到了削弱标准石油公司的控制，为自己赢得新客户的好机会。在这场挑战中打头阵的是该公司很有冲劲的子公司——

帝国运输公司，它拥有 500 英里的输油管线和上千辆油罐车。帝国运输公司甚至有胆量在纽约、费城和匹兹堡等标准石油公司的炼油基地向对方示威，收购对手的炼油厂并以低廉的运费争取新的炼油客户。此时，帝国运输公司似乎存心要挑起事端，又开始铺设自布拉德福德至海边炼油厂之间的输油管线——这无异是在向标准石油公司的统治地位直接发起挑战。

推动这场进攻的力量来自于一个几乎可与洛克菲勒相匹敌的人：帝国运输公司总裁约瑟夫·波茨（Joseph D. Potts）上校，他甚至认为，如果洛克菲勒采用正当手段公平竞争，自己便能胜过他。波茨出生于一个信奉贵格会的制铁商家庭，原先是个土木工程师，颇有才干，在南北战争中获得了上校军衔。他鼻梁高耸，一张传教士式的长脸，留着白色络腮胡子。他为人十分严肃认真，对《圣经》和石油业均了如指掌，雄心勃勃地想成为与洛克菲勒旗鼓相当的敌手。洛克菲勒尽管欣赏波茨"不屈不挠的意志"，却以不屑的态度评价他是个"精明的石油人，滑得像油一样"。波茨回敬了这样的恭维，讥讽洛克菲勒是个毫不手软的掠夺者。谈起洛克菲勒当时组建的炼油商卡特尔——中央炼油商协会（Central Refiner's Association），波茨说了一段令人难忘的话："它就像吸血鬼轻轻扇动的翅膀，目的同吸血鬼没什么区别——毫不留情地吸干被害者的血。"

波茨开始蚕食他的领地时，洛克菲勒要求与宾夕法尼亚铁路公司的汤姆·斯科特和 A·J·卡萨特等人会面。正如他在私人回忆录中所证实的那样，洛克菲勒处处提防帝国运输公司，认为它既是腐败的宾夕法尼亚铁路公司官员的非法掩护，把理应属于股东们的利润装进自己的口袋，又是该铁路公司打着联营协议的幌子不露声色地骗人的工具。在与那些铁路官员会面时，洛克菲勒说话的口气像个受了委屈的无辜者："瞧，我在分配石油运量方面对你们宾夕法尼亚铁路公司特别优待，如今你们这些谦谦君子却允许你们的同事波茨上校闯入中央炼油商协会的领地。好嘛，这跟强盗行径有什么两样！你们必须叫这个偷猎的波茨住手。"尽管当时宾夕法尼亚铁路公司运输的石油有 2/3 来自标准石油公司，斯科特仍然决定不向这个最大的客户让步，如果此举不能给洛克菲勒带来毁灭性打击，至少也能削弱他的势力。

洛克菲勒把斯科特的固执当做是宣战的表示。与宾夕法尼亚铁路公司开战，意味着他将面对美国最强大的企业，但他毫不动摇地应战了。1877年春天，洛克菲勒明确告诉宾州铁路的官员说，如果帝国运输公司不退出炼油业，标准石油公司便把自己的运输业务转给其他铁路公司。看到对方毫不退让，洛克菲勒发动了全面进攻。为了迫使宾州铁路公司就范，他让他在匹兹堡的所有炼油厂全都停产，同时命令克利夫兰的炼油厂相应增加产量。他还散布消息说，标准石油公司的炼油厂将在所有与帝国运输公司竞争的市场上以远远低于对方的价格出售煤油。洛克菲勒又要求向来坚定地站在他一方的两家铁路公司——伊利铁路和纽约中央铁路——降低运费，向宾州铁路公司逐步施压。为了使新转到这两家铁路的运输任务能顺利完成，弗拉格勒与威廉·范德比尔特达成一项协议，赶造600辆油罐车。洛克菲勒以迅雷不及掩耳之势，着手制服这家世界上最大的货运公司，而多年来，不论是在工商界还是政界，该公司一向被认为是不可战胜的。卡萨特后来承认，为了与标准石油公司抗衡，宾州铁路不得不给予巨额折扣，其结果是，为别人运油还得倒贴钱。

最后连老天也似乎在帮洛克菲勒惩罚对方。为了大幅度降低运费以应付标准石油公司的进攻，汤姆·斯科特解雇了数百名工人，并且把工资削减了20%。他把火车加长了1倍却不增加司乘人员，结果导致司乘人员集体辞职以示抗议。1877年，当巴尔的摩—俄亥俄铁路公司也宣布把工资降低20%时，抗议升级为铁路总罢工。这是美国劳工史上最残酷的斗争之一，死了好几十个人。仅在匹兹堡就有500辆油罐车、120辆机车和20座建筑物被工会会员付之一炬。由于破坏造成的损失如此惨重，宾州铁路的官员们不得不向华尔街求援，从德雷克塞尔—摩根公司（Drexel, Morgan and Company）筹措一笔紧急贷款。各州州长派出了国民军①维持秩序，连拉瑟福德·海斯总统②也派出联邦军队去支援，全国都在以惊惧的目光关注着事态的发展。在为宾州铁路面临的麻烦乐不可支的同时，洛克菲勒肯定也感到不寒而栗，因为有谣传说，2000名荷枪实弹的极端分子要来欧几里德大道游行示威。这场动乱结束后，泰特斯维尔的一名记者透露，油溪的居民们差点儿借这次动乱之机向标准石油公司施行报复："只要有人一声令下，一场暴乱便可能发生，他们打算夺取铁路自己来管理，抢占联合管道公司的财产，并且很可能烧毁标准石油公司在这一地区的所有产业。"

罢工者烧毁了他们抢来的 2000 多辆货运车辆，他们的反抗揭开了美国工业史上劳工斗争的新纪元。

遭受了这一系列打击之后，宾州铁路公司当年没有分红，使得其股票价格在交易所里一落千丈。尽管波茨还想继续斗下去，斯科特却主张谈和。宾州铁路公司虽然不完全拥有帝国运输公司，却有权买下非其所有的该公司股份，面对波茨的固执，斯科特用的正是这一招。斯科特为一己之利调转方向的速度之快，令洛克菲勒都感到好笑——他甚至未通知波茨（心知波茨肯定憎恶他的背叛行为）便派卡萨特去克利夫兰告诉洛克菲勒和弗拉格勒，说他"非常希望和解"。洛克菲勒谈到波茨的惨败时幸灾乐祸地说："波茨上校想要证明自己是伟大的摩西，可惜他失败了，彻底失败了。"

帝国运输公司的投降给标准石油公司带来的好处超出了洛克菲勒的预料，他获得了大批的战利品。斯科特由于现金紧缺，不但同意停止炼油业务，还将一大笔资产贱卖给标准石油公司——有炼油厂、储油罐、输油管线、一支蒸汽船队、拖船、驳船和装货码头——事实上，这些资产远远超出了标准石油公司的购买力。1877 年 10 月在费城一家饭店与洛克菲勒进行谈判时，斯科特神气活现地炫耀这些财产，但丝毫掩盖不了他的失败。洛克菲勒回忆说："我甚至现在都可以想出（斯科特）的模样：戴着顶大软帽，昂首阔步走进那家小酒店的房间来与我们会面，不是像过去那样老想摆平我们，而是面带微笑，冲着炮口走过来说：'喂，小伙子们，咱们怎么干？'"在接下来的谈判中，斯科特拼命讨价还价，并且在两个条件上拒绝让步：一、标准石油公司必须买下帝国运输公司的全部资产，包括那些老掉牙的湖上船队；二、标准石油公司必须在 24 小时内用保付支票交付 340 万元报价中的 250 万。

后一项要求标准石油公司实在难以满足，他们在保险柜里的现金只够需付金额的一半。洛克菲勒连忙赶回克利夫兰，风也似地将当地银行跑了个遍，这通忙乱已多年未见。他登上马车，拜访了一位又一位银行行长，上气不接下气地对他们说："我必须得到你所有的钱！有多少要多少！不会有问题的！把你的钱都给我！我得赶中午的火车。"由于无法说服标准石油公司的同事买下那些蒸汽船——洛克菲勒总是要等大家达成一致意见后才采取行动——他居然以个人名义借了几十万元，为自己买下了这些船。尽管这些只赔不赚的破船使他在后来的几年里捉襟见肘，他却从来没有为这个果断的决定后悔过，因为这是在为标准石油公司的整体利益着想。

在与斯科特的决斗中，洛克菲勒没有打算将对手彻底打垮——换了斯科特也许会对他这么做——而是寻求停战以加强双方的联盟。他的常年目标是：只要可能就尽量和解，以求扩大自己的势力。在一项新的联营计划中，标准石油公司同意每年通过宾州铁路运送至少200万桶石油，以重新树立对方在石油业中的地位；作为交换，标准石油公司从它在该公司的货运中收取10%的佣金（即：回扣）。更为重要的，标准石油公司还被指定为一项由各铁路公司新制定的总体规划的"平衡人"——也就是执行人。该计划规定，由宾州铁路公司承担总运油量的47%，伊利铁路公司和纽约中央铁路公司各承担21%，巴尔的摩—俄亥俄铁路公司则分得11%。为了进一步控制对方，洛克菲勒的输油管道总管丹尼尔·奥戴又于1878年2月通知宾州铁路公司：从此以后标准石油公司将对经由宾州铁路运输的原油每桶收取至少20美分的回扣——它对伊利铁路和纽约中央铁路也是这么规定的。洛克菲勒一举击败全国最大的铁路公司，从而牢牢地控制了三大铁路公司；驯服了傲慢的汤姆·斯科特之后，再没有哪家铁路公司的总裁胆敢向他挑战了。

此次惨败使波茨上校大破其产、颜面扫地。他儿子回忆道："他总是怀疑标准石油公司买通了宾州铁路的一些董事。别人则说这里面有人收受贿赂，但谁也拿不出证据来。"不管怎么说，波茨不愿承认自己被洛克菲勒击败的事实。艾达·塔贝尔用她浪漫主义的眼光看待洛克菲勒的一些敌手，把波茨上校说成是一位坚贞不屈的壮士，石油业的亚伯拉罕·林肯，惨遭标准石油公司的迫害，而实际上他只是个既能干又有雄心的商人，只是在一场权力斗争中输给了一个更为精明大胆的对手。19世纪80年代初，波茨放弃了与标准石油公司作对的原则，成为该公司下属的一家管道运输公司——全国运输公司积极勤奋的董事。

与帝国运输公司的恶斗吸引了人们的注意力，没想到几乎在此同时，还有一出重头戏也拉开了帷幕：标准石油公司从戴维·霍斯泰特手里买下了哥伦比亚管道公司。对洛克菲勒来说，购买哥伦比亚公司具有深远的战略意义，因为这条石油运输管线是巴尔的摩—俄亥俄铁路公司（B&O）的原油运输生命线。哥伦比亚管道公司将宾州西部生产的原油输送到 B&O 公司在匹兹堡的终端站，再由那里经铁路运到巴尔的摩的炼油厂去。所以，只要控制了哥伦比亚公司，洛克菲勒就能制服第 4 家亦即最后一家大型铁路公司，同时也获得了对连接油井和铁路干线的所有主要输油管线的无可争议的控制权。一句话，他要将自己的势力延伸到石油业的每个角落。正如艾达·塔贝尔在哥伦比亚公司落入洛克菲勒手中之后所说的那样："事实上，任何一桶油如果想运到铁路上去，都必须得到（洛克菲勒）首肯。"

到这时为止，标准石油公司已在克利夫兰、费城和匹兹堡打垮了所有能与之竞争的炼油厂，只剩下纽约几家不堪一击的小厂在固守阵地。最后几个与之抗衡的主要对手是在西弗吉尼亚和巴尔的摩，这些炼油厂都依靠 B&O 公司运输原油。因此，控制了哥伦比亚管道公司，洛克菲勒就可以一举击败最后这几家独立炼油公司。反过来说，一旦控制了西弗吉尼亚和巴尔的摩的炼油厂，他就能迫使这家铁路公司屈服了。

洛克菲勒派去执行这个复杂任务的人叫约翰逊·纽伦·卡姆登（Johnson Newlon Camden），他是西弗吉尼亚州帕克斯堡的一家炼油厂主，几年前秘密投靠了标准石油公司。卡姆登本人曾几次被选入国会，后来还当选为参议员，但他没有把尽公民义务的做法应用到他高超的商业行为中。相反，卡姆登向对手使出了强烈的高压手段，这一点在他 1876 年初兼并匹兹堡几家炼油厂的过程中就表现出来了。为了扼杀最后几家竞争者，他专横地告知当时向该市几家独立炼油厂提供油桶桶板的主要供应商亚历山大·麦克唐纳："不准向匹兹堡提供桶板。我们的策略就是通过控制销往匹兹堡的油桶和桶板来控制该地的石油业，"他向标准石油公司总部的报告中也是这么说的。他又进一步向麦克唐纳发出严厉的指示说："未经（标准石油公司）许可，一块桶板也不准运到匹兹堡去。"只要匹兹堡燃起竞争之火，洛克菲勒就会派卡姆登去那儿灭火，有一次还告诉他说："在这个紧要关头，不能给独立的匹兹堡炼油厂任何机会在任何市场上销售当地的石油，这一点尤其重要……我们非常想实现集中控制的目标，所以希望你为此再坚持几天，在这之后但愿你能永远解脱。"

与洛克菲勒一样，卡姆登在策划反竞争手段和使贸易陷于瘫痪方面诡计多端，很有才干。为了削弱当地竞争者的实力，他控制了西弗吉尼亚的原油供应，令那些独立炼油厂束手无策。当人们向洛克菲勒谴责这种厚颜无耻的幕后操纵行为时，他只是叹气，说他对此事一无所知，然后公开对他那些过激的下属责备几句了事——这是他一生中惯常采取的姿态。实际上，卡姆登也和其他下属一样，从来都把自己的行动如实汇报给洛克菲勒，包括与独立炼油商们最初进行的几次谈判："我正在会见这里（帕克斯堡）和玛丽埃塔的所有小炼油商……我们要么将他们吃掉，要么就饿死他们。"

卡姆登在其他城市组建卡特尔时，遇到了当初曾困扰洛克菲勒的同样的难题。许多敲诈勒索者知道标准石油公司买下破败的工厂就把它们关掉，便趁机收购旧厂准备再转卖给标准石油公司。卡姆登对此大为挠头，抱怨说小炼油厂"繁殖得像耗子一样快，"甚至绝望地认为，制服他们会像"消灭园子里的杂草那样麻烦。"标准石油公司成功地稳定了煤油的价格以后，吸引了许多人重操旧业。这时，洛克菲勒对企图敲诈的奸商采取了严厉的措施。巴尔的摩有几家炼油厂起初拒绝了标准石油公司的合理报价，如今又想把厂子出手，洛克菲勒对这些人的回答听上去就像复仇之神在说话，他告诉卡姆登："他们的诡计失败了，现在只有等死。出出汗对他们的健康有好处。如果……这些家伙能熬到最后才赔本卖掉工厂，敲诈不成反而害己，或许能治好他们的毛病，也给你将来省掉无穷的麻烦。"卡姆登的记录也证实了洛克菲勒这一判断：他买了一堆无用的废物，却养肥了一群对炼油几乎一窍不通却对敲诈勒索无所不精的家伙。

卡姆登还照搬了洛克菲勒在纽约、新泽西和费城逐步完善的伎俩，他买下巴尔的摩的滨水区，为 B&O 公司的一个石油出口终端站建了码头和仓库。既然标准石油公司在当地有了运输基础设施，巴尔的摩的炼油商们便不可能自行其是了。标准石油公司事实上已与铁路业密不可分。1877 年 12 月 21 日，卡姆登洋洋得意地向洛克菲勒汇报说，他们已经征服了最后一个独立的炼油中心："我们已经彻底清除了在巴尔的摩出现新炼油厂的所有可能性，目前看来我们可以说了算了。"

于是，就在克利夫兰大屠杀过了 5 年之后，38 岁的洛克菲勒凭借他的海盗天赋和卓越的策略，最终控制了将近90%的在美国生产的成品油。也许这个行业的缝隙中还有上百家小炼油厂在苟延残喘，但对标准石油公司来说，它们大多微不足道，难以构成任何威胁，由它们去自生自灭。洛克菲勒自己也承认，允许这些小厂存在有其政治目的，因为这样会给人一种竞争依然存在的假象，尽管它早已荡然无存了。他喜欢搬出这些任他摆布的幸存小厂来证明，所有关于标准石油公司使用高压手段的说法统统是毫无根据的夸张，石油业里是一片生机盎然的竞争景象。

洛克菲勒在追求对石油业的统治方面永无止境。70年代后期，他将重点由铁路转向另一主要运输方式——输油管道——所有权的争夺上。那些关于油田即将枯竭的预言并没有使他却步，标准石油公司拥有足够的资金和动力铺设一个遍布宾州西部的巨大输油管网。到1879年，这个联合企业就控制了那里几乎全部的输油管系统，把从几千口油井吸出的原油输送到储油罐里或铁路发运站。只要有人钻探到石油，标准石油公司就闪电般地将管道接到他的井口，这样既保证了他的生计，也使他毫无选择地依赖于这家联合企业。

标准石油公司的输油管线总管丹尼尔·奥戴是个粗野好斗的家伙，他要求手下几支施工队在施工速度上紧跟新油田的开发进度，每天得以1英里半的惊人速度辅设管道。对于原油生产商来说，奥戴就是财富或毁灭的代表。如果他有意惩罚某个采油商，就会暗示说此人的油井太偏僻，标准石油公司无法为他穿过树林铺设管道。如果这个采油商没有资金建储油罐，他只好一边和标准石油公司进行无益的争吵，一边眼睁睁地看着自己的财富渗到地里去。

关于奥戴利用职权压制不满情绪，打击不听话的竞争者的行径，在洛克菲勒的档案里有大量的记录。值得注意的一点是，奥戴和标准石油公司的其他副手一样，都是按洛克菲勒的旨意行事，不论后者如何否认这一点。有一次，奥戴发现一个名叫墨菲的采油商拥有一家竞争对手的股份，洛克菲勒立即派约翰·阿奇博尔德去提醒那个暴发户说，他还得指望标准石油公司"一如既往地照应他将来在纵深地带开出的油井，而那些地方像匹兹堡管道公司这样的输油管企业是不屑于去的。"奥戴也能把铁路方面吓得六神无主。有个铁路官员曾抱怨说，标准石油公司霸占了奥利安、纽约和布法罗之间的原油运输，奥戴反唇相讥道，标准石油公司本可以通过输油管线来运输所有的成品油。奥戴后来喜滋滋地向洛克菲勒报告——后者却再次声称对这些阴谋诡计一无所知——说："他听了这话好像愣了一会儿，今后我们就能以此（作为一根大棒）来吓唬他，而且能屡试不爽。"洛克菲勒与下属交往时温文而雅，讨论强硬措施时措辞委婉悦耳，他的同事却不像他那样有节制，而是以其赤裸裸的诈骗行径为荣。

由于洛克菲勒巩固了他对输油管道系统的实质性垄断，这在油溪一带引起了巨大的恐慌，那里的人这时都称他为"油区的上帝"。1877年底，走投无路的独立产油商涌往泰特斯维尔的"石油议会（Petroleum Parliament）"，希望议会能帮助他们摆脱标准石油公司的束缚。这些开了很长时间、喧闹拥挤的会议产生了一大堆决议，包括制订一项自由铺设输油管道的法案和一项禁止铁路货运实行歧视性待遇的法案。不过，标准石油公司私下对立法者大肆行贿，阻止了这些改革措施的实行。

于是，独立采油商们开始了一个具有历史意义的行动，转而支持铺设两条长距离输油管道的计划，这两条管线将越过由标准石油公司控制的输油管和铁路网，另外开通一条直达海边的通道。其中一个规模较小的工程，是由小刘易斯·埃默里（Lewis Emery, Jr.）牵头成立公平石油公司（Equitable Petroleum Company），将布拉德福德出产的石油通过输油管运到一条铁路上，由那里运往布法罗，再通过伊利运河向东运。这条迂回的运输路线仅仅给标准石油公司构成了轻微的威胁，洛克菲勒却马上给丹尼尔·奥戴发电报说："决不能让他们把油管铺到布法罗。"为了破坏对方的工程，标准石油公司使出了浑身解数设置障碍。它买下了通往布法罗的铁路，威胁输油管生产商，如果为公平石油公司提供管道，标准石油公司就取消向他们的定货，还拆掉了与公平石油公司做生意的所有布拉德福德炼油厂的输油管。面对这些恫吓，新的运油管线还是在1878年8月开通运营了，标准石油公司的金盔铁甲上出现了第一道小小的裂缝。

第二个也是更有威胁的工程由拜伦·本森（Byron Benson）领导，旨在铺设一条直达海边的输油管线，这可是长途石油运输上的一个具有革命意义的进步。在此之前，还没有哪条输油管线的长度超过30英里的。这条直达海边的输油管将取代铁路运输，一举砸碎洛克菲勒多年来苦心经营起来的复杂的秘密回扣和补偿体系。在这场直达海边的输油管战役打响之前，人们可以说标准石油公司一直是个有创新精神的企业，他们建起了设备先进的工厂、拥有高超的管理水平、协调了从油井直至最终用户之间的层层环节，从而使石油业变成了一个现代化的行业。如今，它却成了一个拼命维持现状的愚货，为了自身的既得利益阻碍新的进步。

起初，独立石油商们考虑过［通过泰德沃特管道公司（Tidewater Pipe Line Company）］铺设一条从油溪通往巴尔的摩的输油管，但卡姆登迅速给了该计划一个致命的打击：他从马里兰议会那里买下了独家经营输油管业务的特许权，严格规定在该届议会在任期间不准其他公司得到同样的权力。远在克利夫兰的标准石油公司各级官员对他这些幕后活动都了如指掌。谈到从事这项肮脏交易所需的润滑油——大笔的金钱时，卡姆登对弗拉格勒说："这件事名义上的代价为 4 万元。"

泰德沃特管道公司在马里兰州铺设输油管的方案受挫后，转而着手铺设一条由布拉德福德通向宾州中部威廉斯波特、全长 110 英里的输油管，然后从那里通过费城—雷丁铁路向东运输石油。1878 年 11 月 22 日，工程开始向海边奋勇进发，以每天 2 英里的高速向前延伸。由于整个设想是一种尝试——没人知道能否把原油运过海拔 2600 英尺的山区——标准石油公司的行家们对此举冷嘲热讽。自鸣得意的约翰·阿奇博尔德在给洛克菲勒的信中称自己对这个"入海方案感到很好笑。"洛克菲勒对这项计划心存疑虑但又十分慎重，他一度预言道："他们在完成全部计划之前很可能会遇到一些挫折。"泰德沃特公司的人募集到了强大的资金支持，华尔街的两大巨头、第一国民银行（First National Bank）的乔治·贝克（George F. Baker）和哈利斯·法内斯托克（Harris C. Fahnestock）也为他们提供了资金。

标准石油公司对这个另立山头之举做出了强烈的反应，这在奥戴最初写给洛克菲勒的几封信中就有所预示："对那些不值得同情又不懂得感激的人，我决不怜悯。"在反击这次挑战当中，洛克菲勒又一次显示了他在行业之争中的高超手腕。他派下属前去警告储油罐生产商不要和泰德沃特公司打交道，并且给了他们大批的定单，令他们穷于应付、无暇他顾，使泰德沃特公司得不到运送建筑材料的车辆和船只。原本通过泰德沃特公司输送原油的炼油商都被标准石油公司的优惠运价吸引了过去，洛克菲勒还迅速买下了其余那些可能成为泰德沃特公司客户的独立炼油厂。

标准石油公司同时还疯狂购置地产，手笔之大可谓前所未有；他们买下一长条一长条的土地（或称做"死亡线"），沿着宾夕法尼亚州界由北向南形成一条直线，以阻挡泰德沃特公司工程的进展。标准石油公司派出的房地产经纪人大举进攻那一带的荒僻小镇，用极高的价格从大惑不解的当地农民手里买下一小块一小块耕地，令他们一夜暴富。标准石油公司的另外一手是，雇人在当地报纸上发表文章，警告那些把地卖给泰德沃特公司的农民说，他们的庄稼会被油管漏出的油毁掉。标准石油公司还与铁路方面密谋，不允许任何输油管线跨越他们的铁轨。奥戴迅速利用了这一事态，他向洛克菲勒通报说："应该通知佩纳，从布拉德福德地区向外铺设输油管的工程正在受到阻止，他们应该在一定时期内确保掌握通行权，因为他们'在全国'的利益受到了妥善的保护和关注。"

尽管如此，泰德沃特公司的工程仍然坚持不懈地向前挺进。如果标准石油公司买下了某地的整座山谷，不可阻挡的泰德沃特公司便改变方向，越过周围的山头继续前进。看起来泰德沃特公司好像确实能够挫败洛克菲勒和他那些一意孤行的心腹。就在泰德沃特公司即将成功之时，洛克菲勒决心通过政治手段挽回他在经济方面将要遭受的损失。也正是在这次对泰德沃特公司的最后一击中，标准石油公司第一次使用了大规模贿赂国家立法人员的行径。

在揭露标准石油公司所进行的肮脏的政治交易之前，我们应该先看一看镀金时代的政府与商界之间普遍存在的同流合污现象。洛克菲勒发迹于一个商业放任自流的时代，政府对企业家几乎没有什么约束。与此同时，政府却大量参与经济活动，发放土地使用权、铁路专营权和银行特许权许可证。南北战争结束后，华盛顿的旅店里住满了前来争取政府合同的商人和装满了钱的大箱子。格兰特总统十分敬佩那些工商巨子，乐于同他们交往，还成立了一个由急于做生意的老友和平庸之辈占了多数的内阁。于是，政府堕落成了一个毫无公平可言的污水沟，这正应了马克·吐温在当时一次宴会上所说的那句俏皮话："这儿有一位国会议员——我是说有一位杂种——不过我干吗要重复自己的话呢？"1876年，拉瑟福德·海斯在一次如今普遍认为有舞弊现象的选举中击败塞缪尔·蒂尔登③，当上总统之后，美国政界更是每况愈下。商人和议员们尔虞我诈、彼此利用，大笔大笔的金钱易手。像洛克菲勒这样的商人却把自己说成是政治敲诈的受害者，而非主动行贿者。然而，不管几十年来洛克菲勒如何斩钉截铁地否认这一点，有关他的文件却揭露，他和标准石油公司主动参与的行贿行为数量之多，令人瞠目（这里我们应当顺便提一句，艾伦·内文斯看过有关洛克菲勒的文件，却不知何故仅仅对一例标准石油公司行贿事件作了记录——即1887年宾州议会审理的那宗行贿案）。标准石油公司的官员们似乎对行贿行为毫不在意，也没有记录表明洛克菲勒曾谴责过参与腐败活动的下属。

在与泰德沃特公司的争夺中，标准石油公司拼命游说，要求州议会长期实行发放输油管线独家经营特许证的做法。19世纪70年代后期，一批代表独立采油商的改革派人物在好几个州里设法通过了自由铺设输油管的法案，使标准石油公司的对手得以自己铺设输油管线与其竞争，并且能享受土地征用权。在现行的制度下，泰德沃特公司必须用高价购买它那条全长110英里、由西向东的铺设路线沿途的通行权。标准石油公司对这些新法案感到惊恐不安，连正在佛罗里达疗养的亨利·弗拉格勒也赶了回来，充当这场游说活动的先锋。为了给人造成一种公众对这项法令日益不满的印象，他聘请律师冒充怒气冲冲的农民和土地所有者，要求维持现行的制度。弗拉格勒和卡萨特还私下调换了这个宾州法令的草案，把它改得面目全非，最终胎死腹中。

为了阻碍纽约州通过类似的法案，弗拉格勒与伊利铁路公司的休伊特采取联合行动。此事着实花费不菲，连标准石油公司也欢迎富有的合作伙伴来分担这些费用。有一次，弗拉格勒对一名铁路界头面人物抱怨道："我们已经为阻止发放'入海输油管许可证'花了一大笔钱了，"还抠门地要求铁路方面接着支付今后继续"游说"所需的花费。弗拉格勒在奥尔巴尼找到一个名叫史密斯·威德（Smith M. Weed，这个名字真是再合适不过了④）的说客，准备派他向议员们分送6万元的贿金，休伊特提出异议，坚持认为1%就够了。"我先送去1万元，"弗拉格勒同意道，接着又说，"如果你需要那5000元或其中的一部分，让持票人传过话来，（我们或者他）就会给你们送去。"当时的 1.5 万元相当于现在的 22 万元。

洛克菲勒同以往一样，若无其事地超然于这些繁忙的地下交易之外，装出对下属们的勾当一无所知的样子，可是他的信件却表明他实际上直接参与了这些事情。1878 年 3 月 4 日，纽约州的一名州参议院 A·N·科尔用纽约州参议院的信笺写信给洛克菲勒，自称是个"律师"，可以受雇于标准石油公司来负责这场反对自由铺设输油管线法案的行动。显而易见，洛克菲勒对他信中的提议反应积极，因为科尔在后面详细规划了一场大规模施压和收买活动的方案，还提出了掩人耳目的具体办法：

> 参议院需要找 2—3 名优秀的律师，众议院则要 5—6 名，如获授权，我将立即物色人选……用政府债券比用现金更方便，因为如果给"律师"们现金，可能被人看成是搞腐败，债券就不同了，谁都可以卖债券，您是知道的，买卖债券是体面的事……千万别把这封信公之于众，倘若如此，恐怕我在卫理公会的教友们就会担心我堕落太深，无可救药了。

标准石油公司一边在议会对自由铺设输油管线法案发动攻击，一边还得忙于在华盛顿扑灭星星之火，因为公众的情绪已开始倾向于支持铁路改革了。选民们开始意识到，由大公司垄断交通运输网的状况与竞争性经济是不相称的。1876 年，有人向国会提出一项"管制商业并禁止公共交通工具采取不正当歧视性待遇"的法案。此时，卡姆登已是西弗吉尼亚州的一名议员，同时还是事实上属于标准石油公司的卡姆登联合石油公司的经理。他随时向洛克菲勒和弗拉格勒详细通报议会的进展情况，并使用标准石油公司的密码同他们交换意见。在铁路法案问题上，卡姆登向弗拉格勒保证说："有五六位参议员会听我的话。我认为这项法案在参议院里根本没有获得通过的可能。"他的话果然应验了，该项铁路法案在众议院里获得了通过，却在参议院搁浅了。

到 19 世纪 70 年代后期，洛克菲勒的富有已经尽人皆知，他经常被人缠住，要求赞助竞选活动，有时连那些曾严厉谴责过标准石油公司的政客也来相求。1880 年，俄亥俄州众议员詹姆斯·加菲尔德⑤竞选总统时，曾经通过克利夫兰的阿莫斯·汤森试探"洛克菲勒先生"是否会表示同情。

加菲尔德问汤森："你知道他对我的看法吗？"汤森则提醒他千万要谨慎："他不会亲自来拜访我们的，否则此事会马上被报道出去并且在宾州引起轩然大波。"不过如果采取更微妙的方式又另当别论了。最后，洛克菲勒同杰伊·古德、昌西·迪普⑥和利维·莫顿⑦一起成了加菲尔德胜利当选的最大赞助人。加菲尔德是诸多的总统候选人中身临这个两难境地的第一人：洛克菲勒的钱财或公众对他的仇恨，利用哪一方对自己更有利。

尽管洛克菲勒成功地阻挠了输油管法案获得通过，他还是没能击垮泰德沃特公司。对方的工程接近尾声时，他又慌忙采取了最后一系列行动，甚至试图花30万元买对方的一份股权——但都未获成功。1879年5月28日，泰德沃特公司的人屏住呼吸，看着安装在布拉德福德附近的巨大油泵咆哮着发动起来，开始推动石油缓缓向东流去。谁也说不准管道里的原油能否翻山越岭，一路东去，几天来人们一直满怀希望地跟踪着它缓慢的进程。经过7天的等待之后，第一滴原油终于从威廉斯波特一端的管口滴了下来，使整个宾州西部一片欢腾，因为泰德沃特公司把那里从标准石油公司的垄断下解救了出来。人们把这条输油管线的铺设成功视作当时的一项工程壮举，而工程总指挥拜伦·本森也成了英雄人物。

标准石油公司很少遇到过失败，这一次自然沉不住气了。丹尼尔·奥戴想诉诸武力，毁掉这条输油管。"如果这样最合适的话，我就派人去拆毁泰德沃特公司的输油管，让它停下来，那才叫过瘾呢，"他对洛克菲勒说。"我认为应该让泰德沃特公司知道这一点，越早越好，这也许能让他们变聪明点儿。"洛克菲勒否决了这种野蛮的报复举动，要想出一个更加文雅的办法来对付泰德沃特公司造成的威胁。不过他还得等待时机，因为他此刻必须抽出身子来处理整个1879年一直缠着他不放的法律诉讼案。

一些指责洛克菲勒的人并不满足于揭发他的肮脏行径，他们一定要将这个虔诚的教徒和主日学校长送进监狱才肯罢手。原油开采商们还在为即期装运问题和标准石油公司拒绝储存他们过量采出的原油的做法耿耿于怀。结果是，在1879年4月29日，宾州克拉里恩县的大陪审团起诉了标准石油公司的9名主管——其中包括洛克菲勒、弗拉格勒、奥戴和阿奇博尔德——罪名是密谋垄断石油业、向铁路公司勒索回扣和操纵油价以打击竞争对手。家住宾州的几个官员沃登、洛克哈特和范德格里夫特等人遭到逮捕后又被保释了出来，住在外州的洛克菲勒等人得以幸免。追查标准石油公司案件的社会改革家们深知，必须把洛克菲勒或弗拉格勒送上被告席，因为许多高级主管对公司内部繁杂的运作情况所知甚少。比如，雅各布·范德格里夫特船长那年春天在一次俄亥俄州的听证会上出庭作证时，弗拉格勒居然向洛克菲勒打保票说："如果他们问起铁路运费和歧视性待遇的问题，我敢说（范德格里夫特）对此一无所知，即使知道他也不会被迫说出来的。"

1879年春天，洛克菲勒开始了他为期30年的逃避法律惩罚的生涯，学会在法律面前见机行事。他尽管对克拉里恩县的起诉极尽嘲弄之能事——"这宗案子永远不会开庭审判的"——却绝不去冒险。他担心纽约会把他引渡到宾州去，便请纽约中央铁路公司的律师昌西·迪普去找纽约州州长卢修斯·鲁宾逊，州长答应拒绝宾州提出的任何此类要求。与此同时，洛克菲勒又指使卡萨特向宾州州长亨利·M·霍伊特提出要求，请他不再将洛克菲勒送上法庭。为了确保宾州铁路公司不出卖他，洛克菲勒特地让宾铁公司多承运他在费城的炼油厂的产品——如果宾铁要什么鬼花招的话，这份慷慨的礼物可以随时取消。洛克菲勒精心策划了这些行动，并且认定不会留下任何痕迹后，便对范德格里夫特船长说："至关重要的是，不能让任何人知道（标准石油公司）打算在该（克拉里恩）县以外的地方对（这个案子）做些什么。"

标准石油公司的辩护律师们从一开始就在克拉里恩县的案子里看到了一个机会，他们可以以此为由拒绝在许多民事法庭上作证，声称这样一来会在这起刑事案上对自己不利。尽管如此，洛克菲勒还是担心克拉里恩县一案会成为一个先例，于是采取了主动出击的战略。"我们要在这件事上进行反击，不能永远向这种敲诈行为低头，"他一再地说。

洛克菲勒在内心深处肯定被这桩即将临头的刑事诉讼案弄得慌了神，他决定安抚那些石油生产商，还取消了一笔正在进行的政治交易。1879年圣诞节前夕，标准石油公司撤销了即期装运的政策并同意在纽约第五大道饭店与石油生产商们会面。在双方达成的一项具有历史意义的协定中，标准石油公司停止——至少表面上如此——收受秘密折扣和补偿，并同意公开铁路运价；它下属的联合管道公司也不再对发运人实行歧视性待遇，而在合理的限度内承运所有的石油。作为回报，对方撤回了在宾州向标准石油公司提出的刑事和民事诉讼案。后来的情况表明，标准石油公司关于停止收受折扣的承诺在很大程度上不过是为了平息这些法律纠纷而在嘴上说得漂亮而已。

洛克菲勒认识到，标准石油公司的命运现在取决于他在政界活动的结果，于是一改长久以来的偏见，买下了两家克利夫兰报纸的股份，在《先驱报》投资了 5000 元，在《先导报》投资了 1 万元。他向奥利弗·佩恩上校解释说，因为"弗拉格勒先生认为我们也许向来忽略这方面的影响力了，故此我认为这样做最合适"。洛克菲勒对公司策略仍然密不告人，但此时接触报界的渠道比他自己承认的要多。与此同时，佩恩则认为标准石油公司应该由向政客们行贿转向直接控制他们。他和洛克菲勒谈起俄亥俄州议会时说：'我敢说我对政治已经有了感情……从现在起，我们必须确保议会里有一名来自本县的议员，他应当有头脑、有影响力，并且是我们的人。"洛克菲勒则让佩恩为此去"做所有必要的事情。"

适值此时，洛克菲勒为标准石油公司招聘到了一位新的法律顾问罗杰·谢尔曼（Roger Sherman），此人正是当年石油生产商们起诉洛克菲勒时的智囊。谢尔曼多年来一直在为油溪奔走，英勇作战，要把洛克菲勒送进监狱。如今，老奸巨猾的洛克菲勒请他入伙，他居然天真地——或者说异想天开地——接受了。洛克菲勒一向为自己说服人的本领感到自豪，尤其喜欢拉拢那些与他打过交道、为他所欣赏的敌手。在 80 年代，有个名叫弗吉尔·克莱因（Virgil Kline）的律师两次在法庭上击败洛克菲勒。洛克菲勒把对方请进自己的办公室，对他说："克莱因先生，你让我们吃够了苦头。现在，我希望你来为我工作。"克莱因答应了，成了标准石油公司法律部门的一名资深律师。

罗杰·谢尔曼的命运则不同。他莫名其妙地发现一年下来自己的工资丝毫未变，便意识到洛克菲勒同他签定 5 年合同明摆着是为了收编他。为了解除合同，他只好做出妥协，标准石油公司允许他在宾州西部重操旧业，但依然是标准石油公司的雇员。后来他再度与洛克菲勒作对，可是那时独立生产商们因为他曾效力于标准石油公司，不再同他来往了。洛克菲勒如愿以偿地毁了谢尔曼的声誉，使那些一度崇拜过他的人和他分道扬镳。

作为一个被乡亲们鄙视的人的儿子，洛克菲勒在童年时就表现出许多妄想狂的症状。如今，他终日与法庭和议员斗法，更使他认为有人在暗中故意与他作对。他曾向一位同事抱怨过"这种在美国布下天罗地网单单捉拿标准石油公司的不公平做法"，他还指出，独立炼油商乔治·赖斯（George Rice）是给他带来麻烦最多的人物，此人几十年如一日，像个老鹰似的对他穷追不舍。

洛克菲勒在1879年的活动很大程度上是为了逃避法庭传讯。当年7月，纽约州众议院由阿朗索·巴顿·赫伯恩（Alonzo Barton Hepbum）主持听证会，调查铁路方面与各行业之间的秘密交易。调查委员会虽然也调查了几家面粉厂、肉类加工厂和制盐厂，但把重点放在标准石油公司，认为它是与铁路公司互开方便之门的最大受益者。那年夏天，洛克菲勒成天躲在福里斯特山，远离调查委员会的管辖范围。

同许多揭露洛克菲勒的案件一样，赫伯恩的听证会激起了公愤，但无意中反而增添了他身上的神秘色彩，让人觉得他是个刀枪不入的天人。委员会讯问了威廉·H·范德比尔特，他却认为标准石油公司经理们遵纪守法而对其大加赞扬："很早以前我就说过，照这样下去，这些石油商人早晚会拥有整个铁路的……这些人比我聪明得多。他们都是很有事业心的聪明人。和我签过合同的人当中，还没有谁能像他们那样精明，那样得心应手地干本行工作。"

约翰·阿奇博尔德的证词轻率、傲慢、狡猾而又强硬——这正是他后来对付标准石油公司领导层涉及的各种法律诉讼时惯用的伎俩。当有人问到他作为公司董事的职责时，他反驳说："我成天嚷嚷要分红，这就是我在标准石油公司承担的全部工作。"他竟然还作伪证，说标准石油公司没有控制阿克米石油公司。当听证会主席赫伯恩请他回去，第二天再来出庭作证时，阿奇博尔德的话好像是他在宣布散会似的。"我把今天的时间全用在这件事上了，"他对那些人说。"我不可能再来见你们了。"在大多数情况下，标准石油公司的官员们则利用法律程序为托词回避提问："律师建议我拒绝回答问题。"

赫伯恩的报告发表后，证实了原来看似天方夜谭的说法。报告揭露了铁路方面普遍给予大货主优惠待遇的一整套做法。单单纽约中央铁路公司一家就签定了 6000 份秘密合同，在伊利铁路公司的业务中，同样的特惠协议也比比皆是。该委员会谴责标准石油公司是"一个秘密组织，对其业务和交易秘而不宣，连公司成员都拒绝做出系统的描述，担心其证词会被用来对他们定罪。"

多年来，炼油商们一直在争论，铁路公司是不受任何约束的企业组织，想和谁签定协议就和谁签定协议，还是公共交通工具，必须对所有的客户一视同仁。赫伯恩的报告支持后一种观点，认为铁路方面偏向标准石油公司是"世界历史上……公共交通工具为追求一己利益而违背职责的最无耻的行为"。为解决这个问题，纽约议会成立了铁路委员会，以便对运费实行公平、统一的管理。不过，赫伯恩的报告来得太晚，不足以阻止洛克菲勒乘胜前进的步伐，因为此时与铁路公司签定的秘密合同对他来说已形同虚设，他已经在石油业取得了决定性的优势。更重要的是，他的公司早已不再依靠铁路运输，而是转向效率更高的管道运输了。事实上，说得尖刻一点，赫伯恩的听证会之所以开得成，恰巧无可争辩地证明铁路已不再重要了。

由于要求铁路改革的呼声越来越高，这更坚定了洛克菲勒要困死泰德沃特管道公司的决心，他向对手发起了一系列令人眼花缭乱的攻势。为了使泰德沃特公司无油可运，洛克菲勒事先收购纽约的几家炼油厂，以免他们成为泰德沃特公司的客户。他一度降低了标准石油公司管道运输的费率，使铁路运费跌到了低得可笑的程度，有位货运代理人说，这样的价格连车轮润滑油钱都抵不上。如此激烈的价格战迫使泰德沃特公司不得不使其运输能力闲置了一半。

其实，洛克菲勒的劲敌拜伦·本森同他一样，也对自由竞争的市场经济不以为然，铺这条输油管线就是为了能大捞一把。1880 年 3 月，奥戴在从石油城开往布拉德福德的火车上碰巧遇上了本森，对方一席话让他着实吃了一惊。奥戴后来向洛克菲勒汇报说："（本森）告诉我说，只要就解决输油管线问题向他的公司提出任何建议，他愿意'排除障碍'——这是他的原话。他说他认为到了两家公司联合起来阻止其他公司进入这一行业的时候了。"本森的建议正合洛克菲勒的心意：泰德沃特公司与其用降价来与铁路竞争，不如同对方勾结起来提高运费。于是，这条原本为了把独立石油商们从标准石油公司的束缚中解放出来而建的输油管线，在完工后不到一年的时间里，便在约翰·D·洛克菲勒的主持下同铁路结成了联盟。1882年，拜伦·本森决定借款200万元扩大泰德沃特公司的规模，立即遭到一批小股东的强烈反对。该公司中倾向洛克菲勒的一派利用这些人的不满情绪，买下了这些少数派的股份，使洛克菲勒得以在第二年同泰德沃特公司达成一项协议。该协议规定，标准石油公司把在宾州的管道运输业务分成两部分，自营88.5%，仅留给泰德沃特公司11.5%。

此时洛克菲勒已经清楚地看到，铁路石油运输已是日薄西山。很久以来，洛克菲勒担心会得罪铁路方面，不敢义无反顾地转向管道运输，如今这种担心已无必要了。标准石油公司从宾州西部铺设了4条输油管道分别通往克利夫兰、纽约、费城和布法罗，他向铁路施加压力，迫使他们给予土地通行权，尽管这些管线铺成之日便是宣告铁路公司大势已去之时。

标准石油公司成功地制服了泰德沃特公司，又一次严重打击了独立石油商的士气，也再一次表明，任何与这头巨兽作对的行为都是痴心妄想。尽管还有一批无畏的社会改革家继续在法庭上和议会里与标准石油公司进行着斗争，大多数生产商如今却已不再指望他们的境况会有任何改变。他们明白，眼下只有两条路可走：要么退出这个行业，要么低声下气地去向这个石油巨人求和。随着泰德沃特公司完全独立地位的消失，他们如果不向这位万能的洛克菲勒先生俯首称臣，就再也别想从宾夕法尼亚运走一滴油。

注释

①在紧急情况下召集的地方准军事部队。

②Rutherford B. Hayes，美国第19任总统（1877—1881）。

③Samuel J. Tilden，1814—1886，美国律师，曾任纽约州州长。

④Weed这个词还有"令人讨厌的人"的意思。

⑤James A. Garfield，美国第20任总统（1881），就任才四个月即遇刺身亡。

⑥Chauncey Depew，1834—1928，美国共和党参议员。

⑦Levi Morton，1824—1920，美国银行家，曾任副总统和纽约州州长。

13 帝国中心

1879年7月8日是约翰·D·洛克菲勒的40岁生日，此时他已名列全美20名首富之一，但可能是这个行列中名气最小的一位，这在很大程度上是因为他不愿意抛头露面，同时还因为他住在克利夫兰。有位编年史家说该城"最富有的人没什么丑闻，也不好炫耀；那里的政治斗争不如其他地方那样激烈，而美国正是以此闻名于世的"。换言之，克利夫兰是离群索居的富豪居住的理想之地。洛克菲勒在其一生中，对媒体就其财富所做的"夸大"估计向来嗤之以鼻；然而媒体往往低估了他真正拥有的财产。70年代末，报界估计他的财产超过500万元，而当时仅标准石油公司的股票就值1800万元，相当于1996年的2.65亿元。相比之下，美国当时最富有的人范德比尔特将军在1877年去世时，留下的遗产将近1亿元。

这一时期的洛克菲勒在照片中表现出两种截然不同的神情。他严肃时表情冷峻，面无笑容，眼神十分威严，不见丝毫的柔和与欢乐。然而，他在福里斯特山私宅中拍摄的消闲照片里，却服饰整洁、潇洒自如，对于这样一位手握重权的人而言，此时流露出来的孩子气不由得令人感到惊异。他刮掉了络腮胡子，但仍然留着红色的唇髭和一头浅棕色的头发。当时的富豪大贾们个个脑满肠肥并以此为荣，洛克菲勒却瘦得像条猎狗；当时爱炫耀自己的财主们人人把戴大礼帽、挂表链奉为时尚，洛克菲勒平日的服饰却和常人一样。尽管家里人经常提醒他去买身新衣服，因为他身上的那套已经磨得发亮了。

洛克菲勒的健康状况一直很好，但由于标准石油公司日常管理的巨大压力，他身上已经出现了一些过度疲劳的早期症状。1878 年，洛克菲勒在给伊莱扎的信中写道："我现在天天吃芹菜，因为我知道芹菜对神经很有益处。"他的同事纷纷劝他多度假、少工作，尽管他后来说他当时已经处于半赋闲状态。他尽量把下午的时间消磨在福里斯特山中，"享受伊利湖令人心旷神怡的空气。"洛克菲勒对草药和其他民间疗法表现出强烈的兴趣，还向一位助手建议，每天早餐前吃一片桔子皮会有助于戒烟。老比尔对传统或其他药物的兴趣开始在他儿子身上表现出来，而且随着时间的推移与日俱增。

此时，洛克菲勒拥有了几乎美国所有的炼油厂和输油管道，新闻界也终于意识到了他的存在，承认他是工业界的新贵。1878 年 11 月，洛克菲勒让《纽约太阳报》（New York Sun）拍摄了有史以来他第一幅发表于报刊的全身坐像。该报在文章中透露了洛克菲勒本人拼命否认的远大抱负："克利夫兰人说他的抱负是想成为俄亥俄州的首富和全美十大最富有的人之一……他完全有理由说全国比他更加富有的人屈指可数。"这个有关他的第一篇报道把他说成是一个沉默寡言、性格内向、办事有条不紊的人，整篇文章充满了自相矛盾的地方。该记者说起洛克菲勒的经商才能满是溢美之辞："在克利夫兰、油田地区和纽约，认识或听说过他的商人都认为他是全国最伟大的商业奇才之一。"然而该文又认为，他取得的巨大成功得益于他与铁路部门达成的一个奇特而又不光彩的交易——一项众说纷纭却没有得到充分证据的协议。没过一年，赫伯恩听证会便开始揭穿传闻已久的洛克菲勒与铁路部门之间的交易，到了 80 年代初，洛克菲勒已经远非当年那样默默无闻，而是变得几乎路人皆知了。

1883 年末洛克菲勒迁居到纽约市后，他的生活变得比以往稍稍引人瞩目了些。1884 年对美国来说是一个关键的年头：银行纷纷倒闭，经济一片恐慌，格兰特将军的格兰特—沃德经纪行寿终正寝。民主党改革派格罗弗·克利夫兰[①]在总统选举中击败了腐败的共和党候选人詹姆斯·布莱恩[②]，多年以来第一次代表民主党人入主白宫。

洛克菲勒早就对纽约充满向往，因为那里的煤油出口贸易十分活跃，他每年冬天都要去住上一段时间。洛克菲勒对父亲四处游逛的行为记忆犹新，很不愿意把塞迪和孩子扔在家里，便在 70 年代中期一连两个冬天把他们安顿在第五大道的温莎饭店里。杰伊·古尔德也经常来这家饭店住，策划公司的行动。从 1877 年到 1884 年，洛克菲勒和家人来纽约时都住在第五大道的白金汉饭店里，这是一家作为住所出租的旅馆，原址就是现在的萨克斯百货商店的位置。洛克菲勒一家住的是一个大套间，面对圣帕特里克大教堂，晚上，教堂巨大的彩色玻璃窗梦幻般地映在他们的窗外（小约翰最早的记忆之一是由于没向给他端饭的侍者道谢而受到母亲的申斥）。1881 年哈维·斯佩尔曼去世后，斯佩尔曼姥姥和露特姨妈在这家旅馆的同一层楼上包了一套房间，并且和洛克菲勒全家一同用餐。每年从春末直到秋初，大家都回福里斯特山住，洛克菲勒则通过先进的电报机与驻纽约的办事处保持联系。

为了做生意，洛克菲勒不得不搬到东海岸去。在那个长途管道运输的年代里，大量的原油流向海边的炼油厂，推动着不断发展的出口业务，使克利夫兰和其他内陆炼油中心地位下降。为了满足旺盛的出口需求，标准石油公司在布鲁克林、贝永③、费城和巴尔的摩到处兴建炼油厂，使克利夫兰总部和其不断发展的纽约分部之间的潜在矛盾开始加剧。一天，公司董事本杰明·布鲁斯特（Benjamin Brewster）对洛克菲勒说，两个脑袋的牛只有在马戏团里才能看到，而这个联合企业只需要一个头。"你不能在克利夫兰有个总部，在纽约还有一个，"他对洛克菲勒说。"所以，要么你离开克利夫兰到纽约这边来，要么我们都打起行李舍弃纽约去克利夫兰。"

1883 年底 1884 年初洛克菲勒和奥利弗·佩恩搬到纽约来时，亨利·弗拉格勒已经在纽约呆了两年。洛克菲勒和塞迪尽管已经非常富有，却仍然保持着简朴的生活方式，对家产守口如瓶。他俩在一条僻静的大街上找了一处房子，用价值 60 万元的 9 处曼哈顿地产换了第 54 西大街 4 号的一所四层褐砂石大宅子。那栋房子上爬满了长青藤，两侧是草坪，后来改作现代艺术博物馆的雕塑园。房子尽管宽敞、舒适，但对像洛克菲勒这样的巨富而言，却显得过于简朴，就像他们在克利夫兰的住所一样，巧妙地掩饰了他家的真实情况。第五大道尽管闻名遐迩，却成了一条车水马龙、人声鼎沸的通衢。小约翰失望地回忆道："由于它是用鹅卵石铺成的，我至今还能记得钢制的车轮辗过路面时发出的隆隆声，简直吵极了。"与之相比，第54西大街则是一处隐蔽的住所，紧靠埃尔金植物园北侧，那个植物园后来成了洛克菲勒中心的一部分。洛克菲勒住处的对面是圣路加医院，医院外面有草坪和花园，整条街花香馥郁、气氛宁静。

洛克菲勒买下的这所房子原来是美人阿拉贝拉·沃沙姆（Arabella Worsham）的豪华闺楼，她对外宣称自己是铁路大王科利斯·亨廷顿④的侄女，而实际上是他的情妇。亨廷顿的妻子在1883年末过世后，他决定和阿拉贝拉结婚，她有了正式的名分，便卖掉了这所曾供他俩幽会的素净的褐砂石房子。想到洛克菲勒得到的是他俩的爱巢，不由令人发笑。尽管那座房子的风格和他自己的风格极不协调到了可笑的地步，但一向节俭的约翰·D和往常一样，保留了房子原来的样子。屋子里的布局处处暗示着放纵和享乐：底层是阿拉贝拉的异国情调的摩尔式客厅，楼上有土耳其浴室；豪华的大卧室设计成精致的英—日合璧式的风格，黑檀木家具，带有华盖的特大号雪橇式床和华丽的银质镀金大吊灯；凸窗下是一个隐密的土耳其式壁角，让人忍不住想透过挡在外面的彩色玻璃屏风往里窥探。第54西大街4号楼里还挂着柯罗⑤、梅索尼埃⑥、杜比尼⑦以及当时纽约暴发户家家流行的其他法国画家的作品，无疑，这些都是阿拉贝拉留下的——很难想象一向小心谨慎的洛克菲勒会买这样的东西。房子里面还有一些最先进的设备，其中包括纽约第一部装在私宅中的电梯。洛克菲勒唯一拿掉的东西是那些旧地毯，他通过当地的一所教堂把它们捐给了穷人。

尽管第54西大街上绿树成行，实际上洛克菲勒选择的却是镀金时代纽约城中最骄奢淫逸的所在。在马克·吐温称之为"狂热、喧嚣、繁华的19世纪"中累积的财富如今大部分都集中在曼哈顿。麇集在老城中华盛顿广场和格拉莫西公园周围的纽约旧日精英们，面对城外那些代表南北战争后从铁路、钢铁和石油生意中积累起来的财富的华屋广厦不寒而栗。在第五大道靠近洛克菲勒家的一端，富人们华丽俗气的殿堂楼阁鳞次栉比，一直绵延到城郊——其中最令人叹为观止的当属第51大街威廉·K·范德比尔特和第58大街小科尼利厄斯·范德比尔特⑧那两座高耸入云的府第。

随着标准石油公司把总部移到纽约，这一带很快成了公司董事的聚集之地。在这次公司大搬迁中，一辆普尔曼式豪华车厢一下子就从克利夫兰拉来了28名高级经理，他们被直接送到圣詹姆斯饭店，由威廉和约翰分别在饭店里设晨宴和晚宴款待他们。约翰喜欢在车站迎接新到的公司成员，帮助他们寻找住处。不久，洛克菲勒家靠近第五大道的地方就住满了标准石油公司的人。亨利·弗拉格勒住在第 54 大街的东南角，威廉·洛克菲勒住在同一条街的东北角，与本杰明·布鲁斯特比邻而居。威廉的生活方式与他哥哥的禁欲主义生活方式大相径庭，他那些孩子是在一种更加轻松自由的气氛中长大的，这很让约翰的孩子感到嫉妒。小约翰说："我们这些孩子没有他们有的那些东西，而且我们也注意到了这些区别。他们有充满欢乐的社交活动，经常参加舞会，让我们羡慕得不得了。"威廉不想借债盖房，就把价值 5 万元的标准石油股票卖给了约翰，尽管哥哥诚心实意地劝他留着那些股票。威廉鲁莽的决定清楚地表明了兄弟俩在对待财富的态度上有着巨大的差别。

约翰·D 在纽约并没有沾染上大都市的习气，而是仍然对过去在克利夫兰的业余爱好一往情深，每年冬天都要在屋旁的空地上浇一个大冰场。每天早晨，好奇的行人总能看到这位美国石油大亨身穿大衣、头戴礼帽、漆皮靴子上面绑着冰刀，在马蹄型冰场上平静地滑着冰。洛克菲勒十分喜爱这项运动，在家中做了许多架子，可供几十位客人存放遛冰鞋。

洛克菲勒对于 19 世纪 80 年代纽约上层社会风行的购置游艇热持抵制态度，他自己既不买船也没有私人火车车厢；尽管如此，他对养在第 55 西大街 21 号那座装有暖气设备的马厩中的骏马却不惜重金。每天下午下班后，他都要套上他那几匹黑骟马，汇入到中央公园熙熙攘攘的香车宝马当中，时常与弟弟威廉赛上一圈，身边还坐着兴奋不已的小约翰。洛克菲勒十分喜爱赛马，有一次对儿子说："昨天我跑了 4 回，两天加起来一共跑了大约 80 英里。你说我是不是个干劲十足的年轻人？"小约翰曾经描述过他父亲跑马的风格，简直就是他驾驭标准石油公司时那种自信、谨慎作风的写照：

> 如果马乱了步法或是桀骜不驯，换了别人多数会大发脾气：父亲却从不这样。如果有匹马容易受惊或是不听话，父亲总是能沉住气，耐心、安静地安抚它，直到它安稳下来。我经常看到他驾着马车飞快地穿过中央公园；他在车道两边来往的车辆中间穿行，而且总是稍稍

偏左一些。他对我解释说，这样是为了开出路来，但要在右侧留有足够的余地，一旦迎面而来的车辆没能及时让出空来，可以仍然有足够的地方穿过去。

洛克菲勒从来没有让纽约搞得晕头转向过，总是远离那些举办豪华宴会和化装舞会，频频光顾戏院、歌剧院和夜总会的上层人物。他对纵情享乐毫无兴趣，很难想像洛克菲勒会去同那些叼着雪茄、大腹便便的先生们和身穿华贵皮衣、珠光宝气的女士们周旋。报界也注意到洛克菲勒一概不参加各种社交活动。一家刊物写道："他从不宴请显贵，他家也从不向娱乐活动开放，他在任何时候任何地方都恪守不抛头露面的原则。"他虽然加入了联邦同盟俱乐部（Union League Club），却对阿斯特⑨和范德比尔特家族的那种奢华生活不以为然。1882 年，塞迪提出要一辆新的四轮马车，约翰吃惊地瞪着她说，除非把旧的卖掉，否则他几乎无法支付买新车的费用。在日常起居上，洛克菲勒仍然喜欢早晨吃面包、喝牛奶，晚上吃一纸袋苹果。每天早晨上班前，由理发师在梳妆室里给他修脸，然后他准时急急走下褐砂石门廊，花 5 分钱在第六大道搭乘高架火车到市中心去。他的脑子老是转个不停，火车一路颠簸开往华尔街时，他用铅笔在衬衫袖口上匆匆地记下想到的事情，然后几乎像踩在空气垫上一样，准时在钟敲 9 下时悄没声地溜进标准石油公司大楼。"我从来没有见过有谁像洛克菲勒先生那样悄悄走进办公室，"洛克菲勒的私人秘书乔治·罗杰斯说："他就像披了隐身衣似的。"

1883 年底，标准石油公司开始在曼哈顿岛最南端逐步购置地产，用以建造新的总部大楼，大楼将屹立在草地球场旁亚历山大·汉密尔顿⑩私邸的原址上，俯瞰百老汇。原先威廉在珀尔大街的两处办公地点早已容不下整个公司，搬到百老汇 44 号那栋不起眼的房子里办公也已经 3 年了。1885 年 5 月 1 日，标准石油公司搬进了耗资将近 100 万元的新总部，这是一幢气势恢宏的九层花岗岩大楼，像一座不可攻克的堡垒。大楼外面没有挂标准石油公司的名称，只有街牌号码——百老汇 26 号，它很快就成为世界上最著名的商务地址，成了这个石油托拉斯的缩写，使人联想到它的神秘、权势和效率。标准石油公司如今已是美国首屈一指的企业，触角伸入铁路、银行和其他行业，形成了一个盘根错节的迷宫。这座新建筑引起众多议论的主要原因是其所象征的权势，而非其新古典主义建筑风格本身。一位记者说："许多要人认为百老汇26号是世上最危险可怕的地方——是海盗的洞穴，商业杀手的老巢。"然而，在其他方面十分清醒的作家却似乎为洛克菲勒的这个冷漠显赫的权力中心所倾倒：

> 在新世界这个第一大城市中最主要的通衢南端坐落着一幢高大、简朴的玄武石建筑，它像监狱一般坚固，像教堂尖顶一样高耸，令人望而生畏的冷峻外表使往往行人显得渺不足道，对在它冷漠的檐角上轻浮地飞舞的夕晖更是蹙眉相向。人们指指它那一道道威严的大门，飞快地瞥一眼头顶上一排排无动于衷的窗户，随即捅捅自己的同伴，匆匆而过，那情景就像中世纪的西班牙人路过宗教审判所一样。这座建筑就是百老汇26号大楼。

能够从警惕的门卫眼皮底下溜进大楼的记者会发现，大楼里面的世界与它森严的外观大不一样——四处是卷盖式红木办公桌，地上铺着暗黄色地毯，气派庄严高雅。人们本能地压低声音讨论事情——这种压抑的气氛反映了洛克菲勒本人的个性。洛克菲勒的办公室朝向东南，可以看到纽约港壮观的景色。一名记者评论："那里没有忙碌和喧闹。人们洽谈的生意可能数以百万元计，而谈判却以一种平静、有条不紊、显然不带感情色彩的方式进行着。"办公室具有一些不同寻常的安全特点，落地式玻璃隔断直达天花板，遮掩着里面进行的各种活动。每个门上都装有特殊的保密暗锁，来人必须知道如何用拇指和食指扭动锁边，才能拧动把手，这样，非法闯入者会突然间被困在一个所有的门似乎都上了锁的迷宫之中——这是典型的洛克菲勒风格。

在这个新总部里，标准石油公司的要员们仍然保持着一种多年前就建立起来的惯例。每天中午，执行委员会的成员都聚集在顶层的一个房间中共进午餐，房间里装点着打猎和钓鱼捕获的动物标本，从窗口可以看到港湾的全景，那气派十分适合这个全球性商业帝国。在标准石油公司内部，没有比被邀请到那张长桌旁用餐更能表明自己是否受到器重了。董事们头戴丝质礼帽，身着长礼服，戴着手套来到这个房间，按照固定的座位落座。洛克菲勒一向假惺惺地表示谦虚，把上首的座位让给最常反对自己的查尔斯·普拉特，因为他在这伙人当中年龄最大。弗拉格尔坐在普拉特的右侧，紧接着是洛克菲勒，然后是阿奇博尔德。尽管这种座次安排掩饰不了洛克菲勒独一无二的地位，但他能和同事们不分彼此地坐在一起，这很能说明他高明的管理手段。哲学家赫伯特·斯宾塞①曾经说过："尽管商业合伙制各成员的权力从理论上说可能是平等的，但这种体制很快就会变成一种同盟，其中有一个合伙人的权力被大家默认为比其他任何一个合伙人的权力都大，甚至比所有其他合伙人加在一起的权力还要大。"

外人很少知道洛克菲勒最大的特长之一是管理不同的助手，调动他们的积极性。他说："我一生取得成功的主要原因是，信赖别人并能使别人也信赖我。"他爱用拿破仑打比方，认为拿破仑如果没有手下那些元帅是不可能取得胜利的。洛克菲勒从不独断专行，总是迅速地把权力交给手下，自己只是和颜悦色地稍许过问一下，以不易觉察的方式在他的帝国里实行自己的意志。开会的时候，洛克菲勒具有一种逆作用：他越是不说话，越显得有威力。他生来会利用这种神秘力量，使自己不受琐碎小事的干扰。一名董事回忆道："我记得大家开董事会时一冲动起来就大声叫骂，或是做出威胁性手势，只有洛克菲勒仍然彬彬有礼，始终控制着局面。"他午餐后要在沙发上打个盹。"我现在好像还能看见他的样子，"一位经理回忆道："他在董事会上靠在躺椅上，闭着眼睛，但什么都漏不掉。他时不时地睁开眼睛，说出自己的看法。"

洛克菲勒极其重视公司内部的和谐，常常在争执不下的部门首脑之间进行调解。他不爱多说话，总是在听完大家的意见后才表达自己的看法，而且经常做出折中的方案以维护团结。他总是谨慎地将自己的决定以建议或提问的方式表达出来。即使是在早年间，他每天都同弟弟威廉以及哈克尼斯、弗拉格勒和佩恩等人一边吃午饭一边讨论问题。尽管公司不断扩大，他仍然在大家意见一致后才行事，从不在董事会成员反对的情况下采取重大行动。由于所有的想法都必须通过那些有主见的人一致同意这一关，所以标准石油公司很少有重大的失误。正如洛克菲勒所说的那样："我们在行动之前一定要确保正确无误，而且事先安排好对付各种情况的应急准备。"

　　尽管洛克菲勒不时与查尔斯·普拉特、亨利·罗杰斯以及其他人发生争执，公司里却没有那种气急败坏的纷争和上下级之间的嫉妒，而这两者通常都是由巨大的权力引起的。至少，按照洛克菲勒说法，董事们——那些由公司纽带绑在一起的昔日的对手——是出于一种近乎神秘的信仰走到一起来的。在洛克菲勒看来，董事们对彼此的信任说明了他们团结一心，同时证明了他们道德高尚："心术不正的家伙不可能像标准石油公司的人那样团结得如此长久。"领导权的连续性使那些爱四处窥探的记者和政府调查人员无功而返，他们一直未能从连续四十年控制着这个石油帝国的志同道合者的坚固阵营中找到突破口。

　　鉴于公司结构错综复杂，合伙人之间的团结显得尤其令人瞩目。公司由许多分散在各地的分支机构拼凑而成，各个企业名义上独立于总部，而实际上都听从百老汇 26 号发出的号令。由于当时还没有一部联邦公司法，洛克菲勒与其他商人一样，不得不应付一大堆限制性法律，这些法律令跨州经营的公司简直无法生存。洛克菲勒说："由于联邦政府自身的形式所限，在某一州成立的公司在其他州就是外来公司，这迫使商人们在其生意所在的某些或许多州里通过法人代表另行组建公司。"这种限制逼得商界领袖们想方设法避开法律，促使他们去收买政客和立法机构；洛克菲勒对政治玩世不恭的态度在很大程度上即源于此。标准石油公司从一开始就是一个全国性的经营组织，因此，这种过时的法律构架促使他作了无数的调整来适应环境。如果说洛克菲勒正确地认识到这种不公平的法律体系是一种障碍的话，也正是这个体系激发了他的创造性。

　　洛克菲勒的第一项主要创见是在 1879 年私下执行的一份具有独创性的委托协议。依照公司的营业执照，俄亥俄州的标准石油公司不能在其他州拥有公司，于是它指派 3 个中层经理——迈伦·R·基思、乔治·F·切斯特和乔治·H·维拉斯——作为在俄亥俄州以外众多分公司中持股的受托人。他们收到股息后，依据俄亥俄州标准石油公司的 37 位投资人在母公司持股比例，将这些股息分给他们个人（标准石油公司的 3.5 万股股票中，洛克菲勒持有将近 9000 股，相当于弗拉格勒、哈克尼斯以及普拉特或佩恩所持股份总和的 3 倍）。这种草草拼凑的安排使洛克菲勒可以发誓说，俄亥俄州的标准石油公司在州外不拥有任何资产，尽管他实际上控制着宾夕法尼亚、纽约、新泽西和马里兰等州的绝大多数输油管道和炼油厂。从法律上讲，拥有这些产业的是那几位受托人。

1879 年的这项协议，作为一种权宜之计只持续了 3 年。1881 年，由于宾夕法尼亚州试图向俄亥俄的标准石油公司在宾州的产业征税，洛克菲勒害怕其他州可能会以此为先例也向他征税。与此同时，洛克菲勒新近并购了许多输油管道公司和炼油厂，因而不得不拼命在这些众多分散的企业之间进行政策协调。此时所需的是对各项业务进行合理化改进并加以引导，以提高经营效率。策划这一阶段工作的智囊是一位和蔼可亲、又矮又胖的律师，名叫塞缪尔·多德（Samuel C. T. Dodd），他同时还是基督教长老会的一位长老。此人胖得出奇，有个爱开玩笑的人说他的身高、腰宽和厚度都是一个尺寸。多德从 1881 年到 1905 年一直是标准石油公司的首席律师，还是公司主要的谋士和新闻发布人。他既是个出色的律师，又是个智多星。多德是宾夕法尼亚州富兰克林一个木匠的儿子，过去曾是泰特斯维尔一位直言不讳、情趣高尚的居民，酷爱古典文学，业余时间还写点诗歌。颇具讽刺意味的是，作为 1872 年宾夕法尼亚州立宪大会上一名民主党成员，多德曾因痛斥洛克菲勒和改造南方公司收取回扣而引起人们的关注，同时也被铁路方面视作眼中钉。多德进入标准石油公司的过程使他得以对洛克菲勒的诡计有深入的了解。1878 年，两个名叫泰勒和萨特菲尔德的炼油商聘请多德与表面上属于范德格里夫特和福尔曼的联合管道公司打官司。由于多德也是雅各布·范德格里夫特船长的律师，他在这个案子中同时代表双方。有一回，范德格里夫特向多德坦白了一个令人震惊的事实：联合管道公司完全属于标准石油公司。按照当事人的指令，多德去克利夫兰起草一份令双方都满意的和解协议。他回忆道：

在这里，我第一次见到了约翰·D·洛克菲勒，他是一个非常讨人喜欢、风度翩翩、谦恭有礼的人，但思考问题时拖拖拉拉，谈判时对每一点都极为挑剔。一天，他希望在拟定的合同中加上某一条款，但遭到了我的反对，他有点生气，用讽刺的口吻对我说："多德先生，你经常在案子中代表双方当事人吗？"我说："这种情况并不多见，洛克菲勒先生。但是如果双方都想找一个诚实的律师，我随时准备这样做。"这话似乎把他逗乐了，于是我们很快就解决了这个问题。

1879 年洛克菲勒聘用多德时，多德提出既不要加薪也不要什么头衔，但要保证他诚实正直的人格。多德的薪水相对偏低（每年绝不会超过 2.5 万元），但他拒绝了洛克菲勒让他持有标准石油公司股票的请求，他的解释是，持股可能有损于他在法律问题上做出的判断；由于这个原因，多德一直没有成为标准石油公司的董事。多德还强调说，他永远也不会改变自己对铁路回扣是不正确的既定看法。对于所有这些条件，洛克菲勒轻松地答应了——可能过于轻松了点。正如我们后来将看到的那样，洛克菲勒多年来一直在标准石油公司与铁路的关系上欺骗多德，以至于人们不得不认为多德是自愿受他愚弄的，因为这样做既合法又使自己摆脱所有的怀疑。自从多德受聘于洛克菲勒以来，他在油溪一带的老客户都和他断绝了往来。面对这些批评者，多德耸耸肩说道："正如牧师们所说的那样，如果他们想多要点薪水，那似乎就是上帝的旨意。"洛克菲勒这样赞扬多德道："没有比他更公正的人了……他是个既可爱又忠诚可靠的人。"在许多反托拉斯听证会上，洛克菲勒总是先看看令人敬畏的多德，等他点头表示同意后才回答问题。

多德在撰写既从文字上符合法律条文又在精神上回避法律的文件方面是个奇才。那场基思一切斯特一维拉斯闹剧露馅之后，多德研究了能使标准石油公司在扩展业务的同时保持大权在握的各种新型组织结构。由于公司的主要董事分散居住在不同的城市里——大多数住在克利夫兰、纽约、匹兹堡、费城和巴尔的摩——这种情况妨碍了公司进行密切的协调。多德突然想到了将各州的公司合并为州际大集团的办法，第一步是在拥有主要业务的各州分别建立一家独立的标准石油公司。于是，纽约标准石油公司在 1882 年 8 月 1 日成立，由威廉·洛克菲勒出任总裁。4 天以后，约翰成了新成立的新泽西州标准石油公司的总裁。采取这种手段是为了防止各州向标准石油公司在该州际之外的产业征税。多德意识到各独立公司需要有各自的董事会，同时也考虑了如何避免权力分散。多德解释道，解决的方法是"各公司可以用同一个名字、同一个办公室、通过同一个执行委员会来共同管理。在实行过程中，把公司股票交给受托人，由受托人开具在信托财产里拥有股份的证明书，通过这些证明书表明各人在不同股票红利中应得的份额。这样一来，就能把公司股票变成了普通股。"正如多德所指出的那样，把股票这样精心调换后，形成的不是各公司的联合体而是持股人的联合体，这将确保各公司在不违反法律的情况下统一步调。

多德和弗拉格勒起草了新的标准石油公司委托协议，具体时间是1882年1月2日。对于这项产生了一个拥有7000万元资产、控制着美国90%炼油厂和输油管道的企业的巧妙安排，公众一无所知，直到6年后的一次反托拉斯听证会上，它才不小心被曝了光。根据这项协议，成立了一个由9名住在纽约的受托人组成的董事会——就是每天中午在百老汇26号共进午餐的那些人。如今我们可以把它叫做控股公司，但在当时看来像是一个虚构的实体，因为其存在缺乏任何真正的法律依据。它尽管掌管着无限的权力，却无法做生意、签合同和记账。它掌握着俄亥俄州标准石油公司和其他40家公司的股份——其中26家是合资，14家是独资——并有权任命这些公司的管理人员和董事。在持股人当中，拥有权力和财富比例最大的仍然是洛克菲勒，他拥有超过1/3的信托证明，总价值约为1900万元。来自克利夫兰的5名成员——约翰与威廉·洛克菲勒、弗拉格勒、佩恩和哈克尼斯——仍然保持在股份上占压倒多数，并且在最高层中形成了一个共同买卖其他公司股份的小团体。

随着这个托拉斯的形成，第一次出现了有价证券，对标准石油公司的文化产生了深远的影响。洛克菲勒不仅敦促手下持有股票，自己也通过持股随时可获取大量的金钱。随着这一控股现象的普及，整个组织更紧密地联系在一起，形成了一种有助于击败竞争对手和政府调查人员的团队精神。雇员们由于能拿到巨额资本收益和红利，把标准石油公司的经营看成是一场圣战。洛克菲勒希望这种托拉斯能够成为以雇员共同拥有公司为标志的民众资本主义的样板。"我会让每个人都成为资本家，包括男人、女人和孩子。"他说。"我要让每个人都节约自己的收入，不乱花钱；让他们拥有工业，拥有铁路公司，拥有电报公司。"

标准石油公司的改组在很多方面预示了19世纪后期其他主要美国商业组织的发展轨迹：从自由竞争发展到松散联合的卡特尔，再发展成严密的托拉斯组织。1882年协议形成的托拉斯概念与工业垄断异曲同工。在19

世纪 80 年代，美国、英国和德国的许多行业都纷纷实行全行业联营，但这一联营的倡导者们发现，他们很难防止各成员相互欺骗和秘密降价的行为。就在这时，标准石油公司想出了以执行权和管理指导为基础的集中控制的方法。此后一段时间内，有那么多公司照搬了这种模式，以致于人们完全可以夸张地说，1882 年的标准石油公司委托协议直接导致了 8 年后谢尔曼反托拉斯法案的产生。

洛克菲勒在美国工商界是个独一无二的人物：既是天生的第一代创业型企业家，又是扩展企业的第二代分析型管理者。他不是那种白手起家而后很快又脱离自家企业的商业巨头。正是由于这个原因，他的一生预示了即将在 20 世纪出现的管理资本主义。

洛克菲勒需要他人的协作，因为他对公司的所有权从未超过 1/3。在创建了一个无比复杂的庞大帝国之后，洛克菲勒精明地意识到，自己必须同企业合为一体。很多人都注意到洛克菲勒很少说"我"，除非是在开玩笑的时候。他在谈到标准石油公司时更喜欢使用第一人称复数。"不要说我应该做这做那"，他教导同事们说。"要说我们应该做什么。千万别忘了我们是合作伙伴，无论做什么事都是为了我们所有人的共同利益。"洛克菲勒喜欢直言不讳的同事，讨厌软骨头的马屁精；只要人们所提的不同意见不是出于个人利益，他总是持欢迎态度。标准石油公司的经理们尽管以虚张声势、作风强硬而著称，在互相协商时却往往态度和蔼、郑重其事。克利夫兰·阿莫利（Cleveland Amory）谈到他们时说："在美国大亨当中，没有比这伙人在公众场合更面目可憎、更神气活现而私下里更温和、更脑满肠肥的了。"洛克菲勒通过创立新的工业模式，在一个推崇发明家而忽视管理者的时代里留下了自己的印记。他创建了世界上第一批多国公司中的一个，在世界各地销售煤油，并且为下个世纪奠定了一种企业模式，但这不见得是他最大的成就。他说："我们的国家正处于从农业向大规模制造业和商业转变的过渡时期，我们在前进过程中必须不断创造新方法和新机器。"无论对洛克菲勒的品行有怎样的争议，经济学家和历史学家们说起他在建立现代公司制度方面所起的作用时都异口同声地加以赞扬。尽管面临诸多法律障碍，洛克菲勒仍然可以将许多截然不同的公司融合成天衣无缝的整体。在洛克菲勒手中，一个原本可能笨拙无比的机构变成了有效的工具。标准石油公司在工业规划和大规模生产方面处于领先地位，采用了原本在这个纯粹自由竞争的阶段很难取得的规模经济。在洛克菲勒的指导下，这个托拉斯组织在提高煤油品质、开发副产品、削减包装和运输成本以及全球分销石油制品方面取得了令人瞩目的进展。一位传记作者评论道："必须承认，洛克菲勒是美国历史上最伟大的工商管理者。"一位石油史专家对这一判断表示赞同："在建立石油业的过程中，洛克菲勒是唯一一个最重要的人物，尽管人们仍有争议，但他在美国工业发展史和现代公司制度的形成进程中也占有同样重要的地位。"

将众多下属企业统一到一起的诀窍是标准石油公司独创的委员会制度，其内在核心是执行委员会。该委员会虽然只向第一线主管人员提出行动建议，但仍然保留了相当大的权力，超过5000元的开支和每月超过50元的加薪都必须得到他们的批准，这使得他们可以推延任何一个下属单位的发展速度。执行委员会下设一整套专门委员会，分别负责运输、输油管道管理、国内贸易、出口贸易、生产制造、采购，等等。这些专门委员会使从事相同业务的分支机构的质量得以标准化，便于管理人员相互交换意见、统一经营步骤。洛克菲勒评价这项创新时说："如果一群人是制造方面的专业人员，他们就是被选拔出来的专家，每天必须开会研究不断出现的新老问题。所有由受托人控股的各个不同的公司都可以得到他们调查研究的成果。"通过实行委员会制度，标准石油公司创造了一个自给自足的天地，管理着制造工业用酸、化工产品、桶板、油桶、灯芯、油泵甚至油罐车的众多工厂。标准石油公司关闭了30多家陈旧过时的炼油厂，在克利夫兰、贝永和费城的3家巨型炼油厂里集中生产超过世界总产量1/4的煤油。

委员会制度是一项富有创意的改革，它将不同成员公司的政策融为一体，同时又不剥夺它们各自的自主权。我们必须记住，标准石油公司仍然是一个联合体，只是部分地拥有大多数子公司。尽管洛克菲勒承诺赋予各地的业主自行经营工厂的权力，但如果实行由上而下的等级制度，则可能会束缚他们；委员会制度在向他们提供总体指导的同时也激发了他们的干劲。委员会通过交流经营业绩数字，鼓励他们竞相创造纪录并予以奖励，以此在各地方公司之间倡导竞争。这一点至关重要，因为没有竞争机制的垄断企业很容易堕落成缺乏活力的庞然大物。正如洛克菲勒所说的那样，相反，"刺激各下属公司为自身的利益而做出最佳表现，将使它们在竞争中积极努力、富于进取心。"

多年来，洛克菲勒一直试图将自己从细枝末节中解脱出来，因而他称赞委员会制度使他成了第五只车轮——闲置起来了。他从不参加某一个委员会的会议，但有时会以他独特的方式随时出现在委员会首脑的聚会上。有位委员会成员回忆道：

> 我在公司不同部门的首脑聚会上经常见到洛克菲勒先生，他仔细听取每个人的意见，自己却一言不发。他可能会在沙发上面伸伸懒腰说："我有点累了，不过大家请继续开下去，我知道你们想做出决定。"他时不时会闭上眼睛，但从不错过任何一个意见。他会只道声再见便离去，但第二天再次来到会上时，已经将整个提议全部领悟并且得到了答案——而且他总是能够想出正确的答案。

尽管标准石油公司鼓励互相合作并允许有能力的经理行使权力，洛克菲勒却一直保持着无可比拟的影响力。同事们忙于疯狂购买豪华住宅和欧洲艺术品的时候，洛克菲勒却在节俭度日。他对标准石油公司充满信心，别的董事只要肯卖股票，他都乐于买下来。"噢，那时我简直成了他们倒垃圾的地方，"他有一次笑道。他持有的股份之多无人可与之相比，这给他的意见增加了额外的份量。

除了持股数目巨大之外，洛克菲勒还拥有非同寻常的个人魅力。他对待同事从不过分亲热，也不会粗暴无礼，更不会轻浮无礼。他这种政治家般的镇静令人感到敬畏。一位记者在 1905 年说："无论你是怎样一个不为外界所动的人，在洛克菲勒先生面前都会感受到他身上那种令人自惭形秽的力量。"洛克菲勒身上似乎总是有一种高深莫测的威力。阿奇博尔德承认："洛克菲勒总是比我们其他人看得远一些——因此他总是能预计到即将发生的事情。"标准石油公司的另一位高级经理爱德华·贝德福德（Edward T. Bedford）高度评价洛克菲勒道："洛克菲勒先生确实是一位超人。他不但能从宏观上预见到一种新的商业体系，并且拥有在似乎不可克服的困难面前将之付诸实践的耐心、勇气和胆略，他那种信心十足、坚持不懈地追求自己目标的劲头实在令人叹服。"

他在级别较低的员工面前举止得体、平易近人，听到他们发牢骚从不发怒。每个员工每年都有一次见执行委员会的机会，为自己争取加薪。在这种场合，洛克菲勒的表现总是令人感到愉快。一名雇员回忆道："如果H·H·罗杰斯生硬地说他已经听够了，我们没有理由要求加薪，洛克菲勒先生就会说：'噢，给他一次机会吧。'"但是，这种温和态度只是做做表面文章而已，因为洛克菲勒尽管有时会愿意支付比现行水平高出10％或20％的工资，却从不赞成成立工会，也不喜欢雇员们组织起来进行抗议。

洛克菲勒在标准石油公司之所以能说了算，最后一个原因是他擅长解决那些远远超出他自身能力的问题。他认为总会有时间思考问题，也总会有时间付诸行动的。他遇到问题后总是深思熟虑，用很长时间静静地等待计划成熟。然而，一旦做出了决定，他就不再为疑虑所困扰，而是以一种始终不渝的信念按自己的想法做下去。不幸的是，他一旦处于这种状态，就会对批评意见置若罔闻。他就像一枚炮弹，一旦发射出去，绝不会半途停下来，而是永不回头，永不转向。

面对曼哈顿种种肮脏的诱惑，洛克菲勒家成了举行教会活动、禁酒会议和彻夜祷告的安静的岛屿。洛克菲勒一家害怕受到大城市种种邪恶现象的影响，下定决心不喝酒、不玩牌、不吸烟、不跳舞，仍然只与趣味相同的人来往。人们对标准石油公司的非议越多，洛克菲勒的家庭生活就越是循规蹈矩。

洛克菲勒一家的表现证明，约翰·卫斯理[12]的名言"财富越多的地方，宗教的成分就越少"并非完全正确。洛克菲勒全家的行为还解答了约翰·亚当斯[13]在1819年向托马斯·杰斐逊[14]提出的问题："你能告诉我怎样防止富裕产生奢侈吗？你能告诉我如何防止奢侈导致人们意志薄弱、酗酒、挥霍、作恶和办蠢事吗？"约翰和塞迪担心财富会影响他们的道德观念，便更加积极地投身于教堂活动和禁酒运动。1883年，约翰成了妇女基督教禁酒联合会的顾问委员会成员，该组织致力于修订俄亥俄州宪法，使制造和销售烈酒成为非法行为。尽管这一努力最终不了了之，他后来却成了俄亥俄州反酒馆联盟的主要捐赠人，并且越来越积极地从事这项事业。他大声疾呼："我担心，如果不在全国开展一次大规模的禁酒运动，对国家可能贻患无穷。"在这一时期开展的其他他所赞同的运动当中，洛克菲勒向奋兴布道家德怀特·穆迪⑮提供了大量的资金，并且敦促亨利·弗拉格勒也仿效他。

洛克菲勒全家离开克利夫兰之前，一些朋友问塞迪她的孩子为什么没有受洗，这个问题一直在塞迪的心头萦绕。她开始和孩子一起频繁地举行祈祷会，让4个孩子中的3个——艾尔塔（12岁）、伊迪丝（11岁）和约翰（9岁）——在1883年10月28日同时受了洗，这是在他们搬到纽约之前的最后一个星期日。后来，塞迪记下了她的感受："那是一副美丽而又动人的景象，就在早晨做完礼拜后——浸礼池周围摆放着植物和鲜花，头顶上还悬挂着一只鸽子。"由于全家每年夏天都要回克利夫兰住，约翰和塞迪便在欧几里德大道浸礼会教堂保留了座位。他们一搬到曼哈顿就加入了第五大道浸礼会教堂，并且从马萨诸塞州斯普林菲尔德请来威廉·方斯（William H. P. Faunce）牧师主持教务。洛克菲勒一家从未想过要换一个社会名声更加显赫的教派。"大多数美国人有了钱以后都会去攀附离家最近的圣公会教堂，"H·L·门肯后来说道。"洛克菲勒一家却始终追随美国内地最早的教会，并且从不为此感到低人一等。"他们可能觉得自己不适应高教会派的富丽堂皇和繁文缛节。

洛克菲勒的孩子们在家里受了多年教育后终于开始试探着摆脱那个常常令他们感到窒息的家庭环境了。洛克菲勒解释说，他在家里教育孩子是因为那几年他要在纽约和克利夫兰两头住，但也有可能是他想让孩子们远离那些禁区。此外，贝西、艾尔塔和伊迪丝此时正在韦斯特切斯特县的拉伊女子学校上学，负责管教她们的是一位莱夫太太，她原名叫苏珊·拉蒙特，曾在奥韦戈教过少年时代的洛克菲勒。这3个女孩尽管是美国首富之一的后代和继承人，却似乎老是缺这少那的。一位她们当年的密友回忆道：

> 这几个孩子的零花钱很少。一天我们在买东西时，伊迪丝偷偷告诉我她心中最大的愿望是能有一件丝绸内衣，但是"妈妈如果听到我提这个要求会不高兴的"。艾尔塔想要一项礼帽配她的骑马装。她好

言相求了几个月才得到了帽子，还戴着它照了张相……接下来，她梦寐以求的东西又变成了马靴。

伊迪丝对衣服简直着了迷，渴望得到时髦的服装和珠宝，全然不顾这同她父母的价值观是背道而驰的。

洛克菲勒闭口不谈金钱，认为这样有失体面，因而不让孩子们知道他有如此巨大的财富。贝西在80年代中期进了瓦瑟学院后——她是家中唯一上了大学的女儿——有一次和几个同学上街给她们最爱戴的老师买圣诞节礼物。她们在曼哈顿一家商店里发现了一件称心如意的礼物：一张标价为100元的书桌。贝西和同学们只带了75块钱，便问店主是不是可以迟几天补上那25元。店主同意了，条件是找一位纽约商人提供担保。"我父亲就是个商人，"贝西胆怯地说。"他可以为我们作保。""你父亲是谁？"店主问，"他是洛克菲勒先生，"她说。"约翰·D·洛克菲勒，他是做石油生意的。"店主惊讶得透不过气来："约翰·D·洛克菲勒是你父亲！"店主立刻答应送货，但贝西认为他改变主意只是为了取悦于她们。小约翰也到了告别家庭教师的时候，他进了纽约语言学校，后来去了C·N·道格拉斯办的一所学校，然后又去了时髦的卡特勒学校，在那儿上学的有阿尔伯特·米尔班克（Albert Milbank）、科尼利厄斯·布利斯（Cornelius N. Bliss）和小科尼利厄斯·范德比尔特。小洛克菲勒每天早晨沿着人行道步行去学校，却看到家境不如自己的同学都坐着漂亮的马车从身旁辚辚而过。他尽管对自己的智商估计偏低，却是个聪慧、听话的孩子，总是能得高分，而且总有许多事情要做，很少有闲暇的时间。不做作业的时候，他要经常练小提琴，还在交响乐团第一小提琴手理查德·阿诺德那里上了8年的小提琴课。小约翰从没挨过打，也没受过惩罚，却得忍受塞迪对他不断进行的宗教教育。与之相比，父亲则几乎总是有趣得多。为了取悦父母和其他有权势的大人，小约翰对待事情总是过于严肃，十分害怕犯错误。洛克菲勒的孩子们头脑里经常被灌输这么多的责任，他们却没有发疯，这实在称得上是个小小的奇迹。然而，他们的确在心理和肉体上出现过许多症状。小约翰第一年进卡特勒学校时只有13岁，他的平均成绩达到了98.1分，只是由于用功过度几近神经崩溃。这艘弱小的船只承载了太多的期望，他终于不堪重负而病倒了。洛克菲勒开出的是维多利亚时代传统的药方：繁重的户外劳动。1887 年底，小约翰和妈妈在福里斯特山过冬，他拼命干活，劈柴火（每考得[16]15 美分）、砸石头、烧荒、扫树叶，以此把精神压力从身上排除掉。小约翰喜欢这段独占母爱、远离纽约刻板生活的短暂时光。他在给父亲的信中谈到了冰天雪地的冬天里的忧郁之美和在月光下坐雪橇，下午推着坐在木椅上的塞迪在结冰的湖上滑冰的情景。小约翰在山上过完冬天后重新焕发了活力，他在卡特勒学校读完第二年又转到了一所专门为他开办的学校。约翰和威廉·洛克菲勒同一位很有才华的教师约翰·A·布朗宁商定，由他办一所只有两个班级的微型布朗宁学校，其中的一个班是专为小约翰办的，另一个则是专为威廉的儿子珀西设立的。这所学校从一开始就是洛克菲勒的产业，建在第 55 西大街的一座他们家族拥有的褐砂石房子里，约翰和威廉向布朗宁支付薪水，并拥有筛选申请入学者的权力。从一开始，学校就强调动手能力和经典学科并重，充满平等主义精神。芝加哥收割机制造商内蒂·福勒·麦考密克家族（Nettie Fowler Mc-Cormick）把两个儿子哈罗德和斯坦利也送来上学，这 25 名学生中还包括威廉在康涅狄格州格林威治的房地产的经理的两个儿子。布郎宁学校是约翰·D 防止他的孩子产生骄傲情绪，不知不觉地染上游手好闲和挥霍成性的恶习的又一个尝试。小约翰在 1887—1888 年冬天从福里斯特山寄给父亲的信表明，他母亲也正从一场疾病中康复。他对一个朋友说："尽管和家里其他人呆在一起是件很愉快的事，但是想到这样对妈妈有这么大的好处——她现在真的好多了，睡得香，感觉也好多了——就是和其他人分开过，我们也很高兴。"塞迪的身体一直很弱，此时已开始出现种种每况愈下的迹象，表明最终她将一病不起。她喜欢和丈夫一起驱车出行，同他共享滑冰的快乐，但坚持不了多一会儿。"她身体不够强壮……经受不住太多的运动。"她的儿子说。对于约翰·D·洛克菲勒的传记作家来说，传主生平中最令他无可奈何的空白是塞迪如何从一个聪明、机智的女孩转变成一个毫无幽默感、修女般虔诚的女人的。人们搞不懂，这位高中毕业时曾代表学生致辞，在奥里德学院担任过文学编辑的，活泼好强的年轻女子究竟出了什么问题。塞迪在 80 年代她 40 多岁时写的信里，充斥着虔诚的宗教言辞和没完没了的陈辞滥调，她也变得越来越无懈可击，从而显得有点不真实了。一家杂志评论说："要找到一个能给约翰·D·洛克菲勒太太挑出毛病的人是件难事，因为洛克菲勒太太几乎把一生都献给了宗教和公益事业。"她张口说的全是些崇高的想法，不断地感谢上帝，从不屑于对人说三道四，也不讲无礼的话。这难道又是一个聪慧的维多利亚时代妇女由于生活选择太少，为了排遣无聊和自我保护而抑郁成疾并沉湎于宗教信仰的例子吗？她所处时代的社会传统显然赞成这种把自己的活动范围限制在家庭和教堂里的做法。但是，人们同时也怀疑，她这种自我封闭的宗教狂热难道不是对围绕标准石油公司的那些巨大非议做出的反应吗？这个长着一对褐色眼睛、性情温和的女人崇拜自己的丈夫，并且打心眼里相信他是个好人，但又对那些加之于丈夫身上的指控感到烦恼。我们从洛克菲勒的两个同事那里得知，塞迪有时希望丈夫能回击对他的攻击，而不是对其置之不理。从 19 世纪 60 年代到 70 年代初，洛克菲勒在给塞迪的信中透露了许多有关自己商业交易方面的事，包括改造南方公司风波。但是到了 80 年代，他的信突然变得空洞无物，全是些有关天气的套话，不再有商业方面的消息了。总的来说，洛克菲勒一直让家人远离标准石油公司的事务，只有一个令人惊奇的例外。有时候他会在吃早饭时大声朗读他从办公室收到的大量古怪离奇的谩骂信中挑出来的一些样本。他这样做可能是想让家人知道自己所受到的威胁，或是想淡化那些非议。除此之外，他总是闭口不谈任何哪怕多少有一点争议的事情。宗教狂热是不是塞迪用来抵挡那些针对她丈夫的恶毒攻击的一块刀枪不入的盾牌呢？约翰对禁酒和其他社会事务所表现的自我道德标榜是不是为了表白自己的德行，安抚自己的良心呢？这都是些很有趣的问题，但洛克菲勒和他的家人都百般回避这些问题，从不做任何评论加以澄清。洛克菲勒婚姻生活的某些方面——那些晚上在卧室中私下谈到的关于标准石油公司的一些重要事情——对外人很可能永远是个谜。

洛克菲勒对他是个足不出户的工作狂的说法总是感到不快，但是他的确是在搬到纽约，过了 40 岁后才开始出国旅行的。洛克菲勒是个顽固的乡巴佬，对异域风情不感兴趣，从不去亚洲、非洲、拉丁美洲和其他标准石油公司有业务的偏远地区。对他来说，旅行的目的不是去朝拜那些异域风光，而是把自己的文化原封不动地传递过去。他总是带着一位牧师（通常是爱德华·贾德森或奥古斯都·斯特朗）和一名医生（通常是汉密尔顿·比格）同行，以照料他的精神和健康。洛克菲勒尽管从未拥有过私人专用车厢，铁路方面却在他需要时在州际列车上为他挂上一节专用车厢，用以国内旅行。这些豪华的车厢一分为六，包括厨房、储藏室、观景室、休息室和卧房。列车在大平原上飞驰而过时，一家人兴高采烈地唱着赞美诗，或者让孩子们练琴。每天早晨由牧师带领读一个小时的《圣经》，挨个讲解基督教教义中的八大至福。洛克菲勒在安排行程时，总要保证每个星期日能够到达一所浸礼会教堂，他尤其喜欢去黑人教堂，走后经常留下一大笔捐赠。他最喜欢的是在路上找到一个气氛良好、热烈的帐篷聚会——对于一个一向将宗教视为崇高经历的人来说，这才是真正的休假。

1883 年，洛克菲勒和亨利·弗拉格勒一同去了佛罗里达州的杰克逊·维尔和圣奥古斯丁，与安德鲁·安德森医生（Dr. Andrew Anderson）和烟草业巨头乔治·洛里拉德（George P. Lorillard）一起研究了该州的经济前景。第二年，洛克菲勒全家南下亚特兰大，然后西行去了新奥尔良，最后去了洛杉矶和旧金山。两年后，他们又去了黄石公园，然后取道芝加哥返回。在这一点上，甚至连洛克菲勒本人也感到奇怪自己是否永远也离不开美国大陆。他告诉本杰明·布鲁斯特："我可能永远也不会和家人一起去欧洲了，尽管我们一直期待着能在一两年内去一次。我非常渴望能对我们生活的这块可爱的土地有更多的了解。"1887 年 6 月 1 日，洛克菲勒一家终于有了机会，他们启程去欧洲度假 3 个月，标准石油公司的经理们乘坐一艘拖船向他们挥手告别。大家一定觉得如释重负，因为他们担心他在标准石油公司不知疲倦地苦干会损害他的健康。洛克菲勒花了好长时间才摆脱对标准石油公司难分难解的心情，在海上航行中放松一下自己。可是，距英国南安普敦还有 460 海里的时候，他终于无法放下对石油的惦念，发了个电报给乔治·罗杰斯说："我发现我实在急于了解生意上的事。"一个月后，他从柏林发电报恳求道："你能否从执行委员会那里给我搜集更多有关当前生意的信息。我急于得到任何一丁点消息。"南北战争以后，大批美国人涌到欧洲度假，由于无知在海外出了不少洋相。他们粗俗不堪，却爱炫耀自己，加上夜郎自大的狂妄，常常被当时的作家大加模仿和嘲弄。洛克菲勒一家给欧洲人留下的印象一定是毫无情调、不通人情，外语说得磕磕巴巴、十分别扭。洛克菲勒决不吃欧洲人那一套，这种环境只能使他那种朴实的风格更加突出。在伦敦，他在著名的皮卡迪利广场旁的一家旅店订了一个房间，这样全家就可以毫无遮挡地观看维多利亚女王登基50周年的庆典。当女王乘坐着一辆华丽无比的金色马车急驶而过时，他们都兴奋地瞪大了眼睛。一家人到达法国后，约翰十分小心，唯恐会有一些厉害的家伙欺骗他或是利用他那种美国人的天真。他不会讲法语，因而知道自己看上去像个软弱可欺的乡巴佬。他一度怀疑——事实的确如此——导游在敲诈他们。他有礼貌地解雇了导游，亲自掌管旅途的花销，仔细研究厚厚一叠看不明白的账单。小约翰对父亲试图搞懂一张法国账单的情景作了出色的描述：

> 我现在好像还能看到他那副样子。他从头到尾琢磨一份份长长的法国账单，对每一项内容都认真加以研究，其中许多东西都是他无法理解的。"Poulets！"他叫道，"Poulets 是什么，约翰？"要么是："Bougies[17]，Bougies——Bougie 究竟是什么东西？"如此这般逐条研究下去。父亲从不愿意付他不知道所含内容是否全都正确的账单。对某些人来说，对小事这样斤斤计较可能显得很吝啬，但对父亲而言，这是生活准则的具体体现。

另一位旅伴还记得，洛克菲勒全家坐在罗马一家旅店的小餐室里，等着一家之长仔细剖析一周的账单，试图确定他们是否真的如这些狡猾的外国人所说的那样吃了两只整鸡：

洛克菲勒先生听大家讨论了一会儿，然后静静地说："我能轻而易举地解决这个问题。约翰，你是不是吃了一只鸡腿？""是的。""艾尔塔，你吃了鸡腿吗？""是的。""好的，夫人，我想我记得你吃了一只腿，对吗？""是的，"夫人说。"我自己也吃了一只。鸡没有长三只腿的，所以账单是对的。"我至今还能记得那家人的表情，回想起洛克菲勒先生的语调，他是如此平静而又独特地解决了这个小小的争议。

小约翰长大一些后，他得到大人的授权负责付小费和账单。他后来称这是一种极好的商业训练。

无庸赘言，洛克菲勒很瞧不起欧洲的音乐厅，他把旅途中大部分时间用来拜谒教堂，或是游览美丽的景点。洛克菲勒起初拒绝谒见教皇，后来因为听说这可能会让标准石油公司里信奉天主教的工人感到高兴而改变了主意。那时的洛克菲勒仍然是个具有超群耐力的人，他和小约翰一起去瑞士的泽尔马特精神饱满地爬了一次山，他的体力让儿子十分吃惊。在这次欧洲之行中，洛克菲勒还能有时间读书。在巴黎，他被刘易斯·华莱士⑱的《本·赫尔》给迷住了，在去意大利维苏威火山的路上又迷上了爱德华·布尔沃·利顿⑲的《庞贝的末日》。不过，他不可能在一种幻想中停留太久。他此时已经如此闻名，从一座城市抵达另一座城市时，无不受到当地报纸的欢迎，离奇古怪和乞怜求助的信件也开始尾随而至。一路上有那么多信件堆积到旅店里，他最后不得不买了一辆卡车把这些信带回去。洛克菲勒把每一封信都留到回家后再看一遍，这证明他有完全彻底的责任心。自己的声望和恶名在一个由标准石油公司主宰的世界中传播得如此广泛，走到哪里也摆脱不了，对于这个去欧洲做短暂休息的人来说，意识到这一点肯定令他大为吃惊。面对众多上门求告的人，洛克菲勒试图用扩大捐赠来与他不断增加的收入保持同步，捐赠的款项从1881年的6.1万元增加到3年后的11.9万元，几乎翻了一番。他密切关注着接受其善款的人，直接过问他们的进展，尽管这样做给人的印象多少有点僵硬刻板。即便报界骂他是作恶多端的商人，这个具有矛盾个性的人仍然在花钱方面尽量表现得明智一些，并且发现对善举进行监督要比管理业务更难。在洛克菲勒最初涉足慈善事业时，全家一起参与判断捐款的用途，孩子们有时还去旁听重要的会议。早餐前的感恩祷告刚一结束，洛克菲勒就抽出一个塞满了从世界各地寄来的求告信的夹子，把材料分给孩子，让他们作进一步的研究。在这一点上，他对孩子从不厚此薄彼而引起他们不满，而是让4个孩子平等地参与处理他的财产。洛克菲勒有什么新的善举，往往交给他那位杰出的慈善部门主管弗雷德里克·盖茨（Frederick T. Gates）去办理，此人在90年代初刚刚进入公司。不过，洛克菲勒在80年代就已经制定了一些有关捐赠的基本原则，其中有许多产生于他经商以来长期奉行的观念。比如，他像其他工业家一样，担心慈善行为会助长依赖情绪，反而使受助者更加贫困。洛克菲勒全家在纽约过第一个感恩节时，他陪家人参观了曼哈顿南部有名的"五点"贫民窟。洛克菲勒赞扬了一个收容无家可归者的机构，却讽刺了"给所有找上门来的流浪汉一口饭吃的政策。我的印象是他们一年中只做这么一次。我却要给他们活干，让他们自谋生路。"另一个与他一贯行为不同的地方是，洛克菲勒极为关心 19 世纪末伴随工业化、城市化和移民而来的贫困现象。洛克菲勒并不想在来世中寻求庇护，他同样强调今生的救赎，并且敦促一名牧师深入到"拥挤在鲍沃里⑳一带的大众中去，同他们生活在一起，为他们建一座教堂"。从 1882 年开始，洛克菲勒一直向爱德华·贾德森（Edward Judson）担任牧师的教堂认捐，因为此人履行了洛克菲勒关于牧羊人应该和羊群㉑同在的信念。爱德华是艾多奈拉姆·贾德森（Adoniram Judson）最小的儿子，老贾德森在 19 世纪浸礼会派教徒中是个圣徒式的人物，他使缅甸人皈依了基督教，并且把《圣经》翻译成缅文。爱德华·贾德森放弃了新泽西州一个富有的教区，接管了曼哈顿第 15 西大街的伯里亚浸礼会教堂，在穷苦的意大利移民中传教。他支持把社会工作同精神慰藉相结合的社会福音派，说服了洛克菲勒向一个名叫"新鲜空气和清凉的水"的基金会捐款，使贫苦的移民每年夏天能去乡下休息两周。

贾德森是第 54 西大街餐桌上的常客，他说服洛克菲勒支持他建立一个综合性宗教中心的想法，这个宗教中心把城市教堂和街坊文教馆的职责融为一体，满足教众在精神和肉体两方面的需要。1892 年，人们在华盛顿广场建起了令人瞩目的贾德森纪念教堂，使这一想法得以实现。这座宏伟的建筑由麦金—米德—怀特公司㉒设计，风格是希腊罗马式的，彩色玻璃由约翰·拉法吉㉓绘制。在该建筑最初费用的 25.6 万元中，洛克菲勒捐赠了 4 万元。该教堂既是社区中心又是做礼拜的场所，向穷人提供了从日间托儿所到缝纫课在内的诸多服务。洛克菲勒无疑是当时最有实力的浸礼会非神职教徒，他的慷慨捐赠早已引起了不同社会等级之间的严重分歧——这在一个多数为劳动人民的教派中毫不足怪。80 年代末，贾德森向洛克菲勒讲述了在费城召开的一次浸礼会派牧师会议上发生的事情，在会上，"有人对标准石油公司进行了非常浅薄和不明智的……猛烈的、含沙射影的攻击，"迫使另一位牧师作了一场"勇敢而令人难忘的演讲，"为洛克菲勒辩护。在接下来的 20 年里，随着浸礼会教徒们试图弄清这位慷慨的石油巨子究竟是天堂还是地狱给他们派来的，这种争论变得日益甚嚣尘上。

洛克菲勒留给慈善事业最重要的概念是与小规模零星捐款相对的大宗捐赠。作为19世纪80年代初克利夫兰最富有的慈善家，洛克菲勒已经觉得被蜂拥而至的求助浪潮压得喘不过气来了。1881年，他向克利夫兰威尔逊大街浸礼会教堂的乔治·金牧师致歉道："我未作答复的部分原因是，我过去对各种慈善事业承担了如此之多的责任，使我觉得几乎难以应付。"对洛克菲勒来说，赚钱和捐钱的紧迫感来自一个共同的宗教动机，而且他对待捐赠的态度极为严肃——他对一位朋友说："令我越来越感到满意的是，没有一位教徒在上帝使他富裕之后不向人捐助的。"

值得一提的是，洛克菲勒在1882年捐助了一所黑人女子学校，一举两得地实现了他所关心的两件事，因为在当时，人们对黑人和妇女能否接受高等教育持怀疑态度。洛克菲勒对于教育的兴趣由来已久，他多年来一直向俄亥俄州的浸礼会学校——丹尼森大学捐款。在80年代和90年代，由于他向印第安大学（即现在的巴科尼学院）慷慨解囊，这所大学位于现在的俄克拉荷马州，由A·G·巴科尼创办，该校把第一座主要建筑命名为洛克菲勒楼。南北战争期间，洛克菲勒的捐助对象包括黑人牧师、教堂、孤儿院和聋哑人团体。他从未放弃过对黑人福利事业的关切——这在当时的商人当中是很不同寻常的。当索菲亚·帕卡德和哈里特·贾尔斯再次进入洛克菲勒的生活时，他的浸礼会派平等主义思想已经使他完全准备好投身于一项新的事业。洛克菲勒夫妇是在蜜月旅行中路经奥里德学院作短暂停留时第一次遇到帕卡德和贾尔斯的，当时这两位女士是学院新来的教师。她俩关心贫苦黑人的悲惨境遇，把这项工作当成她们浸礼会福音工作的一部分。南北战争之后，浸礼会派教徒率先为获得解放的奴隶建教堂，教他们读《圣经》，因而在黑人社区中发展得比任何其他教派都迅猛。帕卡德在1878年被任命为新成立的全美妇女浸礼会家庭布道协会负责联络的秘书后，拥有了推动黑人教育事业的有效手段。两年后，帕卡德和贾尔斯实地考察了南方的黑人学校，对黑人妇女缺乏教育设施的现象感到十分震惊，并且发现了一个尤为引人注目的空白：黑人人口最多的佐治亚州竟然没有一所为黑人妇女开办的高等教育机构。为了改变这一现状，她俩在1881年开办了一所面向青年黑人妇女的学校——学生当中有许多人生在奴隶制时期，至今仍一字不识。学校办在亚特兰大教友浸礼会教堂潮湿破旧的地下室里，命名为亚特兰大浸礼会女子学院，第一个班招收了 11 个学生，大多数都已经当了母亲。这两位娴淑端庄的新英格兰女子胆敢进入这个饱受种族矛盾困扰的南方地区，实在是一种勇敢的行为。

1882 年 6 月，帕卡德和贾尔斯来到克利夫兰，向威尔逊大街浸礼会教堂的信徒们请求捐助。由于斯佩尔曼全家 40 年来一直积极支持废奴运动和各种黑人事业，加上前不久故去的哈维·斯佩尔曼曾是全美自由人联盟大会执行委员会成员，金牧师强烈地预感到洛克菲勒夫妇会对帕卡德和贾尔斯的呼吁做出热烈的响应，便向两位女士保证，如果她们到他的教堂来，他就把约翰和塞迪·洛克菲勒带到听众席上。帕卡德和贾尔斯都身穿老处女式的简朴服装，但两人仅在这一点上相同。帕卡德个子高高，长着一对蓝眼睛，活泼机敏，有很好的管理才能，稍稍年轻一些的贾尔斯则看上去腼腆温和、举止文雅。那天晚上她们在一场感人肺腑的讲演中描述了她们的 150 名学生——其中有许多人目不识丁但求知若渴——挤在潮湿的教堂地下室里学习的景象。雨水顺着墙壁滴下来，在泥泞的地板上汇成污浊的水洼，帕卡德和贾尔斯有时要站在水洼里每天给十一二个班上课；有的班级甚至挤在以前用来贮煤的满是尘土的地方学习。学生们呼吸着充满烟尘的空气，为了避开头上的取暖管道，不得不跪着在木板凳上写字。教算术的时候，帕卡德和贾尔斯把小木棍放在板凳上让学生数。一开始，大多数妇女只能得到一本《圣经》、一个本子和一支铅笔，由于光线非常差，学生们根本无法在雨天读书。这场动人的演说简直可以把石头感动得流泪，洛克菲勒一家都听呆了。哈里特·贾尔斯回忆道："就在那次会面后，洛克菲勒先生开始对教育产生了兴趣。当募捐箱传到洛克菲勒手中的时候，他把兜里的钱全捐了出来，还（向我们）提出了颇具他个人特色的问题：'你们会坚持下去吗?'接着又说：'如果你们能坚持下去，我会为你们做更多的事。'"洛克菲勒当场保证再捐赠 250 元作为建房基金。令这两位老师大为吃惊的是，洛克菲勒第二天下午带了三辆马车又来了，把她们接到福里斯特山上奉为上宾，用马车拉着她们四处游览。洛克菲勒尽管不擅社交，却在这两位女士的鼓舞下不遗余力地支持黑人的教育事业。一位研究洛克菲勒慈善活动的编年史学者说："在洛克菲勒的档案中，用于黑人福利事业方面的捐资几乎多于用在其他任何方面的捐赠。"与其他慈善项目不同的是，亚特兰大的黑人女子学院成了洛克菲勒的家族事务，除了他以外，斯佩尔曼家的人——他妻子、妻姊和岳母都伸出了援助之手。洛克菲勒在黑人教育和福利事业方面表现出了罕见的热情。"请诚恳地向黑人表明我对他们的同情和关注，并且转告他们，我希望他们除了从书本上获取知识之外，还要努力学习干各种工作，并且要比其他任何阶层的人干得都强，"洛克菲勒在 80 年代末写给一位牧师朋友的信中这样说道。由于洛克菲勒在信中用的是亲近的口气，索菲亚·帕卡德在回信时也一直称他为"亲爱的兄弟"或"亲爱的朋友。"洛克菲勒在百忙之中总能抽出时间给帕卡德和贾尔斯写信或者寄一些颇具心思的小礼物给她们，为她们鼓气。洛克菲勒对亚特兰大这所学校的支持起初很谨慎，但渐渐地一发而不可收了。1882 年末，这所学校买下了原来是联邦占领军驻地的 9 英亩土地和 5座房子。到了 1883 年年末，这所迅速发展的学校已经招收了 450 名学生，但由于兵营的资产抵押即将到期，学校濒临财政危机。于是，帕卡德和贾尔斯恳请洛克菲勒捐助一笔钱，以保证学校能够有一个永久立足之地："给学校起个名字吧：如果您愿意就叫它洛克菲勒学院，或者您如果觉得合适，就以您贤妻的闺名给它命名，或者其他任何您觉得合适的名字。"洛克菲勒尽管偿还了 5000 元的债务，却谦恭地拒绝使用他的名字。他同意使用斯佩尔曼这个名字，这是向他的姻亲恰如其分地表达敬意的方式。于是，斯佩尔曼学校诞生了，1924 年又更名为斯佩尔曼学院。后来它发展成为美国最受尊敬的黑人女子学校之一，在众多声名显赫的校友当中，有小马丁·路德·金[21]的母亲和祖母。

1884 年 4 月 11 日，洛克菲勒和家人坐火车去亚特兰大参加学校成立 3周年的庆祝活动，450 名挤在小教堂里的学生见到了她们的资助人。洛克菲勒很喜欢黑人圣歌和灵歌，这回听了个够。唱过开场赞美诗后，索菲亚·帕卡德宣布："感谢主让我能够在有生之年看到今天的情景。"在一连串简短的发言中，塞迪·洛克菲勒赞扬歌曲具有使人获得解放的力量，她姐姐露特追忆了她们的父亲为废奴事业所做的工作，她们的母亲则讲述了斯佩尔曼家过去如何成为地下交通网的一个中转站。洛克菲勒几乎从不在公开场合演讲，但他这次讲话却毫不做作、雄辩有力："你们心中希望将这所学校办成一个人们信赖的学校。上帝将通过这些小小开端去成就一番大事业。感谢上帝让我来到这里。"洛克菲勒说完落座后，在经久不息的欢呼声和一片赞美上帝的"和散那"声中，这所学校被宣布更名为斯佩尔曼学校。作为洛克菲勒今后从事慈善事业的一个范本，斯佩尔曼学院的一些情况尤其值得注意。洛克菲勒采取了一种微妙的平衡措施，他捐助足够的钱使各种项目得以开展起来，但又不致于过多，以避免今后筹措不到资金。1886 年，学校的洛克菲勒楼经他捐赠得以建成，其中包括宿舍和一所漂亮的小教堂。在接下来的几年里，洛克菲勒又捐了 11 英亩的地，并出资再建一些宿舍、一个洗衣房、一个餐厅和许许多多其他建筑物，以构成一个美丽、优雅的校园。他有一次评价提交给他的一座新楼的建筑规划说："我的建议是，建筑面积宁可现在看起来过剩也不要显得不足。我认为入学的黑人数量将会很大。"在 90 年代，洛克菲勒派自己的园林设计师去重新规划校园，并且亲自为其选择树木和灌木的种类。然而，尽管有洛克菲勒的热情支持，帕卡德和贾尔斯多年来却不得不苦苦经营，把学校办下去。洛克菲勒原本用一张支票就可以永远地解除她们的烦恼，但他却想避免她们过度依赖于他，并且让她们因始终把握不住他的意图而另谋出路。他尽管在斯佩尔曼学校的受托人理事会里短期挂过职，却喜欢多少与之保持一点距离，做出神秘莫测的姿态，从不过早透露他的计划。

洛克菲勒从事慈善事业的另一个主要原则是听取专家的意见。洛克菲勒给斯佩尔曼学校的许多捐赠都是通过亨利·L·莫尔豪斯博士进行的，此人是美国浸礼会家庭布道协会的专职秘书，该组织在洛克菲勒为教育所作的大笔捐赠方面发挥了越来越大的渠道作用。面对过多的募捐请求，洛克菲勒在 1883 年 12 月 24 日写信向莫尔豪斯求教，为了"避免让这些来自全国各地的人"找他，是否可以"通过家庭布道协会捐赠所有的款项"，这样对他来说也许"更有利于这项事业。"弗雷德里克·T·盖茨后来因采取这种通过掩护性组织捐款并分配到各地的明智有效的方法而受到赞誉，但这个主意早就在洛克菲勒的头脑中生根了。人们还可以看到，在最初那些年里，洛克菲勒在他逐步形成对等捐款概念的过程中，运用捐赠来激发别人共同合作。比如，他在 1886 年答应给莫尔豪斯 3 万元，希望这笔钱能带动人们为一项总共为 15 万元的基金集资。洛克菲勒倾向能人当政，反对贵族统治，所以赞同为少数民族提供受教育的机会。斯佩尔曼学校教授护理、教学方法、印刷和其他实用的技能，但是其核心是把青年黑人妇女培养成虔诚的基督徒。首批毕业生中有一些人作为传教士去了刚果。几年之后，帕卡德和贾尔斯告诉洛克菲勒说："上帝在精神上和物质上一直在保佑着我们的学校，一些（学生）从一开学就开始了基督徒的生活。我们相信，黑人和我们国家的救赎都有赖于对这些今后将成为母亲和教育者的女子进行的基督教教育。"在最初几年里，斯佩尔曼学校在学生中鼓励模仿维多利亚式的文雅举止，培养了一些平日戴帽子和手套、受到良好教育的年轻女士。与此同时，学校充分体现了布克·华盛顿[25]所推崇的务实、创业的精神，华盛顿是阿拉巴马州塔斯基吉学院的校长，主张对黑人进行职业教育。没过多久，这种黑人教育方式就被杜波依斯[26]和其他批评者指责为徒劳无益之举，是给黑人的赏赐，他们认为黑人有能力接受和白人一样的高等教育，职业训练只能使黑人注定庸庸碌碌地度过一生。但是，斯佩尔曼学院无论起初有怎样的缺憾，最终还是发展成了美国最受赞誉的黑人女子学校之一。

注释

①Grover Cleveland，第 24 任美国总统（1885—1889）。

②James G. Blaine，1830—1893，担任过众议院议长和国务卿。

③Bayonne，在纽约州。

④Collis Huntington，1821—1900，创建太平洋铁路公司。

⑤Jean B. C. Corot，1796—1875，法国风景画家。

⑥Juste-Aurele Meissonier，1693—1750，法国室内装饰师。

⑦Charles-Francois Daubigny，1817—1878，法国风景画家。

⑧二人均为老范德比尔特将军的儿子。

⑨John J. Astor，美国皮毛商、大富豪。

⑩Alexander Hamilton，1755—1804，美国革命时期著名领袖之一，曾任华盛顿的秘书，美国独立后担任财政部长。

⑪Herbert Spencer，1820—1903，英国哲学家、社会学家。

⑫John Wesley，1703—1791，英国新教布道家，卫斯理宗创始人，曾去北美传教。

⑬John Adams，1735—1826，美国第 2 任总统，《独立宣言》起草人之一。

⑭Thomas Jefferson，1743—1826，美国第 3 任总统，《独立宣言》主要起草人。

⑮Dwight L. Moody，1837—1899，美国新教奋兴布道会领袖之一。

⑯木材层积单位，约相当于 3.6 立方米。

⑰Poulet：法语，鸡肉；bougie：法语，蜡烛。

⑱Lewis Wallace，1827—1905，美国作家，其代表作《本·赫尔》写的是基督降临的故事。

⑲Edward Bulwer-Lytton，1803—1873，英国政治家、小说家。

⑳Bowery，纽约的一个穷人聚居区。

㉑即牧师与教徒。

㉒McKim，Mead and White，其中麦金曾参加修订首都华盛顿的规划。

㉓John La Farge，1836—1910，美国画家。

㉔Martin Luther King, Jr.，1929—1968，美国黑人牧师，著名民权运动领袖，后遇刺身亡。

㉕Booker T. Washington，1856—1915，奴隶出身的美国黑人教育家。

㉖W. E. B. Du Bois，1868—1963，美国黑人领袖、作家。

14　后台老板

　　标准石油曾经在很长一段时间内实行全球垄断，使洛克菲勒得以扬名海外。比起国内市场，国外市场规模更大，利润也更高——19 世纪 80 年代中期，美国生产的石油大约有 70% 销往海外——尽管力量对比悬殊得可怕，国内还是有一些弱小的竞争对手在千方百计维持下去。70 年代初，煤油进入了中国、日本和其他远离美国本土的地方。1874 年，一位美国旅游者就在当年巴比伦和尼尼微①一带古老的地方看到人们用标准石油公司的煤油照明。到了 80 年代初，全世界 85% 的原油仍然产自宾夕法尼亚州，石油成了美国第四大出口产品，只有俄国的石油对其构成了竞争威胁。如果压缩国内过剩的生产能力，只能使国外的石油得到扩展，这样做很不明智，况且洛克菲勒永远不会容忍国外出现竞争对手，他曾这样对一位同事说："我们既有能力供应国内市场，也有能力出口，我希望我们以后能想方设法做到这一点。无论如何，我们必须为此不断努力。"

　　标准石油公司研究了国外市场，并且在 1882 年派了一个很有教养的石油商人威廉·赫伯特·利比（William Herbert Libby）去远东进行为期两年的调查。利比注意到石油"比商业史上任何一种源自一地的产品的渗透性都强，无论在文明国家还是在非文明国家，它都能无孔不入，"于是便在日本、中国和印度等地劝说人们使用煤油。利比把一本宣传煤油灯安全可靠的小册子翻译成中文后，满意地看着一艘艘小舢板满载标准石油公司的产品沿河而上，向中国内陆深处驶去。为了扩大人们对煤油的需求，公司以低价卖出了成千上万盏煤油灯和灯芯，有时还免费赠送给第一次买煤油的顾客。"在许多国家里，"洛克菲勒说，"我们得先生产油灯，再教当地人……学会使用煤油。我们把包装设计得便于骆驼运送或者便于货郎们背在身上，使煤油能够进入世界上最偏远的角落；我们改变做买卖的方式，以适应各种各样的外国人的需要。"

曾几何时，标准石油公司像在国内市场一样独霸国外市场，由于当时只在宾夕法尼亚西部才有大量的石油，标准石油公司似乎可以永远好景常在了。可惜到了19世纪70年代初，这场如意美梦猛然间破灭了：里海边的俄国巴库港出现了争夺石油的大混战。100多年来，当地人从一些大洞里舀出原油，其中大多都让波斯人买去润滑车轮、给皮制马具上油或是缓解风湿疼痛。70年代初，那里的钻井人打出了产量空前的油井，使这个尚处于原始水平的行业一下子进入了现代世界。在震耳欲聋的轰鸣声中，黑色的油柱直冲云霄，其中有一些力量如此之大，喷了好几个月才被控制住。有一口井在最初的24小时里就喷出了2400吨原油。

1873年，出身瑞典望族的罗伯特·诺贝尔（Robert Nobel）因为一件与石油无关的事务来到高加索。他哥哥得到了一份为俄国政府制造步枪的合同，罗伯特来此的目的是寻找做枪托用的胡桃木。他不期而遇地撞上了巴库的那场大骚动，那真是一场绝妙的疯狂景象。后来，马克西姆·高尔基把当时的情景描述成"一幅由一位天才艺术家画出的黑色地狱。"巴库在来访者面前展现了两副面孔：异国风情和地狱景象交相辉映，清真寺的光塔、寺院和宫殿在这片穆斯林飞地上林立。城里的市场上，小贩们叫卖着各式货色，从俄国白糖到波斯地毯应有尽有，城外则是一座座被浓密的黑烟包裹得严严实实的炼油厂。

罗伯特·诺贝尔全数拿出买胡桃木用的2.5万卢布买下了一个炼油厂。那时，当地的煤油一直被嘲笑成巴库烂泥，而诺贝尔的炼油厂生产的煤油质量却能达到标准石油公司的水平，从而在70年代初垄断了俄国市场。诺贝尔和他的兄弟们把先进的管理和充足的资金引进这个行业，在70年代末铺设了一条8英里长的输油管直通里海，在那里他们拥有世界上第一艘油轮"琐罗亚斯德号"。他们率先采用了比标准石油公司的分批定量法更为先进的连续提炼法分离各种馏出成分。1879年，他们组建了诺贝尔兄弟石油制造公司（Nobel Brothers Petroleum Producing Company），很快就拼凑起一个由平板货车、油罐车和储存站组成的庞大分销网络，把标准石油公司挤出了俄国。那一年，一个四处巡游的标准石油公司情报员威廉·布拉夫给洛克菲勒带去了俄国原油和成品油的样品，并且预言，不出几年诺贝尔兄弟还会在里海到黑海之间建一条输油管或铁路，为俄国石油在欧洲市场向标准石油公司发起挑战做准备。

80年代初，巴库郊外一个个满是油污的山坡上麇集了200多个炼油厂，1883年——果然不出布拉夫所料——连接里海城市巴库和黑海城市巴统的铁路建起来了。由于俄国油井威力巨大，蕴藏量极为丰富，生产的石油比泰特斯维尔的还便宜，价格低廉的煤油很快充斥了欧洲市场，抢占了标准石油公司的地盘。美国驻巴统领事J·C·钱伯斯被标准石油公司派去收集情报，他随时向洛克菲勒汇报这方面的进展，并且发出警报说，俄国人"野心勃勃，要把美国石油从世界市场上赶出去"。尽管洛克菲勒和政府之间的关系在国内十分冷淡，双方却能在海外联手抵制对美国石油征收关税。洛克菲勒后来赞扬国务院说："我们的大使、部长和领事们都协助我们在世界上最偏远的地方开拓新市场。"

洛克菲勒消灭了在国内的主要对手后，似乎对俄国石油的入侵丧失了警惕。1885年，洛克菲勒在汉堡的代理人查尔斯F·L·迈斯纳向他汇报说，俄国产品大量涌入欧洲市场，这令他大吃一惊，在执行委员会上大发雷霆说："据报告，瑞士等地的大宗石油运输居然已经进行到了这种程度，真不明白以前我们竟然会对此一无所知。"为了报复俄国人，洛克菲勒使出了他惯用的重型武器：在整个欧洲降低油价，并且开始恶毒的宣传活动，使人们对俄国煤油安全性产生怀疑。洛克菲勒的档案也披露，他们在伦敦和巴黎的饭店里和一些自封为中间商的身份不明的人进行过无数次秘密接触，这些人询问标准石油公司是否有意购买诺贝尔兄弟公司的股份，或是同该公司一起瓜分欧洲市场。1885年，标准石油公司派出的巡游密使W·H·利比在彼得堡与诺贝尔兄弟进行了几次会晤，但标准石油公司的这些提议进展得并不顺利。诺贝尔兄弟在俄国的势力受制于他们和沙皇专制政府的关系，况且他们也无意让标准石油公司插足他们的领地。

到了80年代中期，又有一股强大的势力出现在世界石油舞台上。以阿尔方斯·德·罗斯柴尔德男爵为首的巴黎罗斯柴尔德家族已经在亚得里亚海沿岸的里耶卡和的里雅斯特建了一批炼油厂。他们还组建了里海和黑海石油公司——公司的俄文缩写 BNITO 更为出名——从廉价的俄国石油里坐收其利。罗斯柴尔德家族刚一进入这一行业，洛克菲勒就收到了层层递上来的报告，说诺贝尔兄弟由于无法偿还所欠罗斯柴尔德家族的大笔债务，可能会被迫同法国的银行家们进行合作。在许多年里，罗斯柴尔德家族、诺贝尔兄弟和标准石油公司之间相互周旋，每一方都想和第二方联手以孤立第三方。

激烈的海外竞争激起了洛克菲勒的斗志，他甚至在对下属的训话中引用了诗歌："我们没有老去，也未沉睡，我们必须'起来行动，勇敢地迎接任何命运；进取不息，追求不止，学会努力与等待'。"但是，洛克菲勒和阿奇博尔德都倾向于放弃通过欧洲中间商运作的老办法，主张设立自己的海外营销分支机构。由于本杰明·布鲁斯特一度反对他们这样做，洛克菲勒尽管判断正确，但不愿在没有达成一致意见的情况下采取行动，只好放弃了这个计划。罗斯柴尔德家族于 1888 年在英国设立了一家石油销售公司后，布鲁斯特的逻辑顷刻之间崩溃了，24 天之后，标准石油公司就设立了它的第一个海外分支机构——英美石油公司（Anglo-American Oil Company），并且很快垄断了英国的石油生意。两年后，标准石油公司在不来梅成立了德美石油公司（Deutsche-Amerikanische Petroleum Gesellschaft），负责德国北方的市场。洛克菲勒既没有老去也没有沉睡，他在鹿特丹建了一个石油输送站，签了一个向法国供应全部所需原油的合同，买下了荷兰、意大利和斯堪的纳维亚各石油公司的部分股份，并且在印度策划了一场激烈的价格战。标准石油公司还仿效诺贝尔兄弟，向欧洲派出了第一艘蒸汽油轮，在百老汇 26 号不久后成立的远洋船队中，这艘装载量为 100 万加仑的巨型油轮是其中的第一条船。

不管俄国石油有多便宜，标准石油公司还是把它挡在了美国之外，并且在 80 年代末保住了 80% 的世界市场。洛克菲勒每次去欧洲都能听到有人抱怨煤油质地不纯，尽管如此，诺贝尔兄弟公司和罗斯柴尔德公司的产品质量永远无法和标准石油公司相媲美，也无法赶上它完善的经营方式。在阿奇博尔德看来，正是由于俄国人没有把本国的石油业合为一体——即没有扼制竞争并且建立一个托拉斯组织——才使他们屈居人下的。"如果俄国石油业像标准石油公司那样采取了迅速、积极的行动，那么现在让美国石油业大发其财的许多市场很可能就成了俄国人的天下。"

诺贝尔兄弟和罗斯柴尔德家族虽然算不上是标准石油公司的致命威胁，但和标准石油公司在国内的许多对手不同的是，他们并没有束手就擒。在 19 世纪 90 年代的石油大战中，三方敌对力量冲突不断。在这场持久战中，一次次刀光剑影的争斗之后便是亲亲热热地瓜分市场的协定。90年代初石油价格不得不因竞争而下调时，洛克菲勒提出与他的夙敌建立战略性友好关系，并且说服阿尔方斯·德·罗斯柴尔德男爵私下访问了百老汇 26 号。关于 1892 年 7 月的这次会面，阿奇博尔德给洛克菲勒的报告表明，在竞争的外表下，罗斯柴尔德家族表现出与标准石油修好的急切心情：

> 我们已经和他们达成了临时性协议……我无须再报告的是，双方似乎都十分希望对此事严格保密。虽然罗斯柴尔德认为我们最好不见诺贝尔公司的人，他们自己却想把此事通报给对方。罗斯柴尔德男爵对我们大献殷勤，令我们非常高兴的是，他能说一口流利的英语，这极大地方便了双方之间的交流。

但是，标准石油公司同诺贝尔兄弟和罗斯柴尔德家族大联盟的计划被俄国财政部长萨吉·威特伯爵（Count Sergei Witte）阻止了，这令无数欧洲报纸的卡通画家们大失所望，因为他们都已经画好了讽刺漫画：一只章鱼笨手笨脚地拥抱着一头大熊。在这段时期里，俄国继续抽取原油，并于90 年代末使产量一度超过了美国，尽管标准石油公司在成品油方面轻而易举地位居其上。

到了 1890 年，人们开始明白在全球各地的地壳下面都有石油存在，能在泰特斯维尔创立石油业纯系偶然（加上美国佬适时的精明）。1884 年，荷兰钻井人开始在印尼的苏门答腊岛勘探石油，6 年后他们获得了在荷属东印度领地开采石油的许可，并把他们的公司命名为荷兰皇家公司（Royal Dutch）。与此同时，另一个来势汹汹的对手正在跃跃欲试。1891 年，一位有胆识的伦敦商人马库斯·塞缪尔（Marcus Samuel）与罗斯柴尔德家族签约，为他们在远东销售煤油。塞缪尔取道苏伊士运河，加快了俄国煤油出口到亚洲市场的速度。以前，煤油从纽约运到远东要用 4 个月的时间，而现在从巴统出发只需 1 个月。塞缪尔为了达到苏伊士运河对船只的严格要求，特意设计定制了一艘巨型油轮"穆莱克斯号"，但标准石油公司雇用了伦敦的律师散布对这个计划表示怀疑的言论，卑鄙地四处造谣说"一群受犹太人影响的有势力的金融家和商人"计划控制路经苏伊士运河的运油船。后来，洛克菲勒怒气冲冲地吼道："我们在亚洲的受犹太人控制的对手们一边叫嚷着'狼来了，标准石油的狼来了！'，一边纷纷打入市场继而控制了市场。"（他曾经把标准石油公司所谓的"公正"方式同"犹太人世代相传的不同主顾不同对待的生意经"进行过对比）塞缪尔对这种恶意攻击置若罔闻，他取得了对标准石油公司的决定性胜利，使他的商标——红色油桶（明显地区别于标准石油公司的蓝色油桶）很快在全亚洲深入人心。

1892 年，随着缅甸和爪哇的石油产量急剧上升，标准石油公司才为时过晚地认识到有必要在亚洲市场上采取协调行动。它企图买下荷兰皇家公司和马库斯·塞缪尔手中的生意，但以失败告终。塞缪尔在 1897 年把他的公司更名为壳牌运输贸易公司（Shell Transport and Trading Company），以纪念他家族过去从事的贝壳盒生意。为了更好地为它在亚洲的顾客服务，标准石油公司甚至屈尊代销俄国煤油。它终于在亚洲设立了一系列营业所，并且向上海、加尔各答、孟买、横滨、神户、长崎和新加坡派去了一小批代理人。这些营业所用马口铁罐装上公司生产的煤油，放在木箱里销售，因为亚洲的主顾们把马口铁改成盖屋顶的材料，把木箱改作家具用。尽管采取了这些聪明的营销技巧，标准石油公司还是不得不同荷兰皇家公司和壳牌公司三分天下，后两家公司在 20 世纪初合并，建立了一个与标准石油公司作对的帝国。自此以后，竞争便成了国际石油业一成不变的事实——尽管此中还有无数个瓜分市场的秘密交易——而且这种致命的竞争传染到北美只是时间上的问题了。

标准石油公司尽管当时在国外受到了新对手的威胁，它在国内石油业中似乎还占据着绝对的优势。在它的经营范围里，没有一样不是数量惊人的：2 万口油井把原油输进公司的 4000 英里长的输油管中，然后送到海边或送进公司的 5000 辆油罐车里。它此时拥有了 10 万名员工，每天向欧洲出口 5 万桶油。洛克菲勒一手创立的帝国只能用无与伦比来形容：它是世界上最大、最富有，也是最令人称羡的商业组织。尽管有人认为他过去蒙骗过其他商人，但由于公司的利润年复一年地稳定可靠，人们也就原谅了这一点。洛克菲勒在他所追求的商业秩序方面已经达到了巅峰。他不用再担心不可逆料的各种经济力量，甚至在经济衰退时期也能生意兴隆。

洛克菲勒对他庞大的机构能和谐地运转，对自己每天的工作能井然有序地开展感到极其满意。每天早晨一开始上班，他就坐在卷盖式办公桌前，审阅两大摞文件，一摞是已经做出的决定，另一摞是需要考虑的问题，他要慢慢地把这两摞案卷啃完。从 80 年代起，他就采取了决不同陌生人做生意的方针，甚至拒绝见他们，以避免令他讨厌的请求和不必要的争议。这样做一方面简化了他的生活，一方面也更加让人确信他是一位深藏不露、不可捉摸的大人物。

洛克菲勒的许多批评者认为，他把生活分割成不同的部分，并且为道德建立了两本泾渭分明的分类账：一本掌管着他堪称表率的个人生活，另一本则维护着他受人指摘的经营手段。但他却认为自己的全部生活受的都是同一崇高理想的指引。退休以后，他在写给哈佛大学校长查尔斯·埃里奥特[②]的信中谈到标准石油公司时说："我可以毫不犹豫地说，在我所接触到的商业组织中，没有一个比本公司的理想更加崇高。"他坚持这一信念的方法之一是，在对手面前自命清高，而把对方斥之为公然作恶的无赖。他这样评价与其作对的炼油厂说："那些人诡计多端，把石脑油精兑进煤油里就是一个例子。"洛克菲勒比任何人都更加警惕受骗上当，也比任何人都能更加迅速地为自己找出道德依据。为了使自己相信自己是个情操高尚的商人，他重新给高尚下了确切的定义。比如，他总是充分利用这些事实：信守合同、及时支付账单和债务、公平对待小股东、从不发行虚股等。为了标榜自己清白的形象，他像是中了魔似的一再侈谈自己的这些高尚行为，批评他的人越是就铁路交易或秘密开办子公司的问题喋喋不休，他就越是坚持自己所谓的商业信誉补偿规则。洛克菲勒既要维护自我形象，又要说服怀疑他的公众相信他为人诚实，因为他极其需要世人对他有一个好的看法。

洛克菲勒对自己的恶行视而不见的另一个原因是，在 80 年代以前，无论做任何严重损人利己的坏事，他总是站得远远的。此时他已是一个幕后指挥的高手，灵巧地操纵他的木偶们，同时巧妙地把牵线掩藏起来。作为标准石油公司的头号人物，他是唯一一个不承担任何直接经营责任的人。相反，他就像一个政治家，专门负责制定大政方针和监督副手们的业绩。这些人向他提交有关各自活动情况的冗长的报告，在报告中经常对自己的丑行无耻地自吹自擂。相比之下，洛克菲勒的回复简短而又含混。他从不相信能做到百分之百的保密，即使对公司内部的备忘录也是如此，所以养成了一种简略的风格，不署名，也不作具体指示，足以让任何一个原告律师感到束手无策。正是由于有了这样一种自我保护措施，洛克菲勒方能既控制着标准石油公司，同时又能逃避责任，抹掉对他不利的证据，还能避免与受害人打交道。这样做能使他远离下属们从事的肮脏勾当，对发生的事情佯作不知。当下属们可怕的诡计被详细记录在案，而他又不得不面对这样的事实的时候，他总是若无其事地承认那是由于过分热心的雇员们有失检点，自己却扮演了一个无能为力的旁观者。但是，如果仔细看看下属们写给他的大量信件，就会发现他装作清白的姿态不攻自破。实际上他对每件事发生的经过都一清二楚，对于这一点我们现在终于可以有案可查了。由于这个原因，我们在这一章里对洛克菲勒的一生进行按部就班的记述过程中，时不时要停下来审视他从第一线收到的报告，这些报告有力地证实了他是公司经营的策划者，他声称深感遗憾的许多活动正是由他亲自指挥的，是他为下属们定下的口径。当然，这些事实反而会令我们更加感到扑朔迷离：他是如何把自己生活中这些不同的方面结合到一起的——斯佩尔曼学校开明的恩人如何同时又是标准石油公司不可否认的最高君主。我们最后只能这样解释，他把对自己做出的行为和对别人做出的行为全都合理化了。由于缺乏揭露这层秘密的信件和日记，我们对导致他这样做的无意识动机和由此可能引发的心理压力几乎无从知晓。

洛克菲勒在自传里含蓄地说，标准石油公司从 1880 年开始就没拿过任何折扣，但他的案卷却表明，标准石油公司与铁路当局的无耻勾结从那时起反而变本加厉了。到 80 年代初，铁路当局就已经把石油运输的绝对优势拱手让给了标准石油公司控制的输油管道，此时，产自宾夕法尼亚油井的原油 3/4 以上都是由输油管送往沿海城市，而且对标准石油公司所属的炼油厂只收取公开价格一半的运费。很自然，随着铁路的衰落，标准石油公司对它们的威胁只会有增无减。公司所属的加利纳—锡格纳尔石油公司（Galena-Signal Oil Company）垄断了高品质铁路润滑油的生产。光凭拖延发送这种不可或缺的油脂，就能让任何一家铁路公司瘫痪。如果标准石油公司想提取折扣，它只需把加利纳公司生产的汽缸或机车润滑油的价格提高就行了。洛克菲勒继续打他最得心应手的王牌：油罐车队。在 80 年代末之前，标准石油公司一直把它的油罐车租给 196 条铁路，迫使大多数铁路按往返里程向百老汇 26 号交纳租金——这就是说，在油罐车装满油离开的时候要按里程交一次租金，空车回来时还要交一次。

输油管道带来了变革之后，洛克菲勒继续关照铁路，其中一个原因是他自己在其中有不少投资。他也承认了这一点，因为他曾经说过，标准石油公司的股东们"随着时间的推移，成了铁路问题和其他企业中一个越来越重要的因素"。当时，铁路发行的股票是只有富人才买得起的为数不多的几种热门股之一，这就是说，洛克菲勒在伊利、纽约中央和其他运送石油的铁路公司中有很大的投资。1881 年 3 月，洛克菲勒写信给宾夕法尼亚铁路公司的 A·J·卡萨特，询问有关该公司不久要发行价值 40 万元股票的传言。他在信中建议双方为宾夕法尼亚铁路股票设立一个个人共同账户——由洛克菲勒支付这笔钱。尽管这个交易是否实施尚不清楚，但这不啻是向一家大铁路公司的高级主管公然提出合谋营私舞弊。

后来，当艾达·塔贝尔把对铁路的操纵作为指控标准石油公司的焦点时，洛克菲勒却申辩说他对此类交易毫不知情，声称这全是他的同事所为，而他自己作为领导人只过问更为重大的事情。事实上，他的文件表明他不但直接会见过铁路公司的总裁们，也收到了有关这些谈判的极为生动详细的报告，这些报告来自弗拉格勒、阿奇博尔德、奥戴、佩恩、沃登和一个以前很少有人注意的角色汤普森上校（W. P. Thompson）。汤普森曾率领过南部邦联[③]的一支弗吉尼亚骑兵部队，后来成为俄亥俄州标准石油公司的秘书。他是标准石油公司的权力经纪人[④]约翰·卡姆登的内弟，和洛克菲勒以及佩恩在克利夫兰共用一个办公室，他写的信为 80 年代标准石油公司与铁路广泛勾结提供了爆炸性证据。尽管洛克菲勒装出自己对这些阴谋鞭长莫及的姿态，实际上爱自吹自擂的汤普森凡事都向他汇报。

吃回扣的例子在洛克菲勒的案卷中比比皆是，直到 80 年代都是如此。1886 年 3 月，威廉·G·沃登从费城报告说，宾夕法尼亚铁路公司已经同意提供以下折扣：以每桶 52 美分的运价把石油从油溪运到纽约（当时的公开运价是 78 美分），运到费城的价格则是 39 美分（给其他炼油厂的运价是 65 美分）。洛克菲勒一向强调标准石油公司的竞争优势与优惠运价毫无关系，但他收到的信件却揭露，仅凭折扣就能让一个工厂扭亏为盈。1886 年，汤普森上校告诉他说，只有沿湖铁路公司同意以每桶 10 美分而不是 17 美分的价格把成品油运到克利夫兰，在石油城着手建一个石脑油厂才划算（石脑油是原油的一部分，用于制造汽油或各种溶剂）。在这些谈判过程中，汤普森上校又报告说，有了低运价他们就能使石油城的一个炼油厂起死回生。只要有可能，汤普森上校就主张达成口头协议。他有一次向洛克菲勒提起他与两家铁路公司谈判的情况时说："我想他们会同意这一观点，即签定正式书面合同是不可取的。"

在当时，与铁路方面的秘密交易多数只会引起猜疑，无法得到证据。但是这家托拉斯企业的营销运作最终难掩其咎，因为它直接牵扯到消费者和分布在每一个议会选区里的成千上万个小商人。在 70 年代，洛克菲勒着手组建了一个营销机构，目的是把那些从每加仑煤油里赚取 3—5 美分的中间商即独立代理商赶出市场。那些人除了经营标准石油公司的煤油以外还出售竞争对手的产品——这种情况对洛克菲勒来说是不可容忍的——而且往往只想赚顾客的钱，无意扩大市场，所以洛克菲勒决定甩掉他们。

再者，标准石油公司所属各炼油厂此时的产量已经非常大，无法再指望零散、过时的分销体系了。煤油的需求量在飞速增长，它照亮了不断扩展的城市中大大小小的工厂、饭店和写字楼。为了充分利用规模经济，洛克菲勒这样认为："我们必须创造出比当时已有的销售方式先进得多的方法；我们必须抛弃过去那种按 2 加仑、3 加仑或 4 加仑分销煤油的方式，但是，依靠当时的正常贸易渠道，我们无法做到这一点。"为了实现大规模、低成本的生产方式，标准石油公司需要确保大规模的销量。这就迫使洛克菲勒把整个行业纵向地合为一体，把从油井到消费者的每个环节全都掌握起来。

1882 年前后，在一次革命性发展过程中，这家托拉斯企业开始彻底清除用马车运送堆得摇摇欲坠的油桶的旧销售体系，投资上百万元造了数千辆油槽马车向每一个美国城镇送货。洛克菲勒赞扬这种高效的新方法说："我认为这是我们得到市场、保住市场的最好办法之一。"这种新方法是这样实施的：标准石油公司的油罐车或输油管把成品油运到储油罐里，再从储油罐把油槽马车灌满，送到各地的杂货店和五金店——这些地方是主要的零售点——然后由店主们把油装进公司提供的专用小罐里。有时候，标准石油公司甚至不顾店主们的强烈反对，让油槽马车挨家挨户直接送货上门，使公司一举打入零售业（在有些地方，公司答应撤出零售领域，条件是店主们只能经营标准石油公司的产品，以此控制当地的零售商）。为了扩大市场，公司还以接近成本的价钱出售取暖器、炉子、油灯和提灯。它用现代企业的做法创造出需求，然后再加以满足，殷勤的公司代理还帮助主顾们清理油灯和炉子以延长其使用寿命。

标准石油公司要求杂货商和五金商只进它的煤油，否则就会被挤出市场，这使得他们感到愤愤不平。再加上标准石油公司参与零售，使批发商也成了明日黄花，这些人自然就成了洛克菲勒最强劲的敌人。洛克菲勒对他们向来不屑一顾，自然也就没有怜悯之心可言，还怨他们妨碍了他的发展。"赶驿车的人必然敌视铁路，开小客栈的人当然不喜欢富丽堂皇的大饭店，这很自然。"

由于批发商们经常在标准石油公司的煤油里面掺进其他炼油厂生产的劣质产品，洛克菲勒希望他的销售部门能够确实保证标准石油产品的质量统一。在 19 世纪 70 年代，每年有 5000—6000 人死于劣质煤油造成的事故。标准石油公司为此也受到了非难，让一些报道弄得焦头烂额，那些报道声称它生产的煤油散发出一种难闻的气味，使灯芯变硬，熏黑了灯罩。有一天在克利夫兰，一名愤怒的妇女闯进洛克菲勒的办公室，质问他打算如何处理他生产的劣质煤油。洛克菲勒一气之下去了实验室，叫人化验这位女士带来的煤油，但化验结果不得而知。洛克菲勒在百老汇 26 号始终关注着生产委员会的活动，委员会每次要把煤油灯一连点上 6 个小时来检验油的质量。洛克菲勒每次收到投诉总是很恼火，他常常把责任推给劣质的灯芯。为了平息投诉，他开发出阿克米牌灯芯。大大出乎他的意料的是，顾客们用过这种据称是安全无比的产品后还是抱怨不止。

由于标准石油公司所属各销售企业如此大胆妄为，它们在整个集团里成了众矢之的。读者还记得标准石油公司是一个众多企业的联盟，并非一个单独的公司，对许多下属公司只拥有一部分所有权。标准石油公司通常都留用原来的管理人员，并给他们相当大的自主权，这就引来了麻烦。集团在吞并了一些现成的营销公司后，也带进了几个胡作非为的业主，正是那些人败坏了公司的声誉。后来，洛克菲勒对那些人的行为佯装不知，拒不承担责任，但我们还是发现，对于这些人的行径，洛克菲勒收到过详尽的警告。

1873 年，标准石油公司秘密买进了切斯—卡利公司的一半股份，该公司在路易斯维尔有一个炼油厂，在东南部有一家获利颇丰的营销企业。公司的主人 F·D·卡利是一个堕落的美以美会牧师，他为无情的石油营销手段设立了一个新标准。洛克菲勒收到秘密报告说，卡利是一个迷惑人心的恶棍，也是一个积习不改的赌徒，出了董事会便直接进了跑马场。就连一向出言谨慎的洛克菲勒也婉转地说卡利"缺乏自制"。尽管洛克菲勒计划让标准石油公司的人占据切斯—卡利公司董事会的多数，但在 1881 年以前卡利还是抵制住了百老汇 26 号的绝对控制，5 年以后标准石油公司才完全吞并了这家公司，并把它更名为肯塔基州标准石油公司。

在当时，切斯—卡利成了作恶多端的代名词。听说标准石油公司的劲敌乔治·赖斯运了近 70 桶煤油给路易斯维尔的一个商人后，卡利暴跳如雷。路易斯维尔—纳什维尔—大南方铁路公司给了赖斯低运价，而卡利恰好是这家铁路公司的董事，他让手下匆匆写了一封措辞强硬的信给该铁路公司的货运代理，明确告诉对方如何对付赖斯："请给他施加压力。"几年后，这句话让政府调查人员透露了出去，被全美各大报纸大加宣扬。

为了阻止对手，卡利已经到了不择手段的地步。他得知赖斯计划在密西西比州的哥伦布销售煤油后，给当地的杂货商寄去了一封措辞明确的信："你要是不买我们的石油，我们就自己开杂货店，按成本价销售货物，把你们全都赶出这一行。"这可不是吓唬人，卡利当真开了一家杂货店，廉价销售标准石油公司的煤油，还以成本价甚至低于成本的价格出售燕麦、肉类、白糖、咖啡和其他日用商品。许多地方的杂货商很高兴以九五折从卡利那里购进食品，条件是只销售标准石油公司的煤油，这是标准石油公司加以完善的许多反竞争手段中的一个，正是由于这些手段，日后才出台了反托拉斯法。面对群情激愤的舆论，洛克菲勒声称自己对卡利的行径一概不知。不过，汤普森上校有一回私下告诉洛克菲勒说，卡利是一个"行为诡秘、擅自行动"的人，"有着不可告人的秘密，"甚至在与标准石油公司订立的协议中耍花招。

1878 年，标准石油公司买下了沃特斯—皮尔斯公司 40% 的股份，这家公司总部设在圣路易斯，势力范围从阿肯色州一直延伸到得克萨斯州，这一举措使标准石油公司大大扩展了自己的市场疆域。最后的决定是这样的，切斯—卡利公司负责垄断密西西比河以东的石油生意；沃特斯—皮尔斯公司负责控制密西西比河东南地区。与沃特斯—皮尔斯公司的这笔交易给集团带来了另一个臭名昭著的恶棍亨利·克莱·皮尔斯，与他相比，F·D·卡利简直就成了一个小天使。皮尔斯是个乡村医生的儿子，他在 19 岁时就垄断了圣路易斯的煤油生意，然后又骑着一匹小马把生意做到了阿肯色和得克萨斯。就连标准石油公司的人都不为他说好话。有一名高级经理回忆时说他是一个天才的商人，但又补充道："只要他能用上歪门邪道，他就决不光明正大地做事。他待人热情、很有礼貌，只是和别人有了冲突的时候才变得杀气腾腾。这时候大家才明白他不是好惹的。没见过比他更厉害的人了。"

洛克菲勒出于自己的利益，又一次否认自己知道沃特斯—皮尔斯公司销售人员的粗暴行径，并且把皮尔斯说成是一门不听指挥的大炮，完全按自己的意愿行事。他说自己"一个月里也匀不出一分钟来考虑这种地方性的生意"，而且执行委员会一旦发现任何营销中的违规行为都会加以斥责，但是他的案卷却表明他收到过关于皮尔斯所有倒行逆施的详尽报告。1880 年，皮尔斯打入墨西哥市场并大发其财后，汤普森上校向洛克菲勒报告说，他之所以能获得这么大的利润"主要是因为逃避了墨西哥政府对成品油征收的巨额税款。"有了这一业绩做后盾，皮尔斯声称自己下一年应提取 100% 的资本红利。汤普森反复警告洛克菲勒，说皮尔斯是一个"别有用心的人"，并转给洛克菲勒一封信，"说明皮尔斯先生极其口是心非。"洛克菲勒非但没有责怪皮尔斯，反而在 1892 年延长了给他的一笔 20 万元私人贷款的期限——这可是一笔巨款——还耐心地让他在标准石油公司里足足呆了 8 年。很显然，洛克菲勒对沃特斯—皮尔斯公司的掠夺式营业方针在良心上丝毫没有感到不安。

标准石油公司下属的营销企业呈扇形向这片大陆的其他地区扩张。1878 年，联合油罐管道公司占领了密苏里河以北的地区，横跨密执安州和明尼苏达州，然后向西扩展到南北两个达科他州。1884 年成立的大陆石油公司覆盖了落基山各州⑤。70 年代中期，公司派了一名年轻的经理韦斯利·H·蒂尔福德去加利福尼亚，此人预见到该州既有生产石油又有消费石油的潜力；10 年后，衣阿华州标准石油公司在西海岸开发了这个生意。由于沃特斯—皮尔斯公司激怒了很多客户，这些人为了报复，投向了共和石油公司，这家公司的总部设在纽约州，专门吸引不愿意同标准石油集团合作的零售商。当然，共和石油公司真正的主人仍然是标准石油公司。

1886 年前后，百老汇 26 号把北美大陆划分成 11 个营销区域，由国内贸易委员会负责解决由于划分边界引起的纠纷。如果哪家子公司侵入别人的区域，双方的冲突要由总部来仲裁。最能反映这个托拉斯帝国特征的莫过于它对营销区域的精确划分，它如同发放特许经营执照那样分发整个州和地区的独家经营权。有一次，由于切斯—卡利公司、沃特斯—皮尔斯公司和联合油罐管道公司为了划分西南部的新疆土纠缠不清，汤普森上校向洛克菲勒解释道："我一直在等待机会界定这些公司在西部的边界，我要代表标准石油公司宣布，我们从没把开辟和占领科罗拉多、新墨西哥、亚利桑那各州或墨西哥的权利交给任何人。"最后，标准石油公司还是把墨西哥让给了亨利—皮尔斯，以换取新墨西哥州。

洛克菲勒一旦控制了一个营销区域，就会拼命去保护它，迅速遣送人马去那里抵御哪怕是最微不足道的入侵。公司如果发现有一车外来的石油运进了它的领地，就会通过铁路代理人追查它的来源，并且迅速采取行动阻止对方。人人都知道标准石油公司的营销人员在跟踪竞争对手的运油马车，必要时用低价销售的办法把对手排挤出去。这种常备不懈的斗志和毫不退让的求胜欲望就来自洛克菲勒本人。当得知竞争对手出现在圣路易斯时，洛克菲勒告诫奥利弗·佩恩说："很遗憾听说这些人在圣路易斯设了代理处。我们决不能让他们抢到生意。为何不和他们好好地、痛快地大干一场，把生意全都夺回来，让他们在那里没有立足之地。在圣保罗也应这样做。"

身处帝国之巅的洛克菲勒建立了一个广泛的情报网络，他从各地代理人每月交上来的报告里摘录了厚厚的分类卡片，上面记录着独立石油销售商在他们的领地里售出的每一桶油。这位巨头在百老汇26号里能看到他的王国最偏远的角落。标准石油公司间谍们收集的情报大部分来自杂货店和铁路运输代理。一位克利夫兰炼油商发现标准石油公司每月付给他的记账员25块钱，让他把关于该公司装运货物的秘密情报寄到克利夫兰邮局164号信箱。标准石油公司的确不负盛名，它无处不在，无事不晓。

如果看过阿奇博尔德在1891年写给洛克菲勒的一封信中阐述的秘密政策，就不难理解标准石油公司的销售人员为何具有这么狂热的精力了。公司要求各地区的经理控制所辖区域里至少85%的石油生意——而且越多越好，还有一套惩罚制度刺激他们采取咄咄逼人的策略。他们由于有权降低价格或使用其他任何必要的手段保住生意，在很多城市里都挑起了激烈的争斗。标准石油公司有个名叫查尔斯·伍德伯里的营销人员后来良心发现，回忆了当时最常用的恐吓策略，那就是"大量散布谣言，说那些为数不多的独立销售商都在苦苦挣扎，用不了很久就会毫无能力供应石油，这样的谣言总能吓跑他们的客户"。

对于这个情报网络，洛克菲勒丝毫没有感到良心上的不安，他也永远不明白别人为什么总是对此小题大做。"这种做法对标准石油公司的声誉丝毫没有影响，"他后来告诉威廉·英格利斯说。"这是效法那些最大、最精明的全国性分销商普遍采用的方法。"但是在标准石油公司里，有些人却不屑于使用这些方法。查尔斯·伍德伯里反对窃取竞争对手的情报，他的上级却粗暴地坚持说："我们不仅仅是要了解局势——我们必须控制局势。"伍德伯里回答说："可这是间谍用的手段呀。我不能监督这些人，让他们去探听这些情报。"他因为这样少见多怪而受到斥责，便提出辞职以示抗议。他在1911年回忆起此事时，对洛克菲勒所谓的清白作了辛辣的评论。"这些做法都是主人所要求的，"他解释道。"细节（洛克菲勒）无需了解。他可以不出面。但干这事的人都是他选定的。"简言之，洛克菲勒制订了销售目标，鼓动手下去发疯地干，事后却矢口否认自己知道这些不可避免的后果。

为了使自己行为对得起良心——这对于洛克菲勒来说一向十分必要——他需要乞灵于一个崇高的主题：用低廉的价格给人类带来的光明。他早年在油溪观看钻井时，默默盯着那口井看了一会儿，慢慢说道："这是穷人的光明。"这样的话并不仅仅是说给公众听的，在他的书信中也随处可见。1885年，他这样指示一名年轻的下属亨利·C·福尔杰说："让这项美好的事业继续下去。我们必须永远记住，我们是在为穷人炼油，一定要让他们得到物美价廉的煤油。"洛克菲勒在偏远的农村长大，在烛光下看书，他理解廉价煤油所带来的革命性变化。

洛克菲勒采取任何行动时，背后的动机都不是单一的，而且肯定不全是出于销售廉价煤油的利他主义。他醉心于用低成本、高产量的生产保住市场份额，为此他不惜暂时减少利润。正如他本人所言："标准石油公司一直记住这样一个事实：我们一定要提供最好的服务，满足于大量增加业务，而不是增加利润去诱使别人与我们竞争。"在与下属讨论价格问题时，他经常提醒他们："我们要合情合理地坚持实行能给我们带来最大业务量的政策。"

对于标准石油公司的这些强硬的做法，公众容忍了很久，因为那时大家相信，从长远看，该公司能使煤油价格便宜下来，而且实行的是一种相对仁慈的独裁统治。记者亨利·德马雷斯特·劳埃德在1891年写给乔治·赖斯的一封信里轻蔑地写道："于是公众——那些亲爱的傻瓜们——就信以为真了。他们——那些狡猾的傻瓜们——面对巧取豪夺、背信弃义、杀人放火处之泰然，只要这些能给他们带来所谓的便宜就行。"头脑不清醒的社会改革家们指责标准石油公司的定价一会儿太高、一会儿太低，指责它盘剥消费者，用低价挤垮对手。约翰·阿奇博尔德总结了这一自相矛盾的说法："人们通常认为，无论在什么时候，出于什么原因，标准石油公司只要一提价，就是在压迫消费者；相反，它只要一降价，就是在压迫竞争对手。"当然，这两方面全让他说对了，因为标准石油公司在没有竞争的地方保持高价，降低价格则为了把对手逼上绝境。总的来说，它运用垄断力量人为地保持低价，以阻止竞争。

概括而言，标准石油公司提供了人人能买得起的煤油，这是做了一件大好事。它的单位成本比对手低了很多，而且多年来一直在大刀阔斧地降低成本。1880 年到 1885 年间，标准石油公司加工 1 加仑原油的平均成本从 2.5 美分降到了 1.5 美分。在 1890 年一次少见的报纸访谈中，信心十足的洛克菲勒说，自从 20 年前标准石油公司创立以来，煤油的零售价格已经从每加仑 23.5 美分猛降至 7.5 美分。他认为，其中只有一半原因是由于原油大幅度降价，却把节省成本的主要原因归功于他的油槽马车销售体系。20 世纪初，政府的公司管理署（Bureau of Corporations）认为煤油降价的主要原因是原油价格的大跌，而不是标准石油公司的高效管理。不管真相如何，事实上的低价使公众在很长时期内都没有对标准石油公司心生怨恨。

洛克菲勒的许多敌手认为，常规性的低价抛售是他最致命的武器，比拿铁路折扣的杀伤力还大。标准石油公司是石油业中生产成本最低的，它只需按成本价倾销产品就可以致对手于死地。它从 70 年代开始就以成本价甚至低于成本的价格销售其产品，有了油槽马车销售体系后，它更是变本加厉，因为它能自己确定零售价。洛克菲勒对挑起价格大战很迟疑，觉得这就像古老的达尔文式的竞争，他声称降价只是为了自卫——也就是说，他是被迫向那些竞相降价的独立销售商进行报复。他在报复的时候，对那些无赖毫不留情，还义愤填膺地说："这些人拒绝合作。他们要的是竞争。等到真的给了他们竞争，他们又不喜欢它了。"

艾伦·内文斯引用了联邦政府对一次掠夺式定价所做的调查，该调查发现，在标准石油公司油槽马车所服务的 3.7 万个城镇中，它只在 37 个城镇采取了降价措施，而且只是为了反击对手的降价行为。然而，洛克菲勒自己的文件里却有着大量这方面的资料，足以反驳内文斯的结论。汤普森上校在 1886 年的一封信里告诉洛克菲勒说，标准石油公司在出现竞争的地方把售价降至成本价，同时在竞争不那么激烈的地方提高价格，以弥补损失的利润："我们发现外来的对手主要来自匹兹堡，油区向辛辛那提运去了 2000 桶油……为了对付竞争，我们暂时在辛辛那提市场上把油价又降了半美分，逼得对手无利可图。"与之相反，他指出，由于独立销售商们已经被赶出了芝加哥，"我们把价格往上提了 1/4，无须举再多的例子就可以看出，我们在各地都是这样做的。整个销售系统运行状况良好，比我们想出的其他方法都要好。我们认为应该坚持这个基本做法——但我请求您和其他先生们记住，我们现在出售的石油产品里有 1/4 没给本部门带来半点赚头。"

如果按汤普森的说法，标准石油公司按成本价售出其 1/4 的产品，那就意味着它在 9000 多个城镇里实行了反竞争降价——这个数字和内文斯所说的 37 个城镇相去甚远。标准石油公司在定价方面上下其手，又通过秘密打折混淆真实的价格，所以根本不可能有可靠的会计账目。尽管许多州的法律早就不允许实行掠夺性定价，但这样的禁令很难实施。在这个问题上，洛克菲勒始终是个顽固不化的垄断资本家，多年后还在为标准石油公司的降价措施加以辩护："如果他们这么做是在赔钱，然后从一些特色产品上补回损失——他们只是弥补了差额——这难道也是犯罪？"最终，在全国禁止实行这种掠夺性定价成了反托拉斯法的不可或缺的组成部分。

标准石油公司在全球市场上采取的差别定价政策也同样对其有利。在 80 年代到 90 年代间，为了抑制俄国和东印度石油的汹汹来势，标准石油公司在欧洲降低了价格，同时在美国提高价格以弥补损失。它对国内市场的强有力控制有助于它同诺贝尔兄弟公司、罗斯柴尔德家族、荷兰皇家公司以及壳牌公司展开残酷的价格大战。由于这个原因，标准石油公司始终把它在国内的垄断视作征服海外的必要前提条件。

但是，标准石油公司从不追求绝对的垄断，因为洛克菲勒意识到，允许有一些微弱的竞争存在，这从政治上看不失为谨慎之举。他承认："我们意识到，如果所有的原油都由我们提炼，公众一定会产生反对我们的情绪。"标准石油公司把 10% 的炼油及销售生意让给了一小群微不足道的对手。即便是在 19 世纪 80 年代中期，仍然有 93 家独立炼油厂在继续营业，其中大部分是小炼油厂。洛克菲勒是一个非常聪明的垄断资本家，他维持着足以控制市场的低价，但又使价格不至于低到把剩下的竞争对手一扫而光的地步。

我们必须澄清一个有关洛克菲勒的广为人知的谣言：他并没有下令全盘控制原油的价格。在他的信件里，我们可以看到，这位石油大王试图猜测原油价格的走向，而且为投机行为叹息。他在 1882 年对他的一位私人财政顾问说，原油是"是世上最不适于进行投机的商品……它和铁路股票一样捉摸不定"。标准石油公司影响原油价格的主要途径也许是提高或降低原油在其输油管道中的储存费，有时就以此来击退投机行为。它为储存在其输油管道里的原油发放凭证，刺激对原油的自由买卖，数以万计的人对这些凭证进行投机或以此作为贷款抵押，从而形成了第一个石油期货市场，并且确定了现货价格的走向。1882 年末，全国石油交易市场在曼哈顿成立，自此之后，投机商们左右价格的力量才远远超过了标准石油公司。

就像洛克菲勒自己夸耀的那样，标准石油公司是一台永不停止的造钱机器。80 年代末，亨利·弗拉格勒声明公司的年均收入是净资产的 13%，其实根据它的业绩远不止这个数。西奥多·罗斯福⑥政府的公司管理署后来调查了这件事，它得出了一个更高的数字：从 1882 年到 1896 年，该公司的资产回报率为 19%。洛克菲勒为这样高的回报率辩护时说，他认为这个比例是合理的，因为当时他担心石油会枯竭，从而使公司的大笔投资付之东流。标准石油股份的红利确实高得不像话，有时竟达 200%。洛克菲勒知道这样一定会激怒社会舆论，他争辩说，这些数字是个误导，因为标准石油公司的实际资产是官方注册资产的 10 倍。如果按实际资产计算，1885 年 1 月宣布的 200% 的红利应该是 20%——虽然还是很高，但算不上是天文数字。这正是圆滑的洛克菲勒所要的结果，收益虽高，但不至于高得吓人。

洛克菲勒明白，如果自己太贪婪了，别人就会用其他产品取代煤油，这也抑制了他对暴利的贪欲。石油只是许多种矿物燃料中的一种，煤油也只是许多可供照明的物质之一。1878 年秋天，美国发明天才托马斯·阿尔瓦·爱迪生⑦在新泽西州的门洛帕克向记者们大力宣传说，他正在构思一种实用的电灯泡。不到 1 年的时间，他真的发明了能连续 100 个小时发出明亮光线的奇迹般的灯泡，直接威胁到了洛克菲勒的煤油生意。新成立的爱迪生电灯公司得到了银行家们的大量资助，其中包括令人生畏的德雷克塞尔—摩根公司。1882 年 9 月 4 日，爱迪生在华尔街 23 号 J·P·摩根的公司里扳动开关，用电灯照亮了摩根的办公室，标志着曼哈顿南端的发电厂开始供电。令洛克菲勒感到幸运的是，电灯泡并没有立刻取代煤油：爱迪生需要花时间在全国建立电站，截至 1885 年，美国只有 25 万盏电灯在发光。

在 80 年代，除了电灯之外，柔和、摇曳的汽灯也开始照亮美国的许多城市。很久以来，从事石油业的人把天然气当做废物弃之一旁，直到1883年才由 J·N·皮尤为首的一个商业集团把天然气用管道送到了匹兹堡。洛克菲勒很快就看出天然气是对石油生意的补充，他向丹尼尔·奥戴建议，标准石油公司应该在这个领域里发展自己的实力，而不是依靠别人的力量。奥戴和他那支干劲十足的队伍向洛克菲勒保证，他们能把这种易爆的气体用管道进行长距离运输，决不会发生事故。他们在两年内就把天然气从宾夕法尼亚西部运到了俄亥俄州和纽约州的各个城市，到了90年代，洛克菲勒已经秘密掌管着泰特斯维尔、石油城、布法罗和其他13个地区的天然气公司。有家报纸说："这些地方的消费者一定会感到惊讶：他们用的是标准石油公司的天然气。"

为了迎接汽灯的挑战，爱迪生从道德和审美的角度对美好的电灯和邪恶的汽灯作了一番比较，并围绕这个主题展开了他的宣传计划。尽管后人会觉得摇曳的汽灯如此迷人、充满诗意，爱迪生却对它嗤之以鼻："这种讨厌的黄色灯光远远不如可爱的自然光的色彩，"他把电灯发出的"柔美的光辉"说得"威力无比而且……极其可靠"。爱迪生的销售代理们像标准石油公司的人一样百折不挠，上门劝说使用"过时的"汽灯的消费者改用先进的电灯。

天然气的推广宣传使洛克菲勒陷入了一场血腥的战斗，因为主要的用户都集中在自治地区，所以做出的决策都要有很强的政治色彩。由于各公司纷纷贿赂城市里的官员以便得到专卖权，天然气生意滋长了腐败现象的蔓延，使贪污腐化盛行一时。尽管洛克菲勒像往常一样否认自己知道这些诡计，但他的文件暴露出来的却是另一回事：他扮演的是一个监督者的角色，并且知道每一笔流向政客们的钱。为了确保在底特律得到经营权，标准石油公司交给一名秘使 G·A·谢尔比1.5万元现金和价值1万元的天然气股票，让他去收买政客。由于钱款姗姗来迟，谢尔比向洛克菲勒抱怨道："如果法令获得通过并且得到市长的批准，您能保证给我讲好的数目吗？……我已经花了不少钱了，工作完成后希望能及时付给我。"

在几场天然气大战中，政治与商业之间原本就模糊不清的界限开始瓦解，继而消失了。1886年，丹尼尔·奥戴在费城秘密会见了竞争对手哥伦比亚天然气公司，这家公司背后的政界要人着实让他大吃一惊。他告诉洛克菲勒说："听到他们告诉我谁在插手此事，我简直惊得目瞪口呆。费城当地的共和党政客全都是他们的股东。这些人很担心自己的投资，眼下认为如果不和我们结盟的话，他们的钱很有可能全都损失掉，起码要损失其中一大部分。"纯粹出于自身利益的考虑，奥戴倾向于同对手达成交易，他告诉洛克菲勒："当时总的感觉是，要把对手逼上死路，要不是考虑到那家公司的股东们可能在明年冬天的宾夕法尼亚州议会上成为我们的死敌，我实在想这么做。"执行委员会并没有被这种实用主义的推论说服，最终还是否定了奥戴的提议。

最剧烈的战斗爆发在俄亥俄州的托莱多，前州长查尔斯·福斯特是弗拉格勒小时候的朋友，在竞选活动中得到过标准石油公司的资助。1886 年 7 月，奥戴向弗拉格勒汇报说，这位前州长已经同意把他的福斯特照明天然气公司同标准石油公司在托莱多新建的天然气企业合并，成立西北俄亥俄天然气公司。奥戴汇报了这项交易的秘密条款："福斯特州长担任公司总裁，但所有的管理工作均由我们负责。"托莱多的市民很高兴看到东俄亥俄天然气公司决定同西北俄亥俄公司为争夺天然气经营权而一决雌雄；最后达成的妥协办法是，两家公司都获得了经营权。后来事实被揭露出来，原来这两家相互竞争的公司都是由标准石油公司控制的，该市的官员随之哗然，为了报复，他们决定成立本市自己的天然气厂。

镀金时代的政客们大都不愿遮遮掩掩，而是喜欢张口就要现金。福斯特为标准石油公司在天然气生意中出了力之后，在 1888 年 1 月向洛克菲勒索要酬劳，说是他的竞选委员会欠了一笔将近 1200 元的债务。"我向您建议，"他直截了当地对洛克菲勒说，"您给我开一张这个数目的支票……在过去的几年里我没有向您或您的手下要过赞助。我这一次这样做是因为我知道您与我们有共同的利益；还有一个原因是，我觉得今后如果有人打击您和我们的天然气公司，这笔钱会派上用场的。"作为报答，洛克菲勒寄给了福斯特 1000 块钱，但他还是忍不住对福斯特过去的表现挖苦了几句："我们的朋友确实认为共和党没有给过我们公平的待遇，希望以后这种情况能有所改善。"

1886 年，标准石油公司创建了天然气托拉斯，洛克菲勒是其最大的股东。就这样，他虽然高高在上、清白无辜，却主宰着同各地官僚的肮脏交易。他密切关注这些事情的进展，却从不弄脏自己的双手，这样才能对整个事件佯作不知。

尽管洛克菲勒不承认自己应对更可耻的行为负责，但有无数批评他的人大声控诉是他用恶毒的办法毁了他们。艾达·塔贝尔说，洛克菲勒的对手们都认为他有超人的能力，"尽管这话听上去有些奇怪，但不容争辩的是，在1884年，整个油区都迷信地把洛克菲勒视同神明。"每天送到的邮包都会带来更多的漫骂，而且全是些素不相识的人写来的，他们一边诅咒洛克菲勒，一边又恳求他的援助。怒火最大的是西宾夕法尼亚的石油商人，他们认为洛克菲勒每天一早都会反复无常地乱定原油的价格。一名布拉德福德的生产商告诉他说："这里的局势确实越来越让人担心，几百个家庭在苦苦挣扎。如果石油价格真像成千上万的人所相信的那样，是由您一手控制的话，这些家庭就不至于落到这步田地了。"另一个人写信警告洛克菲勒说："这里有成千上万的人处于破产的边缘，这都是因为他们的产品价钱卖得太低。如果您有能力给他们一个好一点的价格，就是对整个国家做了件功德无量的好事。"有时可以看出，这些心怀不满的人似乎也在苦苦思索，洛克菲勒到底是魔鬼撒旦还是圣诞老人，这一点反映在P·O·拉夫纳提出的自相矛盾的疑问里：

> 我是一个在石油市场上做了8年生意的可怜人。这8年来，我和其他人一样诅咒标准石油公司——恶狠狠地大声诅咒它。但在这些诅咒下，标准石油公司还是好端端的，照样大笔大笔地赚钱。现在整个市场都停顿了，我的职业也丢了。我得出的结论是，最好还是停止咒骂标准石油公司，求它给个美差才是上策。

洛克菲勒小时候为老比尔受尽羞辱，因而对敌人有一种敏锐的直觉，对越来越激烈的批评也十分敏感。他每次出门散步时总是很机警，能超乎寻常地感觉到任何跟踪他的人。想偷偷跟在他身后而不被他发现是不可能的。但是，他半点也不相信那些批评他的人，认为在他们那种理想主义的假设背后都掩盖着自私的动机，根本不堪一驳。洛克菲勒觉得自己在苦苦忍受着与所有革命家相同的命运。"那时我们为之奋斗的信念都是崭新的……"他解释道。"但我们知道我们是对的。我们稳步开展我们的事业，而支持这一事业的信念就是一种不可抗拒的力量。"在他看来，许多批评者就是当年那些开炼油厂的竞争对手，这些人很愚蠢，卖掉工厂时选择了现金而不是标准石油公司的股票。他对此做了戏剧性的解释："让我们想一想地狱吧。当一个人坐下来回首往事时再后悔莫及，还有什么能比这种惩罚更严厉呢！"

尽管受到公众如此的辱骂，洛克菲勒似乎毫无惧色。"在我父亲的词典里找不到'害怕'这个词，"洛克菲勒的儿子有一次这样说，"他也不知道害怕是什么滋味。"小约翰回忆起有一次他父亲驱车送他去曼哈顿火车站时，受到了无政府主义者的威胁。小约翰请求父亲雇几个保镖，洛克菲勒嘲笑他说：

> "得了，约翰，"他说，"我能保护自己。如果哪个蠢货胆敢碰我——那就来吧。"……他不是在说大话。我从没见过他吹牛。他只是挺直了身子，握紧双拳。听了他的话，我觉得要是有人胆敢冒犯的话，他一定觉得自己能稳操胜券——只是希望不会把那个可怜的家伙伤得太重。

小约翰还想起，几年前在克利夫兰的一天晚上，有个女仆大叫楼上有贼。洛克菲勒毫不犹豫地抓起手枪，冲向后门，想抓住那个贼，但那家伙早就从柱子上滑下来逃走了。

洛克菲勒声称他对批评他的人毫无恶意，而且还会以基督徒的宽容之心对待他们——只要他们认错就行。对那些"后悔自己不该辱骂和攻击的人，我们完全会宽大为怀的，因为我们自己也希望得到上天的怜悯和宽恕，"他如是说道。他在私人生活和慈善方面的表现说明，他不是一个残忍的人，也从没有虐待别人的倾向。但是，他在反驳批评者的时候，往往会进行人身攻击，经常管那些人的行动叫阴谋，就是搞歪门邪道的意思。他如果打算发起一个特别恶毒的攻击，总是先在对方身上找出缺点，然后才坦然地去干。

洛克菲勒虽然经受得住批评，却激怒了一小群"牛虻"。最符合这个形象的大概要数小刘易斯·埃默里了。此人是布拉德福德一位富有的石油生产商，拥有自己的输油管道，还是宾夕法尼亚州的议员，艾达·塔贝尔的材料主要是他提供的。埃默里坚持认为，如果洛克菲勒做事公平，自己原本可以在石油业干得更加成功。他断言道："无论在过去还是现在，我的头脑和洛克菲勒一样精明，但我从不像他那样奸诈，也没学会像他那样不择手段，或是用不择手段的人去完成任务。"尽管他一生中大部分时间都在跟踪这位巨人，却从没见过洛克菲勒本人，他解释说，这个人"总是深居简出，太狡猾了。"

为了不让埃默里的输油管道和铁路相接，标准石油公司使用了残忍的手段，公平石油公司通往布法罗的输油管道的遭遇就是一个例子（见第十二章）。1892 年，埃默里快要完成一条通往纽约州汉考克的大输油管道，他希望安大略—西部铁路公司能够在那里把他的油运到纽约市。阿奇博尔德得到消息后，要求这家铁路公司向他摊牌。从他给洛克菲勒的报告里，我们能明确地看到标准石油公司是如何打击竞争对手的：

> 我们又和安大略—西部铁路公司的人见了几次面，觉得在同他们达成共识方面有一定的进展。现在可以肯定的是，他们与埃默里之间还没有什么明确的约定，我们已让他们看到，他们和埃默里商谈的运价低得出奇，在这个价位上谈不出好生意，也无钱可赚。我们已经向他们提议签一笔 5 年的合同，并且有望在这个星期听到他们的答复。我们的提议是，每年用他们的铁路运 40 万桶石油，如果达不到这个数目的话，就付给他们相当于现行运价 10% 的罚款。我们认为这个提议对他们来说够慷慨的了。

标准石油公司不光满足于追求自身的利益：它还想方设法损害对手的商业利益。洛克菲勒的卷宗还表明，埃默里曾一度准备把自己的公司卖给标准石油公司，换取后者价值 75 万元的股份——这种伪善的举动只会使洛克菲勒对批评他的人原本模糊的看法更加清晰。

另一个满腹怨恨的敌人是乔治·赖斯，他是佛蒙特州人，在俄亥俄州的玛丽埃塔独自开了一家炼油厂。他长着一个斗牛狗般的面孔，精力充沛，在同标准石油公司的厮杀中发展了起来。赖斯让标准石油公司不公平的手段气得半死，于是专门与洛克菲勒作对。他多次挑起针对标准石油公司的法律调查，并于 1881 年出版了一本题为《黑死病》的小册子，收集了各种报纸无情揭露标准石油公司的文章。对洛克菲勒来说，赖斯不过是个敲诈勒索者。"他热衷于骚扰、阻挠和妨碍标准石油公司的利益，一心想借此把他那个不起眼的炼油厂的股份卖出去……这就是关于乔治·赖斯的全部事实。"说句公道话，赖斯确实再三向洛克菲勒勒索钱财，为卖他的一个炼油厂狮子大开口，要价 25 万元，而洛克菲勒的估价仅仅是 2.5 万元。为了赶走这个讨厌的家伙，洛克菲勒和他的同事们对他恩威并施。汤普森上校向洛克菲勒报告说："（赖斯）承认最好还是和我们友好相处，假装心甘情愿地同我们达成协议。但从他脸上的每一条皱纹里和他说出的每个字里，我都能觉出他是想敲我们一笔。"赖斯还游说联邦政府对标准石油公司接受铁路回扣的问题进行调查。

赖斯坚持认为标准石油公司使出了各种阴谋诡计来对付他，洛克菲勒却嘲笑说，那只不过是头脑发热的胡言乱语。"我们可以想像一下，标准石油公司怎么可能用 21 英寸口径的大炮去打蚊子呢？"但是，他的案卷却显示这门大炮确实朝赖斯开过火。克利夫兰—玛丽埃塔铁路公司是赖斯炼油厂的生命线，丹尼尔·奥戴在 1885 年和这家铁路公司达成了一笔交易，后者同意收标准石油公司每桶 10 美分的运费，而收赖斯和其他独立合伙人的费用却是 35 美分。标准石油公司再次使用了收受回扣的无耻手段，让铁路公司为赖斯每运送一桶油就要付给它 25 美分。为了强行达成这笔交易，奥戴赤裸裸地警告这家铁路公司说，如果它不答应这样做，标准石油公司就会建一条和它竞争的输油管，把它挤出铁路业。在一次不多见的败诉官司中，赖斯迫使标准石油公司终止了这个无法无天的合同，并且赔偿他250 元的损失费。

赖斯以他特有的勇气，试图同标准石油公司的两个最难对付的子公司——切斯—卡利公司和沃特斯—皮尔斯公司作对，销售他自己生产的煤油。洛克菲勒一接到有关赖斯运进哪怕是一丁点煤油的报告，就会命令当地的标准石油公司代理采取一切必要的手段来阻止他。1885 年，W·H·蒂尔福德告诉洛克菲勒说："在切斯—卡利公司的地盘里，我们已经尽了一切努力把赖斯驱逐出去。正在派推销员上路，一站一站地推销石油，在赖斯有可能卖油的每一个城镇里同他展开竞争。"无论赖斯的煤油在哪个小村庄里出现，洛克菲勒都能知道。"我们已经把赖斯彻底赶出了阿拉巴

马州的安尼斯顿，并且觉得很快就能把他赶出伯明翰，"切斯—卡利公司
的财务主管向蒂尔福德报告说。"但是，能取得这一成果全凭着我们把产
品价格压得极低，这样往往会给公司带来亏损，而且这种亏损现象会持续
很长时间。"只要是对他的帝国形成威胁，哪怕再小洛克菲勒也不会放过。

埃默里、赖斯和其他反对洛克菲勒的人如果能在石油业里做出小小的
进展，就必定得在公众舆论的法庭上引起轩然大波，因为他们已经形成了
一个很有影响力的游说集团。他们为记者们不断提供消息，在那些记者当
中，最英勇善战的当属一个名叫亨利·德马雷斯特·劳埃德（Henry De-
marest Lloyd）的富有而文雅的新闻记者。他是一个荷兰新教牧师的儿子，
从哥伦比亚大学毕业之后取得了纽约州的律师资格，后来又成了《芝加哥
论坛报》的业主之一、富有的布罗斯家族的贵婿。劳埃德在 1878 年开始
撰写针对标准石油公司的措辞尖刻的社论，以华丽动人的文采抓住了公众
的想像力。他充分利用了控告洛克菲勒的纽约赫伯恩听证会和费城诉讼案
中披露的大量内情。在 1881 年 3 月的《大西洋月刊》上，杂志主编威
廉·迪恩·霍威尔斯[®]刊登了劳埃德关于标准石油公司的笔锋辛辣的报道，
题为《一个大垄断家的故事》。这是在这家发行量很大的著名杂志上发表
的第一篇严肃揭露该公司的文章，影响很大，引起了轰动，为此这期杂志
一连印了 6 次。

在劳埃德看来，标准石油公司的实力关键在于它同铁路的秘密联盟，
许多托拉斯企业就是通过这种联盟发展起来。他虽然承认标准石油公司的
"庞大规模是合理的"，但又说这只能使它因钻了道德方面的空子而更应受
到责难。"他们强大的经商能力原本可以保证标准石油公司经营者们获得
成功，可是他们实现垄断的手段却是和铁路公司秘密同谋。"劳埃德通过
猛烈抨击威廉·H·范德比尔特、杰伊·古尔德、汤姆·斯科特和科利
斯·亨廷顿，再加上对标准石油公司的指责，掀起了一场广泛的铁路改革
运动。他还把公众的注意力集中到约翰·D·洛克菲勒身上，认定他是托
拉斯垄断的化身，并推测说在前一年挣钱比他多的只有威廉·H·范德比
尔特。

劳埃德是一个不严谨的记者，在他的报道中有许多不实之处。有一次
他竟说洛克菲勒在克利夫兰拥有一家面粉店。不过，他写得一手简洁漂亮

的好文章，对政治和文化理解得十分透彻。有一次他大笔一挥，巧妙地把文章写成了一个关于消费者的小说。他在文章的开头这样写道："在使用煤油的4000万消费者中，很少有人知道煤油的生产、制造和出口及其在国内外的价格多少年来都是由一家公司控制的——它就是标准石油公司。"在劳埃德看来，这条"章鱼"——是他使这个绰号变得尽人皆知的——不仅仅是对自由竞争和公平经商的威胁，它还危及到美国的民主本身。他指控标准石油公司操纵了两个参议员，并且在哈里斯堡大肆行贿，使自己能"在宾夕法尼亚州议会里畅行无阻，就差提炼它了。"劳埃德是个运用语言的高手，他在蛊惑人心的结尾部分宣称："美国可以引以自豪并深感满足的是，它为世界培育了有史以来最成功、最狡诈、最卑鄙的垄断企业。"

这篇文章让全国的读者认识了洛克菲勒，并且使制定反托拉斯法列入首要的改革议程。劳埃德提议设立一个联邦政府机构以统一铁路运费，他提前6年就预见到了制定"州际商业法规"的必要性。如果说劳埃德的攻击预示着以后要发生的一切，洛克菲勒的一言不发也表明了他今后会采取的态度。洛克菲勒相信后人会证明他是对的，他后来解释说："我当时把精力全都放在扩大、发展和完善公司的业务上了，没工夫去和那些造谣生事的家伙吵架。"

洛克菲勒和当时的许多商业巨头——其中包括J·P·摩根、安德鲁·梅隆、詹姆斯·斯蒂尔曼、亨利·克莱·弗里克⑧和乔治·F·贝克——都对新闻界深恶痛绝，他把对公司矢志不渝的忠诚看得比其他良心上的要求都重要。他最喜欢说的口头禅是："在标准石油公司工作就要一言不发、埋头苦干。"在1888年反托拉斯浪潮高涨之际，洛克菲勒对一位牧师说："我们一向按这样的原则行事：最好是埋头干自己的事，不去理会那些报纸，因为我是这样认为的，如果我们是对的，他们总不能永远伤害我们，如果我们是错的，他们的话再正确也改变不了事实。"洛克菲勒声称并不担心与记者谈话会暴露自己的不端行为，而是怕无意间泄露了商业秘密。他反问道："除了告诉全世界我们是怎样成功的以外，我们还能说些什么呢？"

有为数不多的几个记者企图打入标准石油公司内部，但往往以失败告终。1882年，《纽约太阳报》派了一名记者去克利夫兰调查洛克菲勒，他无法接近这位大人物，却被包围在他身边的层层保密措施弄得目瞪口呆。更让他吃惊的是，他虽然强行采访了标准石油公司的数百名雇员，那些人却个个三缄其口，这都是受了洛克菲勒处世哲学影响的结果。即便是对那些态度友好的记者，洛克菲勒也从没给过他们一张自己在油田或炼油厂拍的照片。哪怕只是为了登载在最最无关紧要的杂志中页上，洛克菲勒也不让摄影师进他的家门。他这样让人难得一见反而引起了公众的兴趣。我们不应对洛克菲勒如此保持沉默感到吃惊。他是个独往独来的人，并不需要外人的赞扬，况且他为人极其谨慎，不愿在新闻访谈中亮出自己的观点。

到了 19 世纪 80 年代，面对激烈的政治打击，标准石油公司再也无法对新闻界采取一概不予理睬的态度。一贯猛烈抨击标准石油公司的《石油城钻井报》在 1885 年被范德格里夫特船长的一位熟人买下来后，范德格里夫特把一个名叫帕特里克·博伊尔的拥戴标准石油公司的人安插到该报当编辑。1887 年前后，标准石油公司又雇了一家叫詹宁斯出版公司的新闻社，专门在俄亥俄州各家报纸上刊登伪装成独立制作的赞扬性广告。不久，标准石油公司就有选择地与其他杂志进行了合作。《哈泼周刊》在 1889 年刊登的洛克菲勒的小传就首先经过了阿奇博尔德的彻底审查。洛克菲勒在接受为数不多的采访时，一向表现得十分庄重、有礼。1890 年，《世界报》的一名记者这样描述洛克菲勒道，他"有一张睿智、和蔼的脸，皮肤白皙，浅棕色的头发和胡须有几处稍带灰白，高高的鼻梁，嘴巴长得恰到好处，而且富于表情。"第二年，另一个原本以为要硬着头皮去见一个杀人魔王的记者是这样说洛克菲勒的："他为人谦逊而不张扬，举止文雅却丝毫没有在百万富翁身上常见的虚荣。"这类赞扬性的报道本应使洛克菲勒注意到两个重要的事实：第一，即使是心怀敌意的记者也有可能改变态度；第二，他在处理公众关系方面的天赋比起他赚钱的能耐毫不逊色。

在最严厉的指责当中，有一些来自标准石油公司内部，那些人感到被人孤立，认为公司的强硬策略有违基督教的原则。在 70 年代，洛克菲勒招聘了一个矮矮胖胖、留着络腮胡子的年轻人，叫威廉·杰伊·库克，此人是洛克菲勒在克利夫兰基督教青年会结交的朋友杰伊·库克的侄孙。小库克以前是个批发商，在标准石油公司受到了重用，很快被提升为托莱多分公司的一名经理。3年后，他突然辞职，原因是无法调和标准石油公司的销售策略与自己基督教信仰之间的矛盾。俄亥俄州标准石油公司的日志含蓄地写道："在消灭竞争对手问题上，他的观点与洛克菲勒先生相左。"遗憾的是，我们无从得知，对这位虔诚的下属的变节行为，洛克菲勒作何反应。

标准石油公司史上最不同寻常的忏悔恐怕要数威廉·G·沃登在1887年5月24日写给洛克菲勒的那封恳切动人的信了。沃登是公司最高层人物之一，他在给洛克菲勒的这封让人看后难以忘怀的信中，为公司在公众心目中造成的令人厌恶的形象感到悲哀不已：

> 我们取得了商业史上前所未有的成功，全世界都知道我们的名字，可是没人羡慕我们在公众当中的形象。别人认为我们是一切邪恶、冷酷、压迫、残忍行为的象征（但我们觉得这样说是不公正的），他们对我们投以白眼，轻蔑地朝我们指指点点。尽管有些好人恭维我们，那只是为了我们的钱。我们也为此指责他们，这更让人觉得我们冷酷。写到这儿我感到很难受，因为我一直希望在商业生活中有一个让别人尊重的位置。我们当中谁都不会选择现在这样的名声。我们都希望那些令人尊敬的人尊敬我们、喜欢我们、祝福我们。

为了缓解石油生产商们对标准石油公司的敌视态度，沃登提出了一个分享利润的计划，他还要求洛克菲勒仔细考虑他的信：

> 请不要放下这封信，也不要把它扔在一旁，好好想一想，和洛克菲勒夫人谈一谈这封信——她是个最最高尚的人。她如果能看到公众改变态度，她的丈夫受到尊敬和祝福，该有多高兴啊！但愿唯有他的智慧（原文如此）能使我们在心中爱自己的同胞，并且在这个时候指引您……为了人民，为了劳动人民做出这样的努力，整个世界看了都会为之感到欣喜的。

沃登的信与众不同，充满了戏剧色彩，就像是临终忏悔。它同时也证实了，塞迪·洛克菲勒因为越来越多的人指责她的丈夫而感到极其不安。那么，洛克菲勒是怎样回复这封勇敢而又深思熟虑的信的呢？他在与全家去欧洲之前，以忙于准备出门为借口回了一封措词平淡的短信："我没能早点给你回信，"他在接到信一周后写道，"也没能仔细考虑，但一定不会忘记信中所说的话。"用一封措辞温和的短信来缓和紧张局势是洛克菲勒的拿手好戏，而且也没有证据表明他就这个话题是否和沃登再次交换过意见。

注释

①均为东方古城，地处现在的伊拉克。

②Charles W. Eliot，1834—1926，美国教育家，主张通才教育，担任哈佛大学校长达 40 年之久。

③Confederacy，南北战争期间由南部 11 州组成的分裂政府。

④指能影响有权势者从而操纵权力的人。

⑤大体包括科罗拉多、爱达荷、蒙大拿、内华达、犹他和怀俄明诸州。

⑥Theodore Roosevelt，美国第 26 任总统（1901—1909）。

⑦Thomas Alva Edison，1847—1931，美国发明家，曾获得电灯、留声机等 1093 项发明专利权。

⑧William Dean Howells，1837—1920，美国小说家、评论家。

⑨Henry Clay Frick，1849—1919，美国企业家，靠经营炼焦业起家。

15　寡妇的葬礼

　　当约翰·D·洛克菲勒正忙于巩固美国最大的工业帝国的时候，他那位又名威廉·莱文斯顿医生的父亲威廉·埃弗里·洛克菲勒却旧习不改，还在用假名字四处兜售包治百病的灵丹妙药。在这个边疆正逐渐消失的国家里，他作为一个边疆居民继续深入偏乡僻壤，远远躲开他儿子所代表的现代工业世界。

　　对早年为洛克菲勒撰写传记的人来说，比尔的大部分生活始终是个谜，然而时至今日，人们通过洛克菲勒的卷宗和一些以前被忽略的报刊杂志，能够大致描绘出他晚年的情况。比尔同约翰和威廉这两个有钱儿子的接触相当少，却与那个满怀嫉妒的儿子弗兰克过往甚密，因为后者和他一样，都喜欢钓鱼和打猎（约翰在后半生中从不钓鱼打猎，可能就是因为这些活动会让他想起他那位挥霍无度的父亲）。弗兰克于19世纪80年代在堪萨斯买下一座大牧场后，他的父亲便成了他家的常客，两人经常在一起打鹌鹑和松鸡。

　　我们对比尔后半生的了解很大一部分来自他与养子查尔斯·约翰斯顿（Charles H. Johnston）医生之间的友谊。1853年，当查尔斯还是个婴儿时，莱文斯顿医生来到他位于安大略省的家中，医好了他母亲的病。1874年，已长成小伙子的查尔斯在威斯康辛州又一次遇到了比尔，这一回，比尔治好了他的热病，并且答应教他"治病救人的学问"。约翰斯顿在伊利诺伊州的弗里波特认识了玛格丽特·艾伦·莱文斯顿夫人（即比尔的第二个妻子），他后来称她为"我所见过的最可爱的夫人"。

可能是约翰斯顿的长相让比尔想出了一个专门对付印第安居留区的诡计。比尔在遇到约翰斯顿之前，用的还是装成聋哑小贩的老办法。美国土著居民认为，当神祇剥夺了人的某种感官能力时，会赋于他超自然的医疗本领作为补偿，这使他们很容易地成为比尔的行骗对象。现在，他又有了一个新的机会。查尔斯·约翰斯顿长着高高的颧骨、深棕色的皮肤和又黑又直的头发，很容易被误认为是个土著人。比尔雇他当助手，用色彩斑斓的羽毛和颜料把他打扮起来，说他是自己收养的印第安儿子。他站在马车后部，对那些入迷的听众说，约翰斯顿是位印第安王子，从他父亲——一位了不起的酋长——那里学来了各种秘方。不过，约翰斯顿必须为他这种欺诈行为付学费，从中可以看出比尔的确厚颜无耻。"尽管他待我友好，并且十分喜欢我，"约翰斯顿说，"但还是让我付给他1000块钱作学费，这说明他十分精明，爱占便宜，嗜钱如命。"老比尔就像以前对待亲生儿子一样，一有机会就刺激和欺骗约翰斯顿，想使他变得坚强起来。人们不禁会想，比尔是不是想把约翰斯顿当做他儿子的替身，来填补他以前所钟爱的大儿子留下的感情空缺。

比尔和约翰斯顿一起在伊利诺伊、明尼苏达、衣阿华和南北达科他州四处游荡，行骗的手段与他在纽约州北部惯用的伎俩几乎如出一辙。约翰斯顿在比尔死后回忆道："他驱车来到一个小镇，先是散发宣扬伟大的莱文斯顿医生能够治疗各种疑难杂症的传单，然后我们在镇上最好的旅店里租一个套间，接着就会有病人或残疾人上门求医。对所有的常见疾病，他几乎一眼就能看出病因。"为了唬那些乡下佬，他特意在衬衫前襟上别上一颗闪闪发光的钻石，但是在就住宿费讨价还价时，他却把钻石遮掩起来，以便得到最便宜的价格。在约翰斯顿看来，比尔获利甚丰，有时一天能挣200元，而且还能让人错误地认为他有几十万元的身价。比尔最初做过倒卖商品的投机生意。有一次，他买进五万蒲式耳的谷物存在粮仓里，第二年夏天，蝗虫把庄稼吃了个精光，他便把这些谷物卖了个极好的价格。约翰斯顿对这个十分有趣、粗犷不羁而又诡计多端的人一向敬佩有加，"他无所不能，把心思全放在万能的金钱上。"

一开始，约翰斯顿虽然注意到莱文斯顿医生老是没完没了地提到约翰·D·洛克菲勒，说自己每年要去克利夫兰见他一两次，但不知道莱文斯顿医生与洛克菲勒家族是什么关系。"他对我说他是去看看他投在约翰·D·洛克菲勒身上的钱情况如何，还给我讲了许多有关约翰精明能干、富甲天下的奇闻轶事。"一次，心存疑虑的约翰斯顿问比尔是怎么结识这位大名鼎鼎的人物的，比尔坦然相告："是我帮约翰·D·洛克菲勒在石油业起家的，他在石油业投资的第一笔钱就是我借给他的，多少年来我一直在帮助他。"比尔吹嘘自己在标准石油公司的投资如今已值 37.5 万元。"他总说是他让约翰发了财，还说如果我和他在一起，并按他的话去做，他也会让我发财的。"起初，约翰斯顿从未想到过比尔是洛克菲勒的父亲，因为自吹自擂似乎向来就是他四处摇唇鼓舌、招揽生意的把戏的一部分，可是当比尔聊起老头子戴维森时，约翰斯顿意识到那是洛克菲勒外祖父的名字，这才起了疑心。他就这样怀疑了许多年，而比尔一边矢口否认这一事实，一边又不断露出破绽。

　　1881 年，约翰·D 同意在北达科他州的帕克里弗为他父亲买下一座方圆 160 英亩的牧场，条件很简单：决不能把玛格丽特·艾伦带到那儿去（比尔总是和她在弗里波特一起过冬）。约翰决不听任父亲遗弃家庭，而且一直害怕报界会对他父亲的重婚行为加以曝光，他还在试图把 71 岁的父亲拉到母亲伊莱扎身边，远离他不道德的第二次婚姻。约翰斯顿后来说，莱文斯顿医生告诉他，"约翰·D·洛克菲勒很早就知道他父亲犯了重婚罪，他奉劝父亲接受北达科他的那座牧场，就是希望父亲在有生之年里能与第二个妻子断绝来往，一个人住在僻静的地方。这样的话，即使老人在牧场里被人发现，也不会见到有第二个妻子在他身边。"

　　比尔在帕克里弗买下第一块地时，约翰同意他用莱文斯顿的名字拥有它。但是，他在 1884 年买下更多的土地时，契约便转到了约翰的妹夫皮尔森·布里格斯——他是标准石油公司的一名购买代理——的名下。这很可能是约翰出钱买下的，只是用布里格斯做掩护罢了。1886 年，这块土地又回到了比尔手里时，尽管当地人都知道他的名字是莱文斯顿，他却不得不用"威廉·埃弗里·洛克菲勒"这个名字签署了移交文件。人们怀疑，约翰坚持这样做，是为了不让玛格丽特·艾伦对这一财产拥有任何法律权利。正是这一法律手续后来不容置疑地证明，威廉·莱文斯顿和威廉·洛克菲勒是同一个人。

在很长时间里，比尔和查尔斯·约翰斯顿占据了与帕克里弗牧场毗连的土地，在那里钓鱼、狩猎，懒散地度过了许多夏天。他们所在的那个偏僻小镇离最近的铁路有 30 英里，远离当地的治安长官和医务界，这正是比尔求之不得的。他在那里住了 16 年，从来不去小镇的主要街道，而是自己在麦田里开辟出一条条小路。镇上的居民认为他是个神经不太正常、离群索居的怪老头。让人无法解释的是，他不时在镇上银行里兑现标准石油公司的支票。如果支票上写着 3000 元，他会故作惊讶地举起双手，假装以为只有 300 元，好像掌管他财产的人在金钱上满不在乎似的。

后来，查尔斯·约翰斯顿成了一名有声望的内科医生，还担任了芝加哥医学与外科学院的院长，他害怕过去和比尔一起游荡行医的经历会引起法律追究，便竭力把比尔说成是一位真正的民间大夫，并非是一个不知廉耻的江湖医生。不过，他们的邻居几乎都认定他和莱文斯顿医生两人是一流的诈骗高手。"他们有一个装满药品的大罐子，用里面的药医治所有的疾病，"他们的一位熟人回忆说。"我经常听到他们在一起拿那个罐子里能治百病的药开玩笑，因为莱文斯顿医生常说：'是的，先生，这药包治百病，病人只需付 5 块钱就能买到一瓶。'"在这个遥远的小村落里，比尔成了一个无所不能的医生，他搞了一个可笑的拔牙装置，拔一颗牙只收 1 块钱。他甚至还给马看病。

若不是他们搬到帕克里弗后不久发生了一次奇特的事故，约翰斯顿可能永远不会发现莱文斯顿医生令人震惊的真实身份。当时他们正在一起盖牛棚，比尔在抬一根沉重的木杆时弄伤了自己。他痛得直喘粗气，担心自己的内脏破裂，很快就会死去。约翰斯顿问他是否要通知玛格丽特时，他厉声说道："我可不想让艾伦家的人再多拿到我 1 分钱。"（显然，他与艾伦家的关系不比与约翰·戴维森的关系强到哪儿去）相反，比尔脱口做出一个令人震惊的坦白：他是约翰·D·洛克菲勒的父亲，如果他死了，应该通知后者。"不，你去通知约翰·D·洛克菲勒，但千万小心别让任何人知道。"

幸好伤得不重，比尔复元了后又试图继续玩弄那套陈旧的老把戏，说他与洛克菲勒没有关系，但此时约翰斯顿的预感已经得到了肯定，比尔最终也放弃了这场游戏，他开始无所顾忌，经常充满感情地谈起那个和他疏远的儿子。约翰斯顿问起他为什么要把这段关系隐瞒这么久，"他告诉我保密的原因是，他年轻时无照行医，不知什么时候就会被抓起来，为了孩子着想，他不希望给洛克菲勒这个名字抹黑，所以不得已用了个假名字。他后来继续用这个假名，据他说是因为想体面地用真实姓名已为时太晚。"他的话掩盖了一个令人尴尬的事实，即他用了这个编造的名字与玛格丽特·艾伦重婚，并且对伊莱扎隐瞒了真相。

有关约翰·D的故事一下都倒了出来。比尔吹嘘他儿子事业有成，向来给自己留一个好名声。"他不厌其烦地向我吹嘘约翰如何聪明，令他那个行业里所有的竞争者都望尘莫及……他似乎只喜欢约翰·D·洛克菲勒，给我讲了上百桩约翰童年时的轶事：如何跟他一起钓鱼、打猎，又是一个如何聪颖、精明的孩子。"尽管比尔有许多明显的缺点，但作为一个在远处向他超凡脱俗的儿子顶礼膜拜、分享儿子成功的喜悦却又显然不受儿子爱戴的父亲，他身上还是有一些感人之处的。约翰的成功是对比尔的一生做出的无言的评论。比尔浪费了自己大量的聪明才智，约翰却获得了极大的成功，使比尔显得既低贱又平庸。像许多病入膏肓的撒谎者一样，比尔的成就太渺小，不能满足他自以为是的过分需求。他永远不能站得更高一些，看到自己的潜力，因而始终是个醉心于雕虫小技的无足轻重的骗子。

查尔斯·约翰斯顿终于厌倦了与比尔一同从事的非法勾当，选择了一个合法的职业。比尔就像身着彩衣的吹笛人（西方传说中用笛声拐走孩子的魔笛手），对他的追随者不再听从他蛊惑人心的笛声而气急败坏。约翰斯顿回忆说："我决定去大学里学医，读个学位，所以和他分手了。他对此感到很气愤，声称大学教育会把我惯坏的，只有他的方法才是治疗疾病的唯一途径。"比尔后来放弃了自己的主张，帮助这个受他保护的年轻人进了医学院。约翰斯顿在芝加哥开业行医时，比尔去看了他，还带去了礼物，礼物中有他那把金头手杖和小提琴。为了保护自己刚刚建立起来的受人尊敬的社会地位，约翰斯顿把他同比尔过去的这段交往深深地隐藏了起来，直到1908年报界才迫使他如实做了交代。在那一年，寻找洛克菲勒医生的活动已发展到令全国着迷的地步了。

1889年3月，一直病魔缠身的伊莱扎得了中风，右半身瘫痪，当时她住在第五大道 689 号威廉的家里。在她生命的最后 10 天里，约翰和威廉都撇下工作守护在她身边。约翰给一个表亲写信讲述了她临终的情景：“她能认出我们每一个人，用尽全身力气向我们表示她的爱心、感激之情和基督徒的达观态度。”3 月 28 日，她平静地死去了，享年 76 岁，至死也不知道她丈夫另有一个比他小 20 岁的妻子，而且还有一个全新的身份。至少在坐火车送灵柩回克利夫兰的路上，约翰、威廉和弗兰克暂时埋葬了兄弟之间的不和。

约翰从母亲平静逝世中得到的安慰很快就被围绕着葬礼发生的一系列事件弄得烟消云散。约翰从不认可他父亲的双重生活，在 1882 年卖掉了他父亲在伍德兰公墓里的墓地，这样父亲死后就可以埋在湖景公墓（Lake View Cemetery）洛克菲勒家族墓地中属于“他和母亲的地方”了。这一变动需要比尔的签名，但约翰由于同他父亲的关系太坏，所以不得不请弟弟弗兰克和皮尔森·布里格斯出面做中间人。果然不出所料，洛克菲勒医生对儿子如此侮辱他的第二次婚姻勃然大怒，约翰无奈地把双手一扬，对弗兰克说：“看来，得由你来和他处理这件事了。”约翰最终办成了这桩交易，因为他在 1889 年 2 月伊莱扎病情恶化时写给弗兰克的信中，谈到了“为把父母安葬在我们为其准备好的地方所做的安排”。比尔也许仅仅是为了安抚约翰才假装同意这一安排的，因为他从未真正想过要埋在伊莱扎身边，也不想抛弃玛格丽特。

伊莱扎大限将至时，弗兰克告诉约翰说父亲得了哮喘，不来参加定于欧几里德大道约翰的旧宅里举行的葬礼了。父亲如此玷污母亲死后的名声，令约翰忍无可忍，他决定要毁了他父亲，至少要象征性地这样做。举行葬礼的前一天，他拜访了欧几里德大道浸礼会教堂的乔治·道林牧师，这位牧师将在第二天主持伊莱扎的葬礼并做悼词。据一个后来和道林谈起这次会面的人回忆说：“我从他那里了解到的最有意思的情况是，约翰·D·洛克菲勒煞费苦心地要求牧师宣布他母亲死时是个寡妇。他还讲了许多事，其中包括她寡居多年，仍然不负死去的丈夫云云。”这个故事是由洛克菲勒认定的传记作者威廉·英格里斯收集到的，因而可信度很高。

在葬礼上，伊莱扎的儿孙们抬着灵柩，由约翰颂读《箴言》的最后一章，参加悼念仪式的来宾中显然没有比尔。伊莱扎的死亡证明也谎称她是个寡妇。葬礼之后，约翰对他父亲故意缺席仍然耿耿于怀，一连几个星期都坚持要比尔到克利夫兰的墓地来向死者致以最后的敬意。1889年4月，他一反常态，怒气冲冲地告诉比尔的兄弟埃格伯特说："如果他不马上来，我们就去找他。"伊莱扎的死丝毫没有让整个势态平静下来，反而令约翰旧账重提，使他与父亲原本就风波横生的关系变得更加复杂了。

那年10月，显然是出于对父亲没来参加葬礼的报复，约翰让父亲卖掉了在帕克里弗的牧场，因为它此时已经失去让他痛改前非的作用了。在签署移交文件时，约翰再次逼他父亲使用真实姓名"克利夫兰鳏夫威廉·埃弗里·洛克菲勒"，这就使玛格丽特无法得到那笔钱。约翰决心进一步惩罚他父亲，他迫使父亲卖掉他在西部的全部地产，搬回东部来住，彻底抛弃玛格丽特·艾伦。可是比尔不愿离开帕克里弗，他在附近又买了一块地，每年在那里度夏，冬天仍然去弗里波特和玛格丽特在一起住，就这样一直维持到1897年。

伊莱扎的葬礼过后6个月，比尔事先没有打招呼，厚着脸皮来到克利夫兰，他的健康突然奇迹般地恢复了。很可能正是这次拜访使约翰下定决心卖掉北达科他州的那座牧场。比尔显然一心想重新与约翰和威廉修好，他说服在纽约州北部务农的弟弟埃格伯特于1890年10月陪他一起去了曼哈顿。从这两个乡下人来到这座大城市时的形象上，可以估摸出约翰和威廉当年从小镇乍到纽约时所感受到的巨大差距。出于礼貌，约翰带他们参观了百老汇26号，还带他们去了圣帕特里克大教堂。当时已经16岁的小约翰在给一个女朋友的信中心血来潮地描述了这些事。从空荡荡的大教堂里出来后，埃格伯特转身对侄子们说："我说，这是我见过的最漂亮的地方了。"尽管埃格伯特和比尔关系非常亲密，约翰的孩子过去却从未见过这位脾气随和的老人，不由得让他给迷住了。小约翰这样写道：

> 叔祖父是纽约州奥斯威戈的一个农民，他有事头一次来这里，所以对这里的生活方式一窍不通。由于他只习惯于乡村的生活，所以在各种各样的游览项目当中，他最喜欢在公园里骑马，看那些来来往往的漂亮马车。他真是个可爱而又单纯的老人，无论为他做什么事都连声道谢，能让他在我们家尽可能过得愉快，这对我们来说也是一件快

事。有一天，爷爷和我一起坐车时对我说："伯特爷爷在你家和威尔叔叔家高兴得不知如何是好了。"我问为什么，您是什么意思。他说："是这样，他告诉我他原以为你会是个拘谨、傲慢的孩子，不会去关心像他这样一个乡下老头的。可是他真是高兴，因为你们大家都这样爱和他交往、千方百计让他感到愉快。"他又说："他在这儿看到什么喜欢什么，每天晚上他都和我聊到将近 11 点，给我讲他的所见所闻。"

约翰疑心这是他年迈的父亲最后一次来东海岸了，尽管比尔常常在埃格伯特叔叔的陪伴下继续在克利夫兰露面。约翰与他父亲无论做什么事一向都针锋相对，在金钱问题上也毫不相让。1881 年，约翰预先付给比尔一笔钱，让他扩建伊莱扎在切西尔街的房子，那所房子是约翰年轻时在比尔断断续续的监督下盖起来的。尽管比尔溜走了，约翰还是允许他对房子保留一份所有权，为的是他最终有可能浪子回头。对这笔贷款，约翰让他付6%的利息，但却从未向他要过。1900 年前后，约翰告诉年届九旬的父亲，如果他签字把这项房产的所有权转让给他孙女，自己就不再向他要那笔累积多年的利息了。他始终在想方设法不让玛格丽特·艾伦得到洛克菲勒家1 分钱，而这是他使出的又一个招数。

约翰通常是通过弗兰克或威廉同他父亲联系的。他在 1898 年给弗兰克的一封信就是个典型的例子："附上给父亲的信，因为我没有他的地址。"父子之间虽然长期不和，老比尔还是不断向儿子借钱，到 19 世纪末，他还有 6.4 万元的债务没还——这相当于今天的 100 多万元。1902 年 9 月，约翰和弗兰克找来当年父亲在斯特朗斯维尔的一些老伙计，在福里斯特山为他举行了整整一天的聚会，这次聚会却表明比尔对自己依赖儿子而感到恼怒。他穿上了最好的装束：丝领的绒呢上衣、丝质礼帽时髦地歪戴在头上、衬衣前襟上还别着一颗耀眼的钻石。他那时已经明显地发福了，体重达 250 磅。他已是 92 岁高龄，患有痛风、风湿和气喘病，几乎什么都看不到也听不见，脾气急燥，步履蹒跚，尽管如此，在以他的名义举行的火鸡狩猎会上，他还是轻而易举地取得了胜利。客人们大部分时间都在追忆往事，被比尔讲的粗俗故事逗得直不起腰来。之后，人们问起他住在哪里，他显得极不好意思。后来让人问急了，便挥了挥手说："不，不行，伙计们，这我可不能说。"不过，他还是留下了两条线索：他住在西部某个地方，在住处附近的湖上打"短尾雁"——这些琐碎的细节引起了新闻史上一次徒劳无益的大搜索。

福里斯特山的聚会如此令人感兴趣，是因为外人好不容易有机会观察到约翰和他父亲之间的关系。比尔经常去堪萨斯，从中可以看出他爱和弗兰克相处，而与约翰之间的紧张关系则是有目共睹。老人好像喜欢在客人面前让儿子难堪。有一次比尔正坐在草地上招待客人，看到约翰悄悄走过来，便嘲弄地说："瞧，约翰来了。我认为他是个虔诚的浸礼会教徒，不过你们和他做生意时可得当心哟。"后来有一次他对约翰说，如果不为那些四处出没的松鼠每只付给他50美分，他就"把它们一个个都用枪打死。"除了约翰之外，人人似乎都喜欢他这种幽默。让约翰尤为不舒服的是，比尔开始兴致勃勃地大讲特讲起一长串淫猥下流的故事。约翰想悄悄溜掉，以免听到他父亲说的那些话，比尔却抓住他，让他站在那里听他那些粗俗的笑话，这一情景很能说明问题。聚会结束后，约翰还没从当众受辱的心情中恢复过来，比尔却和弗兰克一起充满父子情意地在克利夫兰的大街小巷里驾车走了很久。

约翰在和比尔之间关系紧张的同时，和他那个心怀不满的弟弟弗兰克之间的积怨也越来越深，因为弗兰克对约翰的成功嫉妒得发狂。弗兰克由于和两个哥哥在财富上差别悬殊，便想用赌博来拉平这一差距，结果只能错上加错，加重了对哥哥的依赖。他每次都想同约翰的经商天赋比个高低，却总是反复无常、不能自拔，遭到失败后又进一步迁怒于哥哥。他一次次草率投机、经商受挫，使他阴暗的病态心理加重了。有个观察者这样描绘弗兰克说："他脾气暴躁、报复心强……有时我真觉得他疯了。他是个非常狂暴的人。也许老是认为自己受到了什么冤屈——不管是真的还是自己想像出来的——搞得自己心烦意乱。"

约翰意识到了自己传奇性地位给弗兰克带来的问题，真切地感觉到两人之间的贫富差距，想给弗兰克在公司找个职位，可又不赞成弗兰克的做法，因而经常受到弗兰克的公开指责。19世纪70年代末，弗兰克成了约翰的竞争对手克利夫兰先锋石油公司（Pioneer Oil Works）炼油厂的合伙人，约翰发现弟弟竟然和企图把过时的炼油厂以高价卖给他的那些敲诈勒索者沆瀣一气。"他和那些人一直在策划这类阴谋，想把炼油厂按他们提出的价格卖掉——这是在敲诈!"约翰一直在不断地设法获得对先锋石油公司的控制，因而赞成标准石油公司不露声色地兼并它而不是置它于死地。由于约翰和弗兰克有几度相互不说话，所以让威廉出面做中间人，向弗兰克提出优惠的交易条件，由标准石油公司来提炼先锋公司的石油。弗兰克认为他是在与威廉单独谈判，而实际上是约翰在暗中监督他们的交易，由他口述信件后再由威廉签名寄出。脾气随和的威廉还充当了几笔大额贷款的挂名负责人，因为如果由约翰出面，弗兰克可能会轻蔑地加以拒绝。最后，弗兰克谈妥了一桩有利的生意：只要先锋石油公司缺少足够的买主，剩余的煤油便由标准石油公司来销售——约翰能同意这种只对一方有利的交易，完全是出于兄弟情谊。弗兰克非但没有表示感谢，反而企图抢走标准石油公司的顾客，侵入它的领地来作为报答。

弗兰克忘恩负义到了不可救药的地步，竟然想一举两得：一方面从两个哥哥那里大举借债，另一方面又想摆脱他们的控制，自行经营。他要求约翰向他提供资金，指望给他宽厚的条件。他从约翰和威廉那里借了几笔巨款——有时高达 8 万元——这些借款的结果都可想而知。鉴于弗兰克在石油业的个人投机亏损越来越大，令人咋舌，佩恩上校在 1882 年向约翰报告说："机密——据报告，弗兰克在芝加哥的生意损失惨重——据说高达 10 万元。"弗兰克因压力过大弄垮了身体，约翰想让他戒赌，但无济于事。

为了和两个哥哥平起平坐，弗兰克在生活方面的奢华程度远远超出了收入。他后来在离福里斯特山 7 英里的俄亥俄州威克利夫买了一处占地 160 英亩的漂亮的乡间住所，附有谷仓、围场和赛马跑道。他在那里训练良种赛马，饲养设得兰小马和参加比赛用的种牛，还在一处狩猎场上养了鹿、熊、狐狸和松鼠。最让弗兰克开心的莫过于在国定节日里掸去南北战争时穿的军服上的灰尘，和过去一起当兵的同伴们在他的领地上趾高气扬地走来走去，这样做也许是为了让约翰和威廉想起当年自己没有站到联邦军队的旗帜下打过仗。

老比尔四处游荡时早就看中了堪萨斯州威奇托县以西贝尔维迪尔的一大片价格低廉的土地，弗兰克后来把它变成了一座 8000 英亩的大牧场。他刚买下那块地时，由于远离铁路，可以在那片广袤的平原上放养野牛、纯种良马和短角牛，连栅栏都不用。不用说，约翰和威廉为这个牧场做了抵押，并且出资买下了更多的土地。后来，艾奇逊—托皮卡—圣菲铁路公司把铁路铺到了那个地方，随着新移民大量涌入，牧人们自由放牧的地盘越来越小。弗兰克的牲畜以前往东可以走出 10 英里，往北能够到 28 英里外的地方吃草，这时往东只能走出 2 英里，向北也只能走 4 英里了，这样就毁掉了这个以饲养肉牛为生的牧场。弗兰克想卖掉这份贬了值的产业，却无人问津。

弗兰克用约翰听惯了的口吻哀求他说："我弄不明白，为什么我无论拥有哪一份财产，晦气和不幸总是缠着我不放。"到这种时候，他不再气势汹汹，而是几乎在低三下四地向两个哥哥表示感激，随即签署了一份不再从事投机活动的书面文件。他向约翰保证道："我借此机会为你和威廉的好心相助向你们致以谢意，并同意在没有与你们协商之前，绝不参与任何形式的新的商业活动。"约翰没有责备他，而是在 1884 年稳步增加了对他的资助，替他偿还债务，给他的家庭提供收入，并且鼓励他把受了伤的心灵重新振作起来。他对弟弟说："要沉着、坚强，轻装上路，天无绝人之路。"

然而就在那一年，弗兰克以怨报德，又一次在国会听证会上作证，指控标准石油公司接受了铁路部门的巨额回扣。约翰试图对弗兰克表现出牧师般的耐心，却因此陷入了进退两难的境地：如果他待弗兰克慷慨，会加深弟弟对他的依赖从而招致怨恨；如果不给他钱，弗兰克又会大发脾气。弗兰克这种两面派做法实在令他痛心，他后来忍不住大声呼喊道："可怜的弟弟啊！他有过好时候。我可是 4 次把他从破产中挽救出来呀！"

弗兰克由于石油投机和经营牧场而负债累累，无法再向先锋石油公司提供资金，公司倒闭了。他的合伙人 J·W·福西特恳求约翰·D 买下这家公司，但是标准石油公司在克利夫兰的炼油能力已经过剩了。弗兰克试着当了几天证券经纪人后，在 1886 年被任命为俄亥俄标准石油公司的第二副总裁，这个职位是他哥哥专门为他设立的。弗兰克尽管说过约翰许多坏话，却欣然利用了这层亲属关系，等他一旦拿上了公司的工资，就肆无忌惮地实行起他不久前还严厉指责过的那些措施。密执安州刚刚出现一点竞争迹象，他就把它扼杀掉了，而且洋洋得意地给约翰打电报说："我们的想法是……彻底打垮密（执安）州所有的石油公司——只用俄亥俄标准石油公司的名义做石油生意。"他欺负要求标准石油公司增加炼油份额的克利夫兰炼油商们——手法与他在先锋石油公司使用的如出一辙。他还利用职权谋取私利。1886年，他参观了莱玛的一个新兴石油小镇后写信给约翰说："俄亥俄州的莱玛镇有1.2万居民，景色十分优美，那里的石油利润加上兴建炼油厂，无疑会使房地产兴旺发达。"他厚颜无耻地向约翰要钱，供他在那里进行房地产投机——这样做只会提高标准石油公司准备购买的地皮的价格。

弗兰克·洛克菲勒在工商界从来没有干出过名堂，还在标准石油公司的高层领导当中挑拨离间。他嫉妒公司首脑、前南方邦联军队上校汤普森拥有的权力（弗兰克曾在联邦军队中受过伤，这也于事无补）。有一年，弗兰克和汤普森两人吵吵嚷嚷地打起了内战，为汤普森交给他的任务感到不满，大发其火。弗兰克在给约翰·D的密信中，试图把汤普森污蔑成一个有权力狂的高级经理，说他用公司的开销营私自肥。那时，标准石油公司正谋求在克利夫兰销售天然气的特许权，弗兰克私下写信说，汤普森"打算在幕后操纵，大把大把地花钱……造声势，以便提高他个人的政治地位。"汤普森是个难对付的、狡猾的家伙，完全可以斗过弗兰克，但他明智地感觉到了与总裁的弟弟进行较量的危险后果，便撤出了阵地。他搬到纽约，在百老汇26号主持国内贸易委员会，让弗兰克表面上负责克利夫兰的事务。

1887年2月，标准石油公司进一步降低了克利夫兰分部在全公司的级别，使它成了一个货运和生产中心，实际的经营决策要由纽约制定。换句话说，高层的命令现在要由汤普森领导的委员会下达。弗兰克从克利夫兰给约翰写信说："我星期一早晨回到这儿，发现全楼的人都处于惊慌失措、士气低落的状态中，几天来我总是让各种各样的人包围着——他们都想知道今后的命运会怎样——大家普遍的印象是，眼看生意移到了纽约，他们当中大多数人会失去工作。"

约翰被弗兰克的抱怨激怒了，很快便开始在信里用冷冰冰的"尊敬的先生"称呼弗兰克，并以"约翰·D·洛克菲勒总裁"的名义署名。弗兰克逐渐被费格斯·斯夸尔架空了，此人名义上是俄亥俄标准石油公司的秘书，从公司的组织结构图上看，职位低于弗兰克，但实际上却是该分公司真正的首脑。弗兰克似乎把办公楼里每一个人都当成了异己，自己逐渐成了一个孤家寡人。俄亥俄州标准石油公司的一份正式日志这样描写此事的结局说："副总裁关于公司事务的意见很少有人去听，随着时间的流逝，他也越来越少过问了，于是有人把他看成是套在一个更有天赋的人脖子上的沉重负担。很多人认为他之所以能保住他的职位，是因为他姓洛克菲勒——百老汇 26 号就是发出 100 条与此相反的声明也不能改变人们的这一看法。"

16　托拉斯问题

　　德雷克发现石油 25 年后，在宾夕法尼亚州以外的美国境内再也没有发现大油田，因此人们总也弄不清楚洛克菲勒的帝国是建在坚实的地面上，还是建在流沙上。有人在 1885 年告诉约翰·D·阿奇博尔德说，在后来成为俄克拉何马州的地方发现了石油的踪迹，他却对此表示怀疑。"你疯了吗，伙计？"他讥笑道。"嗨，如果密西西比河以西能产石油，我就把它全都喝掉！"尽管人们在加利福尼亚和肯塔基打出了少量的原油，一位专家郑重地向阿奇博尔德保证，再找到一个像布拉德福德那种规模的大油田的可能性只有 1%。听了这话后，阿奇博尔德卖掉了他在标准石油公司的部分股份。那年 9 月他写信给洛克菲勒，忧心忡忡地说："今年夏天我们在生产上毫无重大进展。明年冬天，布拉德福德和阿勒格尼油田肯定会出现大规模减产，而这两个油田至今仍是主要的产油地。"美国的石油业似乎要过早地走向灭亡。

　　洛克菲勒和他的同事们长期以来一直被两个截然相反的噩梦所缠绕：要么是石油枯竭，使他们的石油管道和炼油设备无事可干；要么是他们被大量的廉价石油所淹没，因为油价会低于他们的生产成本。在 19 世纪 80 年代初的一次人心惶惶的高级经理会上，有人甚至建议标准石油公司退出石油业，转入一种更为稳定的行业。洛克菲勒静静地听完这些悲观失望的发言后，站起身仰天长吟道："上帝会赐予我们一切的。"洛克菲勒在一切事情上都趋向于听从上天的安排，他深信万能的上帝把石油埋在地下自有其目的。

现在回想起来，有一点似乎非常令人奇怪：标准石油公司尽管在炼油、运输和销售等方面均无所不能，可是到了 19 世纪 80 年代初，它却只拥有 4 处石油生产基地，公司成千上万的雇员甚至连油井都从未见过。为什么洛克菲勒不把油田接管过来，从而彻底控制这一行业呢？人们一定记得，公司建立之初，这一行业遭受石油过剩的打击远远甚于石油不足，使得洛克菲勒能够袖手旁观生产商们在一片混乱中竞相削价，在炼油商相互合作，生产商相互竞争并存的情况下长期渔利。他的经营策略也表明他做事小心谨慎。到了 1884 年，阿奇博尔德强烈反对进一步扩大生产，认为这样做太过分了："我认为，如果标准石油公司的名字再与扩大生产这件事联系到一起，会给各种各样蛊惑人心的家伙、政客、报纸以及造谣生事者提供新的素材。"

那么，为什么在一两年之内，经营方针会发生这样大的变化呢？部分原因是标准石油公司打入了天然气行业，不管它愿意不愿意，它都得涉足钻探业。然而，另外一个更令人信服的原因是，标准石油公司建起了全球规模的巨型加工厂，对原油的需求贪得无厌。鉴于宾夕法尼亚的油田业已枯竭，洛克菲勒担心可能不得不转而使用俄罗斯原油，而且几乎可以肯定，俄罗斯会利用它对油田的控制，削弱甚至彻底打垮标准石油公司。早在 1884 年，忧心忡忡的洛克菲勒就开始催促手下建立超出他们日常需求的原油储备，他还对西弗吉尼亚州的一些石油生产企业进行了投资。他警告一位对此持怀疑态度的同事说："我们必须保证手头永远有大量的原油，即使储备有些过量，也比冒着风险，让俄罗斯竞争对手把我们排挤出局强。"

接着就出现了一个转折点，其重要性与德雷克的发现不相上下。1885年 5 月，一支小勘探队在俄亥俄州西北部寻找天然气时，意外地钻探出一片油田。这个发现在石油业引起了轩然大波，它无可争辩地表明，美国除了宾夕法尼亚之外，在其他地方也有丰富的石油蕴藏。到那年岁末，莱玛镇四周一下子冒出了 250 多个石油井架，并且越过州界，一直延伸到印第安那州。但美中不足的是，莱玛原油所含的化学成分中存在着一些难以对付的质量问题，有可能毁掉它的价值。其中一个问题是，它含的煤油比宾夕法尼亚石油少，而且燃烧时会在灯上形成一层薄膜。更为麻烦的是，它的硫化物含量太高，会腐蚀机器，并且散发出一种难闻的气味（宾夕法尼亚原油是石蜡基的）。正如一家报纸指出的那样："俄亥俄石油最主要的问题是，它难闻得像一群臭鼬，1 桶最多值 40 美分。"作为家用燃料，这种气味是它致命的缺点，用硫酸提纯的常规方法不足以去掉这股臭味。

洛克菲勒对俄亥俄—印第安那的油田充满信心，这大概是出于他不同寻常的灵感——正是这些突如其来的预见力使他成了商界的传奇人物。他说："出现这么好的产品，却弃之不用，让它白白浪费掉，这在我们看来简直是难以置信。所以我们继续做实验，想尽方法来利用它。"为了解决这个问题，洛克菲勒在 1886 年 7 月请来一位叫赫尔曼·弗拉希①的著名德裔化学家，交给他一个简单的任务：去掉莱玛原油中的异味，把它变成可以上市销售的商品。正当弗拉希埋头解决这个问题时，标准石油公司董事会面临着一个极为苦恼的两难境地：他们是该相信弗拉希定能成功，因而把俄亥俄和印第安那交界处大片土地全都买下来呢？还是应该冒着失去最合算的财富的危险，等弗拉希做完实验再说？

洛克菲勒尽管一向行事谨慎，有时却能显示出远见和胆量去冒天大的风险。此时他已准备好在莱玛石油上投下一大笔赌注，这一决定将检验他是否还能信赖公司必须取得全体一致同意的管理方式，因为董事会中一批以查尔斯·普拉特为首的保守派固执地反对他的意见。洛克菲勒总是嘲笑普拉特没有主见、胆小怕事，是个除了市场领域以外别无建树的"小人物"。然而，洛克菲勒并没有把自己的意见强加于人，而是听任大家对莱玛原油展开旷日持久的争论，使"一场连续不断的争吵在标准石油公司的董事会上日复一日、月复一月、年复一年地进行下去"。

普拉特身子干瘦，留着山羊胡，是浸礼教堂的积极分子，和洛克菲勒一样，一派清教徒式的作风。"珍惜时间与金钱"是他最喜爱的格言。普拉特向许多慈善事业捐过钱，是纽约布鲁克林区阿德尔菲亚学院的首任董事会主席兼院长，后来又遗赠数百万元创建普拉特学院，教授各种手工艺、艺术和国内经济课程。他与洛克菲勒虽然有很多相似之处，却是个谨小慎微的管理人员，缺乏洛克菲勒的胆量，因而经常感到自己受到对方的轻视。这一回，他把莱玛之争变成了一次检验自己经商能力的表决。每次开会时，只要洛克菲勒提出买下俄亥俄的土地租约，普拉特一派就表示反对。洛克菲勒嘲笑他们是在"怀着极度的恐怖举手反对"。最后，洛克菲勒为打破僵局，下了一个后果难以预料的赌注。在一次董事会上，洛克菲勒像往常一样提出了在莱玛投资的问题，普拉特发火了，他生气地把头往后一扬，大声叫道："不行！"洛克菲勒紧接着冷冷地回答道："我用自己的钱进行这项投资，并且承担2年的风险。"他答应拿出300万元——相当于1996年的4700万元，着实让同事们吃了一惊。"2年后如果成功了，公司可以把钱还给我；如果失败的话，由我来承担损失。"不知是被洛克菲勒毫不退缩的决心所打动，还是意识到自己站不住脚，普拉特放弃了抵抗。"既然你认为应该这样做，我们还是一起干的好，"他回答说，"如果你能冒这个险，我想我也能。"

标准石油公司花了数百万元买下莱玛的油田、造油罐车、铺设输油管道。丹尼尔·奥戴只要见到油田，就想在上面铺满纵横交叉的管道。1886年3月，标准石油公司成立巴克艾输油管道公司来输送莱玛原油时，他二话不说，强行让生产商把他们的原油全都卖给巴克艾公司。任何一个钻井人只要一打出石油，当时就会有奥戴手下那些穷追不舍的代理人找上门来。奥戴对洛克菲勒说："我们只要一听说哪里有可能打出石油或是天然气，就会立刻派人到哪儿等着，做好准备把所有可能开采出来的东西拿到手，我认为这样做对我们公司最为有利。"奥戴有一种不可抗拒的力量，他很快就控制了莱玛85%的石油。尽管那时这种"臭鼬石油"还没有市场，公司还是买下了生产商提供的每一桶石油，到1888年，公司的石油库存量达到了4000万桶以上。那时，这种气味难闻的液体每桶只卖15美分。

洛克菲勒在这场赌博中并没有完全依靠上帝和标准石油公司的化学家们，而是在到处寻找这种难闻的石油的新用途。他在燃油上找到了答案。公司派出一批批推销员和技术人员去劝说铁路公司用石油代替煤炭做机车燃料，劝说旅馆、工厂和仓库用石油做燃料，以替换煤炉。他们的努力虽然很有效果，但是由此带来的生意依然不能与煤油业的规模相提并论，只能稍稍减轻一点正在搞实验的赫尔曼·弗拉希身上的巨大压力。

自负的弗拉希绰号叫疯狂的荷兰人，是个典型的科学怪人。他身材矮小、脾气暴躁，在南北战争后移居美国。19世纪70年代中期，洛克菲勒把他带到克利夫兰。他在那里干得很出色，用石蜡做原料为英国蜡烛生产商制造出一种新的制蜡原料，为克利夫兰口香糖大王威廉·怀特（William J. White）生产出一种新的口香糖原料。后来，弗拉希在加拿大办起了工厂，还就清除安大略酸性石油所含的硫的方法申请了一项专利。由于安大略油田与俄亥俄西北部隔着伊利湖相望，洛克菲勒聘请弗拉希解决这个相似的问题时，肯定认为成功的可能性很大。1887 年 2 月，弗拉希用氧化铜去硫法在处理莱玛原油问题上取得了部分成功。1888 年 10 月 13 日，伟大的突破来到了，费格斯·斯夸尔打电报向洛克菲勒报告了这个他急切期待了 2 年的历史性消息：“我们高兴地向您报告，我们应用弗拉希的方法成功地生产出了可供上市的煤油。”

　　弗拉希的功绩并不仅仅在于维护了洛克菲勒作为一个超乎常人的行业发展趋势预言家的声誉。假如弗拉希没有解决如何使用莱玛原油的问题，由于宾夕法尼亚西部石油枯竭，得克萨斯与堪萨斯两州在 20 世纪初蓬勃发展，美国将会出现严重的石油短缺问题。整整 15 年，弗拉希的专利给洛克菲勒和标准石油公司带来令人目眩的巨额利润，并且极大地提高了在石油业从事研究工作的科学家的地位。最初的石油开采者们尽是些白手起家的钻井工人，他们对科学怀有偏见，喜欢靠直觉经营，而洛克菲勒则把理性精神带进了这一行业，这是他最伟大的贡献之一。哲学家艾尔弗雷德·诺斯·怀特海[②]说：“19 世纪最伟大的发明是发明方法的发明。”弗拉希在解开莱玛石油之谜的时候可能是美国唯一受过专业训练的石油化学家。洛克菲勒退休时已经在每家炼油厂都设立了一间实验室，甚至在百老汇 26 号的顶层也建了一间。这是他把标准石油公司转变为典型现代工业组织所采用的又一个方法：稳步地应用科学技术来确保公司的发展。

　　一旦洛克菲勒产生一个灵感，这个灵感就会以一种不可抗拒的顿悟力紧紧抓住他，而他此刻的灵感就是标准石油公司必须确保其原油供应。在弗拉希证明了莱玛原油的价值之后，公司全力以赴地投入了石油生产。1889 年，公司成立了由约翰·D·阿奇博尔德领导的生产委员会，在 2 年内以难以置信的速度总共支出了 2200 万元——这一数目甚至令全公司的预算捉襟见肘，同时也使查尔斯·普拉特发出更多的抱怨。但是，由于俄亥俄—印第安那在石油生产方面超过了正在凋敝的宾夕法尼亚，并且在 19 世纪90年代成为美国原油的龙头老大，洛克菲勒的信念得到了证实。

莱玛的成功使洛克菲勒恢复了活力，他开始了这一行业中前所未有的大并购。1890年，他吞并了联合石油公司和其他3家大型石油生产公司，控制了宾夕法尼亚和西弗吉尼亚州30万英亩的土地——所占面积覆盖了整个县。此时，这个石油领域最令人畏惧的人已经成了该行业中的头号地主和生产商。"迄今为止，这头大章鱼把主要注意力一直放在如何打垮炼油业所有的对手上面，"一家言辞激烈的报纸指出。"然而，最近的一次交易表明，它已经开始打击原油生产商，想控制他们的产业。"到1891年，洛克菲勒控制了莱玛的绝大部分油田和全国1/4的石油生产（公司在美国原油产量中所占的份额在1898年达到顶峰，为33%。）这一压制石油生产业内部竞争力的行动，加速了标准石油公司在政治上遭到打击的日子的到来。

在以后的岁月里，无论是在国内还是国外发现新油田，都会给新崛起的竞争者带来机会。不过，标准石油公司对莱玛油田迅速、彻底的控制使它于19世纪90年代在美国石油业取得了不可动摇的统治地位。新油田产生出来的唯一一个主要竞争者是由J·N·皮尤（J. N. Pew）在1886年创建的太阳石油公司（Sun Oil Company）。1891年春天，阿奇博尔德在参观莱玛时，以业主的眼光扫视着连绵数百里的油田，然后心满意足地写信给洛克菲勒说："事实上，我们不容置疑地拥有这一带最大的地盘，我们肯定能在俄亥俄油田生产出价格低于其他厂家的石油，因为我们拥有大片大片的土地，可以明智地进行钻探。"洛克菲勒在石油生产方面取得了令人满意的胜利，他命令阿奇博尔德，只要有利可图，就要多方利用只卖50美分一桶的原油。他在电报中说："若能如此，就买下一切我们所能买下的一切。"洛克菲勒如此迅速地投身于石油勘探和生产，树立了一个产、供、销一体化的巨型石油企业的典范，这种企业将在20世纪横行全球。

俄亥俄石油的发现大大改变了标准石油公司的势力范围图，因为把原油运到东部炼油厂只是为了把煤油再运回中西部和远西部市场的举动已经变得毫无意义了。1886年，即使在弗拉希完成他的实验之前，奥戴就开始在俄亥俄西北部寻找合适的炼油厂址，最后选中了莱玛这座迷人的小镇，因为这里有4条铁路经过。巨型莱玛炼油厂的出现使克利夫兰和匹兹堡提前结束了其炼油中心的地位，1896 年，标准石油公司逐步关闭了它在克利夫兰的最大的炼油厂。

莱玛炼油厂的出现仅仅是中西部巨变的序幕。1889 年 6 月，公司组建了印第安那标准石油公司，该公司在距芝加哥市中心 17 英里的印第安那州怀廷将建立美国第一流的石油提炼厂。在他 1891 年之行中，阿奇博尔德为这一宏伟工程兴奋得浑身颤抖，他告诉洛克菲勒，这家工厂每日处理 3.6 万桶原油的能力让他"简直觉得难以置信"。这家炼油厂在很多年里一直是世界石油业的一个奇迹。威廉·伯顿（William M. Burton）博士在怀廷实现了他革命性的发现："分裂"石油，从而大大提高了汽油的产量——这是进入汽车时代的根本前提。

标准石油公司用了很长时间才消除了莱玛原油的恶名。由于莱玛煤油里所含的硫足以在潮湿的天气里堵住烟囱和油灯，阿奇博尔德在写给洛克菲勒的一封密信中承认，这使他们的竞争者第一次能够公正地说自己的产品质量更加优越。那时，公司成了它自己的肮脏诡计的受害者。在俄亥俄石油被发现之后和洛克菲勒战胜普拉特之前，标准石油公司发起了一场宣传运动，劝说消费者相信莱玛石油不如宾夕法尼亚石油。如今，他们搬起石头砸了自己的脚。阿奇博尔德告诉洛克菲勒："因此，在消除这种偏见之前，务必采取一切措施，保证从莱玛和怀廷运出的每一批产品都绝对不会招致人们合理的指责。"恶名一旦传开便很难消除。

标准石油公司完全控制了石油业之后，许多普通人对它庞大的规模、强取豪夺的手段和不可阻挡的发展势头感到惊骇不已，它成了一切令人不安的重塑美国的力量之象征。它是"大型垄断企业的鼻祖，这些企业眼下借用一个新创的词'托拉斯'来做掩护"，一家报纸如是评论道，它同时还成了经济力量重新聚集的简称。以私有企业为基础的工商体制正在产生规模庞大的联合体，而这些联合体反过来似乎对自由放任的个人主义形成了威胁。现代工业不仅威胁着小型商业的存在，当巨型企业的势力超过政府，成为美国社会最强大的力量时，现代工业似乎会产生邪恶的专制体制，从而威胁到民主制度本身。

作为这场行业合并的主要人物，洛克菲勒是镀金时代的象征，因而也成了众人批评的焦点。他密切关注政治动向，时刻警惕任何有损其商业利益的潜在威胁。他在个人赞助政治活动方面被人恰如其分地称之为吝啬的施舍者，一些政客甚至因为他出手很小而颇有微辞。标准石油公司的私下贿赂就是另外一回事了，洛克菲勒为了把事情办好，对这类支出从不吝惜。

在世纪之交，记者们花了大量笔墨指控标准石油公司花钱供亨利·B·佩恩参加 1884 年的国会参议员竞选。尽管几乎提不出任何充足的证据，这桩所谓的政治腐败事件却引起了批评者比别人更多的关注。亨利·B·佩恩是标准石油公司财务总监奥利弗·佩恩的父亲，他满头银丝，戴着一副金边眼镜，看上去气质高雅、和蔼可亲。他是克利夫兰的一名律师，一直谋求在政府供职。他为在克利夫兰实行义务教育四处游说，热情地为联邦的各项事业奔走，协助建立凯斯应用科学学校，还是两家铁路公司的合伙人。和他在欧几里德大道富有的邻居们不同的是，佩恩是个民主党人，在 1860 年总统竞选中支持斯蒂芬·道格拉斯[3]与亚伯拉罕·林肯一争高低。具有讽刺意义的是，根据后来的传言，他第一次参加国会竞选时，标准石油公司支持的是他的对手，并且帮助对方击败了他。冷漠、高傲的奥利弗·佩恩支持他父亲的政治野心，并多次出任父亲的竞选总管，终于在 1874 年帮助父亲赢得了国会选举的胜利。2 年后，他为父亲争取民主党总统候选人提名的努力以失败告终——对一个年迈的国会新手来说，这一举动太不自量力。这场失败给奥利弗带来了马基雅弗利式（即不择手段的人）的名声，一家报纸尖刻地指出："他有一个用之不竭的钱包，一根不说话的舌头和背后组织与操纵的能力。"

19 世纪 70 年代后期，亨利·佩恩失去了在国会的位置。他此时已年近七旬，本可以体面地从政治舞台上隐退，但是他却似乎不能摆脱步步高升的白日梦。他在 1880 年争取民主党总统候选人提名时，他的对手们就他的年纪无情地奚落了他，其中一位还不顾自己的身份，竟然称他是个"虚弱、干瘪的老顽固"。为了回击这些指责，佩恩走路时特意显得步履矫健，摆出姿态来表明自己精力充沛。佩恩与标准石油公司的关系可能对他更为不利，破坏了他在许多民主党人心中的声誉。在第一轮投票中，佩恩只得到 81 票，使温菲尔德·汉考克将军[4]轻而易举地得到了提名。

当时的美国参议员是由各州议会选出的，这使商业集团得以大肆行贿，扩大影响。1884年，俄亥俄州议会选举亨利·B·佩恩当国会参议员时——这届议会因为对标准石油公司唯命是从而臭名昭著，史称"煤炭—石油议会"——人们风传奥利弗在哥伦布一家旅店的房间里坐在桌子后面给议员们发钱，总共发了10万元钞票。这类有关贿赂的传言尽管从未得到证实，却影响了佩恩参议员的形象，并且给标准石油公司招来了一片辱骂声。奥利弗·佩恩是否贿选不得而知，不过，若是说洛克菲勒或标准石油公司与他是同谋，则显得有些牵强。亨利·佩恩是个坚定的民主党人，而标准石油公司却是共和党的据点。洛克菲勒说："我是一个共和党人而且自始至终是共和党人，我反对佩恩参议员当选。标准石油公司不仅不会为他竞选出一分钱，而且作为一个公司也不会支持他。"他很可能说的是实话。

除了他父亲之外，奥利弗·佩恩还通过其妹夫威廉·C·惠特尼在标准石油公司与民主党之间建立了第二层重要的关系。尽管奥利弗比惠特尼大两岁，当时又比他富有得多，他俩在耶鲁大学时就成了莫逆之交。有些人发现，奥利弗对他那位楚楚动人、爱交朋友的妹妹弗洛拉溺爱得有些过分；事后他承认说，在1868年安排妹妹与惠特尼见面时，他已经"知道他俩一见面就会相爱。"一年之后，两人结了婚，他自封为他俩的恩人，为他们在豪华的公园大道买了一栋五层的褐砂石小楼。然而，相对于第二件礼物来说，这还仅仅是个开场小戏；之后，他又花了70万元为他们在第五大道和第57大道的拐角处买了一所豪华的宅第，正对着科尼利厄斯·范德比尔特的住宅，屋子里琳琅满目地挂着绚丽多彩的绘画和产自法国巴黎的哥白林挂毯。有位历史学家说，奥利弗满不在乎地"把那座房子送给了惠特尼夫妇，就像送只小狗似的"，与此同时，这个终身未娶的单身汉怀着惊人的自信，住进了楼上二层的一个豪华的套间。

威廉·C·惠特尼勇气过人，在吸引有钱的保护人方面有着无人可比的天赋。他虽然在哈佛法学院只呆了一年，居然也成了华尔街一个富有的律师，为范德比尔特海军准将和其他一些铁路大亨出力。他在民主党里十分活跃，得到了塞缪尔·J·蒂尔登的赏识，蒂尔登任纽约州长时，授意任命他为纽约市政当局的顾问。1884年，惠特尼精明地支持布法罗市市长格罗弗·克利夫兰竞选总统，并且促成支持改革的克利夫兰和塔曼尼·豪

（Tammany Hall）两人谈和。惠特尼作为一个有影响力的权威人士出现在克利夫兰的总统竞选班子中时，一些批评者把他看成是标准石油公司的工具。事实上，洛克菲勒支持的是维护商业利益的詹姆斯·布莱恩（James G. Blaine），并且预言说，如果克利夫兰获胜，这场选举将会是"一场巨大的灾难"。洛克菲勒前所未有地允许把他的名字列在克利夫兰市共和党竞选基金筹集委员会的名单上，头衔是副会长。

为了进一步确保格罗弗·克利夫兰的总统候选人地位，惠特尼劝告亨利·B·佩恩说，由于人们对标准石油公司的反感与日俱增，由他竞争民主党候选人，时机不合适。于是，佩恩父子为克利夫兰注入了17万元的竞选资金。克利夫兰获胜后，惠特尼看来会被任命为内政部长。这时，新闻界给他起了个绰号叫"煤炭—石油比利"，激起人们对标准石油公司掠夺公共土地的担忧。作为安慰，惠特尼无可奈何地担任了海军部长。有关他与标准石油公司关系密切的毫无根据的传言虽然很多，但很少有人要求他照顾这家公司，他把主要精力都用在建设一支新型的钢铁化海军上面了。威廉和弗洛拉·惠特尼夫妇搬到华盛顿去后，奥利弗·佩恩也声称"需要休息"，从此退出了标准石油公司。

尽管标准石油公司股东众多，但它一直为少数有势力的家族所控制。"我认为，普拉特家族、佩恩—惠特尼家族（鉴于所有股票来自佩恩上校，这两个家族实际上可以算做一个）、哈克尼斯—弗拉格勒家族（他俩一同进入公司）和洛克菲勒家族从公司建立之初到现在一直掌握着绝大部分股份，这是事实，"洛克菲勒在1910年如是说。因为哈克尼斯家族和佩恩家族喜爱交际，他们与范德比尔特家族和惠特尼家族结了亲，把标准石油公司的财富扩展到了整个美国上层社会。

当批评标准石油公司的牛虻们抓住佩恩父子和威廉·惠特尼之间的政治纽带不放时，他们错过了一件更为明目张胆的政治腐败案：那就是约翰逊·纽伦·卡姆登的案子，此人从1881年至1887年间担任代表西弗吉尼亚州的国会参议员，但从未断绝与标准石油公司的关系。他把1881年的参议员竞选直接当成一种商业交易，主张向西弗吉尼亚州议会大量分发现款，以确保他当选。那年，他伤心地对弗拉格勒说："政治比以前昂贵多了——我与标准石油公司不言自明的关系并不会使它便宜下来——因为大家都认为我们有的是钱。"这是他的一个开场白，随后就紧急要求"以某种形式——股票或石油——提供 1 万元。请务必小心，并通知我。"标准石油公司显然满足了他的要求，因为卡姆登在下一封信中向弗拉格勒报告了喜讯："我也真诚地感激公司执行委员会的盛情——在我需要这一盛情时，他们毫不迟疑地给了我。"

卡姆登甚至在进了参议院后还继续与洛克菲勒和弗拉格勒通信，仿佛他仍然是公司的在职高级经理似的，居然用美国参议院的信笺谈论公司与巴尔的摩—俄亥俄铁路公司的谈判。他与奥利弗·佩恩共同成立了一家铁路公司，还敦促洛克菲勒、弗拉格勒和哈克尼斯入伙。他在任期内时时为标准石油公司的利益着想。1882 年，当两份不利于标准石油公司的有关石油管道的议案上达马里兰州议会时，他迅速采取了行动，并得意地告诉弗拉格勒说："亲爱的弗拉格勒先生，我已经用相对较少的花费安排好了，准能否决马里兰州议会的那两项议案。"

格罗弗·克利夫兰在 1884 年当选后，许多商人做好了华盛顿要进行改革的准备，然而他却变得相当温和。尽管如此，公众反对垄断的势力在稳固地增强，还出现了一个反垄断党，谴责铁路联营和歧视性运费。谷物储运、肉类加工和收割机制造等行业的公司尽管都在拿铁路回扣，但是在反垄断指控中首当其冲的还是标准石油公司。《世界》杂志在 1887 年猛烈抨击托拉斯道："当 19 世纪即将流逝，成为历史的时候，读者公正的目光会惊奇地发现，本应保护人类自由和人权的美国居然容忍了最为庞大、最为残忍、厚颜无耻、冷酷无情和贪得无厌的垄断企业存在，听任它把自己与国家紧紧地绑在一起。"

然而，政府建立管理私营企业的法律依据需要时间。1876 年，在芒恩状告伊利诺伊州（Munn vs. Illinois）案中，最高法院发布了一个著名的声明："当财产用于公众利益，并对整个共同体产生影响时，财产便具有公有性质。"此时，标准石油公司并没有对反对铁路歧视性待遇的州际商业法案（Interstate Commerce Act）感到过分担心。公司自己拥有通往海岸线的运输管道，如果颁布铁路新规则，它自信能绕过这一法规。1887 年，州际商业法案终于在国会得到通过，它规定铁路联营和拿回扣属于非法行动，并由此建立了第一个管理委员会。参议员佩恩和卡姆登尽到了职责，投了反对票。但是这一挫折并没引起标准石油公司的高度重视。

在公众场合里，标准石油公司对新法案规定的公平交易装出表示欢迎的样子，保证不再接受任何回扣。1907年，当他们后来的所作所为受到质疑时，洛克菲勒和阿奇博尔德声称："自从1887年州际商业法案实施之日起，标准石油公司一向极其小心地遵守其各项条款，从未故意违反过。"洛克菲勒试图把自己描绘成一个要求严格的管理者，只在法律允许的范围内办事，从不出格。艾伦·内文斯同意这种观点，他指出："正如谨慎的观察者们普遍同意的那样，标准石油公司遵照1887年州际商业法案行事，基本上是遵守这个新法规的，没再公开索要回扣。"

不过，人们有理由怀疑这种说法。就在法案通过之前，标准石油公司不得不就铁路回扣问题应付来自政府的挑战。无处不在的汤普森上校与铁路官员举行了密谈，企图寻找避开新法规的办法。1886年春天，俄亥俄州最高法院裁定货运歧视性待遇为非法后，汤普森与沿湖铁路公司的官员碰过头。他们设法造成一种假象：所有货主付的都是同样的运费，而标准石油公司却通过走账得到秘密补偿。汤普森向洛克菲勒解释这种花招道：

> 我们的做法非常简单：我们像其他货主一样按照公开的价目单向密执安和所有其他铁路公司支付运费。我和有关人员达成这样一个明确的共识：不能要求或指望我们支付比以前更多的费用，为了使我们不多花钱……我们每月从付给芝加哥的款项中扣除一笔钱，其数目与原本要在其他地方所付款项的数目相等。您很快就会明白这样做的目的，而且注意到，在我们目前所处的情况下，没有比这样安排更好、更妥当、更令人满意的了。

1888年，当密苏里州的铁路专员下令实行统一运费时，汤普森向洛克菲勒建议说："我们有理由认为这命令会被取消。不管怎么说，铁路都不会去理会它的。"

州际商业法案生效后，这一口头协定对标准石油公司也许是个安慰。而且，没有一个政府部门能够夺走它庞大的油罐车队和特许使用这些油罐车所带来的丰厚收入，也没有人强迫标准石油公司向竞争对手提供油罐车。这一法案所规定的平等待遇甚至还给公司带来了意想不到的收益。新州际商业法规定，铁路部门必须对（独立公司的）桶装石油和（标准石油公司的）油罐车收取相同的运费，结果使铁路公司得以破天荒地按油桶的重量收费，从而使独立货主们反受其害。在短期内，州际商业法可能遏制了托拉斯公司与铁路之间的勾结行为，但是它们逐渐找到规避法律的方法，重新又偷偷采取以往惯用的做法。反对铁路回扣的斗争对这一代人来说，仍然是一项长期、艰苦的政治改革。1907 年，标准石油公司由于采取了人们本以为它早就放弃的行径，被毫不客气地课以公司有史以来数额最大的一笔罚款。

1888 年大选时，反对各种托拉斯——包括石油、威士忌酒、糖业以及几十种其他行业托拉斯的抗议活动在那么多地方爆发，迫使两党都在施政纲领中严厉地谴责经济集中。南部和西部的土地改革者们鼓动人们反对铁路部门，说它们是垄断的助产士。新教福音派信徒们谴责与工业化和财富分配不均相伴而来的道德危机。1886 年，随着"劳工骑士团"⑤的会员猛增到 70 万，有组织的工人运动急剧高涨。就在那一年，警察在芝加哥的麦考密克收割机厂向工人纠察队开枪，引发了秣市⑥抗议集会，在集会上一枚炸弹爆炸，导致 7 人死亡。1888 年，爱德华·贝拉米⑦出版了他最畅销的乌托邦小说《回顾》，用社会主义观点描述了美国成为专家治理的社会的情景。公众分成了两种意见，不是把新型的企业家看成恶魔，就是把他们当做英雄。洛克菲勒从 1888 年开始在讨好美国富人的杂志特写中露面，同时也被约瑟夫·普利策⑧主办的《世界报》和其他报纸当做臭名昭著的托拉斯巨头而公之于世。报界在社论中不断抨击标准石油公司，要求各州和联邦政府采取有力的行动对付托拉斯。

在这片越来越强的批评声中，洛克菲勒再次受到了政府调查人员的认真审查。1888 年，纽约州参议院的一个委员会在调查标准石油公司时才领会到与洛克菲勒打交道有多么难。一位送传票的司法人员来到百老汇 26 号时，被告知洛克菲勒先生出城去了。他来到第 54 西大街 4 号，却又被告知洛克菲勒先生确实在家里，但不见客。为了防备这位大人物一大早就溜掉，这位送达员只好在洛克菲勒家的门廊下凑合了一夜。然而，他第二天天刚亮按响门铃时，却被告知洛克菲勒先生已经离开了。洛克菲勒后来态度和蔼地否认自己在躲避那位司法人员，他解释说他当时正在俄亥俄州，听到调查的事后就匆匆赶了回来。实际上，洛克菲勒对他的克利夫兰之行也加以保密，因为害怕接到当地石油炼油厂起诉他的传票。

为了指导洛克菲勒如何对付纽约参议院的听证会，标准石油公司聘请了一位名叫约瑟夫·乔特®的著名律师。乔特过了很久才开始欣赏这位非同一般的主顾，刚见面时，洛克菲勒热情地同他打过招呼之后，便歪在长椅上，露出一副无精打采的样子。乔特试图就几个公司事务探询他的意见，这位嘴紧的主顾却滴水不露。乔特对这个看上去懒洋洋的人感到灰心，因为此人反过来老是在盘问他。"我不知道如何同洛克菲勒先生打交道，"乔特担心地问弗拉格勒。"他似乎什么都不明白，老是不停地提问。"弗拉格勒听完后乐了。"唔，您会发现他能照顾好自己的，"他回答说。"您不必为他担心。"

几年前在奥尔巴尼出庭作证时，洛克菲勒连续对30个问题都做出了相同的答复，每次都拒绝按律师的意见回答。这一次，他知道自己不得不提供证词，至少在表面上做得比上一回强。1888年2月一个寒冷的上午，洛克菲勒身穿外套、头戴礼帽，打扮得无可挑剔，在约瑟夫·乔特的陪伴下，来到纽约市最高法院坐满了人的法庭上。由于他正在迅速成为一个传奇人物，他的证词引起了报界的广泛报道。他尽管已经48岁，依旧英俊不减当年，一头理得短短的头发，稍稍发红的棕色胡须修剪得整整齐齐。他带着坚定的神情大步走进了法庭。但是，如果从近处仔细观察，就会发现他眼角已有了皱纹，看上去比起几年前老多了，也疲惫多了。他此时肩负的担子比他自己想像的更为艰巨。

乔特很快就发现他确实不必为他的主顾担心。洛克菲勒和他那个时代的许多商人一样，为能够把人弄糊涂而自豪，还擅长做出模棱两可的回答。发过誓后，他立刻变成了一个茫然、健忘的家伙，和蔼可亲却多少有点思维混乱，像是迷失在标准石油公司巨大的迷宫里。他还是个杰出的演员，这是从他父亲那里继承来的特点。有个记者这样描述道，在证人席宣过誓后，他"充满激情地吻了吻《圣经》"，以此来告诉众人上帝是站在哪一方的。

向洛克菲勒提问的是该委员会法律顾问罗杰·普赖尔（Roger A. Pryor），他是个爱装腔作势的律师，不停地来回踱步，稀少的黑发在他肩上飘来飘去。他用动人肺腑的目光盯着洛克菲勒，用一根手指指着他以示谴责。洛克菲勒始终保持平静，使两人形成了强烈的对照，这对他自己很有利。一家大为吃惊的报纸这样描述洛克菲勒道："他看上去仿佛是温柔和光明的化身。什么也不能影响他安祥的神态……他作证时声音悦耳、吐字清晰、从容不迫……他的口气时而略带责备，时而又婉言相劝，但从未发过脾气或露出恼怒的神情。"乔特惊讶地看到，洛克菲勒一直表现得很沉着。他的主顾绝非是他认为的那种心不在焉的乡巴佬。

标准石油公司的战略是尽量少提供信息。洛克菲勒的助手保罗·巴布科克用强调的语气向他提议："我认为反托拉斯只是一时的狂热，我们应该用不失尊严的态度来对待它，回避一切问题，要回答得完全属实又避开最基本的事实！我就不准备提供任何统计数字。"洛克菲勒果真按照这一建议去做，尽量少透露真相。但是由于人们对标准石油公司所知甚少，所以哪怕是一丁点儿消息就会成为轰动性的标题新闻。洛克菲勒在证词中首次提供了标准石油公司在 1882 年起草的托拉斯协议，公开了 8 位现任受托人的姓名，透露了公司当时拥有的 700 位股东。最令人吃惊的是，他列出了属于托拉斯的 41 家公司——其中有许多在此之前从未公开过这层关系。为了反驳标准石油公司是一家垄断企业的说法，洛克菲勒提交了一份 111 家与其竞争的炼油厂的名单，同时还述说了他与俄罗斯石油业展开激烈竞争的动人故事。

当普赖尔提到洛克菲勒过去最阴暗的一页——改造南方公司时，出现了最富有争议的场面。普赖尔出了错，他问洛克菲勒是否参加过改造南部公司。洛克菲勒很快发现了这一口误，便否认自己是这家公司的成员。他凭着超人的记忆力，想起是有一家改造南部公司得到过一份从没使用过的执照。普赖尔不相信：

"有过这么一家公司吗？"

"我听说过这家公司，"洛克菲勒承认道。

"你曾是这家公司的成员吗？"

"我不是。"

洛克菲勒后来为这次作证所做的注解表明他有多狡猾：

我从不试图引导向我提问的人。我清楚地记得那件事，它仿佛就发生在今天早晨……我没有去纠正向我提问的人。这是有案可查的。当然，我知道我所回答的内容……我在作证时不像布鲁斯特先生和弗拉格勒先生那样脾气急躁，与律师直接发生争执。我很平静，很有自制力。作为证人，我没有责任主动提供证词。他们认为在把我带入圈套时，实际上是我让他们自己落入了圈套。

洛克菲勒简直是提问人的克星，他有一种神奇的天赋，能捕捉住起诉人所提问题中的微妙含义。20 世纪一位杰出的律师塞缪尔·安特迈尔（Samuel Untermyer）称洛克菲勒是他在证人席上见过的最精明的人，对法律圈套具有第六感觉。安特迈尔在 20 世纪初的诉讼中盘问过洛克菲勒。"他总是能明白我的想法，猜出接下来问的六七个问题会是什么，"他说。"我在一开始提出的问题都是为以后的提问打基础。但是，我总是看到他眼中闪出一丝特殊的光彩，表明他已经发现了我的动机。我从未见过一个证人具有他这样明察秋毫的能力。"在 1888 年 2 月的听证会上，罗杰·普赖尔被洛克菲勒深深地打动了，他在结束询问时走到栏杆旁，使劲用手拍着栏杆问洛克菲勒是否可以陪他一起参观标准石油公司的工厂。吃午餐时，洛克菲勒问约瑟夫·乔特自己表现得怎么样。这位饱经磨炼的律师回答说："我没见过更出色的证人了。"乔特后来评论道，洛克菲勒的合伙人"很少知道他在想什么，但他总是知道我们在想什么。"

无论洛克菲勒提供的证词如何出色，该委员会的报告还是对标准石油公司的活动进行了过分的渲染，称它是"本大陆上最活跃，可能也是最难对付的金钱实体。""这就是原始的托拉斯，"该报告陈述道。"它的成功是形成其他托拉斯和联营企业的催化剂。它是一种体制的典范，而这种体制已经像疾病一样在这个国家的商业系统里传播开来。"这家托拉斯企业不受任何法律的制约，它下属的 41 家分公司"把它们的业务交给了一个在法律上不存在的组织，这一组织不受任何权力当局的限制，能随时随地做一切它想做的事情，而且至今为止完全在暗中经营。"该报告在宣布免于对标准石油公司的掠夺行为起诉的同时，没有同意洛克菲勒有关石油业竞争活跃的说法，称标准石油公司"几乎是石油业唯一的占有者，它把竞争对手差不多都挤出了这个行业。"在全国有关反托拉斯立法的辩论不断升温的情况下，标准石油公司成了一个重要的判例案件。那年春天，在众议院生产委员会发表的有关托拉斯的长达 1500 页的报告中，有 1000 页是关于这家石油托拉斯的，其篇幅相当于有关糖业托拉斯内容的 5 倍，是有关威士忌托拉斯内容的 10 倍。

某种意义上讲，洛克菲勒简化了反托拉斯立法起草人的工作。他的经商生涯始于工业发展的初期，当时经济刚刚起步、无章可循。由于游戏规则还没有法律化，洛克菲勒和他同时代的工业家们在激烈的商战中制定了这些规则。洛克菲勒以他一向的细致周到，储备了无所不有的反竞争武器。由于他想出了一切能够想像出来的办法来限制贸易、控制市场和压制竞争，一切具有改革思想的立法人员必须要做的，就是通过研究他的生涯来制定一个全面的反托拉斯议程。

标准石油公司教给了美国公众一个至关重要而又自相矛盾的教训：自由市场如果自行其事，其结果可能是可怕的不自由。竞争性资本主义不会在自然状态下存在，它必须有法律加以规定和限制。不受束缚的市场往往会造成垄断，至少会造成不健康的集中，因此政府有时需要进行干预以确保竞争的优越性得以充分发挥。这一点在工业发展的最初阶段尤为重要。现在这一观念已经深深植根于法律之中，令我们几乎意识不到它的存在，取而代之的是不那么重要的关于实施反托拉斯法规的确切性质与具体范围的辩论。

在 19 世纪 80 年代后期有关反托拉斯的激烈争论中，标准石油公司一直低估了批评者争取公众支持的能力。小商人们宣称大公司剥夺了个体经济发展的机会，他们形成了一个特别强大的支持改革的院外活动集团。在 1888 年大选中，格罗弗·克利夫兰和本杰明·哈里森⑩都对托拉斯进行了猛烈的抨击，阿奇博尔德用不屑一顾的口吻写信给洛克菲勒说，这些刺耳的演说只是做做样子而已。"我们不用担心华盛顿有关托拉斯的讲话会产生什么后果，"他在那年夏天汇报说，"那些煽动者只是想在口头上压过对手，以获得政治效应。"

事实证明阿奇博尔德是个很差的预言家。在那一阵立法之风中，许多州都在 19 世纪 80 年代后期制定了反托拉斯法，国会也分发给议员十五六份议案。从标准石油公司的角度来看，最具威胁的要算俄亥俄州参议员约翰·谢尔曼⑪在 1889 年 12 月提出的一项议案，他是威廉·特库姆塞·谢尔曼⑫将军的兄弟。几年前，洛克菲勒曾试图用钱来博得这位参议员的欢心。1885 年 8 月，马克·汉纳在为谢尔曼筹集选举经费时告诉洛克菲勒说，"约翰·谢尔曼现在是参议院中维护我们的商业利益的主要后盾。"洛克菲勒尽管一开始心存疑虑，但最终还是寄去了一张 600 元的支票。不久后的事实证明这位商业利益保护人是个叛徒，他抨击标准石油公司过于富有，竟然买通了整个铁路部门。在关于这位参议员提出的反托拉斯议案的辩论中，标准石油公司经常被当做这一有待解决的问题的典型例子提出来。洛克菲勒一下被暴露在众目睽睽之下后，一反常态地公开指责了谢尔曼的议案。"谢尔曼参议员的议案建议，对所有直接或间接参与企业组织的人都处以罚款或监禁，这一议案太偏激，破坏性太强，甚至使人怀疑国会是否还掌握了司法权。"

托拉斯企业的反抗反而加快了这一法律的通过。1890 年 7 月 2 日，哈里森总统签署了谢尔曼反托拉斯法，该法规定阻碍商业发展的托拉斯企业和联营企业为非法，对违反该项法律者最高处以 5000 元罚款或 1 年监禁，或两者并罚。威廉·霍华德·塔夫脱⑬总统后来认为，标准石油公司是这条法律得以通过的主要原因。这项法律令其倡议者十分失望，它刚刚问世就夭折了。它含义模糊，没有得到认真的执行，而且漏洞百出，被人们普遍戏称为"瑞士奶酪式法案"。它宣布通过行业公会进行合作的行为为非法，迫使许多公司合并，以遏制行业生产能力过剩，这反而导致了进一步的集中，从而违背了法案的初衷。作为这条法律的主要打击目标，标准石油公司的坚不可摧的力量并没有因为这件讨厌的事而改变方向。在以后的很多年里，谢尔曼法案成了一纸空文，大型企业还像以前一样自行其是。

洛克菲勒从没想过要重新考虑因谢尔曼法引起的麻烦。就他而言，讲求实际的精明商人早就令人满意地解决了这些问题，只有那些异想天开的劣等文人和爱惹是生非的煽动分子才会觉得有必要改变现行的做法，而这种做法一直很适合这个国家的情况。洛克菲勒仍然在托拉斯问题上固执己见，但他向来不在生意问题上怀恨别人。他非但没有被这个新法案弄得张皇失措，还竟然在 1891 年支持谢尔曼参议员竞选连任。

注释

①Herman Frasch，1851—1914，发明原油脱硫法。

②Alfred North Whitehead，1861—1947，英国数学家、哲学家，后移居美国。

③Stephen Douglas，1813—1861，民主党参议员，提出"人民主权说"。

④Winfield Hancock，1824—1886，南北战争时联邦军队的将领。

⑤1869 年成立的美国秘密工会组织。

⑥Haymarket，芝加哥广场名，1886 年 5 月 4 日当局在此镇压工人抗议活动。

⑦Edward Bellamy，1850—1898，美国小说家。

⑧Joseph Pulitzer，1847—1911，美国报业主，曾当过记者、编辑等，设立普利策奖。

⑨Joseph H. Choate，1832—1917，美国律师、外交官，为美国赢得巴拿马运河开凿权。

⑩Benjamin Harrison，美国第 23 任总统（1889—1893），共和党人。

⑪John Sherman，1832—1900，曾任参议院财政委员会主席，1890 年反托拉斯法就以其姓氏为名。

⑫William Tecumseh Sherman，1820—1891，南北战争期间联邦军队将领，后任陆军总司令。

⑬William Howard Taft，美国第 27 任总统（1909—1913），推行反托拉斯法。

17 教育巨头

到了 19 世纪的 80 年代后期，全国似乎有一半人想用私刑处死约翰·D·洛克菲勒，而另一半人只想向他乞求贷款。他一边遭到记者、政治改革家以及对他恨之入骨的敌手的攻击，一边又为成群的马屁精和觊觎他财产的阴谋家所包围。国人对他的这种矛盾态度使他更加坚信批评他的人全是些心存嫉妒的伪君子。新闻界对这种狂热起了推波助澜的作用。1889 年的一篇新闻报道把洛克菲勒标榜为美国首富，称其净资产值达 1.5 亿元——他本人则以为这个估计太高了，认定 4000—6000 万元之间才是正确的数字（这相当于现在的 6.35 亿—9.5 亿元之间）。另一篇文章则算出他每小时能赚 750 元。只要这样的文章一出现，成群的乞讨者就会蜂拥而至，使得颂扬性文章在许多方面要比反面宣传更加恼人。"在过去的几天里，我被一群冒险家弄得精疲力竭，都是一些愚蠢的报刊文章闹的，"洛克菲勒在一篇拍马屁的文章发表后抱怨说。他沉思道："巨大的财富也是巨大的负担和巨大的责任。它只会带来两种后果——不是巨大的好处就是巨大的灾难。"

在那时，他无论走到哪里，身后总会尾随着一小群请愿者。对一个具有洛克菲勒那种性格的人来说，在街上被一帮要钱的陌生人围住总是感到惊慌失措。"洛克菲勒先生经常就像野兽一样被人追赶，悄悄地接近后加以骚扰，"弗雷德里克·盖茨（Frederick T. Gates）说，这位浸礼会牧师不久后帮助洛克菲勒解决了这个问题。"不论是在自己家里、餐桌旁，还是在教堂的过道里、办公室里或是其他任何一个地方，洛克菲勒先生都摆脱不了人们持续不断的请求。"乞求者与他共进早餐，一块儿上下班，一起吃晚饭，然后和他一起去他的私人书房。"那些希望我帮他们做好事的好人们好像在结着伙地来找我，"洛克菲勒悲叹道。"他们带着行李和我一块儿住。"

医生们一直要求洛克菲勒注意休息和安静，但是在80年代后期，这些请愿者已经把至关重要的休息时间从他的日程表里夺走了：

> 我吃饭时他们和我谈话，而晚饭过后，当我最想在上床前先倒在一张舒服的椅子里打个盹，或是安安稳稳地和家人坐在一起静静地聊天的时候，这些好人就会拖过椅子坐下，开口道："听我说，洛克菲勒先生——"接着，他们就讲起他们的事来……我只有一个，可他们却有一群——而且数量每天都在增加。我希望能亲自过问我那些微不足道的捐助事宜，但我也希望不至为此弄得心力交瘁。

堆得像山一样的信件从世界各地滚滚而来，1887年，被各种请求压得苦不堪言的洛克菲勒向他弟弟弗兰克抱怨道："我近来已经被这种事情搞得无计可施了，只想刹刹闸，喘口气。"这些乞讨的信件——很多都文法不通，带着外国人的腔调用铅笔草草写成——一概是要钱以解除个人的不幸。人们给洛克菲勒写信的方式就像小孩向上帝祈祷礼物一样。1887年，一位心神不宁的妇女告诉他："我希望能够用同上帝交谈的方式见到您，和您说话，可是这似乎更难做到。"另一位妇女则向他告白："昨天晚上当我躺在床上（因为我焦虑不安而难以入睡）请求上帝拯救的时候，您出现了，这情景我怎么也忘不了。"

来信的数量之大令人难以想象。仅仅一艘轮船就从欧洲带来了5000封乞讨信。洛克菲勒宣布提供一大笔教育捐款后，一个星期之内就收到了1万5千封信，到月底又增加到5万封。他不得不派一批人专门处理这些请求信。超负荷工作的职员们拆阅了每一封信，分清哪些是真正需要帮助的，但也只能满足极少一部分人的要求。正如洛克菲勒尖刻地指出的那样，很多要求纯粹出于私心。"可是这些信当中有4/5都是为了私事来要钱，通篇除了一句笔者拿到钱后会很满足之外，再也没其他申请理由了。"

洛克菲勒尽管最初并没有意识到，这里面却酝酿着一个他从未在生意中碰到过的，令他精疲力竭的个人危机。早在 1882 年，他就曾向爱德华·贾德森牧师哀叹，大量的慈善性请求让他穷于应付，其中很多是来自各浸礼会教堂的。"我打算离开克利夫兰，却每天都会收到各种各样大量的请求……昨天晚上和前天晚上我一直干到 11 点，全是在帮别人出谋划策。"长期以来他一直以私人捐赠为乐趣，这是他的骄傲，也是他的业余爱好，所以从来不让手下的人去办。他发现自己很难打破这些体面的习惯，尤其是在众人对他的经商之道颇有争议的时候。盖茨在回忆他早年的情况时说："那时他接待来客、看信、掂量申请的理由、寄支票、收感谢信，全是自己一个人干。"对于这样一个追求完美的人来说，给钱远比赚钱更令他感到神经紧张。他十分看重钱的作用，轻易不会把它花掉，所以在满足每个请求之前，先要逐一对它们加以了解。作为上帝的受托人，他要负责把每笔钱都用得是地方。他在 1886 年说："我不会随便给人一点点好处，除非我能完全保证这是我花这笔钱的最好方式。"

此时由于财富太多，他以往的做法已不再可行。他捐钱的速度无法赶上收入增长的速度，为此他感到十分沮丧。他花了几年的时间才学会用一种系统、科学而又同他的财富规模相称的方式捐钱。他需要为他的慈善事业制定一套新的操作原则，通过创立芝加哥大学，他最终确定了今后作为慈善家的工作方式。

洛克菲勒最初是通过一种间接的方式参与创立这所大学的，即通过他和奥古斯特·斯特朗（August H. Strong）牧师的交情，此人是一位著名的浸礼会派神学家和社会福音运动的倡导者。在南北战争结束后的 7 年中，斯特朗博士一直是克利夫兰第一浸礼会教堂的牧师，在此期间，他主持了洛克菲勒第二个孩子、2 岁就夭折的爱丽丝的葬礼。1872 年，他东行来到正统浸礼会派的根据地——罗切斯特神学院担任院长。洛克菲勒出于对这位博学、虔诚的耶鲁大学毕业生的敬重，出钱补贴他的收入，为他支付休假费用，并且多年来在他的请求下总共向他的神学院捐赠了 50 万元。斯特朗相貌英俊，长着浓浓的胡须，为人严肃、机智、充满魅力，却又沉默寡言，从不会做出轻浮的举止。他尽管天性是个独裁者，但从不对哪种想法过于偏执，弄到使别人难以忍受的地步。

从 19 世纪 80 年代初开始，斯特朗博士就不断向洛克菲勒宣传在纽约建立一所浸礼会精英大学的宏伟计划，由他自己来担任校长。他认为浸礼会教徒在各教派的竞赛中大大落后于他人，担心很多年轻的浸礼会教徒就这样去了哈佛、耶鲁或者普林斯顿大学。用他的话来说，他的"未来的大学"将坐落在莫宁塞德高地上，要花掉洛克菲勒 2000 万元这样一笔惊人的巨款。由于纽约正在成为美国最大的城市，斯特朗博士认为它是建这所大学的合适地点。它将仿效约翰斯·霍普金斯①大学，只招收研究生和研究人员，把浸礼会教徒中的优秀大学生从全国各地吸引过来。更重要的是，这所大学将全力保卫其宗教信仰，抵御各种现代主义势力的侵袭，禁止"异教徒"教师进入校园。整个 80 年代，斯特朗博士一直在为这个教育设想而神魂颠倒——他声称自己肩负着这个"神圣的使命"——并且抓住一切时机就此事和洛克菲勒纠缠不休。斯特朗明白如何用宗教言辞来表达他的请求，把一己之利说成是上帝交给他的职责。

洛克菲勒对压力十分敏感，一旦感到受到逼迫态度就会强硬起来。他担心斯特朗的工程过于庞大，因而对他的再三请求装聋作哑。他有好几次要求斯特朗暂时不提这事，最后干脆拒绝就此再做进一步的讨论。洛克菲勒总能很快地发现教士们在遵循上帝旨意的旗号下掩盖的世俗野心。通常他会很快地打发走这号一意孤行的请求者，这一次他却容忍了斯特朗，因为他尊重对方渊博的才学，也为了他们两家不断密切的私交。

无论斯特朗博士什么时候回到克利夫兰，他的孩子们总会出现在福里斯特山为数不多的客人中间，洛克菲勒的孩子们则特别喜欢他聪明的长子查尔斯。查尔斯高大英俊，一头卷曲的黑发，到他家后总是坐在他们最喜欢的那棵山毛榉树上，倚着树杈为他们朗诵歌谣。查尔斯起初喜欢艾尔塔，后来又喜欢上了她姐姐贝西。斯特朗家和洛克菲勒家的孩子相处得特别和睦，这肯定令约翰和塞迪大感宽慰，因为他俩担心不太虔诚的孩子会破坏他们家良好的气氛。约翰·斯特朗和伊迪丝通过很多年的信，甚至可能还向她求过婚，而小约翰则对比他大 10 岁的玛丽·斯特朗有过小男孩式的迷恋。后来，他又给凯特·斯特朗写过一些带有挑逗性的、情意绵绵的信——称她为"我亲爱的凯特姐姐"——尽管她也比他年长许多。

贝西和查尔斯如此疯狂地彼此迷恋，使得朋友们都说他俩几乎是在愚蠢地恋爱。他俩可能早在 1885 年就秘密订婚了，当时贝西 19 岁，查尔斯 23 岁。查尔斯是个天才的年轻哲学家，是一台完美的推理机器，居住在冰冷的抽象世界里。他于 1885 年以最优异的成绩从哈佛大学毕业，在大学期间，他是威廉·詹姆斯[②]的学生兼好友。作为哈佛本科生中的两个哲学明星，查尔斯和乔治·桑塔雅那[③]联合成立了一个哲学俱乐部，而且自然而然地成了竞争沃克·特拉维林奖学金（Walker Travelling Fellowship）的对手，该奖学金赞助研究生在德国学习两年。桑塔雅那对查尔斯的才智十分折服，在学校宣布获奖者之前就鼓动查尔斯平分奖学金。校方考虑到他俩会把这笔钱平分掉，于是就把该奖同时授给了这两位杰出的学生。

贝西在 1886 年从拉伊女子学校毕业后，约翰和塞迪正在为她寻找合适的大学。斯特朗博士陪同他俩走访了瓦萨、史密斯和韦尔斯利三所大学。洛克菲勒夫妇最终选中了瓦萨大学，主要是因为意志坚定的斯特朗博士是这所大学的理事会主席。由于贝西眼睛有毛病，看书很吃力，斯特朗博士便做了特殊安排，容许她免试入学，并且准备找一个愿意为她朗读课本的朋友同住一个宿舍。凯特·斯特朗决定和贝西同住一套房间，这样好像就确定了两个家庭之间的神圣纽带——这当然是斯特朗牧师求之不得的事情。洛克菲勒成了瓦萨大学的理事，并且在那里建起了铭刻着斯特朗、戴维森和洛克菲勒名字的大楼，由此斯特朗实现了自己又一个战略目标。

作为洛克菲勒唯一一个上大学的女儿，贝西一定十分聪明，而且顽强地克服了眼疾。她仅存的几封信为我们展现了一个活泼动人的年轻姑娘的形象。她可能是洛克菲勒家最善于言辞的孩子，酷爱音乐，对穷人十分仁慈。她的一位朋友说："贝西是个身材苗条、面色红润的姑娘，活泼、美丽、动人。"乔治·桑塔雅那第一次在瓦萨大学见到贝西后，深情地回忆道，她"健康、理智、漂亮、坦诚，有着和男人一样的学院气质"。桑塔雅那一直怀疑斯特朗牧师有预谋地让他的长子娶贝西，以图洛克菲勒为他钟爱的建校计划投资几百万元。他还认为洛克菲勒愿意把他最心爱的女儿嫁给这个"相貌英俊、品格高尚的年轻人"，而且此人"无论从地点、居所还是正常的基督徒情感上都永远不会把她从她的父亲身边夺走"。如果说这就是双方父亲私下对这对年轻人的浪漫爱情寄予的希望，他们会大失所望的。

从哈佛毕业后到同桑塔雅那一起前去德国求学的间隔中，查尔斯经历了一次精神危机，这次危机对洛克菲勒一家产生了极为深刻的影响。他先是在俄亥俄州的塞勒姆传了两个月的教，然后进了罗切斯特神学院，在他父亲警惕的监督下学习如何当浸礼牧师。在头一年里，查尔斯虔诚地参加各种祈祷会，同时还在主日学校教书，但是他在哈佛接受的理性教育侵蚀了他自幼就有的精神信条。后来，他在修订他父亲的神学著作校样过程中做了可怕的忏悔，说自己已经丧失了信仰。作为一个十分理智、无所畏惧地探索被禁思想的人，查尔斯意识到自己再也不能接收超自然的启示了。他去找父亲，说自己不能在神学院待下去了，而且还想公开宣布自己是个不可知论者。

对斯特朗牧师来说，这是个令他震惊不已的时刻——他后来把它形容为自己一生中最痛苦的磨难。作为一位著名的浸礼会派神学家，他一直把查尔斯当做自己的接班人来培养，为他不凡的才智感到自豪，并且坚信它将服务于宗教。"他藐视洞察力，"他如此评价查尔斯道，尽量想理解他儿子离经叛道的行为。"与其说他很有创造性，不如说他凡事过于苛求。"一旦他儿子决定离开神学院，不肯宽恕的斯特朗博士甚至把他逐出了教会，要求罗切斯特第一浸礼会教堂从他儿子那里抽回"团契之手"，因为他已经"不再相信基本教义了。"斯特朗博士直到后来才意识到，导致查尔斯被逐出教会的正是他自己对宗教的僵化的教条主义态度。

查尔斯祖露心扉的告白肯定在不同方面令他父亲感到震惊。如果说他丧失信仰之事影响了他同贝西的婚事，这件事同样也可能破坏了斯特朗博士指望洛克菲勒在纽约建一所超级浸礼会大学的计划。它甚至可能威胁到洛克菲勒以后对罗切斯特神学院的捐助。不清楚查尔斯是何时把他精神上的困惑告诉贝西的，也不清楚洛克菲勒是何时知道他女儿的求婚者是个激进的自由思想者的。桑塔雅那的评说明显地暗示，在查尔斯追求贝西的过程中，洛克菲勒不但对查尔斯的异教倾向一无所知，而且还从他成熟的观点中受益不少。这使人们不得不怀疑斯特朗父子二人——一个为金钱，一个为爱情——都心照不宣地决定把查尔斯丧失信仰的事谨慎地掩盖起来。

两家之间的这层关系使斯特朗博士壮起胆子重新提在纽约建大学的请求。当贝西还是瓦萨大学的新生时，斯特朗博士就敢于再次提起这个洛克菲勒不爱听的话题。他在 1887 年 1 月写的信中一开头就告诉洛克菲勒说，他已经遵守了自己不再提那件事的诺言，但由于时间紧迫，他不得不打破长久的沉默。"多年来它使我日夜不得安宁，"斯特朗在提到他的请求时说，"可是我只能一直闭口不言。但时光在流逝，我们很快就要去见上帝了。"由于此时各种在芝加哥建大学的计划竞相出笼，斯特朗博士一想到别人正在向他步步逼近，心里就惴惴不安。

洛克菲勒拒绝了这个提议，却又给了神学院 5 万元作为补偿。他很敬重斯特朗博士，不想和他疏远，因而建议他俩在那年夏天与查尔斯和贝西一起周游欧洲。对斯特朗来说，这是一个在亲密的气氛中游说其计划的绝好机会。"他是这么对我说的，他接受洛克菲勒的邀请一同去欧洲旅游的主要原因，就是利用和洛克菲勒在轻松的气氛中朝夕相处的机会详细解释他那个宏伟计划，试图赢得洛克菲勒的支持，"一位同斯特朗关系很好的神学家说。在旅行中，斯特朗博士计划让洛克菲勒了解欧洲的著名大学，以便引起他在美国建大学的兴趣。

在大西洋的另一侧，乔治·桑塔雅那正在与查尔斯·斯特朗共同用那笔沃克·特拉沃林奖学金在德国学习，他注意到了他那位朋友郁郁寡欢的样子。1887 年 1 月，桑塔雅那给威廉·詹姆斯写信说，查尔斯"对所有的私事都闭口不提，所以我对令他心烦的原因可能还不如您了解得多"。一个月后，桑塔雅那告诉詹姆斯说，他"除了看出查尔斯心情不好以外，实在不知道他这个冬天究竟是怎么了"。查尔斯把他和贝西订婚的事保守得十分严密，连那年春天他去巴黎时也没有告诉桑塔雅那他是去和洛克菲勒一家会合。桑塔雅那在伦敦碰见了这群人，当时他们正在参加维多利亚女王即位 50 周年的庆典活动。桑塔雅那尽管见到贝西后很喜欢她，却讨厌洛克菲勒，因为后者在考虑如何把标准石油公司的市场扩大到西班牙去的时候显得既阴险又贪婪。

斯特朗博士受到那年夏天一同旅行的鼓励，在秋季向洛克菲勒进一步施压。他完全误解了洛克菲勒的心理。洛克菲勒喜欢用比较温和的方式，而斯特朗博士却常常过于专横，好像在逼洛克菲勒同意这个计划。他劝说洛克菲勒通过资助一所大学来洗刷他的声誉，这样做犯了一个不可原谅的过错。"您有一个把整个世界对你的不利评价变成好评的机会——不仅如此——您还能作为世界上最伟大的施主之一而流芳百世。"这个论点在好几个方面都犯了错误：洛克菲勒讨厌任何人说他声名狼藉，认为没必要洗刷自己的名声，而且对任何含沙射影地说他行善是别有用心的话都深恶痛绝。4 天之后，他决定推迟考虑斯特朗博士的项目。

在此同时，查尔斯·斯特朗在追求贝西的事上大有进展。16 个月后，即 1889 年 3 月 22 日，23 岁的贝西·洛克菲勒佩带着价值 8000 元的珠宝和 27 岁的查尔斯在第 54 西大街 4 号的前起居室里举行了婚礼，婚礼由奥古斯特·H·斯特朗牧师主持。到场的来宾有 125 人，这是洛克菲勒家举办的最豪华的一次盛会，贝西最要好的同学和老师也用一节私人列车车厢从瓦萨大学拉来参加了婚礼。婚礼的第二天早晨，查尔斯和贝西乘船前往德国继续他的哲学研究，这说明了贝西为什么没有完成她在瓦萨大学的最后一年学业。此时贝西在心理上也出现了问题，这是她日后神经症状的初兆，这些症状使她的成年生活在后人的眼里成了一个巨大的谜团。洛克菲勒在信中提醒她避免不必要的激动和紧张，但这种老式建议对于她根深蒂固的疾病却越来越不管用。

激起洛克菲勒对捐资筹建浸礼会大学的兴趣后，奥古斯特·H·斯特朗博士还得尽力阻止别人同样起劲支持的极具竞争力的建学计划。在那些建议在芝加哥建立一所大学的计划中，最有希望成功的一个具备了在现有基础上建新校的优越条件。早在 1856 年，斯蒂芬·A·道格拉斯就已经捐出 10 英亩土地，在浸礼会的支持下着手建立了一所小型的芝加哥大学。该校在整整 30 年后由于管理不善、负债累累而停办了。许多校友认为这是浸礼会教徒的耻辱，到了最后一刻还在设法挽救它。他们很自然地找到了洛克菲勒，因为他曾资助过他们的一个姐妹院校——位于郊区摩根公园的浸礼会联盟神学院。不幸的是，这所神学院的干事托马斯·古德斯皮德（Thomas W. Goodspeed）在一个很不适当的时机向洛克菲勒提出了救助请求，因为当时洛克菲勒正在受到斯特朗博士无情的纠缠。这个提议最终被拒绝了。1887 年的春天，就在洛克菲勒欧洲之行的前夕，古德斯皮德再次试探了洛克菲勒的意向，但这位巨头友好地报以鲜花和水果，而不是现款。然而，古德斯皮德已经成功地使洛克菲勒注意到了在芝加哥建立一所出色的浸礼会大学的种种好处。

作为说客，古德斯皮德比斯特朗博士要强得多，他对洛克菲勒的喜好有着更深的了解。古德斯皮德两眼湛蓝、胡须雪白、举止庄重，和斯特朗博士大棒式的方法截然不同的是，他知道如何使用高超的策略说服富有的捐赠人。他看出洛克菲勒讨厌任何稍带强制的方式，懂得耐心是一种比高压式推销好得多的手段。从一开始，古德斯皮德就提出了实际可行的论点，他首先指出芝加哥的建筑费用低廉，而且中西部的浸礼会教徒由于当地没有一流的大学而不得不把子女送到东部的学校去。当神学院最出色的教师、31 岁的圣经学者威廉·雷尼·哈珀（William Rainey Harper）受到耶鲁大学的邀请时，洛克菲勒的反应使古德斯皮德振奋不已。洛克菲勒知道哈珀享有在研究旧约方面最有成果的浸礼会学者的声誉，他敦促古德斯皮德不惜一切代价留住此人。哈珀虽然最终去了耶鲁，但始终和古德斯皮德保持着紧密的联系，而且一贯支持成立芝加哥大学的计划，尽管自己仅仅扮演了一个顾问的角色。早在 1887 年 1 月，他就写信给洛克菲勒说："在这个大陆上，再没有比在芝加哥或芝加哥附近建一所大学更伟大的事业了。"

洛克菲勒喜欢和非神职的神学家来往，因为这些人既看重此生的名誉，也看重来世的名誉。他完全被哈珀迷住了，因为这位研究《圣经》的学者渴望建立一个学术王国。于 1856 年出生在俄亥俄州新康科德的哈珀为神童一词赋予了新的涵义：他 10 岁上大学，14 岁拿到学士学位，18 岁读完博士。这位神童在 22 岁成为联盟神学院的教师时，年纪比他的许多学生都小。许多浸礼会的领导人认为他在该教派中的前途无量，就像发电机一样迸射着无穷的精力与智慧。他在 30 多岁时就在 5 座城市里开办了《圣经》学校，创立了一所函授学校，并且吸收 70 名教授加入了一个由洛克菲勒资助的全美希伯来语协会。

哈珀在耶鲁大学教书时，经常在星期天去瓦萨大学教一个《圣经》班，并且和这所大学的校长詹姆斯·泰勒博士住在一起。由于洛克菲勒经常在周末来看贝西，泰勒就把这两个人请来一起吃早饭，他俩立刻就被对方吸引住了。洛克菲勒后来称赞哈珀是个"具有完美的个人魅力的人"，并且承认自己"在某种程度上已经传染上了他的热情……在朝夕相处的朋友和伙伴中，没人比他更令人感到愉快"。洛克菲勒对他如此大加赞赏，并非随便说说而已。

哈珀身材矮胖，又圆又厚的镜片后藏着一张温柔的长着双下巴的脸。他为人乐观、热情，目光远大，令人倾倒。一家报纸说："哈珀博士的精力简直太神奇了。他脸上流露出像路德一样的渴望和进取精神。"哈珀有足够的机智避开那些导致自私自利的斯特朗博士失败的陷阱。1887年10月，刚刚同斯特朗一起横越大西洋回国的洛克菲勒邀请哈珀在百老汇26号共进午餐。这是一次轻松愉快的会面，一星期后，忙得不可开交而又注重个人生活的洛克菲勒取消了他的日程，同哈珀在一起度过了整整一天的时间——两人共进午餐后去中央公园赶了几个小时的马车，晚上又接着聊下去。对洛克菲勒来说，这就算一次很长的谈话了。同样史无前例的是，他发出了一个长期有效的邀请：哈珀随时可以来同他谈话。洛克菲勒在研究在不同城市建立浸礼会大学的计划时，总是把哈珀当做芝加哥一派派来的特使。哈珀在曼哈顿兴奋地度过了那一天后，激动地写信给古德斯皮德说："（洛克菲勒）一次又一次地提到您，说他十分欣赏您的才华和价值。"洛克菲勒和哈珀以后再去瓦萨大学时，人们经常看到他俩一起骑车在校园里转悠。

在关于1887年州际商业法的辩论中，尽管公众对标准石油公司充满敌意，但此刻的确是洛克菲勒考虑进行重大慈善捐赠的良机。报纸正在把他吹捧成美国最富有的人之一，也许就是最富有的人。他感到了某种压力，因而不得不表示自己能够履行这个重大的责任。教育是一个既安全又不偏不倚的领地，洛克菲勒在这方面有着长达20年的经验，曾经慷慨地捐助过俄亥俄州格兰维尔的丹尼森大学、俄克拉何马州马斯科吉的印第安大学、纽约州的巴纳德学院——该学院任命塞迪为其第一届理事会成员——以及康奈尔大学（他曾在一次欧洲之行中邂逅该校校长安德鲁·D·怀特）。最值得注意的是，他是亚特兰大斯佩尔曼女子学院的教父。但是，洛克菲勒在许多方面并不是一个合适的大学创建人，因为他没有书生气，从来没上过大学，接触的多为实际事物而非理论。他自己没上过大学，自然从不建议年轻人走这条路。他曾经对一位牧师说："我总的认为，教育的好处是让一个人更好地适应他一生的工作。我照例会建议年轻人去上大学，但是也要求他们想一想，有些没受过全面商业培训的人照样能过得很好。"

但是，正是因为洛克菲勒没上过大学，所以没有一所学校能以他为荣。他有能力大笔大笔地向教育事业捐款，但这样做和他的人生哲学并不矛盾。在对待宗教和教育方面，洛克菲勒的观点和对待生意没什么两样，认为帮助那些在发展过程中本该灭亡的弱者是错误的。"我认为错误在于组建过多的羸弱的机构——而不去加强和拥有那些运转良好的、强大的教会组织，"他在1886年这样写道——这话同样适用于他对教育的观点。长期以来，洛克菲勒一直把这个对他的生意十分有效的，使强者更强的原则运用在他的慈善事业上。被大批嚷着要钱的人搞得焦头烂额的洛克菲勒知道，他此时急需一个更大而且更有效的方法来处理他的财富，否则他就会沦落到草率行事的业余水平，而这正是他所厌恶的。斯特朗博士和哈珀博士在他的头脑里种下了一个巨大的计划，但是，要使这棵种子长成枝叶繁茂的大树，他需要一位名叫弗雷德里克·盖茨的前浸礼会牧师对此加以小心看护。

就在洛克菲勒到处寻找一种既能使他更加大方地花钱，又无需放弃他谨慎的行为标准的方法时，一群浸礼会的领导人于1888年3月在华盛顿开会，准备成立全美浸礼会教育学会（ABES）。推动建立这个新组织的是亨利·莫尔豪斯（Henry Morehouse）博士，他是全美浸礼会家庭布道协会的执行官，曾经在斯佩尔曼女子学院的事情上向洛克菲勒提过建议。莫尔豪斯认为，浸礼会的教育状况十分可悲，迫切需要改革。对洛克菲勒来说，这个新组织成立得正是时候，他可以借助这个现成的渠道把大笔的钱投向有价值的，经过仔细调查的浸礼会学校。

莫尔豪斯博士选派了一位满怀热情、善于言辞的年轻浸礼会牧师，35岁的弗雷德里克·盖茨担任这个新组织的执行秘书，此人刚刚辞去了明尼苏达州的牧师职务，希望从事更具备世俗性质的工作。盖茨上任伊始，就倡议在芝加哥建一所浸礼会大学，以填补一块明显的空白。尽管东部各教堂财力比较雄厚，教众数目增长速度最快的地区却在密西西比河流域和五大湖区。盖茨在动手写报告之前，怀着公诉人般的激情和神职人员的狂热对浸礼会的教育情况做了详细的调查，证实了托马斯·古德斯皮德列举的许多观点。由于许多浸礼会学校都建在穷乡僻壤，中西部的教众往往只好去其他教派的学校求学。芝加哥在20年内面积扩大了3倍，拥有170万人口，已经成为全国第二大城市，看来是建立一所重点大学的最佳场所。

盖茨把他的调查结果写进了一份极为详尽的报告，这番彻底的调查将使他最终赢得洛克菲勒的赏识。起初，盖茨还不熟悉洛克菲勒的时候就认为，这位赞助人更喜欢大胆的计划而不是犹豫不决、含混不清的想法。因此，他把这所新浸礼会大学勾画成一个国家教育网络的中心，并且对莫尔豪斯说："这项计划如此庞大，具有全国性，又如此全面、细致、有条不紊，我想它一定会抓住同样具有这些特点的洛克菲勒的心。"1888 年 10 月 15 日，他以一篇名为《从一份关于西部浸礼会高等教育的研究报告看在芝加哥建立浸礼会大学之必要性》的热情洋溢的论文，在芝加哥举行的一次浸礼会大会上引起了轰动。

尽管人们通常认为是盖茨的报告说服了洛克菲勒在芝加哥建校，但是威廉·雷尼·哈珀在这件事上也提供了及时的帮助。就在盖茨发表了他那番引起轰动的讲话两星期后，哈珀博士同洛克菲勒一同在瓦萨大学逗留了 10 个小时，然后又跟他一起坐火车去纽约。就是在这个重要的日子里，洛克菲勒第一次说他打算在芝加哥建一所浸礼会大学。哈珀在把这一消息通知古德斯皮德时说："（洛克菲勒）自己开出一张单子，列出了选择芝加哥而不是纽约的理由。"洛克菲勒看好中西部是出于以下几个原因。首先，他担心固执的斯特朗博士领导任何一所纽约大学都会带来各种麻烦。其次，他还担心在东部建立的学校也许会固守陈规，而在芝加哥建立的大学却能"打破常规，紧跟时代的精神"。还有一个洛克菲勒从来不敢公开表明的政治原因：他必须让众人相信他不会插手校务，也不会把学校变成他的公司利益的代言人。他在 30 年后说：芝加哥"离华尔街的距离足以使它免遭人们的怀疑，说它是受到所谓'利益'的支配"。

在接下来的那个月里，洛克菲勒有两天是和哈珀一起度过的，一次在波基普西，一次在纽黑文，其间两人不停地谈论这个设想中的大学。哈珀对其赞助人毫无保留的热情深感震惊。"我从来不知道他会对什么事如此感兴趣，"哈珀告诉古德斯皮德说，"这很说明问题。"洛克菲勒的热情每时每刻都在增加，他提出了包括 3 个方面的计划：在芝加哥建一所综合性大学，在纽约建一所神学院（此举无疑是为了安抚斯特朗博士），再成立一个西部高校教育信托基金机构。这最后一个步骤出自哈珀，他设想把西部的一系列学校都纳入芝加哥大学的统一管理之下。受到这项计划的鼓舞，洛克菲勒决定在一次视察过程中参观一下康奈尔大学，邀请3位浸礼会教授去芝加哥。为了充分表明自己的决心，洛克菲勒告诉哈珀说，在芝加哥建校所需的第一笔400万元中，有300万已经准备好了。1888年的12月3日，全美浸礼会教育学会正式批准了在芝加哥建立新校的计划，并由它负责安排洛克菲勒的捐款。

然而在1889年初，洛克菲勒和威廉·雷尼·哈珀的关系突然疏远了，因为后者又犯了过于急迫地推行其计划的典型错误。使洛克菲勒倍感失望的是，哈珀想一下子就办成一所完善的大学，而洛克菲勒却想先建一所学院，然后再逐步加以发展。为了打破这一僵局，哈珀策略地退了出来，让盖茨负责游说活动。盖茨很善于理解赞助人的心思，直觉告诉他，哈珀不合实际的计划给洛克菲勒增添了压力，为了使洛克菲勒放宽心，他给对方送去了一份先建一所简易的芝加哥学院的降低规模的计划书。大大松了口气的洛克菲勒在1889年1月21日邀请盖茨和莫尔豪斯共进午餐。盖茨第一次见到这位神秘的大人物时，发现他尽管有点不可捉摸，但彬彬有礼、举止得体。"我们分手时，"盖茨向哈珀报告说，"他说他的脑子在这些事情上运转得很慢，但是他很高兴能有这个深入探讨问题的机会，最后还说：'我认为我们正在取得进展。'"

这次午餐的一个重要成果是，洛克菲勒邀请盖茨一同坐火车去克利夫兰。盖茨发现，保持低调能十分有效地消除哈珀情绪激动的高论所带来的不利影响，因此决定在火车上让洛克菲勒自己先提起建芝加哥大学的事。"我觉得这一点很快就让洛克菲勒先生察觉到了，"盖茨在他的回忆录里这样写道，"这令他感到惊奇和有趣，很乐于考验一下我的耐心和谨慎。"火车要下午6点才离开纽约，但在这期间两人一直避而不提他们心中惦记着的这件最重要的事情。后来，一群标准石油公司的人和他俩一起上了火车，这时盖茨注意到，洛克菲勒对这些人具有一种磁石般的魔力。"我发现他确实少言寡语，而且说话时声音总是又低又平稳。"一个车厢服务员在收拾洛克菲勒的车厢时不小心碰了他的头，洛克菲勒"没说话，没喊叫，也没对那个粗心的服务员说一个责备的字眼。对方不停地道歉时，他却反过来安慰对方"，盖茨回忆道。

由于那天晚上没能向洛克菲勒提起芝加哥大学的事，盖茨爬上卧铺时觉得"既伤心又失望"。实际上，洛克菲勒当时是在故意同他玩猫捉老鼠的游戏。第二天早上快到克利夫兰时，洛克菲勒开始接二连三地问盖茨有关浸礼会教育学会的问题。洛克菲勒要求教育学会的理事会保证确实与此事无利害关系，而且不能有对他秘而不宣的议程。他还要求盖茨对各种学校进行实地调查，不能依靠二手材料。得到了这些保证后，洛克菲勒决定把这个教育学会作为自己认可的、向教会组织捐款的中转站，这是他从事大规模慈善事业的第一步。很明显，洛克菲勒正在考虑通过主要的代理机构来分配其财富的新方式，这样使他既能得到专家意见，又能免受请求者的骚扰。

盖茨经常对这位新赞助人的不可思议的办事方式感到惊讶，因为洛克菲勒喜欢让别人产生悬念。教育学会的理事会议马上就要在 1889 年 2 月 20 日召开了，而盖茨还在等待洛克菲勒开口同意提供一大笔捐款。直到会议开始的时候，一个信差才带着 10 万元的许诺来到会场。事后，洛克菲勒问盖茨拿这笔钱干了什么，盖茨告诉他钱进了银行账户，但没有利息。这大大违背了洛克菲勒的节约观，他借回这 10 万元，并且付给学会 6% 的利息。"我不能眼睁睁地看着那笔钱闲置不用，"洛克菲勒告诉盖茨说。"那种感觉就像是走进一间没有打扫的房间，角落里全是蛛网和灰尘。我要把它打扫干净。"

1889 年春天，盖茨又经历了一次令他费解的沉默期。他希望教育学会 5 月 18 日在波士顿召开全体会议时，自己能够宣布洛克菲勒关于赞助建立芝加哥大学的决定。然而，直到最后一刻，洛克菲勒才建议盖茨在去波士顿的途中到他家里去，静静地听他申述请自己向芝加哥大学捐款的请求。洛克菲勒还是坚持他惯用的那套别出心裁的拖延政策，没有作任何许诺，而是请盖茨第二天共进早餐。

领教了所有这些令人痛苦的拖延战术后，建立芝加哥大学或学院的活动终于出人意外地在 1889 年 5 月一个晴朗的早晨迅速达到了最高潮。早餐过后，两人在第 54 西大街洛克菲勒的住宅前来来回回地散着步。经过数月的拖延后，洛克菲勒说他已准备好提供 40 万元——大大低于他 6 个月前向哈珀许诺的数字。盖茨以数量不足为由表示拒绝后，洛克菲勒又把砝码加到了 50 万元。盖茨再一次断然表示拒绝，重申了洛克菲勒捐出所需大部分经费的好处。他索要 60 万元这个令人瞠目的捐款——相当于现在的 950 万元——并且预计另外 40 万元可从其他途径筹得。两人急于把这项历史性的承诺落实到纸上，便来到洛克菲勒的办公室，由他写下了自己的承诺。

第二天，盖茨紧紧攥着这张纸出现在聚集在波士顿特里蒙特教堂的浸礼会教徒面前。关于这份大礼的说法早就传开了，人们都在激动地翘首以待。"我手里拿的是，"盖茨大声宣布说，"一封来自我们伟大的教育赞助人洛克菲勒先生的信。"台下欢声四起。"在这封信里，根据我们理事会通过的决议，洛克菲勒先生答应捐献 60 万元——"听到这里，人群一片欢腾，那些牧师又是挥手绢又是吹口哨又是鼓掌。这笔来自俗世的馈赠令大家惊喜若狂，一位站在讲坛上的牧师摘下帽子抛到天上，另一位神学家则一跃而起，大声赞扬"这样一位慷慨的施主的降临……这是主的节日……作为一个美国人、一个浸礼会教徒、一个基督徒，我为这个圆满的结果感到万分欣喜。上帝把芝加哥留给了我们，我为上帝的耐心感到惊叹。"听到这里，喜不自禁的教徒们一齐站起来高唱"赞美带来一切恩典的主"。一夜之间，在生意场上名誉扫地的洛克菲勒突然在许多浸礼会教徒眼中戴上了金色的光环。

这就等于无情地拒绝了奥古斯特·H·斯特朗博士，他过于起劲地谈论这个话题，反而把胜利拱手让给了别人。从一开始就让他放弃梦想、承认失败是件极其困难的事情。他尽管十分沮丧，却仍然不断写信给盖茨，让他转交洛克菲勒，弄得盖茨不得不直截了当地告诉他："没有希望了。洛克菲勒先生把您的信都退给了我，要求不再提您的计划，并且让我写信告诉您不要对他抱有任何希望了。"过了一段时间之后，只要有人在谈话中提到斯特朗的名字，洛克菲勒就会慢吞吞地讽刺道："唔，但愿斯特朗博士能找到他想找的人。"斯特朗过了好多年以后才从这次打击中恢复过来。

1889 年 6 月，就在洛克菲勒答应捐款的几个星期后，安德鲁·卡内基在《北美评论》上发表了一篇题为《财富》的很有影响的文章。卡内基认为，大工业家们不断膨胀的财富和受压迫的工人微薄薪水之间不断拉大的距离正在威胁资本主义制度。他提出，为了缓解这些矛盾，让更多的人分享经济利益，富人们应在有生之年向有价值的事业大量捐款，以免使自己的财产被无所事事的继承人挥霍殆尽。"在死的时候那样有钱是不光彩的，"卡内基直言不讳地宣称。洛克菲勒深受卡内基的影响，卡内基图书馆于1896年在匹兹堡开馆时，他连忙写去贺信说："我真希望有更多富人像您那样安排自己的钱财，但请相信，您的榜样定会结出硕果，总有一天，会有更多的富人乐于用自己的钱为他人谋利益。"令洛克菲勒印象尤为深刻是，卡内基图书馆工程浩大、自成体系，准备在全世界建立2800多个公共图书馆。后来，洛克菲勒与马歇尔·菲尔德④、菲利普·阿穆尔⑤以及其他芝加哥巨商谈起慈善事业时，引用了卡内基关于生前捐款的呼吁。

私下里，洛克菲勒和盖茨有时也批评卡内基在善举中流露出来的虚荣心。盖茨曾向洛克菲勒抱怨说："卡内基先生的好朋友告诉我说，他做这些事是为了把他的名字铭刻在全国各地的石头上，这在他们中间并不是什么秘密。您注意到没有，他总是捐款盖楼，而让别人出钱搞维修？"洛克菲勒在从事慈善事业时相对要谨慎一些。换了别的大亨，在这个反托拉斯法和铁路改革法相继出台的多事之秋，很可能想把自己的名字挂在芝加哥大学的墙上。但是，这种局势反而更加坚定了洛克菲勒的决心，他要证明自己并非在讨大众的欢心。在芝加哥大学一事上，洛克菲勒唯一向虚荣心让步的地方是，同意理事们把他的名字加在学校的印章、正式文件和信函的抬头上。他否决了在学校印章上加一盏灯的建议，因为人们会误以为它暗指石油，从而把事情庸俗化了。芝加哥大学虽然是洛克菲勒一手搞起来的名堂，但他不允许大学里的任何建筑带有他的名字，洛克菲勒纪念教堂也只是在他死后才命名的。

当时的情况十分有利于这样一项投资。此时的美国一边享受着一个新兴强国的财富，一边又肩负着振兴同欧洲相比似乎还十分落后的文化事业的重任，因而许多商人都热心于向学校和博物馆捐款。洛克菲勒并不是唯一的一个在19世纪后期建立一所重点大学的巨商：靠铁路发家的约翰·霍普金斯和利兰·斯坦福⑥都有过相似的举动，在洛克菲勒家附近也有查尔斯·普拉特于1887年建立的普拉特学院。洛克菲勒并不想分散地搞捐赠，而是想资助那些在研究项目上能产生广泛影响的机构。他后来在谈起芝加哥大学时说："本着对罪恶要斩草除根的原则，我们认为战胜愚昧，发展有用知识的最有效方法就是资助高等院校，因为它们的毕业生会把学校的文化散播到四面八方。"对洛克菲勒而言，最没有想像力的花钱方式就是把钱直接交给别人，而不是用来探索人类苦难的根源。"我们的宗旨是为尽可能多的人造福，"他坚持说。"如果钱不是施舍给乞丐，而是用来研究产生乞丐的根源，那么，一些更有深度、广度和价值的事情就会得以实现。"

像洛克菲勒和卡内基这样的商人认为，自己正在把管理方面的才智运用到慈善事业上。和管理标准石油公司一样，洛克菲勒希望在慈善领域里也能减少浪费和重复，叹息人们在大量赠予的同时缺乏调查研究。"如今，整个慈善机器的运转方式或多或少都有些危险，"他在回忆录里这样写道。芝加哥大学是洛克菲勒的标志工程，在这项工程里，他明确了自己的方式，并且把弗雷德里克·T·盖茨、他的儿子以及其他顾问培养成自己今后的代理人。

洛克菲勒从一开始就发誓决不蹈他人的覆辙，使富人捐助的机构变成依赖他们而生的附庸。他的理想是建立能独自生存、自行发展的组织。在许诺捐给芝加哥大学 60 万元之后，他给浸礼会教育学会 1 年的期限，要求它从 1890 年 6 月 1 日开始再从其他地方张罗到另外 40 万元。为了实现这一目的，盖茨暂时搬到芝加哥去住，加入了古德斯皮德等人筹措资金的队伍，这一任务十分艰巨，几乎把他们逼得精神错乱。他们让写入学校组建条款的各项限制条件弄得左右为难，条款中规定，2/3 的理事以及校长必须是浸礼会教徒。如果这项事业旨在促进基督教各教派之间的团结（有几位著名的犹太教徒也捐了款），学校章程却有着明显的派别倾向。这种混乱是洛克菲勒造成的，因为他坚持这所新学校要由浸礼会教徒来资助，而办学方针却是要达到"最大限度的自由"，学生们要来自社会各个阶层。不幸的是，芝加哥没有多少出手大方的浸礼会教徒。洛克菲勒的捐赠也没能使许多潜在的赞助人受到鼓励，他们反而沾沾自喜地认为这所初生的学校绝不会为了钱而发愁。对于这个痛苦的四处乞求的一年，盖茨后来形容道："当时付出的脑力劳动、焦虑、痛苦、泪水、祈祷和磨穿的鞋底远远多于以后为大学筹得的几百万。"1890 年 1 月，他们终于得到了一大笔捐赠：马歇尔·菲尔德为新学校捐了一块位于芝加哥南部的 10 英亩土地，它的南边恰好就是即将举办的、举世瞩目的博览会——哥伦比亚万国博览会的会址。洛克菲勒对这个充满信心的举动感到十分高兴，决定和菲尔德共同审批理事会成员的名单。

洛克菲勒一生都在努力消除石油生意中的风险，同样也为随着这个芝加哥项目而来的各种不确定因素所困扰。在很长一段时间里，由谁来领导学校的问题自始至终像由谁——除了洛克菲勒自己之外——来赞助的问题一样令他头疼。威廉·雷尼·哈珀看来是一个现成的人选。这位出色的推销员曾说服洛克菲勒参与这项事业，在人们心目中享有特殊的信誉。洛克菲勒虽然有时对哈珀华丽的辞藻感到不悦，却相信这位年轻的《圣经》学者具备管理这所学校的独一无二的资格。哈珀事先也许并不知情，但是洛克菲勒以一种前所未有的方式向他透露了这个想法。1888年圣诞节刚过，哈珀拜访了百老汇26号。由于洛克菲勒一直在病中，他问候了他的健康。洛克菲勒是这样回答的：

> 我几乎毫无进展可言，哈珀博士。我妻子一直有病，我很替她担心。我的时间全用来考虑来自各方的申请了——我绝对没有想到竟会有这么多的请求。蒙特利尔非要我出钱不可。里士满的事十万火急，也要求我捐款。来自各地的要求越来越多，也越来越急……我没有让您在星期天来看我，因为我一整天都在床上；圣诞节也是在床上过的——我太累了。过去的3个星期里，我有好几件非常棘手的生意上的事要处理。但是，我总惦着这件事（芝加哥大学），我想多听一些和它有关的情况。

对于这个一直生活在维克多利亚式沉默寡言的层层帷幕之后的人来说，这话确实是个极为坦率的回答。

眼力过人的哈珀察觉出一定有别的事情在令他心烦，洛克菲勒坦言相告，自己刚收到一封斯特朗博士写来的令他不快的信。那封信打着自家人圣诞问候的幌子——查尔斯和贝西的婚期将至——但十分明显地表现出企图破坏哈珀的声誉和芝加哥项目的用意。斯特朗博士自作主张地检查了女儿凯特的课堂笔记——她在瓦萨大学听哈珀的《圣经》课，并写信告诉洛克菲勒说，他发现哈珀的教学具有异教倾向。斯特朗这种诋毁他人的做法远比他对哈珀的具体指控更令洛克菲勒生气。哈珀下一次去瓦萨大学讲课时，收到了斯特朗博士的一封威胁信，说是如果哈珀继续在那里给主日学讲《圣经》的话，他作为瓦萨大学的理事，要正式提出抗议。古德斯皮德发现这一卑鄙的攻击后对哈珀说："这人好像又疯又傻。"

哈珀一直是洛克菲勒理想的校长人选，有时这个计划成功与否似乎要取决于他是否接受任命。哈珀在夸张地谈论新学校的前景时，不惜对洛克菲勒略加奉承，把新学校说得像是标准石油公司的翻版。"把它办成一个由几十个学院组成的、在很大程度上统一管理的大学。换句话说，就是办成一个教育托拉斯，"哈珀这样向洛克菲勒建议道。这些豪言壮语令洛克菲勒又喜又怕。向他要钱的人实在太多了，他不知道自己是否有足够的财力许下这么多承诺。1889年1月，他告诉哈珀说，他们应该先建一所较小的学院，大学的事以后再说。"有这么多请求压着我，"他抱怨道，"我并不真的需要一所大学来消耗我剩余的财产。"

令哈珀痛苦的是，他不知应该接受芝加哥大学校长一职，还是应该继续从事他热爱的《圣经》研究工作。这个问题背后隐藏着一个更大的问题：他是追求人生的权力和地位呢，还是享受宁静的学者生活。哈珀是一个有独创精神的理论家，一个不愿失去学生的有独特魅力的教师，同时又是一个胸怀大志的人。为了留住他，耶鲁大学慷慨地提出一次付给他6年薪水的建议，请他同时身兼两个要职。洛克菲勒知道此事后给他写信说："如果不相信您确实还是我们的一员，我的心会因此而破碎。我有一切理由相信你会的。您千万要这样做。"两周后哈珀和他见面时，他又恳求他不要和耶鲁大学签订永久性合同。

芝加哥大学的章程在1890年5月得到通过时，学校仍然还没有任命校长。为了加快这一问题的解决，洛克菲勒在那年7月派盖茨到纽黑文通知哈珀，理事会一致决定任命他担任校长。这一举措远远未能解决问题，反而使哈珀陷入新的犹豫之中。尽管洛克菲勒一再重申他只想办一座小型的学院，哈珀却一心想成立一所规模宏大的综合性大学，并且认为已经筹到的100万元相对他的宏伟计划而言只是杯水车薪。哈珀还在感到进退两难时，洛克菲勒在8月又给他去了一封信，答应给他加薪。"我不会忘记，建立这所大学的想法产生于您在瓦萨向我提出的建议，我一直把您当做这所学校的创始人，感谢上帝，它从一开始就具有如此远大而有意义的前程。"哈珀一定注意到了，洛克菲勒在信中用了"大学"这个此前他一直忌讳的字眼。

这封信使哈珀意识到自己能够在决定学校规模一事上有很大的讨价还价的实力，于是他的言词变得更加冠冕堂皇了。"我们的教派乃至整个国家都在期盼着芝加哥大学从一开始就是一座具有最高水准和性质的学府，"他回信给洛克菲勒说。"人们已经在把它同耶鲁、哈佛、普林斯顿、约翰斯·霍普金斯、密执安和康奈尔大学相提并论了。"哈珀称已经筹到的资金不足以实现如此远大的目标。另外，他还提到自己愿意在这所学校里既当校长又当教授，这样就能永远保留自己在学术上的爱好。洛克菲勒同意了他关于增加 100 万元把设在摩根公园的神学院移到芝加哥大学的请求后，年仅 34 岁的哈珀终于向洛克菲勒有条件地投降，于 1891 年 2 月正式接受了校长职位。现在看来一切似乎都清楚了，远大的梦想终将把他带出他那个《圣经》学者的隐居式的小小世界。

随着时间的推移，野心勃勃的哈珀不断对洛克菲勒含混不清的捐赠许诺大加发挥，但他对自己各项计划的理解却毫不含糊。他甚至在接受校长职位之前就向洛克菲勒夸口道："我相信，10 年之内世人就会在芝加哥看到一所令他们惊奇的大学。"他每天工作 16 个小时，只用了 1 年多一点的时间就招募了 120 多位教师。洛克菲勒也许只把这所大学当做一棵生长缓慢的树，哈珀却想让它一夜开花。这位新校长扫荡了常春藤联合会⑦麾下的多所大学——其中耶鲁和康奈尔两所大学损失尤其惨重——的教师队伍，遭到他抢劫的对手纷纷指责这种不正当的竞争手段。哈珀在不太愿意应聘的人面前晃动着大把的金钱，不断扩大学校的经费开支。这场在全国网罗人才的行动第一批就招来九所学院的院长。哈珀同约翰·杜威⑧、乔治·赫伯特·米德⑨签约，延聘他们担任哲学系教授，又请来小说家罗伯特·赫里克（Robert Herrick）加盟英语系，阿尔比恩·斯莫尔（Albion Small）则在校内创办了全国第一个社会学研究生系。另一位著名的应聘者、经济学家索尔斯坦·维布伦⑩把哈珀看作是教育界的洛克菲勒，讽刺他是教育巨头，是在高等教育领域里建造帝国的新进化出来的品种。

然而，洛克菲勒无论怎样受到哈珀的鼓舞，却始终对他大手大脚的做法耿耿于怀，两人之间的关系开始出现问题。由于向外界筹款的工作没有进展，洛克菲勒最担心的梦魇似乎就要变成现实了：他最终会因多年成为一所大学的唯一资助人而被榨干最后一滴血。他俩无论什么时候碰到一起，都只谈办学方针，不谈金钱。财务问题都由盖茨和哈珀两人私下交换意见，而这种讨论变得越来越失去耐心——洛克菲勒则在私下审查他俩的看法。到了 1891 年春天，洛克菲勒越发不安地认定哈珀在把他的钱当做年年弥补亏空的空白支票。让洛克菲勒和盖茨感到惊奇和难以置信的是，这位新校长不但不放弃他繁忙的教学日程（这可以使他每年净得 4000 元的收入），另外还在考虑接受肖托夸英文圣经学校年薪 3000 元的校长职务，而且安排了一次排场的欧洲之行——在进行这些事情的同时，他照样在芝加哥大学领着一笔可观的一万元的年薪。由于洛克菲勒在 1891 年夏天大发其火，盖茨找到哈珀，要求他推掉在校外的活动。"毫无疑问，他拒绝了这些要求，"盖茨通知洛克菲勒说，"也否认了自己有图利的动机。"这真是一个奇特的现象：世界上最富有的人竟然在斥责一位《圣经》学者不适当地追求物质享受。

从某种程度上说，洛克菲勒自己发出的信息就有自相矛盾的地方，而且对哈珀的挥霍浪费也应负一定的责任，要求哈珀花大价钱聘请全美国最好的学界人士的毕竟是洛克菲勒自己。有一次，盖茨同洛克菲勒见面后告诉哈珀说："我们两个就首席教授的工资问题反复讨论了很长时间，最后他希望我肯定地对你说必须请到最好的教授。"这话自然会使人花起钱来满不在乎。盖茨同样别有用心地希望哈珀远离教学。哈珀尽管不像斯特朗博士阴险的描述那样，是个思想自由的人，但他的确对宗教持有离经叛道的观点，并且在可怕地酝酿着他自己的异端思想。他对《圣经》进行科学考证，已经从坚信《圣经》决无差错的立场上转到了对其起源进行学术性研究的阶段。盖茨自己尽管正在转变为一个当之无愧的现代主义教徒，却要求哈珀在公开场合闭口不谈其异端见解。打算赞助学校的人已经开始担心这所新大学在淡化浸礼会精神，因此对哈珀的教义是否纯洁提出了质疑。对于这类批评，盖茨坚持说："哈珀博士是一位具有新教精神的人，而且每年都在耶鲁大学使数十人皈依基督教，"这意思是说，哈珀将在芝加哥大学继续这样做下去。盖茨对哈珀的观点表示担心时，哈珀却把自己的自由主义宗教观向洛克菲勒和盘托出，免得他再对其异端思想感到震惊。

报界对两人之间的紧张关系尚不知晓，还在向这对由托拉斯大王和《圣经》学者组成的不相称的搭档冷嘲热讽。报上的漫画挖苦哈珀紧跟在洛克菲勒及其钱包的后面，这令哈珀十分恼火。有一套系列漫画画的是哈珀在结了冰的哈德逊河上拼命追赶洛克菲勒的情景，他从一块浮冰跳到另一块浮冰上，最后，筋疲力尽的洛克菲勒只好扔下厚厚一沓钞票打发这位大学校长。后来，洛克菲勒捐给了耶鲁大学 100 万元，另一个漫画家便把哈珀画成骑在一座标有"芝加哥大学"字样的教学大楼上，嫉妒地怒视着另一栋标着"耶鲁"的教学楼。哈珀经常被画成富人的食客。有幅漫画画着他正在火车站里迎接几个穿着入时的女士，帮着她们扛行李，行李上则写着"大学校长们的正当职能"。

约翰·D·洛克菲勒肯定在 1891 年纳闷过好几回：自己怎么会卷入一项这么庞大的工程，况且领导这个项目的居然是这么一位才华横溢的怪人。要是早知道后来发生的情况，他八成不会松口的。如今，他已经在公众面前把自己的声誉捆在这个代价高昂的项目上了，而且，以后无论威廉·雷尼·哈珀往哪儿走，约翰·D·洛克菲勒只能毫不情愿地跟在后面。他不能放弃已经得到他赞助的项目，他不是那号人。

不管这其中有多大的欢乐，芝加哥大学带给洛克菲勒的痛苦正赶上他体质虚弱的时候，一下子便把他击垮了。盖茨给哈珀的信中时时提到他们的赞助人每况愈下的健康状况。1891 年 4 月，盖茨同洛克菲勒密谈后写道："他就是仁慈的化身，但显得十分悲伤和沮丧……他甚至告诉我说，他是为这件事（即学校的财务状况）忧虑和操心而病倒的，正是这件事使他扔下生意赶到克利夫兰。我们不能再催他捐钱了。让我们自己想想办法，看看能否压缩开支，尽量使第一年的赤字小一些。"

盖茨这样说不仅仅是在虚张声势或者故做姿态，尽管其中无疑有这种成分。从 1889 年起，洛克菲勒就不断说自己感到疲劳、情绪低落。几十年来，他为创建标准石油公司投入了超人的精力，事无巨细均亲自处理。此间，他的身心压力一直在无声无息地逐渐增大。人们可以从他脸上看出，这个操劳过度的人在勉强打起精神。1890 年初，洛克菲勒因为患了一种资料中未加说明的疾病，好几个月没去办公室。那年的下半年，他答应星期六不再工作，而且多多休假，可是这些症状一直折磨他到第二年春天。

1891 年，标准石油公司的高级主管队伍开始缩减。那一年，查尔斯·普拉特突然去世。亨利·弗拉格勒把越来越多的精力投到了他在佛罗里达的旅馆和铁路公司上面。洛克菲勒自从推荐约翰·D·阿奇博尔德做他的接班人以后，就开始把处理日常事务的权力交给这个精力充沛、矮小好斗的门生了。52 岁的洛克菲勒觉得，成功换来的辱骂多于荣耀，他得成天忙于应付没完没了的出席法庭案件审理和国会听证会的传票。他尽管把各种批评当做小小的烦恼而不屑一顾，坚信自己是个诚实正直的人，但是对这类漫无边际的辱骂充耳不闻决非易事。保持满不在乎的姿态肯定要付出代价的。

尽管如此，洛克菲勒还是承受住了最初的攻击，而且自己完好无损。真正令他烦恼的不是如何赚钱而是如何花钱。他有个朋友是克利夫兰上层社会的女士，她说过这么一件事：有一回她同洛克菲勒一起坐电车。售票员走过来卖票，洛克菲勒递给他一个 2 角 5 分的硬币后，售票员以为他会为身边的女士付钱，于是就扣除 2 张 5 分的车票钱，找给他 1 角 5 分。"你少找了 5 分钱，"洛克菲勒说。"哦，我没少找。我减掉 2 张车票的钱，所以找给您 1 角 5 分，"售票员解释道。"可是我没说要你收两张车票的钱啊，"洛克菲勒反驳道。"好好接受这个教训吧。不要想当然地认为乘客会付 2 个人的钱，除非他这么说了。"洛克菲勒对寄到家里来的每一份账单都要仔细核对，还常常在过道里巡视，随手关掉煤气灯。这些习惯不仅仅是出于节俭的本能，而是根植于他对金钱价值的基本信念。有一次，他发现一家铁路公司为运送他的家人和马匹多收了 117 元，便叫公司财务主管立即去把钱要了回来。"我要用这 117 元在西部盖布道教堂，"他解释道，以此来表明他是如何看待节俭与行善之间的关系的。

洛克菲勒如此不同寻常地看重金钱，这使他无法应付由芝加哥大学和其他慈善事业所造成的心理压力。他说："我不停地搞调查、做工作，没有足够的引导，一步步地摸索，累得我几乎要神经崩溃了，慈善活动却在不断扩大。这就迫使我组织和筹划了这样一个部门，让慈善活动和公司别的业务一样遵循明确的发展原则运转。"从洛克菲勒 1889—1892 年的捐款数额可以看出，他的捐助范围在不断扩大，从1889年的12.4万元（就在他答应给盖茨那笔巨款之前），猛增到1890年的30.4万，1891年增加到51万，1892年为芝加哥大学大开口子，捐出了135万（相当于今天的2200万元）这么个惊人的数字。显然，他需要有人来帮他应付这些雪崩似涌来、令他焦头烂额的请求。1889年末，他开始向弗雷德里克·T·盖茨多次去信求救。"我越来越倾向于只通过各种有组织的机构来捐款，"他告诉盖茨说。终于，洛克菲勒在1891年3月感到体力不支，恐怕自己时日不多，便请来盖茨和他密谈：

> "盖茨先生，我遇到麻烦了。这些捐款请求给我的压力太大，实在难以忍受。我的事情已经够多的了，没有时间和精力再去很好地应付这些请求。我是这样一种人：除非经过周密的调查后认为此事有价值，否则我不愿随便把钱给人。现在这些调查花掉我的时间和精力比我花在标准石油公司身上的还要多。我必须转移一部分负担，要么就彻底停止捐赠。而我又不能选择后一种做法。"
>
> "您确实不能这样做，洛克菲勒先生。"盖茨回答说。
>
> "那么，我得找个帮手。我一直在留意您。我认为您是最佳人选。我想让您来纽约建个办事处，帮我做慈善工作。由您负责面谈和调查，把结果向我汇报后再采取行动。您意下如何？"

盖茨答应了。1891年3月，他把家搬到新泽西州的蒙特克莱，并且在靠近百老汇26号的坦普尔大楼开了一家办事处，这一行动结束了他的牧师生涯，使他成了一个世俗权贵。起初，盖茨还保留着他在浸礼会教育学会的秘书职位，负责向全国分发洛克菲勒的财富。1892年，盖茨兴奋地向洛克菲勒宣布道："我们教派比美国任何其他教派的教育资产都多，分布更广，组织更完善，效率也更高。"只是到了1900年之后，两人才着手他们的创新规划，把老式的教派善举转变为现代化的慈善事业。那时，盖茨召集了一批顾问，用洛克菲勒的原则和方法对他们进行培训，用他自己的布道热情来激励他们。

在洛克菲勒的有生之年里，由于他的身体状况引起如此之多的想入非非、流言蜚语和妄加猜测，我们有必要在此对其作一个详细的描述。洛克菲勒到 50 多岁时一直身强力壮、精神焕发。他从来没有像当时的富豪那样,一副油头粉面、大腹便便的模样,看上去比实际年龄要小 10 岁。那么,是什么使他在 90 年代初病倒的呢?大致说来,是由工作和慈善事业的双重压力导致的过度劳累。与他形影不离的同伴和顺势疗法医生汉密尔顿·比格博士说:"再这样下去会要他的命的。洛克菲勒先生在濒临精神崩溃的边缘的时候……终于听从别人的劝告:再也不能凭一个人的气力来完成几个人的工作了。"由于过度劳累削弱了他的免疫系统,一些疾病便乘虚而入。1891 年,一场流感横扫全国,洛克菲勒也病倒了。比格博士还诊断出他上支气管粘膜发炎。多年来,洛克菲勒一直患有肝病——有一次,他在当地一家药店买了一个"肝垫"带在身上,收到了很好的效果——90 年代初,比格博士给洛克菲勒灌了大量由他专门为此调制的不知其名的汤药。

引起公众关注的是洛克菲勒长期患有消化道疾病,对此道德家们一直在幸灾乐祸,因为他们相信,即使洛克菲勒不能得到正义的审判,至少也会受到身体病痛的折磨。90 年代初,他的消化道疾病很严重,也许是由精神压力引起的胃溃疡。他看上去苍白憔悴。为了缓解腹痛,他有一度在百老汇 26 号吃午饭时光喝牛奶、吃饼干,他喜欢这种简朴的伙食,有时甚至专门提出想吃这样的饭食。后来,他的消化道疾病居然痊愈了,而且以后即便复发,也没严重到危及生命的地步。尽管如此,他依然对饮食格外小心,总是细嚼慢咽,这种进食方式使人们对他受损的消化系统议论纷纷。多年来,人们风传他许下百万元的赏金,寻找能治好他的胃病的医生。

那些相信洛克菲勒正在遭受上天惩罚的人如果听到这一消息一定会额手相庆的:1888 年 11 月,塞迪在一次酒精灯爆炸事故中受了重伤,手和脸都严重烧伤,不得不卧床休息了好几个星期。洛克菲勒在信件中对这场可怕的事故只提供了几条神秘的线索。人们不禁怀疑,那盏灯实际上烧的是标准石油公司的煤油,洛克菲勒却在信中谎称用的是酒精。约翰·D·洛克菲勒的妻子会用酒精灯吗?如果塞迪受伤是标准石油公司生产的质地不纯的煤油造成的,那么她丈夫真该把这次事故看作是造物主对他的惩处了。

1891 年期间,洛克菲勒听从医生的建议,向公司告假去福里斯特山住了8个月，这地方是他一家疗养的最佳场所。他的私人秘书乔治·罗杰斯接到严厉的指示，除了紧急事务之外，一概不许打扰他。他在21年里第一次从脑子里彻底把标准石油公司的事务抛在了一旁。为了恢复健康，他同农夫们一起在田地里劳动，骑自行车，吃清淡的饭食，他开玩笑说，自己正在成为一个"了不起的音乐会歌手"。这些传统疗法效果奇佳，1891年6月他写信给阿奇博尔德说："我非常高兴地告诉您，我的身体正在稳步好转。我简直难以向您描述世界在我眼中发生了多大的变化。昨天是我3个月以来过得最好的一天。"到夏季即将结束时，他的体重增加了15磅，脸上有了红润，而且恢复了比较正常的生活规律。1892年2月23日，他让盖茨给芝加哥大学的理事们发了一封信，答应再捐100万元，并且写道："我提供这份捐赠是为了感谢全能的上帝让我恢复了健康。"事实上，这笔捐款既是洛克菲勒感谢上帝的表示，也是对哈珀用度失调勉强做出的回应。

一向体格健壮的洛克菲勒显然被这场大病吓坏了，因为他担心如果急于回去工作会使旧病突然复发。他此时正在考虑一件令大多数整日操劳的大亨们难以想像的事情：退休。从内心说，他不想把一生的时间都花在积累财富上，并且告诉盖茨说自己已经应有尽有了。他后来解释道："我觉得，我从一开始经商时就把大部分时间花在挣钱上。到了50岁，我应该从忙碌的事务中解放出来，做点其他事情了。"他虽然如此渴望退休，但此间发生的几次危机使他不得不在商海中又呆了三四年，直到1897年才彻底告别百老汇26号。在此期间，他过问公司事务的次数逐渐减少，生活重心渐渐从挣钱转移到尽可能明智地分发钱财上了。

洛克菲勒曾答应哈珀去出席芝加哥大学的开学典礼，但是，后来这位创建人为了证明自己不愿干涉学校事务，放弃了这一想法。人们还怀疑，他是否在以此向哈珀表示他对学校财务管理状况的不满。1892年初，盖茨去了一次芝加哥大学，"惊惧不已地看到了"哈珀奢侈的计划和可用资金之间的巨大缺口。但是，哈珀尽管挥霍无度，却创造了教育史上一项伟大的业绩。他如愿以偿，于1892年10月1日办起了学校，但没有举行任何仪式，"就好像这是一桩1000年前就开始的工作之继续似的。"他仓促召集起来的教职工全是些著名学者，使这所大学一夜之间就跻身于高等学府的前列。开学第一天，学校里就有 750 个学生，其中 1/4 是女生，还有 10 个犹太学生、8 个天主教徒和少量的黑人学生。

建筑师亨利·艾夫斯·科布只花了一年多一点的时间就建起了一座校园，光在 1892 年就有 5 座主要的建筑竣工，1893 年又有 5 幢楼落成。这所新大学的建立适逢市政建设的全盛时期，它在举办 1893 年哥伦比亚博览会的著名的怀特城附近拔地而起。博览会上展出了标准石油公司的一座壮观的微型炼油厂模型，周围环绕着奇特的爱奥尼亚式柱廊，柱顶上交叉装饰着油灯和花瓶。游客们坐在会场中央的旋转飞椅上，可以把这所由标准石油公司利润建起的大学壮景一览无余。亨利·艾夫斯·科布也参与了博览会的设计，他使这两项工程看上去浑然一体，天衣无缝。

大学一成立，哈珀校长就马不停蹄地大干起来。他容易冲动，永不知足，从无数条战线同时出击。他不计成本，提出各种新的设想：建了一所专科学院、一个夜校、一个函授学校、各种成人进修班、一家大学出版社、一个负责管理各种实验室的专门机构以及各式各样的博物馆。作为这家教育托拉斯的领导人，他甚至想把学者们派到设在外州的分院去教课——但这个花费过高的想法被洛克菲勒否决了。哈珀还认为大学应服务于所在的社区，于是社会学家纷纷走出校园，去赫尔文教馆和其他街坊文教馆开展调研活动。

洛克菲勒既为这所大学感到自豪，又担心它会这样无止境地发展下去，因为这样做可能使学校离开他独自生存的日子一拖再拖。每次哈珀请来一位著名学者，学校往往就得为这位新来者购置设备——而哈珀总是忘了把这笔费用计算进去。洛克菲勒和哈珀虽然意气相投，但两人注定要发生冲突。盖茨对两人的差别是这样描述的：

> 洛克菲勒先生和哈珀博士一样目光远大，但他性格冷静、矜持、谨慎、考虑周到、从容不迫而且极富耐心，这样的性格也使他固执己见，难以通融，做事思前想后，精益求精。哈珀博士则热情奔放，极富想像力，工作起来干劲冲天，不知疲倦。他是一个无所畏惧的乐观主义者，蔑视困难、珍惜机会、思维敏捷、不猜不疑、凡事追求立见成效、任性固执，不能忍受反对意见和办事拖沓的现象。

作为一个商人，洛克菲勒认为在顺境中应多祈祷，在逆境中则应鼓起勇气。他不断提醒大家做事要小心谨慎，这一点终于在1893年被他不幸言中。那一年，美国经济出现了恐慌，芝加哥大学也不得不停发工资。为了应付这次危机，洛克菲勒在那年10月又向该大学拨了50万元。他已经深陷其中，不能自拔了——这一点哈珀也很清楚。洛克菲勒尽管曾发誓决不填补学校的经营亏空，此时却不得不放弃前愿，弥补了学校在以后2年预算中的不足部分。

让芝加哥大学按自己的意愿行事如此之难的原因在于，洛克菲勒每次尽管表示不满，腰包还是照掏不误。1895年10月，盖茨去了芝加哥大学，怀里揣着洛克菲勒的一封信，信中答应再捐给这所大学300万——这可能是一次性个人教育捐赠的最高金额了，它相当于今天的5000万元左右。此后不久，哈珀和学校的干事托马斯·W·古德斯皮德观看了芝加哥大学和威斯康星大学之间举行的一场橄榄球赛。比赛进行到上半场时，他俩向教练阿莫斯·阿朗索·斯塔格——此人在美国一所大学里建起了第一个体育系——谈起了这笔捐款。上半场芝加哥大学以10比12落后，斯塔格建议把这件事告诉队员们，"因为我觉得这会起到强大的精神作用。"球队队长在更衣室里听哈珀说了这笔捐款之后，大声吼道："300万元！"说完又在一个队员背上快活地拍了一巴掌。"那就瞧我们是怎么打橄榄球的吧。"就这样，这支重新振作起精神的球队冲回赛场，以22比12大胜威斯康星大学。赛后，学生们在校园里点起巨大的篝火欢庆胜利，唱起赞美洛克菲勒的歌，其中有一首开头这样唱道："上帝派来一个人，他的名字叫约翰。"

洛克菲勒虽然随时都可以参观他的杰作，但多年来一直拒绝去芝加哥大学，因为他不愿把这所大学与自己的名字公开地联系起来。盖茨告诉哈珀说："如你所知，这所大学的优势（即你能拉到赞助的优势）是，洛克菲勒先生能如此无私地捐出自己的金钱。"除此之外，洛克菲勒还十分珍视自己的私人生活，不喜欢在公开场面抛头露面。哈珀终于说服了约翰和赛迪出席在1897年7月举行的建校5周年庆祝活动，并且答应洛克菲勒不必发表演说。这位赞助人只想轻松地在校园里溜达一两个小时，偷偷地欣赏自己的杰作。

在7月一个炎热的日子里，数以百计衣冠楚楚的学生和教授涌进校园中心四方院里一个巨型帐篷里，其中只有一个人身穿普通礼服、头戴丝质礼帽：他就是这所学校的创建人。他还像儿时一样走路时眼睛盯着地上，一点儿也不像个叱咤风云的大人物；面对学校的特殊礼遇，他显得很平静，甚至感到有点不知所措。他走上主席台时，3000双眼睛出神地注视着这位深居简出的美国传奇人物，这位令公众着迷的罪人兼圣人。帐篷里异常闷热，只见观众席中有数百只用棕榈叶做的扇在挥动。哈珀站起来，总结了学校未来的各种需要，然后满怀期待地转向洛克菲勒，提出急需一个礼堂来取代这个临时帐篷。听到这里，洛克菲勒脸上露出了不置可否的微笑，想必他已经坐不住了。接着，这位巨人站起身来，向众人说道：

> "我要感谢理事会，感谢校长先生，感谢今天所有来庆祝这一辉煌开端的朋友们。这只是一个开端"——他的话被一阵热烈的掌声打断——"今后的事业将由你们来完成。"听众安静了下来。"你们有权利来完成这项事业，你们和你们的子女拥有这个权利。我相信你们会成功的。这是我一生中最明智的投资。人们怎会不把金钱、时间和最大的精力投在芝加哥大学呢？为什么不呢？这是放在我们面前的最有利的时机。哪里还会有比这更好的理事会、更好的教师呢？我深深、深深地感谢自己能与这所大学联系在一起。"底下响起一阵表示赞同的笑声。"仁慈的主赐给我金钱，我怎能不把它用在芝加哥大学呢？"

不管洛克菲勒心里如何不痛快，他还是给别人留下了一个极好的印象。在这一天，他埋上了奠基石，听了布道，又作了两次更加简短的讲话。他在哈珀家过的夜，屋里没有钟表，这令他心烦意乱——这次活动打乱了他平日的作息安排——于是便给了哈珀太太1000元的支票作为礼物，建议她去买几台钟表。第二天上午，洛克菲勒骑上自行车，在学校行政人员的陪伴下参观校园。他穿着运动装，一上车就飞快地骑了起来，一边还向路旁欢呼的学生挥手致意。这一行人骑到一半来到杰克逊公园，围着哥伦亚博览会的残垣颓壁转了一圈，然后停下来喝了些饮料，便从中途转回去了。洛克菲勒被学生们热烈、真挚的爱戴之情深深打动了，他感到心满意足。每到一处，学生们都齐唱道："约翰·D·洛克菲勒，他是一个了不起的人，把余财全部献给了芝加哥大学。"另外一队学生则唱起了加油歌：

"谁是好汉^⑪？谁是好汉？啦啦啦！洛克菲勒，他就是好汉，加油干!"

作为慈善家，洛克菲勒有意识地与他资助过的机构保持适当的距离，并且告诉哈珀说，自己是这项事业的一个默不作声的合伙人。尽管人们不时指责他没有做到保持沉默，但他并不干涉学校的人事任命和言论自由，虽然有时会忍不住想这样做。当芝加哥大学的几个学生谴责他的垄断行为时，他火冒三丈地向盖茨抱怨"学生的言论亵渎了学校的创建人，是不负责任、不可饶恕的。但我要知道这份报告是否属实……在我看来，如果……（这事）属实，应该把这几个学生驱逐出芝加哥大学。"然而，根据现有的资料来判断，在这件事和此后发生的几件事上，洛克菲勒后来撤消了这道命令，因为他担心这样做会威胁到学校的学术自由，至少会威胁到他自己的声誉。

在 19 世纪 90 年代，由于学术界到处是直言不讳地批评大企业的人，建一所大学是需要勇气的，因为洛克菲勒的许多工业家朋友都把大学看成是滋生破坏分子的地方。威廉也埋怨哥哥资助了这所学校："你把大批蹩脚文人和社会主义者聚集到一起，他们是不会对你有任何好处的。"洛克菲勒则竭力反对这种看法，但总的来说，他认为"尽管那些无用的蹩脚文人会用笔来毒化人们的思想，但是将会有大批其他类型的人从这些学术机构中涌现出来，为我们增添更多的优秀分子。但愿能如此。"各个校园里的激进运动也波及到了芝加哥大学。1899 年，索尔斯坦·维布伦还在芝加哥大学任教时就发表了《有闲阶级理论》一书，该书把工业界的新贵们描写成残忍的顽固派，揭露了在他们奢侈的消费习惯背后隐藏着的原始冲动。

关于洛克菲勒在芝加哥大学的作用，最有争议的要数 1895 年辞退该校一位年轻的政治经济学家爱德华·比米斯（Edward Bemis）一事了，此人支持市政府接管天然气所有权，攻击标准石油公司控制的联合天然气改良公司。辞退他的官方解释是，与其说比米斯是个学者不如说他是个激进分子，就这一点来看他不符合大学的高标准。由于比米斯是哈珀亲自辞退的，而且此人后来又在公用事业管理方面取得了一定的成绩，人们不由得怀疑在辞退他的背后存在着政治动机，尽管没有证据能说明这是洛克菲勒指使的。更有可能成立的解释是，哈珀因为料到洛克菲勒会发怒，便辞退了比米斯。早在一年前，比米斯就发表过一篇煽动性的讲话，批评铁路当局在普尔曼罢工期间的所作所为，为此哈珀曾经警告他不要从事政治活动。这种公开的激进行为妨碍了哈珀同当地企业的关系，他在 1894 年 7 月给比米斯的一封信中就明确地谈到了这一点：

> 您在第一长老会上发表的演说给我带来了很大的麻烦。我几乎不敢走进芝加哥的任何一家俱乐部。我受到了各方面的压力。我建议，您在本校任职期间千万注意不要在公开场合谈论那些扰乱民心的问题。

洛克菲勒并没有施加这种压力，因为他知道，在自己被人指责为了个人利益不惜搞垮其他机构的时候，当一名不偏不倚的大学赞助人的政治价值所在。

尽管如此，洛克菲勒仍然要求在学校财务问题上有发言权——这是唯一受到哈珀拒绝的要求。洛克菲勒和其他赞助人一样，希望自己在捐赠事务上说了算，而哈珀却不断要求加快这一进程。洛克菲勒任命盖茨充当他和哈珀之间的缓冲器，希望让校方来猜测今后会得到多少捐赠，但这一策略没有发生作用。"哈珀对金钱的胃口难以满足，"标准石油公司的一个顾问这样说。"而盖茨则是公司财务主管的卫士。"随着时间的推移，盖茨和哈珀之间的关系越来越紧张。两人都是精通教义的理想主义者，都怀有一定的世俗野心，彼此都指责对方为了私欲伪善地剥削洛克菲勒。

盖茨起初很钦佩哈珀，认为他是一个凭灵感办事的人物，他挥霍过度只是出于天真的热心。后来他不得不改变这一乐观的看法，因为哈珀坚决否认一流大学可以像一个企业那样有效地经营，并且声称："一所大学若要正常运转总会出现赤字的。"这句话被报界公之于众后，激怒了洛克菲勒和盖茨，认为他背叛了自己的身份。

用盖茨的话来说，哈珀无视他与洛克菲勒达成的几个明确的共识：学校不准负债，不准用捐款为学校盖楼，不准与芝加哥的任何医学院搞联合。盖茨把这几点写在纸上，要求哈珀把它交给理事们传阅，但这份材料居然神秘地失踪了。他劝说哈珀不要再高薪聘请教授，不再发行新的刊物，这位校长干脆对此置之不理。不久，盖茨又坚持反对建造新楼，哈珀却呼吁芝加哥市民支持一项新的建筑计划。正如洛克菲勒所担心的那样，急躁冒进的哈珀已经把一所小型的学院一下子搞成了一所规模宏大的综合大学。

随着哈珀不断增加赤字，他的赞助人也在不断地为他提供动辄百万元的资助，但他只是被逼到这一步的。大批同行业的竞争对手了解到，他有时只要找到一个解决方法便会立即果断地加以实施。"我警告过哈珀博士，"盖茨说，"我警告过他许多次了。我用言辞、行动和各种可能的方法来警告他。"有时，如果哈珀去了纽约，盖茨会以为这位校长认识到自己的错误做法了。可是，哈珀一回到芝加哥后便旧病复发，又开始大手大脚地花起钱来。

经过几年毫无成效的争吵，学校在1897年初仍然背着20万元的赤字，这时洛克菲勒已经受够了。为了避开哈珀，他叫芝加哥大学的两位代表古德斯皮德和亨利·拉斯特来同盖茨和小约翰见面。洛克菲勒本人没有参加这些会议，由他的几位代理人进行各项谈判。在这个历史性的时刻，盖茨转达了洛克菲勒对哈珀的失望之情，因为他不能通过外部渠道集资以减少赤字。盖茨指出，洛克菲勒认为非营利机构在开支上应当比商业组织更加谨慎：

> （洛克菲勒）觉得，一个学术机构在管理上应该比一家银行、甚至一家储蓄银行或托拉斯公司要保守得多。这些公司只需向储户或投资者保证他们的资金将在限定的时间内得到合理的使用，而大学投资者的目的则是为了把钱用来造福于人类。如果可能的话，只要世界存在一天，这种福利就应发挥一天的作用。

就像他的前车之鉴奥古斯特·H·斯特朗博士一样，哈珀在向洛克菲勒寻求资助时犯了根本性的错误。盖茨指出，洛克菲勒很久以前就打算建立一所了不起的大学，并且为此准备了足够的资金。令他恼火的是哈珀那种一意孤行、傲慢无礼、纠缠不休的集资方式。"洛克菲勒先生越来越本能地感到，人们常常在用强加于人的方法来争取他的捐助，"盖茨说。"人们向他要钱的方式简直就像是在逼他掏钱。"

盖茨尽管在会议结束时肯定了哈珀的成绩，但又严厉地指责他治校无方。洛克菲勒看了会议记录之后，要求学校的每一位理事会成员都看一遍，并且采取了一个不同寻常的举动：把它放在自己的保险箱里，以此来证明他本人对学校今后办学方向的态度。2个月后，芝加哥大学的理事们进行了彻底的改革。从此以后，任何新的开支都必须告知洛克菲勒，让他有时间提出反对意见。盖茨在一年之前就进了理事会，一年后小约翰也参加了进来，直接代表约翰·D参与学校的管理。

赞助这所大学的圣徒和魅力无穷的校长之间关系的破裂令这两人都很沮丧，因为他们曾一度紧密无间、形同父子。此时，哈珀再也不能向洛克菲勒伸手要钱了，他失去了长久以来享有的随时可以去找洛克菲勒的权利。情绪化的哈珀时而会兴高采烈，时而又会垂头丧气。要他在赞助人面前缄默不语真是太难了。据说，哈珀因为被禁止在洛克菲勒面前直接谈有关钱的事，就避开禁令，当着洛克菲勒的面大声向金钱做祈祷。这个说法如果属实，那说明他仍然没有吸取洛克菲勒虽不情愿却一再试图教给他的教训。

注释

①Johns Hopkins, 1795—1873, 美国富商，慈善家，遗赠巨款建约翰斯·霍普金斯大学等院校。

②William James, 1842—1910, 美国哲学家、心理学家。

③George Santayana, 1863—1952, 西班牙哲学家、文学家，早年移居美国，在哈佛读书并任教。

④Marshall Field, 1834—1906, 芝加哥纺织业巨头，多次向社会捐赠巨款。

⑤Philip D. Armour, 1832—1901, 美国大实业家。

⑥Leland Stanford, 1824—1893, 美国金融家、政治家。

⑦指美国东部各名牌大学。

⑧John Dewey, 1859—1952, 美国哲学家、教育家，实用主义哲学学派创始人之一。

⑨George Herbert Mead, 1863—1931, 美国社会行为主义学派哲学家。

⑩Thorstein Veblen, 1857—1929, 美国经济学家、社会学家，制度学派创始人，用进化论研究经济制度。

⑪feller, 在口语中是"好小伙子"意思，发音和拼写都与"洛克菲勒 Rockefeller"的后半部分一样。

洛克菲勒传
全球首富的创富秘诀

［美］荣·切尔诺 著　王恩冕 译

下

华东师范大学出版社

CONTENTS 目 / 录

18 复仇者

19 世纪 90 年代，就在洛克菲勒试图转移精力，不再过问公司事务的时候，反对他的政治势力又开始抬头，使他无法同自己那段辉煌但又蒙上污点的历史一刀两断。他想继续前行，而他的过去却在公众的头脑中越发突出，它就像一个摆脱不掉的阴影，在以后的 20 年中不断地缠绕着他。

谢尔曼反托拉斯法已是一项对其不起作用的立法，标准石油公司的真正威胁来自一个匪夷所思的地方：俄亥俄州首府哥伦布市的一家小小书店。1889 年，该州年轻的首席检察官、共和党人戴维·沃森（David K. Watson）一天傍晚信步走进这家书店，碰巧发现了威廉·库克（William W. Cook）写的一本小册子，廉价的仿皮革封面上的书名是《托拉斯：近年来的行业合并》（*Trust：The Recent Combinations in Trade*）。他把这本书买回家仔细地研读到深夜。在书后的附录中，沃森惊讶地发现了标准石油公司的托拉斯行径，这是他以前闻所未闻的。他惊骇地了解到，在过去的 7 年中，俄亥俄州的标准石油公司把该公司的控制权转给了多数住在俄亥俄州以外的纽约托管人，从而违反了该州的宪章。沃森利用这一发现在 1890 年 5 月向该州最高法院提出公诉，追究俄亥俄州标准石油公司的不正当行为，并且直接要求解散标准石油公司。

标准石油公司的高级经理们做出了反应，他们像往常一样，诋毁这种做法是商业对手对他们的公然骚扰。弗兰克给约翰去了一封信，说他"不能确定这是谁唆使的，但认为肯定有克利夫兰的炼油商在插手此事"，并且推测说，沃森在依靠约翰·谢尔曼为他提供信息。在对上述指责进行反驳时，标准石油公司的律师，塞缪尔·多德也用了以下这个法律依据为公司遮羞：即这种联营方式已经沿用多年，俄亥俄州标准石油公司的股份是由个人持股人而非公司自己转给纽约托管人的。但是这一次，这个招数开始不灵了。

具有讽刺意味的是，这次对标准石油公司的突然袭击来自在它最有势力的、以工业为主的、保守的俄亥俄州。作为共和党坚定不移的赞助人，洛克菲勒觉得自己被这种忘恩负义的行为出卖了，他向克利夫兰的一位朋友抱怨道："我们从共和党那里得到的是不公平的待遇。"共和党首领马克·汉纳是个一向有话直说的人，他给沃森写了一封措辞严厉的信，告诉他"标准石油公司是由一些全国最优秀、最强有力的人物领导和管理的。他们几乎个个都是共和党人，在对本党的捐献中一向十分慷慨。据我个人所知，洛克菲勒先生一直在默默地做着他那份贡献"。尽管汉纳竭力劝他撤销起诉，沃森却不为所动。洛克菲勒矢口否认自己知道汉纳的举动，但他的记忆是在故意出错，因为汉纳曾在 1891 年 4 月 7 日写信对他说："那天我碰巧在这儿遇到了我们尊敬的沃森首席检察官，并向他谈了我的看法。"沃森的继任弗兰克·蒙内特（Frank Monnet）声称沃森曾 6 次受人贿赂，要求他停止办理这一案件——有一次行贿的现金达 10 万元之多——但蒙内特一直没有提供证据来证明他的指控，这也许是害怕标准石油公司对提供消息的人进行报复。

这种恐吓如果真的发生的话，只会增强沃森顶住压力的决心。1892 年 3 月 2 日，他在这个著名案件中获得了胜利：俄亥俄州高级法院裁决的结果是，俄亥俄州标准石油公司确实受百老汇 26 号托管人的控制，它必须宣布放弃这项托拉斯协议。该公司还被指控企图全面垄断石油业。一位十分敬业的记者连忙赶到百老汇 26 号，但他听到的只是该决定对这个托拉斯组织不会产生丝毫影响。当一名记者出现在塞缪尔·多德家的门阶上时，这位标准石油公司律师的表现堪称谦谦君子的典范。"（托拉斯）协议并不是真的非有不可，"他说。"搞这么一个协议只是为了良心上的需要。这一裁决的唯一作用是会给我们带来一点不便。"

这种满不在乎的态度只有一部分是装出来的。为了应付来自法律的指控，标准石油公司进行了多次重组，它就像某种神话般的有机生物一样，能变成各种不计其数的形态来躲避立法人。多德和洛克菲勒曾花了几年的时间研究各种对策，以应付公司万一在反托拉斯诉讼中被迫解散的情况。他们已注意到，新泽西州在1889年颁布的一项法律允许设在该州的公司控制其他公司的股份。这一独创之举允许人们成立全国性经营的控股公司，为四面楚歌的托拉斯组织提供了一条重要的出路。结果，标准石油公司平静地接受了俄亥俄州在1892年的裁决，它与其说把这一决定当做致命的危胁，不如说把它当做一次机会，籍此对公司进行已经拖延过久的重组。

几天来，标准石油公司的首脑们一直在考虑如何以最适当的方式来执行法院的裁决。他们的思想全都集中在这一认识上：如果他们不采取行动，纽约的首席检察官随时都会对他们行使反托拉斯法。1892年3月10日，即俄亥俄州法院作出裁决一个星期后，塞缪尔·多德宣布该托拉斯组织即将解散。第二天，标准石油公司向全体持有该公司托管证书的人发去一封信函，要求他们出席在3月21日举行的会议，请他们用手里的证书换取相应比例的20个分公司的股份。在标准石油王国内部，权力、金钱和红利的分配全都和原先完全一样，其他受到反托拉斯法困扰的公司后来都纷纷效仿这个聪明的策略。

约翰·D·洛克菲勒在标准石油公司的97.25万份在外股份中拥有25.6854万股，因而由他来主持3月21日的会议。在一个只能容纳200人的房间里挤了300个与会者，但这次事先安排好的会议开得简短而有条不紊。全体一致表决通过解散托拉斯，这早已是定论。洛克菲勒被指定为8位清算委托人之一，但他因大病初愈，想把公司重组的担子交给别人来承担。他逃脱了一次可怕的经历，因为清算往往会引起很大的争议。在用托管证书换取零散股份一事上，小股东们都犹豫不决，因为零散股份没有分红也不能在二级市场上出售。在诽谤标准石油公司的人看来，这次交换拖延的时间之久令人生疑。

借新泽西州公司组织法之便，新泽西州的标准石油公司在改组后占据了独特的地位。它更名为新泽西标准石油公司，买进了标准石油公司麾下其他公司的全部或大部分股权，从而合法地控制了它从东海岸到西海岸各地的产权，成了一个既自己经营业务又控股的公司。在一次重组中（这次重组发起成立了只存活 7 年的所谓标准石油利益集团），纽约州的标准石油公司也取得了新的地位。

1892 年的这场大改组在很大程度上是一场皮影戏，一场安抚法庭的骗局。百老汇 26 号的执行委员会正式解散，但委员会的成员们失去的只不过是他们的头衔，通过最巧妙的合法途径，他们很快就摇身一变，成了 20 家分公司的总裁。用标准石油公司的人的话来说，这些人此时改称为"楼上的绅士"或者"1400 房间的绅士"。在午餐桌上，谁也不用调换座次，洛克菲勒和他的小圈子还像以前那样发号施令。17 位独立股东——几乎是清一色的标准石油公司高级经理或他们的家庭成员——控制了这 20 家公司的大部分股权，由他们来选出公司的董事。这种合法的把戏使立法者们再度受挫，他们觉得这个联合企业太庞大、太狡猾、太难对付，永远不可能俯首贴耳，也永远不会为自己的行为承担责任。

1892 年，标准石油公司的高级经理们认识到，公司面临的主要威胁是领导层老龄化问题。领导公司的还是那批自 19 世纪 70 年代起就开始掌舵的中坚人物，这些人此时已经开始相继辞世或退休。洛克菲勒打算隐退时，这个警钟肯定早已敲响，只是由于 1893 年的经济危机，他才暂时放下了这个打算。这场经济恐慌表明，他的作用与其说是标准石油公司一名高级经理，不如说是一位君主，拥有与政府权力抗衡的实力。然而，他仍然在暗中操纵，就像一个幽灵，在大多数情况下只能感觉到他的存在，却看不到他的身影。

这场以 1893 年 6 月股票市场崩溃为前兆的经济萧条持续的时间极其长久，给人带来了痛苦不堪、难以愈合的苦难，经济史学家们称之为"大萧条"，直到 20 世纪 30 年代，这一称号才被另一场经济萧条夺走。在 1893年那个噩耗频传的夏天，伊利—北太平洋铁路公司倒闭后，许多负债累累、被各种欺诈行为弄得狼狈不堪的公司也纷纷步其后尘。全国各地的大量失业激化了阶级矛盾。一年前在宾西法尼亚州霍姆斯特德钢铁厂发生了流血冲突，亨利·克莱·弗里克下令平克顿的警探向工人开火——约翰·D 为此发去电报表示热烈祝贺。企业的这种野蛮行径导致新成立的平民党发出呼吁，要求政府征收累进所得税，接管铁路公司和电报公司，并加强对工会组织的保护。在平民党经常加以痛斥的恶魔中，洛克菲勒首当其冲，传说他睡觉时都要在床边放一把左轮手枪。工业化推动美国从农业社会迅速转变成一个世界经济强国，但随着国家进一步两极分化，许多人怀疑美国为这一进程付出的代价是否太大了。

1894 年初，这次经济萧条使 600 家资信不稳的银行倒闭，到处都能明显地感觉到骚乱一触即发，针对这一局势，金融评论家亚历山大·达纳·诺伊斯（Alexander Dana Noyes）做出了如下评论："历史上有过这样的时期，即工业界的动荡几乎到了无政府状态。"1894 年春，俄亥俄州的雅各布·考科赛（Jacob Coxey）将军率领他那支衣衫褴褛的"基督同志军（Army of the Commonwealth of Christ）"向华盛顿进军，请求国会制定救济法，但这次进军一开始就注定要失败。两个月后，普尔曼豪华车厢制造公司的工人举行罢工，要求停止大批裁员和削减工资，尤金·德布兹①领导下的全美铁路联盟也举行了同情罢工以示支持。克利夫兰总统派军队去芝加哥，把德布兹投入监狱，并且枪杀了 7 名罢工工人。人们对 19 世纪后期的社会剧变所产生的积聚已久的失望情绪此时全都自发地通过各种表示异议的方式发泄了出来，其中不乏过激的行为。

令批评家们惊讶的是，在这场旷日持久的经济衰退中，标准石油公司和其他托拉斯组织却一帆风顺。照明油和润滑剂——此时已成为生活必需品——的需求稳步增长，使标准石油公司在一片萧条中照样生意兴隆。与此同时，一种新的财源正在不远处向它招手。19 世纪 80 年代早期，哥特利布·戴姆勒②把轻型汽油发动机安装到自行车、三轮车和其他交通工具上，这些实验最终使他发明了汽车；与此同时，另一位德国发明家卡尔·本茨③在 1886 年取得了装有单缸发动机的三轮汽车的专利。1892 年，杜里埃④兄弟正在捣鼓他们的第一辆汽车。标准石油公司意识到即将会产生一个极大的市场，便派了一个代表去观看为公共汽车设计的新型汽油发动机的测试。第二年，亨利·福特⑤测试了一种双缸汽车，这种汽车能以每小时 30 英里的速度行驶，使人们再度开始担心现有的石油会供不应求——但这种焦虑后来多少得到了缓解，因为 90 年代人们在洛杉矶和加利福尼亚州的其他地方发现了石油。西海岸的石油大发现值得大书特书，因为那儿生产的石油很快就超出了过去曾是洛克菲勒的财源宾西法尼亚州和俄亥俄州的老油田。汽车的问世对标准石油公司来说不啻是天赐好运，因为美国各地的电灯越来越多，多数煤油都被贬谪到无法使用电力的偏远农村去了。

标准石油公司又一次得益于艰难时期，扩大了自己的势力范围。几年来，它一直在满怀忧惧地关注着匹兹堡梅隆家族的业绩，洛克菲勒严令阿奇博尔德买下出现在市场上的梅隆家族的每一个石油产权。梅隆家族成为出口市场上一个令人担忧的威胁时，洛克菲勒担心梅隆也许会同法国的罗斯柴尔德家族结盟。梅隆家族曾用在匹兹堡的不动产作为抵押大举借债来建设他们崭露头角的石油王国，但在 1895 年 8 月，他们又被迫把自己的新月管道公司和其他产权卖给了标准石油公司——这一巨大的意外收获给公司带来了 1.4 万公顷的土地和 135 个产油井。标准石油公司此时似乎完全拥有了整个石油业。大地测量学会宣布测量地球的计划后，《世界报》评论说，这一消息将"使标准石油托拉斯和其他托拉斯组织得以了解它们地盘的确切大小。"

此后不久，令所有人大吃一惊的是，那些独立炼油商在经历了那么多不幸和挫折之后，最后一次联起手来，成功地摆脱了标准石油公司的控制。1000 位油井拥有者同意通过一家名叫生产商和炼油商石油公司的新公司向 15 家独立炼油厂提供原油，彼此用一个新的地方管道网络相连。1892年秋天，标准石油公司的凤敌小刘易斯·埃默里早已成立的合众国管道公司（United States Pipe Line）答应为反抗标准石油公司的人提供一条通往海边的至关重要的输油管道。为了铺设这条管道，埃默里手下的工人们不得不躲避来自铁路部门的野蛮侵扰。火车机车从他们身旁呼啸而过，把滚烫的蒸汽、沸水和炽热的煤炭向他们泼去。尽管障碍重重，独立企业的石油还是在 1893 年开始输送了。标准石油公司又改变策略，故意大幅度削减煤油价格——此举在原油价格上涨时期不算个坏主意。因利润不断下降所迫，三家大型独立炼油厂最终承认了标准石油公司的宗主权，而生产商和炼油商石油公司却奇迹般地存活了下来。1895 年，人们发觉洛克菲勒身体欠佳，受此鼓舞 30 家独立炼油商合并后组成纯净石油公司（Pure Oil Company）——这是标准石油公司在国内的第一家与之长期竞争的企业。为保住自主权，他们把一半有表决权的股票藏在 5 个人手中，这五个人发誓保证这些股份不受标准石油公司的支配。就这样，在联邦反托拉斯检察官们采取粉碎洛克菲勒垄断的行动之前几年，激烈的竞争早已在市场上扎下了根。

尽管遇到了这次挫折，洛克菲勒在 90 年代并未受到伤害。他此时的财富正在不断地自我增值。不管他是在种花、吃饭还是躺在床上不动，他的巨额储蓄每时每刻都在静静地增加。他每年从标准石油公司的分红中大约收入 300 万元（相当于 1996 年的 5000 多万元），他又把这些钱转到各种外部投资中，使他成为只有一个人的控股公司。他此时在石油和天然气业之外的投资额为 2400 万元，在 16 家铁路公司、9 家房地产公司、6 家钢铁公司、6 家轮船公司、9 家银行和钱庄，甚至还有 2 个桔子园都拥有可观的股份。

标准石油公司在 19 世纪 90 年代经济萧条中表现出来的活力及其经受住市场波动考验的免疫力，令洛克菲勒感到十分振奋，他把这一切归功于公司大量的现金储备和保守的分红政策。这场经济恐慌似乎为洛克菲勒提供了不可辩驳的证据，证明合作胜于变化无常的残酷竞争。在其他行业饱受劳资冲突之苦的时候，合作自然能使他安稳地实行仁慈的家长式统治。"我们把事情协调得十分妥帖，使我们幸运的工人都能拿到工资，而在其他公司，许多工人被迫失业，吃不上面包，"他后来告诉威廉·英格利斯说。"这对我们是一件值得庆贺的事，在那些危机四伏的年月里，我们能看到我们的工人面带笑容，能把他们应得的工资发给他们。"

从 19 世纪 80 年代初开始，标准石油公司的资金一直是自筹的，而且始终流动很顺畅，从不受华尔街银行家们的摆布，所以别的工业公司都不能像它那样无所畏惧、独立自主。令洛克菲勒感到最自豪的事情之一是，他和其他托拉斯组织不同，不需要任何大银行家来帮助他实现行业联营。标准石油公司预见到了 20 世纪经济的一个主要特征：管理先进、现金充足的公司终将摆脱以往所依赖的银行家们，凭着自身的能力成为融资巨人。新闻记者约翰·穆迪（John Moody）颇有洞察力地写道："标准石油托拉斯是一个真正意义上的最庞大的银行——它是一个行业内部的银行，为该行业提供资金以抵抗一切形式的竞争，并且不断把大笔的金钱借给急需的借贷者，要求他们用高等级的担保品作抵押，就像其他大银行的做法一样。"

为各子公司提供资金的主要是纽约标准石油公司，它控制着大概是美国工业历来所产生的最大的现金流量。为了从华尔街的利息中获得最大收益，它将其巨额结余资金分别存到许多银行里；光是公司下属的一家企业——全国运输公司（National Transit Company）的存款有时就达 4000 万元之多。纽约标准石油公司也向银行、经纪行、铁路公司和钢铁公司提供大笔贷款。如此的充足现金使标准石油公司对华尔街拥有生杀予夺的权力，谁要是胆敢违抗，只会自讨苦吃。标准石油公司的董事们经常从公司借出巨额贷款。1893 年经济恐慌爆发前夕，约翰·D 有 136 万元的贷款未还，他的弟弟威廉也欠了公司 86.5 万元。

作为纽约标准石油公司的总裁，威廉·洛克菲勒成功地利用自己的地位在华尔街获得了非同小可的影响。华尔街可能对约翰来说是个罪恶的巢穴，但它对威廉却自有其地狱般的魅力。1884 年，威廉在担任芝加哥—密尔沃基—圣保罗铁路公司的董事时认识了花旗银行（National City Bank）最年轻的董事詹姆斯·斯蒂尔曼（James Stillman），后者当时也是该公司的董事。斯蒂尔曼灵机一动，请威廉当花旗银行的董事。到 1891 年斯蒂尔曼成为花旗银行的总裁时，该银行由于得到标准石油公司的大笔存款而变得财大气粗，因而得了个绰号叫"石油银行"。

1893 年经济恐慌袭来时，约翰·D 刚好养好了病，重又开始工作。他从克利夫兰迅速返回纽约，安排一次巨大的行动以拯救公司。在经济恐慌期间，他向 58 个个人和企业提供了将近 600 万元，因为他们被银行拒之门外，迫切需要他的帮助。为了使这些借款者摆脱困境，洛克菲勒不得不借了大约 400 万元，其中将近 300 万来自纽约标准石油公司。这是一个后果难以预料的融资行动，因为他用来抵押的是当时正在贬值的证券。1893 年10 月，标准石油公司的财务主管威廉·沃德韦尔（William T. Wardwell）认为洛克菲勒的债务已经达到公司规定的最大限度，便做了一件令人不可思议的事：向这位公司创始人关闭了借贷的窗户。乔治·罗杰斯惊呆了，他把这一决定转达给老板："他拒绝再给我钱，因为他无法保证在他需要这些钱时能拿回来。"经过几次紧张的商谈后，沃德韦尔把对洛克菲勒的信贷额度提高到 280 万元，不过洛克菲勒得用他每个季度从标准石油股份中获得的分红——77.5 万元——作为抵押。洛克菲勒写的一些信谈到了他想方设法从欠债人手中收回贷款以偿还他自己欠标准石油公司的债务时的悲喜交集的感受。9 月初，他从纽约写信给塞迪说，他已经还清了债务，还有 55 万元的结余。"我们正在稳步摆脱这场经济恐慌，但我希望永远不要再有这样一次经历了。"

他对待老朋友慷慨得简直叫人不敢相信。范德格里夫特船长从匹兹堡打电报说，他领导的一家托拉斯公司正濒于倒闭，洛克菲勒立即打电报问："你需要多少钱？"回电答道："100 万。"洛克菲勒回复："100 万元的支票已寄出。"但由于求助者太多，使他不胜其扰，更多的人遭到拒绝而不是得到救助，因而不可避免地产生了怨恨。弗雷德里克·T·盖茨在 1893 年 10 月的一封信中谈到了这种令人痛苦的窘迫："今天我桌上放着好几封迫切求助的急电，要求救助（洛克菲勒先生的）老朋友，金额达数十万元。我已惹恼了许多重要的工商企业，因为在过去的几天里我不得不拒绝帮助他们。"不止一位被拒绝的朋友后来指责洛克菲勒毁了他。

在这场经济恐慌中，洛克菲勒认识到了拥有巨大财富所承担的公共责任。长期以来，他本能地与政府作对，此时却发现自己正在与华盛顿携手平息金融市场的恐慌。1894 年，美国财政部惊恐地发现黄金正在金本位制的支持下合法地外流，因而转向 J·P·摩根寻求解救办法。摩根对财政部长约翰·卡莱尔（John G. Carlisle）说这不可能，之后又急忙与斯蒂尔曼商谈——这表明斯蒂尔曼在华尔街拥有了新的地位。"他十分不安，心事重重，"斯蒂尔曼回忆道，"几乎要哭了。他双手抱头叫道：'他们想做不可能做到的事情！'于是我劝他安静下来，让他给我一个小时的时间。一小时后，我让标准石油公司从欧洲电汇过来 1000 万元，又从其他渠道筹集了 1000 万元。"当斯蒂尔曼走进摩根的办公室，告诉他已经弄到了 2000 万元时，摩根兴奋得冲昏了头脑，又开始洋洋得意起来。"他摆出一副国家拯救者的姿态，把所有的功劳据为己有，"斯蒂尔曼傲慢地评论道，把真正的功劳归于自己和标准石油公司。"不过，看得出来他是个诗人。摩根是一位诗人。"洛克菲勒却从未夸耀过自己的行为，他宁可不为人知。

斯蒂尔曼在经济恐慌期间的举动对他和洛克菲勒之间的关系产生了不良的影响，后者不顾他人的大量请求，向他提供了 500 万元。洛克菲勒认为，狡猾的斯蒂尔曼不光过久地占用了他的钱，而且还用这笔钱买了廉价的股票，并没用它来扶持他的银行。无论在什么情况下，洛克菲勒对标准石油公司和华尔街银行之间结盟的事原本都持批评态度，可是在 1893 年经济恐慌之后，他不再对斯蒂尔曼抱有幻想，从而格外担心威廉把大笔剩余资金存放在银行里的做法。洛克菲勒的一位财政顾问亨利·库珀（Henry E. Cooper）气愤地告诉他："您应该对他严加管教！""不行，库珀先生，这办不到，"洛克菲勒平静地回答说。"但我们不会忘记这件事的！"

1887 年 11 月，亨利·德马雷斯特·劳埃德旁听完洛克菲勒在新的州际商务委员会作证后，认为这位证人就是撒旦，是罪恶的化身。随后，他怒不可遏地迅速写了一些题为"狂热的标准石油公司"的按语，关于洛克菲勒他这样写道：

> 他是……掠夺者……而非自由的崇拜者……是财阀政治的沙皇，他是把自己凌驾于人类之上的金钱力量的崇拜者。他决不会因法律的制约或者为爱国主义、慈善事业放弃自己的任何一个计划……他贪婪和巧取豪夺的本性像一种万能溶剂，无论流到哪里都能把私有企业、公共道德、司法正义、法制信仰、自然资源统统为他自己熔化成金子。除非有人阻止他，他才会住手——他自己是不会住手的。他不是一头老虎，而是一只猞猁……外表像传奇故事中的"绅士型海盗"，内心却冷酷无情。

劳埃德认定标准石油公司是典型的托拉斯，便在两年后动手写一部长篇研究报告。1894 年，他的《财富与国民》（Wealth Against Common-wealth）一书问世时，他确信公众已经能够充分接受他所揭露的事实了。他在该书出版前夕写道："天上好像充满了征兆，表明揭发这些事实的时机已经到来。"

劳埃德以"百万富翁社会主义者"而著称，他服饰整洁，一头长发，戴着金丝眼镜，蓄着蓬松的胡须，平添了一副艺术家的气质。他的朋友中有克拉伦斯·达罗⑥、简·亚当斯⑦、尤金·德布兹和布克·T·华盛顿等人。他还受到许多文学家的推崇，罗伯特·路易斯·史蒂文森⑧称他是个"十分聪明能干的家伙"，并宣称"在我所认识的美国人中，他的文章写得最为独具匠心。"劳埃德是个花花公子型的改革家，戴着拴有金链子的夹鼻眼镜、灰色高礼帽，穿着擦得锃明瓦亮的皮鞋出席各种工会会议。1886 年，他由于支持煽动芝加哥秣市广场暴乱的无政府主义者而惹怒了他的岳父，这位《芝加哥论坛报》的老板剥夺了他的继承权，将其财产委托他人保管，以后由劳埃德的子女继承。为了维持他那种衣冠楚楚的百万富翁和激进派游吟诗人的生活方式，劳埃德只好靠妻子的收入为生。

劳埃德的政见随时间的推移变得愈发激进了。他以救世主自居，对每一种社会运动都不加区别地予以支持。他最初是个主张自由市场的自由主义者，后来又转而支持社会主义、工会、工人合作社和乌托邦组织等。他曾自称是"一名社会主义—无政府主义—共产主义—个人主义—集体主义—合作社派—贵族民主主义者"——而且这只仅仅是开始。他的想像力极为丰富，进步党（Progressive Party）的所作所为——从攻击征税到赞成公用事业归地方所有再到反对血汗工厂——几乎没有一样不在他宽阔的视野之内。他和卡尔·马克思一样，认为腐败堕落、掠夺成性的资本主义必将灭亡。他和马克思的相似之处还有，认为竞争导致垄断——他欢迎这一步，因为它是"迈向全国乃至国际合作的必不可少而且不容置疑的一步"。

劳埃德再度攻击标准石油公司——后者曾是他1881年在《大西洋月刊》上撰文攻击的对象——是出于多种原因。谢尔曼法未能阻止垄断，这使他十分沮丧，他挖苦该法是"反工会法"，说它只不过是"贪得发疯、丧心病狂地再度奴役劳动人民的金钱势力在全世界采取一致行动时"所施行的一个诡计。此时，他又可以广泛利用政府调查标准石油公司时发掘出来的大量材料了。他利用一小撮对洛克菲勒恨之入骨的人——包括乔治·赖斯、刘易斯·埃默里和罗杰·谢尔曼等——收集到了一批法庭记录和审讯记录稿，把这些材料分门别类地存放在芝加哥郊外温尼特卡的家里。一位相识去他家拜访时，劳埃德告诉对方："我要证明约翰·D·洛克菲勒是有史以来最自私的掠夺者。"他怀着陀思妥也夫斯基①般的激情，在笔记本上写满了猛烈抨击美国财阀政治的长篇大论，把洛克菲勒家族和范德比尔特家族描绘成"凶残、自私、嗜血成性、目光短浅一族"的成员。他为自己写的那部关于标准石油公司的书编了一串耸人听闻的题目——如《创世纪的黏土》、《污秽之泉》和《商界野蛮人》，等等——这些标题既表现了他高度的想像力，又表明了他对这家托拉斯组织的态度。实际上，劳埃德使用那么多浮夸的辞藻，反而更使商人们对他置之不理，尽管他的见解往往不乏精辟之处。

《财富与国民》没对标准石油公司说一句好话。劳埃德在书中列举了针对它的每一个微小的指控，把这些指控全都当做无可置疑的事实收在书中。艾达·塔贝尔后来把洛克菲勒和他的同伙描绘成杰出而又不道德的商人，而劳埃德则把他们说成是厚颜无耻的罪犯，他们的所作所为全都是阴险恶毒的勾当。他后来在私下谈到标准石油公司高级经理们的"罪恶品性"时，坚持认为这些人"全都该投入监狱。"这部书和他在《大西洋月刊》上发表的文章一样错误百出，令人难以置信的失实之处比比皆是——例如，他把罗斯柴尔德说成是标准石油公司的国外代理，劳埃德指责洛克菲勒人为地制造石油短缺来抬高煤油价格，他有所不知，这家托拉斯是通过保持低价和有选择地实行掠夺性定价来维护其霸主地位的，他还把所有反对洛克菲勒的商人都说得品格高尚，无论此人实际上多么贪婪，多么无能。

这本书尽管有许多缺陷，但还是产生了深远而又持久的影响，并被奉为揭发丑闻的经典之作。劳埃德的写作手法高超，优美流畅的行文引人入胜。书中的每一段话都是战斗的号角。无论他的论点存在怎样的漏洞，他都能把一件复杂的事交代得清清楚楚、一看便知，特别是在说明铁路回扣在标准石油公司发家过程中所起的重要作用这件事上。他认为改造南方公司根本没有寿终正寝，而是变成了洛克菲勒的总体规划，这个观点后来为艾达·塔贝尔所采用。此书之所以具有影响力，还有一个原因，即劳埃德提出的政治见解："自由产生财富，而财富毁灭自由。"他说，由于托拉斯组织的势力波及到整个社会，败坏了美国生活的每一个角落。美国民主的伟大实验正在遭到商人们的破坏，他们正变得比国家还有权势，控制了人民选出的代表。"我们的体制从理论上说十分公平，它在头 100 年里带来了那么多欢乐与繁荣，而现在，它正在面临着和一切体制相同的命运：变得虚假、死板和腐败起来。"劳埃德在《财富与国民》中略去了所有的名字，尽管如此，洛克菲勒、弗拉格勒和其他人在书中全都不言自明。书中从未提到标准石油公司的名字，而是一直称它为"石油联合企业"或其他委婉的叫法。这一做法使劳埃德得以避免因诽谤罪而受到起诉，尽管他用夸张的说法对此作了解释："最重要的一点似乎是，此书应保持它的特点：即描述我们的商业文明的动机和结果，而非对某一公司或某一群人进行攻击。"

劳埃德的手稿费了好大劲才找到出版商。马克·吐温那时有自己的出版公司，但出于尊重他和亨利·H·罗杰斯的亲密友谊，拒绝了劳埃德的手稿。吐温对妻子说："我想（对劳埃德）说，在这个世界上，我唯一关心的人，我唯一在乎的人，唯一能不顾一切地把我和我的家人从饥饿和耻辱中拯救出来的人，就是一位标准石油公司的魔鬼……但我没说这些。我说我什么书都不想出了。我想退出出版业。"幸运的是，劳埃德赢得了另一位文化名人的热情赞助，此人就是在《大西洋月刊》当编辑时发过劳埃德的文章的威廉·迪恩·霍威尔斯，他读到劳埃德对洛克菲勒的指控后感到十分惊讶。"您在书中栩栩如生地讲的那些在我们这个时代犯下的可怕罪行，令我感到如此吃惊和愤怒，以致于我读完一章之后不得不停下来喘口气。"霍威尔斯推荐劳埃德去找哈珀兄弟出版社，该出版社同意发行此书，条件是作者要把该书大大压缩，支付其出版费用并且自销 1500 册——这种协议只有富裕的激进分子才能接受。

该书在 1894 年出版后，1 年之内就重印了 3 次，并且在头 10 年当中销量相当可观，达到了 8000 册。在一片赞扬声中也有不协调的声音。《民族》（Nation）杂志对此书进行了尖刻的评论，它在文章一开始这样说道："此书是犯有夸大其辞之修辞错误的典型，"并称它是"长达 500 页的最狂妄的夸夸其谈"。然而，这部作品却受到了许多改革家的广泛称赞，其中有路易斯·布兰代斯⑩；爱德华·埃弗雷特·黑尔⑪则称其为自《汤姆叔叔的小屋》问世以来美国最重要的作品。劳埃德向政客们免费赠送这本书，使之成为华盛顿反托拉斯派的《圣经》。

劳埃德爱故作惊人之语，声称自己受到了标准石油公司派出的侦探的盯梢，并且告诉朋友说，他"预料自己会被标准石油公司的人捏碎"。然而，百老汇 26 号对该书的反应却是不置一词，这似乎多少令他感到失望。尽管同事们向洛克菲勒提到了这本书里提出的种种指控，他却没去读它，并且说标准石油公司"对这些胡言乱语不予理睬，就像大象不会理睬一只小蚊子一样"。洛克菲勒此时一概拒绝了各种杂志的采访，当时几乎每个星期都会有杂志向他提出这一请求，其中包括由塞缪尔·麦克卢尔（Samuel S. McClure）创办的一家新杂志，此人当时在巴黎，正打算聘用一位来自宾西法尼亚州的不出名的年轻作家，她就是艾达·米纳瓦·塔贝尔。

甚至在《财富与国民》出版之后，劳埃德还在用有关洛克菲勒的闲言碎语来取悦他的朋友。他不无讥讽地告诉一位记者说，这位工业巨子最近去了国外，表面上是去休养，为了缓解一下慈善事业给他带来的巨大压力。劳埃德知道，洛克菲勒离开美国是去和俄国人划分全球石油市场，他看到有报道说洛克菲勒因不堪慈善事业的沉重负担而累垮了身体的时候，不由纵声大笑。他对一位朋友说："怪就怪在他希望人们相信那种事，而且大家真的就信了！"当然，具有讽刺意味的是，洛克菲勒说的是实话，并未加任何渲染。劳埃德总是对洛克菲勒的美德视而不见，只对洛克菲勒公开的恶行极度敏感。

1895 年，56 岁的洛克菲勒已开始不露声色地逐步隐退。那一年，他让伊斯曼·约翰逊（Eastman Johnson）为他画了一幅令人难忘的肖像，此事是芝加哥大学理事会安排的，这表明洛克菲勒即将结束他的经商生涯。在画中，这位工业巨子坐在一张普通的椅子上，目光炯炯地盯着观众，背景是深色的。又长又尖的十指优美地交叉在一起，一条腿优雅地架在另一条腿上，但眼中闪现出一道耀眼的光芒、一种不会熄灭的火焰。这时的洛克菲勒看上去仍然十分强壮，而且显得惊人的年轻，但身上却流露出一丝伤感，好像不堪重负，陷于诉说不尽的忧愁之中。

由于洛克菲勒推断自己退休的时间最早是在 1894 年，最晚不过 1897 年，因此人们有点难以确定他正式离开百老汇 26 号的时间，不过，1895 和 1896 这两年很可能是一个分界点。他尽管偶尔还受到消化道疾病和神经紧张的困扰，但 1893 年的经济恐慌迫使他多次推迟了退隐的时间。有关洛克菲勒的资料在解释他退休的原因时总是强调他的健康问题以及慈善事业的沉重负担，但此外还有一个原因：他已使标准石油这台闪闪发亮的机器臻于完善，而且交给他的使命已经完成，他觉得应把缰绳传给比他年轻的人了。正如盖茨所说的那样，这个企业"已经不再让他觉得有趣，少了新鲜感和变化后只会让人心烦，所以他退出了"。到 1896 年，洛克菲勒已不再参加每天在百老汇 26 号举行的午餐会，只是偶尔和其他高级经理交换一下意见。到 1896 年 6 月 4 日，看来他已经放弃了绝大部分的职责，因为他在给阿奇博尔德的信的结尾写道："如果您不感到十分麻烦，或者拨冗给罗杰斯先生打个电话，我随时乐意听到任何有关公司的重大的新消息。"

1897 年 9 月，洛克菲勒的健康再度恶化，似乎与血液循环障碍有关，医生们要他立即把更多的日常决策交给他的代表们去做。"我不认为自己有病，"洛克菲勒对一位亲戚说，"但是我马上听从这个小小的劝告，因为健康才是头等重要的大事。"于是，洛克菲勒在 1897 年——即他儿子从布朗大学毕业的那一年——离开了这个耗费了他 30 多年心血的石油帝国，而且在以后的 15 年中很少在百老汇 26 号露面。接任他的是他一手提拔的风趣、好斗的约翰·D·阿奇博尔德，他在标准石油托拉斯同政府调查人员的斗争中采取了更加不以为然、更加对抗的态度，从而犯了一个不小的公关方面的错误。

洛克菲勒走了一步重大的错棋，那就是一直没有公开宣布自己退休，名义上还保留着新泽西州标准石油公司总裁的头衔。结果，他始终是批评者的众矢之的，尽管许多有问题的决断是由新泽西州标准石油公司名义上的副总裁阿奇博尔德做出的，他却要亲自承担责任。

在我们这个时代，商业报刊的干劲十足，公司秘密随时都可能被记者们挖掘出来，因而很难想像这位世界上最富有的、经营着世界上最大企业的人物会在公众不知晓的情况下悄然离开商界。然而，让洛克菲勒感到气恼的是，许多报刊都轻易地相信了这个头条新闻。有些记者尽管知道他再也不去公司上班了，但还在怀疑他是否真的放弃了领导权。这种误会是可以理解的。他拥有标准石油公司将近 30% 的股份——比任何人都多得多——而且一旦有了强烈的想法，他会毫不犹豫地提出来的。公司的几个律师和高级经理定期向他汇报，阿奇博尔德每逢周末都要去洛克菲勒在韦斯特彻斯特的住处拜见他，向他请教。反托拉斯检察官们死死盯住标准石油公司不放的时候，洛克菲勒被迫和公司当时的高级经理们一起出面保卫公司，把自己又拖回到了过去，尽管他那时正在追求新的目标。

洛克菲勒隐退之时恰逢美国汽车业诞生之际。他说："在我退出商界的时候……我们刚开始盼望有朝一日（汽车）进入实用阶段。"那一年，杜里埃兄弟在马萨诸塞州的斯普林菲尔德造出了 13 辆双缸敞篷小汽车——有史以来汽车公司第一次按照标准化车型一下子造出了好几辆汽车，与此同时，亨利·福特也进入了研制四轮汽车的最后阶段，这是他制造的第一辆不用马拉的车。汽车将使约翰·D·洛克菲勒退休后比上班时还要富裕。他从标准石油公司退下时拥有的财产约值 2 亿元——相当于现在的 35 亿——由于有了内燃机，他的财富到 1903 年猛增到了 10 亿元——毫无疑问，这是历史上收入最丰厚的赋闲，这对于因新闻界攻击而带来的痛苦肯定也起到了缓解的作用。

1897 年，约瑟夫·普利策的《世界报》把洛克菲勒和亨利·M·弗拉格勒列为标准石油托拉斯 5 大领主中的 2 位，而实际上弗拉格勒此时对公司过问得甚至比洛克菲勒还要少。洛克菲勒有许多老朋友，却没有几个知音，他一直对弗拉格勒十分赞赏。"你我二人在生意上合作的时间已经超过了 35 年，"洛克菲勒在 1902 年给他的信中写道，"尽管我们有时在政策问题上不能达成一致，但我知道我俩之间从未向对方说过难听的话，也没有过不友好的念头……我认为我在金钱方面的成就应归功于我与你的合作。如果我对你的成功起过什么作用的话，我将感到十分欣慰。"弗拉格勒同样对洛克菲勒大加赞扬，他对一位浸礼会牧师说过，"假如他把有生之年用来赞扬洛克菲勒先生的话，无论怎样赞扬都不为过，他都受之无愧。"

但是，这些夸张、动人的溢美之辞却掩盖了两人在临近退休时彼此逐渐冷淡的事实。尽管洛克菲勒从未公开说出来，但人们可以感觉到，他认为弗拉格勒已经成了时尚和浮华的奴隶，背叛了使他们走到一起的俭朴克己的清教徒信条。弗拉格勒此时尽管已是须发斑白，却依然面容清秀，易于为女性的魅力所吸引。他本人在婚姻中遭受了许多不幸，判断力糟糕得令人扼腕。他的第一位妻子玛丽患有痨病，常年卧床不起。1878 年，因为医生建议她延长冬季休养的时间，亨利便去佛罗里达陪她，可是他急于回标准石油公司上班，没过几个星期又匆匆回到纽约。玛丽不愿一个人呆在那儿，也随他回来了，所以没有花时间好好恢复。她在 1881 年 5 月去世后，亨利深感愧疚。在那一刻，他仔细考虑了自己的生活，认为自己为生意做出了太多的牺牲。他对一位记者说："迄今为止，我把所有的日子都献给了上帝，现在我要为自己活一天。"在 1882 年到 1883 年的那个冬天里，他因肝病住进了医院，开始仔细研读报纸上关于佛罗里达土地交易的文章。1883 年，53 岁的弗拉格勒娶了 35 岁的艾达·艾丽斯·肖兹（Ida

Alice Shourds）为妻。艾达·艾丽斯过去是一名演员，玛丽生病期间曾经照顾过她。这女人个头矮小，一头红发，长着一对闪闪发亮的蓝眼睛，脾气暴躁，她好像拿定主意要把弗拉格勒的钱财挥霍一空似的，衣柜里装满了昂贵的服装，还企图用金钱打进纽约的上流社会。

洛克菲勒尽管对他俩的结合持保留态度，但还是在 1883 年和 1884 年之交的那个冬天去佛罗里达州的圣奥古斯丁拜访了正在度蜜月的亨利和艾达·艾利斯。弗拉格勒对标准石油公司的生意很有预见，他同样也坚信佛罗里达终有一天会从瘟疫横行、蚊虫肆虐的丛林变成一个神奇的、具有热带风光特色的度假胜地。第二个冬天，洛克菲勒夫妇和弗拉格勒夫妇再次到圣奥古斯丁旅行时，亨利买下了几公顷的桔园，用来以后盖庞塞·德莱昂⑫饭店。为了吸引不太富裕的旅客，他在街对面又盖了一座阿尔卡扎旅馆，旅馆的外观模仿了西班牙塞维利亚的阿尔卡扎宫。弗拉格勒是标准石油公司的资深铁路专家，他明白佛罗里达发展缓慢是因为受到交通不便的制约，便在 19 世纪 80 年代后期买下了两条铁路，当初修这两条铁路的目的是为了便于人们去奥蒙德和代托纳两处海滩附近的地区居住。他买下哈利法克斯河畔的一家大旅馆后，把它改造了一下，添上一处 18 孔高尔夫球场，又把旅馆改名为奥蒙德海滨饭店。几年以后，洛克菲勒的过冬别墅凯瑟门特大院落成了，它刚好与饭店隔街相望。

弗拉格勒对佛罗里达的前景充满了信心，他在 1892 年把两家铁路公司合并，还想出了一个总体规划，要沿着佛罗里达州大西洋海岸线修建一条铁路，一直延伸到最南端的基韦斯特，沿途建起以他的名字命名的度假胜地——这个构想在 1912 年实现了。弗拉格勒把铁路向南每推进一步，都会新开辟出一片沼泽地，引发又一场土地开发热。

弗拉格勒每次受到开发热潮的感染时，总要欠下连他巨大的财富都难以承受的债务。1890 年，他把 2500 股标准石油公司股票卖给洛克菲勒，得了 37.5 万元，在以后的几年里又向他卖过好几次股份——恰好是在汽车业蓬勃发展、推动这些股票价格暴涨的前夕。洛克菲勒同情却又漠然地关注着弗拉格勒在佛罗里达的商业冒险。"亨利在佛罗里达干了一件大事，"他说。"真想不到他会为一次心血来潮投上那么多钱。不过，亨利一向敢想敢干。"尽管如此，洛克菲勒却对这位朋友再三要他旧地重游的请求置之不理。"只要你肯花一个星期的时间来考察一下，我相信这片土地肯定会令你感到意外的，"弗拉格勒在 1889 年向他请求道。可是洛克菲勒自从在 1884 年底至 1885 年初去过那里以后，一直没有再度造访。"弗拉格勒先生在那片南方土地上取得了了不起的成就，"洛克菲勒在 1898 年对威廉·雷尼·哈珀说，"遗憾的是，我好久没去看他了。"

这份如此不同寻常的友谊为什么突然冷淡了下来？洛克菲勒和弗拉格勒每次见面时总是要对往事发一通感慨，但他俩却很少特意安排相见。人们怀疑是爱出风头、耽于享乐的艾达·艾丽斯·弗拉格勒引起了约翰和塞迪的反感。亨利顺从了第二位妻子的意愿，买下一辆私人火车车厢和一艘160 英尺长的游艇（全都特意命名为艾丽斯号）。而且，弗拉格勒夫妇的行为愈来愈像洛克菲勒所憎恶的华而不实的暴发户。接着，艾达·艾丽斯开始表现出精神病初期症状，并且在后来的岁月里一发而不可收拾。她突如其来地开始喋喋不休地谈论丈夫的奸情——此事即便属实，在艾达·艾丽斯胡思乱想的头脑中也被夸大了。1891 年，亨利迷上了玛丽·莉莉·凯南，那是一位才貌双全的女子，年方 24 岁，出生于北卡罗莱纳州一个显赫的家庭。亨利在她那里找到了暂时躲开他那位喜怒无常、性情多变的妻子的避难所，艾达·艾丽斯则对他俩的关系疑神疑鬼得几近病态。

艾达·艾丽斯在 1893 年夏天弄到一块灵乩板后，狂躁的行为更加恶化了。她把自己关在房间里，一连好几个小时和鬼魂交谈，认为俄国沙皇疯狂地爱上了自己。1895 年 10 月，她威胁要杀掉弗拉格勒，并指责他企图毒死她，之后，她被送进纽约州普莱森特维尔的一家疗养院。1896 年春天，医生们认为艾达·艾丽斯已经痊愈，她重返他俩在纽约州马马罗内克的大庄园"撒旦之趾"，和亨利住在一起。在那几个愉快的星期里，他俩一起骑自行车，互相读书给对方听，好像又回到了快乐的时光。然而，艾达·艾利斯不久后买通仆人偷偷给她弄来一块灵乩板，马上又故态复萌。她一看见那块板，便又回到了她那个妄想中的梦幻世界。1897 年 3 月，她手持剪刀冲向一位医生，随即便被送回普莱森特维尔的疗养院。在那里，她给自己改名为艾达·艾丽斯·冯·肖顿·泰克公主，从此以后再也没有见到亨利。

1899 年法庭裁决艾达·艾丽斯·弗拉格勒精神失常之后，亨利为她设立了一份 200 万元的托管基金，用标准石油公司股票作抵，这些股票到她 1930 年去世时升值为 1500 多万元。在此同时，亨利也陷入了困境：纽约州的法律不允许离婚，除非理由是一方有通奸行为，而他无法证明一个关在疯人院里的女人有通奸行为。弗拉格勒从来没有让法律给难住，他把自己的合法居住地迁到了佛罗里达，又给该州的议员们送去了 12.5 万元钱。1901 年 4 月 9 日，一条特殊法律得到了通过：如果夫妻一方患有无法治愈的精神病即可允许离婚——这项法律被称做弗拉格勒离婚法。2 周之内，弗拉格勒便娶了玛丽·莉莉·凯南。婚礼极尽奢华，弗拉格勒用一节私人车厢把朋友们从纽约接到南方，但洛克菲勒没有参加。他一定是觉得弗拉格勒在丢人现眼，尤其是在纽约州锡拉丘兹的一桩离婚案中，弗拉格勒作为对应案例而被人援引，那时他结婚刚一个月。洛克菲勒夫妇躲避弗拉格勒一事，塞迪在 1900 年 8 月写给儿子的一封短笺中有所暗示。"我们看到了弗拉格勒先生要和北卡罗莱纳州一位凯南小姐结婚的通告。她 36 岁，而他 72 岁。"塞迪对这对新人没有表示出任何喜悦之情，只提及了年龄差的问题，暗含不赞成之意（玛丽·凯南当时实际上只有 33 岁）。亨利和玛丽第二年生了一个女儿的事，洛克菲勒夫妇最初是从报纸上获悉的。

注释

①Eugene V. Debs，1855—1926，美国劳工领袖，参加创建社会党和世界产业工人联盟。

②Gottlieb Daimler，1834—1900，德国工程师，设计出四轮汽车，后创办戴姆勒汽车公司。

③Karl Benz，1844—1929，德国机械工程师，设计并制造了第一辆内燃机汽车。

④Charles E. Duryea，1861—1938，与其弟弗兰克发明并制成第一辆实用型汽车。

⑤Henry Ford，1863—1947，福特汽车公司创办者，发明装配生产线。

⑥Clarence Darrow，1857—1938，美国律师，因在许多重大劳工案件中担任被告辩护人而闻名全国。

⑦Jane Addams，1860—1935，美国女社会改革家，获 1931 年诺贝尔和平奖。

⑧Robert Louis Stevenson，1850—1894，英国作家，主要作品有《金银岛》、《化身博士》等。

⑨Dostoyevsky，1821—1881，俄国作家，著有《罪与罚》等。

⑩Louis Brandeis，1856—1941，美国律师，曾任最高法院法官，主张言论自由。

⑪Edward Everett Hale，1822—1909，美国牧师、作家，作品大多反映社会改革问题。

⑫Ponce de Leon，1460—1521，西班牙探险家，发现了佛罗里达。

19　帝国王储

小约翰·D·洛克菲勒在 1893 年上大学时，一副典型富家子弟的可怜模样，固守着过分自律的良心和世上最大富翁之一的儿子的身份，没有同龄、同阶层年轻人之间的那种自在轻松的社交往来，在深宅大院和私人庄园里度过了十分孤独的童年。他不顾一切地取悦父母，竭尽全力地想把罪恶从自己的灵魂中清洗干净。

小洛克菲勒很像他父亲，不敢轻易做出决定，为选择大学一事费了不少脑筋。他先是决定去耶鲁大学，通过了入学的初试，甚至选好了宿舍，这时却听一位牧师说，耶鲁大学的社交圈里大多是些生活放荡的家伙。换了别人可能很乐意去耶鲁，小洛克菲勒却决定再看看其他学校，最后选定了布朗大学，因为他有 3 个好朋友也决定去那儿上学。他请教过威廉·雷尼·哈珀博士，在谈到自己的选择时，他用极其谦恭地的口气说："我因为性格天生有些孤僻（请原谅我这样谈论自己），不乐意交朋友。一些为我着想的人担心，我一旦去了耶鲁，会在一个完全陌生的阶层里'迷失自我'——恕我直言——依然故我，无法拥有我所需要的社交圈子。"小洛克菲勒经常这样冷静地分析自己，好像自己是实验室显微镜下的标本。他的父母尤其是他母亲，就曾教育过他用这样客观而又冷漠的态度分析自己的行为。

小洛克菲勒在 1893 年 9 月进了布朗大学，当时工业不景气状况正在日益恶化，在他上学期间，到处是过激的言论和劳工骚动，其中不少就是针对他父亲的。布朗大学建于 18 世纪，是一所年代最久、受捐赠最多的浸礼会学校。校长本杰明·安德鲁斯（E. Benjamin Andrews）是一位浸礼会教士兼政治经济学家。在那个年代，大学校长常常由教会指派的牧师担任，他们无论在课堂上还是在教堂里都对全体学生有着深远的影响。南北战争时期，安德鲁斯在进攻彼得斯堡的战役中失去了一只眼睛，那只假眼总像在盯着人看似的。小洛克菲勒崇敬安德鲁斯的宗教热情和睿智，尤其令他感到震动的是，安德鲁斯有一天对他说："洛克菲勒，只要认为自己是对的，就永远不要害怕坚持自己的立场。"

小洛克菲勒到布朗大学 6 个月前，安德鲁斯曾写信给亨利·德马雷斯特·劳埃德，称赞《财富与国民》一书。"这无疑也是我感兴趣的，"他写道，"尽管您在某些观点上比我更激进。"安德鲁斯并不反对托拉斯，而是想为了公众利益对它们加以规范，对其收益进行更加公平的分配。小洛克菲勒选修安德鲁斯的实用伦理课时，后者向他更加精确地评价了大企业雇主的责任。小洛克菲勒在一篇学期论文中已经表示出对公司进行改革的倾向，这一点将成为他一生的标志："谁能关心数以百万计的工人？他们一生都在进行繁重的劳动，因生活所迫而无休止地工作……却没有人想到采用利润分成体制给他们的生活条件带来革命性的变化。"安德鲁斯尽管受到学生们的崇拜，却因在 1896 年支持威廉·詹宁斯·布赖恩①竞选总统和赞成自由铸造银币而遭到许多校友的猛烈抨击，并为此丢掉了校长职务。亨利·德马雷斯特·劳埃德觉察到洛克菲勒插手了驱逐安德鲁斯一事，他对一位朋友说："促使那些理事排挤（安德鲁斯）的原因之一是，有这么一种说法：只要他继续留任，洛克菲勒先生决不会给这所大学一分钱。"

腼腆的小洛克菲勒住在斯莱特学生宿舍楼。他的个头比父亲矮许多，但长得肩宽体阔。他母亲和外祖母斯佩尔曼都告诫他要时刻注意不要在集体宿舍里染上恶习。他在第一封家信中要她俩放心，说他已经参加了一次祈祷会，还说："外祖母如果知道我们班里有 3 个非白种学生一定会感到有趣的。"他还开始在普罗维登斯的一座浸礼会教堂里教主日学。他父亲对此感到宽慰，写信给他说："正派、虔诚的环境似乎是最重要的。"小洛克菲勒在上大学一年级时尽管很忙，但还是加入了合唱团、曼陀林俱乐部，还和几个女同学一起组成了弦乐四重奏乐队。他小心翼翼地试探着走出少年时期自我封闭的世界，却又不能从中感受到发自内心的快乐，只好辩解说他这样做是为了自己完善。他在参加学校的一次轻歌剧表演后写信给母亲说："和在合唱团里一样，上台表演使我对自己有了信心，并且使我在公共场合里感到自在，这是我一直缺乏的。"

小洛克菲勒学习刻苦认真，持之以恒，完全可以成为 PBK 联谊会的会员②。他特别喜欢经济学和社会学。然而，和他父亲不同的是，他的自信心只是一支娇嫩的花朵，很容易凋零。"如果有人指责我，"他说，"我马上就会钳口结舌。我算不上是个学者，但我总是很努力，我不喜欢受人指责。"大家都注意到，他过着一种浸礼会教徒式的节制生活：不喝酒、不吸烟、不玩牌、不去剧院，甚至不在星期天读报。他恪守戒律，同学去他的房间串门，他不断地拿出饼干和热巧克力招待他们，但容许男同学在他房间里吸烟，这让他外祖母感到很不安。

小洛克菲勒节俭的生活方式成了校园里的谈资，人人都能说出有关他的趣闻：他把两枚粘到一起的两分钱的邮票用水浸湿后把它们分开。自己熨裤子、缝钮扣、补擦碗布。他向父亲学习，把每一笔花费都记在一个小本子上——有时为此而遭到同学们的暗中讥笑——甚至记下约会时买了几束花。不论是在教堂里捐了钱，还是从乞丐手中买了一支铅笔，他都毫厘不差地记到账上。"他对我说，他想要多少钱他父亲就给他多少钱，"一位朋友说，"但必须记下每一分钱的去向。"另一位同学回忆道："在那时这可是一个大笑话，尤其是在普罗维登斯的女孩子们中间：她们让小约翰·D·洛克菲勒买汽水招待她们，又让他坐在冷饮小卖部里把买汽水的钱记到账本上，她们自己却在一旁笑得没完没了。"

小洛克菲勒尽管腼腆、拘谨，却在布朗大学很得人心，至少很受尊重。有些学生必然会把他看作是个道学先生。一天，他正走在校园里，有个学生当面责难他说："瞧瞧，一身正气、完美无暇的小约翰·洛克菲勒来了！"不过，总的来说，他变得更加合群、更有自信，而且慢慢摆脱了从小受到的沉闷的道德教育的影响。他生性待人宽容，在写给外祖母的一封信中，他说："我在这里能见到各种类型和身份的人，他们对生活、责任、快乐以及来生的看法大相径庭。我发现我的想法和观念在很多方面发生了变化。现在，我不会再对法律条文那么认真了，而是更多地关注精神方面的事。"他逐渐形成了一种不同于其父辈的形象，更注重与各种教派沟通，更频繁地同外部世界接触，更善于接纳不同的观点。在过去，学生们都在全班共进晚餐时纵酒取乐，他当上新生班长后，说服了同学们在晚餐时不再喝酒。在全班男生每年一度乘船去纽波特游览时，他同意带上小桶的啤酒，但尽量避免大家酗酒。他的父母得知后很高兴。"亲爱的约翰，"他母亲写道，"你从出生那一刻起就是我们的快乐和骄傲，但任何时候也比不上此刻更让我们为有你这样一个儿子而感到满足——我们在看你的来信时，你父亲高兴得热泪盈眶，他让我告诉你，你的信令他感到多么高兴和自豪。"

在布朗大学，小洛克菲勒学会了尝试越轨行为的快乐，比如去剧院和参加舞会，这对一个从小受到严厉道德教育的浸礼会家庭的孩子不啻是一些小小的胜利。上完二年级后，他和同班同学埃弗雷特·科尔比（Everett Colby）一起骑自行车周游英格兰，这位同学的父亲是一位铁路建筑商（约翰·D曾投资于他的企业）。在伦敦，小洛克菲勒第一次去看戏，他看了《维洛那二绅士》、《查理的姑妈》和《仲夏夜之梦》。他写信把这事告诉了母亲，就好像承认自己偷偷去了妓院一样："在家时我应该作为表率，不去戏院，但我想在伦敦这么做并没有什么害处，因为我谁也不认识，何况还有机会看到莎士比亚的戏剧。"小洛克菲勒在整个大学一年级期间没有跳过舞，到了二年级却抵挡不住诱惑，在一位学校理事家里举办的晚会上跳了一夜。他为了参加这次舞会，缠着他的朋友莱弗茨·达希尔（Lefferts Dashiell）在宿室里练习舞步。整个晚上，他和一位福斯特小姐共舞时一直担心自己会撞到门上。他拼命保持着平衡，清楚地意识到福斯特小姐一直在支持着他，怕他跌倒。就在那天晚上，他邂逅了罗德岛参议员纳尔逊·奥尔德里奇（Nelson Aldrich）的女儿、活泼可爱的艾比·奥尔德里奇（Abby Aldrich），但没能鼓起勇气请她一起跳舞。小洛克菲勒一直保持着对跳舞的爱好，直到毕业时还沉溺于这个罪恶的嗜好之中，每个星期都要跳上两三回。

塞迪·洛克菲勒对这种消遣活动的敌意从来就没有完全懈怠过。小洛克菲勒上大学四年级时，为了答谢同学们对他的关心，请求父亲在普罗维登斯举办一场舞会。经过妥协，约翰和塞迪同意举行一场音乐晚会，演奏门德尔松、巴赫、肖邦和李斯特的作品，随后是一个非正式的舞会。在他们发出的请柬上，"舞会"这个可恶的字眼写在左下角，字体小得就像怕被人看到似的。然而，到了那天晚上，塞迪却借口头疼，躲在旅馆房间里，让老洛克菲勒一个人穿着华丽的燕尾服、戴着白手套，独自站在门口的接待队伍里，热情地欢迎 300 位来宾。塞迪在这一次以及其他场合的表现证实了这样一种说法：面对凶险叵测的现实，她往往会躲到床上去。

小洛克菲勒进布朗大学之前对体育几乎一无所知，因为与注重娱乐的体育相比，洛克菲勒家族更加重视有益健康的体格锻炼。小洛克菲勒在大学四年级时当上了一支橄榄球队的经理，他把中锋称做"中间人"，遭到大家无休止的取笑。他和节俭的父亲简直如出一辙，有个高大前锋向他要一副新鞋带，他反问道："你把我上星期给你的那副鞋带弄到哪儿去了？"因为儿子的缘故，从未看过橄榄球比赛的老洛克菲勒在纽约观看了布朗大学和卡莱尔大学印第安人队之间的一场比赛。一开始，他坐在看台上冷静地观看着，后来变得激动不已，带着高高的丝质礼帽跑到球场边，跟教练们一起在边线外来回地跑。球队队长派了一名前锋给他解释橄榄球比赛的妙趣，特别擅长调兵遣将的约翰·D·洛克菲勒给人这样一种感觉：他在短短的 5 分钟内就对橄榄球比赛及其微妙之处了如指掌了。

小洛克菲勒需要有人帮助他从小时候培养起来的令人难受的过分拘谨中解脱出来，这个救星就是艾比·奥尔德里奇。她是个很自信的女孩，并不需要他的金钱，也不畏惧他的姓氏。在社交方面显得笨拙的小洛克菲勒身上有某种东西吸引了这位具有母性本能、老于世故的年轻女士，她有参议员女儿应有的优雅举止和挺拔身材。她有 7 个兄弟姐妹，经常为父亲在华盛顿举行招待会，见过各种各样的人物，比如，安布罗斯·伯恩赛德将军③、威廉·麦金利④和卡斯特将军⑤的遗孀等。她个头高挑、身材丰满，看上去多少有点胖，称得上端庄而不是漂亮。她喜欢戴样式古怪的宽边帽子，这反映出她直爽的性格。她似乎给了小洛克菲勒自信，这是他父母没能做到的。他在谈到他俩在二年级邂逅时的情景时说："她对待我的样子就像我具备世上一切处世本领似的，她的信任给了我很大的帮助。"小洛克菲勒通过艾比发现了一个过去别人故意向他隐瞒的惊人的事实：生活原来可以变得这样有趣。

艾比的母亲有着古老的新英格兰血统，是"5 月花"号⑥船民威廉·布鲁斯特（William Brewster）长老的后人。奥尔德里奇参议员虽说是作坊工人的儿子，却声称祖上是罗德岛殖民地创建人罗杰·威廉斯⑦。奥尔德里奇参议员身材高大，沉着冷静，留着浓密的髭须和络腮胡子，颇具男子汉气概。他不再受贫穷的困扰，却永远摆脱不了对贫穷的恐惧。1881 年，他被选入国会参议院，并将这一席位保持了 30 年之久，最后的职位是参议院财政委员会主席。他是一个坚定的贸易保护主义者和托拉斯的忠实仆人，并利用其职位中饱私囊。他利用美洲精炼糖公司（American Sugar Refining Company）——一家所谓的糖业托拉斯——提供的 500 万元贷款投资了普罗维登斯的 4 家有轨电车公司，同时又充当了纽黑文铁路公司（New Haven Railroad）的代理人。奥尔德里奇参议员把公用事业变成了财源滚滚的谋利手段，到他去世时积聚了 1600 万元的财产。他把自己看成是商界巨子而不是一名公务员，在罗德岛纳拉甘西特湾的沃威克盖了一幢有 99 个房间的别墅，还拥有一艘 200 英尺长的游艇，上面有 8 个特等客舱和 27 名船员。他拥有许多带贬义的称号，其中最著名的几个是林肯·斯蒂芬斯⑧起的，此人在其主编的《麦克卢尔杂志》（McClure's Magazine）上把他说成是"美国政界大亨、支持王位的幕后人物、美国的总经理"。奥尔德里奇参议员的地位稳固，毫不为报界这种无关痛痒的攻击所动，他坚守自己的原则："既不否定，也不解释。"

艾比在一个轻松活泼的气氛中长大，经常出入于舞会、宴会和戏院。奥尔德里奇置教会的各种清规戒律于不顾，十分娇惯孩子，送给他们礼物，很少惩罚他们。在普罗维登斯市伯内沃伦特大街 110 号奥尔德里奇的宅邸中，参议员喜欢和艾比打桥牌甚至赌钱（在以后的年月里，小洛克菲勒由于不能破戒，只好不参加打牌，静静地坐在一旁看书）。参议员无师自通地对书籍和艺术品具有很高的审美品味，拥有一个收藏了许多古籍精品的书房，经常光顾拍卖行，收集家具、地毯和其他艺术品。他还带艾比走遍了欧洲各地的博物馆，使她对那里收藏的名画了如指掌。艾比在十几岁时就读遍了狄更斯、特罗洛普、霍桑、简·奥斯丁和乔治·艾略特⑨等人的小说。

小洛克菲勒和艾比不断参加学校舞会、看球赛、骑双人自行车旅行、划船出游，周日在教堂做礼拜，两人的恋情日益笃深。他俩一起散步时，小洛克菲勒总是在衣袋里带着一些全麦饼干，任艾比随时掏出来吃。小洛克菲勒说："她老是那么快活、富有朝气，对一切事物都充满爱心。"大学三年级的那年春天，小洛克菲勒已经成了伯内沃伦特大街的常客。有个星期天，他顺便向参议员谈起了夏天和姐姐艾尔塔一起乘船去挪威峡湾旅游的打算。参议员此时肯定热衷于让艾比嫁给小洛克菲勒，因为在几星期之后，他为自己、妻子和两个女儿也买了同一艘船的船票，并且在航行途中和小洛克菲勒姐弟一起用餐。那年秋天小洛克菲勒回到普罗维登斯后，和艾比会面的次数更加频繁了，使人们不由得开始猜测他俩什么时候结婚。不过，小洛克菲勒就像他做每一个重大决定时一样，还在深入而又紧张地考虑这件事，而且在痛苦的自省中犹豫了 4 年。也许在普罗维登斯，除了他自己之外的每一个人都可能觉得他终有一天会和艾比结婚的。

小洛克菲勒注定要继承巨额的财产，这显然使他在选择妻子的问题上要做出极其重大的决定。小洛克菲勒把他父亲视作完美的人物，却又不得不应付针对父亲的越来越多的批评。艾比似乎是专门来帮助他摆脱这一困境的，因为他俩的父亲都是社会公敌。小洛克菲勒肯定非常佩服艾比，因为她在坚持自己的自由主义信仰的同时，又能做一个受人非议的参议员的孝顺女儿。她的生活方式既不背叛父亲也不背叛她自己，这给小洛克菲勒指出了一条道路。

小洛克菲勒快毕业时，对父亲仍然像对英雄那样崇敬。他对父亲的美化和他的自惭形秽是密不可分的。老洛克菲勒在儿子 21 岁生日时给了他21 块钱和一张温馨的短信，信中说："我们感到无比的激动，因为你的前程和你的生命给了我们信心。不只是我们，还有你所有的朋友与熟人，这比世上所有的财富都更有价值。"小洛克菲勒回信说："人们都说儿子胜过父亲，但是如果我能有您一半的慷慨、无私和善良的情感来对待我的同胞，我就不会感到我的生活没有意义了。"小洛克菲勒在仔细考虑他毕业后要承担的责任时，面对前途只是更加感到自己的不足。就在毕业前夕，他应邀参加了全国浸礼会家庭布道会的董事会。他在征求父亲的意见时清楚地表明："帮助您是我首要的责任，也是今后我的快乐所在，不论让我以何种身份或出任任何职务都行，只要您觉得合适。"他毫不犹豫地做出了这样的决定：父亲第一，自己第二。

临近毕业，小洛克菲勒越来越留恋他在布朗大学度过的时光以及同学之间轻松愉快的友情。他很快就要成为公众注意的焦点，而且在他的余生中将一直如此。他一想起今后要跟随父亲的脚步就信心全无。他毕业后不久告诉母亲说："对于将要担任的职务，我几乎一点信心也没有，但我知道我并不害怕工作，也不害怕去做要求我做的一切事情。在上帝的帮助下，我将竭尽全力。""未来充满了为上帝和人类服务的机会，"塞迪回信说。"愿圣灵指引你的一生，带你走上真理之路。"塞迪可能加剧了他的焦虑，因为她使他把生命看得如此崇高，并鼓励他把自己当做一位英勇的基督教斗士。这种超越现实的前景似乎给人们常犯的过失几乎没有留下任何余地。与此同时，小洛克菲勒的父亲对儿子即将在百老汇 26 号所扮演的角色不置一词，这种不可思议的态度只能使小洛克菲勒对未卜的将来感到更加忧心忡忡。

小约翰·D·洛克菲勒在 1897 年 10 月 1 日开始去百老汇 26 号上班，那是在老洛克菲勒离开后不久。他被安置在陈设简单、有点破旧的 9 楼上，坐在办公套房的一个卷盖式橡木办公桌后面，专门负责父亲的对外投资和慈善事业。小洛克菲勒每天和弗雷德里克·T·盖茨、乔治·罗杰斯以及一个叫塔特尔先生的电报员打交道，奇怪的是，这位电报员有权拆看寄给洛克菲勒的各种各样古怪的邮件——"这类信件不计其数，"小洛克菲勒说。小洛克菲勒尽管在标准石油公司办公大楼里上班，却不过问那里的管理工作，而是属于刚刚成立的洛克菲勒家族办事处。他父亲付给他的年薪是 6000 元，这份工资尽管看上去不少，但实际上是以工资名义发放的一种补助，使小洛克菲勒所处的地位还像一个依赖他人为生的孩子一样。

小洛克菲勒拒绝了去法学院进修或作环球旅行的建议，他说："我觉得没时间去做这些事情，我要学着帮助父亲照管他的事务，他对我的指导开始得越早越好。"小洛克菲勒重新住进了第 54 西大街 4 号，他有足够的机会探询父亲的意向，然而沉默寡言的老洛克菲勒在对儿子的安排问题上没有做出丝毫暗示，这让小洛克菲勒如坠五里雾中。"在我去上班之前，父亲一字不提要我在办公室里干些什么，在那以后也没有提过。不仅如此，据我所知，他也从未对办公室里的其他人谈起过这个问题。显然，他是想让我走自己的路。"小洛克菲勒从不承认自己曾经为父亲这种缄默感到烦恼过。他认为父亲的做法神秘莫测，就像上帝一般，但人们总是认为，到头来会发现这是为自己好。老洛克菲勒是个坚决信奉自立的人，他或许是想检验一下儿子的经商能力，让他不用通过别人的指点，自己找到自己的道路。

老洛克菲勒有着广泛的消息来源，因为小洛克菲勒惊讶地发现，父亲对百老汇 26 号里所进行的一切了解得一清二楚。有时晚宴进行到一半时，洛克菲勒会向客人说声抱歉，然后改变话题，询问小洛克菲勒白天都做了些什么，以此来表明自己对城里发生的事情无所不知。老洛克菲勒和蔼地提出的那些探究性问题可以称得上是小洛克菲勒从他那儿得到的最适当的业务指导了。父子两个常常会产生意见分歧，这一点往往不为外人所知。有人曾听到老洛克菲勒发牢骚说："要知道，男孩子上完大学回来后不仅要对商业了如指掌，对别的事情也应无所不知。"

在公司里，小洛克菲勒并没有一个明确的职位，只好自己琢磨该干些什么。他做过一些与他的身份不相称的小事，比如灌满墨水瓶等。他未得到过父亲的授权就开始替父亲签署文件，尽管心里拿不准父亲是否会反对他这样做。他发现父亲并没表示反对，便认为这表明自己已经得到允许，就继续这样做下去。老洛克菲勒第一次派给儿子的重要任务是一件很可怕的事：让他去监督为克利夫兰家族墓地建造的高大花岗岩方尖碑的设计和运输，这块石碑特别大，要用两节货车车厢来运。这位年轻的布朗大学毕业生还为家族的宅邸挑选过壁纸，卖过用旧了的大车和轻便马车，还掌管过洛克菲勒家族在克利夫兰的房地产。有人评论说，这对小洛克菲勒来说是一段"充满焦虑和麻烦"的时期，他觉得自己表现欠佳，挣的钱还不够糊口，配不上命运给自己做出的安排。

如果说小洛克菲勒这几年并没有感觉到全然不知所措的话，这应归功于弗雷德里克·T·盖茨，他给了小洛克菲勒一些非常缺乏却无法从父亲那里得到的指导。他俩一起去明尼苏达州产铁的山区和太平洋沿岸西北部的林地旅行，经常在私人专用车厢里一起拉小提琴。盖茨邀请小洛克菲勒旁听各种业务会议，为此小洛克菲勒一直对他心存感激。在盖茨的引导下，小洛克菲勒开始在洛克菲勒王国里找到了适合自己的位置，并且在工作 3 个月后就进入了芝加哥大学的理事会。他刚刚二十几岁就成了美国钢铁公司、花旗银行、特拉华—拉克万纳—西部铁路公司的董事，自然也是标准石油公司的董事。

小洛克菲勒过早地经历了挫折，很想干成点事情，于是，他决定到股市上一试身手。尽管父亲曾经对华尔街股市表示过清教徒式的蔑视，小洛克菲勒却吃惊地发现父亲早已玩过多年股票交易，而且干得十分活跃。老洛克菲勒为了教给孩子们投资技巧，允许小洛克菲勒和姐姐艾尔塔以 6% 的利息向他借钱买股票。在百老汇 26 号的第一个年头里，小洛克菲勒在股市上赚了好几千块钱，而且和所有轻率的新手一样，开始冒更大的风险，投更大的赌注。

与此同时，一位名叫大卫·拉马尔（David Lamar）的华尔街经纪人——后来被人称为"华尔街之狼"——和老洛克菲勒的私人秘书乔治·罗杰斯拉上了关系。1899 年秋天，罗杰斯在一场骗局中扮演了中间人的角色。根据从拉马尔那里得来的消息，罗杰斯告诉小洛克菲勒说，一个名叫詹姆斯·基恩（James R. Keene）的著名股票交易商吃进了一大笔美国皮革公司的股票，并建议小洛克菲勒跟进。小洛克菲勒听后觉得应该和基恩保持同步，便吃进了一大笔该公司的股票。后来，他听说乔治·罗杰斯在吃午饭的时候和拉马尔秘密会面，马上不安地意识到这是一场骗局。他把拉马尔叫到办公室，拉马尔来时显得神色惊慌、坐立不安。小洛克菲勒后来回忆道："只要看他一眼就足够了。我明白自己被出卖了。"实际情况是，基恩对此事一无所知，而拉马尔在小洛克菲勒刚出价买皮革公司的股票时就迅速抛了出去。意想不到的事情发生了：胆小的小洛克菲勒把他父亲在股市上的钱损失了将近 100 万元——相当于今天的 1700 多万元。他明白这件事是不可原谅的：在这之前他竟未想到见一见基恩，也没做过任何调查，光凭一条不可靠的消息就扔掉了一大笔财富。

对于小洛克菲勒把这个令人震惊的消息告诉父亲时的复杂心情，人们不得而知，但这次痛苦的交谈永远深深印在了他的记忆里。"我永远也忘不了向父亲汇报这件事时心中所感到的羞愧和耻辱。我没有钱来弥补这次损失，只有向父亲交代。"老洛克菲勒静静地听完儿子的陈述，十分沉着而又仔细地询问了这笔交易的每一个细节——没有说一句责备的话。最后，他只是简单地说："好吧，让我来处理这件事，约翰。"小洛克菲勒满以为父亲会指责他，大发雷霆，或是喋喋不休地教导以后该如何如何。然而，父亲没再说什么。这是洛克菲勒的典型作风：真正的教训就在于他什么也没说，什么也没做。洛克菲勒感觉到儿子已经毫不留情地做了自责，再严厉责备他已是多余。洛克菲勒用宽容永远赢得了儿子的忠诚。这件事肯定令小洛克菲勒更加谨小慎微，因为他这次草率行事，陷入了一场骗局，本身就是一个严厉的惩罚。

小洛克菲勒马不停蹄地一连工作好几个月，开始感到十分压抑。为了缓解身心上的压力，他下班后去第54西大街的马厩——遇上坏天气，父亲的马就在那儿进行训练——拼命地把一些20英尺长的圆木劈成柴火。有一天，小洛克菲勒和过去在布朗大学的同学亨利·库珀（Henry E. Cooper）一边吃午饭，一边为自己的无能生闷气。库珀对这位老同学在性格上发生的变化大为吃惊，事后写了一封信，友好地提出了忠告。"约翰，总的来说，你脾气太坏、太孤僻、情绪太低落……我真的认为，做点什么会对你有好处的，比如偶尔抽支烟之类的。我不是在开玩笑。我的意思是，试试让自己放纵些、想开些，不要老想着非得在五年之内变成一个完人，看看这样是否能使自己更快活些。"可怜的小洛克菲勒很想放松一下，几天后他在账本上记道："买了一包香烟——10美分。"这也是他最后一次抽烟。

小洛克菲勒此刻忙于工作、职责和祈祷，发现很难挤出时间去找艾比·奥尔德里奇。有时到了周末，他下班后乘火车去普罗维登斯和她一起吃晚饭，然后赶午夜的火车回纽约。在曼哈顿，他经常和艾尔塔一起参加舞会和晚会，此时艾尔塔也住在家里，她对弟弟的感情有些过分，竟然把艾比当成敌手，一心要击败他。由于艾尔塔的坚决反对，小洛克菲勒在娶艾比这件事上一再犹豫不决。

老洛克菲勒看到儿子工作得太辛苦，就劝他多休息。但是，塞迪却坚持让他不断进取，以实现他完善的道德追求。小洛克菲勒在百老汇26号刚刚开始干了两天半，她就催促他去参加第五大道浸礼会教堂的读经班，要求他"精通《圣经》，因为最无畏的基督徒都是恪守《圣经》的基督徒。"她有时似乎认为，人能否得救全在于个人灵魂的纯洁。塞迪在1899年7月23日写的一封令人惊讶的信中居然把她丈夫比做上帝，把小洛克菲勒比做圣子。"永远不要忘记，你是一个王子，是万王之王（即上帝）的儿子，因此决不能做有损你父亲声誉的事或对父亲不忠。"在一片对标准石油公司甚嚣尘上的攻击中，塞迪的口气尤其能说明她的态度。她和丈夫一样，创造了一个自己独有的现实：他丈夫不是一个商界恶棍，而是摇身一变，成了美国的圣人。在洛克菲勒家里不能有些许的污点。

四年来，让工作累得精疲力竭、又因怀疑自我而苦恼的小洛克菲勒一直在反复考虑是否要和艾比·奥尔德里奇结婚，并且每天都在祈祷上帝的指引。"我总是害怕在和某人结婚后却发现更爱另外一个人。我认识很多女孩子，却对自己的判断力几乎毫无信心。"1900 年 4 月，事情似乎出现了转机。当时，小洛克菲勒与奥尔德里奇参议员及艾比一起乘麦金利总统的游艇"海豚号"去古巴旅行。参议员此行是去考察美西战争⑩后古巴的状况。小洛克菲勒此时还在犹豫，无法消除心头的疑虑。在洛克菲勒沉闷的家中，父母和儿子都在回避这个话题。最后，姐姐伊迪丝充当了中间人，她告诉弟弟说，父母很为他担心，认为他们自己被蒙在了鼓里。就这样，全家总算开始谈论这个问题了。

1901 年 2 月，小洛克菲勒和艾比被迫分开 6 个月，以检验他俩之间的感情。6 个月过后，小洛克菲勒和母亲塞迪一起在福里斯特山的湖边散步，他鼓起勇气问母亲对艾比·奥尔德里奇的看法。母亲用发自内心的笑容作了肯定的回答。"你肯定很爱奥尔德里奇小姐吧？为什么不马上去告诉她？"小洛克菲勒要的正是母亲的首肯，这是一种直接的动力。此后不久的一天凌晨，他在第 54 西大街听到了上帝的声音，祝福他选择了艾比。"经过这么多年的犹豫和彷徨、思念与渴望之后，我心中终于获得了无比的安宁。"他在黎明前给艾比匆匆写了一封信，请求见她。在去找艾比的途中，他到停靠在纽波特的游艇上拜访了奥尔德里奇参议员，向他女儿求婚，并且坦言相告了自己的薪水和今后的收入情况。参议员对此无疑感到有些滑稽，他只字不提金钱方面的事，而是说了一些意料之中的套话："我只对能使我女儿幸福的东西感兴趣。"小洛克菲勒心花怒放地赶到奥尔德里奇在纳拉甘西特湾的避暑庄园，在月光下向艾比表白了心愿。"我简直不敢相信，这无上的幸福……真的属于我……很久很久以来，这一直是我一生中最最渴望的一件事，"小洛克菲勒在给母亲的信中写道。当时，艾比有 6 个求婚者。小洛克菲勒回首往事时说："我一直想知道为什么她愿意嫁给我这样一个人。"而她却从未对自己的决定表示过后悔。许多年后，她在给一个表姐的信中说："你难道不认为他是最可爱的男人吗？"

他俩订婚的消息于 1901 年 8 月公布之后，在新闻界掀起了轩然大波。一家报纸大声宣告"富豪之子落入情网！"许多人撰文对耽于游戏的奥尔德里奇家族和神态抑郁的洛克菲勒家族之间的这场联姻大发议论。一家报纸说："小洛克菲勒先生……是主日学的老师，不喜欢打牌、跳舞和袒胸露肩的礼服，而阿比（原文如此）小姐则永远下不了决心放弃这些东西。"尽管奥尔德里奇参议员和老洛克菲勒还和往常一样遭到报界的非难，艾比和小洛克菲勒却因他们相对入时的观念而受到赞扬。

1901 年 10 月 9 日在沃威克举行的这场奢华的婚礼反映了奥尔德里奇参议员的广交高朋的做派，他几乎没对属于浸礼会派的亲家做出多少让步。他用租来的蒸汽船和私人火车专列拉来一大批美国财阀出席婚礼，其中包括古尔德、惠特尼、麦考密克和哈夫迈耶等赫赫有名的家族。这场婚礼遭到了爱刺探隐私的记者们的大肆讥讽。大卫·格莱厄姆·菲利普斯（David Graham Phillips）恶毒地把这次联姻说成是"美国人民的大剥削者通过婚姻与为剥削者服务的大阴谋家结成的紧密联盟。"

整个活动的开始是一场小型家庭婚礼，只有 35 位来宾参加，由 37 年前为老洛克菲勒和塞迪主持婚礼的 J·G·科尔比牧师主婚，随后在舞厅里举行了有上千位兴高采烈的来宾参加的盛大宴会。奥尔德里奇参议员拒绝听从亲家们的戒酒主张，亲自选定了各种各样的葡萄酒。这对塞迪来说实在是太过分了，她婚礼前一天晚上说是着了凉，又喘又泻，便上床寻求精神上的安宁，躲过了第二天的仪式——这同小洛克菲勒在大学四年级举行舞会时的情况如出一辙。等衣着入时的客人们都走了以后，小洛克菲勒和艾比两人单独在韦斯特切斯特波的坎迪科山中老洛克菲勒买下的一所房子里度过了十分愉快的蜜月。

在婚后最初的几个月里，这对新人和老洛克菲勒夫妇一同住在第 54 西大街 4 号，后来又搬到街对面 13 号一幢租来的四层楼里。小洛克菲勒战战兢兢地试着让他那位思想开放的妻子适应处处受到限制、教士般的洛克菲勒家族的生活方式，建议她为每星期的开支记一下账。艾比一句直截了当的回答"我不干"，使他再也没敢提这件事。艾比以自己的直率给这个处处是清规戒律的家庭带来了生气。有位客人曾问她说："艾比，你打算怎样对付这幢又大又空的房子？"她惊讶地看着对方说："这有什么难的，我们要让屋子里到处都是孩子！"

注释

①William Jennings Bryan，1860—1925，国会议员，3 次竞选总统均告失败。

②美国大学优秀生的荣誉组织，成立于 1776 年。

③Ambrose Burnside，1824—1881，南北战争期间联邦军队将领，后曾任罗德岛州州长。

④William McKin1ey，1843—1901，美国第 25 任总统，在任时遭刺杀。

⑤George A. Custer，1839—1876，南北战争时期联邦军队将领，死于同印第安人的一次交战。

⑥Mayflower，1620 年英国清教徒去北美殖民地所乘船名。

⑦Roger Williams，1603—1683，英国激进派清教徒教士，首任罗德岛总督。

⑧Lincoln Steffens，1866—1936，美国记者、演说家，以揭露企业家收买政治家的黑幕而著称。

⑨Charles Dickens（狄更斯），1812—1870，英国作家，著有《大卫·科波菲尔》、《雾都孤儿》。

Anthony Ttrollope（特罗洛普），1815—1882，英国作家，著有《巴塞特寺院》、《索恩医生》等。

Nathaniel Hawthorne（霍桑），1804—1864，美国小说家，代表作为《红字》。

Jane Austen（简·奥斯丁），1775—1817，英国女小说家，著有《傲慢与偏见》、《爱玛》等。

George Eliot（艾略特），1819—1880，英国女小说家，代表作有《织工马南》等。

⑩指 1898 年美国和西班牙之间为争夺地区霸权而爆发的战争。

20　标准石油帮

　　弗莱德里克·盖茨与他那位声名远播的老板至少在表面上形成了鲜明的对比。他好出风头、爱热闹，而洛克菲勒却表情冷漠、性格内向。这位慈善事务主管的两只眼睛长得很近，看上去像是有点斗鸡眼，脑袋歪向一侧，面带着讥讽似的微笑，常常让人觉得像是在心存怀疑地打量着这个世界。他个子很高、身材匀称，一副精力充沛、不知疲倦的样子，能兴致勃勃地一连说上好几个小时的话，就像在发表一篇热情洋溢的布道辞或是在背诵莎士比亚戏剧中的独白。他会突然大发其火、怒不可遏，但说起话来绘声绘色，行为举止富有特色。他在发表言论时常常把双脚架在桌子上，伸出一根手指在袅袅而起的雪茄烟雾中指指戳戳，或是从椅子上跳起来，头发乱蓬蓬的，领带歪到一边，在地板上来回踱步，像律师一样陷入沉思。有位同事说他的"声音像是从西奈山①上发出的那样洪亮，"还说他如果拥护一项事业，就从不搞折中。在一篇自画像式的文章里，盖茨称自己"热心、急躁、坚韧不拔但又不失严厉，而且易怒。"

　　盖茨像洛克菲勒一样，把两个彼此不同的自我结合到一起——一个精明而又世俗，另一个则高贵而又好高骛远。他于1853年出生在纽约州北部离萨斯奎汉纳河不远的地方，洛克菲勒的童年就是在这条河边度过的。他父亲是位品格高尚、穷困潦倒的浸礼会牧师，在一个贫穷的小镇上过着节衣缩食的日子。盖茨从小就反对传统的清教观点，即人是尘世上悲惨的匆匆过客，他在回忆录中写道："歌唱固然令人愉快，除此之外，主日学就像教堂一样令人厌烦。我清楚地记得每逢礼拜天主日学结束后可以回家吃饭时心里那种如释重负的感觉。"关于每天两次的祈祷，他写道："如果祈祷能给我们什么启迪的话，那就是它早早就让我们知道祈祷纯粹是一种空洞的语言形式。"令人惊奇的是，这孩子长大后居然当了一名传教士。

盖茨十几岁时，父亲去堪萨斯参加了全美浸礼会家庭布道协会，这使得家里的经济状况更加拮据。盖茨不得不在 15 岁时就辍学做工，帮家里还债。在那几年时间里，他教过书，在布店和银行里当过职员，积累了宝贵的经商经验。他在堪萨斯州海兰大学没上几天学，就于 1875 年转到罗切斯特大学，他在那里对宗教重新产生了兴趣。他是个虔诚的浸礼会教徒，不跳舞，不玩牌，也不常去戏院。两年后，他进了罗切斯特神学院，在院长奥古斯都·斯特朗博士的影响下，一度对斯特朗的神学体系入了迷。盖茨后来尖刻地评论道："他的思想构成了我们神学院课程的基础，而在当时它几乎纯属想像。"盖茨成为牧师的原因与其说是向往来世的生活，不如说是为了摆脱贫穷和单调乏味的学业。

盖茨于 1880 年从神学院毕业后，最初被分配到明尼苏达州当牧师。当他年轻的新娘露西娅·福勒·珀金斯在婚后 16 个月因体内大出血而突然死去时，这位初出茅庐的牧师不但经历了一场丧失信仰的危机，而且开始对美国医生的医术产生了怀疑——正是这种怀疑后来对洛克菲勒的慈善事业造成了影响深远的后果。在这个时期照的相片上，他是个英俊的年轻人，瘦长脸，八字胡，一副愁眉苦脸的表情。在投入了"一场劝罪人皈依教会的狂热的运动"之后，盖茨很快便振作起精神，在神学院时染上的学究气几乎一扫而光。为了当一名成功的牧师，他决定去研究当时经济界、学术界和社会上的各种势力。他是个现代《圣经》派，运用科学、历史和理性来解释《圣经》经文。他还努力偿还教堂的债务，为《明尼阿波利斯论坛报》写文章。

在明尼苏达州住了 8 年之后，盖茨变得既消瘦又憔悴，他似乎注定要像他父亲那样过着一贫如洗的生活。然而，在 1888 年的某一天，老天解救了他，为他送来一个名叫乔治·皮尔斯伯里（George A. Pillsbury）的有钱人，此人开了一家面粉厂，是该州最富裕的浸礼会教徒，当时任明尼阿波利斯市市长。他私下告诉盖茨说，他患上了不治之症，打算把 20 万元捐赠给当地的一所浸礼会学校，想听听盖茨的建议。盖茨建议皮尔斯伯里先捐 5 万元，并要求其他浸礼会教徒筹集同样数目的款项——这就是我们今天所谓的对等捐款——然后再将剩下的 15 万元留在遗嘱中。后来，盖茨被选中来筹集这 5 万元，他在这件事上做得异常出色，于是从此放弃了牧师的职位，出任新成立的全美浸礼会教育学会的执行秘书。此后不久，他便与洛克菲勒挂上了钩，并且参与了芝加哥大学的筹建工作。

有些浸礼会教徒认为自己让本教派一位中坚人物悄悄投向了洛克菲勒的怀抱，为此感到伤心、失望。起初，来自各州的传教士们成群结队地造访盖茨的办公室时，洛克菲勒继续把大量捐款赠给了各种各样的浸礼会组织。但是，洛克菲勒尽管喜欢浸礼会牧师，但由于天天要接待许多斤斤计较的、贪心的传教士，便开始改变他在捐赠事务上遵循的宗派意识。盖茨说："我认为他最大的麻烦来自牧师，因为他对牧师们天生有一种好感，而牧师们却总是企图从他身上弄到钱。"1895 年，洛克菲勒告诉盖茨说，他打算向 5 个主要的新教教派捐款。听了这话，这位过去的牧师十分高兴，他对自己所在的新泽西州蒙特克莱镇上的浸礼会感到十分失望，已经改宗，加入了当地的公理会。他越来越相信这一点："基督并没有、也无意建立浸礼会，他什么教会都不要。"

对于像盖茨这样一个徘徊于天堂和尘世之间的人来说，担任洛克菲勒的首席慈善顾问是一个两全其美的理想方式。两人在 1891 年开始合作时，洛克菲勒 52 岁，盖茨 38 岁。盖茨尽管智力过人，但在洛克菲勒冷冷的审视之下，仍然经常感到不自在。等到他在洛克菲勒面前逐渐摆脱不舒服的感觉后，他对洛克菲勒也就越来越忠贞不贰了。"我不论干什么都会尽心尽力的，"盖茨最初谦卑地对洛克菲勒说，"但我请求您不要对我太信任（连我对自己都没有多少信心），让我从一些不会造成多大损害的小事做起吧。"他最后又说："除了我父亲之外，没有人对我这么好过。"盖茨很久以来一直对当牧师的微薄工资感到不满，现在他可以尽量想像自己能有多少财富了。他父亲一年的收入还不到 400 元，而他刚一开始为洛克菲勒工作，每年就能收入 4000 元，到 1902 年，他的工资升到了 3.2 万元。

同样，盖茨也为老板承担了重要的工作。当时，洛克菲勒由于无法找到职业慈善专家，极其需要有人帮他做出明智的捐赠决定。盖茨竭尽全力，把道德热情和非凡的智慧彻底地结合到一起。他天天晚上都在研读厚厚的医学、经济学、历史和社会学方面的书籍，努力丰富知识，以期找到管理慈善事业的最好方式。盖茨天生多疑，认为世上到处是江湖骗子和欺诈行为，喜欢用一些尖锐的问题来刁难别人，考验对方是否真诚。他直言不讳、从不妥协，总是毫不犹豫地把自己的想法告诉洛克菲勒，在解决难题方面是个无与伦比的好手。

盖茨从内心深处相信洛克菲勒的善良和智慧。"如果把他放在一群当今最杰出的实干家里，比方说一共有 20 位，"他曾在一次演讲中说，"这些大人物用不了和他在一起呆多久，其中最有自信心的人就会偷偷跑到他那儿去征求他的意见。"盖茨认识许多有钱人，让他印象深刻的是，洛克菲勒既没有私人游艇，也没有私人火车车厢。他随时准备为洛克菲勒辩护，有时辩护做得很机智。有个人曾向他报怨说，洛克菲勒在克利夫兰时只知道赚钱，盖茨反驳道："看在老天的份上，他在那座城市里还能干什么呢！"盖茨经常说的一句话是："自从美国成立以来，洛克菲勒家族在使全体国民永远走向富裕方面所做的贡献是其他任何家族无法与之相比的。"

盖茨并不认为洛克菲勒在生意上是完全清白的，但又相信不管洛克菲勒做出什么应受谴责的事，都只不过是反映了他那个时代的商业道德。不过，他并不直接了解这种事情，因为他尽管掌管着洛克菲勒的慈善捐款和对外商业投资，却总是被排除在任何有关标准石油公司的事务之外，就像小洛克菲勒所说的那样："各家石油公司都不喜欢他，因此，我就成了双方的联络人。"盖茨加盟时，恰逢洛克菲勒即将退休，手里最大一笔股份被人接管之际，因此他完全有理由相信洛克菲勒是清白的，以为洛克菲勒在标准石油公司的所作所为与他在后来所从事的事业中的表现完全一样。

不可忽略的是，洛克菲勒在 19 世纪 90 年代早期把身边的人都换成了新面孔，这些新人对他绝对忠诚——同样也一无所知，自然会为他的过去进行辩护。洛克菲勒招募来的新人过去从未在标准石油公司里工作过，这样，他就能有机会重新开始，因而能头一回做到使自己的行为像他所宣称的那样符合伦理标准。在盖茨的领导下，洛克菲勒的这些下属们确保他数以百万计的金钱能得到审慎的捐赠或投资。既然洛克菲勒的下属当中有一位曾经当过牧师，此人必然会使他做出最佳的表现，遵守新的道德规范。

小洛克菲勒进入百老汇 26 号也进一步使他父亲的所作所为比过去更加符合道德标准。

洛克菲勒和在标准石油公司时一样，提倡独立自主，一旦对主管慈善事务的助手进行过严格的培训之后，就会留给他们足够的空间。盖茨发现他的老板很有耐心，态度温和、善解人意，但也意识到洛克菲勒温和的中西部风度和幽默只不过是一种表面上的东西。"他对所有人通常都不露声色，真正的态度通过说些客套话和趣事表现出来。他很擅长与朋友和客人无拘无束地聊天，也擅长向他人发号施令，却很少甚至毫不暴露自己内心的想法。"有时，盖茨去拜见这位先知请求指示，离开时会比来之前更感到困惑。他是这样描写洛克菲勒的："他有时慎重到了无以复加的地步。他不愿完全说出自己的想法，他那种不暴露丝毫想法以免遭致攻击的做法，那种长时间沉默从而使我们无法判断他是否表示反对的技巧，有时简直令人迷惑不解。"洛克菲勒从不对人加以褒贬，对雇员的看法全是通过增加或减少其职责来表示。他的内心就像是中国套盒那样：你即使能穿过最外面的一层屏障，看到的却是又一层屏障，然后又是一层，无穷无尽。

洛克菲勒退休后，他的财富仍然在以惊人的速度增长。他在标准石油公司任职期间，这个托拉斯企业通常支付 12% 的固定红利，这一做法反映了他谨慎的领导方式。相反，阿奇博尔德掌权之后，红利猛涨，1896 年一跃升到 31%，1897 年和 1899 年则增加到 33%。在高额红利的刺激下，标准石油公司股票价格从 1896 年的 176 点涨到了 3 年后的 458 点。不管洛克菲勒如何反对这种过高的分配方式，他本人却成了最大的受益者，这也给他带来了更大的压力，促使他加快其慈善事业，以便安排不断增加的财富。

洛克菲勒因为每天都要收到数以百计来自世界各地的求援信，便要求盖茨答应不再把这类求援信转给他，也不透露他的地址。洛克菲勒继续把成百件甚至上千件个人捐赠分发给贫穷的朋友、亲戚和陌生人——比如，送给他在纽约州北部的表弟一双旧鞋，送给另一位表弟一件旧外套——与此同时，他越发遵循自己在 1889 年写给盖茨的一封信里所言明的原则："我越来越倾向于通过有组织的机构进行捐赠。"盖茨忠实地执行了这个批发式捐赠原则，他用这样一句欠考虑的话回绝了小笔捐赠的请求："这是零售生意。"

有时，洛克菲勒多少让盖茨窥探到一点他内心的悲伤。一天，盖茨对洛克菲勒说，行善本身就是最好的回报，寻求别人感激的人将只会感到莫大的悲哀。"他只是意味深长地用非同寻常的强调语气回答说：'难道我不懂得这个吗？'"盖茨看得出来，洛克菲勒虽然身边总有人围着他转，其实并没有多少真正的朋友，财富把他与别人隔离开了。大约在 1910 年，盖茨在南方一家旅馆里拜见洛克菲勒时，发现他既孤独又消沉，便建议他与当地一些有教养的人交往。"唔，盖茨先生，"洛克菲勒说，"如果你以为我没想过这么做，那你就错了。我试过几回。几乎每一回的结果都一样——打高尔夫快打到第 9 个穴时，建议就来了，不是慈善方面就是财务方面的！"洛克菲勒在慈善事业上比在行商时对人更感到失望，有一次对儿子说："我借钱给人、捐钱给人，之后却看到他们为了避免和我说话，特意跑到街对面走。"

盖茨从签约当慈善主管那天起，就知道自己的生活不可逆转地发生了变化。"我此刻明白自己在很大程度上将远离那种无私的友谊，差不多必然会成为被别人算计和厌恶的对象，"他在回忆录中这样写道。看到人们想方设法地窥视和乞求洛克菲勒的财富，他很难再对人的本性抱有信心了。"您如果能来这间办公室里转转，"他有一次写信给威廉·雷尼·哈珀，解释他为何如此谨慎时说，"看到那些平时道貌岸然的人来这里请求洛克菲勒先生解囊时的卑劣表现，有人甚至不怕丢人现眼，您就会更好地理解我如何会变得这样不合常理地谨慎了。"

盖茨十分仔细地研究了老板的心理，知道洛克菲勒想树立什么样的自我形象，并且能有效地维护这一点。盖茨具有摆布别人的才能，这从他写给朋友的一封信里可以看出来。他在信中列举了 22 条筹款要点，其中第 6 条是："如果发现（潜在捐赠者）手里攥着大把的赠款，切勿过急地催促他做决定。要从容不迫，给他时间，让他觉得自己在施舍，而不是被人从手里夺走。"第 7 条建议是："只向他提到最高尚的动机就行了，他自己会想到那些比较低下、自私的动机。"人们不禁怀疑盖茨是否也把这些技巧用在了洛克菲勒身上，尽管他一直表现得像是洛克菲勒的忠实仆人。

盖茨有这样一种天赋，能够恰如其分地将捐赠建议搞得像是具有历史意义的样子，再向洛克菲勒提出。他使每一次捐赠看起来都好像是人类文明的一次巨大进步，还常常模仿洛克菲勒经常挂在嘴边的商业原则——比如在讨论教育信托基金时——向他推销自己的建议。盖茨知道，洛克菲勒把自己看作是上帝在商业和慈善业的一个代理人。通过强调这一点，他总能抓住老板的注意力。许多年后，盖茨在寄给洛克菲勒的新年贺词中这样写道：

> 毫无疑问，任何人在评价您的辉煌事业时都会感觉到，在很大程度和特定的意义上，您的事业具有"上帝的计划"之特点。我清楚地记得，您的一生对您本人来说一直充满着巨大的惊奇，意想不到的景象总是不断地突然呈现在您惊喜地睁大的双眼之前。如今，您已经到了这样一个境界：回顾过去漫长的历程，您肯定会常常深刻地感觉到，您一向只是万能上帝手里的一个工具，而非我们任何人的工具。如今您在回首往事时，肯定会清楚地认识到。这个伟大的无形力量一直在引导着您走向任何凡人都无法理解和想像的、更加广阔、更加丰富多彩、意义更加深远的、肉眼无法看到的目标。在新的一年开始之际，请允许我冒昧地向您举杯致意，我要说的是——约翰·D·洛克菲勒，他的一生就是上帝的安排。

盖茨为洛克菲勒的慈善事业出了数不胜数的点子，同样重要的是，洛克菲勒自己也出了很多主意。这个创建了标准石油帝国的头脑同样也积极地参与了其慈善帝国的建设。盖茨指出，洛克菲勒"他在组建其慈善事业方面所获得的乐趣，一点儿也不比他在提高经营效率时获得的乐趣少。"退休后的洛克菲勒实际上花在慈善事业上的时间要多于花在投资上的时间。虽然点子经常是盖茨出的，洛克菲勒却毫不犹豫地运用其否决权，或是迫使盖茨重新考虑他的建议。盖茨不得不考虑到许多洛克菲勒明令禁止的事情，比如说向社会福利机构捐款。盖茨在制定计划时从来不能完全自己说了算，而是必须遵从洛克菲勒的意愿。他的权力不能说不大，但仍然有限。

洛克菲勒创造了一个永不犯错的神话，因而人们以为他在个人投资方面也会像他在标准石油公司时那样永远正确。人们一旦得知他买了哪种股票，喜出望外的投资者们就会争先恐后地跟进。有时候，洛克菲勒自己也在为这个神话添油加醋。"每一分钱都要让它物有所值，这是我一贯的经商原则，"他有一回对一位老朋友说道。"要让每一分钱都能带来收益。我在投资某个企业之前，一定要确认它一切都没有问题才行。"

弗雷德里克·盖茨如果有机会读到过这些大话，一定会苦笑的，因为他发现洛克菲勒的私人投资处于一种令人震惊的糟糕状况：他的私人投资带有很大的随意性，没有一位专职经理进行全面的管理。这位创建了标准石油公司的天才竟然是一位极易上当受骗的被动投资人。到 1890 年为止，洛克菲勒在银行中的个人收入每年高达 1000 万元，但令人吃惊的是，他仍然听信那些所谓的朋友提出的建议，尤其是受第五大道浸礼会教堂两个教友科尔盖特·霍伊特（Colgate Hoyt）和查尔斯·科尔比（Charles Colby）的影响。霍伊特经常在上午拜访洛克菲勒，陪他去市中心，一路上都在谈论股票生意。洛克菲勒内心对这两个按时去教堂的人十分信任，他们引诱洛克菲勒把上百万的金钱投到许多濒临倒闭的公司里。在他们的影响下，洛克菲勒建立了一个投资帝国，而他对这个帝国的了解全凭着财务报表上的误导性数字。促使洛克菲勒心甘情愿这么做的原因是，他只购买少数股，并以为他的合伙者也投了同样数目的钱。

科尔比和霍伊特是北太平洋铁路公司执行委员会成员，洛克菲勒则是该公司的大股东，这两个人拼命主张向西北太平洋公司的木材停靠站投资。他们计划在华盛顿州的一个铁路交汇处建埃弗里特镇，理由是北太平洋铁路公司将会从那里沿着皮吉特湾建一些重要的终点站。随着北方大铁路即将完工，一股投机狂潮席卷了这一地区。然而，科尔比和霍伊特在一件代价高昂的小事上犯了错误：北太平洋公司的终点是塔科马，不是埃弗里特。与此同时，洛克菲勒盲目地采纳了他俩的建议，在当地买下了一些矿山、钢铁厂、造纸厂、铁路甚至还有一家制钉厂的股份。

洛克菲勒此时异乎寻常地丧失了警惕，部分原因是 90 年代初他身体状况欠佳，当时正尽力想把烦心事甩到一旁。他意识到自己的一些外部投资可能并不像人们宣传的那么可靠，便有一天对盖茨提到，如果盖茨在视察慈善项目的途中恰好附近有他投资的产业，能不能顺便过去看一下。盖茨的足智多谋早已给洛克菲勒留下了极为深刻的印象，洛克菲勒还明白，靠盖茨比靠一位财务分析专家来处理此事可能会少遇到一些令他尴尬的场面，因为后者会在华尔街上大肆宣扬他的失误。

1891年，盖茨搬到纽约后不久，正准备动身走访阿拉巴马州的浸礼会学校，洛克菲勒问他是否可以去视察一下那儿的一座炼铁厂，那是他听了一个老朋友的建议买下的。他说他弄不明白，厂子怎么会落到破产清理人手里的。从盖茨的报告，就能立刻明白他不是一个用甜言蜜语去哄骗君主的弄臣。盖茨直言不讳地告诉洛克菲勒，整个企业和炼铁毫无关系，而是一个企图推动当地房地产发展的几乎不加掩饰的诡计。许多浸礼会牧师都受骗买下了附近的土地，据说这些土地会因靠近这家炼铁厂而升值。洛克菲勒掩饰住了自己的震惊，轻描淡写地辩解说自己冒这个"小风险"是为了帮助一个老朋友的儿子学做炼铁生意。洛克菲勒拿他在威斯康星赢利丰厚的炼铁厂做比较，据说这家企业每天能赚1000块钱。

盖茨去了威斯康星，悄悄地开始了刨根问底的调查。他发现那是一个和阿拉巴马如出一辙的骗局：炼铁厂被用来推动当地的房地产开发，用飞涨的价格把附近的土地拍卖出去。所谓利润纯粹是些空话：实际上洛克菲勒每天大约要损失1000元。对于任何一个认识洛克菲勒的人来说，这种情形似乎难以想像：他做了大笔的投资，却没有独立地核实朋友们报上来的数字。

盖茨去福里斯特山汇报这个坏消息时，知道他的老板不会把60万元的抵押债券看成是"小风险"，而且看得出来，洛克菲勒十分恼火。盖茨描写这次会面道：

> 他十分不安，如果不是我一再信誓旦旦地向他保证确实如此，他肯定不会相信我的。他让我留在福里斯特山，等他把这位老朋友从华尔街叫来，是此人促成了这笔债券交易。这位先生否认了我提出的每一项指责，但是面对我提出的证据，他只能用矢口否认和愤怒、恐惧的泪水来作答。

几天后，这个满怀悔恨的恶棍——不清楚究竟是科尔比还是霍伊特——回来找洛克菲勒，承认盖茨所言不虚，并同意请人重新起草抵押债券的交易合同。

洛克菲勒发现自己受骗后大为震惊，便派他的侦探盖茨去落基山上的圣米格尔联合矿业公司（San Miguel Consolidated Mines），调查他在那儿的投资情况。这家企业的创办人招待过许多去西部视察现场的投资人。盖茨在丹佛向一位采矿工程师询问有关圣米格尔矿业的情况时，立刻觉察到了问题。这位工程师喊道："什么！你是说约翰·D·洛克菲勒把钱投到了那个该死的骗局里去了!!"盖茨到了特柳赖德，发现根本没有什么矿井，公司拥有的只不过是些被人废弃的荒地而已。

这时——即1892年的下半年——盖茨仍然在洛克菲勒住处附近坦普尔大楼中的一间办公室里上班。经历了圣米格尔惨败之后，洛克菲勒让盖茨搬到了他在百老汇26号的办公室里。他看出盖茨在商业方面的天赋超过了他在标准石油公司遇到的任何一个人。洛克菲勒对盖茨表示出惊人的信任，允许盖茨随时查阅有关标准石油公司外部投资的全部资料。盖茨在这个臭烘烘的烂泥塘里拱来拱去，发现了一些令他吃惊的情况。"我发现了大约20个这类病入膏肓的公司，"他回忆道，"每一家的资产负债表都是负债累累。"

盖茨在对这些不成功的投资进行分门别类时，乔治·罗杰斯也加入了这些人的行列，敦促洛克菲勒建立新的措施来监管他2300万元的证券投资（其中包括1400万元的铁路股票）。盖茨的发现鼓舞了罗杰斯，他建议成立一个执行委员会，由盖茨负责处理投资和慈善事务，盖茨在蒙特克莱时的邻居斯塔尔·墨菲（Starr Murphy）负责法律事务，罗杰斯负责行政事务，每人年薪1万元。罗杰斯坦率地对遭受打击的老板说："对您来说，这笔费用一开始看起来似乎太高，但比起您那些被别人骗走的钱来说还是少得多，而且直到现在，对于许多您已经投入大量金钱的企业，您仍然没有确切的了解。"他指出了被动投资的危险性，并建议洛克菲勒派代表去监督这些公司。

除了这些令人震惊的虚假投资报告之外，洛克菲勒还将面临另外一个令人沮丧的发现：霍伊特和科尔比悄悄地退出了这些毫无价值的交易，把烂摊子留给了洛克菲勒，其中大部分是他持有多数股的企业。洛克菲勒尽管终止了与这两个人的来往，却不能轻易摆脱他们在一起搞的这些倒霉的投资项目，于是，他认为最明智的做法就是将这些公司的股份全部买下，然后让它们起死回生。洛克菲勒足足拥有13家管理不善的公司的全部股票，他让盖茨担任了几乎所有这些公司的总经理。一夜之间，这个一度受贫穷困扰的年轻牧师就接手了两条铁路，外加一个由分散在各地的矿业、木材和制造公司组成的企业集团。这些投机性很大的投资项目大多数一直就没有过起色。

盖茨似乎生来就是统治商业帝国而不是拯救灵魂的，他颐指气使，大刀阔斧地干了起来。他一边放弃了许多亏损企业，一边又对埃弗里特木材投资公司（Everett Timber and Investment Company）情有独钟。他每年都要乘坐豪华私人火车车厢去巡视这个地区，为洛克菲勒买下了附近所有的森林，总共在华盛顿州买了5万英亩的林地，在温哥华岛买了4万英亩。这些大片的林区最终带来了五六倍于买价的利润，弥补了洛克菲勒在西北太平洋公司大溃败中所遭受的损失。盖茨本人也在他为洛克菲勒管理的几个公司中投了资，1902年，他从中获利整整50万元。

洛克菲勒发现盖茨不仅仅是个能干的投资者，而是一位天才。1917年，福布斯②请洛克菲勒说出他见过的最了不起的商人，他的回答让读者大吃一惊，他没有提弗拉格勒和阿奇博尔德——更没有提亨利·福特和安德鲁·卡内基——而是提到了弗雷德里克·盖茨。洛克菲勒郑重地说："在我所认识的人当中，只有他把经商技能和从事慈善业的天赋结合到了一起，而且达到一个前人未能达到的高度。"盖茨的灵魂深处还保留着清教徒的内疚感，这使得他总是强调他在慈善方面的工作，贬低他在商业方面的业绩。1912年，《纽约时报》的出版商阿道夫·奥克斯（Adolph Ochs）请盖茨介绍自己的背景，盖茨谦虚甚至有些回避地回答说："虽然我与洛克菲勒先生的私人事务即他的个人投资有着密切的关系，我的兴趣却一直是在他的慈善工作方面，而不是在他的生意上。"华尔街上那些曾经领教过这位干劲十足、爱抽雪茄、爱出风头的世界上最大私人财富总管的脾气的人如果听到这话，准会觉得这简直是一大新闻。

尽管盖茨一直呆在幕后，新闻界还是很快就发现了这个性情古怪、一头乱发的人手中所掌握的权力。"从外表上看，盖茨先生不像通常的金融家，"《纽约每日论坛报》（New York Daily Tribune）写道。"他身上的每一处，从胡乱梳理的铁灰色头发和短短的胡须到他的双脚，无不显示出他对别人如何看待自己毫不在意。"投资公司如果小看了盖茨是要付出代价的，因为他掌管着规模空前的私人证券投资。在资本市场资金短缺的时候，他需要千方百计地寻找一些金边债券（指有政府担保的、信誉良好的债券）来消化洛克菲勒数以百万的资金。洛克菲勒就像是家个人投资银行，他在盖茨的监督下和华尔街上最令人敬畏的公司共同组建了一些大型股票—债券包销辛迪加（一种联合经营企业）。在那个时代，富有的个人成立辛迪加的事尽管并不罕见，但洛克菲勒参与的程度之大却是前所未有的。

即使是到了老年，洛克菲勒每天都要收到两次股票行情表，能随口说出他拥有的众多股票的准确数字。他恪守着几条奉为神圣的投资准则，其中最神圣的一条可能就是，盖茨不得插手他的财富的主体部分——标准石油公司的股票。洛克菲勒和在标准石油公司时一样，坚持保留不低于1000万元的现金余额。他同时还拥有大量的美国政府债券，因而以为自己能操纵市场而于己无损。洛克菲勒天生爱与人作对，坚持在市场低迷时买入而在行情看涨时卖出。他如果想做多，每次都在股价下跌1/8点后买进，而在做空时，每次都要等股价上涨1/8点后才抛出——这种炒股技巧使他能在做长线中获得平均收益。由于他两次被人告到法院，说他提供不正确的入市建议，所以他从此再也不向别人提供炒股要领了。他这样做是出于某种自卑感，因为他承认自己并没有"那种能使我用自己可悲的猜测……去误导别人的未卜先知的能力"。

由于大宗的证券都由助手们掌管，制定证券交易防范措施的事只好由他自己来做。他订了一条严格的规定：他的雇员不得去买他占多数股的公司的股票或债券；在开启他存放证券的保险柜时，必须有两个以上的人在场。洛克菲勒的下属们在处理这么大数目的金钱时，心里似乎比他们冷静的老板还要紧张。斯塔尔·墨菲回忆道，有一次，老板叫他和另一个同事把价值6000万元的股票送到他在波坎蒂科的庄园，让他亲自过目。两人在毫无保护措施的情况下心惊胆战地驱车去了韦斯特切斯特。洛克菲勒对这种缺乏安全措施的做法没有表示出任何担心，只是到了最后才不动声色、慢条斯理而又幽默地提一句："我想两位先生是结伴回纽约吧。"

发生了科尔比—霍伊特事件之后，任何人想要摆布洛克菲勒都会适得其反。比如，1910年洛克菲勒在佐治亚州奥古斯塔度假时，在旅馆房间里接待了来访的亨利·克雷·弗里克（Henry Clay Frick），此人郑重其事地建议他买下 5 万股里丁铁路公司（Reading Railroad）的股票。弗里克刚一离开，洛克菲勒就打电话命令手下把他手里的 4.75 万股股票全数抛出，最后的 2500 股在价格升到最高时卖掉了，他对此感到很满意。

洛克菲勒还要设法对付一直困扰着所有大投资者的两难境地：如何在吃进股票时不使股价上涨，而在抛出时不使股价下跌。随着他声名远播，他在股市上的举动会在交易者当中引起一片慌乱。为了避免这种情况发生，洛克菲勒雇了两批股票经纪人：由一级市场经纪人把交易指令在几十个二级市场经纪人当中分发出去，而这些二级市场经纪人并不清楚洛克菲勒的身份，这就使他要采取的措施在由众多中间人构成的迷魂阵中被掩盖了起来。在与一个名叫保罗·兰登（Paul D. Langdon）的经纪人订立单一佣金协议之前的很长一段时间里，他一直在支付双重佣金。在 19 世纪末的华尔街上，盛行一时的股票联合交易是合法的，而洛克菲勒加入这个行列时丝毫不感到良心上的不安。

洛克菲勒进入暮年后，宁可确保稳定的收益而不愿去投机赚大钱。有一次，一家公司的发起人试图向盖茨兜售一些金矿股票，盖茨打断他说："你就是说这个矿脉是纯金的，24K 的优质金矿，蕴藏量大、易开采、离铁路近，而且可以低价买进，我照样怀疑洛克菲勒先生的注意力是否会被你吸引过来……他此时的年纪和财产状况已经使他对这一号事情再也不会起贪心了。"洛克菲勒很少理睬那些不计其数、成群结队地拥进他的办公室，向他兜售专利的发明者。把大笔的钱借给用绩优股票作抵押的人，要比把钱分散投资到几十个企业当中简单得多。尽管有人说洛克菲勒很贪婪，实际上许多人都认为他是一个心地宽容的债主，对待别人的过失总是很大度。盖茨曾报怨说："我从未见过洛克菲勒先生催过借出去的个人贷款，取消过私人抵押品的赎取权或是逼过某个债务人。"他的另一个投资顾问亨利·库珀（Henry E. Cooper）也说："在生意上，他对别人从不过分苛刻，他太好说话了。"

为了防备股市偶尔发生的突然动荡，洛克菲勒从银行借了大笔的钱，一度曾高达 1500 万到 2000 万元，用他的政府债券作抵押。这令小洛克菲勒感到很困惑，但他仍然遵循父亲要他极其谨慎的教诲，反对按照股票面值进行投机性交易。进入中年后的小洛克菲勒竟然也会教训起刚愎自负的父亲，用他说过的话来指责他。第一次世界大战爆发前夕，老洛克菲勒的借款已接近1000万元，小洛克菲勒提醒他说，他曾经怎样"一再地告诫我，永远不要借钱，而且手里总是留有足够的现钱"。

在很长一段时间里，洛克菲勒拒绝招聘专业人员管理他的投资，因此盖茨不得不尽最大努力艰难地干下去。1897年，后来成为洛克菲勒房地产专家的查尔斯·海特（Charles O. Heydt）加入了这支队伍；几年后，又来了伯特伦·卡特勒（Bertram Cutler），此人在以后的50年当中一直掌管着洛克菲勒家族的投资。虽然拥有了这样一支队伍，投资交易还是十分散漫无序，1907年盖茨对洛克菲勒说："我一直在想，您的办公室里如果能有这样一个人就好了，这人在一天的任何时候都能了解有关您的投资的全部详细资料，他的工作就是对每一项投资都了如指掌——也就是说，他把手指始终放在每一项投资的脉搏上。若能如此，肯定会使您获益匪浅。"第二年，洛克菲勒终于妥协了，成立了一个包括盖茨和小洛克菲勒在内的四人委员会，负责管理他的钱财。

和管理洛克菲勒的慈善事业一样，盖茨最初在弱肉强食的华尔街上小心翼翼地经营着，但很快就控制了局面。没过多久，他就能胸有成竹地在洛克菲勒面前对那几个横行天下的巨头，如安德鲁·卡内基和J·皮尔庞特·摩根品头论足了。当时的巨额融资界都在围着摩根和库恩—洛布[3]公司的雅各布·希夫（Jacob Schiff）这两个势不两立的巨头转。盖茨认定洛克菲勒已是一个很有争议的人物，因而想尽一切可能避开这两位金融家之间的冲突，避免介入董事会上的反叛行为、股市上的倾轧以及其他有可能进一步损害洛克菲勒名声的活动。

由于急需蓝筹股票（即热门股票），盖茨极力主张与J·P·摩根公司和库恩—洛布辛迪加同时进行合作，但又一直认为能从库恩—洛布那儿获得更好的条件。在这家金融公司的支持下，洛克菲勒吸纳了大批铁路股票，其中包括南太平洋铁路公司、太平洋联合铁路公司和宾夕法尼亚铁路公司的大量股份。在1904—1905年日俄战争期间向日本帝国政府提供贷款和1911年向中国政府提供贷款的筹资活动中，他入了一大股。在库恩—洛布公司兼并以阿穆尔公司和斯威夫特公司为首的芝加哥肉类加工企业的过程中，他也投了资金，协助建立新的托拉斯企业。在不断寻求优良证券的过程中，洛克菲勒有时还会从库恩—洛布公司手里买股票，但这样做只是为了维持与该公司的和睦关系。

盖茨和他的手下为 J·P·摩根公司对待他们的专横态度感到十分不满，他们只能定期地从该公司分到少量表现平平的股票——这个世界上最富有的投资者得到的竟然是如此待遇，实在令人费解。20 世纪初，洛克菲勒十分不安地发现，自己居然频频被牵涉到摩根所犯的重大失误之中，例如，他应工商界大亨查尔斯·耶基斯（Charles Yerkes）之请为芝加哥电车公司提供过资金，还向摩根组建的一个北大西洋航运卡特尔——夭折的国际商业海运公司（International Mercantile Marine）投过资。对洛克菲勒来说，这并不是什么偶然事件，而是反映了摩根对他根深蒂固的反感。受到这些不良投资的打击之后，洛克菲勒在 1911 年对儿子说："我认为，如果以后这家公司再要求我们投资的话，我们要统一意志，只要我们在是否真的需要做这项投资上意见不一致，就决不接受其要求。"老 J·P·摩根在 1913 年去世后，洛克菲勒要求他的顾问们与摩根银行保持良好的关系，同时又尖刻地告诫他们："我们为摩根公司的不良投资当'垫背'的经验教训已经够多了。"

洛克菲勒手下尽管聚集了一群能干的顾问，但他的投资记录却很不均衡。他取得的成功有：1906 年向刚刚起步的通用汽车公司提供了 600 万元的贷款——大约相当于现在的 9800 万元——用的是票据而非现金。在兑付这些票据时，洛克菲勒要求通用汽车公司付给他股票，这些股票后来如他所愿地从 200 点猛涨到 1500 点。作为联合煤矿公司和巴尔的摩—俄亥俄铁路公司的主要投资人，他也干得很出色。不过，洛克菲勒有时也会犯严重的错误，他与乔治·古尔德之间扑朔迷离的关系便是一例。当年，杰伊·古尔德夺走了伊利铁路公司，令洛克菲勒耿耿于怀。古尔德在 1892 年末去世后，留下了超过 1 亿元的家产，继承其投资项目的是他那个挥金如土的儿子——28 岁的乔治。此人看来不可能成为洛克菲勒的商业伙伴，洛克菲勒不赞成花钱购置私人火车车厢，而乔治·古尔德却拥有整整一列私人火车，还酷爱一些贵族运动，如击剑、狩猎、驾驶帆船和打马球等。纽约小报也津津乐道地报道他与各种女人的不正常关系。洛克菲勒不管对乔治放浪形骸的生活方式有多不满，却对他企图把密苏里太平洋铁路公司和其他西部铁路公司合并成一个横跨北美大陆的帝国这一设想很感兴趣。1902年，洛克菲勒买下了密苏里太平洋铁路公司抛出的大量股票，没过多久，他就向这个大坟场扔进了4000万元的投资，和乔治·古尔德扔进去的数量相当。

麻烦很快就来了。1906年，洛克菲勒对古尔德大肆挥霍，凡事不同他协商的做法大为恼火，便让儿子退出了密苏里太平洋公司董事会。1909年，洛克菲勒认为古尔德对待自己的态度极其恶劣，便拒绝双方继续合作，除非由他派出的代表控制董事会。作为挽救密苏里太平洋公司的条件，库恩—洛布公司的雅各布·希夫也要求自己的代表在董事会中占据多数。最后，古尔德辞去了总经理一职，却又安排一个亲信来接替他，此举迫使盖茨宣布，此时不与"这个疯狂、失败的古尔德"断绝关系更待何时。1912年，洛克菲勒抛掉了手里的密苏里太平洋公司股票，彻底结束了这次不成功的合作。

从19世纪90年代末起，报纸纷纷发布轰动性文章，报道了一个被华尔街称为"标准石油帮"的神秘莫测的团伙。亨利·克卢斯（Henry Clews）在日记中写道："在一个从未在华尔街上露过面的最强大的势力的影响下，一种新秩序出现了。这股势力最主要的成员是标准石油集团，它们处理公司事务的一贯作风是不动声色、不大张旗鼓、势不可挡，如今它们把这种做法带到了它们在华尔街的业务中。"人们普遍认为，约翰·D·洛克菲勒在幕后指挥了这些可怕的行动，决心吞掉整个华尔街。"人人都说我控制了美国所有的银行、信托公司、保险公司，甚至所有的铁路公司，"洛克菲勒在1906年委屈地对一位记者说。"假如我说我在任何一家银行、信托公司或是保险公司里都不拥有控股权，你会相信吗？"

洛克菲勒在股票上的投入比他承认的要多，但他基本上是个被动的投资者，始终像任何一个朴实的平民党人一样对华尔街心存戒心。一次，有人向他请教投资方面的建议，他反驳道："我觉得，要是我能提出什么建议的话，那就是离华尔街远点儿。"1883年，他为了在纽约证券交易所买一个席位，被迫在入会委员会面前露面，从那以后的54年里，他再也没去过交易所。他自豪地指出，在他任职期间，标准石油公司从未在这家交易所里上市，公司管理层把注意力"放在业务管理上，而不是放在股票赌博上。"洛克菲勒尽管从未做过公开反驳，其实他在标准石油帮里根本没有起过任何作用，而且对公司三巨头亨利·罗杰斯、詹姆斯·斯蒂尔曼和他弟弟威廉的所作所为很不以为然。罗杰斯和威廉用标准石油公司的支票为自己搞投机活动，对这种做法约翰·D一直感到很恼火。

约翰尽管对弟弟向来很友善，但是随着时间的推移，兄弟俩在价值观上产生了巨大的分歧。威廉逐渐成了镀金时代典型的显贵，热衷于出入时髦的俱乐部和度假胜地。威廉把手里的许多标准石油公司股票卖给哥哥之后，财力自然不如乃兄，但仍然是标准石油公司六大股东之一，而且经常被列为全美十大富豪之一。他在追求优雅生活方面是个行家，喜欢鸡尾酒会、赌博、赛马、狩猎、钓鱼、听歌剧、看戏和乘游艇出游。他在第五大道的府邸与阿尔瓦·范德比尔特的法式石灰岩豪宅隔街相望，经常去她家参加化装舞会。他度周末的房子罗克伍德大院耸立在哈得逊河旁，楼顶上四处是尖塔和角楼，楼里共有204个房间，几个花园全是弗雷德里克·劳·奥姆斯特德④设计的。他在崎岖不平的阿迪朗达克山上还有一个占地数千英亩的庄园。1888年，威廉和J·P·摩根、威廉·K·范德比尔特以及赛勒斯·麦考密克（Cyrus McCormick）等大亨在佐治亚州近海的一座小岛上共同成立了"杰基尔岛俱乐部"——那是个"100个百万富翁"的豪华度假区——没过多久，岛上就出现了摩根路、洛克菲勒街等令其引以自豪的街道。威廉在后半生抛弃了早年所受的浸礼会教育，转而追求享乐。"我过去十分喜欢去教堂，"他在晚年时对一位朋友说，"但现在已经很久没去了。"威廉与约翰不同，他很少向慈善事业捐款，对约翰请他向芝加哥大学出力的建议充耳不闻。有一次，约翰在动员威廉出资建一座教堂时挖苦他说："买画固然不错，但建教堂更好。"对于那些向他要钱的人的动机，威廉的成见比约翰更深。

兄弟俩分歧最大的地方是在股市交易上——这种分歧大到了这样的地步，凡是威廉投资的企业，约翰从不问津。约翰在拒绝一项投资提议时，只需对他的财务主管说一句："不行，那是威廉的生意，"大家便不再作声了。威廉是华尔街上的常客，人们经常发现他坐在市中心的办公室里一边抽着雪茄烟，一边看着窗户边上的股票行情自动收录器。他除了担任纽约标准石油公司总裁之外，还是 40 家公司的董事，其中包括铁路、银行、铜矿，外加蒸汽轮船、天然气和自来水公司。最让约翰厌恶的是，威廉还参与一些约翰视为赌博和操纵行为的活动，如推销股票、扰乱股市，等等。也许就是因为两人在这类事情上的摩擦使彼此在 90 年代末疏远了。1897年，约翰在标准石油公司提议为高级管理人员大幅度加薪的名单上单单抹去了威廉的名字，为此，弗拉格勒表示伤心并提出了抗议：

> 我希望您能从纯商业的角度考虑，将威尔（威廉的昵称）的名字添上。我认为他和"其他 3 个人"相比尽管年纪更小，却发挥着同样大的作用。我不知您是否意识到，把他排除在外会给他带来什么样的影响。本月最后一天是我与您以及威尔合作整整 30 年的日子。这么多年过去了，我们别再做任何显得不友好的事情吧。我想我比您更了解威尔对您的个人感情——比您想像的要友好得多。

约翰与威廉在股市交易上保持距离的部分原因是，他认为这些交易与詹姆斯·斯蒂尔曼有关，斯蒂尔曼利用自己与标准石油公司的关系和与威廉的私人交情把花旗银行变成了纽约最大的银行。"我喜欢威廉，"神情忧郁、举止优雅、沉默寡言的斯蒂尔曼说，"因为我俩心心相通。我们经常在一起默默坐上 15 分钟后，其中一个才开始说话！"他俩是一对很奇特的伙伴，威廉脾气好、容易相处，斯蒂尔曼却态度冷漠、行事谨慎。斯蒂尔曼的一位后代留下了这样一段对他的描述："他神情严肃，爱思考，除了偶尔冒出几句挖苦话之外，几乎一言不发，在华尔街上号称'铁面人'。"斯蒂尔曼一度与妻子不合，把她从家里赶了出去，永远不让她回来，还禁止 5 个孩子提到她的名字。詹姆斯·斯蒂尔曼和威廉·洛克菲勒之间的这种亲密关系也传到了两家子女的身上。斯蒂尔曼的 2 个女儿埃尔西和伊莎贝尔分别嫁给了威廉的两个儿子威廉·G 和珀西，他们养育了一代斯蒂尔曼·洛克菲勒，这些人后来都成了花旗银行也就是现在的花旗银行公司（Citicorp）发展史上的核心人物。

许多当代评论家们认为，约翰·D 和他弟弟以及斯蒂尔曼组成了一个三人投资同盟，而实际上，约翰对斯蒂尔曼的性格很有看法，并且对他和威廉之间的交情感到遗憾。显然，斯蒂尔曼也以牙还牙。一天，他去百老汇26号拜访威廉，顺便走到小洛克菲勒的办公桌旁，开始说一些贬低老洛克菲勒的话。小洛克菲勒立刻直挺挺地站起来，结结巴巴地说："斯蒂尔曼先生，你这些话可以在我父亲面前说，但不可以在他儿子面前说。再见。"

斯蒂尔曼尽管与小洛克菲勒关系不好，却还是在1901年邀请他出任花旗银行的董事。小洛克菲勒很想接受这个职位，但又害怕斯蒂尔曼的对手J·P·摩根会加以报复，把他父亲赶出股票包销辛迪加。老洛克菲勒更担心的是，这项任命会使人们相信他在花旗银行拥有大量股份这类令他讨厌的传言。老洛克菲勒警告儿子说，如果他接受这个职位，这"可能让别人认为我们与银行的关系密切——实际上并非如此，否则我们最好向外界公开这一点"。小洛克菲勒第一次违背他父亲的意愿，加入了花旗银行的董事会，宽宏大量的老洛克菲勒也买了该银行的一万股股票。然而，小洛克菲勒第二年就从董事会退出了，因为他发现该银行的某些做法有问题。

老洛克菲勒在花旗银行所占股份的作用不应过分夸大。1906年的一份有关他的资产报表表明，他在花旗银行的投资为41.5万元，在由摩根的亲信乔治·贝克尔（George F. Baker）控制的第一国民银行（First National Bank）的投资为37.5万元，他在银行业投资最多的是由哈克尼斯家族控制的纽约信托银行（New York Trust），为140万元。1903年银行家信托公司（Bankers Trust）成立时，他也买进了该公司的一大笔股份。总的来说，洛克菲勒有意避开花旗银行和标准石油帮，但又从来不想让公众知道这一点，并且认为威廉、斯蒂尔曼和亨利·罗杰斯之所以没向新闻界披露真相，是因为他们没有这个胆量。一次，有人私下向他问起斯蒂尔曼的银行，他冷冰冰地说："听说它被人称做洛克菲勒银行。可是我对它没有控制权，我只拥有它大约30万元的股票，而它的总资本高达2亿……我这辈子从来就没去过那家银行。我发誓，我甚至连它的大门朝哪儿开都不知道。"

不过，洛克菲勒确实是一家银行的大股东。阿姆斯特朗在1905年所做的调查揭露了保险公司和银行之间存在着大量欺诈行为之后，政府在1911年实施了改革性立法，迫使公平人寿保险公司（Equitable Life Assurance Company）同其子公司公平信托公司（Equitable Trust Company）分离。洛克菲勒、乔治·古尔德和库恩—洛布抓住这个机会控制了这家公司，洛克菲勒当上了主要股东。他希望能参加该银行赢利丰厚的金融交易，不久便敦促标准石油集团所属全部公司把账户都转到这家银行里。由于洛克菲勒的关系，公平信托公司大发其财，在10年内就发展成美国第8大银行。这一举措对洛克菲勒家族来说意义重大，因为该银行在1929年股市大崩溃后与大通银行（Chase Bank）合并，合并后的银行成了洛克菲勒家族的资产保护所。如果说威廉·洛克菲勒的后人是花旗银行的化身，约翰·D的后代则一直与大通银行的名字联系在一起。

在标准石油帮的三驾马车罗杰斯、斯蒂尔曼和威廉·洛克菲勒当中，最受公众关注的是亨利·罗杰斯。标准石油公司的列位董事里，除了约翰·D本人之外，罗杰斯的名声无人可比。罗杰斯身上有一种绵里藏针、既迷人又凶狠的气质，即使厌恶他的人也认为他是个很有吸引力的人物。标准石油公司的人亲切地给他起了个"野老虎"的外号，而华尔街则用他姓名中的两个首字母H称他为地狱之犬⑤。他相貌英俊，体格强壮，留着造型古怪的胡须，目光犀利，一副颐指气使的派头。

罗杰斯性格多变，一会儿体贴大方，一会儿又冷酷无情，充满敌意。在曼哈顿形形色色的俱乐部和会客室里，他能讲一些令人捧腹的故事，又是玩牌的高手，很能吸引周围的人。他乐善好施：资助过埃德温·德雷克上校穷困潦倒的遗孀，还出资在家乡马萨诸塞州费尔黑文修建学校、图书馆、教堂、教区礼堂和救济院。"他只需看你一眼就能将你征服，"标准石油公司的一位对他令人眼花缭乱的多变性格佩服得五体投地的同事说。"只要不冒犯他，他总是对人很和气。他是我在商界见到的爱憎最鲜明的一个。""他能在一眨眼的工夫里完全改变脸上的表情，"一位记者在《晚邮报》上写道。"他的语气在一句话里就能表达出从敌意、漠然、礼貌、和蔼到友好等各种各样的感情。"

罗杰斯从一个穷小子变成华尔街顶尖人物的历程令人咋舌。他父亲是位商船船长，他少年时代在杂货店当过伙计，沿街卖过报纸，还在铁路上干过一阵，后来与一个朋友一起在石油城郊外办了一家炼油厂。他通过朋友的关系认识了查尔斯·普拉特，后者买下了他的厂子，并让他进了标准石油公司。罗杰斯如果能把精力放在石油上的话，他与洛克菲勒的关系也许会好得多，因为洛克菲勒认为他把时间和忠诚分成了好几份。在他那间用小铜牛、小铜熊和红木家具装潢的高雅的办公室里，罗杰斯策划了几十笔交易，迫使记者们一刻不停地跟踪他的阴谋诡计。他一度成为纽约斯塔腾岛名副其实的主人，控制了岛上的电车、铁路、轮渡、电力和天然气公司。1884 年，他与威廉·洛克菲勒合伙成立了联合天然气公司，为布鲁克林提供天然气，还同爱德华·阿迪克斯（J. Edward Addicks）争夺过波士顿天然气供应的控制权。

罗杰斯在管理方面很有天赋，认为自己是洛克菲勒理想的继承人，并且在 1890 年升任这家托拉斯的副总裁。由于这个缘故，当阿奇博尔德被推上公司第一把交椅时，他感到忿忿不平。公司之所以这样决定，部分原因是出于对工作作风的考虑。洛克菲勒对罗杰斯参与赌博、言辞不当、在公开场合趾高气扬和结交上层社会的做法十分恼火。洛克菲勒喜欢阿奇博尔德的另一个原因是，他一心扑在标准石油公司的生意上，罗杰斯却常常为别的事情分心。罗杰斯有时还逼迫标准石油公司的下属不向他自己的天然气竞争对手提供石油，甚至不惜影响标准石油公司的利润——这在洛克菲勒看来是一大罪过。

1899 年，詹姆斯·斯蒂尔曼、威廉·洛克菲勒和罗杰斯秘密控制了过去为参议员乔治·赫斯特（George Hearst）拥有的蒙大拿州比尤特的阿纳康达铜矿后，洛克菲勒和罗杰斯之间宿怨终于爆发了。这 3 个人向花旗银行贷款 3900 万元买下了这座铜矿，然后加以改头换面，给新成立的控股公司起名为联合铜业公司（Amalgamated Copper），用欺骗的手段上市，以 7500 万元的价格将其股份卖给了不明真相的大众，收回了 3900 万元的贷款，并把 3600 万元的赚头装进了自己的腰包。洛克菲勒被他们发行这么多掺水股票的行为激怒了，相比之下，他在自己的品行受到攻击时觉得自己还算是个有良心的人。这家新公司是由斯蒂尔曼和花旗银行筹资组建的，威廉和罗杰斯则利用了他们与标准石油公司的关系煽起了一场股市投机狂潮。

在实施这笔交易时，罗杰斯犯了一个错误，他邀请了一个名叫托马斯·劳森（Thomas W. Lawson）的眼光犀利的波士顿股票经纪人参加这个项目。劳森从 1904 年 7 月起在《人人》（Everybody's）杂志上发表系列文章，和盘托出了这笔交易，这些文章后来被收进一本名为《疯狂金融》(Frenzied Finance) 的经典文集里。该书是美国金融史上最具戏剧色彩的粗制滥造之作，它的开头有这样一段矫揉造作的献辞："献给忏悔：这本书所揭露的那些做尽坏事的人会清楚地看到他们所犯的罪行——并且做出忏悔。"劳森把自己描绘成一个"犯罪新手，"在他所揭露的事实下面加了一个自白式注解："本人在这个欺骗了成千上万个美洲和欧洲投资者的阴谋中无意识地成了别人的工具。"

这篇揭发文章的中心意思就是，购买联合铜业公司的钱有 2/3 是由公众支付的，而罗杰斯及其同伙却控制了 2/3 的股份。劳森提到，标准石油公司当时被看作是"这个国家最有实力的公司，"有关它加盟这个公司的谣言激起了买股狂潮。在认购最后期限即 1899 年 5 月 4 日那天，由于成群的人聚集在花旗银行门外，4 个膀大腰圆的警察不得不用力关上大门，把失望的投资者拦在门外。由于认购数量是原先的 5 倍，罗杰斯把优先股分给了一些与他交好的政客。罗杰斯和威廉·洛克菲勒许诺他们自己也购买该公司的股票，以此来吸引投资者，但股票刚一上市，他们就把手里的股票抛售一空。劳森对几个当事人的描述与他对这个辛迪加的行径所做的揭露同样令人难忘。奇怪的是，他对威廉·洛克菲勒情有独钟，说他做事体面，说话简明扼要，比罗杰斯要可信得多。他发现真正的主角是亨利·罗杰斯，说他性格多变，好走极端，是个天才的演员，擅长扮演许多不同的角色，常常连自己都搞不清楚自己扮的是哪个角色：

> 抛开他让人着迷的赚钱本事不说，这位不同寻常的人是我所遇到的人当中最有魅力、最可爱的一个，任何一个男人或女人都会以拥有这样的一个兄弟而自豪……然而，他一旦受到商业"机器"的邪恶影响，就变成了一个毫不留情、贪得无厌的动物，像鲨鱼一样冷血，为了实现自己的目标，什么上帝的法则、人间的法律全都置之脑后。

劳森在书中多次明确地提到洛克菲勒和标准石油公司，让人们觉得好像约翰·D 与罗杰斯、威廉一起组成了一个三人阴谋集团。他在书中曾比较实事求是地说："这是标准石油公司的两个领头人（罗杰斯和威廉）第一次在没有约翰·D·洛克菲勒参加的情况下搞的一个大阴谋，而后者似乎对公众的骚动越来越感到担心，从而对整个联合铜业公司这件事表示反对，认为只有等这件事结果一无所获后才能证明其下属的举动有多么轻率。"劳森在一个脚注中又进一步承认，洛克菲勒从来没有向联合铜业公司发行的股票里投过一分钱。尽管如此，公众还是留下了约翰·D是幕后操纵者的印象。

劳森在书中的某个地方引用了罗杰斯关于卡特尔胜过竞争的观点："如果一个人在该挣到一块钱时却没有挣到，这说明他的生意做得不好……这是洛克菲勒先生教给我的首要原则之一；这也是他向每个标准石油公司成员灌输的原则，直到今天，我们仍将它奉为圭臬。"罗杰斯虽然只是泛泛而谈，却又一次给人们留下这样的印象：约翰·D躲在这家铜业托拉斯背后的某个地方发号施令。

即使这些含沙射影的话对洛克菲勒不无公平之处，他也许仍然会欣赏书中对罗杰斯的指责。劳森的系列文章开始见诸报端时，小洛克菲勒马上给他送去了一份，对他说："我认为这些文章值得您好好读一下，尽管它的言辞似乎很尖刻，出言不逊、耸人听闻。"然而，洛克菲勒看到自己受到了恶意诽谤时，任何读后的满足感都烟消云散了。"他们说我拥有那个铜矿的股份——那个波士顿人这么说的——实际上它属于我的合伙人，和我一点关系都没有，"他在多年后仍对此事耿耿于怀。"任凭别人对你进行辱骂，却听不到一句解释，这种滋味是很不好受的。"洛克菲勒默默地忍了，他知道如果他开口说话，就会得罪他弟弟。劳森的文章发表之后的5年当中，约翰·D和罗杰斯只见过两次面。

1907年初，洛克菲勒在标准石油公司的一次董事会议上对罗杰斯进行了报复。罗杰斯在将上百万他自己的钱投到弗吉尼亚铁路公司——那是弗吉尼亚州的一条运煤铁路——之后，再也无力承担债务，便向标准石油公司求援。洛克菲勒看出这是削弱罗杰斯的好机会，便对他的合伙人说："先生们，作为一个商业组织，我们不应参与其他公司的事务或是某些枝节问题。作为一家石油公司，我们财源滚滚，干得很成功，但是我们应当将精力全放在标准石油公司上。"在投票表决中，洛克菲勒得胜了，罗杰斯气得一拳打在桌子上，威胁说要将他持有的标准石油公司股票全都卖掉。对此，洛克菲勒平静地回答道："你开价多少？"罗杰斯开出价后，洛克菲勒答道："明天 10 点我在这儿等你来拿保付支票。"第二天，罗杰斯犯了一个不可弥补的错误，把手里的标准石油公司股份全都转让给了洛克菲勒，因一时呕气而放弃了这笔今后会带来丰厚红利并且一路升值的财富。我们很快就会看到，洛克菲勒心里想的可能不仅仅是劳森的文章，因为他认为罗杰斯背叛了他，秘密会见了艾达·塔贝尔。

后人已看到亨利·H.罗杰斯的另一面，如果有人能用如椽之笔来描写他，定会给人留下难以磨灭的印象。罗杰斯文笔甚佳，一向对马克·吐温敬慕有加，常常给孩子们朗读他的作品。"如果能见到他，"他曾经说过，"我很乐意为他效力。"因此，当马克·吐温的朋友克拉伦斯·赖斯（Clarence Rice）在 1893 年问罗杰斯想不想在默里山饭店与那位作家见面，讨论有关吐温的负债累累、濒临倒闭的出版社破产一事时，他欣然同意了。罗杰斯和吐温两年前曾在一艘游艇上见过面，两人都善长讲故事，谈吐风趣，因而一见如故。罗杰斯决定救助吐温，第二天早晨就开出一张 8000 元的支票给他。他接管了吐温的财政事务，令吐温的债主们退避三舍，还邀请吐温和阿奇博尔德一同到纽约体育俱乐部观看职业拳击赛，使吐温重新振作起精神。罗杰斯为人精明，富有远见，坚持让吐温保留所有的版权。"这一做法使我和家人免受贫困之苦，永远过上了舒适、富有的日子，"吐温后来如是说道。在罗杰斯的指导下，吐温用版税进行了明智的投资，偿还了债务。出于对罗杰斯的感激之情，吐温拒绝出版亨利·德马雷斯特·劳埃德的《国民与财富》一书。

罗杰斯不仅在处理财政事务上赢得了吐温的友情，作为一个手腕高明的朋友也同样获得了吐温的好感。"他从来没有提起或暗示过我受过他的恩惠，也从来没有表现出他意识到这一点，"吐温写道。"我就不能像他那样仁慈，也没有见过比他更仁慈的人。"吐温度过财政危机之后，两人的友情仍然一如当初。罗杰斯后来还给吐温搞来过利润丰厚的出版合同，吐温则成了罗杰斯的蒸汽游艇"卡诺瓦"号上的常客（在一次出海游玩当中，吐温完成了《面饼和鱼》的初稿，他在这篇文章中认为这个《圣经》故事⑥的真正神奇之处不在于面饼和鱼的数量的增多，而在于 12 个门徒伺候了 5000 人，并能活下来讲述这个故事）。当罗杰斯的形象因劳森在《疯狂金融》一书中的刻薄描述而受到破坏时，吐温在弗兰克·道布尔戴⑦的

《世界名作》（The World's Work）杂志上为罗杰斯撰写的传略中为他说好话。吐温对罗杰斯使用了最好的字眼："他不仅是我最好的朋友，而且是我认识的人当中最好的一位。"

吐温是百老汇26号的常客，他喜欢在罗杰斯的办公室里抽雪茄、看书或者躺在沙发上小憩，他的朋友则在一旁接待川流不息的来访者。他丝毫不担心罗杰斯的名声。"他是个十足的海盗，"吐温说，"但他坦然承认这一点，而且喜欢当海盗。这就是我喜欢他的原因。"有一段时间，吐温将百老汇26号当成了他在城里的俱乐部，有时还和小洛克菲勒一起吃午餐。"我按时从这儿去标准石油公司，赶上和小洛克菲勒共进午餐——那是北方最好的家常便饭，"吐温有一回对妻子说。他对小洛克菲勒的评价很好，说他是个"朴素、单纯、热情、真挚、诚实、好心肠的普通人，但没有独创精神，也看不到有这方面的任何迹象"。吐温一直为标准石油公司辩护，后来还谴责那些专事刺探阴私的人和特迪（即西奥多·罗斯福）[⑧]败坏了标准石油公司的名声。对吐温来说，40多年来在这家托拉斯企业里几乎没有发生过一次罢工，这表明"标准石油公司的首脑不可能全都不好，否则，出于习惯和本能，他们也会压榨手下6.5万名雇员，因为他们如果天性如此，就会本能地压榨任何一个人"。

另一位有洞察力的作家也十分喜欢罗杰斯。1896年，既聋又盲的16岁姑娘海伦·凯勒[⑨]在一次为她继续深造募捐的集会上见到了罗杰斯和吐温。吐温在这次见面之前打过招呼，他对罗杰斯夫人说："美国不能让这个天才女孩因为贫穷而失学。"罗杰斯支付了海伦·凯勒在剑桥大学拉德克利夫学院的大部分学费，对此海伦非常感激。"我能有机会对世界作出一点点贡献，应归功于克莱门特门（马克·吐温本名）先生和罗杰斯先生。"她写道。海伦以优异的成绩毕业后，继续与罗杰斯保持着联系，她动情地把《我生活的世界》（The World I Live In）一书献给"常年支持我的亲爱的朋友。"罗杰斯在去世前为海伦设立了终身年金。海伦·凯勒的老师安妮·沙利文（Anne Sullivan）后来透露说："（小）洛克菲勒先生和他父亲一向对海伦很关心，帮助了她大半生。"和罗杰斯不同的是，洛克菲勒家的钱都是匿名捐献的。

在19世纪90年代，洛克菲勒几乎是意外地获得了明尼苏达州梅萨比山铁矿的所有权，这是他最后一个大规模商业项目。

这项具有传奇色彩的投资是由两位老是失误的前任顾问——科尔比和霍伊特所犯的又一个重大错误引起的。盖茨第一次考察这两个人在古巴、密执安和威斯康星买下的铁矿时，认为这些铁矿全都是些毫无价值的洞穴。然而，科尔比和霍伊特发现的却是一个很有前途的实体：明尼苏达铁业公司。盖茨在一次西部旅行中对梅萨比山的前景留下了深刻的印象，这条山脉在明尼苏达北部蕴藏着一条长达 120 英里的很宽的铁矿带。尽管它有望成为在北美发现的蕴藏量最大的铁矿，其商业价值却一直没有显示出来。一般的铁矿石都是采自地下的硬块，可直接投进高炉冶炼，梅萨比矿石却是细细的粉末，不是堵塞鼓风炉，就是从烟囱里吹走，散落到四面八方。但是，它靠近地面，蕴藏量极大，可以直接用蒸汽铲挖掘，开采费用仅相当于地下铁矿的几分之一。

最初开采梅萨比铁矿的人当中有举止粗野的梅里特家族，人称 7 个挖铁人——4 兄弟和 3 个侄子。他们毫无顾忌地大举借债，抢购大片的土地，还修筑铁路把矿石运到苏必利尔湖。由于 1893 年的经济恐慌使铁价暴跌，他们面临严重的资金短缺问题。工人们拔出手枪强行进入梅里特铁路公司的办公室，要求发放拖欠的工资，德卢斯城里的紧张气氛一触即发。

在营救梅里特家族的过程中，洛克菲勒故技重演，带着大笔现金扑向这些出价低廉的产业，一举取得了支配地位。就像在臭哄哄的莱马油田问题上一样，洛克菲勒认定梅萨比铁矿终有一天会变得值钱——任凭安德鲁·卡内基和他的专家幸灾乐祸地对这个荒唐的念头大加嘲讽。卡内基的左右臂查尔斯·施瓦布（Charles Schwab）在谈到那些反对意见时说："他们不能理解，对钢铁生意一窍不通的洛克菲勒竟然会向那些毫无价值——至少在很长一段时间内是如此——的铁矿投资。"对此，洛克菲勒简单地反驳道："令我吃惊的是，那些了不起的钢铁生产商们居然低估了这些矿藏应有的价值。"他相信，钢铁工业就像当年的油田一样正处于生产过剩的边缘，如果没有实力强大的业主使它保持稳定，很快就会成为自杀性竞争的牺牲品。他深知运输的战略意义，贪婪地注视着梅里特家族控制的铁路和码头设施。

洛克菲勒在 1893 年那个令人恐慌的夏天把钱借给梅里特家族后，成了为数不多的几个能挽救他们的人之一。他天真地认为只需付出为数不大的100万元就行了，绝没想到梅萨比项目会消耗他大笔的资金和8年的时间。作为投资的交换条件，洛克菲勒和梅里特家族达成一项协议，成立了一家控股公司即苏必利尔湖联合铁矿公司（Lake Superior Consolidated Iron Mines），该公司把梅里特的铁路和采矿设备连同科尔比和霍伊特匆匆买下的几处产量平平的铁矿合为一体。当时的意图是，由梅里特家族管理该公司，利用洛克菲勒注入的现金完成中断的铁路工程。起先，洛克菲勒只拥有公司1/5的股份，但他通过第一批抵押债券最终取得了控制权。如果公司拖欠债务，他有权扣押整个公司。

尽管双方的命运休戚相关，令人费解的是，洛克菲勒与这个明尼苏达家族的首领利奥尼达斯·梅里特（Leonidas Merritt）只单独见过一次面，那是在1893年7月的一次简短的会晤。盖茨尽量不让洛克菲勒与对方接触，梅里特却热情地坚持要和救命恩人握握手。他俩在百老汇26号的会晤只持续了5分钟。洛克菲勒态度和蔼，赞扬了梅萨比项目之后，便把话题转到了明尼苏达的天气上。他又寒暄了一会儿，就彬彬有礼地借故离开了，此后再也没有见过梅里特家的任何人。盖茨接着解释说，这是他老板的习惯，不爱出头露面。他对利奥尼达斯·梅里特说："跟我谈就跟同我的老板谈一样。"洛克菲勒虽然平时一贯深居简出，但从有关他涉足钢铁生意这8年的记录看，他却对此显得过于袖手旁观了。他虽然成了梅萨比山的头号主人，却只去过那儿一次，而且是在他卖掉那里的产业很久以后。

那年秋天，洛克菲勒对梅里特家族的信任减退了。梅里特家族手里的票据到期后，他们拼命催促盖茨付现金，洛克菲勒只好很不情愿地贷款给他们。在这次危机中，看到盖茨已经锻炼成了一个成熟的商人，洛克菲勒给了他非常大的自主权。盖茨9月去德卢斯后，洛克菲勒对塞迪透露说："（盖茨）报告每天的进展，他还可以自主地支配10万元。"到了那年10月，第一笔贷款迅速增加到将近200万元，但仍无法保证梅萨比铁矿能否具有商业价值。整个项目像是一场后果不堪设想的赌博。后来，洛克菲勒一边在福里斯特山家中的走廊里来回踱步，一边回忆捏着债券不放的粗野的梅里特家族强加在他头上的那些令人苦恼的麻烦事，有时这些麻烦事几乎每天都会发生。他说："我不得不用我自己的债券来筹集资金。到了最后，我们被迫拿出大量的现金。为了得到这些钱，我们不得不到当时十分混乱的货币市场上用高价换到手，再用快车把钱送到那儿给工人发工资、付修铁路的钱，让他们接着干下去。"

1894 年初，梅里特家族仍然负债累累，被迫以每股 10 元的价格把 9 万股联合铁矿公司的股份卖给了洛克菲勒。和在标准石油公司的做法一样，洛克菲勒不断增加他在联合铁矿公司的股份。当时，10 元的价格尽管和他买下的其他股份的价格持平，梅里特家族却四处宣扬说自己受骗了。一年后，他们不得不把另外 5.5 万份股份的购买权出让给洛克菲勒，把公司的控制权全部交给了他。盖茨急不可待地教促洛克菲勒扩大投资："我认为，这是个终身难遇的机会。是否能抓住这种机遇是决定一生成功与否的标志。"

在接下来的几年里，由于钢铁生产商们设法改造了高炉，用以冶炼价格低廉的梅萨比矿石，联合铁矿公司的股票一路上扬。为此，气急败坏的梅里特家族把以前视作救命恩人的洛克菲勒当成了恶魔。他们充满敌意地向德卢斯联邦巡回法庭起诉洛克菲勒，把自己描绘成遭到这位东部巨头勒索的无辜的乡下人。洛克菲勒担心当地的陪审团会有偏见，便雇了一位明尼苏达的记者来消除当地人对他的敌意，甚至还加快了对该州浸礼会布道团体的捐赠。洛克菲勒担心的事情发生了，德卢斯陪审团做出了有利于梅里特家族的裁决，尽管这一裁决在上诉中被推翻了。双方的宿怨最后在法庭外得到了解决：洛克菲勒付给梅里特家族 52.5 万元，后者则公开撤销了起诉。洛克菲勒在谈到这个结局时不无嘲讽地说："我们解决了问题，付了钱，没有遭到那 12 位正直的好人更严重的抢劫，因为我们无法再找更高一级的法庭了。"盖茨对这场争端一直耿耿于怀，几乎过了 20 年之后仍然在一本薄薄的论争性小册子里为自己的行为辩护。这本小册子名叫《洛克菲勒先生和梅里特家族之争的真相》，由他免费寄出了一万份。

洛尔菲勒和盖茨尽管对忘恩负义的梅里特家族感到气愤，他们自己也并非无可指摘。梅里特家族指责洛克菲勒抬高了他自己作为联合铁矿公司参股而提供的铁矿的价值，这一指责似乎能在盖茨自己的文件中得到证实。1893 年初，盖茨写了两封信给弗兰克·洛克菲勒，对科尔比和霍伊特买下那些铁矿时所出的高价表示震惊。他对这几座铁矿的价值做出了如下的结论："我不明白，到底什么促使科尔比—霍伊特公司组建辛迪加，为这些毫无价值的铁矿付出这么多钱。我打算随时盯住这件事，直到把它弄个水落石出为止。"

洛克菲勒尽管掌握了数百万吨的铁矿石和一条运矿石的铁路，却受到一群苏必利尔湖船运公司的刁难，要他出很高的价格租用他们的船只。为了打破僵局，洛克菲勒又从对手的阵营里收买到一个天才——克利夫兰的萨缪尔·马瑟（Samuel Mather），此人是阿马萨·斯通的女婿。在洛克菲勒一生中有那么几次具有历史意义的场合，使人们瞥见到他偶尔露峥嵘的高超手段。这就是其中的一次：洛克菲勒和马瑟在第54西大街共进午餐之前亲切地聊了10分钟。这位客人带走了一份价值300万元的建造12条运煤船的定单，这些巨大的钢铁怪物比以往在五大湖上航行的任何一艘船的个头都大。马瑟和洛克菲勒握手道别之后，两人再也没有见过面。

因为要建造的船只数目太多，马瑟觉得造船厂会联合起来敲诈他，便假装只需要一两艘船。承包商们交上标书之后才吃惊地发现，他们人人都得到了一份合同。要使这只船队下水，需要另外一项巨大的工程：在苏必利尔湖上修建专用船坞，船坞上装有很长的铁轨支架，一直伸到湖中几百英尺的地方。在苏必利尔湖船运卡特尔目瞪口呆的目光中，洛克菲勒的工人开始以每6个小时1万吨的惊人速度装运着矿石。原先的小船运费为每吨4.2元，而洛克菲勒的船只运送矿石的成本只有每吨80美分。

由于马瑟拒绝管理这支船队，洛克菲勒让盖茨推荐一家有经验的公司来经营这些船只。"不，"越来越多地显示出独立癖好的盖茨说，"我一时想不到合适的公司，可是我们为何不自己经营呢？"洛克菲勒吃了一惊，回答说："你对船运一窍不通，对吗？"盖茨承认自己不懂行，但提出可以考虑聘用他的表叔拉蒙特·蒙哥马利·鲍尔斯（LaMont Montgomery Bowers）。"他生活在纽约州北部，一辈子没坐过船。他可能说不出哪是船头、哪是船尾，甚至连浮锚和雨伞都分不清，但他明智、诚实、有事业心、热情而且节俭。"洛克菲勒在选择雇员时经常注意其全面的能力，而非特殊技能——盖茨本人就是一个很好的例子，因此同意了盖茨的提议。

鲍尔斯是个有胆魄的合适人选，在商业方面阅历丰富，曾经推销过肥

皂，在奥马哈开过房地产公司，在纽约州北部卖过杂货。令洛克菲勒十分
高兴的是，他不仅有能力管理船队，而且大大地扩充了它。在设在克利夫
兰的贝瑟摩蒸汽船公司（Bessemer Steamship Company）的大力协助下，洛
克菲勒买了56艘铁壳船，组建了五大湖区最大的船队，也是世界上最大的
矿石运输企业。在湖上运输方面拥有的无可争议的地位使他在苏必利尔湖
的运费问题上说一不二，而几年前他却要在这方面听命于人——这一局面
促使安德鲁·卡内基成立了与之竞争的匹兹堡蒸汽船公司（Pittsburgh
Steamship Company）。

　　盖茨教鲍尔斯适应洛克菲勒先生怪癖的作风，告诉他无论在什么情况
下都不能和这位老板联系。洛克菲勒从来没有见过这支船队中的绝大部分
船只，但有一天出乎意料地路过那里，就一个运输问题向鲍尔斯咨询，两
人进行了一次风趣的交谈。"您使我违反了您的办公室下达给我的命令，
洛克菲勒先生，"鲍尔斯提醒他说。"噢，鲍尔斯先生，我这样做已经有好
多年了，"洛克菲勒用他那种滑稽的中西部方式答道。"我想我的办公室总
可以给我一点自由吧！"鲍尔斯在管理船队方面的成功可能是一种不幸，
因为其直接结果是，他后来被派往落基山一家由洛克菲勒控制的采矿公
司——科罗拉多燃料与铁矿公司（Colorado Fuel and Iron），在那儿给洛克
菲勒的名声造成了抹不掉的耻辱。

　　洛克菲勒在梅萨比山的成功加剧了美国两位首富约翰·洛克菲勒和安
德鲁·卡内基之间的冲突。两人经商方式上常常如出一辙：注重细节，无
情地削减成本，向来付给股东很低的红利。他俩都不承认自己贪婪，但一
直因贪心而苦心经营，并带头赞助慈善事业，自诩是劳动人民的朋友，可
两人似乎一直都没能做到这一点。每逢圣诞节，他俩都例行公事地互相交
换礼物，洛克菲勒送给卡内基一件纸马甲，卡内基则送给滴酒不沾的洛克
菲勒上好的威士忌。卡内基在写给同事的信中经常用嘲弄的口吻谈论洛克
菲勒，拒绝承认洛克菲勒善于经商，还错误地认为洛克菲勒和标准石油公
司的人在梅萨比项目上玩弄阴谋。卡内基在第一次听说洛克菲勒同梅里特
家族签订合同的事后，教训他的钢铁公司的董事会说："记住，洛卡费洛
（原文如此）—波特公司将拥有那条铁路，这就像他掌握了输油管道一
样——生产商不会再有多少机会了……我认为标准石油公司的人不会像他

们垄断石油一样成功地垄断采矿业，他们在每一项新投资上都失败了，洛克菲勒如今以最差投资者而闻名于世。"

卡内基过于低估了洛克菲勒，对采矿业的进展做出了极其错误的判断。他决心要控制煤炭供应，认为矿石的价格永远会十分低廉、取之不尽。他直截了当地对同事说，他们那些"年轻、聪明、有天赋的合伙者们"应该远离这一行业。有个能说善道的匹兹堡推销商亨利·奥立弗试图说服卡内基和梅里特家族搞合资，他尖刻地回答说："如果有哪个行业毫无诱惑力的话，那就是采矿业。"幸好卡内基的手下推翻了他的决定，在梅萨比铁矿入了股，总算没让卡内基钢铁公司在抢购明尼苏达北部矿产的狂潮中一无所获。

卡内基由于没能主动出击，只好束手无策地看着洛克菲勒把他在石油业获取的经验应用到铁矿业中，即通过控制运输、用无人能与之竞争的低价位来打击对手，从而控制整个行业。这两个行业的态势迫使卡内基同洛克菲勒达成一项交易。由于几次兼并行动使钢铁业实行了联营，保证铁矿供应就变得至关重要了。随着人们采用了适合价格极为低廉的梅萨比矿石的新型高炉，这种高炉逐渐成为钢铁工业的标准设备。1896年，新闻界纷纷猜测洛克菲勒将在克利夫兰或芝加哥南部建立一座巨型炼钢厂，按照标准石油公司的模式组建一个钢铁托拉斯，同卡内基分庭抗礼。同时，洛克菲勒又向梅萨比山投入了1900万元，以扶持他在那里的铁路和货运业务。

令卡内基感到恼怒的是，从事石油业的洛克菲勒竟然对铁矿业具有如此高超的远见卓识。他在私人信件中耍了一些小聪明来发泄怒气，称洛克菲勒为石头家伙，后来又叫他倒霉家伙⑩。1896年12月，甘拜下风的卡内基终于同意达成一笔全面的交易，答应以每吨25美分的最低产地价买下洛克菲勒主要铁矿的全部产量（至少60万吨铁矿）。作为大幅度降价的交换条件，卡内基同意用洛克菲勒的铁路和船舶运输该交易所需的全部铁矿石，外加60万吨从他自己的矿上开采出来的矿石。洛克菲勒当年就是用同样的互惠条件与各铁路公司达成了协议，从而实现了对石油业的垄断。为了彻底落实休战协议，卡内基答应不买梅萨比一带其他铁矿的矿石，也不涉足矿石运输，洛克菲勒则放弃了建炼钢厂的想法。多少年后，卡内基还在向参议院的一个委员会吹嘘这笔交易："你们不知道，想到自己在这笔买卖上占了约翰·D·洛克菲勒的便宜时，我心里有多舒服。"其实，这笔交易是卡内基为了纠正自己的错误所做的补救措施。

最大的铁矿石生产商和最大的铁矿消费者之间的结盟使弱小的竞争对手无法再生存下去，卡内基和洛克菲勒则十分精明地从中谋利。铁矿石就像石油一样，越来越低的价格迫使小生产商纷纷破产，从而加强了洛克菲勒和卡内基的联盟。19 世纪 90 年代即将结束时，爆发了一场争夺梅萨比山其余矿产的激战。洛克菲勒在 1894 年以每股 10 元的价格买进的苏必利尔湖联合公司股票在 1899 年猛升到每股 60 元，1900 年涨到 70 元，1901年则飚升到令人瞠目的 100 元。

此时的美国正处于一个企业重组的新世纪的开端，许多行业纷纷成立了托拉斯组织。令很多选民警惕的是，多年前洛克菲勒在石油业的做法此刻正在被应用于钢铁、铜、橡胶、烟草、皮革和其他产业。在 1896 年的总统选举中，各党派提出的思想路线大相径庭。民主党候选人威廉·詹宁斯·布莱恩是一个非常有口才的演说家，受到社会党人、平民党人和主张自由铸造银币者的拥护。他的对手、前俄亥俄州州长威廉·麦金利⑪则坚决主张实行关税、托拉斯和硬通货政策。商人们担心布莱恩当选总统，便把支持麦金利竞选变成了对抗反托拉斯分子的运动。标准石油公司向麦金利提供了 25 万元的赞助——相当于民主党所获全部捐款的一半——洛克菲勒又给了竞选总管马克·汉纳 2500 元。洛克菲勒通常很鄙视政客，却对麦金利表现出异乎寻常的热情，断言道："我认为这是我们为祖国和我们自己的荣誉唯一能做的事情"。

商业界对麦金利获胜的反应如同庆幸美国避免了一场革命似的，这种情绪在汉纳发给麦金利的贺电中得到了集中的体现："上帝在天堂里——世上一切太平。"在接下来的几年里，商业界再度坚信垄断的必然性及其无可比拟的效益。此时被新闻界称为"美元象征⑫"的马克·汉纳大声宣布说，共和党人的政府绝不会允许谢尔曼反托拉斯法阻碍这一发展趋势。

在美西战争、克朗代克金矿的发现和麦金利令商界宽慰的当选诸因素的刺激下，美国经济在 19 世纪 90 年代迅速发展，使美国的工业生产能力超过了世界上所有其他国家。美国当时仍然喜欢把自己描绘成是一个由众多小公司组成的国家，而此时从东海岸到西海岸，规模庞大的公司遍布全国。讽刺作家芬利·彼得·邓恩⑬在 1897 年说："我看到，随着戴象牙头盔的标准石油公司分支机构的扩展，美国从大西洋扩展到了太平洋。"1898—1902 年之间，在煤炭、制糖和其他行业中涌现出 198 家托拉斯或巨型公司，引起了越来越强烈的反响。在 1898 年举行的芝加哥反托拉斯大会上，威廉·詹宁斯·布莱恩大声疾呼："政府最大的目标之一就是给公猪们带上鼻环！"这话引起了忠于他的听众的欢呼。麦金利政府则坚守诺言，维护这些新兴的巨型公司。

这场兼并浪潮使华尔街的投资公司重新成为众人瞩目的焦点，因为小镇银行和私人投资者无法满足新兴托拉斯企业所需的资本。只有享有盛名的华尔街公司，如 J·P·摩根公司或库恩—洛布公司才能提供完成大宗交易所需的国内外资本。这些公司把重点从铁路债券转移到了工业证券上，它们组建了新的托拉斯，发行了自己的股票，自己掌握着股权，并且为自己挑选了高级管理人员。无论社会改革家们如何谴责托拉斯，这些公司仍然吸引了大量的投资者，他们吃进了一期又一期由华尔街发行的新股票。在许多美国人面对这些新兴巨型企业感到胆寒的同时，还有很多人则在设法从中谋利。

1900 年末，J·P·摩根决定建立一个钢铁托拉斯。他很清楚自己不得不和两个人打交道，而这两个人都是出了名的不相信华尔街：他们就是钢铁巨子卡内基和铁矿大王洛克菲勒。摩根担心卡内基会把手伸到钢铁制成品这一行业中，从而对他新成立的联邦钢铁公司（Federal Steel Company）形成威胁，卡内基则担心摩根会插手炼钢这一行。与此同时，卡内基和摩根都得到过报告，认为洛克菲勒可能将经营范围扩展到炼钢业。为了避免重复建设和导致两败俱伤的价格战，摩根决定先成立一家新的钢铁联营公司。

摩根不怕和洛克菲勒打交道，因为洛克菲勒无视华尔街，他用留存收益为自己的托拉斯提供资金，手里的现金储备相当于许多银行现金储备的总和。摩根也知道威廉·洛克菲勒同花旗银行的詹姆斯·斯蒂尔曼关系密切。摩根在 1904 年考虑与伦敦的巴林斯公司合并时，对方的老板雷维尔斯托克（Revelstoke）爵士事后向一位合伙人报告说，摩根"猛烈抨击实力越来越强大的犹太人和洛克菲勒帮，而且不止一次地说过，在纽约，只有我们的公司和他的公司是由白人组成的"。

洛克菲勒和摩根在很多方面都截然不同，鲜明地代表着禁欲主义者与纵欲主义者、圆颅党人（即清教徒）与骑士阶层之间的对立。出身望族的摩根是一家英美金融公司的老板，在美国和欧洲受过费用昂贵的教育，是生意圈里的内行和高手。40多年来，他一直是吸引英国资本投资美国铁路和工业的主要渠道。他盛气凌人、言辞夸张、爱冲动、性情急躁，在很短的时间里就会转移注意力。在他的华尔街23号总部里，他好像常常不胜其烦，凭着突如其来又不失卓见的判断管理着公司。摩根喜欢享受，生活极尽奢华，专抽粗大的雪茄烟，拥有优良的港口和超大型的蒸汽游艇。

在洛克菲勒看来，摩根是奢侈、自满和傲慢这一切罪恶的化身。他俩在威廉·洛克菲勒建在哈得逊河畔的豪宅里头一次见面时，彼此马上就感到厌恶。"我们说了几句客套话，"洛克菲勒说。"但我看得出来，摩根先生很——嗯——很像摩根先生：十分傲气，很瞧不起人。我观察了他。就我而言，我一直弄不明白，一个人怎么会对自己有这样不可一世的感觉。"摩根则认为洛克菲勒太呆板、拘谨，缺乏男人应有的魅力和毛病。这次竟然胆敢不求助于他便建立起一个卡特尔，这能不让他感到生气吗？

尽管如此，两人都憎恶竞争，视它为一种破坏力量，这是一个过时而又危险的看法。多年来，摩根一直充当各铁路公司总裁之间纷争的仲裁人，帮助他们划分领地，他组建的工业托拉斯则体现了他人生逻辑的发展轨迹。1901年初，埃尔伯特·加里（Albert H. Gary）法官对摩根说，洛克菲勒在梅萨比的产业必然会成为钢铁卡特尔的组成部分，摩根却犹豫不决。"我们已经得到了我们想要的一切，"他告诉加里说。在加里的一再坚持下，摩根才快快地同意，必须把苏必利尔湖联合铁矿公司和贝瑟默船运公司合并起来，组成美国钢铁公司。

"我们如何与他们合并？"他问道。

"你去和洛克菲勒先生谈谈，"加里说。

"我才不想和他谈呢，"摩根说。

"为什么？"

"我不喜欢他。"

"摩根先生，"加里反驳道，"在这笔对美国钢铁公司如此重要的生意上，你能让你的个人偏见妨碍你的成功吗?"

"我不知道"摩根说。

摩根的态度很可能是傲慢和怯弱性格相混的结果，因为洛克菲勒是为数不多的不怕他威吓的人之一。摩根做出了一个很是降纡屈尊的举动，问洛克菲勒是否能在百老汇 26 号见他。洛克菲勒解释说自己已经退休，不再去办公室了，所以很乐意在 54 西大街恭候他。洛克菲勒深知在谈判中坚持到最后一刻的好处，也乐于让华尔街最大的银行家着急上火。摩根到了洛克菲勒家之后，很快就生硬地提出关于铁矿价格的问题。洛克菲勒摊开双手，装出无可奈何的样子提醒摩根说，自己已经退休了，让摩根去和他 27 岁的儿子谈这项交易，"他毫无疑问会很高兴"同摩根谈的。面对公然的污辱，这位银行家却忍了这口气，提出要小洛克菲勒去他在布罗德街和华尔街拐角上的办公室见他。

洛克菲勒父子喜欢这个小小的把戏，他俩在安排会见一事上一再拖延，差点儿因自持胜券在握而贻误了时机。1901 年 2 月 25 日上午，亨利·罗杰斯在小洛克菲勒的办公桌旁停下，问他："你愿意和我去见摩根先生吗?"这时，小洛克菲勒觉得是结束摩根苦苦等待的时候了，便在那天下午陪罗杰斯前往。这一回，轮到摩根居高临下了。罗杰斯和小洛克菲勒走进摩根的办公室时，他头也不抬地同他的合伙人查尔斯·斯蒂尔（Charles Steele）谈事情，等斯蒂尔离开后才抬起眼皮。罗杰斯介绍完小洛克菲勒后，摩根抱怨事情拖得太久了，要求必须在 24 小时之内解决。小洛克菲勒解释说，资产评估很费时间。"那好，"摩根沉着脸，厉声问道："你开价多少?"

如果摩根认为是在和唱诗班的小男孩打交道，他很快就意识到自己错了。小洛克菲勒以一种连他自己都意想不到的勇气大声回敬道："摩根先生，我觉得这里面肯定出了差错。我不是来卖东西的，但我知道您想买。"他让摩根出一个他父亲可能接受也可能不接受的价钱。对小洛克菲勒来说，这可是个大显身手的时候：他是在和华尔街的君主叫板。在摩根暂时离开的当儿，目瞪口呆的亨利·罗杰斯劝小洛克菲勒缓和一下语气，他却说他讲的句句是实话，并说他父亲"对联营的事绝对毫不热心"。双方僵持不下的结果是达成一项妥协：摩根和小洛克菲勒同意让亨利·克莱·弗里克充当调解人，确定一个双方都能接受的价格。小洛克菲勒在告辞之前问摩根，他父亲能否在这个钢铁联合企业中占一席之地。摩根再次话里带刺地回答说，预定入股的人太多，而且他的请求提得太晚了。鉴于摩根已经为威廉·洛克菲勒和詹姆斯·斯蒂尔曼预留了价值500万元的股份，他肯定明白约翰·D会为自己被排除在外而恼恨的。

小洛克菲勒回到百老汇26号后，立刻写信给他的父母，描述了摩根的粗鲁无礼和他的答复。"整个事情表明这是最后一次大清扫，我们就像是最终必然要打扫的墙角里的残渣，会被理所当然地清扫出去。时至今日，如果发现我们这些残渣还留在地板上，一定很让人气恼。"他父母为他能与摩根对抗感到喜出望外。他父亲把信大声念给塞迪听，每读几句就停下来感叹道："好家伙，约翰可是张王牌呐！"塞迪是个十足的斯巴达式母亲，她也同样感到惊喜。"你在谈判中表现得确实很出色，"她在回信中写道，"在言谈举止上都表现得很沉着、不卑不亢。控制好自己就是胜利，因为这意味着控制了对方。"小洛克菲勒的父母欣喜若狂的反应可能表明他们已经从不曾吐露的疑虑中解脱了出来，他俩好像都曾经怀疑儿子是否能够挑起家庭财富压在他身上的担子。

这次会面之后，摩根催促弗里克去洛克菲勒在波坎蒂科的庄园拜见对方。为了避人耳目，弗里克天黑之后叫了一辆马车抵达那里，让马夫在大门外等着，他和洛克菲勒躲在灌木丛后面交谈。洛克菲勒后来回忆道："我们两个夜里悄悄围着灌木丛转悠，这对报界来说岂不大有文章可做吗？"洛克菲勒像往常一样谨慎冷淡、不露声色。"如同我儿子告诉摩根先生的那样，我不急于卖掉自己的资产。但又像你猜测的一样，我从来不想阻止建立任何有价值的企业。然而，我的确坚决反对由买主独断地定下'外部价格'，我不能在这个基础上做生意。"最后，弗里克告诉洛克菲勒说，加里法官对洛克菲勒的铁矿公司的出价比实际价值整整低100万元，洛克菲勒听后只说了一句话："那好，我委托你来代表我。"他以惯有的化繁为简的方式用大约15分钟结束了这次意义重大的会面。2月28日，盖茨和小洛克菲勒同弗里克在百老汇26号见面，他俩坚持了洛克菲勒不急于出售资产的原则。洛克菲勒的文件表明，正是两周之后发生的惊人变化改变了谈判的方向。盖茨让人重新画了梅萨比山一带的矿藏图，这些地图第一次表明很有可能存在未被发现的矿藏。小洛克菲勒向父亲解释这个灾难性的消息时说："我们以前认为我们实际上控制了这一带所有的矿藏。根据这张只有我们才知道其意义的新地图，我们倾向于做出点让步。"在这之后，由于小洛克菲勒与弗里克之间的关系（这层密切关系使小洛克菲勒后来成了弗里克的遗产执行人），洛克菲勒父子不动声色地缓和了他们的谈判立场。小洛克菲勒在3月中旬对父亲说："弗里克是我在生意场上见到的最值得信赖、最有吸引力的人。"用小洛克菲勒的话来说，他父亲声明放弃最后一分钱以便"给摩根先生留下一个友好的印象"的决定推动了谈判的进展。

尽管如此，洛克菲勒还是从美国钢铁公司的交易上获取了巨大的收益。这是美国第一家资产高达10亿元的公司，也是第一家在规模上超过标准石油公司的托拉斯。原先在1893年以每股10元的价格买进的联合铁业公司股票，在1901年得到了相当于160元现金的收益。盖茨和小洛克菲勒同弗里克达成的协议是，洛克菲勒家族手里的联合公司股票价值8000万美元——其中一半换成美国钢铁公司的普通股，一半换成优先股——另外，贝瑟默公司船队的56艘湖上货船价值850万元。盖茨估计，这8850万元中有5500万是纯利润。美国钢铁公司的这笔交易使洛克菲勒的净资产猛增到2亿元以上（相当于今天的35亿元），一举成为美国第二大富翁，但是仍远远落后于安德鲁·卡内基，后者的卡内基钢铁公司价值4.47亿元（相当于现在的77亿元）。不过，此时卡内基的财富已经到了顶点，而洛克菲勒则刚刚在起步。

完成梅萨比交易之后，盖茨在要求得到自己应得的回报方面丝毫不感到不好意思。他向洛克菲勒口头汇报了这5500万元的收益后，洛克菲勒对他的工作表示赞赏，低声说道："谢谢你，盖茨先生——谢谢你！"盖茨用探询的眼光死死地盯着对方。长久以来，他对老板几乎一直唯命是从、恭敬有加，但此刻已经认识到了自己的价值。他抓住这个时机，鼓足勇气说："光说'谢谢你'是不够的，洛克菲勒先生。"洛克菲勒不得已考虑了这个问题，最后显然提出了一笔足够大的奖金，尽管盖茨从来没有透露过确切的数目。盖茨对他的恩主虽然很尊重，但多年以来一直报怨他得到的回报太少，有时甚至不惜拿洛克菲勒的贪婪开玩笑。

这家钢铁托拉斯的成立好像一度缓和了洛克菲勒与 J·P·摩根之间的关系。作为美国钢铁公司最大的股东之一，洛克菲勒要求并且为他自己和儿子赢得了董事会的席位。不过，不同的财政观点很快就使他和摩根的关系恶化了。洛克菲勒对美国钢铁公司发放巨额红利的做法感到不快，尽管他也是主要的受益人。1904 年，他为了表示抗议退出了董事会，从此再也没有出席过董事会议，而是让小洛克菲勒代表他。1911 年，洛克菲勒卖掉了父子俩持有的最后一批美国钢铁公司股票。在以后的 2 年中，摩根不动声色地对洛克菲勒进行了报复，继续把一些状况欠佳的债券、辛迪加的劣质股票分配给他，不给他业绩较好的股票。盖茨一直对摩根的成功感到迷惑不解："他看上去不像是个能够冷静而又有理性地进行思考的人，而是个受到一个接一个不理智的冲动支配的人。"

结束讨论洛克菲勒在铁矿业的成就之前，我们应该注意到这项投资所带来的灾难：他和弟弟弗兰克之间早就很僵的关系。在 19 世纪 90 年代，弗兰克尽管经常长期不在克利夫兰，对生意瞧不上眼、漠不关心，但又一直担任着俄亥俄标准石油公司副总裁，按时拿一份优厚的工资。他还是那样脾气暴躁，给公司的同事写些令人厌烦的信，迫使约翰和威廉从中调解。弗兰克满腹怨恨，经常大发脾气，过度饮酒则更使他难以自已。

弗兰克从来克制不住赌博的冲动。他想和两个哥哥那样干大事，一再冒险蛮干。约翰出于好意，满足弗兰克的赌瘾，尽管弗兰克常常不知道那些贷款来自何处。约翰和威廉继续以弗兰克价值18 万元的堪萨斯农场为抵押，在 1893 年收成不好时帮他摆脱了困境。这一慷慨的举动反而加重了弗兰克对他们的长期依赖，更加使他感到痛苦。约翰在向弗兰克提供贷款时坚持使用他一贯严格的会计准则，而且总是强制实行，绝不让步。然而，只要感到不合意，弗兰克就对乃兄拒绝在经商原则上做出妥协而大发其火。

当时和弗兰克关系最好的朋友是一个名叫詹姆斯·科里根（James Corrigan）的粗鲁的爱尔兰人。他俩在一起打猎，在俄亥俄州拥有的地产彼此相邻，还经常一起搞投资。科里根长得相貌堂堂，大下巴，粗脖子，是个好斗的商人，在克利夫兰无人不知。80 年代初，他把几家炼油厂卖给了约翰·D，约翰则给了他第一份工作，并且把他当朋友对待。洛克菲勒在收购他的一个炼油厂时，给了他2500股标准石油股份。科里根用这笔钱买下了威斯康星州苏必利尔地区富兰克林铁矿公司（Franklin Iron Mining Company）的一半股份——这笔投资首当其冲地影响了洛克菲勒在梅萨比山的利益。约翰借给弗兰克一笔钱，让他买下那一半股份，用那些可供开采的矿藏作贷款担保。约翰·D后来不无理由地后悔道："我弟弟和科里根都没有理由抱怨我的做法。我让詹姆斯·科里根发了财，也让我弟弟发了财。"

1893年经济恐慌爆发时，约翰·D的表现可圈可点。他和威廉同意不再把弗兰克在堪萨斯的农场作为抵押。同时，科里根也用手里的标准石油股票作保，从约翰·D那里得到了更多的贷款，总计有40多万元。弗兰克则欠了他哥哥超过80万元的债，相当于现在的1300万元。通过这些举动，约翰·D对这两个人有了很大的支配权，因为他控制了他俩在富兰克林铁矿公司的股份、科里根的标准石油股票和科里根在一支湖上运输船队里的股份，这些都是他俩拿来作抵押的。

随着经济恐慌加重，科里根请求洛克菲勒交还抵押权，好让他用湖上运输船队来另外筹集资金，洛克菲勒拒绝了。1894年10月，科里根试图在不追加抵押的条件下向约翰再借15万元。乔治·罗杰斯硬邦邦地告诉科里根，"洛克菲勒先生已经根据富兰克林铁矿公司的资产价值提供了他应提供的全部贷款，如果他拿不出新的抵押品，我敢肯定洛克菲勒先生是不会帮助他的。"科里根停止支付利息后，洛克菲勒又过了一年才要求他偿还贷款。他提出以每股168—169元的价格买下科里根的2500股标准石油股份，这笔钱足以偿还他40万元的债务。

为了确定这批股票的价值，科里根的律师要求洛克菲勒提供有关公司在过去5年里股票、资产、投资和收益情况的详细内容。洛克菲勒拒绝公开这些敏感的资料，他告诉这位律师说："你说的这些证券的市值无人不知，报纸上天天都公布。"当时，没有几家公司公开年度报表，而弗兰克却把哥哥的行为理解成见不得人的阴谋。他在几年后告诉艾达·塔贝尔说，他那次去见约翰，请求他宽限科里根几天，约翰却说："弗兰克，去劝劝科里根把他的标准石油股票卖给我吧。他的处境很困难。他不可能翻过身来了，把股票卖给别人和卖给我没有什么两样。"弗兰克认为这意味着约翰决意要毁掉科里根，好把他的标准石油股票弄到手，弗兰克则建议他的朋友无论如何也不能卖。

科里根最终还是在 1895 年 12 月以每股 168 元的价格把手里的标准石油股票卖给了约翰·D。洛克菲勒付的是市场价，与他在那个月从公司其他同事手里买下的股票的价格大致相等。标准石油公司的一位高级经理约瑟夫·西普（Joseph Seep）说，洛克菲勒并没有保留科里根的股票，而是把它们分给了同事。尽管如此，在此后不到一个月的时间里，这种股票一下子涨到了 185 元，以后还在继续上升。科里根不怨自己运气不好，却认定自己上当受骗，便在 1895 年 4 月写信给洛克菲勒指责对方。洛克菲勒收到信后大吃一惊，回信说："我这辈子对'吉姆·科里根'一向很好，难道他会出于自愿给我写这样的信吗？"数年之后，洛克菲勒大概还记得科里根的事，他教育儿子说："约翰，决不要把钱借给朋友，这样做会毁掉你们之间的友谊。"

洛克菲勒不是圣诞老人，也不是守财奴，他只不过是一个不讲情面、不动感情的债主而已。他拿到的抵押品的价值确实超过了给科里根的 40 万元贷款，但他很有耐心，在科里根停止支付利息一年后才要求收回贷款。盖茨甚至埋怨洛克菲勒纵容科里根。科里根一直等到 1897 年 7 月才起诉，说是向洛克菲勒发出传票就得要这么长的时间，其实推迟的原因更可能是由于标准石油股票的价格还在不断上涨，阿奇博尔大发红利的政策使其竟然涨到了将近 350 元一股。科里根发出了最后通牒：洛克菲勒要么归还他的标准石油股票，要么以每股 500 元的价格付钱给他。法庭为此案指定的仲裁人由于几乎无法接触到标准石油公司的秘密账本，只好裁定洛克菲勒的行为无可指责。弗兰克虽然一个劲地说约翰欺骗了他最好的朋友，却还继续找他哥哥借钱，一年后又借了 13 万元。约翰当时还没意识到弗兰克的怨恨有多深，1896 年 2 月的文件里有他草草写下的一段备忘录，其中提到了弗兰克："他确实是个非常好、非常令人愉快的人，而且我认为他感激我为他所做的一切。"

科里根上诉案过后，弗兰克似乎一提起他哥哥就发怒。他经常出现在百老汇 26 号和福里斯特山宽敞的门廊里，大声嚷嚷着要见约翰。由于科里根一案悬而未决，约翰只有在秘书在场时才见弗兰克，并让秘书记下他说的话。1898 年，约翰告诉威廉，弗兰克正在威胁他，请威廉出面干涉。接着，约翰又和醉醺醺的弗兰克进行过几次长时间的谈话，弗兰克则用不堪入耳的话辱骂他。弗兰克觉得哥哥非常富有，应该免去他所有的贷款。约翰不这样看，于是兄弟俩之间的分歧越来越大。他俩最后一次见面时，两人一起沿街而行，约翰对弗兰克说："弗兰克，我永远都是你哥哥。"从此以后，两人再也没说过话，也没再见过面。

弗兰克满怀对哥哥的怨恨，决定搞一次有象征意义的决裂。1898 年，约翰在克利夫兰湖景公墓的自家墓地里竖起了一座高高的尖顶石碑，弗兰克却叫人把他两个夭折的孩子的骨灰盒从家族墓地中挖出来，埋到公墓里的另一片地里。他宣布："我的骨肉永远不会在约翰 D·洛克菲勒这个恶魔控制的土地里安息。"不久后，弗兰克和妻子以及 3 个女儿都脱离了欧几里德大街浸礼会教堂。

约翰受到这些不可饶恕的侮辱后，还让弗兰克代表他参加几家公司的董事会。弗兰克在俄亥俄标准石油公司所挂闲职的薪水尽管从 1.5 万减到了 1 万元，但这笔不劳而获的报酬他一直领到 1912 年。1901 年 9 月，弗兰克因投机失败而经济窘迫，他对威廉说如果不能立即得到 8.6 万元现金，就只好申请破产。威廉偷偷要求约翰出一半钱，约翰写信给他说："如果你能出一半，我就出那一半，但决不能让弗兰克知道我在借钱给他。"1907 年，约翰和威廉为弗兰克从其股票经纪人那里得到的贷款提供担保，再次挽救了弗兰克，使其免于破产。

科里根一案过后，弗兰克觉得没有必要再限制自己的言论。记者们很快就明白，只要找到弗兰克·洛克菲勒，便能得到有关约翰·D 的轰动性消息。弗兰克在和一位记者讨论科里根事件时说："这个卑鄙的行动只不过是我哥哥长年倒行逆施记录中的一桩小事罢了……他好像从来都不知足。我不知道他攫取金钱的欲望什么时候才能到头？"约翰从来没有对这些毁谤公开加以评论过。对约翰的名声来说不幸的是，弗兰克开始大肆毁谤他的时候，恰好是揭丑时代开始之际。这些出自亲兄弟之口、很有引用价值的话给公众留下了极其深刻的印象，大家做梦也不会想到，约翰·D 在对待弗兰克方面恰恰是他一生中无可指摘的地方。

注释

①《圣经》中记载上帝授予犹太先知摩西十诫之处。

②B. C. Forbes，美国出版商，商业杂志《福布斯》的创办人。

③Kuhn Loeb，1847—1920，美国德裔金融家、慈善家，投资铁路等行业而致富。

④Frederick Law Olmsted，1822—1903，美国园林设计师，主持过许多大城市的园林设计工作。

⑤Hell Hound，希腊神话中冥王的看门狗，又指穷凶极恶的人。

⑥即耶稣将面饼和鱼分给信徒充饥的故事。

⑦Frank Doubleday，1862—1934，美国出版商，创办道布尔戴出版社。

⑧Teddy Roosevelt，1858—1919，美国第26任总统。

⑨Helen Keller，1880—1968，美国作家、教育家。

⑩Rockafellow 和 Wreckafellow 都是洛克菲勒的谐音。

⑪William McKinley，1843—1901，美国第25任总统，共和党人。

⑫Dollar Mark，汉纳的名字 Mark 有"象征"的意思。

⑬Finley Peter Dunne，1867—1936，美国记者和幽默小品作家。

21 事事热心

洛克菲勒在 19 世纪 90 年代中期从商界隐退时，普通美国人每周平均收入还不足 10 块钱，而洛克菲勒鼎盛时期的税前年均收入却达到了令人瞠目的 1000 万元—— 简直令老百姓匪夷所思。从 1893 年到 1901 年，标准石油公司发放的 2.5 亿多万元的红利中有 1/4 直接进入了洛克菲勒的保险箱。90 年代末期，标准石油股票飞涨，根据一家杂志的计算，洛克菲勒的财产在九个月里增加了 5500 万元（相当于现在的 9.72 亿元）。"在世界历史上，还有谁能在 9 个月里赚到 5500 万元？"一位社论撰稿人问道。洛克菲勒正在成为"钱袋先生"，这是财富的代名词。

人们也许会认为，洛克菲勒退休后总能放松一下了吧，可他仍然是新教伦理的囚徒，还在用他做生意时的那种干劲攻击贪图享乐的同行们。"我没有大多数商人的那种经历，"他后来对威廉·O·英格利斯说，"他们有的是闲暇时间。"不过，他退休以后的那段时期也同样引人瞩目，因为其中有许多不为人知的地方。例如，他在晚年没有染上像 J·P·摩根之流的富人那种四出漫游的癖好。他从未收集过艺术品，也没有利用他的财富去扩大交往或是结交名流。除了别的商界巨头偶尔会礼节性地拜访他之外，和他过从甚密的一直是家人、旧交和浸礼会的牧师，这些人形成了他的社交圈子。他对那些吃祖产的人搞的俱乐部、聚会或组织毫无兴趣。说到这一点时，艾达·塔贝尔把洛克菲勒称做"社交上的跛子"，发现他害怕走出家门是出于自卑情结，但又说他的行为证明他精神很正常。有人对洛克菲勒表示惊奇，说他一点也不傲慢，他回答道："只有傻瓜才会因为有钱而自命不凡。"他对自己感到很满意，没必要从外表上证明自己的成就。我们可以批评他缺乏想像力，却不该说他软弱。

令人惊奇的是，洛克菲勒在生意上如此严肃，退休后却极其喜欢各种运动，甚至有点沉溺于嬉戏。他身体虽然在衰老，头脑却越来越年轻、活泼。他没度过无忧无虑的童年，似乎想在晚年弥补回来，所以突然之间表现出他父亲的许多闲情逸致。

在 19 世纪 90 年代，自行车热风靡克利夫兰，每年春天，数百辆五彩缤纷的两轮自行车从欧几里德大街驶过，揭开了"单车节"的序幕。洛克菲勒那时尽管已经 50 多岁，仍然像个孩子似地劲头十足地加入到这股热潮中。他坚决主张穿戴应该得体，买了各色漂亮的骑车服：紧口凸纹上衣、登山帽和布绑腿。洛克菲勒学习骑车的时候，弗雷德里克·盖茨正好也在福里斯特山，亲眼看到他骑在车上练习转弯。"他先转个大圈，"盖茨回忆道，"接着一圈一圈转下去，圈子越转越小，最后几乎是后轮在转，人却掉不下来。"他像经营企业那样把骑车的过程分成几个步骤，使每一步都做到尽善尽美。他很有点老比尔的那股劲头，喜欢骑在车上玩惊险动作，常常让人扶着车子，自己一下跳到车座上，或是撒开车把，用双手撑开雨伞。洛克菲勒凭借对骑车的兴趣，逐渐掌握了他倾心已久的土木工程学的基本原理。他想骑车登上福里斯特山的陡坡，一位工程师却告诉他找不到切实可行的坡度。"没有办不到的事情，"洛克菲勒回答道。他埋头研读土木工程学方面的书籍，找到了一个合适的角度——用土木工程学的行话来说，就是 3% 的坡度。果然不出所料，他把自行车一直骑到了家门口。

洛克菲勒还不可救药地迷上了另一项盛行一时的运动：高尔夫球。1899 年，他住在新泽西州莱克伍德的一家酒店里，和朋友伊莱亚斯·约翰逊（Elias Johnson）一起玩掷马蹄铁套柱游戏，伊莱亚斯对他轻松自如的姿态和几乎百发百中的技巧大加赞赏，告诉他这些本事很适合玩高尔夫球。"他用一双沉静的灰蓝色眼睛盯着我，一言不发，"约翰逊说。终于，他说动了洛克菲勒，去酒店附近一处长满青草的僻静处挥了几杆。约翰逊后来在一次访谈中回忆道，洛克菲勒打了几杆擦边球之后，便打出了 3 个超过 100 码[①]的好球。

"这样行吗?"洛克菲勒问。"对,这样就行了。不过,100 个人里找不到一个能打出你刚才打的好球。他们差得远呢。"洛克菲勒的好胜心上来了,问道:"有些人不是能把球打得更远吗?""不错,可是要想把球打出很远,得经过大量训练才行。"

洛克菲勒决定给妻子开个小小的玩笑。他请了一位职业高尔夫球手乔·米切尔(Joe Mitchell)到酒店偷偷教他。每次球童看见塞迪走过来,洛克菲勒便急忙跑到灌木丛中躲起来。几星期后,他随口对她说起高尔夫球好像是个很有意思的活动,他想打一下试试。说完,他走到一个发球区,一下子把球从平坦球道上打到 160 码以外的地方。塞迪惊讶了一会儿,摇摇头说:"约翰,我也许本该知道这一点:你干什么都比别人强,学得也快。"

1899 年 4 月 2 日,正是洛克菲勒 60 岁生日的前夕,他第一次打满一场高尔夫球,用 64 杆打中了 9 个洞。从此以后,他狂热地迷上了这项运动。他不能每个球都打得很远,却准确得出奇,击球时如此小心,就像时间停止了似的。"我没见过有谁打球这么慢的,"他的一个搭档说。"像是要用好几分钟。"洛克菲勒再次用经营管理的方法把打球的步骤分解开来。他注意到自己每次击完球后右脚都会往里拧,便叫球童用金属做的槌球拱门把他的脚固定在地上——这个危险的方法直到姿势纠正后才不用了。他击球时总是要抬头,便雇了一个球童在他每次发球时对他说"低下头来"。让洛克菲勒一度感到失望的是,他老是打侧旋球。为了找到问题的根源,他请了一位克利夫兰摄影师抓拍他的击球动作,通过这种时间与动作研究法,他彻底改掉了这个让他烦心的毛病。后来,他把自己打球的情景拍成了电影,仔细加以研究。在这个孜孜不倦的探讨过程中,他还把自己每次打球的情况都记录下来,整整记了好几个小厚本子,内容包括参加者的姓名、打球的日期和地点等。

洛克菲勒对高尔夫球的热情与他在 90 年代的身体状况有关,是疾病使他成了健身运动的爱好者。"适当打打高尔夫球不仅是一项有意思的运动,对健康也很有益,"他劝朋友们说。他的私人医生、常在一起打高尔夫的老搭档汉密尔顿·比格(Hamilton Biggar)大夫认为,高尔夫球使洛克菲勒从几近崩溃的身体状况中恢复了活力。"他那么兴致勃勃地从事这项运动，使他的气色发生了显著的变化，"他告诉一位记者说。"他原先脸色苍白、布满皱纹，现在却显得结实、红润，十分健康。"到了晚年，洛克菲勒打球时仍然用自行车代步，从一个球穴骑到下一个球穴以保存体力。他尽管上了年纪，仍能笔直地坐在自行车上，让球童推着走，这样更能节省力气。上午这场球是非打不可的。假如下雨或者阳光太强烈，他就让球童从头到尾为他打着一把大黑伞。侍从们则为他带着雨天用的橡胶套鞋、御寒用的毛衣和雨天擦球杆用的毛巾。

高尔夫球给洛克菲勒带来了在标准石油公司经商时被压抑的欢乐，使他变得更加合群了。对于一个畏忌面对面交谈的人来说，高尔夫球在每天上午10点15分到12点之间为他提供了一个有条不紊、毫无风险地开展社交的理想方式。他一到球场总是先开一通玩笑，带头说些逗乐的话，别人也都学他的样。他哼哼赞美诗或者流行歌曲，说说过去的趣事，甚至吟诵他自己写的短诗。洛克菲勒最喜欢取笑的是一个爱在高尔夫球场上作弊的著名牧师。他十分擅长模仿，学这位牧师躲在树桩后面偷偷踢一下球的样子。高尔夫球使他生就的幽默感得到了发挥，而在这之前他从来没有流露出来过。"我们不应该拿别人的失败寻开心，"他在信中对女儿贝西说，"可是上个星期天我在高尔夫球场上打败了4个人……这样做太不应该了。当然，我再也不会这样做了。"

洛克菲勒在球场上规定了许多禁忌，其中包括不许谈论业务或慈善捐赠事务。无视这些规则的人再也不会受到邀请，洛克菲勒在这一点上决不让步。他想让事情流于肤浅，多少有些脱离现实，因而避开任何严肃的话题。通过这种方式，他既能同别人相处，又能在身边形成一个默不作声的圈子，在人群中独来独往，以此作为与他交往的条件。

洛克菲勒尽管在美国城市与工业发展中具有无与伦比的地位，但内心里一直是个乡下孩子，此时更是远离尘嚣了。也许因为童年时代是在边远的北方度过的，他喜欢视野开阔、依山傍水的屋子。为了躲避曼哈顿紧张的生活，他对哈得逊河尤为心仪，弟弟威廉就在这条河边建了一座占地上千英亩的庄园。大河两岸是起伏的农田和如画的村落，河上的美景与壮观的河岸令约翰·D神往。1893年经济恐慌时地价大跌，他趁机在北塔利敦的波坎蒂科山买了400英亩的土地，位置就在威廉的罗克伍德大院南面。

他虽然想在那儿盖一幢周末别墅或度夏疗养所，但没有切实的计划。"正如我来之前对你说的那样，"他在 1893 年 9 月初给塞迪的信中写道，"对于哈得逊河边的这块地产，我还没想好做什么用，只是拥有它而已，到时候再决定（我们）如何来利用它吧。"

吸引洛克菲勒的是当地的自然美景，不是那些生活讲究的邻居。"哈得逊河和卡特茨基尔山的壮丽景色使他选择了在波坎蒂科山安家，那里有全美国最美丽的景色之一，"陪伴洛克菲勒第一次去那里的盖茨描述道。那块地产包括一片乱石嶙峋的丘陵，名叫凯卡特——是荷兰语中"瞭望"的意思——山，从山上可以俯瞰哈得逊河的壮美景色与远处的绝壁。和在福里斯特山的做法一样，洛克菲勒把那块地产上的一幢带家具的房子一起买了下来，房子构造简单，四周是宽大的游廊，名叫帕森斯·温特沃斯大屋。他还是那种老习惯，多年来一直在对那座房子加以改造，一会儿把某个房间扩大一点，一会儿又把另一个房间弄舒服点。这是他自己的"瓦尔登湖"②，是一块"有好景致以飨灵魂，并且能生活得既简单又安宁的"地方。

到 1900 年，洛克菲勒已经在那里买下了 1600 英亩的土地，最终把波坎蒂科山庄园的面积扩大到 3000 英亩，上面纵横交错着长达数 10 英里的蜿蜒小路和马道。只要风格朴素、不过分炫耀财富，洛克菲勒还是能容忍这种奢华的。他避免艳俗的居所，也无心去吸引别人的注意。如果他渴望什么的话，那就是隐居式的生活。有一天，洛克菲勒决定要买下位于他的庄园一角上的托马斯·伯索尔（Thomas Birdsall）的一小块地。他开出一个不菲的买价，并答应在附近买一块地让伯索尔搬过去。伯索尔拒绝后，洛克菲勒命令管家在这片令他闹心的地四周全种上他能找到的最高大的雪松，把那里的房子遮得一点光线也没有，伯索尔只好屈服了。

1899 年，洛克菲勒几乎刚一迷上高尔夫球，就在波坎蒂科搞了四个球穴。"我妈和我爸迷上了高尔夫球，"小洛克菲勒在 1900 年对大学的同室说。"爸爸每天打 4—6 个小时，妈妈也一打就是几个钟头。"威廉·塔克（William Tuker）是附近阿兹利的一位职业高尔夫球手，定期来教洛克菲勒打球。1901 年，这位巨头聘请一位高尔夫球场设计师威廉姆·邓恩（William Dunn）为他设计了一个有 12 个球穴的场地，又让他为福里斯特山设计了一个有 9 个球穴的场地。一向拼命取悦父亲的小洛克菲勒学了一年的高尔夫球，但他没有中断竞技比赛，依然钟情于能够独自享受乐趣的马术运动。

洛克菲勒曾一度决定要天天在波坎蒂科打高尔夫球。1904 年 12 月初，韦斯特切斯特县下了一场 4 英寸厚的大雪，伊莱亚斯·约翰逊却吃惊地接到了洛克菲勒的电话，邀请他去打双打比赛。约翰逊推辞说在雪里无法打球，洛克菲勒却说："你过来看看再说。"就在他俩在电话上说话的时候，一群工人正在用马拉着扫雪机一丝不苟地清除着 5 条平坦球道上的雪，铺上绿草。第二天上午，冰天雪地中一片耀眼的绿色球场出现在约翰逊眼前。"我们玩得再也没有比这一次更开心的了，"约翰逊说。无论遇上什么天气，洛克菲勒都要打球。"昨天上午我打球时，遮荫处的温度计是零下 20 度，"他在 1904 年向一个侄女夸耀道。"波坎蒂科山上确实很冷，不过对我的健康很有利。"为了不使球友们挨冻，他把纸背心送给他们穿，这后来成了他特有的礼物。

高尔夫球是他最大的爱好。在波坎蒂科有一伙人专门负责保持绿地清洁，他们常常一大早就出门，用特制的剪草机、辗压机和竹竿打掉草上的露水。1906 年初的一本私人账本表明，洛克菲勒上一年一共花了 525211.47 元，其中一项惊人的开支 27537.80 元——相当于 1996 年的 45 万元——是用在高尔夫球上的。

换了别的大富翁，去自己的庄园大多是为了休息，可是对洛克菲勒来说，更吸引他的是搞工程和参加重体力劳动。他先是请设计过纽约中央公园和许多其他公园的弗雷德里克·劳·奥姆斯特德的公司为波坎蒂科搞园林设计。接着，他亲自接过这项工程，把外请的设计公司降格为顾问，并且造了一座观察塔，用来指挥布置花园。洛克菲勒在园林设计方面很有天份，喜欢移植树木，其中有的竟高达 90 英尺。到了 20 世纪 20 年代，他在波坎蒂科搞了几个当时堪称世界上最大的苗圃，有一回一下子种了一万棵树苗，把其中一部分卖了赚钱。

洛克菲勒证实了索恩斯坦·维布伦的结论是荒谬的：即富人们"都本能地憎恶低级的劳动形式"，因为他一向认为体力劳动很高尚。他与儿子一道，亲自带领工人铺设了蜿蜒的小道，建造了壮观的景区。"我一辈子铺设了多少英里的路，"他回忆道，"连我几乎都算不清了，不过我还是经常这样干，直到累得精疲力尽为止。我在勘察道路时亲手划线，直到天黑得看不见那些小小的标桩和旗子才作罢。"他练就了一手娴熟的本领，修路时连工程师都不用。"我正在考虑搬走那个小丘，"他会一边说，一边迅速地估计需要搬动的土石方。"随口说说，我看那差不多有 65 万立方英尺吧。"

与在标准石油公司时一样，洛克菲勒在家里说一不二。他禁止雇来的 300 名工人——多数是黑人和意大利人——说脏话，甚至试图买下塔利敦唯一的酒馆，把它关掉。他尽管很苛刻，给的工钱不高，但从来不朝工人大叫大嚷，总是用耐心、体谅的态度对待他们，偶尔还会邀请他们到炉边坐坐，聊会儿天。

洛克菲勒之所以醉心于庄园建设，很可能是因为他不爱见人，宁可呆在闭塞的家庭环境中。正如一位早期传记作家指出的那样："他到处遭人诟骂，身体与精神状态都几近崩溃，所以几乎在 30 年前就不得不退缩到石墙、有刺的金属栅栏和带格栅的铁门后面去。"他喜欢在自己的领地里与人交往，客人全得服从他的规矩和时间安排。他还担心恐怖活动。1892 年初，乔治·罗杰斯告诉塞迪他刚刚收到一封署名为"公正或灭绝"的信，信中警告说，已经寄出了一颗邮件炸弹。这类威胁使洛克菲勒在设计庄园时感到很为难，因为他想把自己的领地对公众开放。最后，他决定留出一块四五百英亩安全的私人活动中心地带来保护自己，其中包括家人住的几幢房子和高尔夫球场，四周围上栅栏，还派出警卫看守。外人只要不开车进来，便可以在庄园中的其他地方转悠。几十年来，波坎蒂科成了人们远足和骑自行车的天堂，由此可见，洛克菲勒的领地既封闭又开放。

退休之后，洛克菲勒把他要做的许多事情都服从于延年益寿这个首要目标。"我希望你好好注意身体，"他曾经忠告儿子说。"这是你的一个宗教职责。身体健康结实，就能为世人多做事情。"作为浸礼会教徒，他不抽烟、不喝酒，自然也推崇有节制的生活方式，并且深信好的生活习惯就是良药。"我的身体一向很好，"他在晚年时说过。"看戏、上夜总会、赴宴、放浪形骸，这些事情在好多好多年前就毁了许多我相识的人的身体，我虽然没有这些享乐，但得到的更多……我爱洗冷水澡、喝脱脂牛奶，睡觉也香。可惜大多数人享受不了这些简单的东西!"

与洛克菲勒志趣相投的好友是汉密尔顿·比格医生。他俩在19世纪70年代相识，那还是在欧几里德大街住的时候：洛克菲勒正在和孩子们一起玩捉迷藏，他在客厅里横冲直撞，一下子碰到了门上。比格医生来给他缝伤口，从此便成了他家的挚友。比格出生在加拿大，南北战争后搬到了克利夫兰，成为日渐风行的顺势疗法领域中首屈一指的人物。他在当地的顺势疗法医学院里升到了解剖学和临床外科教授的位置，在他的病人中有威廉·麦金利和马克·汉纳。由德国医生塞缪尔·哈内曼（Samuel Hahne-man，1755—1843）首创，并在19世纪风行美国的顺势疗法的原理是：用小剂量的药物治病，这些药物剂量大了反而有可能致病。受比格之邀，洛克菲勒担任了顺势疗法医学院的副院长兼财产受托人，为之提供买地、盖房和教学用的资金。这位后来创建了洛克菲勒医学研究院，并且在推动20世纪医学发展方面贡献比任何人都大的慈善家在感情上却执着于各种传统疗法，这实在是个十分奇特的现象。洛克菲勒有时用黏土烟斗抽毛蕊花的叶子来治疗呼吸道疾病，而且一向都对医生心存怀疑。"医生今天来看我，"他有一次对儿子说。"他不给给我想要的药，我也不想吃他开的药，不过我俩聊得倒挺开心。"

比格医生身高体胖，圆圆的脸，爱戴礼帽、挂表链，和洛克菲勒一样喜欢讲奇闻轶事、说俏皮话，他俩还喜欢善意地拿对方取笑。由于比格的穿戴比他这位富朋友更讲究，两人一起出门时，许多人往往会把他当做工业巨子。谁也比不了的是，比格医生能让洛克菲勒显得和蔼可亲，这一点在他对洛克菲勒的描述中能看出来："他有幽默感，爱说笑话，应答巧妙，说起话来妙趣横生，听别人说话时也很有耐心。"

并不是所有的人都欣赏比格医生。他是洛克菲勒的专职医生，负责向新闻界提供洛克菲勒的健康报告，但给一些人留下的印象是自命不凡、谋取私利。有些医生甚至认为他不过是个对病人态度和蔼的江湖医生而已。这些人当中有哈佛大学校长查尔斯·埃里奥特，他告诉弗雷德里克·盖茨，哈佛大学的大多数医生认为比格很无能。据埃里奥特说，1901年比格身体不好，是洛克菲勒出钱让他去欧洲疗养。他不在的时候，洛克菲勒的水肿病（即体内浆液潴留症）复发，比格医生说过这种病治不好。洛氏从哈佛医学院请来一位医生，"他不仅及时止住了洛克菲勒的痛苦，而且用一个月的时间就把病彻底治好了，尽管洛克菲勒过去听信别人的话，以为这种病是不可能痊愈的，"埃里奥特在9年后这样对盖茨说。从那以后，洛克菲勒便开始找其他医生看病，特别是一位上了岁数，名叫亨利·莫勒（Henry N. Moeller）的德国医生，但比格仍然经常伴随在他左右，继续对他的观点产生影响。

20世纪初，比格医生经常在报纸上作出预测，说洛克菲勒能活到100岁（毫无疑问，这使他备受主子的恩宠），并且十分热心地宣扬洛克菲勒的健康原则，弄得人们搞不清这究竟是比格的观点，还是洛克菲勒的观点。1907年，比格提出了连傻子也能明白的长寿原理："美国商人到了50岁就应该停止操心，戒掉烟酒，并且把'与上帝同在户外'的活动作为主要的生活目标。"过后，比格还劝人吃饭只吃七八分饱，洛克菲勒另外又强调每天要睡足九个小时，包括午饭后的小憩。

种种迹象表明，洛克菲勒比一般人更怕死。几年后，他在佛罗里达州奥蒙德比奇打高尔夫球双打时，一个名叫哈维先生的球友觉得自己得了严重的消化不良，洛克菲勒拉着哈维的胳膊安慰他，哈维却因心脏病发作趴到了地上。大家一边去叫医生，一边把他抬进屋里，30分钟后，哈维死在了屋里。起初满怀同情的洛克菲勒此刻却唐突地逃离了现场。一个高尔夫球友回忆道："洛克菲勒先生转过身去，快步走到自己的车旁，开车走了。我总觉得他是不想亲眼目睹死亡。"在大量有关他的记载中，根本找不到他有关死亡的任何言论。

洛克菲勒似乎相信，只要坚持既定的生活原则，就能打败死神。他对饮食、休息和身体锻炼极为严格，把每件事都固定下来，天天重复同样的日程安排，还强迫别人遵守他的时间表。洛克菲勒在给儿子的一封信中把自己的长寿归功于他拒绝社交活动的坚强意志："我认为，我之所以身体好，是因为我在决定自己该做什么时几乎可以不受外人影响，外加严格遵守生活规律，以确保充分的休息、安静和闲暇。这样做使我每天都受益匪浅。"

他一心想活到100岁，为此而制定的计划中包括生活有规律、凡事不慌不忙等内容。他控制走路的速度以节省体力，并为自己慢于常人的脉搏感到自豪："那说明我有耐力，能保持镇静。"年轻时，他竭力克制自己的脾气，不去想那些不愉快的小事；如今，他有了医学依据来消除自己大起大落的情绪，尤其是怒气。"发怒会在血液中产生许多对身体有害的毒素，使人疲倦不堪、降低工作效率，且不说还会引起早衰、拖垮身体。"而且要少操心："我敢肯定，操心比繁重的工作更能使神经紧张。"这种观点进一步促使他避免因一时冲动与他人发生冲突。

洛克菲勒偏爱按摩和其他形式的推拿。20世纪初，他热心地推崇按骨术——一种通过推拿骨骼和肌肉使身体结构复原的健身疗法，还劝说塞迪和露特也去试试这种疗法。1905年，他喜不自禁地告诉儿子，他在福里斯特山时大大受益于按骨术："有一个好身体的好处真是一言难尽。塔特尔太太（他的电报员）认为，健康的身体使我的工作量比以前她在这里时增加了1到2倍。按骨术！按骨术真是太棒了！"当信奉更为先进的医学——具有讽刺意味的是，这是由洛克菲勒的慈善捐赠所推动的——的人们试图颁布法令禁止按骨术时，洛克菲勒立即出面为之辩护。"我相信按骨术，"他对秘书发出指示说。"如果百老汇26号有人能在按骨术医生为自己抗争的时刻替他们说话或做点什么，我将不胜感激。"有一次去按骨术医生那里接受治疗时，洛克菲勒说了一句有口皆碑的妙语。按骨术医生把他脊椎弄得咔咔响，洛克菲勒自嘲地说："听呀，医生，人们说我控制了全国的石油，而我竟然没有足够的油来润滑我的关节。"

20世纪初，报界还在流传那些无稽之谈，认为洛克菲勒只能消化牛奶和饼干，甚至悬赏100万元给能为他治好胃病的人。更为荒谬的传说是，他在靠人乳维持生命，每天由球童偷偷把人乳装在暖瓶里带到球场上。百老汇26号收到过成千上万封信，为他提供治疗胃病的方法。洛克菲勒对这些不可思议的谣言感到大惑不解。他在将近80岁时曾不厌其烦地说过："如今全国有许多人听信这些不真实的说法，认为我身体如此之差，宁愿把我拥有的一切来换取一个好身体。可我身体比谁都好——而且还能好下去。"比格确实在19世纪90年代让患有消化道疾病的洛克菲勒只吃牛奶和面包，到了20世纪初，他仍然每天喝牛奶、吃奶油，认为"新鲜牛奶对神经十分有好处"。不过，他在90年代末恢复健康后便又开始吃各种各样的食物了，只是吃得很慢，量也很小。他的食谱很简单，但有利于健康：

有自己种的嫩豌豆和刀豆、米饭、大麦熬的汤、生菜和黑面包，一天吃两次烤土豆。

20世纪初，像摩根那样大腹便便的工商巨头代表了那个空前繁荣的时代，相比之下，洛克菲勒是个瘦子，体重只有165磅（约75公斤）。他仍然奉行新教的禁欲主张，反对暴食，并警告说这比别的生活习惯更能引起疾病。他从来不吃烫的东西，要等它凉了以后才吃，不让客人们等他。对洛克菲勒来说，食物是燃料，不是使感官满足的东西。小洛克菲勒说："他弄不明白的是，既然糖果对身体不利，人们为何只是因为爱吃就去吃它。"有一回，他破天荒地突然想吃冰激凌，便低三下四地请求莫勒医生破例让他吃一点："如果您能偶然允许我吃一点点冰激凌，我会十分感激这个特殊照顾的。不过，我还得听您的，您是医生嘛，"他怯生生地说。

洛克菲勒最有特色——但向来是来吃饭的客人最不爱听——的健康忠告是，每一口饭都要嚼上10次再咽。他奉行这一做法认真到了这样的地步，竟然劝客人们连汤都嚼一嚼，他喝汤时就是把它在嘴里转两圈才咽下去。客人们吃完后，他还要吃上半小时。他还认为饭后最好在餐桌旁再呆上一小时左右以帮助消化。为了消磨时间，他和客人们玩一种叫"数学比赛"的室内游戏，那是纸牌的一种玩法。他是浸礼会教徒，不能打牌，便叫人做了些四方块的计分卡来代替平时用的纸牌。这种游戏多少人玩都行，赢家得1毛钱，输家得5分钱。游戏要求参加者对数字反应敏捷，洛克菲勒不断地玩，越玩越精，常常当赢家。

后来的美国人心目中对约翰·D·洛克菲勒有这样一种根深蒂固的印象：他是个秃顶、干瘪的人，一个枯干老头。其实，19世纪90年代早期在他身体出问题之前，有机会走进他私人办公室的为数不多的几个记者看到他年轻的外表时不由感到吃惊。他写的信确实说明，他的头发开始脱落的时间比以前想像得要早。1886年，他才47岁就已经开始成瓶地买生发剂了。1893年，由于消化道疾病和为芝加哥大学的资金操心，洛克菲勒的脱发症突然加重了。

引起全身性脱毛症的原因有多种，包括遗传因素和承受极大的压力，问题是几乎确定不了究竟是其中的哪个原因。对洛克菲勒来说，这个病恰好始于19世纪90年代初他的健康开始恶化的时候。1901年，这一症状明显地变得严重了。塞迪在那年3月的一个记事本中写道："约翰的胡子开始脱落，到了8月，身上所有的毛都掉光了。"

他外表的变化十分惊人：突然之间，他变得又老又胖，弯腰驼背——几乎认不出来了。他像是老了好几十岁似的，没了毛发，脸上的缺陷变得愈加明显：皮肤干燥得像羊皮纸一样，嘴唇显得太薄，头则显得太大，而且凹凸不平。开始脱发后不久，洛克菲勒去参加J·P·摩根举办的一个晚宴（这是他参加的为数不多的几个社交宴会之一），他坐在满脸困惑的美国钢铁公司新任总裁查尔斯·施瓦布旁边。"我知道你认不出我来了，查理，"洛克菲勒说："我是洛克菲勒先生。"

揭丑时代即将来临之前，洛克菲勒的脱毛症使他的形象发生了彻底的变化：他看上去就像个浑身无毛的妖怪，青春、激情和魅力全都荡然无存，这一变化大大激发了人们的想像力。有一度他只戴黑色的无沿便帽，憔悴的面容就像文艺复兴时期让人肃然起敬的修道院院长。有位法国作家写道："他头戴丝质软帽，活像一位宗教审判庭的老修士，就是我们在西班牙画廊里看到的那种形象。"

脱发对洛克菲勒的精神打击很大——大多数人都承受不了这种心理上的打击——他焦躁不安地尝试各种治疗方法。比格开始给他进行一种毛发再生疗法：一星期搽6天磷剂，到第7天搽硫剂。这些疗法失败后，洛克菲勒决定买一个假发套。他一开始有些难为情，不愿意戴它，便在一个星期天去欧几里德大街浸礼会教堂时试了一次。做礼拜之前，他站在牧师的办公室里，一边紧张地左右调整假发，一边对身边的一个人说在教堂里戴假发该有多难受。看到假发收到了良好的反应，他高兴得就像个孩子似的。很快，他开始喜欢上这个假发，并告诉女儿伊迪丝说："我戴着它睡觉、打高尔夫球。我纳闷自己竟然过了这么久才想到这一点，这真是一个很大的错误。"他如此喜爱假发，居然开始轮换着戴不同长度的假发，好让别人以为他的头发是长长后又剪短的。他甚至准备了各种款式的假发，在不同场合戴：有打高尔夫球时戴的、上教堂戴的、散步时戴的，等等。然而，洛克菲勒尽管有钱，却无法找到理想的假发。他一开始戴的假发是巴黎卡斯蒂格廖纳大街一位时髦假发设计师为他做的，但他后来越来越不喜欢了，因为撑架中的弹簧老是从头发里钻出来。后来，他在克利夫兰找了一个做假发的，可是这人的产品也有一个不可忍受的缺点：最下面的一层织物缩水，会使假发突然在他光秃秃的头顶上滑到一边。看来，上帝夺走的东西是永远不可能完全恢复了。

洛克菲勒的毛发掉光之前，人们留意到了他与多病的妻子之间的反差。不过，脱发症似乎在一夜之间拉平了他俩在年龄上的距离。约翰与塞迪彼此尽管彬彬有礼，他俩的婚姻还是很幸福的。无论是与儿孙们玩耍，还是与老朋友一起打高尔夫球，约翰都能闹出点乐子来——他能欢天喜地尽享其乐。和蔼、温柔、富有魅力的塞迪依然把自己关在封闭的宗教世界里，依然坚信约翰是一个超人。有人把塞迪描述成"一位庄重、纯朴、上了年纪的夫人，面容和蔼，说话轻声慢语，毫无架子"，对她来说，约翰"在这么多年之后仍是她敬仰的英雄。"社会改良家把她的英雄说成是一个商界恶人时，她却从基督教中找到了不可或缺的庇护，她的心灵已经上升到一个宁静的宗教境界，远离那些政治纷争的喧嚣。

人们很难准确地说出塞迪是从哪天开始由一个机敏、能干的女人变成了一个整日病恹恹的女人。她的身体从来就没有好过：早在 19 世纪 80 年代，由于母亲体力欠佳，小洛克菲勒承担了许多家务事，如买地毯、请人修理东西什么的。90 年代早期，她说自己"浑身无力。"约翰一向把生意上的事告诉她，到 1891 年还在把有关梅萨比铁矿的详细报告送给她过目。后来，到了 90 年代中期，他写给她的信突然之间变得空洞无物、乏善可陈，全是些关于天气、在花园散步或是打高尔夫球的枯燥乏味的描述，而且这种情况持续了 20 年之久。人们不免会产生这样一种印象：考虑到她虚弱的身体状况，他有意悄悄地绕开了那些不愉快的话题。

塞迪患上了许多古怪的症状和说不清道不明的病痛，简直无法作出诊断。19 世纪 90 年代，她得了哮喘和结肠炎，偶而还患眼疾和脊椎病。为了治疗她的肠疾，医生不准她吃水果和蔬菜，建议她吃用牛奶、奶油、黄油和鸡蛋做的食物。起先，她尽管得了这么多疾病，却没有卧床不起，午饭前还和约翰一起驾车到外面走出很远。1900 年前后，她仍然常常在下午偷偷打一会儿高尔夫。后来，到了 1904 年 4 月，正值艾达·塔贝尔在《麦克卢尔杂志》上发表的系列文章达到高潮之际，塞迪病倒了，那可能是一次轻度中风，差一点瘫痪在床。她在日记中写道："艾伦医生说，需要绝对静养两年才能复元。我接受了他的建议，每天都让我感到欣慰的是，病情再也没有恶化。"约翰带她去了福里斯特山，在阳台上晒太阳，听他每天念一段布伦特主教著的《今世与上帝同在》（With God in the World）。她从此再也没有完全复元过。

在家人的心目中，塞迪的形象一直是一个性情恬淡的母亲。"无论发生什么事，她都能顺其自然，"女儿伊迪丝曾经写道，"她坚忍地支撑着病弱的身体，从不抱怨。"然而，外人很少能看到这种忍耐的高尚之处。她过去一向十分体恤仆人，此时却变得十分挑剔、苛求。"每天，热牛奶必须在上午 11 点整端到她面前，"洛克菲勒的一个秘书 H·V·西姆斯回忆道。"和牛奶一起送来的小餐巾必须由女仆为她夹在无名指与小指之间——否则就得全部重来。"她让护士把披肩从摞得高高的一大堆衣物中抽出来，但不能弄乱其他东西。人人都在战战兢兢地围着她转。

为了能说动她，约翰学会了哄她、迁就她。塞迪喜欢保持屋里闷热，护士们常常支撑不住，却不敢打开窗户。这时，约翰会轻松地走进来说："老伴，你难道不觉得该把窗户打开这么一点点吗？"他边说边用手指表示那一点点的宽度。如果她回答说："好的，约翰，只要你想这样做就行，"他就向护士打手势，告诉她们趁她没注意把窗户开得更大一些。约翰待妻子很温柔，但他此时的举止在很大程度上是出于礼节。如果她很晚还在陪客，他会轻轻抚一下她的手臂，宣布说："该说晚安了，因为我老伴要就寝了。"

在亚瑟·费拉里（Arthur Ferraris）1905 年为她画的肖像中，塞迪身穿漂亮的黑衣服，头发盘着，手里拿着一本祈祷书。她看上去神情有些沮丧，但看上去仍然十分敏锐、聪慧。她比以往更加笃信宗教，给孩子的信中说的全是些布道般的庄严词句。她告诉准备启程去旅行的小洛克菲勒，她"比众多其他母亲得到上帝更多的福佑，因为他赐予我珍贵的珠宝——那就是我的子女；不过这只是暂时的，一旦上帝召唤，我会把他们交还给上帝。"儿子 21 岁生日时，她这样祝贺道："无论是在家中还是在学校里，你要为上帝和拯救同学的灵魂而认真工作，没有比这样庆贺生日更好的方式了。"她似乎从来想不到鼓励孩子们去享受生活。

塞迪的体弱多病肯定让洛克菲勒感到痛苦。他从小就特别愿意亲近女人，尤其喜欢和她们作伴。他不会像其他富豪一样想过婚外情。他忠实于塞迪和他所接受的浸礼会教育，而且眼前总是出现老比尔的身影，提醒他移情别恋的巨大危害。他很早就懂得人的罪恶本性。据我们所知，在塞迪的有生之年，他始终克制着情欲的冲动，保持了一个模范丈夫的形象。

洛克菲勒一家发现很难同时面对精神与肉体两方面的弱点。对他们来说，根本不存在一个受到抑制的、反叛的感情世界。他们似乎相信，如果把视线从令人不快的事情上移开，这些事情就会失去作用。由于这个原因，洛克菲勒的大女儿贝西的经历就是一个由来以久的难解之迷。

查尔斯·斯特朗于 1889 年娶了贝西之后，在克拉克大学教了很短一段时间的书，便在 1892 年去新成立的芝加哥大学担任了哲学副教授。查尔斯尽管对他的岳父怀有一种既爱又怕的矛盾心理，却毫不犹豫地利用了这层关系和妻家的慷慨。1895 年，由于贝西身体欠佳，夫妇俩离开了芝加哥。查尔斯告诉他在哈佛大学的导师威廉·詹姆斯说，鉴于他妻子的身体"仍然十分虚弱，让她承受芝加哥的寒冷气候是不明智的，所以我只好在纽约定居下来。"为了让查尔斯和贝西一起住在纽约，并在那里写论文，洛克菲勒拿出 1000 块钱作为这一年写论文的生活补贴。1897 年，贝西在波坎蒂科生下女儿玛格丽特后，洛克菲勒宣布给在庄园里工作的工人放假一天。

由于查尔斯信奉宗教自由，洛克菲勒很可能为外孙女的灵魂感到担心。"查尔斯会告诉玛格丽特'世上没有上帝'，"玛格丽特的女儿后来回忆道。"因此，爸爸和妈妈都同意不用那些靠不住的信仰去毒害她。"也许是意识到了这种教育方式，洛克菲勒急于让斯特朗一家留在纽约。他让儿子去找哥伦比亚大学校长塞思·洛（Seth Low），商量授予查尔斯心理学教授的事宜，因为查尔斯当时正在把越来越多的精力放在心理学与哲学研究上。小洛克菲勒建议，最好是先捐款设立这个职位，然后让学校任命他担任此职，这比直接为查尔斯设立这样一个职位更合适，以免损害他的人格。老洛克菲勒采纳了儿子的建议，在确信哥伦比亚大学会给他这个位置之后，捐给了学校 10 万元，花大价钱成功地为女婿买了份工作。

在 20 世纪初的一段时间里，洛克菲勒经常见到查尔斯和贝西，其中部分原因是他新近染上的打高尔夫瘾。他绞尽脑汁想找个地方以延长在波坎蒂科一带打高尔夫球的时间，最后在新泽西州莱克伍德一片豪华的休闲胜地里找到了，这是乔治·古尔德和当地其他富人们打马球、开茶会、骑马纵狗打猎和举办大型舞会的地方。1901 年 5 月，洛克菲勒着手在那里买地产，一年之后，一个梦寐以求的机会来了。大洋县狩猎与乡村俱乐部决定与另外一家俱乐部合并，因此打算卖掉它的俱乐部会所，包括一个四周由 75 英亩云杉、冷杉和铁杉树环抱的高尔夫球场。洛克菲勒告诉一位朋友，那里离海边只有八九英里远，平坦多沙，"空气清新干燥"，一年当中可以有将近 10 个月的时间供他打高尔夫球。这座大而无当的三层俱乐部会所——洛克菲勒称它为"高尔夫球房"——带有条纹布凉篷和玻璃长廊，可以远眺羊群在草地上吃草，而且只有一条铺着蓝砂石的蜿蜒小路穿过密林通往这块僻静的地方——的确是个理想的安全之地。洛克菲勒扩大了房子和周围土地的面积，还从波坎蒂科移来好几千棵树种在这片新买的土地上。他喜欢这片逍遥自在的新领地。"我觉得我已经恢复了健康，"他在 1903 年从莱克伍德写信给一位朋友说。"我现在的感觉比以往那几年都好……我认为我身体条件得以改善，是因为最近迷上打高尔夫球的缘故。"

为了找人作伴，洛克菲勒还买下了莱克伍德的克拉夫林小别墅，让查尔斯和贝西每年在那里住 9 个月。据常去那里做客的威廉·詹姆斯说，那是一个毫无生气的地方。斯特朗的第一本主要著作《精神为何是有形的》（Why the Mind Has a Body）于 1903 年问世，詹姆斯盛赞它是"一部佳作，叙述之清晰、议论之详尽，值得称道，而且浅显易懂，乃哲学学生必备之参考书"。詹姆斯在莱克伍德逗留时，经常和查尔斯一起去湖边散步，两人时常停下脚步，坐在铺满松针的地上深思。走着走着，詹姆斯会突然朝斯特朗转过脸去，高度评价他们自己说："我是施洗者约翰，你是弥赛亚③。"不过，詹姆斯比斯特朗更加多才多艺，而且以后越来越不愿去莱克伍德了，因为他觉得到了那里身不由己，老是谈论哲学。查尔斯会把一个愉快的周末变成一个没完没了的研讨会。詹姆斯对妻子艾丽丝诉说过自己的失望之情，但话语中也不乏对查尔斯极度欣赏之意："我从未见过像他那样锲而不舍、孜孜不倦、一成不变地迷恋于寻求真理的人。他擅长归纳，对每个论点都固执己见，我认为是我所认识的头脑最清晰的人……我想他会把我们都甩到后面的，因为他正在加快前进步伐，而且从不停顿。"

为了调剂一下与查尔斯相处时的乏味气氛，威廉·詹姆斯特别愿意在莱克伍德见到洛克菲勒。洛克菲勒有时会在午饭时出现，他刚打完高尔夫球，显得精力充沛。洛克菲勒与知识分子往往只是匆匆一见便告辞，这使得詹姆斯对他的描述更为难得。这位哲学家具备只用寥寥数语便道尽大人物特征的超人本领。他尤其为洛克菲勒的意志力所折服，在给艾丽丝的信中说洛克菲勒是位"很有深度的人物，"是"我见过的最具 Urkaft（原创力）的人"。他还出人意料地为洛克菲勒亲切和蔼的风度所倾倒："值得称道的老约翰·D……（是）一位最可爱的人。"他在这番描述的最后感叹道，洛克菲勒竟然是"这样一位性格复杂、细腻、讨人喜欢又令人生畏的人物，一个好得出奇也坏得出奇的人。"

威廉·詹姆斯还给他兄弟亨利·詹姆斯匆匆写过一段更为生动的描述：

> 你知道，洛克菲勒号称世界首富，他肯定也是我见到过的最难以捉摸的人物，城府极深，深不可测。Physionomie de Pierrot（头上和脸上寸草不生），机敏狡诈而又勤俭成性，表面上道貌岸然、乐善好施，实际上人称吾国有史以来最大之奸商，讨厌城市，热爱户外活动（成天在莱克伍德打高尔夫球或滑雪），云云。

詹姆斯是在伊达·塔贝尔煽动舆论反对标准石油公司之际写下这番话的。他敦促洛克菲勒放弃沉默，做出反击，让公众更加了解自己。1909年，当洛克菲勒用书的形式出版了他的回忆录时，詹姆斯拍手称快。"这正是多年前我所建议您做的事情！"他写信给洛克菲勒说。"沉默难以取胜处，畅所欲言者必胜！"

1902年，年届36岁的贝西在健康方面又出现了新问题，使本已阴郁的斯特朗夫妇二人世界陡然间变得更加黯淡。谁也说不准她得的是什么病，但她在给弟弟的一封信中谈到了自己"非常脆弱、靠不住的心脏"。可以确定的是，她的身体状况在1903年春天急剧恶化，因为那年秋天查尔斯写信给威廉·詹姆斯说："谢谢您的问候，斯特朗太太自己感觉身体还不错。不过，她今年春天得了一场病，这是令她感到不安的原因之一。"贝西的外孙女后来争辩说，贝西当时"得了中风，还留下了后遗症"。

报界有几次含混其辞、一笔带过地提到过贝西的病情，不外乎说她在莱克伍德闭门不出是为了过安静的生活——这种说法无法让人了解到当时发生的不幸。一夜之间，心脏病将一个可爱的年轻少妇变成了一个衰老孱弱的人。洛克菲勒家一直封锁这一事实：即病情已经影响到了她的大脑。斯特朗的朋友乔治·桑塔雅那写道："据他们所称，她身体一直很虚弱，这只是她精神失常的一种委婉的说法罢了。"她成了一个几乎整天卧床不起的病人，有时披着灰色的披肩，愁眉苦脸、弯腰弓背地在小屋周围蹒跚而行。她有时会陷入对贫困的极度恐惧之中，尽量减少家用，为了省钱把衣服改了再穿，还告诉朋友说自己再也付不起娱乐费用了。每逢这种时候，查尔斯就得另外买些东西来补足她舍不得买的日用品。1904 年初，贝西虽然十分担心她与查尔斯今后如何活下去，她实际上仍然拥有404489.25 元的财产，年收入约为 20030 元。有时，她也会丢去臆想的担忧，高兴地宣布她家还很富有。

此后不久，贝西陷入了一种梦呓之中，开始用小孩子才说的法语喋喋不休起来。一天，威廉·詹姆斯来到莱克伍德，被贝西的情景吓坏了。他把贝西说的话如实告诉了妻子：

> 詹姆斯先生，看见您可爱的脸真让我快活。您像我爸爸一样有一副好心肠。我们现在很富，可是无论我要什么，爸爸还是给我什么，让我再给那些生活不好的人。我也有一副好心肠。（原文为法语）

当时吓得目瞪口呆的詹姆斯后来说："这简直像个童话故事。"洛克菲勒这个上过大学的女儿居然落得这么个结局，真是惨得无法形容。

有着超凡智力的查尔斯·斯特朗成了病恹恹、精神错乱的贝西的护士，这对他来说不啻是一个巨大的反讽。由于长期独处，加上感情上得不到交流，除了围绕哲学问题的争论之外，他不久便越来越厌烦任何其他内容的交谈。他在给威廉·詹姆斯的信中也极少岔开话题，谈论个人问题或琐碎的俗事，读起来就像哲学论文选摘似的。这样的一个人最后竟成了照顾成天满嘴胡言乱语的妻子的保姆，其中难以忍受的痛苦可想而知。1904年春天，精神紧张、精疲力竭的查尔斯请假离开哥伦比亚大学，与贝西一起乘船去欧洲旅行。他打算到欧洲找精神病专家咨询，并希望法国南部的温暖气候会对妻子有益。查尔斯也有可能是想借此机会躲避他盛气凌人的父亲和岳父。

与贝西一样，洛克菲勒最小的女儿伊迪丝也一生饱受精神疾病的困扰。与贝西不一样的是，疾病使她走上了不断自省的艰难历程，这在洛克菲勒家族史上堪称绝无仅有。她用全家人不能相容的心理学和其他领域的成果进行实验，让洛克菲勒家信奉的真理接受现代怀疑主义的冷酷检验，这样做自然危及到了她同父亲的关系。

在4个孩子中，似乎只有伊迪丝出格。姐姐和弟弟从小都唯唯喏喏，伊迪丝却桀骜不驯、固执己见、直言不讳。她长成大姑娘后，有一次在欢迎外祖母时，由于拥抱时用力太大，挤断了外祖母的一根肋骨。她如饥似渴地读书，很早就对宗教产生了怀疑。她虽然生在一个精明但不善思考的家庭里，却有着强烈的求知欲望。"读书对我来说一向比吃饭更重要，"她后来向一位报社记者吐露道。"除非我快要饿死了，否则，如果桌子上放着一瓶牛奶和一本书，我会伸手去拿书，因为我的头脑比身体更需要滋养。"这样一个人很可能在洛克菲勒家的生活中发现了一些十分冷漠的地方。

1893年，27岁的贝西与21岁的伊迪丝到费城的整形外科及神经病医院接受静养疗法，该医院是由高贵的神经病医生兼小说家韦尔·米切尔（S. Weir Mitchell）开办的。作为一名妇女神经病专家，米切尔把他的病人与日常事物隔开，禁止亲人探访，甚至不许写信给她们。洛克菲勒只在1894年2月探访过他的2个女儿，并且可能衷心称赞过她俩所接受的精神放松、按摩、美食和电刺激肌肉等疗法。贝西的治疗效果比伊迪丝好，因为伊迪丝还要在纽约北部的萨拉纳克湖畔的一座别墅中继续疗养。

1895年11月，还没完全复元的伊迪丝与刚从普林斯顿大学毕业的哈罗德·麦考密克结了婚。哈罗德的父亲塞勒斯·麦考密克（Cyrus McCormick）是克利夫兰人，投资开发了收割机，他创建的企业后来成了国际收割机公司。小洛克菲勒在布朗宁学校上学时与哈罗德结交，无意中成了他俩的媒人。1893年哥伦比亚世界博览会期间，他、塞迪和3个姐姐乘坐私人列车西行到了芝加哥，与塞勒斯个性极强的遗孀内蒂·福勒·麦考密克（Nettie Fowler McCormick）一起住在她位于拉什大街的家里。麦考密克一家是虔诚的长老会教徒，经常慷慨捐款支持布道工作，在许多方面与洛克菲勒一家很相似。他们对孩子十分严格，只给孩子们很少的零用钱，而且鼓励他们把钱捐给穷人。在麦考密克家的孩子们身上也有一种精神状态不稳定的倾向，而且比洛克菲勒家的后代还要严重。

当时在美国富人当中盛行把女儿嫁给欧洲贵族的做法，洛克菲勒夫妇对这种风尚深恶痛绝，认为麦考密克家正直、虔诚、勤劳，因而与他家过从甚密。哈罗德·麦考密克继承了一大笔遗产，所以不必避开伊迪丝的其他求婚者可能产生的猜疑，而且约翰与塞迪也发现豪爽的哈罗德身上有不少可爱之处。他体格健壮，蓝色的双眼炯炯有神，目光柔和，身穿绣花背心，袖子链扣上镶着珠宝。在一群言行拘谨的女婿当中，他举止潇洒、性格开朗，显得鹤立鸡群。尽管如此，他与老洛克菲勒相处得却很好，是他家唯一允许在塞迪面前抽烟的女婿。

约翰和塞迪对这桩婚事唯一不放心的地方是哈罗德喝酒的问题。婚礼之前，洛克菲勒几次想劝他发誓不再喝酒，但是每次哈罗德都坚决不松口。哈罗德在举行婚礼的两个月前对洛克菲勒说："尽管我相信，在酗酒会给世界带来危害和人人都应对此负有责任这件事上，我们俩的基本观点是一致的，但我确信，保证一辈子不喝酒对我来说不是最好的办法。"作为让步，他暂时戒了酒。老洛克菲勒后来又得知他在喝酒，哈罗德到了最后却斩钉截铁地说："我很不愿意旧话重提，尤其是在这一时刻，您——因而也就是我们——由于这些古怪的念头而平添了许多焦虑与烦恼。"

伊迪丝和哈罗德原打算于 1895 年 11 月在曼哈顿的第五大街浸礼会教堂里举行婚礼，但由于哈罗德患了感冒，仪式只好移到白金汉酒店。就在婚礼举行之前，老洛克菲勒派人把女儿叫来，说是必须与她进行最后一次推心置腹的交谈。伊迪丝在后来的一次访谈中回忆道，等到屋里只剩下他俩后，他用极其严肃的口吻说："我让你到这里来，是想对你说出一个发自我内心的请求，一个经过反复斟酌的请求。""我听着呢，爸爸，"伊迪丝回答说，"不过，您为何这么严肃……什么请求让您如此费心？""是这样的，女儿，我要你答应，在你家里绝不允许喝酒……你如果答应我，就永远不会感到遗憾。"伊迪丝回忆道："我想也没想就说：'可以，我保证，爸爸，'说完便一阵大笑，觉得他在这样一件小小的要求上搞得太一本正经了。"协议达成后，父女俩便去出席婚礼，伊迪丝挽着父亲的胳膊、头戴哈罗德送给她的镶着钻石和绿宝石的头冠走了出来。报界称伊迪丝是"标准石油公主"，哈罗德是"国际收割机王子"。从此以后，伊迪丝一直用伊迪丝·洛克菲勒·麦考密克这个名字，表明她打算保留自己的独立性。

在孩子们身上，洛克菲勒曾经企图培养出一种最难以捉摸的东西，即一成不变的清教徒式的行为准则，但他注定要培养出至少一个叛逆者、一个挥霍浪费的人，这份荣幸落在了伊迪丝头上。在意大利度完蜜月后，她终于从过去节俭的生活中解脱了出来，与哈罗德两人搬到芝加哥湖畔街1000号一幢石头大宅里。在这幢围着高高的铁栅栏、坐落在金色湖岸的大房子中，伊迪丝想方设法抬高自己的社会地位。她大胆而又鲜明地表现出洛克菲勒一直竭力想从孩子们身上根除的品性——虚荣、炫耀、自我陶醉和耽于享乐——但这些品性由于她长期的自省和无所畏惧的理性而得以部分地抵消了。在芝加哥，远离父亲的她养成了一套截然不同的兴趣。

欧洲皇室所有的矫揉造作全都体现在伊迪丝的大宅子中，全芝加哥的人都在私下谈论她的"皇室情结"。客人到了她家之后，先由男仆接待，陪他们走进装饰着精美图画和枝形吊灯的豪华房间。伊迪丝认定洛克菲勒家是法国贵族拉·洛歇福柯（La Rochefoucauld）家族的后裔，这说明她的整座房子为何表现出一种法国风格。到她家出席宴会的宾客有时多达200人，食谱和座位卡上印的是法语，凸起的字母上还镀了金。宾客们用的是曾经属于波拿巴家族（法国皇帝拿破仑的姓）的奢华的银质餐具，每隔一个椅子背后都有一个男仆笔直地站着。伊迪丝有一个华贵的帝王式房间，屋里尤为引人注目的是4把拿破仑·波拿巴用过的皇家椅子——两个椅背上刻着带字母N的纹章，另两个刻着带字母B的纹章（拿破仑·波拿巴两字的首字母）。伊迪丝睡在一张路易十六④睡过的华丽的床上，放在梳妆台上的那个金盒子是拿破仑送给玛丽·路易斯⑤皇后的礼物。

伊迪丝不以自我炫耀为耻。她像女王一样频繁更换衣服，每年要更新一次衣橱，浑身总是珠光宝气的。在一幅1908年的油画中，娴静的伊迪丝头戴珠冠、身着昂贵的露肩长裙、双肩上松松垮垮地搭着一条披肩，用蓝眼睛会意地望着观赏者。她身材矮小、苗条，大胆地露出双踝，一只脚踝上还戴着金脚链。在一次社交场合上，她穿着一身沉重的银制衣裙，据说被压得连呼吸都很困难。她有一条用 275 块毛皮、费了许多工夫缝成的披肩，披在肩上几乎让人喘不过气来。无疑会让她父亲感到惊恐的是，伊迪丝搜罗了各式各样的珠宝，连东方的君主看了都会甘拜下风。她有一条卡蒂埃制作的项链，是用 10 颗祖母绿和 1657 颗小钻石串成的。她父母送她一串价值 15000 元的珍珠项链，给她在婚礼上戴，但与她不久后花 200 万元买下的那串珍珠项链相比，自然显得黯然失色。1908 年，洛克菲勒发现伊迪丝和哈罗德在借钱维持这种奢侈的生活，便批评哈罗德说："自从我注意到这个问题后，我问过艾尔塔和约翰的花销，发现他们的支出还不到你俩的三分之一。"

禁酒誓言限制了伊迪丝当女主人的气派。她注意到自己举办的晚宴缺少某种激情，便询问哈罗德个中缘由。"亲爱的，"他说道，"难道你没意识到这些血气方刚的芝加哥年轻人爱喝酒吗？他们必须喝鸡尾酒、葡萄酒、威士忌和甜酒才能有激情。"约翰·D·洛克菲勒的儿女们没有一个会违背对父亲发下的禁酒誓言，于是伊迪丝不得不找一些方法来弥补。"我邀请了我曾谋面的最出色的男士与女士，"她告诉一位记者说。"我举办社交音乐会，在会上推出当代最伟大的艺术家。"她结交艺术家、知识分子、社会名流，还收集古董家具、饰带、东方艺术品和精品书，逐渐成为一位杰出的艺术资助人。

伊迪丝一向讨厌唱赞美诗，和哈罗德一样爱听歌剧——他俩曾花钱让人把几部歌剧剧本译成英文——经常在有歌剧演出的晚上举行晚宴。伊迪丝有一个很像她父亲的奇特习惯，在晚宴桌上放一台镶着宝石的小钟，让大家严格遵守时间，按时赶到歌剧院。一听到她按铃上下一道菜，那伙仆人便迅速把盘子从吓了一跳的客人们前面端走，不管他们吃完没吃完。伊迪丝在掌管家务时等级分明，从不与大多数仆人直接打交道，只向他们当中的两个领班发号施令。

人们尽可以讥讽伊迪丝的这些癖好，说她不过是个半瓶子醋而已，但她对自己认定的事倒是极其认真的。她生了 5 个孩子——约翰、福勒、穆丽尔、伊迪萨和玛蒂尔德——之后，创办了一个女童幼儿园，用法语上课。老洛克菲勒非常溺爱伊迪丝的大儿子约翰·洛克菲勒·麦考密克，大家管他叫杰克。1900 和 1901 年之交的那个冬天，杰克与福勒住在波坎蒂科时都染上了猩红热。不管自己与父亲之间关系有多紧张，伊迪丝总是充满感激地回想起杰克生病期间父亲所做的一切。"我今生今世永远不会忘记，您为了挽救亲爱的杰克的生命而付出的巨大的爱和不懈的努力，"几年后她在给父亲的信中写道。"您完全忘记了自我，表现出一种基督般的爱心。"为了不让疾病蔓延，洛克菲勒特意修了一个楼梯，让 2 个孩子和护士从楼上的病房直接走到一个用玻璃封闭的阳台上，以免传染家里的其他人。洛克菲勒向一位纽约医生出价 50 万元以挽救这 2 个孩子。当时，人们对猩红热的病因及其疗法知之甚少，福勒恢复了健康，约翰·洛克菲勒·麦考密克却于 1901 年 1 月 2 日死在波坎蒂科，当时还不到 4 岁。这件事给洛克菲勒的打击不逊于对伊迪丝和哈罗德的打击。后来有一个流言恶毒地说，伊迪丝是在芝加哥自家的大宅里举行晚宴时从一个男管家那里得知杰克的死讯的，但这个说法不属实，当时伊迪丝恰好就在波坎蒂科。

杰克·麦考密克的死坚定了洛克菲勒捐款成立一所医疗研究机构的决心。一年之后，作为对儿子的纪念，伊迪丝与哈罗德在芝加哥创办了约翰·麦考密克传染病研究所。捐款中有一部分给了约翰·霍普金斯大学的研究人员，因为他们分离出了导致猩红热的细菌，为治愈这种疾病创造了条件。

杰克死后，哈罗德陷入了悲痛之中。他的魅力和欢乐一直被一层深深的忧郁笼罩着，并且开始在瑞士找心理医生为他治疗。1908 年，他从设在苏黎世郊外的伯格尔兹利心理医院回国，在那里接受了卡尔·荣格⑥医生的治疗。同样，伊迪丝也长期地表现出躁狂抑郁性情绪波动，1905 年 4 月生下玛蒂尔德之后，病情越发严重了。由于她在怀孕期间曾患过病，伊迪丝与哈罗德在那年夏天去欧洲开汽车旅游，把孩子留给约翰和塞迪照料。伊迪丝的身体有过很短一个时期的好转，但在第二年春天又旧病复发，并被诊断患了晚期肾结核。洛克菲勒知道，女儿的病因既有身体方面的因素也有心理方面的因素，便对哈罗德的弟弟塞勒斯说，伊迪丝"在经过前些年的过度劳累之后，需要静养一段时间"。对哈罗德和伊迪丝来说，欧洲的诱惑与日俱增，这种巨大的吸引力是整年蛰居国内的洛克菲勒无从理解的。

伊迪丝与哈罗德·麦考密克的婚姻使洛克菲勒再次成为人们关注的焦点，因为这桩婚事不仅把他与石油托拉斯和钢铁托拉斯连结到一起，也与收割机托拉斯连结到了一起。1902 年 8 月，J·P·摩根的合伙人之一乔治·帕金斯（George Perkins）把麦考密克收割机公司、迪林收割机公司和其他 3 个较小的收割机公司合并，成立了庞大的国际收割机公司，占据了85% 的农用机械市场。哈罗德·麦考密克被任命为公司副总裁，他弟弟塞勒斯出任总裁。这是一次棘手的兼并行动，麦考密克兄弟担心帕金斯与迪林密谋夺取公司的控制权。为了取得实力上的均衡，他们劝说洛克菲勒买下了一批价值 500 万元的优先股。洛克菲勒做事向来不只做一半，他不久便把自己的股份扩大到了 2500 万元到 3000 万元之间。他借给国际收割机公司的资金后来高达 6000 万元。而且把该托拉斯的股票作为贷款抵押。

这次谨慎的合作并没有化解洛克菲勒与摩根这两大家族之间冰冷的关系。相反，洛克菲勒家族处处觉察其中必有阴谋。小洛克菲勒得知，国际收割机公司的控制权将交给由帕金斯、塞乐斯·麦考密克和迪林家族一位成员组成的有投票权的三人托拉斯委员会，便感到洛家最担心的事情得到了证实。他写信告诉老洛克菲勒说："把这些证券搁死的目的就是：使 J·P·摩根公司有可能在一段既定时间里执掌公司大权，因此他们竭力想使这些证券难以易手，甚至几乎不可能易手。"洛克菲勒要求在董事会里拥有一席之地，乔治·帕金斯却反对说，这样会使公司权力平衡倒向麦考密克家一边，而且"给他造成如此强烈的感觉，即自己无法与麦氏兄弟和睦相处，"小洛克菲勒这样对父亲说。洛克菲勒父子认为 J·P·摩根公司在秘密操纵迪林家的股份，有鉴于此，即使发生他们表示强烈异议却毫无结果的事，也不会完全令他们感到意外的。

哈罗德生来擅长拍马屁，承认自己最崇拜老洛克菲勒的经商能力。他在这家收割机托拉斯成立一年后对老洛克菲勒说："我总是把您与标准石油公司作为我经营一家大公司的楷模。"洛克菲勒对这份仰慕之情并没有投桃报李，反而越发对哈罗德管理国际收割机公司的能力表示怀疑。他列出了一长串对哈罗德的不满，包括哈罗德没有通知他收益报告即将出笼这件事。他还用一种惯用的口吻批评哈罗德分发的红利过大。与此同时，乔治·帕金斯越发顽固地认为，尽管公司债台高筑，红利应照样有增无减。

盖茨跑到摩根那里表示抗议，出门后认定摩根公司在利用公司股票牟取短期利润。"今后很有可能发生的是，"他告诉洛克菲勒，"摩根公司坚持把红利从4%提高到6%，因为这样便于他们以红利逐年增加为由高价卖掉他们手里的股票。股价最近显然是由公司内部的人即帕金斯先生人为地抬上去的，他明白股票攥得越紧，获利就越少这个道理。"老洛克菲勒得知哈罗德和塞勒斯·麦考密克兄弟尽管对此表示反对却毫无作用后，心里很不高兴。1912年这家有投票权的托拉斯合作期满时，占有多数股份的麦考密克家族虽然还是大权在握，洛克菲勒却逐步廉价卖掉了手里的头寸。他不允许家庭感情影响他在经商方面的判断力。

与不安分的伊迪丝不同的是，洛克菲勒的第二个女儿艾尔塔非常善良、听话，总是想方设法让父母高兴。她身材纤细、举止优雅，十几岁时就知道替人分忧。她在拉伊女子神学院写信安慰弟弟说："班上的人不算多，我不会害怕的。"在3个女儿当中，她可能是最喜欢父亲的一个，从来不离家太远。"不，我没变，"她有一次向一位朋友坦言道。"我仍然在穿棉纱袜子。"她会流露出一种天真无邪的动人模样，甚至在结婚有了孩子后，仍然保持着做姑娘时的魅力。"她看上去就跟当年家里那个16岁的女孩一样，"塞迪有一次看望了41岁的艾尔塔之后，回来在日记中写道。

和哥哥后来一样，艾尔塔也得了可怕的头痛病。在八九岁的时候，她得了猩红热，一只耳朵几乎失聪，这一缺陷使她与父母更加亲近了。后来，一位维也纳医生伊西多·穆勒使她的听力得到了很大的改善，在此后的几十年里，她每年都要去卡尔斯巴德⑦治耳朵。艾尔塔是一位十分出色的歌手和钢琴家，许多人根本没发觉她听力不好，不过，只要细心观察便能注意到，她为了听清别人的话，会把那只好耳朵迅速、灵巧地转向说话者。

对那些出于发财目的打他女儿算盘的人，约翰向来十分警惕，他最担心的就是艾尔塔，因为她感情丰富，容易上当。她很容易被人打动，常常误入爱河，迫使全家采取行动来解救她。她的热恋往往与一种布道式的冲动掺杂在一起，一心想从某种想像的失意中解救她的爱人。

如果洛克菲勒过去认为艾尔塔能在浸礼会教堂的庇护下安然无恙的话，那么，他在1891年初就猛然醒悟了。当时，洛克菲勒一家尽管已经搬到了曼哈顿，但每年夏天回福里斯特山时还会去参加欧几里德大街浸礼会教堂的活动。洛克菲勒是主日学的执事和校长，每年仍然要自己掏腰包支付教堂一半的花销。艾尔塔在主日学教课时，恋上了47岁的牧师克兰多尔（L. A. Crandall）博士。艾尔塔不顾两人年龄悬殊，试图劝他戒掉抽烟的坏毛病。克兰多尔牧师尽管只比洛克菲勒小5岁，艾尔塔的崇拜却让他十分动情。他妻子在一年半前去世，留下一个上大学的儿子和一个在私立学校读书的女儿，同样在他的生活中留下了一段感情空白。

在确信艾尔塔真心爱他之后，克兰多尔开始与她讨论婚事。洛克菲勒听到有关这件风流韵事的传言后，一开始还拒不相信，后来找人到家里来询问，发现真相后惊得目瞪口呆。洛克菲勒向克兰多尔博士发出了严厉的最后通牒：要么他辞职走人，要么洛克菲勒全家退出欧几里德大街浸礼会教堂。若是没有洛克菲勒的资助，教堂就维持不下去，而且会被这件绯闻搞得一败涂地。克兰多尔博士屈服了这个巨大的压力，去芝加哥找了个牧师职位，借口是为了让孩子们在那里接受优良的教育。

3年后，艾尔塔又爱上了一位名叫罗伯特·阿什沃斯（Robert A. Ashworth）的体弱多病的年轻牧师。洛克菲勒听说了女儿的情感纠葛之后，想找到一个神不知鬼不觉的办法来斩断她的情丝。1894年12月下旬，他突然召集了一伙年轻人——包括小洛克菲勒、艾尔塔和阿什沃斯——去阿迪朗达克山滑雪橇玩。洛克菲勒故意选择了这项十分消耗体力的运动，好让艾尔塔看到阿什沃斯的体质有多糟糕。小洛克菲勒的朋友埃弗雷特·科尔比说："同去的年轻人大都体格强健，体弱多病的牧师在他们当中显得十分可怜。"这个计谋显然起了作用，一星期之后，这段成问题的情缘被画上了句号。

在洛克菲勒所有的子女中，艾尔塔最同情19世纪末涌入美国的那些穷苦移民的悲惨境地。她父亲高高在上地施善济贫，艾尔塔却全力以赴，走进贫民窟，为穷人组织自救活动。她在曼哈顿第10大街和第55大街拐角的房子里为穷人家的女孩子们创办了一所缝纫学校，召集到一批志愿教师，吸收了125名学生。她还为残疾妇女创办了一家小型私人诊所。

艾尔塔虽然有管理方面的天才，却与喜欢建立大型机构的父亲不同，偏爱搞小规模的慈善事业，其中最好的例子就是克利夫兰的"艾尔塔之家"。19 世纪 90 年代，一位本地牧师使洛氏父女对一家慈善机构产生了兴趣，那就是为所谓克利夫兰的意大利的默里山地区穷苦意大利移民服务的"日间托儿所与免费幼儿园协会"，许多双职工家庭白天就把孩子放在那里。洛克菲勒同意建一所新的街坊文教馆，起名叫艾尔塔之家。它于 1900 年 2 月落成，还配备了一个家庭洗衣房和一个诊所。在头 20 年里，尽管是他在提供资金、负责开支，跑腿的活都是艾尔塔在干。她喜欢直接与移民家庭打交道，尤其乐于为这些人的孩子打扮玩具娃娃。

街坊文教馆落成之后，艾尔塔心急如焚地想结婚。1895 年伊迪丝与哈罗德结婚时，艾尔塔显然十分羡慕，告诉她弟弟说："我一定要全身心地得到她那种幸福。"艾尔塔通过哈罗德·麦考密克结识了埃兹拉·帕马利·普伦蒂斯，当时他在芝加哥担任伊利诺伊钢铁公司的法律总顾问。帕马利性情冷漠、为人精明，是个严格的至善主义者。他还是位业余科学家，收集了大量的气象仪器。他虽然是古老的奥尔巴尼家族的后裔，毕业于阿默斯特学院和哈佛大学法学院，照样受到了与艾尔塔的其他求婚者相同的严格审查。1900 年初，艾尔塔对小洛克菲勒说："（帕马利）给了父亲他 4 个朋友的姓名，他们会回答父亲想问的任何有关他的问题，还说如果需要的话，他能再多给几个。"帕马利过关了，第二年便和艾尔塔结了婚，但他和老洛克菲勒之间的关系十分疏远，两人很少见面。帕马利给岳父的信也是一本正经，开头是"亲爱的洛克菲勒先生，"结尾的签名则是"E·帕马利·普伦蒂斯"。

与伊迪丝不同的是，艾尔塔想住得离父母近一些。也许帕马利错就错在放弃了他在芝加哥的工作，去纽约当律师，并且进了一家律师行，即日后的米尔班克—特威德—哈德利—麦克洛伊律师事务所（Milbank, Tweed, Hadley and McCloy）的前身。他慢慢交出了属于自己的自由，同意小洛克菲勒为他俩在第 53 西大街 5 号买了一所房子，并且装修一新。这所房子是老洛克菲勒送给他俩的，位于他自己在第 54 西大街的家的后面。"约翰舅舅确实装修了那所房子，"艾尔塔和帕马利的一个孩子说。"我父亲对此毫不关心，我母亲则不懂其中的门道。她和约翰舅舅都是在同样的清规戒律里长大的，没人去把她解救出来。她性格怯懦，在精神方面像她母亲，此外，她认为她弟弟总会想出最好的办法来的。"帕马利有一个精通法律的出色头脑，写过两本关于法律的书，并且在最高法院上施展过身手。起先，洛克菲勒向他介绍过法律方面的业务，并且建议其他巨头们也这样做，但从来没有在他这位骄傲的女婿嘴里听到过他所期望的感激话。1905年，洛克菲勒让他去重组科罗拉多燃料与铁业公司，结果不但为帕马利索要高额费用而大感恼火，还让他对债券持有人代表的专横态度气得要命。为此，洛克菲勒建议盖茨少向帕马利的律师行介绍业务。洛克菲勒不能在商业原则上做出让步，宁可损害家庭关系也在所不惜。

孩子们长大后，洛克菲勒不把钱分给他们，而是让他们结婚之后靠他发放的津贴为生，并且保留监督他们财政状况的权力。小洛克菲勒被任命为家庭审计员，这必然使他在他的3个姐夫生活中扮演一个令人讨厌的爱挑剔的角色。1904年，小洛克菲勒认定艾尔塔和帕马利的花销超出了收入的一倍，帕马利则对这种侵犯他俩私生活的行为感到怒不可遏。老洛克菲勒在艾尔塔婚后表现出的极度慷慨此时走向了反面，使她沦落到不得不低三下四地向他要钱的地步。她终于感到忍无可忍了。"10年前我们刚搬进这幢房子时，您慷慨地为我们付了所有买抽纱窗帘的钱，"她写信给父亲说。"如今，这些窗帘都用破了，我又买了新的……您能否替我付买窗帘的钱吗？如果可以，我会很感到高兴。如果不行，当然我也无所谓。"老洛克菲勒一旦让孩子们感到自己因先前的奢侈行为而受到了惩罚，就会发慈悲替他们把钱付了。只要他们能够满足他提出的条件，这位控制欲极强的父亲是一向乐于慷慨解囊的。1910年，他主动给了艾尔塔和帕马利25万元，让他俩去购屋置地。他们在马萨诸塞州威廉斯敦附近的伯克希尔山里买下了一座占地1000英亩的农场，起名为"希望山"。

有意思的是，艾尔塔和贝西嫁的丈夫全都冷漠、孤高、自私自利。人们可能猜测她们选择这样的男人是由于他们很像自己的父亲，然而，无论是查尔斯·斯特朗还是帕马利·普伦蒂斯都不具备洛克菲勒身上的可取之处：待人和蔼、发自内心地关心他人。许多外人都觉得艾尔塔嫁给专横的帕马利是犯了一个大错误。他自命不凡、性格古板，每天晚餐时都要求3个孩子穿上礼服，而且从不允许孩子带朋友来家里吃饭。帕马利极其聪明，曾经把《金银岛》⑧译成拉丁文，并且规定孩子们每天晚上要用拉丁文和他谈话。每到星期天，他都要就某个题目准备一篇文章，让全家开展讨论。帕马利是个如此使人畏惧的父亲，就连小洛克菲勒的孩子都觉得，相比之下，自己的家简直太无拘无束，甚至有些堕落了。

艾尔塔不管怎样感到失望，一谈到婚姻，总是挑最好的说。"在我看来，帕马利的想法都很好，他待我也好；他自行其是的时候从不允许有任何东西惹我生气或是打扰我，哪怕一分钟也不行，"她在信中对父亲说。"他使我的生活成了一首长长的、动听的歌。"帕马利尽管与孩子们的关系相当冷漠，艾尔塔却坚持对父亲说，孩子们"十分爱他、尊敬他，不愿看到他脸上露出一丝阴影"。这种溢美之辞也可以理解为孩子们对他有某种畏惧之心。

买下那座农场之后，艾尔塔和丈夫越来越多地生活在一个乡间的世界里，在泥泞的田地里种上玉米、燕麦、土豆、荞麦和麦金托什红苹果。艾尔塔在信中大谈特谈犁田、脱粒和施肥的事。出于对格雷戈尔·孟德尔^①遗传基因理论的兴趣，帕马利开始实验科学种田，研究各种方法来提高薯类作物、奶牛和母鸡的产量。来希望山作客的人遇见威廉斯学院遗传学家的可能性远远高于其他社会名流。在帕马利搞白老鼠与黑老鼠杂交的实验时，艾尔塔不得不去给一千只老鼠拍照。伊迪丝走到外面的世界的时候，与妹妹几乎毫无联系的艾尔塔却过着简单的生活，成天围着丈夫、孩子、农场和马群转。

老洛克菲勒希望三个女婿和小洛克菲勒一起参与他的慈善事业，他把三个女儿排除在外的原因将放在下文中讨论。洛克菲勒父子不断设法让帕马利对此感兴趣，而他每次都回绝了他们的好意。哈罗德·麦考密克一度曾试图缓解小洛克菲勒与帕马利之间的紧张关系。哈罗德尽管向老洛克菲勒承认，帕马利"态度孤傲，也许甚至是傲慢无礼"，但他坚持认为帕马利是个好心肠的人，是在忍受着一种"由这个残酷世界造成的情绪……他由于他的家庭而蒙羞，甚至受到别人的漠视"。哈罗德谈了小洛克菲勒与帕马利之间的敌意后，又说："艾尔塔夹在这两个她深爱的人中间，几乎要崩溃了。"显然，老洛克菲勒并没有被说服。在哈罗德说情之后不久，他还向伊迪丝抱怨小洛克菲勒负担了过多的慈善工作，并且毫不掩饰地指责了2个女婿："我真心希望哈罗德与帕马利能担起重任，全心全意地和我们一起投入这项工作。"然而，人们不得而知的是，他俩怎能在做这项工作时不使自己的个性屈从于洛克菲勒，而盛气凌人的老洛克菲勒则永远不会明白，他俩是多么想摆脱他的影响。

帕马利尽管渴望与老洛克菲勒保持距离，却从不放弃由于这层关系而得到的钱财。1912年，洛克菲勒保证他能从其法律事务中每年得到3万元的收入，如果不能达到这个水平，洛克菲勒会把缺额补上。不知是帕马利突然之间变懒了，还是业务量急剧下降，2年后洛克菲勒就得为他的薪水支付2.6万元。再往后2年，老洛克菲勒把他答应的帕马利的年收入翻了一番，提高到6万元。同时，艾尔塔在1914年的全年津贴也增加到了5万元。洛克菲勒给艾尔塔和帕马利更多的钱，让他们能够付清账单，希望这样能使他俩不再同小洛克菲勒因金钱问题经常发生口角——这是他本该从一开始就做的事情。

注释

①1码约合91厘米。

②Walden，系马萨诸塞州一处林中水塘，美国作家梭罗曾在此隐居，并写下传世佳作《瓦尔登湖》。

③二人为《圣经》中所说的犹太先知和救世主耶稣。

④Louis XVI，1754—1793，法国大革命前封建王朝末代君主。

⑤Marie Louise，1791—1847，拿破仑一世的第二个妻子。

⑥Carl Jung，1875—1961，瑞士心理学家，首创分析心理学。

⑦即当今捷克的卡罗维发利，当时还处于奥匈帝国统治之下。

⑧*Treasure Island*，英国作家斯蒂文森的代表作。

⑨Gregor Mendel，1822—1884，奥地利遗传学家，发现遗传基因原理。

22　复仇天使

　　威廉·麦金利在 1896 年当选为美国总统，虽然令标准石油公司上下都松了一口气，但是他们的高兴却没维持多久。全国尽管一时显得十分繁荣，广大选民仍然对新兴的垄断组织和创立这些垄断企业的、实力强大的新贵们存有戒心。反对托拉斯的不懈斗争仍在继续，只不过斗争范围暂时转到了州一级。这一回又是俄亥俄州首先向标准石油公司发难。该州检察长，一向反对托拉斯的戴维·K·沃森的继任弗兰克·蒙内特（Frank Monnett）是一位卫理会牧师的儿子，担任过铁路公司的律师，后来成了一位工作勤奋的政府官员。1897 年，自行其是的炼油商乔治·赖斯拜访了蒙内特，此人使蒙内特相信，标准石油公司从未遵守过该州议会在 1892 年做出的把俄亥俄公司从标准石油托拉斯中分离出去的决定。为了摸清对手的底细，赖斯买下了 6 份标准石油公司委托证书。当他试图将这些证书换取按照 1892 年的裁决分离出来的 20 家子公司的零星股票时，包括洛克菲勒在内的清算托管人将此事拖延了 4 年之久。此时，裁决已经做出了 5 年，仍有价值 2700 万元的委托证书没有兑换成股票。1897 年 11 月 9 日，蒙内特指控俄亥俄标准石油公司从未认真打算过要脱离母公司，这是在藐视法庭，它一直在玩安抚反托拉斯者的把戏。

　　洛克菲勒的隐退开始不可逆转地带上了古希腊悲剧式的特点：正当他寻求从托拉斯脱身的时候，公司在法律上遇到的麻烦却在加重。新闻界和公众对标准石油公司多年的骗术已经习以为常，把他所谓的退休戏谑地称做是逃避作证的拙劣伎俩。按人们正常的理解，一个像洛克菲勒这样作恶多端的家伙是不会轻易离开自己开创的基业的。

为加速这一案件的审理，蒙内特派了一位一流的特派员去纽约取证。1898年10月11日，洛克菲勒被传唤到新阿姆斯特丹旅馆作证，控方希望督促他承认有意拖延托拉斯的清算工作。在长达5个多小时的讯问中，洛克菲勒像以往一样沉着冷静，他说话声音很低，人们仅能勉强地听清他在说什么。由于他几乎什么也没有承认，《世界报》在第二天打出了这样的标题："洛克菲勒三缄其口"。标准石油公司的律师对提问表示反对所用的时间远远多于洛克菲勒回答问题所用的时间。他又一次把过去描述成一团厚厚的迷雾，连他都几乎无法穿透。《世界报》冷冷地评论道："一位垄断巨头在严厉盘问下所能表现出来的最值得称道的能耐之一就是遗忘，这一点被洛克菲勒先生运用到了无以复加的地步。"

洛克菲勒一如既往地认为，无人能提出一个反对标准石油公司的合法理由。他再一次举起了他的万能挡箭牌，说对他的指控只不过是些假公济私的勒索行径。他后来说，蒙内特的动机是"敲诈标准石油公司"，认为他是"乔治·赖斯的同谋"。洛克菲勒竭力不使自己在听证会上流露出被激怒的迹象，但他看上去要比前几次更加急躁。记者们注意到他表现出一些说明他情绪紧张的习惯性动作——不停地变换坐姿、两腿来回交叉、搓揉脖子后部、鼓起双颊、咬上唇等，这些动作令人不禁对他表面上的镇定自若产生了怀疑。

作证结束时，显然松了一口气的洛克菲勒做出了一个不同寻常的举动：他径直向乔治·赖斯大步走去，伸出一只手想和对方交谈。正如两个记者报道的那样，他突然变得非常爱说话起来：

"你好吗，赖斯先生？我们俩现在都快成老头子了，对吧？你不觉得你多年前就该听我的劝告吗？"

"听了你的劝也许对我会好些，"赖斯瞪眼看着他说。"你毁了我的生意，你早就说过你会这样做的。"

"哟！哟！"洛克菲勒一边答道，一边准备走开。

"是的，你的确毁了我。"赖斯追着他喊道（赖斯是个富裕的商人，他也许言过其实）。

"哟！哟！"洛克菲勒一边戴上丝质礼帽一边说。"我宁可付十——"

"光打哈哈没用，"赖斯打断他说。"你心里很明白。"

洛克菲勒面色阴郁地一笑，走出了屋子。在他形迹诡秘的一生中，这样同死敌进行正面交锋的场面为数不多。如果洛克菲勒的风格是在攻击面前溜之大吉，那么，在蒙内特进行调查过程中，洛克菲勒的继任约翰·D·阿奇博尔德表现的则是大打出手的作风。在证人席上，阿奇博尔德指控赖斯企图利用自己的炼油厂向标准石油公司诈取50万元。据一家报纸报道，中午休庭期间，他大步向赖斯走去，用手指戳向对方的脸说："你不过是个无足轻重的小人罢了。""而你呢，"赖斯反唇相讥道，"不过是个从别人那里偷钱的贼。"鲁莽冲动的阿奇博尔德一举一动似乎根本不把公众舆论放在眼里。他没有意识到和标准石油公司算总账的日子已一天天接近，他很快就会需要所有他可能得到的朋友的相助。阿奇博尔德与蒙内特的助手、一个叫弗拉格的人大吵大嚷、互不相让，预示着他将采用出言不逊、傲慢无礼的态度对待政府：

"你老实点儿，否则我要让你当众出丑，"阿奇博尔德向对方喊道。

"那就试看，你休想得逞，"弗拉格说。"你的钱再多，我也不怕。"

"闭嘴，不然我就让你难堪，"阿奇博尔德咆哮道。

"天下还有比标准石油公司的大亨更不要脸的吗？"

"你知道你是什么东西。"

"你是个胆小鬼，谎话精，"弗拉格嚷道。

"你才是个臭不可闻的谎话精，"阿奇博尔德回骂道。

引发这场激烈对骂的起因是，标准石油公司把一些档案材料在克利夫兰一家下属企业里烧掉了。蒙内特指控俄亥俄标准石油公司在1892年后暗中向委托证书持有人发放红利，洛克菲勒和公司其他官员则矢口否认此事。为了解决这个问题，州高级法院命令俄亥俄标准石油公司在1898年12月之前交出账本。两周后有消息透露说，16箱账本被标准石油公司的雇员付之一炬。在全国一片哗然声中，标准石油公司的律师们否认这些箱子里装的是法庭索要的账本——"本公司时不时要销毁一些天长日久累积起来的无用的资料，"标准石油公司的律师弗吉尔·克兰（Virgil Kline）说——但他拒绝提供有关的账本。蒙内特认为，销毁这些账本是为了掩护洛克菲勒。他告诉亨利·德马雷斯特·劳埃德说："依我看，那些账本当中至少有一部分被烧掉了……要么拿出这些对洛克菲勒不利的账本来，要么藐视法庭，把账本藏起来，他们只有这两个选择。"

在众多言之凿凿的指控中，有一条说标准石油公司曾经雇用马尔科姆·詹宁斯广告公司在俄亥俄和印第安纳两州的报纸上宣传其产品，以此换取对其有利的新闻报道。蒙内特大肆宣扬的最耸人听闻的指控是，据称标准石油公司曾经设法收买他，让他撤销此案，这和戴维·K·沃森的说法极其相似。蒙内特说，有个暂隐其名的使者去过他设在哥伦布的办公室，许诺给他40万元。这笔钱将放在纽约某个贵重物品保管箱里，钥匙交给蒙内特。标准石油公司的律师们竭力反驳这一说法，要求蒙内特提供这位假定"特使"的姓名。蒙内特以担心遭到报复为由拒绝指认此人，使人们对这个说法产生了怀疑。在后来一份声明里，蒙内特指明费格斯·查尔斯·哈斯克尔和弗兰克·洛克菲勒就是试图贿赂他的人。遗憾的是，从洛克菲勒的文件中找不到能揭开此事真相的线索。

蒙内特还没来得及继续打击标准石油公司，就在共和党内成了众矢之的，尤其惹怒了来自俄亥俄州的参议员约瑟夫·福勒克（Joseph B. Foraker），标准石油公司的支付单上出现过此人的名字（仅在1900年一年，阿奇博尔德就付给他4.45万元作为游说费）。在华盛顿举行的一次会议上，福勒克就俄亥俄的政治现状给蒙内特上了简短而又令他难忘的一课。蒙内特回忆那次谈话时说：

> 我一开始就说，如果他（福勒克）和我本人一样为俄亥俄州人民的幸福着想，那么，他充当这些托拉斯——这些违反他本州刑法和民法的组织——的代表有多么不适合、多么危险。他告诉我说，他自己在律师业务和政治生活上向来泾渭分明、互不干涉，又说他是我们这一行的职业道德评判员。接着，他谈到了对这些公司进行诉讼一事，提醒我标准石油帮在金融和政治方面势力强大。交谈了一会儿之后，他让我看他的面子，把诉讼推迟进行。我坚决回绝了，告诉他无论什么时候我都不会让步。他又提醒我说，这家石油托拉斯会对任何反对它的人施以重压。

福勒克的警告应验了，1899 年，蒙内特未能赢得共和党的支持再度提名他出任州检察长。心灰意冷之余，他在两年后加入了民主党。

俄亥俄州的这次诉讼尽管不了了之，却使标准石油公司认识到需要建立一种持久的、能经得起各种法律挑战的企业结构。自 1892 年起，标准石油公司一直实行的是一种很不牢靠的体制，公司的 17 位大股东（其中许多是清算托管人）拥有 20 家分公司的大部分股票。这些石油业的资深人物如今都日渐衰老——50 出头的阿奇博尔德算是其中最年轻的人之一，由于标准石油公司各下属企业全靠这些人维系着，他们担心一旦他们死了，他们的继承人也许会发生争执，卖掉股票或者做出其他造成公司解体的事。该是建立一种较为稳固的公司体制的时候了。

标准石油托拉斯长年来一直在与禁止公司持有本州以外企业之股份的法规作斗争。1898 年，鉴于各界反托拉斯的呼声强烈，国会成立了全美工业委员会（U. S. Industrial Commission）来研究美国经济。一年之后洛克菲勒在该委员会作证时，就这项不合时宜的法律规定抱怨道："我们这个联邦制政府使在某州成立的公司到了所有其他州眼里就像是家外国公司一样，结果弄得人们为了去其他州做生意，不得不通过代理机构在当地成立公司。"为了改变这个局面，洛克菲勒主张通过一个联邦公司法，甚至要求颁布一项政府法规来实施它。

与此同时，新泽西州不久前修订的公司法帮了标准石油公司的忙。1899 年 6 月，经过再次改组之后，标准石油公司根据新泽西州的法律变成了一家完全合格的控股公司，母公司是新泽西标准石油公司，它控制着 19 家大公司和 22 家小公司的股份。洛克菲勒虽然拥有 1/4 以上的股票，但仍然希望继续退居二线，不再承担经营管理工作。他的同事们不希望他在公司遇到法律纠纷时放弃名义上的领导权，坚持要他继续担任名誉总裁。"我在 1899 年拒绝在俄亥俄标准石油公司担任任何正式职务，"洛克菲勒后来对哈罗德·麦考密克说，"而是敦促我弟弟（威廉）坐这把交椅，但他不肯，而其他人又催得很急，所以我只好充当这个总裁，从那时起一直当到今天，尽管这个职位纯粹是而且一直都是名义上的。"公众有所不知的是，洛克菲勒从此以后再没出席过一次会议，也没领过一次薪水，管理公司的是新任副总裁阿奇博尔德。

19 世纪 90 年代，标准石油公司的势力在许多方面都达到了颠峰状态。当时美国的石油产品有 84% 是由标准石油公司销售的，1/3 的原油是由它开采的——这是它历史上占有的最高市场份额。关于石油业可能不复存在的令人苦恼的预言已流传多年，然而，尽管电力的用途在不断增长，石油生意的前景却前所未有地被看好。从煤油炉、客厅用灯到清漆，所有的产品全都畅销，石油供不应求，油价持续上涨。1903 年，英国海军装备了一批用油取代煤作燃料的战舰，引起了美国海军的注意。石蜡成为迅猛发展中的电话业和电力业必不可少的绝缘剂。最为重要的是，由于汽车有望使用令人讨厌、毫无用处的副产品汽油作燃料，标准石油公司竭力迎合那些崭露头角的汽车制造商。亨利·福特生产出第一辆汽车时，标准石油公司的一位推销员查理·罗斯（Charlie Ross）就提着一桶标准石油公司生产的大西洋牌红罐汽油在一旁恭候着。1898 年美国登记在册的汽车为 800 辆，到 1900 年便猛增至 8000 辆。1900 年，怀特兄弟从基蒂霍克海滩驾机起飞时，他们的飞机用的汽油就是标准石油公司推销员送去的。石油的这些新用途远远抵消了正在萎缩的煤油生意。

尽管在国内遇到了来自纯净石油公司（Pure Oil）微不足道的竞争，标准石油公司的垄断地位在 19 世纪 90 年代似乎相当稳固。但是，其至在泰迪·罗斯福手下的反托拉斯斗士还没登场之前，国外石油业的发展很快就使标准石油公司的势力受到了威胁。90 年代末，俄国一时超过了美国，成为世界上最大的原油生产国，占据了 36% 的世界市场。标准石油公司的全球垄断地位在其他领域里也遭到很大的打击：新成立的伯马石油公司（Burmah Oil）在印度市场上大力推销石油，荷兰皇家石油公司（Royal Dutch）加大了在苏门答腊的开采量，壳牌运输贸易公司也加紧在东亚地区扩大业务。1901 年 10 月，壳牌公司的马库斯·塞缪尔爵士（Sir Marcus Samuel）在百老汇 26 号与标准石油公司举行了秘密会谈。阿奇博尔德向洛克菲勒报告说："这家公司（壳牌）肯定代表了我们势力范围之外的、世界上最重要的精炼油分销机构。他来这儿的目的无疑是商讨与我们建立某种形式的联盟的问题，想把他们公司的一大批股份卖给我们，这样对他们更有利。"2 个月后，塞缪尔担心会让阿奇博尔德得到太多的权力，便转而与荷兰皇家公司的亨利·德特丁（Henri Deterding）签定了协议，同法国罗斯柴尔德家族共同建立了一个新的大联盟。阿奇博尔德则频频发动无情的价格战来回应这一新威胁。

国内形势同样危机四伏。1900 年，标准石油公司下属的营销公司——胡作非为的沃特斯—皮尔斯公司（Waters-Pierce Company）因违反得克萨斯州反托拉斯法被逐出该州。它曾经控制了当地 90% 的石油市场，并且因为采用残酷无情的销售手段而臭名远扬。这一法律上的挫折对标准石油公司来说关系重大，因为它是在石油业即将发生重大变革的前夜被逐的。1901 年，得克萨斯州博蒙特的钻探工人在一个叫斯平德尔托普的荒土岗上打出了一个大油井，它犹如火山爆发，在人们把它控制住之前，几天工夫就向空中喷出了上万桶原油。得克萨斯州的这次石油大发现——头一年就在当地涌现出 500 家新公司——改写了石油业的版图。到 1905 年，得克萨斯州的石油产量占据了全国的 1/4 强。该州普遍反对标准石油公司的情绪阻止了它采取咄咄逼人的手段消灭这些新的竞争对手，尽管它在那里确实也有几家炼油厂。当提供开发斯平德尔托普经费的梅隆家族提出把它卖给标准石油公司时，标准石油的一位董事直言不讳地告诉他们："我们出局了。得克萨斯州如此对待洛克菲勒先生，他再也不会往那儿花一个子儿了。"标准石油公司不得不眼看着一大批竞争对手涌现出来，其中包括海湾石油公司（Gulf Oil）和得克萨斯石油公司（Texaco，后改称德士古公司）。

因此，社会改革家们猛烈抨击标准石油公司无所不在的时候，它在国内外的垄断地位却在迅速地土崩瓦解。再加上加利福尼亚、印地安准州（即后来的俄克拉荷马州）、堪萨斯，伊利诺伊等地纷纷打出油田，石油业变得过于庞大、过于分散，连标准石油公司也鞭长莫及了。20 世纪初针对该公司的各种反托拉斯诉讼案不仅为时过晚，而且很快就变得多此一举，这样说也许不算太过。

1901 年 9 月威廉·麦金利在布法罗被一个年轻的无政府主义者暗杀后，全国上下笼罩在一片惶恐之中，人们普遍认为这次暗杀事件只不过是一个更大的阴谋的一部分。在芝加哥，一个旅行推销员讲的故事吸引了许多记者，此人说他在当地一个火车站上偶然听到一段谈话，其中提到 J·P·摩根与约翰·D·洛克菲勒将是下一个暗杀对象。洛克菲勒的住所外面驻扎了一队全副武装的保镖，他本人也照常不与外界接触。

事实上，给这位巨擘的安乐生活造成最大威胁的不是那些幽灵般的荷枪实弹的破坏分子，而是白宫的新主人、43 岁的西奥多（泰迪）·罗斯福。只要麦金利还在白宫，洛克菲勒就心中有底：他的商业利益会得到保护。"美国的确应该为麦金利先生的当选而额手相庆，"他在 1900 年 11 月写道。"由于财政利益建立在一个坚实的基础上，在今后的 4 年当中，将会更大程度地实现美国人民的共同幸福。"相反，洛克菲勒把罗斯福称做是"最狡猾的政客"，他知道自己遇上了一个可怕的对手。

在这个被腐败的党魁和四处拉选票的政客搞得乌烟瘴气的政界中，西奥多·罗斯福是个不可多得的人物：素有教养、生活富有。罗斯福是 1648 年以前移民到新阿姆斯特丹①，后来靠在曼哈顿做房地产发家致富的荷兰移民的后裔，他和许多与他社会地位相仿的人一样，对新兴工业阶层的卑鄙行径感到愤愤不平。1883 年，当时任纽约州众议员的这位出身高贵的叛逆者就把杰伊·古尔德及其同伙斥责为"富有的犯罪阶层"之成员，首开用此类辞令进行抨击之先河。1886 年，洛克菲勒向竞选纽约市长（但以失败告终）的罗斯福捐助了 1000 元钱，仅仅是因为他更加害怕其竞选对手之一亨利·乔治②提出的单一税制政策。罗斯福在 1898 年竞选纽约州长时，接受了亨利·弗拉格勒和其他一些华尔街公司总裁的捐助，但他很快就反过来欺骗了他们，开始征收公司特许权税，支持对工厂进行管制。他积极鼓吹消灭阶级差别，并警告政客们说，如果置公众对托拉斯的不满于不顾，将自食恶果。他预言道，如果他们坚持采取放任自流的政策，"广大人民就会去追随那些提出荒谬政策的怪人，因为他们至少主张要有所作为。"悲观的亨利·弗拉格勒气急败坏地说："我无法用我的母语来表达我对罗斯福先生的感觉。"纽约商人们急于除掉罗斯福，暗中设法把他从州长的位置上挤了下来，放在了 1900 年麦金利选票中副总统一栏里。罗斯福一向认为标准石油公司在把他挤出纽约州政治舞台的阴谋中出了力。

到 1901 年，差不多所有的美国实业家都转而支持洛克菲勒鼓吹的合作原则，西奥多·罗斯福的反托拉斯斗士的名声令他们胆战心惊，即使这种焦虑多少有些过分。和洛克菲勒一样，这位新总统也支持行业联营，以便取得规模经济的优势。他对威廉·詹宁斯·布赖恩（William Jennings Bryan）和罗伯特·拉福莱特③解散托拉斯的主张嗤之以鼻，认为任何这样的做法只会阻碍经济的自然发展趋势。"大部分已经提出甚至已经实施的反托拉斯立法都像中世纪进攻彗星的公牛一样愚蠢无知，而且毫无效果。"罗斯福把托拉斯组织分为好坏两种，好托拉斯提供合理的价格和优质的服务，坏托拉斯则榨取消费者的钱财。他没有不加选择地反对所有的托拉斯，而是集中精力对付那些最坏的违规者，而且单单挑出标准石油公司作为胡作非为的托拉斯之典型。

罗斯福就任总统后，马克·汉纳敦促他不要发表过激言论，以安抚提心吊胆的商界人士。这位喜欢恶作剧的年轻总统请 J·P·摩根吃了顿饭，并对一名内阁成员说："你瞧，此举表明我正在努力成为一名与权势阶层保持联系的保守派，我想我该为此得到奖赏。"他听取了奥尔德里奇参议员的建议，继续以最佳姿态与商界人士周旋。1901 年 11 月，亨利·弗拉格勒的一名助手在和罗斯福进行了一次友好的会见后，建议他也去见见总统，化干戈为玉帛。"我想整个美国再也找不到比我更害怕做这件事的人了，"弗拉格勒答道。"我很高兴你见过他了，因为我知道我肯定不愿这么做。"从这番话里流露出来的目中无人的傲气很快就成为标准石油公司败落的原因，因为它把联邦政府当成了爱管闲事却又不足挂齿的力量。

罗斯福在激进的改革派和托拉斯巨头之间走钢丝。他能巧妙地向商界突然猛击几拳后，再说些和解抚慰的话。他本质上是个政治两面派：在言辞激烈的改革派前显出保守的一面，面对冥顽不灵的商界人士又表现出推行变革的热情。他与 20 世纪 30 年代的富兰克林·罗斯福极其相似：制定法规把国家从社会动荡中解救出来，预先制止了更加极端的措施出台。有人指责他盗用了威廉·詹宁斯·布赖恩提出的政策，后来的富兰克林·罗斯福也受到过同样的指责，说他盗用了左翼批评者的许多政策，从而瓦解了对方的阵营。

1902 年 2 月，就在商界揣摩他的真面目时，罗斯福显得自己行事有失老练。他事先没有同华尔街进行商讨，就对北方信托公司（Northern Securities Company）发起了反托拉斯诉讼，这家控股公司是 J·P·摩根创建的，旨在兼并西北太平洋公司的铁路。被这一消息惊得目瞪口呆的商人们纷纷抛出股票。J·P·摩根无论心中如何愤愤不平，却没有向罗斯福公开宣战，后来还在那一年帮助罗斯福做出裁决，结束了无烟煤业的大罢工。随着罗斯福开始利用总统身份充当起劳资之间言之必行的调解人，摩根意识到罗斯福准备向与之合作的商人做出让步，相比之下，洛克菲勒缺乏这一远见。

1903 年初，罗斯福支持加强处罚铁路回扣力度的埃尔金斯法案（Elkins Act），还大力推行成立商业与劳工部（Department of Commerce and Labor）的方案，该部下设的公司管理局（Bureau of Corporation）拥有对托拉斯组织进行调查的广泛权力。新成立的公司管理局是他反托拉斯计划中必不可少的组成部分，因为联邦政府规模太小，人手不足，无法旗鼓相当地与托拉斯组织进行斗争。19 世纪 80 年代，整个司法部在华盛顿的工作人员中只有 18 名律师。为了对付那些工业巨头，罗斯福需要更多的人手，尤其重要的是，他需要更多的信息。

由于商业界抵制公司管理局，罗斯福巧妙地利用新闻界来丑化他的敌人。1903 年 2 月，他告诉记者有 6 位参议员收到过约翰·D·洛克菲勒的电报，敦促他们驳回成立该管理局的提案，电报内容如下："我们反对这项反托拉斯立法。我们的律师将去见你们，此事必须制止。约翰·D·洛克菲勒。"不出罗斯福所料，这一有力曝光引起了可怕的骚动。洛克菲勒的名字在当时成了企业倒行逆施的代名词，洛克菲勒反对此事，恰恰说明建立公司管理局的必要性。罗斯福兴高采烈地宣称："我把这些电报公之于众，引起公众的关注，通过这种方式使法案获得了通过。"

事实上，电报是小洛克菲勒在阿奇博尔德的督促下发出的。他对电报引起的骚动感到十分震惊和尴尬，痛恨阿奇博尔德把自己拖进了这场不明智的游说活动。人人都认为是他尊敬的父亲授意他发出那些电报的，这更令他羞愧难当。"我走出大学校园时多少还是个理想主义者，"他后来回忆道，"却一下子被推进了你争我夺、殊死相争的商界。我真的没有做好这方面的准备。"对遭人非议早已习以为常的洛克菲勒告诉儿子别去理会那些对他说三道四的人——"让别人说去吧，"他说——小洛克菲勒却依然耿耿于怀。他不顾一切地想恢复家族的声望，过一种无可指摘的生活，而此时他已经深深地陷进了标准石油公司的泥潭。这一事件以及后来发生的几次事件使他最终认定自己太死板，不适合经商。

极其自以为是的罗斯福从来没有忘记标准石油公司曾经试图阻挠他成

立新政府部门的事，但他是一个务实的政客，明白赢得标准石油公司的支持对于他在 1904 年大选中获胜有多重要。为了使标准石油公司与白宫和解，国会议员约瑟夫·西布利（Joseph C. Sibley）告诉阿奇博尔德说，总统认为这家石油托拉斯对他心怀敌意，对此，阿奇博尔德戏谑地答道："我一向崇拜罗斯福总统，他写的每本书我都读过，而且把它们包上最好的封皮放在我的书房里。"西布利将这番恭维转达给了罗斯福——当然滤去了其中的讽刺意味。"你那番读过总统著作的恭维话马上就要产生效果了，"西布利回头又对阿奇博尔德说。"不过在造访总统之前，你最好至少看一下那些书的标题，以便加强记忆。"这种和睦相处的局面只维持到 1904 年大选，因为投票一结束，总统就准备向标准石油公司发动新一轮袭击了。

在追击标准石油公司一事上，罗斯福最强有力的同盟军当数新闻界。1900 年春天，洛克菲勒还能向一位记者保证，对他有利的宣传要大于不利的报道。"在任何事业上取得成功都难免引起别人的嫉恨，"他说。"头脑极其冷静的人将勇往直前，做好自己的工作，而且历史会做出公正的记录。"

以下几大趋势导致了一个崭新而有主见的新闻界诞生：巨型托拉斯的存在使全国性广告商的队伍迅速膨胀，许多杂志都因刊载大量广告而页数大增；借助于整行铸排机和照相凸版印制法等新技术，用光面优质纸张印刷的带图片的杂志数量剧增，使那一时期成为美国杂志业的黄金时代而载入史册；与此同时涌现出的一批销量很大的报纸，吸引了日益壮大的读者群。在争夺发行量的激烈大战中，约瑟夫·普利策、威廉·伦道夫·赫斯特④和其他新闻巨头向读者提供着大量的丑闻和有关改革运动的报道。然而，20 世纪之交并非哗众取宠的庸俗小报和低级趣味报道的天下，不落俗套的报刊开始涉足复杂多样的题材，并且对这些题材进行详尽的分析和积极的宣传。大学毕业生有史以来第一次进入报刊杂志工作，给这个一度在受过高等教育的人眼里有失体面的行业带来了新的文学特色。

当时最令人瞩目的杂志是著名作家、编辑云集的《麦克卢尔杂志》，它是由塞缪尔·麦克卢尔于 1893 年创办的。1901 年 9 月，也就是罗斯福升任总统的那个月，该杂志总编艾达·米诺瓦·塔贝尔乘船去欧洲，与不堪繁重工作，当时正在瑞士沃韦休养的麦克卢尔商谈。她的手提箱里装着一份有关标准石油公司的分 3 部分连载的文章提纲，尽管她不知道是否有人会花时间看完这部关于一个商业帝国的内容翔实的长篇大论——以前从来没有一家新闻企业这样干过。

标准石油公司的历史是与塔贝尔早年生活交织在一起的。塔贝尔于 1857 年出生在一个原木小屋里——离德雷克两年后发现石油的地方只有 30 英里——是个地地道道的"油区的女儿"。她在回忆录里写道："我是和钻塔、油罐、输油管道、炼油厂和石油交易一起长大的。"她父亲富兰克林·塔贝尔用铁杉树皮制作大桶，德雷克发现石油后，这个行当自然而然地转到了油桶制作上。塔贝尔一家就住在父亲在劳斯维尔开的制桶厂旁边，艾达小时候喜欢在成堆的松木刨花中玩耍。从她家住的地方沿着山坡向下，隔着山谷住着一个叫亨利·H·罗杰斯的和蔼可亲的年轻炼油商，他后来还能想起这个小女孩在山坡上采野花的情景。

艾达亲眼目睹了眼中闪烁着奇异光芒的人们蜂拥而至，经过劳斯维尔奔向由奇迹化为泡影的皮特霍尔河。富兰克林·塔贝尔在那儿办了一家制桶厂，在皮特霍尔的石油枯竭之前从那场石油热中赚了一笔钱。可是，由于生产技术落后，富兰克林的生意很快就不景气了。木桶不久便被铁桶所替代——这是艾达的父亲第一次受到时代进步的打击，而且这种打击接二连三落到了他的头上。随后，他又改做独立采油和炼油商，希望以此致富，却正赶上洛克菲勒兼并石油业、吞并小厂商的时候。

1872 年，多愁善感的 15 岁少女艾达眼看着自己的安乐窝被改造南方公司辗成了碎片。父亲参加了破坏那些阴谋者的油罐的自卫队后，她兴奋地听到人们在谈论革命。"那一瞬间，这个词对我变得神圣起来，"她后来写道。改造南方公司使她原本阳光明媚的世界变得阴云密布。一向爱唱歌、吹单簧口琴、讲滑稽故事的父亲变成了一个"沉默、严厉的"人，在他敏感的女儿心中埋下了终生仇恨标准石油公司的种子。在她心目中，标准石油公司代表了那些贪婪的家伙，他们把像她父亲一样诚实的正派人踩在了脚下。

她记得在她十几岁时，泰特斯维尔人分成了两派，一方是英勇反抗"章鱼"的多数派，一方是向它屈服的少数投机派。富兰克林在街上把那些变节分子指给女儿看。她说："在那些日子里，投靠标准石油公司的人比坐过监狱的人更令我所不齿。"在后来的一段时间里，富兰克林全家甚至不和那些把工厂卖给洛克菲勒的无赖搭腔。这家托拉斯居然能把骄傲的独立业主变成了听命于千里之外的老板的可怜虫，这让艾达感到恶心。

与洛克菲勒相比，塔贝尔的成长环境尽管较为高雅，有更多的书籍和杂志看，还能享受到一些小小的奢侈品，但人们仍能吃惊地发现，洛克菲勒的浸礼会家庭和塔贝尔的卫理会家庭之间有许多相似之处。古板的富兰克林·塔贝尔禁止家人打牌、跳舞，支持包括禁酒在内的许多运动。艾达每个星期四晚上都要参加祈祷会，还在一所主日学里教幼儿班。她性格腼腆，一身书卷气，而且像洛克菲勒一样，总能靠缓慢而不懈的努力得到美好的结局。

塔贝尔与洛克菲勒的不同之处是，她思想开放、勇于探索。她在10多岁的时候，无视家里人信奉的原教旨主义，试图证明进化论是正确的。1876年，她考入宾西法尼亚州米德维尔的阿勒格尼学院后——她是这所卫理会学校新生当中唯一的女生——喜欢上了用显微镜观察事物，并打算将来当一名生物学家。作为新闻记者，她突出的特点是，能够把注重细节的科学态度与土生土长的道德热忱统一起来。毕业后，塔贝尔在俄亥俄州的波兰联合神学院（Poland Union Seminary）教了两年书，后来又在《肖托夸人》杂志（The Chautauguan）编辑部找了一份工作，该杂志是夏季成人教育运动的产物，最初起源于卫理会野营布道大会。这一运动富有战斗性的、激进的基督教精神使艾达的思想境界变得比自己原先期望的更加崇高了。

塔贝尔身材高挑、一头黑发、灰色的大眼睛、高高的颧骨、姿态挺拔、举止端庄，走到哪里都不乏求爱者，她却决心终身不嫁、自食其力。她坚决不允许自己有任何可能危害到个人志向或正直的感情，身披闪闪发光的道德盔甲度过了一生，只是有点儿让人感到不自然。

1891年，34岁的塔贝尔和朋友们一起去了巴黎，在塞纳河南岸建起了文人聚居区——这在当时对一个年轻美国女子来说，是个不同寻常的大胆决定。她决定为吉伦特派⑤成员罗兰夫人写一部传记，在此同时，她一边为宾夕法尼亚和俄亥俄两州的报纸当自由撰稿人，一边在巴黎大学读书。

她工作勤奋、头脑冷静，刚到巴黎一个星期就寄出了两篇文章。尽管风流成性的法国男人向塔贝尔频送秋波，着实让这个拘谨的女子吃惊不小，她还是十分留恋在巴黎的那些日子。她为多家美国报纸做人物专访，采访过路易·巴斯德⑥和爱弥尔·左拉⑦等巴黎名流，她简洁、准确的报道受到许多读者的喜爱。她声称自己的写作吸收了一部分美丽、清晰的法语风格。尽管如此，她仍然在"破产的边缘"挣扎，因而，当麦克卢尔邀请她去他新办的杂志担任编辑时，她接受了。

在巴黎时发生的两件事，给她后来撰写的标准石油公司连载文章增添了一分感情色彩。1892 年 6 月的一个星期天下午，她漫无目的地走在巴黎的街道上，怎么也摆脱不掉一种恶运降临的预感。下午晚些时候，她从巴黎的报纸上读到有关泰特斯维尔和石油城遭到洪水和大火的蹂躏、150 人被淹死或烧死的消息。第二天，她弟弟威尔发来一封只写了"平安"两个字的电报，打消了她的焦虑，却又加重了她觉得自己忽视了家人的负罪感。1893 年，她父亲的一个石油业务合伙人因为生意不景气，在绝望中开枪自杀了，富兰克林·塔贝尔被迫抵押了自己的房产来偿还此人遗留的债务。艾达的妹妹当时住在医院里，"他们在那边苦苦挣扎，我却在大洋彼岸为了每字 0.25 美分的稿费写些微不足道的文章，"她后来回忆道。"我觉得愧疚，而唯一使我坚持把所从事的工作继续做下去的动力就是希望，希望总有一天我能好好地回报他们。"在巴黎期间，塔贝尔得到了一本《财富与国民》，从书中重新发现了一手造成她父亲不幸的人：约翰·D·洛克菲勒。

1894 年，塔贝尔一到纽约就以分期连载的形式出版了她写的两本传记，这大概预示着她将集中精力描写标准石油公司的某一个人物。由于预想到自己要描写洛克菲勒，她把拿破仑刻画成了一个天才的自大狂，一个伟大但有瑕疵的人，缺乏"那种像对待自我权利一样严肃尊重他人权利的正当的分寸感"。靠着这篇连载传记，《麦克卢尔杂志》的发行量由 1894 年末的 2.45 万份猛增至 1895 年初的 10 万余份。该杂志接着又发表了塔贝尔著名的有关林肯的 20 期连载文章——此文花了她整整 4 年时间（1895—1899）——使其发行量剧增至 30 万份。在发掘尘封已久的文件和被人遗忘的法庭记录的过程中，她的调研技巧得到了磨炼。1899 年塔贝尔被任命为《麦克卢尔杂志》总编后，住进了格林尼治村⑧的一所公寓，并且结识了许多文学名人，其中包括马克·吐温，吐温不久便把她引荐给了"地狱之犬"亨利·H·罗杰斯。此时，写作技巧已炉火纯青的塔贝尔决定发表美国商业史上最具影响力的新闻报道之一。写标准石油公司的想法在她为《麦克卢尔杂志》工作以前就酝酿多年了。"多年以前，我就梦想着将来有一天要写小说……我打算写一部伟大的美国小说，就以标准石油公司为主要题材！"

得到麦克卢尔的欣然同意之后，艾达·塔贝尔从 1902 年 11 月开始连载她的文章，每月奉送一段有关洛克菲勒以往种种罪行的翔实报道以飨美国公众。她从克利夫兰的早年岁月谈起，把洛克菲勒整个经商生涯公之于众，供人们仔细审视。这段漫长生涯中的一切巧取豪夺之举——洛克菲勒原以为早就万无一失地被埋葬、被遗忘了的一切——重新又历历在目、挥之不去地展现在他面前。文章还未登完，艾达·塔贝尔便把美国这位最不为人知的人变成了尽人皆知、万夫所指的人物。

刊登剖析一家大型托拉斯的文章的灵感来自塞缪尔·麦克卢尔，此人在担任过编辑工作的人当中可谓最擅长夸夸其谈的人之一，总是滔滔不绝地说他办的杂志如何不同凡响，以此来吸引撰稿人。麦克卢尔容易激动、反应敏捷、一会儿一个想法，拉迪亚德·吉卜林⑨称他是"穿着长礼服的旋风"。快速的生活节奏使他看上去像是随时会精神崩溃似的。1892 年，麦克卢尔第一次出现在塔贝尔在巴黎的寓所时，显出一副心神不定、气喘吁吁的样子。"我只能呆 10 分钟，"他一边对塔贝尔说，一边看着手表，"今晚必须赶到瑞士去见约翰·廷德尔⑩。"这个长着一头乱蓬蓬的浅棕色头发和令人紧张的蓝眼睛的男人因为急于招聘这位吓了一跳的年轻女子而多呆了 3 个小时。"做事有条不紊的能人到处都是，而天才可能在一代人里只有一个。一旦你遇上一个，感谢上帝，千万别撒手，"塔贝尔有一次和同事谈起麦克卢尔时这样说道。

麦克卢尔聘用一位相对缺乏经验的年轻女子做他的第一位专职撰稿人，这证明他与众不同的风格。他后来抓住了美国每一个有才华的年轻作家——弗兰克·诺里斯⑪、斯蒂芬·克莱恩⑫、西奥多·德莱塞、维拉·凯瑟⑬——还有更加有名的人物，如马克·吐温和拉迪亚德·吉卜林、欧·

亨利[14]、达蒙·鲁尼恩[15]以及布斯·塔金顿[16]等人的处女作都是在他的杂志上发表的。然而，麦克卢尔给人留下最久远的印象也许是在非小说领域，因为最善于调查研究的记者，从林肯·斯蒂芬斯[17]到雷·斯坦纳德·贝克[18]全被他吸引到杂志社来了。贝克在回忆他第一次去杂志社的情景时说："即使Ｓ·Ｓ·麦克卢尔不在，我还是感觉到了美国——甚至全世界——当时所具有的最激动人心、也是最令人神往的编辑部气氛。"麦克卢尔像个坐立不安的精灵一样注视着眼前这片富有创造力的忙乱景象。"我坐不住，"他有一次对林肯·斯蒂芬斯说。"你能坐得住。我不明白你是怎么做到的。"在这个纷乱、狂热的氛围中，艾达·塔贝尔身穿高领连衣裙，静静地坐在那里，就像冷静和清醒的化身。林肯·斯蒂芬斯回忆道，她"微笑着走进办公室，像一位个子高高、容貌姣好的年轻母亲那样说道：'孩子们，安静些。'"

麦克卢尔偏好轰动性的重大新闻，专门约人撰写有关新奇发明、科学研究和未来技术的文章。这种对事实的偏好使他从塔贝尔写的一篇关于巴黎铺设道路的有趣文章中发现她能把枯燥乏味的题材写得有声有色。与贩卖丑闻的普利策和赫斯特不同，麦克卢尔希望分析复杂的问题，并且以科研的精确方式来加以探讨。为了对美国社会作一个全面详尽的评价，麦克卢尔在1901年断言，美国当前面临两个重大问题：工业托拉斯的崛起和政治腐败。此后不久，林肯·斯蒂芬斯便在一篇从1902年10月开始连载、题为《城市的耻辱》的文章中着手发掘城市里的腐败现象（在1905年2月24日那一期上，他在一篇关于罗得岛州腐败现象的文章中对参议员奥尔德里奇大加讽刺）。选择哪家托拉斯进行曝光更合适是件更为棘手的事。起初，塔贝尔想到的是钢铁托拉斯和糖业托拉斯，后来，加州发现石油一事把她的注意力吸引到了标准石油公司身上，认为它是"发展最完善的托拉斯"。既然30年来各种政府机构对它进行过多次调查，人们一定会留下丰富的文献资料。这篇有关标准石油公司的文章原计划连载3期，最后应广大读者的要求，总共连载了19期。头一篇于1902年11月在一个特殊的历史背景下问世：1902年与1903年之交的那个冬天发生了一场无烟煤工人罢工，穷人无煤可用，只好转而使用燃油取暖，随即发生的油价猛涨使能源问题成了当时的热门话题。

塔贝尔尽管表面上是以外科医生式的客观态度剖析标准石油公司，事实上她从来都没有保持过中立，而且不仅仅是因为她父亲的缘故。她弟弟威廉·沃尔特·塔贝尔在成立纯净石油公司——标准石油公司在国内最有威胁的挑战者——的过程中一直是头面人物之一，在写给艾达的信中充满了对标准石油的仇恨。他在一封信中抱怨标准石油公司在操纵油价，并且警告她说："那帮家伙中的一些人早晚会被杀掉。"威廉在1902年担任纯净石油公司财务主管时，引荐了大批洛克菲勒的凤敌给他姐姐，甚至还认真地看过她的手稿。塔贝尔非但没有保持中立，到头来还听从了亨利·詹姆斯曾经给她的建议："要满怀轻蔑地去写。"令人感到非常惊异的是，居然没人对塔贝尔在揭露其弟的主要竞争对手时与其弟沆瀣一气的做法提出过质疑。

富兰克林·塔贝尔听说他女儿在与强大的标准石油公司较量后警告她说，这样做会把自己置于极其危险的境地。"别这样，艾达——他们会毁掉这份杂志的，"他说，甚至指出对方可能会残害乃至杀死她——这种担心虽说不太可能成为现实，却反映了标准石油公司在人们心中引起的恐惧感。在动手调查时，塔贝尔去泰特思维尔做了一次感伤的旅行，激起了她往日对标准石油公司的仇恨。在写这篇连载文章的时候，她父亲因患胃癌奄奄一息，这使得她愈发怨恨洛克菲勒，尽管对洛克菲勒来说这是很不公正的。富兰克林·塔贝尔死于1905年3月1日。与她父亲的预料相反，她给标准石油公司造成的损害远比她得到的报复要多。她受到的最大一次威胁是在华盛顿举行的一个晚宴上，花旗银行的一位副总裁弗兰克·范德利普（Frank Vanderllip）把她拉进旁边一间屋子里，对她的文章表达了强烈的不满。塔贝尔隐隐约约地觉察到对方可能会从财政上威胁《麦克卢尔杂志》，便反驳说："哦，我很遗憾，不过这跟我没有任何关系。"事实上，标准石油公司对此事最突出的反应是矜持地保持沉默，这样做不啻是在自拆台脚。

塔贝尔像木匠那样有条不紊地开展自己的工作，但很快便在文献证据的重压之下变得步履蹒跚。1902年2月，她花了一星期的时间梳理工业委员会的报告之后沮丧地写道："面对如此繁重的任务，我开始有点迟疑了。"到了6月写完第三篇连载之后，她坦言这些材料总是在她心头萦绕，甚至在梦中纠缠她。为了休养调整，她需要到欧洲度一次假，成行之前，她对调查助手说："这件事成了我的一个大包袱了。夜里梦的白天想的都是那只'章鱼'，能用阿尔卑山来取代它，我太高兴了。"

度假回来后，她在亨利·德马雷斯特·劳埃德位于罗得岛州萨康尼特的海边别墅会见了他。他坚持认为，大货主们不顾州际商业委员会的禁令，仍在获得与以往一样的运费折扣，尽管他们小心地毁掉了证据。他抑制不住心头的怒火告诉她，洛克菲勒及其手下代表了"现代生活中最为危险的趋势"。劳埃德得知艾达·塔贝尔曾与亨利·H·罗杰斯会面后，一度认为她可能与标准石油公司是一伙的，便警告他在宾夕法尼亚的熟人防备她。连载文章发表后，他的怀疑立刻烟消云散。"当你写出关于'约翰'的文章后，"他在 1903 年 4 月称赞她道，"我认为此人身上除了和他那些炼油厂一样污秽的东西之外，所剩无几了。"最后，劳埃德把自己做的丰富的笔记送给了塔贝尔，并且敦促乔治·赖斯、刘易斯·埃默里和其他独立炼油商找她交谈。找到了接班人的亨利·德马雷斯特·劳埃德于 1903 年 9 月去世了，没等到这篇连载文章登完。

塔贝尔即将开始调查之前，麦克卢尔曾试图劝说马克·吐温担任其杂志的编辑，但亨利·H·罗杰斯说服吐温拒绝了。早在 1901 年 12 月——几乎是文章开始刊载一年前——罗杰斯看到一则广告，宣称《麦克卢尔杂志》将连载关于标准石油公司的文章，他对作者未曾与百老汇 26 号任何人接触一事感到震惊。他对此事甚为关注，在给吐温的信中谈道："人们会很自然地认为，任何人想要写一篇真实的记述，都会尽可能去接近资料的最终来源。"罗杰斯担心塔贝尔可能会与标准石油公司的敌人相勾结，便建议吐温转告麦克卢尔，希望他在涉及该公司的任何报道发表之前，先核实一下其真实性。吐温问起这篇文章的细节时，麦克卢尔支支吾吾地说："你还是去问塔贝尔小姐吧。"对此，吐温回答说："塔贝尔小姐愿意见一见罗杰斯先生吗？"塔贝尔当然早就有采访标准石油公司高层人物的愿望，当麦克卢尔冲进她的办公室里告诉她对方发出邀请的时候，她马上就接受了。

"地狱之犬"罗杰斯是个富于魅力的老手，他邀请塔贝尔去他在第 57 西大街的家中进行 2 个小时的闲谈。她在此之前从未见过一位真正的工业巨头，看到罗杰斯的相貌与吐温十分相像，似乎感到很着迷。"一头浓密、漂亮的灰头发衬托着他那前额很高的大脑袋，一个十分灵敏的鹰钩鼻子，"她这样写道，多年以后仍然流露出对他的仰慕。罗杰斯追忆了他俩在劳斯维尔比邻而居时的往事，以此来和塔贝尔套近乎。"亨利·罗杰斯对往事的回忆只是令我真心实意喜欢这个在华尔街占有一席之地的文雅海盗的原因之一。"

那次会面的结果是，塔贝尔同意给罗杰斯一个机会，让他对由她发掘出来的任何秘闻加以评论，而且在此后 2 年中，塔贝尔定期到百老汇 26 号拜访罗杰斯。这些会面带有半秘密的色彩，塔贝尔每次都是匆匆从一个门进来，又匆匆从另一个门离开。塞缪尔·多德采取了有所保留的合作态度，为塔贝尔收集资料，而丹尼尔·奥戴则向她传递了有关输油管道的材料。塔贝尔与罗杰斯那次会面将近一年后，文章开始刊载了。1902 年 11 月第一部分面世时，她紧张得屏住了呼吸。"我原本预料，他一旦意识到我在试图证实标准石油公司不过是扩大了的改造南方公司就不会再见我了。"令她感到诧异的是，罗杰斯仍然接见她，尽管有时会对这段或者那段文字感到有些恼火，对她始终还是很友好。

罗杰斯如此迁就塔贝尔之事一直是一个巨大的谜，对此人们有两种推测。塔贝尔认为罗杰斯这样做是出于对自身利益的考虑。他和阿奇博尔德一起被指控密谋炸毁布法罗的一家与标准石油公司竞争的炼油厂。"这件案子对阿奇博尔德先生和我来说都是一件十分难堪的事，"他立刻告诉塔贝尔说。"我想把这件事彻底弄清楚。"鉴于他对此事表现得极度敏感，塔贝尔同意让他过目她写的所有触及此事的内容（在布法罗这件纠缠不清的事上，罗杰斯的苦心没有白费）。在塔贝尔看来，罗杰斯乐于看到标准石油公司的名誉受损，只要他自己的名誉能得到保全就行。

另一种猜测是，罗杰斯一方面是为了转移人们对他自己的罪行的注意，另一方面是为了报复洛克菲勒，因为后者不赞同他在股票市场上搞投机活动。在持这种说法的人看来，罗杰斯认为塔贝尔的文章是在谴责他那位伪善的同事而对此大加欣赏。洛克菲勒私下指责罗杰斯是叛徒，说他给塔贝尔提供了不真实的、经过篡改的材料，以此来诋毁他。多年以后，艾伦·内文斯与小洛克菲勒作了一次推心置腹的交谈，他在备忘录里写道：

"小洛克菲勒认为，那人（罗杰斯）在出版艾达·塔贝尔的书一事中所扮演的角色远非无私之举。认为他看见老洛克菲勒受到攻击而暗暗高兴，而且提供了一部分资料。"塔贝尔本人的记录也表明，罗杰斯尽管经常为洛克菲勒辩护，但始终使公众的注意力牢牢地集中在这位公司创始人身上，使自己得以避开众人的视线。罗杰斯一直到1904年2月才停止与塔贝尔会面，因为她发表了一篇关于铁路代理人秘密监视标准石油公司竞争对手的轰动性报道——罗杰斯一向竭力否认有这事。当她再次来到百老汇26号时，他问道："你是从哪儿搞到那些材料的？"那次气氛紧张的简短会面结束了他们之间的关系。

在担心罗杰斯的同时，洛克菲勒要是看到老朋友亨利·M·弗拉格勒在塔贝尔面前对他所做的刻薄的评论，同样也会感到震惊和伤心的。弗拉格勒把洛克菲勒说成是一个委琐、吝啬的人。塔贝尔与弗拉格勒密谈之后在笔记里写道："弗拉格勒先生对我谈起了洛克菲勒，说洛克菲勒是他所认识的最大的小人和最卑鄙的大人物。说他会在前一分钟捐给慈善事业10万元钱，转身就去为一吨煤而讨价还价。他还强调说：'我和他一起做生意有45年了，如今他仍然会为一块钱而算计我——也就是说，如果他能光明正大地这么做的话。'"尽管弗拉格勒虔诚地大谈其谈"上帝如何使他发财"的事，塔贝尔却无法引诱他就标准石油公司的历史认真、连贯地谈点什么。

阿奇博尔德从一开始就觉察到塔贝尔对标准石油公司充满恶意，所以一直拒绝同她合作。洛克菲勒则迟迟未能意识到这个逐渐增大的威胁，也根本没想到这个不同寻常的女记者射出的箭会如此准确和致命。他在法庭和州议会里经受住了长达30年的攻击，肯定觉得自己刀枪不入。当手下强烈要求对塔贝尔做出回应的时候，洛克菲勒答道："先生们，我们不必卷进争论。如果她是对的，我们说什么也没用；如果她是错的，时间会为我们平反的。"对塔贝尔愈演愈烈的盘问坐视不管，这无疑与他一生惯用的经商手段大相径庭。这是一个重大的战术失误，因为对塔贝尔退避三舍，无意之中似乎在证实她的说法。

从将近一个世纪以后的今天的角度来看，塔贝尔的长篇连载仍然是有关标准石油公司的著述中给人印象最深的一部——它对这家托拉斯的种种阴谋作了极为尖锐、清晰的剖析，堪称报告文学的杰作。她写出了一部脉络清晰的编年史，犀利地陈述了这家联合企业是如何发展起来的，并且使石油业错综复杂的发展史变得一目了然。她以一种《麦克卢尔杂志》特有的不动声色的方式，一层层揭开了美国最隐秘的行业的外壳，将暗藏在其内部运转的每一个齿轮都展现在世人面前。然而，无论她的文笔如何朴实无华、分析缜密，字里行间始终弥漫着怨恨之气。此文至今仍被视作案例研究经典之一，它表明一位单枪匹马的新闻记者凭借事实照样能在那些看上去坚不可摧的势力面前有所作为。

如果把塔贝尔与她的前辈亨利·德马雷斯特·劳埃德相比，也许最能发现她的长处。劳埃德对事实处理草率，文笔浮夸，结论武断，塔贝尔则在调研中细致入微，文笔精炼简约，表现出一种精确感和节制感——尽管口气有时过于尖刻。她通过这种相对冷静的写作风格使读者怒气上涌、热血沸腾。她并不寻求政治上的万应灵药或是意识形态上的千金良方，而是要唤起读者对共同的行为准则和公平竞争的认同，这一手法在揭露标准石油公司狭隘、卑鄙的经商作风方面最为奏效。

塔贝尔和西奥多·罗斯福一样，并没有谴责标准石油公司规模过大，只是谴责它的违法行为，而且不主张所有的托拉斯都应自动解散：她只是要求在市场上维护自由竞争的原则。她虽然远非不偏不倚，却很快就承认洛克菲勒及其同伙确有成就，甚至专辟一章写"标准石油公司合法的伟大成就。""在这家企业里没有一个懒惰、无能或者愚蠢的人，"她写道。令她怒火中烧的是：他们原本可以不必通过不道德的手段来获得成功。正如她所言："他们从未公平地竞争过，正是这一点毁了他们在我心目中的高大形象。"

如果说塔贝尔对标准石油公司的发展壮大过程过于轻描淡写，那么，她对这一过程的控诉也许称得上是浓墨重彩。在它与铁路方面相互勾结——即错综复杂的回扣和退款措施问题上，塔贝尔找到了确凿的证据，即洛克菲勒的帝国是靠不正当手段建立起来的这一不可辩驳的事实。她不遗余力地批驳了洛克菲勒所谓"人人都这么做"的辩解。"人人都不这么做，"她义愤膺地反驳道，"就这种罪行的性质而言，人人都不能这么做。这些势力强大的家伙从铁路手里夺走了欺压弱小者的特权，而铁路公司除非能得到保守秘密的允诺，否则决不敢给他们这种特权的。"对于那种声称回扣仍然合法的辩解，塔贝尔以他们违反了习惯法这一有待商榷的理论加以反驳。她争辩说，洛克菲勒取得成功靠的是给下属灌输为了获胜可以不惜一切代价的强烈欲望，即使这意味着把别人踩在脚下也在所不惜。"洛克菲勒先生有计划、有步骤地用灌了铅的骰子与人赌博。人们不禁怀疑，他从 1872 年以来是否曾以公平的方式与对手展开过竞争。"塔贝尔正确地推测到，标准石油公司从铁路方面暗中收取回扣的规模比它的竞争对手要大得多。这一点可以从洛克菲勒的私人文件中得到充分的证实，这些文件表明，标准石油公司收取回扣的做法甚至比塔贝尔了解的还要普遍。

塔贝尔指出，从 1872 年克利夫兰大屠杀行动开始，洛克菲勒在他精心策划的导致人人自危的气氛中吞并了竞争对手的炼油厂。她揭露了标准石油公司的骗局：通过迷魂阵似的秘密子公司进行运作，这些子公司与标准石油公司的关系鲜为人知，只有极少数最高层员工才知道内幕。她概要地描述了标准石油公司凭借其输油管道滥用权力、运用其垄断地位逼迫不听话的竞争对手就范、偏袒本公司炼油厂的情况。她还一一列举了该公司主管营销的子公司威逼零售商只许贮存其产品的种种手段。她和劳埃德一样，也谴责了该托拉斯组织威胁民主体制、收买各州议员的行径，尽管她做梦也没想到，洛克菲勒的私人文件所揭露的腐败现象竟然达到如此之深的程度。

尽管如此，正像艾伦·内文斯以及其他为洛克菲勒进行辩护的人所指出的那样，塔贝尔的书中有很多错误之处，在引用她的著述时应多加留意。首先，改造南方公司是由铁路部门而不是洛克菲勒率先发起的，他当时还在怀疑这个计划的可行性。此外，尽管改造南方公司臭名昭著，19 世纪 70 年代的石油危机却不是由它引发的，它自身恰恰是针对几乎使所有人都亏本经营的生产过剩状况做出的反应。还有一个真实情况是，塔贝尔因为受到童年记忆的影响，抬高了当时在油溪钻井的那伙人，把他们描写成道德高尚的楷模。她这样写道："他们崇尚自力更生——人人为自己，公平待人。他们愿意竞争，喜欢公开的较量。"为了支持这个论断，她不得不假装对这些产油商自己提出的与竞争精神大相径庭的协议一无所知。

他们远非主张买卖自由，而是一而再、再而三地试图建立他们自己的卡特尔，以限制产量、抬高油价。而且正如洛克菲勒所指出的那样，无论什么时候，只要有可能，他们也都乐意接受折扣。早年的石油业并非像塔贝尔所暗示的那样，是一出反映了邪恶的标准石油公司与勇敢、高尚的西宾西法尼亚独立油商之间的斗争的道德剧，而是一出无情的狗咬狗的闹剧。

塔贝尔的长篇连载尽管被当做标准石油公司的历史而加以宣传，文章其实把洛克菲勒当成了故事的主角和关注的焦点。塔贝尔使标准石油公司和洛克菲勒互为代名词，甚至在写到洛克菲勒退休以后时依然如此。人们有时很难区分洛克菲勒是一个真人还是这家托拉斯的化身。塔贝尔意味深长地从爱默生论独立自主的文章中摘取了一句名言作为她的卷首语："一个机构其实是一个人拉长了的影子。"当亨利·罗杰斯对这种写作方法提出质疑时，塔贝尔却认为集中写一个人能收到戏剧性效果。那次会面后，她在笔记中写道："写拿破仑的那本书和把注意力集中在拿破仑身上的做法表明，只要有可能，决不提任何人的名字。"这种写历史名人的方法不但赋予了标准石油公司这家著名、庞大而不定形的实体一副人的面孔，同时也把公众的怒火全都引到了洛克菲勒身上。这种写法不承认标准石油公司是一个机构繁多、拥有迷宫般错综复杂的委员会体系的事实，却把洛克菲勒的同伙撇在一边，单单指责他一个人。其结果是，相比之下，弗拉格勒纤毫无损，尽管是他负责谈判秘密运费合同，而且此事在《麦克卢尔杂志》的揭露文章中占据了很大的篇幅。

塔贝尔的这篇文章无论在当时如何不同凡响、值得称道，终究经不住时间的考验。人们越对它加以仔细的研究，就越会发现它像一篇戴着严肃历史假面具的长篇散文。塔贝尔终于没能战胜她对少女时代的泰特斯维尔的留恋之情，那里有她失去的乐园，她那些英勇的朋友和邻居曾在那里奋起与吞噬一切的标准石油恶龙进行战斗。

在塔贝尔指控洛克菲勒的罪行中，最有名、引用最多的恰恰也正是最不该归罪于他的那一条：他在 1898 年买下弗雷德·巴克斯太太（Fred M. Backus）——史称"巴克斯寡妇"——在克利夫兰的润滑油厂时欺骗了她。如果任何情节剧都需要一个被诡计多端的小人欺骗的贫穷孤独的寡妇的话，巴克斯太太完全适合被塔贝尔用作刻画洛克菲勒的例子。"如果此事当真的话，"洛克菲勒后来承认道，它"简直就是压榨一个毫无回手之力的女人的残酷到极点的例子。也许是因为这个故事广为流传，加上对事实一无所知的人信以为真，它比任何其他指控给标准石油公司和我本人所带来的敌意都要强烈"。

故事的背景很简单。洛克菲勒早年在克利夫兰时和弗雷·巴克斯是朋友，此人在他的办公室里当过簿记员，同时在他俩所属的教堂里教主日学。当时巴克斯已经成家，有3个孩子，还开了一家小润滑油公司。1894年，年仅40的巴克斯去世了，可能是死于肺结核，他的寡妻继承了一个设备落后的厂子，厂里只有一堆简陋的棚子、蒸馏器和油罐。工厂设在山顶上，这意味着要花很大的代价把原材料拉到山上去，然后把生产出来的润滑油用大车从原路沿着陡峭的山坡运下来——这真不是个合适的厂址。标准石油公司打入润滑油业之前，对这种微不足道的小企业十分宽容。它在19世纪70年代末向润滑油和油脂业扩展时，兼并了三家小润滑油公司，其中巴克斯的厂子可能是最落后的。事实上它太陈旧了，标准石油公司最终不得不把它关掉了事。这一措施未能阻止巴克斯寡妇在全国掀起一场所谓洛克菲勒窃取她价值不菲的工厂的激烈争论。

标准石油公司最初找她商谈购买事宜时，她坚持要和洛克菲勒本人谈，洛克菲勒不忘旧情，同意去她家见她。她指出自己是个寡妇，相信他是位诚实君子，请求为她的财产出个合理的价钱。她回忆道："他眼含泪水答应说，他会在这笔交易中帮助我的，说我不会被错待的……我觉得他对此事的感情如此真挚，我完全可以信任他，他会诚实公正地对待我的。"巴克斯太太对一位朋友说，当时洛克菲勒还提议他俩一起跪下来做祷告。到此为止，她讲的故事和洛克菲勒的说法十分相符，因为洛克菲勒谈到她"为自己对旧日雇员的关心所感动。"

虽然巴克斯太太希望洛克菲勒亲自同她商谈购买工厂的事，但他由于对润滑油一无所知，便派了手下去办理。据巴克斯太太说，洛克菲勒的雇员毫无怜悯地欺骗了她。她给自己的厂子估价为15到20万元之间，而标准石油公司的人最多只肯出7.9万元——1.9万元是买库存产品的钱，6万元是工厂和商誉的钱（念及对巴克斯的旧情，洛克菲勒让评估人在后一项上多加了1万元）。巴克斯太太的谈判代表查尔斯·H·马尔事后发誓说，他的主顾在其资产估价目录的工厂和商誉一栏里写的是 7.1 万元——不比洛克菲勒最后付出的多多少。然而，她却对标准石油公司出的买价越想越生气，便写了一封措辞激烈的信给洛克菲勒，指责他言行不一，对此他作了如下的答复：

> 关于您在信中所提鄙人允许手下从您手中夺走巴克斯油料公司一事，鄙人十分遗憾地指出，在此事以及贵函中所提其他方面……您都错怪于鄙人。购买巴克斯油料公司与否，对鄙人所代表之公司无伤大雅。恕我直言，卖掉工厂对您有利，并恳请您回想一下，大约 2 年前您曾就出售该产业一事垂询弗拉格勒先生及本人，您当时乐意以比您现在所得现金低得多的价钱且以分期付款的方式出手，当时若能得到令您满意的延期付款担保，您可能早已心甘情愿将其脱手。

接着他又指出，为她的厂子所付的 6 万元是修建同样甚至更好的工厂的成本的 2—3 倍——这种说法后来得到巴克斯工厂的主管、一个叫马洛尼先生的人的证实。"鄙人以为，您若能重新考虑来函所言之事……定会承认您对鄙人极其不公。切盼（您）天生正义之感会令您认可鄙人所言。"洛克菲勒在信的末尾提出，她可以收回厂子，把钱退还，或者按标准石油公司所付价格改为给她标准石油股票。这显然是一个公平的提议，可是，很会演戏的巴克斯太太却把此信付之一炬。

由于艾达·塔贝尔坚持要旧事重提——亨利·德马雷斯特·劳埃德早已用它赚取过读者的眼泪——洛克菲勒的律师在 1905 年把一封 H·M·巴克斯即寡妇的小叔子写的信透露给了报界。他当时正好住在他嫂子家，那天洛克菲勒来访时他也在场。他对洛克菲勒说："我知道是在您的要求下把买价增加了 1 万元，我也知道您付了相当于实际价值 3 倍的价钱，我还知道把工厂卖给您是使它免于倒闭的唯一出路。我说这些话是为了还您一个公道，以此来减轻我的负疚感。"退出这一行业对巴克斯太太来说真是万幸，因为标准石油公司建造了一些更为先进的润滑油厂，销售 150 种润滑剂，使价格远远低于她能够获利经营的最低水平。她要是继续干这一行，用不了几年就会破产。

巴克斯太太将其所得投资到克利夫兰的房地产上，非但没有沦落到航脏、悲惨的社会底层，反而成了一位极其富有的女人。据艾伦·内文斯讲，她在去世时大约有30万元的家当。尽管如此，所谓夺取巴克斯油料公司的说法却成了定论，无论谁想听，她都会把这个故事再讲一遍。洛克菲勒居然忍心毁掉一个可怜的寡妇，这样的故事太吸引人，就像出自于英国小说家狄更斯的笔下，使得轻信的记者们又将它传播了好多年。

如果说是塔贝尔使这个有关洛克菲勒的谎话常年流传的话，她却诚实地戳穿了另一个谎言：即洛克菲勒炸毁过布法罗一个竞争对手的炼油厂。正是这个指控使亨利·罗杰斯感到十分不安，开始与塔贝尔合作以洗刷自己的罪名。这个令劳埃德信以为真，并且频频被《世界报》拿来大肆宣扬的故事成了各种攻击标准石油公司的文字中经久不衰的话题。

此事和巴克斯事件一样，也发生在19世纪70年代末标准石油公司挺进润滑油业的时候。标准石油公司对位于纽约州罗切斯特的真空石油厂（Vacuum Oil Works）觊觎已久，工厂的业主是海勒姆·埃弗雷斯特和查尔斯·埃弗雷斯特（Hiram and Charles Everest）父子。一天，约翰·阿奇博尔德领着海勒姆·埃弗雷斯特走进洛克菲勒的办公室，直截了当地要他为自己的厂子开个价。埃弗雷斯特开价后，阿奇博尔德仰头大笑，说这个数字荒唐得不能接受。洛克菲勒则采取了较为温和的方式，他向前探过身子，碰了碰埃弗雷斯特的膝盖说："埃弗雷斯特先生，你不觉得和年轻而有活力、打算开拓整个石油业的人作对是一个错误吗？"埃弗雷斯特则回击说他愿意奉陪，洛克菲勒听了只是一笑。

埃弗雷斯特最终还是意识到自己是在和一股不可动摇的势力打交道，便把工厂3/4的股权卖给了亨利·罗杰斯、约翰·阿奇博尔德和安布罗斯·麦格雷戈，由他们3人当标准石油公司在该厂的代理人。由于埃弗雷斯特父子继续担任经理，标准石油公司的这几个头目只是偶尔过问一下工厂的业务。1881年，真空石油厂的3名雇员——J·斯科特·威尔逊、查尔斯·B·马修斯和艾伯特·米勒——脱离该厂，自己开了一家与之竞争的炼油厂，起名叫布法罗润滑油公司。他们厚颜无耻地试图通过转移技术、挖走客户和盗用由真空石油厂注册的专利工艺把自己的厂子搞得和老厂一模一样。埃弗雷斯特父子得知此事后，威胁要采取法律行动。艾伯特·米勒后悔了，转而向海勒姆·埃弗雷斯特求助。他们一起去咨询罗切斯特的一位律师，据说就是在这次会面时，埃弗雷斯特提出了让米勒去破坏那家新厂的主意："假如他能使设备爆裂或者毁坏的话，后果会怎么样？"这个问题后来引发了无边无际的猜想。

据日后一项指控密谋破坏的诉状所称，1881 年 6 月 15 日，米勒命令布法罗工厂的司炉把蒸馏器加热到能引起爆炸的温度。设备中的重油开始翻滚、沸腾，砖建结构很快就开始破裂，安全阀炸开，大量可燃气体嘶嘶地冒了出来——但没有引起火灾。一周之后，米勒与海勒姆·埃弗雷斯特和亨利·罗杰斯在纽约会面，罗杰斯打发他到加州一家罐头厂去工作。埃弗雷斯特父子控告布法罗炼油厂侵害专利权之后，这 3 个叛徒中的头目查尔斯·马修斯也提出民事诉讼作为报复，他指控对方密谋炸毁他的布法罗工厂，要求赔偿 25 万元的损失。真空公司董事会成员、标准石油公司的三大要人——罗杰斯、阿奇博尔德和麦格雷戈——与埃弗雷斯特父子一起成了被告，尽管他们很少过问远在罗切斯特的事务。洛克菲勒对这场闹剧只是略知一二，而且从未见过米勒，却也让对方出于宣传目的拉进了此案，被传唤出庭为控方作证。这件案子就像一处小小的炎症，一直在折磨着他，使他无法集中精神处理更加要紧的事务。在洛克菲勒的私人文件里根本找不到任何根据表明他没把这件案子看作是彻头彻尾的敲诈行为。

1887 年 5 月，洛克菲勒在一个挤满了人的审判室里羁绊了 8 天。他讨厌成为众目睽睽的对象，觉得自己就像在马戏表演中穿插上台的畸形人一样暴露在"那些爱猎奇的人面前，巴纳姆[19]便是利用这些人的好奇心而大发其财。"洛克菲勒出庭作证时，又和往常一样装出一副什么都不记得的样子，不过这一回他确实是知之甚少。到了最后一天，法官撤消了对罗杰斯、阿奇博尔德和麦格雷戈的指控。当罗杰斯接过一个别人送上的表示庆贺的花束捧在怀里时，洛克菲勒咬牙切齿地从座位上站起来，极其罕见地当众发怒道："我可没有向你祝贺的意思，罗杰斯。应该怎么对付那些用这种方式反对我们的人——怎么对付？"说完，他又转过身去朝查尔斯·马修斯挥了挥拳头，然后一边嘟哝着"简直是闻所未闻"，一边三步并作两步地走出了审判室，后面跟着他的随从。到了晚年，他还在强烈地指责马修斯是个"诡计多端、惹是生非的敲诈者，"说他曾提出以 10 万元的价格把他的炼油厂卖给标准石油公司，只是在遭到拒绝后才发起那次令人恼火的诉讼。

布法罗一案事实上没有任何可取之处。控方从未证实曾经发生过爆炸，甚至不能证明在使用蒸馏器时火焰太大就一定会出危险。尽管埃弗雷斯特父子被判有罪，各被罚款 250 元，但这个小小的数额却表明，陪审员们认为埃弗雷斯特父子并没有密谋炸毁炼油厂，他们的罪过只是拉拢艾伯特·米勒。如果说亨利·罗杰斯与塔贝尔合作是为了洗清自己在布法罗一案中的罪名，那么他得到了充分的回报。她明确地写道："事实上，布法罗没有一家炼油厂被烧毁，也不能证明罗杰斯先生知道任何有关埃弗雷斯特父子企图毁掉马修斯的工厂的事。"然而，洛克菲勒以炸毁竞争对手的炼油厂为乐事的说法满足了众人的好奇心，使得这个故事广为流传，久讲不衰，而且马修·约瑟夫森（Matthew Josephson）在他 1934 年写的《强盗巨头》一书中把这个故事以及那个老掉牙的巴克斯寡妇的谣传又充分演绎了一番。

连载文章在 1903 年登到第三期时，罗斯福总统本人也开始津津有味地读起了塔贝尔的作品，甚至写了一个便笺给她表示赞赏。连载每发一期，她的名气便增大一分，她那幅目光逼人的照片也出现在不计其数的报纸人物专栏中。"你能以此而广泛受到敬重和尊崇，这令我极为高兴，"麦克卢尔对她说。"你是当今美国最著名的女人了。"她在一个向来是男人一统天下的领域里获得了成功，这使她变得更加神秘莫测。

只要公众争先恐后买他的杂志，塞缪尔·麦克卢尔就会让连载文章不停地发表下去。塔贝尔这样总结他的方针说："如果没有反响——决不再登下去。如果反响良好——只要手头有材料，文章越长越好。"于是，她的文章便写起来没个完，吸引来的公众注意力越来越大，杂志社财源滚滚，也引得越来越多批评洛克菲勒的人纷纷登台亮相。到塔贝尔的文章全部登完时，《麦克卢尔杂志》的发行量已增至37.5 万份。这篇连载文章在 1904 年 11 月被汇编成书，分上下两卷出版，但她意犹未尽，随后又在 1905 年 7 月和 8 月号的《麦克卢尔杂志》上分两次发表了一篇分析洛克菲勒性格的言辞尖锐刻薄的文章。

她那位第一流的调研助手约翰·西达尔（John M. Siddall）给了她很大的帮助，但这样说无损于她所取得的成就。西达尔个子矮胖，戴着一副眼镜，年纪轻轻却经验丰富，曾担任过克利夫兰《老实人报》的见习记者和汤姆·约翰逊（Tom Johnson）市长领导下的改革政府时期的克利夫兰教育委员会秘书。他以克利夫兰为基地，不但向塔贝尔提供了无数的事实，而且还丰富了她的想像力。"告诉您，这位约翰·D·洛克菲勒是美国最奇特、最沉默寡言、最神秘和最有趣的人物，"他在给她的信中说。"这个国家的人对他一无所知。一份精彩的洛克菲勒性格分析将会成为《麦克卢尔杂志》一张有力的王牌。"西达尔起初认为洛克菲勒性格冷漠、毫无幽默感，后来却不得不修改了这个漫画形象。"向我提供材料的人说，约翰确实有一种与各种各样的人——无论是富人还是穷人、黑人还是白人——结为朋友的令人愉快的方法。这更加显示出洛克菲勒性格中令人惊异的复杂性。"

塔贝尔与西达尔所挖掘出的最初的、也是最令人震惊的事实之一是来自一个十几岁的男孩，他曾每月被派到标准石油公司下属的一家工厂里去焚烧资料。一天晚上，他正准备烧掉一些表格，突然注意到一个从前的主日学老师的名字，此人当时是一位独立炼油商和标准石油公司的竞争对手。他草草地浏览了这些送来烧毁的文件之后，意识到它们都是些来自铁路公司的机密文件，上面记录了竞争对手的发货情况。塔贝尔深知标准石油公司冷酷无情，但仍然让这种赤裸裸的犯罪行为惊呆了。她说："与这家公司所具有的了不起的天分和能力相比，这种做法实在卑劣，简直为人所不齿。"这时她才意识到自己受了亨利·罗杰斯的骗。

塔贝尔和西达尔都宁愿采用他们自己都认为不道德的捷径来揭露洛克菲勒。为了刺探洛克菲勒的底细，西达尔让一位在《老实人报》里工作的朋友假冒主日学教师，混进了福里斯特山举行的一年一度的教会野餐会。按照西达尔的吩咐，洛克菲勒的一位老朋友海勒姆·布朗不断地就几件事向洛克菲勒发问，其中包括他对《麦克卢尔杂志》连载文章的反应。洛克菲勒听到对方提起塔贝尔的名字时，长长地吸了一口气以稳定自己的情绪："我跟你说，海勒姆，现在的情况和你我小时候不一样了。这世上到处是社会主义者和无政府主义者。无论谁在哪个行业取得了突出的成就，他们都会横加指责、大肆贬低。"为了弄到洛克菲勒的照片，西达尔请一位朋友假装是洛克菲勒的远亲，在克利夫兰几家照相馆里频频得手。"当然，这些照片都是靠撒谎搞来的，"西达尔提醒塔贝尔说，"我们必须保护这几位过于热心的朋友。"

由于洛克菲勒不愿见塔贝尔，西达尔便想出了一个能让塔贝尔亲眼见一下洛克菲勒的办法。洛克菲勒每年夏天住在福里斯特山时，只有去欧几里德大街浸礼会教堂做礼拜才公开露面。到了20世纪初，这项活动带上了马戏表演的色彩，成百上千的人聚集在教堂外面等着看他。由于塔贝尔的连载文章使观看的人群数量大增，洛克菲勒总是在礼拜仪式开始前小心翼翼地靠近他的保镖问道："那儿有我们的朋友——就是那些记者吗？"即使有平克顿的侦探们混杂在人群之中，洛克菲勒仍然对自己公开露面感到不安。他承认，自己有时很想匆匆离开，不做礼拜了，可又担心人们会说他是个懦夫。在一次星期五晚祷会上，一个激进的煽动分子整晚上都坐在他对面，一只手威胁似地插在衣兜里，使洛克菲勒感到坐立不安，最终取消了他原定发表的有关社会主义的演讲。

他只在教堂里公开露面一事也许有损于他的形象，因为这恰好像老话里说的披着圣人外衣的伪君子。事实上，他去教堂的动机非常简单：除了祈祷能带来精神上的愉悦之外，他不愿意放弃与普通人——其中很多是他的老朋友——接触的机会。教堂里有许多蓝领阶层的教友，这使得洛克菲勒有机会和颜悦色地与一位铁匠或机械工聊天。随着他一步步退回到自家高门的背后，这种日常生活离他越来越远了。

1903年6月14日是个星期天，约翰·西达尔做梦也想不到一个好机会出现了，那天洛克菲勒不仅要在教堂的主日学露面，还要发表一个以"儿童节"为题的简短讲话。西达尔对塔贝尔说："要是我能预先知道昨天发生的事，我本该通知你从泰特斯维尔赶到克利夫兰来过星期天的。"他描述道，洛克菲勒身穿牧师袍、头戴丝质礼帽，坐在布道台前，忧心忡忡地审视着台下的人群。"他低下头，轻声念了一段祷文，然后唱圣歌，一边还机械地点着头、拍着双手。对他来说这都是工作——是他生意的一部分。他以为花一两个小时做了这些事以后，就可以在下个星期避开魔鬼的纠缠了。"几个月之后，西达尔才得知洛克菲勒每个星期天上午还做些不留名的善事：把钱装在小信封里分发给穷苦的教友。"这不会动摇您认为他是典型的伪君子的看法吗？"西达尔当时问塔贝尔，因为他注意到洛克菲勒的内心世界奇怪地分成了各各不同的几部分。"一方面行为正当，一方面又多行不义，一方面败坏政治，另一方面——从他某些本质上看——却笃信宗教。"与他早些时候对洛克菲勒所做的简单化嘲讽相比，这一评价更为丰满、也更加精确。

那年初秋，西达尔得知洛克菲勒在回纽约之前要在主日学发表一篇简短的告别演说，便恳请塔贝尔出席。"我保证弄到能清楚地看到他的座位，"他答应她说。"您将会看到他的一举一动。"他俩打算让插图画家乔治·瓦里安（George Varian）坐在他们中间，画一些洛克菲勒的速写。塔贝尔觉得在教堂里暗中算计洛克菲勒"有点不光彩"，并且害怕被人发现。为了避免这一点，她让西达尔设法安排三四个人高马大的同伙坐在同一排座位上，挡住瓦里安和他的速写本。

那天上午塔贝尔和西达尔走进那间主日学教室后，不禁对屋子里破旧的陈设皱起了鼻子："一间阴暗的屋子，粗俗的深绿色墙纸上描着巨大的金色图案，低劣的彩色玻璃窗，粗笨的煤气管道。"突然，西达尔用力捅了她一下，低声说道："他来了。"出现在门口的那个秃头没有令塔贝尔感到意外。她写道："他的脸显得很苍老——我想这是我见过的最苍老的人，却又是那样的威风！"他慢慢脱下外衣，摘下帽子，把一顶黑色软帽套在秃头上，紧靠着墙坐了下来，这样能一览无遗地看到整个房间——塔贝尔认为这是出于安全上的考虑。他向孩子们发表简短谈话时，清晰有力的声音给塔贝尔留下了很深的印象。在主日学讲话结束后，《麦克卢尔杂志》的人挤在礼堂里的一排座位上等待礼拜仪式开始。塔贝尔觉得很不自在，担心洛克菲勒会从人群中认出她来，但显然他没认出来。

塔贝尔在 1905 年写的洛克菲勒性格分析报告中，着重强调了洛克菲勒烦躁不安的举动：他伸长脖子环顾四周的样子就像在辨认谁是刺客。"对洛克菲勒先生所做的两个小时的观察使我产生了一种未曾预料到的感觉，这种感觉随着时间的推移越来越强烈。我很可怜他。我知道没有比与恐惧为伴更可怕的了。洛克菲勒先生尽管在表情、声音和举止上都显得威风凛凛，但他在害怕——我在心里说，他害怕他的同类。"塔贝尔似乎从未想到，造成这种恐惧也许有她的一份。这种紧张烦躁的行为对塔贝尔来说至关重要，因为它表明洛克菲勒感到自己罪孽深重，感到上帝正在惩罚他，使他无法享用他的不义之财；没有比这种想像更让普通读者感到满意的了。"如果一个人总想知道后果，那么这种不容置疑、无所不能的力量，这堆积如山的财富还有什么意义！"塔贝尔肯定从未想到过，洛克菲勒也许是在教友当中寻找接济的对象。

塔贝尔和同伙尽管提心吊胆，那个星期天上午在欧几里德浸礼会教堂里却未被人发现。那是塔贝尔唯一一次站在洛克菲勒面前。具有讽刺意味的是，他从未有意地把目光停留在这个比任何人都更甚地扭曲、损毁他形象的女人身上。

在她那篇连载 19 期的文章最后，塔贝尔已经把洛克菲勒视作邪恶的化身。她在大多数情况下还能保持冷静分析的笔调，尽管不时会失去控制，使用尖刻的词语，但在 1905 年 7、8 两月连载的那篇言辞恶毒的性格研究报告中，她的复仇之心暴露无遗。她抛去了所有客观公正的伪装，说自己从洛克菲勒的身上看到了"专注、狡诈、残忍和某些无法形容的令人作呕的东西"。她把他描述成一个"活木乃伊"，丑恶、多病、道德败坏而又奸诈卑劣，他的容貌因道德沦丧而变得委琐不堪。洛克菲勒给自己树立的虔诚教徒的形象只不过是"掠夺成性的商人制造出来的一副伪善的假面具。"

> 那场病在过去三四年里把洛克菲勒先生的头发一扫而光，甚至连睫毛和眉毛也没给他剩下，使他的大脑袋一览无遗……他的两颊肿胀，在眼睛下面难看地鼓了出来，脸皮上呈现出一种不健康的苍白。正是这种浮肿、这种不洁的肉体惹人生厌，薄薄的嘴唇则令人胆寒……洛克菲勒先生也许使自己成了世界上最有钱的人，但他同样付出了代价。只有冥冥中的报应会在一个人的脸上刻下这样的皱纹，把他的嘴唇弄成那种可悲的样子。

洛克菲勒可以把塔贝尔对他经商手段的批评视为偏见而不予理睬，但这份性格研究报告却深深地伤害了他。塔贝尔把脱毛症这个曾令他痛苦不堪的疾病说成是他道德沦丧的标志，这使他怒不可遏。塔贝尔指责他即使在自己的教堂里仍感到不安的说法同样令他心烦意乱，因为这是在攻击他终身不渝的信仰。他后来说，他在教堂里从不感到害怕，"因为再也没有别的公共场合比这个老教堂更让我觉得像在自己家里一样，我从 14 岁起就一直来这儿，身边都是我的朋友。"这份显然非常残酷的性格分析文章反而使洛克菲勒断然否定了塔贝尔对他经商手段所做的合乎情理的批评。在洛克菲勒看来，这篇充满恶意的文章是塔贝尔对他心存偏见的铁证。

既然有那么多与洛克菲勒为敌的人想和塔贝尔会面，她必然会见到他最出言不逊的仇敌——他的弟弟弗兰克。科里根事件发生之后，弗兰克拒绝原谅约翰，仍然不时地突然出现在新闻界面前，用激烈的言辞诅咒约翰。《麦克卢尔杂志》刊登那篇连载文章期间，华盛顿一家报纸援引他的话说，他哥哥"因害怕被人绑架而发狂"，又说"荷枪实弹的保镖形影不离地跟着他，随时准备干掉企图绑架他的人"。事实上，弗兰克已经有很多年没见到他哥哥了，只能鹦鹉学舌似的乱说一气。

塔贝尔一直对自己如何见到弗兰克之事避而不谈，但她的文件却揭示出一个令人震惊的情况。西达尔的兄弟当过弗兰克的律师，他却没能安排塔贝尔采访弗兰克。1904年1月，事情有了突破：西达尔得知塔贝尔的文章赢得了两位意料之外的仰慕者——弗兰克的女儿和女婿海伦与沃尔特·鲍勒（Helen and Walter Bowler）。弗兰克通过鲍勒先生当中间人，提出他与塔贝尔密谈的条件："我希望我的家族成员中没人知道这次采访。谁也不能知道此事。我将在加菲尔德大楼我的办公室里见塔贝尔小姐。办公室的职员没人知道塔贝尔小姐是谁。"

按照这些指示，塔贝尔甚至乔装打扮了一番。这回可算得上是漫长的职业生涯中最令她心烦的采访之一了。尽管弗兰克表面上坦率，但他咀嚼烟草，口无遮拦，对他哥哥大发脾气。他那种自怜自哀的夸夸其谈时常使人觉得他是个精神错乱的人。后来，塔贝尔在她的文档里匆匆写下了这次采访的印象，包括他那些没有公开发表的言论。

> 他似乎隐隐约约意识到，和我交谈既不自然也不正常，但他充满怨恨、不能自持。他一开始谈到他哥哥时称他为"那人"。"我和那人毫无关系，"他说。"我从来不想见他。8年来我只见过他一次，而且纯属偶然。他毁了我的生活。逼得我妻子几乎精神失常，两年前我不得不送她进疗养院，她在里面待了将近一年，完全是因为那人对我怀有仇恨而造成的。"他说："我读了你写的每一篇文章。其中有一些我

读了两三遍。我从前不知道还有这样使我以及那些与我来往的人如此感兴趣的文字。"

对兄弟俩之间的恩怨一无所知的塔贝尔坦言，她未曾想到弗兰克会主动提供材料。作为一个办事利落、讲究实际的新闻记者，她无论多么欢迎他提供的信息，却仍然对他流露出来的丑恶情绪深感惊骇。不难想象，弗兰克从自身利益的角度没完没了地谈起了科里根一案。他把约翰说成是虐待狂，借钱给别人，然后占有别人的抵押品，如果对方还不出钱，就毁了对方，并以此为乐："被他取消赎回权的处于困境中的人的抵押品能铺满整个克利夫兰。"塔贝尔尽管最终认为约翰·D·洛克菲勒在对待科里根的问题上问心无愧，却依然随意援引了这个起诉洛克菲勒的原始案卷中的许多内容，以此来掩饰她是站在洛克菲勒一边的。

除科里根案件之外，弗兰克几乎没有提供任何其他事实，只是一味地发牢骚。他告诉塔贝尔，约翰只有两个志向：聚财和长寿。他甚至责骂塞迪，说她是个"狭隘、吝啬，假装虔诚"的女人，她最大的目标就是"让大家说她是个虔诚的基督徒，让世人知道她家有多么虔诚，多么融洽"。弗兰克认为，塞迪是个狡诈、贪婪的伪君子，一心想让约翰的慈善行为广为人知，使之带有适当的宗教色彩。弗兰克后来与塔贝尔的一个助手交谈时，又给这番可怕的描述添油加醋道："（约翰）有一种幻觉，认为上帝指派他掌管天下所有的财富，而他这样做却毁了周围的人。我告诉你，你把这些话发表出去后，人民会奋然而起，用石块把他赶出社会……他是个恶魔。"

弗兰克还说了两件让塔贝尔大为吃惊的事。首先他告诉她："我请你来的真正原因是，我希望有一天自己来写我哥哥的生平传记。我自己不会写。你能做我想做的事，我想知道你是否愿意用我的材料来写这本书。"塔贝尔可不想做弗兰克·洛克菲勒的捉刀人。但是，她又不想得罪他，于是敷衍地说了些如果编辑之余有时间则乐意效劳之类的话。接着，弗兰克为他对哥哥讲的那些疯话加了一段异乎寻常的结尾："我知道你觉得我满腹怨恨，这不大正常，但这个人毁了我的一生。连我自己都不明白我为什么没有把他杀掉。肯定是上帝不让我干这种事，因为我想过不下一百次，如果我在街上碰见他，准会一枪打死他。"

塔贝尔没有引用这些背景谈话，而且在文章里隐去了弗兰克的名字。但弗兰克的这些胡言乱语本应使她意识到，在对待科里根案件时应极为谨慎。然而，她一时失去了判断力，在使用弗兰克提供的材料时竟然如此草率，不加鉴别，难怪洛克菲勒不无道理地指责她在写这件事时带有很大的倾向性。

弗兰克没有打碎他哥哥脑袋的主要原因也许是，他不想杀掉他的主要财东之一。他无法克制自己的投机欲望，在1907年经济恐慌期间又向威廉借了一笔18.4万元的救急贷款。弗兰克有所不知——但肯定疑心过——约翰为这笔贷款提供了一半担保，把弗兰克在堪萨斯州牧场里的800头牛和100头骡子作为抵押。事实上，在弗兰克去世前，约翰·D一直替他背着这笔债，尽管到了1912年初，弗兰克又在记者面前大谈特谈他哥哥，约翰则派了一位律师去告诉那个以怨报德的弟弟那笔他长期赖以为生的钱的真正来源。

从1902年11月到1905年8月将近3年的时间里，艾达·塔贝尔不断向洛克菲勒和标准石油公司开火却没有受到回击。一家报纸大声问道："笔杆子难道比钱袋子更强大吗……一个弱女子艾达·塔贝尔难道比百万富翁约翰·D·洛克菲勒更有力量吗？"正如塔贝尔的文章所表明的那样，新闻媒体拥有与被它们报道的商业机构相抗衡的实力。自相矛盾的是，塔贝尔越是指出标准石油公司的势力如何邪恶，她越是证明了相反的一面。有时，连她自己也对标准石油公司的温和态度感到不可思议。她在1903年2月给西达尔的信中说："十分有趣的是，文章已经开始登了，而我居然没有像我的一些朋友预言的那样被人绑架或是以诽谤罪告上法庭，人们愿意和我无所不谈。"

现今大公司都拥有大批的公关人员，一有风吹草动就倾巢而出。从这样的角度来看，标准石油公司一言不发似乎是一个令人费解的失着。塔贝尔的文章漏洞百出，换上现在的公关专家，肯定能对她的可靠性提出质疑，并且以诽谤罪相威胁，使塞缪尔·麦克卢尔失去信心。举例来说，洛克菲勒完全可以揭穿巴克斯寡妇的故事是一场骗局。1905年春天，他曾考虑过对塔贝尔提起诉讼，因为她指责说，当提问者误将"改造南方公司"

说成"改造南部公司"时，他回答对此一无所知是在做伪证。塔贝尔发表了分析洛克菲勒的性格的文章之后，洛克菲勒授权弗吉尔·克兰就她对科里根案件的说法提出异议。克兰指出，塔贝尔的荒谬说法大都是从当年起诉洛克菲勒的诉状，而不是从该案后来的申辩证词中得来的。"克兰先生说我引用的是诉状而不是证词中的内容，"塔贝尔当时平心静气地在一篇内部备忘录里写道。"我确实是这么做的，而且看不出有任何理由不该这样做。"洛克菲勒如果提出有力的质疑，也许会动摇塔贝尔的信心，并且使读者对她的资料来源产生疑问。

《麦克卢尔杂志》的连载文章表明，工业巨头在 19 世纪惯于采取"让公众见鬼去吧"的态度，此时若再这样说很容易成为爱揭短的新闻记者的猎物，以满足急于看到揭露不法行为报道的公众。美国人对百万富翁怀有一种相互矛盾的崇拜心理，一方面充满羡慕之情，一方面又巴不得看到这些崇拜对象受到惩罚、名誉扫地。那么，洛克菲勒为何坚持采取这种自我拆台的沉默态度呢？一方面，他根本不想纠缠到诽谤诉讼里去。"生命苦短，"他写信给帕马利·普伦蒂斯说，"我们没时间去关心那些既愚蠢又无原则的人写的报道。"另一方面，他也担心如果他以诽谤罪提出诉讼，反而抬高了那些针对他的指控，只会使那些非议旷日持久地延续下去。一天在福里斯特山周围散步时，一位朋友建议他对塔贝尔的诽谤做出回应。就在这时，洛克菲勒看到一条虫子从小路上爬过。"如果我踩那虫子一脚，就会引起大家对它的注意，"他说。"要是我不理它，它自己会消失的。"有时则是因为他正牵扯在其他案件里，无暇对此做出回应。

不过，洛克菲勒保持缄默的主要原因是，他不可能不在驳斥塔贝尔的一些论断的同时承认许多其他论断的真实性，在众多漫无头绪的错误背后确实隐藏着赤裸裸的真相。盖茨敦促洛克菲勒就巴克斯事件和指控他在改造南方公司案中做伪证一事反驳塔贝尔，他说他能够这样做，但是"事情一旦超出巴克斯事件和改造南方公司案，就有可能不得不把老底全都端出来"——他不想走到那一步。两个月后，塔贝尔本人也在《麦克卢尔杂志》上做出了相似的结论："他自我控制的能力向来很到家——他比任何人都清楚，回答意味着引起讨论，回答意味着引起人们对其中事实的关注。"

洛克菲勒声称，他根本没想过看一眼《麦克卢尔杂志》，但这个说法被塞迪的护士兼女伴阿黛拉·普伦蒂斯·休斯（Adella Prentiss Hughes）无意中揭穿了，她在1903年春天曾随洛克菲勒夫妇坐火车去西部旅行。"他喜欢听别人给他朗读东西，在那几个月里，我给他读过塔贝尔的抨击文章，"她回忆说。"他若有所思地听着，兴趣很浓，毫无恨意。"他不时冒出几句有关"他这位女朋友"或"柏油桶小姐（塔贝尔与柏油桶英语发音相似）"的俏皮话，却不愿就她的文章进行严肃的讨论。"一个字也别提，"他说。"关于那个误入歧途的女人，一个字也别提。"然而，他的办公室却一直在随时向他报告她提出的种种指责。

尽管如此，洛克菲勒的确从来没有郑重其事地坐下来读她那些鞭辟入里的控诉文章。"我认为我没读过艾达·塔贝尔的书：我可能随便翻过，"他在10年后这样说。"至少我不知道这本书在那些毫无敌意的人心目中意味着什么？"威廉·英格利斯在1917年开始采访洛克菲勒并且给他朗读塔贝尔书中的某些片段时，越来越清楚地看到，洛克菲勒对这篇连载文章只是隐隐约约知道一点点。同样明显的是，在泰然自若、不为所动的假象背后，他还是很生气。他私下对她的评论总是以大声嗤笑或冷冷的嘲讽为主，尽管当众从未流露过这种态度。"和一向歇斯底里的可怜的劳埃德相比，她可聪明多了！她不管有多么不公正，至少能把事情说得既清楚又吸引人。她的确写得不错。"与此同时，他深信这个油溪的女儿"情绪如此激动，主要是出于她父亲、兄弟和一些邻居无法和标准石油公司做得一样出色而造成的嫉妒心理"。塔贝尔的连载文章不仅没能使他后悔和反思，反而更加坚定了他对自己事业的信心。塔贝尔如果看到洛克菲勒在1905年7月写给阿奇博尔德的信的话，该有多么沮丧，信中说："我从来没有比现在更加强烈地意识到，管理好我们的企业有多重要——控制住它并且在世界每一个角落发展它。"

面对塔贝尔的猛烈抨击，极其骄傲的洛克菲勒不肯让世人知道他受到伤害而心满意足。新闻界纷纷对他这种反应做出猜测。底特律的一家报纸这样写道："洛克菲勒先生的朋友们说，那对他简直是残酷的惩罚，那些攻击令他感到痛苦不堪。"费城的一家报纸也附和说："这位世界首富在福里斯特山低着头一坐就是半天……他再也没兴趣打高尔夫球了；他变得郁郁寡欢；和雇员们交谈时也不再那么自如，如今他只是在不得不说话的时候才开口，三言两语、心不在焉地发完指示了事。"这些报导说的多半都是公众的报复心理，而非洛克菲勒的实际反应。事实上，他从未受到过负罪感的折磨，照样打他的高尔夫球。

但是，面对批评他其实比自己承认的要脆弱。在这段时期里，他与儿子的关系越来越融洽，儿子成了他无话不说的密友，因为此时塞迪病魔缠身，难以承担这一角色了。小洛克菲勒回忆说："他总是对我说起那些针对他的指责，我觉得这么做会使他心里轻松些，因为他虽然表面上刀枪不入，内心却很敏感，但每次谈到最后他总是说："我说，约翰，我们得忍着点儿。我们成功了，这些人却没有。"即便是老约翰·D·洛克菲勒，在遇上麻烦时也需要聊聊天，宣泄一下。

洛克菲勒的子女从小到大一直受的是严格的道德与宗教教育，看到自己的父亲被人当成商界罪犯加以揭露，一定会觉得茫然不知所措。他们怎能把《麦克卢尔杂志》上大肆渲染的掠夺成性的洛克菲勒与他们所尊敬的父亲对上号呢？他们和往常一样，宁可毫无保留地相信父亲是正直的，这种信任在很大程度上是出于宗教式的忠诚而非出于任何事实依据。

老洛克菲勒可能会泛泛地谈起塔贝尔对他的种种指责，但从不做任何具体的反驳，这使他儿子感到特别难受，因为小洛克菲勒对父母的德行向来是他们说什么就是什么。小洛克菲勒总是受到种种焦虑的折磨，这些焦虑随着《麦克卢尔杂志》的连载文章一期接一期地发表而日益加重。1904年底，他备受偏头痛和失眠的折磨，精神几近崩溃。于是，遵照医生的吩咐，他和艾比带着襁褓中的女儿巴布丝在1904年10月乘船去了法国戛纳，差不多有1年没回百老汇26号上班。他们游览了迷人的朗格多克地区的乡间小镇，驱车周游了阿尔卑斯山靠海的地区，徜徉在英国风格的步行街上。由于小洛克菲勒的病老是不见起色，他俩便把原定逗留的时间从1个月延长到了6个月。他神经衰弱的原因，有人说是工作过度造成的，有人说是由于过度劳累，有人则说是性格认同危机所致，但他自己私下认为是塔贝尔的文章造成的，外加两桩接踵而来的争议——"肮脏钱"和他担任读经班班长这两件事。

塔贝尔的文章连续发表期间，洛克菲勒和妻子、儿子以及3个女儿中的两个都患了重病或神经紧张症。1903 年，洛克菲勒患了严重的支气管病，不得不到圣迭戈附近去疗养。那年春天，贝西因中风或心脏病而精神错乱，4 月，她丈夫查尔斯·斯特朗带她去了戛纳，她和小洛克菲勒可能在那儿接受过同一批精神病专家的治疗。1904 年 4 月，塞迪突然发病，半身瘫痪，用了两年的时间才复原。最后，1905 年 4 月，生下女儿玛蒂尔德后患上抑郁症的伊迪丝去了欧洲。洛克菲勒一家不愿让世人知道他们的不幸，这是可以理解的。塔贝尔的文章让他们付出的代价和许多其他事情一样，被小心翼翼地掩盖了起来，不让世人和子孙后代知道。

洛克菲勒受到的最痛苦的人身攻击不是塔贝尔揭露他诈骗，而是她在对洛克菲勒的性格分析文章里描绘他父亲时所进行的中伤。洛克菲勒一直自称自己的父亲和母亲一样品德高尚。即使到了晚年，他依然对一个孙子说："我从我父母那继承了很多长处，打下了良好的基础。我很尊敬他们，他们过世那么多年了，我还常常盼望见到他们。"可是，全国各地的读者那时都知道他父亲是个多面人：洛克菲勒大夫、万应灵药推销商、一事无成、犯有重婚罪、长年不回家。最令洛克菲勒感到羞辱的是，塔贝尔挖出了他年代最久、埋藏最深的耻辱：19 世纪 40 年代末老比尔在摩拉维亚被指控犯有强奸罪。

此时，洛克菲勒已很少和他年迈体弱的父亲来往，而他父亲的脾气越来越古怪，经常通过洛克菲勒同样也不爱搭理的弟弟弗兰克急不可待地向他要这要那。塔贝尔纯粹出于运气才发现了"洛克菲勒大夫"的存在。1903 年 4 月的一天，J·M·西达尔正在与洛克菲勒的妹夫、好脾气的威廉·拉德打电话，拉德无意中提起威廉·埃弗里·洛克菲勒还活着。拉德也许一开始没有意识到承认这事的严重后果。"啊，是的，老爷子还活着。他在西部，一会上这儿、一会儿去那儿。我最后一次知道他的消息时他在达科他。我们不知道他眼下去了哪儿。"

西达尔目瞪口呆地坐在那儿，几乎不相信自己的耳朵：再没有比这更为轰动的独家新闻了。他一放下电话，就打出一份报告给塔贝尔。

> 我一直以为洛克菲勒的父亲已经死了好多好多年了，却在不到 5 分钟前从电话上得知老头子还活着，我惊诧得简直无法形容……我有

生以来从没这样惊讶过……在我印象中，别人一次又一次对我说老头子早在很多年前就死了。我敢肯定，从Ｗ·Ｃ·拉德今天对我说话的态度上看，这事背后有不可告人的秘密。

此时，西达尔手上有了引导他和其他记者进入一个大迷宫进行调查的线索。西达尔通过他哥哥向弗兰克·洛克菲勒的秘书探问此事，从他那儿得到了一个有用的暗示："洛克菲勒大夫"不是住在北达科他州就是住在南达科他州。西达尔告诉塔贝尔："他不知道具体地点，而且坦率地——但也是偷偷地——告诉我说，他不敢向弗兰克或家族的任何成员打听此事。"这使此事变得更加神秘了：洛克菲勒为何这样彻底地把他父亲从他的生活里抹去呢？西达尔随后敦促克利夫兰《老实人报》的一名记者装出漫不经心的样子问比格医生，他最近随洛克菲勒去西部旅行时是否曾绕道去看望过洛克菲勒大夫。起初，比格一下子就入了套儿。"没有，我们没去达科他，"他不假思索地说，紧接着又意识到自己说漏了嘴，便再也不肯开口了。西达尔与塔贝尔最大的成功就是争取到了洛克菲勒的老朋友海勒姆·布朗的帮助，此人是塔贝尔在为写关于林肯的书进行调查时结识的。布朗在福里斯特山与洛克菲勒所做的一次拐弯抹角的闲聊中，试探着问起他父亲，引出了下面这段对话，塔贝尔在调查档案里是这样记录的：

"噢，先生，我猜老爷子快不行了。他实在太老了。他现在住在衣阿华州锡达县锡达谷附近的一个农场里。他什么都不行了。要知道，他都93岁了。据说他聋得连一个字都听不清了。他的几个侄女对他照顾得挺好。他住在那儿因为那个农场是他的……因为那是他最乐意住的地方。"

"我说，约翰，他真是个滑稽、爱逗乐的老头儿啊，"布朗说。

"没错，"约翰答说。"据说老爷子成天躺在床上骂骂咧咧的。我最后一次见他还是3年前他来这儿的时候。"最后这句话是指约翰在福里斯特山为老比尔和他那些老朋友举行的那次聚会。

艾达·塔贝尔在1904年采访弗兰克·洛克菲勒时，弗兰克从自己的利益出发描述了约翰与比尔的最后决裂。比尔在90岁时决定把他价值8.7万元的财产平均分给4个仍在人世的孩子。按照弗兰克的说法，约翰希望在他应得的1/4财产之外，比尔还得归还一笔尚未偿还的3.5万元借款。比尔勃然大怒，认为自己的赠款能抵消那笔借款。塔贝尔在一份备忘录里这样转述弗兰克的话道："老人气极了，不肯再回家。他说他决不和他儿子住在同一个州里。"塔贝尔一点点地揭开比尔神秘的生活时，并不知道这些年来比尔和弗兰克的所作所为有多恶劣，不知道他俩向约翰借了多少钱，也不知道他俩对他大肆攻击有多么不公正。塔贝尔未能追踪到"洛克菲勒大夫"的底细或是解开他双重生活之谜，但她发现他仍然在世一事引起了一场全国性的轰动。

对这件事入迷的人当中包括猛烈抨击标准石油公司是最无情之托拉斯的《世界报》发行人约瑟夫·普利策。普利策向读者提供的是由粗俗无聊的故事和揭发商界劣迹文章组成的大杂烩。"金钱是当今的一大势力，"他宣称。"男人为之出卖灵魂，女人为之出卖肉体。"他希望清洗掉资本主义中粗俗的多余成分，使更为文明的资本主义得以繁荣昌盛。他对洛克菲勒特别怀有敌意，指责他是"托拉斯之父、垄断者之王、石油业的沙皇，"是"无情地毁掉所有竞争对手"的人。因此，"洛克菲勒大夫"的故事简直是一个把标准石油公司的恶名与洛克菲勒家族丑闻的作料掺和到一起的天赐良机。为了引起更大的轰动，普利策出价8000元，作为对提供有关洛克菲勒之父资料的人的奖赏，从而在全国掀起了一场大搜查。

成群的新闻记者的调查工作很快就受阻，这要归功比尔无与伦比的双重身份。当然，这也需要有一点儿运气。《麦克卢尔杂志》为塔贝尔的性格分析文章配了一张洛克菲勒父亲的照片后，伊利诺伊州弗里波特的许多居民惊异地发现，照片上的人就是威廉·莱文斯顿医生。说来也怪，塔贝尔笔下的"洛克菲勒大夫"的许多特征使他们想起当年这位性情古怪的邻居。《弗里波特每日新闻报》与《麦克卢尔杂志》取得了联系，说他们也许误登了威廉·莱文斯顿的照片。《麦克卢尔杂志》对这一含蓄的批评大为不悦——他们丝毫没有意识到弗里波特这位编辑的质疑所隐藏的真相——回信说洛克菲勒父亲的照片绝对是真的。令人惊讶的是，全国新闻界竟然对伊利诺伊州弗里波特一带流传的种种谣言毫无觉察。

急不可待的普利策派手下一位大腕记者斯莱特（J. W. Slaght）前往克利夫兰，希望很快能有结果，可是两周之后，疲惫不堪、垂头丧气的斯莱特步履沉重地返回了纽约。他在给普利策的一篇充满绝望的备忘录里强调说，寻找洛克菲勒之父要付出巨大的努力，并且暗示这是一件吃力不讨好的苦差事。他希望这事就此结束。"报告送达普利策先生不久，我就接到指示把调查工作继续下去，直至找到洛克菲勒的父亲，不论花费多少时间和费用，"斯莱特10年后向威廉·英格利斯透露道。"看来这个故事把普利策先生给迷住了——世界首富的父亲消失了，这个刺激的神秘故事会让所有人都感兴趣。"

"洛克菲勒大夫"如此彻底地抹掉了自己的踪迹，斯莱特只得到一点点蛛丝马迹。几年前在福里斯特山的那次聚会上，老比尔曾诡秘地告诉他的老伙计们说，他住在西部某个地方，并且在附近的湖里打"短尾天鹅"。斯莱德向一位博物学家请教，得知短尾天鹅是一种在阿拉斯加部分地区繁衍生息的大雁的别名。倒霉的斯莱特带着这个粗略的信息和一张"洛克菲勒大夫"的照片出发了，从一个湖找到另一个湖。他走遍阿拉斯加后，却听说有人在印第安纳州见过比尔，便开始了又一轮毫无结果的搜寻。他一度挨家挨户地兜售剃须刀，企图从当地多疑的德裔农民口中打听出一点消息来。"我敢打赌，为了卖那些该死的剃须刀，我一天要刮十到十五次胡子，把脸都刮疼了。"脸虽然刮得干干净净，斯莱特还是空手而归。

在万般无奈的情况下，他向弗兰克·洛克菲勒求助，因为他是唯一与这个幽灵直接联系的人。斯莱特用糖果和戏票买通弗兰克的秘书后见到了弗兰克，可弗兰克也和约翰一样竭力掩盖有关其父的情况。他对斯莱特的询问深感不安，直截了当地提出要跟斯莱特做个交易：如果斯莱特停止调查，弗兰克便回报给他有关其兄的轰动性调查结果。为了提高这笔交易的诱惑力，弗兰克从抽屉里翻出一份手稿，厚得就像一本电话簿，不由人不动心。

斯莱特往纽约匆匆打去几个电话后，《世界报》编辑部同意把对"洛克菲勒大夫"的调查暂停60天，条件是允许他们刊登弗兰克痛斥他哥哥约翰的手稿。从未与弗兰克打过交道的斯莱特天真地相信了对方。可是等到约定的期限过后，弗兰克却不回电话，弄得斯莱特别无选择，只好在克利夫兰的一条大街上截住了他，直截了当地提醒他《世界报》这一边已经履行了他们在交易中答应的事情。作为交换，他要求拿到手稿。"不行，先生，"弗兰克厉声说道，"一个字也别想拿到。"斯莱特大为吃惊，说

《世界报》要刊登弗兰克在他的办公室里对约翰所说的那些煽动性言论。"你要是敢登,"弗兰克回敬他说,"我就宰了你。"弗兰克不管多么痛恨约翰,但肯定害怕公开发表言论会断绝两个哥哥给他的借款。

1907年8月,《世界报》在"洛克菲勒大夫"调查中仍然一筹莫展,便刊登了一年半以前采访弗兰克的记录。"我父亲还活着,而且活得很好,"他们援引目中无人的弗兰克的话说。"他谁也不靠。他对约翰提供的财政援助嗤之以鼻,也不要我的钱。他自己有办法,完全能满足他的一切需要。"接着,他公开对他哥哥的疏远行为进行了奚落:"去问约翰我们的父亲在哪儿吧:告诉他是我让你去问的,谅他也不敢说。"那时,普利策手下的记者们正在不可思议的压力下拼命寻找新的线索。由于威廉·伦道夫·赫斯特也派记者投入了调查,普利策(他在内部通讯密码中用"贪婪"一词作为洛克菲勒的代码)决不能听任别人占先,便拿出一大笔现金,奖励给能破解这个谜的记者。为了给已经黔驴技穷的斯莱特打气,他又派了一名记者、《圣路易斯邮报》的A·B·麦克唐纳参加搜寻工作。

在给这场全国性大搜寻划上句号以前,让我们先把比尔那些年生活上的几段空白补上。比尔老得不能再旅行了,便放弃了四处游荡的生活,大部分时间都呆在伊利诺伊州的弗里波特。他还像以前一样饶舌,成天摆弄他那几杆枪,讲他打猎的故事(无论是谁,只要有人爱听就行),或是吹嘘他在北达科他州的牧场和良种马。他去弗兰克的牧场做客时,常坐在门廊上朝着靶子射击,那是弗兰克为供他消遣竖在那儿的。1904年的一个晚上,当时已94岁、体胖多病的比尔往椅子上坐时坐了个空。他试图抓住什么东西以免跌倒,不料却摔折了上臂,这下摔得太厉害,估计活不了多久,有必要通知他最近的亲属。直到这时,玛格丽特·艾伦·莱文斯顿才知道她丈夫是一个重婚者,有5个孩子,其中一个还是世界首富。她是个正派女人,又是第一长老会和妇女基督教禁酒联合会的积极分子,发现真相后一定大为震惊。

人们有理由猜测,约翰就是在这时见到的玛格丽特·莱文斯顿。负责照顾比尔的护士J·B·金里奇太太说起过,当时有一位从东部坐私人火车包厢来的不速之客,那人小心翼翼地从侧门溜进了屋子,而且等她和医生离开后才进比尔的房间。她记得比尔正痛苦不堪地躺在那里时,自己却听到那人在隔壁房间里来回踱步。有人怀疑这个神秘人物就是约翰·D，因为威廉从来不采取这些特别的安全措施。如果那人确是约翰·D的话，这该是他第一次亲眼看到这位他从未承认其合法身份的父亲的外室。

比尔康复后尽管仍然很健谈，却常常神志不清。"他即使病成那样，无论清醒还是糊涂的时候，还是一副快活的样子，"金里奇太太说。"他谈起自己在东部的大生意。时而唱一支关于井底之蛙的小曲，时而唱一首摇篮曲，说这是将近100年前他还是个婴儿时他妈妈经常唱给他听的曲子。"比尔好像甩掉了多年来掩盖他双重身份的伪装，思绪常常回到早年在纽约北部以"洛克菲勒大夫"的身份度过的那段日子。他在1906年弥留之际神志恍惚，反反复复、含糊不清地喊着他第一次婚姻所生的5个孩子的名字——约翰、威廉、弗兰克、露西和玛丽·安。他有时还盯着忠心耿耿的玛格丽特看，接着又突然喊道："你不是我的妻子。伊莱扎在哪儿?"

玛格丽特多年来一直被比尔的大话蒙在鼓里，以为她和丈夫极其富有，可是那段日子充满了令她痛苦的意外发现。比尔在生病期间付不起医疗费，竟然打算当掉他那颗总是别在衬衫前襟上的华丽的大钻石。比尔去世的那天晚上，玛格丽特拿不准洛克菲勒会作出什么样的反应，一时不知如何是好。她好像把比尔的遗体在当地公墓里存放了好几个月，等着有人将其运回克利夫兰。由于洛克菲勒家没有任何表示，她便把遗体送到奥克兰墓地，葬在了"橡树丧钟"区。尽管人们一向认为比尔死于1906年5月11日，可是洛克菲勒在1906年1月的文件中突然提到了比尔的遗产，这表明5月11日也许是比尔下葬的日子，不是他去世的日子。只有弗兰克和皮尔森·布里格斯（Pierson Briggs）参加了这个迟来的葬礼，比尔被安放在一副没有上漆的普通棺木中下葬，坟墓上也没有任何标志。玛格丽特为自己将来的日子担忧，这一点得到了证实：她付给掘墓工人3块钱，却再拿不出1块钱请人用砖在墓上加一个拱顶，这在当时是最起码的做法。直到5年以后——那时玛格丽特也不在人世了——比尔的墓上才竖起一块花岗石墓碑，上面凸刻着"莱文斯顿"这个名字。洛克菲勒的后代即便有人知道威廉·埃弗利·洛克菲勒被人用化名埋在那里，知情者也寥寥无几。

有关比尔一生错综复杂的谜团在他去世后两年即1908年最终被揭开

了，当时威斯康辛州的麦迪逊有位药剂师告诉 A·B·麦克唐纳，他在弗里波特有位朋友兼同行叫乔治·斯沃茨（George Swaitz），此人曾多年向一个名叫威廉·莱文斯顿的医生提供自己调制的药品。斯沃茨一直疑心那人用的是假名，有一天他从塔贝尔的连载文章里看到莱文斯顿医生的照片，证实了自己的猜疑。麦克唐纳得知这一消息后去了弗里波特。当他亮出一张比尔·洛克菲勒的照片时，大家众口一词地认为那就是莱文斯顿医生。接着，他按响了克拉克西大街上一户私人住宅的门铃，开门的是一位举止优雅、70 出头的老太太，她一头银发，戴着一顶镶有花边的软帽。那位记者说明来意后，玛格丽特·艾伦·莱文斯顿扬了扬双手，抽泣起来。"我一直在想什么时候你们当中会有人来找我，"她抽噎着说。"我一直害怕会有这一天，因为我知道既然我丈夫已经死了，这个秘密不可能永远保持下去。"麦克唐纳问威廉·埃弗利·洛克菲勒与莱文斯顿医生是不是同一个人，她答道："要是想知道真相，去问那一头吧。""哪一头？""去问约翰·D·洛克菲勒。要是他愿意，让他告诉你吧。这事不该由我来说。我和我丈夫一起幸福地生活了 50 年。他既善良又忠实。这就是我能说或者愿意说的一切。我要做个从一而终的女人。"她在屋里摆着她和丈夫的照片——事实上，麦克唐纳在壁炉架上看到一幅与他手中的照片一模一样的蜡笔画——并且在分手时对来访者说："我希望你能让我和亡夫不受打扰。"

为了消除萦绕在脑际的所有疑问，麦克唐纳去当地的图书馆找到一份讣告，日期是 1906 年 5 月 11 日，上面写着：威廉·莱文斯顿医生享年 96 岁，是弗里波特迄今为止最长寿的人。讣告上写明他的出生日期是 1810 年 11 月 13 日——与"洛克菲勒大夫"的生日相同，这样便揭开了这个大谜团。麦克唐纳终于从普利策的难题中解脱出来了。

1908 年 2 月 20 日，纠缠了约翰·D·洛克菲勒一生的噩梦突然变成了粗体字公之于众。《世界报》在头版以"《世界报》揭开洛克菲勒之父双重身份之谜"为题大作宣传。这份报道占据了通常只有大选或是重大自然灾害题材才有的版面，先在头版上登一个专栏，然后又占了整整第二版。文章中最有说服力的证据是并排刊登的威廉·埃弗利·洛克菲勒和威廉·莱文斯顿医生两张一模一样的照片。文章概要地叙述了他的双重生活：长达 51 年的重婚史，以江湖郎中的身份在达科他居民中间无拘无束地生活，最后埋葬在一个没有标记的墓中等事实。这份报道比任何通俗小报编造出来的故事都离奇古怪、难以置信。对于一辈子想出人头地的老比尔来说，这个愿望在他死后以一种异乎寻常的方式实现了。

洛克菲勒的档案没有记载对《世界报》这份报道所做的任何公开或私下的反应。他的朋友从不敢问他对此作何反应，他的家人则装做这篇文章根本不存在似的。有两个公开的反应引人瞩目。第一件是，弗兰克决意再次乘机捣乱，他公开否认他父亲是个重婚者，甚至否认他已经死了。"和人们此前所讲的其他故事一样，这个报道也是个毫无根据的谎言。我父亲的下落只和他的直系亲属有关，不干别人的事。他喜欢过这种隐居日子，因为这让他感到自在，免得受到各种各样的怪人侵扰，打破他平静、安宁的退休生活。"

第二件是，报道引起了查尔斯·约翰斯顿充满情感的反应，此人即比尔当年在达科他行医时那个相貌英俊、皮肤黝黑的年轻弟子和旅伴。约翰斯顿看到《世界报》的揭露文章后吓坏了，他怕如果他和比尔非法出售成药的事被人发现，就会失去行医执照。比尔死后，他不再受保守秘密的诺言的约束，对《世界报》说："多年来，我一直纳闷这个秘密为何能保守得这样严密。它在我心中锁了 25 年，有人却知道得一清二楚；我也一直在想，这事何时能公之于众。"为了保住自己的职业，他充满感情地把比尔说成是"天生的治病好手"，而不是狡猾的江湖医生。多年之后，当他再也不必担心会受法律审查时，才比较真实地讲述了他和比尔的行骗历史。查尔斯·约翰斯顿对比尔的怀念之情也许胜过其亲生子女，他告诉《世界报》说，自己仍然珍藏着比尔送他的那把小提琴，因为当时比尔年纪太大，而且还患有痛风病，不能再拉琴了。他还公开呼吁洛克菲勒家族原谅这位曾经犯过错误的人。"我想该是约翰·D·洛克菲勒和他弟弟承认比尔是他们父亲的时候了，因为现在全世界都知道这回事了。"

洛克菲勒对约翰斯顿的呼吁置若罔闻，他似乎从未原谅过他父亲，尽管很可能正是他父亲的怪诞行为促使他去过度地追求金钱、权力和责任。比尔的遗体一直没有运回克利夫兰，他的花岗石墓碑是从玛格丽特·莱文斯顿微薄的遗产里拿出的钱付的账。

注释

①纽约在 1625—1664 年间的旧称，当时是荷兰的殖民地。

②Henry George，1839—1897，美国经济学家，主张征收"单一地价税"，取消其他捐税。

③Robert La Follette，1855—1925，美国政治家，曾任众议员、参议员和州长，提出改革主张和保护劳工。

④William Randolph Hearst，1863—1951，美国报业巨头，创建赫斯特报系。

⑤18 世纪法国大革命时期代表大工商资产阶级利益的政治集团。

⑥Louis Pasteur，1822—1895，法国微生物学家，发明巴氏消毒法和狂犬病预防接种法。

⑦Emile Zola，1840—1902，法国自然主义文学作家，代表作有《萌芽》等。

⑧曼哈顿的一部分，是作家和艺术家的聚居地。

⑨Rudyard Kipling，1865—1936，英国小说家、诗人，1907 年获诺贝尔文学奖。

⑩John Tyndall，1820—1893，英国物理学家，研究气体辐射热。

⑪Frank Norris，1870—1902，美国小说家。

⑫Stephen Crane，1871—1900，美国小说家、诗人。

⑬Willa Cather，1876—1947，美国女小说家。

⑭O. Henry，1862—1910，美国短篇小说家，著有名篇《麦琪的礼物》等。

⑮Damon Runyon，1884—1946，美国新闻记者、作家。

⑯Booth Tarkington，1869—1946，美国小说家、剧作家。

⑰Lincoln Steffens，1866—1936，曾任该杂志总编，以揭露商界和政界黑幕著称。

⑱Ray Stannard Baker，美国记者、作家，曾获普利策奖。

⑲P. T. Barnum，1810—1891，美国游艺节目演出经理人，以展出奇人怪物而著称。

23　愚者的信念

　　假如洛克菲勒在 1902 年塔贝尔开始发表连载文章之前就去世了，那么如今人们几乎无不认为他是个在生意场上恃强凌弱、心胸狭窄的人，是 19 世纪末期贪婪的美国工业的化身。然而，就在那些专事揭丑的记者们向公众宣传洛克菲勒就是魔鬼降生的时候，洛克菲勒本人却越来越多地投身于慈善事业。他如此令人不解——直到今天人们对他还是爱恨交织——的原因是，他身上好的一面如此之好，恶的一面也如此之恶。历史很少产生过性格如此矛盾的人物。在百思不得其解之后，我们几乎只能这样假定，世上至少有两个洛克菲勒：一个是虔诚的善人，一个是背弃教义、动机卑鄙的商人。令我们更感迷惑的是，从标准石油公司首脑到慈善帝国的君主，洛克菲勒丝毫不觉得这两者之间有什么不相称的地方。他没有把退休生活看成是在为自己赎罪。他如果地下有知的话，一定会非常赞赏温斯顿·丘吉尔①后来对他的评价：“标准石油公司的这位缔造者不认为自己有必要为进天堂而花钱堵住众人的嘴！”洛克菲勒始终认为，自己在标准石油公司时提供了那么多的就业机会，生产出人人都买得起的煤油，与之相比，他那些大规模的善举则相形见绌。

　　当他的财富积攒到了难以想象的程度时，约翰·D 还保留着他那种神秘的信念：上帝给他钱是为了造福于人类。显然，上帝与塔贝尔小姐的意见相左，否则，上帝为何待他如此慷慨？洛克菲勒认为自己的财富是公众的信托资金，非他个人享有。到了 20 世纪初，随着他拥有的标准石油股票和其他投资全都大幅增值，如何处置这些金钱的压力也与日俱增。在盖茨为他效力之前，洛克菲勒很难做到按其财富的比例增加自己的捐赠——这块心病越来越重，一直把他推到了心理危机的边缘。塔贝尔强调说，洛克菲勒只拿出其财产当中的极小一部分回报社会：数目大约在3500万到4000万元之间，相当于标准石油股票3年的红利（事实上，洛克菲勒捐赠的钱数已经超出这个数目好几倍了）。为了避开别人在政治上对他的攻击，安抚公众舆论，洛克菲勒在当时不得不捐赠更多的钱财。即使是出于纯粹的一己私利，他也必须表现得像慈善家一样无私和富有公益精神。那些把洛克菲勒的善举视作纯粹是为了进一步攫取经济利益的评论家们没有看到，他有一个更为重要的目的：他需要证明，富有的商人也可以体面地卸下财富的包袱。此外，明智地处置自己的财产则有可能阻止别人追究其来源。

正是出于这种政治上的需要，洛克菲勒总是与自己的慈善事业保持着一定的距离，这样能表示出一种低调的姿态。由于那些专事揭丑的人已经使公众对洛克菲勒产生了根深蒂固的不信任感，他必须打消人们的怀疑：即他的乐善好施不再是一种诡计，不是企图在受到调查后重新树立良好的公众形象。洛克菲勒的慈善事业总是受到一个固有的两难境地的摆布：这些事业的影响极其巨大，而在实施这一影响时却步履维艰。盖茨有一次在解释洛克菲勒各种慈善事业的理事会成员从不接受采访的原因时说，如果他们颂扬自己的善行，"势必会让人们更加怀疑（洛克菲勒的）施舍并非没有追逐私利的动机。"

盖茨协助洛克菲勒确定优先享受馈赠的对象，以便预先阻止来自政治方面的批评。洛克菲勒开始把党派或教区组织放到次要的位置上，被划归此类的有反酒馆联盟（Anti-Saloon League）以及安东尼·康斯托克②和他领导的纽约不道德行为查禁会（New York Society for the Suppression of Vice），而是青睐那些能取悦大众、得到广泛支持的项目——那些对各阶层都有好处、没有半点私利成分、毫无争议的善事。达不到这些标准的团体只能获得洛克菲勒的个人小笔馈赠，或者完全不予理会。洛克菲勒在回忆录中说，他只在生活的六个领域里寻求发展，这六大领域全都具有全民性和无可争议的特点："1. 物质享受、2. 政府和法律、3. 语言和文学、4. 科学与哲学、5. 艺术与修养、6. 道德与宗教。"无人会反对这些选择吧？

最让洛克菲勒感到棘手的是，如何摆正行善与自力更生之间的关系。他常常担心自己会助长依赖情绪，破坏新教主张的不劳动者不得食的伦理原则。"这可是个大问题，"他承认道，"要学会既帮助了对方，又不至于削弱对方的道德勇气。"他很怕看到出现大批大批的乞丐仰仗其施舍为生的现象。早在19世纪80年代，洛克菲勒在考虑赞助克利夫兰一个退伍军人组织时就告诫弟弟弗兰克说，他"不愿意鼓励一大群不负责任、喜欢冒险的家伙异想天开，一见到我就向我要钱"。他时常提醒儿子说，搞一项慈善事业要比终止它容易得多。

他还处处小心，唯恐打乱现有的社会等级制度。他坚信社会总是赏罚分明的，认为富人是因其超群的智力和事业心而得到回报。相反，一个人在生活中的失败几乎总能归咎于他个性上的某些弱点，归咎于他身体上、心理上或性格上的某些缺陷……"我个人认为，造成人与人之间贫富差别的主要原因是他们个性上的差异，我们只有用我们良好的素质帮助更多的人树立起坚强的性格，才能帮助更多的人拥有财富。"

他向教育和医学研究捐款，是因为它们能让受教育的人或受治疗的人聪明、健强，更好地参与优胜劣汰的斗争——也就是说，他要使这些人有能力参与竞争，而不是为了攫取其成果。正是由于这个缘故，他从不动用财富去直接安抚穷人，还讥讽那些标榜为社会谋福利的慈善行为。"与其向乞丐施舍，"洛克菲勒说，"不如做些铲除造成乞丐存在之根源的事，这才是更加深刻、更能广施恩泽、更值得一做的事情。"洛克菲勒与卡内基的不同之点在于，他没有为普通人的娱乐消遣修建图书馆、体育场馆或音乐厅，而是支持那些更广泛地造福于众的纯粹的研究事业。

洛克菲勒受到了当时两大改革运动的影响，把精力集中在未雨绸缪而非亡羊补牢上。20世纪初，许多进步分子已经厌倦于医治社会病症，转而着手寻找导致这些弊病的根源。他们不是依赖彼此互不关联的善行，而是希望能向贫穷的根源有步骤地发起进攻。他们对新的科学方法充满信心，得到了由不断壮大的大学体系培养出来的新兴中产阶级的支持，汇合了商业、劳工、农业和其他领域的专家的知识。这个新生的技术阶层向洛克菲勒的慈善事业提供了现成的人选。这场"科学改革"正中洛克菲勒下怀，因为他喜欢作系统的分析，探究事物的内在根源。他自己在标准石油公司时就曾得益于科学创新，弗拉希脱硫法就是一个例子。

洛克菲勒的事业还得到了社会福音运动的支持，这项运动把社会改革同道德净化和宗教复兴相结合，在1900年到1920年间达到了顶峰。在洛克菲勒父子这两代人看来，这项运动是一个完美的组合：它使人们一方面获得政治自由和进步，一方面又坚持反对赌博、卖淫、酗酒等向来为浸礼会教徒所不容的恶行。它还能确保各项改革能够得到宗教当局的保护和支持。社会福音运动为洛克菲勒家族提供了一条途径，使其得以从向狭隘的宗教派别捐赠顺利地过渡到捐助更加世俗化、各宗教派别一视同仁的事业上。

弗雷德里克·T·盖茨是洛克菲勒慈善事业的守护神。盖茨尽管当时很少抛头露面，却在他死后出版的回忆录中对自己的贡献大大宣扬了一番。诚然，盖茨是由洛克菲勒一手培养起来的，他之所以能享受极大的自由，部分原因是洛克菲勒把他培养成了自己的代理人。由于洛克菲勒远离自己的慈善帝国，他的作用几乎总是被低估，但盖茨承认，建立医学研究机构正是洛克菲勒本人的主意。1894年前后，威廉·雷尼·哈珀首先提出在芝加哥大学建一所医学院的建议，但洛克菲勒表示反对，并提出一个全新的方案：建立一个主要或完全致力于研究的医学系。盖茨生来具有说客的本领，能用无与伦比的精力和智慧来传达君主的愿望。3年后，他提议建立一个医学研究机构，深知这个建议一定会引起洛克菲勒的共鸣。

1897年夏天，盖茨和家人一起在卡茨基尔山上度假时，埋头读了一本厚度足可以用来顶住大门的书《医学原理与临床实践》，这本长达千页的巨著的作者是当时最有名望的内科医生、约翰·霍普金斯医学院教授威廉·奥斯勒③（除了布道小册子之外，洛克菲勒几乎不看书，盖茨则博阅群书，自称在主持洛克菲勒的慈善事业期间看过上千本书）。那年春天，盖茨捱过一场重病之后活了下来，这场病引发了他对美国医学的兴趣。奥斯勒的这部杰作可不是夏天度假时的轻松读物，但盖茨还是借助一本医学词典啃了下去，而且越读越感到惊叹不已。他私下对威廉·雷尼·哈珀说，他"很少读过这么有意思的书"。奥斯勒的著作无意中暴露了医学的落后状况，这使盖茨大感惊骇：作者描述了许多疾病的症状，却很少指明引起这些疾病的细菌，而且只提供了四五种疾病的治疗方法。这种只善于描述具体症状而却不擅长诊断和治疗的医学怎能让人折服？盖茨突然清晰地意识到建立一个专门对付传染病的医学机构的重要性。他选择的时机再好不过了，因为在当时细菌学研究已经取得了重大的进展，人们首次分离出一些致病的微生物，这就把医学一劳永逸地从洛克菲勒医生之类的药贩子手里夺了过来。

盖茨满怀热情地匆匆给洛克菲勒写了一个极富感染力的备忘录，提议建一个医学研究机构，还列举了两个欧洲的先例：巴黎的巴斯德学院（成立于1888年）和柏林的科赫④传染病研究所（成立于1891年），这两个机构极大地提高了欧洲医学的声誉。在当时，建立一家医学研究机构的想法对美国人来说还很陌生。那时大多数美国医学院都以商业为目的，教师全是些兼职教书赚外快的临床医生。医学院的用人标准极低，有些学校的教师连大学学位都没有。由于这些"医学工厂"没有任何开展重大研究课题的动力，医学只能在科学与臆测之间徘徊。盖茨请洛克菲勒聘请斯塔尔·墨菲（Starr Murphy）调查医学界对建立这样一个机构的态度，结果发现很多医师都坦率地表示怀疑美国是否有足够的科研人才来组建这样一个机构，他们建议向私人实验室提供小额赠款。

对盖茨的这份备忘录，洛克菲勒沉默许久，把它搁置了好几年。不过洛克菲勒最终还是认识到，此类医学研究完全符合他的需要：既保险又得人心，也不会引起争议。虽然不能保证洛克菲勒聘用的科学家一定能搞出什么新发现，但他们同样不会让创建人感到难堪。科学家可以从一流大学里挑选，让他们在毫无拘束的条件下开展工作。这样的机构还将填补慈善领域的一项空白。盖茨对奥斯勒说："这种善举如今在美国几乎无人问津，却是人们最需要的，也是所有的慈善事业中最有前途的。"的确，推动医学的发展与洛克菲勒的要求完全相符，最终成了他设立基金的通用标准。

这项建议遭到医学界的怀疑，在他们看来，花钱请一些成年人去胡思乱想，搞些毫无用处的发现，这种做法有欠考虑，甚至不切实际。在当时，由研究机构推出革新无论在工业界还是医学界都尚无前例。洛克菲勒的其他投资大都是盖茨因他人的请求而进行的，此刻他却要不顾普遍的反对意见去推行自己的主张了。

　　盖茨曾经希望这个新建的机构可以与芝加哥大学结盟，但他的希望落空了，因为哈珀博士完成了芝加哥大学与拉什医学院的合并，而拉什医学院恰好是盖茨希望废除的那种专业院校。当时的美国医学界卷进了两大派别的公开冲突：一派坚持采用逆势疗法，使病体产生与所治疾病相异的效果；另一派则主张顺势疗法，试图在健康人体内诱导出与所治疾病相似的症状以预防疾病。拉什医学院强调倾向逆势疗法，洛克菲勒偏好顺势疗法，盖茨则把这两种疗法全都视作令人反感的伪科学而加以排斥。他在1898 年告诫芝加哥大学说："我确信洛克菲勒先生主张成立一家既不偏好顺势疗法也不偏好逆势疗法，只在医学研究中保持科学态度的机构。"尽管如此，哈珀还是坚持与拉什医学院合并，从而永远失去了在芝加哥大学建立洛克菲勒医学研究所的机会。洛克菲勒的顾问们在会晤了哈佛大学和哥伦比亚大学的逆势疗法支持者之后认为，还是在纽约创建一所独立的研究机构更便当些。

　　洛克菲勒很赞成这个建立规模适中的独立研究中心的决定。他与哈珀发生过多次剧烈的争吵，无疑对学术界的勾心斗角和行政管理人员的放空言论腻烦透了。独立的医学研究机构可以牢牢地控制在他手里，尽可能不出现令人始料不及、大感不快的财政亏空。在为洛克菲勒医学研究所（Rockefeller Institute for Medical Research，简称 RIMR）捐款的问题上，洛克菲勒坚决杜绝了他在为芝加哥大学捐款时犯下的错误，这个错误已经成为他不建立什么样的机构的前车之鉴。他曾与奥古斯塔斯·斯特朗就浸礼会大学选址问题大吵了一场，这一回肯定很高兴选择他所在的城市设立研究中心。

　　如果说芝加哥大学似乎在哈珀博士想像力丰富的大脑里早已完全成形的话，那么与之相比，洛克菲勒医学研究所在 1901 年成立时则有意搞得不动声色。它没有启动资金，总部暂时设在列克星敦大街的一幢大楼上。这样的低调处理旨在不让人们期待美国第一家完全致力于生物医学研究的机构会突然创造奇迹。洛克菲勒一反常态，这一回同意该机构以他的姓氏命名。他许诺给这个项目的捐款——10 年总共 20 万元——在当时可谓一笔巨资。为了避免芝加哥大学的错误重演，洛克菲勒没有答应额外的捐赠，而是故意让研究所的管理人员蒙在鼓里，以免他们过分依赖他的支持。

洛克菲勒设了一笔奖金，用以招聘最出色的人担任主要职位。"约翰，我们是有钱，"他对儿子说，"但是只有在找到有主意、有想像力和勇气的能人把钱用在能出成果的地方，我们的钱才对人类有价值。"洛克菲勒让科学家而不是外行的理事来掌管开支，此举在当时被认为是一项改革。该机构不公开的规矩是：召集才智出众的人，把他们从琐碎的小事中解脱出来，让他们去异想天开，不向他们施加压力或横加干涉。如果创建人营造了一个有利于创造力发挥的环境，奇迹就很可能会发生。

研究所里很快就群英荟萃。这项研究的首席顾问是约翰·霍普金斯医学院第一任院长、病理学教授威廉·韦尔奇博士（William H. Welch）。韦尔奇是个单身汉，身材肥胖、秃顶，留着山羊胡子，学生们亲切地称他"宝贝"。他举止笨拙却喜欢交际，从美食、戏剧到莎士比亚的十四行诗无所不爱。他在德国完成学业后，于 1878 年在贝尔维尤临床医学院开设了美国第一个病理实验室，把德国医学的高标准引进到美国。15 年后，霍普金斯大学成立了医学院，由韦尔奇领导着一批多数在德国学成归来的全职教师和研究人员——这是美国医学史上的一座里程碑。在洛克菲勒的金钱的鼓励下，这种模式后来在全国为人仿效。洛克菲勒的助手们在吃不准的情况下，总是拿约翰·霍普金斯医学院当做准绳来衡量医科教学方面的进展。

作为洛克菲勒医学研究所的理事会主席，韦尔奇拉来他的得意门生西蒙·弗莱克斯纳[⑤]出任研究所的首任所长。他认为弗莱克斯纳是他最有才华的学生、美国最好的青年病理学家。弗莱克斯纳是德国犹太人后裔，在肯塔基州的路易斯维尔长大，完全属于洛克菲勒心目中的那种具有自我约束力和靠个人奋斗成才的人。

1902 年初韦尔奇请弗莱克斯纳出山时，弗莱克斯纳尽管受到医学界的高度敬重，但还算不上是个权威。他当时 39 岁，正面临着一个痛苦的抉择：是接受在宾夕法尼亚大学担任病理学终身教授的机会，还是跳进一个如他所言的"完全为发现新东西而设的机构"的旋涡。弗莱克斯纳问盖茨为什么那么肯定能搞出新发现时，盖茨傻笑了一下答道，他有那种愚人的信念。整件事情似乎那么模糊不清、不着边际，致使弗莱克斯纳犹像了好几个月才接受这个职位。他力争得到向他招聘的研究人员发放高薪的权力，并要求对方答应为研究所建一座小型附属医院，使处于研究阶段的疾病得以在临床中进行跟踪观察。

弗莱克斯纳身材瘦削、表情严肃，戴着一副眼镜，脸部特征和他的头脑一样清晰、精确。作为一名管理者，他行事公正、讲究实际，这正合洛克菲勒的心意。许多人从他那一本正经的外表下看到些许温情，但他不是个虚张声势地挥舞大棒的家伙。"弗莱克斯纳很称职，"门肯⑥说，"但他又是个刻板得近乎自负的家伙。"不止一位科学家对他苛刻的要求和尖刻的批评感到心惊胆颤。洛克菲勒显然受到了这位崇尚完美的所长的鼓舞，在那年 6 月许诺再给洛克菲勒医学研究所 100 万元捐款。想起哈珀花钱如流水的情景，洛克菲勒规定弗莱克斯纳必须在 10 年时间里分批接收这笔款项，这就减慢了研究所的发展速度。

西蒙·弗莱克斯纳最终成了研究所的象征，他对科学的严谨态度体现了他高尚的格调，这种格调自始至终成为研究所的特点（辛克莱·刘易斯⑦在《阿罗史密斯》一书中以他为原型塑造了麦格克生物学院老于世故的院长 A·德威特·塔布斯这个人物）。弗莱克斯纳有一种出色的天分，能使公众对洛克菲勒医学研究所的工作产生浓厚的兴趣。他上任不久后，一位记者在费城他的实验室里"一片令人生畏的实验用瓶瓶罐罐当中找到了忙得像只黄蜂似的"弗莱克斯纳，他传达了这个新建机构的大胆设想，称它是"一个影响深远的计划，覆盖了疾病起因和预防的一切研究领域"。他对纯理论研究怀有传教士般的热情，这在当时的科学界里十分罕见。"在医学研究中没有用不着的知识，"他说。"我们产生的想法没有先后顺序。在我们对基础知识还没有足够的了解时，也许只会发现表面的细节。不过到头来，所有的知识都会有它合适的位置。"

由于弗莱克斯纳的加盟，一个调查小组跑遍曼哈顿，以便为研究所选定永久的地点，并于 1903 年买下了一块 13 英亩的农田，这块地位于一处布满石头的陡岸旁，从那儿可以俯瞰第 64 街和第 68 街之间的伊斯特河。洛克菲勒第一次看到这块地时，那儿还是一片荒芜，不见树木的斜坡上有一些奶牛在吃草。这一地区当时还非常贫穷，连蒸汽供暖公司都不把管道往那儿铺设，去那里办厂的只是一些像酿酒厂和屠宰场之类散发出难闻气味的行业。洛克菲勒花 66 万元买下了这片被称为谢默豪恩的土地。列克星敦大街和第 50 大街的两栋褐砂石房子为时 18 个月的租用期结束后，洛克菲勒医学研究所于 1906 年 5 月搬进了它在约克大街上的新居。从当时的照片里看到的是一栋坚固的六层砖楼，矗立在一片光秃秃的迎风山坡上，两侧是一小丛树和几个小棚屋，背后是正在兴建中的昆斯大桥。人们很难把这张照片同现在的洛克菲勒大学联系起来，这个诺贝尔得主的摇篮景色如画，壮观的大门和高大的树木仿佛道道屏风，把纽约市区隔在墙外。

洛克菲勒和在标准石油公司时一样，扮演着在幕后发号施令的领袖，从远处操纵着一切。他通过简短的备忘录把自己的愿望传达给下属，并且保留所有大额款项支出的批准权。他在商业活动中学会了靠专家解决问题，从而使自己看上去远离自己的慈善事业。1910 年，前任哈佛大学校长查尔斯·埃利奥特向盖茨感叹道："洛克菲勒先生捐献金钱时依据的是他人的调查结果而非他个人的好恶，这种方式十分小心谨慎。可这样一来，他就几乎无缘享受行善后得到回报那种真正的快乐了。"

洛克菲勒从不干涉研究所的自主权，有很长一段时间甚至不过去看看。西蒙·弗莱克斯纳很感激他这种做法，几度邀请他去研究所参观。"他很谦和地说，他不能占用大家的宝贵时间，"弗莱克斯纳说，"当我对他说我们经常有人去参观时，他说这就更不该占用我的时间了。"主楼投入使用几年后的一天，洛克菲勒父子正好就在研究所附近，小洛克菲勒提议道："爸爸，你还没去过那个研究所呢。咱们叫一辆出租车过去看看吧。"洛克菲勒很勉强地答应了。等车在研究所外面停下后，他只是坐在车里看着它。"爸爸，"小洛克菲勒轻声催促道："您难道不想进去看看吗？""不，"洛克菲勒说。"我看看外面就可以了。"他最后经不住劝，还是进去了。一位工作人员带他俩匆匆参观了一遍。洛克菲勒表达谢意后离开了，此后再也没有来过。他极不愿意张扬自己，在经商方面又如此受人非议，却在行善方面似乎显得十分高尚，在科学家面前表现得如此谦虚，实乃可敬，因而赢得了模范捐赠人的美名。

洛克菲勒这种超然的做法固然很开明，但也不乏有自我保护的意思，因为他担心面对面的接触会招致对方请求追加资金。几乎可以肯定，他在此之前一直没有造访研究所的一个原因是，他希望这样能使弗莱克斯纳琢磨不透他的意图。直到 1911 年洛克菲勒还这样忠告儿子说："我想最好还是别让研究所的代表得到任何暗示，"认为我们不久便能以某种目的增加捐赠。让我们牢牢地掌管着研究所，再观察一段时间，看看他们到底干得怎么样，并且尽量推迟确认捐赠的日期，这是追加捐款的学问。"洛克菲勒医学研究所如此缓慢地发展恰恰是典型的洛克菲勒处事方式。

洛克菲勒退休以后，每天只在慈善事务上花大约一小时的时间。尽管如此，他仍然成功地在名义上和实际上继续掌管着这个慈善王国，要求手下的管理者们以科学家的严谨、商人理财的明智和传教士的热情来开展工作。查尔斯·埃利奥特担心洛克菲勒从自己的善行中得不到任何乐趣，但事实并非如此，因为他把心思全都放在研究所上面了。"假如我们所有的捐赠都比不上医学研究所那些才华横溢、品质优秀的人已经取得的成绩，"洛克菲勒曾经说过，"那么，我们付出的一切金钱和精力都是值得的。"除了标准石油公司以外，洛克菲勒最感自豪的就是他的医学研究所了。盖茨在给埃利奥特的回信中解释了洛克菲勒是如何及时了解研究所进展情况的：

> 我把这一点当成自己的责任：让洛克菲勒先生亲耳听到研究所每一项重要的工作、每一个有前途的探索。他了解那些接近成功的实验，了解这些实验将给人类带来的令人激动的希望。我曾见到喜悦的泪水流下他的脸颊，那是在他想到研究所已经取得的成就和未来前景的时候。他既是一个充满热情、富有幽默感的人，也是一个极富感情和同情心的人。

除了有些夸张之外，盖茨的描述基本上是合乎事实的。

弗莱克斯纳每次礼节性拜访洛克菲勒时，总是发现他很亲切，但弗莱克斯纳和韦尔奇在管理问题上主要是和盖茨、小洛克菲勒以及斯塔尔·墨菲那些不懂医学的理事们打交道。他俩把自己从事的医学探索说得天花乱坠，听得人如醉如痴。盖茨是理事会主席，他坐在桌子的一头，领带歪到了一旁，蓬松的头发从前额上垂落下来，兴致勃勃地聆听着每一个新发现，神色持重的小洛克菲勒则提出一些经过仔细斟酌的问题。盖茨和小洛克菲勒参加这些会议时都怀着一种近乎神秘的激情，仿佛自己的灵魂在科学研究中找到了新的归宿一样。盖茨把洛克菲勒医学研究所比作"神学

院"，把弗莱克斯纳的工作说成是一种祈祷。他告诉弗莱克斯纳说："上帝
向您轻声诉说他的秘密，向您敞开了造化的奥妙。当我朝您的显微镜里看
下去的时候，心中有好几次产生出无法言状的敬畏之情。我觉得自己是在
用亵渎的双目注视着上苍的秘密。"在许多参与过洛克菲勒早期慈善事业
的人看来，科学就像一种新的世俗宗教，它在旧的精神真理衰败之际向他
们发出了召唤。

由于愤世嫉俗的人认为洛克菲勒医学研究所将会退缩到与现实无关的
象牙塔中，因此盖茨尽力不让弗莱克斯纳产生企图取得立竿见影效果的情
绪。但是，就在 1904 与 1905 年之交的那个冬天，一个不期而至的机会使
他们得以大显身手。那年冬天，纽约有 3000 人死于流行性脑脊膜炎，为了
治疗这种疾病，弗莱克斯纳在马的身上培养出一种血清。1907 年，他在猴
子身上做实验时发现，这种血清如果注射在脊椎管适当的位置上能有效地
治疗这种疾病。洛克菲勒急切地关注着实验的进展，并于 1908 年 1 月 17
日告诉一位朋友说："就在两天前我接到一位德国医生的电话，他给一名
患者注射了这种血清，并且报告说，第一次注射后的 4 个小时内病人的体
温就恢复了正常，而且保持了下去。他当时认为病人很有希望康复。"直
到 1911 年初纽约市卫生委员会采取紧急措施时，洛克菲勒医学研究所才开
始免费分发弗莱克斯纳血清，以作为一项公益服务。后来，人们用磺胺药
片和抗生素来治疗这种病，在此期间弗莱克斯纳血清已经挽救了几百也许
是几千人的生命。新闻界把弗莱克斯纳奉为奇迹创造者，这是给实验室带
来的回报。

在反托拉斯指控甚嚣尘上的那些日子里，弗莱克斯纳的成功为洛克菲
勒赢得了人们的信赖，也使主人慷慨解囊。1907 年初，研究所理事会请求
洛克菲勒捐赠 600 万元。洛克菲勒为了给这种不切实际的想法泼点冷水，
只答应给 260 万，不到所要求的一半。同年，小洛克菲勒建议父亲说，时
机已经成熟，可以答应建立弗莱克斯纳的小型附属医院了。捐赠加上建医
院的费用总共达 800 万元。正当洛克菲勒反复考虑这件事时，弗莱克斯纳
血清的成功使天平发生了倾斜：1908 年 5 月，小洛克菲勒通知理事会说，
他父亲出于对这项成功的敬意，将建造一座有 60 个床位的医院和一间有 9
个床位的隔离病房。看到医院的蓝图后，洛克菲勒像往常一样，在慷慨解

囊之余提出了节省的要求。"这些机构动辄开口要钱，"他告诉儿子。"我们可不能乱花一分钱啊。"医院在 1910 年开张后免费治疗患有以下 5 种重点研究的疾病的病人：小儿麻痹症、大叶性肺炎、梅毒、心脏病和婴儿肠道病。医院顶层的五间病房是为洛克菲勒家庭保留的，可是老洛克菲勒从没利用过这种特权，尽管盖茨不时劝他这样做，并向他保证"那里的医生绝对彬彬有礼、殷勤有加，护士也个个堪称模范"。但洛克菲勒还是固执地去找他的正骨疗法和顺势疗法大夫，因为这些人更听他的摆布。

此时，随着一笔永久性独立基金的设立，洛克菲勒医学研究所实行了具体的细则，决定成立一个由科学家组成的委员会，对研究工作拥有无限的权力——充分显示了对科学的信心，这在美国慈善史上是没有前例的（另外还成立了一个理事会，负责财政事务）。一家杂志这样评价道，洛克菲勒医学研究所现在"很可能是世界上研究疾病起因和治疗方法的设备最好的机构"——对于一个成立不到 10 年的机构来说，这真是一个极高的赞誉。它正在成为世界各地同类机构中得到捐赠最丰厚的研究所，并且接连不断地创造出医学奇迹来。

弗莱克斯纳不仅是个实验室天才，还是一位帅才。他把一些很有才分但误入歧途的人、性格孤僻的人、行为怪诞的人都收罗了进来，使那些人觉得研究所里宽松的气氛十分适合进行创造性工作。在伊斯特河的那段陡岸上，他组织起了一支杰出的科研队伍——并自豪地称他们为他的首席演员——其中包括保罗·埃尔利希[8]和雅克·洛布[9]。另一个应聘而来的天才是实验能手日本人野口英世[10]，他后来在梅毒病菌的研究中做出过突破性贡献。弗莱克斯纳把研究所分成几个各自为政的部门，围绕每一位常任天才科学家建立一片领地，自己则负责监管主要的预算开支。

弗莱克斯纳最有远见的决定是，从芝加哥请来了出生于法国的外科医生亚历克西斯·卡雷尔博士[11]。卡雷尔个头矮小、体格健壮、身板笔直，一副军人气派，却又是个天主教神秘主义者和顽固的保皇派。1894 年，法国总统萨蒂·卡诺[12]被刺客扎伤后因一条血管断裂大出血而身亡，卡雷尔因此确定了自己未来医学研究的方案。他当时只有 21 岁，便开始致力解决接上断裂的血管这个难题，并且找到了解决的办法，推动了后来的输血、器官移植和其他先进外科手术的成功。洛克菲勒经常在饭桌上绘声绘色地向客人们讲有关卡雷尔的故事，说他在 1909 年挽救了一名早产儿的生命，这孩子患有新生儿便血，是由于消化道渗血造成的。在那次不可思议的手术中，卡雷尔把婴儿腿上的一条血管接到他父亲（纽约的一位医生）的动脉上，使脸色发青的婴儿苏醒了过来。没过几分钟，婴儿的脸上就泛起了玫瑰红。1912 年，卡雷尔获得了诺贝尔医学奖，是美国第一位获得此奖项的研究人员。

洛克菲勒很幸运，他捐钱的时机恰逢医学研究作为一门学科已臻成熟并且提供了无限机会的时刻。这位巨头的其他慈善事业也许没有一项取得过如此全面的成功。安德鲁·卡内基顺应适者生存的劳动分工原则，把医学领域拱手让给了洛克菲勒。一次，有人请求他搞医疗设施建设，他精明地笑道："这是洛克菲勒先生的专长，去找他吧。"

在经历了几十年躲避辱骂的日子之后，洛克菲勒和他的追随者听到人们真心诚意地对洛克菲勒医学研究所大加赞扬，感到十分欣慰，甚至有些意外。欣喜异常、红光满面的盖茨说："哪怕最敏感的人也难听到一句不入耳的话。"小洛克菲勒在为研究所申请资金时对父亲说："您建立的基金会没有一个像医学研究所这样深得人心，听不到一丁点批评。因此我觉得从某种意义上来说，把大笔的钱投到那里比投到任何地方都安全。"盖茨则接着这个话题发挥下去，认为洛克菲勒的金钱可以通过医学研究来造福于世上每一个人，而且"医学研究的价值是世上最有普遍意义的价值，对于每个活着的人来说都是最为至关重要的"。长年来几乎是千夫所指的洛克菲勒怎能拒绝这个为全人类造福的角色呢？他的捐赠也反映出他对长寿之道孜孜以求的关切之情。瑞士心理分析学家卡尔·荣格在 1912 年邂逅洛克菲勒后，写下了自己的印象："他挂牵的几乎全是自己的身体健康，总想着试试各种药物和新的饮食方法，也许还有新的医生！"

洛克菲勒自己的小圈子里有一个激烈批评医学研究所的人，即他的老友兼高尔夫球搭档、维护顺势疗法的斗士汉密尔顿·比格尔医生。他是一个老式学校培养出来的小镇医生，总是自以为是："我们有了太多的实验室，却没有足够的临床经验。"部分是由于比格尔的请求，洛克菲勒在芝加哥大学同主张逆势疗法的拉什医学院合并一事上犹豫不决。也正是在他的影响下，洛克菲勒差一点就拒绝提供 50 万元的支票，用以修复在 1904

年火灾中部分被烧毁的约翰·霍普金斯医学院——原因仅仅是这所学院拒绝承认顺势疗法。盖茨把顺势疗法的创立者、德国人萨缪尔·哈内曼的学说说成是"一个天生傻瓜发疯后的胡思乱想",并且对洛克菲勒竟然对他认为已经过时的疗法还抱有信心感到忍无可忍。盖茨尽管闭口不提自己就这件事的激烈观点,但其真正目的是等着给顺势疗法致命的一击——关闭他们的医学院,把他们从医学界赶出去,剥夺他们行医的权力——从而为科学的医术开路。盖茨认为,就算比格尔不是个江湖骗子,起码也是个老顽固,唯恐他在洛克菲勒背后诋毁医学研究所。

反对用动物做实验的人一度就洛克菲勒医学研究所的实验大嚷大叫,比格尔也很快加入了这场争论,向洛克菲勒抱怨研究所拿动物做实验太残酷。这一回,盖茨决定彻底消除比格尔的影响。他在给洛克菲勒的几份措辞严厉的备忘录里猛烈地抨击了顺势疗法:"既然比格尔医生和他那些搞顺势疗法的朋友都没告诉您这一事实,那就让我来告诉您——顺势疗法在这个国家很快就会销声匿迹"——逆势疗法的下场也是一样。"随着科学探索新时代的到来,这两个医学流派正在消失。它们全是错的。它们的理论在过去的 25 年里已经彻底名誉扫地。"在这封信的初稿(但没有寄出)里,盖茨更是直言不讳:"比格尔医生没有跟上医学前进的步伐,他还生活在两三代人之前的愚昧时期。"出于对这位高尔夫球搭档的尊敬,洛克菲勒从没表示收到过这些备忘录。

极具讽刺意味的是,洛克菲勒虽然资助了世界上最先进的医学研究工作,却依然对顺势疗法执迷不悟。他过一段时间就会发一通火,匆匆写一些信函以挽救顺势疗法,但怒气很快会过去。在彻底摧毁美国顺势疗法的行动上,洛克菲勒通过其慈善事业所做的贡献比谁都大,最后连他也似乎无力阻止这场在很大程度上是由他本人发起的科学革命了。

洛克菲勒总共向研究所捐赠了 6100 万元。到了 1950 年,由于有了太多的效仿者,它需要改变方向,于是便从一家研究中心变为一所专业性大学,只授予博士学位和提供研究员基金,并于 1965 年正式更名为洛克菲勒大学。学校教师的名单上,诺贝尔奖得主比比皆是,在 70 年代竟有 16 名之多。对于一个走街串巷、兜售疗效可疑的万应灵药的小贩的儿子来说,这真是一项令人难以置信的成就。温斯顿·丘吉尔对洛克菲勒在这一领域所做的贡献给予了最崇高的褒扬，他在洛克菲勒去世后不久写道：

> 如果历史为约翰·D·洛克菲勒做出最终评价的话，他向科研事业所做的捐赠完全可以视作人类进步的里程碑。科学第一次获得了自由；长期开展大规模实验已成为可行之事，实验人员得以摆脱财政短缺的阴影。文艺复兴时期的艺术应当感激教皇和王室的资助，而当今的科学则应感激那些慷慨大方、具有远见卓识的富人。在这些富人当中，约翰·D·洛克菲勒堪称最高典范。

注释

①Winston Churchill，1871—1947，美国历史小说家。

②Anthony Comstock，1844—1915，美国道德改良运动领导人。

③William Osler，1849—1919，加拿大医生、医学教育家。

④Robert Koch，1843—1910，德国细菌学家，发明细菌培养法和染色法，分离出多种病菌，获 1905 年诺贝尔医学奖。

⑤Simon Flexner，1863—1946，美国病理学家和细菌学家。

⑥H. L. Mencken，1880—1956，美国评论家、新闻记者。

⑦Sinclair Lewis，1885—1951，1930 年成为第一位获诺贝尔文学奖的美国小说家。

⑧Paul Ehrlich，1854—1915，德国医生，血液学和免役学奠基人之一，获 1908 年诺贝尔医学奖。

⑨Jacques Loeb，1859—1924，美籍德裔生物学家，提出蛋白质胶体行为学说。

⑩Hideyo Noguchi，1876—1928，日本细菌学家。

⑪Alexis Carrel，1873—1944，创造血管缝合技术，为器官移植奠定了基础，获 1912 年诺贝尔医学奖。

⑫Sadi Carnot，1837—1894，法国第三共和国第四任总统。

24 百万富翁专列

1901 年 4 月，一列满载百万富翁的火车驶出曼哈顿，直奔东海岸，去南方对黑人院校进行为期 10 天的巡视（这些学校许多都是由北方人赞助的），最后在南卡罗来纳州温斯顿—塞勒姆出席有关南方教育的大会。这列火车载着那么多来自纽约、波士顿和费城上流社会的豪门巨富，新闻界轻蔑地称其为"百万富翁专列"。进行这次引人注目的远行的主意出自约翰·沃纳梅克①的同行、百货公司巨头罗伯特·奥格登（Robert C. Ogden）。此人认定"完善人类"是"上帝的要求"，从而把福音派信仰同零售商的天分结合起来开展宣传。他希望引起人们对南方学校落后状况的重视，以此实现北方慈善家与南方改革者的合作，弥合南北战争遗留下来的地域摩擦，带动南方经济与北方经济同步发展。

对其中一位乘客即 27 岁的小约翰·D·洛克菲勒来说，这次旅行点燃了一条导火线，这条导火线将在他的余生中发出耀眼的光彩。他一直在标准石油公司的道德困境中苦苦挣扎，肯定渴望参加单纯的社会活动。小洛克菲勒在私立学校、庄园和百老汇 26 号里过的是受尽约束的日子，十分欢迎这次对紧急社会问题的亲身经验。在列车经过的南方，歧视黑人的法律无处不在，屡屡爆发的种族暴力活动令人挠头。文字统计资料讲述的是一个无人过问的学校的悲伤故事。美国人口中虽然只有 4.6% 的文盲，但这个数字在南方白人中上升至 12%，南方黑人则占了 50%。教育改革很少涉足黑人聚居的偏远乡村和沼泽地带，当地贫困的学校条件令北方教育者们惊骇不已。肯塔基是南方唯一一个实施义务教育法的州，而该法在北方早已普及。不过，这些富有的慈善家参观了闻名遐迩的黑人教育橱窗——弗吉尼亚的汉普顿学院、阿拉巴马的塔斯基吉工业师范学院、亚特兰大洛克菲勒自己的斯佩尔曼学院——之后，认为这次旅行还是有鼓舞人心之处的。"这次旅行给了我接连不断的启发，"小洛克菲勒一回来便对报社记者说。"塔斯基吉学院尤其有趣。（布克·）华盛顿先生真是位杰出的人物。他的学校正在为黑人种族做着出色的工作。我很高兴参加了这次旅行。"他在奥格登面前把这次旅行说成是"我一生中最有意义的经历。"他情绪高涨地坐下来给父亲写了一份热情洋溢的旅行观感。

老洛克菲勒对南方黑人教育的关注可以追溯到1882年，即在这次旅行的20年前，斯佩尔曼学院在四处渗水的教堂地下室里惨淡经营的时候。在他本人所做的几次南方之行中，他经常在星期天上午去黑人浸礼会教堂。他的每个孩子都相应地配有一个享受奖学金的黑人学生，其教育费用由洛克菲勒家族支付，小洛克菲勒还和他在汉普顿学院"领养"的黑人学生通了好几年的信。1900年，洛克菲勒家族几乎把斯佩尔曼学院的校园整修一新，出资新建了一所医院、两栋宿舍楼、一个带厨房的饭厅、一座发电站和一幢校长住宅。1901年的那次火车旅行期间，小洛克菲勒在斯佩尔曼学院的小教堂里为学生做演讲，学校用黑人福音音乐给予他隆重的接待。该校在那一年的年度报告里提到洛克菲勒家族馈赠的新建筑时，充满了对这个家族的溢美之词："上帝通过敬爱的约翰·D·洛克菲勒慷慨的手赐予我们所有这些美好的恩典。"

在1901年之行前，老洛克菲勒就曾粗略地考虑设立一笔黑人教育信托基金，而不是像从前那样只通过全美浸礼会教育学会提供一切资金——这是他从教派捐赠的限制中逐渐脱身的行动之一。1901年之行很可能是某项大规模捐赠的序曲，这在小洛克菲勒同奥格登的谈话中有所暗示："有色人种教育多年来一直是我们十分关注、经常考虑的问题。我们已经在努力制定一个有助于解决这个重大问题的计划。"尽管"百万富翁专列"之行是出于高尚的情感，但黑人教育在南方白人当中仍然是个具有煽动性的话题，因为他们担心这样做会削弱种族隔离。这列专车回头驰往纽约时，华盛顿—李大学（Washington and Lee University）校长亨利·圣乔治·塔克

（Henry St. George Tucker）在弗吉尼亚车上斥责了那些兴奋得有些飘飘然的乘客，使这些人传教士般的精神与政治现实之间发生了剧烈的冲突。塔克说：

> 如果让黑人受教育是你们的想法，你们就必须赢得南方白人的支持。如果贫穷的白人看到黑人邻居的儿子在享受你们的慷慨而他的儿子却享受不到，这会在他心中激起一种感情，这感情会让你们的全部工作一无所获。你们如果希望得到成功，就必须连"穷苦白人"和黑人一块儿帮助。

他的听众也许没有完全领会这个警告的含义，竟然向他报以热烈的掌声。如果说这番直率的话多少反映了政治现实严酷一面的话，它同时也将促使这些人向更为偏执的南方白人做些重大的让步。

这些北方改革家有着良好的动机和家长式的作风，他们急于减轻黑人的痛苦，却不愿触动现有的秩序。他们代表着他们那个时代，不同之处也许只是对黑人的福利有所关心而已。尽管如此，他们在政治上的妥协使其在种族主义者的攻击面前，尤其是在连零星的改革都大加指责的清教徒面前不堪一击。坦率地说，在这些致力于改善黑人教育的人当中，有些人的观点令人十分震惊——因为那些观点往往与他们所批评的南方白人的观点如出一辙。奥格登召集成立了一个名叫南方教育委员会的组织，该组织的执行秘书埃德加·墨菲（Edgar G. Murphy）宣称，黑白两个种族"必须分开居住"，"必须分开生活"，并且"必须分开教育"。弗雷德里克·盖茨甚至让他的孩子退出新泽西州蒙特克莱的公立学校，因为"一些有色人种和外国出生的小孩没有教养、肮脏、不讲卫生"。他主张对黑人实行职业教育，因为他们的智力低于白人。"拉丁语、希腊语和形而上学构成了一种知识体系。我担心的是，我们的有色兄弟若是学了这种知识，会比我们更容易骄傲自大，而不是更加上进，"他在 10 年前就这样写道。"在我看来，有色人种不适于高等文化。"这种态度预示着洛克菲勒之类的慈善家们会向南方种族隔离主义者作出让步。

"百万富翁专列"之行后，洛克菲勒父子就南方教育问题咨询了许多专家，其中包括布克·华盛顿。一个星期天晚上，此人去第 54 西大街和他们一起喝茶。华盛顿也赞成对黑人实行实用的职业教育，而不是让他们接触抽象的学科。1902 年 2 月 27 日，在艾比的协助下，小洛克菲勒在家中镶着橡木墙板的书房里主持了一次 10 人会议，讨论南方教育问题。这些人手里晃着白兰地酒杯，烤着暖烘烘的炉火，一直聊到午夜以后，拟订出一套由老洛克菲勒捐赠 100 万元的新的慈善计划。小洛克菲勒希望把它命名为"黑人教育委员会"（Negro Education Board），但最终换了一个中性名称——"普及教育委员会"（General Education Board，简称 GEB），这一更名很说明问题。既然与洛克菲勒有关的事物个个都规模庞大，这项计划也将成为世界首屈一指的教育基金。实际上它就是扩大了的、去掉浸礼会标志的全美浸礼会教育学会。

1903 年 1 月，奥尔德里奇参议员以极高的效率使国会通过了一个合作议案，使该基金成为洛克菲勒慈善事业中唯一享有官方发给的永久性联邦特许状的机构。这个具有灵活性的特许状抹掉了过去强调黑人教育的特征，将该组织的宗旨定性为"在不分种族、性别和信仰的基础上促进美国教育"。那时，由于塔贝尔的连载文章正在陆续刊出，洛克菲勒跟他这个新的基金组织保持着一段对他有利的距离。他与医学研究所不即不离，但把普及教育委员会的大部分权力交给了儿子，自己从不和委员会的成员见面。亚伯拉罕·弗莱克斯纳[②]后来谈到老洛克菲勒的超脱时写道："记得1914 年我动手撰写普及教育委员会从 1902 年到 1914 年的历史时，翻遍该委员会的档案，想找一个他的签名的真迹，复制下来放在正文前面的石印标题下方，结果一无所获。档案中竟然没有一封由他签字的信。"尽管如此，小洛克菲勒和盖茨还是定期向老洛克菲勒汇报，他则和儿子一起保留着指定所赠 2/3 资金之用途的权利。洛克菲勒认为，适用于盈利性活动的某些有关商业效率的普遍原则同样也适用于非盈利性活动。他在给普及教育委员会拨出第一笔百万元款项时规定，这笔钱要分 10 年使用。他试图控制其慈善事业的发展速度和范围，而非其活动内容，以确保它们在审慎、量入为出的基础上发展。

在执行秘书的人选上，盖茨精明地相中了华莱士·巴特里克（Wallace Buttrick）博士，此人毕业于盖茨的母校罗切斯特神学院，担任过浸礼会传教士。巴特里克和盖茨一样，为慈善事业和更多的世俗享受而放弃了教职。这么多前任牧师涌向洛克菲勒慈善事业的圣殿，用福音精神推进世俗事业的发展，这决非偶然现象。巴特里克神态和蔼、身材矮胖，生就一副笑眯眯的模样，对工作兢兢业业、不辞劳苦。一位牧师问他："你想像中的天堂是什么样的？"他答道："就像我的办公室。"

巴特里克过去是美国浸礼会家庭布道会的委员会成员，对南方黑人教会学校作过详尽的研究。他办公室的墙上挂着一副巨大的地图，上面布满彩色大头针，标明美国主要教育设施的位置。盖茨是个毫不妥协、易激动的演说家，巴特里克则能在工作中运用政治家手腕，用幽默来缓解紧张局面。他能巧妙地指出申请人计划中的弱点而不冒犯他们。他的直觉准得不得了，难怪盖茨称他有"猫的胡子。他能在接触到目标之前就能感觉到它。"他最大的缺点——这的确是个缺点——是，认为讨好白人至上主义者有利于普及教育委员会在南方开展工作。他对一群田纳西州的学校主管说："黑人是一个劣等种族——盎格鲁—撒克逊人则是高等人种。这不会有任何疑问。"

为了使该委员会带有一种比较安全的守旧特征，盖茨更喜欢"成功的商人，因为他们能够使船沿着传统的航线行驶，不会因情绪上偶然刮起的微风甚至飓风而偏离航道"。委员会第一任主席是长岛铁路公司总裁威廉·鲍德温（William H. Baldwin），此人在口头上大力倡导黑人教育——只要不动摇白人至高无上的地位就行。至于南方黑人，他这样评论道："他们将很乐意去填补更需要体力的位置，干重活，拿的薪水可以低于美国白人和将要踏上美国海岸的任何其他外国人种。这样就能让南方白种工人去干专业性更强的工作，把农场、矿井和一些更加简单的行当留给黑人。"由这种人执掌大权，普及教育委员会无论做多少好事都远远不能符合上天的要求。无论小洛克菲勒还是他父亲都没有如此严重的种族主义情绪，但他们赞成委员会为了开展工作而不得不去迎合那些逆历史潮流而动的南方观点的做法。有趣的是，在这种背景下，俄亥俄标准石油公司直到1906年才雇了第一个全职黑人雇员。

最初，手头阔绰的普及教育委员会把工作全都交给由罗伯特·奥格登启动的花费不多的项目——南方教育委员会去干。普及教育委员会一开始运转便在南方积极主张提高教育标准，把创建中学作为其首要任务。在南部重建时期（1865—1877）之前，除了田纳西之外，南方各州都没有以税养校的体系。这段历史的后遗症是，该地区4年制中学寥寥无几，更谈不上一所为黑人开办的此类学校。许多中学实际上只是一些随意附属在小学里的编外教室而已。普及教育委员会确定了首先开办中学的方针，因为中学毕业生能去低级学校当教师，同时为大学提供大量的生源，这样便能从教育体系的上下两头扩大改革成果。

由于缺乏创立完整的中学系统的资金，普及教育委员会建立了一个为后来的洛克菲勒慈善机构所效仿的模式。委员会不是用自己的预算来做每一件事，而是唤起公众舆论，促使政府采取行动。他们汲取了浸礼会教徒的奋斗精神，派出巡回人员宣传这项事业。具有讽刺意味的是，在标准石油公司对政府和联邦反拖拉斯诉讼采取敌视态度的同时，洛克菲勒却在为社会改革谋求建立广泛的公私合作关系。普及教育委员会从各州立大学挑选出一些教授，给他们支付薪水，让他们在本州四处寻找设立中学的地点，然后在当地纳税人当中寻求政治支持。这些教授同时还隶属于各州的教育部门，这就使洛克菲勒在全国仍然臭名昭著的时候为自己提供了必要的政治掩护。普及教育委员会的基金产生了革命性的效果，截至1910年，它在南方总共协助建立了800所中学。

普及教育委员会扶持黑人教育的初衷屡屡受阻。它屈从于种族主义，把扶持范围限制在——用巴特里克的话来说——"屈指可数的几个"能产生"最大的永久性成果"的县里。直到1914年，该组织才在南方为两大种族雇用了乡村学校代理人，即使在那时，它依然倾向于为黑人学校雇用白人代理，并且继续鼓励学校教给黑人实用技术，忽视他们的智力教育。这种作法最终招致了来自诸如杜波依斯等黑人的尖锐批评，他们不愿看到学校体制把黑人培养成只能干体力工作的人。杜波依斯后来在自传中严厉谴责普及教育委员会支持以下的观点："在这些学校里，不同种族应分开活动，有色人种学校应以工业类为主，应尽量尊重南方白人的意愿。"普及教育委员会尽管在改善南方教育方面做出了令人瞩目的成就，却没有取得它原初最想得到的成果——黑人教育。结果，委员会9/10的资金不是流向了白人学校，就是用来发展医学教育——这对于一个本应作为黑人教育委员会的基金组织来说，不啻是个遗憾的结局。

1905 年，普及教育委员会用洛克菲勒提供的 1000 万元捐赠将其资助范围扩大到高等教育领域，洛克菲勒在 1907 年又添了 3200 万——这笔资金大受委员会欢迎，称其为"本种族历史上由个人以任何社会或慈善目的捐赠的最大一笔款项"（这笔钱相当于现在的五亿元）。后一笔赠金大都给了芝加哥大学。普及教育委员会在向高等院校捐款时采用的是洛克菲勒向威廉·雷尼·哈珀捐赠时所坚持的规定——尽管经常不起作用：这些赠款应带动他人提供与之相应的捐赠，当地社区应共同承担本地学校的财政负担，大学应建在人口集中、经济基础发达的地区，所得捐款不得超过学校开支的一半。

普及教育委员会开始工作后不久，事实便不幸地表明，南方教育的缺陷没有更为强大的本地经济是无法治愈的。在同巴特里克一起乘坐火车巡视南方的途中，盖茨对这一发现感到震惊。他凝视窗外，陷入了沉思，然后突然喊道："这真是世间一片得天独厚的地方。气候宜人，无边无际的沃土，取之不尽的劳动力。必须把它开发出来，使它能适当征税以支持教育和公共卫生事业。究竟该怎么做，巴特里克，这要看你的了。"

谁也没有指责盖茨想得太简单了。如果靠税收发展教育，就会从整体上提高南方的征税标的。假如这意味着提高南方农业的生产能力，那倒罢了。这种想法如果不是凡夫俗子的狂妄自大，就是天神凭借巨大财富而得出的见解。别的慈善管理人员只能做些小打小闹的事情，洛克菲勒的总管们却被督促着去不着边际地想入非非。

1906 年春天，盖茨和巴特里克去华盛顿拜见农业部一位颇有建树的科学家西曼·纳普博士（Seaman A. Knapp），此人曾当过教师、编辑和福音传教士。在他的实验农场中，纳普在农业实验方面正朝着与洛克菲勒在医药方面所获成果相似的方向努力：试图将科学精神注进一个像古代传说一样停滞不前的行业。3 年前，纳普把得克萨斯州从即将摧毁其棉花种植业的棉铃虫灾中解救了出来，从而获得了传奇般的名望。在这次病虫害中，惊慌失措的人们对棉花收成彻底绝望，纷纷抛弃土地、背井离乡。灾情一旦在以棉花种植为主的南方蔓延开来，将预示着一场灾难的来临。纳普在得克萨斯州特勒尔县建了一个示范农场，以证明认真选种和精耕细作能够控制住棉铃虫害。从那时起，纳普便注意吸收私人资金来扩大其工程。当时已 73 岁的纳普和农业部长詹姆斯·威尔逊（James Wilson）一起会见了盖茨和巴特里克，盖茨二人提出建立官民合作关系的想法圆了纳普的梦想，这一模式不久后便成为普及教育委员会的标志。如果农业部能够制订计划、指导农业示范项目，普及教育委员会便每月开出支票资助这些项目。

在接下来的几年里，洛克菲勒基金协助消灭了棉铃虫害，提高了南方农业和畜牧业的产量，抬高了征税标的，用以支持公办学校。到 1912 年，有 10 万个以上农场改变了种植棉花和其他作物的方法，这是普及教育委员会和美国农业部联手推广示范项目的直接成果。

在这些成就的鼓舞下，洛克菲勒的慈善机构稳步扩大了它们在南方的项目，其中最成功的当属根治钩虫病的活动。和纳普博士的项目一样，这次艰难的行动始于查尔斯·沃德尔·斯泰尔斯（Charles Wardell Stiles）博士无可奈何的请求，他企图得到联邦政府的津贴，但没有成功，不由感到心灰意冷。

美西战争之后，美国夺得了波多黎各。一位名叫阿什福德的军医吃惊地发现，岛上许多被认为患了疟疾的穷人实际上得的是钩虫病。斯泰尔斯是一位卫理公会牧师的儿子，多年来一直在南方为美国公共卫生局四处奔波。他根据阿什福德的发现大胆地推测，南方贫穷的白人——公众普遍认为他们过着好逸恶劳的懒散生活——得的可能就是钩虫病。1902 年 9 月，斯泰尔斯医生只带了一台显微镜走遍南方，检查人的粪便，果然发现随处都有钩虫卵存在。这是一个令人兴奋的发现，因为只需花 5 毛钱买一些泻盐和百里酚就能治愈钩虫病。

那年 12 月，斯泰尔斯博士在首都华盛顿的一次医学会议上公布了这些结果，并且指出，长久以来被认为懒惰的南方人实际上只是因患钩虫病而萎靡不振。他的话既引起了强烈的义愤也招来了打趣和嘲笑。第二天，《纽约太阳报》刊登了这份报告，用的是一个离奇的标题：致懒病菌找到了？斯泰尔斯惊呆了：自己成了一个笑柄，他的重大发现被人没完没了地用有关钩虫的玩笑贬得一文不值。他是一位动物学家——因而被推测对人体一无所知；在医生当中也受到了相同的遭遇：威廉·奥斯勒竟然到了不承认美国有钩虫存在的地步。几乎没有哪个医生愿意接受这一事实：穷苦白人普遍患有的慢性贫血和间断性疟疾实际上是由没有鞋穿的人从脚底感染上的钩虫引起的。

几年来，斯泰尔斯博士不懈地寻找私人资金，以便使其理论得到应用。1908 年，罗斯福总统派他在一个与乡村生活有关的委员会里任职，不料竟找到了一位支持者。那年 11 月，他去南方出差时对该委员会的另一位成员、出生在北卡罗来纳州的沃尔特·海因斯·佩奇（Walter Hines Page）说，火车站台上那个步履蹒跚、肢体畸形的男人患的是钩虫病，而非懒惰或先天性白痴所致。他直言相告："花 5 毛钱买点药就能在几周内把那个人变成有用的公民。"他向佩奇解释说，百里酚能使钩虫从肠壁上脱落下来——有些病人体内的钩虫能多达 5000 条——然后用泻盐把虫子排出体外。佩奇是洛克菲勒医学研究所理事会成员，自然就成了让斯泰尔斯引起洛克菲勒注意的最佳使节。

旅行结束时，斯泰尔斯和佩奇去康奈尔大学出席一次招待会。会上，斯泰尔斯遇见了佩奇向他介绍过的胖呼呼、乐呵呵的华莱士·巴特里克。他俩回到巴特里克的旅馆房间里，"谈了差不多一晚上的钩虫病。"多年来，斯泰尔斯费尽口舌但一无所获，此刻却因事情进展得过于神速而不知所措。回到华盛顿后，他接到一封电报，请他去纽约见洛克菲勒医学研究所的盖茨和西蒙·弗莱克斯纳。他滔滔不绝讲了 40 分钟，还放了幻灯，这时，盖茨打断他，出去找来斯塔尔·墨菲。"这是洛克菲勒办公室接受过的规模最庞大的建议，"盖茨对墨菲说。"听听斯泰尔斯博士要说的话吧。好，博士，请从头再说一遍，告诉墨菲先生您刚才对我说的事。"会见持续了两天，最后盖茨和他的同事终于接受了在南方发动群众消灭钩虫病的计划。这是开展大规模慈善工作的一次绝好机会：病情容易诊断，治疗费用也低，南方的患者却有 200 万左右。该计划收效之快有目共睹，与医学研究所深奥的工作相比，对民众更具有吸引力。总而言之，这次行动能达到一箭三雕的效果：对科学、慈善事业和洛克菲勒与公众的关系都有利。

小洛克菲勒这回又被派去说服他父亲：与钩虫病作斗争需要一笔资金。斯泰尔斯适度地提出需要 50 万元，盖茨却定为 100 万，认为只有这样一笔可观的整数才能引起南方的重视。由于南方人十分反感别人说这一地区有不计其数的低能儿，小洛克菲勒向父亲保证，委员会将征募一个南方小分队。1909 年 10 月 20 日，小洛克菲勒恳求他赶快行动，在与钩虫病的斗争中树立起领导地位。两天以后，洛克菲勒答复道："收到你 20 日关于钩虫病的来信，在我看来，100 万的数目太大，很难答应。但我知道你们会接二连三地跟我协商，最终无论多大的款项我每次都会答应的，因此，我将赞成拨出这笔款子。尽管如此，这一决定只能在你认为合适的时候公开。"当时，洛克菲勒已开始在佐治亚州奥古斯特的博内尔饭店过冬打高尔夫球，所以特别乐意捐这笔款。他说："近几年来，我每年都在南方住一段时间，这已经成了我一大乐趣。我开始逐渐了解、尊重这片土地，而且喜欢当地的社交圈子，结识了许多热心肠的人。"

不出所料，许多南方报刊编辑把这场消灭钩虫病运动看成是有意冒犯他们的荣誉和尊严。这次活动最初起名为"消灭南方钩虫病洛克菲勒卫生委员会"。为了避开诬蔑南方的嫌疑，该名称被压缩成"洛克菲勒卫生委员会（Rockefeller Sanitary Commission）"，甚至"美国卫生委员会"。和其他洛克菲勒项目不同的是，它没有把总部设在纽约，而是策略地于 1901 年设在首都华盛顿，因为华盛顿位于梅森狄克森线③以南。

委员会执行秘书是出生于田纳西州的威克利夫·罗斯（Wickliffe Rose）博士。47 岁的罗斯也是一位牧师的儿子，生性腼腆，品行无可指摘，时常佩戴领结，两眼从金丝眼镜或夹鼻眼镜后面拘谨地盯着人看。他饱读康德和黑格尔的著作，精通拉丁和希腊古典作品，喜欢用法语写诗，曾担任过皮博迪学院院长和纳什维尔大学校长，后来成为皮博迪④教育基金会的总代表，在这个位置上受到了普及教育委员会的注意。罗斯举止得体，为人谦虚，做事尽心尽力、一丝不苟、机智果断，他领导钩虫病斗争取得了全面的胜利。

罗斯在制定战略时采取了普及教育委员会运用洛克菲勒的资金来推动政府合作的模式。工作的第一步是开展详细的调查，找出钩虫传染源。他们再度敦促各州聘用卫生指导人员开展教育，让公众了解钩虫病的危害。州医疗委员会向农村派出年轻医生，工资由洛克菲勒基金支付。这些活动常常是在各州卫生委员会的支持下开展的，从而得到了政治上的保护。正像盖茨私下解释这一决策时所说的那样："把洛克菲勒先生的名字亮出来……会损害这项工作的有效性。"由于许多南方人把卫生委员会的工作看作是北方皮包商玩弄的新的卑劣手段，所以采取这一措施显得更加有必要。然而，无论怎么遮掩洛克菲勒与这件事的关系，许多南方人还是知道了真正的赞助人是谁，并编造出荒谬的说法来加以解释。有一种说法认为，洛克菲勒正在涉足制鞋业，他赞助消灭钩虫病运动是想让南方人常年穿鞋，而不只是在冬季几个月里才穿。

这项运动的开展要靠广泛的宣传和一些吸引人的手段。它派出了"健康列车"进行主题为现代卫生的巡回展出。这次成功的最重要因素也许在于它建了一些公共卫生诊所。1910 年，南方只有两个县设有这类诊所。3 年之内，在洛克菲勒基金的支持下，建立这类诊所的县发展到了 208 个。为了吸引老百姓去这些诊所看病，现场工作人员（用一种使人奇怪地联想起"洛克菲勒医生"的方式）四处散发传单，传单上写道："认识一下钩虫和大家代代相传的各种各样的肠道寄生虫吧。"在帐篷里举办的那些令人振奋的卫生宣传集会上，乡下人排着长队，目瞪口呆地观看显微镜下的钩虫卵，观察在瓶子里蠕动的钩虫。受到传染的人很快被治愈，这在许多人眼里，其奇妙之处不亚于教会的信仰疗法，人群里时常会突然响起《前进，基督的战士》的歌声。在 1911 年，仅一天之内就有 454 个患者被治愈。肯塔基的一个现场指导人员写道："我从来没有在别的地方看到过人们如此激动、如此充满兴趣和热情。"除弗罗里达州以外，南方各州都参加了这项运动。

很快，温文尔雅、衣着讲究的威克利夫·罗斯指挥了一次具有军事规模的行动。在行动的第一年，9 个南方州的 10.2 万人接受了体检，4.3 万人被确诊患有钩虫病。到第五年结束时，盖茨向洛克菲勒汇报说，已有将近 50 万人被治愈。钩虫病虽然没有彻底根除，但患者人数已急剧减少。"钩虫病不仅被人们所认识，找出了感染源，得到了控制，"盖茨向洛克菲勒夸耀道，"而且变成南方危害最小的传染病之一，也许是其中无人不知的最易诊断和治愈的疾病。"最重要的是，各州建立了永久性医疗设施，以防止钩虫病卷土重来。洛克菲勒称赞这场运动"计划周全、实施得当，"尤其赞扬它在处理政治紧张局势方面所采取的灵活手段。查尔斯·埃里奥特认为，洛克菲勒卫生委员会是流行病学和预防医学史上的一个里程碑，称它是"有史以来医疗科学和慈善事业联手向危害广泛的疾病所进行的最有效的一场斗争"。1913 年，新成立的洛克菲勒基金会请威克利夫·罗斯把消灭钩虫病运动推广到国外，使 6 大洲 52 个国家中数以百万计的人从这场全球性的瘟疫中得到了解救。

到 1910 年，医学和教育成了洛克菲勒慈善事业的首选目标，而且就在那一年，这两大目标卓有成效地合二为一了。促成这一结果的是一份题为《美国和加拿大的医学教育》的报告，题目既笼统又不可信。报告的作者亚伯拉罕·弗莱克斯纳是洛克菲勒医学研究所所长西蒙·弗莱克斯纳的弟弟。西蒙是个严格认真、与人为善的人，而亚伯拉罕却是个反传统的好斗分子，爱与人打笔墨官司。他从约翰·霍普金斯大学毕业后，在路易斯维尔创办了一所小型的新式私立学校，这所学校为他在常青藤联合会各大学里赢得了好名声。他有持不同见解者的天分，能用新颖的批判性眼光去看待传统所认可的惯例。他提出大学应实行 3 年制，因而引起了一场全国性大辩论。

卡内基促进教学基金会（Carnegie Foundation for the Advancement of Teaching）请亚伯拉罕视察美、加两国的医学院校，他以不知内情为由，带着极大的热情走访了所有 155 个院校，对自己的所见所闻大感震惊。他像其兄一样，把约翰·霍普金斯医学院看成是尽善尽美的模式。"我如果脑子里没有这个模式，"他后来承认道，"就可能一无所获。"相比之下，他访问过的大多数学校似乎个个了无生气、管理混乱，由当地医生漫不经心地管理着，作为他们私人行医收入之外的补贴。

在弗莱克斯纳锲而不舍地进行走访时，谁也没有料到他竟会成为许多毫无信誉的院校的灭绝天使。他描述的局面如果不是严格、确切的报道，就会成为十足的讽刺作品。大多数医学院校由于主要靠收学费来维持，无力购买现代化设备，因而仍然半死不活地处于医学愚昧时代。在华盛顿州，弗莱克斯纳问一位校长是否有生理学实验室。"当然有了，"那位校长说。"就在楼上，我去拿给您看。"接着，他自豪地拿来一台小小的脉搏计数器。衣阿华州的一所骨科学校里有桌椅和黑板，却看不到一张挂图或一件科学仪器。在这 155 所院校当中，只有 23 所招收有中学以上教育程度的学生。一些学校甚至连这点要求都没有，根本不用学生动多少脑筋。

1910 年，弗莱克斯纳发表了那份被称做"弗莱克斯纳报告"的有争议的文章——这是一篇公开发表的对医学教育最无情、影响最大的檄文。报告列举了那些最臭名昭著的毕业证书工厂，引起了激烈的争论。在这场争论中，100多所学校不是销声匿迹，就是被各大学吞并。在主要受害者当中，就有那些为老约翰·D·洛克菲勒所钟爱的古雅的顺势疗法学校。弗莱克斯纳报告给了这些早已岌岌可危的学校一记致命的打击。

盖茨贪婪地读完了这份报告。他讨厌临床医学，认为年轻医生们最终不是成为"既失望又懊恨的根深蒂固的悲观主义者"，就是变成纯粹为了金钱而'胡乱开药的郎中'"。盖茨手头有一大笔现金可供他支配，他是不会对弗莱克斯纳报告弃之不理的。他邀请作者共进午餐，弗莱克斯纳谈起了书里的两张地图——一张标明他去过的医学院校的位置，另一张表明国家需要什么。"把第一张图变成第二张要花多少钱？"盖茨问，弗莱克斯纳回答说："大概要花10亿元。""那好，"盖茨宣布道，"我们有这笔钱。到我们这儿来，我们会给你钱的。"盖茨问弗莱克斯纳如何使用头一笔100万元全面开展医学研究，他说："我要把钱交给韦尔奇博士。"于是，韦尔奇的约翰·霍普金斯医学院便被奉为接受洛克菲勒资助的人应当仿效的样板。霍普金斯医学院的实验室实行全职制，许多教师都全身心地从事教学和研究，盖茨希望这种模式能为各地的学校所效法。在此之前，还没有一个富有的捐助人把钱花在这一领域里。韦尔奇博士说："它标志着……公众第一次把医学教育和医学研究看作慈善事业中一个有意义的项目。"

1913年，弗莱克斯纳与洛克菲勒建立了正式关系，成为普及教育委员会的成员。弗莱克斯纳及其支持者挑出他们看好的院校——南方的范德比尔特大学和中西部的芝加哥大学——作为地区性样板。申请洛克菲勒资助的医学院必须提高录取标准，制定4年制教学方案，实行全职聘用制。这场推广约翰·霍普金斯模式的运动开展起来了，但有一位对此极为不满的批评者，即老约翰·D·洛克菲勒，他仍在独自一人为维护另一种医学形式而斗争。"我是一个顺势疗法派，"他在1916年向斯塔尔·墨菲埋怨道。"我希望我们捐助的所有医学院校能公平、礼貌、宽容地对待顺势疗法医师。"值得赞扬的是，洛克菲勒没有利用自己的权势压制他的顾问们，而是经常听从他们的判断，即使他们的意见与他的个人意愿背道而驰。"我很高兴得到富有经验的人的协助，他们能挑选出合适的申请，使捐款用得其所，"他有一回这么说道。"我不擅长判断这类事情：我的心太软。"

1919 年春，普及教育委员会请求其创建人提供 5000 万元，用以在全国推行科学的医学教育，因为第一次世界大战暴露出如下问题：许多士兵健康状况不佳，后方医院条件不健全。一连数月，洛克菲勒陷入了他惯有的那种令人不解的沉默之中。就在他的副手们不再指望听到他的答复时，他写来一封信，答应为这个项目提供大约 2000 万元——这笔巨款很快便增加到 5000 万。到 1928 年弗莱克斯纳离开普及教育委员会时，该组织已经拿出了 7800 多万元，用以推广科学的医学教育方法。这些开发项目数量巨大，其成果不亚于一次医学教育上的革命。"洛克菲勒医生"的儿子甩掉了医学界的落后帽子，为美国医学迎来了一个开启心智的新时代。普及教育委员会在它存在的 30 年里一共开支了 1.3 亿元，相当今天的 10 亿元以上。

洛克菲勒尽管对医学研究所和普及教育委员会的管理工作不闻不问，却一直在过问芝加哥大学的事务。十分矛盾的是，最令他气恼、也最经常违反他行善原则的恰恰就是这个慈善项目。他最初捐款的意图是想带动芝加哥商人出资助学，结果恰好相反，把别人全吓跑了。大量新闻报道把这所大学说成是洛克菲勒的癖好。《生活》杂志在 1903 年刊登了一幅名为"富翁洛克菲勒大学"的漫画，上面画着一位女士高举一盏标有"标准石油公司"的灯，裙子上的图案印的是美元。洛克菲勒虽然故意过校门而不入，一生中只去了 3 次（分别在 1897、1901 和 1903 年），他却未因这种自我克制的做法得到赞扬。公众动辄攻击他的每一个举措，认为那无非又是一个阴谋而已。盖茨垂头丧气地回忆道：

> 芝加哥人除了少量捐赠之外不肯再出钱。一家有敌意的报纸经常把芝加哥大学说成是标准石油公司的宣传工具，认为它的办学方针总是由其创始人来制定，教授们如果不充当学校创始人的喉舌就会遭到开除，连那座辉煌的建筑——米德韦娱乐中心都被看成是颂扬约翰·D·洛克菲勒的纪念碑，是为他个人而竖立和养护的。

正如为艾达·塔贝尔搜集资料的海勒姆·布朗（Hiram Brown）在给西达尔（J. M. Siddall）的报告中所说那样，这个传说颠倒了事实真相。"海勒姆说，约翰·D经常谈到芝加哥大学，但他从不炫耀自己捐赠给学校的钱财，也从未表示过该大学是他的私人财产，"西达尔记述道。"他说约翰·D经常谈到在该大学任教的人，时常称赞他们的才华和他们正在从事的伟大事业。"洛克菲勒确实公开干预其中的一个领域——学校的财政——但又无力阻止威廉·雷尼·哈珀博士的挥霍。洛克菲勒每年都要满心不快地拿出100万元来支撑这个永久性捐助项目，以供那位大手大脚的校长开销。洛克菲勒不停地抱怨学校常年出现赤字，哈珀却对这位创始人的警告置之不理，同盖茨的关系也日益紧张。洛克菲勒讨厌别人向他施加压力，盖茨则一向认为，假如哈珀少要一点，洛克菲勒给的钱会多得多。于是，哈珀和学校理事们在1903年12月被召到纽约，在洛克菲勒的私人办公室里参加一次特别会议。哈珀做出了一个可怕的失策，他无视前一年的亏空，请求得到更多的捐赠。在投票决定哈珀的建议时，当着他的面，没有一位理事表示赞成——这真是一次让他丢尽脸面的打击。当晚，洛克菲勒父子私下进行了协商，第二天小洛克菲勒通知理事会说，他父亲不再增加一分钱的捐款，除非预算亏空能够补上。哈珀被严禁扩大现有的学系或增加新的学系。这件事如果令哈珀感到伤心的话，它同样也令洛克菲勒感到沮丧，因为他对哈珀怀有一种父亲般的感情。

在此同时，哈珀的健康状况也因长期劳累而日益衰弱。1903年，他不断抱怨自己感到疲劳，但他生来不知节制。他儿子说："他经常告诉家人，他知道这种干法是在缩短自己的寿命，但又解释说，只有这样才能把工作做得更好。"在和洛克菲勒摊牌3个月后，哈珀做了一次阑尾切除手术。医生们发现有迹象表明他患了癌症，但又不能确诊，一直拖到1905年2月才告诉他。那时，恶性肿瘤已经发展到无法治愈的地步了，但哈珀没有向盖茨透露过一个字："这显然是个早早就宣布的死刑判决。"

洛克菲勒得知这一消息后不由得心烦意乱。"他无法使自己镇静下来，甚至无法说出自己的感觉，"盖茨告诉哈珀说。1905年2月16日，洛克菲勒给哈珀写了一封信，用简练的措辞充分表达了他对这位不无缺点但深深地鼓舞过他的教育家的钟爱之情：

> 您经常出现在我的脑海里。我一向对您怀有的情感此刻变得更加

强烈。我为您非凡的勇气和精力、精益求精的坚强信心而感到骄傲。我对你我为这所大学进行的合作感到极其满意和欣慰，对它的未来充满希望。您的地位无人能取代。

致以最崇高的敬意和最深切的爱。

几天后，哈珀在接受手术前投桃报李道："您一直在忠实地支持我，对此我别无所求。这项事业必将比我们所预见的更宏伟、更辉煌，但它现在就是——一所出色的学校。我深知您和您的家人会永远支持它。"

哈珀尽管因患癌症而日益衰弱，仍然继续写作和教书。1905年8月，他最后一次去福里斯特山拜访了他的赞助人。当时，艾达·塔贝尔那篇尖刻的性格分析报告刚刚发表，洛克菲勒看上去却很豁达。哈珀说："他认为这都是天意，自己会被彻底证明是无辜的。虽然如此，这仍然是一个令他费神的话题……我过去从未见过他如此亲切和健谈。"两个人在一起悲喜交加地度过了几个小时，前些年受到损伤的友情得到了恢复。

1906年1月，总是一只眼盯着天堂、一只眼看着世间万物的威廉·雷尼·哈珀奄奄一息地躺在病床上，叫来他的两位密友欧内斯特·伯顿（Earnest D. Burton）和阿尔比恩·斯莫尔（Albion W. Small）。他曾在公众对标准石油公司义愤填膺的那个时期里向洛克菲勒及其财富大献殷勤，此刻却似乎感到心烦意乱、焦躁不安、疑虑重重。"我本该紧紧跟随耶稣基督，"他向两位朋友忏悔道。"我从我本应生活的高度上堕落了，我不时地为自己辩护，对自己说那样做很有必要，因为我当时肩负着那么重的担子。可是现在我明白自己全都错了。"1906年1月10日，他与世长辞，终年50岁。

在以后的日子里，洛克菲勒一直在回想他和哈珀最初为建立芝加哥大学制定计划时那段充满活力的日子。哈珀的死可能比任何一位同事或朋友的去世对他的打击都大。他在给新任校长哈里·普拉特·贾德森（Harry Pratt Judson）的信中写道："他的去世使我本人意识到自己蒙受了一个无可弥补的损失。看来是上天让他在风华正茂、事业如日中天的时候撒手人寰。我对他的悲悼之情不亚于失去一位家人时的心情，而且这种悼亡之情与日俱增。"洛克菲勒很少写出如此动人的文字。他批评哈珀挥霍浪费，但承认他的丰功伟绩，那就是，他在短短十几年的时间里创办了一所能与一流大学相媲美的学校。哈珀死后不久，他宣布建一座学校图书馆以纪念哈珀的计划，并捐款 10 万元作为哈珀遗孀的生活费用。在一个恰如其分的纪念仪式上，他同意结清学校 1906—1907 年度的预算赤字。如果说贾德森缺少哈珀的远见和辩才的话，他却是个谨慎的管理者和无可挑剔的制定预算的好手——这恰恰是学校所需要的那种大管家式的人物。

1907 年，盖茨和小洛克菲勒悄悄地开始说服老洛克菲勒放弃芝加哥大学学生及多数理事都必须是浸礼会教徒的要求。学校的基金筹集工作受到了教派特征的牵制。在这件事上，洛克菲勒总是想一举两得：既要求学校继续受浸礼会的支配，又主张它应该"在最广泛的自由精神下运行"，从社会各阶层招收学生。洛克菲勒反复考虑了两年才同意解除学校与浸礼会的关系。不过，这个大胆的举动比起由他的顾问们安排的下一步还要容易些。截止 1908 年，洛克菲勒已经向芝加哥大学投入了 2400 万元，而芝加哥人并没有从他肩上卸下这副重担。1908 年底的一个晚上，盖茨在蒙特克莱家中与哈里·普拉特·贾德森和斯塔尔·墨菲开了一个会。"洛克菲勒先生眼下能为芝加哥大学做的最大的事情是什么？"盖茨问贾德森，说完马上又回答了自己提出的问题："贾德森博士，洛克菲勒先生眼下有能力为学校做的最大的事就是同学校彻底脱钩，撤回他的代表，一劳永逸地全盘交给社会。"贾德森表示抗议，说学校设施还不完善，非常需要资金，盖茨便说洛克菲勒在撒手不管之前可能会捐上最后一大笔钱。

盖茨一心想实现这项计划，他先说服了小洛克菲勒，后者又试图去说服其父。老洛克菲勒听到这个建议后惊得目瞪口呆，默默地将它搁置在一旁。1909 年初，小洛克菲勒再次提起这个话题时，他父亲直截了当地拒绝了。"我承认，这个想法确实令我感到吃惊……学校这么大，影响那么广，而我们在它的发展过程中又起着如此重要的作用，所以一想到要割断它同我们的联系，听任它像一艘巨轮在海洋上飘荡，我就浑身发颤。"这次说服行动一开始虽然成功的希望不大，但盖茨和小洛克菲勒明白，老洛克菲勒在做出重大决定之前常常要一拖再拖。1909 年 11 月，小洛克菲勒建议他父亲为学校最后再捐 1000 万元，然后永远同它脱离关系。他说："很少有人在建完大学后还有勇气摆脱它。"

几个月后，盖茨写了一封举足轻重的信，这封信堪称美国慈善事业的一份开创性文件。信中主张，捐赠人的最高理想应当是创立一所能够完全独立于他而生存的学校。盖茨指出，要使这所大学完善，还需要开办许多专业——如技术、农业、林业等，可是，只要洛克菲勒仍然是学校的赞助人，就不会从其他来源获得建立这些学系的资金。在过去的 7 年里，他已经捐赠了将近 1200 万元，而中西部人总共只拿出了 93.1 万元——仅仅是一点不起眼的施舍而已。从政治角度来看，洛克菲勒撤出也是十分迫切的：

> 这样做将决定性地向公众展示他们尚未了解的一个事实——即您在这项事业上毫无私利可图。这样做将无可指摘地表明，您创建这所学校的动机完全是为您的乡亲谋福利，从未利用它来增强您个人的势力、宣传您的政治观点、推动您的事业或是为您树碑立传。

盖茨在指出其他富人都有控制欲之后，继续写道：

> 我相信，卡内基先生是他创建的每一个委员会的成员，自然也是其领导成员。创立克拉克大学的克拉克先生去世前一直不加掩饰、不顾名声地经营着那所大学。斯坦福先生在指定将其财产交给小利兰·斯坦福大学后不久就去世了，而他的妻子接过权力后却公开经营这所大学多年，公开要求辞退与她意见相左的教授，并且控制着学校管理的每一个细节。

在信的结尾，盖茨敦促洛克菲勒从芝加哥大学脱出身来，给它以自由。

起初，洛克菲勒没有回信，甚至不承认收到过这封信，但它却对其思想产生了深远的影响。盖茨的实用性主张可能跟他的想法大相径庭，不过，让自我服从某种更大的公共目标的主意与他自我牺牲的宗教意识也可能不谋而合。他同样认为，"固定捐款的阴魂"不应使未来几代人受当初捐助者过时的条条框框的限制。也许由于以上所有这些原因，洛克菲勒于 1910 年 12 月向芝加哥大学作了 1000 万元的最后捐款，将其捐款总数增加到了 3500 万，相当于 1996 年的 5.4 亿，随后永远跟它脱离了关系。他在给理事会的告别信中写道："这所大学如能在许多捐助人的扶持下发展壮大，要比光靠一个人来赞助好得多……本人此举的依据是一个早已存在的长久信念：这所伟大的学校是人民的财产，应当由人民来执掌、由人民来管理和资助。"但是，双方的关系并没有像洛克菲勒所暗示的那样彻底断绝。从 1910 年至 1932 年期间，普及教育委员会和其他洛克菲勒慈善机构向这所大学又输送了 3500 万元，小洛克菲勒也添了 600 万元。不过，洛克菲勒以一种政治家式的举动确立了这样一个观念：赞助人只是创始人，不是其赞助对象的拥有者和主子。在 1910 年 12 月的会议上，芝加哥大学的理事们赞扬洛克菲勒说："洛克菲勒先生从不允许大学使用他的名字，只是在理事会的强烈要求下才同意称自己为学校的创始人。他从未就任何一位教授的任免问题发表过意见。教师们无论表达什么观点，他都不置可否。"

20 世纪初，几乎人人都认为约翰·D 向慈善机构慷慨解囊是为了使自己的财富变得清白。罗伯特·拉福莱特州长在 1905 年说过："昨天我从报纸上读到洛克菲勒又去参加祈祷会了。明天他要向某个学院或大学捐款。他用双手捧出捐款，却用许多只手去抢夺。就算他能活上 1000 年，也无法赎清他所犯下的罪行……他是这个时代最大的罪人。"漫画家们则把洛克菲勒定型为一个常去教堂的伪君子。有幅漫画把他画成一个从头上长出翅膀的天使，下面的标题是："施洗者约翰说：高额捐款如今变得越来越高，有些人可望踏着它进入天堂。"

约翰的捐款真的就像他说的那样出于圣洁之心吗？他对其善行所发挥的政治影响有可能一无所知吗？他在 1906 年写给乔治·罗杰斯的内部备忘录多少能使人们了解这个难解之谜。为了帮助标准石油公司摆脱政治困境，阿奇博尔德在 1906 年 10 月请洛克菲勒公布一份他给过大笔捐助的十几所大学的名单。洛克菲勒很不愿意印发这份名单。"这种事情我们以前从来没有做过，"他告诉罗杰斯，"我很讨厌这种做法。若不是想到它可能有助于我们标准石油公司，我是绝对不会予以考虑的。"他要求对方保证，名单用完后要收回并销毁，清除任何表明他参与合谋的痕迹。这封信基本上证明了洛克菲勒的话：他不利用其慈善事业谋私利，但同时表明，他偶而也会违背自己的原则。赫伯特·威尔斯[⑤]在 1934 年写的一本书中说得再正确不过了："在（洛克菲勒）一生所招致的所有卑鄙无耻的批评当中，最荒谬的指责莫过于说他那些极其明智的捐赠全是为了摆脱批评，为了使自己的灵魂免于受到他那位浸礼会上帝确定无疑、迟早要兑现的惩罚之类的说法了。"从洛克菲勒小时候开始，行善便与他的生命历程紧紧地结合在一起了。

尽管如此，新闻界还是把洛克菲勒的每一次捐赠都说成是沽名钓誉之举。这种说法最盛行的时候当属 1905 年 3 月突然爆发的那场关于脏钱的争论期间，当时有人披露洛克菲勒捐了 10 万元钱给美国海外传教团委员会（American Board of Commissioners for Foreign Missions），这是波士顿的一个公理会组织，那笔钱很可能是该组织接受过的最大一笔捐款。这次颇有远见的捐赠正好赶上塔贝尔的连载文章刚刚登完，势必会引起一场众说纷纭的大争论。

普及教育委员会成立后，洛克菲勒开始不断地向跨教派团体捐款，完全超越了只捐赠本教派的限制。盖茨认为，宗派主义是"国内外宗教界的祸根，无论从经济、智力或精神的角度上看，都是毁灭宗教的因素"，因而热心地鼓励这一转变。这位抛弃神职的牧师离开浸礼会之后所主张的基督教教义越听越像高尚的社会工作。"我的宗教信仰……简单地说，就是以耶稣的精神为人类服务。这是耶稣的宗教、科学的宗教、也是进化的宗教。"盖茨的文件中夹着一张题为"真正宗教之精神"的令人吃惊的便条，这显然是他为澄清自己的思想而写的。他在便条上直言不讳地指出："宗教与道德之间没有根本的区别，只不过前者比后者情绪更强烈、更激昂罢了。"1903 年，他坦率地对一位申请人说，洛克菲勒虽然是个浸礼会教徒，但他不会再"纯粹为了宣传那些典型、明显的浸礼会思想"而创办浸礼会学校了。

后来被称做脏钱的那 10 万元捐款是应詹姆斯·巴顿（James L. Barton）博士之请提供的，此人在一个星期天去盖茨在蒙特克莱的家与斯塔尔·墨菲和盖茨会面。这次见面不是盖茨提议的，但他确实建议洛克菲勒捐赠这 10 万元钱。盖茨在给洛克菲勒的一封信中为这笔传教资金找了一个世俗的理由，再次表明洛克菲勒能够接受向教会提供捐赠的非宗教理论思想：

　　且不说劝人皈依的事，单单是传教活动给本国带来的商业成果就值得我们每年把投在传教事业上的钱增加一千倍，这话我早就说得差不多了。我国的出口贸易正在迅速增长。如果没有传教活动带动商业在海外的扩展，这种增长完全不可能实现。它给国内的工业和制造业带来了多大的利益呀！

　　洛克菲勒一改往日惯有的沉默，对这封信大加赞扬，并同意几天后就把10万元的支票送到波士顿。

　　只要不被人看作是在搞宣传，洛克菲勒和盖茨便允许受益人公开宣布所接受的捐款。这一回，盖茨很想宣传一下——它将表明洛克菲勒已经摆脱了宗派主义的捐赠方式。他翻遍了所有的报纸也没看到有关这次破天荒向公理会捐款的报道。他拿到设在波士顿的这个委员会发行的月刊后，满心希望看到那条大号标题。可是，这条消息被压缩成只有两三行的东西，上面写道，该委员会秘书说他"意外地"从约翰·D·洛克菲勒那里收到一张10万元的支票，意思是这笔钱是不求自来的。没有一句表示感谢的话。这笔钱却引起了一场激烈的争吵，因为公理会牧师纷纷要求退还捐款，他们个个都从《麦克卢尔杂志》上读到过关于这些钱是用毒辣手段得来的文章。

　　最突出的反对者是来自俄亥俄州哥伦布的华盛顿·格莱登（Washington Gladden）牧师，此人多年来一直向洛克菲勒发难。他是社会福音运动的领导人之一，对托拉斯持强烈的批评态度。如今有了直接由艾达·塔贝尔本人提供的事实，格莱登在一个星期天上午在他的公理会教堂里站起来，发表了反对接受这10万元捐款的辛辣的长篇演说。他说："这笔给我们传教团委员会的钱来自一座巨大的庄园，这座庄园建立在现代商业史上最无情的掠夺之基础上。"在这次布道中，格莱登称洛克菲勒的支票是"脏钱"，这个说法被新闻界采用，从此收入了政治词汇之中。他向公理会总部提出抗议，要求把钱退回去。

　　面对这场喧嚣，盖茨一直在等波士顿的这个委员会澄清真相，承认钱是他们申请的。然而，他们却掩盖了事实，巴顿甚至向记者保证这钱是不求自来的。盖茨看到这条消息后，威胁要揭露捐赠这笔钱的初衷，公理会委员会这才说出真相。盖茨和洛克菲勒都对格莱登一直没有广泛、公开地宣布收回自己的言论而感到失望。洛克菲勒说，他"没有男子汉气概去纠正他的文章所造成的坏影响"。诚然，洛克菲勒出于自尊而回避了一个更加重要的问题：人们是否应该接受他们认为通过无耻手段获得的钱财。

"脏钱"之争激发了马克·吐温的灵感，写出一篇绝妙的讽刺小品。他是洛克菲勒家族和亨利·罗杰斯的朋友，知道巧取豪夺的商人也会变成好心肠的善人。他在《哈泼周刊》上发表了一封来自撒旦的公开信，在信中严厉地谴责了读者："让我们结束这些毫无意义的谈论吧。美国海外传教团委员会每年都接受我的捐赠；既然如此，它为什么不能接受洛克菲勒先生的捐赠？在任何时代，大型慈善事业得到的赞助有3/4是悔罪钱，这将在我的书里写得清清楚楚；既然如此，为什么当这个词用到洛克菲勒先生的捐助上时却不可容忍呢？"

公众和往常一样，愿意看到洛克菲勒让这场脏钱之争搞得灰溜溜的。有家报纸说他"在他那所豪宅外面的树底下一坐就是几个小时，默默地在想公众舆论为何坚决和他作对。他和谁也不说话，除非有急事找他"。事实是，洛克菲勒面对这场来势汹汹的不利舆论，并未动摇或屈服，反而变得更加清醒。1905年7月，他情绪极佳地来到欧几里德大街浸礼会教堂，只是稍微显得有点疲惫。他高兴地与老朋友聊天，甚至还在主日学演讲结束时开了一个玩笑。他掏出怀表，调皮地眨眨眼睛对众人说："我恐怕说得太多了。还有别人要说呢。我不想被你们当成一个自私自利的垄断主义者!"听众报以热烈的掌声。

注释

①John Wanamaker, 1838—1922, 美国早期百货商店创办人之一, 因善用广告而闻名。

②Abraham Flexner, 1866—1959, 美国教育家, 西蒙·弗莱克斯纳之弟。

③从前美国南方各州与北方的分界线。

④George Peabody, 1795—1869, 美国商人、金融家, 曾捐款办学。

⑤H. G. Wells, 1866—1946, 英国作家, 主要作品有《时间机器》等。

25 怪老头

    1905 年塔贝尔的连载文章接近尾声时，洛克菲勒作为商人已是名声扫地，他刚刚起步的慈善事业也蒙上了坏名声，只好继续把福里斯特山和波坎蒂科山当做安定的绿洲，与外界隔绝。他过去允许公众在这两座庄园的外围地带游荡，如今为了安全起见，不能再采取这种做法了。1906 年，福里斯特山四周突然围上了一圈 8 英尺高、顶上带着铁丝网的铁栅栏，阻止外人进入。这一防范措施是自有其道理，因为有人威胁要杀死洛克菲勒，为此他雇了平克顿侦探来保护自己。《麦克卢尔杂志》的连载文章问世后，他终日在桌边放着一把左轮手枪。他几乎不再参加任何公开的庆典活动，塞迪也让这种威胁感弄得心神不宁，建议洛克菲勒从此不再出去作公开演讲。

    但是，尽管担心处处有许多人在暗中伺机行刺，洛克菲勒还是泰然自若地过他的日子。他不像人们传说那样，是个冷冰冰的人物，而是随着年龄的增长变得越来越和蔼可亲了。如果说洛克菲勒在塔贝尔的系列文章刊登期间比较消沉的话，那么，他在 1906 年前后开始变得轻松起来，有滋有味地过着退休生活。他的身体状况极佳，摆脱了生意上难以忍受的重担，还组建了一个高素质的管理班子，为他经营慈善事业和外部投资。此时已年过六旬的他有生以来看了第一场戏《音乐大师》，饰演夏洛克·福尔摩斯的依然是威廉·吉勒特①。洛克菲勒夫妇向纽约爱乐乐团捐款，甚至还在弟弟威廉的豪华包厢里看过歌剧。对于这对一向节俭的浸礼会教徒夫妇来说，这种举动不啻是危险的异教行为。

快活逍遥的洛克菲勒成了一个会俏皮地插科打诨、说些至理名言、开些不合时宜的玩笑的怪老头。他在经商时喜欢穿清一色的深色衣服，此时却变得衣冠楚楚，色彩鲜亮、古怪，像一个退了休的演员。他最喜爱的一套行头是一件黄色真丝上衣，里面穿一件薄坎肩，配上一顶草帽（曾被一家杂志比作"人力车夫的帽子"）或遮阳帽和一副风镜。这一服饰上的变化始于他患了脱毛症之后，为此他戴过各种无沿软帽和假发，甚至还试过一大堆式样可笑的高尔夫帽和驾车帽，其中许多都带有遮到耳旁的软边。尤其是再戴上风镜，一眼看去，就像一个老年外星人。"他每次开车外出时总是戴着一副圆形墨镜，"他的园丁汤姆·派尔写道："瘦长的脸和两片薄薄的嘴唇，加上那身古怪的打扮，简直就像一个可怕的骷髅。"洛克菲勒在19世纪90年代患消化道疾病期间曾经变得骨瘦如柴。此时，在他的德国医生莫勒博士的照料下，他的体重增加了，脸变圆了，又高又瘦的身子再次显得健壮有力，只是腰围有点粗。见过他的记者都惊讶地发现他精力充沛——目光炯炯、步履矫健、握手很有劲。

为了能活上100岁，洛克菲勒认真地制定了计划，每天严格按照时间安排生活，几乎精确到以秒为单位。无论是做祷告还是进行健身运动，他仍然遵守有效地利用每一小时的清教徒原则。每天早上6:00起床，读一个小时报纸，7:00—8:00围着屋子和花园散步，给新来的雇员每人一毛钱小费、老雇员则是每人五分钱；8:00吃早饭，然后在8:45玩一圈速算游戏，用这段时间来好好消化食物。9:15—10:15处理信件，其中大多是有关他的慈善活动和投资项目的（每天寄到波坎蒂科的信多达2000封，大部分是向他要钱）。10:15—12:00打高尔夫球；12:15到下午1:00洗澡，然后休息。1:00—2:30吃午饭，接着再玩一圈速算游戏。2:30—3:00，躺在沙发里听人给他读信；3:15—5:15驾车兜风；5:30—6:30再休息一阵，7:00—9:00是正式晚餐的时间，然后再玩几圈速算游戏。9:00—10:00听音乐、和客人聊天，然后从10:30睡到第二天早上6:00——周而复始的一天又开始了。不管刮风还是下雨，他一次都没有违反过这个作息制度。威廉·英格利斯亲自观察过这种有规律的日常生活，觉得"在这种从不间断、像数学一样精确的作息安排中，有一种近乎超人——或许是非人——

的东西。简直令人不可思议。"

1905 年春天，一年前因病卧床不起的塞迪恢复了元气，又能和约翰每天驾着双座敞篷马车兜风了。尽管如此，她的病此时已转成慢性，这次回光返照没有维持多久：1906 年，她因患"流行性肺炎"又在床上躺了一个月。奇怪的是，洛克菲勒尽管对妻子忠贞不渝、殷勤有加，却拒绝改变随季节变化而更换住处的习惯，即使塞迪不能再和他一起出门也不更改。由于健康上的原因和对高尔夫的迷恋，他开始每年去佐治亚州奥古斯塔的博内尔旅馆过冬。他一开春北上去莱克伍德，春末去波坎蒂科，然后在福里斯特山度夏，10 月回到波坎蒂科，一直住到冬天再南下。即使妻子在 1907 年几乎全年卧床不起，他仍然严格履行这一安排。她一连 10 个月没有去教堂，甚至没有去客厅和家人一起吃早饭。第二年，她又患上了肺气肿，24 小时都有护士守在身旁。到了 1909 年，塞迪肺部严重淤血，大把大把地掉头发，连从卧室的一头走到另一头的气力都没有了。她独自留在福里斯特山，约翰却一走就是好几个月——对这位过去与妻子形影不离的丈夫来说，这样做未免太反常了。他准是认为，如果改变作息习惯会影响自己的健康。他一听人说起有关疾病的事就不自在，因为这令他不快地想到自己终有一天也会死去。

令许多观察者感到奇怪的是，洛克菲勒的生活与他拥有的庞大财富相比，实在太节俭了：1902 年，他完税后的年收入为 5800 万元——比当时报界估算的数字高出好几倍——按现今的货币价值计算，其税前年收入大约为 10 亿元。一位报纸撰稿人曾如此描述洛克菲勒道："那位绅士只要安坐在办公室里，金钱就会以每秒 1.9 元的速度叮叮当当地落在他脚下，他需要用一个蒸汽铲把钱铲开，否则就会被压得喘不过气来。"尽管如此，洛克菲勒在那一年的家用开支仅为 43.9 万元。

洛克菲勒尽可能地实行紧缩措施，坚持过简朴的生活，克制自己的欲望。他喜欢说的话是："一个人的财富取决于其欲望、开销同收入之间的关系。如果他觉得自己是个富人：手头有 10 块钱，除此之外应有尽有，那么他就是个真正的富人。"洛克菲勒和塞迪都竭力表明他们没在乱花钱，还特别强调送礼不必贵重。比如在 1905 年，约翰在塞迪过生日那天送给她 500 元钱，圣诞节又送她 500 元，尽管当时她自己拥有的铁路股票和天然气公司债券的价值合起来已经超过100万元了。节假日时，他俩相互交换一些象征性的礼物——如钢笔、领带、手绢、手套等——还要精心炮制一封感谢信，告诉对方收到的礼物有多漂亮。1913年春天，洛克菲勒派人分别送些蔬菜给他儿子在第54西大街13号的家和在波坎蒂科度假住的阿贝顿小舍，小洛克菲勒收到后喜不自禁地说了如下一通感激的话："从波坎蒂科山每星期的蔬菜账上看到上周有价值11.1元的芦笋送到阿贝顿小舍和5.4元的芦笋送到13号……我由衷地向您表达艾比和我最诚挚的谢意，因为您让我们分享到了您园中的美味。"如此看来，洛克菲勒家族生活在两个世界里：一个是拥有难以想象的财富、不向外界透露的真实世界，另一个是互送廉价礼品的虚假世界，用来向世人表明他们没有堕落。既然金钱对他们意味不了什么，他们只能转而强调礼物中所蕴涵的感情价值，其主要用意就是表明他们不认为自己的好运气是天经地义的事。1905年1月，塞迪在福里斯特山给儿子写信说："我盼着下雪，好试试我们的新雪撬，它底下安着弹簧，下面是4块滑板，能像马车那样转弯。这是不是太奢侈了？"其实，比起当时在富人中流行的、装饰华丽的纽波特式"别墅"和大型蒸汽游艇，人们难免为塞迪关于"奢侈"的概念感到心酸。

洛克菲勒的勤俭观根深蒂固、终身不渝。1908年圣诞节，小洛克菲勒破例送了他一件毛皮大衣和一顶皮帽做礼物，得到的却是这样一个叫人啼笑皆非的回答："我万分感谢你给我的皮衣、皮帽和手套。我觉得我享受不了这种奢侈品，但是，能有一个为我买得起这些东西的儿子，我甚感高兴。"他儿子应该知道，洛克菲勒绝不会穿着这套贵人的行头大摇大摆地出门的，他把衣服退还给小洛克菲勒，后者便自己穿了。

洛克菲勒在慈善方面既慷慨得惊人，也同样会抠门得出奇。大多数大亨都请人管理他们的个人支出，洛克菲勒却事必躬亲，在小事上更是吝啬得不可救药。他庄园的所有账簿都要送到百老汇26号，由他审查每一元钱的去向。这些庄园全都被纳入其内部市场体系之中，当波坎蒂科把树"卖给"莱克伍德时，波坎蒂科就是贷方，莱克伍德则是借方。"我们是我们自己最好的客户，"洛克菲勒在回忆录中俏皮地写道，"我们以每棵1.5或2元的价格把树卖给我们在新泽西州的庄园，这些树在波坎蒂科每棵的最初成本只有5分到1角钱，这样我们就从自己身上赚了一小笔。"他让人

进行调查，计算不同住所的人均食物消费成本，还责骂过第 54 西大街 4 号
的管家，因为那儿的人均"伙食"费高达 13.35 元，相比之下，波坎蒂科
为 7.8 元，福里斯特山只有 6.62 元。

洛克菲勒要花大量的时间对大大小小账单提出异议，连食品杂货店和
肉店送来的数额最小的账单也不放过，这实在有些可笑。首先，他很多
疑，认为小商贩个个都是敲诈勒索的能手，至少会在富人的账单上虚报数
字。他连在庄园里散步时都要监督是否有人偷懒。"我注意到最近有磨洋
工的现象，"他对一个主管说，"有一两次我停下车来，看看那些人休息之
后会不会接着再干下去。"有一次，他在给侍者小费时抓出一把零钱，让
对方觉得自己应拿多少就拿多少。可是，等对方照他的话做了之后，他大
为震惊，随即放弃了这个做法，仍然严格地按 10% 付小费。

洛克菲勒对医生、护士尤其多疑。他不知有多少次怀疑上了医生的
当，威胁要把对方送上法庭。1909 年，保罗·艾伦（Paul Allen）医生在
西弗吉尼亚的温泉镇为洛克菲勒治病，还请了一位叫史密斯的医生来会
诊。洛克菲勒从史密斯医生那里收到一份 3000 元的账单后，向艾伦医生抱
怨道，他只需花 500—1000 元便能请到一位更有名望的医生。他警告艾伦
医生说："我不想就此事打官司，和史密斯医生调解一下算了。但是，只
要我认为是勒索，就不会听之任之的。"听说洛克菲勒扬言要上诉，史密
斯医生只好答应收 500 元。接着，洛克菲勒又收到艾伦医生本人的账单：
在温泉疗养院治疗费为每天 350 元，总共 21 天；洛克菲勒再次勃然大怒，
说是每天超过 160 元就拒绝付账——他咨询了几位当医生的朋友并且仔细
了解了当地的收入水平之后，又把这笔费用降至每天 75 元。他再次暗示要
诉诸法律。小洛克菲勒指出，艾伦医生在西弗吉尼亚住了这么多天，耽误
了给 4 家病人看病的时间，老洛克菲勒却反驳道："他在温泉镇为我们当
了 21 天家庭医生所获得的名声……可能要比他失去病人的损失更有价
值。"他称那位医生的收费是"敲诈性的"，并且总结道："我认为，为那
么多被医生敲诈过的好人在法庭上讨回公道是我的责任。"洛克菲勒的信
条是，价格应该反映真实的市场价值，而不是购买者的消费能力。最让他
气不过的是，人们认为富人应该为其来之不易的财富额外多付钱。

由于老洛克菲勒总是躲在深宅大院里，公众便把目光越来越多地集中

到他的儿子和继承人身上，小洛克菲勒则在众目睽睽之下唯恐避之不及。"约翰·D·洛克菲勒是世界上最具组织才能的天才，是美国和美国居民当中最大的个人财产拥有者，也是一位名叫小约翰·D·洛克菲勒的年轻人的父亲，"赫斯特手下的一份报纸评论道。"小约翰·D·洛克菲勒名下的财产将比许多国家全国的财富还多。他的钱财将超过整个希腊拥有的钱财，尽管希腊人曾经创造了辉煌的世界文明的一部分。"对这一前景最感恐慌的则是小洛克菲勒本人，他觉得自己被困在了继承洛克菲勒王朝大业的铁笼之中。他对自己向来没有信心，只是拖着沉重的步伐向前走，却永远不知要往何处去。

小洛克菲勒敬畏父亲，把他视作一尊高高在上的大理石雕像。盖茨写道："在他儿子的心目中，洛克菲勒一向是位高大的英雄——取得了建立庞大工业帝国的辉煌业绩，为人正直，严于律己，善于控制情绪，面对公众的漫骂泰然自若，并且为人类做出了巨大的贡献。"小洛克菲勒从小就这样看待浑身金光闪闪的父亲，因而不免觉得自惭形秽。他曾经对纽约商会说，自己唯一的愿望就是尽其所能地帮助父亲，"给他擦皮鞋，为他整理行装。""我一向认为自己能力很低，"他在1902对父亲说，"不过，我没有必要向您表明的是，我的能力尽管有限，但我会绝对全心全意地为您工作，无论现在还是将来，您都可以像以往那样信赖我。"老洛克菲勒非但没有给儿子打气，反而经常使儿子陷入深深的自责之中。

由于老洛克菲勒不愿意听批评意见，小洛克菲勒对含沙射影地攻击他父亲的话极度敏感。正如盖茨所指出的那样，小洛克菲勒"一生只有一个毫不讳言的目标：恢复父亲的社会声望"。小洛克菲勒竭力维护父亲形象，其部分原因是爱父亲，但更多的是出于自身利益的考虑。作为一个恪守道德的年轻人，如果花的全是昧良心赚来的钱，怎能认为自己是个好人呢？为了能把洛克菲勒家的财富问心无愧地馈赠予人，他必须先说服自己这些钱来得名正言顺。

如果说小洛克菲勒终身缺少勇气面对充满敌意的公众的话，他与艾比每生一个孩子，这份勇气随着也减少一分。他俩的第一个孩子小艾比——人称为巴布丝——于1903年降生在第54西大街13号，紧接着约翰·D·洛克菲勒第三生于1906年，对于他的出世，报纸上的标题是"有史以来最富有的婴儿"。纳尔逊于1908年出生在缅因州的锡尔港,那天恰好也是老洛克菲勒的生日,老洛克菲勒一直认为这是一个征兆:这个孩子注定要领导下一代洛克菲勒家族,尽管没有什么直接的证据。

由于急需有人给予指导和感情上的支持,小洛克菲勒与妻子之间建立了他在过去与母亲之间保持的那种亲密关系。他事事依靠艾比,听从她的判断,有时好像离开艾比就无法生活。艾比带巴布丝去沃威克她父亲奥尔德里奇的庄园小住的那段日子里,小洛克菲勒因她不在身边而倍感煎熬。艾比使他体验到了在自己成长过程中受到压抑的温情。结婚两年后,小洛克菲勒还在给艾比的信中激动地写道:"亲爱的,那一夜你使我感到幸福无比!你光彩照人的年轻女人的魅力是那么美丽、那么迷人、那么充满爱意,这正是多年来我的激情所向往的……亲爱的,那是一个多么美妙的夜晚啊!那一晚我们忘掉了一切,除了你我和我们之间炽热的爱。"

艾比头脑冷静、善于审时度势,小洛克菲勒去百老汇26号上班后,她认为交给他做的工作有辱其身份。她鼓励小洛克菲勒要求得到合法继承人应有的职位。小洛克菲勒当时还不知道如何在生意和慈善事业之间分配时间。新泽西标准石油公司的头领们意识到了这位洛克菲勒继承人在公共关系上的价值,急于利用他来装点门面。于是,30岁的小洛克菲勒在1904年被任命为公司董事。A·C·贝德福德和亨利·罗杰斯这两个高级经理带着他去俄克拉荷马州的几个油田进行了一次旋风式的视察,发现这位可爱、谦逊的年轻人腼腆之中有他自身的魅力。"贝得福德和罗杰斯发现我与公众的关系十分融洽,老百姓也很想亲眼见见洛克菲勒家的人,"小洛克菲勒说。"换句话说,他们开始把我当做一种资产。"1909年,他被提升为副总裁。

小洛克菲勒是个商界新手,从小又在一个封闭的环境里长大,自然会对约翰·D·阿奇博尔德领导下的标准石油公司的一些不道德行为感到震惊。头脑机灵、生性好斗的阿奇博尔德懂得如何利用他暴烈的脾气迫使别人服从。阿奇博尔德住在塔里敦,每个星期六早晨都顺路在波坎蒂科停一下,给洛克菲勒送上一个色彩鲜艳的红苹果,然后向他最大的股东讨教。他每天早上坐快艇去上班,经常邀请小洛克菲勒一起走;当船沿着哈得逊河急驰而下的时候,他俩就在船上共进早餐。小洛克菲勒常常利用这个机会向阿奇博尔德询问那件令他深感不安的事：标准石油公司例行的秘密政治贿赂——这样做虽然合法却很卑鄙。小洛克菲勒解释道："那些党魁总是走后门寻求帮助，而公司管理层似乎也认为支持他们是明智的……我渐渐变得对一些做法和行为敏感起来。作为董事会成员和领导人之一，我觉得对此负有责任，但作为个人，我却在作出这种决定时几乎没有发言权。"这种金钱交易是公开进行的：用小洛克菲勒的话来说，在竞选期间，马克·汉纳、科尼利厄斯·布利斯和其他一些党魁经常出入"于后门，一副卑躬屈膝的样子"。然而，每当小洛克菲勒表示反对时，阿奇博尔德总是轻描淡写地说它事关公司的生存，并且说所有的大公司都这样做。小洛克菲勒是否想过，被他奉为道德楷模的父亲为什么会培养阿奇博尔德这样一个门生？

有几次，小洛克菲勒也被要求为标准石油公司游说奥尔德里奇参议员。比如在 1903 年，小洛克菲勒曾敦促他岳父指定博依斯·彭罗斯（Boies Penrose）参议员参加参议院财政委员会，因为此人"多年来一直是本公司几位先生的朋友，并且平时待本公司十分友好。"在后来的年月里，小洛克菲勒肯定对自己的这些行为感到后悔，这是他的良心罗盘仅有的几次失误之一。觉察到了标准石油公司内部不道德的气氛之后，小洛克菲勒开始疏远公司管理层，董事会议大约只参加过 1/3。他一面装出喜欢阿奇博尔德的样子——"我们都很喜欢他，因为他既聪明又快活"——一面却决定尽量少和他来往。

当然，在小洛克菲勒开始逐渐了解标准石油公司的腐败现象，并深感痛苦的同时，艾达·塔贝尔正在挖掘它那些令人不快的往事，这一巧合很可能是在 1904 年末导致小洛克菲勒精神紊乱的原因。新闻界在袖手旁观。记者们发现这位不谙世事的年轻继承人远比他父亲脆弱，更容易成为攻击目标，于是便嘲笑他软弱、愚笨、假正经和神经质。这些评语使小洛克菲勒比以往更加注意自己的言行，但他无论做什么都会受到众人的嘲弄。如果他不付小费，人们就会笑话他，可是如果他给了理发师 5 分钱小费，这枚镍币便会被挂在理发店的墙上，并且出现在报纸上。"他每天花在午餐上的钱很少有超过 5 毛钱的时候，"《纽约每日新闻报》报道说。"他不喝酒，吸烟也不多。每年做衣服的费用还不如一位在华尔街上班的富裕职员花的多。"小洛克菲勒在众人的注视之下坐立不安。"大家好像都在指望我继承财产后就把它挥霍掉,"他说。"但我已经拿定主意,决不那样做。"

小洛克菲勒每次在公开场合说话,不留情面的记者就会当场记录下来,然后大加嘲笑。1902 年 2 月,他在布朗大学基督教青年会做了一次演讲,试图论证商业道德与基督教教义是并行不悖的。为了证明企业兼并胜过彼此竞争,他用美国杂交红玫瑰的培植为例,说这种玫瑰是经过不辞劳苦的多年修剪才培育出来的。这个信口说出的比喻纠缠了他好多年,经常被人当做贪婪的资本主义信条加以引用。

小洛克菲勒在回忆这一时期时说:"我的问题在于,我试图在实践上把公理和良知与严酷现实生活调和起来,"而且是在没有父亲指点的情况下自己摸索着这样做。他热心地在第五大街浸礼会教堂带了一个男士读经班。自从他在 1900 年从查尔斯·伊万斯·休斯[②]手中接过这个读经班后,出席的人数立刻翻了两番,从 50 人增加到 200 人,最后竟达到 500 人,其中包括许多簿记员、职员、店员和学生。在课堂上,小洛克菲勒试图用《圣经》来解释日常生活中一些道德困境。他在 1902 年向威廉·雷尼·哈珀解释道:"我们谈的是对普天下的人都有益的事,涉及到财政、教育、社会学和宗教等方面的内容。"不得而知的是,读经班的那些学生有多少人是为得到指点而来,又有多少人是谋求从洛克菲勒那里得到职位或金钱。记者们也混到班里,目的是向小洛克菲勒提出一些令他尴尬的问题。当这些人对他的回答报以嘲笑时,小洛克菲勒坐在那儿,两只手在桌子上紧紧地攥着。作为特邀演讲人的马克·吐温曾亲眼目睹小洛克菲勒的窘境。"每个星期天小洛克菲勒都要给学生讲解《圣经》,"他写道。"第二天,各家报纸和报业联合会便把他的讲解发送到整个美洲大陆,引得人人发笑。"马克·吐温承认,小洛克菲勒是在重复每个牧师布道时都会说的陈词滥调,但又认为小洛克菲勒是由于政治上的原因而受到不公正的粗暴对待。

1905 年,随着针对父亲的各种攻击越演越烈、自己在读经班的讲话受到越来越肆无忌惮的嘲讽,小洛克菲勒感到痛苦不堪,真不想再去讲课了。他尽管还没从精神崩溃中恢复过来,却仍然坚持每周花 3 个晚上备星期天的课。盖茨尤其认为他是在服苦役。1905 年 6 月,小洛克菲勒告诉父亲自己打算辞掉这个工作，老洛克菲勒却毫不含糊地表示反对。"如果你不再去读经班，我会不高兴的，"他说。"因为这件事一直让你母亲和我感到快活和欣慰。"老洛克菲勒曾亲自写信给儿子教的一个班说："我宁愿让我儿子做这件事，而不希望看到他成为安坐在王位之上的君主。"

小洛克菲勒坚持下来的原因是显而易见的。他需要这样一个地方来缓解经商与宗教、标准石油公司与浸礼会两方面给他形成的压力，他要把两者结合起来，使自己能够在这个不完美的世界上发挥作用。他即使放弃读经班，照样还要担心家族的财富和恶名会使他远离社会，就像他父亲那样，过着一种不自然的日子。这时，布朗大学校长、在第五大街浸礼会教堂担任过牧师的方斯（W. H. P. Faunce）博士就此事及时向他提出了忠告：

> 你如果放弃读经班，就等于在远离你的同胞的路上迈出了一步。你父亲觉得有必要——往往不顾我的反对——深居简出，躲开这个充满骗子和怪人的世界。这是处在他这种位置的人不可避免的苦果。不过，让这种苦果降临到你头上是决没有道理的。

小洛克菲勒在读经班坚持上了 3 年课，后来在艾比的好言相劝下于 1908 年退出了，因为到那时再告退，不会被人视为临阵脱逃。艾比安慰他说："你已经承受了所有的批评和嘲弄，足以向世人证明你是真心诚意的。"她又一次把他从不必要的痛苦中解救出来，而且这并不是最后一次。

既然小洛克菲勒全力以赴地辅佐父亲，人们自然要问：老洛克菲勒既然急于摆脱烦恼，为何却不早点把家产交给儿子？其他一些巨头如老万德比尔特和老摩根，直到去世时才把大部分财产移交给他们的儿子，这是因为他们的生意需要这些钱做流动资本，况且他们不像老洛克菲勒那样早早就引退了。直到 1912 年——小洛克菲勒已经 38 岁——老洛克菲勒还把他当做小孩子，付给他的工资实际上是一种改头换面的津贴。"唉，公司办公室里的小姐都拥有我从未有过的特权，"小洛克菲勒曾经伤心地说。"她们能证明自己的商业价值。我嫉妒每一个能做到这一点的人。"他父亲一点一点地慢慢提高给他的津贴，1902 年是每年 1 万元，5 年后增加到 1.8 万，但小洛克菲勒从不觉得这钱是靠自己挣来的，这更使他感到自己不称职。他在 1907 年曾对父亲说："我一直希望我的工资可以真正代表我在公司工作的真实价值，这只是为了使自己感到宽慰。但是无论现在还是过去，它只代表您的慷慨。"

1911 年之前，老洛克菲勒只是象征性地把一些石油股票转让给儿子：从 1903 年开始每年送给儿子 100 股新泽西标准石油公司的股票作为礼物。但他也立了契约，把他在克利夫兰、布法罗和纽约等地的一部分有价值的不动产转到儿子名下。接着在 1909 年，他又把美国亚麻公司（American Linseed Company）的控股权交给了儿子。收到这批价值 1600 万元的馈赠之后，小洛克菲勒看到那座金色的闸门渐渐打开了。他又是感激又是担心地给父亲写信说："每当我想到这些礼物时，一种深深的庄严感、责任感甚至是敬畏感油然而生，心中默默地向上帝祈祷，请他教导我成为一位像我父亲那样的忠诚、优秀的仆人。"小洛克菲勒至此尽管已经拥有了一家公司和大量的房地产，却还在十分难堪地依赖他父亲，还得向父亲汇报个人的花费。1910 年 1 月，老洛克菲勒问他前一年花了多少钱，他就像一个听话的小学生一样，按照洛克菲勒家族的做法把求出的得数精确到两位小数：65918.47 元。

在 20 世纪初，小洛克菲勒和他 3 个姐姐拥有的财产相差无几——每人有几十万——而且多年来父亲一直使他们彼此的财产不相上下（小洛克菲勒最初的大部分收入来自父亲给他的 50 万元"贷款"，以补贴工资的不足）。后来大家越来越清楚，小洛克菲勒将是大部分财产的继承人，其部分原因显然是出于大男子主义。但另外有一些对贝西和伊迪丝不利的特殊原因，艾尔塔则由于丈夫帕马利与老洛克菲勒关系很僵而减少了继承遗产的机会。老洛克菲勒与 3 个女婿中的两个关系冷淡，因而可能不愿让他们过多地掌握他的金钱。小洛克菲勒也认为几个姐姐不够格，因为她们不像老洛克菲勒要求的那样量入为出。

小洛克菲勒经常向专家求教，学习他能学到的一切知识，如今又埋头于洛克菲勒家的慈善事业，这使他比任何人都容易接近这位主子。他在波坎蒂科能随时顺手提出一个方案，或是让塞迪宣读一项建议。"盖茨是最优秀的梦想家和演说家，"小洛克菲勒承认道。"我则是一个推销员——在适当的时机充当他和父亲的中间人。"小洛克菲勒把这个角色扮演得完美无缺，因为他没有追求名望的念头，宁意把所有的荣耀都拱手送给父亲，始终与父亲的观点保持一致。对于让生意累得筋疲力尽的老洛克菲勒来说，有这么一个孝顺儿子真是上天的恩赐。有一次老洛克菲勒在打高尔夫球时宣布道："我一生最大的财富就是我的儿子。"

那么，老洛克菲勒为何迟迟不把财产交给儿子呢？由于老洛克菲勒始终守口如瓶，我们只好妄加猜测了。一个听上去合理的解释就是，他打算活100岁，所以不想在60岁时就过早地交出权力。他也肯定为小洛克菲勒脆弱的神经发愁，这场病从1904年开始一直拖了将近3年，限制了他的活动。老洛克菲勒肯定担心这笔财富的沉重负担会压垮柔弱的儿子。他也许在等待小洛克菲勒显示出更加坚定的自信心。老洛克菲勒一心想保护脆弱的儿子，当报界抨击他儿子时，他被激怒了。"他们没有权利攻击约翰先生，"他总是这样说。"我一生都是人们攻击的目标，但他们没有理由去攻击他！"

然而，老洛克菲勒最担心的很可能是政治上的因素。由于整个家族的财产大部分是标准石油股份，如果把它移交给小洛克菲勒，就会使儿子陷入他闻所未闻的丑恶纷争之中。由于标准石油公司忙于应付各州和联邦法院的反垄断诉讼，小洛克菲勒在继承这些股份的同时也就继承了与之相伴的法律责任和纷争。即便老洛克菲勒把这些石油股份压到小洛克菲勒头上，报纸撰稿人也会指责他逃避惩罚和责任。况且，由于小洛克菲勒对阿奇博尔德领导下的标准石油公司的管理方式持有重大异议，这可能使老洛克菲勒更不愿意把这么多股票交给儿子了。

盖茨引导小洛克菲勒从事慈善事业之后，这位王储还要继续处理父亲交给他的许多繁琐的家庭事务，包括给仆人发工资和负责维修等。1902年9月17日夜里，波坎蒂科的帕森斯—温特沃斯大屋着火了。几百个人站在黑暗里无能为力地看着大火把那幢木结构的房子吞噬掉，幸好无人受伤。约翰和塞迪只是把他们的财物搬到庄园中一所叫肯特大屋的不起眼的房子里了事。老洛克菲勒早就想在波坎蒂科盖一座新房子了，所以这场火灾并未让他感到特别难受。

从1902年起，小洛克菲勒和艾比一直住在波坎蒂科庄园里一所名叫阿贝顿小舍的漂亮的房子里，那是一幢哈得逊流域荷兰风格的舒适、宽敞的房子，屋顶上装饰着许多小窗和带顶的阳台。他俩老是认为老洛克菲勒那些修修补补的老房子太寒酸，劝他盖一幢豪华一点的房子。他们的意见使老洛克菲勒下决心在庄园最高点——基奎特山坡上盖一座新房子。基奎特海拔500英尺，站在上面，哈得逊河的景致尽收眼底。父亲让他俩负责设计一幢环境安静、品味高雅、无可挑剔的典型庄园宅第。据推测，老洛克菲勒把这项工程看成治疗小洛克菲勒精神紊乱的手段，但小洛克菲勒的病实际上拖延了这项工程。《纽约时报》在1905年5月准确地报道说："小约翰·D·洛克菲勒出人意外地身患重病，暂时妨碍了他父亲今夏在波坎蒂科山的大庄园里修建一座豪宅的计划。"甚至在一年以后，老洛克菲勒告诉他的一个表亲，他正在设法不让小洛克菲勒过度劳累，也从来没有催促儿子盖那座新房子。他一定还记得自己小时候在克利夫兰给家里盖房子时承担的重任。

1904年春天，老洛克菲勒同意儿子找建筑师设计房子的草图，到了夏天就签了建房合同，由德拉诺和奥尔德里奇担任设计师（切斯特·奥尔德里奇是艾比的一位远亲），汤普森—斯塔雷特负责施工，小奥格登·科德曼负责室内设计，威廉·威尔斯·博斯沃思负责园林设计。老洛克菲勒见到这些方案后的反应和以往遇到难题时一样——毫无反应。他是在实行搁置否决权③，弄得小洛克菲勒又像过去一样，想方设法揣摩父亲的意图。"过了一段时间后，"小洛克菲勒说，"我终于明白父亲不置可否的原因了。他对盖这么大的房子感到犹豫，因为这会额外牵扯许多精力。可是他又不能太吝啬，提出盖小一点的房子，因为那样就无法让儿孙们住得宽宽敞敞的了。"显而易见，小洛克菲勒猜对了，因为当他拿出规模有所缩小的图纸——既符合老洛克菲勒追求简朴的愿望，又有足够的房间招待来客后，老洛克菲勒欣慰同意了。这所房子美观但不浮华，预示着洛克菲勒家族新的审美标准——讲究但又有节制，这　点在很大程度上要归功于艾比·奥尔德里奇·洛克菲勒。

动工之前，在工程方面十分挑剔的洛克菲勒把许多要求摆到了桌面上。为了让塞迪恢复健康，他要求基奎特新居在冬天尽可能照到更多的太阳。他还要求自己进行日常活动也有阳光相随，例如，吃午饭时餐厅里要有阳光，但在午睡时卧室里不能有阳光。对于这些要求，再内行的设计师也不免乱了阵脚，但是对于曾经盖过房子的洛克菲勒来说，这只是区区小事。他在工地中央放了一个调车台，上面安了一个箱子似的装置。他一连几天呆在箱子里，手握操纵杆，用一个小小的房屋模型观察阳光的倾斜度，然后把按小时记录下来的图表交给设计师，让他们把地基线和这张图一致起来。

小洛克菲勒和艾比既热情又神经紧张地投入了基奎特的施工当中（小洛克菲勒对测量着了迷，从此后衣兜里总是装着一把 4 英尺的折叠尺）。这座乔治王朝风格的庄园宅第在他俩的监督下建了起来，它上下三层，有着漂亮的山墙和屋顶小窗。为了恪守浸礼会的戒律，屋子里没有舞厅，但安装了一台既可奏宗教音乐又能弹世俗音乐的伊奥利亚管风琴。小洛克菲勒和艾比十分喜爱他俩的这一成果。他们在长岛北岸参观了几座华而不实的"城堡"之后，小洛克菲勒认为，相比之下，基奎特"远远比不上我们见到的许多大宅子那么精致"，但"比它们更完美、更和谐、更迷人"。

小约翰和艾比聘请了波士顿的室内设计师奥格登·科德曼（Ogden Codman），此人曾为伊迪丝·华顿④重新装修了她在纽波特的住宅，并在 1897 年与她合著了《家居装饰》一书。在那本书中，华顿反对在她童年时盛行的那种冷漠、杂乱的室内装饰。科德曼要把基奎特装修成具有英国乡居那种宁静、舒适风格的房子，屋里摆上一些像是古老家庭传下来的小物件。任何设计上的细枝末节都逃不过约翰和艾比苛刻的眼睛。他俩对每件东西都过于讲究，时不时发一小会儿急，小洛克菲勒在为父亲做事时总是这样。他说："所有的家具、瓷器、布饰、玻璃器皿、银器和工艺品都是我们亲自去买的，聘请的顾问当然也尽可能是最好的。"把房子交给父母之前，小洛克菲勒和艾比在里面住了 6 个星期，试睡了所有的卧室，连饭都在里面吃。

等房子万事俱备后，他俩在 1908 年 10 月忐忑不安地请父母过来试住。最初大家好像都觉得这房子好得不能再好了。"这所房子全由约翰和艾比为我们精心布置好了，"塞迪在日记中写道。"里里外外都很漂亮、舒适。"塞迪和她姐姐露特非常喜欢摆弄那架配有自动演奏装置的管风琴，到了星期天晚上，老洛克菲勒便从第五大街浸礼会教堂请来一位管风琴手，在晚餐后的音乐会上演奏。那一年的感恩节，小洛克菲勒和艾比带着 3 个孩子巴布丝、约翰第三和刚 5 个月的纳尔逊来了，洛克菲勒一家三代人在新房子里聚集一堂。他们规定了一条制度，不许在基奎特和阿贝顿小舍里吸烟、喝酒。

不幸的是，对小洛克菲勒和艾比来说，他俩的磨难刚刚开始。塞迪因为一直有病，他俩尽量不让她过问盖房的细节问题，但她是一位过分讲究细节的女人。老洛克菲勒和塞迪出于礼节假装表现出对他们的新家兴奋不已的样子，私下却变得越来越挑剔。在留给客人住的三楼上，那些小小的老虎窗使房间通风不良、不适合居住。他们后来又发现了更严重的问题：电梯噪音太大；塞迪的卫生间里的抽水马桶声音太响，站在大厅里都听得见；老洛克菲勒卧室下面货车出入口的嘈杂声搅得他烦躁不已；餐厅的天花板漏雨；烟囱有时出烟不通畅，等等。塞迪甚至认为卧室外面走廊上那些可爱的小天使雕塑也不雅观，因为全是些男孩，叫人改成女性天使才安心。父母打破沉默，说出了真心话后，小洛克菲勒的心凉了：他又让父母失望了。一年之后，大家决定对房子进行彻底的改造。

比起对园林设计的不满，大家对房子本身的怨言还算不了什么。威廉·威尔斯·博斯沃思计划在基奎特周围建一个占地 250 英亩的小型正规花园，庄园的其他部分则继续保持其接近荒芜、原始的风格。老洛克菲勒自以为是园林方面的行家，所以一见面就不喜欢博斯沃思，把他当做竞争对手，认为他太大手大脚。博斯沃思交上设计方案后，老洛克菲勒傲慢地说自己能拿出更好的方案来。

洛克菲勒在回忆录里写道：

> 几天之后，我搞出了一个方案。道路是这样设计的：你驾车上山时在各个角度都能看到最佳的景色，可以说是一处一景，美不胜收；最后到了路尽头，河流、山峦、云彩突然呈现眼前，一览无遗、叹为观止。我还标上了记号，说明我建议在哪里修路，最后标出盖房子的确切位置。

接着，他告诉博斯沃思："好好研究一下，看看哪个方案最好。"当自己的设计被采纳后，老洛克菲勒把大家的决定归功于其明显的优越性，尽管我们无从知道博斯沃思有什么不同的意见。即使在设计屋子四周的阶梯式花园问题上，老洛克菲勒也要发表自己的意见。他坚持要在房子南面花园里的小道两旁种上欧椴树，因为他听说这种树长得最快，很快就能给小路遮上树荫。

幸好洛克菲勒不是每件事都亲自做，他允许博斯沃思建一套完全模仿意大利文艺复兴时期风格的壮丽景观，包括歇凉用的洞室、喷泉、凉亭、低地小花园、庙宇、整过形的灌木丛、古典雕塑和流水潺潺的小溪。老洛克菲勒总觉得这些装饰物造价太高，与客人在园中散步时时常会半开玩笑地说："别小看这些小溪，要让它们淌水得花好多钱呢！"塞迪特别喜欢博斯沃思设计的日本乡村风格的花园，里面有一个小巧玲珑的日本茶室。可是，洛克菲勒每次看到它总觉得自己挨了宰，他向儿子抱怨道："我真弄不明白，这么一间小小的日本茶室怎么要花一万元……在我看来它太名不副实了。这对博斯沃思来说也许没什么。我真希望有一天我能和你一样，觉得请他来设计对我们并不算过于奢侈。"

他们每次采纳博斯沃思提出的并不过分的设计方案后，老洛克菲勒总要发一通火，因为造价最后老是比他们想像的要高得多。老洛克菲勒最初收到的整个园林工程的报价是3万元，可是他在1910年大吃一惊地发现账单上的数字猛增到了75万——比房子的造价和内部装修的费用加起来还多（相当于将近现在的1200万元）！在这之前，老洛克菲勒一直忍着，这一回却狠狠地斥责了儿子一顿："就算结果很令人满意，75万毕竟比3万差得太多了，是它的整整25倍哪。博斯沃思先生得到的报酬要比我原先估计的全部成本还高出50%。我可不想让外人知道我们花多少钱。"到头来，那所房子在这些壮观的花园映衬之下显得黯然失色，但肯定会让爱好户外活动的洛克菲勒感到高兴。他尽管抱怨个不停，却非常喜欢这些花园，给它们里里外外都装了电灯，到晚上可以把它们照得像舞台一样灯火通明。"如果你在漆黑的夜晚来见我，"他经常夸耀说，"我只需按一下开关，就能让你欣赏到庄园四周由树组成的景色。"

从1911年起，那幢房子自身又经过了两年的整修，改造成十分典型的美国文艺复兴风格，这种流行的风格代表着新兴工业阶层的自信。房子的结构狭窄，但地基打得很深，地上四层，地下两层，把山坡凿去了一片。原来布满屋顶小窗的三层拿掉了，代之以复折式屋顶。原先的木质游廊改成石质的凉廊之后，这座有 40 个房间的宅第换了一副威严、高贵的气派。基奎特大屋外观庄重、朴实，反映了主人简朴的风格。它的造价远远低于洛克菲勒能出起的价钱，也远远低于其他爱炫耀的巨头花在盖房子上面的钱。

令老洛克菲勒高兴的是，在重新设计时需要解决一些土木工程方面的复杂问题。为了加长通往住宅的那条道路，需要建一座巨大的挡土墙，为此他雇了数百辆卡车拉来几千车地表土。为了运土时不打扰波坎蒂科的居民，专门挖了一条地下通道走卡车。老洛克菲勒很喜欢看蒸汽铲在山边打洞的场面。这副建设景象令他兴奋不已，就像一个小男孩刚刚弄到一套玩具卡车一样。这项重建工程一直到 1913 年 10 月才完工，经过两年的辛劳，约翰和塞迪终于搬了回来。这时，塞迪已是沉疴不起，余下的日子所剩无几了。

随着基奎特大屋的竣工，洛克菲勒又把注意力转向清理庄园里一些有碍观瞻的东西上面。他把庄园里一排房屋拆下来，运到山下附近的村子里再盖上。随着土地面积的扩大，老洛克菲勒对纽约中央铁路公司的帕特南铁路段越看越不顺眼，因为那段铁路公然在他的庄园中间横穿而过。他讨厌那些搭车来的流浪汉和猎人，更不用说在他的高尔夫球场上空飘荡着的、从燃煤机车上冒出来的烟尘了。1929 年，洛克菲勒决定让这段铁路改道而行，便付了大约 70 万元买下一个名叫伊斯特维尤的村子和村里的 46 所房子。买下并且夷平所有的房子之后，他把这块离原来那段铁路以东 5 英里的土地捐出来铺设新的铁轨。为了拆除另一处不悦目的建筑，即占地 300 英亩的圣约瑟师范学院，小洛克菲勒花了 150 万元把它买了下来，并且答应承担在别处另选校址和重建校园的费用。

波坎蒂科庄园在鼎盛时期共有 75 座房子和 70 英里长的私人道路，俨然一个自给自足的独立王国。洛克菲勒老是在自己的领地里改来改去，为了开辟新的景观，他常年雇着几百个工人忙着移植树木、改造地形。庄园里还经营了一个规模可观的农场，为全家提供食物。洛克菲勒竟然养成了这样一个习惯，只相信波坎蒂科出产的食物和泉水，无论走到哪里都叫人把这些东西运过去。

波坎蒂科山庄园是一座绝好的避难所，而那伙成天在大铁门外嚷嚷着讨个说法的记者们却总是让庄园的主人想起怀有敌意的公众。随着时间的推移，那些控诉的声音越来越响。到西奥多·罗斯福总统第二个任期时，洛克菲勒和标准石油公司再也不能像过去那么多年所做的那样，藐视联邦和各州的政府居然还能安然无恙。清算的日子快要到了。

注释

①William Gillette, 1853—1937, 美国剧作家、演员，曾将柯南道尔的《福尔摩斯探案》改编成话剧。

②Charles Evans Hughes, 1862—1948, 美国法学家，曾任联邦最高法院首席法官和国务卿。

③美国国会通过的议案送交总统签字时，如被搁置至国会休会仍未签字，该议案即被否决。

④Edith Wharton, 1862—1937, 美国女作家，以描写上层社会的小说而闻名。

26 亡命首富

随着 1904 年总统大选的临近，标准石油公司的高级经理们明白，西奥多·罗斯福还在对他们企图扼杀他新成立的公司管理局（Bureau of Corporations）而耿耿于怀，从而把这家石油托拉斯列在了今后将借助联邦立法部门加以控制的邪恶的托拉斯黑名单之首。对阿奇博尔德和他的同事来说，支持罗斯福的民主党竞选对手奥尔顿·帕克（Alton B. Parker）简直是不可思议的事，于是他们就用金钱来制服那些当权者，其中仅亨利·罗杰斯一人就拿出了 10 万元。其他害怕联邦政府制裁的商人——包括爱德华·哈里曼①、亨利·克莱·弗里克以及詹姆斯·斯蒂尔曼等人——都向罗斯福进了贡，这引起民主党人指控总统受贿，而行贿者正是那些他发誓要加以控制的公司。1904 年 10 月的一天，司法部长菲兰德·诺克斯②信步走进罗斯福的办公室，听到总统正在口授一封信，令手下退回标准石油公司提供的资金。"算了吧，总统先生，那些钱已经花掉了，"诺克斯提出异议说。"这些人没法还这笔钱——他们根本就没有拿到过。""噢，"罗斯福说，"不管怎样，有这么封信记录在案没有坏处。"

罗斯福在 11 月以压倒多数获胜后，洛克菲勒向他发去了一封贺电："最诚挚地祝贺您在昨天的选举中取得巨大胜利。"标准石油公司董事会很快就承认，向罗斯福的竞选活动捐款是他们做过的最糟糕的投资。阿奇博尔德哀叹道："就连最黑暗的阿比西尼亚③也从没见过自 1904 年罗斯福先生当选后政府给予我们的冷遇。"亨利·弗里克的说法更简洁："我们花钱买那个狗娘养的，他却不愿意让我们收买。"尽管如此，标准石油公司的高层人物仍然深信不疑，他们在同联邦政府争权夺利时总能占上风。

早在大选之前，由詹姆斯·加菲尔德（James R. Garfield）领导的公司管理局已经开始搜集有关标准石油公司的资料了。加菲尔德是前总统④之子，又是俄亥俄州共和党的积极分子，同标准石油公司的几位律师关系很好，因此在调查初期还算给面子。然而，由于堪萨斯州的石油大开发，众议院在 1905 年 2 月一致通过决议，加紧对标准石油公司进行反垄断调查。那些独立采油商和炼油商再度上演了他们曾在西宾夕法尼亚演出过的闹剧，纷纷抗议标准石油公司控制了全国的石油运输管道，还指控它与铁路公司密谋勾结。他们的怒火被艾达·塔贝尔的文章和她在当地油田进行的一次戏剧性旅行煽得越来越旺。于是，加菲尔德局长突然传唤阿奇博尔德和罗杰斯，向他们询问标准石油公司在该州的所作所为。当他提到铁路回扣这个敏感话题——石油史上历次纷争的导火线——之后，双方的关系迅速恶化。堪萨斯、伊利诺伊、俄克拉荷马、得克萨斯和加利福尼亚等州新一代独立石油生产商们自然愿意向针对标准石油公司的反垄断斗争提供动力。

当奄奄一息的谢尔曼法案突然间在罗斯福手里重获新生时，塔贝尔的系列文章实际上已经宣布，标准石油公司必将成为所有联邦反垄断人员瞄准的靶心。塔贝尔认为，标准石油公司是最合适的靶子，因为它是"一家托拉斯母公司，最具有垄断性"。它生产的是一种人人皆知的消费品，几乎影响着每一个人，而且拥有大量的听证和诉讼材料供人们发掘。20 世纪初，石油正在被应用到许多新的领域里，因此看来，由一家企业牢牢控制石油的现象再也不能继续下去了。

多年来，洛克菲勒及其同伙一直置舆论于不顾，拒绝接受采访，在听证会上也表现得目中无人。塔贝尔在《麦克卢尔杂志》的系列文章中公正地指出："如果洛克菲勒在心理学方面能够像他在商业管理上那样出色的话，他就会意识到自己正在引发一场可怕的全民恐慌情绪。"这些石油垄断者傲慢自大，嘲弄与他们作对的政客是不自量力。冥顽不灵的亨利·罗杰斯发誓道："我们宁可让标准石油公司下地狱，也不愿听任何人告诉我们如何经营我们自己的生意。"不想妥协的标准石油公司官员们对待政府官员就像对待竞争对手那样粗暴。其实，在这个危急时刻，标准石油公司需要的是一位圆滑干练的外交家，而不是头脑发热的阿奇博尔德。

1906 年，罗斯福签署了一大堆制止企业倒行逆施的法案。他利用厄普顿·辛克莱的小说《屠场》所引起的呼声，签署了《猪肉检疫法》与《纯食品和药品法》。他认为铁路歧视性待遇是个重大问题，因而对赫伯恩法案表示支持。该法案赋予州际商业委员会更大的权力：制定铁路收费标准，并且把州际石油管道划归它管辖。罗斯福希望，通过使标准石油公司俯首就擒，能同时制止两大弊端：与铁路勾结和行业垄断。公司管理局把关于标准石油公司的报告呈交罗斯福时，着重强调了这家石油托拉斯与铁路勾结的事实：实行秘密运费和公开歧视。罗斯福不失时机地利用这个报告作为推行赫伯恩法案的有力工具，他在 1906 年 5 月 2 日把这份长达五百页的报告公之于众，并且宣称："该报告表明，标准石油公司迄今为止从秘密运费中牟取了暴利。"

洛克菲勒完全误解了公众要求严惩标准石油公司的情绪，仍然保持沉默。查尔斯·普拉特在起草反驳文章时，洛克菲勒用毫不含糊的措辞反对道："在这个时候散布这种消息是不明智的，只会被当做出头鸟而遭到联邦政府更加严厉的惩罚。"标准石油公司不顾洛克菲勒的反对，发表了一项声明，否认他们在知情的情况下进行过任何非法活动。

西奥多·罗斯福发现标准石油公司是实现其打击托拉斯目标的现成靶子：规模巨大、资本雄厚、冷酷无情、怨声载道，而且全无悔过之心。他喜欢出风头，利用自己高高在上的地位来激起众怒。他像一个擅长佯攻和虚张声势的拳击手，弄得对手眼花缭乱，茫然不知其真实用意。有时，他在公开场合措辞强硬地谴责对方："过去的 6 年里，国会通过的每一项倡导诚实经商的措施都遭到了这些人的反对。"私下里他更是变本加厉，对司法部长说，标准石油公司的董事们是"这个国家最大的罪犯"。然而，在白宫进行的气氛友好的私人会谈中，他表现得彬彬有礼，使受到他责骂的那些标准石油公司董事怒气顿消。1906 年 3 月初，阿奇博尔德和罗杰斯在白宫受到了亲切的接见，对此，小洛克菲勒满怀信心地向父亲汇报说：

（总统）声称他对本公司的事务毫不知情，说是对此"很不清楚"。至于加菲尔德先生那个部门正在进行的调查，他似乎知之甚少……他没有表现出任何个人的敌意或不友好的态度，也不能从他的话中判断出这场调查是他发起的。

阿奇博尔德对此行表示满意，小洛克菲勒却心存疑窦，因为他岳父告诉过他，总统的行事方式反复无常。"奥尔德里奇参议员有天晚上在我家说，总统对刚刚同他谈过话的任何一个人都表示赞同，好像完全为那人对某事的观点所折服，可是到了第二天，另一个持不同观点的人去找他，也能同样因为看到他诚恳地听取自己的意见而感到宽慰。"

罗斯福尽管款待了标准石油公司的首领们，但此时他正要命令政府把全部怒火倾泻到它头上。标准石油公司对加菲尔德百般刁难，拒绝承认他的调查是合法的，从而冒犯了罗斯福。他把加菲尔德的报告送到国会，并警告说，司法部可能会对所揭发的标准石油公司的罪行提出公诉。标准石油公司同铁路运费回扣的这层联系为今后的反垄断诉讼定下了基调。后任司法部长威廉·穆迪（William H. Moody）同劳埃德和塔贝尔的观点一致，坚信标准石油公司的垄断是建立在一整套秘密非法回扣的基础之上。1906年6月下旬，罗斯福召集穆迪和其他内阁成员在白宫非同寻常地开了一夜的会，讨论可行的起诉方案。6月22日，穆迪宣布就一项针对标准石油公司的反托拉斯诉讼展开初步调查，调查由弗兰克·凯洛格（Frank B. Kellogg）负责——一家报纸在报道这一行动时用了一个醒目的标题："标准石油公司头头们有可能锒铛入狱。"

直到这时，标准石油公司的官员们才明白过来，他们完全让总统和蔼的态度给蒙骗住了。阿奇博尔德告诉洛克菲勒："毫无疑问，就是在他召集的那次特别内阁会议上，总统全盘策划了那个行动，接着他手下就安排了这些法律程序。"为了表明他不害怕调查，他接着又说："没问题，我状态很好，已经做好了战斗准备。"标准石油公司和往常一样，摆出一副气势汹汹的样子，"地狱之犬"罗杰斯向洛克菲勒说了如下的豪言壮语："我认为，我们不会有问题，肯定能打赢，我们真的无所畏惧。"

现在回想起来，有一点看来很清楚：白宫发出这些含混的信号表明罗斯福十分狡猾，因为他并不是真的愿意朝标准石油公司挥舞大棒。他宁可在这些反垄断案件中达成妥协，因为这些案件进展缓慢、耗费时日，而且获胜的难度极大。他只是想控制托拉斯，而不是把它们打垮、使它们的高效率毁于一旦；况且，他也在等待对手做出某种和解的姿态，表示他们愿意接受政府的监督，主动改正错误。但是，"妥协"一词对阿奇博尔德来说太陌生了，所以他没有看出来，只要表现出一丁点儿政治灵活性，就有可能避开一场反垄断诉讼。

罗斯福政府策划这起案子时，洛克菲勒已经多年没有登百老汇26号的门了。1905年以后，他甚至停止支取他那份象征性的薪水。不过，洛克菲勒仍然要对标准石油公司的罪行负责，他是最少过问公司事务的一个，却依然是蒙受耻辱最多的一个。罗斯福意识到向标准石油公司假以辞色对自己不无裨益，便把洛克菲勒说成是这个阴谋集团中举足轻重的人物，报界也大肆渲染这场反垄断诉讼，说它是罗斯福同洛克菲勒、白宫同百老汇26号之间的一场斗鸡表演。

就在联邦政府向标准石油公司提起正式指控之前，各州的诉讼案早已纷纷出台，其中最咄咄逼人的一项是密苏里州提出的。1905年，赫伯特·哈德利（Herbet S. Hadley）当选为该州的首席检察官，当年他在堪萨斯城任地方检察官时就满脑子改革念头，并且以反腐败而闻名。他一当上首席检察官就着手调查，以证明沃特斯—皮尔斯公司和里帕布利克石油公司都是标准石油公司的秘密营销分部，它们自定价格，并且伙同印第安纳标准石油公司把密苏里州划分成几个独家销售区域。在向住在曼哈顿的标准石油公司高级经理们发传票一事上，看得出哈德利的手下是一帮头脑灵活、胆大包天的家伙。小洛克菲勒从百老汇26号向父亲报告说："这些先生每天都在城里搞他们那套把戏，只是动作都很小心。"有天早上，亨利·罗杰斯从他在曼哈顿的住所匆匆走上自己的专车，正当汽车驶离路边的时候，一个名叫M·E·帕莱多的传票送达员从藏身处冲出来，跳上汽车的踏板，问道："您是亨利·罗杰斯先生吗？"罗杰斯惊得说不出话来，直瞪瞪地看着这个鲁莽的不速之客，帕莱多把传票扔到他身上，向他亮了一下法院指令，接着就从正在加速的汽车上跳了下去。

即使采用了这套杂技手法，哈德利的手下仍然无法见到洛克菲勒，甚至连报界也加入了这场全国性大搜捕。记者们听了那些乱七八糟的谣传后胡猜一气，一会儿说这位巨擘躲在亨利·罗杰斯的游艇上，游艇停靠在波多黎各的海面上，一会儿又说他和弗拉格勒一起躲在佛罗里达州基韦斯特的某个地方。洛克菲勒偷偷地从一个庄园转移到另一个庄园，被迫过上了亡命者般的屈辱生活。后来，人们从奶酪上发现了他的行踪。洛克菲勒住进波坎蒂科后，每天都要让纽约中央铁路公司送来一份他最喜欢的奶酪。一天，当地一个出租车司机亨利·库基告诉报界，这种可疑的奶酪又送进了波坎蒂科。"那种奶酪，"他说，"无论到哪儿我都能认出来，不论白天还是晚上……依我看，洛克菲勒就住在这个庄园里的某个地方。"

库基的嗅觉是对的：洛克菲勒躲进了波坎蒂科，把这儿变成了他的堡垒，四周全都布上了保镖。一拨又一拨的传票送达员冲到墙外，但个个无功而返。"一次又一次，"一家报纸写道，"传票送达员们伪装成各种各样的人顺利地通过了警戒哨，却无法穿越保镖们的最后防线。他们一旦被发现，就会遭到石油大王的打手们百般羞辱，立即被赶了出来。"洛克菲勒害怕电话被人窃听，告诉塞迪不要给他打电话，他还指示他在百老汇26号的秘书用普通信封把信件转给他，信封上不写发信人地址。

洛克菲勒乘人不备从后门溜了出去，坐船从塔里敦逃到莱克伍德的高尔夫大屋，把那儿装备得堪与最保险的监狱相媲美。一到晚上，一束束探照灯光射向走近庄园的行人，运货马车受到彻底的搜查，唯恐里面藏着法律人员。1906年3月，艾比生下约翰·D·洛克菲勒第三后，报界幸灾乐祸地说，由于哈德利的部下在不断发起进攻，洛克菲勒无法去看望这个姓洛克菲勒的长孙。纽约《世界报》则用这样的标题来奚落他："约翰·D·洛克菲勒的长孙出世，而他只能躲在莱克伍德城堡里用电话道喜。"这个老谋深算的流亡者要求亲属们对他的藏身处保密。他告诉妹夫威廉·拉德："为了保密起见，我不愿让人知道我在何处。这样能给我省去很多麻烦。入秋以来，我收到的信件减少了50%甚至75%。我这样说是因为有些好奇的家伙可能会问你是否知道我的消息、是否还在给我写信，等等。我不想让人知道这些，无论是现在还是以后任何时候。"在纽约举行的第一次听证会上，哈德利没能把洛克菲勒带上证人席，不过，这次让他丢脸的大追踪使他终身难忘。哈德利回密苏里后，洛克菲勒问阿奇博尔德："我们是不是应该想想如何解决密苏里的这些案子，别再惹出官司或麻烦了。

我还没想出办法来，只是建议我们都认真考虑一下这件事。"

洛克菲勒刚刚逃脱哈德利的纠缠，费城的一件起诉宾夕法尼亚铁路公司的案子又要求他作证。律师要求他不要靠近费城周围 100 英里的地方，他便让乔治·罗杰斯在地图上围着费城画了一个半径 100 英里的圈，决不踏进这个圈半步。他的生活渐渐被法院的案子搅成了一团乱麻。1906 年 3 月，小洛克菲勒请父亲参加在布朗大学举办的同班同学聚会，至少也得写一封贺信，老洛克菲勒拒绝了，他的解释是："如果我的信没有标明地址，会引起大家的议论。如果信是从百老汇 26 号寄出的，也会引起议论，尤其会联想到我已多年不在那里办公的事实……在这种场合上不提我也许更好些。"

面对层出不穷的官司，洛克菲勒的反应就像一个受到冤枉的人那样怨气冲天，他刻薄地称那些躲在背后的政客们为"轰动效应贩子"。话虽这样说，他却无法摆脱标准石油公司那些官司的折磨，并且为那个名誉总裁的虚衔感到苦恼不已，因为它使自己成了公司躲避攻击的避雷针。他在探询盖茨和小洛克菲勒对自己辞掉这个头衔的想法时，回想起新泽西标准石油公司刚成立的时候，他允许用自己的名字是"出于同事们的请求，尽管我真诚地希望他们用我继任者的名字"。盖茨和小洛克菲勒都敦促他放弃这个空头衔，认为它会妨碍他从事慈善事业。

1906 年 8 月，洛克菲勒在极其保密的情况下平静地向乔治·罗杰斯口授了一封信，提出辞去标准石油公司总裁头衔的请求，并要求董事会尽快批准——在以后的几年里，他再三提出这个要求。他对阿奇博尔德说："我被放在一个虚设的位置上，让别人笑话，说我对如何与官方打交道的门道一窍不通。我要是听说这种尸位素餐的人受到法律的严惩，一点儿也不会吃惊的。"洛克菲勒每次提出这一请求，阿奇博尔德都表示反对，担心他的离任可能被看作是在危难关头抛弃公司，从而瓦解股东们的信心。在阿奇博尔德看来，洛克菲勒已经陷得太深，不能自拔了。"我们告诉他一定得保留"总裁这个头衔，亨利·罗杰斯早先对艾达·塔贝尔说过。"控告我们的案子正在法庭里审理。我们告诉他，如果我们当中有谁得去坐牢的话，他也得跟我们一块儿坐！"

洛克菲勒及其同事反应迟钝，很晚才理解不断发展的联营报业和发行量巨大的杂志所具有的影响力：它们如今已有能力让全国上下听同一个故事。洛克菲勒的形象突然之间随处可见。一位漫画家画的是，他走近一个报摊，看到所有的报刊封面上都印着他的大特写，便愁眉苦脸地问卖报人："有没有与我无关的报纸？"在另一幅漫画里，洛克菲勒捧了一大把硬币放在天平的一侧，另一侧放着一张纸片，上面写着："几句顺耳话，"标题问道："他会为这几句话付出什么呢？"这个讳莫如深的人看到自己最隐密的阴谋被到处曝光。他很想忘记过去，如今却不得不时时刻刻都面对它。

现在看来有一点很明显，批评洛克菲勒的新闻界在这个为时很短的过渡期里大捞了一把，因为那时各公司还不适应新的传播媒体，没有设立任何公关部门。标准石油公司被艾达·塔贝尔攻击了将近 3 年，只做出过一些很不认真的反应。例如，有些报刊发表了指责《麦克卢尔杂志》系列文章的评论后，洛克菲勒只是叫人广为散发一下便完事了。有好多年，标准石油公司每年偷偷付给一位名叫乔治·冈顿的英国经济学家 1.5 万元钱，此人编了一份杂志，定期发表一些反驳劳埃德和塔贝尔的应景文章（由于担心政治后果，洛克菲勒及其后任总是心有余悸，不敢直接控制主要的新闻机构）。这家托拉斯还资助了一个名叫吉尔伯特·蒙塔古（Gilbert H. Montague）的人写了一本偏向该公司的传记《标准石油公司的崛起和辉煌》（The Rise and Supremacy of the Standard Oil Company），这本书最初是此人在哈佛大学上学时写的论文。这只不过都是些毫无章法的挣扎，并非有组织的反击。

标准石油公司真正大做宣传的转折点是在"脏钱之争"爆发之后开始的。盖茨面对那些错误的报道感到力不从心，便一再催促洛克菲勒成立一个写作班子，洛克菲勒则让他找阿奇博尔德谈。据盖茨说，阿奇博尔德听说洛克菲勒改了主意后"喜出望外"，结果公司雇了它有史以来第一位公关人员：约瑟夫·克拉克（Joseph I. C. Clarke），此人原先是《纽约先驱报》的编辑。尽管艾维·李（Iey Lee）早就在处理与宾州铁路公司的公关事务，但这一举措当时在美国企业界尚属首创。大多数商家觉得让记者过问他们的事务不合情理，所以在企业职工名单上根本没有全职公关人员的位置。克拉克性格快活、直率，会写诗歌和剧本，在接待记者时常常用一句俏皮话和一支雪茄来改善公司的形象。不久,他就开始安排记者对洛克菲勒进行轻松愉快、无拘无束的采访,个别记者还能有幸和这位大亨打一局高尔夫球,他也乐于就一些热门话题简要地谈谈自己的看法。以"约翰·D·洛克菲勒通情达理的一面"为题的文章开始见诸报端,就好像从前人们没有意识到他也是个常人似的。

小洛克菲勒一开始连这些赞扬性文章是否起作用都心存疑虑。不过,早在1903年,他和帕马利·普伦蒂斯就曾请求老洛克菲勒授意出版一本传记来反驳塔贝尔的文章,以免它成为今后撰写历史的依据。老洛克菲勒坚信历史会给他做出公正的评价,最初只是一味敷衍,后来总算向儿子让步了——为今后三十年定下一个基本写作框架。1904年,针对斯塔尔·墨菲就自己的传记提出的问题,洛克菲勒开始让人记录下他回答的内容,但是,由于他的心思没放在这上面,这项工作很快就停下了。撰写正式的标准石油公司发展史的工作也没多大进展。1906年,一个由新泽西标准石油公司高级经理组成的特别委员会聘请伦纳德·伍尔西·培根牧师(Leonard Woolsey Bacon)写这本书,老洛克菲勒审查了关于改造南方公司的那一章。培根后来病倒了,结果只出了一本小册子。

洛克菲勒认为,新闻界搜索丑闻的热情很快就会冷却下来。他欣慰地看到,新一代传播媒体把它们过去谴责的大企业资本主义奉为楷模,因而对偏激的批评文章不可能容忍太久。约瑟夫·普利策之流的报业巨头怎能拿他们的自身利益开刀?洛克菲勒安慰盖茨说:"《世界报》的老板也是个大财主。我估计,他和别的有钱的报社老板一样,逐渐看清了这一点:他那样做会像参孙(《圣经》里的大力士)一样,带头去搬倒那座房子,结果把自己也砸在里面。"1905年,洛克菲勒和他的部下不断得到消息说,《麦克卢尔杂志》的编辑们对他进行调查的劲头正在减弱。斯塔尔·墨菲报告说:"这件事搞得太久,连他们自己都开始觉得厌倦了,一心想从中摆脱出来。"1906年3月,西奥多·罗斯福在华盛顿烧烤俱乐部发表的一次著名演说中引用《天路历程》⑤里的一个比喻,把那些刚刚出道、爱打听的记者贬作刺探阴私的人,眼睛只盯着低俗的东西,而不是时常抬起头来望望天空。揭丑者越来越吃不开了,而反对托拉斯的人却热情不减。

洛克菲勒在外面受到政府和报界的追逼,在家里也很难享受到天伦之乐。1906 年 5 月，他闷闷不乐地向一位表亲倾诉了自从塔贝尔的连载文章发表以来家里遇到的麻烦。伊迪丝去欧洲治病回来了，据说这次旅行减轻了她的忧郁症，但她还是在生病，恢复得很慢；小洛克菲勒的精神衰弱开始好转，但身体仍然很虚弱；艾尔塔动了手术后已卧床好几个星期了。塞迪则因患了肺炎和流感而情绪低落。"所以，我想我们得承认，"洛克菲勒最后说，"谁家也没有像我家这样，人生的不幸全都摊上了。"他虽然已经 66 岁了，却是家里最健康的人。

在全家人的疾病上，贝西的问题最让人担心。她和丈夫查尔斯·斯特朗在 1904 年 5 月搬到法国的戛纳，以便同神经病专家特别是其中一位叫波卡尔的医生探讨治疗方法。两年过去了，她又得了心脏病，身体虚弱得连美国都回不了。洛克菲勒尽管赞成她去气候温暖、阳光充足的地方疗养，却为她滞留国外、两年回不了家而感到伤心。他理解女儿脆弱的心理状态，给她写了一些措辞离奇逗人的信。"我现在体重将近 200 磅，但不包括那 5 顶假发，"他在 1905 年 12 月的信中写道。"你真该看看那些假发！全都是真正的艺术品，别提有多称心了。我戴着其中一顶睡觉，真不知道这些年没有头发是怎么熬过来的。"

1906 年春天，洛克菲勒和塞迪惦记不在身边的贝西，决定去法国在斯特朗家的夏季别墅里住 7 个星期——对这两个难得出远门的乡巴佬来说，去国外住这么多日子真够久的了。别墅位于巴黎西北的贡比涅。那年 5 月，查尔斯汇报贝西的状况时说："你们听了一定会高兴，现在她的身体比我们出国以后的任何时候都要好，但是今年夏天我们仍然不大可能坐船回国。"洛克菲勒可能看到这是一个意想不到的好机会，可以及时提出让贝西回国。乔治·桑塔雅那提到那次旅行时是这样评论洛克菲勒夫妇的："他俩打算用假名出门，以免接到乞讨钱财的信件，或是引起别人无端的好奇心。"不过，洛克菲勒隐姓埋名的目的也可能是为了挫败法院向他递送传票的企图。

1906 年 6 月，洛克菲勒一行——包括塞迪、露特、艾尔塔和比格尔医生——乘坐"德意志兰号"轮船前往法国，洛克菲勒这个名字被特意地从乘客名单中抹掉了。报界得知洛克菲勒要出国的消息，纷纷猜测他此行的动机。一些记者强调他是为了回避作证，另一些则认为他病情恶化了。最匪夷所思的猜测出自《纽约美国人》（New York American）的一名记者威廉·霍斯特（William Hoster），他骇人听闻地推测洛克菲勒的胃已经严重损坏，打算去欧洲找一位著名的专家，而且可能再也不能活着回来了。为了能密切观察洛克菲勒，霍斯特也买票上了那艘船，指望能发表题为"世界首富如何周游世界"的连载文章。

霍斯特在途中偷偷靠近他的猎物时，惊讶地发现洛克菲勒同他强加给读者的那个一成不变的形象大相径庭。比如，洛克菲勒胃口极佳，一日三餐吃得狼吞虎咽的。"令我大感震惊的是，"他后来写道，"洛克菲勒在甲板上散步时，我发现他不但不像人们描写的那样，是个患了消化道痼疾、奄奄一息的病人，而是一个高个子、宽肩膀的壮汉，脸色红润、两眼亮澈、步履矫健、浑身是劲。"洛克菲勒非但不拒人于千里之外，还在船上四处走动，十分活跃。他在掷硬币游戏中赢了比格尔医生后，会高兴得跳起舞来。在船长举行的晚宴上，他穿上了五颜六色的小丑服。他还做出一些滑稽的动作逗小孩乐。"有个胖乎乎的小家伙一天下午拿出两个分币，非要分给和他一起玩的洛克菲勒，"霍斯特后来写道。"这个拥有千百万家产的人郑重其事地接过那枚铜板，小心翼翼地放进口袋里，然后激动地抱起那个孩子，用胳膊紧紧搂着他，脸却扭向了大海。"这个热心肠的人对霍斯特来说不啻是个新发现。

霍斯特的任务之一是对洛克菲勒进行一次专访。轮船在瑟堡靠岸后，他明白洛克菲勒一行很快就要坐上一辆观光汽车呼啸而去，所以必须马上过去与这位巨头打照面。趁洛克菲勒在一片树荫下闲逛时，霍斯特走上前去打招呼，并且作了自我介绍。洛克菲勒尽管佯称从来不看评论自己的文章，但是很明显，他知道霍斯特的署名报道，并且对他荒唐地拿自己健康做文章表示愤慨。霍斯特乖乖地承认了自己的错误之后，又厚着那副记者的脸皮问道："洛克菲勒先生，您可曾想过，您本人也许得为报界对您的做法多少负一点责任呢？"他回顾了自己如何去了洛克菲勒家好几十次，想采访他，却一次也没有得到允许，甚至连看一眼都不行，这似乎更加证实了有关他健康问题的传闻。在提到霍斯特轻信的另一个谣传时，洛克菲勒指出，自己已有许多年不过问标准石油公司的管理了。"这事难道谁都不知道吗？"他问霍斯特。"我从不隐瞒这件事。我所有的朋友都知道。"

霍斯特则一口咬定自己和别的记者真的都对此一无所知，并请求洛克菲勒将此事公之于众。

洛克菲勒面无表情地盯着霍斯特看了好长时间，手杖插进了碎石路面。接着，他的脸色缓和了，一丝浅浅的微笑掠过双唇。"这么说全是我的错喽，"洛克菲勒略带嘲讽地说。停顿了一会儿，他又严肃地补充了一句："也许你说的有点道理，只是我以前从来没有那样想过。"洛克菲勒过去把记者当做魔鬼，记者也都把他当做魔鬼，这时他才惊讶地发现霍斯特很真诚，他编那些故事是因为缺少准确的信息。

早在标准石油公司聘请了约瑟夫·克拉克之后，洛克菲勒对报界的态度就开始有所改进，这也许说明他为何能和霍斯特比较随意地进行交谈。霍斯特问洛克菲勒是否拥有 10 亿元的家产，他大吃一惊："根本没那么多——还不到你说的 1/3。我要让你明白，这些说我有 10 亿家产的没完没了的瞎话给我造成了多大的伤害。这些谣传在成千上万人的脑子里引起了种种想法，继而导致巨大的不幸。"他俩边走边聊，洛克菲勒越说越多，他告诉霍斯特被人说成怪物自己有多伤心。"我被人说成了一种可怕的食人恶魔，拿我开刀成了那些想取悦公众的人最喜欢的素材，这难道还不明显吗？"洛克菲勒像以往那样谴责道，是那些生意上的竞争对手和造谣惑众的政客给他造成了这些麻烦。尽管他的话全是在给自己涂脂抹粉，但他至少能和记者交谈了。随后，令霍斯特大感意外的是，洛克菲勒竟邀请他跟那行人一起去贡比涅。他怎么可能拒绝呢？

查尔斯和贝西租下了贡比涅森林旁的林阴城堡度夏，它一度是西班牙伊沙贝拉女王的夏宫，此时的主人是埃格勒公爵（Duc de L'Aigle）。查尔斯不顾妻子有病，正在写他的新书《意识的起源》（The Origin of Consciousness）的最后部分。洛克菲勒一家看到 40 岁的贝西病情好转都很激动，尽管她的大脑功能仍然处于严重受损的状态。洛克菲勒夫妇逗留期间，乔治·桑塔雅那去拜访过他们，他后来在给一位朋友的信中谈到查尔斯时说："他过着一种糟糕的生活，他妻子就像个孩子，得了不治之症，但看上去一时还死不了。"桑塔雅那与霍斯特的感受不一样，他吃惊地发现洛克菲勒一副惨兮兮的模样：老态龙钟、满脸皱纹，戴着一副"对他来说显然太小的花白假发"。

　　一生都在躲避记者的洛克菲勒如今却把威廉·霍斯特当成了知心朋友。他俩一块去树林里溜达，打高尔夫球，在当地小饭馆里吃饭。他教会霍斯特骑自行车后，两人一起到贡比涅的大街上骑车游玩，身边还带着他宠爱的 9 岁的外孙女玛格丽特。霍斯特对洛克菲勒强烈的平民作风印象很深，他和平民百姓在一起谈笑风生，对贵族却很冷淡。谈到拿破仑时，他说：“他是个真正的人，一个男子汉，因为他直接来自底层。在他的血管里没有半点贵族或皇室那种死气沉沉的血液。”洛克菲勒还对圣女贞德十分着迷，问道：“如果不是来自上天，她从哪儿得到那些智慧的?”他和霍斯特一起观光时可能头一次体会到袒露心扉的快乐。“等我死后，人们会更好地了解我的，霍斯特先生，”有一天洛克菲勒说。“我一生中没有经不住审查的地方，哪怕是最严格的审查。”

　　洛克菲勒发现，即使是在这种欧洲田园诗般的生活里，也无法抹掉国内的那些烦心事。他从纽约出发前夕，首席检察官穆迪宣布开始对标准石油公司进行反托拉斯预审。随后，洛克菲勒在 7 月初得到消息说，俄亥俄州汉考克县的一个遗嘱检验法庭对标准石油公司提出反托拉斯诉讼，并且签发了逮捕洛克菲勒的命令。当地警长向记者们夸口说，洛克菲勒从欧洲回来时，他要去码头恭候。乔治·罗杰斯转告了阿奇博尔德的意见，后者认为俄亥俄的案子无关紧要，但又建议洛克菲勒延长在欧洲逗留的时间。罗杰斯还报告说，在阿肯色州另有一个案子正在准备之中。他从纽约发出警告说：“看来这是一场真正全面的进攻。”到了 7 月下旬，标准石油公司的律师们已经扭转了最初的局面，他们督促洛克菲勒回国，并向他保证俄亥俄州的案子是针对俄亥俄标准石油公司，而不是针对个人的。后来的情况是，洛克菲勒没有在码头上遭到逮捕，因为他的律师早就打通了关节，说他会主动去为俄亥俄的案子作证的。

　　洛克菲勒和塞迪预订了 1906 年 7 月 20 日起航的“亚美利加”号的回程票，他俩非常希望能带贝西一起回国。洛克菲勒和查尔斯在这个问题上多次发生过冲突。查尔斯后来对威廉·詹姆斯说：“为了阻止洛克菲勒先生不顾专家的意见带女儿回国，我费了好大的劲。”洛克菲勒拒绝相信贝西体质太弱不能漂洋过海的说法。最后，他尽管有些不情愿，甚至还有些怨恨，但只好默认了查尔斯让贝西留在法国的决定。查尔斯可能给了洛克菲勒某种暗示。一个周日下午，查尔斯朗诵了一篇论富人的责任的文章草稿，认为当人们的财富积累到很大数量后，应当把这些财富转变为公益信托基金，交给受托人管理，用到公益事业上去。这篇文章可能使洛克菲勒坚定了建立一个庞大的慈善基金的决心。

8月回到纽约后，洛克菲勒试图与报界建立一种崭新的关系。事实上，记者们对他突如其来的健谈和友好大感意外，有家报纸的标题这样写道："石油大王表现宛如政界候选人。"看到霍斯特发表了一篇吹捧自己的长篇访谈后，洛克菲勒对自己受到"十分公正的对待"而表示高兴。比格尔医生为了批驳有关他的病人健康状况的恶毒谣传，召来记者对他们说："洛克菲勒先生的身体状况是十五年来最好的。他像个小学生一样活泼、愉快。这次旅行使他受益匪浅。"

洛克菲勒夫妇因为没能带贝西回国而遗憾，但对她身体好转感到鼓舞。为了感谢上天，洛克菲勒还送给家人一些股票。可是，这些希望被无情地打碎了：11月13日从法国传来消息说，贝西中风瘫痪了。洛克菲勒给查尔斯发电报说："爱能带来希望。不要放弃任何努力。"他安慰自己，贝西有高明的医生、体贴的丈夫和疼爱她的女儿。不料，第二天却从查尔斯那里传来了噩耗："贝西今晨两点毫无痛苦地去世。"悲痛欲绝的洛克菲勒回电道："我们全家都爱你们。愿亲爱的贝西安息。有事即告。父亲。"十分不巧的是，噩耗传来时正好赶上政府开始根据谢尔曼反垄断法起诉标准石油公司的时候。

贝西·斯特朗去世后，报界由于对这位深居简出的女继承人知之甚少，费了好大劲才拟出一份讣告，并且承认只有该家族的少数亲友了解她的情况。11月下旬，查尔斯和玛格丽特把贝西的遗体运回家乡，安葬在塔里敦的睡谷公墓。失去了贝西的洛克菲勒夫妇希望查尔斯在国内定居下来，但他此时已决意在海外终其一生，正如他对威廉·詹姆斯所说的那样："我从没有为自己是个美国人而感到特别自豪过。"他能讲流利的德语、希伯莱语、拉丁语、希腊语和法语，一心想回欧洲，认为那里才是文化的发源地。洛克菲勒则从里到外都是个美国佬，深信欧洲社会是颓废的社会，对他来说，查尔斯的这种态度简直不可理喻。大约在这前后，有记者问他退休后是否可能去欧洲，他回答说："美国的缺点再多，也没有到让我觉得无家可归的地步。"

让洛克菲勒后悔莫及的是，查尔斯带着玛格丽特去了英国，她进了苏塞克斯郡的一所学校读书，后来又进了剑桥大学的纽南姆学院。查尔斯则在余下的 30 年里或是住在巴黎的公寓里，或是住在离伯纳德·贝伦森⑥居住的伊塔提不远的费厄索尔村一座别墅里，过着形单影只、郁郁寡欢的鳏夫生活。洛克菲勒不断恳请查尔斯让玛格丽特来纽约上学，但查尔斯一再拒绝，使得这事儿成了他一块心病。贝西死后一年，洛克菲勒断绝了这个女婿的经济资助，但照样给玛格丽特寄钱。他怕玛格丽特会与家族的其他成员疏远，还常常担心她受到追逐钱财的欧洲人勾引。他对伊迪斯哀叹道："（玛格丽特）是个可爱的姑娘。我们多么希望她能来美国上学，这样我们就能经常看到她；等她学完了英国学校的课程后，身边还会有她熟悉的美国人吗？我对她和查尔斯都明确地说过这些事，但得不到任何听着顺心的答复。"

洛克菲勒担心查尔斯会让自己的外孙女接触太多激进、世俗的观点。查尔斯强烈谴责资本主义，主张建立工会组织，支持用税收来纠正收入不平等现象——这些观点洛克菲勒都能容忍，但他不能宽恕查尔斯让他的外孙女远离教会，不让她接受宗教方面的熏陶。1908 年，查尔斯告诉小洛克菲勒说，他辞退了玛格丽特最喜欢的一位名叫劳伦森小姐的爱尔兰家庭女教师，因为她把宗教带进了他家。"我发现，玛格丽特在接受天主教的观点，这当然不怪她；我没有别的办法，只好采取行动，十分遗憾地请劳伦森小姐走了。"查尔斯和玛格丽特每次回纽约探亲，洛克菲勒夫妇总是想方设法使他们皈依教会——这一策略很可能事与愿违，反而增强了父女俩远走高飞的决心。在他俩 1909 年归国探亲期间，小洛克菲勒写信给母亲说："查尔斯和玛格丽特上个星期天晚上再次和我们一起吃饭，并且和我们一起去了第五大街和第 46 大街拐角处的教堂。我们是否已经有所进展，只有让时间来说话。"贝西去世 10 多年后，洛克菲勒还在动脑筋让玛格丽特回国，他问另一个女婿哈罗德·麦考密克能否和伊迪丝利用他们"两个人的影响，在适当的时候劝查尔斯和玛格丽特回国。我们要让玛格丽特和我们生活在一起"。

诸位在了解针对标准石油公司的反垄断诉讼的细节之前，不妨看一看洛克菲勒是如何摇身一变，成了一位公关大师的。那年秋天回到福里斯特山后，洛克菲勒做了一件意想不到的事情：以一种恰如其分的愉快心情接待了一个由美国新闻界幽默作家组成的代表团。这些人对他的机敏钦佩不已，居然选他当他们的名誉会员，后来还喜滋滋地夸口道，他们如今是世界上同类团体中人均收入最高的。斯塔尔·墨菲和别的助手多年来一直认为，如果记者们把洛克菲勒看成一位长辈、朋友和邻居来见他，他就不会受到新闻界如此荒唐的歪曲报道。约瑟夫·克拉克邀请更多的记者和这位巨头打高尔夫球，大家一边打球一边互相逗乐打趣，就像过节一样热闹，结果总能让这些人写出赞扬性的文章来。"我经常请杂志撰稿人和报社记者来打高尔夫球，"洛克菲勒在 1906 年 9 月写信对哈罗德·麦考密克说。"他们说他们过去不了解我，所以个个似乎都十分友好，对我很有好感。"

他一旦不再害怕新闻界，马上就变得无拘无束起来，好像从这一变化中获得了解放。他彻底改变了多年经商形成的不苟言笑的风格，整个像换了个人似的，其中就包括这方面的变化。《莱斯利周刊》在第二年报道说："他到了 75 岁时才开始逐渐从自己的茧壳里钻出来。他有生以来只是在这几年刚开始享受人生乐趣。两年前他见了记者还退避三舍，如今却向他们大献殷勤。"实际上，每个为洛克菲勒写过专访的记者都惊讶地发现他是一个彬彬有礼、心情愉快的老绅士。"我还不知道有谁能在同洛克菲勒接触时会注意不到他有多么礼貌周到，"一位深有感触的记者写道。"这是所有去他那儿做过客的人的共同看法。就连最大的敌人也会为他这种待人接物的方式所折服。"为了报答态度开始变得友好的新闻界，伊迪丝开始为父亲收集剪报，钉成一个个大本子，上面贴着好几百篇每年在世界各地刊登的有关他的文章。

洛克菲勒尽管过去多次放弃反驳艾达·塔贝尔的机会，拒绝别人为他撰写传记的提议，此时却决定像塔贝尔那样让《世界文丛》杂志每月连载他的回忆录。这份杂志是个特别安全、有吸引力的讲坛，因为编辑沃尔特·佩奇（Walter H. Page）是普及教育委员会的成员。1908 年 2 月，洛克菲勒开始每天和该杂志的出版人弗兰克·道布尔戴（Frank. N. Doubleday）在佐治亚州的奥古斯塔打高尔夫。他俩的谈话被写成七篇系列文章，从 1908 年 10 月起以"故人与往事随想"（Random Reminiscences of Men and

Events）为题开始发表。这些奇特、肤浅的文章由道布戴尔捉刀，斯塔尔·墨菲也助了一臂之力。按照道布戴尔的指示，佩奇把它们汇集成书，在 1909 年出版，同时还在英国、德国、法国和意大利发行。洛克菲勒对伊迪丝说，他认为这是出版商们恰当的悔过行为，因为他们是在弥补过去"自以为主持正义"而对他造成的伤害。

出于法律方面的原因，编写这些系列文章要求有十分高超的技巧。洛克菲勒知道，首席检察官们为了反垄断诉讼案会检查这些文章，便叫标准石油公司的律师们严格地爬梳每一个字眼。洛克菲勒最初想删去关于巴克斯寡妇的那一节，因为其中引用的一些小数字会招惹麻烦，盖茨反驳说，正是这些小数字才能使故事抓住读者的想像力。"我不信那些诽谤您或公司的说法造成过多大伤害，"盖茨直言不讳地说。"假如一个人或一家公司为了一点点钱会对一个穷苦无助的寡妇做出这样的事来，可想而知他（它）的心肠和手段该有多残忍！"这位巨头听从了盖茨的推理，在巴克斯一事上用的笔墨超过了对任何其他重大经营案例的描述。

洛克菲勒在书中尽量回避有争议的地方。道布戴尔想按自己所了解的情况把洛克菲勒描写成一个平易近人的人，以取代他过去那种不近人情的形象。在这些系列文章里，洛克菲勒一副乐于助人的口气，把自己说成是一个干劲十足的园艺和体育爱好者。他在一开头就告诉读者："在今天这样一个雨天里，打高尔夫球是不可能了，所以我很想当一个爱唠叨的老头。"他就是普普通通的约翰，住在隔壁的邻居。谈到他现在的生活，他说："我像一个农民一样，远离瞬息万变的商业世界，打打高尔夫，种种树；但我很忙，天天都觉得时间不够用。"他像往常一样，企图把自己说成是基督教宽容精神的楷模，受到不公正的攻击时会把另一边脸也转过来让人打。"我至少是受足了有敌意的批评，但我真的可以说那些批评并没有让我产生怨愤，也没有使我对任何一个人怀有不好的想法。"

在《随想》一书中，洛克菲勒描绘了一个公平的世界，健壮、勤劳的人如愿以偿，懒人则自食苦果。丝毫看不到悲剧的阴影。尽管反垄断诉讼一浪高过一浪，洛克菲勒却一再重申自己的信念：只有合作而不是竞争才能推进全民福利的增长。"美国人民进步与幸福的唯一最大障碍也许就是，"他振振有辞地说，"那么多人宁可把时间和金钱用来激化行业竞争，也不去开辟新的领域，把钱投向更需要资金的行业和开发项目中去。"

尽管人们对洛克菲勒的回忆录毁誉参半，但它使洛克菲勒的形象变得更有人情味。所有的人自然都在等着看艾达·塔贝尔的反应，她不失时机地在芝加哥一份报纸上发表了一篇充满隆隆炮火声的评论文章：

> 请注意，我真心敬佩洛克菲勒先生写的自传。他值得佩服——我找不到别的字眼——的地方是，他平静而明智地讨论如何栽培日本海棠和蓝杉树、如何布置天竺葵和玫瑰……然而，还有另外一位洛克菲勒先生……他几乎像一股旋风或一道激流一样毫无人性，像无往不胜的匈奴那样横扫欧洲，除了取胜之外不做第二想。不，他不是匈奴：他的破坏力太有才智了。他更像萧伯纳笔下的拿破仑——他之所以伟大，是因为他自己不遵循常规和道德的正常法则，却拿这些来对付他人。他是一个长着机械脑子的巨人。你会向一台蒸汽犁铧乞求怜悯吗？你会指望一台发电机生出恻隐之心吗？

显然，这位女士毫不为之所动。

除了促成《随想》一书出版之外，道布戴尔还为洛克菲勒恢复名誉做出了另一项宝贵的贡献。作为期刊出版商协会的主席，他突发奇想：请洛克菲勒在一次纽约出版商午餐会上发表演说，并且在这个绝妙的戏剧性场面上，由镀金时代首屈一指的讽刺作家马克·吐温把这位商界巨子介绍给来宾。事实证明，吐温非常胜任这个角色。1907 年夏天，吐温的亲密朋友亨利·罗杰斯得了中风后，吐温从 1908 年 2 月 24 日到 4 月 11 日一直在百慕大陪伴他，帮助他尽早康复。吐温最疼爱的女儿苏茜 10 年前死于脊膜炎，年方 24 岁。弗兰克·道布戴尔告诉吐温，西蒙·弗莱克斯纳的抗脊膜炎血清已经使感染此病的患者死亡率从 75% 下降到了 25%，而这种血清正是在洛克菲勒医疗研究所里研制出来的，吐温听后迫不及待地答应出马。

吐温同洛克菲勒关系一向不错，认为新闻界应当公正地听听他的申诉，而且相信他会给出版商们留下好形象。除了对罗杰斯的情谊之外，吐温还十分厌恶新闻界在攻击托拉斯时常常采用的那种伪善的腔调。他对洛克菲勒在经商方面的名声一清二楚，但其中有些不近常理、傲慢无礼的地方反而吸引了他，很想见识一下这位臭名远扬却十分有趣的人物。对吐温来说，一个在美国人人喊打的人肯定有许多可取之处。

道布戴尔请洛克菲勒与杂志出版商们见面时，此时已成了与新闻界打交道老手的洛克菲勒回答说："当然可以。为什么不去？我愿意同任何人见面和交谈，无论是朋友还是敌人。"1908 年 5 月 20 日，道布戴尔坐在出版商俱乐部餐桌东道主的位置上，两旁围坐着四五十位出版商。突然，后门大开，马克·吐温、亨利·罗杰斯和洛克菲勒父子鱼贯而入。正如吐温向到场的人士所指出的那样："在过去的几年里，在坐的当中大概没有哪位的杂志不曾把责骂洛克菲勒一家、亨利·罗杰斯和标准石油公司其他首领当成家常便饭的。"由于洛克菲勒过去总是避免跟文人打交道，据吐温估计，这些出版商当中有 3/4 的人以前从来没有亲眼见过洛克菲勒。

由罗杰斯和吐温二人先后作了简短的介绍之后，洛克菲勒站起来讲话了。他在发言中描述了洛克菲勒医学研究所的工作，还说了一些感人的往事作为佐证。洛克菲勒此时仍然是位个子高高、仪表堂堂的男人，但是他的眼睛里流露出一丝伤感，面对着出版商们的那张脸显得更加忧郁、若有所思。第二天早上，在讲坛上无人匹敌的吐温匆匆写下了如下的赞美之辞：

> 洛克菲勒先生站起身来讲话，他声音悦耳、语言睿智、用词简洁、充满人情味，举坐为之动容，几乎每说完一句话都被一阵阵掌声打断。等他讲完坐下后，所有在场的人都成了他的朋友。他取得的成功是我所知道的最彻底的胜利之一。会议突然中断了，因为大家一拥而上，人人都去跟这位胜利者真诚地握手致意，衷心称赞他是位口才出众的演说家。

对一个过去害怕在公开场合讲话、长期回避新闻界的人来说，这真是个不可思议的成功。不幸的是，他发挥这个特长为时过晚，因为对标准石油公司的政治进攻此时已经不可阻挡，不达目的决不会罢休。

注释

①Edward H. Harriman, 1848—1909，美国金融家、铁路大王。

②Philander Knox，1853—1921，后又任参议员和国务卿等职。

③东非国家埃塞俄比亚的旧称。

④即上任不久遇刺身亡的第 20 任总统 J·A·加菲尔德。

⑤英国作家约翰·班扬在 1678 年写的一部著名的宗教寓言作品。

⑥Bernard Berenson，1865—1959，美国艺术批评家，专门研究意大利文艺复兴时期的艺术作品。

27 审判日

1906 年 12 月 18 日，联邦政府依照谢尔曼反托拉斯法在密苏里州起诉标准石油公司，要求解散该公司，列在被告名单上的有新泽西州标准石油公司、它下属的 65 个分公司以及公司的一批顶尖人物，包括约翰·洛克菲勒、威廉·洛克菲勒、亨利·弗拉格勒、奥立弗·佩恩、约翰·阿奇博尔德和亨利·罗杰斯等。他们被指控垄断石油业和密谋使用下列众所周知的手段限制贸易：收取铁路回扣、滥用输油管道垄断权、制定掠夺性价格、刺探工业机密和秘密设立挂名的竞争公司。政府建议予以全面制裁，即把这个庞大的联营企业的下属机构分解成彼此独立的公司。1907 年的政府报告公布说，财大气粗的标准石油公司依然控制着 87% 的炼油业，把持着 87% 的煤油出口，经营着 89% 的国内煤油销售，其规模比它最强劲的竞争对手纯净石油公司大出 20 多倍。政府提出起诉后，标准石油公司的头头们尽量显出乐观的样子，错误地认为自己仍然是不可战胜的。在一封标有"绝密"字样的信中，洛克菲勒告诉阿奇博尔德，有报道说司法部对这个案子缺乏信心，它只不过是罗斯福策划的一次无足轻重的挟私报复罢了。"这个计划是他眼下与朋友经常谈到的一个话题，表明此举意在报复。一旦起诉失败，他打算尽其所能地推动立法，目标仍然不变。"

看来毫无疑问的是，标准石油公司在与罗斯福打交道时犯了严重的错误。1907 年 1 月，总统与他的劲敌之一、俄亥俄州参议员约瑟夫·福勒克（Joseph B. Foraker）在华盛顿烧烤俱乐部（Gridiron）的一次宴会上当着满座宾客争执起来。福勒克参议员是标准石油公司的忠实盟友，他坚决反对采取措施约束企业。罗斯福怒不可遏地谴责了福勒克和站在他背后的那些"拥有巨额财产的恶人"。在他说出这一经典名言时，有些记者认为他把目光移向了 J·P·摩根，而摩根的朋友则坚持说总统是在看当时坐在摩根旁边的亨利·罗杰斯。后一种说法很可能是对的，因为摩根和他的客户们同白宫相处得比较好。如果说罗斯福对摩根的企业（美国钢铁公司、国际收割机公司，等等）比对标准石油公司更宽容的话，其部分原因是摩根财团服从公司管理局的指导，并且采取了非正式的措施，以纠正自己的违法行为。小洛克菲勒在向父亲汇报反托拉斯案的情况时，转达了当时的一些传言：美国钢铁公司唆使弗兰克·凯洛格把枪口对准标准石油公司，以转移公众对自己的怒火。他还提到，包括查尔斯·普拉特和爱德华·贝德福德在内的几位标准石油公司高级经理认为，美国钢铁公司同政府和解是明智之举，而阿奇博尔德却一直在愚蠢地对抗。老洛克菲勒则认为，单单指控标准石油公司违法经营是因为有人想报复，他声称："其他大公司能够逃脱惩罚，那是因为国内最精明能干的律师都认为它们比标准石油公司更不堪一击。"

到了 1907 年夏天，反标准石油公司的政治斗争在一个更加广阔、残酷的战场上展开了，先后有 7 个联邦案子和 6 个州（得克萨斯、明尼苏达、密苏里、田纳西、俄亥俄和密西西比）级案子提交法院，控告严阵以待的标准石油公司。几乎每星期都会有新的交锋。那一年，俄亥俄州的一个大陪审团认为洛克菲勒和公司其他头目有 939 条罪状；田纳西州根据反托拉斯法提出了一个驱逐托拉斯企业的议案；密苏里州则对沃特斯—皮尔斯公司处以罚金并将其驱逐出境；如此等等，不一而足。

洛克菲勒的 68 岁生日越来越近，他从未料到自己的晚年会如此不太平。他的财富甚至无法为他买到穷人享有的片刻安宁。作为标准石油公司名义上的总裁，他陷入了困境，因为他要为那些他未曾同意的行动负责。洛克菲勒在 1907 年 7 月写的一封信表明他十分痛苦，再次请求阿奇博尔德接受他的辞呈，以便摆脱苦恼。在后来的两个星期里，他一次又一次递交辞呈，告诉阿奇博尔德这样能让他少收几份传票。尽管洛克菲勒拥有标准石油公司 27.4% 的股份——是第二大股东弗拉格勒的 3 倍——阿奇博尔德还是直接了当地拒绝了他。洛克菲勒只好服从这个由他一手提拔起来的门生，但他并不喜欢这个决定。

从这些纷至沓来的诉讼案中可以明显地看出：尽管输油管道公司已经主宰石油业达几十年之久，铁路运费回扣作为一个争端依然存在。由于 1903 年的埃尔金斯法案和 1906 年的赫伯恩法案先后禁止收取铁路回扣，公众天真地认为这个问题已经解决了。州际商业委员会在 1907 年 1 月报告说，标准石油公司还在暗中收取回扣、刺探竞争对手的机密，成立披着伪装的子公司并且参与制定掠夺性价格——与洛克菲勒在 19 世纪 70 年代犯下的种种弥天大罪如出一辙。罗斯福和他的内阁亟需一个判例来证实标准石油公司确实与铁路部门有过勾结，以此来渲染营私舞弊的托拉斯和阴险狡诈的铁路公司双双犯下的罪行。

1907 年，这个问题在芝加哥的一个案子中及时暴露出来了，该案指控印第安纳标准石油公司从芝加哥—奥尔顿铁路公司那里非法收取回扣。涉及回扣的那些货物来往于印第安纳州的怀廷和伊利诺伊州的东圣路易斯两地，而且是在埃尔金斯法宣布收受回扣为非法之后（这使我们回忆起洛克菲勒一直坚持的说法：标准石油公司在 1887 年禁止收受回扣后再也没有干过此事）。芝加哥法庭的头号人物是一位名叫凯内索・蒙顿・兰迪斯（Kenesaw Mountain Landis）的法官，此人身材瘦削、说话直率，年仅 41 岁头发就过早发白，刚刚被任命为联邦法官，后来还担任过第一任棒球协会总干事。

兰迪斯迫不及待地想对标准石油公司课以令人瞠目的巨额罚金，便让该公司的律师提供它在 1903 年到 1906 年的资本总额和收益总额。兰迪斯知道，标准石油公司的律师们正处于进退两难的境地：如果提供真实数据，他们可能会被处以罚款以示惩戒；如果隐瞒真相，他们自己会问心有愧。1907 年 6 月 26 日，这位联邦政府的地方检察官企图从标准石油公司的顾问约翰・米勒（John S. Miller）嘴里套出了解这些数字的雇员名单，米勒直率地回答说："去你的吧。"这个尖刻的答复产生了适得其反的效果：兰迪斯派出联邦地方法院执行官传唤标准石油公司的几个头目，其中就有洛克菲勒。洛克菲勒无视法官的命令，又一次躲开，去马萨诸塞州皮茨菲尔德住到女儿艾尔塔和女婿帕马利家里。他告诉卧床不起的塞迪——此时她已是久经沙场的老将了——绝口不提他的去向，在写给他的信上只用帕马利的名字。在那些天里，新闻界都在猜测洛克菲勒的去向，兰迪斯派出的传票送达员则在新英格兰①乡间四处寻找这位巨头的踪迹。

当罗斯福和他的司法部长听说兰迪斯要把洛克菲勒送上法庭，都感到十分惊讶，因为一旦洛克菲勒在芝加哥一案中出庭作证，他就有可能获得"证人起诉豁免权"，从而在以后更为重要的联邦反托拉斯案中免于刑事起诉。他们派了一位特使去芝加哥请求兰迪斯改变主意。"我愿意满足罗斯福先生的愿望，"兰迪斯说。"我愿意做任何合情合理的事情来满足他的愿望。可是洛克菲勒居然把我的传票送达员当猴耍，因此我要把他带上本法庭以维护法律的尊严。"洛克菲勒肯定也意识到出庭作证在法律上有空子可钻，因为他突然从皮茨菲尔德与兰迪斯法官联系，并主动从一位副执行官的手里接过了传票。

1907年7月5日，约翰·洛克菲勒、威廉·洛克菲勒和亨利·弗拉格勒乘坐私人铁路包厢抵达芝加哥，在印第安纳标准石油公司崭新宽敞的办公室里与律师们商量对策。洛克菲勒非但不想与兰迪斯合作，反而建议藐视法庭，反对交出资产负债表。"可是，洛克菲勒先生，时代不同了，"弗拉格勒说，"沉默是金这句老话不那么管用了。""不过，"洛克菲勒慢条斯理地说，"它在我当权的时候就管用。"洛克菲勒尽管同意来芝加哥，但不愿上法庭，他征求在场律师们的意见，那些人似乎都赞成他的想法。接着，他问最年轻的律师罗伯特·斯图尔特（Robert W. Stewart）的看法，斯图尔特说："洛克菲勒先生，既然在场的几位杰出的法律天才已经提出了意见，我就不想说什么了。""年轻人，"洛克菲勒说，"我发给你薪水就是为了让你告诉我你的看法。"于是，斯图尔特鼓气勇气说道："洛克菲勒先生，您和其他公民在法律面前没有任何不同。如果我是您，我会出庭的。"这话尽管听上去刺耳，洛克菲勒还是十分明智地接受了这个年轻人的建议。

1907年7月6日上午的天气十分闷热，约翰·洛克菲勒和威廉·洛克菲勒来到联邦法院大楼，发现沿街站着好几百看热闹的人。有人认出那个头戴草帽、手里拿着细长手杖的人就是洛克菲勒，便大声喊道："他来了!"人群一拥而上,围了个水泄不通,20个保镖挥舞着棍棒才开出一条路来。有个街头流浪儿高叫:"那个人的照片上过报纸,"洛克菲勒听了不禁莞儿一笑。有些狂热的旁观者还扯下了洛克菲勒外套上的纽扣。洛克菲勒兄弟到了六层的审判厅后,威廉满脸通红、浑身是汗,嘴里嘟囔道:"简直是暴行!从没见过这样的事。"相比之下,约翰·D·洛克菲勒在不守规矩的乱民面前表现出他惯有的沉着风度。他走进酷热难当、头顶上电扇呼呼乱转的审判厅时,居然还模仿一个记者挤在人群里做笔记的样子。屋门关上后,外面的喧闹声依然清晰可闻,警察不得不把走廊上看热闹的人赶走。

执行官敲响小木槌后,洛克菲勒开始了长达15分钟的令人难忘的证词。擅长提供含混、推诿的证词的他此刻成了平静的风暴眼。有位记者写道:"洛克菲勒先生是整个屋子里表情最冷静的人。他的每一个动作都十分缓慢、庄重。他说话的节奏不徐不疾,在回答法庭提出的问题时语速更慢。"兰迪斯法官着急问话,没料想洛克菲勒比谁都能装糊涂,动不动就说想不起来了。洛克菲勒又一次在法庭上变成一个年老昏聩的糊涂虫,好像连最简单的问题都答不上来。

兰迪斯法官问的第一个问题是:"洛克菲勒先生,所谓的新泽西标准石油公司是经营什么的?""我认为,大人……"洛克菲勒开始回话,但接着好像不知道该说什么,便停下来胡乱摆弄了一阵手杖,跷起二郎腿,这才再次试着回答说:"我认为,大人……"这时,由于兰迪斯法官恼怒地用眼镜轻轻敲了敲桌子,他的脑子又走神了。最后,洛克菲勒缓过劲来,答道:"我认为,大人,他们在新泽西开了一家炼油厂。"洛克菲勒在回答所有的提问时都是这样拖拖拉拉、前言不搭后语,搞得他的证词毫无价值可言。作为交换,兰迪斯不得不给了洛克菲勒急于得到的东西:免于刑事诉讼。这次证词不仅弄得法官一败涂地,还为洛克菲勒自己赢得了一场公关方面的胜利。人们弄不明白:这个和蔼可亲、笨头笨脑的老头怎么会是罪恶的托拉斯大亨呢?他的证词甚至赢得了新闻界的赞誉。他后来告诉阿奇博尔德:"总的来说,我十分满意我在芝加哥的表现以及近来同记者们的关系。"

一个月后,兰迪斯法官采取了报复行动。1907年8月3日上午,有

1000 多人想挤进审判厅听兰迪斯宣读他对标准石油公司一案的判决（也许是早有预感，洛克菲勒刚刚宣布向普及教育委员会捐款 3200 万元）。法院的执行官们再一次费了好大劲才把潮水般的人群关到了大门外面。脸色苍白、情绪激动的兰迪斯法官称标准石油公司无异于一个臭名昭著的窃贼，还严厉谴责标准石油公司的律师"蓄意无礼"。听到这些侮辱性词语，旁听的人群哄笑起来，法警们只好一次又一次地呵斥听众，让大家安静。接着，兰迪斯宣布了一个惊人的决定：处以印第安纳标准石油公司 2924 万元（相当于 1996 的 4570 万）的罚款——令美国公司发展史上此前的任何一笔罚款都相形见绌。这是最高的惩罚：对诉状中提到的收了回扣的 1462 个车皮的石油每车皮罚款 2 万元。记者们使出了浑身解数来描述这笔罚金到底有多大：用那笔钱可以造 5 艘军舰，换成银元能装满 177 节平板货车，还可以用来每年雇 4.873 万名城市街道工作者。它比联邦政府每年印制的货币总量的一半还多一点。由于这笔罚金相当于标准石油公司 1 亿元资本总额的将近 30%，洛克菲勒个人照理应该摊到 801.176 万元。有人问马克·吐温对于这笔罚金的看法，他说这让他联想起新娘子在婚后第二天早上说的话："我早就料到了，只是没想到它会那么大。"

洛克菲勒以他特有的冷静接受了这笔创记录的罚款。当时他正在克利夫兰进行一场高尔夫双打比赛，一个信使手里攥着一个黄信封飞奔过球道。洛克菲勒接过信，给了那孩子一毛钱，不动声色地看完了判决书。最后，他把信放进衣袋，对球伴们说："好了，先生们，我们接着玩好吗？"说完，他打出漂亮的一击，球沿着球道飞出大约 160 码。起初，没人敢问大家心里掂念的问题，后来终于有人鼓起勇气问道："罚了多少钱？""2924 万，我想这是最高的罚款了，"洛克菲勒平静地回答说。随后，他向发球处挥了挥手道："先生们，轮到你们了。你们还想不想打了？"所有的报道都表明，洛克菲勒那天的状态极佳，只用 53 杆就打完了 9 个洞，是他得分最高的一次。第二天，一家克利夫兰报纸在谈到这件事时说："无论是从表情变化还是行为举止上都看不出标准石油公司的缔造者在为芝加哥的判决不快或者恼怒。"

洛克菲勒不动声色的表情下自然掩盖着极度的愤怒。兰迪斯的罚金证实了这样一个论点：标准石油帝国是靠敛取不正当甚至不合法的回扣，而不是靠其缔造者的经商能力发展起来的。那天天黑以前，洛克菲勒发表了一则严厉谴责那家法庭的声明："本公司遭到了极不公正的对待，这种不公正是由于他们根本不懂得大企业是怎样建立起来的。这么多年来，他们谁也不知道，似乎也不关心它是如何从无到有发展起来的。"盖茨觉察出西奥多·罗斯福在暗中支持兰迪斯，他告诉洛克菲勒自己不再钦佩此人，并且希望"这种以法律形式进行的令人震惊和不计后果的掠夺行径能够使全国的企业家和有头脑的人士认识到我们所陷入的危险境地"。

在 1907 年 8 月 3 日那场著名的高尔夫球赛当中，洛克菲勒曾经这样说过："等不到罚款付清，兰迪斯法官就会完蛋"，事实证明他的预言很准。他极少在别人面前说话如此尖刻。许多观察者认为，兰迪斯的罚款是一出政治表演、一种宣传手段，而不是一份站得住脚的判决。1907 年 7 月，一家联邦上诉法院不但驳回了这笔罚款，还严厉批评了兰迪斯把每车皮石油单独定罪的做法。彼得·格罗斯卡普法官（Peter S. Grosscup）称兰迪斯的行为是"滥用司法权限"，并下令对此案重新进行审理。在后来的判决中，标准石油公司被宣布无罪。西奥多·罗斯福对上诉法院的做法暴跳如雷，认为兰迪斯的罚款尽管太过份，但审判本身是公正的。在罚款判决被推翻的第二天，罗斯福宣布政府将再次起诉标准石油公司收取回扣的行为，因为"毫无疑问被告是有罪的，而且罪行的性质特别严重"。甚感失望的他有些言过其辞地说，这项判决"妨害了文明的进程。"

1907 年初秋，华尔街很多预言家预测说，受兰迪斯罚款和反托拉斯案的影响，金融市场会极度低迷。"这无疑表明，迫害工商界的行为不会长久，"老洛克菲勒在 8 月下旬告诫儿子说。"如果是这样，我们必须做好准备，迎接公司可能遭受的灾难性打击。我想我们最好增加收入中货币储备的比例。"兰迪斯宣布罚款后的那个星期里，标准石油股票从 500 点骤跌至 421 点，在整个暴跌的股市中首当其冲。

对丁锐意改革的批评者而言，接下来的经济恐慌是由工商界自身的不正当行为引起的。几年来，股票市场靠着来路不正的资金、低利率和人们在铜业、矿业和铁路股份上疯狂投机而一路上扬。在这种过于乐观的情绪中，股票发行人为资金不足的公司大作宣传，投资者拼命吃进高于企业资产净值的掺水股票。各托拉斯企业则是最臭名昭著的投机商，它们钻法律的空子，在股市上大肆投机，并且以证券作抵押过量贷款。罗斯福猛烈抨击这个"过度自信和投机的时代"时说，它将引起严重的惩罚性后果。

那年 9 月银根开始收缩时，洛克菲勒把能够作为抵押品获得政府贷款的债券分别存入了几家纽约银行——这次防范行动使他获得了 2% 的丰厚收入。1907 年 10 月下旬的经济恐慌席卷华尔街时，一群群惊慌失措的储户在银行门口排起长队提空了他们的存款。当时在里士满参加一次圣公会聚会的 J·P·摩根匆匆赶回了纽约。10 月 22 日，等助手查看完纽约人信托银行（Knickerbocker Trust）的账本后，摩根确信它已毫无希望地丧失了偿还能力，只能宣布倒闭。那天晚上，财政部长乔治·科特柳（George Cortelyou）怀着对一位普通公民的极大信任，在曼哈顿一家旅馆里会见了摩根，答应从政府基金中提出 2500 万元供他支配，以遏制这场恐慌。尽管指挥这次救助行动的是摩根，洛克菲勒从自己腰包里拿出来的钱却比任何人都多。

盖茨获悉纽约人信托银行垮台后，一大早就打电话给住在波坎蒂科的洛克菲勒说，如果他发表一个公开声明也许能恢复人们的信心。洛克菲勒穿着睡衣站在那儿仔细考虑了一会儿，决定打电话给美联社总经理麦尔维尔·斯通（Melville E. Stone）。他让斯通引用他的话说，国家信用良好，如有必要，他将拿出一半财产来帮助美国维持信用。这是一个前所未有的声明：一个公民许诺帮助华尔街摆脱困境。第二天早上，全国各地的报纸都登载了这席具有镇定作用的话，记者们立即涌向波坎蒂科的高尔夫球场。当问及他是否真的会拿出一半的证券来遏制恐慌时，洛克菲勒答道："是的，我有成捆成捆的证券，先生们，成捆成捆的。"洛克菲勒极少这样夸耀自己的财富，他这样做显然是为了提高人们的信心。洛克菲勒在花旗银行的存款高达 1000 万元，使它在这个恐慌时期成了拥有黄金和现金储备最多的银行。"他们有了麻烦总是来找约翰大叔，"洛克菲勒骄傲地指出。10 月 23 日，J·P·摩根决定出面拯救摇摇欲坠的美国信托公司（Trust Company of America），他从第一国民银行的乔治·贝克尔（George F. Baker）和花旗银行的詹姆斯·斯蒂尔曼那里收到了 300 万元的救急基金，后者用的就是洛克菲勒的钱。

10 月 24 日，老约翰·D·洛克菲勒多年来第一次昂首踏进百老汇 26

号的大门，接过了权柄。"我吃惊地发现，自从我几年前最后一次来这儿之后，已经有这么多人出人头地了。后来我有暇跟老同事和许多新同事交谈，发现昔日的协作与和谐精神依然还在，这对我真是个巨大的安慰。"洛克菲勒向 J·P·摩根提供了帮助，他拿出的几百万元是摩根当天筹集到的 2500 万元资金的一部分，这笔资金使股市得以继续运作，使至少 50 家股票经纪行免于破产。尽管洛克菲勒本人对摩根并无好感，但他仍然大度地赞扬了对方在平息 1907 年恐慌时所起的领导作用。"他那种爱发号施令的个性发挥了十分有价值的作用，"他在回忆录中写道。"他行动迅速果断，这两点正是恢复信心最需要的东西。"

几位家族成员也向洛克菲勒求助，以顶住这场风暴。他花了 450 万元从银根紧缺的亲家麦考密克家族手里买下了国际收割机公司的股票，又借给在变幻莫测的股市上疲于应对的弟弟威廉 700 万。即使对自己的亲弟弟，洛克菲勒也要求公事公办——这一点弗兰克早就领教过了——让威廉把自己的股票列成清单做为抵押。可是，当洛克菲勒的顾问亨利·库珀想多借些钱时，得到的却是洛克菲勒的讥讽："啊，库珀先生，别太苛求了。别忘了，威廉很富有。"

尽管经济恐慌在他身边汹涌翻腾，洛克菲勒却依旧遵循他多年不变的作息制度。在办公室忙了一天后，照样还要回到波坎蒂科打高尔夫。上午那场球一再被送来的急件所打断，这时他每回都要骑上自行车回车库，信誓旦旦地再次向社会许诺不会有麻烦的，接着又以平时那种不动声色、心无旁骛的神情继续打球。

在 1907 年的恐慌中，洛克菲勒破天荒地在公众眼中成了忧国忧民之士，赢得了大量的赞誉。就像他对一位亲戚所说的那样，各家报纸"说话都很友好、中听，都在高度赞扬我们在危难之中援手相助的举动"。一时间，公众的称赞似乎减弱了针对标准石油公司的反托拉斯热潮了。可是，这个希望很快就破灭了，因为他对一位记者说："上届政府的逃避政策只能产生一个结果：它意味着给国家带来灾难、经济萧条和混乱。"据洛克菲勒说，这原本是私下发表的意见，遗憾的是，那个不知好歹的记者违背了自己郑重许下的诺言。这番话不啻给罗斯福总统对洛克菲勒早已怀有的敌意火上浇油，特别是洛克菲勒一再以健康不佳为由拒绝去白宫讨论标准石油公司的问题之后。罗斯福私下说，洛克菲勒觉得受了伤害，因为政府公布了有关标准石油公司的真实情况。

兰迪斯罚款宣布后，标准石油公司试图改变其战略，谋求与政府达成妥协。那年9月，公司向政府调查人员提出了一份诱人的交易：如果政府撤诉，它就公开其账本，并且接受政府的任何建议，以确保公司遵守反托拉斯法。这一求和建议使政府官员丧失了警惕。詹姆斯·加菲尔德在日记中写道："这确实是个令人吃惊的建议。"但是，罗斯福不再有停战的心思。"如果我们能够追究那些人的刑事责任，"他告诉司法部长查尔斯·波那帕特（Charles Bonaparte），"我很不愿意半途而废。"

阿奇博尔德本来应该继续保持他的和解姿态，可惜他实在习惯于使用高压政策，公然对公司遭到的政治攻讦表示蔑视。1908年春夏期间，在俄勒冈州参议员乔纳森·伯恩（Jonathan Bourne）的安排下，他与罗斯福总统进行了几次秘密会谈。总统表示真切希望标准石油公司的案子能够在庭外解决。阿奇博尔德尽管相信对方的诚意，但同时也明白罗斯福在这件事上仍然犹豫不定。随后，阿奇博尔德采取了一个极不策略的行动：1907年10月下旬，他请伯恩参议员代他向总统提议，如果与政府达成交易，标准石油公司将帮助罗斯福在1908年赢得提名。惊得目瞪口呆的加菲尔德称这个厚颜无耻的提议"既愚蠢又缺德"。

罗斯福因洛克菲勒在那场经济恐慌中鼎力相助，暂缓了对标准石油公司的攻势，但随后又在1908年1月加紧行动，把耽误的时间补上了。他在给国会的特别咨文中控诉说："一些富豪的愚蠢的投机行为和明目张胆的欺骗行径"已经使公众对国家财政状况失去信心，并且斥责标准石油公司领导层在用"极端无耻的花招"对抗改革措施。反托拉斯诉讼将如期进行。

既然洛克菲勒能建立19世纪末最庞大的商业王国，出庭面对当时最大的反托拉斯诉讼对他来说也是再合适不过的了。大约444名证人提供了1100万字的证词；案情记录里有1274件物证，长达1.2万页，装订成厚厚的21册。在该案结束前，标准石油公司还为21个州级反托拉斯案出庭辩论，由此一位历史学家评论道："这是在美国历史上从未有过的企业界与政府之间的一场影响深远的斗争。"标准石油公司为了充实自己的律师

队伍，聘请了华尔街的约翰·米尔本（John Milburn）和 M·F·埃利奥特
（Elliott）、匹兹堡的 D·T·沃森（Watson）、芝加哥的莫里茨·罗森塔尔
（Moritz Rosenthal）以及费城的约翰·约翰逊（John G. Johnson）。加盟司法
部一方的则有来自伊利诺伊州北部的联邦政府地方法官查尔斯·莫里森
（Charles Morrison）和圣保罗市的律师弗兰克·凯洛格②，后者因在本案中
的出色表现而青云直上，在 20 世纪 20 年代末出任国务卿一职。

在整个案子审理过程中，公众把洛克菲勒想像成一个无所不能的幕后
操纵者，阿奇博尔德和其他人则是对他言听计从的傀儡。如果说这纯粹是
臆想，那么，他真正的影响到底是什么呢？洛克菲勒的确可以通过公司的
一位董事亨利·克莱·福尔杰（Henry Clay Folger）对公司战略产生一定的
影响。福尔杰长得很瘦，留着胡子，精明干练、恪尽职守。标准石油公司
早年的成员大多缺乏教养，福尔杰则不同，他是阿默斯特中学的优秀毕业
生，后来进了哥伦比亚大学法学院。他文化修养很高，为后世留下了美国
最早的对开本莎士比亚全集和一座出色的图书馆。对洛克菲勒来说更为重
要的是，福尔杰高尔夫打得很棒，每个星期三上午都来陪他打球。

在写给福尔杰的有关这个案子的备忘录里，洛克菲勒从来不提采取什
么样的政治或法律策略，主要讨论的却是深奥的盈利率计算方法。洛克菲
勒想证明标准石油公司的利润向来不高，不存在牟取暴利的问题。很多其
他公司往股票里掺水——即在发行股票时虚报公司的资本总额——这样就
会造成一种假象：从表面上看，公司派发的股息很低。为了既能少交税又
不违反俄亥俄州的法律，标准石油公司一直少报资本总额，这就造成一种
错觉，即每年的分红高达 40%—50%。按照洛克菲勒的计算，实际分红率
大体在 6% 至 8% 之间。

福尔杰用统计分析说明，如果比较真实地上报资本总额以反映留存盈
余的情况，标准石油公司过去支付的平均红利是洛克菲勒推算结果的 2 倍。
"真没想到，公司 25 年来的平均分红率竟高达 13.86%，"这位公司创建人
局促不安地向福尔杰承认道。洛克菲勒此时不得不想办法为这个高出一截
的数字找出合理的解释。他发现"包括美国钢铁公司在内的许多其他低风
险的大企业的"利润还要高，便忽然觉得这个比率还是可以接受的。他告
诉福尔杰："商人是不会觉得你计算出来的收益率……太高的。"他害怕虎

视眈眈的反托拉斯检察官对此会有不同的看法，便答应毁掉这些可能招来麻烦的数据。他也提醒福尔杰说，标准石油公司压低价格不是为他人着想，而是为了遏制竞争，"把我们的利润保持在这样一个水平上，别人就不会进入这个行业和我们竞争了。"这话背离了他经常提到的说法，即这样做是为了向劳动人民提供更加便宜的煤油。

在标准石油公司任职期间，洛克菲勒靠的是普遍保持煤油低价位来收买民心。然而，阿奇博尔德在19世纪90年代中期掌权后，却一直抬高国内价格，同时又压低国外价格以减少来自海外的竞争。在洛克菲勒退休前的12年中，公司的资产收益率在11%和17%之间浮动，阿奇博尔德掌权后，该收益率在1900年—1906年之间从21%猛增到27%。这从商业的角度来说也许是精明之举，从政治战略上看却很不高明：公司恰好在它最不应激起民愤的时候攫取了前所未有的高额利润。艾达·塔贝尔的连载文章和西奥多·罗斯福的反托斯行动恰逢更加贪婪地攫取利润的阿奇博尔德统治时期，这绝非偶然。与他明智的恩主相比，阿奇博尔德作为垄断资本家实在是相差太远。

1908年11月，弗兰克·凯洛格在纽约海关严厉盘问洛克菲勒时要求他作证的问题大都是关于标准石油公司的价格政策。凯洛格站在几幅表示标准石油公司营销部门经营区域的地图旁，试图诱使洛克菲勒承认他的公司已经将美国划分成几大块独家销售区域。"俄亥俄标准石油公司是否有一个限定的销售区域？"他问道。"没有，"洛克菲勒平静地说。"在过去5年里也没有吗？"凯洛格问。"据我所知没有，"洛克菲勒答道。"它的销售区域是全世界，用最便宜、最好的煤油照亮全世界是它的使命。"洛克菲勒回答时面带笑容、泰然自若，时不时瞥一眼他的律师请求指点，律师们则不停地对凯洛格的提问表示反对。

凯洛格试图表明，标准石油公司定期推出掠夺性价格，以此来消灭竞争对手，然后再大幅度提高油价。他估计真正意义上的竞争范围还不到全部石油市场的10%，并指出煤油价格在1895年（阿奇博尔德上台时）到1906年之间过分上涨，造成用户的普遍不满。为了给标准石油公司的高额收益做出合理的解释，洛克菲勒罗列了一大堆理由，如炼油容易着火、钻探结果变化莫测、投资开发新油田的必要性，等等。对此，凯洛格反唇相讯道："可是，标准石油公司一直在分配巨额红利呀。"洛克菲勒朝着天上抬起双眼答道："所以我们对此感激不尽呀。"

新闻界又一次不敢相信，这位突然失去记忆、逻辑混乱但态度和蔼的老先生居然是令人生畏、掠夺成性的标准石油公司老板。"洛克菲勒先生从他那个深居简出的世界中走出来，在众目睽睽之下接受讯问，根本不像人们想像中的的怪物，"一家报纸评论道。"他态度和蔼到了真诚的程度。"另外一家报纸说："如果说洛克菲勒是在演戏的话，他的演技堪与尤赖亚·希普③媲美。若非如此，这位奇怪的老人则很有可能一直受到人们的误解……全世界都应该向他道歉。"也许，如果洛克菲勒在一开始经商时就像他在最后这样表现的话，他大概就不会坐在证人席上了。

洛克菲勒指定阿奇博尔德担任他的接班人，此举使他在以后的20年里成为全球石油业的主宰。阿奇博尔德是位浸礼会穷牧师的儿子，他圆圆的脸庞、目光炯炯、小个子、大脑袋、脾气急躁，经常一边蹦蹦跳跳地在过道上走着，一边吹着口哨"前进，基督的战士们"，表面上活泼可爱，实则性子暴烈。尽管如此，他和洛克菲勒总是互相吹捧。"要知道，约翰·洛克菲勒百年之后，"阿奇博尔德说，"全世界将会吃惊地发现，他在各方面都是一位多么完美的人。"洛克菲勒也投桃报李道："（阿奇博尔德）有丰富的想像力、不凡的勇气和高超的口才，是一个能洞察人心、与人打交道的天才。"

但是，作为标准石油公司的首脑，阿奇博尔德在商战中比洛克菲勒更加不择手段，大肆贿赂在位的政府官员。当然，洛克菲勒在玩这种伎俩方面也不是个新手，不过他往往是不得已而为之，唯一的原因是他非常讨厌政客。阿奇博尔德却很少有什么顾虑，随着政府越来越深地插手商业，他认定公司需要在美国参众两院中安插固定的代言人。

文件中记录的阿奇博尔德收买政府官员的第一个例子是在1898年，即弗兰克·蒙内特起诉俄亥俄标准石油公司期间，阿奇博尔德当时把俄亥俄州的约瑟夫·福勒克参议员列入了行贿名单。他第一笔付了1.5万元，3周后又给了对方1.45元，6个月内累计达到4.4万元。福勒克来自辛辛那提，曾任该公司法律顾问和俄亥俄州州长，口才惊人，以极富感染力的讲演赢得了"火灾报警员"的绰号。阿奇博尔德花的钱得到了极大的回报。

1900 年 2 月，他就有人提出一份不利于标准石油公司的议案写信给福勒克参议员说："提案极其无理甚至荒唐可笑，但仍需给予重视。希望不费吹灰之力便能否决它。"福勒克出力解决了这个提案后，阿奇博尔德发去贺信说："附上开在您名下的 1.5 万元存款单一张……此事能得到如此令人满意的解决，不胜感激之至。"存款单比支票更难追查，因而成为当时向政界人物行贿的首选方法。

另一个经常接受标准石油公司慷慨馈赠的是宾西法尼亚州参议员马修·奎伊（Matthew Quay），他在 1898 年至 1902 年之间共受贿 4.25 万元。在一封口气轻松的信中，阿奇博尔德告诉奎伊随信附上一张数额为 1 万元的存款单，作为对这位参议员"富有魅力的处理方式"的酬谢。显然，阿奇博尔德对这种零星的小额付款方式更感到得心应手，因为他在另一个场合建议奎伊"在需要的时候随时提出，而不是一次付清"。标准石油公司的另一个来自宾夕法尼亚州西部的忠实朋友是众议员约瑟夫·西布利（Joseph C. Sibley），此人后来被人称做"阿奇博尔德的政治皮条客，标准石油公司拉拢、腐化政府官员的代理人"。西布利在华盛顿任职期间充当了标准石油公司行贿渠道的角色，他曾写信给阿奇博尔德说："一位共和党参议员今天来找我借 1000 元钱。我告诉他我没有，但可以在一两天之内想办法帮他借到。您想做这笔投资吗？"

要不是因为阿奇博尔德的一桩善举，标准石油公司在华盛顿的种种活动可能永远不会暴露。阿奇博尔德为自己在塔里敦的豪宅雇了一个不可多得的黑人管家詹姆斯·威尔金斯（James Wilkins），此人有一个到了 24 岁还无所事事的儿子威利。阿奇博尔德出于对威尔金斯的同情，让威利在公司里当了一名勤杂工，当时在标准石油公司工作的黑人屈指可数。威利喜欢赌马，但手头总是缺少现钱。他想利用当时对标准石油公司的政治攻势赚点外快，就与一个名叫查尔斯·斯顿普（Charles Stump）的 19 岁的白人勤杂工勾结，在阿奇博尔德的办公桌上搜集对其不利的证据。1904 年 12 月，这两个年轻人偷了几封电报去找威廉·伦道夫·赫斯特主办的《纽约美国人》（New York American）杂志的一位编辑弗雷德·埃尔德里奇（Fred Eldridge），此人仔细研究了一下他俩的赃物后，认为毫无价值。不过，他对阿奇博尔德写给参议员或众议员的信表示出特殊的兴趣，并且给了这两个胆大妄为的年轻人一份可能会使读者感兴趣的 200 人的名单。拿到埃尔德里奇授意的名单后，斯坦普和威尔金斯开始在下班后偷偷查看阿奇博尔德的往来信件。他们找到了写给西布利和福勒克的信，立即拿去给埃尔德里奇看，并和他讨价还价。有几次双方相持不下，那位编辑说他得"请示一下赫斯特先生。"这一间谍活动从 1904 年 12 月一直持续到 1905 年 2 月，这时，阿奇博尔德发现那些政治文件不见了，认定是斯坦普和威利偷的，便把他俩解雇了。这两个想大干一番的年轻人拿着从赫斯特那里得来的 2.05 万元在哈莱姆开了一家酒馆。

阿奇博尔德一连好几个月都在担心那些失窃的信件会被登在报刊上，可是一直没见动静，对此他肯定感到大惑不解。赫斯特把这些足可以作为罪证的文件存放在保险柜里，等待合适的时机将其公之于世。赫斯特通过向各托拉斯企业发起攻击，为自己树立了一个多层面的公民权利保卫者的形象，凭借揭露其他帝国缔造者来实现他个人的宏图大志。赫斯特在 20 世纪 30 年代变得十分反动，但在 20 世纪初，他还是一位民粹主义斗士。他在 1906 年与洛克菲勒的朋友查尔斯·埃文斯·休斯④竞选纽约州州长时表现出异乎寻常的克制力，没有公布那些信件。洛克菲勒告诉休斯："查尔斯，我真希望你能击败那个赫斯特！"

可是在 1908 年大选中，赫斯特转而去支持独立联盟党，该党提名马萨诸塞州的一位车轴润滑油生产商托马斯·希斯金（Thomas L. Hisgen）为总统候选人。标准石油公司曾出价 60 万元收购他的企业，但希斯金轻蔑地拒绝了。作为报复，标准石油公司大幅度削减油价，企图毁了他，从此为自己树立了一个死敌。赫斯特选希斯金当该党的候选人，目的是要把阿奇博尔德的信派上用场。1908 年 9 月 17 日，赫斯特在俄亥俄州的哥伦布市发表了支持希斯金的演讲，他声称就在演讲开始前，一个陌生人来到他下榻的旅馆，交给他几封阿奇博尔德和几位政客来往信件的复制件。他大张旗鼓地宣布道："下面我来念一下标准石油公司总裁、洛克菲勒先生和罗杰斯先生的私人密友约翰·阿奇博尔德先生写的几封信。"接着，赫斯特大声宣读了阿奇博尔德写给福勒克参议员和西布利众议员的信，一下子在全国引起了巨大的轰动。他后来在圣路易斯演讲时又朗读了另外两封信，并且把这些信在赫斯特报系的几家报纸上以显要的位置公之于众。

　　阿奇博尔德意识到自己无法否认这些信件的真实性，便设法把这些信说成是"完全正当的"，以反驳对他的指责。福勒克开始还抵赖说这些钱拿得绝对合理合法、光明正大。"那时我被标准石油公司聘为顾问，为自己的工作接受酬劳是众所周知的事，"他坚持说。"至少，我从来没有试图隐瞒这件事。"公众不接受这种解释，福勒克和西布利因而被驱逐出了政界。不过，阿奇博尔德却作为标准石油公司的首脑而得以幸免。第二年，也许是想弥补一下自己越来越糟的公众形象，他向锡拉丘兹大学捐赠了100万元。

　　阿奇博尔德的丑闻使小洛克菲勒深信，自己对标准石油公司的种种怀疑并非想像力过于活跃的结果。他在多年之后承认，赫斯特揭露的这件事令他"作呕"。"正是政治上的诸多原因汇集到一起"，使他产生了向标准石油公司提出辞职的想法。从布朗大学毕业后的10多年来，小洛克菲勒一直在经商和从事慈善事业之间举棋不定。他一向不喜欢经商，阿奇博尔德丑闻更促使他选定了适合自己的事业：做一个专职的慈善家。

　　离开标准石油公司的决定非同小可，所以小洛克菲勒只与妻子和父亲商量此事。他得好好琢磨一下怎样才能既使自己抽身又不会对父亲和公司造成伤害。他承受着良心上的责备，告诉父亲自己决意离开公司，去献身于慈善事业。他还建议父亲撵走阿奇博尔德，老洛克菲勒却认为，在反托拉斯诉讼审理期间解聘阿奇博尔德是不可能的。他对儿子的辞职表现出令人吃惊的镇定："你可以去做你认为合适的事。"老洛克菲勒尊重儿子离开公司的意愿，他这样做更加深了父子之间的感情。

　　或是因为对父亲让步，或是因为与阿奇博尔德达成过妥协，小洛克菲勒又等了一年才离开公司。在1910年1月1日的董事会上，作为标准石油公司董事的小洛克菲勒悄然离去：至此，洛克菲勒王朝积极参与该公司日常管理的情景不到两代人就告结束了。2个月后，一项要求洛克菲勒基金会注册为法人组织的议案在华盛顿提出时，小洛克菲勒辞职一事才首次公布于世，使洛克菲勒家族的慈善事业得以从标准石油公司分离出来。为了解除自己同商界的一切联系，小洛克菲勒同时还退出了美国钢铁公司。除了美国亚麻籽公司和科罗拉多燃料与铁业公司之外，他断绝了与任何一家公司的关系。具有讽刺意味的是，恰恰就是科罗拉多燃料与铁业公司后来玷污了他的清誉。

看上去有些奇怪的是，小洛克菲勒对阿奇博尔德感到失望并没有减弱他对父亲的尊敬。我们知道，阿奇博尔德是在为这位主子效力后才学会行贿的，但老洛克菲勒无意让儿子知道真相。他显然不想失去儿子对他的爱，这个年轻人的美德证实了他自己的生活价值。他这样做也许是担心小洛克菲勒不能忍受通过不正当手段攫取的财富所含有的道德模糊性，也许是觉得还是不让儿子知道内情而徒增烦恼为好，还可能是认为自己的所做所为完全合乎情理，从而和儿子一样把自己看作一个品行端正、光明磊落的人。最后一种看法似乎最能说明他在经商生涯后期的所做所为。

在最后一点上，小洛克菲勒不顾事实地坚信父亲是无可指责的，是阿奇博尔德一手造成了标准石油公司的腐败。他在任何时候都没有去怀疑，阿奇博尔德的一部分花招是从老洛克菲勒那里学来的，这简直令人无法相信。那么，小洛克菲勒是如何知道他父亲是清白无辜的呢？凭的是直觉、盲目崇拜和对父亲个人品质的了解——只有父亲经商的细节除外，因为老洛克菲勒对此讳莫如深。假如小洛克菲勒内心对父亲的品行有过任何怀疑——即只能在深夜与艾比偷偷说的那些疑虑——的话，阿奇博尔德丑闻给了他一个现成的借口，使他得以悄悄离开标准石油公司而无需将其归咎于父亲以往的行为。

阿奇博尔德丑闻恰好发生在小洛克菲勒一生的定型时期，当时他正在受到进步党改革精神的影响。小洛克菲勒大学毕业后不久就参加了清扫贫民公寓的活动，其间结识了雅各布·里斯[5]和莉莲·沃尔德[6]等社会改革家，还向盖茨提议在贫民区开展消灭结核病的行动。进步运动主张和平、渐进的改革，满怀无可指摘的理想，比如：人民应当有更好的体质，接受更好的教育，政府应当讲究实际，等等。进步党人设想出了一个一尘不染的公民自治世界，由学者、科学家和各类专家共同做出合理的决策。在小洛克菲勒这类逃避恶言相向和激烈对抗的人看来，只有这样的廉洁政府才有可能超越败坏他父亲名声的残酷的党派之争。最值得称道的是，进步党人都是些出身良好、有教养的正人君子，大可放心地请进家门与你共进晚餐。

20世纪初，进步运动抓住了一个典型问题：在坦慕尼协会[7]袒护下泛滥一时的纽约色情业。1909 年竞选市长期间，人们围绕所谓的奴役白人——即非法买卖年轻妇女逼良为娼——的问题展开了辩论。竞选过后，政府专门成立了一个大陪审团立案调查这件事。1910 年 1 月，托马斯·奥沙利文法官（Thomas C. O'Sullivan）选中小洛克菲勒担任陪审团团长。小洛克菲勒竭力推脱，理由是自己从未接触过这些姑娘，对该问题一无所知，结果却遭到法官的厉声驳斥："为本城出力，清除那些据说在本城存在的丑恶现象，这是你的本分。"

选小洛克菲勒当陪审团团长是有意安排的。坦慕尼协会的头头们认为他柔弱寡断，不好意思去找妓女进行调查，大陪审团在开庭一个月后提出一些无关痛痒的建议便会不了了之。不料，小洛克菲勒以高度的热情投入了这项工作。"我一生都没有这样努力工作过，"他说。"我不分昼夜地干。"这项工作激起了他最深厚的同情心，因为他渴望能克服有损自我形象的门外汉的感觉，成为某一方面的专家。给此案当陪审员使他得到了改变为父亲打杂的形象，获得独立地位的机会。小洛克菲勒走出父亲的阴影之后，把自己塑造成一位改革者，使人们把他的名字与世界各地的艾达·塔贝尔和亨利·德马雷斯特·劳埃德们相提并论。

小洛克菲勒敬而远之地考察了罪恶滋生的曼哈顿红灯区，好像害怕受到那些邪恶之地的诱惑。后来，他令人吃惊地承认道："我在调查纽约卖淫业时没跟任何一个妓女说过话。"然而，他打着科学研究的旗号咨询了无数专家，获得了极其丰富的知识。由于他拒绝做表面文章，大陪审团把工作时间从一个月延长到了半年。他递交了一份列有 54 条罪状的报告后，大吃一惊的奥沙利文法官同他发生了激烈的争吵。小洛克菲勒回忆道："奥沙利文发现我的意图后吓坏了，因为这意味着坦慕尼协会的阴谋破产了。"可惜的是，大陪审团劳而无功，因为威廉·盖纳（William Gaynor）市长——他本人正在与坦慕尼协会发生冲突——没能就调查结果采取行动，报告中列举的大多数罪状最后也被认定不成立。尽管事情如此收场，小洛克菲勒却得以在洛克菲勒家族史上以一种全新的面目出现，成了一位捍卫公众权益的英雄。他如今不再是一个听任党魁们摆布的有钱的傻瓜，而是一个当之无愧的杰出人物。

这件事对小洛克菲勒产生了久远的影响。在得知市政府没有按照陪审团的建议采取行动后，他咨询了 100 位专家，商讨如何解决这个问题［这些专家中给他印象最深的是年轻的雷蒙德·福斯迪克（Raymond B. Fosdick），此人曾肃清了两任市政府的腐败现象，后来担任了洛克菲勒基金会主席和小洛克菲勒认可的传记作者］。1913 年 5 月，小洛克菲勒个人出资成立了社会卫生局（Bureau of Social Hygiene），该机构用了 25 年时间致力于性病、无计划生育和吸毒等都市弊病的研究。塞迪引以为豪地向他捐赠了 2.5 万元，用于在全国女学生当中宣传性卫生常识。小洛克菲勒还同雅各布·希夫（Jacob Schiff）和保罗·沃伯格（Paul Warburg）合作，保护伊斯特河下游地区犹太女青年免受皮条客的骚扰。这位年轻的洛克菲勒继承人多少年来一直默默无闻，如今却对解决众说纷纭的社会问题表现出令人刮目相看的热忱，并且拿出自己的钱财来支持这项工作。人们越把罪恶归咎于他父亲，他就越发愤努力，以期获得难以实现的清白。

老约翰·D·洛克菲勒在等待起诉标准石油公司的反托拉斯案的最后判决时，一反常态地变得意气消沉起来。在写《随想》一书时，他总共提到了 60 多位已经谢世的旧日同事。亨利·罗杰斯在一次中风后于 1909 年 5 月去世，留下了大约 4100 万元的财产。参加他的追悼仪式很可能是让洛克菲勒返回百老汇 26 号的最后一个理由。当年在油溪起家的宿将已所剩无几，这位作为幸存者之一的巨子如今不得不面对这样的事实：政府打算把他几十年的心血毁于一旦。

洛克菲勒过去一向意志坚定、讲求实际，但在预测这次判决结果时竟然寄希望于最不着边际的幻想。1908 年大选时，西奥多·罗斯福把共和党候选人的提名让给了身材臃肿的国防部长威廉·霍华德·塔夫脱⑧，这使洛克菲勒松了口气，因为他终于可以摆脱罗斯福了。1908 年 10 月 29 日，洛克菲勒在百老汇 26 号短暂地露了一次面，表示支持塔夫脱竞选总统："根据我的判断，他不是那些不加考虑就轻率冒险的人，也不会提出阻碍工业进步的举措，为国家的再度繁荣设置障碍。"西奥多·罗斯福对这番话中讥讽之意感到十分恼火，对洛克菲勒支持塔夫脱的决定挖苦道："这是标准石油公司的人想毁掉塔夫脱的一个昭然若揭的诡计。"

塔夫脱在大选中击败威廉·詹宁斯·布赖恩（William Jennings Bryan）——此人曾说过应该把洛克菲勒送进监狱——后，洛克菲勒去电祝贺他当选，这是可以理解的。新闻界暗示塔夫脱有可能对标准石油公司持敌视态度，洛克菲勒对此却有不同看法，他告诉亨利·福尔杰："我只当它是个毫无根据的谣传。"实际上，塔夫脱喜欢洛克菲勒本人，但痛恨这家托拉斯。他后来写道："它的确是一只触角遍及石油业的章鱼；为数不多的几家真正独立的公司之所以还能被容忍存在下去，只是为了维持表面上的竞争而已。"许多企业家指望着塔夫脱在执政期间能够减缓反托拉斯攻势，没想到他竟然发起了 65 次反托拉斯行动，甚至比罗斯福的 44 次还要多。在整个反托拉斯诉讼中，洛克菲勒可悲地低估了公众对标准石油公司的憎恶情绪，直到 1909 年 8 月，他还告诉哈罗德·麦考密克自己暂停接受记者采访是因为"公众的情绪已经发生极大的变化，变得对我们有利了"。

3 个月后，圣路易斯的一个联邦巡回法院一致裁定新泽西标准石油公司及其 37 家子公司违反了谢尔曼反托拉斯法，勒令该公司在 30 天与子公司分离。塔夫脱称赞弗兰克·凯洛格"大获全胜"。此时西奥多·罗斯福正在非洲狩猎，捕杀的动物足以建立一座小型动物园。他听到这个消息后感到欢欣鼓舞，称该判决是"我国历史上为了尊严而取得的最重大的胜利之一"。

标准石油公司立即向最高法院提出上诉，在等待终审判决过程中，百老汇 26 号弥漫着一片浓郁的沮丧气氛。与此同时，政府发布了一个又一个打击名誉扫地的垄断行为的文件：1909 年，国会以多数票撤消了政府保护该公司免受海外竞争的承诺，国防部长停止向其定购石油产品，总统则把石油存量丰富的地区划为保护区。1910 年，洛克菲勒在佐治亚州奥古斯塔的博内尔旅馆逗留期间与塔夫脱不期而遇，两人相约一起去打高尔夫球，但塔夫脱夫人担心此举会影响总统的公众形象，劝总统取消了约定。还有一次——毫无疑问是在第一夫人未加留意之时——洛克菲勒邀请总统一起去接他 5 岁的外孙女玛蒂尔德·麦考密克（Mathilde McCormick）。看到身躯肥大的塔夫脱把这个长着一头长长的卷发的可爱的小女孩高高举起，洛克菲勒心中自然十分高兴。

1911 年春天，最高法院的终审判决还是杳无音讯，连总统都在抱怨法庭的行动太慢。由于有一位法官去世，最高法院的组成人员发生了变动，不得不再次听取法庭辩论。1911 年 4 月 25 日，小洛克菲勒向父亲转达了奥尔德里奇参议员不祥的预见："他倾向于相信终审判决将对公司不利，但认为法庭会清晰地界定法律权限，并希望它会为大公司的行为指出一条合法之路。"这位参议员肯定有十分灵通的消息来源。

经营了41年的标准石油公司的末日来得如此迅速、突然而又不可逆转。1911年5月15日下午4点，首席法官爱德华·怀特（Edward White）向昏昏欲睡的出庭人员宣布："我还要宣布一下本庭关于第398号合众国起诉标准石油公司案的裁决。"顿时，审判厅里的人都急切地竖起了耳朵，参议员和众议员也都纷纷涌进来听取下文。在接下来的49分钟里，怀特宣读了长达2万字的判决书。他的声音过于低沉、单调，致使其他法官不得不倾过身去，请他念得大声点。怀特口齿含混、一字千金地宣布了维持解散标准石油公司的裁决，要求它在6个月内与子公司脱离，并禁止公司领导人重新建立垄断地位。于是，美国商业史上这出持续最久的道德剧终于降下了帷幕。

洛克菲勒故意装出若无其事的样子。他当时正在波坎蒂科和塔里敦天主教会的伦农（J. P. Lennon）神父打高尔夫球，得知这个裁决后并没有显得特别懊恼。"伦农神父，"他问，"您有没有钱？"神父说没有，又问他是什么意思。"把标准石油公司买下来，"洛克菲勒说——后来的事实证明这确实是个好主意。他给过去的合作伙伴们发了一封措辞哀伤、奇特的讣告式的信，开头这样写道："亲爱的朋友们，我们必须服从最高法院的裁决。我们辉煌、快乐的大家庭不得不就此解散了。"洛克菲勒像往常那样，总是有意对坏消息置之不理，这一回也拒绝看这份瓦解他的帝国的著名文告——这完全在人们的预料之中。

针对标准石油公司的反托拉斯案考验了美国法律体系是否有能力控制财富的不断积累并遏制其过分集中的现象。人们从中可以学到有悖常理的一课：政府干预对于确保自由竞争有时是必要的；政府管制未必总是不利于商业，它也可能有助于商业的发展。无论从哪方面说，1911年的判决非是纯粹的改革者的胜利，他们当中有许多人把它看作是一次可耻的背叛。怀特法官宣读判决书时在场的罗伯特·拉福莱特参议员后来对记者说："我担心的是，法庭做了托拉斯让它做的、却是国会坚决反对的事。"无独有偶，威廉·詹宁斯·布赖恩也称首席法官怀特"等了15年总算等来一个机会向托拉斯施以援手，教它们如何逃脱法律的制裁"。

15 年来，怀特一直自以为是地倡导一种所谓的"合理法则"，按照这种理论，法律并不制裁所有的垄断集团，而是要制裁那些不合理的、违背公共利益的企业。这种理论大大扩大了司法酌处权，为许多托拉斯企业在法律上打开了方便之门。对此，只有陪审法官约翰·哈伦[①]持有异议，他愤怒地反对这条新法则，一边拍着桌子，一边指责在座的法官们"在反托拉斯法里擅自增加了国会没有赋予的内容"。他又讽刺说："如果你们对此很理智，你们现在满可以限制商业发展了，只是得小心别做过了头。"这一判决在许多方面与西奥多·罗斯福的想法一致，即政府应该制约那些不负责任的托拉斯，但不要干预那些遵纪守法的公司。比较激进的改革派则认为这一判决最多只是一个局部的胜利，他们的看法是对的。

正如政界和商界司空见惯的那样，当最高法院在 1911 年宣布这一判决时，市场上发生的变化早就削弱了托拉斯的统治地位。皇家荷兰公司在 1907 年与壳牌公司最终合并，使标准石油公司终于在海外遇到了一个必须重视的竞争对手。与此同时，英国—波斯石油公司（Anglo-Persian Oil Company）也在中东开发出储量丰富的新油田。在国内，从得克萨斯、俄克拉何马、加利福尼亚、堪萨斯和伊利诺伊等州滚滚流出的石油为踌躇满志的后来者打开了进入这一市场的缺口。1899 年，标准石油公司开采了美国 32% 的原油，到了 1911 年，其份额已经下跌到 14%。标准石油公司历来的强项——在炼油业占有的市场份额，也在公司解散前 5 年内由 86% 下降到了 70%。

汽车业的出现也从根本上改写了石油业的历史：1910 年，汽油的销售额首次超过了煤油和其他照明用油。1908 年，威廉·杜兰特（William C. Durant）创办了通用汽车公司。同年，亨利·福特推出了他的第一辆 T 型汽车。汽车拥有量迅猛增加，1915 年达到 250 万辆，到 1920 年则达到了 920 万辆。尽管加利福尼亚标准石油公司在 1907 年建立了第一个加油站，但它在这个领域中算不上是先驱者，况且遍布全国的加油站数量太多，不是任何一家公司能够垄断得了的。

那些认为解散标准石油公司是洛克菲勒应得的惩罚的人悲哀而又意外地发现，到头来它却是洛克菲勒经商生涯中最大的一桩幸事。确切地说，他虽然在反托拉斯案中输了官司，却从一个小小的百万富翁（估计他在1911 年的净资产为 3 亿元）差一点成为人类历史上的第一个 10 亿富翁。1911 年 12 月，他总算卸下了标准石油公司总裁的头衔，但仍然继续持有庞大的股份。由于他拥有原公司大约 1/4 的股份，如今获得了新成立的新泽西标准石油公司 1/4 的股份，外加根据上述判决而成立的 33 家独立子公司 1/4 的股份，这还不包括他捐赠给普及教育委员会、芝加哥大学以及其他接受其慷慨馈赠的机构的石油股票。

最初，由于洛克菲勒拒绝在纽约证券交易所挂牌上市，原公司也从未向股东们公布过财务报表，投资者们不知道如何对各标准石油公司的股票进行估价。一家华尔街报纸在这些股票上市交易前夕警告说，对这些新公司进行估价只能靠"纯粹的猜想"。不过，人们后来很快就弄明白，洛克菲勒在核定标准石油公司的资本方面一向极为保守，而且分离出去的各子公司都拥有大量的账外资产。促使人们狂购这些股票的还有另外两个因素：一是多年来新泽西标准石油公司的股票因涉及反托拉斯诉讼而一直受到打压，不过等官司一结束，它们马上就反弹到了一个比以前更高的水平上；二是汽车工业的蓬勃发展使人们对石油业的无限发展前景产生了过度乐观的情绪，尽管在过去 50 年里一直有人预言它注定要寿终正寝。

1911 年 12 月 1 日这些股票开始上市交易时，特别是这些新公司宣布股票的分红率平均为原先的标准石油股票价值的 53% 之后，公众对它们表现出了难以满足的需求。投资者们好像很高兴能有机会向反托拉斯分子出口怨气似的，把这些股票的价格哄抬到了一个不可思议的水平。1912 年 1 月到 10 月期间，新泽西标准石油公司的股票指数从 360 点狂涨到 595 点；纽约标准石油公司的股指从 260 点上涨到 580 点；印第安纳标准石油公司的股指则由 3500 点涨到 9500 点。凭借扶摇直上的股票价格，洛克菲勒的资产净值在 1913 年达到了他一生中的顶点——9 亿元——相当于 1996 年的 130 亿元以上。小洛克菲勒后来解释说，他父亲的财产从未达到过 10 亿元的水平，尽管他经手的钱比这个数字要多得多。自从 1911 年标准石油公司解体后，各子公司的资产值在十年内增加了 4 倍。洛克菲勒除了做生意精明过人之外，一生之中还大大得益于运气，退休后赚的钱比经商时还要多。

各标准石油公司的滚滚财源似乎表明，这一回国家又输给了狡猾的洛克菲勒。各报纸每天都在竞相猜测他的财产——这完全不是华盛顿在惩戒他时所设想的结果。J·P·摩根从前的合伙人乔治·珀金斯对一位朋友说，华尔街"看着眼前发生的事情在偷着乐。"谁也比不上西奥多·罗斯福更感到丧气了，他在1912年以第三大党——进步党候选人的身份重新参加了大选。他大声咆哮着再次猛烈抨击了标准石油公司："股票价格已经上涨1倍多了，洛克菲勒先生及其一伙实际上已经发现自己的财富翻了一番。怪不得华尔街的祷词如今成了：'噢，仁慈的上帝，再赐予我们一次解散的机会吧。'"

在无休止地角逐世界首富头衔的过程中，洛克菲勒此时已经把安德鲁·卡内基远远抛在了后面，其财产可能比卡内基至少多1倍（由于两人都作了大量的捐赠，因此很难进行准确的比较）。尽管如此，洛克菲勒与卡内基之间仍然保持着不即不离的关系。1912年，卡内基在前往华盛顿作证途中顺路拜访了基奎特，发现洛克菲勒"又高又瘦，笑容可掬"。卡内基依然沾沾自喜地认为自己以前在梅萨比铁矿交易中比洛克菲勒技高一筹，因为他事后写信给朋友说："我当然很高兴见到这位老先生。但是我没有提起我跟他做的那笔矿产交易。"

从标准石油公司独立出来34家新公司一共拥有7万员工，心存疑虑的公众很难相信，它们今后不会策划什么新的阴谋。J·P·摩根听到1911年的判决后问道："见鬼，法庭怎么能强迫一个人同他自己竞争呢？"这些刚分离出来的公司作为独立的实体大都财力雄厚，令人畏惧。新泽西标准石油公司仍然是世界上最大的石油公司，拥有原公司43%的资本，在美国企业当中规模仅次于美国钢铁公司。新分离出来的公司中有5家位居全国200家最大实业公司之列。由于这些公司的拥有者仍然是原先那些人，他们之间很难发生激烈的竞争。正如罗斯福所抱怨的那样："所有这些公司依然由原来那些人在掌权，它们至少形成了紧密的联盟，所以结果和以前完全一样。"

洛克菲勒大造声势地表明自己在忠实执行1911年的判决。1911年9月8日，他对阿奇博尔德说："我们要尽量按照政府的每一项要求办事，如果政府也这样要求其他公司，那就确实说明它必然会带来一场改革。"

然而，他却在悄悄行动，暗中破坏解散工作：建议各标准石油公司负责人每天上午 10 点半在百老汇 26 号开会，以此来维持彼此之间的情谊，交换信息（出于法律上的考虑，大家都被告知不要用书面形式交换想法）。由阿奇博尔德任总裁的新泽西标准石油公司和以福尔杰为首的纽约标准石油公司的总部都设在同一幢旧楼里，这很能说明他们之间的关系。

在接下来的 10 年中，这次解体往往被看成是掩人耳目之举。各标准石油公司继续把全国划分为 11 个营销区域，卖同一个品牌的产品，彼此不在价格上进行竞争。过了好长时间以后，这些过去的同事才渐渐把对方看成是竞争对手，相互打入了对方的营销区域。很多批评者认为，为了打破这种同谋关系，政府应当从以下三种办法里选择其一：让这家托拉斯企业原封不动地经营下去，但对其加以管制；强迫股东只能拥有这 34 家新公司其中一家的股票；或者成立完全独立、无需依赖其他标准石油公司而存在的公司。例如，新泽西标准石油公司从母公司那儿接手了一套庞大的炼油系统，但没有足够的原油供应，这就能迫使它与其他公司密切合作以弥补这一不足。

在百老汇 26 号的元老们哀叹托拉斯时代一去不复返时，下面那些经营性公司的一些少壮派却欣喜万分。各标准石油公司的许多董事都已年过60，给公司添了一份老相，在这个要求人们迅速适应汽车时代的形势下，他们自然会压制富于想像力的年轻人。印第安纳标准石油公司的威廉·伯顿（William M. Burton）博士就是这群突出的标新立异的年轻人中的一个，他认为罗斯福和塔夫脱做出了不可估量的贡献。他在 1911 年公司解体后说："大家普遍感到，这给了年轻人一个良机。"在摆脱了众多上层官僚的牵制之后，伯顿在 1913 年发明了一项极有价值的"裂解"的技术，能从原油中提炼出更多的汽油。这项发明使印第安纳标准石油公司得以向其他石油公司转让技术而人发横财。该公司牢牢控制着这项技术，直到 1921 年才允许兄弟公司在 1911 年前划定的营销区域内有条件地销售"裂解"汽油，使这一托拉斯体系又延长了 10 年。

许多标准石油公司在 20 世纪继续兴旺发达，控制着美国乃至世界石油业中的很大一部分，从而使洛克菲勒得以名垂青史。洛克菲勒的后继者从此将遍布世界各地，它们是：新泽西标准石油公司（即后来的埃克森石油公司，Exxon)、纽约标准石油公司（即莫比尔公司，Mobil)、印第安纳标准石油公司（即美国石油公司，Amoco)、加利福尼亚标准石油公司（即 V 牌公司，Chevron)、大西洋炼油公司（即大西洋里菲尔德公司，ARCO；最后更名为太阳公司，Sun)，大陆石油公司（Conoco，如今是杜邦公司下属的一个企业）以及靠加工石油冻起家的切斯布劳—旁氏公司（Chese-brough-Ponds)。埃克森、莫比尔和 V 牌公司这 3 个后代后来跻身于 20 世纪主宰世界石油业的七大石油集团（Seven Sisters)；第四个是英国石油公司，它后来兼并了俄亥俄标准石油公司（当时简称 Sohio)。这一结果当然不是反托拉斯者的本意，但是他们的确帮助洛克菲勒保住了留给后人的遗产，也使他毫无疑问地成了世界首富。

注释

①美国东北部包括马萨诸塞州在内的 6 个州的统称。

②Frank B. Kellogg，1856—1937，美国政治家，1929 年诺贝尔和平奖获得者。

③Uriah Heep，狄更斯小说《大卫·科波菲尔》中的伪善人物。

④Charles Evans Hughes，1862—1948，美国法学家，曾任联邦最高法院首席法官和国务卿。

⑤Jacob Riis，1849—1914，美国记者、社会改革家。

⑥Lillian Wald，1867—1940，美国护士、社会公益工作者。

⑦Tammany Hall，纽约民主党实力派组织，由慈善团体发展而成，后因种种劣迹而成为腐败政治的同义词。

⑧William Howard Taft，1857—1930，美国第 27 任总统，推行反托拉斯法和金元外交政策。

⑨John Harlan，1833—1911，美国最高法院法官，因对一些重要的民事案件持有异议而闻名。

28 慈善托拉斯

　　全国汽油紧缺致使洛克菲勒在各标准石油公司的股票猛涨，这位石油大王如今自然会对汽车表现出极大的热情。早在 1904 年，他就在波坎蒂科买了一辆"无敌"牌汽车。到了 20 世纪初，各式各样的汽车开始出现在他用石头盖成的车库里，与那些老式平板马车和四轮马车停放在一起。洛克菲勒在年轻时就喜欢高速运动，经常在欧几里德大街上策马而驰，如今则改为每天开车跑上至少 50 英里。一辆马力强劲、光洁锃亮的 1918 年出厂的克莱恩—辛普莱克斯牌旅行车成了他的新宠。这辆精美的紫红色汽车上装有半截的车门、宽宽的踏脚板和阔气的黑色真皮软座椅，宽大得像艘游艇一样平稳地行驶在坑坑洼洼的小路上。

　　由于这辆车上有 7 个舒适的座位，洛克菲勒便把下午驱车出游变成了一次次精心准备的社交活动，他亲自为每位乘客安排座位，并且告诉司机准确的行车路线，自己则像一位端坐在移动王宫里的国王，总是坐在后排座位的正中。与打高尔夫球时一样，他在下午开车出游时不许任何人谈论私事或者讨论严肃的话题，只能说些轻松愉快的事情。那辆巨型汽车飞快地驶过乡间小道，扬起一片片尘土，也给乘客带来清新的空气。洛克菲勒不是哼小调，就是唱圣歌，或是吹吹口哨，说说笑话。作为这些活动的组织者，他心情愉快、悠闲自得，常常坐在后排座位上胡思乱想——不过，他即便在这种时候也从不放弃好胜的本性。如果碰上哪个年轻的冒失鬼超车而过，洛克菲勒就会一声不吭地忍上一会儿，然后探过身子冷静地吩咐司机道："菲利普!""是，先生。""我们现在开得有多快?""每小时33英里，先生。""能再开快一点吗?"于是，车上的速度计开始缓缓爬升，直到超过前面那辆车为止——这时，洛克菲勒会目光坚定地盯着前方，脸上毫无表情，看不出一丝胜利的喜悦。洛克菲勒记下每次出行所用的时间，并且喜欢创造新的车速记录。"菲利普，"他会说，"星期一我们用了1小时17分钟开到城里。看看我们今天要用多长时间。"菲利普便微微一笑，扶一下帽沿，开始向新的记录冲刺。

有许多次，菲利普把车停在一片草地旁，让洛克菲勒和客人们去草上躺一会儿。洛克菲勒和路过的农民愉快地聊上几句，问问种子和肥料的情况，并且把了解到的内容转告给他那些庄园的主管。洛克菲勒在晚年有很多迹象表明，他十分怀念童年时代牧歌式的、天真无瑕的快乐。"我很不愿意看到乡下人都往城里涌的情景，"他曾经在一个读经班上说。"这不像50年前我还是个孩子时的光景。在我看来，城市变得越来越大，乡村却普遍变得越来越薄弱。"他喜欢穿着高尔夫球裤，拿着手杖，在波坎蒂科村里溜达，和邻居们无拘无束地聊天。每年过生日时，他都要邀请当地的孩子们来基奎特，请他们吃大块的冰激凌，旁边有铜管乐团演奏，头上彩旗招展。他一改严厉、古板的模样，甚至会趴在地上与孩子们一起玩。与孩子们打成一片是他晚年最明显的特征之一。

尽管退休生活像度假一样轻松自在，洛克菲勒却一天都没有摆脱危险随时会降临的感觉。1912年，他几度受到黑手党的威胁，该组织是西西里和意大利裔美国人的秘密社团，专门从事敲诈勒索和恐怖活动。为防不测，他在那年秋天把小洛克菲勒、艾比和他们的孩子送到莱克伍德，并且加强了波坎蒂科的安全措施。老洛克菲勒着实被吓着了，他给基奎特装上了专用的报警系统，在枕头下装了一个按钮。一旦听到可疑的响动，他就按那个按钮，这时暗藏在三四处树丛里的灯便发出细微的光亮，守夜人看到后会立即打电话询问他的安全情况。

洛克菲勒把很多业余时间用在宗教活动上面。他在早餐前先要虔诚地做一次祷告，然后朗读一页约翰·亨利·乔伊特牧师的《流年日思录》，作者主张奉行严格、刻板的基督教教义，劝诫读者摒弃骄傲、纵欲和贪婪之心。乔伊特鼓吹在面对仇恨时应该保持禁欲主义式的平静心态，不要对敌人怀有积怨——这些建议洛克菲勒肯定都牢记在心了。吃早餐时，他请客人们读《圣经新约》中的一些诗篇和选段。临睡前，洛克菲勒还要读另一部祷告书《乐观者的平安夜》，以图睡上一个好觉。这样，他一整天都能从宗教那里得到安慰。

虽然洛克菲勒觉得自己退休后的日子过得问心无愧，美国公众却从不肯轻易相信这一点。洛克菲勒医学研究所和普及教育委员会尽管做了许多有益的工作，它们的创办人却仍然被指责在积聚财富。报界也在苛刻地向洛克菲勒施加压力，认为他捐的钱既比不上安德鲁·卡内基，也比不上他自己财富的增长速度。一位统计学家在1906年估算说，即使洛克菲勒在以后的30年里把钱全都存在银行里吃利息，他的总资产最终也会达到900亿元。

早在1901年，洛克菲勒就意识到自己应该创办一个基金会，其规模要超过他以往创立的任何组织，他曾不经意地想过成立一个慈善信托基金："让我们成立一个基金会，一个信托基金组织，再派一些愿意为此奋斗终生的人，在我们的亲自协助下，正当、有效地管理这项慈善事业。"弗雷德里克·盖茨在1906年6月写信给洛克菲勒重提了这一想法："我每天陪伴您巨大的财富已有15年了。对它的每一笔收入和每一次支出，我都竭尽心力，把它变成了我自己的一部分，就好像它是我的财产一样。"盖茨用他能找到的所有辞藻大声疾呼道："您的财产正在像雪球一样越滚越大！您必须跟上它的膨胀速度！您散发它的速度必须超过它增长的速度！否则，它会把您和您的子孙后代都压垮的。"盖茨预言说，如果洛克菲勒不尽快行动，他的继承人就会挥霍掉这笔巨大的遗产，或者变得飞扬跋扈、不可一世。他提出的解决方法是，建立一批"为全人类谋求幸福的永久性企业化慈善机构"，通过它们把钱投向教育、科学、艺术、农业、宗教，甚至提高公民道德上。这些基金组织将成为美国社会的一个崭新的景象：由能力出众的受托人来管理私人钱财，为社会兴办福利事业。"这些资金数目巨大，会使任何一个受托人立即成为公众瞩目的人物，"盖茨解释道。"基金的数目应当大到这样的程度：如何管理它将成为公众关心、了解和评论的焦点。"

建立慈善信托基金的想法不是洛克菲勒的发明。本杰明·富兰克林①、斯蒂芬·吉拉德②和彼得·库珀③早就建立过这种基金。洛克菲勒带给这一概念的是前所未有的规模和范围。1906年，洛克菲勒在考虑成立一个庞大的基金会时，金融家拉塞尔·塞奇④的遗孀玛格丽特·奥利维亚·塞奇（Margaret Olivia Sage）正准备成立一个基金组织，调查女工的悲惨境地和现代生活引起的社会弊病。小洛克菲勒竭力推崇此举，说它是推进其家族钟爱的事业的最佳途径。他建议父亲创立3个信托基金，一个支持在海外推进基督教文明，一个支持在国内开展相同的工作，另外一个专门为芝加哥大学、普及教育委员会和洛克菲勒医学研究所提供资金。这些基金的理事会的规模最初设想得都很小，由五六个洛克菲勒家族成员和圈内人士组成。这一蓝图的视野虽然有限，但毕竟规划出了开展慈善事业的新途径。不出所料的是，标准石油公司的这位总设计师喜欢建立一个单一的庞大基金组织，由他来掌握否决权。洛克菲勒财富的巨大规模再次要求人们拿出新的管理方式来。

由于害怕在州里为洛克菲勒基金会申请执照的请求会被州议会一时性起而予以拒绝，小洛克菲勒和盖茨便去争取得到更有权威的联邦执照，普及教育委员会在1903年获得的就是这种执照。洛克菲勒家族直到1908年初才开始在华盛顿活动，这也许是希望利用老洛克菲勒帮助平息1907年经济恐慌时所建立的信誉。洛克菲勒去佐治亚州奥古斯塔打高尔夫球的途中，在火车上邂逅了南卡罗来纳州参议员"长柄叉"贝恩·蒂尔曼⑤，并且出人意料地赢得了这位批评者的欢心。小洛克菲勒为这次意外的相遇感到欢欣鼓舞："蒂尔曼参议员原先一直是国会中反对这项议案的领袖之一。如果他能转变立场，他在同那些激进分子打交道方面比谁都强。"

1909年6月29日，洛克菲勒签了字，把价值5000万元的7.3万份新泽西标准石油公司股份委托给小洛克菲勒、盖茨和哈罗德·麦考密克管理。应该说这是向计划中的洛克菲勒基金会首批捐赠的1亿元中的第一笔款子。当时正值起诉标准石油公司的反托拉斯案甚嚣尘上之际，要想争取参议院授予这个基金组织免税经营执照可不是一件轻松的事。联邦政府竟然给这些正在受到法院审查的来路不正的收入发放执照予以认可，对此议员们如何向大惑不解的选民解释呢？这份申请执照的议案是在1910年3月提交参议院审议的，它很可能激起公众对洛克菲勒家族更大的反感，而不是起到安抚众怒的作用。仅仅在一个星期后，标准石油公司的律师们为反托拉斯案向最高法院提交了上诉辩护状，把这两件事同时放到公众面前，使一个罪恶昭著的洛克菲勒和一个慈悲为怀的洛克菲勒并肩站到了一起。

申请执照的议案在国会费尽周折。洛克菲勒借鉴约翰·霍普金斯的做法，要求获得一个范围广泛、没有时限的执照，以便取得极大的灵活性。"要干就干个长远的，"洛克菲勒喜欢这样说，他不希望让未来的基金会管理者受到不合时宜的契约限制。于是，盖茨有意为洛克菲勒基金会制订了一个含糊其辞的使命："为全人类谋福利。"批评者很快就指出，这种措辞模糊的执照是在为洛克菲勒家族利用基金会达到其目的大开方便之门。其实，这种开放性的本意是为了使酝酿之中的基金会不受其创始人的影响。规模庞大、全球化和普遍性——即基金会的钱可以用在任何地方、用于任何事情——这恰恰是基金会与众不同之处的关键所在。然而，许多报纸都把这种模糊性视作标准石油公司的这位邪恶天才用来掩盖其阴谋诡计的一层薄薄的遮羞布。另外一些报纸则把基金会看成是洛克菲勒为自己洗刷恶名的一个精心策划的宣传手段。一家反对发给执照的报纸把这个拟议中的组织称做是"老洛克菲勒的一个庞大的慈善项目，目的是能使他本人、他的儿子和他豢养的同伙们牵着驮满脏钱的骆驼穿过针眼[6]"。

申请执照这件事激起了负责起诉标准石油公司的检察长乔治·威克沙姆（George W. Wickersham）的愤慨。1911 年 2 月，他向塔夫脱总统抗议道：

> 这种议案所赋予的权力将会掌握和操纵在一小撮人手里，由他们牢牢控制着 1 亿元以上的收入；如果按照议案所说的笼统且不明确的目标把这些钱花出去，该权力在其影响所及之处有可能导致最大的腐败……由此看来，正值国家通过法律手段设法摧毁洛克菲勒先生建立起来的巨大财富之际，国会竟然要通过法案，使以此人名字设立的基金会合法化、永久化，继续执掌和管理其巨额财产中的一大部分，这样做合适吗？

塔夫脱对这番话深表赞同："我同意你关于向约翰·D·洛克菲勒颁发经营执照一事的……分析。"

　　但是，为了扩大国内消费，塔夫脱没有提这些锋芒毕露的话，而是在与洛克菲勒家族的人谈话时采取了较为温和的调子。1911 年 4 月 25 日，奥尔德里奇参议员带着小洛克菲勒和艾比在绝对保密的情况下赴白宫与总统共进午餐。尽管这次会见后来被看成是为了左右标准石油公司的案子所做的一次愚蠢的努力，实际上此行全然是为了商谈洛克菲勒基金会执照一事。塔夫脱害怕报界听到风声，坚持要求客人绕过大门，从东侧的边门进入白宫，客人们根本没有在登记簿上签名，白宫的工作人员也绝口不提他们的到来。塔夫脱忠实的助手阿尔奇·巴特（Archie Butt）对总统的困惑感到好笑，他回忆道："担任公职的人深怕跟奥尔德里奇和洛克菲勒的名字沾上边，这真是咄咄怪事。"午餐期间，总统估计基金会的执照只有搁置到反托拉斯案结束后才可能通过。备受鼓舞的小洛克菲勒离开白宫时认为，总统的态度自始至终"十分亲切、和蔼"。

　　为了安抚公众，洛克菲勒阵营主动做出了一些重大的让步，其中包括把新基金会的总部设在首都。盖茨在布赖恩·莫尔学院的一次午餐会上巧遇塔夫脱，总统建议盖茨把如何在该计划里加上一些保证条款的想法转告他。盖茨在随后送达的备忘录中说，国会可以在任何时候限制基金会的资金流向。谈到人们担心洛克菲勒家族滥用权力时，盖茨说，理事会成员可多达 25 人，而洛克菲勒家族的人只占 5 ~ 6 席。对此，盖茨提出了一个惊人的建议：下面这些人全部——或大多数——都拥有否决理事会人事任命的权力：美国总统、最高法院首席法官、参议院议长、众议院议长以及哈佛、耶鲁、哥伦比亚、约翰·霍普金斯和芝加哥大学的校长。

　　尽管洛克菲勒急不可待地想同政府达成妥协，这一提案在国会里依然命运多蹇，即使有奥尔德里奇的大力鼓吹也无济于事。它在众议院获得了通过，但在参议院却遭到各种形式的推诿，一拖就是 3 年。过了一阵，议员们开始同洛克菲勒家族讨价还价，要求基金会把部分资金投向他们的选区以换取支持。洛克菲勒对这种敲诈行为感到十分震惊，他在 1911 年 11 月问儿子申请州一级执照是否更合适。小洛克菲勒回答说，最好还是拿到联邦执照，因为各州可能要求理事会成员到当地去居住，这样会削弱洛克菲勒与基金会的联系，使理事们成为各州议会勾心斗角的牺牲品。

　　但是洛克菲勒家族很快就对华盛顿失去了信心，在 1913 年转而向纽约州提出申请。就在两年前，纽约州议会批准了捐赠总额为 1.25 亿元的卡内基基金会（Carnegie Corporation）的申请。这一回，洛克菲勒基金会的执照很快便获得批准，几乎没有遇到什么反对意见。从 1856 年到 1909 年之间，洛克菲勒为慈善事业总共捐出了 1.575 亿元。他一直记着盖茨关于捐赠要与财富增长同步的忠告，在洛克菲勒基金会成立的头一年就向它捐了 1 亿元，到 1919 年又追加了 8280 万元。按照现在的比价计算，他在基金会成立头 10 年投入的钱相当于目前的 20 亿。也就是说，截至 1919 年，洛克菲勒的捐款已经与安德鲁·卡内基一生捐出的 3.5 亿元大致持平了。这位巨头在去世之前还将拿出 1.8 亿元。鉴于他儿子又直接捐赠了 5.37 亿元，加上通过洛克菲勒家族各慈善机构另外捐赠的 5.47 亿，洛克菲勒在乐善好施方面大大超过了他那位对手，稳坐美国历史上最大慈善家的交椅。

在 1913 年得到洛克菲勒基金会经营执照后，洛克菲勒使他的一大笔财产免于缴纳遗产税。那一年，国会也正式批准了宪法第 16 条修正案，制定了第一个联邦所得税法。尽管一开始的最高税率只有 6%，洛克菲勒还是直接了当地表示了对新税法的不满。他在 1914 年对一名记者抱怨道："如果一个人积攒了一笔钱，而且是通过合法途径积攒的，政府就没有权力拿走此人所得当中的一部分。"在后来的几十年里，随着各种税收越来越高，而且越来越多地按累进制征收，任何一个商人要想积累起像洛克菲勒在没有反托拉斯法的自由竞争时代里所聚集的那么多财富真是难上加难了。实际上，对于许多主张通过税收来遏制获取巨额财产，重新分配财富和缓解社会矛盾的人来说，洛克菲勒的财富就是一个很好的话题。

洛克菲勒基金会成立的过程恰好是弗里德里克·盖茨辛勤工作 20 年后逐渐退出洛克菲勒生意圈的过程。1909 年夏天，56 岁的盖茨可能因为长期过度疲劳，患上了神经衰弱症，他希望有更多的时间与妻子和 7 个孩子待在一起。1912 年，这个过去一贫如洗的明尼苏达牧师在北卡罗来纳州霍夫曼附近以低廉的价格买了 2 万英亩土地，并开始在一座占地 1000 英亩的农场里种植棉花、玉米和燕麦，养了一些家畜，农场里还有一个种着 1.7 万棵桃树的果园。

1912 年 8 月，盖茨提出不再过问洛克菲勒家族的生意，全力从事其慈善事业。洛克菲勒长年来一直离不开盖茨的正确判断，他竭力好言相劝道："我亲爱的朋友，难道我俩不能继续同行、了此一生吗？尽管我们俩都认识到我们不应该再操心了，可是，我们难道不应该继续明智地而又适当地拿出一点时间去解决那些我们能够帮助解决的重大的新老问题吗？"到了11月，洛克菲勒终于同意了他的辞职请求。在随后的5年当中，盖茨一直担任普及教育委员会的主席，但不再定期领取薪水，只是偶尔为洛克菲勒处理一些生意上的事情。盖茨虽然对洛克菲勒的才智称赞不已，内心依然有一些不满之处，自以为得到的报酬太低而愤愤不平；从1901年向美国钢铁公司出售梅萨比铁矿石一事起，所得非所劳一直是他的心病。1915年，盖茨为洛克菲勒与联合煤炭公司进行了一场艰苦卓绝的谈判。事后，洛克菲勒给了他2.5万元的报酬，他以数量太少为由拒绝了，非要6万元不可。

盖茨尽管一向是洛克菲勒基金会目光远大的领袖人物，但此时却只是9位理事之一。1913年5月19日，基金会在百老汇26号召开了第一次会议，小洛克菲勒当选为基金会主席。他邀请父亲出席会议，但又知道父亲会拒绝。洛克菲勒当了10年的挂名理事，却遵从自己的一贯做法，一次会议也没参加过。如今，他已经退居二线，远远地对他的慈善机构进行遥控，把更多的权力移交给儿子，但从未放弃过否决权。他这样做的原因也许是国会关于基金会执照的激烈争论使他认识到与基金会保持一定距离大有好处，也许仅仅是因为年事已高。

这个新成立的基金会有几个特点足以说明它不是一个公共信托基金组织，而是一个受到严密看管的洛克菲勒领地。它的管理体制如同一个控制现有洛克菲勒慈善机构的母公司，而不是它曾经信誓旦旦地向国会保证的独立经营的组织。9位理事当中有2个是洛克菲勒家族成员（洛克菲勒父子），3个是洛克菲勒的雇员（盖茨、斯塔尔·墨菲和小洛克菲勒的秘书查尔斯·海特），另外4个来自洛克菲勒的慈善机构（洛克菲勒医学研究所的西蒙·弗莱克斯纳和杰罗姆·格林、芝加哥大学的亨利·普拉特·贾德森以及洛克菲勒卫生委员会的威克利夫·罗斯）。洛克菲勒的慈善机构形成了一个封闭的世界，几张相同的面孔在各个理事会上来回出现。

由于洛克菲勒保留了基金会200万元年收入的分配权，它所谓的独立性再次不攻自破。这位创建人指定的捐赠占了所有捐款的1/3，向好几个他偏爱的项目提供了资金，其中包括浸礼会传教工作和查尔斯·达文波特（Charles B. Davenport）的优生学档案馆，这一做法直到 1917 年才被禁止。现在回想起来，国会拒绝发给该基金会经营执照，等于放弃了一个限制洛克菲勒支配其钱财的机会。

在考虑捐赠对象方面，洛克菲勒基金由于对申请联邦执照而引起的喧嚣心有余悸，决定不向任何可能引起争议的项目提供援助。洛克菲勒一家受够了公众的谴责，希望一切都弄得越单纯越好。与该家族的其他慈善机构一样，洛克菲勒基金会的观点与进步运动时代乐观、理性的精神相一致，吸引了当时一批崭露头角的专家治国论者（1912 年当选总统的伍德罗·威尔逊⑦就是一位政治学家）。科学将成为一根魔杖，任何项目经它一挥就会变得合理、客观，而且没有主观好恶或个人私利在起作用。在很长的一个时期内，洛克菲勒基金会一直避开人文、社会科学和艺术领域，认为这些领域不是太主观，就是充满政治风险。1917 年，小洛克菲勒向父亲提议再为洛克菲勒医学研究所注入 5000 万元，他解释了自己为什么对医学情有独钟："这是一个不会有争议的领域，所以我认为人们几乎不可能对资金的用途及其潜在的危险提出任何批评。医学研究工作是没有止境的。"

洛克菲勒基金会在成立后的第一个 10 年里把注意力集中在国内外公共卫生和医疗教育上。作为最早的跨国公司之一的创始人，洛克菲勒赞成这个新慈善机构所具有的独特的全球性。1913 年 6 月，在新基金会的首次行动中，理事会决定接过洛克菲勒卫生委员会防治钩虫病的工作，并将其在全世界推广。为了完成这项工作，基金会成立了一个新的国际健康委员会，由威克利夫·罗斯担任主席，他把这场运动推广到六大洲的 52 个国家，治愈了数百万人。

后来，罗斯还致力于消灭疟疾、结核病、伤寒、猩红热和其他疾病的斗争，不过他最辉煌的胜利是战胜了一度被称为"西半球死神"的黄热病。美西战争期间，沃尔特·里德少校发现蚊子是传染黄热病的媒介，这一发现被威廉·戈格斯上校⑧用来在蚊虫肆虐的巴拿马森林中修建运河时控制了黄热病。1914 年，罗斯在远东地区旅行时，听说当地的公共卫生官员担心经过那条新运河的船只有可能导致黄热病再度流行。回到美国后，罗斯向戈格斯上校请教这个问题，得到的答复是：只要发起一场有组织的卫生运动消灭西半球孳生黄热病的源头，黄热病就可以"在一定的时间内以有限的代价彻底消灭"。罗斯聘请戈格斯来完成这项工作，戈格斯果真取得了胜利成果：到了20年代后期，黄热病在南美和中美洲基本绝迹。当它再度死灰复燃时，洛克菲勒基金会资助一群科学家着手研制治疗此病的疫苗。1937年，经过艰苦的努力，这种疫苗终于问世了，但也夺去了6名染上此病的研究人员的生命。成百万支的疫苗被发放到世界各地，在第二次世界大战中挽救了无数美国士兵的生命。

这场动人的消灭传染病斗争也产生了一个令人挠头的问题：这些传染病如果因为受感染地区缺少训练有素的政府工作人员而再度爆发，该怎么办？人们很快便看出，确保罗斯业已取得的成果之最有效方法就是帮助各地政府建立公共卫生机构。这一措施的实行赶上了一个幸运的时代，因为纯科学的发展已经超过了临床医学的步伐，这意味着只需将现有知识加以利用就能获得巨大的成果。为此，洛克菲勒基金会向约翰·霍普金斯大学捐赠了600万元，用于新建一所卫生和公共保健学院，这个在1918年成立的崭新机构专门培养一些新兴学科如卫生工程学、流行病学和生物统计学方面的专业人员。1921年，基金会向哈佛大学捐赠了数目相同的资金，用以开办一所公共卫生学院；它最终又花了2500万元从印度的加尔各答到丹麦的哥本哈根建了许多类似的学校，设立了不计其数的研究基金项目。通过这种催化措施，洛克菲勒基金会在使美国医学上升到世界领先地位方面发挥了不可或缺的作用。

洛克菲勒基金会向许多大陆慷慨解囊，其中中国受益尤多，接受的资金仅次于美国。洛克菲勒在1909年决定减少对芝加哥大学的资助后，盖茨设想他们可以再创辉煌，在中国建一所出色的大学。与当时许多浸礼会教徒一样，洛克菲勒对中国很感兴趣，因为浸礼会在中国开展了大量的传教工作。尽管中国的政治动荡使盖茨的工作一度中断，他还是派了一个调查小组前去考察。有两股势力强烈反对这一计划：一派是当地的基督教传教士，他们担心那所大学成立后会出现近乎异教的现世主义倾向；另一派是政府官员，他们担心的则是其他国家从中破坏。于是，在中国的投资变成了洛克菲勒的保留节目——医学。1915年，洛克菲勒基金会成立中国医学委员会，由该委员会负责在1921年建立了北京协和医科大学。这家医学中心是洛克菲勒最雄心勃勃的项目之一，它由 59 座铺着翠绿色琉璃瓦的建筑组成（后来被人称为"绿城"），分布在 29 英亩的场地上。这所学校为中国培养了一代掌握现代医学知识的人才。

截至 20 年代，洛克菲勒基金会成为世界上最大的慈善机构，美国医学研究、医学教育和公共卫生的主要赞助者，老约翰·D·洛克菲勒本人也成为历史上向医学界捐助最多的业外人士。在他一生所捐献的 5.3 亿元中，有 4.5 亿元直接或间接地投向了医学。19 世纪是他父亲洛克菲勒医生之流兜售万应灵药的贩子发财致富的年代，他却给了这种原始医学致命的一击。他还给慈善业带来了一场革命，其深远意义不亚于他在生意上的创新。在洛克菲勒之前，富有的捐赠人往往只是资助自己喜爱的团体（如交响乐团、美术馆和学校等），或是遗赠几幢房子（如医院、学生宿舍、孤儿院等），上面刻着他们的名字以显示其品行高尚。洛克菲勒的慈善行为则更多地致力于促进知识创造，这似乎更加超越个人色彩，其影响也更为广泛。

注释

①Benjamin Franklin，1706—1790，美国开国元勋、独立宣言起草人之一。

②Stephen Girard，1750—1831，美国金融家，将大部分财产遗赠社会福利机构。

③Peter Cooper，美国发明家、慈善家，建立免费上学的库珀学院。

④Russell Sage，1816—1906，以经营股票、投资铁路和银行业而致富。

⑤Benjamin R. Tillman，1847—1918，曾任该州州长，信奉种族主义，因猛烈攻击政敌而获此绰号。

⑥《圣经》中有"财主进天堂比骆驼穿过针眼还难"的说法。

⑦Woodrow Wilson，1856—1924，美国第 28 任总统，领导美国参加第一次世界大战。

⑧1854—1920，美国军医，曾任巴拿马首席卫生官。

29　大屠杀

从事慈善事业的约翰·D·洛克菲勒升华到了只做善事的高度，远远超脱了政党之争和行业倾轧。随着洛克菲勒基金会的建立，因标准石油公司的拖累而声名狼籍的洛克菲勒又一次在为自己挽回名誉方面迈出了一大步。与此同时，由于参加了奴役白人案陪审团，小洛克菲勒为自己树立的社会改革者的全新形象也经受住了考验。就在这个心情愉快的时刻，科罗拉多南部煤田发生流血事件的可怕消息传到了纽约，洛克菲勒家族史上最恐怖的噩梦——其程度超过了标准石油公司遇到过的任何麻烦——随之也猝不及防地降临到全家人的头上。

洛克菲勒家族在科罗拉多的这笔倒霉的投资始于 1902 年，当时老洛克菲勒通过向美国钢铁公司大量销售梅萨比铁矿石获得了滚滚的财源。在乔治·古德的敦促下，弗里德里克·盖茨参观了科罗拉多燃料与铁业公司（CFI），它是该州最大的雇主，拥有 24 个煤矿，为公司自己的钢厂提供煤炭。古德设想，一旦洛克菲勒家族控制了这家公司，他的铁路就有可能获得利润丰厚的运煤合同。在梅萨比成功的鼓舞下，盖茨预感到对 CFI 的投资有可能取得同样规模的收获。1902 年 11 月，洛克菲勒用 600 万元买下了该公司 40% 的股份和 43% 的债券，取得了这家科罗拉多公司的绝对控制权。盖茨后来才知道，古德早就从一个亲信那里得知，该公司的管理层"腐化不堪"，高级经理全是一群"说谎者"、"骗子"和"窃贼"。

为了加强对 CFI 公司的管理，盖茨在 1907 年说服洛克菲勒选派一个新的管理班子，他心目中有一个理想的人选，即他60岁的表叔拉蒙特·蒙哥马利·鲍尔斯，科罗拉多山区的新鲜空气可能对这位表叔患肺病的妻子有益。鉴于鲍尔斯在管理五大湖区矿石运输船队时显示了才干，洛克菲勒家族对这位来自纽约州北部的原杂货批发商给予了非同一般——但最终证明是错误——的信任，让他当了科罗拉多公司的副总裁和洛克菲勒家与该公司之间的主要联系人。

尽管有了新的领导班子，在科罗拉多的投资非但没有像在梅萨比那样前景迷人，而且看来完全是一步失着，CFI 的股票和债券好几年连一分钱的红利都没有。洛克菲勒家族受到这个赔钱公司的拖累，对工会领袖们采取了强硬的态度。早在 1903 年 10 月，小洛克菲勒就在写给 CFI 总裁的信中用挑衅的口吻谈到了这个问题："我们已经做好战斗准备，并且奉陪到底，绝不退让一步。我们绝不承认任何类型的劳工领袖和工会，更不用说应他们的要求与他们会面了，这会成为我方示弱的标志。"在几十年的经商生涯里，老洛克菲勒学会了在行使资本家的特权方面绝不让步，特别是在同工会打交道的时候。1903 年，新泽西标准石油公司便残忍地镇压了新泽西州贝永炼油厂举行的要求承认工会的罢工。所以，鲍尔斯到任后与洛克菲勒父子达成了共识，坚决阻止工人组织工会。

在处理 CFI 公司的问题上，小洛克菲勒本能地遵循父亲的缺席所有权的信条，赋予管理人员很大的自主权，只通过账本上的数字监督他们的业绩。在洛克菲勒家族作为少数股东并且无意深入过问公司事务的情况下，这种做法是有道理的，可惜用在这里就不合适了。在 CFI 公司里，洛克菲勒父子发现自己处于一种无处退守的位置上：拥有无上的权力，却在不断升级的危机中处处被动挨打。

小洛克菲勒在 1910 年从标准石油公司和其他公司的董事会辞职后，继续在 CFI 任职，因为他家仍然是该公司的控股人。作为美国第二大钢铁公司和第 17 大实业公司，CFI 还在负债经营，因此小洛克菲勒觉得自己有责任来扭转这一局面，让父亲看看自己有能力处理困难局面。他在 1914 年以前的文件里有大量关于 CFI 公司事务的书信——这些枯燥无味的信全都是有关优先股、公司债券和分红的毫无结果的讨论，闭口不谈矿工们的悲惨境况。1910 年 1 月 31 日，CFI 的一个矿井发生爆炸，使 79 名矿工丧生，鲍尔斯却责怪矿工自己粗心大意，全然不理会科罗拉多州劳动统计局对公司"冷酷无情、丧尽天良"的指责。小洛克菲勒在 2 月 7 日写给鲍尔斯的信中只字未提这一惨事，而是大谈 CFI 近年来发展停滞的问题。洛克菲勒家族无心长期拥有这家公司，老洛克菲勒打算一旦谈妥价钱就把它转卖给美国钢铁公司。就在科罗拉多惨案发生前夕，盖茨还在力劝洛克菲勒减少投资，洛克菲勒对此则置若罔闻。

在洛克菲勒的统治下，CFI 公司的任何管理人员若是承认工会任何程度的合法性都是异端行为。为了吓跑工会组织者，鲍尔斯和 CFI 总裁杰斯·韦尔伯恩（Jess Welborn）使用了恐吓、在工人中收买奸细、派出侦探和开除工会同情者等手段。同时，他们还企图通过收买人心的方法唆使工人反对工会：给他们增加 10% 的工资，实行 8 小时工作制。学乖了的小洛克菲勒后来这样评价鲍尔斯说："他奉行的是慈悲为怀的做法，也就是说，他乐于善待工人，这并非是迫于工人的要求，而是因为这是一个基督徒绅士应有的态度。比如，他一向支持公司办商店。他常说，公司既然拥有整个城镇，为什么就不能拥有商店呢？"

如果说老洛克菲勒的慈善事业表现了他宽阔的胸怀，他坚决反对劳工组织的态度则揭示了他更为落后的一面。他永远只把工会看作是不负责任的工人捣鼓的骗局。"一开始说得都很漂亮：他们给自己的组织起上一个好听的名字，宣布一套公正合理的原则，"他说，"但是，他们组织起来的真正目的很快就暴露出来了——尽可能地少劳多得。"工人都是些不可救药的浪费者，把所得的剩余部分全都挥霍一空。"他们把钱花在看电影、喝威士忌和抽烟上。"在波坎蒂科，他不准雇员劳动节放假，还解雇了一批试图成立工会的人。就在科罗拉多出事之前，他甚至想停止向基督教青年会建筑项目捐款，因为那些工程只雇用工会会员，但被手下劝阻了。盖茨对工会的态度甚至更加强硬，他警告说："很清楚，如果他们掌握了权力，只要有可能，他们就敢毫不留情地、残忍地、贪婪地抢夺、没收、并吞全社会的财富。"自从工会组织者盯上了 CFI 公司之后，洛克菲勒父子、盖茨和鲍尔斯便把它视同一场劳资之间的大决战。

科罗拉多煤田被多年的劳资之争弄得满目疮痍。这就是卡尔·马克思所描述的原始资本主义的景象：在荒无人烟的地狱般的地方，散落着一些在残忍的老板管理下、武装警卫看守着的充满危险的矿井。仅在1913年一年内，就有464人在当地煤矿事故中丧生或致残；被炭窑里冒出的烟灰熏黑了的矿工们住在污秽不堪的地方，在公司商店里购物；因此，成立工会是水到渠成的事了。然而，鲍尔斯在1913年5月仍然一再向洛克菲勒父子保证道，CFI的工人过得十分快活。对此，小洛克菲勒天真地回信说："……一家大型工业公司能平等地对待所有的人，在所有的交易上都能开诚布公、光明磊落，同时又能蒸蒸日上，这真让人感到高兴。"

美国矿工联盟（United Mine Workers of America，简称UMW）在这片不毛之地发现了肥沃的发展土壤。在这些多种语言混杂的矿区里，来自32个国家的工人说着27种不同的语言。其中一些人对美国一无所知，竟然以为洛克菲勒就是美国总统。工会组织者徒步来往于那片尘土飞扬的丘陵地区，用英语、西班牙语、意大利语、希腊语和斯拉夫语把工人们吸引到他们周围。1913年7月下旬，矿工联盟的约翰·劳森（John Lawson）宣布了在当地矿工中成立工会的计划后，一场罢工势在必行，看来到了双方摊牌的时候了。作为回应，包括CFI在内的三家大煤矿公司从鲍德温—费尔茨侦探所请来了枪手，让县司法执行官批准给予他们执法权。阿尔伯特·费尔茨（Albert C. Felts）专门设计了一辆人称"特别死神"的可怕的汽车，那是一种装甲车的雏形，车上架着两挺机枪，用来扫射罢工者。

1913年9月，眼看一场可怕的对抗一触即发，联邦政府出面设法阻止工人罢工。洛勒菲勒家族认为威尔逊总统偏袒劳工一方，表示不与政府合作。洛克菲勒在威尔逊当选后遗憾地说："但愿有朝一日我们能选一位真正的商人当总统。"威尔逊任命前矿工联盟负责人威廉·威尔逊（William B. Wilson）出任第一任劳工部长，这暗示着将由他的政府来负责主持劳资双方的谈判。威尔逊派一名代表埃塞尔伯特·斯图亚特（Ethelbert Stewart）去纽约同小洛克菲勒协商如何避免罢工发生。尽管双方都在厉兵秣马，小洛克菲勒还是拒绝会见这位特使，把他推给了斯塔尔·墨菲，墨菲则警告对方说："我们在东海岸，对（科罗拉多）发生的事情一无所知，因此不愿向该公司的官员提任何建议。"小洛克菲勒则胆怯地躲在L·M·鲍尔斯的背后，一切听从他的决断。

1913年9月26日，CFI公司的9000名工人举行了罢工，要求承认工会、减少工作时间、增加工资和改善居住条件。在一封写给小洛克菲勒的充满战斗字眼的信中，鲍尔斯发誓要抵抗到底，直到"我们的白骨像石灰一样散落在落基山上"。小洛克菲勒在百老汇 26 号支持他采取这一战斗立场："我们认为您的做法是正确、妥当的，您在矿工成立工会这件事上的立场是符合该公司员工利益的。"接着，他又补充道："无论结局如何，我们都会自始至终地支持您。"这话他日后一想起来就觉得害怕。

那几家煤矿公司把罢工者从公司提供的住处赶了出去，迫使他们和家人大批迁居别处，这一举动把局势推到了无可挽回的地步。被驱逐的人在公司领地之外搭起了帐篷，在一个叫拉德洛的地方人数最为集中。到了 9 月末，总共将近 1.4 万名工人中有 1.1 万人参加了罢工，使科罗拉多煤矿业几乎陷于停顿。劳资双方都在聚积武器，帐篷区上空弥漫着战斗的气氛。荷枪实弹的代理执法官们每天拿着 3.5 元的薪水，在 CFI 的领地周围严阵以待。

由于害怕任何会谈都可能被工会夸大成资方做出了让步，矿主们甚至拒绝同工会组织者见面。在纽约这边，洛勒菲勒父子收到的全是些被大大歪曲了的事实，因为鲍尔斯给他们的报告都是经过加工的，使他们错以为工会组织者是一群成不了大事的无赖。鲍尔斯在一封信里激烈地抨击道："由于这样一群人伙同一些平庸的大学教师和更为平庸的小报记者，再加上一大群无所作为的牧师……竟然被容许向建立了强大产业的商人发起进攻……采取有力措施的时刻到了。"小洛克菲勒一直置身于这些争端之外，他可能不愿对管理层的行为做出评论，也许不愿让这种事情弄脏了双手。

10 月 17 日，事态转为公开的战斗，罢工者和代理执法官们在一个帐篷区相互开火。战斗结束时，执法官们已经乘坐"特别死神"战车在帐篷区里横冲直撞，用机枪四处扫射，杀死了好几名罢工者。为了吓倒工人，CFI 还用耀眼的探照灯在那里来回地照。鲍尔斯一方面向小洛克菲勒详细地汇报了罢工者私下购买温切斯特步枪和左轮手枪的情况，一方面却对公司自己储备了包括机枪在内的大量武器一事秘而不宣。

随着暴力事件的激化，本意良好但优柔寡断的州长伊莱亚斯·安蒙斯（Elias Ammons）派出科罗拉多国民警卫队前来恢复秩序。警卫队没有采取公正的立场，而是把主要精力放在了保护公司财产不受矿工破坏上面。10

月 30 日，威尔逊总统出面干涉，要求 CFI 总裁杰斯·韦尔伯恩"递交一份全面、真实的报告，说明他们拒绝和平妥协建议，使事态发展到如此危急地步的原因"。令人震惊的是，鲍尔斯向威尔逊递交的不是一份态度温和的答复，而是一份长达 6 页的檄文，声称承认工会是不可思议的事："我们永远都不会同意这样做，即使所有的矿井都关闭、设备遭到破坏、投资变得一钱不值也在所不辞。"由于矿工联盟当时的组织者之一是具有传奇色彩的玛丽·哈里斯·琼斯（Mary Harris Jones）——人称琼斯大妈——韦尔伯恩向总统散布了说她年轻时开过妓院的恶毒谣言。在看完这封复信之后，小洛克菲勒坚信制造麻烦的是罢工者，并高度赞扬 CFI 的行动是"有力、合适和坚决的"。当劳工部长威尔逊要求小洛克菲勒给予合作时，他推卸了责任，并且表示相信 CFI 的管理人员"一贯像关心股东利益那样关心雇员的福利"。他辩解道，工人举行罢工完全是因为受到工会组织者恐吓的缘故："我们的工人不去上班，只是因为害怕遭到攻击和谋杀。"老洛克菲勒也有着同样可悲的误解。小洛克菲勒告诉鲍尔斯："我知道家父在过去几个月里一直以极大的兴趣和满足感关注着燃料公司发生的事情。"

那年 12 月，一场可怕的暴风雪横扫科罗拉多，2 万名男人、妇女和儿童在帐篷里冻得瑟瑟发抖，小洛克菲勒的立场却变得更加坚定。他尽管是受到了父亲的怂恿，但显然是那次罢工风潮中的风头人物。小洛克菲勒第一次成为针对洛克菲勒家族的政治纷争的靶子。1914 年 3 月，小洛克菲勒受到传讯，他在众议院矿产与开采小组委员会做证时认为，自己是在维护父亲的高贵品质。"父亲是有史以来出现在证人席上的最了不起的商人，"他说。"谁也不能让他生气或是把他逼上绝境，他也从来没有发过火。眼前有这样一个好榜样，我觉得我不能让他失望。"

1914 年 4 月 6 日，伊利诺依州众议员马丁·福斯特（Martin D. Foster）向来到小组委员会的小洛克菲勒提出质询。小洛克菲勒表现得沉着冷静，傲然承认了以下几个事实，尽管评论者认为这样做对他不利：他本人从来没有为结束罢工做过任何努力，10 年来从未去过科罗拉多，罢工开始后从未参加过 CFI 董事会的会议，全然不知工人提出的任何合理要求并且对公司雇用鲍德温—费尔茨侦探一事毫不知情。在福斯特看来，这就像是罪行确凿的自供状：

福斯特："那么，难道你不认为，你作为董事这样做是没尽到责任吗？"

小洛克菲勒："我们用了 10 年的时间才考验出……这样一位负责人。"

福斯特："你不认为你的职责不止于此吗？……那 6000 名在地下挖煤的工人有许多是外国人，对我国国情一无所知，更谈不上熟悉了。你不觉得你在关心其他美国公民福利的同时，如果让公司官员同……他们之间的关系稍微密切一些，就能鼓励他们成为好公民吗？"

小洛克菲勒："正是因为我深深关心着这些工人和所有的工人，我才要求自己遵守公司领导制定的方针，而且在我看来，这些方针自始至终是符合我国雇员最大利益的。"

质询达到高潮时，福斯特问小洛克菲勒是否宁愿丧失其全部财产并且看着他的所有雇员被杀死，也要捍卫自由雇佣制——即每个雇员都有权不参加工会的原则，即使工会在为其他工人的整体利益服务。他回答道："这是一条伟大的原则。"并把它比作是美国独立战争为之奋斗的神圣理想——自由。

商人们对小洛克菲勒为他们的特权所做的辩护感到兴奋不已，纷纷向他发出贺电。塞迪为儿子的表现高兴得热泪盈眶，发电报给他说，他的证词"是嘹亮的号角……它为维护原则而吹响"。同样欣喜若狂的老洛克菲勒在向一位朋友提起儿子的证词时说："他表达了我的观点，我从他年幼的时候就把这种思想灌输给他了。"这时，小洛克菲勒并不拥有这家科罗拉多公司的任何股份，只是作为他父亲的代表行事，他父亲便给了他 1 万股 CFI 的股份，作为对他的出色证词的奖励。那个月刚到月底，这些股票证似乎就成了他目光短浅地加在儿子身上的灾难。

小洛克菲勒在华盛顿作证两个星期后，拉德洛帐篷区发生的事件就清楚地表明他的立场是错误的。在一个俯瞰帐篷区的山梁上驻扎着大约 35 名国家警卫队的军人——据工会说，他们当中有许多是临时宣誓入伍的公司枪手。黎明时响起了一声枪声。谁开的枪始终没能弄清楚，也许这并不重要，因为双方早就全副武装、准备应战了。这一枪响过之后，士兵们开始用机枪扫射那些灰白相间的帐篷，断断续续的射击把许多帐篷打成了碎片，到了晚上，他们已经打死了好几名罢工者。在这之后，喝醉了的警卫队士兵冲进帐篷区。据几份报告说，他们用浸过油的火把一个接一个地点着了帐篷。这些纵火犯不知道有 2 名妇女和 11 名儿童正蜷缩在他们用手在帐篷底下刨出来的土坑里，盖在身上的帆布着火后，他们全被烟熏倒了，很快便窒息而死——人们直到第二天早晨才发现了这一惨状。

鲍尔斯向小洛克菲勒汇报这次被称做拉德洛大屠杀的事件时，又像以往那样竭力为自己辩解，把它说成是寡不敌众的警卫队员的自卫行为。小洛克菲勒也依照这种说法回信对"违法事件的再次爆发"表示了遗憾。当时，小洛克菲勒和艾比正在改造基奎特周围的景色——艾比反对把花园、阳台和露天平台搞得重叠罗列、"拥挤不堪"——所以从科罗拉多传来的可怕消息似乎来自某个遥远的、地狱般的世界。小洛克菲勒为这项错误的事业倾注了极大的热情，他是不可能接受这一责难的。两个月后，他写了一份奇特的备忘录放在自己的档案里，在备忘录中，他严厉地谴责了罢工者，说他们应该为自己妻儿的死负责。

> 拉德洛大屠杀根本不存在。整个事件一开始是两小队国民军人（一队 12 人，另一队 22 人）面对整个帐篷区 300 多个武装工人的攻击为了活命而进行的决死一战。在拉德洛事件中，没有一个妇女和儿童是被州政府的人或者公司代表开枪打死的，一个也没有……那 2 名妇女和 11 名儿童是闷死在一座帐篷下面的土坑里的，她们显然是被男人们安置在那里以躲避危险的。这么多人挤在一个 8×6×41/2 英尺的小坑里，出气孔又被盖上了，显然无法通风，因此这样的后果是不可避免……尽管这类死亡事件令人深感惋惜，但是把它归结于捍卫法律和财产的人身上是极为不公正的，因为他们对此一点责任也没有。

无论小洛克菲勒如何辩解，这件事对他不啻是一场噩梦，是他希冀的那种完美人生上的一个巨大污点，是对洛克菲勒辉煌昨天的逆转。正如一家克利夫兰报纸所言："20 来个妇女和儿童烧焦的尸体表明，洛克菲勒懂得如何赢得胜利。"约翰·劳森谴责小洛克菲勒的这些"恶魔行径"，并挖苦道，他"也许可以通过在纽约定期去主日学以减轻良心上的不安，但永远不能脱卸他犯下的这些可怕的暴行"。其他一些人则认为小洛克菲勒是在为他父亲行事，连曾经得到亨利·罗杰斯和洛克菲勒慷慨帮助的海伦·凯勒都对新闻界说："洛克菲勒先生是资本主义的怪物。他一边做善事，一边却听任求告无门的工人和他们的妻子儿女遭到枪杀。"

小洛克菲勒若有悔罪的表现，便可能平息民愤，但他却一味为自己的道德辩解，从而引起人们强烈的谴责。4月下旬，厄普顿·辛克莱向小洛克菲勒发出"严正警告"："今晚我准备在全国人民面前判决你犯有谋杀罪……不过在走出这一步之前，我愿意给你一个诉诸公道的机会。"小洛克菲勒没有答复他的会面要求，辛克莱便带头在百老汇26号门前发起了示威活动，纠察队员们臂缠黑纱举行了"悼念游行"，一支来自拉德洛的代表团也加入了他们的队伍，壮大了游行的声势。辛克莱对他的同伴们说："我们对洛克菲勒的打击越大，取胜的把握就越大。"在这个充满威胁的环境里，一名手持上了子弹的手枪的妇女被强行从小洛克菲勒的办公室里赶了出来。老洛克菲勒遇到危急情况时一向十分沉着，他儿子却吓得魂飞魄散。在那段日子里，他总是在办公室抽屉里放着一支史密斯—韦森牌3.8毫米手枪，还在第54大街上布置了警卫，因为有一小群人唱着歌包围了他在那儿的家。

埃玛·戈德曼[①]、亚历山大·伯克曼（Alexander Berkman）和其他著名无政府主义者以及世界产业工人组织会员们齐集基奎特发起抗议活动，警卫们试图把这些闯入者挡在庄园外面，但其中有些人已经冲进院里，砸了玻璃窗，还点燃了奶牛棚。老洛克菲勒愚蠢地认为自己口才出众，居然向铸铁大门走过去，希望能让抗议者平静下来，但伯恩斯的警探们为了他的安全，力劝他回到屋子里去。当地消防队也被召来用水龙阻止企图翻过大门的示威者。到场采访的记者不计其数，洛克菲勒让闪烁不停的镁光灯搅得无法集中精力打高尔夫球，不得不改变了每天的作息时间。秋天还没到，他就在波坎蒂科的栅栏上安了铁丝网，还在围墙顶上拉上了可能致命的带尖刺的铁丝。小洛克菲勒看到家里这副森严壁垒的景象，心里十分懊丧，对父亲说："在这种时候把大门弄得这么难进，这样做是否太显眼，会引起人们的注意，不但不能挡住闯入者，反而表明我方感到害怕和恐惧了。"

面对巨大的威胁，洛克菲勒的全部财富突然显得无所作为了。在百老汇 26 号门前的一次集会上，有位演讲者谴责了小洛克菲勒，并号召人们"把他像狗一样开枪打死"。这类煽动性言论不仅仅是政治上的夸大之辞。5 月，在列克星顿大道一幢经济公寓的顶层里，几名世界产业工人组织成员在组装一枚炸弹时被突然爆炸的炸弹炸死炸伤。人们普遍认为，那颗炸弹的目标是小洛克菲勒在纽约的住所。

那场大屠杀后，矿区再一次陷入了暴力冲突之中，科罗拉多南部变成了没有法纪的无人地带，人们强烈要求威尔逊总统派联邦骑兵队进驻该地。为了避免事态发展到这一步，威尔逊写信给洛克菲勒，恳请他在马丁·福斯特去巡视煤田之前与之会晤。洛克菲勒故伎重演，说他已有 20 年没工作了，不过他儿子可以在纽约同福斯特见面。

在 4 月 27 日的那次会晤中，小洛克菲勒十分顽固，对福斯特说 CFI 公司只控制着科罗拉多煤产量的 1/3，不应单独承受谴责。之后，小洛克菲勒通知总统说：

> 除了在矿区成立工会或把问题交给法庭裁决之外，福斯特博士提不出任何别的建议。我们向他声明，如果科罗拉多燃料与铁业公司的雇员有任何要求，我们确信公司管理人员此刻会像往常那样尽最大努力去满足他们的愿望，但是，自由雇佣制问题……不可能提交仲裁。

威尔逊被这种公然无视总统请求的做法惊呆了，他告诉小洛克菲勒："看来这是个采取某种重大行动的绝好机会，它不仅能为这件事而且能为许多其他的事情指出解决问题的途径。"几天之后，威尔逊总统向科罗拉多派去了联邦军队。

小洛克菲勒这时已被视为罪魁祸首，使他十分可悲地退回到他在标准石油公司的岁月。他无法摆脱这场失败，原因是他本人的顽固加上他对工会毫不退让的态度。这一点在他父亲和盖茨身上也得到了体现。"我们正在这场艰巨的考验中耐心地、悄悄地行动，"洛克菲勒对哈罗德·麦考密克说，"但我再说一遍：我们大家都要密切关注这件事，我们必须在全国各地为维护我们的权利而携手合作。"为了支持表叔的做法，盖茨也拒绝做出丝毫让步以避免更多的人丧生："科罗拉多燃料与铁业公司的官员们正在设法阻止国家遭受混乱、无政府状态、放逐和没收财产之苦，正因如此，他们理应得到每一个热爱这个国家的人的支持。"

在这些倒退的观点和拒绝接受新观念的行为支配下，小洛克菲勒被禁锢在一个不堪一击的位置上。拉德洛大灾难有可能使他为家族挽回名誉所做的努力全都前功尽弃。在这方面，多年来一直是他的指南针、引路人、智囊和导师的父亲却无法产生新的智慧了。拉德洛大屠杀迫使小洛克菲勒承认他父亲的一些观点已经过时，他必须从精神上离他而去。为了做到这一点，他需要一位直系亲属圈子之外的知己，此人与他有着相同的伦理观念，并能提出一个体面地走出这条死路的可行方法。他及时找到了这样一位人物，他就是威廉·莱昂·麦肯齐·金②。

麦肯齐·金对小洛克菲勒产生了极大的影响，其部分原因是他俩的风格和品味相似，对于世界的认识却截然不同。金出生于一个声名显赫的加拿大家族，人称加拿大政界的天才青年。他在多伦多、芝加哥和哈佛几所大学读完经济学后，25 岁就被任命为劳工部第一副部长，9 年后升为劳工部长。他性情温和、能言善劝，曾经调解过多起激烈的劳资纠纷，并主张建立新的政府机构来解决这类争端。自由党政府在 1911 年倒台后，他的好运也到头了，不仅丢掉了部长的职位，而且还陷入了捉襟见肘的窘迫境地，靠一位名叫维奥莱特·马卡姆（Violet Markham）的英国富婆资助生活了 3 年。金一向对上层社会持批判态度，说那些人心地狭隘、虚情假意、崇尚虚荣，但是他在需要钱的时候，也会向富人阿谀逢迎。

1914 年 6 月初，他还在为生计发愁时，收到了洛克菲勒基金会发来的一封意义含混的电报，邀请他去纽约为该基金新成立的经济研究部门商谈一个特别的劳工项目。6 月 6 日，他同小洛克菲勒、杰罗姆·格林（Jerome Greene）和斯塔尔·墨菲在第 54 西大街 10 号秘密进行了一次长达 4 小时的马拉松式的会谈。会谈即将结束时，小洛克菲勒请他主管基金会新成立的劳资关系部——实质上是担任小洛克菲勒处理拉德洛事件的私人顾问。小洛克菲勒尽管公开否认这一点，但他精明地发现自己需要摸索出一套处理劳资关系的新方法。金是个野心勃勃的自由党政客，所以一开始很害怕与洛克菲勒家族合作会带来的不利后果。他在日记里剖白说："一旦与洛克菲勒的机构有任何牵连，我的政治前程就会受到威胁。"金考虑了 2

个月，不知道是否应该接受这个职务。不过，既然提出邀请的是洛克菲勒基金会，不是标准石油公司，尤其是哈佛大学前校长查尔斯·埃利奥特极力赞成他走出这一步，他终于壮起胆了去冒这个风险。他在波坎蒂科与小洛克菲勒第二次会面时，当着老洛克菲勒的面接受了这个工作。

金与小洛克菲勒年纪相仿，两人都长得矮小结实、举止文雅得体，总是穿深色的老式服装。在金关于道德的老生常谈里，有一些东西与洛克菲勒父子的说教极其相似。金是一个狂热的长老会信徒，虔诚地研读《圣经》，从不吸烟、打牌，因此这两个寡言少语、相当孤僻的年轻人意气十分相投。许多观察者从金的身上看到小洛克菲勒常有的长处和弱点——悲天悯人却不擅社交。两位年轻人都把自己的母亲理想化了。金后来迷上了招魂术，声称自己曾经在一次降魂会上与他已故母亲的鬼魂交谈过。据小洛克菲勒说，金"不懂女人"，不过他终身未娶的原因则是某种抑制症。

小洛克菲勒认为金的到来是"老天有眼"，他后来说："我极少被一个人的第一印象如此打动过。"身边总是围着年长者的小洛克菲勒发现，金是一个对喧闹纷扰的尘世有着亲身体验的同龄人。他俩见面不到一年，小洛克菲勒就对他说："我觉得在你身上找到了一位我一直想有却一直得不到的哥哥。"尽管如此，小洛克菲勒在以后的40年里一直称他为"金先生"。作为一个志向广泛的理想主义者，金从小洛克菲勒身上看到了实行社会改革的一条出路，同时还能从中获得丰厚的回报。金的政治立场尽管属于自由派，而且一开始对洛克菲勒家族很有成见，但第一次见到小洛克菲勒时就喜欢上了对方，待他像自己的亲人一样。"无论他父亲是什么样的人、或者干过什么，"他对一位朋友说，"我几乎可以肯定地说，他是耶稣基督的最忠实的信徒。"

除了对无话不说的妻子之外，小洛克菲勒与别人从未像与金那样坦诚地交谈过。金直率地警告他说，洛克菲勒家族的慈善事业可能被拉德洛事件毁掉，而消除公众对他家的不公正的偏见将是一件"异常艰巨的任务。"只有金才能提出这个有关老洛克菲勒经商道德的敏感话题而不显得不够朋友。他在日记中记下了他对小洛克菲勒说的话：

> 他必须认识到，我们共同生活的年代与他父亲生活过的年代不同

了。在过去，建立一个像标准石油公司这样的产业时，人们有可能在工作方法等方面相对保密，并且使从事这一行业的人有很多生意可做。如今，社会精神深入人心，所以，让公众了解自己，把许多事情公之于众，尤其是开诚布公地坚持某些原则，都是绝对必要的。

他使小洛克菲勒认识到了走出他父亲的阴影、开辟一条独立之路的必要性。

此时，小洛克菲勒动情地坦承自己在拉德洛事件上需要听取别人的看法。"他在劳资关系方面经验十分丰富，而我却一无所知，"小洛克菲勒在谈到金对他的影响时说。"我需要他的指点。"金支持工会，但又倾向于妥协，反对单纯为承认工会而罢工，并主张循序渐进的改革。他认为，对事实进行公正无私的调查可以为劳资双方提供一个谈判的共同基础。金要求小洛克菲勒凭良心行事，认为可以通过劳资双方的进一步合作给科罗拉多血染的土地带来基督教倡导的手足之情。在洛克菲勒基金会的支持下，金制定了一个方案，让 CFI 公司的雇员推选代表进入董事会，以这种方式来处理工人的不满。这一方案至多可以称做是通向真正的劳资关系改革之路的中间站，它只是做了一些表面上的改动，而不是与过去彻底决裂，所以组织起来的工人嘲讽它又是一个笼络人心的把戏。不过，这是摆脱当时工商界旧例的一次勇敢的行动，不管事后看来它有多么怯弱。事实证明了这一点：CFI 公司管理层拒绝接受这一方案，他们害怕这样做会使公司落到工会手里。最终还是老洛克菲勒赞成此事，使这些改革得以实行。这是一条他本人不可能去走的路，而他儿子却找到了踏上这条道路的途径。

金引导小洛克菲勒摆脱了他父亲的正统观念，同时也博得了那位老人的欢心。金请求他加大透明度，洛克菲勒听了似乎十分动心。他说："我真希望在我经商的那三四十年里能有你担任我的政策顾问。"金发现洛克菲勒远比他想像的要友好。他对一位朋友说：

> 从相貌上看，（洛克菲勒）与照片上的老教皇们一模一样。在举止上，他特别质朴、自然，待人十分友好……我觉得我是在同一位头脑格外机警、极具洞察力的人交谈。他十分擅长模仿，在描述别人和他自己的感受时，很会模仿他所说的那个人的表情或他想表达的态

度。他十分幽默，在表达对不同情形和人物的真知灼见时尤其突出。他整个属于性情温和、迷人的那种人。

到 1914 年 12 月——拉德洛大屠杀发生 8 个月后——由于罢工经费已经用完，参加罢工的矿工们投票决定结束这场旷日持久的罢工，让联邦军队撤离那一地区。随着罢工的结束，小洛克菲勒再度施加压力，逼迫 CFI 领导层接受他的劳资合作方案。鲍尔斯和韦尔伯恩仍然在担心这样做可能会使工会的不满更加令人深信不疑，但小洛克菲勒不顾他们的反对坚持己见。他丝毫不逃避别人的批评，而是公开面对之。他的大学同学埃弗雷特·科尔比（Everett Colby）在曼哈顿的联邦俱乐部安排了一次晚餐，让小洛克菲勒得以同那些猛烈攻击过他的人会面，其中包括林肯·斯蒂芬斯和信奉社会主义的律师莫里斯·希尔奎特（Morris Hillquit）。在饭后吸烟的时间里，那些人一个接一个地发言，指责了小洛克菲勒最初拒绝插手罢工事件的做法。接着，科尔比说："洛克菲勒先生，您想说点什么吗?""当然想，"小洛克菲勒边说边慢慢地站起身来。所有的人都以为他会尖刻地加以回击，可是小洛克菲勒的话不由得令他们大为吃惊："我想让各位先生知道对此我有多么感激。你们说的每一句话我都会牢记在心。我的麻烦在于看不到事实真相。处在我这个位置上的人太习惯于受到不公正的指控，所以有可能连那些可能有道理的批评都不听了。"说新闻界对他的批评有一定的道理，这是一种很有礼貌的方式，可以说，他这是从以前矢口否认的立场上迈出了一大步。

与他那位被指责磨厚了脸皮的父亲不同，小洛克菲勒觉得自己受到了新闻界的伤害。"在可能会出现麻烦的时候，我从来不看报纸，"好多年以后他回忆道。"我是在西部罢工的那些日子里学会这样做的。"1914 年 5 月，小洛克菲勒还在对拉德洛大屠杀事件心有余悸，他让亚瑟·布里斯班（Arthur Brisbane）推荐一个能够改善他家族形象的人。布里斯班推荐了宾夕法尼亚铁路公司总裁助理、36 岁的艾维·莱德贝特·李（Ivy Ledbetter Lee）。李是佐治亚州一位循道派牧师的儿子，蓝眼睛，瘦高个，说话像南方人那样慢条斯理，具有南方人那种修长多姿的魅力，足以倾倒他那一代新闻记者。在完成普林斯顿大学的学业之后，他走的是一条在新闻业里司空见惯的职业道路：在两家纽约报纸——赫斯特的《日报》和普利策的《世界报》——干满任期后，进入企业公关领域，这是在爱刨根问底的新闻界和政府过问企业管理的双重压力下产生的一个新兴领域。两人在百老汇26号初次见面时，小洛克菲勒告诉李："我觉得新闻界和全国人民对我和我父亲有很大的误解。我想知道您对于如何澄清我们的立场有何高见。"李没有建议花钱在报纸上做宣传，而是认为商人应当充分、坦率地表达自己的观点——然后让事实来说话。小洛克菲勒如释重负："这是我听到的第一个不含有这样或那样的阴谋诡计的建议。"

由于在宾夕法尼亚铁路公司还有一个尚未完成的项目，李一开始在洛克菲勒那里每月先拿1000元的聘用定金，不久，他的全职年薪就增加到可观的1.5万元。尽管他很快就离职而去，成立了自己的咨询公司，但他在这个前沿领域里忠诚地为洛克菲勒家族和新泽西标准石油公司提供着服务。他提出的建议内容十分广泛，受到了极大的信任，小洛克菲勒后来对新泽西标准石油公司的一个头目说："李先生远远不单是一个宣传代理。他在各种各样的政策问题上都堪称是我们的顾问。"

与麦肯齐·金不同的是，人们很难评价艾维是否对洛克菲勒家族产生过良好的影响。他给小洛克菲勒的建议听起来十分值得称道："要说出事实真相，因为公众迟早会发现真相的。如果公众不喜欢你做的事，那就改变你的策略，使之符合公众的愿望。"建议虽好，但李本人是如此行事吗？在1914年年中的几个月里，他发表了一系列题为"科罗拉多工业自由斗争之真相"的简报，从洛克菲勒家族的角度描述了这一事件，在新闻界广为散发。许多批评者指责李对事实任意进行增删，过度夸大工会付给罢工领导人的报酬，炒作所谓琼斯大妈早年当过妓院鸨母的低俗的传言，并且把拉德洛大屠杀说成是帐篷里的一个炉子翻倒而不是军人开枪射击造成的。他的一些同行对他大加讥讽：卡尔·桑德堡[3]发表了一篇题为"艾维·李——受人收买的骗子的文章；厄普顿·辛克莱给他起了一个"蛊言艾维"的令人难忘的绰号；罗伯特·本奇利[4]后来则模仿他的口气提议说"现今的资本主义体系实际上是贵格派教会的一个分支，继承的是由阿西西的圣方济各[5]开创的事业。"

起初，李再次犯了使洛克菲勒家族一开始就陷入困境的那种错误：他依据的是 CFI 公司管理层带有偏见的报告。几次令他尴尬的失言之后，他在 1914 年 8 月去西部走了一趟，带回一个较为全面的见解。李发现鲍尔斯和韦尔伯恩提供的是经过歪曲的情况，CFI 公司的雇员们受到威吓、不敢表示不满。"最重要的是，"他告诉小洛克菲勒，"要尽早制定一个全面的计划，成立昭雪冤屈的机构。"无论李多么倾向于掩盖真相，他的建议很可能促使 CFI 采取了一些更为人道的政策。

在金和李的双重影响下，小洛克菲勒重新镇定下来，甚至发起了一场改善劳资关系的宣传攻势，这一转变在他 1915 年 1 月在纽约市政厅向美国劳资关系委员会提出的证词里得到了明显的反映。该委员会是由威尔逊总统召集的，由雇主、雇员和社会各方的代表组成。听证会由弗兰克·沃尔什（Frank P. Walsh）参议员主持，他是来自密苏里州的一位改良派律师，曾因为杰斯·詹姆斯⑥辩护而名声大振。长着给人印象至深的一头浓发，说话装腔作势的沃尔什向洛克菲勒发起了攻击。在为这次听证会进行预演时，金交给小洛克菲勒一份有关工会史的简介，并且提出了一个隐晦的警告："我……对他说，对他来讲似乎只有两种选择，或者成为这个国家一场大革命风暴的中心，或者以无畏的立场为工业界注入一种新精神。"李则坚持认为，小洛克菲勒不应躲躲闪闪，显得自己心里有鬼似的。在提到小洛克菲勒到达市政厅后应从哪个门进去的问题时，杰罗姆·格林说："啊，当然是后门啦。"李立即跳起来说："走后门的时代已经结束了。洛克菲勒先生必须和所有的人从同一个门进去。"小洛克菲勒身穿毛领长大衣、头戴大礼帽来到市政厅门前时显得脸色苍白、神情紧张。他沿着座位之间的通道大步走向前去，中途还停下来与琼斯大妈和其他几位科罗拉多工会组织者握手。

接下来 3 天的艰苦的作证使小约翰·D·洛克菲勒的精神得到了净化。在第一天作证时，他仍然宣称对 CFI 公司的情况一无所知。他承认工人有成立组织的权利，但又认为资方也有反对这样做的权利。那天作证结束后，他沿着百老汇走向办公室，后面跟了一大群向他发出嘲笑声的示威者。警察局长亚瑟·伍兹（Arthur Woods）派出特遣小队在百老汇 26 号和第 54 西大街巡逻，小洛克菲勒却拒绝这一特别保护措施。"我父亲从来不怕任何人，"他解释道。"他是我见过的最无畏无惧的人，所以我不想让公众认为我非得有警察在周围保护着我不行。"

第二天令贬低小洛克菲勒的人吃了一惊。他缠住琼斯大妈，非要请她去自己的办公室坐坐。琼斯在科罗拉多坐了9个星期的牢后，被人用刺刀押送出该州。她的反应是友好的，告诉小洛克菲勒她从不相信他知道"那些爪牙们干的事。看得出来要哄骗你真是太容易了"。小洛克菲勒则开玩笑地说她过奖了。面对大声欢呼的记者和听众，琼斯大妈又回敬道："其实我更想做的是羞辱他一番。"那天，小洛克菲勒站在证人席上说出了公众盼望已久的道歉的话，承认自己对董事的职责理解得过于狭窄了。"事关本人的行为和……公司的基本情况，我真希望自己永远不会停止向着更高、更好的方向努力。但愿自己正在做出努力。这就是我的愿望。"麦肯齐·金后来把这段证词视作小洛克菲勒一生的转折点。

这样公开承认错误对老洛克菲勒来说还是头一回，因为他把批评解释为对正义的磨难。如果处在小洛克菲勒的位置上，他的反应会是冷漠的藐视和故意的健忘。然而，他看到儿子听从金的建议后表现出非凡的勇气，为家族的公众形象带来了重大的改变。他为儿子的勇气所感动，又送给儿子8万股CFI公司的股份，使儿子能够有效地控制该公司。如果说他一直在煞费苦心地寻找他儿子有能力承担巨大财产之重负的迹象的话，那么他现在找到了。后来他在谈到儿子的证词时说：

> 他们不厌其烦地诘问我儿子，折磨他，逼他说出可以让他们用来对付他、对付我们的话来。这就像审判圣女贞德那样。我不知道他从哪儿找到回答方法的。他的话来得这么快，每个问题都对答如流……他让我们大家都惊讶不已。他回答问题时就像受到神谕一样。我确实相信是他那位圣洁的母亲给了他灵感。他的态度和所有的陈述都是那么仁慈、那么正确。

在大多数记者看来，小洛克菲勒的证词既坦率又真诚，尽管有一点儿刻板。尽管如此，沃尔特·李普曼[⑦]仍然抨击他说的都是尽人皆知的废话。

> 那些听他讲话的人假如觉得自己正在注视着一位大人物、一位真正的主子、一位相当高贵的人的话，他们差不多会原谅他的。可是，

小约翰·D·洛克菲勒本人似乎只是一个遇上很多麻烦、受到重重困扰、原本出于好意的年轻人。他没有政治家的特点，没有处理大事的领袖风范，只不过是一个小心翼翼、单调乏味、实质上毫无趣味可言的人在用简单的道德观和狭小的道德标准为自己辩护而已。

这是一个无礼的指控，却在以后的许多年里被人频频挂在嘴上。但这番话没有指出这个平庸无奇、年届40的年轻人有多么勇敢，他既安抚了义愤填膺的公众又满足了无所不能的父亲。他背离了他父亲的原则，却又似乎没有背叛他父亲，这是一个为其家族打开新局面的妙招。要想知道小洛克菲勒究竟离他那些极端保守的导师有多远，只需引用一下盖茨在沃尔什听证会之后写下的、为小洛克菲勒的宽宏仁慈感到遗憾的歇斯底里的备忘录就明白了：

> 我真不明白他为什么要对向他发难的人采取妥协的态度，他们实质上都是些工联主义者……要是我的话，我要召集起纽约最出色、最有本事的律师队伍——那些在必要时敢于大闹法庭的人……如有必要，我会把事情闹到自己锒铛入狱的地步，而且我会拒捕，拼命挣扎着被人拉出去——我要在法庭上大喊大叫，好让我的案子在全国人民面前生动有力地展现出来。

小洛克菲勒与这些强硬的反对派的距离究竟有多大，在琼斯大妈去百老汇26号见他这件事上就能看清楚。这位出生在爱尔兰科克郡的84岁高龄、俗气得可爱的煽动分子喜欢穿着靴子、戴着老式女帽召集罢工的矿工，狡黠地从那副老奶奶的眼镜后面瞅着大家。此时，在把科罗拉多大罢工变为反对洛克菲勒的斗争之后，她站到了小洛克菲勒的面前。她对他开玩笑说，在自己想像中，他是一个宽下巴、不苟言笑、只会捞钱的家伙。她一边模仿着这个模样，一边又说："看到你走上证人席，听了你的证词，并且了解你是怎样一个人之后，我真是追悔莫及。我觉得我对你很不公正。"琼斯大妈赞扬了小洛克菲勒的诚意之后，便开门见山地谈起他提出的雇员代表方案，称它是"假货和骗局"。尽管如此，经过多年的激烈对峙，这次会晤意味着双方在相互信任方面走出了重要的一步。两人交谈之后，艾维·李把记者请进屋来，小洛克菲勒红着脸腼腆地说："先生们，我知道作为一位董事我有责任更多地了解矿区的实际情况。我告诉琼斯大妈，矿区里当然应该有言论自由和集会自由，也应该有独立的非公司所有的学校、商店和教堂。我将尽快去科罗拉多亲自调查情况。"他答应的这次为期两周的调研在 1915 年 9 月成行了，这一姗姗来迟的重大举动将使在纽约开始的局部变化得以完成。

在科罗拉多南部调查期间，小洛克菲勒表现出了一个有某种精神追求的人所具有的那种狂热的紧迫感。在 5 月举行的第二轮听证会上，弗兰克·沃尔什出示了法院调来的小洛克菲勒在罢工期间同 CFI 公司高级经理来往的信函复制件。这些信暴露了小洛克菲勒激烈反对工会的态度，表明他过问公司管理的程度比他自己承认的要深入得多，从而使科罗拉多的赎罪之行显得更为必要。一向避免与不知姓名的敌人接触的老洛克菲勒向一位朋友吐露说，他愿意出 100 万元保护儿子在科罗拉多的安全。他试图劝说儿子的秘书查尔斯·海特带上一枝枪，但小洛克菲勒决意要证明自己的勇气，拒绝带上武器和保镖。作为安全预防措施，尾随其后的 8 名记者被要求对他的行程保密。

这次旅行表现出洛克菲勒父子之间的几个重要区别。在老洛克菲勒看来，巨大的财富使他得以退缩到自己的庄园里，小洛克菲勒则认为财富意味着自己必须更加向社会开放。出于本能，他的举止就像国家元首一样，在公众面前总是表现得既和蔼又雍容大度——他把这种作风也传给了自己的儿女。与他父亲不同的是，他不希望总是与美国公众对立，而且在事情做到一半时有勇气进行必要的更改。在最后一点上，小洛克菲勒比他那位不服输的父亲更加坚强，不像他那样在受到攻击时总是固执己见。

小洛克菲勒一生自始至终在与他看不见的敌人进行着斗争，但这些对手突然之间在科罗拉多的矿工营地上变成了活生生的人。如今，他要与这些命运一直由他在千里之外控制着的人打交道了。车队第一站就停在拉德洛，此时那里的帐篷已不见踪影，只有阴风肃杀、冤魂出没。小洛克菲勒、金和记者们神情肃穆地从车上下来，走向用两根铁路枕木钉成的一个黑色十字架，标出 2 位妇女和 11 名儿童窒息而死的那个土坑。随后，他们驱车去了 CFI 公司的 18 个矿工小镇中的第一座，在镇上吃了午餐，有牛排、青豆和土豆泥。为了使自己的装束合乎当地的环境，小洛克菲勒和金听从了艾维·李的建议，在下矿井之前从公司办的一家商店里各花 2 块钱买了一身粗布工作服换上。

在一个矿区里，小洛克菲勒在当地一所校舍里向工人们发表了简短的谈话后，难得一见地主动提议大伙把屋子清理一下，举行一场临时舞会。当一支 4 人小型乐队奏起"犹豫华尔兹"（The Hesitation Waltz）时，他拉起一位矿工的妻子快步跳进了场子。他从小受的是十分良好的教育，根本不会装模作样，一晚上与在场的二十几位妇女跳了个遍——对这个在布朗大学时腼腆得连舞会都不敢参加的年轻人来说，这真是一个具有讽刺意味的举动。谁也比不上艾比更吃惊的了，她一直从报纸上关注着他的行踪。"我从报纸上得知，参加舞会这件事是你最大的创举之一，"她给他写信说。"我再也不会反对你这样做了。"

1915 年 10 月 12 日，小洛克菲勒在普韦布洛镇向 200 名 CFI 公司的工人和管理人员发表了讲话。"今天是我一生中的一个节日，"他一开始说道。"是我第一次有幸与这家大公司的雇员代表见面的日子，而且是同公司管理人员和矿井主管们在一起。我真心地对各位说，我为自己能来这里而深感荣幸，并将永远地记住这次聚会。"他介绍了自己的合作理论，提出了一些方案，如成立一个劳资联合小组负责解决工人们的困难，同时再成立一些主管健康、卫生、矿井安全、娱乐和教育的委员会。其中一个重大内容是，加入工会的人不会遭到开除；他还保证提供新的住宅、学校和娱乐中心。小洛克菲勒用了一种直观的方法，在桌子上摆了 3 堆硬币，分别代表工人、管理人员和董事，试图说明如果其中任何一方把硬币拿走，洛克菲勒的 3400 万元投资就得不到一点回报。小洛克菲勒的话肯定很有说服力，因为在最后的秘密投票中，2846 名矿工中有 2404 人投票赞成他的方案。另一方面，也许是蔑视这种怀柔政策，还有 2000 名矿工抵制了投票。

向管理层推行这一方案同样艰难。开头抵抗了一阵之后，韦尔伯恩接受了成立昭雪冤情部门的设想，还提出了其他的改进意见，L·M·鲍尔斯则反对这一改革。小洛克菲勒意识到他不得不让盖茨的表叔走人了。"我做过的最不愉快的工作就是请他辞职，"他说。"我永远不会忘记我与他在我房间里共同度过的那三四个小时，劝他心平气和地隐退——因为他有可能成为一个凶恶的敌人。"此后，小洛克菲勒同盖茨的关系开始无可挽回地冷淡下去。具有传统观念的小洛克菲勒从不在正式场合把前辈们——他父亲和盖茨——抛在一旁，而是与新来的顾问们一道朝着新的方向挺进了。CFI 公司主管燃料业务的经理韦策尔（E. H. Weitzel）抱怨他对工会太仁慈，小洛克菲勒回敬道："您在这个问题上的态度完全是家长式的，但我敢肯定，你会在总的原则上同意，任何一家公司继续抱这种态度都是不明智的……家长制是反民主的。"至少可以说，小洛克菲勒中途变节，投向了敌人的阵营。但他的代表制至多成功了一半。在以后的几年里，该公司又经历了 4 次罢工，直到 1933 年矿工联盟才得到承认。小洛克菲勒搞的那种"公司工会（公司内部的工人组织）"则在 1935 年被瓦格纳法案（即《国家劳工关系法》）宣布为非法。

对于小洛克菲勒而言，科罗拉多之行是一次火的考验，而他成功地挺了过来，把家族历史上最糟糕的时刻变成了更有希望的局面，正如金在旅途中对艾比所说的那样："从此以后，他就能有时间推行那些（服务于人类）的……庞大项目了，不再会每走一步都要受到公众偏见的……喧嚣的……阻扰。"小洛克菲勒做的许多事情尽管都像是对他的诅咒，老洛克菲勒却仍然为儿子的和解之行而欢呼。"是的，这件事做得太棒了，"他对一位老朋友说。"就是我亲自出马也不可能做得更好了。"

科罗拉多之行后，小洛克菲勒成了整个美国工业界改善劳资关系的先行者，比起威吓工会的做法，他更喜欢这个福音传播者的角色。1920 年，由于美国钢铁公司管理层不愿取消每天 12 小时、每周 7 天的工作制而引发的罢工中，他不失时机地把手里的该公司的股票在高点上抛了出去。小洛克菲勒和金在新泽西和印地安纳两家标准石油公司引进了雇员代表制度。艾比甚至向工会捐款、为罢工工人提供资助——连她丈夫都觉得这样做有些过分了。在 20 世纪 20 年代，当保留自由雇佣制的浪潮席卷美国工商界之时，许多实业家把小洛克菲勒视为危险的自由主义者，尽管许多工联主义者也把他的公司工会看成是给毫无提防的工人设下的陷阱。

从某一方面说，小洛克菲勒与麦肯齐·金所做的工作给其家族带来了一个不利之处：它加深了公众对洛克菲勒基金会的怀疑。洛克菲勒家族从一开始就坚持说，该基金会将是一个公共信托基金，而不是推行洛克菲勒家族事业的工具。但是，由于金的工作是由洛克菲勒基金会支持的，使之看上去像是洛克菲勒父子利用慈善事业为其经济活动披上的一层合法的外衣。经历了为此事而举行的公开听证会后，基金会决定避开经济问题，集中精力在公共卫生、医药和其他的安全领域里开展工作。为了提高人们对基金会自主权的信赖，洛克菲勒在1917年7月放弃了今后实施由创建人指定捐款用途的权力。

如果说拉德洛大屠杀是洛克菲勒家族史上的一个转折点，其大部分功劳应当归到麦肯齐·金头上，因为是他把小洛克菲勒从严格服从父亲的禁锢中解放了出来。他加强了小洛克菲勒对自身判断力的脆弱信心，使他认识到自己完全有管理家庭财富的能力和条件。金在日记里这样谈到小洛克菲勒时很可能没有夸大其辞："我确实认为他同我的感情比同他认识的任何一个人都密切。"从政治上说，麦肯齐·金到洛克菲勒的圈子里绕了一下，既获得了可观的酬劳，又丝毫没有损害自己的形象。1919年，他当选为加拿大自由党领导人，两年后出任总理，并且前所未有地在那个职位上几上几下达22年之久，为现代加拿大成为福利国家立下了汗马功劳。他和许多洛克菲勒家族的顾问一样，在良心上和银行账户上都得到了满足。

注释

①Emma Goldman，1869—1940，俄裔美国女无政府主义者，多次被捕，后被驱逐出境。

②William Lyon Mackenzie King，1874—1950，加拿大自由党领袖，曾两度担任总理，重视美加关系。

③Cad Sandburg，1878—1967，美国诗人、传记作家，曾获普利策奖。

④Robert Benchley，1889—1945，美国幽默作家、戏剧评论家。

⑤St. Francis of Assisi，1182—1226，天主教方济各会创始人，主张苦修。

⑥Jess James，1847—1882，美国西部著名大盗。

⑦Walter Lippmann，1889—1974，美国新闻评论家、世界著名专栏作家。

30 性格迥异的夫妻

拉德洛事件发生的过程与塞迪受尽病痛折磨的最后岁月交织在一起。示威者云集在波坎蒂科门外的时候,洛克菲勒变得越来越担心,原因之一是他妻子这时正奄奄一息地躺在病榻上。小洛克菲勒准备动身去科罗拉多进行这次艰难的赎罪之行前夕,他母亲于 1915 年 3 月 12 日离开了人世,迫使他把行程推迟到 9 月。最先发来的吊唁信当中就有琼斯大妈的:"在您痛失称您为'儿子'者而不胜悲伤之际,另一位被千万人称做'母亲'者谨向您表示深切的哀悼。"一个月后,在 1911 年从参议院退休的奥尔德里奇参议员死于中风,使小洛克菲勒和艾比双双陷入深深的悲痛之中。

塞迪的病体每况愈下已有多年。1909 年末,她住进第 54 西大街过冬时,早已离不开轮椅了,小洛克菲勒只好和哈罗德·麦考密克把她抬上大门前的台阶。她大部分时间卧床不起,24 小时需要人看护,但她却像她丈夫一样毫无道理地不愿找洛克菲勒医学研究所的名医们看病。她的日记表明,她患了许多可怕的疾病,包括肺炎、带状疱疹、恶性贫血和坐骨神经痛。这么多疾病折磨着她,使医生无法为她做出单一、明确的诊断。

老洛克菲勒对她那些慢性疾病的态度时好时坏。他经常对她充满爱意、无比耐心。在宴会上,他常常会摘下一朵花,说声失陪后踮着脚尖走上楼去,把花献给她,把席间的趣闻讲给她听。"他是我见到的最会疼爱、体贴病人和不幸者的人,"他儿子说。"连女人都不如他温柔。"塞迪生病期间,他俩仍然还是那种老派的恩爱夫妻,一向都是相敬如宾。

　　然而，洛克菲勒尽管十分爱妻子，却经常不在她身边，因为他不愿改变随季节变换住所的习惯。比如，1909 和 1910 年之交那个冬天，塞迪在第 54 西大街记日记时写道："老约翰去了波坎蒂科，每到星期天才回来。"尽管他一走就是很长时间——有时会长达好几个星期，塞迪却毫无怨言。

　　1913 年夏天在福里斯特山时，尽管有比格尔医生常伴左右，塞迪的病情还是恶化了，在她已经患有的诸多疾病上又添了腰痛、胸膜炎、心肌梗塞、膀胱炎和直肠炎等。在这个沉闷的季节里，姐姐露特也生了病，坐上了轮椅，但第二年春天就康复了。医生们警告洛克菲勒说塞迪太虚弱，不能离开克利夫兰，使他陷入了进退两难的痛苦境地，因为按照他随季节迁居的习惯，到了 10 月就该去波坎蒂科住了。如果他在此地一直住到来年 2 月，就可能被视作克利夫兰的居民而受到巨额课税罚款。尽管如此，他还是因塞迪的病情而一再推迟行期。为了做到两全其美，他每天用老式敞篷轻便马车或新型汽车拉着塞迪在庄园周围兜风。塞迪在日记中写道："约翰的兴致很好，给了我这么多慰藉，我在慢慢好起来。"有一回在欧几里德大道浸礼会教堂做礼拜时，洛克菲勒在向信徒们发表演说过程中目光落在了妻子仰起的苍白的脸上，他不由得心情激动、坦露心声："人们说我一生取得了许多成就，"他说。"我承认自己工作得很努力。但是我所取得的最大成就、也是最令我幸福的事是，我赢得了塞迪·斯佩尔曼的芳心。我一生当中只有一个爱人，而且我要欣慰地说，我至今仍然拥有她。"

　　1914 年 2 月，洛克菲勒提前去了基奎特，看看经过翻修的房屋是否适合塞迪住。塞迪可能预感到自己再也回不了克利夫兰，便推迟了去纽约的行程。有个雇员委婉地催她动身，她却犹豫再三。"我还不想走呢，"她说。"这儿是孩子们以前住过的地方。约翰先生的小摇椅还在阁楼上放着呢。" 2 月的这次东部之行是个难以言表的痛苦经历。火车在北塔里敦的菲利普斯庄园停下后，塞迪在医生和护士的看护下被抬上一辆等着接她的汽车。她刚在波坎蒂科安顿下来，老洛克菲勒便立即恢复了他为自己规定的作息制度，匆匆赶到他在莱克伍德的别墅，照常度他的春假。小洛克菲勒毫无责备之意地写信给他说："母亲想念您，但知道您正在很好地休息，她觉得十分高兴。她欢迎您回家来，但又意识到您需要换一下环境。"

　　洛克菲勒为妻子的病情感到沮丧，还可能稍稍有点内疚，便试图用极其浪漫的举动来弥补自己没有陪伴妻子的行为。在 1914 年 9 月的金婚纪念日上，他带了一支铜管乐队回到基奎特，把他们在草坪上安顿好，然后叫人把塞迪从屋里扶出来，听乐队演奏门德尔松的《婚礼进行曲》。

在波坎蒂科度过的最后一个冬天里，塞迪喝了一种用大麦、燕麦和牛奶配制的饮料后体质得到增强，似乎恢复了元气，所以小洛克菲勒和艾比十分放心地去了佛罗里达州的奥蒙德比奇，与老洛克菲勒一起在他的新别墅里过冬。到了工人们粉刷主人的卧室以迎接约翰·D 回家的时候，塞迪的精神很久以来都没有这样好过。1915 年 3 月 11 日，她叫人推来轮椅，想去花园里转转，闻闻花香。在这个短暂的回光返照期间，她喝了一杯牛奶，说了声好，便疲惫地歪倒在枕头上，觉得头晕、身子发虚。露特和保罗·艾伦医生整夜守在她床边，姊妹俩的手一直紧紧地握在一起，直到第二天上午 10 点 20 分塞迪咽气。洛克菲勒在奥蒙德比奇接到两封接踵而来的电报：第一封说她生命垂危，第二封则通知了她的死讯。洛克菲勒虽然已经逐渐习惯于她死期将近的事实，但这一消息最终到来仍然令他大为震惊。当他带着噩耗步履沉重地回到早餐桌上时，小洛克菲勒和艾比见到了他俩从未见过的情景：老洛克菲勒当众哭了起来。

洛克菲勒带着儿子和儿媳坐火车从佛罗里达回来的途中，惊讶地看到许多铁路官员和乘务员前来吊唁。艾比说："他出奇地沉着、冷静，但那情景的确令他大吃一惊。"回到波坎蒂科，洛克菲勒见到塞迪安祥地躺在她去世的那张床上，陷入了沉思，长久地凝视着这个与他一生患难与共并且同享前无古人之成就的女人。艾尔塔来波坎蒂科了，伊迪丝却因为正在瑞士和卡尔·荣格一起搞研究而没来奔丧。7 年后，洛克菲勒向她回顾自己对塞迪之死的感受时说："当最后一刻到来时，她毫无惧色、坦然相对，我们最后看见她时，她的脸就像天使一样容光焕发。"

洛克菲勒对妻子一向充满柔情。每当他回想起他俩在克利夫兰切西尔大街新婚燕尔的日子时，总要拿出他俩买的第一套餐具，充满爱意地抚摩一番。他一面沉浸在悲痛和忆旧之中，一面还得大动肝火地与克利夫兰当局为税务问题相持不下。从 19 世纪 80 年代起，他就成了纽约的合法居民，所有的赋税都在纽约交纳。1913 和 1914 年之交的那个冬天，塞迪的病情迫使他在福里斯特山一直住到 2 月 3 日——那一天是在俄亥俄州居住的人的纳税登记日。洛克菲勒延长居住时间完全是由于妻子病重造成的。

然而，他的政敌却利用这个机会骚扰他。凯霍加县税务局依法宣布洛克菲勒在 1913 年是该县居民，向他征税 150 万元。他在纽约已经纳过税了，自然拒绝了这一勒索行径，于是，俄亥俄州州长詹姆斯·考克斯①便威胁说，如果他跨出州界一步就传讯他。洛克菲勒不肯就范，一拖再拖，凯霍加县的官员们则以追加 50% 的罚金相威胁。后来，法院宣布向洛克菲勒征税是错误的，但当时他除了抵制州政府之外别无选择。

洛克菲勒多年来对克利夫兰的做法一直耿耿于怀，他认为哪座城市也没有这样不断地伤害过他。在他看来，标准石油公司在经济上对这座城市做过贡献，它却不知感恩，因而抨击那些企图向他征税的人是些"卑贱无耻的政客"。他说："如果克利夫兰能回想一下它是如何对待我们的，它应当愧对自己。"在他遭到当地记者和政客的无情攻击之时，当地的各种组织却纠缠着向他要钱，这使他感到厌恶之极。他一生捐了 300 多万元给当地的几个机构——包括欧几里德大道浸礼会教堂、艾尔塔之家、西部保留地大学、凯思应用科学学校和克利夫兰交响乐团，还向两座宽敞的公园——洛克菲勒公园和福里斯特山公园——捐赠了土地。当然，克利夫兰假如不与他作对，有可能得到比这多得多的馈赠。对此耿耿于怀的洛克菲勒把爱和忠诚转移到了收留他的城市身上。"纽约一向比克利夫兰待我公正，而且要公正得多。"克利夫兰的失误不知肥了纽约多少家医院、博物馆和教堂！

由于这场激烈的税务之争，洛克菲勒无法等到塞迪在克利夫兰的家族墓地下葬就会遭到传讯，于是只得推迟举行葬礼的时间。他向新闻界编造了一个故作多情的理由：不忍心与她的遗体告别。他告诉记者："我希望能尽量让她多和我待一阵。"他把塞迪的灵柩存放在塔里敦睡谷墓地阿奇博尔德家的绿色大理石陵墓里长达 4 个半月之久，由两名武装警卫日夜巡逻、守卫着。

那具棺木最后在绝对保密的情况下运到了克利夫兰。在一个大雨和冰雹交加的日子里，两位警卫被派到墓地大门外为墓穴找一些装饰性植物——这一调虎离山计把两人引开了 25 分钟。他们一走，一位名叫范德比尔特的当地殡仪馆老板开车到了墓前，掀去铺满鲜花的棺罩，把塞迪的棺材从灵柩里抬出来，换上一口新棺材，再把棺罩和鲜花按原样放好。掉完包之后，范德比尔特把塞迪的棺材藏在一只粗糙、没有标记的白木箱里，开车离开了墓地大门。殡仪馆老板把车开到沿湖铁路的哈蒙车站，冒着一阵阵电闪雷鸣，把箱子装上一节行李车厢。铁路上的人谁也不知道这具尸体的身份。范德比尔特和百老汇26号派来的两个人一起护送尸体到了克利夫兰。有个同谋者回忆洛克菲勒在这次密谋中表现出来的奇特的孩子般欣喜之情时说："报界和公众事先对这次调包行动的策划和实施过程一无所知，这事令他一想起来就乐。"

为了使这次行动在湖景墓地最终得以大功告成，塞迪的棺材入土时只有老洛克菲勒、艾尔塔、帕马利和露特姨妈在场。塞迪被葬在伊莱扎身边——两人中间留了一块空隙，以便洛克菲勒百年之后能在他最心爱的两个女人的陪伴下长眠于此。洛克菲勒从《圣经》诗篇里选出一首诗，请人在墓地旁吟诵，这次夕阳下的秘密葬礼令他心潮澎湃。"一切都这么美丽、这么可爱，"他说。"假如妈妈地下有知，也会感到满意的。"这次葬礼也结束了洛克菲勒与克利夫兰的缘分，因为在2年后一个寒冷的12月的夜晚，福里斯特山的那幢老屋神秘地在一场大火之中烧毁。在一项把福里斯特山开发成诺曼城堡式住宅区的计划流产后，小洛克菲勒把那片劫后的土地赠给了克利夫兰的福里斯特山公园。

作为塞迪的遗嘱的一部分，家人清点了她的衣橱，发现她生活得像修女一样俭朴。最贵的衣物是一件海豹皮大衣和一副海豹皮手套，价值150元。她留下了一堆过时的衣服：价值300元的15套衣裙和价值50元的10顶帽子。塞迪一直保存着那枚1864年打造的纤细的结婚金戒，此时只值3块钱。一位深感震惊的记者评论道："她完全可以拥有像伊丽莎白女王一样昂贵的服饰，但她满足于穿戴从数量和质量上同普通成功商人的妻子不相上下的衣物。"

塞迪的死促成了洛克菲勒的最后一项重大慈善行动：1918年，他捐赠7400万元建立劳拉·斯佩尔曼·洛克菲勒纪念基金。为了纪念妻子，他要求该基金赞助她生前支持的各项事业，如浸礼会派的布道活动、教堂和养老院等。不过，劳拉·斯佩尔曼·洛克菲勒纪念基金并不只限于她偏爱的教派。从1922年起，该基金会在比尔兹利·朗尔（Beardsley Ruml）的领导下向社会科学研究领域注入了将近5000万元。朗尔爱抽雪茄，嗓音沙哑但十分健谈。这个年轻人的点子层出不穷，推动许多大学成立了社会科学研究中心，也是促成社会科学研究会（Social Science Research Council）的幕后人物。这个仅存在了10年的纪念基金于1929年并入洛克菲勒基金会时，已经在学术界留下了不可磨灭的印记。正如曾任芝加哥大学校长的罗伯特·哈钦斯②所说的那样："劳拉·斯佩尔曼·洛克菲勒纪念基金会在它短暂而又辉煌的存在期间为推动美国社会科学发展做出的贡献比任何一个机构都多。"

伊迪丝在母亲去世时已经在瑞士自我流放了两年，从感情上离她父亲和兄弟姐妹也越来越远。除了和小洛克菲勒见过一次面之外，她在国外期间似乎同家人毫无联系。她偶尔也会给父亲写封信，但措辞很不自然，既热情又生疏、既充满爱意又带着难以言状的敌意，似乎想表达出自己对父亲的复杂情感。

伊迪丝和哈罗德·麦考密克的关系既亲密又争吵不休。从许多方面来看，这是一个典型的错误婚姻：哈罗德性格豪爽、不拘小节，伊迪丝却孤僻、专横、理智，善于控制自己的感情。她有时发现丈夫过于热情，丈夫则批评她太冷漠无情。他俩关系紧张很可能是由于两个孩子的死造成的：4岁的杰克死于1901年，1岁的伊迪萨死于1904年，他们的死给伊迪丝的一生蒙上了一层阴影。雪上加霜的是，她从1905—1907年患了肾结核，幸好后来病情得以缓解。伊迪丝变得越来越苛刻，墨守死板的礼节陈规，甚至要求子女在见她之前先得预约。她在坐车出门之前，先要给车夫安排好确切的行车路线，到了路上拒绝再和车夫说话。她和哈罗德在伊利诺伊州的莱克福里斯特盖了一座有44个房间的大宅，起名为图里坎别墅，但他俩从来没有去住过，成箱成箱没有打开过的瓷器和椅子散放在贮藏室里，上面落满了灰尘。伊迪丝一度是个光彩照人的社交能手，此时却患上了陌生环境恐惧症，越来越多地把自己关在他俩在湖畔路1000号的大房子里，大门不出、二门不迈。

1910年夏天，哈罗德为了给国际收割机公司寻找建立新厂的场地，开车和伊迪丝一起在匈牙利转了2个月，这次旅行使她觉得非常虚弱。第二年，由于她在最后一刻取消了一场有200人参加的大型正式舞会，却又不作任何解释，便有谣传说她精神崩溃了。在这个时期前后，她还经历了一次严重的宗教信仰危机，因而与父亲在感情上产生了裂痕。很久以来，她一直怀疑牧师们把他们个人的信仰说成是福音书中的真理。她曾经说过："我从来没有听到一位浸礼会牧师在布道坛上说过任何让我信服的话以表明他是受到神谕的。"她回想起自己采取的行动是："有一个星期天牧师讲完道后，我一边离开座位，一边对天发誓再也不来教堂了。从此之后我没有打破过这个誓言。"对伊迪丝来说，那是个令她振奋的时刻，从此她能制定自己的获救之路了，但此举也使她疏远了家里给她灌输的那些简单的浸礼会信仰。

1912 年夏天她在卡茨基尔山里一位富尔德医生开的诊所里住了 10 个星期。在此期间，她背弃了吸收新鲜空气和进行户外活动的传统疗法，这是医生为治疗她的精神抑郁症开出的方子。她完全能够自己去开创一条大胆的路子了——她曾说："我在这个世界上的目标是思考新的思想，"而且这条路子最好具有某些半神秘成分，以便取代她业已破灭的宗教信仰。总之，她已经准备好与卡尔·荣格的首次邂逅了，这位瑞士临床兼实验精神学家几年前就给哈罗德看过病。

1912 年 9 月荣格在纽约时，哈罗德的堂弟梅迪尔·麦考密克（Medill McCormick）——此人是《芝加哥论坛报》的编辑与合伙人，曾经请荣格为他治过酒精中毒——向伊迪丝引荐了荣格。荣格一开始为她进行精神分析时，很喜欢她迸发出来的思想火花，但认为她的情绪状态很成问题。荣格诊断伊迪丝患有"潜伏性精神分裂症，"听她说曾梦见一棵树被闪电劈成两半后，更加确定了自己的诊断。伊迪丝对精神分析的反应就像一个屡受挫折的探索者终于找到目的地一样。有一种说法是，专横的伊迪丝一再要求荣格举家迁往美国，她答应为他买一所房子，并帮助他开业。这种慷慨反而使荣格更加担忧，因为她觉得"她什么都能买到"。荣格认为美国式生活枯燥乏味、毫无特色，便建议伊迪丝来苏黎世和他一起搞研究。

既然伊迪丝在荣格的魔力下生活了好多年，就让我们看看荣格对洛克菲勒有多厌恶。1912 年 10 月 20 日，荣格与伊迪丝在基奎特待了一天，这无疑是仔细研究洛克菲勒这类原型人物的好机会。他随意贬低这位巨子，说他心胸狭隘、不学无术、假装虔诚。他说："洛克菲勒实际上只不过是一座金山而已，一座花了大价钱买下的金山。"他认为洛克菲勒很孤独，时时为自己的健康担心，还受着良心上的折磨。洛克菲勒有一次对荣格说奥地利人很坏："医生，您也许了解我认为价格标准化对标准石油公司有利的观点。您知道，如果全世界的人都花同样的价钱买石油该有多好——这对所有的人都有好处，可是奥地利与罗马尼亚单独签了协定。他们太坏了。"荣格把标准石油公司视同怪物，对他来说，这番话证实了他最坏的猜疑。他后来写道："战前世上有三大组织，大名鼎鼎的三位一体——德国军队、标准石油公司和天主教会。它们都认为自己是完善的道德机构……（可是）成千上万的正派人让标准石油托拉斯给毁了。"

伊迪丝劝荣格留在美国不成，便同意在 1913 年 4 月与他一起乘船去瑞士。在动身之前的几个星期里，荣格每天都与她见面，到了船上还继续为她进行精神分析治疗。西格蒙德·弗洛伊德③对这个昔日的门徒越来越感到失望，认为他企图骗取洛克菲勒的钱财，并在那年 3 月对桑多尔·菲伦茨（Sándor Ferenczi）说："荣格再次去美国住了 5 个星期，有人说他是去看洛克菲勒家的一个女人。"与洛克菲勒·麦考密克同行的有：伊迪丝的儿子福勒和他的辅导老师、女儿穆丽尔和她的家庭女教师，外加一群仆人。哈罗德和另一个女儿玛蒂尔德则留在芝加哥。到了苏黎世，一行人住进了豪华的湖畔饭店的一套套间，伊迪丝在那里一住就是 8 年。起初，包括伊迪丝本人在内谁也没想到会在那儿住那么久。福勒无法忍受苏黎世的夏天。"这是个非常奇怪的地方，"他写信给洛克菲勒说。"今年夏天几乎老在下雨，而且还出现了一些奇特的气候现象。"秋天到来后，他回美国去格罗顿中学④上学，伊迪丝仍然留在苏黎世，每天去荣格那儿看病。10 月，哈罗德和玛蒂尔德去了欧洲，希望能在 11 月把伊迪丝带回来，可是看到她对精神分析越来越着迷，哈罗德明白不可能把她带走了。于是，他把两个女儿留在了瑞士：穆丽尔进了一所管理严格的德语学校，身体孱弱的玛蒂尔德则住进了一家疗养院。

到了 12 月下旬，一直留在苏黎世陪伴伊迪丝的哈罗德觉得有必要为她长期远离父亲的行为辩解一下。他在给洛克菲勒的一封长信中把荣格采用的一些方法描述了一番，尽管他自己往往对伊迪丝接受分析疗法的效果不置一词。"伊迪丝正在变得非常实际，她忠于自己的理想，正在寻找自己的路，而且我确信她一定会成功的……至少，她是绝对安全的，荣格医生是天下最好的、最值得信赖的人。他非常喜欢伊迪丝，但又认为她的病情是他见过的最棘手的。"为了避免家人的批评，他补充道："她能遇上荣格医生，家里人不拖她的后腿，加上她有这份自信心，这都是天意。"

洛克菲勒收到这个请他耐心的劝告之后，尽量克制住自己，但对于一个仍然生活在 19 世纪的人来说，荣格治疗精神紧张的现代方法听上去很像巫师的胡言乱语。哈罗德在他那些详尽而又令人增长见识的信中大胆地概括了荣格关于潜意识的理论，以及他是如何通过梦境、幻觉和自由联想来探索这一领域的。洛克菲勒的反应很得体，但显然感到迷惑不解。"我一直无法跟上时代潮流，因而无法充分理解所有这些基本原理，"他向哈罗德道歉说。"不过，只要它们对人类生命能产生美好、有益和持久的作用就行了。"

12 月 20 日，哈罗德乘船回到美国，伊迪丝没有随他同行。除了对荣格的崇拜之外，她还患上了旅行恐惧症，即使坐火车做短途旅行对于她也是一种无法忍受的折磨。她这种恐惧的严重程度从她在苏黎世的司机埃米尔·安曼写的一段揭露内情的描写中可见一斑。安曼被她的古怪行为搞得心神不宁，他说伊迪丝是个傲慢自负、有自恋癖的女人，腰肢纤细、两眼炯炯有神、目光锐利。他说她在当地闻名遐迩，因为她举止怪癖，拥有各色裘皮大衣、钻石饰物和直接来自巴黎与威斯巴登的漂亮时装。据安曼说，她对家人漠不关心，对仆人骄横无礼，和她父亲一样做事总是讲究准时。他第一次上班的那天早晨，她命令他在 9 点 14 分来接她。等他到了之后，她对了对镶满钻石的手表说："安曼，我让你 9 点 14 分到，你却在 9 点 13 分就到了。这样是不行的。"

安曼声称，由于荣格有效地对伊迪丝使用了催眠术，使她处于昏睡状态，才使她乘船来到瑞士。这位司机在治疗她的旅行恐怖症中起到了关键的作用。荣格建议伊迪丝去坐火车，能坐多远就坐多远；不过，有时甚至没等火车出站，她就跳下车来。如果她控制住恐惧感留在了车上，安曼就开着那辆劳斯莱斯汽车急驰到下一个车站去接她；她如果觉得可以继续坐下去，就朝车窗外挥挥手，他接着再飞驰到下一个车站。有时，这种折磨人的训练要持续 3 个小时，弄得伊迪丝和安曼全都精疲力尽。荣格显然认为伊迪丝还必须克服她的傲慢态度，让她在她住的那家豪华饭店的套间里跪下来擦地板。她还像一个惩罚自己的悔罪者一样，不戴帽子在雨中走，浑身淋得湿漉漉的，安曼则开着汽车在一旁跟着。

如果洛克菲勒曾经寄希望于哈罗德，认为他能把伊迪丝从这种生活里拯救出来，那么他的希望很快就破灭了，因为他这位女婿也被强烈地吸引到苏黎世那伙人搞的类似宗教的旋涡中去了。1914年9月，哈罗德回到瑞士后也对荣格着了迷，便决定留下来，并且辞去了国际收割机公司财务主管一职，把大权交给弟弟赛勒斯，只保留了董事的位置。他明白这一突然变故需要做出解释。他向洛克菲勒报告说："我正在试图学会思考，因为我过去'感情'一直过于丰富——而伊迪丝恰好相反。"哈罗德是同患有精神疾病的哥哥和姐姐一起长大的，对自己的孩子表现出来的任何异常行为都很敏感和担忧，特别是性情急躁的12岁的穆丽尔。那年夏天，穆丽尔也开始在荣格那里接受精神分析。第二年，伊迪丝向儿子宣布说："福勒，分析心理是一件十分重要的事情，"于是，他也被推荐给荣格的一位同事做精神分析。

1914年10月，伊迪丝从荣格那里学完了直接分析法，开始了一门补充课程。哈罗德向此时已经变得不耐烦的岳父汇报说："她在学习天文、生物、历史和音乐，不再去看荣格医生了。"1915年初，洛克菲勒以往表现出来的耐心全都变得无影无踪了，因为伊迪丝没有参加哈罗德的弟弟赛勒斯在2月举行的婚礼，也没来参加3月举行的塞迪的葬礼——不管哈罗德说她取得了多大的进展。洛克菲勒开始埋怨伊迪丝和哈罗德在瑞士"寻欢作乐"，迫使哈罗德一再为自己辩护："这里不是狂欢的殿堂，而是寻求真理的人与自己对话的圣殿。正是由于这个原因，我才再次推迟回国的行程，伊迪丝也觉得无法脱身。"这时，哈罗德也已把荣格奉为自己的精神领袖，陪他在山间散步，把他理想化为"我所能想像的臻于完美的人"。鉴于荣格在伊迪丝身上收效甚微这一事实，这话听上去简直不合实际。哈罗德在写给母亲的信中承认伊迪丝仍然在受陌生环境恐惧症的折磨，差不多有一年时间没有离开旅馆的地盘，坐火车旅行连20分钟都受不了——这对荣格的疗法很难说是有利的证据。

洛克菲勒和伊迪丝之间的关系变得更加复杂的原因是，她在同荣格合作期间试图根除她从父亲那里继承来的冷漠和控制欲。荣格把哈罗德归类为过于外向的人，而伊迪丝则像她父亲一样过于内向。哈罗德对洛克菲勒说："父亲，我在伊迪丝身上看到了与您几乎完全相同的个性。我认为，综合地看，她比您任何一个其他孩子都更像您……她一丝不差地继承了您的坚强和固执。"正是由于这个原因，伊迪丝了解她父亲狡猾地与人隔绝的小小伎俩。她在塞迪去世后写信给父亲说："我们透过您为保护自己——您的自我——与世隔绝而设置的所有外层障碍，发现您的内心是有温情和爱的。"在另一个场合里，她又重复了这个主题："但愿有时您能让我走近您……这样，您的心灵就能感受到一个普通人的温暖。"

这种坦直的表白很可能使洛克菲勒感到不安。人的心灵是他向来不愿探索的一个散发着恶臭的沼泽，所以他一生都在竭力掩盖自己的动机和情感。他在自己家里几乎听不到批评，伊迪丝则是第一个向他提及他所忌讳的话题的孩子，虽然话尽量说得委婉、小心。他尽管对伊迪丝的流放生活全然不解，却尽可能耐心地向她报以同情，这表明了他的父爱。对于她希望改善父女感情的要求，他回答道："我们理应不断地彼此接近，直到我们彼此能给予最大的帮助，不光是我们之间，还包括其他的亲人和我们所爱的人。我想像不出还有什么事情比这更令我真心祈盼的了。"多半是过于精明的缘故，他尽量避免引起伊迪丝因自己滞留海外而深感内疚，只是说他多么想念她，但相信这样做肯定是最好的选择。

1915 年，荣格建议他的追随者读一读弗里德里希·尼采⑤的书，特别是那本《权力意志》（The Will to Power）。伊迪丝和哈罗德寄了一本给洛克菲勒，以增进他的自我意识。"这本书讲的是理论，"哈罗德兴奋地解释说，"而您则是实践的典范。"诸位能想像得出洛克菲勒在翻阅此书时感到的困惑。"我肯定这本书读起来会非常有趣，但觉得我可能一点儿都看不懂，"洛克菲勒回信说。"我信奉的是一种简单的哲学和一些近乎原始的生活观念。"哈罗德在后来写给洛克菲勒的一封信——他显然忘记了前一封信的内容——里解释道，尼采试图说明有些人是如何把自己的意志强加给他人的。可是，哈罗德和伊迪丝无论怎样开导洛克菲勒，却从来没有对他产生过多大影响，因为他对自己很满意，对自己心里的压抑已经习以为常了。

　　伊迪丝越来越觉得荣格心理学既是一种医疗手段也是一条通往神秘之路。"在您的人生道路上,您有您的哲学和宗教在指引您,"她用洛克菲勒会觉得像是亵渎神灵的字眼写信对他说。"我在我的道路上也有我的哲学和宗教在指引我。"伊迪丝想利用洛克菲勒的财产传播荣格的思想,对父亲把她和艾尔塔的位置放在小洛克菲勒之后而愤愤不平。她有一种原始的女权主义意识,憎恨对待儿子和女儿不平等的可耻行为。1915 年 9 月,她告诉洛克菲勒自己希望能帮他管理慈善事业。"那是一项美好的、无所不包的工作,约翰已经有了从事这项事业的特权,而我和艾尔塔至今还没有得到这个机会。我确信,作为女人,我们态度严肃认真,对人类有着浓厚的兴趣。"由于这番话没有起作用,伊迪丝于 1916 年 1 月加大了压力。"作为一个 43 岁的女人,我应该得到更多的钱供我支配……我值得您给予更大信任。"确切地说,洛克菲勒并没有惩罚他女儿——他每月寄给她2500 元,并且已经送给她和哈罗德 200 多万元了——但对儿子的偏爱则是有目共睹的。

　　伊迪丝不愿承认的是,自己是站在一个弱势地位上提出要求的。她已经与家庭中断了来往,没有参加她母亲的葬礼,经常对自己的子女态度冷漠,患有严重的恐惧症,而且近期没有回美国的打算。她挥霍无度,经常负债累累,这一切只会使她父亲更加怀疑她的理财能力。洛克菲勒在谈到她滞留国外一事时说过,他后悔自己不能"像了解约翰和艾尔塔对慈善事业所做的贡献那样了解你的仁慈之举。与他们的日常接触和熟知他们在这方面的一切作为给我带来了很大的快乐"。他最终还是把伊迪丝的生活费翻了一番,提高到 5000 元,只不过一时还没有这样做罢了。

　　伊迪丝想要额外的钱来推进荣格精神分析法的打算在 1916 年变得显而易见了。那年,她花了 12 万元——其中 8 万是借来的——在苏黎世租下并翻新了一幢豪华的大楼,用来成立一个新的心理学俱乐部,里面图书馆、餐厅、娱乐室和客房一应俱全。她的意图是使精神分析专家和病人能够有一个相互交流和听讲座的场所。由于这一工程花销太大,俱乐部搬到了比较便宜的戈曼德街区。伊迪丝还请人把荣格的著作译成英文,极大地扩大了他的影响。洛克菲勒对这种慷慨行为感到很不安,要求伊迪丝寄给他一份列有她主要慈善捐赠的清单。她的回信表明她给荣格的赞助远远超过了对另外两项主要事业的捐赠，一个是约翰·麦考密克传染病研究所，一个是芝加哥歌剧演出公司。

此时已经与他那位离经叛道的学生分道扬镳的弗洛伊德听说伊迪丝赞助心理学俱乐部一事之后，对这个消息报以嘲讽说："那么说，瑞士的伦理道德终于和梦寐以求的美国金钱结合了。"弗洛伊德的讽刺态度不难理解。伊迪丝向心理学俱乐部做了捐赠之后，突然得到荣格的批准，从一个患有异常棘手的心理痼疾的治疗对象变成了精神分析医生。荣格允许伊迪丝当精神分析医生的事激起了很多人对荣格的判断力的深深怀疑。第二年，伊迪丝写信给她父亲说："我除了搞自己的研究之外，每天还要教 5 个小时的课。"

伊迪丝还资助过一些作家和音乐家。她最重要的资助对象是詹姆斯·乔伊斯⑥，他在第一次世界大战期间来到中立的苏黎世避难。1918 年 2 月，伊迪丝为经济窘迫的乔伊斯开了一个银行户头，允许他每月提取 1000 瑞士法郎。乔伊斯很想对这位匿名的赞助人表示谢意，设法弄清了她的身份。乔伊斯见到伊迪丝时，她对他说："我知道您是一位伟大的艺术家，"接着便大谈特谈起荣格的精神分析。一贯专横跋扈的她决意让乔伊斯接受荣格的精神分析，费用由她来付。可能是由于拒绝了这一提议，乔伊斯在 18 个月后发现他的账户上突然没有钱了。这位作家不喜欢这种出尔反尔的做法。乔伊斯的传记作者理查德·埃尔曼（Richard Ellmann）评论道："乔伊斯不可能让（伊迪丝）安然无恙地逃脱他从艺术上给她的惩罚。在《尤利西斯》的（女巫）一节中，那位身着骑装、有虐待狂倾向的上流社会女子梅尔文·塔尔博伊斯夫人可能就是影射伊迪丝·洛克菲勒·麦考密克，因为她也是一位有名的女骑手。"就连乔伊斯的妻子诺拉也用下流的玩笑攻击伊迪丝，说她不知这位美国富婆穿的是哪种牌子的昂贵内衣。

伊迪丝当然有她可笑的地方。她罕见地集大资产阶级和不切实际的文人的性格于一身，是一个被荣格医术中的那种偶像崇拜气氛迷倒的梦中人。然而，在洛克菲勒家里，她却是个开拓者，是第一个窥探人性秘密、反抗她家长期奉为神明的社会禁忌和道德束缚的人。

乍看上去，对精神分析的共同兴趣似乎能弥合伊迪丝和哈罗德之间性格上的差异。他有耐心、富于同情心，渴望看到妻子从困扰她的魔掌中逃脱出来。"我必须用一句话告诉您，伊迪丝变得越来越可爱了"，喜不自禁的哈罗德在 1917 年 9 月写信给他母亲说。"您会认不出来她的。"确实，看来伊迪丝在苏黎世干得不错，找她做精神分析的病人在增多。"每天都有新的病人来找我，我现在已经有 50 个左右的病人了，"她在 1919 年告诉她父亲说。"我在一年当中就听病人讲述了 1.2 万个梦。"若不是哈罗德在 1918 年被任命为国际收割机公司总裁，从此被拉回到芝加哥的世俗世界中去的话，这段令人愉快的插曲或许会一直演奏下去。

精神分析激励着伊迪丝和哈罗德两人任意拿自己的生活作实验。伊迪丝和其他初学者一样，把荣格精神分析法变成了为所欲为的通行证。荣格本人就不信奉也不实行一夫一妻制。"安曼，"伊迪丝对她的司机说，"如果你的潜意识使你同时爱上几个女人，你不必有任何负罪感……精神分析能战胜一切。"她在与人幽会时让她的私人秘书埃玛站在旅馆房间门口为她放哨。有一天，哈罗德没有打招呼就来了，把想拦住他的埃玛推到一旁闯了进去。伊迪丝吓了一跳，大喊起来："哈罗德，我……不能容忍你这样做。如果我不让埃玛通知你，你不许进我的房间。"由于哈罗德和伊迪丝的住处离得很远，两人都有很多做出越轨行为的机会。

在一位名叫埃德温·克伦（Edwin Krenn）的奥地利青年出现之前，伊迪丝与别人的不正当关系一直无人知晓。克伦的背景情况不详——伊迪丝说他是一位著名欧洲画家的儿子——他身材矮小，金发圆脸，总是打扮得像个花花公子。他来瑞士找伊迪丝做精神分析时似乎没有任何经济来源，伊迪丝不仅资助了他，还帮他取得了瑞士公民的身份。她深信他是个有天分的建筑师，经常让他陪伴，下午开车兜风，晚上看戏，然后回到她的旅馆房间里单独在一起吃晚饭。据埃米尔·安曼说，荣格曾经警告过她，这种桃色事件可能会引起丑闻。"这是我自己的事，"伊迪丝无礼地回答说，"我想干什么就干什么。"

独自一人住在芝加哥的哈罗德非常容易受到有魅力的女人的诱惑。他和伊迪丝最近承诺给芝加哥歌剧演出公司 5 年的赞助，于是有许多野心勃勃的漂亮女歌手走进了他的视线。1919 年 9 月，芝加哥歌剧院在纽约演出时，一位名叫甘娜·沃尔斯卡（Ganna Walska）的波兰女歌手在广场大饭店里勾搭上了他。尽管他此时已经开始秃顶，身子也发福了，沃尔斯卡却说自己是为他那双"童男子般漂亮的蓝眼睛"而神魂颠倒。沃尔斯卡是个性感女郎，长着一对摄人魂魄的眼睛，戴着沉甸甸的珠宝和硕大的帽子，自以为人见人爱。她与埃德温·克伦十分相似，是个给自己蒙上一层扑朔迷离的神秘外衣以骗取钱财的人。

1920年，麦考密克的两个女儿觉察到了她们的妈妈与埃德温·克伦之间的暧昧关系，请求哈罗德立即来苏黎世。哈罗德此时已经迷上了沃尔斯卡，几乎无心阻止这对露水夫妻的行为，但他可能去了一趟瑞士，部分是因为洛克菲勒担心伊迪丝的经济状况出现了危机。她一心想表现出自己具有父亲那种经商才能，因而接二连三地陷入了灾难性的交易不能自拔。1919年末，一位德国科学家来瑞士推销一种能使木质变硬的秘密工艺，据说这种方法能使木头适于从铁路枕木到电线杆的各种用途。最初连荣格都鼓励伊迪丝进行这项投资。她成立了一家公司，自任董事长，投资10万元，想用这笔钱赚上100万。洛克菲勒请求哈罗德阻止她："我反对伊迪丝与这个项目有任何牵连。我担心它会造成重大损失和麻烦。我不仅十分诚恳地请求她停止这笔生意，还要求她不参与任何商业计划。"伊迪丝身上有一种桀骜不驯的年轻人禀性，对父亲的权威深感不满，因此洛克菲勒的干涉很可能产生了反作用。他很快就证明自己是有先见之明的：自从那位德国科学家离开瑞士后，伊迪丝便无法再重复出他演示过的效果，最终只得把34万元的投资付诸东流。伊迪丝还为赞助芝加哥歌剧演出公司和向库克县捐赠一块价值30万元的地皮建动物园而负债累累；哈罗德和洛克菲勒父子是从几份晨报上第一次得知她最后那桩慷慨之举的。到了1920年初，伊迪丝的债务已累计达81.2万元，她父亲不得不转让给她一部分新泽西标准石油公司的股票以帮助她度过难关。

不管洛克菲勒对她理财方式批评得有多尖锐，他更担忧的是他女儿忽略了做母亲的责任，尤其是对他最喜爱的外孙福勒的关心。他煞费苦心地劝伊迪丝多给孩子一些时间。他在1921年4月写信对她说：

> 亲爱的伊迪丝，经济问题固然重要，但与另外一个问题相比就不重要了——那就是与你的孩子呆在一起的重大问题。他们太可怜了，需要你的陪伴，我们大家又是多么担心他们呀！在这件事上我要补充

的是，你原本能够成为我和你母亲的巨大安慰和得力助手。但是每当我们考虑到可爱的孩子时，这一点就变得不重要了……我不是在说教，也不是在训斥。我爱你，亲爱的伊迪丝。我仍然在期盼着。

1921 年 8 月下旬，伊迪丝已经基本克服了旅行恐惧症，可以定下回美国的船期了。她打算一到美国就去看父亲，因为她有 8 年没有见过父亲了。可是，她到纽约后告诉他，她想带两位同伴埃德温·克伦和克伦原先在寄宿学校时的同学爱德华·达多（Edward Dato）一起去见他。洛克菲勒理所当然地生气了——也许他对伊迪丝移情别恋的流言已有耳闻——坚持只见伊迪丝一人，所以她只好不情愿地同意独自去莱克伍德见父亲。伊迪丝后来用了 10 年的时间向她父亲解释自己为何没有按约定日期去见他。"我抵达渡口时，一场可怕的雷雨驱走了炎热；同时，想到自己来纽约要面对涉及孩子待遇问题的艰难的离婚条款，我一直为此备受折磨的神经也崩溃了，只好回到船上去，所以没能去见您。"在伊迪丝一生最后的 19 年里，这是父女俩为了相见而离得最近的一次。伊迪丝虽然在荣格那里搞了 8 年的大量研究，依然无法完全克服旅行恐惧症，至少去见她父亲时是这样的。

伊迪丝回到芝加哥一个月后，哈罗德提出离婚。伊迪丝和父亲一样，一心想与他重归于好，但哈罗德有更加充足的法律依据：他的律师保罗·克拉瓦思（Paul Cravath）从欧洲带来一个显然亲眼目睹过伊迪丝不贞行为的证人。这个身份不明的证人足可以说明问题，于是艾尔塔建议她姐姐及早了断。圣诞节那天，伊迪丝被迫签了一份苛刻的离婚协议，协议规定她得不到任何赡养费，还要为他俩的几处住宅付给哈罗德 270 万元，这使她更加债台高筑（1922 年，伊迪丝还欠银行 72.6 万元，尽管那些年里她从父亲那儿总共收到了 1400 多万元）。好像是为了表示对女婿的同情，洛克菲勒给哈罗德寄去一张 1000 元的支票作为圣诞礼物，全然不顾他女儿正要签那些惩罚性文件。伊迪丝强烈要求她父亲与哈罗德断绝往来，但洛克菲勒却仍然与他保持联系，只不过随着时间的推移，两人见面的次数越来越少了。

伊迪丝刚一回到芝加哥就计划成立一个荣氏心理学中心，地点大概就设在图里坎别墅里。她对自己的抱负并没有特意夸耀，只是解释说："有人向我指出芝加哥将成为世界上最好的心理学研究中心。这就是为什么我回来的原因。"不久，伊迪丝就吸引了100个病人来她的私人诊所看病，其中有许多是喜欢社交活动的人，冲着洛克菲勒和麦考密克之名而来。伊迪丝对星相学和神秘仪式产生了终身不渝的兴趣，花了大笔的钱参加算命活动，有时还自己举办降神会。在一次降神会上，她陷入了一种催眠状态，醒后竟宣称自己是图坦卡蒙⑦的童养媳的灵魂转世。激起前来求医者好奇心的还有关于伊迪丝和克伦有暧昧关系的传言。他俩和在苏黎世时一样，天天形影不离：一起吃午饭，饭后一起学习语言，接着一起喝下午茶，晚上一起去看电影。一些观察者认为，克伦与达多可能是同性恋，但又无从证实这些推断的真实性。

伊迪丝仍然认为自己有商业头脑，并且在1923年末开了一家房地产公司，由她那两位欧洲伙伴牵头，取名为克伦—达多公司。她又一次像洛克菲勒所担心的那样，既轻信于人又头脑发热。为了给公司筹集资金，伊迪丝成立了一个名叫伊迪丝·洛克菲勒·麦考密克的信托基金机构，存入了523万元（相当于现在的4500万元），让克伦和达多共同担任理事。洛克菲勒看到伊迪丝又要在另一个悬崖上失足，便写信对她说："我预计你将来会对这些房地产交易大失所望的。你若重蹈与外国人进行商业冒险的覆辙，将会使我们大家都为此而蒙受耻辱。"这一警告被置若罔闻。尽管伊迪丝计划为住在海兰公园附近的穷人盖一些他们住得起的住宅，克伦和达多的主要投资项目却是在密执安湖畔建造一个叫做伊迪森的占地1500英亩的百万富翁乐园，包括一个供房主们停泊游艇的船坞。在设计这座小城时，克伦搜集了大西洋城和棕榈滩各种风格的建筑样板。被旅行恐惧症困在芝加哥的伊迪丝无法亲临施工现场，也无法检查账目，连去克伦和达多的办公室里坐坐都办不到。伊迪丝骄傲地把公司计划书寄给她父亲后，洛克菲勒心里肯定在痛苦地呻吟，他又一次哀求道："你虽然是个智力发达的、成熟而又出色的女人，但我忘不了你是我的骨血。因此我认为有责任提醒你，生活中到处是陷阱和不测。"洛克菲勒早就听说伊迪丝又在大肆举债，中西部的债主们正齐集纽约，调查她有多少净资产。然而，伊迪丝却对父亲的好意相劝大发其火："我无法不告诉您，您对我的生意即信托基金的管理方式和我的两位合伙人表示怀疑，这伤害了我的感情。克伦先生和达多先生为人都十分正直。"1927年，克伦和达多突然大难临头，两人在债务泥潭里越陷越深。公司的实力没有抵挡住1929年的经济大崩溃，留给伊迪丝的是成片成片无法脱手的房地产。她再也没能挽回这次巨大的损失。

在整个20世纪20年代里，伊迪丝一直在安慰她父亲，说她会去看他，但一直没有去。人们最终怀疑她是不是以旅行恐惧症为现成的借口，避开结局难测的父女关系。父女之间经常相互写一些简短而又充满爱意的信，从未中断过联系，但又继续让彼此失望。伊迪丝想有一位现代派的父亲，不是她眼下的那个老古董。她经常想要像朝圣那样去走近他，却被收到的忠告所伤害而却步不前。在她生命的最后20年里，伊迪丝从来没有为自己抛弃父亲的行为有过悔意。她早已摆脱这种过时的观念了。

注释

①James M. Cox，1870—1957，美国报纸发行人，两度出任俄亥俄州州长，后竞选总统未果。

②Robert M. Hutchins，1899—1977，美国教育家，长期担任不列颠百科全书编委会主席。

③Sigmund Freud，1856—1939，奥地利精神病学家、精神分析学说创始人，荣格的老师。

④Groton，美国东部供上层人物子弟读书的学校。

⑤Friedrich W. Nietzsche，1844—1900，德国哲学家，创立"权力意志"说和"超人哲学"。

⑥James Joyce，1882—1941，爱尔兰著名作家，代表作为《尤利西斯》。

⑦Tutankhamen，古埃及第18王朝国王，留有完整的陵墓。

31 忏　悔

　　塞迪死后，洛克菲勒不时陷入孤独之中，但也从她患病的长期折磨中解脱了出来。在后来的年月里，他枯干的身躯虽然越来越瘦，心情却变得更加轻松愉快了，这时与其说他是伊莱扎的儿子，倒不如说他更像父亲比尔。虽然从许多方面来说，他过着孤独的日子——塞迪和贝西都已作古，伊迪丝往来于瑞士和芝加哥之间，艾尔塔经常呆在芒特霍普的农场里，小洛克菲勒则忙于处理他的钱财——但他还是在自己周围又凑起了一个家庭作为替代。

　　洛克菲勒的那位一丝不苟的妻姊露特在 1920 年去世前一直充当他家的女主人。不过，塞迪死后在他家住得最久的是洛克菲勒的表妹、体态丰满的范妮·埃文斯（Fanny Evans），她来自俄亥俄州的斯特朗斯维尔，到他家后当了他的管家和伴侣。洛克菲勒经常与这位比他小 30 岁的表妹开玩笑。他俩面对面坐在餐桌两端，洛克菲勒像个老顽童，对她连取笑带奉承，以此为乐。"我总是当面称她为天使，"他对儿子说，"她听后两手一摊，表示多少有些怀疑。"他们称呼彼此为"洛克菲勒先生"和"埃文斯夫人"，但他有时又管她叫范妮姑妈。他俩合伙编造出一种假象：他必须对她言听计从，因为她掌管着他的社交活动时间安排——这是一个赶走逗留过久的客人的好办法。扮演配角的人当中有衣着整洁的瑞士男仆约翰·约尔第（John Yordi），从伺候主人用餐到为他演奏风琴，什么都做（当然，他还擅长唱赞美诗）。约尔第被授予特权，可以制止洛克菲勒参加任何过于激烈的活动。

尽管小洛克菲勒和艾比煞费苦心地对基奎特进行了整修，约翰和塞迪却很少去那儿住。塞迪在装修竣工后不久便去世了，约翰则喜欢春天住在莱克伍德，冬天去佛罗里达。他对南方的热情是在他每年2月去佐治亚州奥古斯塔打高尔夫球兼度假期间逐渐培养起来的，在那儿，他可以不带保镖出门，跳上电车游览或者在街上四处溜达。波坎蒂科虽然富丽堂皇，他却觉得住在那里像受到囚禁一般，与外界隔绝，成了财富的俘虏。若不是每天早晨打高尔夫球觉得太冷，他很可能把奥古斯塔当做过冬的地方。当时有位朋友来信盛情称赞佛罗里达州锡布里兹的气候如何如何好，洛克菲勒与美国气象局联系后确认锡布里兹在冬天通常要比奥古斯塔有更多的光照。鉴于充足的阳光能延长打高尔夫球的时间，他便在1913年和比格尔医生一起去锡布里兹做了一次考察旅行，并且发现当地的气候的确宜人。洛克菲勒在附近那座由亨利·弗拉格勒创办的奥蒙德比奇饭店过了好几个冬天，和他的随从占了整整一个楼层，最后于1918年9月在奥蒙德比奇买下了一幢房子。人们肯定会注意到其中的些许讽刺意味。多少年来，弗拉格勒一直请他来佛罗里达，但是直到1913年弗拉格勒去世后，洛克菲勒才经常光顾该州，这再次表明他对这位朋友的离婚事件和挥霍成性的晚年心存不满。

随着自己日渐衰老，洛克菲勒越来越受到他清教徒本性的感召，十分崇尚简朴的生活。他写道："我坚信我们要不断学习，尽量少受制于物质，而要逐渐接近本杰明·富兰克林对生活的主张：在没铺桌布的桌子上喝粥。"在奥蒙德比奇这个饭店密布的旅游胜地，洛克菲勒试图回到较为简陋的生活方式。他住在奥蒙德比奇饭店对面的一幢三层灰瓦小楼里，小楼因窗户上全都遮着凉篷而被人称为"凯斯门茨[①]"。他担心一旦自己想买房的事让人知道会导致房价过度上涨，便请一位朋友出面买下了它，并从1919年初开始在这里过冬。屋内陈设简单，掩映在高大的棕榈树下，精心修剪的花园如层层梯田伸向与海滩平行，最后注入大西洋的哈利法克斯河。楼里有十一间客房——按照洛克菲勒的标准这不算奢侈——以供他不断增加的子孙们居住，虽然这里从未像洛克菲勒期盼的那样来过那么多家庭成员。他还像以往那样喜欢对房子修修改改，经常用手杖在湿沙上画出扩建部分的轮廓，或是用铅笔头飞快地画出草图。他一向爱晒太阳，为此修了一个封闭式阳台，游客能看到他像一尊美国蜡像一样坐在里面。最重要的一点是，他为了让这个地方充满音乐，在屋子里放了一架斯坦韦牌钢琴、一台维克多牌留声机和一台漂亮管风琴。"我崇敬作曲家，"一次他在听完理查德·瓦格纳②的曲子后感叹道。"这真是一份不同寻常的礼物。"

洛克菲勒喜欢坐在伊莱扎那张老式摇椅里接待客人。凯斯门茨不设警卫和门房，周围只有一道防护树篱，因此记者们常常因为它看上去毫无保安措施而感到惊讶。一位当地记者说："歹徒随时都可以轻而易举地把匕首插进（洛克菲勒）的身子。"尽管小楼并不像从表面看上去那样毫无防备——有两个警卫守在楼里，还有两个在屋子周围巡逻，约尔第也充当保镖的角色——洛克菲勒却经常不带随从，独自在小城里闲逛，遇上寒冷的日子则包上围巾戴上粗呢帽子，典型一个怪老头模样。一天，有个小男孩向他喊道："你好，约翰·D，"洛克菲勒则对此评论道："如果他说'你好，邻居约翰'就更好了。"从此以后，城里的人都按他的意思管他叫邻居约翰，他很喜欢这个荣誉称号。有位记者写道："他在奥蒙德比奇人的眼里就像是一位受人崇敬的老市长、教师甚至牧师。"他经常开车到6英里外的代托纳海滩去，坐在一个能挡住阳光和微风的带顶柳条椅里，望着一辆辆赛车快速驶过已经被压得结结实实的沙滩。

洛克菲勒靠两项爱好来打发时间：上帝和高尔夫球。他每个星期天早晨都戴着一顶黑色圆顶礼帽、穿着燕尾服去不分教派的奥蒙德联邦教堂，笔直地坐在稍稍靠前的长凳上，兴致勃勃地、一首接一首地唱着赞美诗。做完礼拜后，他便到教堂外面散步，彬彬有礼地向一起做礼拜的人和过路人打招呼。他一向很信任奥蒙德比奇的市民，常常自由自在地同他们在一起。他每年一次地把一个装有支票的信封巧妙地塞进牧师手里，这张支票足以支付牧师当年的薪水和教堂活动经费。

在奥蒙德比奇，洛克菲勒第一次结交了真正的朋友，他们不仅仅是高尔夫球友或老相识。他过晚地开始学习比以往更加完整、更加自由的生活。最常和他在一起的伙伴是一位早年在南北战争中当过将军的埃德尔伯特·艾姆斯（Adelbert Ames），此人毕业于西点军校，性情古板，在奔牛活动中受过伤，在南部重建时期担任过密西西比州州长，美西战争期间作为志愿军准将再次上过战场。在高尔夫球场上，比洛克菲勒大 4 岁的艾姆斯被这位节俭的朋友处处注意节约的做法逗得乐不可支。到了水塘附近，洛克菲勒坚持要换旧球打，并且对有人在这种不知深浅的地方仍然用新球的奢侈行为大感惊诧。他对艾姆斯说："这些人一定很有钱！"

洛克菲勒在奥蒙德比奇时心情往往很好，有名人来做礼节性拜访时也不介意面对新闻记者的镜头。亨利·福特曾路过那里，想拜见洛克菲勒但事先没有约定。他被告知洛克菲勒每天 12：12 会准时出现在公共高尔夫球场上，于是两人便不早不晚地在那个时候握手相会了。洛克菲勒镇定、苍老的脸和犀利的双眼给福特留下了深刻的印象。他说："一看到他那张脸我就知道是什么造就了标准石油公司。"

幽默作家威尔·罗杰斯（Will Rogers）也拜访过洛克菲勒，他那些板着脸随口说出来的俏皮话和洛克菲勒的如出一辙。罗杰斯在凯斯门茨吃过两次早餐，饭后去打高尔夫。洛克菲勒给了他一枚纪念币，他回答说："要知道，我担心这枚小硬币离开它的同伴后，在我的口袋里会感到孤单的。"洛克菲勒在高尔夫球比赛中胜了他后，他又说："约翰，很高兴您打败了我。上次您输的时候，我注意到石油价格每加仑上涨了 2 分钱。"罗杰斯敢拿这种事情开玩笑——而且洛克菲勒竟然也仰头大笑——这说明洛克菲勒变得越来越放得开了。这个可怕的商业罪犯正在迅速变成一位受人喜爱的传统故事中的人物，一个合格的美国人形象，他日益愉快的心情也体现了这一点。

星期天晚上，喜气洋洋的洛克菲勒穿着合体的夜礼服参加在奥蒙德比奇饭店举办的每周音乐会，并经常邀请玛丽·加登③等来访的歌剧女主角第二天早晨和他打高尔夫球。塞迪去世后，他可以公开向人献殷勤了，他喜欢带着新结识的女友下午开车兜风，一去就是半天。

本杰明·富兰克林曾经说过："我认为长期的道德习惯会在人的脸上产生明显的效果。"洛克菲勒的性格就在他日渐衰老的脸上刻下了印迹。细小的皱纹和薄薄的面部肌肉表明他生活节俭，坚定的目光表明他意志坚强，毫无表情的脸则说明他为人狡诈、老谋深算。对于肖像画家来说，他是个理想的创作对象，但长期以来清心寡欲的他一直厌恶表现自己。小洛克菲勒和艾比很喜欢约翰·辛格·萨金特④画的怀德纳一家的肖像，便在

1916年向洛克菲勒建议聘请萨金特画5幅肖像——3张老约翰的、1张小洛克菲勒的、1张艾比的。洛克菲勒身上那种簿记员的特点马上表现了出来。"请科尔巴赫怎么样？"他问道。"这个价格看来实在太高了，不过我很愿意与你进一步讨论这个问题。"小洛克菲勒指出，萨金特是在佛罗伦斯和巴黎学的绘画，父母都是侨居海外的美国画家，所以他很可能是当前在世的最出色的肖像画家，而科尔巴赫只不过是个二流角色，不能跟他同日而语。对萨金特来说，他并不情愿为这个大人物作画——他已厌倦肖像画，希望把更多的时间放在水彩画上——最初只是看在小洛克菲勒的面子上才答应了下来。

1917年3月，61岁的萨金特开始在奥蒙德比奇为洛克菲勒画像时，抛弃了老一套的画法。他没有让老洛克菲勒一本正经地穿上一身灰黑色礼服，而是捕捉住他随意、优雅的气质，身上穿的是蓝色哔叽上衣，配上白色背心和便裤。他的面容瘦削但不憔悴，两眼若有所思，与1895年伊斯曼·约翰逊画的那副肖像相比，姿态也更为放松。萨金特让洛克菲勒坐在毫无装饰的背景前面，以便突出他的简朴而非他的亿万家产。洛克菲勒对这幅肖像极其满意，又在波坎蒂科画了第二张。萨金特发现洛克菲勒很容易使人联想到基督教史上那些意志坚强的人物："在我看来，他最像中世纪一位充满智慧的圣人……给我印象最深的是他受过良好教养的外表，他那种类型的优雅，可以说是那种优雅、虔诚的苦行僧类型，还有他那种仁慈的表情。"两人谈起了洛克菲勒在过去那些年里受到的种种诽谤，萨金特说，洛克菲勒尽管深深地感到自己受到了不公平的对待，却因此而达到了一种泰然自若、与世无争的境界。

萨金特建议洛克菲勒请保罗·曼希普⑤来为他塑像。此后曼希普与他也建立了轻松的工作关系。在莱克伍德和波坎蒂科，曼希普一边凿着石头，一边听洛克菲勒讲他的一生，解释上帝给他财富是有条件的。"他有好几次对我说起过，他如何把他获得的财产看作是上帝交给他的一种责任，除了用它来造福人类别无他途。"曼希普十分倾心于历代罗马皇帝和文艺复兴时期各国君主的头像，他从洛克菲勒身上也看到了梵蒂冈大主教的那种质朴、威严的力量。"他给我的印象是一位非凡的人物。我常对自己说：'他假如生活在中世纪，一定会成为罗马教皇的。'要知道，他具有那种激情和专注，凭着他的浸礼会素养、坚定的信仰、天分和威力，我敢说这是很有可能的。"曼希普为洛克菲勒雕了两尊头像。一尊像是一位圣人，瘦削的脸庞向上抬起，两眼温顺地仰望苍天——用这种方式表现一位巨头的半身像是十分少见的。曼希普在第二尊头像里把洛克菲勒塑造得较为冷漠，脸色严峻、双唇紧闭。这两尊雕像放在一起综合地刻画出了洛克菲勒的真实情况：永远在天堂与地狱、尘世利益与灵魂的永世安宁之间苦苦挣扎。

随着晚年过得越来越清闲，洛克菲勒对塑造自我形象表现出了真正的兴趣。他突发奇想，做出了一个无疑很了不起的决定：出门时见了成年人分发闪闪发亮、面值1角的纪念币，见了儿童则给5分的镍币。在上午的日常活动中，洛克菲勒赏给家里的仆人硬币，打高尔夫球时发给球童糖果。和传说不一样的是，想出这个主意的是洛克菲勒而不是艾维·李。李的出色主意是，让他把这项私人活动变成出入公共场合的标志。

洛克菲勒为散发钱币添加了他自己的象征意义。他一边散发硬币，一边还说些简短的训戒，如教导小孩子若想发财就要努力工作、勤俭节约。这些硬币是让他们存起来的，不可乱花。他说："我认为，我们如果在听取教诲时能得到某种帮助记忆的东西，以后见到它时就会想起这个教诲，这样记起来就更容易些。"他告诉孩子们，一个镍币代表一块钱一年的利息。对于像洛克菲勒这样天生说话简洁的人来说，这是一个扮演起来毫不费事的角色。

洛克菲勒每次壮起胆子走向人群时，两个衣兜总是鼓鼓的，一个装满镍币，另一个装满角币，忠心耿耿的约尔第则带着备用的钱。据估计，洛克菲勒散发的硬币有两三万枚之多，许多人都珍藏着这些纪念品，把它们编织到护身符里或者陈列在家中。由于他讨厌签名，认为这是个愚蠢的习惯，加上他在公众面前常常感到不自在，这些硬币就成了便于他和陌生人打交道的简便方法，使他得以避开那些陈规陋习。他的孙子戴维认为："他把这种方法视作与人迅速建立对话与和睦关系的一种手段，而且乐此不疲。"

洛克菲勒发明了无数种使用硬币的方法。只要别人打高尔夫球赢了他，他就抛出一枚硬币。哈维·费尔斯通[①]轻轻打出一个难度很大的长距离入洞球后，洛克菲勒手握硬币，高兴地走上前去。"太棒了！太棒了！这一击值一毛钱奖励。"在餐桌上，讲了精彩故事的人能得到硬币。如果有人弄洒了东西，洛克菲勒就在弄脏的地方撒上硬币，作为给擦拭者的小费。有时，他会跟人开玩笑，扣下硬币不给，或是在对方手心里放上一颗七叶树籽，说这东西可以治风湿病。当时的新闻纪录片拍下过洛克菲勒像教皇那样发放硬币的情景，他用尖细的声音说："上帝保佑你！上帝保佑你！"就像在散发圣餐薄饼一样。

等到艾维·李受聘而来时，洛克菲勒已经难以置信地变成了人物特写作者的宠儿，他们发现他的生活五颜六色，写起来很容易产生戏剧性效果。李要求新闻报道务必保持低调，避免不恰当的自我宣传的嫌疑。他确立了这样一个方针：容许受惠人公布从洛克菲勒那里得到的大笔捐助，他还留心不让这位巨头厚此薄彼，只答应一家报纸作独家采访，这样有可能得罪另一家报纸。李深得新闻界的信任，许多记者竟然让他核实文章的准确性，从而使对洛克菲勒的报道更有节制。尽管如此，洛克菲勒仍然对新闻界疑心重重，他新采取的开放政策在很大程度上只不过是为了掩盖自己的怀疑本性而装装样子罢了。正如一家报纸所评论的那样："洛克菲勒先生十分不愿意在公众关心的问题上让人引用自己的言论，哪怕是间接地引用，所以他和朋友在一起时从不谈论这些话题，客人们只能满足于谈论各种趣事和闲聊，这已经成了一条不成文的规定。"

如果说艾维·李同洛克菲勒保持着良好的关系，那是因为他了解洛克菲勒的工作方式。他认为洛克菲勒拥有卓越的判断力，与其说他有首创精神，不如说他更善于对各种想法做出反应。每当李提出一项建议，洛克菲勒都要他列出所有的反对意见。据李说，洛克菲勒在任何问题上遇到两种选择时，总能准确无误地做出合适的决定。

拉德洛事件发生后，小洛克菲勒和李为自己左右舆论的能力所鼓励，决定重提搁置已久的请人为老洛克菲勒立传的事。对小洛克菲勒来说，他对标准石油公司所发生的事一无所知，从而对他父亲的诚实深信不疑，这就使重塑家族形象的工作复杂化了。在谈到臭名昭著的改造南方公司时，洛克菲勒在20世纪10年代做了以下惊人的表白："我儿子对这一情况的了解大部分都是从（艾达·塔贝尔的）书中得来的，只是偶尔听到过我对事实的陈述。"小洛克菲勒对这些重大事件一直不知根由,这很可能是洛克菲勒答应接受威廉·英格利斯长达 3 年的采访的原因之一。洛克菲勒对英格利斯说:"我这样做是为了我儿子,他很认真,听到这些谈论后自己不能做出回答,因此想知道所有的事实。"奇怪的是,洛克菲勒家族长期以来对任何事情都保持沉默,尤其在标准石油公司问题上。除此之外,英格利斯向洛克菲勒问遍了所有那些小洛克菲勒从来不敢提的敏感问题。

由于洛克菲勒对自己的历史地位充满自信,小洛克菲勒和李明白他们只能不露声色地一步步说服他接受为其立传的设想。1915 年初,李去找老朋友英格利斯,此人是纽约《世界报》一名和蔼可亲的编辑,他经常与社会名流一起打高尔夫球,然后发表有关这些人的有价值的简介。出生于布鲁克林的英格利斯还写体育报道和人物专访,风格灵活多变,完全适合为洛克菲勒作传。一开始,洛克菲勒拒绝同英格利斯打高尔夫,尽管李向他保证:"您尽管放心,他写的任何东西绝对都是善意的。"看到这一招不灵,李在当年晚些时候写信给洛克菲勒说:"他绝对不会在出版之前不把他写的东西拿给我们看就付梓的。"洛克菲勒终于默许了,而英格利斯则不出所料地写出了一部充满敬仰之情的传记。

1917 年 5 月,美国参加第一次世界大战一个月后,洛克菲勒请这位报人去福里斯特山打高尔夫球,但没有提出请他作传。英格利斯发现洛克菲勒的身子比以前又佝偻了一点,皱纹也有所增加,脸晒得黝黑,一副颐指气使的派头。令英格利斯吃惊的是,洛克菲勒出人意料地宣布道:"我们不谈任何有争议的话题。人们过去往我身上甩了许多污泥,其中大都已经变干、脱落了。现在重提那些问题会使激烈的争吵再度爆发。"在以后的六个星期里,洛克菲勒一边和英格利斯打高尔夫球,一边不置可否地讲述着儿时天真无邪的记忆。这个准备阶段结束时,洛克菲勒同意坐下来开始一次前所未有的、没有固定话题的私人采访。"你已经用保持沉默的方式赢得了这位老先生的信任,"李对英格利斯说,"现在你可以去莱克伍德想问什么就问什么了。"如果弗拉格勒不是在 1913 年去世、阿奇博尔德没在 1916 年 12 月作古,洛克菲勒一定会拒绝这次谈话的,因为写这种传记违背了他们对批评不予理会的做法。洛克菲勒对英格利斯说:"如果我的同事弗拉格勒和其他人在这儿的话,他们会说:'喂,约翰,你在搞什么名堂？——这不是在浪费你的时间吗！'"

1917 年 11 月 1 日至 1920 年 12 月 13 日，英格利斯在极其秘密的情况下每天对洛克菲勒进行一小时左右的采访，通常是在早饭或打高尔夫球之前（有一阵，洛克菲勒对这件事的热情减退，使之在 1919 年 7 月和 1920 年 11 月之间停顿了下来）。英格利斯跟着洛克菲勒从一处庄园跑到另一处庄园，从这位沉默寡言的采访对象那里逐字逐句地记下了 48 万字的手稿。他用的方法很不一般。他经常大声朗读劳埃德和塔贝尔的文章——洛克菲勒承认自己从来没有看过这两个人的文章——然后记下洛克菲勒做出的回答。洛克菲勒像往常一样，为了保存体力经常斜倚在沙发上，闭着双眼，在英格利斯朗读时显得毫无反应。就在英格利斯以为他已经睡着了的时候，他会突然睁开眼睛，对刚才读的那段东西做出恰如其分的回答。英格利斯还去了纽约北部和克利夫兰一带，在洛克菲勒童年住过的里奇福德、莫拉维亚、奥韦哥、斯特朗斯维尔和克利夫兰等地搜集有关他的轶事。

起初，洛克菲勒把采访看作是对家族档案的私下记录，可是当他第一次明确地为自己辩解时，不由得来了情绪。1918 年 3 月，英格利斯把这一变化向李作了汇报："他说现在他觉得自己有责任把过去被错误地报道过的许多事件的真相记录下来，这不仅是为了自己，也是为了他的家族。"日复一日对记忆的挖掘把洛克菲勒带回到当年辉煌的岁月之中。一天早晨，他给英格利斯讲了一个他做过的梦："我梦见自己回到了过去的位置上，认真而辛苦地拼命工作，努力摆脱那些令人窘迫的处境，克服各种各样的困难。"

小洛克菲勒为父亲的热情松了一口气。"我做梦也没想到您会如此孜孜不倦地探讨英格利斯先生写下的事情，"小洛克菲勒对他父亲说。"为您正在做的一切，我要表示 1000 次的感谢。"小洛克菲勒特意让英格利斯询问老洛克菲勒对艾达·塔贝尔文章的看法，这充分表明了小洛克菲勒的真正动机和不安。他告诉英格利斯："能从他本人的嘴里套出话来，以此作为对她不利的证据，这才是最有价值的东西。"洛克菲勒在对塔贝尔的指责进行应答时，不是辛辣地加以批评就是明显地企图避开不愉快的话题。"不过，还让我们避开任何有争议的话题吧，"他对英格利斯说。"我不想重提塔贝尔之流和她们的种种诽谤了。"

这部采访记录里的洛克菲勒一会儿固执己见、一会儿笑容可掬，一会儿情绪激动、一会儿又冷嘲热讽。他语言表达清晰，对自己的行为进行了精心的辩护——过去他从未这样做过——还揭示了自己内心深处的重要思想，即把自己的经商信条和宗教信仰融为一体。这次采访也表明，他使出了浑身解数为自己的行为进行辩解，洗刷自己的罪名。洛克菲勒在英格利斯面前竭力为托拉斯辩护，这在托拉斯创建人当中恐怕也是独一无二的。然而，即使在这种犹如忏悔室的背景下，洛克菲勒常常口若悬河，却非襟怀坦白。保守秘密的习惯在他身上已根深蒂固。他对自己采取的反竞争措施毫无反悔之意，看来难以开展真正的自我批判。照洛克菲勒的说法，标准石油公司此时是一个受人喜爱的企业，因为向老百姓提供廉价石油而大受欢迎。"如今人们承认该公司从头至尾的表现在整个商业活动史上如果不是最出色的，也是最出色的之一。"在这 3 年的采访中，洛克菲勒从未提到过 1911 年公司解散的事，而且十分奇怪的是，他在谈起标准石油公司时总好像它仍然存在似的。英格利斯自告奋勇地提出要给他念一下 1911 年最高法庭的判决，洛克菲勒拒绝了。"不，我从来没有叫人念过这个判决。我不愿意听它，把它留给律师们吧。"

在整个采访过程中，洛克菲勒对合作在美国生活中最终胜过了竞争而感到高兴——这个观点听上去也许很奇怪，因为在此前不久的 1914 年，国会通过了克莱顿反托拉斯法，规定诸如互兼董事等贸易行为为非法，并在 1915 年成立了联邦贸易委员会，负责监控反竞争手段，把竞争奉为美国经济生活的基本原则。不要以为洛克菲勒完全是在自欺欺人，我们必须明白，英格利斯的采访始于美国参加一战后不久，政府放弃了过去的反托拉斯政策，敦促各标准石油公司联手合作，这使洛克菲勒得意地认为"政府自己也采取了（标准石油公司领导们）这些年来一直坚持的观点，虽然有谢尔曼法和反对派的喋喋不休，政府自己却走得比这些企业的任何一家梦想的都要远"。1918 年 2 月，旨在协调石油供应的协约国石油公会成立后，向协约国提供所需石油 1/4 的新泽西标准石油公司开始同它的强硬对手皇家荷兰—壳牌公司紧密合作。此时，石油的重要战略地位得到了普遍的承认，而这些石油 80% 来自美国公司。英国战时内阁成员柯曾爵士战后在伦敦举行的一次宴会上起身宣布"协约国的事业是在石油浪涛的推动下驶向胜利的"，洛克菲勒听说后大为得意，认定自己在该领域里的开拓性工作为这场胜利做出了物质上的贡献。洛克菲勒总共为这场战争捐赠了 7000 万元，其中 2200 万元出自洛克菲勒基金会，用于救助遭到德国入侵后饱受饥荒之苦的比利时，他的慷慨之举引来了一度小心翼翼的公众交口赞誉。对洛克菲勒来说，德国的战败同样意味着上帝最终还是关照标准石油公司的。"我敢肯定是神的力量在支持这些庞大基金的聚集，使之得以发挥如此突出的作用，即帮助世界挣脱可能摧毁各国自由的军事独裁势力的枷锁。"

因此，英格利斯采访时的这个大背景肯定使洛克菲勒更加认为自己一贯正确。当英格利斯最终提到劳埃德和塔贝尔的文章时，洛克菲勒指出了其中的许多错误，但也默默地听他大段大段地朗读许多章节，等于默认了它们的真实性。他好像不会念劳埃德和塔贝尔这两个名字似的，总是嘲弄地称他们为"著名的历史学家"或是用其他一些讽刺性称呼。他认为劳埃德草率、狂暴、错误百出。"塔贝尔则更加危险，"他说。"她装出不偏不倚、态度公正的样子，却在这副伪装之下把各种各样的中伤和偏见塞进了她的'历史'。"洛克菲勒对她的指控所作的反应大多是人身攻击，中间还夹杂着许多大男子主义的偏见："她和有些女人一样歪曲事实，把她明知不真实的东西说成是事实，而且毫不讲道理。"洛克菲勒一开始就注意到，塔贝尔用赞扬他的手法为自己随后的批评建立了可信性，不过，随着采访的继续，他不得不承认她自称的公正并非只是装装样子而已。"我说，她的文章真让我吃惊，一向如此！"他有一回感慨道。"里面有那么多有利于标准石油公司的说法。尽管也有那么多偏见……但她竟然说了这么多有关公司及其领导人的好话，给了他们这么多赞誉，实在令人吃惊。"他没有一点儿证据就荒唐地编造出这样一种说法，认为艾达·塔贝尔正在因败坏他的名声而愧疚不已。"只要她能让公众忘掉她说的话和她那种恶毒的说话方式，她就能过上更加宁静的日子，更加问心无愧地死去。但愿她死后能安息！"

洛克菲勒虽然试图表现得像个政治家一样，但他的怒火还是从话语之间流露了出来。尽管是劳埃德和塔贝尔的揭露文章导致了标准石油公司的解体，但他在说起这两个批评者时却依然坚持认为"他们的文章毫无效果，只是搬起石头砸了自己的脚。"他说得越多，埋藏心头的怨恨就暴露得越多，最后干脆把对胆敢攻击他的"社会主义者和无政府主义者"的憎恨全都倾吐了出来："如今对所有诚实的男人和女人来说，这些家伙只是他们鼻孔中的恶臭。他们是毒药。我恨不得让他们滚开，自己找地方去实行他们那些理论，去互相蚕食；因为他们什么都不生产，而是像寄生虫一样依赖诚实、节俭、勤奋的人生产出来的东西为生。"这是洛克菲勒的家人和密友从未听到过的声音——是过去一直受到基督徒洛克菲勒小心翼翼地压制着的那个坦诚爽直、口无遮拦的洛克菲勒。总之，英格利斯的采访是一种谈话疗法，因为这位巨人借此机会挖掘出了长期以来一直被他否认的埋在心底的伤痛。他不是一个基督教殉道者，而是一个十分脆弱、需要发泄——这是可以理解的——的凡人。

英格利斯被洛克菲勒假装的坦诚所欺骗。他没有当场与洛克菲勒展开讨论，而是一直按照预先设定的、保险的方式，先朗读劳埃德和塔贝尔的文章，然后逐字记录洛克菲勒的答复。他没有明确表示过想审阅标准石油公司档案和洛克菲勒文件的愿望，而是不假思索地接受了经过洛克菲勒的记忆筛选的大部分内容。他虽然也采访了洛克菲勒的许多亲戚和商界的同事，但这些人都知道他是洛克菲勒派来的，因而不出所料地全都说洛克菲勒好的一面。

小洛克菲勒很快就意识到，英格利斯正受到洛克菲勒庄园中轻松自在的日子的引诱，很想延长这份工作。英格利斯后来也承认，他被主人那种单调但又十分愉快的日常生活所具有的麻醉作用弄昏了头。终于，经过7年的努力之后，英格利斯在1924年初完成了他的传记，这是一部对洛克菲勒的一生大加粉饰和吹捧的传记。小洛克菲勒明智地把它送给一些信得过的人传阅，其中包括堪萨斯报社编辑威廉·艾伦·怀特⑦和洛克菲勒基金会主席乔治·义森特（George Vincent），两人都对该传记大加挞伐。怀特说它"过于谄媚和恭顺"，建议洛克菲勒家族不予出版。

小洛克菲勒听从了艾维·李的建议，天真地把书稿匆匆寄给了住在曼哈顿格拉默西公园寓所里的艾达·塔贝尔。他俩曾在1919年由威尔逊总统组织的一次劳资会议上一起工作过，并且建立了友好的关系。"我本人很喜欢她，"小洛克菲勒说，"虽然我从不喜欢她写的书。"塔贝尔也对这份友情投桃报李，对一位朋友说："我认为，在我国的公众生活或商业活动中，谁也比不上小约翰·D·洛克菲勒更执着于自己的理想。事实上，我甚至可以说，没有哪位父亲在指导儿子方面比老约翰·D·洛克菲勒做得更好。"在那些年里，塔贝尔对商界的态度变得更加保守、更加同情——1925年，她发表了一部为美国钢铁公司的埃尔伯特·加里[8]撰写的颂扬性传记——但她仍然认为英格利斯的传记避重就轻、全是一面之辞，建议小洛克菲勒把它束之高阁。极度失望的小洛克菲勒把这部书稿收进了洛克菲勒的档案之中，一直没有公之于众。

注释

①英语"窗罩"的意思。

②Richard Wagner，1813—1883，德国作曲家，毕生致力于歌剧的改革与创新。

③Mary Garden，1874—1967，美国著名女高音歌唱家。

④John Singer Sargent，1856—1925，美国画家，长期侨居伦敦，以肖像画著称。

⑤Paul Manship，1885—1966，美国雕塑家，以大理石雕像著称。

⑥Harvey S. Firestone，1868—1938，美国橡胶制造商，费尔斯通橡胶与轮胎公司的创建人。

⑦William Aien White，1868—1944，美国新闻工作者、作家，曾获普利策奖。

⑧Elbert H. Gary，1846—1927，美国法学家、美国钢铁公司董事长。

32　王朝的承继

身为"王位"继承人，小洛克菲勒至此为取得他的合法地位已经等了许多年，这只能使他更加难以赢得别人的尊重。在众多对他心存疑虑的人当中就有亨利·门肯[1]，此人爱说小洛克菲勒能出人头地完全是沾了其父的光。"人们关注他仅仅是因为他碰巧是老约翰的儿子，从而也是一笔巨额财富的继承人。从现有资料来看，迄今为止，他从未说过比扶轮社[2]演讲人或报社评论员更出色的话，也从未做过一件比聪明的簿记员更高明的事。"

两位洛克菲勒虽说父子情深、息息相通，但他们之间却存在着一层彼此无法克服、心照不宣的隔膜。他俩经常通信，见面时相互热烈拥抱，关系一直很融洽。每逢儿子要来吃饭时，老约翰望眼欲穿的心情总是溢于言表。然而，这种父子之情同时还受到老派人物循规蹈矩作风的影响，谁也无法真正做到无拘无束、举止自如。"我和父亲都不具备随心所欲的性格，"小洛克菲勒说。"我俩只谈论那些不得不谈的事情——从不东拉西扯，闲聊一气。"

一天在奥蒙德比奇，英格利斯偶尔向洛克菲勒说起艾达·塔贝尔的文章在很大程度上是在支持他自己对那些事件的看法，结果引出洛克菲勒这样一番伤感的话来："我希望你把这一点转告我儿子……我不得不承认，我总是没时间去真正认识自己的儿子。他老是太忙。"英格利斯把这番话转达给小洛克菲勒后，小洛克菲勒深受感动，但又认为是他父亲造成了这种不自然的关系。"我从没有不愿同父亲讨论的话题，"他向英格利斯解释道，"但是，正如你亲眼观察到的那样，他越来越不喜欢讨论不是由他开头的话题；要不然，我俩认真交换意见的机会也许不会变得越来越少的。"洛克菲勒无法克制凡事自己说了算的天性，即使对他深爱的儿子也是如此。

小洛克菲勒对艺术表现出极大的兴趣后，潜伏在父子关系之中的矛盾突然爆发了。洛克菲勒是个十足的加尔文主义者，视艺术品为偶像崇拜，认为收藏艺术品既浪费钱财又出于私心。尽管有艾比的支持，小洛克菲勒还是无法不为自己这一新癖好而感到愧疚。"我一开始购买艺术品时，"他承认道，"就觉得这样做也许有点自私。我是为自己而买，而不是为了满足公众的需求。"后来，他迷上了Ｊ·Ｐ·摩根拥有的精美的中国瓷器，那些瓷器当时正在大都会艺术博物馆里展出。对小洛克菲勒来说，那些瓷器代表了一种理想的艺术形式，因为它们制作精良，主题思想丝毫没有不当之处或淫荡的成分。1913年摩根死后，一位艺术品经纪人约瑟夫·杜维恩（Joseph Duveen）包下了这批藏品并拿出来拍卖，他让小洛克菲勒优先挑选。小洛克菲勒看上了其中那么多珍品，全都买下来总共要花100多万元。1915年1月，他像一个小学生一样浑身发抖、冒着汗写信向他父亲借这笔钱。他竭力表明自己是按照最不辞劳苦的洛克菲勒作风做这件事的。"我去过博物馆好多次，认真研究了其中最珍贵的几件。我还听取了专家有关它们的建议。这个能获得中国瓷器当中最精美之代表作的机会实在是千载难逢，所以我要抓住这次机会。"

洛克菲勒不赞成甚至不肯满足这个不同寻常的请求，而是像个傲慢的门外汉一样冷冷地拒绝了。不过，小洛克菲勒此时已经过了40岁，不会像过去那样让此事不了了之。他在一封深感痛苦的信中发泄了自己的不满：

> 我从未把钱浪费在骏马、游艇、汽车或其他愚蠢的奢侈品上。对这些瓷器的喜爱是我唯一的嗜好——唯一一桩我想为其花钱的事。我发现对它们进行研究的确其乐无穷，我已经十分强烈地爱上了它们。这个爱好尽管费钱，却能修身养性，既不炫耀于人前也不会惹是生非。

面对这次前所未有的抗命，洛克菲勒不仅明智地容忍了，而且十分痛快地把钱借给了儿子。小洛克菲勒大受感动，捶胸顿足地一再表达自己的感谢之情。"我十分清楚我根本不配您对我如此慷慨，"他在给父亲的信中写道。"我所做的或能够做的事情没有一件值得您这样待我。"小洛克菲勒在第 54 西大街收到那批瓷器后，坐在地板上把它们转来转去，把玩不已，细细察看上面有无裂痕或修补过的痕迹。要是小洛克菲勒这次没能不受父亲的干涉、坚持自己收藏艺术品的权利，他也许永远不可能有勇气搞出像回廊博物馆和殖民时期威廉斯堡之类的项目。为了证明他的新嗜好并非轻率之举，小洛克菲勒学习了许多有关中国瓷器的专门知识，使其藏品跻身于出色的私人收藏之列。

在中国瓷器这件事上的摩擦突出说明了洛克菲勒对其财产做出某种最终安排的紧迫性。尽管小洛克菲勒在 1917 年初拥有的净资产大约为 2000 万元，但这笔财产并未给他带来多少收入。他已经有了美国亚麻公司和科罗拉多燃料与铁业公司的大宗股权，但后者几乎或者根本没有任何分红，反而使他陷入了纷争。他在克利夫兰和纽约也拥有房地产，外加一些铁路和天然气公司债券。小洛克菲勒的工资和津贴每年合起来有几十万元——这对任何一个普通人来说都是一个极大的数目，但对世界首富的儿子来说却是杯水车薪。

很有可能是拉德洛大屠杀使洛克菲勒看到他儿子具有管理家族事务的坚韧性格。"在拉德洛事件发生之前，父亲究竟有多大管理能力，祖父对此一直没有把握，"戴维·洛克菲勒后来评论道。"我认为，这个事件对他是一次痛苦的经历，但他从中学到了许多东西，使他变得更加坚强了。"洛克菲勒很可能是在 1916 年和 1917 年之间决定交出财产的，因为当时联邦政府两度提高了财产继承税。与众不同的是，洛克菲勒拖了好长时间才决定把自己的钱财移交给儿子，可是一旦他开始行动，其速度之快令人惊讶，就好像巴不得要这样做似的。1917 年 3 月 13 日，他给了儿子 2 万股印第安纳标准石油公司的股份，创下了有史以来最大一笔家族内部财产转让的记录。1918 年 7 月 10 日，他让出了 16.6072 万股加利福尼亚标准石油公司的股份；两周之后又让出了大西洋炼油公司和真空石油公司的大宗股份。1919 年 2 月 6 日，小洛克菲勒得到了 5 万股新泽西标准石油公司的股份，随之在 11 月 20 日再次收到 5 万股。1920 年，洛克菲勒馈赠了大批的纽约城市债券和自由债券。转让过程既无诗意也没有开场白，只有一些一本正经的简短通知。比如，洛克菲勒在 1920 年 2 月 17 日写道："亲爱的儿子：我于即日馈赠于你价值 6500 万元的美国政府第一期自由国债债券，年利为 3.5％。爱你的爸爸。"

面对这些不可思议的馈赠，小洛克菲勒感到受宠若惊、不知所措，连一句话也说不出来。1917 年之前，洛克菲勒捐了 2.75 亿元给慈善事业，又给了子女 3500 万元（他在 1917 年 11 月估算了一下，如果他把所有的钱都留着用于投资，到那一年他就能拥有 30 亿元的财产，相当于现在的 256 亿。按照《福布斯》杂志 1997 年公布的最富有的美国人排行榜，这个数字使洛克菲勒的财产仅次于拥有 400 亿元的威廉·亨利·盖茨第三③，从而跻身于 10 亿富翁之列）。1917—1922 年之间，他又向慈善机构捐赠了 2 亿元，给了儿女 4.75 亿元，后一笔钱几乎全都给了小洛克菲勒。至此，在洛克菲勒家的这个孝顺儿子和那些任性的女儿女婿之间形成了巨大的两极分化——这种分化如此之深，致使人们以为只有小洛克菲勒的后代才是真正的洛克菲勒家的人（当然，其他人也都叫洛克菲勒）。洛克菲勒通过把财产集中在一起，使他儿子得以扩大其影响力。这个可怜的富家男孩如今成了全球首屈一指的继承人。短短 5 年之间，小洛克菲勒的净资产就从 2000 万元猛增至 5 亿元左右——超出了他父亲捐给洛克菲勒医学研究所、普及教育委员会、洛克菲勒基金会和劳拉·斯佩尔曼纪念基金的总额：4.47 亿元——相当于现在的 44 亿元。由此看来，具有公益精神的洛克菲勒家族尽管慷慨解囊，却依然控制着大量的财富，虽然其中的大部分将在以后的年月里各有其正当的归宿。把那么多钱散发出去之后，洛克菲勒给自己留了一个零头——大约在 2000 万到 2500 万元之间——用来炒股。

1917 年，洛克菲勒在公平信托基金会（the Equitable Trust）为女儿艾尔塔和伊迪丝设立了特种信托基金，在她俩的账户上各存了 1200 万元（相当于现在的 1.4 亿元），同时中止了给她们的津贴。这笔钱尽管能使她俩一生过着养尊处优的日子还绰绰有余，但同小洛克菲勒的财富相比却显得微不足道。为了给这种明显的不平衡辩护，小洛克菲勒后来争辩说，他父亲偏袒他的原因是他能够"以曾经激励过他的那种精神去继续他乐善好施的事业，而且……他给我的一切都将会以促使他慷慨解囊的那种责任感和经营意识加以管理"。小洛克菲勒以一种艾尔塔和伊迪丝都无法做到的方式接受了他父亲的原则并充当了他的代理人。洛克菲勒对儿子说："当我放下这些担子时，你却不得不为之奉献终身，这真是上天的安排。"儿子把父亲看作商界和慈善界的传奇人物，这种崇拜之情使洛克菲勒越来越感到飘飘然。他对英格利斯说："我确实这样认为，假如我有那位心怀偏见和私心的'历史学家'（指塔贝尔）试图描述的一半坏，我就不可能有像他这么孝顺听话的儿子了。"对洛克菲勒来说，只有好树才能结出好果子，因此，小洛克菲勒的美德就是他自身美德的无可辩驳的证明。

小洛克菲勒继承巨额财富时，已经和艾比有了一个生气勃勃的大家庭，除了先头的 3 个孩子之外，又生了劳伦斯（1910 年）、温思罗普（1912 年）和戴维（1915 年），加起来一共 6 个。劳伦斯出生后，小洛克菲勒和艾比觉得第 54 西大街 13 号难以容纳这个日益壮大的家庭，便在 1911 年买下了第 54 西大街 10 号的地皮。威廉·韦尔斯·博斯沃思——小洛克菲勒发现他是一个过于奢华的园林设计师——完成了基奎特的工程之后，为下一代洛克菲勒们盖了一座九层楼的宅邸，它就像一座缩微的城市，里面设施豪华，屋顶上是壁球场兼儿童游艺场，还有艺术品收藏室、音乐演奏室、两个客厅和一个医务室，堪称纽约最大的私人住宅之一。一家人于 1913 年 9 月迁入新居。

为了躲避曼哈顿的酷夏，小洛克菲勒和艾比从 1908 年开始去缅因州的芒特迪瑟特岛避暑。该岛自 19 世纪 80 年代起就成了富人们的避暑胜地，此时住着洛克菲勒家的几位密友，其中有查尔斯·埃里奥特、西蒙·弗莱克斯纳和克里斯蒂安·赫脱④。约翰和艾比十分迷恋岛上布满岩石的粗旷景色，于 1910 年在该岛南部较为僻静的锡尔港附近买下了一栋名叫"鹰巢"的山顶住房。"鹰巢"坐落在一处俯瞰海湾的花岗岩峭壁之上，屋顶有许多尖形角碟。那是一幢都铎风格⑤的别墅，其含义和同样称为别墅的纽波特式豪宅一样——规模宏大。"鹰巢"原先有 65 个房间，小洛克菲勒不断对它进行扩建，搞得像宫殿一样富丽堂皇，使它最终拥有 107 间房间、44 个壁炉、22 间浴室和 2280 扇窗户。

小洛克菲勒和艾比头一回到芒特迪瑟特岛时，岛上还没通汽车，一派天然风光，任凭他俩步行或骑马在荒无人烟的处女地上寻幽探胜。小洛克菲勒特别喜欢在他的领地上修建走马车的小路。在缅因州度过的那些夏天里，小洛克菲勒对蛮荒之地产生了一种特殊的感情，这一切在他身上激发出一种宗教般的敬畏之情，也许还唤起了他童年时代对福里斯特山周围的湖泊和峡谷的回忆。对一个饱受重负之苦的人来说，这些人迹罕至的地方能使他负担过重的大脑重新振作起来。

1916 年，威尔逊总统在岛上建立了山神国家纪念馆（Sieur de Monts National Monument），1919 年改为拉斐特国家公园——这是东部第一个国家公园——1929 年更名为阿卡迪亚国家公园。为了保护这片自然资源，小洛克菲勒不仅向公园捐赠了好几千公顷的荒地，而且亲自设计了 57 英里长的不许汽车通行的马车道（由工程师算好了坡度），沿途修建了许多漂亮的石桥和门楼，与周围的景色天衣无缝地融合到一起。他从父亲那里学会了布置景观和尽量使道路与景色浑然一体的本领。尽管一些主张保护环境原封不动的人指责小洛克菲勒擅自破坏自然，但他有一个利民的构想，要让公园为普通老百姓服务。他在慈善机构的理事会议上经常显出对履行职责感到厌倦的样子，却毫不掩饰对保护风景的热忱。这是一个表明他今后矢志不移的兴趣的早期标志：即保护古老美景免受现代生活的侵害。与此同时，他每时每刻都想从现代都市生活的喧嚣之中退缩到未经破坏的旧日乡间去享受那份安宁与尊严。

艾比·奥尔德里奇·洛克菲勒则与丈夫不同，她习惯于那种时髦、具有冒险精神和随心所欲的生活。"母亲喜欢一有了主意就说：'咱们干吧，'"她儿子戴维说。"她十分喜欢出乎意外的东西。"她时而冷嘲热讽，时而草率行事，十分欣赏 20 年代那些衣着入时的新潮女郎。她说："我喜欢看到老派的伪道学被打得粉碎。"她一向大胆、无拘无束，做事好心血来潮。她有一回在谈到孙儿们时说："我甚至喜欢他们淘气的样子、有趣的想法和为了实现这些想法而耍的心计，我能看出他们在心里琢磨的那些鬼点子。"这种态度令小洛克菲勒大惑不解，因为他对小孩子大声吵闹十分恼火。

艾比虽然遵循她父亲保守的经济观点，却帮助洛克菲勒家族扩大了政治影响。她是一位思想开通的共和党人，支持计划生育、犹太人请愿联合会（the United Jewish Appeal）和国际联盟⑥。拉德洛大屠杀发生后，她为了改善劳资关系，向全国妇女工会联盟捐了相当于该组织年度预算 1/3 的经费。在 20 年代，她还同新泽西标准石油公司联手为新泽西州伊丽莎白市的炼油工人创办了一个社区中心——贝韦社区之家，自己经常去那里的婴儿诊所坐坐。有一次她回来后对女儿巴布丝说："我今天在贝韦那个新建的婴儿诊所里抱过 25 个光溜溜、乱踢乱蹬的婴儿，有的还趁机尿了我一身。大多数婴儿都胖乎乎、粉嘟嘟、笑眯眯的，可是有一阵他们一下子全都大声哭了起来。我在那里真开心。"她是华盛顿特区格雷丝·道奇旅馆的主要赞助人，这所供职业妇女居住的旅馆里有 350 个房间，由基督教女青年会管理，工作人员是清一色的女性，连听差和电梯工也不例外。

艾比毫不掩饰她对社会公正的热心关注，这对她的后代也产生了久远的影响。1923 年她和老洛克菲勒一起住在奥蒙德比奇时，给 3 个年长的儿子写了一封信，对种族歧视深感愤慨。"可怕的私刑和种族暴乱经常在我们当中发生，这是美国永久的耻辱。社会对犹太人的排斥不那么野蛮，但也……造成残酷的不公正现象……我希望我的家人能坚持生活中最美好、最崇高的东西。"小洛克菲勒尽管依从了艾比的许多观点，但他更多地是受抽象的行为准则的指点，而不是接受对被压迫者发自内心之同情的引导。

艾比要求孩子们决不炫耀自家的财富，她曾经拒绝给一个上大学的儿子额外旅行的费用，并对他说："这样做会使那些无力支付这笔费用的同学感到不安和嫉妒。"她时刻警惕财富带来的不良影响，看到劳伦斯刚刚 13 岁就大把大把地花钱，便教训儿子说："财富能使生活过于轻松，会使人变得放纵、自私和残忍。"艾比有一次对纳尔逊说："我认为钱太多了会使人变得愚蠢、迟钝、冷漠和乏味。你可要小心啊。"第一次世界大战期间，艾比指挥过 500 名红十字会辅助机构的工作人员，总部就设在乐善好施的老洛克菲勒为支援战争而腾出来的第 54 西大街 4 号里。艾比把手下那些身穿白制服的孩子们安置在地下室里卷绷带，还让他们管理波坎蒂科的战时菜园。

在管理各种各样的家庭事务方面，艾比经常对小洛克菲勒抠抠搜搜的作风感到恼火，但为了夫妻和睦只好忍让。她要等到 1 月份纺织品大贱卖时才去买新内衣；孩子们上学后，她只能偷偷地从浴室里给他们打电话，因为丈夫认为打这些电话是不必要的浪费。他俩有个儿子一针见血地指出："父亲的电话是有关业务的，可以理直气壮地打，而母亲打电话则是为了私事，因此可打可不打。"

如果说小洛克菲勒和艾比婚后感情笃厚，那是因为他墨守成规的生活需要好好放松一下。他一见到艾比就满面笑容，几乎无法把眼光从她身上移开。"我没见过哪个男人比他更依恋自己所娶的女人，"波坎蒂科的猎场看守人汤姆·派尔（Tom Pyle）说。"他们当了爷爷奶奶后，到了晚年他仍然像年轻恋人那样爱慕她、对她忠心耿耿。"许多人认为他时时需要艾比陪伴身边的做法有些不健康，他有个儿媳称之为"几乎像是一种原始的、无法克制的需要"。即使是旅途当中，小洛克菲勒也带着一种独占的神态时刻不离她的左右，拒绝别人与她做伴。有一次他俩出门旅行时，艾比写信给一个儿子说："你爸爸担心我会和太多的人交往、交谈，所以我们一般都在我称之为老人餐室的地方就餐，他觉得我在那种地方比较安全。"

即使在家里，小洛克菲勒也力图独占艾比，用嫉妒的眼光注视着他的6个儿女，把他们看作占有艾比时间的潜在竞争者。艾比在孩子面前一向热情、自然，从不把他们的教育全都交给仆人和家庭教师。她和孩子们一起玩牌，读书给他们听，和他们一起喝午茶，晚上送他们上床。她是一个爱交际的女子，却嫁给了一个不爱出门的丈夫，于是就和无数其他处于同样地位的妇女一样，力图把儿子们培养成模范丈夫，避免沾染自己丈夫身上的那些缺点。小洛克菲勒也许在潜意识中认为她对孩子的关心占据了给予他的时间，这种想法使他看上去就像一个成天板着脸、爱发牢骚的父亲。"随着我们越长越大，我们也越来越意识到我们必须同父亲争夺她的时间和关心，"儿子戴维说。"他希望在他需要她时她总能在他身边，而这种需要似乎总也无法得到满足。"

他俩的婚姻尽管有种种不足，但总的来说还算美满。他俩会为现代艺术吵得面红耳赤，但彼此忠诚不贰，在许多方面志趣相投，如戏剧、音乐会、电影以及散步、骑马和开车。晚上外出回家后，他俩喜欢在小洛克菲勒的更衣室里亲密地挨在一起喝热巧克力。在上床之前这段温馨的时光里，他俩不是练习从亚瑟·默里学校的教师们那里学来的最新舞步，就是朗读维多利亚时代的小说，要不然就靠在沙发上听唱片。艾比无论对丈夫有多少不满意的地方，但认为他是个正直的男子汉，因而既爱他又尊重他。她曾经写道："我为世上所有不能像我一样嫁个好丈夫的女人感到难过。"对小洛克菲勒来说，艾比为其生活调色板增添了许多亮丽的色彩，否则他的生活该有多么单调乏味。

在小洛克菲勒的 6 个孩子眼里，他们的祖父是一个令人愉快的伙伴，在他们的记忆中，祖父有好几副面孔：说话风趣、爱开玩笑、很会讲故事，既是高尔夫球场上一个活泼的怪老头，又是一位高谈阔论的哲人。到了年长的几个孩子十几岁时，他已经80多了，但看上去依然动作敏捷，随时愿意和孩子们一起做游戏，无论是在灌木丛里捉迷藏，还是在屋子里蒙上眼睛玩瞎子捉人。他给子孙留下的生动印象也许不比魔鬼比尔在孙子孙女面前逊色。约翰第三和弟弟妹妹都记得祖父爱玩爱闹的样子："他真了不起，很有幽默感；他爱讲笑话，但一开头却很严肃。他热情友善、平易近人，但从不说教。"

小洛克菲勒教导孩子们要尊敬他们的祖父，他们长大后才有些吃惊地发现这个乐呵呵的怪老头曾经取得过商业史上最伟大的成就。早在很小的时候，他们就意识到家里的名声有着非同寻常的争议，因为经常有记者或摄影师在翻越波坎蒂科的栅栏时被抓住。在 1919 年五一劳动节前后无政府主义恐怖四处蔓延那段时期里，有人给洛克菲勒、小 J·P·摩根和其他美国显要寄去了炸弹邮包，但均被邮局截获了。然而，在基奎特并未特别增设警卫。"我们不得不一直提心吊胆过日子，担心孩子会发生意外，"小洛克菲勒说，因此他采取了一个措施，决不允许孩子们让陌生人给自己照相，以防恐怖分子或罪犯认识他们。他坚持不让孩子们的照片上报，直到他们上了大学后公众才知道他们的模样。有时接到恐吓电话后，孩子们身后就跟上了保镖。

到了星期天，6 个孩子经常从阿贝顿小舍跑到基奎特大屋和祖父一起吃饭，5 个男孩一律戴着伊顿公学式的硬领，身穿黑上衣、细条纹裤子。洛克菲勒像牧师迎接教徒一样把每个孙子都称做"兄弟"。他坐在餐桌上首，滔滔不绝地讲他过去的故事，还模仿别人的样子，用一条洁白的餐巾做出各种姿势。孙儿们被他那种不动声色的幽默逗得大喊大叫。心情快活的老洛克菲勒显得那么轻松，他儿子却显得一本正经、心神不宁，这一对比很可能无益于小洛克菲勒与孩子们之间的关系。

但是，洛克菲勒无忧无虑的外表同样也掩饰着更深刻的担忧。在同孙子们一起吃早饭时，他给每人一个镍币和一个吻，然后说几句鼓动他们的话。"你们知道不知道，"他问道，"什么事会使爷爷感到十分伤心？那就是得知你们这些男孩当中有人乱花钱、大手大脚、满不在乎……的时候。花钱要仔细，孩子们，这样就永远能帮助不幸的人。那是你们的责任，千万不要忘记呀。"孙儿们认为，在培养他们树立行善意识方面，祖父所起的作用和父亲一样大。

老洛克菲勒为人虽然严厉，却从为人之父当中得到了真正的乐趣，而小洛克菲勒对待这一切则过于严肃。使小洛克菲勒成为一个不知变通的父亲的原因很多。有关他父亲的争议把他塑造成了一个坚毅、可敬的人，即使和家人在一起时也难以轻松。遇到子女因一时冲动做出越轨行为时，他过于紧张和严格。由于孩子们注定要在众目睽睽之下度过一生，他要求他们也具有他那种刻板的正直感。这对他如此重要，致使他在家里实行了一种无声的专制，使孩子们对他的畏惧多于爱。有时他会出人意料地大声责骂孩子，发泄一通他在外面从不流露的愤怒或乖张。他试图模仿他父亲的为父之道，却又没有约翰·D那样的好心情。"我很担心金钱会毁掉我的孩子，所以我要让他们知道钱的价值，不乱花，也不把钱用在非其所值的东西上，"小洛克菲勒说。"那就是为什么我坚持让孩子们像我以前那样花钱要记账，而且我认为效果一直不错。"

每到星期天早晨，孩子们提心吊胆地一个挨一个走进小洛克菲勒的书房，让他仔细检查他们的账本。他们虽然只有3角钱的零花钱——比他们的朋友要少得多——却必须记下每1分钱的用途。漏记一项就要罚掉5分钱，账目记得认真则奖励5分钱。他们被要求只花1/3的钱，1/3积攒起来，另外1/3捐给慈善机构。在这些规定的约束下，洛克菲勒家的孩子们都像贫穷的流浪儿一样，经常从朋友那里要小钱。纳尔逊哀叹道："说老实话，我们几个谁也不曾有过真正富裕的感觉——也就是说，那种家里有许多钱的感觉。"他们和小洛克菲勒小时候一样，经常穿旧衣服，直到十几岁后才允许去看戏或看电影。

小洛克菲勒让孩子们重复自己成长的经历，给他们机会在波坎蒂科和锡尔港挣零花钱。挣钱的方式有：打苍蝇（打死 100 只挣 1 角钱）、擦皮鞋、伺弄花草或是用夹子在阁楼上捉老鼠（每只可挣 5 分钱）。有人负责教 6 个孩子学园艺、缝纫和烹调——他们必须每星期在一起做一次晚饭——并鼓励他们学会使用手工工具。每个孩子要各学一种乐器，每星期还要拿出一个晚上唱赞美诗。连全家出门度假也成了培养孩子责任感的课程，其中一个儿子去买火车票，另一个打杂，第三个负责看行李，第四个订旅馆房间，剩下那个专职擦皮鞋，如此等等。

小洛克菲勒天真地认为自己和孩子关系融洽、坦诚相待，而孩子们却把他看成一个可怕的人物，这使艾比不得不设法缓和潜伏在表面之下的对立情绪。她成了父子之间的调解人，成天用谈心、讲常识和说俏皮话的方式从中调和。她还用一些实际可行的方法帮孩子讨小洛克菲勒的欢心。当他要求孩子背诵《圣经》片段时，她替孩子们把摘录下来的经文工工整整地抄在卡片上；父亲每星期查账之前，她还帮孩子们整理账目。

小洛克菲勒想让孩子们时刻受到布道和宗教说教的熏陶。每天早晨 7：45，管家用银盘托着一摞《圣经》发给大家，即使有客人在场也不例外。小洛克菲勒领读《圣经》节选，并要求其他人也跟着朗读，然后才许吃早饭。他力图保持基督教的安息日⑦传统，到了星期天带领排成一排的孩子绕着波坎蒂科散步，给他们上自然课，认识树木和野花，谁要是跑到队伍外面就会被罚款。20 年代的一个星期天，他花了好长时间再三考虑是否允许孩子们在安息日打网球，后来在艾比的压力下他才做出了让步。孩子们都受过洗，但他们谁也不像父辈或祖辈那样定期去教堂，浸礼会也从未成为他们生活的核心。

注释

①H. L. Mencken, 1880—1956, 美国评论家、记者。

②1905 年创立于美国的一个为企业界人士服务的国际性组织。

③William Henry Gates Ⅲ，即微软公司总裁比尔·盖茨。

④Christian Herter，1895—1966，美国共和党政客，曾任国务卿、州长和贸易谈判首席代表等职。

⑤16—18 世纪盛行英国的建筑风格。

⑥the League of Nations，1920 年根据凡尔赛和约成立的国际组织，于 1946 年解散，代之以联合国。

⑦即星期天，教徒在这一天去教堂做礼拜，不许工作。

33   过去、现在与将来

得益于父亲的长寿，洛克菲勒比他所有的兄弟姊妹都活得长。弗兰克晚年当了克利夫兰两家钢铁公司的副总裁，但一直对约翰心怀憎恶，至死都耿耿于怀。1916 年，约翰给了弗兰克的 3 个女儿每人 1000 元钱，并打算建立一笔信托基金，以便向她们提供终身收入。尽管如此，1917 年初因中风而卧床不起的弗兰克还在咒骂他的长兄。"我经常陪伴他，他死的时候我就在他身边，"弗兰克的一位朋友说。"如果我告诉你，弗兰克在他最后那段日子里最害怕的就是约翰可能会来看他，你就不难体会到他对其兄的感情到了什么地步。"1917 年 4 月弗兰克死后，约翰和威廉参加了在克利夫兰湖景公墓举行的葬礼，弗兰克的棺材放进了由他亲自选定的、远离洛克菲勒家族其他成员的一处墓穴。弗兰克的妻子海伦和 3 个女儿不想把他这段疯狂的宿怨维持到底，葬礼结束后，她们亲切地接待了约翰，约翰则把这位已故弟弟未能清偿的贷款一笔勾销了。

洛克菲勒在他一生最后的 20 年里感到了甜蜜的童年回忆对他的无形的吸引。1919 年 6 月，就在他 80 寿辰前夕，他和威廉开着 3 辆装得满满的克莱恩—辛普莱克斯牌旅行车，前往童年时住过的草木葱郁的芬格湖地区。他俩回到了里奇福德、莫拉维亚和奥韦哥，那些回忆对他俩如此珍贵，使得他俩从此后每年都要故地重游，直到 1922 年威廉去世为止。俯瞰奥瓦斯科湖美景的莫拉维亚老屋这时住上了从奥本监狱来的犯人，巧得不能再巧的是，那些犯人就在附近的洛克菲勒高速公路上干活。洛克菲勒最后一次去莫拉维亚时，他凝视着那栋老式木板房子，摘下帽子低下头去，像演戏一样地宣告："别了，老屋！"几天后有报道说，大概是由于烟囱年久失修，那栋老屋失火后烧得一干二净。洛克菲勒对这段消息深有感触，在一本没用过几页的日记本里草草地写道："那是我们做第一笔生意的地方，我们在那儿养过一群火鸡。"他是那样令人难以想像地久久沉浸在对孩提时代乡村生活的回忆之中，眼前的生活对他来说反而时常变得不真实了。

1922年的6月，威廉·洛克菲勒在一次纽约北部之行后，因为嗓音发哑去看医生，并被确诊为患了喉癌。在身体日益衰弱的情况下，他有一天仍然决定骑马慢步穿过中央公园，结果染上了肺炎，很快便死去了。洛克菲勒在写给亨利·克莱·福尔杰的一封信中赞扬他弟弟是个"意志坚强、足智多谋、温和友善的人"。威廉虽然在约翰面前处处相形见绌，但死后依然留下一笔可观的遗产，价值约2亿元（相当于现在的18亿），令佩恩·惠特尼（Payne Whitney）和托马斯·福琼·瑞安①的遗产黯然失色。不过，尽管约翰曾劝说威廉向教育和医疗项目捐款，威廉除了捐过100万元用于战争抚恤之外，再没做过任何善举。事实上，威廉把全部遗产都给了他的4个孩子：埃玛·洛克菲勒·麦卡尔平（Emma Rockefeller McAlpin）、威廉·古德塞尔·洛克菲勒（William Goodsell Rockefeller）、珀西·埃弗里·洛克菲勒（Percy Avery Rockefeller）和埃塞尔·杰拉尔丁·洛克菲勒·道奇（Ethel Geraldine Rockefeller Dodge）。

到1922年为止，洛克菲勒失去了父母、4个兄弟姊妹、妻子、大女儿、2个外孙和大部分生意场上的老朋友。他向亨利·克莱·福尔杰怀旧道："当年的老朋友一个个离开了，我们这些老家伙自然应该联系得更勤一些。"他开始情有可原地操心起自己的寿限。1919年7月他80寿辰时，小洛克菲勒想送他一辆劳斯莱斯轿车，他却问那要花多少钱，并且收下了一张1.4万元的支票而不是那辆汽车。作为庆祝活动的一部分，洛克菲勒告诉报界自己衷心希望能够活到100岁，并将他身体健康的原因归功于打高尔夫球和每天喝一勺橄榄油。满头银发的比格尔医生再次重申了他早就做出的预言："洛克菲勒先生将活到100岁。"洛克菲勒和比格尔医生握手约定：要在1939年7月8日那天一起打一局高尔夫球。可惜的是，比格尔医生爽约了：他在20年代去世，而他那位大名鼎鼎的病人却恪守呼吸新鲜空气和每天休息5次的比格尔养生之道，不屈不挠地活了下去。由于节制的饮食习惯，加上大部分骨质疏松，洛克菲勒的体重降到不足100磅。以前高大修长的他如今成了一个干瘪的小老头，还不如他儿子高。

洛克菲勒尽管容貌怪异、形如槁木，却仍能敏锐地注视着这个世界，打量生人的时候两眼充满警惕的神情。他尽力排除一切消极情绪，满脑子是对上帝恩赐的虔诚、感激之情。他虽然感到有些孤独，偶尔也有情绪低落的时候，但事后就振作起来，心情显得比以前更加舒畅。无论在高尔夫球场上还是在餐桌上，他总是有六到八个人陪在身边，还结识了一批比自己年轻的伙伴，其中不少是女士。他在86岁生日时写了一首甜得发腻的小诗：

> 从小学会干和玩，
>
> 一生就像过长假；
>
> 除了玩耍就是干——
>
> 烦恼忧愁一齐抛——
>
> 上帝天天待我好。

善变的洛克菲勒在一生中一方面遵循一定之规，一方面又不断重新塑造自己。H·G·威尔斯写道："显而易见，他在其一生的每一个阶段里都有所发展和开拓。"其中最令人惊叹的变化也许就是他摆脱了维多利亚式旧习俗的约束之后对女人态度的改变。从塞迪抑制本性的影响下解脱出来的洛克菲勒变得很不地道。一天，有位老同事威廉·谢泼德（William T. Sheppard）向洛克菲勒介绍一位莱斯特夫人，洛克菲勒挑逗地说："谢泼德先生，您的朋友莱斯特夫人非常耐看。"小洛克菲勒在一边惊得目瞪口呆。"请您原谅，"他向莱斯特夫人表示歉意道，"家父只不过用了几个他不知其义的俚语而已。"莱斯特夫人显然并不在乎，她反唇相讥道："哦，洛克菲勒先生，您用不着为令尊道歉。"

为了让洛克菲勒高兴，几乎每次打高尔夫球时都有一位女士参加。他每当打出一个好球，就兴奋地模仿当时流行的查尔斯顿舞步跳上一阵，一边还对那位女士说："你该为这个球吻我的手。"当一群人在公共场合围住他时，他总是惹人注目地向年轻漂亮的女人招手致意。有位摄影记者写道："他就像个戏耍时的小男孩。"洛克菲勒生平第一次有了一位固定的女友：来自康涅狄格州布里奇波特的胖胖的艾拉·沃纳夫人（Ira Warner），她是一位光学仪器生产商的遗孀，后来成了基奎特和奥蒙德比奇的常客。

洛克菲勒越来越多地把午后出门开车兜风当做耍弄花招的良机。他戴上黑色或褐色的护目镜遮挡阳光，有时还向同车的女士借来面纱，像演戏似地蒙在脸上，两头拴在耳朵上。他挤在后排座上2位体态丰满的女士——通常是邻居或客人——中间，3人膝盖上同搭一条毯子，他就像半大男孩一样用两只淫荡的手在毯子下面乱摸一气，对此已是无人不知。这个曾是克己楷模的男人如今有时就像一个手指发痒的老色鬼。波坎蒂科的园丁主管和猎场看守人汤姆·派尔在每天出门兜风的车队里负责开第二辆车，他经常被主子的无耻举动惊得瞠目结舌。一天下午当洛克菲勒的车停在红灯前时，一位和他一起坐在后排的年轻女士突然跳下车来，钻进了派尔的车。"这个老混蛋！"她骂道。"应该给他带上手铐。"派尔注意到，当地一些老女人很喜欢坐在热乎乎的后排座位上，还经常要求下次再来。"我总是搞不懂，是不是不同女人受到的待遇不同，还是有些女人觉得让一个90岁的百万富翁又掐又拧很舒服。"

洛克菲勒就像倒过来活似的，到了90多岁才迟迟进入青春期。这就好像他在取得了他那些异乎寻常的成就之后才得到了唯一一样不曾属于他的东西：无忧无虑的童年生活。他在精神上越活越年轻，衣橱里挂满各种各样花里胡哨的奇装异服，简直成了时装模特。此时的他拥有60套入时的衣服和好几百条领带，有时一天要换3次服装。小洛克菲勒惊讶地发现，他父亲殷勤地陪女士参加奥蒙德比奇饭店举办的音乐会和舞会。"你现在过得真是快活无比：今晚看歌剧，明晚参加州长的舞会，"他写信对父亲说。"但我希望在我和艾比到达之前，一切能平静下来。"令人费解的是，在此前后，洛克菲勒还爱做一些古怪的行为。一天晚上，听到大家在餐桌上谈论起玉米，洛克菲勒说："我从来没有长过它②，不信我可以让你们看看我的脚"——说着，他脱下鞋袜，把一只光脚放到了餐桌上。

一天下午他和客人开车在佛罗里达乡间兜风，汽油快用完的时候，他们在附近的村子里找到一家加油站。一个嗓音沙哑的农妇走出来，司机请她加 5 加仑汽油——令那妇人感到很惊讶，因为个头这么大的汽车用 5 加仑油实在太少。"你们去哪儿？"她问。洛克菲勒从后排座位上探出身来尖声叫道："亲爱的女士，我们正在去天堂的路上。我们早晚会到那儿的。"那妇人怀疑地盯着他。"不管你是谁，都是在去天堂的路上，"她对洛克菲勒说。"可我要警告你，用五加仑汽油是无论如何到不了那儿的。"这件事成了洛克菲勒最爱讲给别人听的故事之一。如果车上有空座位，他经常捎上行人或搭车的人，这样他就能继续有人聊天了。

洛克菲勒每年都要在奥蒙德比奇为邻居们举行一次圣诞聚会。凯斯门茨大门上亮着一盏光芒四射的伯利恒（耶稣诞生地）之星，每扇窗子都摇曳着烛光。洛克菲勒身穿礼服出现在众人面前，深鞠一躬，说一些节日的贺词，然后分发礼物。接着，他带领大家唱圣诞颂歌，还和孩子们一起吹奏乐号。洛克菲勒在陌生人面前表现得越来越热情。一天，当地一位报社编辑乔治·里格比（George N. Rigby）写了一篇题为《与众不同的奥蒙德》的文章，盛赞该城待人友善。洛克菲勒前去向他道贺，他俩便站在报社门外一条铁路侧线旁聊了起来。路过那里的火车上的乘客认出了洛克菲勒，纷纷挤到车窗前拍起照来。洛克菲勒对人们的关注毫不介意，似乎还从中自得其乐。回到汽车上后，埃文斯夫人责怪地问他是不是故意出自己的洋相。"当然是，"他说。"不过我是想证明一下里格比先生的那篇《与众不同的奥蒙德》说的是事实。"

一生都在逃避报界追踪的洛克菲勒如今证明自己天生就是新兴媒体——电影中的表演大师。赫斯特手下的新闻纪录片公司——有声电影公司的摄影师柯特·恩格尔布莱希特（Curt Engelbrecht）一直缠着洛克菲勒，直到他答应拍电影为止。1929 年 90 岁生日那天，洛克菲勒身穿时髦的浅灰色长礼服和白坎肩，钮扣上别着一朵花，对着摄影机切了一个巨型蛋糕，还做各种即兴表演，整整用了两个小时。恩格尔布莱希特回忆道："他在那部片子里唱主角，演得很来劲，直到最后一寸胶卷用完才肯停下来。"在美国各地的电影院里，观众从屏幕上看到约翰·洛克菲勒在用力但又笨拙地猛击高尔夫球，还领着亲朋好友们乱纷纷地高唱赞美诗。人们突然发现，在这个早就成为美国传奇人物并落后于时代的老先生身上竟然也有惹人喜爱的地方。

　　洛克菲勒的形象为什么突然发生了变化？这位巨头一向是检验美国人对金钱的态度的试金石，而在20年代整个国家都在崇拜金钱。时光的流逝也淡化了人们对他的种种蔑视，这些似乎已经属于一个早年的、被人遗忘的时代。同时，他还代表了一种日益受人推崇的美国人形象：一个务实、勤俭、寡言少语但奠定了整个国家工业基础的人。这些如今已被靠薪水为生的经理和公司官僚所接替的第一代实业家们在人们的回忆中罩上了一层新的英雄般的光辉。洛克菲勒的形象得以提高的最显著的原因也许在于，公众如今更多地把他与慈善行为而非标准石油公司相提并论。曾经敌视他的新闻界此时成了最喜欢吹捧他的部门。普利策手下的《世界报》在1923年发表社论说："在明智地支配一笔巨大财富方面，谁也未必能超过洛克菲勒，"而赫斯特的报纸也不甘落后地说："自从诺亚方舟在亚拉腊靠上陆地以来，全世界有史以来捐赠钱财最多、取得效果最好的非洛克菲勒家族莫属。"

　　尽管洛克菲勒在蒸蒸日上的20年代为了赶上时代潮流而变得衣着入时，他儿子却一直穿深色服装、戴白色硬领。这时的小洛克菲勒已年过半百，头发开始花白，戴上了眼镜，模样就像一个老古董。1923年，小洛克菲勒像是要退回到更令他感到惬意的过去一样，请伦敦的查尔斯把他在百老汇26号的办公室重新装修了一下，查尔斯为他配备了从英国一栋都铎式大宅里拆下来的橡木护墙板、镶有铅框玻璃的书柜、16世纪伊丽莎白一世风格的会议桌和一个17世纪詹姆斯一世风格的长餐桌。就在各标准石油公司大发汽车财的时候，小洛克菲勒宁可坐四轮马车，一直坐到飞机跟前才肯下来。

　　最能说明这父子俩为人迂腐或引起人们争议的莫过于他俩坚决支持禁酒这一点了。他俩不但平生滴酒不沾，而且一贯支持反对酒馆联盟，自该组织于1895年成立以来，共向它赞助了35万元资金。宪法第18条修正案实施之前，洛克菲勒曾怀疑过禁酒令是否会有效。"它是毁灭的邪恶代表，"他这样对酒发表评论道，"但人们还要生产和销售它。它是魔鬼的得力助手。"然而，洛克菲勒父子不管私下如何心存疑虑，始终坚决支持禁酒运动。在那些酒徒眼里，小洛克菲勒就像一个富裕而又顽固的道学先生，连一杯啤酒也不让工人们喝。"喝了第一杯啤酒就会喝第二杯，"他说。"所以我认为一杯都是多余的。"到了1926年，小洛克菲勒对禁酒运动产生了很大的怀疑，他撤回了对反对酒馆联盟的支持，不过完全撤回支持则是几年以后的事了。

小洛克菲勒身担管理5亿元财富的重负，几乎没有时间娱乐。他就像一个平平常常的人被硬性放在了一个非同寻常的环境里，极不情愿地接受了自己的命运。弗雷德里克·盖茨说："他宁可……与他父亲的财富一刀两断，像其他人那样给自己创造一种完全独立自主的生活。可他是个独子，是一笔巨大财富的继承人，一出生就无可回避地要挑起这个能把人压垮的担子。"洛克菲勒慈善事业这个常年压在他肩上的担子是他无法逃避的一个责任，他则不断地遭受它所带来的种种病症的折磨，如偏头痛、胃病和脉管炎等。他经常下班回家后感到头疼欲裂，只好在额头上放上镇痛敷包，去卧室躺上一个小时。正像他父亲一直担心的那样，洛克菲勒家的财产重担往往使他显得不堪重负。

1922年后期，小洛克菲勒因患头痛、精神疲惫，甚至间歇性耳聋住进了约翰·凯洛格（John H. Kellogg）医生开的巴特尔克里克疗养院，这位医生是个让病人吃素食，严格遵守起居制度的古怪的空想家。小洛克菲勒听到的无非就是这些话：工作太累、紧张过度，所以应该多拿出一点时间从事娱乐活动。离开疗养院时，他身体仍然虚弱得无法工作，还染上了严重的流感。为了彻底恢复，他南下去奥蒙德比奇，与他父亲一起住了几个月。小洛克菲勒在以后的12年当中一直无法缓解内心的紧张，只要连续工作两天以上，很少有不让头痛折磨得死去活来的时候。

分派他父亲财产的任务没完没了。20年代期间，小洛克菲勒的年收入在3500万—5700万元之间波动。由于他将其中的30%至40%用于慈善事业，平均每年要施舍1150万元——超出了洛克菲勒基金会每年捐赠的数目。小洛克菲勒不得不尽力处理好他家重叠交错的慈善机构这个日益庞大的体系。造成这种各自为政现象的部分原因是为了防止来自政界的批评，因为这些人愿意看到一个单一的、包揽一切的基金组织。在1929年那场早就该实行的全面整顿运动中，小洛克菲勒领导了把劳拉·斯佩尔曼·洛克菲勒纪念基金以及普及教育委员会下属的自然科学和社会科学项目合并到洛克菲勒基金会中的工作。

就在最需要顾问的时候，小洛克菲勒突然发现他们一个个全都离他而去。1923 年，弗雷德里克·盖茨因患糖尿病正在洛克菲勒医学研究所接受胰岛素治疗，不得不辞去了基金会里的职务，他得了急性阑尾炎后在 1929 年 2 月因肺炎死于凤凰城。洛克菲勒的慈善机构在很大程度上是有了他才在密切关注细节之外还具备了热情、远大的理想。斯塔尔·墨菲在 1921 年去世后，小洛克菲勒需要一位新的总顾问，3 年后才选中了大学联谊会的老朋友托马斯·德贝沃伊斯（Thomas M. Debevoise），此人拘于礼节，令人敬畏，使得小洛克菲勒的儿子们给他起了个"首相"的外号。可是，小洛克菲勒还需要一个具有盖茨或者麦肯齐·金那样高水平的谋士；小洛克菲勒尽管能定期见到金，但后者因为太忙，不能经常给他出主意。小洛克菲勒发现最合他心思的理论家是雷蒙德·福斯迪克（Raymond B. Fosdick），此人成了他的挚友、律师和顾问，最后还当了他的传记作者。两人在 1913 年 5 月初次见面，当时小洛克菲勒正在组建社会卫生局，福斯迪克则是一位推行改革的市长助手，曾经与莉莲·沃尔德在亨利大街文教馆里一起工作过。第一次世界大战之后，福斯迪克和伍德罗·威尔逊一起乘船去法国，担任过潘兴③将军的文职副官，后来又被威尔逊任命为国际联盟的副秘书长。参议院否决美国加入国联后，满腹怨愤的福斯迪克递交了辞呈，开始为建立一个国际性组织进行游说，宣扬"全球意识"和"集体智慧"。

小洛克菲勒虽然是个忠诚的共和党人，起初并不支持国际联盟，只是在福斯迪克的开导下才放弃了自己推崇的孤立主义，为国联新建的图书馆捐赠了 200 万元，还向其卫生组织慷慨解囊。为了建立对外友好关系，他搞了一系列活动，其中包括支持 1921 年新成立的对外关系委员会和在 4 所大学里建立国际学院（他每年圣诞节都要和艾比举办一次招待会，接待来自哥伦比亚大学国际学院的 100 名学生）。在那 10 年当中，小洛克菲勒最大的一笔捐款是用于创建国际教育委员会的 2800 万元，该委员会颁发自然科学类研究基金，并且将普及教育委员会的工作推向全球范围。

在 1923 年 6 月的一次赴法旅行中，小洛克菲勒和艾比惊讶地发现凡尔赛宫满目疮痍：铁栏杆生了锈，天花板漏水，花园里的雕像正在坍塌。小洛克菲勒向法国总理雷蒙·普恩加来④捐款 100 万元用以修复凡尔赛宫的屋顶和花园，紧急维修枫丹白露宫和在战争中被炸而千疮百孔的兰斯大教堂——这是一笔法国人很难拒绝的捐款。法国人尽管大为惊讶地发现小洛克菲勒喜欢毕雷矿泉水胜过香槟，却很欣赏小洛克菲勒谦逊的举止，觉得他和法国漫画上狂妄自大的美国百万富翁大相径庭。一天将近傍晚的时候，他驱车从巴黎赶到凡尔赛宫，但游客入口处的守卫告诉他参观时间已过。小洛克菲勒拒绝为自己破例，回到车上返回了巴黎——这一谦逊的举止为他在全法国赢得了盛誉，有助于抵消由于他买下著名的"独角兽"挂毯而招致的非议。小洛克菲勒在法国又花了好几百万元，并向美国教会捐赠了一座俯瞰塞纳河的新楼。小洛克菲勒一下子成了一个无处不在的慈善家，出资修复了因1924年地震毁坏的东京帝国大学图书馆，赞助了希腊雅典古代集市的发掘工作，在芝加哥大学建立了东方学院，并且为耶路撒冷的巴勒斯坦博物馆提供资助，用于保存《圣经》手抄本。

1915年母亲去世后，小洛克菲勒把目光扩展到了宗教领域，并且采取了更具实验性、思想更加开阔的方式。早在"脏钱之辩"期间，洛克菲勒家族就在设法放弃他们那种浸礼会至上的倾向。在第一次世界大战期间，七大宗教组织齐心合力支援美国军队，从此之后，这种气氛似乎变得有利于改善各教派之间的关系。老洛克菲勒认为众多教派各有所长，但大家应该像标准石油公司那样服从同一个中央管理机构的领导，小洛克菲勒则认为各教会如果不分裂成教派的话，其工作将会更有效率。他主持的一项调查表明，乡村社区教堂的数量过多，因而建议合并以压缩多余的编制。他在1920年发起了世界教会联合运动，鼓励基督教各教派统一。他像一个四出竞选的政客一样在12个城市里疲惫不堪地开展集资工作。这次促进世界基督教大联合的努力以失败而告终，因为他仅仅筹集到了300万元——其中1/3还是洛克菲勒家族出的。大部分教派则肆无忌惮地利用这一运动为自己的派别中饱私囊。

1917年12月，小洛克菲勒在浸礼会社会同盟发表了一个令正统人士大为震惊、视同异端的演讲。他在演讲中勾勒出一个统一的新星教会："它将宣告：所有的教规、仪式和教义对于进入上帝的王国即教会都是无关紧要的。人生的试金石不是教义，而是行动；是一个人的行为，而非他的话语；是他的为人，而非他的财产。"小洛克菲勒此时认为，那些能表现出耶稣之道德精神的人才是虔诚的，不管他们是否奉行基督教的仪式——这种观点在他母亲看来简直是亵渎神灵，假如他母亲在世，他恐怕决不会说出口的。

20年代初，浸礼会因南方原教旨主义派与北方自由主义派之间有关如何解释《圣经》的激烈争论而分裂，这场激烈的大论战在1925年斯科普斯审判案⑤期间达到了高潮。小洛克菲勒一反往日谨小慎微的做法，猛烈抨击原教旨主义者"狭隘的中世纪教条"，谴责他们制造对立和分裂。这是小洛克菲勒公开发表过的最尖锐、最自信的批判言论。到了20世纪中期，他公开怀疑对《圣经》按照字面进行解释的做法，认为这样做与现代科学不相容。至此，连老洛克菲勒也开始同意对《圣经》作象征性解释。对于原教旨主义者来说，这种异端邪说把宗教淡化成了一种平淡的社会工作。1926年，南方浸礼会大会的反应越来越激烈，他们重申《圣经·创世记》中关于上帝造人的说法，明确反对进化论。

小洛克菲勒的观点得到了一位后起之秀的支持，此人就是雷蒙德·福斯迪克的哥哥哈里·埃默森·福斯迪克⑥。1924年，第五大道浸礼会教堂（该教堂于两年前迁到了帕克大街）牧师科尼利厄斯·沃尔夫金（Cornelius Woelfkin）退休后，小洛克菲勒发现这是一次良机，可以让一位有性格魅力的人勇敢地带领教众走向教派大联合。作为一名年轻牧师，福斯迪克支持社会福音运动，曾经在曼哈顿南部贫民窟和阿巴拉契山棚户区中传过道。他早年甚至做过一些揭露丑闻的工作，十分推崇林肯·斯蒂芬斯、雷·斯坦纳德·贝克⑦以及艾达·塔贝尔的其他几位同行的文章。1922年，他作了一次题为《原教旨主义者会不会获胜》的有争议的布道，这些十足、强烈的现代主义观点使他差一点被长老会法院视为异端而加以审判。福斯迪克有时被人视作社会主义者，还一度被人称为"神学界大盗"，因为他反对童贞女生耶稣、《圣经》绝对正确和基督复临等传统观点。

1925年，实质上是浸礼会信徒的福斯迪克由于其反传统观点而离开了第一长老会。洛克菲勒在这场辩论达到高潮时向他发出了邀请。小洛克菲勒很少这样招惹事端，他邀请福斯迪克主持帕克大街浸礼会教堂牧师，令后者感到惊讶万分。两人见面后，思想左倾的福斯迪克承认对自己出任这所第一流教堂的牧师有些担忧。为了拉拢他，小洛克菲勒提出打算在一个成分更为复杂的社区里建立新教堂的想法，但福斯迪克还是犹豫再三。小洛克菲勒追问个中原因，他脱口而出："因为您太有钱了，我不愿成为全国最有钱的人的牧师！"随后是一阵令人尴尬的沉默。接着，小洛克菲勒回答道："我喜欢您的坦率，不过，您认为人们会因我有钱而批评你，还是因为您的神学而批评我？"两人都笑起来了，彼此之间的亲密关系就此建立了起来。

新教堂破土动工之前，福斯迪克已经敞开帕克大街浸礼会教堂的大门，接纳新成员，包括那些没受过浸礼的人。他就职一年后，小洛克菲勒发起了一个酝酿已久的项目：在纽约城里建一座不分教派的大教堂。小洛克菲勒亲自担任建筑委员会主席并为该项目捐款 1000 万元，地址选在莫宁赛德高地，起名为河畔教堂。这座哥特式建筑由查尔斯·科伦斯（Charles Collens）和亨利·佩尔顿（Henry C. Pelton）设计，在风格上借鉴了法国的沙特尔大教堂和拉昂大教堂。

该教堂在 1931 年正式落成，成为似乎能沟通上帝与尘世的世界基督教圣殿。圣坛屏风上画的不是圣徒而是一些科学家、医生、教育家、社会改革家和政界领袖，如路易·巴斯德、希波克拉底⑧、弗洛伦丝·南丁格尔⑨和亚伯拉罕·林肯。孔子、释迦牟尼、穆罕默德和摩西的雕像从正门上方的拱券上俯视众生，达尔文和爱因斯坦则占据了供人膜拜的壁龛。几年之后，该教堂信众不仅来自各个教宗，还包括不同的种族，只有不到 1/3 的人来自浸礼会各派。一度倡导旧式宗教的洛克菲勒家族如今成了新教自由派的先锋，因而被认为亵渎了真正的教会而遭到保守派神学家们的强烈谴责。浸礼会《圣经》联合会称河畔教堂"显然是洛克菲勒基金会企图将其影响扩展到整个浸礼会生活的计划中的一部分，该计划已经成功地把我们几乎所有的教育机构都变成了现代主义的温床"。在遭到左翼社会改革者大肆诬蔑 30 年之后，洛克菲勒家族如今在小洛克菲勒的影响下又遭到了右翼的猛烈抨击。1935 年，过去一直是北方浸礼会主要非神职捐赠人的约翰·D·小洛克菲勒向该教派提供了最后一次年度捐款。"促使我中止捐款的原因是，"他在告别信中写道，"各宗派强调形式而非实质、强调各派特性而非基督教宗旨一致性的固有倾向。"

1924 年，小约翰、艾比和他们 3 个年长的儿子乘坐私人火车包厢遍游了美国西部，沿途随时停下来安营扎寨。离开了东北部，小洛克菲勒很少被人认出来，他为自己无人知晓、一路畅通而感到兴高采烈。抵达黄石国家公园后，一家人受到了公园负责人霍勒斯·奥尔布赖特（Horace Albright）的款待，他惊讶地看到洛家三个男孩子起劲地帮搬运工拿行李。奥尔布赖特陪这一家人在公园里游览时，小洛克菲勒和艾比对路旁的树桩和被砍倒的树木大皱眉头。后来，小洛克菲勒在给奥尔布赖特的一封信中表示，他愿意出钱清理和美化那些山路。到黄石公园后第二天，奥尔布赖特开车带洛克菲勒一家去看陡峭耸立、白雪覆盖的大特顿山。小洛克菲勒像是被一种神灵突现的巨大力量所震撼，决定保护这个奇妙绝伦的景观，以供后世瞻仰。

小洛克菲勒和艾比在 1926 年重游大特顿山时，痛心不已地看到杰克逊谷地周围的乡间正在为日益增多的卖热狗小摊、加油站和花里胡哨的广告牌所充斥。奥尔布赖特在日记中写道："我觉得洛克菲勒先生对人类文明进步华而不实的一面发自内心地感到厌恶，他甚至害怕那些东西。因此，他一有机会就会站出来，把他的同胞从工业社会摧残一切的暴行中拯救出来。"美国最杰出的工业家的儿子如今正在不遗余力地拯救自然遗产、保护美国工业时代之前的风貌。这项工作开展得正是时候：1916 年，国会成立了国家公园管理局（National Park Service），授予它很大的权力去改进和管理国家公园和历史遗迹，但它却没有足够的预算加以实施。该管理局的头两任局长斯蒂芬·马瑟（Stephen Mather）和奥尔布赖特都试图与慈善家们打交道，以此作为改变这一局面的出路。

小洛克菲勒不像他父亲一样对政府充满敌意，他具有威尔逊那种为公众服务的精神。在奥尔布赖特的劝说下，他与华盛顿建立起一种独特的合作关系，以挽救那些荒原大漠。一回到家，小洛克菲勒便着手在杰克逊谷地买下数千英亩的土地，以便日后创建一个新的公园。这一想法令当地许多养牛人、猎手和度假牧场经营者无法容忍，认为此举断了他们的生计。为了减少政治阻力和压低地价，小洛克菲勒通过斯内克河土地公司（Snake River Land Company）做掩护做成了这笔生意。小洛克菲勒尽管先后买下 33562 英亩的土地，并急于将其移交给国家公园管理局，他这份厚礼却因为目光短浅的当地人的强烈反对而一再遭到拒绝。直到 1943 年罗斯福总统建立杰克逊国家自然公园后才接受了洛克菲勒的这片土地，该公园于 1950 年又合并到经过扩大的大特顿国家公园之中。小洛克菲勒感染了自然保护主义热情后，又出资为弗吉尼亚的谢南多厄国家公园和横亘北卡罗莱纳州与田纳西州的大雾山国家公园买下了大片的土地，外加用于修建连接这两座公园、横穿蓝岭山脉的天际公路的土地。

如果说霍勒斯·奥尔布赖特算是小洛克菲勒环保顾问之一，那么另一位环保顾问当属美国自然历史博物馆馆长亨利·费尔菲尔德·奥斯本⑩。奥斯本是一个名叫"拯救红杉同盟"的团体的创建人，他向人们发出警告：加里福尼亚州北部的红杉林正在木材公司的加速砍伐下濒临灭绝。当一家公司开始砍伐布尔河低地那片异常美丽的红杉林时，小洛克菲勒出资 100 万元阻止砍伐，以拯救那片原始林地。后来，他又出资拯救其他地方的红杉林，其中有 150 万元用于保护约塞米蒂山谷里数千英亩的原始糖松林。在家乡附近，他先后买下了新泽西州境内哈得逊河沿岸的 700 英亩土地，把它捐给了帕利塞兹公园管理委员会。这些保护自然资源的工作之所以闻名遐迩，是因为小洛克菲勒在他家的慈善事业上留下了他自己的印记，并且在全国乃至全世界产生了巨大的影响。与他父亲在医学研究和教育领域中表现出来的远见卓识和科学精神相比，他采取的这些保护主义举动有着很大的不同之处。

小洛克菲勒对旧时代的崇拜和对现代文明的不满在他晚年进行的几个重建项目中得以体现，这些项目同样表明他与其父的背道而驰。有时，他似乎并不想研究过去，而是想生活在其中、重温旧日的尊严。他最出名的一次怀旧之旅是在通过圣公会牧师威廉·古德温博士（William Goodwin）实现的，此人是威廉—玛丽学院的一名宗教文学教授，1924 年在优秀大学生联谊会举行的一次宴会上结识了小洛克菲勒。古德温试图让小洛克菲勒对他本人为之着迷的一项事业产生兴趣：修复旧日的殖民地首府——弗吉尼亚州的威廉斯堡。古德温对这个想法简直迷得如醉如痴，经常在月光下梦游般地漫步在城里，与 18 世纪的幽灵交谈。尽管小洛克菲勒拒绝了他的建议，但这位圣公会教士还是感觉到自己遇上了美国唯一一位愿意并且能够帮助他实现这一梦想的人。在随后的两年里，小洛克菲勒不得不硬下心肠应付古德温锲而不舍、令人恼火的恳求。

1926 年春天，小洛克菲勒决定去汉普顿学院发表演讲，古德温发现这是一个把他中途拦截到威廉斯堡的绝好机会。小洛克菲勒和艾比到了威廉斯堡后，古德温带着他俩四处观光，就像一个纠缠不休、气喘吁吁的导游似的。其间，小洛克菲勒天真地问有没有一个保护那些古建筑的计划。听到这话，这位牧师一定看到了一线希望之光。他后来局促不安地回忆道："当时要想在小洛克菲勒先生面前忍住自己，不道出我醉心已久的梦想，那真是难上加难啊。"他立即滔滔不绝、绘声绘色地向小洛克菲勒描绘了小城修复后的面貌。

第二年，小洛克菲勒决定承担这个项目的费用，他估计需要 500 万元，而且又一次面临着一个以前遇到过的两难境地：既要买下土地又不引起当地的炒地皮热。古德温对洛克菲勒参与此事的事实秘而不宣，在提到这位施主时用的是"戴维先生"这个名字。当律师、房地产代理商和房地产主们纷纷涌向古德温的办公室时，谣言随即四起，人们纷纷猜测这个项目背后的大富翁是何许人，被提到名字的有亨利·福特、乔治·伊斯曼⑪、小J·P·摩根和奥托·卡恩⑫等人。直到这些猜测开始产生不利影响时，古德温才把当地居民召集到一起，当众宣布道："我十分荣幸、十分高兴地宣布，重建威廉斯堡的资金捐助者是纽约的小约翰·D·洛克菲勒夫妇。"

洛克菲勒家的作风一向是开头很慢，先检验一下某个想法是否可行，然后再扩大。小洛克菲勒坚持这一做法，计划每次只修复一座建筑。他从没想过要翻新整个城市，但细致入微地恢复旧日风格这一想法的确对他产生了强烈的影响，使他变得对最细微的地方也十分关注。他告诉自己的手下："决不能让哪个专家、学者说我们犯了这样或那样的错误。"有一次，常任建筑师提醒小洛克菲勒说，18 世纪的东西没有一样是无懈可击的。"可是小洛克菲勒先生根本不爱听，"他回忆道。"他想让每样东西都完美无缺。"小洛克菲勒对于这个再现的可爱世界情有独钟，他曾经说过："我的的确确属于威廉斯堡。"他和艾比在那里买了一幢榆树成阴的庄园式宅邸，名叫巴西特大厦，每年都要在那儿住上两个月，艾比还在楼里收藏了第一流的美国民间艺术品。

作为一种富于社会价值的消遣形式，殖民时期风格的威廉斯堡使小洛克菲勒为之倾倒，爱不释手，最终为它花了 5500 万元。"我为威廉斯堡付出的时间、思考和关注比我从事过的任何一个项目都多，甚至远远超出洛克菲勒中心……我付出得越多，这项工程就变得越完美，我的兴趣也就越浓厚。"老洛克菲勒却从来没有与儿子谈起过殖民时期风格的威廉斯堡，他唯我独尊，不愿过问非他本人首先倡导的事情，尽管小洛克菲勒搞的项目使他的名字久传于世，极大地改善了洛克菲勒家族的形象。尽管如此，后来在弗吉尼亚州议会授予自己荣誉称号时，小洛克菲勒嗓音哽咽，他扔开手里事先写好的讲稿说："我多么希望我父亲能到场！因为我是他的独生儿子！"这种自谦已经成了一种习惯——尽管约翰·D没把这个项目放在心上。1934年，罗斯福总统主持了殖民时期的威廉斯堡向公众开放的仪式。

另一个根据同样的精神策划的项目是回廊（The Cloisters）博物馆，它反映了小洛克菲勒对中世纪艺术中的森严的等级差别、精湛的制做工艺和丰富的思想内涵早已心驰神往。他在第54西大街的住处装饰着各种华丽的中世纪挂毯，其中包括那块著名"猎获独角兽（the Hunt of the Unicorn）"挂毯。自从威廉·韦尔斯·博斯沃思介绍他认识了乔治·格雷·巴纳德[⑬]这位极具浪漫气质的雕塑家后，他的收藏规模更大了。巴纳德每年夏天都要周游法国和意大利，搜罗哥特式雕像和其他中世纪艺术珍品，然后带着这些战利品返回纽约。巴纳德受到巴黎的克鲁尼博物馆的启发，在曼哈顿北部建了一座中世纪博物馆，最初起名为"回廊"（后改名为"巴纳德回廊"）。1914年，这座由个人独自拥有的博物馆在华盛顿堡大道上一座小砖房里开业了。巴纳德为观众营造了一个浓郁的中世纪气氛：身穿长袍的人物引导着观众穿过幽暗的教堂式展厅，屋里香烟缭绕，回响着中世纪的吟唱音乐。到20年代巴纳德把自己的全部收藏品公开出售时，小洛克菲勒已经从他那里买下了100件哥特式艺术品，其中大部分存放在波坎蒂科的送货隧道里。大都会艺术博物馆买下了巴纳德的全部藏品，费用则是由洛克菲勒提供的。

小洛克菲勒小时候经常骑马沿着哈得逊河到一片令他入迷的高高的林地上游玩。那时他就曾发誓早晚要买下这片地捐给纽约市。如今，这个机会来到了。他买下了科尼利厄斯·比林斯的庄园和巴纳德博物馆附近的其他几块土地，把这些地皮捐给纽约市建公园用。五年之后，纽约接受了这份捐赠，在上面建了泰伦堡公园，同时答应了小洛克菲勒提出的条件，留出4英亩高地盖回廊博物馆，用以保存大都会博物馆的中世纪艺术藏品。

小洛克菲勒像对待威廉斯堡修复工程一样，喜欢了解建立一座中世纪博物馆所需的高深知识。他出资盖了一座建筑物，巧妙地将5座法国修道院里的回廊和他过去从巴纳德手里买下的许多艺术品融合到一起。一天，他在审查博物馆设计图纸时，发现有一间展厅标着"挂毯"的字样，便问馆长詹姆斯·罗里默（James Rorimer）有何高见。"哦，用来放独角兽挂毯之类的展品，"罗里默信口说道，小洛克菲勒做了个鬼脸。不过，他最终还是做出了最大的奉献，拿出了那些珍贵的挂毯。1938年回廊博物馆开馆时，小洛克菲勒捐献或承担了所有展品的90%的费用。

小洛克菲勒与艾比之间最大的矛盾在于对待现代艺术的问题上，这一点暴露了他俩性格上的根本差异。小洛克菲勒似乎对于现代艺术所表现的那种离经叛道、粗放不羁的风格和在形式与内容上的随心所欲感到烦燥不安。他固执地沉溺于过去，似乎想逃避他父亲的行当及拉德洛大屠杀所引起的纷争，艾比却喜爱新鲜的东西，对欧洲的这种新艺术挥洒自如、天真率直的特点产生了共鸣。她倾心于德国表现主义绘画作品中的大胆的色调、怪诞的主题和梦魇般的感官效果。在她开始收藏这类作品时，小洛克菲勒认为它们幼稚、粗糙，毫无吸引力可言。他把这种伤风败俗的艺术放逐到第54西大街10号楼上的画廊里，并在谈到艾比的那些收藏时经常流露出降贵纡尊的口气。"她带回家来的全是些荒诞不经、不负责任的东西，"他们的儿子劳伦斯说。"他根本就不喜欢。"

现代艺术的许多方面——包括一些俗丽的色彩、梦幻般的想像和粗野或扭曲的形态——都让这个四平八稳的人感到惶恐不安。"我只对美的东西感兴趣。一般来说，我从现代艺术中找不到美感，"小洛克菲勒说，他偏爱古典美，比如中国的瓷器。"相反，我从中发现的是一种自我表现欲，那些艺术家好像在说：'我是自由的，不受形式的束缚，艺术是从我身上流淌出来的。'"小洛克菲勒肯定把现代绘画内在的自由与艾比收集它们时所表现出来的不拘一格等量齐观了，否则很难解释他为何如此反对她的爱好。艾比对丈夫的目光短浅深感失望，却从儿子身上找到了补偿，尤其是纳尔逊，他和母亲一样热爱这些惊世骇俗的作品。

艾比曾一度置丈夫的意愿于不顾，于1929年同莉莉·布利斯（Lillie

D. Bliss）和玛丽·沙利文（Mary Sullivan）一起创办了现代艺术博物馆
（MoMA），为许多有钱的纽约女人提供了展示才能的机会。这在当时堪称
大胆之举，因为大多数美国人对这种创新的艺术形式仍然嗤之以鼻。艺术
馆最初租用了赫克谢尔大楼的画廊，后来又搬到第54西大街上洛克菲勒家
名下的一所房子里。即使在博物馆声名鹊起之后，小洛克菲勒仍然对它不
屑一顾。"今天我领你爸看了画廊和展出的那些画，"艾比写信给纳尔逊
说，"但他认为那些画糟糕得难以形容，所以今晚我心情有些沮丧。"纳尔
逊填补了父亲留下的空缺，于1930年被任命为艺术馆的小洛克菲勒顾问委
员会主席——当时他只有22岁，正在达特茅斯大学读四年级——最后当了
该委员会的会长。

　　小洛克菲勒尽管对现代艺术深恶痛绝，但还是成了艺术馆的主要捐款
人，以捐赠基金和土地的形式总共拿出了600万元。洛克菲勒夫妇的善举
对现代艺术馆可谓举足轻重，有位历史学家写道，"几乎可以这样说"，它
"从一开始就成了洛克菲勒的义务、受到他家的保护"。尽管如此，现代艺
术在小洛克菲勒家里一直引起争议。令艾比苦恼的是，她的预算只够买马
蒂斯[14]的一幅小画。她对一位经纪人说："请告诉他（马蒂斯）我只拥有他
一幅画的唯一原因是我买不起。"为了弥补这一点，艾比在1930年12月邀
请马蒂斯共进晚餐，令这位法国大师感到无法忍受的是，像小洛克菲勒这
样具有很高艺术造诣的人对于塞尚[15]、梵高[16]、毕加索[17]和布拉克[18]等人的
艺术魅力竟然表现得如此冷淡。当时在场的一位编辑、《名利场》杂志的
弗兰克·克劳宁希尔德（Frank Crowninshield）记下了小洛克菲勒机智的回
答："这位慈善家彬彬有礼地听着，以同样彬彬有礼的态度和最优雅的法
语表示遗憾道，他不得不固执己见。接着，他突然十分可爱而又自信地补
充道，马蒂斯先生完全不必感到绝望，因为他尽管目前仍然是一副铁石心
肠，但他担心洛克菲勒夫人会用她十分出众的说服才能，最终把他软化成
一团果冻。"可惜的是，小洛克菲勒这种可爱之处只限于社交场合，实际
上，他仍然保持着他那种顽石般的固执。

　　艾比不理会小洛克菲勒的反对，出任了现代艺术馆的首任司库，并且
为艺术馆提供了第一笔用来购买艺术品的资金。在艺术馆初建的几年里，
她是一个快乐、充满活力、无所不在的人物。所有这些辛勤工作反而使小

洛克菲勒更加疏远，年轻的馆长小艾尔弗雷德·巴尔（Alfred H. Barr, Jr.）十分清楚地看出这种不满，他曾对艾比说："请代我向洛克菲勒先生致以亲切的问候（虽然我很难原谅他对您极其热衷的东西表现得极为冷漠）。"菲利普·约翰逊[19]的责备也毫不逊色："他是头犟牛，是个总是说'你是我妻子，只能这样不能那样'的霸道男人。"由于艾比忙于现代艺术博物馆事务的时候恰逢她几个孩子大学毕业、结婚和开始工作的时候，小洛克菲勒恼怒地感到如今妻子已经不再完全属于自己了。"我们这些孩子过去是与他争夺妈妈的对手，如今我们都自立了——我们的需要可能不再对他构成威胁了，"戴维说。"可是又出了个艺术馆，它更加棘手、更牵扯她的精力，这让他耿耿于怀。"艾比仅在 1935 年一年就令人咋舌地向现代艺术馆捐赠了 181 件艺术品，她也因此获得了新的声望，于 1936 年被《时代》杂志选作封面人物，称她为"美国在世艺术家的杰出的个人资助者"。

在此之前，由于老洛克菲勒对绘画明显地表现冷漠，这一点又被他儿子所秉承，这就是洛克菲勒家族很少资助艺术事业的主要原因，艾比的工作则使该家族在这方面占据了重要的地位。小洛克菲勒尽管心里很不乐意，但出手仍然十分大方。1931 年莉莉·布利斯去世后，她的收藏品被拿出来拍卖——24 幅塞尚、9 幅修拉[20]和 8 幅德加[21]的作品，不一而足。她把这些画全都留给了现代艺术馆，条件是必须筹到一笔足以使其久传于世的资金。小洛克菲勒为此捐赠了 20 万元，纳尔逊也出了 10 万。为了容纳不断增长的收藏品，理事会在 1935 年投票决定建一座新馆，由菲利普·古德温（Philip L. Goodwin）和爱德华·多莱尔·斯通[22]按照国际风格[23]进行设计。洛克菲勒家族为新馆提供了第 53 西大街和第 54 西大街的地皮作为馆址，并负担了 60% 的建筑费用。洛克菲勒父子各自的家被夷平，用来盖艺术馆和相邻的艾比·奥尔德里奇·洛克菲勒雕像花园。1938 年初，小洛克菲勒和艾比搬到公园大街 740 号一座新公寓里居住。拆毁他那栋九层楼房代之以现代艺术馆，这对于小洛克菲勒肯定是最大的冒犯。

注释

①Thomas Fortune Ryan, 1851—1928，美国金融家，去世时为全美第一大富翁。

②在英语中"玉米"一词还有"鸡眼"的意思。

③John J. Pershing，1860—1948，一战期间负责指挥在欧洲的美国远征军，曾任陆军参谋长。

④Raymond Poincaré，1860—1934，法国政治家，曾任一届总统和三届总理，领导法国在一战中战胜德国。

⑤Scopes monkey trial，指美国田纳西州中学教师约翰·斯科普斯因讲授达尔文进化论而被控违法的审判案。

⑥Harry Emerson Fosdick，1878—1969，美国牧师，新教现代主义主要代表人物，主张教会活动不受教派和种族的限制。

⑦Ray Stannard Baker，1870—1946，美国记者、随笔作家，曾获普利策奖。

⑧Hippocrates，古希腊医生，后世称之为"医学之父"。

⑨Florence Nightingale，1820—1910，英国护士，近代护理学和护士教育创始人。

⑩Henry Fairfield Osborn，1857—1935，美国古生物学家，著有《生物的起源与进化》。

⑪George Eastman，1854—1932，柯达公司创办人，发明胶卷、柯达相机和彩色照相法。

⑫Otto Kahn，1867—1934，美国银行家、慈善家。

⑬George Grey Barnard，1863—1938，美国雕塑家，代表作为《林肯像》。

⑭Henri Matisse，1869—1954，法国画家、雕塑家，野兽派领袖，作品色彩明亮、线条流畅、不讲究明暗和透视法。

⑮Paul Cézanne，1839—1906，法国画家，后期印象派代表人物。

⑯Vincent van Gogh，1853—1890，荷兰画家，后印象主义代表人物之一。

⑰Pablo Picasso，1881—1973，西班牙画家、雕刻家，立体主义画派主要代表。

⑱George Braque，1882—1963，法国画家，立体主义画派代表之一。

⑲Philip Johnson，1906—2005，美国建筑师、建筑理论家，提倡国际风格，也强调表现个性。

⑳George Seurat，1859—1891，法国画家，新印象主义点彩画派主要代表。

㉑Edgar Degas，1834—1917，法国画家，印象派代表人物之一，擅长描绘人物瞬间动态。

㉒Edward Durell Stone，1902—1978，美国建筑师，创办建筑事务所，设计的作品遍布全球。

㉓International Style，首见于20年代的一种欧洲反传统建筑风格，讲究实用性，特点为大窗户、宽门廊和坚固的地基。

34　继承人

　　老洛克菲勒对孙辈们——尤其是对姓麦考密克的几个外孙——的命运的最坏预感似乎在 20 年代开始逐一变为现实。他一向十分疼爱的外孙福勒后来成了卡尔·荣格的朋友、追随者和旅伴，并称赞荣格是他生活中的"上帝之象征"。荣格不仅使福勒摒弃了传统道德规范，还可能在不经意间为福勒有失体统的婚姻铺平了道路。1921 年，庸俗小报抓住小詹姆斯·斯蒂尔曼（James Stillman, Jr.）与安妮"菲菲"·斯蒂尔曼（Anne "Fifi" Stillman）新近离婚的事件大做文章。菲菲是个举止轻挑、情绪多变、引人注目的红发女郎，她对年轻男人来说无疑是一个迷人的女妖，福勒早在普林斯顿大学与她儿子巴德同住一屋时就疯狂地迷上了她。伊迪丝嗅到了危险的气味，在 1922 年警告她父亲说："对富有的年轻男人来说，一个年长许多、狡诈而又迷人的女人向来是个陷阱。"令洛克菲勒大惊失色的是，福勒后来娶了这个年长他 18 岁、有 4 个孩子、离过婚的女人。洛克菲勒尽管偶尔接待过这对夫妇（他俩一直没有孩子），但一想起这场婚姻就闷闷不乐，而且很可能还责怪伊迪丝因只知道关心自己，对孩子们遇到的麻烦不闻不问才造成了这种结局。

　　伊迪丝的女儿穆丽尔天生丽质、喜怒无常，秉承了母亲刚愎自用的性格。1922 年，洛克菲勒为祝贺她过生日寄去一张支票，但她立刻寄了回来，声称对他竟然用"这种物质主义方式表达爱意"的做法感到恼火。由于父母是歌剧院的主要捐资人，穆丽尔决心当一名歌剧明星，并陪同母亲出席了一次募捐午餐会。"午餐会结束时，"芝加哥一家报纸报道说，"大家喝完咖啡后，男宾们开始抽雪茄，麦考密克小姐也从自己的金丝手袋里拿出纤巧的乌木烟嘴和香烟，加入了吸烟者的行列。"穆丽尔为自己取了一个艺名：纳瓦娜·密克尔（Nawanna Micor），师从嘉娜·沃尔斯卡（Ganna Walska）学歌剧，在纽约登台演出过很短一段时间，甚至还去好莱坞试过运气，最后才改行搞室内装修，并且嫁给了一位前任银行行长的儿子伊莱沙·D·哈伯德。

洛克菲勒从穆丽尔的妹妹玛蒂尔德那里感受到更多的亲情。玛蒂尔德是个聪明伶俐、风姿迷人的姑娘，也是麦考密克家唯一没有找荣格做过精神分析的孩子。洛克菲勒担心玛蒂尔德会成为一些瑞士恶棍的猎物，便告诫她说："我们希望你们个个都是真正的美国人，热爱自己的国家。世界上有许多指望通过结婚来致富的人有时专门追逐美国姑娘，你们可不能让他们给迷惑住啊。"在这些事情上，洛克菲勒具有一种女巫般的预见。1922年，17岁的玛蒂尔德决定嫁给她的瑞士骑师、一个名叫马克斯·奥泽的45岁的鳏夫。伊迪丝为玛蒂尔德支付了昂贵的骑术训练费，却觉得对方不守信用，认定狡诈的奥泽有意在欺骗她们母女。她对父亲说，奥泽追求玛蒂尔德完全因为她是"有钱人家的女儿、世界首富的孙女。可惜我们都十分清楚，我们家的孩子全都受到品格低下的人的奉承谄媚，这些人都想借此从他们身上捞取钱财"。

伊迪丝忘记了自己近来的越轨行为，说起话来神气活现，口气就像个循规蹈矩、自以为是的母亲。她建议洛克菲勒不要再向孙儿们提供金钱，以便使"他们少受那些骗子和动机不良者的欺骗"。"我们有我们的悲哀，"洛克菲勒答复伊迪丝说。"令我深感欣慰的是，做妈妈的竟然对他们放任自流。"但他仍然受到伊迪丝的观点的很大影响，停止向许多孙儿分发一年一度的馈赠。

伊迪丝拒绝成全玛蒂尔德与奥泽的好事，还试图吓唬玛蒂尔德。她告诉女儿说，由于玛蒂尔德的爷爷奶奶年龄相差26岁，导致他们的7个儿女中有好几个患上了可怕的精神疾病。"两个夭折，两个精神失常，"她恳求女儿说。"难道你不认为把注定会精神失常的孩子带到这个世界上来有多么不公平吗？"玛蒂尔德于1923年结婚后，伊迪丝仍不让步，拒绝见马克斯·奥泽，甚至多年以后也不肯见她的几个外孙。1929 年，这对夫妇前往美国，以期弥补这个裂痕，伊迪丝却对玛蒂尔德说，她仍然不想见她的外孙。"孩子根本就无足轻重，"她告诉女儿，"他们只不过是用来传宗接代的。"伊迪丝变得如此恶毒，听说玛蒂尔德和马克斯打算拜访老洛克菲勒后，竟提前打电报给父亲说："如果您拒绝在家里接待那个追求钱财的奥泽先生，我将感激不尽。"洛克菲勒当时正在准备庆祝自己的九十大寿，不愿冷落自己疼爱的外孙女，便在莱克伍德亲切地接待了马克斯、玛蒂尔德和他们的孩子。洛克菲勒甚至不知不觉地成了玛蒂尔德的知心朋友，后者向他倾诉了自己与母亲的纠葛。几十年来，他一直被人指责为强取豪夺的资本家，此时却很乐意扮演一位睿智、宽厚的老祖父。

洛克菲勒继续对外孙女玛格丽特关怀备至，她长大成人后，令人人都想起她母亲贝西，这使她成为特殊关照的对象。她从小在父亲查尔斯·斯特朗身边，在一种孤独的、书卷气十足的环境里长大，父亲一直不让她回美国——这一点始终让洛克菲勒耿耿于怀。查尔斯因脊柱上长了一个瘤子，胸部以下瘫痪，成天坐在垫着软枕的轮椅上，这反而使他更加耽于思考。无论是住在巴黎的寓所还是在菲耶索尔的别墅里，查尔斯与他的密友乔治·桑塔雅那一起为被追求者层层包围的玛格丽特而担忧。她的婚姻大事令这两位哲学大师伤透了脑筋。

1927 年，玛格丽特在巴黎一座教堂里与衣着入时的乔治·德库埃瓦举行婚礼时，把她交给新郎的是桑塔雅那而不是斯特朗。玛格丽特认为父亲不会同意她的婚事，所以在他离开巴黎时举行了婚礼。离开了家中孤独、压抑的生活环境后，玛格丽特被德库埃瓦的温柔、率真和魅力弄得神魂颠倒。德库埃瓦总是标榜自己是西班牙贵族，其实他既非西班牙人也非贵族，而是一个智利银行世家的后裔，家里拥有的土地多于现金，他则聪明地设法弥补了这一不足。

1929 年 1 月，玛格丽特生下一个女儿，起名伊丽莎白（随后又生了儿子约翰）。同年晚些时候，她和丈夫乔治一起前往美国"去看望已是 90 高龄的洛克菲勒老人"，桑塔雅那这样描述他俩的安排道。"他对玛格丽特已经很慷慨了——每年给她 7.5 万元——但只有表达感激之后才有望获得恩宠；毫无疑问，他们在佛罗里达会尽力留下好印象，以便使这份恩宠能从老人那里传给如今执掌财权的小约翰·D.。"乔治·德库埃瓦后来开玩笑说，他是为了供养自己的孩子才艰苦跋涉到佛罗里达的丛林里去打高尔夫球的。他懂得如何与洛克菲勒打交道，把玛格丽特描述成一个需要保护的小可怜。玛格丽特和乔治带着2个孩子在30年代移居美国（其间，他们时常重游巴黎和佛罗伦萨），并且去莱克伍德在洛克菲勒身边住了好几年，就像查尔斯和贝西在30前那样。洛克菲勒在遗嘱里突出地表明他十分关心贝西的女儿的幸福。由于他已经把自己的全部财产几乎全都分给了慈善机构和子女，只留下了2640万元的遗产，其中州税和联邦税就要扣除1660万元。他做出了一个令许多人都感到意外的决定：剩下那些钱的主要受益人竟然是玛格丽特·斯特朗·德库埃瓦——这笔遗赠是留给玛格丽特和她已故母亲两个人的。

小洛克菲勒的6个孩子给洛克菲勒带来的苦恼要少得多，因为他们是在父亲坚持不懈的严厉管教下长大的。为了拥有一个毫无瑕疵的出色家庭和洗刷洛氏家族的声誉，小洛克菲勒经常是个毫不留情的严父。孩子当中唯一的女孩巴布丝与父母争吵的次数最多。她认为艾比偏爱儿子，小洛克菲勒则把憋在肚子里的大部分火气发泄在她头上。小洛克菲勒生来不会揣摩年轻人的反抗心理，尤其是来自不服管教的女儿的反抗。巴布丝身材高挑、体态轻盈苗条，典型一个爵士乐时代（流行于美国20年代）的青年。她身穿当时流行的女装，头带钟形女帽，模样可人；她喜欢驾驶跑车高速行驶、打网球，经常捐钱给哈莱姆（纽约黑人居住区）的几家爵士乐俱乐部。她还能巧妙地摆脱监护她的成年妇女；1922年叔祖威廉去世的那天晚上，大家花了好长时间才从长滩的一个晚会上找到她。她讨厌去教堂做礼拜，用嘲弄的口吻回忆晨祷时人们"做作的挥手姿态"。她记账时总是草草了事，不愿循规蹈矩，成天为搞零花钱而奔忙。"我总能从爷爷那里弄到一块钱"，她对弟弟们夸口道，心里十分清楚祖父在对待女人方面的弱点。她在布雷尔里学校和蔡平学校上学时不求上进，憎恨父亲对她的成绩单所下的刻薄评语，更何况他还经常给学校打电话了解她的学习情况。

小洛克菲勒答应孩子说，如果他们在21岁之前不吸烟，就给他们2500元作为奖赏，给巴布丝的条件则是一辆汽车，然而她在15岁时就偷偷开始吸烟了。1922年10月，19岁的巴布丝吸完一支烟后坐下来给父亲写信，仿佛在为一桩重罪表示忏悔："这是我有生以来最难提笔的信……我吸烟了，从而失去了我的轿车。妈妈要我明天把这封信送到塔里敦寄出去。"小洛克菲勒得知巴布丝还在厚着脸皮继续吸烟，便主动提出说，如果她以后能把烟戒掉，就给她双份的津贴。可是，她甚至因为躺在床上吸烟而烧着了被褥，仍旧无法改掉这个习惯，得知她又添了喝私酒（非法酿造的酒）的嗜好之后，小洛克菲勒更是大惊失色。

巴布丝认为父亲过于神经紧张，把任何事情都看作是对道德和他个人权威的考验。她和弟弟们一样，认为祖父身上很多值得尊敬的品质，如脾气和善、有同情心，这些在她父亲身上全然不见。在 1923 和 1924 年之交的那个冬天，巴布丝两次因超速驾驶被送上交通法庭，并且两次都承认自己违章。老洛克菲勒不顾儿子的反对，给她写了张表示安慰的便条，承认他自己也喜欢开快车。与父亲之间的冲突给巴布丝留下了创伤。劳伦斯的女儿后来在谈到她与巴布丝姑姑说起后者成长历程的一次谈话时写道：

> 我无法传达出她在谈话中流露出来的痛苦口吻……她不断地说（她父亲）的用意是好的，并且表示了对（他）的崇拜，但是她显然怕他，也恨他。他在生气时从不提高嗓门或是大发脾气。她回忆说，他一旦生起气来会变得极其尖刻。她觉得他是一个不会享受生活的人。

1925 年 5 月 14 日，巴布丝嫁给了一位年轻律师：相貌英俊，脾气随和的儿时伙伴戴维·米尔顿。包括艾尔·史密斯（Al Smith）州长在内的 1200 位客人参加了这次在第 54 西大街 10 号举行的婚礼。艾维·李在后面来回梭巡，不让记者为身穿婚纱的巴布丝拍照，以防有人指责洛氏家族在斗富。不出所料，报界用一些陈词滥调把这桩婚姻说成是一个"世上最富有的新娘"与一位"一文不名的小律师"结合的童话故事。后来，巴布丝宣称婚礼后的第一天是"她获得自由的第一天"，此言与其说是社交辞令，不如说是坦言相陈。当一大群想一睹新人丰采的人等在外面翘首以待时，巴布丝和戴维却从后门溜了出去。小洛克菲勒看到站在外面的人群，便邀请他们进来看看举行婚礼的场地。于是，他和儿子们马上就陪着爱看热闹的人——每次 20 人——参观了那些堆满鲜花的房间。18 年后，巴布丝步伊迪丝的后尘，与律师丈夫离异，后来嫁给了神经病学家欧文·帕迪博士。帕迪去世后，她又嫁给了美国信托公司副总裁让·莫齐。她在晚年成了斯隆—凯特林癌症研究中心（Memorial Sloan-Kettering Cancer Center）和纽约市其他机构的主要的捐助者。

小洛克菲勒的长子约翰·D·洛克菲勒第三从呱呱坠地起一直是在整个家族厚望的重重阴影里长大成人的。在他出生时，一家纽约报纸开玩笑说，华尔街的股票经纪人都在争论，话题是这一事件将会"造成股市上涨还是仅仅持平"。约翰第三又高又瘦，一张不光滑的长脸，从父亲那里继承了说话、办事滴水不漏的性格。他生性腼腆、内向，对自己要求极其严格。他和父亲一样渴望成为道德上的楷模，也和父亲一样为此在感情上付出了高昂的代价。尽管有这些相似之处——或者是也许正由于这些相似之处——小洛克菲勒与他长子之间的关系反而变得十分紧张。约翰第三觉得自己生活在父亲的阴影之下，并且为感到自己永远无法达到那些崇高的标准而沮丧不安。巴布丝声称，约翰第三是受到小洛克菲勒"死板的、有错必纠的态度"伤害最深的人。约翰第三对父亲的种种限制感到恼怒，他曾在日记里写道："爸总是一意孤行。他……在业务上很开通，在一些家庭小事上却如此狭隘。"与巴布丝不同的是，约翰第三从来没有表现出丝毫反叛精神，而是一直忍气吞声。

约翰第三在好几家私立学校里上过学，其中包括罗杰·阿斯克姆学校、布朗宁学校和卢米斯学院等，与弟弟们不同的是，他没有获准去教育方法先进的林肯学校上学，这所学校是由普及教育委员会出资在1917年开办的。他为自己长着一个硕大的下巴而感到难堪，还认为自己的右半脸有些变形，因此，他从少年时代起就表现出一系列和他父亲相同的身心失调病症（头疼、胃疼，等等）。1922年初，他患了严重的耳疼病，不得不去佛罗里达与祖父一起过冬，在那里的高尔夫球场上，他和滑稽幽默的老人相处得非常愉快。老洛克菲勒在他郁郁寡欢的内心世界里添上了一道鲜明的怪僻特色。他的日记充满了阴郁的自我贬抑之情："我毫无个性魅力可言。在餐桌上没人愿意坐在我身边，在别的事情上也一样。""我在学校里没有一个真正的朋友。""但愿自己能讨人喜欢。""我希望能在许多方面和现在的我不一样。""我总是怕难为情。"他继承了伊莱扎的清教徒式的良心，却不具备老比尔的轻率作为补充。

约翰第三从少年时代起就把自己所得收入的一半或是节省下来，或是捐给慈善事业，他对家族财富究竟有多少几乎一无所知。有传闻说，一天他正在锡尔湾上驾着一艘破旧的划艇游玩，邻居的男孩问他："你干吗不弄艘汽艇？"约翰第三吓了一跳，回答说："汽艇？好嘛！你以为我们是什么人？——是范德比尔特家的人吗？"在普林斯顿大学，有汽车的学生数以百计，但不包括约翰第三。有个也许是杜撰的传闻说，他在普林斯顿城里拿骚大街上的一家意大利饭馆里因为想兑现一张支票而遭人嗤笑。店主说自己接受过乔治·华盛顿和凯撒大帝签字的支票，但不会蠢到接受约翰·D·洛克菲勒开的支票。尽管 1920 年出版的斯科特·菲茨杰拉德①的第一部小说《人间天堂》证实了普林斯顿大学学生生活放荡的说法，约翰第三却从不喝酒、吸烟、骂人，也不在星期天做功课。他在参加学生聚餐时，为了避免喝酒，银色的共饮酒杯传到他手里后，他只用嘴唇轻轻碰一下杯子完事。同班同学都喝得酩酊大醉时，他却在当地的文教坊里教移民学英语，或是在基督教青年会里做志愿服务。还在普林斯顿大学读书期间，他已经是邓巴国家银行董事会（Dunbar National Bank）的成员了，这是一家设在哈莱姆，由他父亲和其他企业家赞助，聘请黑人经营的银行。约翰第三在普林斯顿大学时恐怕比他自己想像的要受欢迎得多，但他却把自己读本科的那几年描绘成孑然孤独的炼狱。在道德心的制约下，他在日记中一直喋喋不休、近乎病态地谈论自己身上的缺点。"我觉得自己在性格上不如别人——的确如此。从不觉得有人——无论男孩还是女孩——愿意和我在一起。""没法让微笑挂在脸上，那是最令我尴尬的事。肌肉在打颤。只要能不这样做，怎么都行。"他在凄凉地跨进最后一所学校的大门时写道："知道我为什么高兴大学毕业了吗？因为我学习搞得一团糟，还因为我几乎连个朋友都没交上。"

毕业后，约翰第三到世界各地转了一圈，随后去百老汇 26 号上班，听从父亲的号令。洛克菲勒家的办公室如今雇了 100 多人，包括律师、会计、资金管理人和房地产专家，成了一个庞大的官僚机构。老洛克菲勒让儿子最初在百老汇 26 号不知所措地彷徨了好几年，小洛克菲勒对待儿子的方式则更为直接、更令人压抑。1929 年 12 月 2 日是约翰第三上班的第一天，小洛克菲勒举行了一个记者招待会，他把儿子介绍给大家后继续把持着会场，每次有记者向那个身材削瘦、局促不安的年轻人提出问题时，都是由小洛克菲勒代他回答。尽管小洛克菲勒很快就把儿子安插到 15 个机构里，其中包括洛克菲勒基金会和洛克菲勒医学研究所，并给了他一个相邻的小办公室，约翰第三却很少见到他父亲。约翰第三专注而又迫切地投入了工作，每周上六天班，不分昼夜地处理各种问题，从青少年犯罪到人口控制问题无不过问。他就像父亲早年那样，经常代表洛克菲勒家出席各种慈善委员会会议，所有这些工作都在排着队等他处理。

这个高度紧张的年轻人需要一个女人把他从紧张的精神状态中拯救出来，就像艾比拯救小洛克菲勒那样。他发现布兰切特·费里·胡克正是他理想的伴侣。布兰切特在瓦瑟女子学院上过学，是位美貌的继承人；她可爱迷人、举止高雅、毫不做作。她父亲是胡克电化学公司（Hooker Electrochemical Company）的创建人，母亲则继承了费里种子零售公司（Ferry retail seed business）的财产。约翰第三在向异性求爱方面十分胆怯，小洛克菲勒便把锡尔港畔一个私宅的钥匙交给他，怂恿他带布兰切特去那里幽会。这对年轻人最终于 1932 年 11 月 11 日在河畔教堂成婚，参加婚礼的宾客多达 2500 人。

两人在锡尔港畔情意缱绻时，约翰第三交给布兰切特一份列有自己全部缺点的单子，并要求她也这样做，这时布兰切特才知道约翰的心理负担有多沉重。她发现自己的未婚夫被家族的名声和财富压得直不起腰来，便帮助他尽量去走自己的路。但这又谈何容易。约翰第三同伊迪丝姑姑一样，在上学期间就时常患有陌生环境恐惧症，婚后更是每况愈下。他和布兰切特一起参加社交活动时，好几次感到头昏眼花，几乎要晕倒。这一症状尽管后来有所减轻，但一直没有根除，所以他俩很少外出参加公开场合的活动。

在几个兄弟当中，约翰虽说是最不为人所了解的一个，却是最自觉的慈善家。除了洛克菲勒基金会之外，他还是林肯中心和人口理事会的主席，并且成了亚洲学会最重要的赞助人。他避免做任何声张自己的事，只要有可能，决不坐豪华轿车、住豪华宾馆，外出旅行时经常用约翰·戴维森这个假名。奇怪的是，他和其父一样，无法忍受妻子对现代艺术的爱好，布兰切特则步婆婆艾比的后尘，置丈夫的反对于不顾，毅然出任了现代艺术馆董事长一职。约翰还有一点像他父亲的地方：在对待有争议的家族财富问题上，用良心来严格监督自己的所作所为。他女儿说："他是那种为自己无所事事却能坐享其成而感到痛苦的人。"

如果说约翰第三似乎被家里的繁文缛节捆住了手脚，老二纳尔逊则好像对那些制约了他父亲一生的清规戒律置若罔闻。纳尔逊举止轻率、精力旺盛，这反而进一步削弱了哥哥约翰的自信心。约翰在日记里写道："纳尔逊舞跳得很好，我却不行。""纳尔逊总是能引人注目。"其他几个兄弟都是瘦高个，而年轻时的纳尔逊却像小洛克菲勒一样矮小粗壮。他的名字和外祖父奥尔德里奇参议员的一样，而且也继承了奥尔德里奇迷人的外向性格。在六个孩子当中，唯有他性格活泼、爱抛头露面，在这个讨厌表现自我的家庭里，他成天显得兴高采烈、自以为是。纳尔逊生来爱颐指气使，开着一辆漂亮的福特牌敞篷汽车在林肯学校里呼啸而过，与其说他是个学生，不如说他像校长。他冒失地告诉一位大吃一惊的新教师说，如果需要了解什么情况可以去找他，因为"您刚来，而我在这里有好长时间了"。洛克菲勒家除了老比尔之外，还没有出过这样一个爱热闹、自以为是的人物。小洛克菲勒经常对纳尔逊趾高气扬的古怪行为大皱眉头，艾比却十分喜欢他这种"坦诚直率"的性格，在几个孩子当中显然最偏爱他。

纳尔逊在达特茅斯大学是个颇得人心的学生，他是橄榄球队员，三年级时当选为副班长。从这时起，他就开始讨别人的欢心，培养自己的从政能力。他穿着旧灯芯绒裤子和宽大的绒衣，试图和大伙打成一片。但他在学校里是个鹤立鸡群的人物，同达特茅斯大学校长欧内斯特·霍普金斯（Emest Hopkins）打得火热。他滴酒不沾，在主日学教课，学习成绩优秀，放下架子骑自行车而不是开汽车去上课。

父母打消了他想成为一名建筑师的梦想之后，纳尔逊选择了经济学专业。在写学位论文时，他要为祖父和标准石油公司辩护，所以很想听听这位创始人自己的看法。洛克菲勒很会讲故事，有一肚子典故，但又十分谨慎，避口不谈自己的经商历史。"我有一天在想，爷爷为什么从来不向我们提公司的事，"纳尔逊写信给父亲说，"也从来没有对我们说过有关他辛辛苦苦组建公司并且领导它那么多年的任何情况。"为了弥补这一缺憾，纳尔逊请求父亲同他谈谈，说这段历史"会成为我们生活中重要的、难以忘怀的体验"。

老洛克菲勒还在反复考虑这件事情的时候，小洛克菲勒却把英格利斯的那份歌功颂德的手稿寄给了儿子，纳尔逊读得津津有味。"它太令人激动了！"纳尔逊对父亲说。"我头一回觉得自己真正对爷爷有所了解了——多少知道一些他一生有多么了不起。"纳尔逊有所不知，他看到的只是一部有趣的家族传奇。洛克菲勒的后代在不经意间被家里所做的公关工作给蒙骗了。至于洛克菲勒，他尽管为孙子的请求感到得意，却拒绝同他谈话，使得纳尔逊——就像小洛克菲勒以及其他家族成员一样——在标准石油公司的问题上不比一个经常看书读报的局外人知道得更多。老洛克菲勒的表现使得他对自己财产之合法性的忧虑传给了子孙，增加了他们内心的负罪感。在英格利斯的误导下，纳尔逊在论文里断然否认了标准石油公司曾经用不公平的手段扼杀行业竞争的说法。"那些公司受到的待遇是绝对公正的，其中还有许多人得到的是慷慨的待遇，"他写道，认为标准石油公司"通过在当地实行歧视性价格、成立假冒的独立企业和刺探对手情报"等手段来扩张势力的说法纯系无稽之谈。

1929年洛克菲勒九十大寿那天正好是纳尔逊21岁生日。"相比之下，21在90这个数字面前显得很渺小、微不足道，"他写信给父母说，"就像一株小树苗站在一棵高大的杉树旁一样。不过，这棵树苗会长大，有朝一日会成为一个有用之材。谁知道呢？"纳尔逊在佛罗里达度假时抓住一切机会和洛克菲勒打高尔夫球，聚精会神地听他讲故事、说笑话。1932年，纳尔逊看望爷爷后对小洛克菲勒说，祖父"绝对是位不同寻常的人物，也许是我所认识的人当中最出色的一个。让我真正佩服的、事事成功的人不多，他在这些人当中可谓首屈一指。他对生活的看法和观点实在了不起，而且又是那么的幽默"！

1929年秋天，纳尔逊以他那种敢作敢当的方式宣布自己要娶儿时的伙伴玛丽·托德亨特·克拉克（人称托德）为妻。托德身材削瘦、举止优雅，是宾夕法尼亚铁路公司前总裁乔治·罗伯茨（George Roberts）的外孙女。小洛克菲勒因为纳尔逊事先没有征求他的意见而十分恼火，在艾比的劝说下才同意了这门亲事。纳尔逊和托德一起去奥蒙德比奇见老洛克菲勒，老人同这位来自费城郊外梅因莱恩富人区的姑娘打了一局高尔夫后，向他俩表示祝福。托德给人的印象是聪明诙谐、善于模仿、爱好体育活动，但有些冷漠、矜持。1930 年 6 月 23 日，纳尔逊和她在费城的巴拉金维德举行了婚礼，在仪式举行的过程中，警方把 1000 名看热闹的人挡在了教堂外面。直到婚礼结束也没见到老洛克菲勒，而是送来了价值 2 万元的证券。他越来越不爱出门，以免影响健康。

蜜月期间，纳尔逊和托德在锡尔港住了两个星期，身边有 24 个仆人伺候他们。小洛克菲勒给他俩的结婚礼物是，请他俩作一次为时 9 个月的环球旅行。他们受到的礼遇就像在进行国事访问似的，每到一地都要在当地标准石油公司的人陪同下拜见该国的首相和要人。纳尔逊对他同印度圣雄甘地的会面感到十分不满，抱怨道："他对我一点儿也不感兴趣。"

1931 夏天，纳尔逊开始在百老汇 26 号上班，但觉得自己受到了小洛克菲勒手下众多谋士的排挤。在一次失败的尝试中，他成立了一家销售公司，并且在佛罗里达花了很长时间同老洛克菲勒一起讨论这件事。纳尔逊说："每天吃早饭之前，我们都要轮流念赞美诗，早饭时总是没完没了地喝橙汁。"他给人留下的深刻印象是，拼命为洛克菲勒中心招揽人才，并且最后成为该中心的核心人物。后来，他在罗斯福手下当过负责拉丁美洲事务的助理国务卿，在艾森豪威尔手下担任过卫生、教育和福利部副部长。他在 1959 年就任纽约州州长，宣誓时用的是他曾祖母伊莱扎的那本《圣经》。他和托德结婚 30 年并且同她生了 5 个孩子之后，竟于 1962 年与她离婚，第二年娶了玛格丽特"海佩·墨菲"为妻。当时有许多人认为，他的婚姻史无可挽回地影响了他当总统的抱负，最后只当了杰拉尔德·福特[②]的副总统。

1910 年老三劳伦斯出生时，家里为他选了这个拼写奇特的名字以纪念病中的祖母塞迪[③]。小洛克菲勒告诉他母亲说："我们选择这样拼写是为了使它尽量和劳拉这个名字一致。"人人都说身材瘦削、五官轮廓分明的劳伦斯比别的孩子长得更像老洛克菲勒。他才华出众、沉默寡言、机敏过人，还继承了祖父那种神秘莫测、冷静超然的特点。尽管如此，他却缺乏"全力以赴解决难题和日常事务的能力"，他还在林肯学校上学时，小洛克菲勒就下了这个结论。他小时候喜欢照相，还动手做了一辆用摩托车引擎驱动的木头汽车，表现出制作精巧的机械装置的天分。劳伦斯在普林斯顿大学时主修哲学，在理性的审视下放弃了许多儿时的宗教信念。他在哈佛大学学习法律期间，头一个学期因得了肺炎不得不去奥蒙德比奇和老洛克菲勒一起过冬。由于他弄不明白法律中的社会学问题，要费很大力气才能通过期末考试，因而决定不等拿到学位就退学了。

1934 年，劳伦斯娶佛蒙特州伍德斯托克的玛丽·弗伦奇为妻。玛丽是曾任北太平洋铁路公司总裁的弗雷德里克·比林斯（Frederick Billings）的外孙女，毕业于瓦瑟女子学校，漂亮、沉静，性格坚强。玛丽的哥哥是纳尔逊在达特茅斯大学时的室友。劳伦斯像他祖父一样，善于捕捉商业机会，并且对自己的判断能力坚信不移。他接过了洛克菲勒在纽约股票交易所的位置，成为该交易所最年轻的成员。28 岁时，他同朋友埃迪·里肯巴克④一起组建辛迪加以收购东方航空公司，并最终成为该公司最大的股东。他在麦克唐纳飞机制造公司（McDonnell Aircraft Corporation）也拥有大量的股份，该公司因在第二次世界大战期间得到大批飞机定货而急剧发展。后来，劳伦斯还参与了 V 型火箭和其他航天研制项目，喜爱开着自己的飞机旅行。20 年代初全家第一次去了大特顿山之后，劳伦斯对保护自然工作的兴趣一点也不比他父亲低。他说："我是当时最小的一个游客，因而对它的印象最深。"后来，他在一些未受破坏的风景地修建度假村，通过一个名叫洛克度假公司（Rockresorts）的企业管理它们，这家公司最终拥有了世界上一些最漂亮的旅游设施。

老四温思罗普的一生几乎是由一个令人尴尬的错误开始的。小洛克菲勒和艾比打算给他取名为温思罗普·奥尔德里奇·洛克菲勒（以纪念艾比的哥哥），却发现这三个字的首字母缩写是 WAR（战争），便把中间那个名字去掉了。这个胖乎乎、动作笨拙的小男孩成了纳尔逊和劳伦斯欺负的主要对象。他患了肾病以后，2 个哥哥故意提醒他说，另外一个名叫温思罗普的表兄也是小时候死于肾病的。艾比对这个柔弱的儿子呵护有加，有一次说他："凌辱只能让他发怒或者变得更坏，如果能爱他、善待他，叫他干什么都行。"

温思罗普在年轻时体验过难以言表的悲哀。他在父亲的严厉管教下感到痛苦不堪，渴望能躲到一个不那么艰难的世界去。他的精力很容易分散，在林肯学校和卢米斯学校上学时成绩很差，却喜欢捉弄人和追女孩子。他身材高大、相貌英俊、动作笨拙——16 岁时就身高 6 英尺（约 1.8 米）、体重 185 磅（约 88 公斤）——但缺少几个更加活泼的哥哥身上具有的精力和干劲。温思罗普后来承认，他在耶鲁大学上学时只掌握了 2 门功课：吸烟与喝酒。起初他连喝 3 杯就会感到难受："不幸的是，后来我不再难受了。"他在耶鲁大学期间玩牌、花钱不记账——这是洛克菲勒家最大的罪过之一。大学一年级读到一半时，温思罗普意识到自己挥霍无度可能会导致家里停止他的生活费，便从巴布丝那里借了一大笔钱来救急。

1933 年暑假期间，他在得克萨斯油田为汉布尔石油公司（Humble Oil）卖苦力，当时该公司为新泽西标准石油公司所有。他觉得与那些粗鲁、纯朴的工人一起干体力活比和耶鲁大学的同学们相处要自在得多："这正是我一直梦寐以求的！……人们靠自己的双手劳动，创造出一些实实在在的东西……我看到的一切都让我着迷——我想成为其中的一员，做他们正在做的事情，向自己证明我和他们当中的任何人一样出色。"如果说在得克萨斯的经历使他精神振奋的话，对他在学校里的表现却毫无裨益，他仍旧热衷于喝酒和打牌。温思罗普在得克萨斯时，一个名叫柯利·莱文的纽黑文的酒店老板错把给他的电报发到了第 54 西大街的家里。小洛克菲勒看了电报后，私下去找耶鲁大学的校长詹姆斯·安吉尔⑤，得知柯利参与赌博和其他不轨行为。温思罗普在父亲的质问下撑不住了，向惊恐不已的父母作了交代："柯利是纽黑文一家非法酒店的犹太老板，我在上学时从他那儿买酒喝。"温思罗普在上三年级时，因被人发现和一个姑娘共浴而被逐出校门。

离开耶鲁大学之后，温思罗普又去得克萨斯油田为汉布尔石油公司工作。他宣布这一消息后，一向不露声色的老洛克菲勒表示高兴，因为看到又有一个家庭成员受雇于标准石油公司。温思罗普到莱克伍德看望老洛克菲勒，向他说起汉布尔公司在得克萨斯采用了先进的生产技术，老人耐心地听完后说："哦，老天……我很欣赏这一点——但我还是要提醒你，重要的是数字。"温思罗普和蔼可亲的性格让人想起老洛克菲勒，也许正是由于这个原因，他对老人性格中自相矛盾的地方非常敏感："他身上总是有一种捉摸不透的冷漠，一种难以形容的超然。他为人热情、仁慈、真诚——一举一动都很热诚——但总是给人一种拒人千里之外的感觉。"其他的兄弟却都没有发现老人性格上这种内外之间的微妙差别。

　　温思罗普同得克萨斯的普通工人亲密无间地相处了 3 年，和他们一起吸烟、喝酒、追女人。当时的一位杂志撰稿人写道，温思罗普"高个子、宽肩膀，像只友善的小树袋熊"。在这段过着天壤之别的两种生活的日子里，温思罗普平时和其他工人一起干活、吃饭，一小时只挣 7 毛 5 分钱，到了周末却和公司总裁一起在乡村俱乐部里大吃大喝。温思罗普喜欢在得克萨斯过的这段短暂的普通人生活。他有一次不无遗憾地写道，如果你姓洛克菲勒，"你一走进商店就几乎能觉得所有的东西立刻都涨了价。"

　　回到纽约后，温思罗普在大通银行接受培训，在索科尼—真空石油公司（Socony Vacuum Oil Company）——即原先的纽约标准石油公司——上班，同时又是大纽约基金会（the Greater New York Fund）理事会副主席。这些职务不如他晚上在夜总会的行踪更能引起报界的关注。有位记者评论道，温思罗普为洛克菲勒家族"应付着所有的夜生活"。当他酗酒和桃色事件被人写成花边新闻后，小洛克菲勒责骂了他，对父亲专横的态度和恪守那种在他看来已经过时的生活方式的做法，温思罗普感到厌恶之极。在一次争吵后，温思罗普恨恨地说："上帝作证，如果我以后有了孩子，我只会同他们交谈，而不是约见他们 5 分钟后便站起来出去理发。"

　　1948 年，温思罗普在与演员玛丽·马丁频频约会之后，娶了一位妖冶的金发女郎为妻，她名叫巴巴拉"宝宝"·西尔斯——出嫁前叫杰乌特·保勒丘特（Jievute Paulekiute），父母是来自立陶宛的移民。小洛克菲勒和艾比拒绝出席他俩在佛罗里达举行的婚礼，而这次婚姻不到一年就破裂了。温思罗普后来在阿肯色州买了一大片地——起名叫温洛克农场，但小洛克菲勒一直以各种借口不肯前往。令家里人吃惊的是，温思罗普竟然在 1966 年当选为阿肯色州州长，是 94 年来取得这一胜利的第一位共和党人。

　　小儿子戴维小时候长得和温思罗普一样，长得又矮又胖，但没有受到几个哥哥的粗暴虐待。他像个小银行家一样，办事沉稳自信，花钱精打细算，为人机敏、温顺，长着一张天使般的小圆脸，深得洛克菲勒宠爱，祖孙两人经常一起在凯斯门茨唱赞美诗。有一次戴维在假期去看望爷爷后，老洛克菲勒对儿子说："这孩子是一对称职父母的称职儿子，他爷爷也喜欢他。"戴维对这种宠爱加以回报，称他祖父是"我见过的最不会发脾气的人，老是面带微笑、说笑话，讲滑稽故事"。老洛克菲勒曾经告诉管家约翰·约尔第，戴维是孙子当中最像他的一个。

作为最小的儿子，戴维有些孤单，但他自有办法来弥补这一缺憾：以收集蝴蝶、蛾子、甲虫和蚱蜢为乐（他最终因收藏了 4 万只甲虫而举世闻名）。他从林肯学校毕业时，像洛克菲勒一样外表温和、内心矜持；他处事稳健、有条不紊，在哈佛大学没有惹出任何丑闻，也没遇到任何危机，于 1936 年以优异成绩毕业，毕业论文的题目是费边社会主义⑥。他在哈佛大学读了一年研究生，又去伦敦经济学院读了一年后，在芝加哥大学完成了经济学博士学位。尽管戴维在博士论文《闲置资源与经济浪费》里探讨的是他祖父过去一直关心的公司集中问题，但他得出的结论却是应该实行自由市场经济，并且批评垄断阻碍了生产力发展。他一边赞扬标准石油公司为处于无政府状态的石油业带来了秩序，一边却赞成法院在 1911 年做出的解散托拉斯的裁决。他后来争辩道："（标准石油公司）的一些部门如今比祖父原先对整个公司所设想的规模还要大、经营得还要好。"这种新古典主义经济学观点反映了洛克菲勒家族发生的变化，也反映了整个美国工商界的变化。

从芝加哥大学毕业后，戴维在纽约市长菲奥雷洛·拉瓜迪亚（Fiorello La Guardia）手下当了 18 个月的不拿薪水的秘书。他明智地娶了玛格丽特·"佩吉"·麦格拉思为妻，妻子生性快活、充满活力，和戴维超然冷漠的性格相辅相成。佩吉家生活舒适，但社会地位不高，她很难容忍纳尔逊那种自以为是的态度。佩吉有时脾气暴躁，但性情活跃，把时间都用在做一些有意义的事情上，如挽救缅因州的海岸线、养牛和保护耕地等。戴维一生都在大通曼哈顿银行工作，最后登上了董事长的宝座，成为一名杰出的、阅历丰富的国际银行家。他对一位来采访的记者说，自己是"在祖父之后全家第一个在公司承担固定工作并且把一生中大部分时间用于经商的人"。

注释

①F. Scott Fitzgerald, 1896—1940，美国爵士乐时代主要作家，代表作为《了不起的盖茨比》。

②Gerald Ford，1913—2006，美国第38任总统，原为副总统，尼克松因水门事件辞职后接任总统。

③塞迪的名字劳拉的拼写是 Laura，劳伦斯名字的拼写为 Laurance。

④Eddie Rickenbacker，1890—1973，第一次世界大战时美国王牌飞行员，后任东方航空公司总经理和董事长。

⑤James R. Angell，1869—1949，美国心理学家、教育家，曾任美国心理学会主席。

⑥主张用缓慢渐进的方式实现社会主义的观点。

35　天堂再相会

　　这位世界首富从来没有放弃过从小养成的节俭的习惯，正是这些习惯使他成为美国工商界的翘楚。一天，他正在奥蒙德比奇注视着火光熊熊的壁炉，忽然回过头来问管家迈克尔说："这些烧柴有多长？"迈克尔回答说有 14 英寸长。"你看，要是把它们截短 2 英寸，是不是一样能烧得这么旺？"迈克尔认为有这个可能。"那么，下回在锯柴禾时把它们截成 12 英寸就行了。"由于 12 英寸长的烧柴既省钱，又能发出足够的光和热，这个长度便成了他家烧柴的新的长度标准。这种节俭的习惯可谓根深蒂固。有一年圣诞节，他因收到儿子送来的两打高尔夫球和几支自来水笔而高兴不已——这些正是他心目中最实用的礼物。

　　此时的洛克菲勒已经活了那么大年纪，名气也变得那么大，引得许多开发商纷纷企图利用他的名声发财。1930 年，纽约布鲁克林的科尼岛商会（Coney Island Chamber of Commerce）秘书萨拉·登南（Sarah S. Dennen）在里奇福德找到了这位巨头出生的房子。寒风正透过那幢摇摇欲坠的木板房的墙缝吹进屋来，她看到的却是不期而至的财富。她要把房子拆了运到科尼岛上重新竖起来，这样，每天估计会有 500 万游客前来拜谒这座美国资本主义新圣殿。洛克菲勒害怕这种做法，便采用法律手段来阻止人们利用他的名气进行商业活动。登南买下并拆掉了那所房子之后，洛克菲勒的律师们劝说州政府和地方当局不准把那所房子移到当地公路之外的地方。于是，那堆编了号的木板最后只运到了纽约州的宾厄姆顿。

在 20 年代华尔街财源滚滚的日子里，洛克菲勒不顾儿子的指责，怀着一种自感愧疚的兴奋之情在股票市场上兴风作浪。如果有人当着他儿子的面谈起他买卖股票的事，洛克菲勒便会像一个淘气的孩子似的避开这个话题。股市上涨时，他会兴高采烈地把钱分给同伙，作为牛市分红。他经常在早饭后宣布道："瞧着吧，我觉得我知道如何挣钱来养家糊口，"接着便匆匆走进办公室，通过电话或电报来了解最新行情。要是股市突然大起大落，报信人就会去高尔夫球场上找到洛克菲勒，把一张折叠起来的股价表交给他。除了现款、股票、国债和在华尔街的贷款之外，洛克菲勒的大部分资产都保留在各标准石油公司里，他能准确地说出自己在各公司拥有的股份数量，即使它们达到 5 位数后照样也说得一清二楚。

洛克菲勒不改初衷，继续按照每股跌 1/8 点时买进、涨 1/8 点时抛出的老规矩做他的股票生意。他把大部分财产移交给小洛克菲勒之后经常贷款做股票，最高时达 2 千万元，偶尔还会从儿子那里借。"约翰，"有一回他对儿子说，"我一直在认真注意股市的动态。我觉得如果我手里有一点点钱的话，就能用它来赚上一笔。你能借给我几十万吗？""爸爸，"小洛克菲勒挖苦他道，"您不觉得您自己还是能明智地用这笔钱的岁数吗？"

洛克菲勒父子在 20 年代一片鼎沸的股市上干得很出色。随着股市猛涨，小洛克菲勒继承的 4 亿财产翻了一番还多，接近 10 亿元大关。1929年股市大崩溃时，洛克菲勒父子大惊失色。艾维·李向小洛克菲勒证实了他父亲一则冷静的声明的宣传价值。老洛克菲勒在买下 100 万股新泽西标准石油公司的股票之后向报界发表了一份声明，李记下了该声明的内容："这些天来许多人都丧失了信心。在我活过的这九十年里，经济萧条来了又去，繁荣总是要恢复的，这一次也不会例外。"他在声明最后说道："由于坚信国家的根本经济形势是好的，我们父子二人这些天来一直在吃进有利可图的普通股。"听说洛克菲勒父子又在买进股票，喜剧演员埃迪·坎特（Eddie Cantor）说了一句俏皮话作为回答："那可不是，到了这时候，别人谁手里还会有闲钱？"

股市崩溃后，小洛克菲勒和汤姆·德布瓦斯担心从 1911 年起就在洛克菲勒控制下运转的公平信托基金的财务状况，便让艾比的哥哥温思罗普·奥尔德里奇（Winthrop Aldrich）退出默里—奥尔德里奇—韦伯律师行，去负责公平信托基金的管理。几个月后，奥尔德里奇安排基金会同大通银行合并，成立了世界上最大的银行，从此以后，人们便称该银行为"洛克菲勒银行"——尽管掌管其竞争对手花旗银行的也是洛克菲勒的亲戚詹姆斯·斯蒂尔曼和威廉·洛克菲勒的后代。几年后，奥尔德里奇还把他过去的律师行同伯特·米尔班克（小洛克菲勒在布朗大学时的老朋友）的律师行合并，组建了现在的米尔班克—特威德—哈德利—麦克洛伊律师事务所（Milbank，Tweed，Hadley and McCloy），同洛克菲勒家族保持着密切的联系。

小洛克菲勒被派往芝加哥，试图尽其所能地拯救伊迪丝一败涂地的生意——但此举并没有使他取悦于伊迪丝，因为伊迪丝认为这是在对她横加干涉。她按照小洛克菲勒的吩咐，从莱克肖尔的大宅搬到德雷克饭店的一套房间里住下，这样她可以得到家里的补贴。接着，1930 年初，她在右乳被诊断患了癌症后，接受了乳房切除术和放射治疗。在身体恢复期间，她为了避免破产，把手里的珍珠和翡翠首饰卖给了卡蒂埃珠宝公司，得到将近 100 万元，并恳求小洛克菲勒向她的房地产公司贷款 100 万，还要求她父亲花 200 多万买下图里科姆别墅。洛克菲勒已经受够了，拒绝再给她钱。

1932 年，由于伊迪丝长期咳嗽不止，医生在她胸部下方发现一个暗影。她企图用心理疗法治疗这个癌灶，但毫无效果。直到生命垂危之际，她才答应要设法去看望父亲，不过这些做做样子的保证无非是父女之间在口头上表示的尊重而已。倒是她的儿女和前夫哈罗德经常去探望她。1932 年 8 月 25 日，伊迪丝在德雷克饭店的客房里与世长辞。她尽管满脑子离经叛道的想法，却从来没有放弃哈罗德可能离开加娜·沃尔斯卡回到她身边的念头。她就像一个老派的妻子，在莱克肖尔街 1000 号里长期保留着他的房间，里面的家具原封不动，连他的衣服还都挂在衣柜里。扛着她的灵柩去墓地的是一个奇特的组合：前夫哈罗德、儿子福勒、弟弟小洛克菲勒和情人埃德温·克伦。小洛克菲勒不想让克伦出席葬礼，可是哈罗德为了尊重伊迪丝的意愿，否决了他的提议。伊迪丝在遗嘱里留给克伦的钱——她的遗产的 5/12——比给她 3 个孩子任何一个的都要多。洛克菲勒聘请的律师强烈反对留给克伦的这份遗赠，最后克论只好作出让步，同意只接受 2.4 万元的终身年金。詹姆斯·乔伊斯得知她的死讯后，为时过晚地说了一番表示宽恕的话。"我很遗憾地获悉麦考密克夫人去世的噩耗,"他对一位朋友说。"在我身处逆境的时候,她十分慷慨地帮助过我。她是一位相当杰出的女人。"

老洛克菲勒虽说是个理财老手,却照样和普通人一样在经济崩溃期间一败涂地,眼睁睁地看着手里仅存的 2500 万元骤减到 700 万,连他的孙子温思罗普都惊呼道:"在爷爷看来,这简直就像破了产一样!"1932 年,一时变得吹毛求疵的洛克菲勒告诉德伯瓦斯说,小洛克菲勒应当给他 350 万元"平衡调节费",作为他在过去 10 年当中为洛克菲勒家族办公室所花的全部费用的补偿。尽管他不久便撤回了这一要求,但他这一回为金钱问题赌气的事确实表明,他因自己手头拮据而不知所措了。

这次大萧条之后,小洛克菲勒同样对金钱产生了从未有过的担忧,因为他的财产也从 1929 年的将近 10 亿元猛降到 1934 年的不足 5000 万。他每年的收入损失更是严重:从 20 年代的最高点 5670 万元急剧下跌,到"新经济政策①"出台的第二年仅剩下 1650 万元。由于他在 20 年代大繁荣时期应允过那么多慈善项目,到了 30 年代初,他开始入不敷出了。在罗斯福上任前不久,小洛克菲勒就把他在新泽西和印第安纳两家标准石油公司的股票换成了现金,还借了将近 800 万元的债,以应付先前做出的允诺。

在整个罗斯福执政时期,洛克菲勒家族一直在意识形态方面左右为难、进退维谷。他们长期向共和党捐款,却又憎恶新政中的许多政策,并且像许多美国富人一样,担心罗斯福的所作所为会毁掉这个国家。与此同时,他们还对穷人怀有一种居高临下的责任感。胡佛②总统在位的时候,洛克菲勒父子向一个私人慈善机构——紧急失业救济会捐赠了 200 万元。1933 年罗斯福上任伊始,洛克菲勒在儿子的催促下发表了一个充满爱国热情的声明,赞扬"罗斯福总统的勇气和进步的领导班子"(为了给众人树立一个过紧日子的榜样,他可笑地停止向人分发角币,代之以 5 分镍币)。1933 年,小洛克菲勒甚至还在电台上呼吁国会通过极端自由主义的"全国工业复兴法"。然而,洛克菲勒父子尽管在口头上赞成罗斯福的政策,实际上仍在采取私人赞助公共工程项目的做法。小洛克菲勒在波坎蒂科制定了新修 50 英里的行车道的工程,以便提供额外的就业机会,还向美国红十字会和其他救济机构慷慨解囊。老洛克菲勒对新政很快就冷淡了下来,

1935 年社会保障法实施后，他认定此举会毁掉美国人的道德品质。

由于小洛克菲勒的家产在大萧条后急剧减少，他开始感到殖民时期的威廉斯堡和曼哈顿市中心的一个房地产新项目（即最初被称为大都会广场的工程）给他带来的财政压力。在后一个项目上，小洛克菲勒卷入了一个为他父亲树碑立传但与他本人毫不相干的高风险工程之中。该项目早在1928 年就动工了，当时，大都会歌剧演出公司（Metropolitan Opera Company）决定放弃原先的剧场，在第 48 大街和第 51 大街及第 60 大道之间的一块由哥伦比亚大学拥有的地皮上新盖一座歌剧院。这块地皮的一侧是第 60 大道的高架火车，周围布满了私酒店、当铺、酒吧和其他一些三教九流经常出入的场所，根本不适合盖富丽堂皇的新歌剧院。库恩—洛布公司的合伙人、大都会歌剧演出公司董事长奥托·库恩说服了小洛克菲勒，说他能够提供社区服务，并通过向哥伦比亚大学租下周围的地皮，为歌剧院建立堪称模范的环境而获得可观的利润（这对洛克菲勒家的人来说不啻是一个富有诱惑力的合作项目）。在查尔斯·海特征求了 5 位房地产专家的意见之后，小洛克菲勒一时冲动，没有咨询律师的意见就授权海特同哥伦比亚大学达成了租赁协议，为此每年得付出 300 多万元的租金。

大都会歌剧演出公司由于无法通过出售老歌剧院来筹得建新剧院的钱，建议小洛克菲勒为这座造价 800 万元的新建筑投资一半。小洛克菲勒感到自己受到了对方的利用和敲诈，便拒绝了对方；但是，随着大都会公司退出该项目，在经济环境不断恶化的条件下，他顷刻之间背上了 229 栋破旧不堪的褐砂石房子的沉重负担。如果没有这座歌剧院，这个开发项目势必会失去其主要特征，进而失去其存在的理由，叭是账单依然纷至沓来，到了 1930 年春天，小洛克菲勒已经花掉了 1000 万元。此外，他每年还要再付 400 万元的租金和税款，而出租那些房子的收入连支出的 1/10 都不到。出路之一是放弃这个项目。但是，小洛克菲勒一直觉得自己被工商界瞧不起，也许此时看出这是一个证明自己是他父亲名副其实的儿子的机会。他做出了一个有生以来最大胆的决定：独自出资建一个办公楼群，并且亲自招揽公司承租这些楼房。他一边一意孤行，一边忍受着人们的不断嘲弄，甚至还在百老汇的一出戏《万众欢呼之时》（As Thousands Cheer）里遭到了讽刺，在那出戏里，倒霉的小洛克菲勒被说成企图把洛克菲勒中心当做生日礼物来欺骗他信以为真的父亲。

小洛克菲勒很可能为这个建在市中心的项目承受着巨大的压力而彻夜难眠。"我成夜成夜地在屋里来回踱步,"他对建筑师华莱士·哈里森(Wallace Harrison)说,"思索从何处筹集钱来盖这些房子。"这对于洛克菲勒家族的人来说的确是个未曾遇到过的情况。1931年春天,医生们意识到引起这些症状的原因所在,便建议他和艾比一起去亚利桑那州疗养。在图森的亚利桑那旅馆餐厅里,一位坐在附近桌子旁的女士向小洛克菲勒招手致意,后来他才发觉那位女士就是艾达·塔贝尔。到了20年代,塔贝尔写的那本关于标准石油公司的名著只能在旧书店才能买到,而且在1925年再版时已经毫无销路可言了。

回到纽约后,小洛克菲勒因为染上了带状疱疹而身体日渐衰弱,医生认为这是由于精神疲惫造成的。他还经常患感冒,去洛克菲勒医学研究所做过多次试验,看看是否能用自己身上的病毒培养出可以预防感冒的血清。他尽管身体欠佳,却在城里这个项目上表现得更加强硬。首先,他必须给业已淘汰的大都会广场换个名字,这是个很伤脑筋的问题。小洛克菲勒和他父亲一样,不愿用家族的姓氏来为其命名,但是那些顾问们——从艾维·李、他儿子纳尔逊到总代理约翰·托德(john Todd)——个个都劝他说,"洛克菲勒中心"这个名称将会成为最有潜力的营销手段,因为它表明,自从那些备受诬陷的倒霉日子以来,家族的形象有了多大的改观。为了给这片楼群设计一个前瞻性的形象,管理层决定建立一个"电台城"作为其核心部分。1931年7月,在美国无线电公司、全国广播公司和雷电华电台(Radio-Keith-Orpheum)同意每年出300万元租下100万平米的办公场地之后,小洛克菲勒规划的14栋大楼中的第一座楼开始破土动工了。

小洛克菲勒在监督洛克菲勒中心施工进度时表现出来的关心,是过去在任何一个赢利性项目里都未曾有过的。他每天早晨8点钟上班,裤子后兜里插着一把5英尺长的金色的尺子。他把大张大张的设计图纸从桌子上搬下来,放到地板上打开,在上面爬来爬去,用那把尺子测量尺寸。在大萧条时期搞施工自有其明显的优势,最突出的优势则是劳动力和建筑材料成本低廉,整个洛克菲勒中心工程向没有参加工会组织的建筑工人提供了7.5万个就业机会。

小洛克菲勒从工程一开始就指示约翰·托德说，这片楼群必须在设计风格上与众不同，同时彼此还要协调一致。曾在巴黎艺术学院学习过的华莱士·哈里森和他的同事采用了欧洲现代主义风格，把洛克菲勒中心设计成线条明快的未来派建筑。小洛克菲勒之所以向当时流行的风格做出这个——而且是相当大的——让步，是出于一个精明、理智的商业原因。假如这个楼群设计得单调乏味、毫无新意，就会削弱电台城的营销效果和该工程给人带来的采用了先进技术的印象。这些用印第安纳石灰岩、钢材和玻璃建造的、具有装饰派艺术特色的锥形大楼直上云霄，高达 800 英尺，而且留有足够的空间，从楼前广场上可以看到楼群在空中的壮观景色。评论家们尽管最终把洛克菲勒中心称做是世上最完美的摩天楼群，但在它刚落成时几乎个个都瞧着它不顺眼。

为了给楼群增添艺术特色，迭戈·里维拉③被请来为美国无线电公司大楼前厅正面的墙上画一幅壁画。尽管里维拉在政治上属于左翼，艾比还是喜欢收购他的水彩画，在现代艺术馆里展出他的壁画，并且邀请他和他妻子弗利达·卡罗去第 54 西大街的家里作客。纳尔逊得到了这个人人垂涎的任务，洛克菲勒中心的经理们则为该画选定了一个既重大又贴切，显然不会使人提出异议的主题："人类站在十字路口上，充满了美好愿望和理想，盼望能选择一个新的、更好的未来。"1933 年春天，里维拉开始勾勒他对资本主义社会的认识，把它描绘成一个由备受残酷欺压的工人和玩着纸牌、道德败坏的资本家共同栖居的邪恶世界，并且用一个充满希望的革命的世界与之形成鲜明对比，其象征是大片的红旗，红旗上方有一个列宁头像。里维拉的妻子和助手恳求他去掉那位布尔什维克领袖的头像，他却决意要让墨守成规的人大吃一惊。他曾对纳尔逊说过，他宁可毁了自己的画也不愿做出妥协。实际上，它最后还是被人铲掉了。

1933 年美国无线电公司大楼竣工后，小洛克菲勒把洛克菲勒家族的办公室从百老汇 26 号搬到了这座新落成的摩天大楼的第 56 层上。从此，有好几百名雇员办公的 5600 号房间便成了洛克菲勒帝国的新总部。得到了经营房地产业的执照后不久，不到 30 岁的纳尔逊便开始卖力地推销洛克菲勒中心的闲置办公场所。为了吸引租户，他把租金压得很低，并同意接过对方原先在别处定立的租约。洛克菲勒麾下的几家公司——包括新泽西标准石油公司、索科尼—真空公司和加州标准石油公司——也在这片新建的市内楼群里租用了办公室。1938 年该项目开始赢利后，纳尔逊被任命为洛克菲勒中心的总裁。1939 年，小洛克菲勒大功告成，他把这个备受恶意讽刺的项目变成了大萧条时期最杰出的商业成就之一。

就在他儿子在曼哈顿市区盖一座城中城、在弗吉尼亚的威廉斯堡大兴土木的时候，老洛克菲勒一直出人意料地对这片将会使他的名字与世长存的城市建筑漠不关心。令人惊讶的是，他很可能从未去过洛克菲勒中心。"他对那种事情毫无兴趣，"小洛克菲勒说，"而且我记得我俩从未说起过威廉斯堡，也很少谈到洛克菲勒中心……他虽然心胸开阔、宽以待人，却从不过问这类事情。他可能情有可原地问起过洛克菲勒中心或威廉斯堡工程遇到的财政或劳资问题，因为那都是他唯一感兴趣的问题。"老洛克菲勒可能比他儿子想像得更关心工程的进展情况，因为纳尔逊记得，一天他躺在折叠式安乐椅里午睡醒来后，示意纳尔逊到他身边去，深入细致地问了孙子一连串有关城里那个项目的问题。不过，只醉心于自己的创造性工作的洛克菲勒一般不过问他儿子的成就，对于非他本人发起的事情向来不闻不问。尽管如此，小洛克菲勒对他父亲却一直忠心耿耿、唯命是从。他在去看望父亲前夕发去的一封电报似乎能说明他这种态度："去看望您不是我认为您需要我而是因为我明白我离不开您。"

年过 90 的洛克菲勒身上洋溢着一种资深政治家式的乐观情绪。这个瘦小枯干的老人体重还不到 100 磅，好像被巫医给缩小了一样。在大萧条时期左翼思想大行其道的气氛中，他很少受到当时问世的那些重提洛克菲勒旧事的书籍的干扰。在诸如马修·约瑟夫森的《强盗大亨们》的争论性著作中，批评家们又回到了亨利·德马雷斯特·劳埃德和艾达·塔贝尔过去宣传的观点上：洛克菲勒是他那个时代最大的、打着公司旗号的匪徒，他的成功全是靠无情掠夺和欺诈而非经商本领取得的。然而，这次卷土重来的民愤却没维持多久。随着第二次世界大战而高涨的爱国主义情绪使人们开始再度赞扬美国的工业巨子，因为是他们使国家拥有了如此强大的军事力量——这个观点在由哥伦比亚大学历史学家艾伦·内文斯撰写的、经传主认可的两卷本洛克菲勒传记里表现得尤为明显，该书在 1940 年问世，又在 1950 年修订后再版。随着时代的变迁，洛克菲勒不是被吹捧成伟人，就是遭到肆意谩骂。

洛克菲勒仍然精神矍铄，能把高尔夫球一杆打到 165 码（约 150 米）开外的球道上。1930 年，他只用 26 杆就完成了 6 个洞的进球。此后，他由于体力开始下降，只好逐渐缩短打球的时间。他以惯有的精确性，从每天打 6 个洞减少到打 4 个洞，再从四个洞减少到 2 个洞。1932 年，他由于患重感冒，只好完全放弃了高尔夫球。93 岁的洛克菲勒尽管身体欠佳，却又恢复了他的好脾气。一家报纸报道说："他十分高兴能再次到屋子外面，在和煦的阳光下走动，有一次，他停下来一边眨着眼睛观赏着一大片鲜艳的花草，一边竟唱起赞美诗来。"他一再表示希望自己能活到 100 岁，并把这个愿望看作是上帝对他一生做出的裁决。"许多人认为我给这个世界带来了很大的伤害，"他对奥蒙德比奇市长乔治·里格比（George N. Rigby）说，"可是，从另一方面来说，我尽我所能地做过一些好事，而且的确想活到 100 岁。"里格比说，洛克菲勒年纪越老，对物质生活就越不在乎：

> 我记得有一天我俩正坐在奥蒙德他家的前廊下，看着一艘十分漂亮的游艇顺着哈利法克斯河蜿蜒而下，向棕榈海滩驶去。他说他不明白人们为何竟能从这种炫耀和虚荣中得到乐趣。过了一阵，他脸上的整个表情都变了，激动地问道："昨天夜里那场雨是不是太壮观了？"

洛克菲勒对摄影机的不可思议的偏好有增无减。1930 年，他接到了参加在克利夫兰举行庆祝活动，纪念俄亥俄标准石油公司成立 60 周年的邀请。他因体力太弱不能成行，便同意拍一部纪录片，拿到庆典上放映。洛克菲勒坐在阳光明媚的前廊上，面对摄影机用微弱的声音说了一段贺辞。由他特地挑选的摄影师柯特·恩格尔布雷希特说："他念完贺辞后摘下眼镜、转过身来朝着正在摄像的我观看的姿态，说明他是个从容自然的演员。"两个星期后，俄亥俄标准石油公司的一位高级经理飞到奥蒙德比奇，当时洛克菲勒正在拍摄自己打高尔夫球的纪录片，连同那位经理的飞机降落在草地上、洛克菲勒前去欢迎他的情景都拍下来了。从片子里可以看到，91 岁的洛克菲勒表现出了惊人的胆量，他爬到飞机上，很想飞上一圈，但事事小心的管家约翰·约尔第不答应，说这样会使他过于兴奋。最后两人达成妥协，让那架单翼飞机在跑道上来回滑行，洛克菲勒则坐在飞机上朝着摄像机挥手。他对恩格尔布雷希特说："你让我觉得自己像个电影演员一样。"

洛克菲勒尽管从不顾影自怜，但在 30 年代经常显得孤苦伶仃。他过于骄傲，从不恳求儿孙们来看他，但又经常做出暗示或拐弯抹角地表示愿意多见他们几回，可惜他这样做并没有起作用。他渴望得到从未在家人那里完全得到过的，也许他自己也从未真正给过他们的那种人间温情。恩格尔布雷希特发现，洛克菲勒对一个小女孩露西尔流露出一种奇特的迷恋之情，那女孩是他的司机文森特·弗拉斯卡的女儿。

> 她多少填补了他感情上的一个巨大空白，也许可以肯定地说，他对她表现出一种从未对他家中任何人流露过的爱意。每天不是她来看他，就是他去找她。有她在场，一切都似乎可以置之度外。她是他的护身符。他和她聊天，给她讲故事。一听到她的应答，他就会脸上放光，一看到她出现，他的眼神就会变得温柔起来。

随着大萧条日益恶化，小洛克菲勒发现自己陷入了他父亲在几十年前遭遇过的同样的尴尬境地：几个孩子不耐烦地要求他对其财产做好最后的安排。如今，他们已经结婚成人，却依然要靠着生活费过日子，为了买辆新车或出国旅行，还得去卑躬屈膝地求父亲，这种状况使他们感到十分恼火。1933 年 5 月，几个儿女在一封集体署名的信中抱怨道，他们同他为金钱问题而进行的争吵浪费了太多的时间，这样会危及父子之间的关系，所以恳求他提高给他们的生活费。小洛克菲勒从中第一次听到了直言不讳的低声抗议。为了安抚忿忿不满的儿女，他给了前 3 个孩子——巴布丝、约翰第三和纳尔逊——每人 20 万股索科尼—真空石油公司的股票，相当于每人约 320 万元。

第二年，国会大大加快了增加税收的时间表。最高所得税的税率从 55% 提高到了 63%，价值 5000 万元以上的遗产税税率从 45% 猛增到 60%，而超过 1000 万元的赠予税税率则从 33% 提高到了 45%。小洛克菲勒决定在新的赠予税率于年底生效前为妻子和儿女们设立信托基金。为了保住这笔由大通银行信托部管理的钱，他规定儿女们只能提取利息，若要提取本金则须经过受托人同意（小洛克菲勒把艾比和巴布丝排除在外，不许她们在任何情况下动用本金，这引起了母女俩的不满）。由于受托人包括小洛克菲勒的亲信，如雷蒙德·福斯迪克、汤姆·德布瓦斯和温思罗普·奥尔德里奇，可以说他对这笔钱并没有完全丧失控制权。信托基金中最大的一笔落在艾比的名下，她得到了1830万元以及用利息所得购买现代艺术品的自由。巴布丝、约翰第三和纳尔逊各得1200万元，劳伦斯、温思罗普和戴维得的略少一些。第二年，小洛克菲勒又给3个小儿子添了一些，拉平了6个孩子的所得。

合计起来，小洛克菲勒以信托基金的方式共向妻子和儿女们转移了1.02亿元的财产——相当于1996年的10亿元还多。他是这样对劳伦斯解释这些钱的分配原则的：

> 这些基金是按照你祖父对他的孩子所采取的方式建立的，我希望你们的儿女将来也照此办理……你知道，祖父和我一向十分重视在拥有财产的同时必然要承担的责任。他认为——这同样也是我的观点——等后代一到这个年龄并且完全能够承担这些责任的时候，就应当把这些责任以及由此带来的做有用之人和无私地服务于人类的机会交给他们。

小洛克菲勒转交给继承人的这1.02亿元财产是一个庞大的数目，不过这只是他所继承的财产的一部分。从1917年到1960年，小洛克菲勒的直接捐赠为5.37亿元，另外还有5.4亿元是通过各种洛克菲勒慈善机构间接捐赠的（小洛克菲勒并未因此而一文不名。到了50年代，他手里还有大约2亿元的财产，而他的后代则通过明智地把所得遗产进行投资，到1996年总共拥有62亿元以上的财富）。另外，他还向联邦、州和地方三级政府缴纳了3.17亿元的税款。所以说，无论洛克菲勒有多少财产，其中一大部分最终又流回到有价值的项目和公众的钱包里去了。尽管如此，由于标准石油公司激起了如此巨大的公愤，也许只有这种不同寻常的慷慨之举才能缓解人们对这个掠夺成性的垄断资本家的仇恨心理。

洛克菲勒引起许多报纸对他的死做出了草率的报道，他对自己健康状况向来秘而不宣的做法则让报界一直处于高度紧张状态。1934年，他在95

岁时突然得了支气管性肺炎，很可能会使他活到100岁的打算落空，但他却得以大难不死。由于体重下降到了不足90磅，他决定再也不回基奎特了。他叫人拉上一车皮水果、蔬菜、酸奶和氧气罐，来到奥蒙德比奇的凯斯门茨大宅住了下来，从此再也没有离开过。他为了再活上5年，严格限制自己的日常活动，以便节省体力。他不再打高尔夫球，下午不再坐汽车出去嬉游，也不再到院子里散步。他自从摘掉昂贵的银白色假发后就再也没有戴过。由于他步履艰难，仆人们只好放慢脚步去适应他的步子，奥蒙德的这幢大屋里笼罩着一片垂死的寂静。这个瘦小而又机警的老人在日光浴室里一坐就是好几个小时。为了使腿上的肌肉保持力气，他每天都要坐到卧室的健身车上，慢慢地蹬上一阵。1935年7月18日96岁时，他投保的保险公司按照老规矩不得不付给他500万元，这是他的保险单上注明的返回款。根据现在的保险年龄档次，10万人当中只有一个能活到这么大岁数。

老人一向喜欢新鲜事物，爱坐在家里看好莱坞电影，特别是那些由体型优美的金发女郎——如简·哈洛④主演的片子。不过，他的生活仍然以宗教为中心。由于身体实在太虚弱，无法去教堂，他便听床头上的收音机里播送的布道节目。他的思想转到了永生这个问题上。亨利·福特有一回来拜访，在他告辞时，洛克菲勒对他说："再见，咱们到天堂后再相会。"福特回答说："您如果能进天堂，准会再见到我的。"不过，洛克菲勒似乎认为，上帝肯定不会对人类社会持激烈的批评态度，到时候自会褒奖他的。他开始实行一套新的生活方式，唱赞美诗时请一位小提琴手上门来为他伴奏。但是，无论洛克菲勒对宗教有多么虔诚，死亡对他来说仍然是一个不适宜的话题。小洛克菲勒说："他从来没有谈到过自己百年之后的事；相反，他总是在谈论生的问题，谈论生活，谈论成就。"

1937年初，年届98岁的洛克菲勒身体十分衰弱，头脑却十分清醒。"家父身体很好，"小洛克菲勒在1937年3月写信给一位朋友说，"甚至比过去一两年的情况还要好。我们正愉快地和他在一起团聚，这儿的天气真是棒极了。"他仍然在股市上搏杀，每天照样同伊文斯夫人相互打趣、取乐。5月22日星期六，他正在晒太阳，伊文斯对他说："洛克菲勒先生，阳光给您脸上增色不少。您看上去好多了。"看到他只是一言不发地笑了笑，她又说："洛克菲勒先生，您还没说我看上去如何呢。"坐在椅子上的他优雅地欠了一下身子说："伊文斯夫人，那是因为我从来不擅长谈论这种话题。"正是在同一天，他为曾经对他的一生产生过极大影响的欧几里德大道浸礼会教堂偿还了抵押贷款。

那天深夜，洛克菲勒的心脏病发作了。5月23日凌晨4：05，他昏迷了过去，在睡梦中与世长辞。医生诊断的死因是心肌炎硬化症，即因心壁硬化及发炎所致，但更准确地说，他很可能死于年事过高。洛克菲勒平静地离去了，距98岁生日还差6个星期。他的安然归天，令批评他的人十分失望，因为他们还在盼望他得到某种现世报应呢。

洛克菲勒的死讯传开后，人们聚集到他的院子外面，联合浸礼会教堂的司事敲响了楼顶的大钟。为他工作的人和朋友们在奥蒙德比奇为他举行了一个私人葬礼后，由一个保镖骑着摩托车把灵柩护送到火车站，将其放在一节私人车厢里运到北方的波坎蒂科。火车抵达塔里敦时，小洛克菲勒和5个儿子戴着一式一样的软毡帽等候在站台上。5月25日，哈里·埃默森·福斯迪克牧师在波坎蒂科的葬礼上致了简短、动人的悼词，此时，阿切尔·吉布森（Archer Gibson）博士在基奎特大屋里弹奏着管风琴。就像是在提醒人们诋毁死者的人无处不在似的，葬礼进行期间，纽约州的骑警在波坎蒂科山四周巡逻，防止闲杂人等私自闯入。遍布全球的标准石油公司所属机构的雇员们全体默哀5分钟。5月27日，洛克菲勒的遗体回到克利夫兰，安葬在伊莱扎和塞迪这两位深爱他的已故妇人之间。由于担心有人会破坏墓地，洛克菲勒的棺木被放在一座炸药无法炸开的墓穴中，上面还铺着厚厚石板。

洛克菲勒已经把大部分财产分发给了别人，只留下价值2640万元的遗产，这表明他在1929年大萧条后已经挽回了在股市上的损失。他留下的遗产大都是国库券，还有一张为了留念而保存的、编号为"Ⅰ"的加里福尼亚标准石油公司股票。洛克菲勒死后不到一年，沙特阿拉伯和科威特惊人的石油财富开始滚滚而来，确保了石油在20世纪经济中首屈一指的地位。这位公司创始人去世60年后，在由标准石油公司衍生出来的企业当中，有4家跻身于全球50家最大公司之行列，它们是：埃克森（Exxon）、美孚（Mobil）、阿莫科（Amoco）和Ⅴ牌（Chevron）公司。

各家报纸登载的讣告纷纷把洛克菲勒说成是乐善好施的大慈善家，只字不提那个残忍的托拉斯大王洛克菲勒，这在艾达·塔贝尔文章风行时期简直是不可思议的事。他成了"世界上最大的慈善家和现代慈善业最大的组织者"，一家报纸的社论如是说。最令人惊讶的是，无论持什么立场的政治家，包括那些同他有过龃龉的人，无不对他大加赞扬。检察官萨缪尔·昂特迈耶称赞这位他曾讯问过的、搪塞敷衍的证人说："除了我们敬爱的总统，他堪称我国最伟大的公民。是他预见到了巨额财富可以明智地用做此途，舍此更无第二人。世界因为有了他而变得更加美好。这位世界首席公民将永垂青史。"

实际上，老约翰·D·洛克菲勒身后留下了一个自相矛盾的名声。他集虔诚和贪婪、同情心与凶残狡诈于一身；他是美国清教徒先祖们毁誉参半的传统之化身，这些先祖鼓励节俭和勤劳，同时又激发了过于贪婪的本性。他从教会和那对毫无相似之处的父母那里接受的是大杂烩式的教育。由此而言，他既是贪婪成性的资本家之代表人物，又是给人启迪的慈善家的象征，亦不足为怪了。

洛克菲勒在19世纪70年代开始执掌标准石油公司，这标志着美国生活进入了一个新时代，这个时代既鼓舞人心，又使人警觉。他在经商中表现出来的无与伦比的才智和贪婪直截了当地向美国提出了有关规模经济、财富分配、企业与政府之间应保持何种关系等一些十分棘手的问题。经洛克菲勒之手所完善的垄断企业无可争辩地表现出大型企业的巨大效益。他建立的新型企业组织，为在20世纪占主导地位的现代跨国公司开辟了道路。但也正因为如此，他揭示了可能伴随着为所欲为的经济势力而产生的各种弊端，特别是对民选政府可能造成的威胁。作为第一家工业托拉斯企业的建筑师，他证实了自由市场机制最终会暴露出来的脆弱本质，迫使政府制定出今后能维护竞争和公平的规则。

这个最凶狠无情的强盗大亨最后竟成了最大的慈善家。洛克菲勒加速了以往仅是富人所为的、一时心血来潮的个人施舍行为转变为更加有效、更社会化的慈善事业的进程。他建立了推进知识进步，特别是科学知识进步的事业，其重要性决不亚于向穷人发放救济或者建医院、盖学校和资助博物馆等行为。他使专家们的意见得以在非赢利性工作的规划和有效管理方面体现出其价值，为新生的基金业的操作规范设立了衡量标准。事实上，洛克菲勒去世的时候，由于在如此深重的罪孽当中出人意料地产生了如此丰硕的善果，上帝或许会出于另一种考虑而接纳他，这正是洛克菲勒生前一贯坚信不疑地期盼着的结局。

小洛克菲勒在父亲死后搬进了基奎特大屋，但他明白父亲是举世无双、无人能够仿效的，所以决定在自己的名字前面仍然保留那个"小"字。在以后的岁月里，人们经常听到他这样说："世上只有一位约翰·D·洛克菲勒。"

注释

①又称新政，指 1933 年罗斯福总统为挽救当时严重的经济危机而采取的施政纲领。

②Herbert C. Hoover, 1874—1964，美国第 31 任总统（1929—1933），经济大萧条爆发时否决了失业救济法案。

③1886—1957，墨西哥画家，以其在公共建筑上创作的大型壁画而著称。

④Jean Harlow, 1911—1937，30 年代美国性感女电影明星。

约翰·D·洛克菲勒创业年谱

1723	约翰·彼得·洛克菲勒举家由德国萨根多夫移民美国费城。
1839	约翰D·洛克菲勒出生于纽约州里奇福德镇。
1855	洛克菲勒花40美元在福尔索姆商业学院克利夫兰分校就读,为期三个月。这是他一生中唯一的一次严肃的商业培训。同年8月,入休伊特—塔特尔公司负责付账、记账和商业信函。工薪为每日50美分。
1858	年满18岁,从父亲手上以一分利贷款1000美元,同克拉克合伙成立了克拉克—洛克菲勒公司,主要经营农产品。
南北战争 (1861~1865)	战争需要使农产品贸易获利丰厚。1862年,公司年利润为17000美元。
1863	炼油专家塞缪尔·安德鲁斯劝说洛克菲勒投资炼油厂,安德鲁斯—克拉克公司成立。
1865	因合伙人意见分歧,公司拆伙拍卖,以7.25万美元的报价竞拍成功,改名洛克菲勒—安德鲁斯公司。同年开办第二家炼油厂,成为克利夫兰第一大炼油企业。
1866	组建纽约洛克菲勒公司,负责出口业务。
1867	亨利·莫里森·弗拉格勒入伙,公司改名为洛克菲勒—安德鲁斯—弗拉格勒公司。
1868	逼迫沿湖铁路公司达成秘密运费折扣交易,引发轩然大波。

1870	标准石油公司成立，洛克菲勒任总裁，资产100万美元。洛克菲勒放言，"总有一天，所有的炼油和制桶业务都要归标准石油公司。"公司主要负责人不领工资，只从股票升值和红利部分中提成。
1872	打响克利夫兰之战，从2月17日至3月28日，吞并了克利夫兰26个竞争对手中的22个，曾在48小时内买下6家炼油厂。
	幕后策划改造南方公司计划，同三家最大的铁路公司合谋利用运费折扣打击竞争对手，后因舆论反对作罢。
1874	开始收购费城和匹兹堡的炼油厂。当年匹兹堡共有22家炼油厂，两年后，只剩下一家独立经营者。
	标准石油公司开始铺设输油管道。
1875	巴尔的摩收购战完成，标准石油公司打垮了最后几个竞争对手，洛克菲勒成为全美炼油业唯一的主人，垄断全球煤油市场。
1878	标准石油公司与原油生产商之间爆发即期装运之争，打败了支持后者的帝国运输公司。
	收购哥伦比亚管道公司，从此，"事实上，任何一桶石油如果想运到铁路上去，都必须得到（洛克菲勒）首肯。"同年，独立采油商通过泰德沃德公司铺设自己的输油管，标准石油公司在输油管行经路线上购置地产，形成死亡之线，但未能阻止该工程于1879年告成。
1879	洛克菲勒开始讼事缠身，长达30年。
	买下两家克利夫兰报纸。
	罗伯特·诺贝尔与其兄弟们组建了诺贝尔兄弟石油制造公司，组成一个庞大的分销网络，把标准石油公司挤出俄国。
1881	洛克菲勒致信宾州铁路公司高级主管，合谋营私舞弊。
	3月，《大西洋月刊》登出记者H·D·劳埃德的一篇文章《一个大垄断家的故事》。在劳埃德看来，标准石油的实力关键在于它同铁路的秘密联盟，许多托拉斯企业就是通过

这种联盟发展起来的。劳埃德通过抨击范德比尔特、古尔德、亨廷顿、标准石油，掀起了一场广泛的铁路改革运动。劳埃德的文章使全国读者认识了洛克菲勒，并使制定反托拉斯法列入首要的改革议程。

1882	同泰德沃德公司达成协议，夺取了 88.5% 的管道运输业务。
	标准石油公司改组，签署了公司委托协议，托拉斯宣告成立。据算，该协议直接导致了 8 年之后的《谢尔曼反托拉斯法》。
	标准石油公司的煤油进入中国市场。
	9 月 4 日，爱迪生在华尔街 23 号 J·P·摩根的公司里扳动开关，用电灯照亮了摩根的办公室，电灯取代煤油灯的前景对洛克菲勒帝国构成了直接威胁。
	《纽约太阳报》一记者设法调查洛克菲勒，却被包围在他身边的层层保密措施弄得目瞪口呆。他虽强行采访了标准石油公司数百位员工，可他们却人人三缄其口。就算态度友善的记者也休想弄到一张标准石油公司的油田或炼油厂的照片。
	该年末，全国石油交易市场在曼哈顿成立。自此，投机商左右价格的力量才远远超过标准石油。
1883	俄国煤油充斥了欧洲市场，标准石油公司在欧洲的市场份额下降。
	J·N·皮尤将天然气用管道送至匹兹堡。洛克菲勒看到了天然气是对石油的补充，于是拟在这一领域开展业务。7 年后，标准石油公司的天然气已遍及 13 个地区。
1884	荷兰皇家石油公司成立。
	洛克菲勒开始催促手下建立超出日常需求的原油储备，以防俄国打垮标准石油公司。
1885	标准石油公司纽约总部落成，百老汇 26 号成为商界阴谋的象征。创立公司委员会制度，标志着洛克菲勒完成了由创

业型企业家向分析型管理者的转变，由此赢得"美国历史上最伟大的工商管理者"称号。学界和实业界公认他在现代公司制度的形成过程中据有举足轻重的地位。

5月，俄亥俄州西北部莱玛地区发现大片油田，但原油存在一些质量问题。

洛克菲勒下令在整个欧洲降低油价，并与诺贝尔兄弟石油制造公司商谈收购事项。

1886　　3月，宾州铁路同意提供折扣。

吞并切斯—卡利公司，更名为肯塔基标准石油公司，是役费时5年。

百老汇26号把北美大陆划分成11个营销区域。最能体现洛克菲勒帝国特征的莫过于对营销区域的精确划分。

汤普森上校致信洛克菲勒："在出现竞争的地方将售价降至成本价，同时在无竞争的地方提高售价，以弥补利润损失。"这封信针对的是标准石油公司兄弟之间的竞争。自此洛克菲勒帝国开始有序发展。

标准石油公司创建了天然气托拉斯，洛克菲勒是其最大的股东。"他虽高高在上，清白无辜，却主宰着同各地官僚的肮脏交易。"

7月，洛克菲勒请来赫尔曼·弗拉希——著名的德裔化学家，以解决莱玛石油存在的问题。当时标准石油面临一个两难境地：其一，相信弗拉希可以成功，因而买下俄亥俄和印第安那交界处的大片土地；其二，冒着失去财富的风险，等实验结果出来以后再说。洛克菲勒显示出了超人的胆量与远见，他对这一地区下了重注，并为有异味的莱玛石油寻找出路。

标准石油因巨型莱玛炼油厂的出现，逐步关闭了它在克利夫兰的最大的炼油厂。

1887　　2月，弗拉希用氧化铜去硫法在处理莱玛原油问题上取得成功。

《世界》杂志猛烈抨击托拉斯："当 19 世纪即将流逝……读者公正的目光会惊奇地发现……美国居然容忍了最为庞大、最为残忍、厚颜无耻、冷酷无情和贪得无厌的垄断企业存在，听任它把自己与国家紧紧地绑在一起。"

同年，反对铁路歧视性待遇的《州际商业法案》在国会通过，它规定铁路联营和拿回扣属非法行为，并由此建立了第一个管理委员会。在公众场合，标准石油公司对这一法案表示欢迎，并保证不再接授任何回扣。

1888　标准石油公司在英国设立了第一个海外分支机构——英美石油公司。

反托拉斯浪潮高涨，洛克菲勒认为自己"除了告诉全世界我们是怎样成功的以外"，别无隐私。

10 月 13 日，莱玛石油提炼的煤油上市。

哲学家 A·N·怀特海说："19 世纪最伟大的发明是发明方法的发明。"自此直至洛克菲勒退休，标准石油公司每家炼油厂都设了一间实验室。这是洛克菲勒把标准石油公司转变为典型现代工业组织所采用的一个方法：稳步地应用科学技术来确保公司发展。

大选年，反对托拉斯的抗议迫使两党都在施政纲领中严厉谴责经济集中。

同年，洛克菲勒开始在讨好美国富人的杂志特写中露面，同时也被约瑟夫·普利策主办的《世界报》当做托拉斯巨头而公之于世。在这片批评声中，洛克菲勒接受了政府调查人员的审查。

1889　《哈泼周刊》刊登了洛克菲勒的小传，之前受到严格的审查。

3 月 28 日，对洛一生影响至深的伊莱扎——洛克菲勒的母亲去世，享年 76 岁。

标准石油公司成立了生产委员会，以确保原油供应。此部门两年内共支出 2200 万美元。

6月，印地安那标准石油公司组建完成，每日处理原油3.6万桶。

洛克菲勒净资产达1.5亿美元，每小时赚进750美元。

1890　标准石油公司在不来梅成立了德美石油公司。

洛克菲勒开始了石油行业中前所未有的大并购。他吞并了联合石油公司及其他3家大型石油生产公司，控制了宾州和西弗吉尼亚州30万英亩的土地。这个石油领域最令人敬畏的人已成了该行业中头号大地主和生产商。

5月，俄亥俄首席检察官D·沃森向该州最高法院提出公诉，追究俄亥俄标准石油公司的托拉斯行为，并直接要求解散标准石油公司。

1891　洛克菲勒控制了莱玛的绝大部分油田和全国1/4的石油生产，这一行动加速了标准石油公司在政治上遭打击的日子的到来。

1892　马库斯·塞缪尔创设的运输公司更名为壳牌运输贸易公司，其商标——红色油桶很快在全亚洲深入人心。洛克菲勒与荷兰皇家石油公司、壳牌公司三分亚洲市场。

3月2日，沃森获胜，俄亥俄州高级法院裁定俄亥俄标准石油公司必须放弃托拉斯协议。标准石油公司平静地接受了这一裁决，并借此对公司进行重组。

3月21日，洛克菲勒主持重组大会，全体一致表决通过解散托拉斯。

改组后，新泽西州的标准石油公司更名为新泽西标准石油公司，纽约标准石油公司得到新的地位。百老汇26号的执行委员会成员变成了20家分公司的总裁。

1893　经济萧条开始。股市全面崩溃，而标准石油公司却经受住了考验，洛克菲勒将之归功于大量的现金储备及保守的分红政策。

同年，福特测试了一种双缸汽车，早些时候（1886年），卡尔·本茨取得了装有单缸发动机的三轮汽车的专利，汽车的诞生使标准石油公司获得转机。

1895　乘洛克菲勒身体欠佳之时，30家炼油商合并，成立了纯净石油公司——这是国内第一家与标准石油公司长期竞争的企业。这一年56岁的洛克菲勒开始不露声色地逐步隐退。

1897　洛克菲勒的疾病再度恶化，这使他离开了这个耗费他30年心血的石油帝国，但他并没有公开宣布退休，名义上还保留着新泽西标准石油公司总裁的头衔。这可能是他最失策的一招，因为他为他的继任者背了黑锅。

1898　标准石油公司在美国原油产量中所占的份额达到33%。

1906　12月18日，联邦政府在密苏里起诉标准石油公司，要求解散该公司。

1907　8月3日，法院判罚印地安那标准石油公司2924万美元罚款。

　　　10月，受法院罚款和反托拉斯案的影响，经济恐慌席卷华尔街。

1911　5月15日，最高法院宣布解散标准石油公司的裁决，并要求它在6个月内与子公司脱离，并禁止公司领导人重新组建垄断地位。至此，美国商业史上这出持续最久的闹剧终于降下了帷幕。

1917　接受死对头《世界报》记者英格拉斯采访。

1937　5月23日，洛克菲勒去世，享年98岁。